Thomas Hoeren
Internetrecht
De Gruyter Studium

Thomas Hoeren

Internetrecht

3., neu bearb. Auflage

DE GRUYTER

Dr. Thomas Hoeren,
Professor an der Universität Münster, Institut für Informations- Telekommunikations- und
Medienrecht

ISBN 978-3-11-055387-1
e-ISBN (PDF) 978-3-11-055634-6
e-ISBN (EPUB) 978-3-11-055640-7

Library of Congress Cataloging-in-Publication Data
A CIP catalog record for this book has been applied for at the Library of Congress.

Bibliografische Information der Deutschen Nationalbibliothek
Die Deutsche Nationalbibliothek verzeichnet diese Publikation in der Deutschen
Nationalbibliografie; detaillierte bibliografische Daten sind im Internet über
http://dnb.dnb.de abrufbar.

© 2018 Walter de Gruyter GmbH, Berlin/Boston
Einbandabbildung: Jacob Ammentorp Lund / iStock / Getty Images Plus
Datenkonvertierung/Satz: Meta Systems Publishing & Printservices GmbH, Wustermark
Druck: CPI books GmbH, Leck
♾ Gedruckt auf säurefreiem Papier
Printed in Germany

www.degruyter.com

Vorwort

Das vorliegende Werk erscheint grundsätzlich zwei Mal jährlich in einer jeweils überarbeiteten Online-Version als Skript auf der Homepage des Instituts für Informations-, Telekommunikations- und Medienrecht. Was soll nun dieses Buch in gedruckter Version? Es gilt zu beachten, dass das Internet eine Dynamik hat, die einer regelmäßigen Veröffentlichung in einem klassischen Verlag als Druckwerk entgegensteht. Viele der in einem Buch getroffenen Aussagen sind gerade wegen des buchspezifischen Time Lag schon im Zeitpunkt des Erscheinens überholt. Dennoch ergibt es gerade auch im Zeitalter der digitalen Schnelligkeit Sinn, Bücher zu publizieren. Diese nehmen eine andere Funktion als das Online-Skript wahr. Galten sie früher als Medium für die schnelle Information, sind sie heute Archive. Es wird ein bestimmter historisch wichtiger Zeitpunkt der Diskussion für alle Zeiten festgehalten. Für eine zeitnah-aktuelle Information ist das Buch als Medium jedoch kaum noch geeignet. Wer also halbwegs up to date bleiben will, muss auch im Internet publizieren und lesen.

Die Fülle des Rechtsgebiets „Internetrecht" drohen auch den Verfasser eines digitalen Buchs zu überfordern. Unendlich scheinen nicht nur Rechtsprechung und Gesetz- sowie Verordnungsgebung zu dem Thema, sondern auch die Sekundärliteratur. Angesichts dieser Fülle konzentriert sich das Skript auf die Vermittlung einer Übersicht über die Grundlagen und wichtige Rechtsprechung ohne einen Anspruch auf Vollständigkeit erheben zu wollen. Es fällt sehr schwer, auf die Hybris zu verfallen, auf allen Gebieten des Internetrechts zu Hause sein zu wollen. Das vorliegende Werk unterlag bereits einer viele Jahre während Überarbeitung in verschiedensten Versionen. Ich bitte daher die Leserinnen und Leser um Verzeihung, wenn die eine oder andere Information nicht mehr aktuell, bereits überholt oder gar falsch sein sollte. Ich tue mein Bestes und damit nicht genug. Umso mehr freue ich mich daher über jedwede Rückmeldung. Kritische Hinweise können an meine E-Mail-Adresse (hoeren@ uni-muenster.de) gerichtet werden. Gerade dieses Buch lebt und lebte in den letzten Jahren auch von den wertvollen Hinweisen der Leserinnen und Leser, die mit der Online-Version für Studium, Praxis oder Mitarbeit bzw. Schwerpunktstudium an unserem hiesigen Institut arbeiten und unermüdlich Rückmeldung geben. Für jegliche erfolgte und zukünftige Hinweise und Korrekturen bin ich Ihnen zu höchstem Dank verpflichtet.

Der Aufbau dieses Buches richtet sich nach den Bedürfnissen der Internetanbieter. Diese brauchen, um im Internet auftreten zu können,
- eine Kennung (dies verweist auf das Domainrecht),
- Inhalte (ein Tummelplatz für das Immaterialgüterrecht),
- Werbung und Marketing (hier kommen die Wettbewerbsrechtler zu Wort),

https://doi.org/10.1515/9783110556346-202

- den Kontakt zum Kunden (was zu Ausführungen zum Vertragsschluss und zum E-Commerce-Recht führt)
- sowie Daten der Kunden (hier gilt das Datenschutzrecht).

Nachfolgend findet sich noch ein Abschnitt zu der Frage, wer für alle diese Rechtsanforderungen haftet. Zum Abschluss wird außerdem auf das Problem der Vollstreckung von Gerichtsentscheidungen im Internet eingegangen. Gerade das Vollstreckungsrecht ist der archimedische Punkt der Internetdiskussion.

Ich kann nur hoffen, dass der gnädige Leser trotz mancher Schwächen den einen oder anderen Hinweis für seine tägliche Praxis in den folgenden Überlegungen findet.

Münster im Juli 2017   Thomas Hoeren

Inhaltsübersicht

Inhaltsverzeichnis

Erstes Kapitel: Information und Recht – die Kernbegriffe

I Einführung

Für viele Menschen ist das Internet noch immer ein rätselhafter Ort. Seine 1
Grenzen sind kaum greifbar und technische Hintergründe bleiben für den Nutzer nicht selten im Verborgenen. Selbst die Bundeskanzlerin bezeichnete das Internet noch vor wenigen Jahren als „Neuland".[1] Zumindest aus juristischer Sicht hatte diese Aussage einen nicht unwahren Kern. Die Mühlen der Rechtswelt mahlen bekanntlich langsam und auch wenn Juristen es sich ungern eingestehen, scheitern bisweilen auch sie daran, die Komplexität des Internets vollumfänglich zu erfassen. Trotzdem ist das Internet kein rechtsfreier Raum. Die rechtliche Situation ist dabei allerdings alles andere als übersichtlich. Gerade für Laien scheint es nahezu unmöglich, den Überblick über die rechtlichen Entwicklungen in diesem weiten Themenfeld zu behalten.

Schon der Begriff des „Internetrechts" ist wohl ebenso nebulös wie für vie- 2
le User das Internet selbst. Die rechtlichen Rahmenbedingungen, an die sich verschiedenste Akteure zu halten haben, sind in keinem gesonderten oder speziellen Gesetz festgeschrieben. Vielmehr besteht das „Internetrecht" aus einer Vielzahl juristischer Disziplinen, die auf unterschiedlichen Ebenen mehr oder minder zusammenwirken. Durch die ständige Dynamik des Internetrechts, werden auch in anderen Rechtsgebieten stetige Veränderungen wahrgenommen. So ist im Informationsrecht ein ganz neuer Schwerpunkt mit neuen Rahmenbedingungen entstanden.

Das **Informationsrecht** ist eine der jüngeren Rechtsdisziplinen. Die Hin- 3
tergründe liegen allerdings noch im Dunkeln, aufgrund einer fehlenden klaren Bestimmung der Inhalte des Fachs. In der Tat glaubt jeder zu wissen, was Information ist – ohne eine konkrete Beschreibung geben zu können.[2] Benutzt werden überwiegend negative Definitionen, etwa dergestalt: Information ist nicht gegenständlich, nicht greifbar, nicht zeitlich beschränkt. Ebenso vage sind positive Auskünfte wie: Information sei ein „dritter Urzustand der Welt", eine „neue Art Wirklichkeit", neben der materiellen und geistigen Wirklichkeit, eine „strukturelle Koppelung", eine „dritte universelle Grundgröße". Diese De-

---

[1] So geschehen am 19. Juni 2013 während des Besuches des damaligen US-Präsidenten Barack Obama in Berlin.
[2] Lesenswert hierzu *Steinmüller*, Informationstechnologie und Gesellschaft, Darmstadt 1993, 189.

https://doi.org/10.1515/9783110556346-001

finitionsversuche erklären jedoch nur unpräzise verschiedene Informationsbegriffe aus verschiedenen Fachrichtungen. Definitionsversuche, die differenziert vorgehen, unterscheiden zwischen Information als Prozess, als Subjekt, als Objekt und als System. Letztendlich bezeichnet Information semantisch wohl jede Kenntnisbeziehung zu jedem realen und irrealen Gegenstand der Welt.[3] Damit wird allerdings ein konturen- und grenzenloser Begriff geschaffen. Offensichtlich aber besteht bei vielen Informationen ein ökonomischer Wert, der es rechtfertigen kann, diesen einer einzelnen Person zuzuordnen. Zu beachten ist allerdings, dass dieser Wert nur schwer zu fassen ist. Eine Information kann bspw. in dem Moment, in dem sie anderen mitgeteilt wird, ihren Wert verlieren, da ihr Wert einzig und allein darin bestehen mag, dass niemand sie kennt. Letztendlich umschreibt der Begriff des Informationsrechts eine Querschnittsmaterie, in deren Mittelpunkt Phänomene wie

- das Internet,
- Soft- und Hardware,
- Kunsthandel,
- Rundfunk und Fernsehen,
- Musik, Theater, Film, Foto, Printmedien,
- Telekommunikation, Satellitenkommunikation und Kabelnetze

stehen.

4   Das Informationsrecht bildet jedoch nicht den Oberbegriff für eine lose Sammlung verschiedenster Themen. Vielmehr beschäftigt das Informationsrecht eine zentrale Leitfrage, die Frage nach der **Informationsgerechtigkeit**: Wie werden wem wann und warum Ausschließlichkeitsrechte an Informationen zugeordnet? Diese Leitfrage lässt sich in **Einzelprobleme** untergliedern. So ist z. B. im Informationsrecht zu fragen:
- Welche Ausschließlichkeitsrechte bestehen überhaupt (z. B. Immaterialgüterrechte, Persönlichkeitsrechte, Geheimnisschutz)?
- Wie lassen sich diese Rechte voneinander abgrenzen?
- Wie kann das Interesse der Allgemeinheit am freien Zugang zu Informationen gesichert werden?
- Welche öffentlichen Interessen rechtfertigen Verbote der Informationsnutzung?

5   Oftmals stellt sich insgesamt zum Internetrecht die Frage, inwieweit sich rechtliche Wertungen und Normen, die schon weit vor der Entwicklung des Inter-

---

3 So bereits *Welp*, IuR 1988, 443, 445.

nets konzipiert wurden, in die digitale Welt überführen lassen. Naturgemäß ist dies nicht immer möglich, sodass mittlerweile auch zahlreiche internetspezifische Regelungen existieren, die vom nationalen oder europäischen Gesetzgeber in den unterschiedlichen Rechtsgebieten geschaffen wurden. Aufgrund der Schnelllebigkeit des Internets und seiner globalen Ausdehnung ist eine wirksame rechtliche Regulierung wahrlich kein leichtes Unterfangen. Entsprechend unterliegt das Internetrecht einem Prozess der ständigen Anpassung und Überarbeitung – mal durch den Gesetz- bzw. Verordnungsgeber selbst, mal durch die Rechtsprechung.

Dieses Buch soll nun einen Überblick über die Kernbereiche der beschrie- **6** benen Querschnittsmaterie geben. Nicht zuletzt weil ein Internetauftritt in der heutigen Zeit selbst für kleine Unternehmen eine Selbstverständlichkeit und – angesichts in der Vergangenheit erfolgter Abmahnwellen – eine sensible Fehlerquelle zugleich ist, orientiert sich sein Aufbau im Wesentlichen an den Bedürfnissen eines solchen Internetanbieters. Zunächst werden dementsprechend rechtliche Fragestellungen rund um die Vergabe von Domains beleuchtet. Sodann folgen Erläuterungen zu urheberrechtlichen Problemen und zu Fragen im Bereich der Online-Werbung. Eng damit verknüpft sind die dann folgenden Kapitel zum Vertragsschluss im Internet und dem Datenschutz. Nachfolgend finden sich dann Kapitel zu wichtigen Haftungsfragen, den internationalen Aspekten des Internetrechts sowie zum Internetstrafrecht.[4]

Dass die Darstellungen in den jeweiligen Bereichen nicht abschließend **7** sein können, versteht sich in einem dynamischen Rechtsgebiet wie dem Internetrecht von selbst. Trotzdem sollen die einzelnen Kapitel einen Überblick über die Materie geben und zu einem Einstieg für eine tiefergehende Beschäftigung mit den jeweiligen Themen anregen.

II Ausblick

Durch die Dynamik des Internetrechts zeichnen sich bereits einige Trends im **8** Bereich Datenschutzrecht und Internetrecht ab. Bezüglich des Internetrechts verstummen allmählich die Verfechter eines Internets ohne jegliche Begrenzungen. Jüngste Vorfälle zeigen deutlich auf, dass regulierende Maßnahmen notwendig sind. Doch die Kehrseite der Münze, der Missbrauch der Meinungsfrei-

---

4 In der Online-Version des Skripts finden interessierte Leser außerdem Musterverträge im Anhang. Diese mögen dem ein oder anderen als hilfreiche Beispiele für Vertragsgrundlagen im digitalen Geschäftsleben dienen; die letzten Versionen des Skripts sind abrufbar unter: www.uni-muenster.de/Jura.itm/hoeren/lehre/materialien (zuletzt abgerufen: Juli 2017).

heit durch Hassreden im Internet, erfoderte eine „Meinungskontrolle". Diese fand ihren Ausdruck zuletzt im Netzwerkdurchsetzungsgesetz. Die Ubiquität des Internets bereitet weiterreichende Probleme, wie bspw. die Durchsetzung und Vollstreckung von Unterlassungsansprüchen im Rahmen der Rechtsdurchsetzung von Immaterialgüterrechten. Dabei werden nicht selten die Intermediäre für Vollstreckungsprobleme verantwortlich gemacht. Auch im Rahmen des Setzens von Hyperlinks auf rechtswidrige Inhalte ergeben sich einige Änderungen bzgl. der Haftung, wie aus dem Urteil des *EuGH* vom 8. August 2016 hervorgeht.

9   Im Bereich des Datenschutzrechts wird die ab Mai 2018 anzuwendende Datenschutzgrundverordnung (DSGVO) für einige Neuerungen sorgen.[5] Die komplexe Regelungsstruktur sowie die Vielzahl an unbestimmten Rechtsbegriffen und Ausnahmen führen schon jetzt dazu, dass der deutsche Gesetzgeber mit seiner Gesetzgebung hinterherhinkt. Zentrale Problematik ist wohl die Verknüpfung des Datenschutzrechts mit anderen Rechtsgebieten. So werden Fragen des Verbraucherschutzes, des Direktmarketings oder kartellrechtliche Themen tangiert und es wird das deutsche Zustimmungserfordernis bei Telefon- und Mailwerbung bspw. durch das Opt-out-Modell des Art. 21 DSGVO umgangen. Dem geschuldet ist mit einer weiteren Verordnung, der E-Privacy-VO, zu rechnen. Die DSGVO bewirkt eine weitgehende Ablösung nationaler Regelungen dadurch, dass sie auf die Verarbeitung personenbezogener Daten zielt. Auch im Bereich Big-Data und M2M-Kommunikation erscheint zumindest das Datenschutzrecht ineffizient. Hier werden erweiterte Regulierungsansätze gefordert.

10   Weiter im Raum steht die Frage, wem das Eigentum an Daten zustehen soll, wie also ein Verfügungsrecht an Daten hergeleitet werden soll. Die h. M. vertritt hier, dass es sich um sonstige Gegenstände i. S. v. § 453 BGB handelt. Davon sind praxisrelevante insolvenzrechtliche sowie pfandrechtliche Fragen betroffen. Ebenfalls problematisch erscheint der Umgang mit Blockchains. Neben einigen Vorteilen dieser Technik, wie bspw. im Bereich E-Government, birgt dies auch erhebliche Risiken für den Datenschutz, Geldwäsche oder das Darknet.

11   Zu berücksichtigen bleibt, dass trotz erheblicher Risiken und Probleme, auch Chancen für die Rechtsentwicklung bestehen. Nicht zuletzt deswegen lohnt es sich, die Trends im Internetrecht im Auge zu behalten.[6]

---

5 Hierzu *Dammann*, ZD 2016, 307; *Paal/Hennemann*, K & R 2017. 18; *von Schenck/Mueller-Stöfen*, GWR 2017, 171.
6 Vgl. hierzu weiterführend: *Hoeren*, NJW 2017, 1587.

III Geschichte des Informationsrechts – ein Kurzüberblick

Das Informationsrecht nahm seinen historischen Ausgangspunkt **Anfang der** 12
siebziger Jahre, als mit der zunehmenden Bedeutung der EDV auch deren
Risiken Gegenstand der öffentlichen Diskussion wurden. So begann ein – noch
heute relevantes und kontroverses – Streitgespräch über den **Schutz personenbezogener Daten**, das sich bald mit einem der SPD nahestehenden politischen Duktus verband. In der Folge entstanden die ersten Datenschutzgesetze
in Hessen (1974) und auf Bundesebene (1979). Nach dem Volkszählungsurteil
(1983) trat der Streit um Möglichkeiten und Grenzen des Datenschutzes noch
einmal in das Licht der Öffentlichkeit, bevor der Datenschutz daraufhin seine
bis heute andauernde Talfahrt begann.

Auf anderen Gebieten kam die Diskussion erst allmählich ins Laufen. Zu- 13
nächst wurden „first generation issues" behandelt, insb. die Frage der **Anwendbarkeit traditioneller Regelwerke auf Software- und Hardware**. So
rankten sich Rechtsprechung und Literatur Anfang der achtziger Jahre um die
Urheberrechtsfähigkeit oder die Sachqualität von Software. Als diese Grund-
satzfragen durch höchstrichterliche Rechtsprechung geklärt waren, kamen die
„**second generation issues**", Spezialfragen, wie der Vervielfältigungsbegriff
bei RAM-Speicherung.

Die Forschung bewegte sich bis Ende der achtziger Jahre in ruhigeren Ge- 14
wässern, bis dann durch **Multimedia und Internet** neue Themen ins Blickfeld
gerieten. Bislang scheint die Forschung hier noch bei den „first generation issues" stehen geblieben zu sein. So finden sich zahlreiche Beiträge zur Anwendbarkeit des traditionellen Werberechts auf Online-Marketing oder zum Schutz
gegen Domaingrabbing. Inzwischen normalisiert sich die Diskussion wieder.
Nachdem die Anwendbarkeit traditioneller Regelungen auf Internet-Sachver-
halte weitgehend (auch durch Gesetzeskorrekturen) geklärt ist, kommt jetzt erneut die Phase, in der Detailfragen zu klären sind.

Dennoch ist es bis heute noch nicht gelungen, ein klares dogmatisches 15
System des Informationsrechts zu begründen. Der Zusammenhang zwischen
den verschiedenen Facetten des Informationsrechts bedarf noch der Aufklärung und Diskussion.

IV Einführende Literatur und Fachzeitschriften

Zum Informationsrecht insgesamt ist einführende Literatur dünn gesät. Noch 16
wird die Publikationsszene von einer Vielzahl einzelner Monographien und
Einführungen zu Teilaspekten, wie etwa dem Datenschutzrecht oder dem Da-

tenverarbeitungsvertragsrecht, geprägt. Im Übrigen ist zu beachten, dass die Gefahr einer Überalterung im Informationsrecht sehr hoch ist: Bedingt durch das enorme Tempo der Gesetzgebung und Rechtsprechung auf diesem Gebiet sind Werke meist schon veraltet, wenn sie erscheinen. Man muss daher alle Werke auf diesem Gebiet (einschließlich des vorliegenden) mit Bedacht lesen und auf aktuelle Entwicklungen hin kritisch prüfen.

17   Hinweise zu Einführungsliteratur für einzelne Teilgebiete finden sich vor den jeweiligen Abschnitten in diesem Werk. Als **übergeordnete Literatur** ist zu empfehlen:

Hoeren/Sieber/Holznagel (Hrsg.), Handbuch Multimedia-Recht, München, Loseblatt: Stand 2017.

Kilian/Heussen (Hrsg.), Computerrechts-Handbuch, München, Loseblatt: Stand 2017.

Spindler/Schuster (Hrsg.), Recht der elektronischen Medien, München, 3. Aufl. 2015.

18 **Einzelmonographien:**

Thomas Hoeren, Internet- und Kommunikationsrecht, 2. Aufl. Köln 2012.

Köhler/Arndt/Fetzer, Recht des Internet, 8. Aufl. Heidelberg 2016.

19   Hinsichtlich der **Fachzeitschriften** ist ein Trend zu einer Informations-überflutung zu beobachten. Eine Fülle neuer Zeitschriften ist in den letzten Jahren zum Informationsrecht erschienen; offensichtlich wittern viele Verleger hier „Morgenluft". Die Qualität der Beiträge lässt allerdings manchmal zu wünschen übrig; viele Inhalte wiederholen sich. Bei der Lektüre ist also Vorsicht geboten. Im Einzelnen erscheinen in **Deutschland** folgende Zeitschriften (in alphabetischer Reihenfolge):

– Archiv für Presserecht/Zeitschrift für Medien- und Kommunikationsrecht (AfP)
– Computerrecht
– Computer und Recht (CR)
– Computer Law Review International (CRi)
– Datenschutz-Nachrichten (DANA)
– Datenschutz und Datensicherung (DuD)
– Datenverarbeitung, Steuer, Wirtschaft, Recht (DSWR)
– Datenverarbeitung im Recht (DVR; eingestellt 1987)
– Gewerblicher Rechtsschutz und Urheberrecht (GRUR)
– Gewerblicher Rechtsschutz und Urheberrecht. Internationaler Teil (GRUR Int.)
– Der IT-Rechts-Berater (ITRB)
– Informatik und Recht (IuR; eingestellt 1988)

- Kommunikation & Recht (K & R)
- Kunst & Recht (KUR)
- medien und recht – Zeitschrift für Medien- und Kommunikationsrecht (medien und recht)
- Medien und Recht – International Edition (MR-Int)
- Multimedia und Recht (MMR)
- Neue Juristische Wochenschrift. Computerreport (NJW-CoR; eingestellt 2000)
- Öffentliche Verwaltung und Datenverarbeitung (ÖVD; eingestellt 1986)
- PingG – Privacy in Germany
- Recht der Datenverarbeitung (RDV)
- Zeitschrift für Datenschutz (ZD)
- Zeitschrift für geistiges Eigentum (ZGE)
- Zeitschrift für Urheber- und Medienrecht (ZUM) und der dazu gehörige Rechtsprechungsdienst (ZUM-RD).

Österreich: 20
- Ecolex
- Medien & Recht
- Rundfunkrecht (RfR)
- Zeitschrift für Informationsrecht (ZIIR)

Schweiz: 21
- sic!
- Digma/Zeitschrift für Datenrecht und Informationssicherheit

Im internationalen Kontext ist die Lage auf dem Zeitschriftenmarkt kaum 22 überschaubar. Hier sei nur eine Auswahl genannt:
- Actualidad Informatica Aranzadi (E)
- Auteurs & Media (B)
- Berkeley Technology Law Journal (USA)
- Columbia Visual Arts & Law Journal (USA)
- Communications Law (Tolley's)
- Computer Law & Practice (UK)
- Computer Law & Security Report (UK)
- The Computer Lawyer (USA)
- Computerrecht (NL)
- EDI Law Review (NL)
- European Intellectual Property Review (UK)
- Information & Communications Technology Law (UK)

- Informatierecht (NL)
- Jurimetrics (USA)
- Lamy Droit de l'informatique (F)
- Revue internationale de Droit d'Auteur (F)
- Rutgers Computer & Technology Law Journal (USA)
- The John Marshal Journal of Computer& Information Law (USA)
- Vanderbilt Journal of Law & Technology (USA)
- World Intellectual Property Law (USA)

23 Für die Recherche in **Fachbibliotheken** muss beachtet werden, dass es sich beim Informationsrecht um eine noch junge Disziplin handelt, die nur an wenigen Universitäten beheimatet ist. Der unbedarfte Forscher wird daher meist enttäuscht sein, wenn er versucht, über seine lokale Fakultätsbibliothek an einschlägige Werke zu gelangen. Zu empfehlen sind die Bibliotheken folgender Einrichtungen

- DFG-Graduiertenkolleg „Geistiges Eigentum und Gemeinfreiheit" (Universität Bayreuth)
- Max-Planck-Institut für Immaterialgüter- und Wettbewerbsrecht (München)
- Institut für Rechtsinformatik (Universität Saarbrücken)
- Institut für Medienrecht und Kommunikationsrecht (Universität Köln)
- Institut für Geistiges Eigentum, Wettbewerbs- und Medienrecht (TU Dresden)
- Institut für Rechtsinformatik (Universität Hannover)
- Zentrum für Rechtsinformatik (Universität Karlsruhe)
- Gerd Bucerius-Stiftungsprofessur für Kommunikationsrecht (Universität Rostock)
- Institut für Informations-, Telekommunikations- und Medienrecht/ITM (Universität Münster)
- Institut für Urheber- und Medienrecht (München).

24 Im **europäischen Ausland** findet sich das
- Institut voor Informatierecht (Universiteit Amsterdam/Niederlande)
- Centre de Recherches Informatique et Droit/CRID (Universite de Namur/ Belgien)
- Centre for Advanced Legal Studies (London)
- Institut für Rechtsphilosophie, Rechtssoziologie und Rechtsinformatik der Karl-Franzens-Universität Graz
- Interdisciplinary Centre for Law & Information Technology (Leuven)
- Norwegian Research Center for Computers and Law/NRCCL (Oslo)

- Queen Mary University of London School of Law (London)
- Centre d'Estudis de Dret i Informàtica de Balears (Palma de Mallorca).

In den **USA** bestehen Forschungseinrichtungen u. a. an der Harvard Law Scho- 25
ol: „Berkman Center for Internet & Society" und der Yale University: „Center
for Internet Studies". Weitere Forschungseinrichtungen und Lehrstühle bestehen an der Columbia Law School (New York) und den Universitäten Stanford
und Berkeley.

Zweites Kapitel: Rechtliche Einordnung der Domainvergabe

Literatur: *Baum*, Die effiziente Lösung von Domainnamenskonflikten, München 2005; *Becker*, Das Domainrecht als subjektives Recht, GRUR Int. 2010, 940; *ders.*, Verteilungsgerechtigkeit und gebotene Benutzung im Domainrecht, GRUR Int. 2010, 202; *ders.*, Positive und negative Zeichenberechtigung im Internet, WRP 2010, 467; *Böcker*, Der Löschungsanspruch in der registerkennzeichenrechtlich motivierten Domainstreitigkeit, GRUR 2007, 370; *Bröcher*, Domainnamen und das Prioritätsprinzip im Kennzeichenrecht, MMR 2005, 203; *Bücking/Angster*, Domainrecht, 2. Aufl. Stuttgart 2010; *Danckwerts*, Örtliche Zuständigkeit bei Urheber-, Marken- und Wettbewerbsverletzungen im Internet, GRUR 2007, 104; *Dieselhorst/Plath*, Marken und Domains, in: *Moritz/Dreier* (Hrsg.), Rechtshandbuch E-Commerce, 2. Aufl. Köln 2005, 306; *Eichelberger*, Benutzungszwang für .eu-Domains, K & R 2007, 453; *Erdmann*, Gesetzliche Teilhabe an Domain-Names. Eine zeichen- und wettbewerbsrechtliche Untersuchung, GRUR 2004, 405; *Gräbig*, Domain und Kennzeichenrecht, MMR 2009, Beil. Nr. 6, 25; *Haar/Krone*, Domainstreitigkeiten und Wege zu ihrer Beilegung, in: Mitteilungen der deutschen Patentanwälte 2005, 58; *Härting*, Kennzeichenrechtliche Ansprüche im Domainrecht, ITRB 2008, 38; *Hellmich/Jochheim*, Domains im Agenturgeschäft nach der grundke.de Entscheidung, K & R 2007, 494; *Huber/Hitzelberger*, Ratgeber Domain-Namen, 2. Aufl. 2010; *Hülsewig*, Rechtsschutz gegen die unberechtigte Nutzung von Domains im Internet – ein systematischer Überblick unter Berücksichtigung aktueller Rechtsprechung, JA 2008, 592; *Jaeger-Lenz*, Die Einführung der .eu-Domains – Rechtliche Rahmenbedingungen für Registrierung und Streitigkeiten, WRP 2005, 1234; *Kazemi*, Schutz von Domainnamen in den Beitrittsstaaten, MMR 2005, 577; *Körner*, Der Schutz der Marke als absolutes Recht – insb. die Domain als Gegenstand markenrechtlicher Ansprüche, GRUR 2005, 33; *Koos*, Die Domain als Vermögensgegenstand zwischen Sache und Immaterialgut – Begründung und Konsequenzen einer Absolutheit des Rechts an einer Domain, MMR 2004, 359; *Martinek*, Die Second-Level-Domain als Gegenstand des Namensrechts in Deutschland, in: Festschrift für Käfer 2009, 197; *Mietzel*, Die ersten 200 ADR-Entscheidungen zu .eu-Domains – Im Spagat zwischen Recht und Gerechtigkeit, MMR 2007, 282; *Mietzel/Orth*, Quo vadis .eu-ADR? – Eine erneute Bestandsaufnahme nach 650 Entscheidungen, MMR 2007, 757; *Müller*, .eu-Domains – Erkenntnisse aus dem ersten Jahr Spruchpraxis, GRUR Int. 2007, 990; *Pothmann/Guhn*, Erste Analyse der Rechtsprechung zu .eu-Domains in ADR-Verfahren, K & R 2007, 69; *Reinholz/Janke*, Domainrecht – eine Bilanz der Rechtsprechung aus den Jahren 2012/2013, K & R 2013, 613; *Selby*, Domain law and internet governance, in: Bourbaki Law Review 34 (2008), 325; *Sobola*, Ansprüche auf .eu-Domains, ITRB 2007, 259; *Ullmann*, Wer suchet der findet – Kennzeichenrechtsverletzungen im Internet, GRUR 2007, 663; *Viefhues*, Wenn die Treuhand zum Pferdefuß wird, MMR 2005, 76; *Voegelie-Wenzl*, Internet Governance am Beispiel der Internet Corporation of Assigned Names and Numbers (ICANN), GRUR Int. 2007, 807; *Weisert*, Die Domain als namensgleiches Recht? Die Büchse der Pandora öffnet sich, WRP 2009, 128; *Remmertz*, Kein Anspruch auf Übertragung einer .eu-Domain?, GRUR-Prax 2015, 549.

26 Internetnutzer haben grundsätzlich zwei Möglichkeiten, um auf Informationen im Internet zuzugreifen. Sie gelangen entweder durch direkte Eingabe der Ad-

https://doi.org/10.1515/9783110556346-002

resse auf die gewünschte Webseite oder mittels der Benutzung einer Suchmaschine und dem folgenden Klick auf eines der in der Trefferliste aufgeführten
Ergebnisse. Im ersten Fall ist offensichtlich, weshalb ein Betreiber eine eindeutige Internet-Adresse benötigt. Doch auch im zweiten Fall erfordert das Auffinden des jeweiligen Internetangebots eine eindeutige Adresse. Dabei ist zu
beachten, dass jede Internet-Adresse nur jew. einer Webseite zugeordnet sein
kann, der Run auf diese Kennzeichnungen war deshalb eine logische Konsequenz. Schon früh machten sich daher digitale Adressenhändler auf die Suche
nach besonders wertvollen Kennzeichnungen, die sie registrieren ließen, um
sie nachher gegen teures Geld zu verkaufen. Dabei kommt es jedoch nicht
selten vor, dass an den Wortbestandteilen einer spezifischen Internetadresse
bereits gleichlautende oder ähnliche Kennzeichenrechte Dritter, wie bspw.
Markenrechte bestehen. Markenrechtliche Auseinandersetzungen waren vor-
programmiert und schon bald häuften sich im In- und Ausland Gerichtsentscheidungen zu diesem Problembereich.

I Praxis der Adressvergabe

Literatur: *Bettinger*, Domain Name Law and practice, Oxford, 2005; *Burgställer*, Die neue
„doteu"-Domain, Medien & Recht 2004, 214; *Müller*, Alternative Adressierungssysteme für
das Internet – Kartellrechtliche Probleme, MMR 2006, 427; *Müller*, Das neue alternative
Streitbeilegungsverfahren für .eu-Domains, SchiedsVZ 2008, 76; *Rayle*, Die Registrie-
rungspraktiken für Internet-Domainnamen in der EU, München 2003; *Wibbeke*, Online-
Namensschutz, Organisation der Domainverwaltung in Zeiten der Globalisierung, ITRB
2008, 182.

Um ein Internetangebot aufzurufen, musste ursprünglich eine sog. Internet- **27**
Protokoll-Nummer (IP-Nummer) in die Adressleiste des Browsers eingegeben
werden. Dieser numerischen Adresse, bestehend aus vier durch einen Punkt
getrennten Byte-Werten zwischen 0 und 255, ist ein Rechner oder ein Server
im Internet zugeordnet, welcher daraufhin den Inhalt der Seite an den Browser
des Abrufenden zurückschickt. Es liegt allerdings auf der Hand, dass im Rahmen der stetigen Verbreitung des Internets und der explodierenden Anzahl sowohl an Nutzern als auch an Internetangeboten eine Alternative zum Merken
dieser langen Zahlenkombination gefunden werden musste. Schließlich war es
mit der Einführung der Domainnamen daraufhin möglich, eine Internet-Adresse nicht nur mittels Zahlen, sondern auch mittels Buchstaben und Bindestri-
chen eindeutig zu bestimmen. Die technische Zuordnung findet im Hintergrund jedoch weiterhin unter der Verwendung von IP-Adressen statt. Für die
Zuordnung zwischen eingegebenem Domainnamen und der IP-Adresse des jeweiligen Servers ist das sogenannte Domain-Name-System (DNS) verantwortlich. Der Nutzer genießt dabei jedoch den Komfort von leicht merkbaren Do-

mainnamen, daher wird das Domain-Name-System auch als „Telefonbuch des Web" bezeichnet.[1]

28   Bei der Durchsetzung der markenrechtlichen Vorgaben sind die faktischen Besonderheiten der Adressvergabe im Internet zu beachten. Nur eine offiziell gemeldete Adresse kann vom DNS ordnungsgemäß geroutet werden, d. h. am Internet teilnehmen.

1 Internationale Strukturen/ICANN

Literatur: *Holznagel/Hartmann*, .gemeinde statt .de – Internet-Domainnamen für deutsche Kommunen, NVwZ 2012, 665; *Jaeger-Lenz*, Rechtsschutz bei Markenverletzungen durch neue Top-Level-Domains, GRUR-Prax 2012, 543; *Meyer*, Die Zukunft der Internetadressierung, DFN-Infobrief 01/2007; *Rickert*, Schutz von Kennzeichenrechten bei der Einführung neuer TLDs, MMR 2012, 444; *Schulte-Braucks*, Kennzeichnungsschutz durch Hinterlegung im Trademark Clearinghouse und parallele Domainüberwachung, K & R-Beih. 2013, 3; *diess.*, Alles neu macht die ICANN – die neuen Top Level Domains bescheren Markeninhabern neue Risiken und neue Rechtsschutzmöglichkeiten, GRUR Int 2013, 322; Troge, Neue Top-Level-Domains – Neuer Markenschutz?, CR 2012, 481; *Voegeli-Wenzl*, Internet Governance am Beispiel der Internet Corporation of Assigned Names and Numbers (ICANN), GRUR Int. 2007, 807; *Weigele*, Internet Corporation on Assigned Names and Numbers (ICANN) – Staats-, europa- und völkerrechtliche Beurteilung, MMR 2013, 16.

29 Die für die Kommunikation zwischen den einzelnen Rechnern erforderlichen IP-Adressen werden nicht vom Staat vergeben. Als Oberorganisation ist vielmehr die **Internet Corporation for Assigned Names and Numbers** (ICANN) zuständig.[2] Die ICANN wurde im Herbst 1998 als non-profit-public benefit organization i. S. d. §§ 5110 – 6910 des California Corporation Code in den USA gegründet.[3] Der Sitz ist in Kalifornien.

30   Die ICANN hat weitreichende Kompetenzen im Domainbereich, u. a.
- die Kontrolle und Verwaltung des Root-Server-Systems (mit Ausnahme des obersten A-Root-Server, der lange Zeit unter der Kontrolle der US-Regierung stand und heute von VeriSign Global Registry Services verwaltet wird);
- die Vergabe und Verwaltung von IP-Adressen, mit Hilfe der Regional Internet Registries (RIR)[4], ARIN (Kanada, United States, viele karibische und nordatlantische Inseln), RIPE NCC (Europa, Mittlerer Osten, Teile von Zen-

---

1 Hoeren/*Sieber*/Holznagel, Handbuch MMR, 36. Ergänzungslieferung 2013, Teil 1 Rz. 59.
2 Siehe dazu *Kleinwächter*, MMR 1999, 452.
3 Siehe dazu auch die Articles of Incorporation des ICANN vom 28. 1. 1998, abrufbar unter www.icann.org/general/articles.htm (zuletzt abgerufen: April 2017).
4 https://aso.icann.org/advisory-council/regional-internet-registries-rirs/ (zuletzt abgerufen: April 2017).

tralasien), AFRINIC (Afrika), APNIC (asiatisch-pazifischer Raum) und LACNIC (Lateinamerika, Teile der Karibik);
- die Vergabe und Verwaltung von TLDs, sowohl hinsichtlich der länderbasierten Kennungen (country-code Top-Level-Domains; ccTLDs) als auch der generischen TLDs (gTLDs); hierzu akkreditiert die ICANN sog. Registrars, bei denen dann die einzelnen Domains registriert werden können.

Derzeit bestehen folgende bedeutende **gTLDs:**[5]   31
- arpa (ARPANET; diese TLD wird von der IANA als „Infrastrukturdomain" bezeichnet)
- biz (Unternehmen)
- com („Commercial")
- info (Informationsdienste)
- int (Internationale Organisationen)
- name (Natürliche Personen oder Familien)
- net (für Angebote mit Internetbezug)
- org (für nichtkommerzielle Organisationen)
- pro (Bestimmte Berufsgruppen – Anwälte, Steuerberater, Ärzte, Ingenieure – in USA, Kanada, Deutschland und dem Vereinigten Königreich).[6]

Außerdem bestehen folgende sog. Sponsored gTLDs: 32
- aero (Luftverkehr)
- asia (Region Asien)
- cat (Region Katalonien)
- coop (Genossenschaftlich organisierte Unternehmen)
- edu (Bildungsorganisationen)
- gov (US-Regierung)
- jobs (Internationaler Bereich des Human Resource Management)
- mil (US-Militär)
- mobi (Mobilfunkanbieter bzw. Inhalte, die durch mobile Endgeräte genutzt werden können)
- museum (für Museen)
- tel (vereinfachtes Anrufen bei Firmen und Unternehmen)
- travel (Reiseanbieter)
- xxx (Pornoanbieter)

---

5 Um die zuständigen Registrierungsstellen für diese Kennungen festzustellen siehe www.icann.org/registries/listing.html (zuletzt abgerufen: April 2017).
6 Eine Liste der vielen weiteren zugelassenen gTLDs findet sich unter: https://newgtlds.icann.org/en/program-status/delegated-strings (zuletzt abgerufen: Juli 2017).

33 Wurde die Endung .xxx im Jahre 2007 noch von der ICANN abgelehnt, hat sie sich am 20. Juni 2011 jedoch im Rahmen einer Ausweitung des Rahmes möglicher TLDs auch für diese ausgesprochen.[7] Dies eröffnete Raum für neue kennzeichenrechtliche Problemstellungen, wollten doch Inhaber von Kennzeichenrechten diese i. d. R. nicht mit der Endung .xxx im Internet wiederfinden. Daher war es vom 7. September 2011 an möglich, innerhalb von 30 Tagen Markennamen auf Dauer für die Registrierung unter der TLD .xxx zu sperren.[8]

34   Länderspezifisch bestehen heute über 200 verschiedene TLDs.[9] Wichtig sind die **ccTLDs:**
- at (Österreich)
- ch (Schweiz)
- de (Deutschland)
- es (Spanien)
- fr (Frankreich)
- jp (Japan)
- nl (Niederlande)
- no (Norwegen)
- uk (Großbritannien)

35 Die Kennung „.us" (für die USA) existiert zwar, ist aber nicht gebräuchlich. Einen besonderen Reiz üben Kennungen aus, die über ihren Länderbezug hinaus eine Aussagekraft haben, wie z. B.: „.tv" (für Tuvalu; begehrt bei Fernsehsendern) und „.ag" (für Antigua; gleichzeitig Ausdruck für Aktiengesellschaft). Besondere Probleme bestanden mit der Zulassung von Domains auf der Basis des chinesisch-japanischen Schriftsystems; diese Probleme wurden im Juni 2003 durch die Einführung eigener ICANN-Standardisierungsrichtlinien gelöst.[10]

36   Die Einführung weiterer sog. Regio-TLDs wie „.bayern"[11] oder „.berlin" ist abhängig von Verhandlungen der Provider mit der ICANN. So existieren u. a. bereits die TLDs „.nrw" und „.ruhr". Die ICANN selbst hat die völlige Freigabe aller TLDs in die Wege geleitet. Wegen kartellrechtlicher Bedenken soll die Gestaltung von TLDs frei möglich sein, sodass TLDs wie „.siemens" denkbar sind. Erste Vorschläge für ein solches System wurden unter dem Stichwort „Openness Change Innovation" im Oktober 2008 veröffentlicht.[12] In der Zwischenzeit

---

7 Vgl. http://heise.de/-1211025 (zuletzt abgerufen: April 2017).
8 Vgl. zu diesem Problemkreis MMR-Aktuell 2011, 320145.
9 Siehe dazu die Liste unter www.iana.org/domains/root/db (zuletzt abgerufen: April 2017).
10 www.icann.org/general/idn-guidelines-20jun03.htm (zuletzt abgerufen: April 2017).
11 http://heise.de/-2171522: TLD .bayern ab September 2014 (zuletzt abgerufen: April 2017).
12 www.icann.org/en/topics/new-gtld-program.htm (zuletzt abgerufen: April 2017).

liegt ein „Applicant Guidebook" vor, das die weiteren Details des Verfahrens beschreibt. Zu entrichten sind 185 000 US-Dollar als Registrierungsgebühr. Antragsberechtigt sind Unternehmen, Organisationen und Institutionen „von gutem Ansehen" („in good standing"). Privatpersonen oder Einzelkaufleute können sich nicht registrieren. Verfügbar sind ASCII-Code-Zeichen und gTLDs aus nicht lateinischen Zeichen. Nach der Anmeldung folgt eine Überprüfung der technischen und finanziellen Kompetenz des Antragstellers („Evaluation Procedere"). Danach können Dritte Einsprüche gegen einen Registrierungsantrag vorbringen („Dispute Resolution Procedere"). Bei mehreren Anträgen für eine TLD soll der Zuschlag nach Auktionsregeln oder nach Maßgabe einer vergleichenden Evaluierung erfolgen („comparative evaluation"). Zahlreiche Unternehmen und Gebietskörperschaften haben sich um die Zuteilung neuer TLDs beworben.[13] Vergeben wurden insb. Namen von Unternehmen und Städten sowie Allgemeinbegriffe (z. B. .bike, .singles, .photography, .today und .company).[14]

37 Laut ICANN sind bislang 1 930 Anträge auf Zuteilung einer solchen neuen gTLD eingegangen, von denen bisher 1 220 Anträgen zugestimmt wurde (Stand: 7. Juni 2017).[15]

2 Die .eu-Domain

Literatur: *Eichelberger*, Benutzungszwang für .eu-Domains?, K & R 2007, 453; *ders.*, Das Verhältnis von alternativem Streitbeilegungsverfahren zum Zivilprozess bei Streitigkeiten über .eu-Domains, K & R 2008, 410; *Försterling/Hohl*, Verhältnis der ordentlichen Gerichtsbarkeit zur alternativen Streitbeilegung bei .eu-Domain-Streitigkeiten – Diskussion vorhandener Lösungsansätze anhand der Entscheidung Toth vs. Emirates, MMR 2013, 148; *Mietzel*, Die ersten 200 ADR-Entscheidungen zu .eu-Domains, MMR 2007, 282; *Mietzel/Orth*, Quo vadis – .eu-ADR? MMR 2007, 757; *Müller*, „.eu"-Domains: Erkenntnisse aus dem ersten Jahr Spruchpraxis, GRUR Int. 2007, 990; *ders.*, „.eu"-Domains: Widerruf aufgrund zweijähriger Nichtbenutzung ab Domainregistrierung, GRUR Int. 2009, 653; *ders.*, Das neue alternative Streitbeilegungsverfahren für .eu-Domains: Einführung und erste Erkenntnisse aus der Praxis, SchiedsVZ 2008, 76; *Pothmann/Guhn*, Erste Analyse der Rechtsprechung zu .eu-Domains in ADR-Verfahren, K & R 2007, 69; *Sobola*, Ansprüche auf .eu-Domains, ITRB 2007, 259.

38 Als Zeichen für die Identität des europäischen Wirtschaftsraums hat die Europäische Kommission schon seit Ende der neunziger Jahre über die Einführung einer eigenen „.eu" TLD nachgedacht. Im Jahre 2002 war es dann so weit. Ver-

---

13 http://heise.de/-1263102 (zuletzt abgerufen: April 2017).
14 MMR-Aktuell 2011, 319448.
15 https://newgtlds.icann.org/en/program-status/statistics (zuletzt abgerufen: April 2017).

abschiedet wurde die Verordnung (EG) Nr. 733/2002 des Europäischen Parlaments und des Rates vom 22. April 2002 zur Einführung der Domain oberster Stufe „.eu" sowie die weitere Verordnung (EG) Nr. 874/2004 vom 28. April 2004 der Kommission mit allgemeinen Regeln für die Durchführung und die Funktionen der „.eu" TDL.[16] Aufgrund der Rahmenverordnung des Parlaments wurde nach einer Ausschreibung ein Domain-Name-Registrar bestellt. Als Registrierungsorganisation tritt EUR*id* auf, eine gemeinnützige Organisation mit Sitz in Diegem (Belgien).

39   Nachdem die ICANN im Jahre 2000 die Einführung einer neuen ccTLD „.eu" beschlossen hat, ist diese ab dem 7. Dezember 2005 sehr erfolgreich gestartet. Seit diesem Zeitpunkt war es für die Inhaber registrierter Marken[17] und öffentlicher Einrichtungen im Rahmen der sog. „landrush-period" möglich, die Vergabe der „.eu"-Domains zu beantragen. Zwei Monate später, also ab dem 7. Februar 2006, konnten dann sonstige Rechteinhaber eine Domain unter der TLD „.eu" beantragen („landrush-period II"). Innerhalb dieser Zeiträume galt für Rechteinhaber das Prioritätsprinzip; wer als erster seinen Registrierungsantrag bei der EURid[18] einreichte, der erhielt die Domain. Die jeweiligen kennzeichenrechtlichen Positionen mussten innerhalb einer Frist von 40 Tagen bei der Wirtschaftsprüfungsgesellschaft PricewaterhouseCoopers zur Prüfung vorgelegt werden. Die Dokumentation der entsprechenden kennzeichenrechtlichen Positionen erforderte eine besondere Sorgfalt, da bereits formale Fehler (fehlendes Deckblatt der Anmeldung etc.) zu einer Abweisung führten. Eine solche Abweisung bedeutete zwar noch keinen vollständigen Verlust der Domain, jedoch war eine Nachbesserung nicht möglich und zwischenzeitlich eingereichte Registrierungswünsche für die Domain erhielten eine bessere Priorität. In der Zwischenzeit existieren mehr als 3,8 Millionen aktive Domains mit der „.eu"-Kennung.[19]

3 Die DENIC eG

40 Über die Einrichtung einer Domain[20] unterhalb der country-code TLD für Deutschland „.de" und ihre Anbindung an das Internet wacht seit dem 17. De-

---

16 Amtsblatt Nr. L162 vom 30. 4. 2004, S. 40.
17 Hierzu zählten neben reinen Wortmarken (nationale Marken, europäische Gemeinschaftsmarken oder internationale Registrierungen mit Schutzwirkung in einem Mitgliedsland der EU) auch Wort-Bild-Marken, bei denen der Wortbestandteil vorrangige Bedeutung hat.
18 www.eurid.eu (zuletzt abgerufen: April 2017).
19 https://eurid.eu/media/filer_public/50/76/50764696–283d–4810–8b66–5b7cf3430 ff9/ annual_report_2015.pdf (zuletzt abgerufen: April 2017).
20 In Österreich ist die NIC.AT GmbH zuständig, in der Schweiz SWITCH (Swiss Academic and Research Network) welche den Direktverkauf der .ch-Domains eingestellt hat und Domain-

zember 1996 das Deutsche Network Information Center eG (DENIC) mit Sitz in Frankfurt a. M.[21] Im August 2008 hatte sie 264 Mitglieder[22] (davon 13 per Amt), einschließlich der Deutschen Telekom AG. Aufgaben der DENIC sind der Betrieb des Primary-Nameservers für die TLD „.de", die bundesweit zentrale Vergabe von Domains unterhalb der TLD „.de" und die Administration des Internets in Zusammenarbeit mit internationalen Gremien.[23]

Die Tätigkeit der DENIC erfolgt auf **rein zivilrechtlicher Grundlage**; insb. ist die DENIC weder als Beliehener noch als untergeordnete Behörde etwa im Verhältnis zur Bundesnetzagentur anzusehen. Nach § 66 Abs. 1 S. 4 TKG wird die Verwaltung von Domainnamen oberster oder nachgeordneter Stufen ausdrücklich vom Aufgabenbereich der Bundesnetzagentur ausgenommen. 41

Die DENIC hat genau festgelegt, wie eine Domain beschaffen sein muss. Eine gültige Domain besteht aus max. 63 Buchstaben, Ziffern und dem Bindestrich. Sie beginnt und endet mit einem Buchstaben oder einer Ziffer.[24] Zwischen Groß- und Kleinschreibung wird nicht unterschieden. Umlaute und Sonderzeichen sind seit dem 1. März 2004 erlaubt. Eine weitere, eigene Unterteilung (Subdomain) ist möglich, wird jedoch nicht von der DENIC, sondern vom Provider oder vom Nutzer eingerichtet. Seit einer Änderung der DENIC-Domainrichtlinien mit Wirkung vom 23. Oktober 2009 können auch ein- und zweistellige Domains, reine Zifferndomains sowie Domains, die Kfz-Kennzeichen oder anderen TLDs entsprechen, registriert werden. **Kartellrechtlich** gesehen handelt es sich bei der DENIC um ein **marktbeherrschendes Unternehmen i. S. v. § 19 Abs. 2 S. 1 Nr. 1 GWB**, das deshalb dem Verbot einer missbräuchlichen Ausnutzung dieser Stellung unterliegt. Das *OLG Frankfurt a. M.* entschied, dass sich die DENIC nicht kartellrechtswidrig verhält, wenn sie eigene Bedingungen für die Vergaberichtlinien entwirft, solange sie 42

Inhaber zum Transfer aufgefordert (siehe https://www.nic.ch/reg/index/view.html?lid=de, zuletzt abgerufen: April 2017). Adressen: nic.at, Jakob-Haringer-Str. 8, A-5020 Salzburg, Tel.: 0043/662/46690, Fax: 0043/662/466919, E-Mail: service@nic.at, www.nic.at (zuletzt abgerufen: April 2017).
21 Die DENIC darf von sich behaupten, sie sei ohne Gewinnabsicht tätig und eine Non-Profit-Organisation; siehe *LG Frankfurt a. M.*, Urt. v. 24.10. 2001 – 2/6 O 280/01, MMR 2002, 126 = CR 2002, 616 (Ls.), ZUM-RD 2003, 47.
22 Zu den einzelnen Mitgliedern siehe www.denic.de/denic/mitglieder/mitgliederliste.html (zuletzt abgerufen: April 2017).
23 Die DENIC ist erreichbar unter der Adresse Kaiserstraße 75–77, 60329 Frankfurt a. M., Tel.: 069/272350, Fax: 069/27235238, E-Mail: info@denic.de, www.denic.de (zuletzt abgerufen: April 2017).
24 Siehe dazu *LG Frankfurt a. M.*, Urt. v. 22.3. 2000 – 3/8 O 153/99, MMR 2000, 627 m. Anm. *Welzel* = ZUM 2001, 259.

dabei nicht einzelne Teilnehmer oder Kunden bevorzugt und ihr Verhalten deshalb als willkürlich gewertet werden könnte.[25]

43 Vor Änderung der Domainrichtlinien im Jahr 2009 wurde die DENIC ferner vom *OLG Frankfurt a. M.* gem. §§ 20 Abs. 1, 33 Abs. 1, Abs. 3 GWB verurteilt, die zweistellige Domain „vw.de", deren Registrierung nach den ursprünglichen Domainrichtlinien nicht möglich war, für den Automobilkonzern zu registrieren.[26] Es könne nicht darauf abgestellt werden, dass die DENIC gem. ihrer Richtlinien Second-Level-Domains, die lediglich aus zwei Buchstaben bestehen, nicht vergibt. Eine Ungleichbehandlung von VW liege im Verhältnis zu solchen Automobilunternehmen vor, deren Marke als Second-Level-Domain unter der TLD „.de" eingetragen wurde. Allerdings gebe es nur einen auflösend bedingten Anspruch, da technische Änderungen weiterhin möglich bleiben sollen.[27] Einer dagegen erhobenen Nichtzulassungsbeschwerde gab der *BGH*[28] nicht statt. Insbesondere durch die Festlegung eines bestimmten Zeitpunktes für eine Änderung der Vergaberichtlinien und die Vergabe nach dem Prinzip „first come, first served"[29] werden jedem Kunden dieselben Möglichkeiten einer Registrierung eingeräumt.

44 Der Antrag auf Abschluss eines Registrierungsvertrages für eine freie Domain erfolgt selten direkt über die DENIC, sondern zumeist über ein DENIC-Mitglied, z. B. Discount-Provider wie Strato AG oder 1&1 Versatel Deutschland GmbH. Dennoch kommt der Domainvertrag immer zwischen dem Kunden und der DENIC direkt zustande. Die Provider selbst vermitteln nur das Domaingeschäft auf der Basis eines entgeltlichen Geschäftsbesorgungsvertrages (§ 675 BGB) und betreuen die Domain auf dienstvertraglicher Grundlage.

45 Im Rahmen der Registrierung durch einen Provider sollte ein besonderes Augenmerk darauf gerichtet werden, dass der Provider den Kunden als administrativen Ansprechpartner (Admin-C) einträgt. Sollte sich der Provider selbst als Admin-C eintragen, können jahrelange Rechtsstreitigkeiten um die Inhaberschaft der Domain die Folge sein.[30]

---

25 *OLG Frankfurt a. M.*, Urt. v. 18. 5. 2010 – 11 U 36/09 = MMR 2010, 694.
26 *OLG Frankfurt a. M.*, Urt. v. 29. 4. 2008 – 11 U 32/04 = MMR 2008, 609 m. Anm. *Welzel* = CR 2008, 656.
27 Zulässig sind allerdings Ablehnungen von Domains aus reinen Ziffern; *OLG Frankfurt a. M.*, Urt. v. 13. 2. 2007 – 11 U 24/06, MMR 2008, 614 m. Anm. *Welzel* = CR 2008, 742 (Ls.) – 11880.de.
28 *BGH*, Beschl. v. 29. 9. 2009 – I ZR 91/08.
29 DENIC, Pressemitteilung v. 15. 10. 2009; abrufbar unter: https://www.denic.de/aktuelles/pressemitteilungen/artikel/erweiterte-denic-richtlinien-geben-spielraum-fuer-neue-domains-unter-der-tld-de/ (zuletzt abgerufen: Juli 2017).
30 *BGH*, Beschl. v. 4. 3. 2004 – I ZR 50/03, GRUR 2004, 622 – ritter.de.

4 Domainrecherche im Internet

Noch erhältliche Domains lassen sich über Suchmaschinen finden, etwa   46
- www.denic.de,
- www.speednames.com oder
- www.domainsearch.com.

Will ein Unternehmen feststellen, ob die gewünschte Domain noch frei ist,   47
kann es über die Homepage der DENIC eine Suche nach vergebenen, reservierten oder aktivierten Domains starten.[31] In der WHOIS-Datenbank kann **jeder-**
mann recherchieren und eine Fülle persönlicher Informationen, insb. über den
Domaininhaber, ziehen. Die in der WHOIS-Abfrage ersichtlichen Domaindaten
sind allerdings **datenschutzrechtlich geschützt**. Sie dürfen nur zum Zwecke
der technischen oder administrativen Notwendigkeiten des Internetbetriebs
oder zur Kontaktaufnahme mit dem Domaininhaber bei rechtlichen Problemen
genutzt und ohne ausdrückliche schriftliche Erlaubnis der DENIC weder elektronisch noch in anderer Art gespeichert werden.[32]

Derjenige, der bei einer sog. WHOIS-Abfrage bei der DENIC als Inhaber   48
eines Domainnamens eingetragen ist, ohne gegenüber der DENIC materiell berechtigt zu sein, kann diese Stellung i. S. v. § 812 Abs. 1 S. 1 Fall 2 BGB auf Kosten des Berechtigten erlangt haben.[33]

Abgeschafft wurde von der DENIC eine „reverse"-Abfrage nach Domain-   49
inhabern (Aufführung aller Domains eines bestimmten Anmelders) sowie die
alphabetische Auflistung aller registrierten Domains. Möglich ist nur noch die
Abfrage nach dem Inhaber einer bestimmten Domain, da diese Information
z. B. bei Rechtsstreitigkeiten benötigt wird.

Hinzu kommen Angaben zum   50
- Admin-C: Der administrative Ansprechpartner (Admin-C) ist die vom Domaininhaber benannte natürliche Person, die als sein Bevollmächtigter berechtigt und gegenüber der DENIC auch verpflichtet ist, sämtliche z. B. die
  Domain „hoeren.de" betreffenden Angelegenheiten verbindlich zu entscheiden;

---

31 https://www.denic.de/domains/whois-service/web-whois.html (zuletzt abgerufen: April
2017).
32 Siehe dazu auch den 13. Bericht der Landesregierung über die Tätigkeit der für den Datenschutz im nicht-öffentlichen Bereich in Hessen zuständigen Aufsichtsbehörden vom 30. 8.
2000, DrS. 15/1539 des Hessischen Landtages, Abschnitt 9.2.
33 *BGH*, Urt. v. 18. 1. 2012 – I ZR 187/10, BGHZ 192, 204 = NJW 2012, 2034 = MMR 2012, 307
m. Anm. *Berberich*; GRUR-Prax 2012, 123 m. Anm. *Reinartz*.

- Tech-C: Der technische Ansprechpartner (Tech-C) betreut die Domain in technischer Hinsicht;
- Zone-C: Der Zonenverwalter (Zone-C) betreut die Nameserver der Domain.

51 Anders verhält sich für die „.com"-Adressen die NSI, die Datenbestände mit detaillierten Kundeninformationen zum Kauf anbietet, darunter Namen, Adressen und Telefonnummern sowie Informationen darüber, welche Sicherheitsvorkehrungen für bestimmte Webseiten getroffen werden, ob eine Seite aktiv betreut wird, oder ob eine Seite ein E-Commerce-Angebot bereithält.

52 Für die Markenrecherche im Internet bieten sich an:
- https://register.dpma.de/DPMAregister/marke/einsteiger (Deutsche Marken)
- http://see-ip.patentamt.at/ (Österreich)
- www.swissreg.ch (Schweiz)
- https://euipo.europa.eu/eSearch/ (Europäisches Markenamt)

53 Auch Titelschutzregister sind online abrufbar, so etwa:
- Titelschutzanzeiger (www.titelschutzanzeiger.de)

II Kennzeichenrechtliche Vorgaben

54 Domains lösen eine Vielzahl kennzeichenrechtlicher Konflikte aus. Insbesondere kann die Registrierung und/oder Nutzung einer Domain mit marken-, namens- oder wettbewerbsrechtlichen Vorgaben kollidieren. Im Weiteren werden deshalb die wichtigsten Rechtsfragen des Domainerwerbs skizziert.

1 Kollisionsrechtliche Vorfragen

Literatur: *Baetzgen*, Internationales Wettbewerbs- und Immaterialgüterrecht im EG-Binnenmarkt. Kollisionsrecht zwischen Marktspaltung („Rom II") und Marktintegration (Herkunftslandprinzip), Köln 2007; *Hoeren/Sieber/Holznagel*, Handbuch Multimedia-Recht, 42. Ergänzungslieferung München 2015; *Kotthoff*, Die Anwendbarkeit des deutschen Wettbewerbsrechts auf Werbemaßnahmen im Internet, CR 1997, 676; *Leible*, Rom I und Rom II – Neue Perspektiven im Europäischen Kollisionsrecht, Bonn 2009; *Mankowski*, Internet und Internationales Wettbewerbsrecht, GRUR Int. 1999, 909; *ders.*, Kennzeichenbenutzung durch ausländische Nutzer im Internet, MMR 2002, 817; *Rüßmann*, Wettbewerbshandlungen im Internet – Internationale Zuständigkeit und anwendbares Recht, K & R 1998, 422; *Sack*, Internationales Lauterkeitsrecht nach der Rom II-VO, WRP 2008, 845.

Das Markenrecht steht an der **Schnittstelle von Wettbewerbs- und Immate-** 55
rialgüterrecht. Kollisionsrechtlich wird das **Territorialitätsprinzip** angewendet,[34] obwohl dies mit dem wettbewerbsrechtlichen Gedanken des finalen
Markteingriffs nicht vereinbar ist. In diesem Sinne sieht Art. 8 Rom II-VO eine
Anknüpfung an das sog. Schutzlandprinzip (*lex loci protectionis*)[35] vor. Demnach ist das „Recht des Staates anzuwenden, für den der Schutz beansprucht
wird".[36] Es entscheidet folglich die reine Möglichkeit des technischen Abrufs
über das anzuwendende Recht; für das Markenrecht gilt insofern das Recht
eines beliebigen Abrufstaates.[37] Die Werbung eines Herstellers für ein marken-
rechtsverletzendes Produkt im Internet macht diesen daher zu einem (Mit-)Tä-
ter, selbst wenn die Werbung unter einer im Ausland registrierten „.com"-
Domain erfolgt.[38] Diese starre Haltung wird jedoch zunehmend von Obergerichten durchbrochen. So sahen bereits mehrere Gerichte[39] zu Recht Anlass,
die Anwendung der allgemeinen kennzeichenrechtlichen Kollisionsregeln auf
Kennzeichenkonflikte im Internet einzuschränken. Dabei soll die Einschränkung nicht kollisionsrechtlich, sondern **materiell-rechtlich**, durch eine nor-
mative Einschränkung des Kennzeichenrechts vorgenommen werden. Eine
Verletzungshandlung im Inland soll erst dann gegeben sein, wenn die Inter-
netinformation einen über die bloße Abrufbarkeit im Inland hinausreichenden
Inlandsbezug aufweist. Nach Auffassung des *OLG Düsseldorf*[40] kann das Territorialitätsprinzip nicht unbesehen in Domainrechtsfällen übernommen werden. Eine inländische Kennzeichenbenutzung kann in der Tat nicht schon allein deshalb bejaht werden, weil Internetseiten von jedem Ort der Welt
abrufbar sind. Wäre dies der Fall, würde dies zu einer uferlosen Ausdehnung
des Schutzes nationaler Kennzeichenrechte und zu einer unangemessenen Beschränkung der Selbstdarstellung ausländischer Unternehmen führen. Daher
ist es erforderlich, dass das kennzeichenverletzende Internetangebot einen

---

34 Palandt/*Thorn*, Kommentar BGB, 76. Aufl. 2017, Art. 6 Rom II-VO (IPR) Rz. 4; jurisPK/*Wurmnest*, BGB, 7. Aufl. 2014, Art. 6 Rom II-VO Rz. 5; vgl. auch: *Sack*, WRP 2008, 845, 858.
35 Hk-BGB/*Dörner*9. Aufl. 2017, Art. 8 Rom II-VO Rz. 1; jurisPK/*Heinze*, BGB, 7. Aufl. 2014,
Art. 8 Rom II-VO Rz. 1.
36 Art. 8 Abs. 1 Rom II-VO.
37 *KG*, Urt. v. 25. 3. 1997 – 5 U 659/97, CR 1997, 685 = NJW 1997, 3321.
38 *öOGH*, Urt. v. 24. 4. 2001 – 4 Ob 81/01, GRUR Int. 2002, 265.
39 *BGH*, Urt. v. 13. 10. 2004 – I ZR 163/02, MDR 2005, 1005 = CR 2005, 359 m. Anm. *Junker*;
OLG München, Urt. v. 16. 6. 2005 – 29 U 5456/04, MMR 2005, 608 = CR 2006, 347; *OLG Hamm*,
Urt. v. 31. 7. 2003 – 4 U 40/03, MMR 2004, 177; *OLG Karlsruhe*, Urt. v. 10. 7. 2002 – 6 U 9/02,
MMR 2002, 814 m. Anm. *Mankowski* = CR 2003, 375.
40 *OLG Düsseldorf*, Urt. v. 22. 4. 2008 – I 20 U 140/07, CR 2008, 810 (Ls.) = BeckRS 2008, 08631.

hinreichenden wirtschaftlich relevanten Inlandsbezug („commercial effect"[41]) aufweist.

56 Ähnliches gilt traditionell schon immer für den Schutz der nicht-markenrechtlichen Kennzeichenrechte, etwa dem Namensrecht nach §§ 12, 823 Abs. 1 BGB. Hier soll der **Grundsatz des bestimmungsgemäßen Abrufs** zum Tragen kommen.[42] Demnach ist nicht das Recht jedes Abrufstaates, sondern nur das Recht desjenigen Staates zu beachten, dessen Staatsangehörige zu den intendierten Nutzern des Angebots zählen.[43]

57 Zu klären ist dann, ob die Verbreitung nicht nur zufällig, sondern gewollt in dem Land erfolgt ist. Die „Bestimmung" einer Homepage ist aber in vielen Fällen nur schwierig festzustellen. Als Ansatzpunkte werden u. a. herangezogen:
- die Sprache der Webseite (problematisch ist insofern die englische Sprache),
- die Staatsangehörigkeit der Konfliktparteien,
- die Verwendung von Währungen (allerdings meist ein schwaches Indiz),
- Werbung für die Webseite im Land,
- der Geschäftsgegenstand betrifft typischerweise auch das Land,
- TLD (inbes. positive Indizwirkung).

Anhaltspunkt für die Annahme eines wirtschaftlich relevanten Inlandsbezugs kann u. a. auch die Angabe von Kontaktdaten mit Verweis auf deutsche Webseiten sein.[44]

58 Wichtig sind **Disclaimer** auf der Homepage, die darauf verweisen, dass sich die Homepage nur an Kunden aus bestimmten Ländern richtet. Die Wirksamkeit eines solchen Disclaimers ist aber gerade hinsichtlich der Domainfrage mehr als zweifelhaft.[45] Der *BGH* hat einen solchen Disclaimer im Rahmen einer Streitigkeit über die Lieferung einer Online-Apotheke für zulässig erachtet.[46]

---

41 Vgl. WIPO: Joint Recommendation (Publication 845), Part II: Use of a sign on the internet.
42 So etwa *OLG Karlsruhe*, Urt. v. 9.6. 1999 – 6 U 62/99, CR 1999, 783 = MMR 1999, 604 – Bad-Wildbad.com.
43 Ähnlich auch *BGH*, Urt. v. 28.4. 2016 – I ZR 82/14.-profitbricks.es.
44 *OLG Karlsruhe*, Urt. v. 15.5. 2016 – 6 U 17/15, GRUR-RS 2016, 10600 – Resistograph.
45 Siehe dazu *OLG München*, Urt. v. 17.5. 2002 – 21 U 5569/01, MMR 2002, 611 = AfP 2002, 522; *KG*, Beschl. v. 20.12. 2001 – 2 W 211/01, GRUR Int. 2002, 448 – Knoblauch; *LG Frankfurt a.M.*, Urt. v. 10.8. 2001 – 3/12 O 96/01, CR 2002, 222 m. Anm. *Dieselhorst* = ITRB 2002, 130 m. Anm. *Günther*; *Kur*, WRP 2000, 935; *Mankowski*, MMR 2002, 817.
46 *BGH*, Urt. v. 30.3. 2006 – I ZR 24/03, CR 2006, 539 = MMR 2006, 461 m. Anm. *Hoeren* = GRUR Int 2006, 605 m. Anm. *Mankowski*; *OLG München*, Urt. v. 16.6. 2005 – 29 U 5456/04 (n. rkr.), CR 2006, 347 = ITRB 2006, 35 m. Anm. *Elteste* = GRUR-RR 2005, 375 – 800-flowers; *OLG Hamburg*, Urt. v. 25.11. 2004 – 3 U 33/03, CR 2006, 278 = GRUR-RR 2005, 381 – abebooks; ähnlich auch *LG Köln*, Urt. v. 13.9. 2005 – 33 O 209/03, NJOZ 2006, 1506.

Die **örtliche Zuständigkeit** des Gerichts ergibt sich aus § 32 ZPO, sofern 59
nicht der allgemeine Gerichtsstand der §§ 12, 13 ZPO (Wohnsitz des Beklagten)
in Betracht kommt. Für den deliktischen Gerichtsstand des § 32 ZPO wird darauf abgestellt, wo die Domain über das Internet abrufbar ist.[47] Für **die internationale Zuständigkeit** werden die Zuständigkeitsregeln der ZPO analog angewendet, sofern nicht bi- oder multilaterale Staatsverträge (insb. die EuGVVO)
zur Anwendung kommen.[48] Die EuGVVO[49] über die gerichtliche Zuständigkeit
geht ähnlich von einem allgemeinen Gerichtsstand am Wohnsitz des Beklagten
(Art. 5) und vom deliktischen Gerichtsstand am Handlungs- oder Erfolgsort
(Art. 7 Nr. 2)[50] aus. Gerade die Möglichkeit, am Erfolgsort zu klagen, läuft somit
auf einen fliegenden Gerichtsstand, ähnlich wie im Presserecht, hinaus.[51] Die
Vornahme einer Eingrenzung auf solche Erfolgsorte, welche von der bestimmungsgemäßen Ausrichtung der Webseite erfasst sind, ist in diesem Zusammenhang umstritten.[52]

Anders hat allerdings der *BGH* in Entscheidungen[53] zur Reichweite der in- 60
ternationalen Zuständigkeit bei Domainstreitigkeiten folgende Stellung bezogen: Zur Begründung der internationalen Zuständigkeit deutscher Gerichte
nach Art. 5 Nr. 3 EuGVVO a. F. (nunmehr Art. 7 Nr. 2 EuGVVO n. F.) reiche es
aus, dass die Verletzung des geschützten Rechtsguts im Inland behauptet wird
und diese nicht von vornherein ausgeschlossen ist. Die Zuständigkeit sei nicht

---

47 *LG Köln*, Urt. v. 8. 3. 2005 – 33 O 343/04, MittdtPatA 2006, 183 L – postbank24.
48 Siehe dazu auch die Überlegungen am Ende des Skriptums.
49 Neugefasst zum 15. 1. 2015 (Verordnung (EU) Nr. 1215/2012 des Europäischen Parlaments
und des Rates vom 12. Dezember 2012 über die gerichtliche Zuständigkeit und die Anerkennung und Vollstreckung von Entscheidungen in Zivil- und Handelssachen).
50 Zur Anwendbarkeit im Kennzeichenrecht *KG*, Urt. v. 7. 11. 2000 – 5 U 6923/99, GRUR Int
2002, 327 = RIW 2001, 611, 613; *OLG Karlsruhe*, Urt. v. 9. 6. 1999 – 6 U 62/99, CR 1999, 783 (*LG
Karlsruhe*) = EWiR 1999, 983 m. Anm. *Hoeren* = VR 2000, 320 m. Anm. *Schmittmann* = MMR
1999, 604 – bad wildbad; *öOGH*, Urt. v. 13. 7. 1999 – 4 Ob 347/98, GRUR Int. 2000, 795 – Thousand Clowns.
51 Vgl. *OLG Karlsruhe*, Urt. v. 10. 7. 2002 – 6 U 9/02, MMR 2002, 814, 815 m. Anm. *Mankowski*;
OLG Hamburg, Urt. v. 2. 5. 2002 – 3 U 312/01, MMR 2002, 822 = IPRax 2004, 125 m. Anm. *Kurtz*
(2004, 107); CR 2002, 837 – hotel-maritime.dk; *OLG München*, Urt. v. 15. 11. 2001 – 29 U 3769/
01 (*LG München I*), MMR 2002, 166, 167 = CR 2002, 449, 450 m. Anm. *Mankowski* – literaturhaus.de; siehe auch *öOGH*, Urt. v. 24. 4. 2001 – 4 Ob 81/01, GRUR Int. 2002, 265, 266 – Red
Bull; *Danckwerts*, GRUR 2007, 104.
52 Vgl. jurisPK/*Heinze*, BGB, 7. Aufl. 2014, Art. 8 Rom II-VO Rz. 12. m. w. N.
53 *BGH*, Urt. v. 9. 7. 2009 – Xa ZR 19/08, MDR 2009, 1348 = NJW 2009, 3371 m. Anm. *Czaplinski/
Staudinger*; noch etwas unentschlossen *BGH*, Urt. v. 13. 10. 2004 – I ZR 163/02, MDR 2005,
1005 = LMK 2005, 78 m. Anm. *Berlit* = CR 2005, 359 m. Anm. *Junker* = MMR 2005, 239 – Hotel
Maritime.

davon abhängig, dass eine Rechtsverletzung tatsächlich eingetreten ist. Materi-ell-rechtlich sei aber zu beachten, dass nicht jedes im Inland abrufbare Ange-bot ausländischer Dienstleistungen im Internet bei Verwechslungsgefahr mit einem inländischen Kennzeichen i. S. v. § 14 Abs. 2 Nr. 2 MarkenG kennzeichen-rechtliche Ansprüche auslösen könne. Erforderlich sei, dass das Angebot einen wirtschaftlich relevanten Inlandsbezug aufweist.[54] Der *öOGH*[55] hat darauf hin-gewiesen, dass nach Art. 97 der Verordnung über die Unionsmarke (EU-Richtli-nie (EG) 207/2009, UMV)[56] bei behaupteter Verletzung von Unionsmarken nur am Handlungsort geklagt werden könne. Auch weist der *öOGH* auf Schwierig-keiten bei der Geltendmachung von Schadensersatzansprüchen hin, was die Verwendung eines fliegenden Gerichtsstandes angeht.

2 Schutz von Domains nach dem MarkenG

Literatur: *Bröcher*, Domainnamen und das Prioritätsprinzip im Kennzeichenrecht, MMR 2005, 203; *Kazemi/Leopold*, Die Internetdomain im Schutzbereich des Art. 14 Abs. 1 GG, MMR 2004, 287; *Koos*, Die Domain als Vermögensgegenstand zwischen Sache und Imma-terialgut, MMR 2004, 359; *Schafft*, Benutzungszwang für Internet-Domains?, GRUR 2003, 664.

61 Eine Domain ist für sich genommen kein schutzfähiges Recht.[57] Sie repräsen-tiert nur einen schuldrechtlichen Anspruch gegen die Vergabestelle auf Kon-nektierung sowie eine faktische Sperrposition. Beides steht unter dem verfas-sungsrechtlichen Schutz des Eigentums i. S. v. Art. 14 GG[58] und wird als geschützte Eigentumsposition i. S. v. Art. 1 des 1. Zusatzprotokolls zur EMRK betrachtet.[59] Eine Domain kann allerdings **Gegenstand eigener Kennzei-**

---

54 *BGH*, Urt. v. 13. 10. 2004 – I ZR 163/02, MDR 2005, 1005 = LMK 2005, 78 m. Anm. *Berlit* = CR 2005, 359 m. Anm. *Junker* – Hotel Maritime; so auch *OLG München*, Urt. v. 16. 6. 2005 – 29 U 5456/04 (n. rkr.), MMR 2005, 608 = ITRB 2006, 35 m. Anm. *Elteste* = GRUR-RR 2005, 375.
55 OGH, Urt. v. 20. 12. 2006 – 4 Ob 45/16w, GRURInt 2017, 281.
56 http://eur-lex.europa.eu/legal-content/DE/TXT/?qid=1461325727753&uri= CELEX:02009R0207-20160323 (zuletzt abgerufen: Juni 2017).
57 *BGH*, Beschl. v. 5. 7. 2005 – VII ZB 5/05, CR 2006, 50 = MDR 2005, 1311 = MMR 2005, 685 m. Anm. *Hoffmann*; *OLG Hamm*, Urt. v. 18. 1. 2005 – 4 U 166/04 (n. rkr.), MMR 2005, 381 = ZUM-RD 2005, 237 = ITRB 2005, 256 m. Anm. *Elteste*.
58 *BVerfG*, Beschl. v. 24. 11. 2004 – 1 BvR 1306/02, CR 2005, 282 = MMR 2005, 165 m. Anm. *Kazemi, Leopold* = NJW 2005, 589 – ad-acta.de; ähnlich der *EGMR*, Urt. v. 18. 9. 2007 – App. nos. 25379/04, 21688/05, 21722/05, 21770/05, MMR 2008, 29 m. Anm. *Kazemi* = MR-Int. 2008, 33.
59 *EGMR*, Urt. v. 18. 9. 2007 – App. nos. 25379/04, 21688/05, 21722/05, 21770/05, MMR 2008, 29.

chenrechte werden und folglich dem Schutz des MarkenG unterfallen. Dies bedeutet jedoch nicht, dass das eigentumsähnliche Recht an dem Domainnamen zu einem absoluten Eigentumsrecht mit Ausschließlichkeitswirkung erstarkt, sondern, dass das Kennzeichenrecht als eigenständiges Recht neben dem vertraglichen Rechte- und Pflichtenbündel entsteht, welches der Domainname rechtlich darstellt.[60]

Im Folgenden wird geklärt, wann eine Anwendbarkeit des MarkenG auf Domains gegeben ist und in welchem Umfang das MarkenG Schutz bietet. 62

a) Domain als Marke i. S. d. § 3 MarkenG

Wird eine Domain aus einer eingetragenen Marke abgeleitet, so stellt diese Vorgehensweise eine Anwendungsform der Marke dar. Rechte können also unmittelbar aus der eingetragenen Marke geltend gemacht werden. Die Registrierung einer Domain als Marke setzt allerdings voraus, dass die Domain hinreichende Kennzeichnungskraft hat. So wurde z. B. die Eintragung einer Firma „Outlets.de GmbH" wegen mangelnder Unterscheidungskraft als unzulässig erachtet.[61] Auch wurde für die Wort-Bildmarke „weg.de" nur eine schwache Kennzeichnungskraft angenommen.[62] Eine Verwechslungsgefahr mit den Zeichen mcweg.de und mc-weg.de, die beide mit englischer Betonung ausgesprochen werden, sei zu verneinen. 63

Zu beachten ist aber, dass Markenschutz nicht nur durch Registrierung beim DPMA, sondern auch durch **Verkehrsgeltung** entstehen kann. Benutzt jemand eine Domain, kann damit durchaus die Entstehung eines Markenschutzes kraft Verkehrsgeltung einhergehen.[63] Die Domain wird dann Gegenstand eigener Kennzeichenrechte. Zu bedenken ist allerdings, dass die bloße Abrufbarkeit einer Homepage noch nicht zu einer (bundesweiten) Verkehrsgeltung führt. Unternehmen mit einem regionalen Wirkungskreis erreichen durch eine Webseite noch keine bundesweite Verkehrsgeltung.[64] Vielmehr hängt die Ver- 64

---

60 Hoeren/Sieber/Holznagel/*Viefhues*, Handbuch MMR, 36. Ergänzungslieferung 2013, Teil 6 Rz. 11.
61 *OLG Frankfurt a. M.*, Beschl. v. 13. 10. 2010 – 20 W 196/10, MMR 2011, 320 = GmbHR 2011, 202.
62 *OLG Köln*, Urt. v. 22. 1. 2010 – 6 U 141/09, MMR 2010, 473 = MD 2010, 1105.
63 *BGH*, Urt. v. 22. 7. 2004 – I ZR 135/01, CR 2005, 284 = MDR 2005, 586 = MMR 2005, 171 m. Anm. *Karl* = LMK 2005, 41 m. Anm. *Berlit* – soco.de; *OLG München*, Urt. v. 16. 9. 1999 – 29 U 5973/98, CR 1999, 778 = ZUM 2000, 72; *LG Braunschweig*, Urt. v. 14. 3. 2007 – 9 O 2232/06, NJOZ 2007, 2095; *LG Rostock*, Urt. v. 8. 12. 1998 – 3 O 522/98, K & R 1999, 90 – mueritz-online.de.
64 *BGH*, Urt. v. 22. 7. 2004 – I ZR 135/01, CR 2005, 284 = MDR 2005, 586 = MMR 2005, 171 m. Anm. *Karl* = GRUR 2005, 262 – soco.de. Ähnlich bereits der Nichtannahmebeschl. des *BGH* v. 15. 5. 2000 – I ZR 289/99 – tnet.de; *BGH*, Urt. v. 24. 1. 2002 – I ZR 156/99, WRP 2002, 537 = BGHReport 2002, 425 m. Anm. *Mulch* = NJW-RR 2002, 829 – Bank24.

kehrsgeltung davon ab, ob die Domain markenmäßig benutzt wird und wie weit der Bekanntheitsgrad der auf diese Weise genutzten Domain ist. Die Verkehrsgeltung wird über eine Gesamtbetrachtung ermittelt, bei der die Unterscheidungskraft und die regionale Bedeutung des Kennzeichens ermittelt werden. Als Indizien für die Bedeutung können internetspezifische Hilfsmittel herangezogen werden, wie z. B. Hits, Click per view, Links (z. B. bei Google), Selbstdarstellung (Altavista).[65] Hinzu kommen Überlegungen zu dem Zeitraum der Benutzung, zur Höhe der für die Werbung eingesetzten Mittel, zu den Umsätzen bei gekennzeichneten Produkten sowie Umfrageergebnisse.[66] Die Verkehrsgeltung ergibt sich nicht automatisch aus Medienberichten und der eigenen Präsentation im Internet.[67] An einer kennzeichenmäßigen Benutzung einer Marke fehlt es, wenn das Kennzeichen vom angesprochenen Verkehr nicht als Herkunftshinweis, sondern als beschreibende Angabe verstanden wird (z. B. „Dildoparty").[68]

65 Fehlt es an der Verkehrsgeltung, geschieht es durchaus häufig, dass eine prioritätsältere Domain einer prioritätsjüngeren Marke weichen muss. Nicht kennzeichnungskräftig ist das Zeichen „@"[69] sowie der Zusatz „e" für „electronic".[70] Schutzfähig sind auch nicht „interconnect"[71] und „online".[72]

b) Domain als Unternehmenskennzeichen i. S. d. § 5 Abs. 2 MarkenG

66 Als besonders bedeutsam in der Diskussion erweist sich die umstrittene Einordnung von **Domains als Unternehmenskennzeichen**. Darunter fallen nach der Legaldefinition des § 5 Abs. 2 S. 1 MarkenG Zeichen, die im geschäftlichen Verkehr als Name, als Firma oder als besondere Kennzeichnung eines Geschäftsbetriebs oder eines Unternehmens geschützt werden.[73] Nach § 5 Abs. 1

---

65 Dabei ist jedoch zu beachten, dass diese internetspezifischen Nachweise bei generischen Domains nur beschränkt zum Nachweis der Bekanntheit oder der Verkehrsgeltung benutzt werden können, vgl. *OLG Köln*, Urt. v. 14. 7. 2006 – 6 U 26/06, MMR 2007, 326 – international-connection.de.
66 *LG Düsseldorf*, Urt. v. 8. 5. 2002 – 2a O 360/01, MMR 2003, 131 – urlaubstip.de.
67 *LG Rostock*, Urt. v. 8. 12. 1998 – 3 O 522/98, K & R 1999, 90 – mueritz.online.
68 *LG Hamburg*, Urt. v. 15. 7. 2010 – 315 O 70/10, NJOZ 2010, 2109, = GRUR-RR 2010, 437 (Ls.) – Dildoparty.
69 *BPatG*, Beschl. v. 18. 4. 2000 – 24 W (pat) 185/99, CR 2000, 841.
70 *LG München I*, Urt. v. 30. 8. 2000 – 1 HKO 12250/00, CR 2001, 48.
71 *OLG Karlsruhe*, Urt. v. 26. 6. 2000 – 6 U 222/99 (n. v.).
72 *OLG Köln*, Urt. v. 27. 10. 2000 – 6 U 209/99, GRUR 2001, 525 = MMR 2001, 392.
73 Zur Rechtslage in Österreich siehe die Grundsatzentscheidung des *öOGH*, 13. 9. 1999 – 4 Ob 180/99 w, 202/99 f., MMR 2000, 352 m. Anm. *Haller*.

MarkenG werden Unternehmenskennzeichen als geschäftliche Bezeichnungen geschützt. Auch im Internet genießen sie den Schutz des Markenrechts.

Obwohl anerkannt ist, dass Domains eine Individualisierungs- und Iden- 67 tifizierungsfunktion erfüllen, tun sich manche Autoren schwer, sie als Unternehmenskennzeichen im markenrechtlichen Sinne anzuerkennen. Hintergrund dafür ist die **technische Funktion von Domains.** Internet-Adressen sind eigentlich mehrstellige Nummern, die man sich aber kaum merken kann. Deshalb werden diese Nummern durch Buchstabenkombinationen überschrieben. Bei Eingabe dieser Buchstabenkombination wird diese in eine IP-Adresse (Nummernkombination) umgewandelt und dient dann der Kennung für einen bestimmten Rechner. Aus diesem Grunde wird teilweise eine unmittelbare Anwendbarkeit kennzeichen- und namensrechtlicher Grundsätze abgelehnt, weil die Domain in erster Linie Zuordnungsfunktion für einen bestimmten Rechner und nicht für eine bestimmte Person habe.[74]

Diese Auslegung verkennt jedoch, dass Domains, die einen Namen enthal- 68 ten oder namensartig anmuten, in der heutigen Form kennzeichenmäßig genutzt werden.[75] Das *OLG München* hat aus diesem Grund entschieden, dass eine Domain ein Unternehmenskennzeichen sein kann, wenn das verwendete Zeichen originäre Kennzeichnungskraft oder Verkehrsgeltung besitze. Dies sei gegeben, wenn die Domain das Dienstleistungsunternehmen bezeichne und in dieser Form im geschäftlichen Verkehr genutzt werde.[76] Dieser Auffassung ist

---

74 *Kur*, CR 1996, 325, 327; ähnlich auch *Gabel*, Internet: Die Domainnamen, NJW-CoR 1996, 322; *Graefe*, Marken und Internet, MA 3/96.
75 BGH, Urt. v. 19.2. 2009 – I ZR 135/06, CR 2009, 748 = MMR 2009, 534 = K & R 2009, 473 m. Anm. *Rössel* = GRUR 2009, 685 – ahd.de; *OLG Karlsruhe*, Urt. v. 24.6. 1998 – 6 U 247/97, MMR 1999, 171 = WRP 1998, 900; *OLG Hamm*, Urt. v. 13.1. 1998 – 4 U 135/97, CR 1998, 241, 242 m. Anm. *Bettinger* = MMR 1998, 214 m. Anm. *Berlit*; *OLG Düsseldorf*, Urt. v. 17.11. 1998 – 20 U 162/97, NJW-RR 1999, 626 = WRP 1999, 343, 346; *OLG Stuttgart*, Beschl. v. 3.2. 1998 – 2 W 77/ 97, CR 1998, 621 = K & R 1998, 263 m. Anm. *Funk* = MMR 1998, 543; *OLG Köln*, Beschl. v. 18.1. 1999 – 13 W 1/99, GRUR 2000, 798 = NJW-CoR 1999, 171; *KG*, Urt. v. 25.3. 1997 – 5 U 659/97, NJW 1997, 3321 = DVP 1998, 352 m. Anm. *Vahle* – Concert Concept; *LG Hamburg*, Urt. v. 17.9. 1996 – 404 O 135/96, CR 1997, 157; *OLG Hamburg*, Urt. v. 5.7. 2006 – 5 U 87/05, CR 2007, 47 = MMR 2006, 608 – ahd.de; *OLG Dresden*, Urt. v. 25.3. 2014 – 14 U 1364/13, MMR 2015, 193 – fluege.de: auf die streitige Frage, ob das MarkenG überhaupt eine kennzeichenmäßige Benutzung voraussetzt, wird hier nicht eingegangen; siehe hierzu befürwortend *Keller*, Die zeichenmäßige Benutzung im Markenrecht, GRUR 1996, 607; *Sack*, Sonderschutz bekannter Marken, GRUR 1995, 81, 93; krit. allerdings *Fezer*, Rechtsverletzende Benutzung einer Marke als Handeln im geschäftlichen Verkehr, GRUR 1996, 566; *Strack*, Markenmäßiger Gebrauch – Besondere Voraussetzung für die Annahmen einer Markenverletzung, GRUR 1996, 688.
76 *OLG München*, Urt. v. 16.9. 1999 – 29 U 5973/98, CR 1999, 778 = ZUM 2000, 71. Diese Rechtsprechung wurde erneut bestätigt durch *OLG Dresden*, Urt. v. 25.3. 2014 – 14 U 1364/13, MMR 2015, 193.

auch der *BGH* gefolgt,[77] der einem Unternehmen dann ein Unternehmenskennzeichen aus der Benutzung einer Domain zuspricht, wenn der Verkehr in der (Unternehmens-)Domain nicht lediglich die Adress-, sondern auch die Herkunftsfunktion erkennt. Allerdings kann der Beginn der schutzrechtsbegründenden Benutzung einer mit der Domain übereinstimmenden Geschäftsbezeichnung noch nicht in der Registrierung der Domain gesehen und der Zeitpunkt der Schutzrechtsentstehung bereits auf diesen Zeitpunkt vorverlagert werden.[78] Dies gilt auch dann, wenn die Benutzung der Domain der Registrierung alsbald nachfolgt.

69   Zu berücksichtigen sind zudem alle **zur Unterscheidung des Geschäftsbetriebs bestimmten Zeichen** i. S. d. § 5 Abs. 2 S. 2 MarkenG, die ebenfalls Unternehmenskennzeichen darstellen. Solche Zeichen sind aufgrund originärer Kennzeichnungskraft oder kraft Verkehrsgeltung geschützt. Die Benutzung einer Domain kann also Kennzeichenrechte generieren, sofern sie vom Verkehr als namensmäßige Bezeichnung einer Person oder als besondere Bezeichnung eines Unternehmens aufgefasst wird.[79] Erworben wird das Recht an einer geschäftlichen Bezeichnung durch die Aufnahme der Benutzung. Der Schutz für unterscheidungskräftige geschäftliche Bezeichnungen entsteht durch namensmäßigen Gebrauch und zwar unabhängig vom Umfang der Benutzung. Grundsätzlich genügt jede Art einer nach außen gerichteten Tätigkeit, sofern sie auf eine dauernde wirtschaftliche Betätigung schließen lässt.[80] Jede nach außen in Erscheinung tretende Benutzungsform, also z. B. die Verwendung der Kennzeichnung auf Geschäftspapieren, im Zusammenhang mit der Anmietung oder dem Bau von Fabrik- oder Büroräumen, die Schaltung eines Telefonanschlusses, der Aufbau eines Vertriebsnetzes, oder aber der An- und Verkauf von Waren oder Dienstleistungen wie auch die Benutzung in Vorbereitung der Geschäftseröffnung, zählen hierzu. Nicht ausreichend sind hingegen bloß interne Vorbereitungshandlungen, z. B. der Abschluss eines Gesellschaftsvertrages und die Ausarbeitung einer geschäftlichen Konzeption. Entscheidend ist aber, dass die Domain eine Unterscheidungskraft in Bezug auf ein konkretes Unter-

---

77 *BGH*, Urt. v. 19. 4. 2012 – I ZR 86/10, MMR 2013, 34 = GRUR-Prax 2012, 482 m. Anm. *Matthes* – Pelikan; *BGH*, Urt. v. 22. 7. 2004 – I ZR 135/01, CR 2005, 284 = MMR 2005, 171 m. Anm. *Karl* = NJW 2005, 1198 = LMK 2005, 41 m. Anm. *Berlit* – soco.de.
78 *OLG Frankfurt a. M.*, Urt. v. 5. 8. 2010 – 6 U 89/09, CR 2011, 408 = MMR 2010, 831 = GRUR-Prax 2010, 438 m. Anm. *Gillert*; *LG Köln*, Urt. v. 5. 3. 2012 – 33 O 144/12, MMR 2013, 469 = GRUR-RR 2013, 254.
79 *LG München I*, Urt. v. 4. 3. 1999 – 17 HKO 18453/98, CR 1999, 451 = GRUR 2000, 800 – fnet.de.
80 *LG Düsseldorf*, Urt. v. 20. 4. 1999 – 4 O 101/99 – infoshop.de (n. v.).

nehmen aufweist.[81] Der Schutz greift nur dann, wenn die Kennung erkennbar mit dem Namen oder einer Kurzform des Namens des Rechtsträgers übereinstimmt und damit über die Kennung hinaus auf den Rechtsträger selbst hinweist.[82] An einer Kennzeichnungskraft und somit dem Erwerb eines Unternehmenskennzeichenrechts fehlt es jedenfalls im Falle der Benutzung der Bezeichnung „Zwiebelmuster" als Domainnamen. Diese Bezeichnung sei rein beschreibend für ein bestimmtes Porzellandekor, sodass der Verkehr bei der Benutzung der Bezeichnung als Domain gerade keine Herkunftsfunktion erkennen könne und ihr jedwede Unterscheidungskraft fehle. Die Benutzung als Domainname begründe daher kein Unternehmenskennzeichenrecht.[83]

c) Domain als geschützter Titel i. S. d. § 5 Abs. 3 MarkenG
Wichtig ist auch der spezielle Schutz, den § 5 Abs. 3 MarkenG für **den Titel** **70** **von Zeitschriften oder Büchern** vorsieht.[84] Der Titelschutz hat im digitalen Markt dadurch eine besondere Bedeutung erlangt, dass der *BGH* in den Entscheidungen „FTOS" und „PowerPoint"[85] einen Titelschutz auch für Software zugelassen hat. Damit wird ein allgemeiner Namensschutz für alle bezeichnungsfähigen geistigen Produkte eingeführt, der auch Homepages und CD-ROMs einschließen kann.

Für Domains kommt ein Titelschutz in Betracht, soweit diese titelschutzfä- **71** hige Produkte kennzeichnen.[86] Durch die Benutzung einer Domain kann grundsätzlich Titelschutz nach § 5 Abs. 3 MarkenG erworben werden, wenn der

---

81 *OLG München*, Urt. v. 16. 9. 1999 – 29 U 5973/98, ZUM 2000, 71 = CR 1999, 778 – tnet; *KG*, Urt. v. 4. 4. 2003 – 5 U 335/02, NJW-RR 2003, 1405 = ITRB 2004, 82 m. Anm. *Elteste* = MMR 2004, 40 – arena-berlin; *LG Frankfurt a. M.*, Urt. v. 26. 8. 1998 – 2/6 O 438/98, CR 1999, 190 – warez.de; *LG Braunschweig*, Urt. v. 5. 8. 1997 – 9 O 188/97, MMR 1998, 272 = CR 1998, 364 – deta.com; unzutreffend insofern *LG München I*, Urt. v. 4. 3. 1999 – 17 HKO 18453/98, CR 1999, 451 = GRUR 2000, 800 = K & R 1999, 237 – fnet.de; *LG Köln*, Urt. v. 3. 9. 2009 – 81 O 128/09, BeckRS 2009, 28624; *BGH*, Urt. v. 24. 2. 2005 – I ZR 161/02, CR 2006, 54 = MDR 2006, 41 = GRUR 2005, 871.
82 *LG Düsseldorf*, Urt. v. 18. 6. 1998 – 4 O 160/98, CR 1998, 688 m. Anm. *Withöft* = NJW-RR 1999, 629 = CI 1998, 188 – jpnw.de; *BGH*, Urt. v. 22. 7. 2004 – I ZR 135/01, CR 2005, 284 = MMR 2005, 171 m. Anm. *Karl* = LMK 2005, 41 m. Anm. *Berlit* – soco.de.
83 *OLG Düsseldorf*, Urt. v. 22. 3. 2016 – I-20 U 55/15, GRUR-RS 2016, 06485 = MMR 2016, 399 – Zwiebelmuster.
84 *OLG München*, Urt. v. 20. 9. 2001 – 29 U 5906/00, MMR 2002, 115 = ZUM-RD 2001, 564 – champagner.de; siehe auch *BGH*, Urt. v. 28. 6. 2007 – I ZR 49/04, CR 2007, 655 = MMR 2007, 748 = NJW-RR 2008, 57 – cambridgeinstitute.ch.
85 *BGH*, Urt. v. 24. 4. 1997 – I ZR 44/95, MDR 1998, 57 = WuB V F. § 5 MarkenG 1.98 m. Anm. *Hoeren* = GRUR 1998, 155 m. Anm. *Betten*.
86 *OLG München*, Urt. v. 20. 10. 2005 – 29 U 2129/05, CR 2006, 414 = GRUR 2006, 686.

Verkehr in der als Domain gewählten Bezeichnung nicht lediglich eine Adressbezeichnung sieht, sondern ein Zeichen zur Unterscheidung von Werken.[87]

72   Der Titelschutz entsteht bei originärer Kennzeichnungskraft durch die Ingebrauchnahme in namensmäßiger Form, bei nachträglicher Kennzeichnungskraft aufgrund nachgewiesener Verkehrsgeltung.[88] In der Verwendung einer Domain kann eine Benutzung als Werktitel liegen, wenn der Verkehr in der Domain ein Zeichen zur Unterscheidung eines Werks von einem anderen sieht.[89] Aus diesem Grunde stellte der *BGH* fest, dass der Verleger einer unter der Domain eifel-zeitung.de herausgegebenen Internetzeitung Titelrechte an der Bezeichnung Eifel-Zeitung erworben habe. Das Titelrecht konnte jedoch nicht in vollem Umfang wirksam werden, da die Ingebrauchnahme des Titels unbefugt erfolgte.[90] Zum Zeitpunkt der Benutzungsaufnahme war gegenüber dem Verleger ein Unterlassungstitel, Druckerzeugnisse unter der Bezeichnung Eifel-Zeitung herauszugeben, bestandskräftig. So konnte er kein prioritätsälteres Titelrecht erwerben. Bemerkenswert an dieser Entscheidung ist zudem, dass der *BGH* in der Veröffentlichung einer Internetzeitung mit dem Titel Eifel-Zeitung eine gegenüber der Veröffentlichung in gedruckter Form im Kern gleichartige Verletzungshandlung erblickte.[91]

73   Der Titelschutz kann zwar durch Veröffentlichung im Titelschutzanzeiger auf einen Zeitraum von 2 bis 5 Monaten vorverlagert werden. Bei einer Internet-Zeitschrift entsteht der Titelschutz aber erst mit der Erstellung des fertigen Produkts und nicht schon mit der Werbung etwa mittels Inhaltsverzeichnissen.[92] Ähnlich wird ein vorgelagerter Titelschutz für Apps[93] ebenso wie für Domains

---

87 *BGH*, Urt. v. 18. 6. 2009 – I ZR 47/07, MDR 2010, 398 = GRUR-Prax 2010, 31 m. Anm. *Berlit* – Eifel-Zeitung.
88 *OLG Hamburg*, Urt. v. 15. 2. 2001 – 3 U 200/00, AfP 2001, 312 = ZUM 2001, 514 = K & R 2001, 368 – sumpfhuhn.de.
89 *BGH*, Urt. v. 18. 6. 2009 – I ZR 47/07, MDR 2010, 398 = GRUR-Prax 2010, 31 m. Anm. *Berlit* – Eifel-Zeitung.
90 *BGH*, Urt. v. 18. 6. 2009 – I ZR 47/07, MDR 2010, 398 = GRUR-Prax 2010, 31 m. Anm. *Berlit* – Eifel-Zeitung.
91 *BGH*, Urt. v. 18. 6. 2009 – I ZR 47/07, MDR 2010, 398 = GRUR-Prax 2010, 31 m. Anm. *Berlit* – Eifel-Zeitung.
92 *OLG München*, Urt. v. 11. 1. 2001 – 6 U 5719/99, GRUR 2001, 522 = CR 2001, 406 – kuecheonline; ähnlich auch *LG Stuttgart*, Urt. v. 15. 7. 2003 – 41 O 45/03, CR 2004, 61 (Ls.) = MMR 2003, 675 – snowscoot; *Fezer*, WRP 2000, 969, 973.
93 *BGH*, Urt. v. 28. 1. 2016 – I ZR 202/14, BeckRS 2016, 12491 = WRP 2016, 999 = K & R 2016, 515 m. Anm. *Gernhardt* = GRUR 2016, 939 m. Anm. *Baronikians*; *OLG Köln*, Urt. v. 5. 9. 2014 – 6 U 205/13, GRUR 2014, 1111 = GRURPrax 2014, 438 m. Anm. *Deutsch*; *LG Hamburg*, Beschl. v. 8. 10. 2013 – 327 O 104/13, GRUR 2014, 492 = GRUR-Prax 2013, 540 m. Anm. *Löffler*.

vom *BGH* abgelehnt.[94] Ein Schutz der Domain als Titel komme nur in Betracht, wenn ein fertiges Werk vorliege. Eine Vorverlagerung des Titelschutzes durch Veröffentlichung im Titelschutzanzeiger im Internet komme jedenfalls nicht in Betracht, da es im Internet (noch) keine Titelschutzanzeige gebe.[95] Im Übrigen erfordere die Vorverlagerung des Werktitelschutzes aufgrund einer Titelschutz-anzeige, dass das Werk in branchenüblicher Weise öffentlich angekündigt wird.[96] Für eine öffentliche Titelankündigung an interessierte Mitbewerber rei-che jedoch die bloße Angabe auf einer eigenen Internetseite der Werktitel-schutz beanspruchenden Partei nicht aus.[97] Mittlerweile ist eine solche Titel-schutzanzeige in branchenüblichen Blättern, bspw. im Titelschutzanzeiger auch online möglich.[98] Es besteht auch die Möglichkeit der Titelschutzanzeige in sog. Anzeigeblättern oder auf den Internetseiten der Interessenverbände. Unzureichend seien hingegen bloße Inhaltsverzeichnisse, der alleinige Verweis auf Eigenwerbung oder eine Internetzeitschrift mit nur wenigen Beiträgen.[99] Im Übrigen soll ein Titelschutz bei solchen Domains nicht in Betracht kommen, die ein Portal bezeichnen;[100] anders sieht das *LG Stuttgart* die Lage, wenn die Domain der Unterscheidung von anderen Internet-Portalen dient.[101]

Zur Bestimmung der **Reichweite des Titelschutzes** gegen Provider ist die 74 Entscheidung „Karriere" des *LG Köln* einschlägig.[102] Die Antragstellerin, die Verlagsgruppe Handelsblatt, setzte sich hier erfolgreich gegen die Verwendung des Wortes „Karriere" als Teil einer Domain zur Wehr („www.karriere.de"). Sie stützte sich auf den Titelschutz, den das *LG Köln* bereits Jahre zuvor dem Han-delsblatt für deren Zeitungsbeilage „Karriere" zugebilligt hatte.[103] Ein Teilneh-

---

94 *BGH*, Urt. v. 14. 5. 2009 – I ZR 231/06, MMR 2009, 758 = GRUR 2009, 1055 = CR 2009, 801 m. Anm. *Hackbarth* – airdsl.
95 *OLG München*, Urt. v. 11. 1. 2001 – 6 U 5719/99, GRUR 2001, 522 – kuecheonline.de.
96 Vgl. BGHZ 108, 89, 93 f. – Titelschutzanzeige; *BGH*, Urt. v. 15. 1. 1998 – I ZR 282/95, GRUR 1998, 1010, 1012 = WRP 1998, 887 – „Wincad".
97 *BGH*, Urt. v. 14. 5. 2009 – I ZR 231/06, GRUR 2009, 1055 = MMR 2009, 758 – airdsl.
98 Unter www.titelschutzanzeiger.de (zuletzt abgerufen: Juli 2017).
99 *BGH*, Urt. v. 14. 5. 2009 – I ZR 231/06, MMR 2009, 758 = GRUR 2009, 1055 = CR 2009, 801 m. Anm. *Hackbarth* – airdsl; *OLG München*, Urt. v. 11. 1. 2001 – 6 U 5719/99, CR 2001, 406 = MMR 2001, 381 – kuecheonline.de.
100 *LG Düsseldorf*, Urt. v. 8. 5. 2002 – 2a O 360/01, MMR 2003, 131 – urlaubstip.de; a. A. *OLG München*, Urt. v. 20. 10. 2005 – 29 U 2129/05, CR 2006, 414 = MMR 2006, 234 – österreich.de.
101 *LG Stuttgart*, Urt. v. 15. 7. 2003 – 41 O 45/03, CR 2004, 61 (Ls.) = MMR 2003, 675 – snow-scoot.
102 *LG Köln*, Urt. v. 18. 2. 1997 – 31 O 792/96, AfP 1997, 655 = NJWE-WettbR 1998, 18 – Karriere.
103 *LG Köln*, Urt. v. 21. 8. 1990 – 31 O 643/89, AfP 1990, 330.

mer im Internet werde zumindest organisatorische Zusammenhänge zwischen den Parteien annehmen, die tatsächlich nicht bestünden. Das *LG* hat dem Begehren in vollem Umfang stattgegeben; die Antragsgegnerin hat dem Beschluss nicht widersprochen. Ähnlich großzügig argumentierte das *LG Mannheim* hinsichtlich der Bezeichnung „Bautipp"[104] und das *OLG Düsseldorf* in Bezug auf „Diamantbericht".[105] Auch der Begriff „America" soll für ein gleichnamiges Computerspiel geschützt sein.[106] Ähnlich sieht das auch das *LG Hamburg* und lässt für einen Titelschutz nach § 5 Abs. 3 MarkenG ebenfalls ein geringes Mindestmaß an Individualität ausreichen.[107]

75   Anders entschied das *LG Hamburg* hingegen noch in einem Urteil aus dem Jahr 1997.[108] Dort betonte das *LG*, dass ein Titelschutz nur dann gegenüber einer Domain geltend gemacht werden könne, wenn der Titel dermaßen bekannt sei, dass die Verwendung der Internet-Adresse für die angesprochenen Verkehrskreise ein Hinweis auf die Zeitschrift sei. Mit dieser Begründung lehnte es das *LG* ab, die Verwendung der Adresse „bike.de" für ein Werbeforum zu untersagen. Das Wort „bike" sei erkennbar beschreibender Natur und für eine Bekanntheit der Zeitschrift „bike" sei nichts vorgetragen. Auch kommt ein Schutz nur in Bezug auf ein konkretes Werk in Betracht.[109] Mit ähnlicher Begründung hat das *OLG Hamburg* der Fachzeitschrift „Schuhmarkt" Schutz gegen eine Internetagentur versagt, die sich mehrere tausend Domains, darunter „schuhmarkt.de", hatte registrieren lassen. Wenn die Agentur unter der Domain eine E-Commerce-Plattform betreibe, fehle es an der erforderlichen Verwechslungsgefahr mit einer Fachzeitschrift, die nur gering verbreitet und in einem beschränkten Fachkreis bekannt sei.[110] An dem Zeitschriftentitel „Der Allgemeinarzt" soll ein Titelschutzrecht bestehen, das sich aber wegen begrenzter Unterscheidungskraft nicht gegen eine Domain „allgemeinarzt.de" durchsetzt.[111] Auch der bekannte Zeitungstitel „Die Welt" konnte sich nicht gegen eine Domain „weltonline.de" durchsetzen, da diese Domain nicht ge-

---

104 *LG Mannheim*, Urt. v. 18. 12. 1998 – 7 O 196/98, CR 1999, 528 (Ls.); ähnlich auch *öOGH*, MR 2001, 1987 – deKrone.at.
105 *OLG Düsseldorf* – I 20 U 127/04 (n. v.).
106 *KG*, Urt. v. 17. 12. 2002 – 5 U 79/02, MarkenR 2003, 367.
107 *LG Hamburg*, Urt. v. 7. 3. 2014 – 315 O 10/12, BeckRS 2014, 11084 = MarkenR 2014, 227.
108 *LG Hamburg*, Urt. v. 13. 8. 1997 – 315 O 120/97, MMR 1998, 46 = NJW-CoR 1998, 310 – bike.de.
109 *OLG Hamburg*, Urt. v. 5. 11. 1998 – 3 U 130/98, MMR 1999, 159, 161 = CR 1999, 184, 186 m. Anm. *Hackbart* = NJW-RR 1999, 625 – emergency.de.
110 *OLG Hamburg*, Urt. v. 24. 7. 2003 – 3 U 154/01, CR 2003, 850 = MMR 2003, 668.
111 *LG Hamburg*, Urt. v. 31. 5. 2005 – 312 O 961/04, MMR 2006, 252.

schäftsmäßig benutzt wurde.[112] Generell hat der *BGH* einen Titelschutz für Apps mit beschreibenden Angaben abgelehnt (z. B. wetter.de).[113]

3 §§ 14, 15 MarkenG

a) Kennzeichenmäßige Benutzung

Seitdem Domains aus Gründen der Anwenderfreundlichkeit eingeführt worden sind, erkannte der Markt rasch das enorme Potenzial für ein globales Marketing. Domains sind heutzutage **Marketinginstrumente**, die bewusst zur Kennzeichnung eines Unternehmens oder eines Produktes im Internet ausgesucht und eingesetzt werden. Im Übrigen muss auch ein Blick auf die vergleichbare Rechtsprechung zur Verwendung von unternehmensbezogenen Telegrammen und Telex-Kennungen vorgenommen werden. Tat sich die ältere Rechtsprechung noch mit Einräumung eines kennzeichnungsrechtlichen Schutzes in diesem Bereich schwer,[114] ging der *BGH* in der „Fernschreiberkennung"-Entscheidung[115] davon aus, dass jedenfalls die Benutzung einer (verwechslungsfähigen) Fernschreibkennung dann in das prioritätsältere Kennzeichen eingreife, wenn diese Benutzung kennzeichenmäßig erfolge. Letzteres nahm das Gericht bei der Benutzung einer aus dem Firmenschlagwort bestehenden Fernschreibkennung an. Das Gericht hat es als bedeutsam angesehen, dass der Fernschreibteilnehmer die Kennung selbst auswähle und damit auch eine Kennung auswählen könne, deren Buchstabenzusammenstellung geeignet sei, auf ihn hinzuweisen. Auch die Verwendung der Fernschreibkennung auf dem Geschäftspapier rechtfertige es, eine Kennung als kennzeichenmäßigen Hinweis auf das Unternehmen zu verstehen.[116] Auch bei der Verwendung eines Namens als Third-Level-Domain handele es sich bei Anwendung dieser Gedanken um eine kennzeichenmäßige Benutzung.[117] Das Recht an einem Unternehmens-

76

112 *BGH*, Urt. v. 2.12. 2004 – I ZR 207/01, CR 2005, 593 = MMR 2005, 534 m. Anm. *Viefhues* = BGHReport 2005, 1067 m. Anm. *Hoeren* – weltonline.de; ähnlich auch *OLG Hamburg*, Urt. v. 8.2. 2007 – 3 U 109/06, MMR 2007, 384 – test24.de.
113 *BGH*, Urt. v. 28.1. 2016 – I ZR 202/1, GRUR 2016, 939 m. Anm. *Baronikians* = GWR 2016, 366 m. Anm. *Gerecke* = GRUR-Prax 2016, 328 = K & R 2016, 515 m. Anm. *Gernhardt*.
114 Siehe RGZ 102, 89 – EKA; BGHZ 8, 387 – Telefonnummern; *BGH*, Urt. v. 25.2. 1955 – I ZR 124/53, GRUR 1955, 481, 484 – Telegrammadressen.
115 *BGH*, Urt. v. 18.12. 1985 – I ZR 122/83, MDR 1986, 558 = GRUR 1986, 475 = EWiR 1986, 1029 m. Anm. *Jacobs*; vgl. hierzu auch *OLG Hamburg*, Urt. v. 16.9. 1982 – 3 U 131/82, GRUR 1983, 191.
116 Ähnlich auch US-amerikanische Entscheidungen wie Murrin v. Midco Communications, 726 F Supp. 1195 (D Minn. 1989).
117 *LG Duisburg*, Urt. v. 2.12. 1999 – 8 O 219/99, MMR 2000, 168.

kennzeichen erlischt jedoch mit Aufgabe des Unternehmens, unabhängig von einer eventuellen Fortführung der Domain.[118]

77   Nach § 16 WZG, dem Vorgänger des MarkenG, war die Benutzung eines fremden Warenzeichens zulässig, wenn der Gebrauch „nicht warenzeichenmäßig" erfolgte. Daraus wurde von der h. M. gefolgert, dass lediglich die kennzeichenmäßige Benutzung durch das WZG geschützt sei. Zwar hat das MarkenG gem. des Wortlauts der §§ 14, 15 MarkenG die Beschränkung der Benutzung auf eine kennzeichenmäßige Benutzung scheinbar aufgegeben, jedoch geht die ständige Rechtsprechung dennoch davon aus, dass eine Markenverletzung eine markenrechtlich relevante Nutzung des verletzenden Zeichens voraussetzt.[119] Eine markenrechtlich relevante Benutzung setzt voraus, dass die beanstandete Bezeichnung i. R. d. Produktabsatzes jedenfalls auch der Unterscheidung der Waren und Dienstleistungen eines Unternehmens von denen anderer dient.[120] Domainnamen, die zu einer aktiven, im geschäftlichen Verkehr verwendeten Homepage führen, kommt i. d. R. neben der Adressfunktion eine kennzeichnende Funktion zu. In ihnen erkennt der Verkehr einen Hinweis auf die betriebliche Herkunft der unter den Bezeichnungen im Internet angebotenen Waren und Dienstleistungen.[121] Etwas anderes gilt dann, wenn dem Domainnamen ausnahmsweise eine reine Adressfunktion zukommt oder wenn er vom Verkehr nur als beschreibende Angabe verstanden,[122] und die Benutzung vom Verkehr nicht als Hinweis auf die kommerzielle Herkunft der Waren oder Dienstleistungen aufgefasst wird. Dieser Argumentation folgend fällt die **bloße Namensnennung** nicht unter das Marken- und Namensrecht: So darf z. B. ein Fußballfan den Namen „Arminia Bielefeld" als Suchbegriff im Internet verwenden.[123] Diese Benutzung steht der (ebenfalls freien) Nennung des Namens in Presseveröffentlichungen, im Index eines Sportbuchs oder als Stichwort in ei-

---

118 Wobei diese Fortführung jedoch als Unternehmensschlagwort selbstständig ein Unternehmenskennzeichenrecht begründen könnte, *BGH*, Urt. v. 24. 2. 2005 – I ZR 161/02, MDR 2006, 41 = CR 2006, 54 – seicom.de.

119 Vgl. *EuGH*, Urt. v. 23. 2. 1999 – C-63/97, GRUR Int 1999, 438, 441 – BMW; *BGH*, Urt. v. 13. 1. 2000 – I ZR 223/97, GRUR 2000, 506, 508 – Attaché/Tisserand; *BGH*, Urt. v. 5. 4. 2001 – I ZR 168/98, GRUR 2002, 171, 415 – Marlboro-Dach.

120 Vgl. *EuGH*, Urt. v. 12. 11. 2002 – Rs. C-206/01, Slg. I 2002, 10273 Rn. 51 ff. = GRUR 2003, 55 = EuZW 2003, 61 – Arsenal FC; *BGH*, Urt. v. 3. 2. 2005 – I ZR 45/03, GRUR 2005, 414, = WRP 2005, 610 – Russisches Schaumgebäck; *BGH*, Urt. v. 30. 4. 2008 – I ZR 123/05, GRUR 2008, 793, 794 = WRP 2008, 1196 – Rillenkoffer.

121 *BGH*, Urt. v. 14. 5. 2009 – I ZR 231/06, GRUR 2009, 1055, 1058 – airdsl.

122 Vgl. *BGH*, Urt. v. 13. 3. 2008 – I ZR 151/05, GRUR 2008, 912, 913 = NJW-RR 2009, 184 – Metrosex.

123 So *LG Detmold*, Urt. v. 26. 2. 1997 – 2 S 308/96 (n. v.).

nem Lexikon gleich. Eine erlaubte schlichte Namensnennung ist also gegeben, wenn für jedermann deutlich ist, dass nicht der Namensträger selbst spricht, sondern Dritte über ihn berichten.

In Einzelfällen kann der in seinem Kennzeichenrecht Verletzte aber auch **78** schon vor kennzeichenmäßiger Benutzung i. R. d. vorbeugenden Rechtsschutzes gegen den Domaininhaber vorgehen. Dies ist der Fall, soweit ernsthafte und greifbare tatsächliche Anhaltspunkte dafür vorhanden sind, dass der Anspruchsgegner sich in naher Zukunft rechtswidrig verhalten werde. Diese Erstbegehungsgefahr könnte sich z. B. aus Vorbereitungshandlungen, wie der Anmeldung des Domainnamens als Marke ergeben. Die drohende Benutzung für die angemeldeten Waren oder Dienstleistungen kann dann die drohende Gefahr der Verletzung eines mit der Marke identischen oder ihr ähnlichen Kennzeichens nach §§ 14 Abs. 2 Nr. 1 und 2, 15 Abs. 2 MarkenG begründen. Allerdings führt ein der Begründungshandlung entgegengesetztes Verhalten, wie die Rücknahme der Markenanmeldung oder der Verzicht auf die Eintragung der Marke, zu einem Fortfall der Erstbegehungsgefahr.[124]

b) Benutzung im geschäftlichen Verkehr
Um dem Schutz des MarkenG zu unterfallen, muss die Domain **im geschäftli-** **79** **chen Verkehr benutzt** werden. Sie muss also der Förderung eines Geschäftszweckes dienen oder die Teilnahme am Erwerbsleben ausdrücken. Eine Verwendung von Kennzeichnungen durch private Anwender fällt damit grundsätzlich nicht in den Schutzbereich des MarkenG.[125] Eine Nutzung der Marke durch Private kann jedoch eine Benutzung im geschäftlichen Verkehr i. S. v. §§ 14 Abs. 2, 15 Abs. 2 MarkenG sein, wenn die Nutzung einen gewissen Umfang annimmt und über das hinausgeht, was im privaten Verkehr üblich ist.[126] So ist nach einer Entscheidung des OLG Frankfurt a. M. eine private Verkaufstätigkeit nicht mehr anzunehmen, wenn ein eBay Mitglied die privaten Verkaufsinteressen mehrerer dritter Personen zusammen vertritt und damit unabhängig von der Gewinnerzielungsabsicht ein Handelsvolumen erreicht, das ihm auf der Handelsplattform eine solch besondere Beachtung schafft, die ein privater Anbieter kaum erreichen würde.[127] Auch eine Nutzung einer Domain zur Weiterleitung ist eine kennzeichenmäßige Verwendung nach MarkenG.[128] Domains, die von juristischen

---

124 *BGH*, Urt. v. 13. 3. 2008 – I ZR 151/05, GRUR 2008, 912, 913 = NJW-RR 2009, 184 – Metrosex.
125 So auch *OLG Köln*, Urt. v. 26. 10. 2001 – 6 U 76/01, MMR 2002, 167 = CR 2002, 285 – lotto-privat.de; *LG München I*, Urt. v. 10. 10. 1007 – 1 HKO 8822/07, MMR 2008, 267 – studi.de; *LG Berlin*, Urt. v. 21. 2. 2008 – 52 O 111/07, MMR 2008, 484 – naeher.de.
126 *LG Berlin*, Urt. v. 10. 6. 2003 – 15 O 185/03, GRUR-RR 2004, 16.
127 *OLG Frankfurt a. M.*, Urt. v. 27. 7. 2004 – 6 W 54/04, GRUR 2004, 1042.
128 *OLG Hamm*, Beschl. v. 25. 7. 2013 – 4 W 33/12, MMR 2013, 791 m. Anm. *Albrecht*; *BGH*, Urt. v. 14. 5. 2009 – I ZR 231/06, GRUR 2009, 1055, 1059 = CR 2009, 801 m. Anm. *Hackbarth*.

Personen oder Personenhandelsgesellschaften gehalten werden, sind nie privat genutzt.[129] Im Übrigen ist auch die Vermutung des § 344 Abs. 1 HGB zu beachten,[130] nach der von einem Kaufmann vorgenommene Rechtsgeschäfte im Zweifel als zum Betrieb seines Handelsgewerbes zugehörig angesehen werden.

80 Fraglich ist allerdings, ob die Zuweisung von **Domains an Private zum Zwecke des Weiterverkaufs** an Unternehmen unter das MarkenG fällt. Da die Zuweisung an eine Privatperson i. d. R. zur rein privaten Nutzung erfolgt, kann das MarkenG nur Anwendung finden, wenn Anhaltspunkte dafür vorliegen, dass eine geschäftliche Nutzung geplant ist.[131]

81 Mit Urteil vom 13. März 2008 hat der *BGH*[132] in der Entscheidung „Metrosex" über die rechtliche Beurteilung von Domains entschieden, die nur reserviert, aber nicht genutzt werden. In einer solchen „Baustellen-Domain" liege als solche noch keine markenmäßige Verwendung. Aus der Tatsache, dass Domains von einem kaufmännischen Unternehmen angemeldet worden seien, könne nicht hergeleitet werden, dass bei einer Verwendung der Domainnamen neben dem Handel im geschäftlichen Verkehr notwendig auch die weiteren Voraussetzungen von § 14 Abs. 2 MarkenG oder § 15 Abs. 2 MarkenG erfüllt seien. Dagegen will eine andere Meinung die reine Reservierung einer Domain nicht als Benutzung i. S. d. §§ 14 Abs. 2, 15 Abs. 2 MarkenG anerkennen.[133]

82 Zur geschäftlichen Benutzung kann es jedoch ausreichen, dass der Domaininhaber auf seiner Seite gegen Entgelt **Werbung** schaltet und sich dadurch gegenüber Dritten als Werbeträger im geschäftlichen Verkehr betätigt.[134] Gleichwohl ist hier eine Betrachtung der Gegebenheiten des Einzelfalls von Nöten, denn nicht jede Verwendung von Werbeanzeigen soll eine geschäftliche Benutzung darstellen. So soll die Implementierung von Sponsorenlinks oder

---

129 *BGH*, Urt. v. 19.7. 2007 – I ZR 137/04, CR 2007, 727 = WRP 2007, 1193 – Euro Telekom.
130 *OLG Hamburg*, Urt. v. 28.7. 2005 – 5 U 141/04, MMR 2006, 476 = GRUR-RR 2006, 14 – metrosex.de (n. rkr.); nur am Rande sei darauf verwiesen, dass der Betreiber eines Online-Shops regelmäßig nicht als Handelsvertreter i. S. d. §§ 84 ff. HGB angesehen werden kann, dazu *Dieselhorst/Grages*, MMR 2011, 368.
131 Siehe auch *Kur*, Festgabe Beier 1996, 265, 273.
132 *BGH*, Urt. v. 13.3. 2008 – I ZR 151/05, GRUR 2008, 912 = NJW-RR 2009, 184, MMR 2008, 669, K & R 2008, 607 – metrosex.de.
133 *OLG Hamburg*, Urt. v. 28.7. 2005 – 5 U 141/04, MMR 2006, 476 = GRUR-RR 2006, 14 – metrosex.de; *OLG Köln*, Urt. v. 26.10. 2001 – 6 U 76/01, MMR 2002, 167 – lotto-privat.de; *OLG Karlsruhe*, Urt. v. 12.9. 2001 – 6 U 13/01, MMR 2002, 118 = ITRB 2002, 34 m. Anm. *Schmiedel* – dino.de; *OLG Dresden*, Urt. v. 28.11. 2000 – 14 U 2486/00, CR 2001, 408 m. Anm. *Röhrborn* = MMR 2001, 459 m. Anm. *Welzel* – kurt-biedenkopf.de; *LG München I*, Urt. v. 18.3. 2004 – 17 HKO 16815/03, MMR 2004, 771 – sexquisit.de; *Bücking*, NJW 1997, 1886, 1888; *Völker/Weidert*, WRP 1997, 652, 657.
134 *LG Hamburg*, Urt. v. 1.3. 2000 – 315 O 219/99, MMR 2000, 436 – luckystrike.

Werbeanzeigen des Providers, mit dem Ziel höhere Webhosting-Gebühren zu vermeiden, nicht für eine Benutzung im geschäftlichen Verkehr ausreichen.[135]

Die Benutzung im geschäftlichen Verkehr muss allerdings zwingend posi- **83** tiv festgestellt werden. Die bloße Vermutung genügt nicht und im Zweifel muss von einer rein privaten Nutzung ausgegangen werden.[136] Dieser Ansicht folgend stellt das Vorhalten einer lediglich registrierten, aber inhaltsleeren Domain auch dann keine Benutzung im geschäftlichen Verkehr dar, wenn sie von einer juristischen Person gehalten wird, welche stets im geschäftlichen Verkehr handelt.[137]

In dem Angebot des Privatmannes zum (entgeltlichen) Rückerwerb kann **84** dann ein Indiz für eine gewerbliche Nutzung liegen. Zumindest reicht dies für eine vorbeugende Unterlassungsklage aus. Losgelöst vom Merkmal des geschäftlichen Verkehrs kann in diesen Fällen subsidiär auf § 12 BGB zurückgegriffen werden, sofern es um Unternehmenskennzeichen geht. Bei der Benutzung fremder Marken als Teil einer Domain bleibt aber eine empfindliche Schutzlücke. Denn selbst wenn man die Reservierung einer solchen Domain als Benutzung i. S. v. § 14 MarkenG ansieht, lassen sich hinsichtlich der Verwechslungsgefahr keine Aussagen zur Waren- oder Dienstleistungsähnlichkeit machen.

In der Entscheidung „ahd" hat der *BGH*[138] präzisiert, dass die Registrie- **85** rung einer Domain nur bei Vorliegen besonderer Umstände als unlautere Mitbewerberbehinderung i. S. v. § 4 Nr. 10 UWG (§ 4 Nr. 4 UWG 2015) anzusehen ist. Ein solcher besonderer Umstand liege noch nicht in der bloßen Massenregistrierung von Domains zu deren Verkauf.

c) Verwechslungsgefahr

Benutzt jemand unbefugt eine Domain, die das Kennzeichen eines anderen **86** Unternehmens oder ein ähnliches Zeichen (§ 5 Abs. 2 MarkenG) enthält und schafft er dadurch eine **Verwechslungsgefahr**, so kann er auf **Unterlassung** in Anspruch genommen werden (§§ 14, 15 Abs. 2 und Abs. 4 MarkenG). Aber auch ohne Verwechslungsgefahr ist es Dritten untersagt, fremde Zeichen zu benutzen, sofern es sich um im Inland bekannte Unternehmenskennzeichen handelt und durch die Nutzung des fremden Zeichens deren Unterscheidungskraft oder Wertschätzung ohne rechtfertigenden Grund **in unlauterer Weise**

---

135 *LG München*, Urt. v. 28. 11. 2007 – 1 HK O 22408/06 m GRUR-RR 2008, 303 – studi.de; *LG Berlin*, Urt. v. 21. 3. 2000 – 16 O 663/99, LSK 2001, 210386.
136 *BGH*, Urt. v. 24. 4. 2008 – I ZR 159/05, GRUR 2008, 1099 = NJW 2008, 3716 – afilias.de.
137 *BGH*, Urt. v. 19. 7. 2007 – I ZR 137/04, GRUR 2007, 888 – Euro Telekom.
138 *BGH*, Urt. v. 19. 2. 2009 – I ZR 135/06, MMR 2009, 534 = K & R 2009, 473 m. Anm. *Rössel*.

ausgenutzt oder beeinträchtigt werden (§ 15 Abs. 3 MarkenG). Handelt der Schädiger vorsätzlich oder fahrlässig, so ist er dem Inhaber der Bezeichnung zum Ersatz des entstandenen Schadens verpflichtet (§ 15 Abs. 5 MarkenG). Ein Betriebsinhaber haftet für Fehlverhalten seiner Angestellten oder Beauftragten (§ 15 Abs. 6 i. V. m. § 14 Abs. 7 MarkenG).

87 Die Beurteilung der Verwechslungsgefahr ist unter Berücksichtigung aller Umstände des Einzelfalles vorzunehmen. Dabei besteht eine Wechselwirkung zwischen den in Betracht zu ziehenden Faktoren, insb. der Ähnlichkeit der Marken und der Ähnlichkeit der mit ihnen gekennzeichneten Waren sowie der Kennzeichnungskraft der älteren Marke. Somit kann ein geringerer Grad der Ähnlichkeit der Waren durch einen höheren Grad der Ähnlichkeit der Marken ausgeglichen werden und umgekehrt.[139] Folge dieser Wechselwirkung ist es, dass bei Warenidentität ein wesentlich deutlicherer Abstand der Zeichen selbst erforderlich ist, um eine Verwechslungsgefahr auszuschließen, als bei einem größeren Warenabstand.[140]

88 Überträgt man diese Vorgaben auf das Internet, so kann jedes Unternehmen nach § 15 Abs. 2 und 4 MarkenG die Verwendung ihres Kennzeichens in einer Domain durch einen Konkurrenten verbieten. Die Verwechslungsgefahr kann bereits dadurch zustande kommen, dass der Eindruck entsteht, Markenrechtsinhaber und Domaininhaber könnten zusammenarbeiten. So bejahte das *OLG Hamburg*[141] die Verwechslungsgefahr zwischen der Zeitschrift „Eltern" und der Domain „eltern-online.de". Der Zusatz „-online" der Beklagten stand der Verwechslungsgefahr dabei nicht entgegen, sondern erhöhte die Verwechslungsgefahr sogar. Denn wird wie in diesem Fall der Begriff „online" durch einen Bindestrich mit dem Werktitel einer bekannten Zeitschrift verbunden, liegt es für den Verkehr gerade nahe, unter dieser Domain das Onlineangebot der Redaktion der Zeitschrift erreichen zu können.[142]

89 Auch die ansonsten privilegierte Benutzung einer Marke gem. § 23 Nr. 3 MarkenG, um auf den Vertrieb von Ersatzteilen hinzuweisen, stellt eine Markenverletzung dar, wenn die verletzte Marke lediglich mit dem Zusatz „Ersatzteile" als Domain geführt wird.[143] Eine solche Nutzung ist dem *LG Düsseldorf*

---

139 *EuGH*, Urt. v. 29.9. 1998 – C-39/97, NJW 1999, 933 – Canon; *BGH*, Urt. v. 13.1. 2000 – I ZR 223/97, MDR 2000, 1265 = GRUR 2000, 506 – Attachè/Tisserand; *BGH*, Urt. v. 20.10. 1999 – I ZR 110/97, GRUR 2000, 608 = NJW-RR 2000, 1202 – ARD-1.
140 *öOGH*, Urt. v. 21.12. 2004 – 4 Ob 238/04k – sexnews.at (n. v.).
141 *OLG Hamburg*, Urt. v. 31.7. 2003 – 3 U 145/02, GRUR-RR 2004, 104 – eltern-online.de.
142 *OLG Hamburg*, Urt. v. 31.7. 2003 – 3 U 145/02, GRUR-RR 2004, 104 – eltern-online.de.
143 *LG Düsseldorf*, Urt. v. 19.7. 2006 – 2a O 32/06, CR 2007, 118 = GRUR-RR 2007, 14 = ITRB 2007, 54 – cat-ersatzteile.de.

zufolge nicht notwendig i. S. d. § 23 Nr. 3 MarkenG, weil auch eine andere Domainbezeichnung gewählt werden könnte.[144]

Gefährlich sind **Verweise auf der Homepage**. Eine Zurechnung liegt bereits darin, dass der User die Homepage – etwa aufgrund von Links oder Frames zu branchennahen Unternehmen – mit dem Rechteinhaber verbindet.[145] Selbst wenn keine Links vorhanden sind, soll ein Verweis auf eine fremde Webseite zur Zurechnung ausreichen.[146] Interessant ist in diesem Zusammenhang der besondere Fall, dass der Domaininhaber seine Domain in eine Domain-Parking-Plattform einstellt und folgend bei Abruf der Domain aufgrund vorher bestimmter Schlüsselwörter Werbung von Drittunternehmen angezeigt wird. Laut Rechtsprechung wird die Domain dadurch nicht für die Dienstleistung „Werbung" benutzt,[147] sondern für die Waren und Dienstleistungen der Drittunternehmen, auf deren Webseiten verlinkt wird.[148] Bei Serienzeichen reicht i. Ü. bereits das gedankliche in Verbindung bringen der jüngeren mit der älteren Marke, so z. B. der Domain „immobilien24" mit der „Deutschen Bank 24".[149] Erforderlich ist bei grenzüberschreitenden Fällen, dass diese einen wirtschaftlich relevanten Inlandsbezug aufweisen.[150] Bei Gleichnamigkeit kann die Verwechslungsgefahr durch klarstellende Hinweise auf der ersten Seite der Homepage ausgeschlossen werden.[151]

Bei **Branchenverschiedenheit** der Unternehmen bzw. der durch die Marken angesprochenen Verkehrskreise scheidet eine Verwechslungsgefahr i. d. R. aus.[152] Dies gilt insb. für lediglich registrierte Domains, bei denen ein Bezug zu

90

91

---

144 *LG Düsseldorf*, Urt. v. 19. 7. 2006 – 2a O 32/06, CR 2007, 118 = GRUR-RR 2007, 14 = ITRB 2007, 54 – cat-ersatzteile.de.

145 Siehe zur Verwechslungsgefahr durch Links auf Homepages der gleichen Branche *LG Mannheim*, Urt. v. 10. 9. 1999 – 7 O 74/99, MMR 2000, 47; ferner zur Zeichenähnlichkeit bei identischen Dienstleistungen *LG München*, Urt. v. 31. 5. 2006 – 1 HKO 11526/05, CR 2007, 536 – GoYellow.

146 *LG Berlin*, Urt. v. 30. 10. 1997 – 16 O 236/97 (n. v.).

147 A.A. aber *OLG Hamburg*, Urt. v. 8. 2. 2007 – 3 U 109/06, GRUR-RR 2007, 399 = MMR 2007, 384 = K & K 2007, 271 – test24.de; *LG Hamburg*, Urt. v. 18. 7. 2008 – 408 O 274/08, LSK 2009, 050398 = MMR 2009, 218 = K & K 2009, 61 – wachs.de.

148 *BGH*, Urt. v. 18. 11. 2010 – I ZR 155/09, GRUR 2011, 617 m. Anm. *Hühner* = MMR 2011, 459 – Sedo; *OLG Stuttgart*, Urt. v. 19. 4. 2012 – 2 U 91/11, GRUR-RR 2012, 412 = MMR 2012, 475 – kwwick.de.

149 *BGH*, Urt. v. 24. 1. 2002 – I ZR 156/99, NJW-RR 2002, 829 = BGHReport 2002, 425 m. Anm. *Mulch* – Bank 24.

150 *BGH*, Urt. v. 13. 10. 2004 – I ZR 163/02, MDR 2005, 1005 = CR 2005, 360 m. Anm. *Junker* = JZ 2005, 736 m. Anm. *Ohly* – maritime.dk.

151 *BGH*, Urt. v. 21. 9. 2006 – I ZR 201/03, MDR 2007, 286 = CR 2007, 36 = GRUR 2007, 259, 260 = WuB IV A § 12 BGB 1.07 m. Anm. *Völker* – solingen.info.

152 *OLG Frankfurt a. M.*, Urt. v. 4. 5. 2000 – 6 U 81/99, CR 2000, 698 = MMR 2000, 486.

einer Branche fehlt.[153] Allerdings ist auch nicht-konkurrierenden Unternehmen nach §§ 14 Abs. 2 Nr. 1, 2, 15 Abs. 3 MarkenG die Benutzung fremder bekannter Kennzeichen als Bestandteil ihrer Adresse verboten, soweit dies zu einer Ausnutzung der Wertschätzung („Rufausbeutung") bzw. zu einer Behinderung führt.

92   Streitigkeiten ergaben sich ebenfalls wegen der Verwendung von **VZ-Domains**. Das *LG Hamburg* hat sich der Auffassung des *LG Köln* angeschlossen, wonach der Zusatz VZ in einer Domain eine Verwechselungsgefahr i. w. S. mit den Social Networks der VZ-Gruppe begründen könne.[154]

93   Hinsichtlich der **Rufausbeutung** reicht es aus, dass der Internet-Nutzer zum Aufrufen einer Homepage verleitet wird, für die er sich sonst – ohne die inkriminierte Kennzeichenverwendung – nicht entschieden hätte. Dies gilt jedenfalls bei bekannten Kennzeichen.[155] Kritisch ist allerdings zu vermerken, dass die bloße Ausnutzung einer erhöhten Aufmerksamkeit noch keine Rufausbeutung darstellt. Dazu müsste durch die Domainnutzung auch die Wertschätzung der eigenen Produkte des Domaininhabers gesteigert worden sein. Doch müsste man hierzu die jeweilige Homepage des Domaininhabers und die dort angekündigten Produkte betrachten.

94   Auch das Registrieren eines Domainnamens, welcher eine Abwandlung eines bekannten Kennzeichens darstellt (sog. **Tippfehlerdomains** bzw. Typosquatting) wird unter einer Rufausbeutung subsumiert. Hierbei werden geringfügige Abwandlungen bekannter Kennzeichen als Domain registriert, um Nutzer, die sich im Rahmen der Adresseingabe oder der Suchmaschinenbedienung vertippen, auf die eigene Seite zu lotsen. So ging die Deutsche Fußball Liga etwa erfolgreich gegen den Inhaber der Domain „bundesliag.de" vor.[156]

---

153 A.A. aber *LG Düsseldorf*, Urt. v. 4.4. 1997 – 34 O 191/96, CR 1998, 165 = WuB V F § 14 MarkG 1.97 m. Anm. *Hoeren*. Das *LG* wollte auf die Prüfung der Produktähnlichkeit in diesen Fällen gänzlich verzichten; ähnlich auch *OLG Rostock*, Urt. v. 16.2. 2000 – 2 U 5/99, MMR 2001, 128 = K & R 2000, 303 m. Anm. *Jäger*; *LG München I*, Urt. v. 17.9. 1997 – 1 HKO 12216/97, NJW-CoR 1998, 111; *LG Bochum*, Urt. v. 27.11. 1997 – 14 O 152/97 – hellweg; *Biermann*, WRP 1999, 999; *Wagner*, ZHR 1998, 712. A.A. aber zu Recht *Bettinger*, in: Mayer-Schönberger u. a. (Hrsg.), Das Recht der Domains, Wien 2001, 138; *Fezer*, WRP 2000, 669. Bestärkt wurde die Auffassung, dass eine bloße Domainregistrierung keinen Branchenbezug beinhaltet und somit keine Produktkollision begründen kann durch *OLG Karlsruhe*, Urt. v. 12.9. 2001 – 6 U 13/01, GRUR-RR 2002, 138 = MMR 2002, 118 (119) – dino.de.
154 *LG Hamburg*, Urt. v. 2.10. 2008 – 312 O 464/08, MMR 2009, 135; ähnlich *LG Köln*, Urt. v. 2.5. 2008 – 84 O 33/08, CR 2009, 57 = MMR 2009, 201.
155 *OLG Karlsruhe*, Urt. v. 24.6. 1998 – 6 U 247/97, ZUM 1998, 944 = MMR 1999, 171 – Zwilling; *OLG München*, Urt. v. 2.4. 1998 – 6 U 4798/97, CR 1998, 556 m. Anm. *Hackbarth* = EWiR 1998, 711 m. Anm. *Hoeren* = K & R 1998, 363 – Freundin; *OLG Düsseldorf*, Urt. v. 17.11. 1998 – 20 U 162/97, ZUM-RD 1999, 113 – UFA.
156 *LG Hamburg*, Urt. v. 31.8. 2006 – 315 O 279/06, GRUR-RR 2007, 44 – bundesliag.de.

Eine Behinderung der unternehmerischen Ausdehnung wird bejaht, wenn 95 die Domain für den Inhaber des Kennzeichens blockiert ist.[157] Eine Registrierung ohne sachlichen Grund gilt als vorwerfbar.[158] Ähnliches gilt für die unmittelbare Umleitung einer Webseite auf eine andere zentrale Homepage des Domaininhabers.[159] Auch die Massenregistrierung von Domains mit Bezug auf bekannte Kennzeichen (sog. **Domain Name Trafficking**) reicht aus.[160] Ähnliches gilt für die Inanspruchnahme deutlich über den Registrierungskosten liegender Vergütungen für die Übertragung der Domain auf den Markenrechtsinhaber (sog. **Cyber-Squatting**).[161] Ausreichen soll es ferner, wenn für die Kunden der Markenrechtsinhaberin durch die fehlende Benutzung der konnektierten Webseite der Eindruck entstehen könnte, die Inhaberin stecke in geschäftlichen Schwierigkeiten.[162]

Das *OLG Hamm*[163] hat in der „Krupp"-Entscheidung allerdings trotz der 96 Verschiedenheit der Branchen – Stahlindustrie contra Online-Agentur – nicht nur die Verwässerungs-, sondern auch die Verwechslungsgefahr aufgrund der überragenden Verkehrsgeltung des Unternehmens Krupp, das, so der Senat, für eine ganze Epoche deutscher Industriegeschichte stehe und fast zum Synonym für die Stahlindustrie schlechthin geworden sei, bejaht.

Für das deutsche Recht ist bei einem solchen Kennzeichenschutz **das be-** 97 **sondere Freihaltebedürfnis der Mitbewerber** zu bedenken. Adressen sind im Internet ein knappes Gut; dies gilt vor allem für die Angaben auf der Second-Level-Domain.[164] Schon für den früheren Ausstattungsschutz nach § 25

---

157 *BGH*, Urt. v. 19.2. 2009 – I ZR 135/06, GRUR 2009, 685 – ahd.de; *OLG Dresden*, Urt. v. 20.10. 1998 – 14 U 3613/97, CR 1999, 589 = CI 2000, 92 m. Anm. *Stopp* = EWiR 1999, 855 m. Anm. *Hoeren* = K & R 1999, 133, 136; *LG Köln*, Urt. v. 10.6. 1999 – 31 O 55/99, ZUM-RD 2000, 195.
158 *OLG Karlsruhe*, Urt. v. 24.6. 1998 – 6 U 247/97 – MMR 1999, 171, 172; *OLG München*, Urt. v. 2.4. 1998 – 6 U 4798/97, CR 1998, 556 m. Anm. *Hackbarth* = EWiR 1998, 711 m. Anm. *Hoeren* = MMR 1998, 668, 669.
159 *OLG München*, Urt. v. 23.9. 1999 – 29 U 4357/99, CR 2000, 624 (Ls.) = MMR 2000, 100, 101; NJWE-WettbR 2000, 70.
160 *OLG Frankfurt a. M.*, Urt. v. 8.6. 2000 – 6 U 46/00 – cityfloh.de; *OLG Frankfurt a. M.*, Urt. v. 8.3. 2001 – 6 U 31/00, MMR 2001, 532 – praline.tv; *OLG Frankfurt a. M.*, Urt. v. 10.5. 2001 – 6 U 72/00, MMR 2001, 696, 697 – weltonline.de; *LG Hamburg*, Urt. v. 22.3. 2001 – 315 O 856/00, GRUR-RR 2002, 267, 269 – schuhmarkt.de.
161 *LG München I*, Urt. v. 7.5. 1997 – 7 HKO 2682/97, CR 1998, 434 (Ls.); *LG Bonn*, Beschl. v. 22.9. 1997 – 1 O 374/97, MMR 1998, 110 = NJW-CoR 1998, 178 m. Anm. *Ernst*.
162 *LG Bremen*, Urt. v. 13.1. 2000 – 12 O 453/99, CR 2000, 543 = MMR 2000, 375.
163 *OLG Hamm*, Urt. v. 13.1. 1998 – 4 U 135/97, CR 1998, 241 m. Anm. *Bettinger* = MMR 1998, 214 m. Anm. *Berlit*.
164 Aus diesem Grund besteht auch kein schutzwürdiges Interesse eines Kennzeicheninhabers an der Erlangung sämtlicher, mit dem eigenen Kennzeichen verwechslungsfähiger Domains, vgl. *OLG Hamm*, Urt. v. 27.11. 2006 – 6 U 106/05, MMR 2007, 391.

WZG ging die Rechtsprechung davon aus, dass bei einfachen Beschaffenheits-
und Bestimmungsangaben ein überwiegendes Freihaltebedürfnis der Allgemeinheit zu bejahen sei.[165] Geschützt sind daher Unternehmen, soweit Konkurrenten eine mit ihrer Unternehmenskennzeichnung identische Adresse auf der
Second- oder Third-Level-Domain-Ebene[166] verwenden (z. B. „ibm.de" oder
„ibm.eunet.de"). In einem solchen Fall wird das NIC oder der jeweilige Provider häufig auch den Namen nachträglich ändern.

98   Streitig ist, ob ein Rechteinhaber gegen **ähnlich lautende Domains** vorgehen kann. Ein Teil der Rechtsprechung lehnt dies ab. So hat das *OLG Frankfurt a. M.*[167] betont, dass eine registrierte Online-Adresse lediglich einer **identischen** Verwendung durch einen anderen entgegenstehe, sodass schon durch
geringfügige Abwandlungen oder Zusätze die tatsächliche Sperrwirkung überwunden werden könne. Hier gilt jedoch m. E. **die allgemeine Rechtsprechung
zur Verwechslungsgefahr.**[168]

99   In Anwendung dessen hat das *LG Koblenz* die Nutzung der Domain „alles
ueberwein.de" trotz eines einstweiligen Verbotes der Domain „alles-ueber-
wein.de" nicht verboten.[169] Ähnlich großzügig argumentierte das *LG Düsseldorf*, das zwischen „T-Online" und der Domain „donline.de" eine Verwechslungsgefahr aufgrund der geringen Kennzeichenkraft der Bezeichnung „T-
Online" verneint hat.[170] Verwechslungsfähig ist aber die Domain „siehan.de"
im Vergleich zum Firmenschlagwort „Sieh an!".[171] Auch die Domain „kompit.
de" wurde als verwechslungsfähig mit dem Unternehmenskennzeichen und
der Marke „combit" angesehen.[172] Verneint wurde die Verwechslung zwischen

165 *BGH*, Urt. v. 27.11. 1968 – I ZR 138/66, GRUR 1969, 541 – „Grüne Vierkantflasche"; *BGH*,
Urt. v. 30.6. 1959 – I ZR 31/58, GRUR 1960, 83 – „Nährbier"; *BGH*, Urt. v. 5.3. 1971 – I ZR 101/
69, GRUR 1971, 305, 308 – „Konservenzeichen II; *BGH*, Urt. v. 7.3. 1979 – I ZR 45/77, GRUR
1979, 470 m. Anm. *Greuner* – „RBB/RBT".
166 Siehe *LG Duisburg*, Urt. v. 2.12. 1999 – 8 O 219/99 MMR 2000, 168 – kamp-lintfort.cty.de.
167 *OLG Frankfurt a. M.*, Beschl. v. 13.2. 1997 – 6 W 5/97, CR 1997, 271 m. Anm. *Bettinger* =
WRP 1997, 341.
168 *OLG Düsseldorf*, Urt. v. 23.9. 2003 – I-20 U 158/02, MMR 2004, 491 – mobell.de; so auch
Biermann, WRP 1999, 999; ähnlich auch *Bettinger*, GRUR Int. 1997, 402; *Kur*, CR 1996, 590;
Viefhues, NJW 2000, 3239; *Ernstschneider*, Jur PC WebDok. 219/2002; Österreich: *öOGH*, Urt. v.
3.4. 2001 – 4 Ob 73/01, GRUR Int. 2002, 450.
169 *LG Koblenz*, Urt. v. 27.10. 1999 – 1 HO 125/99, MMR 2000, 571; ähnlich *OLG Hamburg*,
Beschl. v. 8.1. 2009 – 5 W 1/09 und *LG Hamburg*, Urt. v. 16.7. 2009 – 327 O 117/09.
170 *LG Düsseldorf*, Urt. v. 21.7. 1999 – 34 O 56/99 (n. v.); anders aber *LG Frankfurt a. M.*, Beschl.
v. 15.7. 1997 – 2/06 O 409/97 (n. v.) zum Fall t-online versus t-offline.
171 *OLG Hamburg*, Urt. v. 2.5. 2002 – 3 U 216/01, MMR 2002, 682 = CR 2002, 833 m. Anm.
Florstedt – siehan.
172 *OLG Hamburg*, Urt. v. 14.12. 2005 – 5 U 36/05, MMR 2006, 226 m. Anm. *Karl*.

der Domain „pizza-direkt.de" und der (als fast beschreibend angesehenen) Marke „pizza-direct".[173] Ebenso verneint wurde eine Markenrechtsverletzung bei der Domain „mbp.de" im Verhältnis zur Marke „MB&P"[174] sowie bei der Domain „test24.de"; hier bestehe keine Verwechselungsgefahr mit der Wort-Bild-Marke „test" der Stiftung Warentest, da das Wort „test" allein (ohne die geschützten grafischen Elemente) nicht eindeutig auf die Stiftung Warentest hinweise.[175] Anders sieht es das *OLG Rostock* in der Entscheidung „mueritz-online.de".[176] Hiernach soll ein Markenrechtsverstoß vorliegen, wenn Domain und Marke sich nur in Umlauten und der Groß-/Kleinschreibung unterscheiden. Auch wurde eine Verwechslungsgefahr zwischen „Intershop" und „Inter-shopping" bejaht,[177] sowie zwischen „G-Mail" und „GMail".[178] Das *OLG Hamburg* stellte auf die klangliche Ähnlichkeit ab, weil Domains auch mündlich übertragen werden, und bejahte mit dieser Begründung die Verwechslungs-fähigkeit von „be-mobile.de" zu „T-Mobile".[179] Der Schutz geht i. Ü. auch in Richtung Umlautdomains. So hat das *LG Köln*[180] dem Domaininhaber von „touristikbörse24.de" die Nutzung als Domain Grabbing untersagt.

d) Gleichnamigkeit

Fraglich ist, ob ein in lauterer Weise aus dem eigenen Namen abgeleitete Do- **100** main benutzt werden darf, wenn sie mit einer anderen Bezeichnung kollidiert. Teilweise wird in der Literatur hierzu auf das **Recht der Gleichnamigen** abge-stellt (§ 23 Nr. 1 MarkenG).[181] Dieses beinhaltet, dass derjenige zum Zuge kommt, der zuerst seine Domain registriert. Ihm gegenüber hat auch der Inha-ber eines prioritätsälteren Kennzeichens, der die Domain noch nicht registriert hat, nur dann Unterlassungsansprüche, wenn die Benutzung der Domain ge-gen die guten Sitten verstößt.

Dagegen hat das *OLG Hamm*[182] entschieden, dass der Inhaber eines be- **101** kannten Firmenschlagwortes unter Anwendung des Gleichnamigenrechts aus

---

173 *OLG Hamm*, Urt. v. 28. 5. 1998 – 4 U 243/97, GRUR 1999, 374 = NJW-RR 1999, 631.
174 *OLG München*, Urt. v. 20. 9. 2001 – 29 U 3014/01, MMR 2002, 170 – mbp.de.
175 *OLG Hamburg*, Urt. v. 8. 2. 2007 – 3 U 109/06, MMR 2007, 384 = K & R 2007, 271 – test24.de.
176 *OLG Rostock*, Urt. v. 16. 2. 2000 – 2 U 5/99, MMR 2001, 128 (Ls.) = K & R 2000, 303 m. Anm. *Jäger* = NJW-WettbewR 2000, 161.
177 *OLG München*, Urt. v. 20. 1. 2000 – 29 U 5819/99, MMR 2000, 277 = NJW-CoR 2000, 308 (Ls.).
178 *OLG Hamburg*, Urt. v. 4. 7. 2007 – 5 U 87/06, MMR 2007, 653 = GRUR-RR 2007, 319 – GMail.
179 *OLG Hamburg*, Urt. v. 7. 7. 2003 – 3 W 81/03, CR 2004, 61 (Ls.) = MMR 2003, 669.
180 *LG Köln*, Beschl. v. 12. 3. 2004 – 31 O 155/04 (n. v.).
181 *Kur*, Festgabe Beier 1996, 265, 276.
182 *OLG Hamm*, Urt. v. 13. 1. 1998 – U 135/97, CR 1998, 241 m. Anm. *Bettinger* = MMR 1998, 214 m. Anm. *Berlit*; Vorinstanz: *LG Bochum*, Urt. v. 24. 4. 1997 – 14 O 33/97.

dem Kennzeichenrecht gegenüber dem prioritätsjüngeren Anwender bei Gleichnamigkeit einen Unterlassungsanspruch hat. Im zugrundeliegenden Fall hatte der Einzelhandelskaufmann seinen Familiennamen, der mit dem schon vorhandenen Firmenschlagwort identisch war, als Domain gewählt. Das Gericht hielt es nach Abwägung der Interessen für zumutbar, dass er seine Adresse durch Hinzufügen geringfügiger Zusätze, die die ursprüngliche Kennzeichnungskraft nicht aufheben, ändert. Auf die von ihm gewählte Domain musste er in jedem Fall verzichten, um eine Verwechselungs- bzw. Verwässerungsgefahr zu vermeiden.[183]

102   Handelt es sich allerdings nicht um eine bekannte Firma (wie bei der Bezeichnung „Krupp" im Falle des *OLG Hamm*), gilt der Grundsatz **„first come, first served"** zugunsten desjenigen, der einen mit einer Firma identischen Familiennamen als Erster als Domain hat registrieren lassen.[184] Diese Rechtsprechung ist von anderen Gerichten fortentwickelt worden, etwa im Hinblick auf den Firmennamen „Wolfgang Joop".[185] Diese Grundsätze gelten jedoch nur im Hinblick auf bekannte Marken oder Unternehmenskennzeichen, nicht für kleine Unternehmen und deren Namen.[186] Das *OLG Koblenz* vertritt die Auffassung, dass auch bei normalen Städtenamen bei Gleichnamigkeit das Prinzip „first come, first served" gelten soll.[187] Als Namensträger, der – wenn er seinen Namen als Internetadresse registriert – einem anderen Namensträger nicht weichen muss, kommt auch der Träger eines ausgefallenen und daher kennzeichnungskräftigen Vornamens (hier: Raule) in Betracht (raule.de).[188]

103   Dies hat auch der *BGH* in der Entscheidung **„Hufeland"** bekräftigt.[189] Wenn zwei Unternehmen mit ihrem Firmenschlagwort identische Internetadressen begehren, liege ein Fall der Gleichnamigkeit vor. Dies habe zur Folge, dass bei der Vergabe weiterhin das Prioritätsprinzip gilt und die Domain jenem Unternehmen zusteht, das zuerst die Anmeldung vorgenommen hat. Daran ändere sich auch nichts, wenn das derzeit bei der Vergabestelle eingetragene Un-

183 So auch in der Schweiz. Siehe *Schweizerisches Bundesgericht*, Urt. v. 21. 1. 2005 – 4C 376/2004/Ima, MMR 2005, 366 m. Anm. *Mietzel* – www.maggi.com.
184 *LG Paderborn*, Urt. v. 1. 9. 1999 – 4 O 228/99, MMR 2000, 49.
185 *LG Hamburg*, Urt. v. 1. 8. 2000 – 312 O 328/00, CR 2001, 197 (Ls.) = MMR 2000, 622 m. Anm. *Bottenschein*.
186 Siehe *LG Paderborn*, Urt. v. 1. 9. 1999 – 4 O 228/99, MMR 2000, 49 = ZUM-RD 2000, 344.
187 *OLG Koblenz*, Urt. v. 25. 1. 2002 – 8 U 1842/00, CR 2002, 280 m. Anm. *Eckhardt* = MMR 2002, 466 m. Anm. *Hoeller*; *LG Osnabrück*, Urt. v. 23. 9. 2005 – 12 O 3937/04, MMR 2006, 248.
188 *BGH*, Urt. v. 23. 10. 2008 – I ZR 11/06, CR 2009, 679 = MDR 2009, 882 = K & R 2009, 399 m. Anm. *Recke* = LMK 2009, 282034 m. Anm. *Marly* – Vorname.de gegen Nachname.de.
189 *BGH*, Urt. v. 23. 6. 2005 – I ZR 288/02, CR 2006, 193 = MDR 2006, 528 = MMR 2006/159 = ITRB 2006, 76 m. Anm. *Elteste* – „hufeland.de".

ternehmen nur regional tätig ist. Davon grenzt der *BGH* aber den Fall „Peek & Cloppenburg" ab, in dem zwei gleichnamige Unternehmen seit vielen Jahren markenrechtliche Auseinandersetzungen führen.[190]

Das *OLG Stuttgart* hat diese Überlegungen dann wieder relativiert.[191] Strei- **104** ten zwei Parteien um eine mit ihrem Unternehmensnamen identische Webadresse sei zwar grundsätzlich auf das Prioritätsprinzip abzustellen, wonach demjenigen Namensträger die Domain zusteht, der sie als Erster bei der Vergabestelle registriert hat.[192] Innerhalb der vorzunehmenden Interessenabwägung haben jedoch auch andere Faktoren Berücksichtigung zu finden, die dazu führen können, dass dem Prioritätsälteren die Domain doch nicht zusteht. Dem tatsächlichen Domaininhaber stehe die Kennung z. B. nicht zu, wenn er durch die Reservierung **etwas suggeriere, was nicht der Realität entspreche**.[193] Dies sei der Fall, wenn der Anmelder eine Domain mit dem Schlagwort „Unternehmensgruppe" i. V. m. seinem Namen wähle, aber über gar keine derartige Gruppe verfüge.[194] Im Rahmen der Interessenabwägung seien auch weitere tatsächliche Faktoren zu berücksichtigen. So etwa, ob ernsthaft damit zu rechnen sei, dass der Domaininhaber bei fehlendem Content die Domain mit Inhalt ausstatten wird. Dabei sei auch die Abgabe einer eidesstattlichen Versicherung des Domaininhabers von Bedeutung.[195]

Denkbar wäre auch eine Lösung über eine Abgrenzungsvereinbarung (sog. **105** **Domain-Name-Sharing**[196]), aufgrund derer für beide Kennzeichenrechtsinhaber ein einheitliches Portal geschaffen wird.[197] Der *BGH* hat in der „Vossius"-Entscheidung[198] über solch alternative Lösungsmöglichkeiten nachgedacht. Die Gefahr der Verwechselung könne bei Gleichnamigkeit auch auf andere Weise ausgeschlossen werden. Man könne als Domaininhaber z. B. durch Hinweis auf der zentralen Einstiegsseite deutlich machen, dass es sich nicht um das Angebot des klagenden Namensinhabers handele. Zweckmäßigerweise könne man angeben, wo das Angebot des Namensträgers im Internet zu finden sei. Allerdings gelte dies nicht, wenn die berechtigten Interessen des Namens-

---

190 *BGH*, Urt. v. 31. 3. 2010 – I ZR 174/07, CR 2010, 519 = MDR 2010, 884 = K & R 2010, 486 m. Anm. *Strömer* – Peek & Cloppenburg; dazu ausführlich sogleich.
191 *OLG Stuttgart*, Urt. v. 26. 7. 2007 – 7 U 55/07, CR 2008, 120 = MMR 2008, 178.
192 *OLG Stuttgart*, Urt. v. 26. 7. 2007 – 7 U 55/07, MMR 2008, 178, 179.
193 *OLG Stuttgart*, Urt. v. 26. 7. 2007 – 7 U 55/07, MMR 2008, 178, 180.
194 *OLG Stuttgart*, Urt. v. 26. 7. 2007 – 7 U 55/07, MMR 2008, 178, 179.
195 *OLG Stuttgart*, Urt. v. 26. 7. 2007 – 7 U 55/07, MMR 2008, 178, 180.
196 Ausführlich zum Domain-Name-Sharing vgl. *Haar/Krone*, MittdtPatA. 2005, 58.
197 Siehe etwa www.winterthur.ch (zuletzt abgerufen: Juli 2017).
198 *BGH*, Urt. v. 11. 4. 2002 – I ZR 317/99, MDR 2002, 1138 = MMR 2002, 456 m. Anm. *Hoeller* = CR 2002, 674 m. Anm. *Koschorreck*.

trägers das Interesse des Domaininhabers deutlich überwiegen. Diese Entscheidung gilt jedoch in der obergerichtlichen Entscheidungspraxis als Sonderfall.

106   In dem Rechtsstreit zwischen den gleichnamigen Bekleidungsunternehmen „Peek & Cloppenburg KG" über die Gestaltung des Internetauftritts hielt der *BGH* die Priorität der Kennzeichenrechte für nicht entscheidungserheblich, da eine Gleichgewichtslage bestehe.[199] Aufgrund der zwischen den Parteien geschlossenen Abrede jew. ausschließlich im norddeutschen Raum bzw. im übrigen Bundesgebiet tätig zu werden, existierten die gleichnamigen Unternehmen nahezu 40 Jahre unbeschadet nebeneinander. Für die Frage, ob der Klägerin ein Anspruch gegen die Beklagte zustehe, die Verwendung der Internetadressen „p-und-c.de", „puc-online.de", „peek-und-cloppenburg.de" und „peek-und-cloppenburg.com" zu unterlassen, müssten deshalb andere als zeitliche Überlegungen herangezogen werden. Wie in den Fällen der Gleichnamigkeit sei die infolge der Nutzung der Internetadressen entstandene Verwechselungsgefahr grundsätzlich hinzunehmen.[200] Die Klägerin müsse die damit einhergehende Störung der Gleichgewichtslage jedoch nur insoweit dulden, als die Beklagte ein schutzwürdiges Interesse an der Benutzung habe und alles Erforderliche und Zumutbare getan habe, um einer Erhöhung der Verwechselungsgefahr weitestgehend entgegenzuwirken.[201] Da die Beklagte die eigene Unternehmensbezeichnung zuerst als Domain in den konkreten Formen registriert habe, besitze sie ein schutzwürdiges Interesse, diese tatsächlich auch zu benutzen. Sie könne sich gegenüber anderen Inhabern der Unternehmensbezeichnung auf das unter Gleichnamigen wirksame Gerechtigkeitsprinzip der Priorität berufen. Zwar sei mit dem Internetauftritt der Beklagten unter den o. g. Adressen keine automatische Ausdehnung ihres räumlichen Tätigkeitsbereichs verbunden, jedoch werde die Gefahr von Verwechslungen durch den Internetauftritt erhöht.[202] Die Beklagte hätte deshalb auf der ersten Seite verdeutlichen müssen, dass es zwei Bekleidungsunternehmen „Peek & Cloppenburg KG" gibt, und sie selbst in ihrer wirtschaftlichen Tätigkeit auf ein bestimmtes Gebiet beschränkt ist. Diese Verpflichtung treffe in gleichem Maße die Klägerin, welche unter den Adressen „peekundcloppenburg.de", „peekundcloppenburg.com", „peek-cloppenburg.de" sowie „pundc.de" und „p-und-c.com" erreichbar ist.

---

199 *BGH*, Urt. v. 31. 3. 2010 – I ZR 174/07, CR 2010, 519 = MDR 2010, 884 = WRP 2010, 880 = K & R 2010, 486 m. Anm. *Strömer* – Peek & Cloppenburg.
200 *BGH*, Urt. v. 31. 3. 2010 – I ZR 174/07, GRUR 2010, 738, 741.
201 *BGH*, Urt. v. 31. 3. 2010 – I ZR 174/07, CR 2010, 519 = MDR 2010, 884 = WRP 2010, 880 = K & R 2010, 486 m. Anm. *Strömer* – Peek & Cloppenburg.
202 *BGH*, Urt. v. 31. 3. 2010 – I ZR 174/07, GRUR 2010, 738, 741, 742.

Die Beklagte hatte im Wege der Widerklage eine spiegelbildliche Unterlassung begehrt.[203]

Unklar ist die Reichweite von § 24 MarkenG und dem dort enthaltenen **Ein-** **107** **wand der Erschöpfung** in Bezug auf Domainregistrierungen. Der *BGH* hat in der Entscheidung „Aidol"[204] darauf hingewiesen, dass der Grundsatz der Erschöpfung auch das Ankündigungsrecht umfasse. Insofern dürften Waren, die mit einer Marke gekennzeichnet sind, bei ihrem Weitervertrieb durch Dritte grundsätzlich unter ihrer Marke beworben werden.[205] Für das Ankündigungsrecht sei es nicht erforderlich, dass der Händler im Zeitpunkt seiner Werbung die betreffende Ware bereits vorrätig habe. Ausreichend sei vielmehr, dass der Händler über die Ware im vorgesehenen Zeitpunkt ihres Absatzes ohne Verletzung der Rechte des Markeninhabers verfügen könne.[206] Ein Ankündigungsrecht lehnt der *BGH* allerdings ab, wenn die konkrete Bezugnahme auf Originalprodukte erfolge. Insofern wird man eine Domain nicht unter Berufung auf den Erschöpfungsgrundsatz verwenden können, wenn die markenbezogene Domain unternehmensbezogen verwendet wird.[207] Ähnlich wird es der Fall sein, wenn überhaupt keine Originalprodukte auf der Seite angeboten werden. Im Übrigen lässt § 24 Abs. 2 MarkenG auch zu, dass der Inhaber der Marke aus berechtigten Gründen trotz Erschöpfung der Benutzung der Marke widersprechen kann. Dies gilt insb., wenn eine Handelsbeziehung zwischen dem Domainverwender und dem Kennzeichenrechtsinhaber vorgetäuscht wird.[208] Das *OLG Düsseldorf* hat die Auffassung vertreten, dass ein Anbieter von Fahrzeugtuning-Dienstleistungen nicht die Domain „www.peugeot-tuning.de" verwenden dürfe.[209] Diese Dienstleistung sei der geschäftlichen Tätigkeit der Klägerin, nämlich dem Vertrieb von Peugeot-Kraftfahrzeugen und zugehörigen Service-

203 *BGH*, Urt. v. 31. 3. 2010 – I ZR 174/07, GRUR 2010, 738, 741, 744.
204 *BGH*, Urt. v. 8. 2. 2007 – I ZR 77/04, MDR 2007, 1273 = CR 2007, 589 = EWiR 2008, 285 m. Anm. *Lober/Neumüller*.
205 Siehe dazu auch *EuGH*, Urt. v. 23. 2. 1999 – C-63/97, GRUR Int. 1999, 438 = WRP 1999, 407 – BMW; *EuGH*, Urt. v. 4. 11. 1997 – Rs. C-337/95, GRUR Int. 1998, 140 = WRP 1998, 150 – DIOR.
206 Siehe dazu auch *BGH*, Urt. v. 17. 7. 2003 – I ZR 256/00, MDR 2003, 1430 = GRUR 2003, 878, 879 = LMK 2003, 191 m. Anm. *Berlit* – Vier Ringe über Audi.
207 Dazu auch *LG Hamburg*, Urt. v. 30. 5. 2000 – 312 O 146/00, NJWE-WettbR 2000, 235 = MittdtPatA 2001, 83.
208 So etwa im Fall *LG Düsseldorf*, Urt. v. 19. 7. 2006 – 2a O 32/06, CR 2007, 118 = GRUR-RR 2007, 14 – cat-ersatzteile.de; ähnlich *LG Düsseldorf*, Urt. v. 11. 7. 2007 – 2a O 24/07, CR 2007, 742 = MMR 2008, 268 – hapimag-a-aktien.de.
209 *OLG Düsseldorf*, Urt. v. 21. 11. 2006 – I-20 U 241/05, GRUR-RR 2007, 102 = MMR 2007, 188; ähnlich jetzt auch Internationaler Gerichtshof Den Haag, Urt. v. 15. 1. 2013 – 200.098.670/01 – porschespecialist.nl.

leistungen für diese Fahrzeuge sehr ähnlich. Aus diesem Grund sei die Verwendung des Zeichens in der Domain geeignet, eine Verwechslungsgefahr i. w. S. zu begründen. Der Verkehr nehme an, dass jemand, der Tuning-Leistungen unter Verwendung des Zeichens „Peugeot" erbringt, hierzu von Peugeot autorisiert worden ist und daher zumindest rechtliche und wirtschaftliche Beziehungen bestehen.[210] Nach ähnlicher Argumentation konnten sich auch die Inhaber der Domainnamen „cat-ersatzteile.de"[211] und „bmw-ersatzteile.com"[212] nicht erfolgreich auf den Grundsatz der Erschöpfung von § 24 MarkenG berufen. Domainnamen, in deren Second-Level-Domain ausschließlich ein Kennzeichen kennzeichnend wirkt und das andere Kennzeichen ein rein beschreibender Begriff ist, werden regelmäßig dahingehend verstanden, dass der Inhaber des Kennzeichens auch Betreiber des Internetauftritts ist, bzw. die Benutzung zumindest gestattet hat.[213]

108   Bislang ungeklärt ist auch die Zulässigkeit der Verwendung von Marken zu **satirischen Zwecken**. Das *LG Nürnberg-Fürth*[214] hat z. B. entschieden, dass das Zeichen „Storch Heinar" weiterhin zur Kennzeichnung von Kleidung, Geschirr, Ansteckern und ähnlichen Waren, deren Vertrieb über das Internet stattfindet, verwendet werden darf. Es bestehe keine Verwechselungsgefahr von „Storch Heinar" mit „THOR STEINAR"; auch werden die Kennzeichen und Waren der Klägerin durch den Beklagten weder herabgesetzt noch verunglimpft.[215]

109   In neuerer Rechtsprechung hat der *BGH*[216] etwas Klarheit bzgl. der Verwendung von Marken zu satirischen Zwecken geschaffen. Im zu entscheidenden Fall „Springender Pudel" begehrte die Klägerin der eingetragenen Wort-Bild-Marke „Puma" die Löschung der optisch stark an das bekannte Puma-Logo angelehnten prioritätsjüngeren Wort-Bild-Marke des Beklagten. In beiden Zeichen wurde ein Wortbestandteil mit einem Bildbestandteil kombiniert, wobei die Bildbestandteile ein Tier im Sprung aus derselben Perspektive, in derselben

210 *OLG Düsseldorf*, Urt. v. 21. 11. 2006 – I-20 U 241/05, GRUR-RR 2007, 102 = MMR 2007, 188.
211 *LG Düsseldorf*, Urt. v. 19. 7. 2006 – 2a O 32/06, GRUR-RR 2007, 14 (15) – cat-ersatzteile.de.
212 *LG München*, Urt. v. 16. 11. 2000 – 17 HKO 17624/00, CR 2001, 416 – bmw-ersatzteile.de.
213 *Jacobs*, Kennzeichenrechtliche Privilegierungen im Internet – Zur Anwendbarkeit der §§ 23, 24 MarkenG auf MetaTags und Domain-Namen, GRUR 2011, 1069, 1072.
214 *LG Nürnberg-Fürth*, Urt. v. 11. 8. 2010 – 3 O 5617/09, GRUR-RR 2010, 384 = GRUR-Prax 2010, 392 m. Anm. *Leiteritz*.
215 *Schmidt*, Markenparodie: Grenzziehung zwischen Eigentumsgarantie und Kunstfreiheit – „Springender Pudel", GRUR-Prax 2010, 51; *Grünberger*, Rechtliche Probleme der Markenparodie unter Einbeziehung amerikanischen Füllmaterials, GRUR 1994, 246.
216 *BGH*, Urt. v. 2. 4. 2015 – I ZR 59/13, GRUR 2015, 1114 m. Anm. *Thiesen* = GRUR-Prax 2015, 433 m. Anm. *Gruske*.

Haltung und in derselben Sprungrichtung zeigten. Sie unterschieden sich nur in der verwendeten Tiergattung. Maßgebliche Antriebsfeder für die Verwendung der Markengestaltung sei jedoch gerade nicht die notwendige Distanz und kritische Auseinandersetzung mit der Klagemarke, sondern das kommerzielle Interesse, ein durch die Anlehnung an eine bekannte Marke aufgrund gedanklicher Verknüpfung in den Verkehrskreisen leicht zu vermarktendes Motiv zu schaffen.[217] Darin sei gerade keine künstlerische Auseinandersetzung mit der parodierten Marke zu sehen, sondern lediglich ein Ausnutzen der Bekanntheit der prioritätsälteren Marke. Auch wenn ein Zeichen als Markenparodie in den Schutzbereich der Kunstfreiheit fällt, müsse der durch Eigentumsgarantie geschützte Inhaber einer bekannten Marke es nicht dulden, dass für das sein Markenrecht verletzende Zeichen seinerseits Registerschutz für identische oder ähnliche Waren begründet wird.[218] Somit kann zumindest eine wirtschaftliche Betätigung im Geschäftsfeld des Inhabers der bekannten Marke nicht einfach durch die Berufung auf vermeintlich höherwertige grundrechtlich geschützte Positionen des Parodisten gerechtfertigt werden.[219]

e) Gattungsbegriffe

Literatur: *Abel*, Generische Domains. Geklärte und ungeklärte Fragen zur Zulässigkeit beschreibender second-level-Domains nach dem Urteil des *BGH* vom 17. Mai 2001 – mitwohnzentrale.de, WRP 2001, 1426; *Beater*, Internet-Domains, Marktzugang und Monopolisierung geschäftlicher Kommunikationsmöglichkeiten, JZ 2002, 275; *Buchner*, Generische Domains, GRUR 2006, 984; *Ernst*, Zur Zulässigkeit der Verwendung von Gattungsbegriffen und Branchenbezeichnungen als Domains, MMR 2001, 181; *Ernst*, Gattungsnamen als Domain, DuD 2001, 212; *Essl*, Freihaltebedürfnis bei generischen und beschreibenden Internet-Domains?, öBl 2000, 100; *Fraiss*, Domain-Grabbing von Gattungsbegriffen nur bei Verkehrsgeltung!, Rdw 2004, 203; *Härting*, Zur Zulässigkeit der Verwendung beschreibender Angaben, BB 2001, 491; *Mietzel/Hero*, Sittenwidriger Domainhandel: Gibt es die „Hinterhaltsdomain"?, MMR 2002, 84; *Müller*, Internet-Domains von Rechtsanwaltskanzleien, WRP 2002, 160; *Renck*, Scheiden allgemeine Begriffe und Gattungsbezeichnungen als Internet-Domain aus?, WRP 2000, 264; *Schröder*, Zur Zulässigkeit von Gattungsbezeichnungen als Domains, MMR 2001, 238; *Sosnitza*, Gattungsbegriffe als Domainnamen im Internet, K & R 2000, 209; *Rohlfing/Thiele*, Gattungsbezeichnungen als Domain-Namen, MMR 2000, 591; *Wendlandt*, Gattungsbegriffe als Domainnamen, WRP 2001, 629.

Schwierig ist schließlich auch die Frage, ob **Gattungsbegriffe** und **beschrei-** 110
bende Angaben als Domainnamen registriert werden können.[220] Solche An-

---

217 *BGH*, Urt. v. 2. 4. 2015 – I ZR 59/13, BGHZ 205, 22 = GRUR 2015, 1114, 1118.
218 *BGH*, Urt. v. 2. 4. 2015 – I ZR 59/13, BGHZ 205, 22 = GRUR 2015, 1114, 1119.
219 *Kefferpütz/Wrage*, Parodie und Marke: Ein ewiger Konflikt, GRUR-Prax 2015, 451, 453; *Gruske*, „Springender Pudel" nutzt Wertschätzung der Marke „Puma" aus GRUR-Prax 2015, 433.
220 Vgl. hierzu *Kur*, Internet Domain names – Brauchen wir strengere Zulassungsvorschriften für die Datenautobahn?, CR 1996, 325, 328.

gaben könnten markenrechtlich wegen fehlender Unterscheidungskraft (§ 8 Abs. 2 Nr. 1 MarkenG) oder wegen eines besonderen Freihaltebedürfnisses (§ 8 Abs. 2 Nr. 2 MarkenG) nie einer Person zugewiesen werden.

111   Grundsätzlich ist die Verwendung von Domains wie „anwalt.de", „messe .de" oder „notar.de" zulässig.[221] Allerdings ist in all diesen Fällen zu beachten, dass die Kennzeichnung nicht gegen andere wettbewerbsrechtliche Vorgaben verstoßen darf. So wäre die Benutzung des Kennzeichens „Anwalt" einem Anwalt vorbehalten. Ein Nicht-Anwalt würde wegen der damit verbundenen Kanalisierung von Kundenströmen gegen §§ 3, 4 Nr. 4 UWG bzw. §§ 3, 5 UWG verstoßen.

112   In diesem Sinne hat auch das *OLG Frankfurt a. M.*[222] betont, dass bei rein beschreibenden und daher freihaltebedürftigen Begriffen wie „Wirtschaft" und „Wirtschaft-Online" ein markenrechtlicher Schutz nicht in Betracht komme. Allenfalls aus §§ 3, 4 Nr. 4 UWG bzw. §§ 3, 5 UWG könnten sich Grenzen für die Wahl solcher Beschreibungen ergeben. Zu beachten sei dabei vor allem die „Kanalisierungsfunktion" der Domainnamen, sofern der User der Einfachheit halber das Online-Angebot mit der umfassendsten Adressbezeichnung wähle und anderen Angeboten keine Beachtung mehr schenke. Dieser Effekt sei aber ausgeschlossen, wenn die Online-Adresse lediglich in der Werbung des jeweiligen Unternehmens benutzt werde. Im Übrigen müsse auf die besonderen Nutzergewohnheiten abgestellt werden.[223]

113   Das *OLG Hamburg*, das über die Domain „mitwohnzentrale.de" zu entscheiden hatte, schloss eine entsprechende Anwendung der Regelung des § 8 MarkenG auf die Domainregistrierung ebenfalls aus.[224] Bei der wettbewerbsrechtlichen Beurteilung kam es aber zu einem anderen Ergebnis als die vorgenannte Entscheidung. Es sah die Verwendung der Domain durch einen Verband von Wohnungsvermittlungsagenturen unter dem Gesichtspunkt der Kanalisierung von Kundenströmen als wettbewerbswidrig an. Kunden, die sich das Leistungsangebot im Bereich der Mitwohnzentralen erschließen wollten, würden durch die Domain „abgefangen". Zur Begründung ging das Gericht auf

---

221 *BGH*, Urt. v. 17. 5. 2001 – I ZR 216/99, MDR 2002, 45 = CR 2001, 777 m. Anm. *Jaeger-Lenz* – mitwohnzentrale.de.
222 *OLG Frankfurt a. M.*, Beschl. v. 13. 2. 1997 – 6 W 5/97, CR 1997, 271 m. Anm. *Bettinger* = DVP 1998, 172 m. Anm. *Vahle* = WRP 1997, 341; ähnlich auch *OLG Braunschweig*, Urt. v. 20. 7. 2000 – 2 U 26/00, CR 2000, 614 = MMR 2000, 610 m. Anm. *Abel* – Stahlguss.de; unzutreffend *OLG München*, Urt. v. 22. 4. 1999 – 29 W 1389/99, CR 1999, 595 (Ls.) = MMR 1999, 547 – buecher.de.
223 *OLG Frankfurt a. M.*, Beschl. v. 13. 2. 1997 – 6 W 5/97, WRP 1997, 341, 342.
224 *OLG Hamburg*, Urt. v. 13. 7. 1999 – 3 U 58/98, MMR 2000, 40 = CR 1999, 779 m. Anm. *Hartmann* = K & R 2000, 190 m. Anm. *Strömer*; siehe auch *Hoeren*, EWiR 2000, 193; anders *Mankowski*, MDR 2002, 47, 48, der für eine analoge Anwendung von § 8 MarkenG plädiert.

die Nutzergewohnheiten bei der Suche nach Internetangeboten ein: Ein nicht unerheblicher Teil der Nutzer verwende hierzu nicht nur Suchmaschinen, sondern gebe versuchsweise eine Domainadresse mit dem gesuchten Unternehmens- oder Markennamen ein.[225] Diese Praxis dehne sich immer mehr auf Branchen-, Produkt- und Gattungsbezeichnungen aus. Wesentliche Teile der Verbraucher, die auf diese Weise zu einer Webseite gefunden haben, verzichteten aus Bequemlichkeit darauf, anschließend nach Alternativangeboten zu suchen.[226] Der Hamburger Linie folgten weitere Gerichte, etwa hinsichtlich der Bezeichnungen „Rechtsanwalt",[227] „rechtsanwaelte.de",[228] „zwangsversteigerung.de",[229] „hauptbahnhof.de"[230] oder „deutsches-handwerk.de".[231] Auch zahlreiche Literaturstimmen haben die Hamburger Leitlinien weiterverfolgt.[232] Andere Gerichte widersprachen der Hamburger Ansicht, z. B. in Bezug auf die Termini „stahlguss.de",[233] „lastminute.com",[234] „zeitarbeit.de",[235] „autovermietung.com",[236] „fahrplan.de",[237] „sauna.de",[238] „rechtsanwalt.com"[239] oder

---

225 *OLG Hamburg*, Urt. v. 13. 7. 1999 – 3 U 58/98, MMR 2000, 40, 42 f.
226 *OLG Hamburg*, Urt. v. 13. 7. 1999 – 3 U 58/98, MMR 2000, 40, 43.
227 *OLG Stuttgart*, Urt. v. 15. 10. 1999 – 2 U 52/99, MDR 2000, 483 = MMR 2000, 164 m. Anm. *Demmel, Skrobotz* in Bezug auf eine Vanity-Nummer; aufgehoben durch *BGH*, Urt. v. 21. 2. 2002 – I ZR 281/99, MDR 2003, 119 = BRAK 2002, 231 m. Anm. *Dahns*.
228 *LG München I*, Urt. v. 16. 11. 2000 – 7 O 5570/00, MMR 2001, 179 m. Anm. *Ernst* = K & R 2001, 108 m. Anm. *Sosnitza*. Zu Domains mit Anwaltsbezug siehe auch *OLG Celle*, Urt. v. 23. 8. 2001 – 13 U 152/01, NJW 2001, 3133; *OLG Hamburg*, Urt. v. 2. 5. 2002 – 3 U 303/01, MMR 2002, 824 = BRAK 2002, 287 m. Anm. *Creutz*; *OLG München*, Urt. v. 18. 4. 2002 – 29 U 1573/02, MMR 2002, 614.
229 *LG Köln*, Urt. v. 10. 10. 2000 – 33 O 286/00, CR 2001, 193 = MMR 2001, 55 = EWiR 2000, 1129 m. Anm. *Hoeren*.
230 *LG Köln*, Urt. v. 23. 9. 1999 – 31 O 522/99, MMR 2000, 45.
231 *OLG Hamburg*, Urt. v. 15. 11. 2006 – 5 U 185/05, CR 2007, 258.
232 Ähnlich auch *Bettinger*, CR 1997, 273; *Sosnitza*, K & R 2000, 209, 212; *Ubber*, WRP 1997, 497.
233 *OLG Braunschweig*, Urt. v. 20. 7. 2000 – 2 U 26/00, CR 2000, 614 = MMR 2000, 610 m. Anm. *Abel*.
234 *LG Hamburg*, Urt. v. 30. 6. 2000 – 416 O 91/00, CR 2000, 617 m. Anm. *Bettinger* = MMR 2000, 763, 765.
235 *LG Köln*, Urt. v. 27. 4. 2000 – 31 O 166/00, MMR 2001, 197.
236 *LG München*, Urt. v. 28. 9. 2000 – 4 HKO 13251/00, MMR 2001, 185.
237 *LG Köln*, Urt. 1. 12. 1999 – 31 O 513/99 (n. v.).
238 *OLG Hamm*, Urt. v. 2. 11. 2000 – 4 U 95/00, MMR 2001, 237 m. Anm. *Schröder*; ähnlich bereits *LG Münster*, Urt. v. 14. 4. 2000 – 23 O 60/00.
239 *LG Mannheim*, Urt. v. 24. 8. 2001 – 7 O 189/01, MMR 2002, 635 = CR 2002, 689 (Ls.); a. A. *OLG Hamburg*, Urt. v. 2. 5. 2002 – 3 U 303/01, BRAK 2002, 287 m. Anm. *Creutz* = MMR 2002, 824.

„kueche.de".[240] Hierbei wurde darauf abgestellt, dass für den Tätigkeitsbereich eine Vielzahl beschreibender Kennzeichnungen vorhanden war.[241] Noch deutlicher ist das *OLG Braunschweig* in der o. g. Entscheidung, das die Kanalisierung durch Registrierung rein beschreibender Domainnamen für sich allein nicht als wettbewerbswidrig angesehen hat.[242] Das *LG Hamburg* stellt darauf ab, ob der Eindruck entstanden ist, es handle sich um ein Portal für eine originelle und neue Leistung. Eine Kanalisierungsgefahr sei ausgeschlossen, wenn interessierte Kreise wüssten, dass es diese Leistung von zahlreichen Anbietern gibt.[243] Das *LG Darmstadt* hat in der oben erwähnten Entscheidung „kueche.de" darauf abgestellt, ob ein umsichtiger, kritisch prüfender und verständiger Verbraucher beim Aufruf der Webseite ohne weiteres erkennen kann, dass es sich um das Angebot eines Einzelunternehmens handelt. Die Begründung, dass der Internetnutzer den von ihm gewünschten Domainnamen direkt in die Browserzeile eingebe, könnte jedoch durch die zunehmende Nutzung von Suchmaschinen nicht mehr zeitgemäß sein. Eine Untersuchung über die Nutzergewohnheiten der betroffenen Nutzerkreise ist wohl noch nicht durchgeführt worden, zumindest wurde eine Abkehr von der Methode der Direkteingabe noch in keinem Urteil angesprochen. Dies bedeutet, dass weiterhin davon ausgegangen werden muss, dass zumindest ein Teil der Internetnutzer nach dieser Methode vorgeht.

114   Der *BGH* hat in Sachen **„mitwohnzentrale.de"** am 17. Mai 2001 entschieden.[244] Die Verwendung von Gattungsbegriffen sei grundsätzlich zulässig. Insbesondere liege keine Unlauterkeit i. S. v. § 3 UWG vor. Der Domaininhaber habe nur einen sich bietenden Vorteil genutzt, ohne auf Dritte unlauter einzuwirken. Ein Anlass für eine neue Fallgruppe speziell für Domains bestehe nicht. Die Parallele zum Markenrecht und dem dortigen Freihaltebedürfnis von Gattungsbegriffen sei nicht zu ziehen, da kein Ausschließlichkeitsrecht drohe. Grenzen sieht der *BGH* dort, wo Rechtsmissbrauch drohe, etwa wenn der Gattungsbegriff sowohl unter verschiedenen TLDs als auch in ähnlichen Schreibweisen vom Verwender blockiert werde. Auch müsse geprüft werden, ob die Kennung mitwohnzentrale.de nicht eine relevante Irreführungsgefahr herauf-

---

240 *LG Darmstadt*, Urt. v. 17. 4. 2001 – 16 O 501/00, MMR 2001, 559.
241 *LG München*, Urt. v. 28. 9. 2000 – 4 HKO 13251/00, MMR 2001, 185.
242 *OLG Braunschweig*, Urt. v. 20. 7. 2000 – 2 U 26/00, CR 2000, 614 = MMR 2000, 610 m. Anm. *Abel*.
243 *LG Hamburg*, Urt. v. 30. 6. 2000 – 416 O 91/00, CR 2000, 617 m. Anm. *Bettinger* = MMR 2000, 763 – lastminute.com.
244 *BGH*, Urt. v. 17. 5. 2001 – I ZR 216/99, MMR 2001, 666 m. Anm. *Hoeren* = WRP 2001, 1286 mit Besprechung *Abel*.

beschwöre, weil der Eindruck entstehen könne, dass es sich um das einzige oder maßgebliche Angebot unter der Gattungsbezeichnung handle.[245]

Nach Ansicht des OLG Hamburg kommt es bei der Beurteilung, ob ein Gat- **115** tungsbegriff als Domainname als irreführend i. S. v. § 3 UWG aufgrund einer unzutreffenden Alleinstellungsberühmung einzustufen ist, nicht nur auf die Bezeichnung der Domain an, sondern auch auf den dahinter stehenden Internetauftritt sowie die konkrete Gestaltung der Homepage.[246] Die Notwendigkeit dieser beiden Einschränkungen sind in der Literatur zu Recht bezweifelt worden.[247] Die Leitlinien hat der *BGH* in der Entscheidung „weltonline.de" allerdings bekräftigt.[248] Die Registrierung von Gattungsbegriffen sei dem Gerechtigkeitsprinzip unterworfen, erfolge nach dem Prinzip „wer zuerst kommt, mahlt zuerst" und stelle kein unlauteres Verhalten dar. Im entschiedenen Fall sei gleichfalls festzuhalten, dass der Axel Springer Verlag die genannte Domain nicht benötige, da er sich bereits unter „welt-online.de" präsentiere.

Dennoch machten diese Zusätze die Runde: Das *LG Düsseldorf*[249] hat ent- **116** schieden, dass die Verwendung des Gattungsnamen „literaturen.de" als vorsätzliche sittenwidrige Schädigung i. S. v. § 826 BGB einzustufen ist, wenn die formalrechtliche Stellung als Art der Reservierung dazu dient, Gewinne zu erzielen, die nicht mit irgendeiner Leistung des Rechtsinhabers in Verbindung stehen. Das *LG Frankfurt a. M.* sah – anders als dann die Oberinstanz[250] – in dem Angebot, unter der Domain „drogerie.de" Subdomains zu erwerben, eine Irreführung i. S. v. § 5 UWG.[251] Ähnlich entschied das *OLG Nürnberg* hinsichtlich der Verwendung der Domain „steuererklaerung.de" für einen Lohnsteuerhilfeverein.[252] Das *OLG Hamburg* verbot die Verwendung von „rechtsanwalt.com" durch Nicht-Anwälte als irreführend i. S. v. § 5 UWG.[253]

---

245 *Mankowski*, MDR 2002, 47, 48 sieht in jeder Aneignung von Branchenbezeichnungen durch einen einzelnen Wettbewerber die irreführende Behauptung einer Spitzenstellung.
246 *OLG Hamburg*, Urt. v. 6. 3. 2003 – 5 U 186/01, CR 2003, 605 = MMR 2003, 537.
247 Siehe *Abel*, WRP 2001, 1426; *Beater*, JZ 2002, 275.
248 *BGH*, Urt. v. 2. 12. 2004 – I ZR 207/01, MDR 2005, 1182 = MMR 2005, 534 m. Anm. *Viefhues* = BGHReport 2005, 1067 m. Anm. *Hoeren*.
249 *LG Düsseldorf*, Urt. v. 6. 7. 2001 – 38 O 18/01, CR 2002, 138 m. Anm. *Graf* = MMR 2002, 126 – literaturen.de.
250 *OLG Frankfurt a. M.*, Urt. v. 12. 9. 2002 – 6 U 128/01, MMR 2002, 811 – drogerie.de.
251 *LG Frankfurt a. M.*, Urt. v. 23. 3. 2001 – 3/12 O 4/01, CR 2001, 713 m. Anm. *Pahlow* = MMR 2001, 542 m. Anm. *Buecking*.
252 *OLG Nürnberg*, Urt. v. 6. 11. 2001 – 3 U 2393/01, MMR 2002, 635 = K & R 2002, 155.
253 *OLG Hamburg*, Urt. v. 2. 5. 2002 – 3 U 303/01, BRAK 2002, 287 m. Anm. *Creutz* = MMR 2002, 824. A.A. *LG Mannheim*, Urt. v. 24. 8. 2001 – 7 O 189/01, MMR 2002, 635 = CR 2002, 689 (Ls.); anders auch *LG Berlin*, Urt. v. 18. 6. 2003 – 97 O 80/03, CR 2003, 771 für die Domain „Rechtsbeistand.info".

117   Für besondere Aufregung haben das *LG Dortmund*[254] und das *OLG Hamm*[255] gesorgt, als sie die Verwendung der Domain „**tauchschule-dortmund.de**" wegen impliziter Spitzenstellungsbehauptung für unlauter i. S. v. §§ 3, 5 UWG erklärten.[256] Ebenso hielt das *OLG Stuttgart* die Bezeichnung „Bodenseekanzlei" für wettbewerbswidrig, da dieses Wort den gesamten Wirtschaftsraum Bodensee mit der Kanzlei in Verbindung sehe und somit eine herausragende Stellung suggeriert wurde.[257] Das *OLG Hamm* hat seine alte Rechtsprechung dann allerdings jüngst aufgegeben, wonach die Verwendung einer Kombination, die einen Ortsnamen beinhaltet, als Domain als unzulässige Spitzenstellungsbehauptung anzusehen sei.[258] Es gelte stattdessen der Grundsatz „first come, first served". Der Ortsname alleine könne nicht als Herausstellung i. S. d. Wettbewerbsrechts anzusehen sein.[259] Dem Verkehr sei regelmäßig bekannt, dass es in großen Städten eine Fülle von Rechtsanwaltskanzleien gebe. Auch der Einwand, dass Kundenströme, etwa aufgrund entsprechender Suchmaschinenangaben, umgeleitet wurden, wurde vom Gericht nicht akzeptiert.[260]

118   Verboten ist auch die Domain „Deutsches-Anwaltverzeichnis.de" nach § 5 UWG, da dadurch der falsche Eindruck erweckt wird, das Verzeichnis enthalte die meisten Namen der in Deutschland tätigen Anwälte.[261] Die Domain „deutsches-handwerk.de" kann von erheblichen Teilen des Verkehrs dahingehend verstanden werden, dass es sich um eine offizielle Seite einer berufsständischen Organisation des deutschen Handwerkes handelt, sodass zumindest auf der ersten Seite durch einen deutlichen Hinweis dieser Irreführung begegnet werden muss, um wettbewerbsrechtliche Ansprüche abwehren zu kön-

254 *LG Dortmund*, Urt. v. 24. 10. 2002 – 18 O 70/02, MMR 2003, 200.

255 *OLG Hamm*, Urt. v. 18. 3. 2003 – 4 U 14/03, CR 2003, 522 m. Anm. *Beckmann* = MMR 2003, 471 m. Anm. *Karl.*

256 *OLG Hamm*, Urt. v. 18. 3. 2003 – 4 U 14/03, CR 2003, 522 m. Anm. *Beckmann* = MMR 2003, 471 m. Anm. *Karl*; inzwischen aufgegeben, siehe *OLG Hamm*, Urt. v. 29. 1. 2013 – 4 U 171/12, MMR 2013, 452.

257 *OLG Stuttgart*, Urt. v. 16. 3. 2006 – 2 U 147/05, BRAK 2006, 188 = NJW 2006, 2273.

258 *OLG Hamm*, Urt. v. 19. 6. 2008 – 4 U 63/08, MMR 2009, 50 m. Anm. *Kuhr* – anwaltskanzlei-dortmund.de.

259 *OLG Hamm*, Urt. v. 19. 6. 2008 – 4 U 63/08, MMR 2009, 50 m. Anm. Kuhr – anwaltskanzlei-dortmund.de.

260 *OLG Hamm*, Urt. v. 19. 6. 2008 – 4 U 63/08, MMR 2009, 50 m. Anm. Kuhr – anwaltskanzlei-dortmund.de.

261 *LG Berlin*, Urt. v. 16. 12. 2002 – 97 O 192/02, CR 2003, 937 (Ls.) = MMR 2003, 490; ähnlich *LG Erfurt*, Urt. v. 21. 10. 2004 – 2 HKO 77/04, MMR 2005, 121 m. Anm. *Schulte* – deutsche Anwalthotline.de.

nen.[262] Auch die Verwendung des TLD „.ag" kann wegen Irreführung verboten sein, wenn eine entsprechende Domain von einer GmbH verwendet wird; denn dann müsse ein beträchtlicher Teil des Verkehrs annehmen, es handele sich bei dem Domaininhaber um eine Aktiengesellschaft.[263] Unklar war lange Zeit die Haltung der Gerichte zu Anwaltdomains wie „anwalt-hannover.de" oder „rechtsanwaelte-dachau.de". Der *BGH* hat nun in einer grundlegenden Entscheidung zur berufsrechtlichen Zulässigkeit der Verwendung von Domains ausgeführt, dass die Verwendung einer Kombination aus einem Gattungsbegriff und einer Region durch Steuerberater als Domain bei dem maßgeblichen durchschnittlich informierten und verständigen Verbraucher nach der Lebenserfahrung nicht die Gefahr einer Irreführung bewirkt.[264] Laut *BGH* sei es bei der Domainbezeichnung „www.steuerberater-suedniedersachsen.de" ausgeschlossen, dass ein Internetnutzer von der irrigen Vorstellung geleitet wird, hier die einzige Steuerberatungskanzlei in ganz Südniedersachsen zu finden. Zwar liege eine Gefahr der Irreführung in der Tatsache, dass der Domainname eher auf ein Verzeichnis aller Steuerberater in Südniedersachsen oder einen Berufsverband hindeute, dies werde jedoch durch Kenntnisnahme der Homepage sofort und hinreichend korrigiert.[265] Teilweise wird bei Verwendung des Singulars „anwalt" von der wettbewerbsrechtlichen Unbedenklichkeit ausgegangen.[266] Ebenso kann die Verwendung des Begriffs „International" als Bestandteil des Domainnamens im Einzelfall irreführend sein, sofern sich die Geschäftätigkeit des Betriebes ausschließlich auf das Bundesgebiet beschränkt.[267]

Das *OLG Stuttgart* hat den Begriff „Netz" als nicht schutzfähigen Gattungs- **119** begriff angesehen, auch wenn jemand den Nachnamen „Netz" führt.[268] Ähnlich sah die Kölner Justiz die Rechtslage bei den Gattungsbegriffen „bahnhoefe"[269] und „mahngericht".[270] Für die generischen Umlautdomains gelten

---

262 *OLG Hamburg*, Urt. v. 15.11. 2006 – 5 U 185/05, CR 2007, 258 = GRUR-RR 2007, 93 – deutsches-handwerk.de.
263 *LG Hamburg*, Urt. v. 2.9. 2003 – 312 O 271/03, CR 2004, 143 m. Anm. *Stögmüller* = MMR 2003, 796 – tipp.ag; bestätigt durch *OLG Hamburg*, Urt. v. 16.6. 2004 – 5 U 162/03, CR 2004, 769 = MMR 2004, 680.
264 *BGH*, Urt. v. 1.9. 2010 – StBSt (R) 2/10, NJW-RR 2011, 210.
265 *BGH*, Urt. v. 1.9. 2010 – StBSt (R) 2/10, CR 2011, 125 = DStR 2010, 2326 m. Anm. *Mutschler*.
266 *OLG München*, Urt. v. 10.5. 2001 – 29 U 1594/01; *LG Duisburg*, Urt. v. 10.1. 2001 – 21 O 201/01, NJW 2002, 2114 – anwalt-muelheim.de; ähnlich auch *OLG München*, Urt. v. 18.4. 2002 – 29 U 1573/02, CR 2002, 757 – rechtsanwaelte-dachau.de.
267 *OLG Dresden*, Urt. v. 4.5. 2010 – 14 U 46/10, K & R 2010, 828 – International.
268 *OLG Stuttgart*, Urt. v. 7.3. 2002 – 2 U 184/01, CR 2002, 529 = MMR 2002, 388 – www.netz.de.
269 *LG Köln*, Urt. v. 22.12. 2005 – 84 O 55/05, MMR 2006, 244 – bahnhoefe.de.
270 *OLG Köln*, Urt. v. 30.9. 2005 – 20 U 45/05, CR 2006, 493 = MMR 2006, 31.

ähnliche Regeln. So hat das *LG Leipzig*[271] betont, dass ein Hersteller von Waren keinen Anspruch auf Unterlassung der Registrierung oder Nutzung eines internationalisierten Domainnamen (IDN-Domain), also eines Domainnamens mit Umlauten hat, sofern der Domainname lediglich Waren beschreibt und nicht kennzeichnend sein kann. Der vorinstanzlichen Argumentation folgend hat das *OLG Dresden* die Berufung zurückgewiesen.[272]

120 In Anwendung von §§ 3, 4 Nr. 4 UWG soll nach Annahme des *OLG Hamburg* die Registrierung von Gattungsbegriffen verboten sein, wenn diese Namen zum Zweck der Behinderung eines Konkurrenten angemeldet worden sind.[273] Dies gelte insb. dann, wenn die Gattungsdomains auf die eigene Domain umgeleitet werden.

121 Keine rechtlichen Probleme sah das *OLG Wien* bei der Registrierung der Domain „kinder.at" im Verhältnis zu einer (generischen) Wort/Bildmarke „kinder".[274] Auch wurde ein Unterlassungsanspruch einer juristischen Zeitschrift gegen die Verwendung der Domain „versicherungsrecht.de" durch einen Dritten vom *LG* und *OLG Düsseldorf* mangels Unlauterkeit abgelehnt.[275] Der *BGH* sieht inzwischen auch keine Probleme mehr in der Verwendung der Adressen „presserecht.de"[276] und „rechtsanwaelte-notar.de"[277]; diese sei weder irreführend noch verstoße sie gegen anwaltliches Berufsrecht. In Sachen „Mitwohnzentrale" liegt auch die zweite Entscheidung des *OLG Hamburg* vor.[278] Hiernach ist für die Beurteilung der Frage, ob sich die Verwendung eines generischen Domainnamens (hier: „mitwohnzentrale.de") nach § 5 UWG als irreführend wegen einer unzutreffenden Alleinstellungsberühmung darstellt, wie später vom *BGH* bestätigt, nicht allein auf die Bezeichnung der Domain, sondern maßgeblich (auch) auf den dahinter stehenden Internetauftritt, insb. die

---

271 *LG Leipzig*, 24.11. 2005 – 5 O 2142/05, MMR 206, 113, 114 – kettenzüge.de; ähnlich *LG Frankenthal*, Urt. v. 29. 9. 2005 – 2 HK O 55/05, CR 2006, 421 = MMR 2006, 116 – günstig.de.
272 *OLG Dresden*, Urt. v. 7. 3. 2006 – 14 U 2293/05, MMR 2006, 685 – kettenzüge.de.
273 *OLG Hamburg*, Urt. v. 14. 4. 2005 – 5 U 74/04, MMR 2006, 328.
274 *OLG Wien*, Urt. v. 25. 4. 2002 – 5 R 32/02; ähnlich liberal *öOGH*, Beschl. v. 20. 4. 2006 – 4 Ob 39/06y, MMR 2006, 667 – rechtsanwaltsportal.at.
275 *LG Düsseldorf*, Urt. v. 12. 6. 2002 – 2a O 11/02, CR 2003, 64 = MMR 2002, 758; *OLG Düsseldorf*, Beschl. v. 25. 11. 2002 – 13 U 62/02, MMR 2003, 177.
276 *BGH*, Beschl. v. 25. 11. 2002 – AnwZ (B) 41/02, MDR 2003, 418 = BRAK 2003, 82 = MMR 2003, 252 m. Anm. *Schulte* = ZUM 2003, 302 = CR 2003, 355 m. Anm. *Hoß* = NJW 2009, 662.
277 *BGH*, Beschl. v. 25. 11. 2002 – AnwZ (B) 8/02, BRAK 2003, 22 m. Anm. *Dahns* = MMR 2003, 256 = CR 2003, 354 m. Anm. *Hoß*; anders wiederum *öOBDK*, Entscheidung v. 28. 4. 2003 – 13 Bkd 2/03, MMR 2003, 788 m. Anm. *Karl*, in der die Kommission die Verwendung der Domain scheidungsanwalt.at als rechtswidrig ansah.
278 *OLG Hamburg*, Urt. v. 6. 3. 2003 – 5 U 186/01, CR 2003, 605 = MMR 2003, 537 – Mitwohnzentrale II.

konkrete Gestaltung der Homepage abzustellen.[279] Der Hinweis eines Vereins, dass auf seiner Homepage nur Vereinsmitglieder aufgeführt sind, kann nach den Umständen des Einzelfalls ausreichen, um irrtumsbedingten Fehlvorstellungen entgegenzuwirken, die angesichts der generischen Domain-Bezeichnung bei Teilen des Verkehrs entstehen können.[280] Eine ausdrückliche Bezugnahme auf Konkurrenzunternehmen ist nicht erforderlich.

Zu den Gattungsbegriffen zählen i. Ü. nicht **lateinische Bezeichnungen.** 122 Laut einer Entscheidung des *LG München I*[281] können lateinische Begriffe durchaus im allgemeinen Sprachgebrauch angesiedelt sein. Daraus folge aber nicht automatisch ein Freihaltebedürfnis als Gattungsbegriff, da die deutsche Übersetzung nur Personen mit Lateinkenntnissen möglich ist, also nur einer Minderheit der Bevölkerung. Demnach hat das *LG* dem Kläger Recht gegeben, der mit Familiennamen Fatum (lat. Schicksal) heißt und die Freigabe der bereits reservierten gleichnamigen Web-adresse verlangt hatte.

Seit dem 1. März 2004 besteht die Möglichkeit, Domains mit Umlauten 123 registrieren zu lassen. Alleine die Registrierung mit Umlauten eines bereits registrierten Gattungsbegriffs ohne diese Umlaute stelle jedoch noch keine wettbewerbswidrige Handlung dar,[282] auch wenn der Begriff mit Umlauten einfacher zu erreichen und vom Verkehr bemerkt werden kann. Ein Wettbewerber, der Inhaber der Domain ohne Umlaute ist (und somit vor der Registrierungsmöglichkeit von Domains mit Umlauten einziger Inhaber des Gattungsbegriffes als Domain war), kann daher nicht gegen den neuen Inhaber von Umlautdomains vorgehen. Es handle sich bei einem solchen Vorgehen nicht um eine gezielte Behinderung, da der Wettbewerber weiterhin in der Lage sei, seine bisherige Domain zu benutzen und daher nicht behindert würde.[283]

Zu beachten gilt es, dass eine Domain auch gegen markenrechtliche An- 124 griffe geschützt ist, wenn der Verkehr in der Domain überhaupt keine Marke, sondern sogleich einen Gattungsbegriff sieht. Dies gilt selbst dann, wenn eine entsprechende europäische Marke eingetragen war.[284]

---

279 *BGH*, Urt. v. 17. 5. 2001 – I ZR 216/99, BGHZ 148, 1 = GRUR 2001, 1061, 1063.
280 *OLG Hamburg* a. a. O.
281 *LG München I*, Urt. v. 11. 4. 2005 – 27 O 16317/04, BeckRS 2005, 08579 = MMR 2005, 620 = ITRB 2006, 12 m. Anm. *Elteste* – fatum.de.
282 So auch *OLG Köln*, Urt. v. 2. 9. 2005 – 6 U 39/05, CR 2005, 880 = MMR 2005, 763 = ITRB 2005, 273 m. Anm. *Elteste* – Schlüsselbänder.de.
283 *OLG Köln*, Urt. v. 2. 9. 2005 – 6 U 39/05, CR 2005, 880 = MMR 2005, 763 = ITRB 2005, 273 m. Anm. *Elteste* – Schlüsselbänder.de.
284 *OLG Düsseldorf*, Urt. v. 28. 11. 2006 – I-20 U 73/06, CR 2007, 473 (Ls.) = MMR 2007, 187 – professional-nails.de.

f) „.com"-Adressen

125 Nach ständiger Rechtsprechung kommt TLDs wie „.com" oder „.de" keine Unterscheidungskraft zu.[285] Folglich kann die Verwendung unterschiedlicher TLDs nicht etwa eine Verwechslungsgefahr zwischen einem Domainnamen und einem Kennzeichen ausschließen.[286] Ein Markenrechtsinhaber kann sich daher gegen die Verwendung seines Kennzeichens in einer „.com"-Adresse in gleicher Weise zur Wehr setzen, wie bei einer „.de"-Adresse.[287] Ähnliches gilt für die Verwendung anderer gTLDs, wie etwa im Falle von „WDR.org" für ein Portal zum Thema „Fachjournalismus".[288] Den gTLDs fehlt es an der kennzeichnenden Wirkung; entscheidend ist daher die Second-Level-Domain.[289] Die Einführung der new gTLDs stellt diesen Grundsatz allerdings in Frage. Zunehmend rückt die gTLD, die etwa eine Marke oder einen generischen Begriff zum Gegenstand hat, in den Blick der rechtlichen Bewertung von Kollisionsfällen zwischen Marken und Domains.

126 Umgekehrt ist es möglich, dass gerade aufgrund der Kombination der TLD mit der Second-Level-Domain eine Verwechslungsgefahr begründet wird. Denkbar wären bspw. die Kombinationen „buxtehu.de", „goeteb.org" oder „strab.ag".[290]

127 Hier drohen **oft Kollisionen zwischen den Inhabern ausländischer und deutscher Kennzeichnungen,** wie etwa bei der Verwendung der Bezeichnung „persil.com" für das (im britischen Rechtskreis berechtigte) Unternehmen „Unilever". Das Hauptproblem liegt in diesen Fällen in der Durchsetzung von Unterlassungsansprüchen, denn sofern sich nur die TLD ändert, haben oft beide Domaininhaber für ihren kennzeichenrechtlichen Schutzbereich eine Berechtigung. So kann sich der amerikanische Inhaber der Domain „baynet.com" auf das ihm nach US-Recht zustehende Markenrecht in gleicher Weise berufen wie die bayerische Staatsregierung auf die deutschen Rechte zur Nutzung der

---

285 *EuG*, Urt. v. 12.12. 2007 – RS Z-117/06, MMR 2008, 390 – suchen.de; *OLG Hamburg*, Beschl. v. 15.8. 2012 – 3 W 53/12, MMR 2013, 101 – kredito.de; *BPatG*, Beschl. v. 23.10. 2003 – 25 W (pat) 110/03, GRUR 2004, 336 – beauty24.de.

286 *BGH*, Urt. v. 14.5. 2009 – I ZR 231/06, GRUR 2009, 1055 – airdsl.

287 *OLG Karlsruhe*, Urt. v. 9.6. 1999 – 6 U 62/99, MMR 1999, 604 = CR 1999, 783 = EWiR 1999, 983 m. Anm. *Hoeren.*

288 *LG Köln*, Urt. v. 23.5. 2000 – 33 O 216/00, BeckRS 9998, 52210 = MMR 2000, 625 – WDR.org.

289 *OLG Hamburg*, Beschl. v. 4.2. 2002 – 3 W 8/02, CR 2002, 446 m. Anm. *Beckmann* = LSK 2002, 311010 – handy.de/handy.com.

290 Hoeren/Sieber/Holznagel/*Viefhues*, Handbuch MMR, 41. Ergänzungslieferung 2015, Teil 6, Rdnr. 103; vgl. *OLG Hamburg*, Beschl. v. 27.8. 2002 – 3 W 78/02, LSK 2003, 080023 – verona.tv; *OLG Hamburg*, Urt. v. 16.6. 2004 – 5 U 162/03, GRUR-RR 2005, 199 – tipp.ag.

Domain „baynet.de". Wollte man hier einen Unterlassungsanspruch sauber te-
norieren, müsste man den Anspruch auf die Nutzung der Domain im jeweiligen
Heimatstaat beschränken. Eine solche Beschränkung ist jedoch technisch nicht
durchsetzbar. Die Anbieter der Seite „baynet.com" könnten schon von der
technischen Ausgestaltung des WWW her der bayerischen Staatsregierung
nicht aufgeben, zu verhindern, dass deren „baynet.de"-Angebot in den USA
abgerufen werden kann. Das *KG* hat daraus in der „Concept"-Entscheidung[291]
die Konsequenz gezogen, einem Störer die Berufung auf die Einschränkungen
für den weltweiten Abruf zu verweigern.

Laut Rechtsprechung des *BGH*[292] ist es auch nicht möglich, Kommunen **128**
auf die Domain „XX.info" oder „XX.museum" zu verweisen, um eventuelle Ansprüche der Stadt auf die mit dem Städtenamen identische „.de"-Domain zu
beseitigen. So habe die Stadt Solingen im zu entscheidenden Fall nicht nur ein
schützenswertes Interesse an der Verwendung ihres Namens mit der TLD „.de",
sondern auch zusätzlich an dem mit der TLD „.info" gebildeten Domainnamen.
Außerdem wird darauf verwiesen, dass Dritten die Verfolgung ihres berechtigten Interesses, den Namen der Stadt Solingen als Bezeichnung eines Internetauftritts zu verwenden, dergestalt offen steht, dass der Name „Solingen" mit
Zusätzen als Second-Level-Domain verwendet werden kann.

g) Regional begrenzter Schutz
Der Kennzeichenschutz eines Unternehmens, welches nur regional, aber nicht **129**
bundesweit tätig ist, beschränkt sich auf das räumliche Tätigkeitsfeld, bzw. die
Region, die der angesprochene Verkehr als Einzugsgebiet ansieht.[293] Daher hat
der *BGH* einem in Bayern ansässigen und ausschließlich dort tätigen Sprach-
institut („Cambridge Institut") einen Unterlassungsanspruch gegen die Verwendung der Domain „cambridgeinstitute.ch" durch ein Schweizer Sprachins-
titut versagt.[294]

---

291 *KG*, Urt. v. 25.3. 1997 – 5 U 659/97, NJW 1997, 3321 = CR 1997, 685 = DVP 1998, 352 m. Anm.
Vahle.
292 *BGH*, Urt. v. 21.9. 2006 – I ZR 201/03, GRUR 2007, 259 – solingen.info.
293 *OLG Frankfurt a. M.*, Urt, v. 7.5. 2015 – 6 U 39/14, MMR 2016, 119 = GRUR-RR 2015, 372 =
GRURPrax 2015, 344 m. Anm. *Haberer*; *BGH*, Urt. v. 28.6. 2007 – I ZR 49/04, CR 2007, 655 =
MMR 2007, 748 – cambridgeinstitute.de; vgl. auch *OLG Köln*, Beschl. v. 7.5. 2007 – 6 W 54/07,
GRUR 2008, 79 = MMR 2008, 119 – 4e.de.
294 *BGH*, Urt. v. 28.6. 2007 – I ZR 49/04, CR 2007, 655 = MMR 2007, 748 – cambridgeinstitute.de;
vgl. auch *OLG Köln*, Beschl. v. 7.5. 2007 – 6 W 54/07, GRUR 2008, 79 = MMR 2008, 119 – 4e.de.

h) „Afilias"-Entscheidung und die Konsequenzen

130 In der Entscheidung „afilias.de" hat der *BGH*[295] bekräftigt, dass auch eine Domain einen in sich bestehenden Wert habe. Zwar beruhe die Domain nur auf einem schuldrechtlichen Anspruch und sei als solche kein eigenständiger Vermögenswert. Insofern setze sich eine Marke oder ein Unternehmenskennzeichen gegen eine gleichnamige Domain durch. Allerdings gebe es Ausnahmen davon. Eine Erste sei anzunehmen, wenn die Registrierung des Domainnamens durch einen Nichtberechtigten nur der erste Schritt im Zuge einer späteren Benutzung als Unternehmenskennzeichen sei.[296] Eine weitere Ausnahme sei geboten, wenn das Kennzeichen- bzw. Namensrecht des Berechtigten erst nach der Registrierung des Domainnamens durch den Domaininhaber entstanden ist. Anders verhalte es sich nur, wenn es dem Domaininhaber wegen Rechtsmissbrauchs versagt ist, sich auf seine Rechte aus der Registrierung des Domainnamens zu berufen. Dies sei insb. dann der Fall, wenn der Domaininhaber den Domainnamen ohne ernsthaften Benutzungswillen in der Absicht registrieren lässt, sich diesen von dem Inhaber eines entsprechenden Kennzeichen- oder Namensrechtes abkaufen zu lassen.

131 Eine solche Ausnahme hat das *OLG Hamburg*[297] bejaht. Die Registrierung der Domain „stadtwerke-uetersen.de" stelle eine unberechtigte Anmaßung des Namens eines erst nach der Registrierung gegründeten namensgleichen kommunalen Versorgungsunternehmens dar, wenn sie lediglich dem Ziel dient, eine veräußerbare Vorratsdomain zu erlangen. Gibt der Domaininhaber an, „zu einem späteren Zeitpunkt die Geschichte der ehemaligen Stadtwerke im Internet" bzw. „Bauwerke der Stadt Uetersen" präsentieren zu wollen und ergibt sich aus der vorgerichtlichen Korrespondenz ein klares, auf die Veräußerung der Domain gerichtetes Erwerbsinteresse, so handele es sich lediglich um vorgeschobene, die Namensanmaßung verschleiernde Zwecke.[298]

132 In der Entscheidung „ahd.de"[299] hat der *BGH* erneut darüber entschieden, inwieweit Unternehmen dagegen vorgehen können, dass ihre Geschäftsbezeichnung von Dritten als Domainname registriert und benutzt wird. Die Klägerin, die ihren Kunden die Ausstattung mit Hard- und Software anbietet, benutzt

---

295 *BGH*, Urt. v. 24. 4. 2008 – I ZR 159/05, NJW 2008, 3716 = MMR 2008, 815 m. Anm. *Kazemi* = JuS 2009, 188 m. Anm. *Emmerich* – afilias.de.
296 Siehe auch *BGH*, Urt. v. 9. 9. 2004 – I ZR 65/02, MDR 2005, 765 = CR 2005, 362 m. Anm. *Eckhardt* – mho.de.
297 *OLG Hamburg*, Urt. v. 24. 9. 2009 – 3 U 43/09, GRUR-RR 2010, 208 = WRP 2010, 298.
298 *OLG Hamburg*, Urt. v. 24. 9. 2009 – 3 U 43/09, GRUR-RR 2010, 210.
299 *BGH*, Urt. v. 19. 2. 2009 – I ZR 135/06, CR 2009, 748 = MDR 2009, 942 = K & R 2009, 473 m. Anm. *Rössel* – ahd.de.

seit Oktober 2001 zur Bezeichnung ihres Unternehmens die Abkürzung „ahd". Die Beklagte (eine GmbH) hat mehrere tausend Domainnamen auf sich registrieren lassen, um sie zum Kauf oder zur entgeltlichen Nutzung anzubieten, darunter seit Mai 1997 auch den Domainnamen „ahd.de". Vor dem Sommer 2002 enthielt die entsprechende Internetseite nur ein „Baustellen"-Schild mit dem Hinweis, dass hier „die Internetpräsenz der Domain ahd.de" entstehe. Danach konnten unterschiedliche Inhalte abgerufen werden, jedenfalls im Februar 2004 auch Dienstleistungen der Beklagten, wie z. B. das Zurverfügungstellen von E-Mail-Adressen oder das Erstellen von Homepages. Der *BGH* entschied, dass die Klägerin aufgrund ihres nach der Registrierung des Domainnamens entstandenen Rechts an der Unternehmensbezeichnung der Beklagten verbieten könne, die Buchstabenkombination „ahd" als Kennzeichen für die im Schutzbereich der Geschäftsbezeichnung der Klägerin liegenden Waren und Dienstleistungen zu benutzen. Die Registrierung des Domainnamens führe nur dazu, dass der Inhaber eines erst nach der Registrierung entstandenen Namens- oder Kennzeichenrechts vom Domaininhaber regelmäßig nicht die Löschung des Domainnamens verlangen oder ihm jedwede Nutzung des Domainnamens untersagen könne. Sie berechtige als solche den Domaininhaber dagegen nicht dazu, unter dem Domainnamen das Kennzeichenrecht des Dritten verletzende Handlungen vorzunehmen. Der Domainname sei von der Beklagten vor Oktober 2001 auch nicht so verwendet worden, dass an der Bezeichnung „ahd" ein gegenüber der Geschäftsbezeichnung der Klägerin vorrangiges Kennzeichenrecht der Beklagten entstanden sei.[300]

Einen Anspruch der Klägerin auf Löschung des Domainnamens hat der **133** *BGH* dagegen verneint. Auf eine Kennzeichenverletzung könne das Löschungsbegehren nicht gestützt werden, weil das Halten des Domainnamens nicht schon für sich gesehen eine Verletzung der Geschäftsbezeichnung der Klägerin darstelle. Ein Löschungsanspruch sei auch nicht unter dem Gesichtspunkt der wettbewerbswidrigen Mitbewerberbehinderung gegeben. Dass die Klägerin ihre Geschäftsbezeichnung „ahd" nicht i. V. m. der TLD „.de" als Domainnamen nutzen könne, habe sie grundsätzlich hinzunehmen, weil sie die Abkürzung „ahd" erst nach der Registrierung des Domainnamens auf die Beklagte in Benutzung genommen habe. Nach Auffassung des *BGH* handelt die Beklagte im Streitfall nicht rechtsmissbräuchlich, wenn sie sich auf ihre Rechte aus der Registrierung des Domainnamens beruft.[301]

---

300 *BGH*, Urt. v. 19. 2. 2009 – I ZR 135/06, MMR 2009, 534, 536.
301 *BGH*, Urt. v. 19. 2. 2009 – I ZR 135/06, MMR 2009, 534, 536 f.

4 Reichweite von §§ 823, 826 BGB und § 3 UWG

134 Neue Wege beschritt das *OLG Frankfurt a. M.* in der Entscheidung „weide glueck.de".[302] Hiernach kann wegen unlauterer Behinderung in Anspruch genommen werden, wer sich ohne nachvollziehbares eigenes Interesse eine Domain mit fremden Namensbestandteilen registrieren lässt, die mit dem eigenen Namen und der eigenen Tätigkeit in keinem Zusammenhang steht. Im vorliegenden Fall hatte ein Student die Kennung „weideglueck.de" für sich registrieren lassen. Zur Begründung gab er im Prozess widersprüchliche und kaum nachvollziehbare Begründungen an. Das *OLG* entschied aus diesem Grund zugunsten des Klägers, der auf eine Reihe von eingetragenen Marken mit der Bezeichnung „Weideglück" verweisen konnte. Über die Anwendung des § 826 BGB schließt der Senat eine gefährliche Schutzlücke, denn bei der privaten, nicht-geschäftlichen Nutzung einer Domain, die als Bestandteil eine fremde Marke enthält, greift § 14 MarkenG nicht ein. Auch § 12 BGB hilft nicht, da hiernach nur der Name eines Unternehmens, nicht aber eine Produktbezeichnung geschützt ist. Dennoch muss die Entscheidung des *OLG* vorsichtig zu Rate gezogen werden, denn sie betraf einen besonderen Fall, in dem der Beklagte zur offensichtlichen Verärgerung des Gerichts sehr widersprüchlich vorgetragen hatte.

135 Im Übrigen hat das *OLG Frankfurt a. M.* § 826 BGB auch dann herangezogen, wenn jemand sich Tausende von Domains zu Verkaufszwecken reservieren lässt und von Dritten Entgelt dafür erwartet, dass sie eigene Angebote unter ihren Kennzeichen ins Internet stellen.[303] Im vorliegenden Fall klagte die Zeitung „Die Welt" gegen den Domaininhaber von „welt-online.de" und „weltonline". Nach Auffassung der Frankfurter Richter müsse die Zeitung es hinnehmen, dass jemand die Bezeichnungen „Welt" und „Online" als beschreibende Angaben innerhalb ihrer Domain verwendet. Dies gelte aber nicht für einen Spekulanten, der ohne eigenes Nutzungsinteresse durch die Registrierung den Zeicheninhaber behindern und/oder ihn dazu bringen wolle, die Domain anzukaufen.

136 Ähnlich soll nach Auffassung des *LG München I* eine Registrierung i. S. v. § 826 BGB sittenwidrig sein, wenn sie planmäßig aufgrund einer Suche nach

---

302 *OLG Frankfurt a. M.*, Beschl. v. 12. 4. 2000 – 6 W 33/00, CR 2000, 615 = MMR 2000, 424; ähnlich auch *OLG Nürnberg*, Urt. v. 11. 1. 2000 – 3 U 1352/99, CR 2001, 54 (Ls.) = BeckRS 2000 30089958; sowie *OLG Frankfurt a. M.*, Urt. v. 8. 3. 2001 – 6 U 31/00, CR 2001, 620 = MMR 2001, 532 – praline-tv.de.
303 *OLG Frankfurt a. M.*, Urt. v. 10. 5. 2001 – 6 U 72/00, MMR 2001, 696 – weltonline.de.

versehentlich frei gewordenen Domainnamen erfolgt.[304] Dem widerspricht das *OLG Hamburg* in seiner Entscheidung „Schuhmarkt", in der der Senat betont, dass die bloße Registrierung zahlreicher Domains noch keinen Schluss auf die Sittenwidrigkeit zulasse.[305] Weiterhin bejaht das *LG* München I einen Unterlassungsanspruch nach §§ 826, 1004 BGB unter dem Gesichtspunkt des Domaingrabbings, wenn eine Domain, die sowohl aufgrund der konkreten Gestaltung als auch aufgrund einer bereits zuvor erfolgten jahrelangen Benutzung einer bestimmten Person eindeutig zugeordnet werden kann und ohne Zustimmung für Inhalte, die geeignet sind, den Ruf der Person negativ zu beeinflussen, genutzt wird.[306]

Auch der *BGH* wandte sich in seiner Revisionsentscheidung im Fall „**welt** **online.de**" gegen das *OLG Frankfurt a. M.* und hob dessen Entscheidung auf.[307] Alleine in der Registrierung eines Gattungsbegriffes läge noch keine sittenwidrige Schädigung, auch wenn es nahe liegen würde, dass ein Unternehmen diesen für seinen Internetauftritt benutzen wolle. Ein Vorgehen gegen diese Registrierung sei, auch wenn die Registrierung durch einen Spekulanten erfolge, erst dann möglich, wenn Anhaltspunkte dafür bestehen würden, dass diese Domain im geschäftlichen Verkehr in einer das Kennzeichen verletzenden Weise erfolge.[308] **137**

Neben § 826 BGB wird auch ein Schutz über **§ 823 Abs. 1 BGB** thematisiert (etwa unter dem Gesichtspunkt des eingerichteten und ausgeübten Gewerbebetriebs). Eine Anwendung dieses Grundgedankens wird jedoch bei Domain-Fällen ausgeschlossen, wenn aufgrund des Produktes und des beschränkten Kundenkreises weder eine Verwechslungs- noch eine Verwässerungsgefahr bestehen.[309] **138**

Unabhängig von kennzeichenrechtlichen Vorgaben existiert ein **Recht auf Nutzung einer Domain**, das über § 823 Abs. 1 BGB als **sonstiges Recht** geschützt ist. Verlangt jemand unberechtigterweise eine Löschung der Domain, **139**

---

304 *LG München I*, Urt. v. 21. 3. 2006 – 33 O 22666/05, CR 2006, 494 = MMR 2006, 692; *LG München I*, Urt. v. 4. 4. 2006 – 33 O 15828/05, CR 2006, 559 = MMR 2006, 484; ebenso *OLG München*, Urt. v. 5. 10. 2006 – 29 U 3143/06, MMR 2007, 115 = MD 2007, 168.
305 *OLG Hamburg*, Urt. v. 24. 7. 2003 – 3 U 154/01, CR 2003, 850 = MMR 2003, 668; so auch *LG Berlin*, Urt. v. 21. 2. 2008 – 52 O 111/07, BeckRS 2008, 13374 = MMR 2008, 484 – naeher.de.
306 *LG München*, Urt. v. 4. 7. 2006 – 33 O 2343/06, CR 2007, 470 = MMR 2006, 823.
307 *BGH*, Urt. v. 2. 12. 2004 – I ZR 207/01, MDR 2005, 1182 = CR 2005, 593 = MMR 2005, 534 m. Anm. *Viefhues* = BGHReport 2005, 1067 m. Anm. *Hoeren*.
308 *BGH*, Urt. v. 2. 12. 2004 – I ZR 207/01, MDR 2005, 1182 = CR 2005, 593 = MMR 2005, 534 m. Anm. *Viefhues* = BGHReport 2005, 1067 m. Anm. *Hoeren*.
309 So etwa *OLG Hamm*, Urt. v. 18. 2. 2003 – 9 U 136/02, GRUR 2003, 722 = NJW-RR 2003, 759 = MMR 2003, 478 m. Anm. *Karl*.

wird in dieses Recht eingegriffen. Das Recht bringt auch einen Schutz gegen unberechtigte Dispute-Einträge.[310]

140   Ein Antrag auf Löschung einer Domain kommt regelmäßig aus markenrechtlichen Anspruchsgrundlagen nicht in Betracht, es sei denn, es liegt zusätzlich eine gezielte unlautere Behinderung eines Wettbewerbers i. S. d. § 4 Nr. 10 UWG (§ 4 Nr. 4 UWG 2015) vor.[311] Sind zwei Wettbewerber unter den Domains „schluesselbaender.de" bzw. „schluesselband.de" aufgetreten, so stellt der Erwerb der Domain „schlüsselbänder.de" durch den Inhaber der Domain „schluesselband.de" von einem Dritten keinen wettbewerbswidrigen Behinderungswettbewerb dar.[312]

141   § 3 UWG kommt wegen dessen Subsidiarität im Bereich des **ergänzenden Leistungsschutzes** selten zum Tragen. Voraussetzung eines Behinderungswettbewerbs nach §§ 3, 4 Nr. 4 UWG ist stets eine Beeinträchtigung der wettbewerblichen Entfaltungsmöglichkeiten der Mitbewerber. Da eine solche Beeinträchtigung jedem Wettbewerb eigen ist, muss freilich noch ein weiteres Merkmal hinzutreten, damit von einer wettbewerbswidrigen Beeinträchtigung und – eine allgemeine Marktbehinderung oder Marktstörung steht im Streitfall nicht zur Debatte – von einer unzulässigen individuellen Behinderung gesprochen werden kann: Wettbewerbswidrig ist die Beeinträchtigung im Allgemeinen dann, wenn gezielt der Zweck verfolgt wird, den Mitbewerber in seiner Entfaltung zu hindern und ihn dadurch zu verdrängen. Ist eine solche Zweckrichtung nicht festzustellen, muss die Behinderung doch derart sein, dass der beeinträchtigte Mitbewerber seine Leistung am Markt durch eigene Anstrengungen nicht mehr in angemessener Weise zur Geltung bringen kann. Dies lässt sich nur aufgrund einer Gesamtwürdigung der **Einzelumstände** unter Abwägung der widerstreitenden Interessen der Wettbewerber beurteilen,[313] wobei sich die Bewertung an den von der Rechtsprechung entwickelten Fallgruppen orientieren muss. Eine unlautere Behinderung kann im Falle der Domainreservierung vorliegen, wenn der Zweck der Reservierung darin besteht, Dritte zu behindern bzw. zur Zahlung zu veranlassen, und ein eigenes schützenswertes Interesse des Reservierenden nicht greifbar ist.[314] Als miss-

---

310 *OLG Köln*, Urt. v. 17. 3. 2006 – 6 U 163/05, CR 2006, 487 = MMR 2006, 469 m. Anm. *Utz.*
311 *LG Köln*, Urt. v. 5. 3. 2013 – 33 O 144/12, GRUR-RR 2013, 254 = MMR 2013, 469.
312 *OLG Köln*, Urt. v. 2. 9. 2005 – 6 U 39/05, MMR 2005, 763 = ZUM-RD 2005, 565.
313 *Köhler*/Bornkamm, UWG, 35. Aufl. 2017, § 1 UWG Rn. 47; Ohly/*Sosnitza*, UWG, 7. Aufl. 2016, § 1 Rz. 17.
314 *OLG Frankfurt a. M.*, Urt. v. 4. 5. 2000 – 6 U 81/99, CR 2000, 698 = NJW-RR 2001, 547 = WRP 2000, 772–774; *OLG München*, Urt. v. 12. 8. 1999 – 6 U 4484/98, CR 2000, 247 (Ls.) = MMR 2000, 104 m. Anm. *Hoffmann*; *OLG Dresden*, Urt. v. 20. 10. 1998 – 14 U 3613/97, CR 1999, 589 = NJWE-WettbR 1999, 133 = EWiR 1999, 855 m. Anm. *Hoeren*; *OLG Karlsruhe*, Urt. v. 24. 6. 1998 – 6 U 247/97, MMR 1999, 171 = ZUM 1998, 944; *OLG München*, Urt. v. 2. 4. 1998 – 6 U 4798/97, CR

bräuchlich kann es sich erweisen, wenn der Anmelder die Verwendung eines Gattungsbegriffs durch Dritte dadurch blockiert, dass er gleichzeitig andere Schreibweisen des registrierten Begriffs unter derselben TLD oder dieselbe Bezeichnung unter anderen TLD für sich registrieren lässt.[315]

§ 4 Nr. 10 UWG (§ 4 Nr. 4 UWG 2015) ist auch einschlägig, wenn jemand **142** bewusst in Verfolgung kommerzieller Zwecke eine Domain in fehlerhafter Schreibweise einer Marke oder einer bereits registrierten Domain anmeldet („Tippfehler-Domains" bzw. „Typosquatting").[316]

In den Fällen des sog. Behinderungswettbewerbs liegt eine Rechtsverlet- **143** zung nach § 3 UWG durch eine Tippfehler-Domain auch dann vor, wenn zwischen den Parteien kein konkretes Wettbewerbsverhältnis besteht.[317] Allerdings kommt ein Eingriff in deliktsrechtlich geschützte Positionen in Betracht, wenn die Domain als solche beleidigend ist.[318]

5 Allgemeiner Namensschutz über § 12 BGB

§ 12 BGB ist die Quelle des namensrechtlichen Kennzeichenschutzes außerhalb **144** des geschäftlichen Verkehrs. Als lex generalis umfasst er das MarkenG und § 37 HGB. Geschützt sind sowohl die Namen natürlicher Personen, Berufs- und Künstlernamen[319] (wobei Pseudonyme laut *BGH* nur namensrechtlichen Schutz genießen, wenn der Verwender unter diesem Namen im Verkehr bekannt ist, d. h. mit diesem Verkehrsgeltung besitzt[320]) als auch die Namen juristischer Personen, insb. der Firmen. Auch und gerade öffentlich-rechtliche Körperschaften[321] sind gegen eine unbefugte Nutzung ihres Namens im privat-

---

1998, 556 m. Anm. *Hackbarth* = NJW-RR 1998, 984, 104; Köhler/Piper/*Köhler*, § 1 UWG, Rz. 327 m. w. N.

315 *BGH*, Urt. v. 17. 5. 2001 – I ZR 216/99, MDR 2002, 45 = CR 2001, 777 m. Anm. *Jaeger-Lenz* = MMR 2001, 666 m. Anm. *Hoeren* – mitwohnzentrale.de.

316 *BGH*, Urt. v. 22. 1. 2014 – I ZR 164/12, GRUR 2014, 393 = MMR 2014, 242 m. Anm. *Bodemann* = NJW 2014, 1534 m. Anm. *Lampmann* – wetteronline.de; *OLG Köln*, Urt. v. 18. 10. 2013 – 6 U 36/13, CR 2014, 331 = MMR 2014, 258.

317 *OLG Köln*, Urt. v. 10. 2. 2012 – 6 U 187/11, MMR 2012, 462 = WRP 2012, 989 = GRURPrax 2012, 243 m. Anm. *Freytag*.

318 *OLG Frankfurt a. M.*, Beschl. v. 22. 1. 2007 – 11 W 25/06, K & R 2007, 209 – lotto-betrug.de.

319 Zu Pseudonymen siehe *LG Köln*, Urt. v. 23. 2. 2000 – 14 O 322/99, CI 2000, 106 – maxem.de.

320 *BGH*, Urt. v. 26. 6. 2003 – I ZR 296/00, MMR 2003, 726 m. Anm. *Hoffmann* = NJW 2003, 2978.

321 *KG*, Urt. v. 15. 3. 2013 – 5 U 41/12, GRUR-RR 2013, 487 = MMR 2013, 656 – berlin.com.

rechtlichen Verkehr durch § 12 BGB geschützt.[322] Das Namensrecht aus § 12 BGB findet ferner direkte Anwendung auf Anstalten des öffentlichen Rechts.[323] Der Name eines rechtsfähigen Vereins genießt allenfalls den Schutz des § 12 BGB, sofern dessen Namen hinreichende Unterscheidungskraft zukommt.[324] Der Funktionsbereich eines Unternehmens kann auch durch eine Verwendung des Unternehmenskennzeichens außerhalb des Anwendungsbereichs des Kennzeichenrechts berührt werden.[325] Insofern kommt einem Unternehmen ein Namensschutz zu, wenn in einem Domainnamen das Unternehmenskennzeichen mit dem Begriff „Blog" zusammengeführt wird.[326] Das Namensrecht schützt allerdings nicht nur vor unbefugter Nutzung im Rahmen einer Domain.[327] Scheidet z. B. ein Mitarbeiter aus dem Unternehmen aus, so hat er einen Anspruch aus § 12 BGB auf Löschung seines Namens unter der Rubrik „Mitarbeiter" auf der Unternehmenswebseite.[328] Dies gilt zumindest für den Fall, dass der Eindruck hervorgerufen wird, der Mitarbeiter habe seiner Aufnahme in das Impressum zugestimmt.[329]

145   Nicht geschützt sind **Gattungsbezeichnungen** wie „Marine",[330] „Volksbank",[331] „Datenzentrale"[332] oder eine allgemein bekannte geographische Bezeichnung wie „Canalgrande"[333]. Ein namensrechtlicher Anspruch des Na-

---

322 *BGH*, Urt. v. 15.3. 1963 – Ib ZR 98/61, GRUR 1964, 38 m. Anm. *Droste* = NJW 1963, 2267 – Dortmund grüßt; *BGH*, Urt. v. 21.9. 2006 – I ZR 201/03, GRUR 2007, 259 = MMR 2007, 38 – solingen.info.
323 *BGH*, Urt. v. 6.11. 2013 – I ZR 153/12, GRUR 2014, 506 = GRUR-Prax 2014, 200 m. Anm. *Zarm, Wierny* = ZUM-RD 2014, 273 – sr.de.
324 *OLG München*, Urt. v. 15.11. 2001 – 29 U 3769/01, CR 2002, 449 m. Anm. *Mankowski* = MMR 2002, 166 – Literaturhaus.
325 *OLG Hamburg*, Beschl. v. 31.5. 2007 – 3 W 110/07, CR 2007, 661 = MMR 2008, 118.
326 *OLG Hamburg*, Beschl. v. 31.5. 2007 – 3 W 110/07, CR 2007, 661 = MMR 2008, 118; ähnlich *OLG Frankfurt a. M.*, Beschl. v. 3.3. 2009 – 6 W 29/09, MMR 2009, 401.
327 Vgl. hierzu u. a. *BGH*, Urt. v. 9.11. 2011 – I ZR 150/09, MMR 2012, 233 = GRUR 2012, 304 m. Anm. *Spindler*; *OLG Hamm*, Beschl. v. 25.7. 2013 – 4 W 33/12, MMR 2013, 791 m. Anm. *Albrecht* = CR 2014, 617 (Ls.).
328 *LG Düsseldorf*, Urt. v. 10.4. 2013 – 2a O 235/12, RDV 2013, 318 = ZUM-RD 2013, 468 = GRURPrax 2013, 299 m. Anm. *Gruske*.
329 *LG Düsseldorf*, Urt. v. 10.4. 2013 – 2a O 235/12, RDV 2013, 318 = ZUM-RD 2013, 468 = GRURPrax 2013, 299 m. Anm. *Gruske*.
330 *LG Hamburg*, Urt. v. 13.10. 2000 – 416 O 129/00, CR 2001, 131 = MMR 2001, 196 – marine.de.
331 *BGH*, Urt. v. 2.7. 1992 – I ZR 250/90, MDR 1993, 37 = NJW-RR 1992, 1454.
332 *BGH*, Urt. v. 3.12. 1976 – I ZR 151/75, MDR 1977, 380 = GRUR 1977, 503 m. Anm. *Bauer*.
333 *LG Düsseldorf*, Urt. v. 12.6. 2002 – 2a O 346/01, CR 2002, 839 = MMR 2002, 756; *OLG Brandenburg*, Urt. v. 12.6. 2007 – 6 U 123/06, GRUR-RR 2008, 105 = NJW-RR 2008, 490.

mensträgers kommt regelmäßig nicht in Betracht, wenn der Name zugleich einen Gattungsbegriff darstellt.[334]

Das Namensrecht **erlischt** – anders als das postmortale Persönlichkeits- 146 recht – mit dem Tod des Namensträgers.[335]

Inzwischen ist in der Rechtsprechung anerkannt, dass Domainnamen trotz 147 ihrer freien Wählbarkeit dem **Schutz des § 12 BGB** unterstehen.[336] So sieht das *LG Frankfurt*[337] gerade in der freien Wählbarkeit des Domainnamens z. B. durch beliebige Zahlen- und/oder Buchstabenkombinationen deren Eignung als Kennzeichnungsfunktion mit Namensfunktion gegeben, wenn dabei eine Unternehmensbezeichnung gewählt werde, so wie in dem zu entscheidenden Fall, in welchem die L. I. T. Logistik-Informations-Transport Lager & Logistik GmbH den Domainnamen lit.de benutzen wollte. Ebenso beurteilt es das *LG Bonn*[338] und unterstellt den Domainnamen „detag.de" dem Schutz des § 12 BGB, da sich die Buchstabenkombination aus den Anfangsbuchstaben der Firmenbezeichnung, nämlich Deutsche Telekom AG, zusammensetze. Gleichermaßen genießt die Abkürzung „FC Bayern", welche für die vollständige Unternehmensbezeichnung „FC Bayern München AG" steht, den Schutz des § 12 BGB.[339] Das *LG Köln* bejahte sogar ein Namensrecht des 1. FC Kölns an „fc.de".[340]

Zweifelhaft ist, ob auch durch die **Verwendung eines fiktiven Namens** 148 speziell für das Internet ein Namensschutz begründet werden kann; das *OLG Köln* hatte dies bejaht,[341] während der *BGH* selbiges in der Revision abgelehnte.[342] Als Faustregel kann gelten: Pseudonyme sind – auch wenn sie im Perso-

---

334 *LG Berlin*, Urt. v. 21.2. 2008 – 52 O 111/07, MMR 2008, 484 = BeckRS 2008, 13374 – naeher.de.
335 *BGH*, Urt. v. 5.10. 2006 – I ZR 277/03, MDR 2007, 417 = MMR 2007, 106 m. Anm. *Stieper* = GRUR 2007, 168 m. Anm. *Götting* – kinski-klaus.de.
336 *OLG Köln*, Urt. v. 6.7. 2000 – 18 U 34/00, CR 2000, 696 = MMR 2001, 170 – maxem.de; vgl. aber zuvor *LG Köln*, Beschl. v. 17.12. 1996 – 3 O 507/96, CR 1997, 291; zur Geltendmachung von § 12 BGB gegenüber dem Inhaber einer ausländischen ccTLD: *BGH*, Urt. v. 28.4. 2016 – I ZR 82/14, GRUR 2016, 810 = GRUR-Prax 2016, 315 m. Anm. *Lehmann*.
337 *LG Frankfurt a. M.*, Urt. v. 10.9. 1997 – 2/6 O 261/97, MMR 1998, 151 = NJW-RR 1998, 974.
338 *LG Bonn*, Beschl. v. 22.9. 1997 – 1 O 374/97, MMR 1998, 110 = NJW-RR 1998, 977.
339 *OLG Köln*, Urt. v. 30.4. 2010 – 6 U 208/09, CR 2010, 529 = GRUR-RR 2010, 399 – www.fcbayern.es.
340 *LG Köln*, Urt. v. 9.8. 2016 – 33 O 250/15 , K & R 2016, 684.
341 *OLG Köln*, Urt. v. 6.7. 2000 – 18 U 34/00, CR 2000, 696 = MMR 2001, 170 – maxem.de; ähnlich *LG München I*, Urt. v. 7.12. 2000 – 4 HK O 20974/00, ZUM-RD 2001, 359 – nominator.de.
342 *BGH*, Urt. v. 26.6. 2003 – I ZR 296/00, CR 2003, 845 m. Anm. *Eckhardt* = MDR 2004, 347 = WRP 2003, 1215 – maxem.de; bestätigt durch das *BVerfG*, Beschl. v. 21.8. 2006 – 1 BvR 2047/ 03, CR 2006, 770 m. Anm. *Kitz* = MMR 2006, 735 m. Anm. *Hoffmann* = NJW 2007, 671; ähnlich *OLG Hamm*, Urt. v. 18.1. 2005 – 4 U 166/04, MMR 2005, 381 = ZUM-RD 2005, 237 – juraxx.

nalausweis eingetragen sind – nur dann namensrechtlich geschützt, wenn sie Verkehrsgeltung erlangt haben.[343] Dazu reicht es nicht aus, unter dem Pseudonym nur vorübergehend Webseiten zu gestalten.[344]

149   Zu weit ging jedenfalls das *OLG Hamburg* in der Entscheidung „Emergency",[345] in welcher der Senat jedweder Domain ein allgemeines Namensrecht – auch ohne Bezug auf ein konkretes Unternehmen oder Produkt – zubilligen will.[346] Restriktiver handhabt das *OLG Köln* solche Fälle. So kämen namensrechtliche Ansprüche aus der Bezeichnung „DSDS" – der Abkürzung der Sendereihe „Deutschland sucht den Superstar" – auf den Verzicht auf einen das Kürzel „dsds" enthaltenden Domainnamen (hier: dsds-news.de) nicht in Betracht, wenn der Namensträger bereits über eine einschlägig bezeichnete Domain (hier: „dsds.de") verfügt und die angegriffene Domain den Namen nur in einem Kombinationszeichen enthält.[347]

150   Allgemein anerkannt ist, dass die **Bezeichnungen von Kommunen** auch bei Verwendung als Bestandteil einer Domain namensrechtlich geschützt sind.[348] Nach herrschender Auffassung macht derjenige, der sich einen Stadtnamen für die Domain seiner Homepage auswählt, von einem fremden, durch § 12 BGB geschützten Namen Gebrauch und erweckt den Eindruck, dass unter seiner Domain die Stadt selbst als Namensträgerin im Internet tätig werde. Der Schutz erstreckt sich auf Stadtteilnamen,[349] die Gesamtbezeichnung „Deutsch-

---

343 *BVerfG*, Beschl. v. 21.8. 2006 – 1 BvR 2047/03, CR 2006, 770 m. Anm. *Kitz* = MMR 2006, 735 m. Anm. *Hoffmann.*

344 *AG Nürnberg*, Urt. v. 29.6. 2004 – 14 C 654/04, ZUM-RD 2004, 600 – kerner.de.

345 *OLG Hamburg*, Urt. v. 5.11. 1998 – 3 U 130/98, CR 1999, 184 m. Anm. *Hackbarth* = MMR 1999, 159.

346 Hinzuweisen ist auch darauf, dass nach Absatz 4 (a) (ii) der UDRP „legitimate interests" die Verwendung einer Domain legitimieren können. Zu den „legitimate interests" zählt die Bekanntheit einer Domain in der Szene; siehe Toyota vom J. Alexis, D 2003 – 0624 und Digitronics vom Sixnet, D 2000 – 0008.

347 *OLG Köln*, Urt. v. 19.3. 2010 – 6 U 180/09, CR 2010, 612 m. Anm. *Hackbarth* = ZUM-RD 2010, 325 – dsdsnews.de.

348 Siehe etwa *BGH*, Urt. v. 14.6. 2006 – I ZR 249/03, MDR 2007, 287 = CR 2006, 678; *OLG Karlsruhe*, Urt. v. 9.6. 1999 – 6 U 62/99, MMR 1999, 604 = EWiR 1999, 983 m. Anm. *Hoeren* = ZUM-RD 2000, 71 – badwildbad.com; *OLG Brandenburg*, Urt. v. 12.4. 2000 – 1 U 25/99, K & R 2000, 406 m. Anm. *Gnielinski* – luckau.de; *OLG Köln*, Beschl. v. 18.12. 1998 – 13 W 48/98, CR 1999, 385 m. Anm. *Biere* = MMR 1999, 556 – herzogenrath.de; lesenswert: *Johannisbauer*, Verletzung der Namensrechte von gebietskörperschaften – Praxisbericht zur Registrierung von zusammengesetzten Domains, MMR 2015, 154.

349 Siehe dazu *LG Flensburg*, Urt. v. 8.1. 2002 – 2 O 351/01, CR 2002, 537 m. Anm. *Eckhardt* = K & R 2002, 204 – sandwig.de; *LG München I*, Urt. v. 7.5. 2002 – 7 O 12248/01, CR 2002, 840 m. Anm. *Eckhardt* = ZUM-RD 2003, 149.

land"[350], die Namen staatlicher Organisationen[351] oder bekannte Abkürzungen.[352] Der Schutz umfasst zudem deutsche Übersetzungen ausländischer Staatsnamen.[353] Für Furore hat in diesem Zusammenhang die Entscheidung des *LG Mannheim* in Sachen „Heidelberg" gesorgt.[354] Hiernach hat die Verwendung der Internet-Adresse „heidelberg.de" durch die Heidelberger Druckmaschinen GbR das Namensrecht der Stadt Heidelberg aus § 12 BGB verletzt.

Ausgenommen sind allerdings kleine Gemeinden, deren Namen nicht von überragender Bedeutung sind,[355] zumindest wenn die Domain dem Familiennamen des Geschäftsführers der GmbH entspricht, welche die Domain nutzt.[356] Die Kommune ist nicht gegen Domainbezeichnungen geschützt, die den Städtenamen unter Hinzufügung eines erklärenden Zusatzes (z. B. duisburg-info.de) oder einer branchen- und länderübergreifenden TLD (z. B. .info) verwenden.[357] Unzulässig ist wiederum die Verwendung der Endung .com, etwa

151

---

350 *LG Berlin*, Urt. v. 10. 8. 2000 – 10 O 101/00, MMR 2001, 57 – deutschland.de.

351 *LG Nürnberg-Fürth*, Urt. v. 24. 2. 2000 – 4 O 6913/99, MMR 2000, 629 = ZUM-RD 2000, 556 – pinakothek.de.

352 *BGH*, Urt. v. 6. 11. 2013 – I ZR 153/12, GRUR 2014, 506 = GRURPrax 2014, 200 m. Anm. *Wierny, Zarm* = ZUM-RD 2014, 273 – Löschung eines Dispute-Eintrages – sr.de; *LG Köln*, Urt. v. 26. 8. 2014 – 33 O 56/14, MMR 2014, 770 m. Anm. *Tiedemann* (Freigabe einer Abkürzungsdomain – bag.de).

353 *LG Berlin*, Urt. v. 26. 9. 2006 – 9 O 355/06, CR 2007, 270 (Ls.) = MMR 2007, 60 – tschechische-republik.at.

354 *LG Mannheim*, Urt. v. 8. 3. 1996 – 7 O 60/96, ZUM 1996, 705 m. Anm. *Flechsig* = CR 1996, 353 m. Anm. *Hoeren*; ähnlich *LG Braunschweig*, Urt. v. 28. 1. 1997 – 9 O 450/96, CR 1997, 414 und *OLG Hamm*, Urt. v. 13. 1. 1998 – 4 U 135/97, CR 1998, 241 m. Anm. *Bettinger* = MMR 1998, 214 m. Anm. *Berlit*; *LG Lüneburg*, Urt. v. 29. 1. 1997 – 3 O 336/96, CR 1997, 288 m. Anm. *Strömer* = GRUR 1997, 470; *LG Ansbach*, Urt. v. 5. 3. 1997 – 2 O 99/97, NJW 1997, 2688 – ansbach.de; *OLG Köln*, Beschl. v. 18. 1. 1999 – 13 W 1/99, GRUR 2000, 799 = ZUM-RD 1999, 453 – „alsdorf.de. So auch die Rechtslage in Österreich vgl. etwa *öOGH*, Urt. v. 29. 1. 2002 – 4 Ob 246/01g, MMR 2002, 452 m. Anm. *Schanda* – Graz2003.at.

355 Vgl. *LG Osnabrück*, Urt. v. 23. 9. 2005 – 12 O 3937/04, MMR 2006, 248 = CR 2006, 283, welches darauf abstellt, dass die Kommune einem nennenswerten Teil der Bevölkerung bekannt sein muss, damit ein Anspruch aus § 12 BGB gerechtfertigt sei. Ähnlich auch *LG Köln*, Urt. v. 8. 5. 2009 – 81 O 220/08, GRUR-RR 2009, 260 m. Anm. *Luckhaus*, zur Domain Welle, in der der Name einer kleinen Gemeinde mit einem Gattungsbegriff kollidiert.

356 *OLG München*, Urt. v. 11. 7. 2001 – 27 U 922/00, CR 2002, 56 = MMR 2001, 692 = EWiR 2001, 847 m. Anm. *Hoeren* – boos.de; ähnlich auch *LG Erfurt*, Urt. v. 31. 1. 2002 – 3 O 2554/01, CR 2002, 302 (Ls.) = MMR 2002, 396 – suhl.de; *LG Düsseldorf*, Urt. v. 16. 1. 2002 – 2a O 172/01, MMR 2002, 398 = ZUM-RD 2003, 147 – bocklet.de; anders allerdings *OLG Oldenburg*, Beschl. v. 30. 9. 2003 – 13 U 73/03, CR 2004, 781 (Ls.) = MMR 2004, 34 m. Anm. *Mietzel* – schulenberg.de.

357 Dazu *BGH*, Urt. v. 21. 9. 2006 – I ZR 201/03, MMR 2007, 38 = WRP 2007, 76 – solingen.info; *OLG Düsseldorf*, Urt. v. 15. 1. 2002 – 20 U 76/01, CR 2002, 447 = ZUM-RD 2002, 535.

als berlin.com.[358] Ein öffentlich-rechtlicher Zweckverband ist kein Träger des Namensrechts i. S. v. § 12 BGB.[359] Eine Kommune kann auch nur dann einen Anspruch aus § 12 BGB geltend machen, wenn die angegriffene Bezeichnung deckungsgleich mit ihrem regionalen Gebiet ist; beinhaltet eine Domain eine geographische Angabe, die über die Gebietsgrenzen der Kommune hinausgeht, so kann die Kommune eine Namensrechtsverletzung daher nicht geltend machen.[360] Allerdings gehört die Domain mit dem Top-Level-Zusatz „.info" (z. B. duisburg.info) der jeweiligen Kommune.[361] Auch in der Nutzung eines (übersetzten) Staatsnamens mit unterschiedlichen TLDs (z. B. tschechische-republik.at/.ch) sieht die Rechtsprechung eine unzulässige Namensanmaßung, da aufgrund der Einmaligkeit eines jeden Staates davon auszugehen ist, dass dieser sich jew. selbst präsentiert. Daran ändert auch eine an sich widersprüchliche TLD nichts.[362] Privatpersonen, deren Namen keinen besonderen Bekanntheitsgrad aufweisen (z. B. der Name Netz),[363] können sich nicht dagegen zur Wehr setzen, dass ihr „Allerweltsname" Teil einer Domain wird. Ähnliches gilt zudem für die Bezeichnung „Freie Wähler".[364]

152   Eine weitere interessante Entscheidung[365] über die Streitigkeiten bzgl. der Benutzung von **Gebietsbezeichnungen** in Domainnamen hat das *OLG Rostock* gefällt. Der Kläger, ein regionaler, privater Informationsanbieter, wollte seine als Marke anerkannte Bezeichnung „Müritz-Online" gegenüber der Benutzung des Domainnamens „mueritz-online.de" durch das Land Mecklenburg-Vorpommern schützen. Das Gericht hat einen Unterlassungsanspruch des Klägers bejaht. Der Kläger sei als Inhaber des Namens in das vom Patentamt geführte

---

358 *KG*, Urt. v. 15. 3. 2013 – 5 U 41/12, NJW-RR 2013, 1452 = MMR 2013, 656 – berlin.com.

359 *LG Frankfurt a. M.*, Urt. v. 29. 9. 2010 – 2/6 O 167/10 (n. rkr.), K & R 2011, 65 = NJOZ 2011, 40 – rheingau.de.

360 Vgl. *OLG Brandenburg*, Urt. v. 12. 6. 2007 – 6 U 123/06, NJW-RR 2008, 490 = GRUR-RR 2008, 105 – schlaubetal.de.

361 *BGH*, Urt. v. 21. 9. 2006 – I ZR 201/03, MDR 2007, 286 = CR 2007, 36 – solingen.info; vgl. auch die Vorinstanz *OLG Düsseldorf*, Urt. v. 15. 7. 2003 – 20 U 43/03, CR 2004, 538 = MMR 2003, 748 m. Anm. *Ernst* – solingen.info; die TLD „info" ändert hier nichts an der Zuordnung der als SLD verwendeten Bezeichnung „solingen" zu der gleichnamigen Stadt als Namensträger. Siehe in diesem Zusammenhang auch die Entscheidung des *Cour d'Appel de Paris*, Urt. v. 29. 10. 2004 – 2003/04012 (n. v.), wonach die Agence France-Presse (AFP) als Markeninhaberin auch einen Anspruch auf die info-Domain www.afp.info hat.

362 So etwa *KG*, Beschl. v. 29. 5. 2007 – 5 U 153/06, MMR 2007, 600.

363 So *OLG Stuttgart*, Urt. v. 7. 3. 2002 – 2 U 184/01, CR 2002, 529 = MMR 2002, 388.

364 *OLG Schleswig*, Urt. v. 22. 10. 2010 – 17 U 14/10, GRUR-RR 2011, 226 = GRUR-Prax 2011, 11 m. Anm. *Stögmüller*.

365 *OLG Rostock*, Urt. v. 16. 2. 2000 – 2 U 5/99, K & R 2000, 303 m. Anm. *Jäger* = MMR 2001, 128.

Markenregister eingetragen gewesen, bevor das Land sich für „mueritz-online" interessierte. Er sei also zuerst da gewesen. Das Land habe als Gebietskörperschaft an dem Namen „Müritz" nicht die gleichen Rechte, wie eine Stadt an ihrem Namen. Hier habe eine große Verwechslungsgefahr bestanden, sodass der Anspruch auf Unterlassung bejaht wurde. Insofern ist eine Gefahr der Verwechslung auch dann anzunehmen, wenn ein Unterschied in geringen Abweichungen der Schreibweise (wie z. B. Groß- und Kleinschreibung) besteht.[366]

Neben der **Namensleugnung**[367] schützt § 12 BGB vor allem vor der **Na-** 153 **mensanmaßung**. Zu Letzterer zählt insb. die sog. Zuordnungsverwirrung.[368] Eine Zuordnungsverwirrung ist gegeben, wenn der unrichtige Eindruck hervorgerufen wird, der Namensträger habe dem Gebrauch seines Namens zugestimmt.[369] Grundsätzlich ist jeder zur Verwendung seines Namens im Wirtschaftsleben berechtigt, auch Unternehmen steht ein Namensrecht nach § 12 BGB zu.[370] Eine Ausnahme gilt jedoch außerhalb bürgerlicher Namen. Insbesondere bei den Bezeichnungen juristischer Personen ist entscheidend, wann eine Bezeichnung zu einem Namen i. S. d. § 12 BGB geworden ist. Je nachdem, welcher Name zuerst Verkehrsgeltung erlangt hatte, bestimmt sich auch das Recht zur namensmäßigen Benutzung. Diese Leitlinien prägen vor allem die Rechtsprechung zu den Städtenamen, wonach in jeder Verwendung eines Städtenamens als Teil einer Domain eine Namensanmaßung liegen soll.[371] Entscheidend ist aber stets, was der überwiegende Teil der Internet-Nutzer aus dem gesamten Sprachraum der TLD unter dem Begriff der Second-Level-Domain verstehe. Eine Gemeinde mit dem Namen „Winzer" kann daher nicht gegen die Verwendung dieses Begriffs vorgehen, den die meisten als Gattungs-

---

366 *OLG Rostock*, Urt. v. 16. 2. 2000 – 2 U 5/99, K & R 2000, 303 m. Anm. *Jäger* = MMR 2001, 128.

367 Diese kommt bei Domainstreitigkeiten nicht zum Tragen; so etwa *OLG Düsseldorf*, Urt. v. 15. 1. 2002 – 20 U 76/01, WRP 2002, 1085 = GRUR-RR 2003, 25 – duisburg-info; anders noch derselbe Senat *OLG Düsseldorf*, Urt. v. 17. 11. 1998 – 20 U 162/97, CR 1999, 528 (Ls.) = NJW-RR 1999, 626 – ufa.de.

368 *BGH*, Urt. v. 17. 4. 1984 – VI ZR 246/82, MDR 1984, 747 = GRUR 1984, 684 m. Anm. *Schulze zur Wiesche* = NJW 1984, 1956; *BGH*, Urt. v. 3. 6. 1986 – VI ZR 102/85, MDR 1986, 925 = GRUR 1986, 759 m. Anm. *Friehe, Bollack* = NJW 1986, 2951.

369 *BGH*, Urt. v. 23. 9. 1992 – I ZR 251/90, MDR 1993, 132 = WRP 1993, 101; *BGH*, Urt. v. 20. 10. 1982 – VIII ZR 186/81, MDR 1983, 304 = NJW 1983, 1186 m. Anm. *Joch, Kelwing*.

370 So das *OLG Hamburg*, Beschl. v. 31. 5. 2007 – 3 W 110/07, CR 2007, 661 = MMR 2008, 118.

371 *OLG Köln*, Beschl. v. 18. 12. 1998 – 13 W 48/98, CR 1999, 385 m. Anm. *Biere* = MMR 1999, 556 – herzogenrath.de; ähnlich auch *OLG Karlsruhe*, Urt. v. 9. 6. 1999 – 6 U 62/99, MMR 1999, 604 = CR 1999, 783 = EWiR 1999, 983 m. Anm. *Hoeren* – badwildbad.com; *OLG Rostock*, Urt. v. 16. 2. 2000 – 2 U 5/99, K & R 2000, 303 m. Anm. *Jäger* = MMR 2001, 128.

begriff verstehen.[372] Auch durch das Anhängen von Zusätzen an einen Namen (etwa xy-blog.de) kann der Eindruck erweckt werden, es handle sich um ein Angebot des Namensinhabers, insofern liegt eine Namensanmaßung dann ebenfalls vor.[373] Bei Gleichnamigkeit von Namensträgern kommt die Prioritäts-regel dann nicht zur Anwendung, wenn auf eine überragende Verkehrsbedeu-tung verwiesen werden kann oder kein schützenswertes Interesse an der Ver-wendung der Domain besteht.[374] Ansonsten gilt der Grundsatz „Wer zuerst kommt, mahlt zuerst".[375] Dieser Grundsatz gilt i. Ü. auch dann, wenn der Na-mensträger bereits eine Domain besitzt; er kann dann nach Auffassung des *OLG Köln* nicht auf Freigabe einer zweiten Domain mit seinem Namen kla-gen.[376] Eine Catch-All-Funktion kann zu einer Namensanmaßung auch in ei-nem Fall führen, in dem die Verwendung der Second-Level-Domain keine Na-mensanmaßung darstellt.[377]

154   Unabhängig von der Frage, ob bestimmte widersprüchliche TLDs einer Zu-ordnung zu einem bestimmten Namensträger entgegenstehen können und da-mit eine Zuordnungsverwirrung ausgeschlossen ist, ist dies bei der Kombinati-on eines Staatsnamens als Second-Level-Domain mit der auf einen anderen Staat hinweisenden TLD nicht der Fall, da Letztere den Betrachter lediglich auf das Land der Registrierung hinweist.[378]

155   Die Verwendung des fremden Namens für eine Domain, die zu einem **kriti-schen Meinungsforum** führt, kann durch die grundrechtlich geschützte Mei-nungsfreiheit aus Art. 5 Abs. 1 GG legitimiert sein. Zwar hat das *LG Berlin* der Organisation Greenpeace die Verwendung der Domain „oil-of-elf.de" wegen

---

372 *LG Deggendorf*, Urt. v. 14.12. 2000 – 1 O 480/00, CR 2001, 266; so auch *LG Berlin*, Urt. v. 21.2. 2008 – 52 O 111/07, MMR 2008, 484 = BeckRS 2008, 13374 – naeher.de; ähnlich für Sonntag.de *OLG München*, Urt. v. 24.2. 2011 – 24 U 649/10, MMR 2011, 386 = GRUR-RR 2011, 228. Siehe auch *BGH*, Urt. v. 26.6. 2003 – I ZR 296/00, CR 2003, 845 m. Anm. *Eckhardt* = MMR 2003, 726 m. Anm. *Hoffmann* – maxem.de.
373 *OLG Hamburg*, Beschl. v. 31.5. 2007 – 3 W 110/07, CR 2007, 661 = MMR 2008, 118.
374 *OLG Stuttgart*, Urt. v. 26.7. 2007 – 7 U 55/07, CR 2008, 120 = MMR 2008, 178. *OLG Hamburg*, Beschl. v. 10.6. 2008 – 3 W 67/08 – pelikan-und-partner.de.
375 *LG Osnabrück*, Urt. v. 23.9. 2005 – 12 O 3937/04, CR 2006, 283 = MMR 2006, 248; das Prioritätsprinzip soll nach dem *LG Osnabrück* nur wegen eines überragenden Interesses an Rechtssicherheit eingeschränkt werden können.
376 *OLG Köln*, Urt. v. 19.3. 2010 – 6 U 180/09, CR 2010, 612 m. Anm. *Hackbarth* = ZUM-RD 2010, 325 – dsdsnews.de.
377 *OLG Nürnberg*, Urt. v. 12.4. 2006 – 4 U 1790/05, CR 2006, 485 m. Anm. *Schirmbacher* = MMR 2006, 465.
378 *KG*, Beschl. v. 29.5. 2007 – 5 U 153/06, MMR 2007, 600, wonach auch in der Nutzung der Domain „tschechische-republik" in Kombination mit den TLDs „com", „ch" oder „at" eine unzulässige Namensanmaßung liegt.

Verwechslungsfähigkeit untersagt,[379] jedoch ist diese Entscheidung durch das *KG* mit Hinweis auf die besonderen Interessen von Greenpeace aufgehoben worden.[380] Ähnlich hat das *OLG Hamburg* ein Meinungsforum über einen Finanzdienstleister mit der Kennung „awd-aussteiger.de" zugelassen.[381] Wird eine kritisierende Webseite betrieben (in diesem Fall: „bund-der-verunsicherten.de"), die unter einer an den Namen der kritisierten Persönlichkeit angeglichenen Domain geschaltet wird, liegt darin kein Namensgebrauch, solange distanzierende Zusätze innerhalb der Second-Level-Domain (hier: „un") ohne Weiteres erkennen lassen, dass der Betreiber nicht im „Lager" des Berechtigten steht. Zudem muss der Name so gewählt sein, dass dem Berechtigten die Möglichkeit erhalten bleibt, seinen eigenen Namen als Domain registrieren zu lassen. Dies gilt auch für die Verwendung fremder Namen als Keyword bei Suchmaschinenwerbung.[382] Ebenfalls als Meinungsäußerung gelten Domains, die sich mit Vorwürfen an bestimmte Stellen richten, sofern die Grenze zur Schmähkritik nicht überschritten wird.[383] Einem (privaten) Fanclub kann die Domain-Bezeichnung „dsds-news.de" nicht verwehrt werden, wenn der Namensträger bereits über eine einschlägig bezeichnete Domain (hier: „dsds.de") verfügt und die angegriffene Domain den Namen nur in einem Kombinationszeichen enthält.[384]

Schon in der bloßen **Reservierung einer Domain** mit fremden Namensbe- 156
standteilen kann eine Namensanmaßung liegen.[385] Dies ist etwa dann der Fall, wenn Bestandteile angehängt werden (, die nicht bloß beschreibenden Charakter haben, sondern vielmehr Ausdruck einer besonderen Qualität oder Stellung des Namensträgers sind z. B. „-unternehmensgruppe").[386] Die Verwendung einer generischen Domain verletzt jedoch nicht die Namensrechte eines zufällig mit dem generischen Namen identischen Familiennamens (hier im Falle des Begriffs „Säugling").[387] Auch die Verwendung der Domain „duisburg.info.de"

---

379 *LG Berlin*, Urt. v. 6. 3. 2001 – 16 O 33/01, MMR 2001, 630, 631 = ZUM-RD 2002, 7.
380 *KG*, Urt. v. 23. 10. 2001 – 5 U 101/01, CR 2002, 760 m. Anm. *Graf* = MMR 2002, 686; ähnlich inzwischen *LG Hamburg*, Beschl. v. 10. 6. 2002 – 312 O 280/02, CR 2003, 297 (Ls.) = MMR 2003, 53 in Sachen „Stopesso".
381 *OLG Hamburg*, Urt. v. 18. 12. 2003 – 3 U 117/03, CR 2004, 861 (Ls.) = MMR 2004, 415.
382 *OLG Braunschweig*, Urt. v. 10. 11. 2009 – 2 U 191/09.
383 *LG Frankfurt a. M.*, Beschl. v. 30. 3. 2006 – 2/03 O 112/05, CR 2007, 126 = MMR 2006, 561.
384 *OLG Köln*, Urt. v. 19. 3. 2010 – 6 U 180/09, CR 2010, 612 m. Anm. *Hackbarth* = ZUM-RD 2010, 325 – www.dsds-news.de.
385 *LG Düsseldorf*, Urt. v. 22. 9. 1998 – 4 O 473/97, CR 1999, 716 (Ls.) = MMR 1999, 369 – nazar; anders *LG München I*, Urt. v. 18. 3. 2004 – 17 HKO 16815/03, MMR 2004, 771 – sexquisit; *LG Düsseldorf*, Urt. v. 25. 2. 2004 – 2a O 247/03, MMR 2004, 700 – ratiosoft.com.
386 *OLG Stuttgart*, Urt. v. 26. 7. 2007 – 7 U 55/07, MMR 2008, 178 = K & R 2007, 657.
387 *LG München I*, Urt. v. 8. 3. 2001 – 4 HKO 200/01, CR 2001, 555 = MMR 2001, 545 – saeugling.de.

durch einen Stadtplanverlag führt nicht zu einer Zuordnungsverwirrung zu Lasten der Stadt Duisburg.[388] Im Übrigen soll es an einer Namensanmaßung fehlen, wenn die Registrierung des Domainnamens einer – für sich genommen rechtlich unbedenklichen – Benutzungsaufnahme als Unternehmenskennzeichen in einer anderen Branche unmittelbar vorausgeht.[389] In der Entscheidung „weltonline.de"[390] hat der *BGH* darauf abgestellt, ob mit der Registrierung eine erhebliche Beeinträchtigung des Namensrechts verbunden ist. Eine solche Konstellation liege nicht vor, wenn der Namensinhaber selbst vergessen habe, die Domain zu registrieren.

157   Das *LG München I*[391] hat einen Unterlassungsanspruch des Verlags Juristisches Informationssystem für die BRD GmbH (juris) gegen ein Datenverarbeitungsunternehmen bejaht, das sich die Bezeichnung „juris.de" reserviert hatte. Auch hier wird eine Verletzung des Namensrechts aus § 12 BGB bejaht. Der Begriff „juris" stelle zwar nur eine aus der Betreiberfirma abgeleitete Abkürzung dar, aber auch die Firma einer GmbH, selbst wenn sie nicht als Personenfirma gebildet sei, sowie alle anderen namensartigen Kennzeichen, insb. auch aus der Firma abgeleitete Abkürzungen und Schlagworte, unterfielen dem Schutz des § 12 BGB.[392] Bei der Abkürzung „juris" handele es sich zudem um den einzigen unterscheidungskräftigen Bestandteil der Firma, sodass diese geeignet sei, vom Verkehr als Abkürzung des Firmennamens verstanden zu werden.[393]

158   Fraglich ist, ob ein **Dritter** mit Einverständnis eines Berechtigten für diesen eine Domain registrieren darf. Der Namensträger kann Dritten die Registrierung seines Namens gestatten.[394] Dieser kann dann prioritätsbegründend eine Domain anmelden[395] und eine abgeleitete Rechtsposition zur Führung des Namens und zur Registrierung der Domain verwenden.[396] Den Dritten trifft dem *BGH* zufolge sodann die Pflicht zu gewährleisten, dass alle Gleichnamigen ein-

---

388 *OLG Düsseldorf*, Urt. v. 15. 1. 2002 – 20 U 76/01, CR 2002, 447 = WRP 2002, 1085 – duisburg-info und *LG Düsseldorf*, Urt. v. 9. 5. 2001 – 34 O 16/01, MMR 2001, 626 m. Anm. *Kleinevoss* = ZUM-RD 2002, 92.

389 *BGH*, Urt. v. 9. 9. 2004 – I ZR 65/02, MDR 2005, 765 = CR 2005, 362 m. Anm. *Eckhardt* – mho.de.

390 *BGH*, Urt. v. 2. 12. 2004 – I ZR 207/01, MDR 2005, 1182 = CR 2005, 593 = BGHReport 2005, 1067 m. Anm. *Hoeren* = MMR 2005, 534 m. Anm. *Viefhues* – weltonline.de.

391 *LG München I*, Urt. v. 15. 1. 1997 – 1 HKO 3146/96, CR 1997, 479 = NJW-RR 1998, 973.

392 *LG München I*, Urt. v. 15. 1. 1997 – 1 HKO 3146/96, NJW-RR 1998, 973.

393 *LG München I*, Urt. v. 15. 1. 1997 – 1 HKO 3146/96, NJW-RR 1998, 973.

394 *LG Hannover*, Urt. v. 22. 4. 2005 – 9 O 117/04, CR 2005, 896 = MMR 2005, 550 – schmidt.de.

395 *OLG Stuttgart*, Urt. v. 4. 7. 2005 – 5 U 33/05, CR 2006, 269 = MMR 2006, 41.

396 *LG München I*, Urt. v. 28. 4. 2005 – 34 S 16971/04, MMR 2006, 56.

fach und zuverlässig überprüfen können, ob die Adresse tatsächlich durch den Berechtigten genutzt wird.[397] Innerhalb eines Konzerns kann eine Holdinggesellschaft die Unternehmensbezeichnung einer Tochtergesellschaft mit deren Zustimmung als Domain registrieren lassen. Sie ist dann im Domainrechtsstreit so zu behandeln, als sei sie selbst berechtigt, die Bezeichnung zu führen.[398] Im Übrigen soll sich bei einer Treuhand aus § 667 BGB ein Anspruch des Treugebers auf Freigabe der Domain gegen den Treuhänder ergeben.[399] Wer behauptet, eine Domainregistrierung im Auftrag des Inhabers vorgenommen zu haben, trägt hierfür die Darlegungs- und Beweislast. Für einen Anscheinsbeweis gibt es keine Grundlage.[400]

Das *OLG Celle* war in einem Fall der Reservierung einer Domain durch einen Dritten der Ansicht, dass in einem solchen Fall eine Namensanmaßung vorliegen könne. Registriere eine Webagentur einen Firmennamen als Domain für einen Kunden, könne nach erfolgtem Dispute-Eintrag die eingetragene Webagentur Rechte namensgleicher Dritter verletzen und verpflichtet sein, die Domain herauszugeben.[401] Der *BGH* hat diese Entscheidung aufgehoben. Ein Namensrecht kann auch von einem Namensträger hergeleitet und daher die Domain von einem Dritten betrieben werden,[402] solange für Gleichnamige die Möglichkeit besteht, zu überprüfen, ob die Domain für einen Namensträger registriert wurde.[403] Diese Möglichkeit kann darin bestehen, dass der DENIC die Treuhänderstellung des Domaininhabers mitgeteilt wird. Für die Behauptung des Domain-Treuhänders, die Registrierung der Domain auf eine bei dem **159**

---

397 Der Hinweis auf der Homepage „Hier entsteht eine neue Internetpräsenz" reicht nicht aus, *BGH*, Urt. v. 24. 3. 2016 – I ZR 185/14, GRUR 2016, 1093 = GRUR-Prax 2016, 461 m. Anm. *Jaeger-Lenz* – grit-lehmann.de.
398 *BGH*, Urt. v. 9. 6. 2005 – I ZR 231/01, CR 2006, 426 = MMR 2006, 104 – segnitz.de.
399 *BGH*, Urt. v. 25. 3. 2010 – I ZR 197/08, MDR 2010, 1275 = GRUR 2010, 944 = GRUR-Prax 2010, 434 m. Anm. *Reinholz* – braunkohle-nein.de.; OLG Brandenburg, Urt. v. 12. 2. 2014 – 7 U 159/13, MMR 2014, 561 = NJW-RR 2014, 931.
400 *OLG Karlsruhe*, Urt. v. 13. 3. 2013 – 6 U 49/12, K & R 2013, 591 = MMR 2013, 517.
401 *OLG Celle*, Urt. v. 8. 4. 2004 – 13 U 213/03, CR 2004, 772 = MMR 2004, 486 – grundke.de; *OLG Celle*, Urt. v. 8. 12. 2005 – 13 U 69/05, MMR 2006, 558 = CR 2006, 697 – raule.de; ähnlich *LG Hamburg*, Urt. v. 26. 1. 2005 – 302 O 116/04, CR 2005, 533 m. Anm. *Rössel* = MMR 2005, 254 – mueller.de; a. A. *OLG Stuttgart*, Urt. v. 4. 7. 2005 – 5 U 33/05, MMR 2006, 41 = CR 2006, 269; *LG München I*, Urt. v. 28. 4. 2005 – 34 S 16971/04, MMR 2006, 56. Siehe dazu auch *Rössel*, ITRB 2007, 255.
402 *BGH*, Urt. v. 8. 2. 2007 – I ZR 59/04, MDR 2007, 1442 = CR 2007, 590 m. Anm. *Klees* – grundke.de; vgl. auch *OLG Stuttgart*, Urt. v. 4. 7. 2005 – 5 U 33/05, CR 2006, 269 = MMR 2006, 41.
403 *BGH*, Urt. v. 8. 2. 2007 – I ZR 59/04, MDR 2007, 1442 = CR 2007, 590 m. Anm. *Klees* – grundke.de; *BGH*, Urt. v. 24. 3. 2016 – I ZR 185/14, GRUR 2016, 1093 – grit-lehmann.de.

Treuhänder tätige Person sei durch vertragliche Abreden legitimiert, trägt der Treuhänder die volle Darlegungs- und Beweislast, da es sich um einen zur Rechtfertigung des Eingriffs in ein absolutes Recht vorgetragenen Tatbestand handelt.[404]

160   Großzügig reagierte daraufhin wiederum das *OLG Celle*. Da der Entertainer Harald Schmidt dem Fernsehsender SAT.1 die Reservierung der Webadresse „schmidt.de" gestattet hatte, dürfe der Sender die Domain weiterhin reserviert halten. Eine Freigabe-Klage eines Herrn Schmidt aus Berlin wurde abgewiesen. Trotz der fehlenden Namensidentität des Privatsenders mit der in Streit stehenden Internetadresse lehnte das Gericht aufgrund der Gestattung durch den Namensträger Harald Schmidt eine unberechtigte Namensanmaßung i. S. v. § 12 S. 1, 2. Fall BGB ab. Die Gestattung sei auch für jedermann ersichtlich gewesen. Mit Verweis auf die Rechtsprechung des *BGH* zu sog. Treuhand-Domains führte das *OLG* aus, dass von einer Überprüfungsmöglichkeit der Gestattung auszugehen sei, „wenn ein durch einen Namen geprägter Domainname für einen Vertreter des Namensträgers registriert und dann alsbald – noch bevor ein anderer Namensträger im Wege des Dispute-Eintrags ein Recht an dem Domainnamen anmeldet – für eine Homepage des Namensträgers genutzt wird".[405] Diese Voraussetzungen sah das Gericht im entschiedenen Fall als erfüllt an, da sich vor dem Dispute-Eintrag unter der Adresse „schmidt.de" der Internetauftritt für die „Harald-Schmidt-Show" befand.[406]

6 Rechtsfolgen einer Markenrechtsverletzung

Literatur: *Altmann*, Keyword-Advertising und Schutz der bekannten Marke: Tatbestand der vergleichenden Werbung als „rechtfertigender Grund"?, GRUR-Prax 2015, 199; *Aßhoff*, Keyword Advertising Reloaded – Aktuelle Probleme der Markennutzung als Adwords, MarkenR 2015, 423; *Bergt*, Große Verbesserung für Opfer von Domain-Grabbing, MMR-Aktuell 2015, 370786; *Hackbarth*, Strategien im Verletzungsverfahren – nationale Marke oder Gemeinschaftsmarke?, GRUR 2015, 634; *Hofmann*, Markenrechtliche Sperranordnungen gegen nicht verantwortliche Intermediäre, GRUR 2015, 123; *Johannisbauer*, Verletzung der Namensrechte von Gebietskörperschaften, Praxisbericht zur Registrierung von zusammengesetzten Domains, MMR 2015, 154; *Kefferpütz/Wrage*, Parodie und Marke: Ein ewiger Konflikt, GRUR-Prax 2015, 451; *Klett/Ottermann*, Trefferlisten seiteninterner Suchmaschinen in Handelsplattformen und Markenrecht, K & R 2015, 549; *Remmertz*, Kein Anspruch auf Übertragung einer .eu-Domain?, GRUR-Prax 2015, 425; *Rieken*, Zum Schutz olympischer Bezeichnungen nach der BGH Entscheidung „Olympia-Rabatt" (I ZR 131/13), Mar-

---

404 *OLG Karlsruhe*, Urt. v. 13. 3. 2013 – 6 U 49/12, MMR 2013, 517 = K & R 2013, 591.
405 *OLG Celle*, Urt. v. 13. 12. 2007 – 13 U 117/05, K & R 2008, 111.
406 *OLG Celle*, Urt. v. 13. 12. 2007 – 13 U 117/05, K & R 2008, 111.

kenR 2015, 173; *Runkel*, Unlautere Behinderung im Zusammenhang mit allgemeiner Ad-Words-Markenbeschwerde, IPRB 2015, 207; *Scheuerl*, Unzulässiges Keyword-Advertising durch Anlegerschutz-Kanzleien, WRP 2015, 1072; *Töbelmann*, Der Schutz von Emoticons als Marken, MarkenR 2015, 178.

Die Rechtsfolgen einer durch die Registrierung und Nutzung einer Domain ver- **161** ursachten Markenrechtsverletzung ergeben sich aus § 14 MarkenG.

a) Unterlassungsanspruch

Zunächst ist zu bedenken, dass das Kennzeichenrecht von einem Anspruch auf **162** Unterlassung ausgeht. Der Verletzer hat eine **Unterlassungserklärung** abzugeben. Ist er dazu nicht bereit, kann er über § 890 ZPO zur Erklärung gezwungen werden. Wer zur Unterlassung verurteilt worden ist, hat umfassend dafür Sorge zu tragen, dass die Domain bei der DENIC gelöscht und in Suchmaschinen ausgetragen wird.[407] Der Hinweis darauf, dass die Homepage „wegen Serverumstellung" nicht erreichbar sei, reicht nicht aus.[408] Das *OLG Köln* relativiert die Pflichten des Domaininhabers in Bezug auf Suchmaschinen: Diesem sei es nicht zuzurechnen, wenn später noch über Suchmaschinen auf die verbotene Domain verwiesen werde.[409] Es ist keine Zuwiderhandlung gegen das Verbot der Benutzung einer Domain, wenn die Internetseiten gelöscht worden sind und unter der Domain nur noch ein Baustellen-Hinweis ohne weitere Inhalte aufzufinden ist. Enthält die Verfügung kein Dekonnektivierungsgebot, greift auch das Argument einer möglichen Zuordnungsverwirrung nicht.[410]

Neben dem Unterlassungsanspruch ist auch ein **Beseitigungs- und Lö-** **163** **schungsanspruch** problematisch. Bislang waren die Gerichte bei der Anwendung des Löschungsanspruchs in Bezug auf Domains großzügig. Selbst wenn die Domain in einer nicht-kennzeichnungsrechtlichen Art und Weise genutzt werden könnte, wurde der Löschungsanspruch nicht versagt.[411] Nunmehr vertritt der *BGH* eine andere Haltung.[412] Hiernach soll ein Löschungsanspruch nur

---

407 *LG Berlin*, Urt. v. 14. 10. 1999 – 16 O 84/98, MMR 2000, 495 m. Anm. *Klute*; ähnlich auch *LG Berlin*, Beschl. v. 29. 7. 1999 – 16 O 317/99, K & R 2000, 91; *LG München I*, Urt. v. 20. 2. 2003 – 17 KH O 17818/02, MMR 2003, 677 – freundin.de.
408 *LG Berlin*, Beschl. v. 29. 7. 1999 – 16 O 317/99, K & R 2000, 91.
409 *OLG Köln*, Beschl. v. 13. 6. 2001 – 6 W 25/01, CR 2001, 863 (Ls.) = MMR 2001, 695 = K & R 2002, 257.
410 *OLG Hamburg*, Beschl. v. 28. 8. 2007 – 3 W 151/07, GRUR-RR 2008, 61 = MMR 2008, 113.
411 Siehe *OLG Hamburg*, Urt. v. 28. 7. 2005 – 5 U 141/04, MMR 2006, 476 = GRUR-RR 2006, 14 (n. rkr.; Vorinstanz zu *BGH*, Urt. v. 13. 3. 2008 – I ZR 151/05, GRUR 2008, 912 = NJW-RR 2009, 184 = MMR 2008, 669 = K & R 2008, 607 – metrosex.de).
412 *BGH*, Urt. v. 19. 7. 2007 – I ZR 137/04, CR 2007, 726 = MMR 2007, 702 – Euro Telekom.

dann in Betracht kommen, wenn jede Verwendung, auch wenn sie im Bereich anderer Branchen erfolgt, zumindest eine nach § 15 Abs. 2 MarkenG unlautere Ausnutzung oder Beeinträchtigung der Unterscheidungskraft oder Wertschätzung des Kennzeichens darstellt. Die Registrierung eines Domainnamens kann nur bei Vorliegen besonderer Umstände den Tatbestand einer unlauteren Mitbewerberbehinderung erfüllen und einen Anspruch auf Einwilligung in die Löschung des Domainnamens begründen.[413] Anderes kann nach Auffassung des *OLG Hamburg* dann gelten, wenn die im Vordergrund stehende Behinderungsabsicht ein etwaiges schützenswertes Interesse des Domaininhabers zurücktreten lasse.[414] Im Übrigen dürfte es trotz des obigen Urteils des *BGH* in Sachen Euro Telekom möglich sein, aus dem allgemeinen Namensrecht heraus eine Löschung der Domain zu bewirken; denn insoweit gilt die ältere Rechtsprechung des *BGH* in Sachen Shell und Krupp fort. Wer allerdings seine Ansprüche auf eine Domain nur auf eine Marke stützt, kann keine Domainlöschung mehr verlangen.[415]

164   Nach Auffassung des *LG Hamburg*[416] liegt der Fall des **Domaingrabbings** nur dann vor, wenn bereits der Domain-Erwerb als solcher darauf gerichtet sei, sich die Domain vom Kennzeicheninhaber abkaufen zu lassen. Indizien für ein solches unlauteres Domaingrabbing sind vor allem gegeben, wenn unmittelbar nach Erhalt einer auf die kommende Domain bezogenen Abmahnung der Abgemahnte weitere Domain-Varianten des Begriffs für sich registrieren lasse. Im Übrigen lehnt das Gericht lediglich den auf Markenrecht gestützten Domain-Löschungsanspruch ab. Verwiesen wird auf die oben erwähnte Rechtsprechung des *BGH* in Sachen Euro Telekom, wonach ein kennzeichenrechtlicher Löschungsanspruch bei Domains nur dann gegeben sei, wenn schon das Halten des Domainnamens für sich gesehen eine Rechtsverletzung darstelle. Ein solcher Fall liege nur vor, wenn jede Verwendung – auch dann, wenn sie im Bereich anderer als der vom Markenschutz betroffenen Branchen erfolge – als markenrechtliche Ausnutzung oder Beeinträchtigung der Unterscheidungskraft oder Wertschätzung des Zeichens anzusehen sei. Da ein solcher Fall aber nach der allgemeinen Lebenserfahrung selten vorkommt, scheide ein nur auf

---

413 *BGH*, Urt. v. 19. 2. 2009 – I ZR 135/06, CR 2009, 748 = MDR 2009, 942 – ahd.de.
414 *OLG Hamburg*, Urt. v. 5. 7. 2006 – 5 U 87/05, CR 2007, 47 = MMR 2006, 608 – ahd.de für den Fall eines offensichtlichen Missbrauchs der Domain; anders noch *OLG Hamburg*, Urt. v. 24. 7. 2003 – 3 U 154/01, GRUR-RR 2004, 77 = MMR 2003, 668 – schuhmarkt.de; ähnlich schon das *KG*, Urt. v. 17. 12. 2002 – 5 U 79/02, GRUR-RR 2003, 372 – america2.de mit Verweis auf das Schikaneverbot der §§ 823, 826 BGB.
415 *OLG Köln*, Urt. v. 1. 6. 2007 – 6 U 35/07; anders zugunsten eines Löschungsanspruchs *OLG Hamburg*, Beschl. v. 31. 5. 2007 – 3 W 110/07, CR 2007, 661 = MMR 2008, 118.
416 *LG Hamburg*, Urt. v. 12. 8. 2008 – 312 O 64/08, MD 2009, 356 = MMR 2009, 70 (Ls.).

Markenrecht begründeter Löschungsanspruch regelmäßig aus.[417] Ein solcher Anspruch kommt allenfalls aus dem UWG, insb. aus dem Gesichtspunkt des § 4 Nr. 10 UWG (§ 4 Nr. 4 UWG 2015) und hier insb. bei Vorliegen eines Domain-Warrings in Betracht.

Ähnlich hat auch der *öOGH*[418] die Rechtslage gesehen. Wenn die Nutzung 165 nach materiellem Recht nicht gänzlich untersagt werden kann, dann soll auch kein Anspruch auf Einwilligung in die Löschung der Domain bestehen. Auch wenn der Inhaber die Domain in einer Weise genutzt hat, die in Markenrechte eines Dritten eingreift, begründe ihre Existenz als solche noch nicht die typische Gefahr, dass er dieses Verhalten wiederholt. Vielmehr bestehen von vornherein unzählige Möglichkeiten einer rechtmäßigen Nutzung. Aufgrund dieses Unterschieds ist es im Regelfall ausgeschlossen, die Löschung einer Domain zu verlangen.

b) Schadensersatz durch Verzicht

Hinzu kommt der Anspruch des Betroffenen auf Schadensersatz. Es ist nach 166 dem Grundsatz der Naturalrestitution jener Zustand herzustellen, der ohne das schädigende Ereignis bestünde (§ 249 Abs. 1 BGB).[419] Insofern kann der Betroffene auf jeden Fall verlangen, dass der Verletzer eine **Verzichtserklärung** gegenüber der DENIC abgibt.

Bei einer Löschung im DENIC-Register besteht jedoch das Risiko, dass Drit- 167 te sich die freigewordene Domain sichern und der Rechteinhaber dagegen neue gerichtliche Schritte einleiten muss. Verlangte der Rechteinhaber eine Übertragung der Domain auf sich selbst, so wäre der Schädiger verpflichtet, gegenüber dem jeweiligen Mitglied der DENIC, von dem er die Domain zugewiesen bekommen hat, die Zustimmung zu einer solchen **Domainübertragung** zu erklären.[420]

Ob ein solcher Anspruch besteht, ist sehr umstritten, da der kennzeichen- 168 rechtliche Störer dann zu einer Verbesserung der Rechtsstellung des Kennzeicheninhabers verpflichtet würde und nicht bloß zur Beseitigung der Störung. Diese Rechtsfolge ginge über den Grundsatz der Naturalrestitution hinaus. So

---

417 *BGH*, Urt. v. 19. 7. 2007 – I ZR 137/04, GRUR 2007, 888.
418 *öOGH*, Urt. v. 2. 10. 2007 – 17 Ob 13/07x, LSK 2008, 270119 = K&R 2008, 260 m. Anm. *Höhne*.
419 Abmahnkosten kann der Betroffene bei der Durchsetzung von Rechten aus einer durchschnittlichen Markenposition gegenüber einem Privaten nicht verlangen; so das *LG Freiburg*, Urt. v. 28. 10. 2003 – 9 S 94/03, CR 2004, 854 = MMR 2004, 41.
420 So etwa *LG Hamburg*, Urt. v. 25. 3. 1998 – 315 O 792/97, CR 1999, 47 = K & R 1998, 365 – eltern.de.

geht das *OLG Hamm* in der „krupp.de"-Entscheidung[421] davon aus, dass § 12 BGB keinen Anspruch auf die Übertragung der Domain gewährt. Dafür spricht, dass sich der Unterlassungsanspruch regelmäßig negatorisch im „Nichtstun" erschöpft. Allenfalls die Löschung der Domain ließe sich noch als Teil eines Beseitigungsanspruchs rechtfertigen. Gründe, aufgrund derer der Schädiger auch zur Übertragung der Domain verpflichtet sein soll, sind in der Tat nicht ersichtlich.

169   Anders entschied das *OLG München* im März 1999 zu der Domain „shell.de" aus systematischen Gründen.[422] Die Situation des Kennzeicheninhabers sei vergleichbar mit der eines Erfinders. Hat eine unberechtigte Patentanmeldung bereits zum Patent geführt, so kann der Berechtigte gem. § 8 Abs. 1 PatG nicht lediglich Löschung, sondern Übertragung des Patents verlangen. Ähnlich gewährt § 894 BGB demjenigen, dessen Recht nicht oder nicht richtig eingetragen ist, einen Anspruch auf Zustimmung zur Berichtigung des Grundbuchs gegen den durch die Berichtigung Betroffenen. Da die mit dem Internet zusammenhängenden Rechtsfragen noch nicht gesetzlich geregelt seien, könne man die vorgenannten Regelungen zur Lösung des Domainkonflikts heranziehen. Der Kennzeicheninhaber habe daher gegen den Schädiger einen Anspruch auf Übertragung der Domain bzw. auf Berichtigung der Domainregistrierung Zug um Zug gegen Erstattung der Registrierungskosten. In einer Entscheidung vom August 1999[423] wandte das *OLG München* die von ihm aufgestellten Grundsätze allerdings nicht an und lehnte einen Übertragungsanspruch ab. Das *LG Hamburg* wiederum hat den Übertragungsanspruch als Folgenbeseitigungsanspruch bejaht, wenn hierdurch alleine die entstandene Rechtsbeeinträchtigung wieder aufgehoben werden kann.[424] Der *BGH* hat sich inzwischen im Streit zwischen Hamm und München der Auffassung aus Hamm angeschlossen und

---

421 *OLG Hamm*, Urt. v. 13. 1. 1998 – 4 U 135/97, CR 1998, 241 m. Anm. *Bettinger* = MMR 1998, 214 m. Anm. *Berlit* – krupp.de; ähnlich auch *OLG Frankfurt a. M.*, Urt. v. 8. 3. 2001 – 6 U 31/00, CR 2001, 620 = ZUM-RD 2001, 504 – praline.de; *OLG Hamburg*, Urt. v. 2. 5. 2002 – 3 U 269/01, GRUR-RR 2002, 393 = MMR 2002, 825 – motorradmarkt.de.
422 *OLG München*, Urt. v. 25. 3. 1999 – 6 U 4557/98, CR 1999, 382 m. Anm. *Hackbarth* = MMR 1999, 427 m. Anm. *Ernst*; ähnlich auch *LG Hamburg*, Urt. v. 12. 7. 2000 – 315 O 148/00, K & R 2000, 613 – „audi-lamborghini.net" (mit Hinweis auf einen Folgenbeseitigungsanspruch aus §§ 823, 1004 BGB).
423 *OLG München*, Urt. v. 12. 8. 1999 – 6 U 4484/98, CR 2000, 247 (Ls.) = MMR 2000, 104 m. Anm. *Hoffmann* – rolls-royce.de.
424 *LG Hamburg*, Urt. v. 12. 7. 2000 – 315 O 148/00, K & R 2000, 613 – „audi-lamborghini.net"; ähnlich das *LG Hamburg*, Urt. v. 13. 10. 2000 – 416 O 129/00, CR 2001, 131 = MMR 2001, 196 – marine.de; anders *LG Hamburg*, Urt. v. 1. 8. 2000 – 312 O 328/00, CR 2001, 197 (Ls.) = MMR 2000, 620 m. Anm. *Bottenschein* – „joop.de".

in Sachen „Shell" einen Übertragungsanspruch abgelehnt.[425] Es besteht kein Anspruch des Berechtigten gegenüber dem nichtberechtigten Inhaber eines Domainnamens auf Überschreibung. Der Berechtigte kann lediglich die Löschung des Domainnamens verlangen.

Mit Urteil vom 25. März 2010 hat der *BGH*[426] einen Streit um die Domain **170** „braunkohle-nein.de" auf Grundlage des Schuldrechts entschieden, indem er dem Treugeber einen Herausgabeanspruch gegen den Domaininhaber aus § 667 BGB zusprach. Treugeber und Kläger war der Verein Braunkohle Nein e. V., der aus einer 2005 von dem Beklagten mitbegründeten Bürgerinitiative hervorgegangen ist. Im Rahmen der Organisation der Bürgerinitiative hatte der Beklagte angeboten, eine Homepage für die Bürgerinitiative zu erstellen und registrierte nach Zustimmung des Organisationskomitees zu diesem Zweck die Domain „braunkohle-nein.de" auf eigene Kosten und auf seinen Namen bei der DENIC. Die Homepage wurde daraufhin zur Veröffentlichung von Informationen über die Bürgerinitiative genutzt, wobei der Verein die Domain auch im Impressum seiner Flugblätter angab. Als der Beklagte im Jahr 2006 aus dem Verein ausschied, lehnte er die Freigabe der Domain ab und nutzte sie zur Veröffentlichung eigener Inhalte weiter.

Dem Verein Braunkohle Nein e. V. sprach der *BGH* nun einen Herausgabe- **171** anspruch gegen den Domaininhaber aus § 667 BGB zu, wonach der Beauftragte verpflichtet ist, dem Auftraggeber alles, was er aus der Geschäftsbesorgung erlangt, herauszugeben. Es kam daher auf die Frage an, ob die Domain durch den Beklagten treuhänderisch registriert wurde. Der *BGH* bejahte dies mit Hinweis auf den Geschehensablauf, die Übereinstimmung von Vereins- und Domainnamen sowie die Nutzung der Webseite zur Veröffentlichung von Vereinsinhalten. Der Beklagte habe trotz seines Verzichts auf Ersatz der für die Registrierung gemachten Aufwendungen nicht für eigene Zwecke, sondern im Auftrag der Bürgerinitiative gehandelt, worauf sich auch der aus der Bürgerinitiative hervorgegangene Verein berufen könne.[427] Da der Beklagte die Domain lediglich treuhänderisch hielt, sei er dem Verein aus § 667 BGB zur Herausgabe des Erlangten verpflichtet. Der Herausgabeanspruch ziele dabei anders als bei namens- oder markenrechtlichen Ansprüchen gegen einen Domaininhaber nicht nur auf Freigabe, sondern auch auf Umschreibung oder Übertragung der

---

425 *BGH*, Urt. v. 22. 11. 2001 – I ZR 138/99, MMR 2002, 382 m. Anm. *Hoeren* = K & R 2002, 309 m. Anm. *Strömer* 306 – shell.de; ebenso *LG Hamburg*, Urt. v. 18. 7. 2008 – 408 O 274/08, K & R 2009, 61; siehe dazu auch *Ubber*, BB 2002, 1164; *Thiele*, MR 2002, 198.
426 *BGH*, Urt. v. 25. 3. 2010 – I ZR 197/08, MMR 2010, 757 = NJW 2010, 3440 = K&R 2010, 660 m. Anm. *Terhaag* – braunkohle-nein.de.
427 *BGH*, Urt. v. 25. 3. 2010 – I ZR 197/08, GRUR 2012, 944, 945.

Domain ab.[428] Ob dem Verein zusätzlich auch ein Schutzrecht aus § 12 BGB zusteht, wie es das *OLG Rostock* als Vorinstanz feststellte, wurde vom *BGH* offen gelassen.

172   Unklar ist, wie die Beseitigung der rechtswidrigen Lage gegenüber der DE-NIC durchzusetzen ist.[429] Teilweise gehen die Gerichte davon aus, dass die **Zwangsvollstreckung nach § 890 ZPO** laufe.[430] Durch das Aufrechterhalten der Registrierung behalte sich der Nutzer das Anbieten einer Leistung vor, so-dass bei einem Verstoß gegen eine Unterlassungsverpflichtung ein Ordnungs-geld zu verhängen sei. Andere Gerichte verurteilen einen Schädiger meist zur Abgabe einer „Willenserklärung" gegenüber der DENIC, aufgrund derer die Do-main-Reservierung gelöscht werden soll.[431] In einem solchen Fall erfolgt die Zwangsvollstreckung über § 894 ZPO analog, sodass mit rechtskräftiger Verur-teilung eine weitere Vollstreckung – etwa über Ordnungsgelder – unnötig wird. Streitig ist allerdings dann noch die Frage, inwieweit die Verpflichtung zur Ab-gabe einer Verzichtserklärung auch durch Beschluss ohne mündliche Verhand-lung ausgesprochen werden kann.[432] Fest steht, dass wegen der Gefahr einer Vorwegnahme der Hauptsache eine vorläufige Übertragung aufgrund einer einstweiligen Verfügung nur ausnahmsweise in Betracht kommt.[433] Ansonsten kann die Einwilligung in die Änderung der Eintragung grundsätzlich nicht im Eilverfahren geltend gemacht werden.[434] Der Klageantrag sollte daher darauf gerichtet sein, die Domain durch geeignete Erklärung gegenüber der DENIC freizugeben. Zur Vermeidung einer Registrierung der Domain auf dritte Perso-nen besteht die Möglichkeit, bereits nach Geltendmachung des Anspruchs bei der DENIC einen Dispute-Eintrag zu beantragen. Dieser verhindert einerseits eine Übertragung der Domain während des laufenden Verfahrens, andererseits führt er zu einer direkten Registrierung des Antragstellers bei Freiwerden der

---

428 *BGH*, Urt. v. 25. 3. 2010 – I ZR 197/08, GRUR 2010, 944, 945.

429 Zu den technischen Details der Vergabe von Domains siehe schon *Bähler/Lubich/Schnei-der/Widmer*, Internet-Domainnamen, Zürich 1996.

430 So etwa *LG Berlin*, Beschl. v. 6. 2. 2001 – 16 O 101/00, MMR 2001, 323 – Deutschland.de; *OLG Frankfurt a. M.*, Urt. v. 17. 1. 2002 – 6 U 128/01, MMR 2002, 471.

431 So etwa *OLG München*, Urt. v. 11. 1. 2001 – 6 U 5719/99, CR 2001, 406 = WRP 2001, 571 – kuecheonline.de; *LG Wiesbaden*, Beschl. v. 9. 8. 2000 – 3 O 129/00, MMR 2001, 59.

432 Dafür *LG Wiesbaden*, Beschl. v. 9. 8. 2000 – 3 O 129/00, MMR 2001, 59; dagegen *OLG Nürnberg*, Urt. v. 11. 1. 2000 – 3 U 1352/99, CR 2001, 54 (Ls.); *OLG Frankfurt a. M.*, Urt. v. 27. 7. 2000 – 6 U 50/00, MMR 2000, 752 = GRUR-RR 2001, 5 – mediafacts.de; *LG München I*, Beschl. v. 4. 4. 2000 – 21 O 4375/00, MMR 2001, 61.

433 Siehe zur Rechtslage in Österreich *Burgstaller*, MMR 2002, 49.

434 *OLG Hamm*, Urt. v. 31. 5. 2001 – 4 U 27/01, MMR 2001, 695 = MittdtPatAnw 2003, 194; *OLG Frankfurt a. M.*, Urt. v. 27. 7. 2000 – 6 U 50/00, CR 2001, 412 = MMR 2000, 752.

Domain. Allerdings kann ein unberechtigter Dispute-Eintrag zu einer Klage wegen Dispute-Grabbing führen.[435]

7 Verantwortlichkeit der DENIC für rechtswidrige Domains

Literatur: *Baum*, Die effiziente Lösung von Domainnamenskonflikten – Eine ökonomische Analyse des Internet-Domain-Rechts, München 2005, S. 177; *Bettinger* in: Bettinger (Hrsg.), Handbuch des Domainrechts – Nationale Schutzsysteme und internationale Streitbeilegung, Köln 2008, DE 69; *Bettinger/Freytag*, Verantwortlichkeit der DENIC e.G. für rechtswidrige Domains?, CR 1999, 14; *Bücking/Angster*, Domainrecht, 2. Aufl. Stuttgart 2010, Rz. 404 ff.; *Hoeren*, Löschung eines Domainnamens auf Veranlassung des Namensinhabers bewirkt keine Sperrpflichten der DENIC – kurt-biedenkopf.de, LMK 2004, 136; *Nordemann/Czychowski/Grüter*, The Internet, the Name Server and Antitrust Law, ECLR 1998, 99; *Schieferdecker*, Die Haftung der Domainvergabestelle, Köln 2003; *Stadler*, Drittschuldnereigenschaft der DENIC bei der Domainpfändung, MMR 2007, 71.

Verletzt die Verwendung einer Second-Level-Domain die Rechte Dritter aus Wettbewerbs-, Marken-, Namens-, Unternehmens- oder Titelrecht, stellt sich die Frage der Haftbarkeit der DENIC als Vergabestelle gegenüber dem Geschädigten. [173]

Nach den sog. DENIC-Domainsbedingungen[436] liegt die Verantwortung für marken- und namensrechtliche Folgen aus der Registrierung des Domainnamens beim Kunden. Der Kunde versichert der DENIC gegenüber, dass er die Einhaltung kennzeichenrechtlicher Vorgaben geprüft hat und keine Anhaltspunkte für die Verletzung von Rechten Dritter vorliegen (§ 3 Abs. 1 der DENIC-Domainbedingungen). Eine doppelte Adressvergabe kann folglich von der DENIC nicht verhindert werden. Wer einen freien Namen gefunden hat, kann ihn bei der DENIC als Second-Level-Domain registrieren lassen.[437] Er riskiert dann allerdings, dass er nachträglich markenrechtlich auf Unterlassung in Anspruch genommen wird. [174]

Um eine schnelle Übertragung der Domain von einem Domain-Grabber auf den anderen zu verhindern, sieht die DENIC einen sog. Dispute-Eintrag vor. Hierfür muss ein Dritter glaubhaft machen, dass er ein Recht auf die Domain [175]

---

435 *LG Köln*, Urt. v. 5.3. 2013 – 33 O 144/12, GRUR-RR 2013, 254 – Bye Bye; ähnlich auch *OLG Köln*, Urt. v. 17.3. 2006 – 6 U 163/05, GRUR-RR 2006, 267 = MMR 2006, 469 m.Anm. *Utz*; *LG Düsseldorf*, Urt. v. 19.8. 2009 – 34 O 16/09, BeckRS 2010, 05759.
436 Die Bedingungen datieren aus dem Jahr 2004 (im Internet abrufbar unter www.denic.de/de/bedingungen.html; zuletzt abgerufen: Mai 2017).
437 Er beantragt daneben noch ein IP-Netz beim NIC im Rahmen dessen 254 Nummern zur weiteren Vergabe zur Verfügung stehen (ClassC-Netz).

hat und dieses gegenüber dem Domaininhaber geltend machen (§ 2 Abs. 3 S. 1 DENIC-Domainbedingungen). Dieser Eintrag wirkt für ein Jahr und wird auf Antrag verlängert. Ist bereits ein Dispute für einen anderen eingetragen, besteht keine Möglichkeit mehr, einen zweiten Dispute-Eintrag vornehmen zu lassen. Eine Domain, die mit einem Dispute-Eintrag versehen ist, kann vom Inhaber weiter genutzt, jedoch nicht übertragen werden. Weiterhin gewährleistet der Dispute-Eintrag, dass der Berechtigte des Eintrags automatisch neuer Domaininhaber wird, wenn der bisherige Domaininhaber die Domain freigibt. Gegen einen unberechtigten Dispute-Eintrag steht einem Betroffenen die negative Feststellungsklage mit Verweis auf einen Eingriff in den eingerichteten und ausgeübten Gewerbebetrieb (§ 823 Abs. 1 BGB) offen.[438] Ein aufgrund eines Markenrechts eingeräumter Dispute-Eintrag ist unzulässig und damit zu löschen. Aufgrund der zahlreichen außerhalb der geschützten Marke denkbaren Verwendungsformen der Domain (insb. für andere Branchen) stellt das bloße Halten der Domain regelmäßig keine Markenverletzung dar.[439] Der Inhaber einer Domain mit einem Gattungsbegriff (welle.de) kann aus § 823 Abs. 1 BGB gerichtlich gegen den Dispute-Eintrag vorgehen, den ein Namensrechtsinhaber (die Gemeinde Welle in Niedersachsen) bei der DENIC hat eintragen lassen.[440]

176   Da bei Vorliegen einer Markenverletzung in erster Linie der Domaininhaber haftet, hat der *BGH* in seiner „**ambiente.de**"-Entscheidung[441] eine Haftung der DENIC nach markenrechtlichen Gesichtspunkten größtenteils abgelehnt. Eine Haftung als Täter oder Teilnehmer kommt nicht in Betracht, sodass die DENIC **allenfalls als Störer haften kann**, weil sie mit der Registrierung eine zurechenbare Ursache für die Rechtsverletzung gesetzt hat. Als Störer haftet, wer auch ohne Verschulden oder Wettbewerbsabsicht in irgendeiner Weise willentlich und adäquat-kausal zur Verletzung eines geschützten Rechts oder Rechtsguts beiträgt, sofern er die rechtliche Möglichkeit zur Verhinderung dieser Handlung hat und Prüfungspflichten verletzt.

177   Der Umfang dieser Prüfungspflichten richtet sich danach, ob und inwieweit dem als Störer Inanspruchgenommenen nach den Umständen eine Prüfung zuzumuten ist. In Sachen „ambiente.de" entschied der *BGH*, dass die

438 *OLG Köln*, Urt. v. 17. 3. 2006 – 6 U 163/05, CR 2006, 487 = MMR 2006, 469 m. Anm. *Utz* – investment.de.
439 *LG Köln*, Urt. v. 5. 3. 2013 – 33 O 144/12, MMR 2013, 469 = GRUR-RR 2013, 254.
440 *LG Köln*, Urt. v. 8. 5. 2009 – 81 O 220/08, GRUR-RR 2009, 260 = K & R 2009, 511 = GRUR-RR 2009, 260 m. Anm. *Luckhaus* – welle.de.
441 *BGH*, Urt. v. 17. 5. 2001 – I ZR 251/99, CR 2001, 850 m. Anm. *Freytag* = MMR 2001, 671 m. Anm. *Welzel* – ambiente.de; ebenso *OLG Frankfurt a. M.*, Beschl. v. 28. 7. 2009 – 6 U 29/09, MMR 2010, 699 – huk-coburg24.de.

DENIC bei der Erstregistrierung keine Pflicht treffe, zu prüfen, ob an dem einzutragenden Domainnamen Rechte Dritter bestehen.[442] Dem entspricht auch das *LG Hamburg*, da es eine Haftung der DENIC ablehnt, wenn sich jemand entgegen der DENIC-Domainbedingungen – etwa unter falschem Namen – registrieren lässt.[443] Der *BGH* nimmt an, dass der DENIC eine Prüfung erst nach Hinweisen Dritter auf mögliche Rechtsverletzungen und selbst dann **nur bei offenkundigen, aus ihrer Sicht eindeutigen Rechtsverstößen** zuzumuten ist.[444] Die Ablehnung oder Aufhebung eines Domainnamens soll folglich nur dann erfolgen, wenn für den zuständigen Sachbearbeiter unschwer zu erkennen ist, dass eine Nutzung die Rechte Dritter beeinträchtigt. Unschwer zu erkennen ist eine Verletzung von Kennzeichenrechten nur dann, wenn ihr ein rechtskräftiger gerichtlicher Titel bzw. eine unzweifelhaft wirksame Unterwerfungserklärung des Domaininhabers vorliegt oder wenn die Rechtsverletzung derart eindeutig ist, dass sie sich dem Sachbearbeiter aufdrängen muss. Anders sieht dies das *OLG Frankfurt a. M.*, welches die Vorlage eines entsprechenden Titels als sicheren, aber nicht einzig möglichen Weg zur Feststellung der Offenkundigkeit durch die DENIC ansieht.[445] Bei Markenrechtsverletzungen muss noch hinzukommen, dass die Domain mit einer berühmten Marke identisch ist, die über eine überragende Verkehrsgeltung auch in allgemeinen Verkehrskreisen verfügt.[446] Bislang gab es kaum Fälle, in denen Gerichte eine solche Offenkundigkeit bejaht hätten. Eine Ausnahme ist der Fall „Regierung Mittelfranken", in dem das *OLG Frankfurt a. M.* – mit späterer Unterstützung durch

---

442 *BGH*, Urt. v. 17.5. 2001 – I ZR 251/99, CR 2001, 850 m. Anm. Freytag = MMR 2001, 671 m. Anm. Welzel – ambiente.de.

443 *LG Hamburg*, Urt. v. 26.3. 2009 – 315 O 115/08, MMR 2009, 708 – primavita.de.

444 *BGH*, Urt. v. 17.5. 2001 – I ZR 251/99, MMR 2001, 671 m. Anm. *Welze* = NJW 2001, 3265; ähnlich *LG Frankfurt a. M.*, Urt. v. 16.11. 2009 – 2/21 O 139/09, K & R 2010, 356; *VG Düsseldorf*, Urt. v. 29.11. 2011 – 27 K 458/10, CR 2012, 401 = MMR 2012, 846.

445 *OLG Frankfurt a. M.*, Beschl. v. 22.5. 2014 – 6 W 20/14, MMR 2015, 141 = GRURPrax 2014, 411 m. Anm. *Maaßen*.

446 Ebenso *OLG Frankfurt a. M.*, Urt. v. 13.2. 2003 – 6 U 132/01, MMR 2003, 333 = CR 2003, 607– viagratip.de; *LG Frankfurt a. M.*, Urt. v. 15.1. 2009 – 2/3 O 411/08, K & R 2009, 425 = MMR 2009, 272; ähnlich auch der *öOGH*, Beschl. v. 13.9. 2000 – 4 Ob 166/00s, MMR 2001, 601 in einem Fall, in dem es um die Prüfungspflichten der österreichischen Vergabestelle bei der Zuweisung der Domain fpoe.at an einen Anbieter rechtsradikaler Inhalte geht. Hier hat der öOGH eine Haftung auf den Fall beschränkt, dass der Verletzte ein Einschreiten verlangt und die Rechtsverletzung auch für einen juristischen Laien ohne weitere Nachforschungen offenkundig ist. Die gleichen Überlegungen gelten für die Verantwortlichkeit der Service-Provider. Das *OLG Hamburg*, Urt. v. 27.2. 2003 – 3 U 7/01, GRUR-RR 2003, 332 = ZUM-RD 2003, 567, hat mit seinem Urteil klargestellt, dass die Regeln aus der Ambiente-Entscheidung auch für die Haftung der Service-Provider gelten.

den *BGH*[447] – die DENIC zu einer Löschung wegen offenkundiger Namensrechtsverletzung verurteilt hat.[448]

178 Daraufhin gab es zahlreiche Folgeprozesse derjenigen, die Rechte an Zweibuchstabenbezeichnungen geltend machten. Im Streit um „hr.de" und „sr.de", in dem der Hessische und der Saarländische Rundfunk gegen die DENIC tätig wurden, hob das *OLG Frankfurt a. M.*[449] die Urteile des *LG Frankfurt a. M.*[450] auf. Ging das *LG* jew. von einem namensrechtlichen Unterlassungsanspruch nach § 12 BGB aus, vertritt das *OLG Frankfurt a. M.* die Ansicht, die DENIC sei weder Störer, noch habe sie Prüfpflichten verletzt.[451] Ähnlich hat i. Ü. das *OLG Brandenburg*[452] Änderungsansprüche eines Betroffenen im Hinblick auf Falscheintragungen in der WHOIS-Liste abgelehnt. Die Eintragung in der WHOIS-Datenbank der DENIC sei kein Bereicherungsgegenstand nach § 812 Abs. 2 S. 2 Alt. 2 BGB, da die Eintragungen keinen öffentlichen Glauben genössen, sondern ein rein privates Verzeichnis der Vertragspartner der DENIC darstellten.

179 Aus diesen Gründen kann die DENIC auch nicht zur Führung von sog. **Negativlisten** verpflichtet werden, durch die bestimmte Kennzeichen für eine Domain-Registrierung gesperrt werden. Dies würde voraussetzen, dass jede denkbare Benutzung eines Kennzeichens als Domain einen erkennbaren und offensichtlichen Rechtsverstoß darstellt, was allerdings nicht der Fall ist.[453] Eine ähnliche Zielrichtung vertritt das *LG Wiesbaden*[454] für die Geltendmachung von Löschungsansprüchen gegen die DENIC wegen beleidigender Äußerungen auf einer Homepage. Die Nassauische Sparkasse hatte von der DENIC die Löschung der Domain „r-e-y.de" verlangt, da auf der Homepage angeblich Beleidigungen („Hessische Sparkassenluemmel") geäußert würden. Nach Auffassung der Richter sei eine inhaltliche Überprüfung von Webangeboten weder möglich noch wünschenswert, da die Aufgabe der DENIC allein die Verwaltung von Domainnamen sei. Andernfalls könnte man auch von Dienstleistern wie

---

447 *BGH*, Urt. v. 27.10. 2011 – I ZR 131/10, GRUR 2012, 651 = NJW 2012, 2279 – regierungoberfranken.de.
448 *OLG Frankfurt a. M.*, Urt. v. 17.6. 2010 – 16 U 239/09, K & R 2010, 620 m. Anm. *Hilgert* = MMR 2010, 689 – regierung-mittelfranken.de.
449 *OLG Frankfurt a. M.*, Urt. v. 26.10. 2010 – 11 U 29/10(Kart), GWR 2011, 68 (Ls.) und 11 U 30/10 (Kart), MMR 2011, 176 (Ls.).
450 *LG Frankfurt a. M.*, Urt. v. 4.3. 2010 – 2/3 O 483/09 und 2/3 O 482/09.
451 Ähnlich zuvor schon *OLG Frankfurt a. M.*, Urt. v. 18.5. 2010 – 11 U 36/09 (Kart), MMR 2010, 694.
452 *OLG Brandenburg*, Urt. v. 15.9. 2010 – 3 U 164/09, CR 2011, 268 = GRUR-RR 2010, 485.
453 *BGH*, Urt. v. 19.2. 2004 – I ZR 82/01, CR 2004, 531 = GRUR 2004, 619 m. Anm. *Hoeren* – kurt-biedenkopf.de.
454 *LG Wiesbaden*, Urt. v. 13.6. 2001 – 10 O 116/01, MMR 2001, 769 = NJW 2001, 3715 – r-e-y.de.

der Telekom die Sperrung eines Anschlusses verlangen, wenn in einem Telefonat Beleidigungen geäußert werden. Im Falle einer Rechtsverletzung müsse man sich daher direkt an den Domaininhaber wenden.

Die Grundsätze der „ambiente.de"- Entscheidung übertrugen der *BGH*[455] **180** und das *OLG Frankfurt a. M.*[456] von dem Marken- auf das Namensrecht. Geklagt hatte der Freistaat Bayern gegen die Verwendung mehrerer Domainnamen mit Bezug zu den bayrischen Regierungsbezirken, darunter die Adressen „regierung-mittelfranken.de" und „regierung-unterfranken.de". In dieser Entscheidung stellte das *OLG* klar, dass ein **rechtskräftiger Titel gegen den Admin-C**[457] nicht ausreicht, um das Kriterium der Offensichtlichkeit zu erfüllen und eine Störerhaftung der DENIC anzunehmen. Der Titel muss vielmehr gegen den Domaininhaber selbst vorliegen. Dennoch entschied das *OLG Frankfurt a. M.* zugunsten des Freistaates Bayern und nahm einen Verstoß gegen § 12 BGB an, weil sich bei der Bezeichnung „Regierung" i. V. m. allgemein bekannten geographischen Regionen jedem Sachbearbeiter aufdrängen muss, dass es nur einen bestimmten Namensträger – nämlich die Regierung selbst – geben kann, während gleichnamige Dritte nicht existieren können. Auf das noch im Fall „ambiente.de" vom *BGH* geforderte Kriterium einer berühmten Marke verzichtete das *OLG* und führte lediglich an, dass es sich um die Namen der offiziellen Regierungsbezirke des Freistaates handelt. Nun hat auch der *BGH*[458] in der Revisionsinstanz die Voraussetzungen für ein Einschreiten der DENIC, nämlich den Hinweis auf eine mögliche Rechtsverletzung sowie eine offenkundige, ohne weiteres feststellbare Rechtsverletzung bejaht, da es sich bei den Namen um offizielle Bezeichnungen der Regierungen bayrischer Regierungsbezirke handelt und ein Sachbearbeiter bei der DENIC ohne namensrechtliche Kenntnisse ohne Weiteres erkennen könne, dass diese Bezeichnungen als Domainnamen allein einer staatlichen Stelle und nicht einem in Panama ansässigen privaten Unternehmen zustehen können.

Streitig ist, ob die DENIC im Rahmen der Zwangsvollstreckung in Domains **181** unter der TLD „.de" als **Drittschuldnerin** i. S. der ZPO haftet. Drittschuldner ist jeder Dritte, dessen Leistung zur Ausübung des gepfändeten Rechts erfor-

---

455 *BGH*, Urt. v. 27.10. 2011 – I ZR 131/10, NJW 2012, 2279 = MMR 2012, 529 – regierung-oberfranken.de.

456 *OLG Frankfurt a. M.*, Urt. v. 17.6. 2010 – 16 U 239/09, K & R 2010, 602 m. Anm. *Hilgert* = MMR 2010, 689 – regierung-mittelfranken.de.

457 Ist laut Ziffer VIII. der DENIC-Domainbedingungen die vom Domaininhaber benannte natürliche Person, die als sein Bevollmächtigter berechtigt und gegenüber der DENIC auch verpflichtet ist, sämtliche die Domain betreffenden Angelegenheiten verbindlich zu entscheiden.

458 *BGH*, Urt. v. 27.10. 2011 – I ZR 131/10, NJW 2012, 2279 = MMR 2012, 529 – regierung-oberfranken.de.

derlich ist oder dessen Rechtsstellung von der Pfändung sonstwie berührt wird.[459] Das *AG Frankfurt a. M.* verneint eine Drittschuldnereigenschaft der DENIC.[460] Sie ist Vertragspartei des Domainvertrages und erweckt die Domains in ihren Namensservern zum Leben, einer anderen zusätzlichen Leistung der DENIC bedarf es jedoch nicht. Die unmittelbare Einbeziehung von Drittschuldnern in das Pfändungsverfahren sieht ferner nur § 829 ZPO für die Zwangsvollstreckung in Geldforderungen vor. Nach § 857 ZPO kommt nur eine entsprechende Anwendung dieser Vorschrift auf die Pfändung in Domainnamen in Betracht.[461] Bei der Domainpfändung ist allerdings kein Raum für eine entsprechende Anwendung des § 829 ZPO. Die Pfändung von Geldforderungen führt zum sog. Arrestatorium und damit zum Verbot der Zahlung an den Schuldner, um das Erlöschen der gepfändeten Forderung zu verhindern. Überträgt man dies auf die Domainpfändung, wäre das Zahlungsverbot als Leistungsverbot zu verstehen, mit der Folge, dass die DENIC die Konnektierung der Domain beenden müsste. Das aber ist weder nötig, um den Pfändungsgegenstand zu erhalten, noch sinnvoll, weil eine nicht funktionsfähige und damit nicht genutzte Domain sehr schnell an Wert verliert, etwa indem sie in Suchmaschinenrankings zurückfällt. Deshalb lehnte das *AG Frankfurt a. M.* eine entsprechende Anwendung des § 829 ZPO ab und folgerte, dass von der DENIC nicht verlangt werden kann, die Konnektierung der Domain oder eine Übertragung der Domain zu verhindern.

182   Anderer Ansicht ist das *LG Zwickau*, das eine entsprechende Anwendung des § 829 ZPO auf die Domainpfändung bejaht und mithin im Ergebnis eine Drittschuldnereigenschaft der DENIC annimmt.[462] Dabei lehnt das *LG* seine Entscheidung an einen Beschluss des *BGH*[463] an, dem wiederum laut der Gegenansicht keine explizite oder implizite Aussage über die Drittschuldnereigenschaft der DENIC zu entnehmen ist. Klar ist, dass in den Gründen des *BGH*-Beschlusses an keiner Stelle das Wort „Drittschuldner" vorkommt.[464] Ähnlich argumentiert das *Finanzgericht Münster*[465]: Das Finanzamt könne An-

459 *AG Frankfurt a. M.*, Urt. v. 26.1. 2009 – 32 C 1317/08 – 22, MMR 2009, 709 m. Anm. *Welzel.*
460 *AG Frankfurt a. M.*, Urt. v. 26.1. 2009 – 32 C 1317/08 – 22, MMR 2009, 709.
461 *AG Frankfurt a. M.*, Urt. v. 26.1. 2009 – 32 C 1317/08 – 22, MMR 2009, 709.
462 *LG Zwickau*, Beschl. v. 12.8. 2009 – 8 T 228/09, MMR 2010, 72 = Rpfleger 2010, 34; ähnlich auch *LG Frankfurt a. M.*, Urt. v. 9.5. 2011 – 2-01 S 309/10, CR 2012, 132 = K & R 2011, 524 m. Anm. *Herrmann*; so auch *Stadler*, Drittschuldnereigenschaft der DENIC bei der Domainpfändung, MMR 2007, 71; diese Auslegung ist nicht verfassungswidrig, *BVerfG*, Beschl. v. 11.07. 2014 – 2 BvR 2116/11, GRUR 2014, 1022 = MMR 2015, 181.
463 *BGH*, Beschl. v. 5.7. 2005 – VII ZB 5/05, CR 2006, 50 = MMR 2005, 685 m. Anm. *Hoffmann.*
464 *BGH*, Beschl. v. 5.7. 2005 – VII ZB 5/05, CR 2006, 50 = MMR 2005, 685 m. Anm. *Hoffmann.*
465 *FG Münster*, Urt. v. 16.9. 2015 – 7 K 781/14 AO, abrufbar unter https://www.justiz.nrw.de/nrwe/fgs/muenster/j2015/7_K_781_14_AO_Urteil_20150916.html (zuletzt abgerufen: Mai 2017).

sprüche aus einem Domainvertrag pfänden. Gegenstand der Pfändung in eine Domain sei die Gesamtheit der schuldrechtlichen Ansprüche, die dem Inhaber der Domain gegenüber der Vergabestelle aus dem der Domainregistrierung zugrunde liegenden Vertragsverhältnis zustünden.

III Pfändung und Bilanzierung von Domains

Literatur: *Berger*, Pfändung von Domains, RPfleger 2002, 181; *Hanloser*, Unzulässigkeit der Domain-Pfändung, CR 2001, 344; *Hanloser*, Die Domain-Pfändung in der aktuellen Diskussion, CR 2001, 456; *Hartig*, Die Rechtsnatur der Domain – Anmerkung zur *BGH*-Entscheidung „Domain-Pfändung", GRUR 2006, 299; *Hismann/Schmittmann*, Steuerliche Aspekte des Domainhandels, MMR 2003, 635; *Hombrecher*, Domains als Vermögenswerte – Rechtliche Aspekte des Kaufs, der Lizenzierung, der Beleihung und der Zwangsvollstreckung, MMR 2005, 647; *Karies/Niesert*, Aus- und Absonderung von Internet-Domains in der Insolvenz, ZInsO 2002, 510; *Kleespies*, Die Domain als selbständiger Vermögensgegenstand in der Einzelzwangsvollstreckung, GRUR 2002, 764; *Meier*, Zur Zulässigkeit der Pfändung einer Internet-Domain, KKZ 2001, 231; *Oberkofler*, (Ver-)Pfändung von Internet-Domains, Medien und Recht 2001, 185; *Schmitz/Schröder*, Streitwertbestimmung bei Domainstreitigkeiten, K & R 2002, 189; *Ulmer*, Domains in Zwangsvollstreckung und Insolvenz, ITRB 2005, 112; *Viefhues*, Zur Übertragbarkeit und Pfändung vom Domain-Names, MMR 2000, 286; *Welzel*, Zwangsvollstreckung in Internet-Domains, MMR 2001, 131.

Im Zusammenhang mit der Anerkennung einer Domain als vermögenswertes **183** Gut steht auch die Frage ihrer **Pfändbarkeit in der Zwangsvollstreckung**. Hierzu bestehen unterschiedliche Aussagen einzelner Gerichte. Das *LG München I*[466] hat eine Pfändbarkeit nach § 857 ZPO ausgeschlossen. Das *LG Essen* hat hingegen eine Pfändung zugelassen.[467] Folgt man dem *LG Essen*, ist eine Domain nach §§ 844, 857 ZPO pfändbar und freihändig durch Versteigerung seitens des Gerichtsvollziehers im Internet verwertbar.[468] Der Streit zwischen dem *LG München I* und dem *LG Essen* wurde durch den *BGH* aufgelöst: Danach ist eine Domain zwar nicht pfändbar, die Gesamtheit der schuldrechtlichen Ansprüche des Domaininhabers gegenüber der Domainvergabestelle fällt dage-

---

[466] *LG München I*, Beschl. v. 12.2. 2001 – 20 T 19368/00, CR 2001, 342 m. Anm. *Hanloser* = MMR 2001, 319; noch offengelassen in *LG München I*, Beschl. v. 28.6. 2000 – 20 T 2446/00, MMR 2000, 565 = CR 2000, 620 m. Anm. *Hanloser* auf S. 703.
[467] *LG Essen*, Beschl. v. 22.9. 1999 – 11 T 370/99, MMR 2000, 286 m. Anm. *Viefhues* = CR 2000, 247; ähnlich auch *AG Lindau*, M 192/00 (n. v.); *AG Langenfeld*, Beschl. v. 21.12. 2000 – 12 M 2416/00, CR 2001, 477; *LG Düsseldorf*, Urt. v. 16.3. 2001 – 25 T 59/01, CR 2001, 468 m. Anm. *Hartmann/Kloos* = ZUM 2002, 155.
[468] So auch *AG Berleburg*, Beschl. v. 16.5. 2001 – 6 M 576/00, MMR 2002, 848 (Ls.) = Rpfleger 2001, 560 (Ls.).

gen unter § 857 Abs. 1 ZPO.[469] Eine Verwertung der gepfändeten Ansprüche gegen die Vergabestelle erfolgt also im Wege der Überweisung an Zahlungs statt.

184   Unter Umständen ist auch denkbar, dass die **Domain als Arbeitsmittel i. S. v. § 811 Nr. 5 ZPO** unpfändbar ist. Die Vorschrift bezieht sich zwar allein auf „Sachen" und ist deshalb nicht unmittelbar einschlägig. Es kommt jedoch eine analoge Anwendung in Betracht.[470] Ein darauf basierender Pfändungsschutz setzt allerdings voraus, dass die Domain zur Fortsetzung der Erwerbstätigkeit des Schuldners „erforderlich" ist. Das ist allerdings nur dann der Fall, wenn sich die Domain im Rechtsverkehr bereits durchgesetzt hat und nicht (mehr) ohne weiteres gegen eine andere ausgetauscht werden kann.[471]

185   Unabhängig von diesem Streit ist eine **Pfändbarkeit der Konnektierungsansprüche** des Domaininhabers gegen die DENIC im Wege der Forderungspfändung inzwischen anerkannt.[472] Schwierig ist dann aber die Verwertung dieser Forderung, da eine Überweisung mangels Leistungsinteresses des Vollstreckungsgläubigers nicht in Betracht kommt.

186   Das Finanzamt kann Ansprüche aus einem Domainvertrag pfänden.[473] Gegenstand der Pfändung in eine Domain ist die Gesamtheit der schuldrechtlichen Ansprüche, die dem Inhaber der Domain gegenüber der Vergabestelle aus dem der Domainregistrierung zugrunde liegenden Vertragsverhältnis zustehen.

187   Wichtig sind i. Ü. auch Vorkehrungen gegen die **Insolvenz des Access Providers.** Muss ein Provider Insolvenz beantragen, wird die DENIC tätig. Wenige Wochen nach einem Insolvenzantrag werden die Domains bei der DENIC gehostet und auf deren eigenen Nameservern sowie im Zone-C der Domains eingetragen. In einem Fall, in dem der Zone-C bereits bei der DENIC liegt (erkennbar am HD4-RIPE im Zone-C des DENIC Whois), muss man also nur die Kündigung an den alten Provider und an die DENIC das KK-Fax[474] schicken.

188   Auch stellt sich in diesem Zusammenhang die Frage nach der Bewertung von Domains. Gängig ist insofern die **RICK-Formel**[475]. Entscheidend abzustellen ist hiernach auf

---

469 *BGH*, Beschl. v. 5. 7. 2005 – VII ZB 5/05, CR 2006, 50 = MDR 2005, 1311.

470 *Berger*, Rpfleger 2002, 185; ähnlich *LG Mönchengladbach*, Beschl. v. 22. 9. 2004 – 5 T 445/04, CR 2005, 536 (Ls.) = ZUM 2004, 935.

471 *Welzel*, MMR, 2001, 131, 135.

472 *Hanloser*, Rpfleger 2000, 525, 527; *Hanloser*, CR 2001, 344, 345; *Welzel*, MMR 2001, 131, 132.

473 *FG Münster*, Beschl. v. 16. 9. 2015 – 7 K 781/14 AO, CR 2016, 464 = MMR 2016, 42.

474 KK = Konnektivitätskoordination, Verfahren zum Wechsel des Providers einer Domain.

475 Vgl. hierzu u. a. *Steifert*, Recht der Domainnamen, 2003, S. 230; *Wübbelsmann*, DStR 2005, 1659, 1664; *Hombrecher*, MMR 2005, 647, 653.

- das **R**isiko, rechtliche Probleme bei der Verwendung der Domains zu bekommen = R
- das **I**mage der Domain = I
- die Frage der kommerziellen Verwendbarkeit (**c**ommerce) der Domain = C
- die **K**ürze der Domain = K.

Differenzierter arbeitet die sog. **Horatius-Formel**, die eine Vielzahl von Indika- 189
toren heranzieht, u. a.

- die Visits,
- die Eintragungen in Suchmaschinen,
- die Pflege der Domain,
- das Bestandsalter.[476]

Noch variantenreicher sind die Kriterien des **SCHARF-Modells**, das mit über 190
vierzig Indikatoren arbeitet.[477]

Bei der **Streitwertberechnung** i. R. v. § 12 Abs. 1 GKG berücksichtigt das 191
Gericht im Rahmen seines freien Ermessens den wirtschaftlichen Wert der Domain für den Berechtigten, wobei insb. die erwartete Zahl der Besuche und sonstige Indizien für erzielbare Umsätze und Marketingeffekte zu berücksichtigen sind. Das *OLG Frankfurt a. M.*[478] scheint den Wert tendenziell gering anzusetzen. Bei der Bemessung des wirtschaftlichen Wertes eines Domainnamens sei zu berücksichtigen, dass dieser nicht geeignet sein soll, einen unmittelbaren oder auch nur mittelbaren (assoziativen) Bezug zu Waren oder Dienstleistungen herzustellen. Es fehle die inhaltliche Aussagekraft sowie ein prägnanter Anklang an marktgängigen Waren und Dienstleistungen. Daher kämen Internetadressen, die Zufallsfunde im Netz surfender Interessenten sind, kaum in Betracht.

Andere Gerichte sind großzügiger: Das *LG Köln* lässt bei der Nutzung einer 192
Domain als Teil einer E-Mail-Adresse 75 000 Euro ausreichen.[479] Das *LG Hamburg* geht von 50 000 Euro aus.[480] Das *OLG Köln* bejahte einen Streitwert in Höhe von 135 000 Euro,[481] konstatierte aber in einem anderen Fall, dass sich

---

476 Vgl. hierzu u. a. *Steifert*, Recht der Domainnamen, 2003, S. 230 f.; www.adresso.de (zuletzt abgerufen: Mai 2017).

477 Vgl. hierzu u. a. *Steifert*, Recht der Domainnamen, 2003, S. 231; *Hombrecher*, MMR 2005, 647, 653; www.bewertungsformel.de (zuletzt abgerufen: Mai 2017).

478 *OLG Frankfurt a. M.*, Urt. v. 22. 8. 2002 – 25 W 33/02 (n. v.).

479 *LG Köln*, Urt. v. 23. 2. 2000 – 14 O 322/99, MMR 2000, 437 – maxem.de.

480 *LG Hamburg*, Urt. v. 13. 1. 2004 – 312 O 448/03, BeckRS 2005 00859; ähnlich *LG Düsseldorf*, Urt. v. 11. 8. 2004 – 2a O 35/04 (n. v.).

481 *OLG Köln*, Urt. v. 9. 7. 2004 – 6 U 166/03, GRUR-RR 2005, 82 = OLGR Köln 2005, 173.

der Streitwert nach dem Interesse des Klägers richte (hier: 25 000 Euro).[482] Dabei wurden gerade auch bei bedeutenderen Unternehmen Streitwerte bis zu 500 000 Euro festgesetzt.[483] Bei Gattungsbegriffen hat sich der Streitwert auf 50 000 Euro eingependelt.[484] Zum Teil wird in der Literatur für alle Domainstreitigkeiten ein Betrag in Höhe von 50 000 Euro als Regelstreitwert angenommen.[485]

193   Der *BFH*[486] sieht in den Aufwendungen zum Erwerb einer Domain **keine sofort abzugsfähige Betriebsausgabe** und auch kein abschreibfähiges Wirtschaftsgut, sodass die entstandenen Kosten im Rahmen einer Überschussrechnung gem. § 4 Abs. 3 EStG keine Berücksichtigung finden. Eine Domain stelle nach Auffassung des *BFH* zwar ein immaterielles Wirtschaftsgut dar. Anders als bei Softwares finde hingegen kein Wertverzehr statt, da die Internetadresse dauerhaft und in ungeschmälerter Art und Weise genutzt werden könne und dem Domaininhaber zeitlich unbeschränkte wirtschaftliche Vorteile biete.

IV Streitschlichtung nach der UDRP

Literatur: *Gibson*, Digital Dispute Resolution, CRi 2001, 33; *Hoffmann*, Alternative Dispute Resolution dot.com, Mitteilungen der deutschen Patentanwälte 2002, 261; *Strömer*, Das ICANN-Schiedsverfahren, Heidelberg 2002; *Schmelz*: UDRP-Verfahren und Domainrechtsstreit: Auf der Suche nach dem anwendbaren Recht, GRUR-Prax 2012, 127.

194 Die ICANN hat sich Gedanken zur **Streitschlichtung** gemacht. So wurde im August 1999 die „**Uniform Dispute Resolution Policy**" (UDRP) verabschiedet.[487] Dieses Regelwerk sieht eine Streitschlichtung bei missbräuchlicher Registrierung von Namen in den TLDs „.com", „.org" und „.net" vor. Hinzu kommen die länderspezifischen Codes von 75 meist kleineren Staaten (wie z. B.

---

482 *OLG Köln*, Urt. v. 30. 9. 2005 – 20 U 45/05, CR 2006, 493 = GRUR-RR 2006, 67 – Mahngericht.de.
483 *LG Düsseldorf*, Urt. v. 17. 9. 1997 – 34 O 118/97 (n. v.); ähnlich *LG Hamburg*, Urt. v. 10. 7. 1997 – 315 O 448/97 – d-info.de (n. v.); *LG Mannheim*, Urt. v. 17. 10. 1997 – 7 U 241/97, WRP 1998, 920 – zwilling.de; siehe dazu auch *Schmidt/Schröder*, K & R 2002, 189.
484 *LG Düsseldorf*, Urt. v. 1. 6. 2001 – 38 O 22/01 – versteckte-toscana.de; *LG Düsseldorf*, Urt. v. 6. 7. 2001 – 38 O 18/01, CR 2002, 138 m. Anm. *Graf* = MMR 2002, 126 – literaturen.de.
485 So bei *Schmittmann*, MMR 2002, Heft 12, S. VIII.
486 *BFH*, Urt. v. 19. 10. 2006, III R 6/05, FR 2007, 695 m. Anm. *Kanzler* = CR 2007, 384; ähnlich *FG Rheinland-Pfalz*, Urt. v. 16. 11. 2004 – 2 K 1431/03, MMR 2005, 336 m. Anm. *Terhaag*.
487 https://www.icann.org/resources/pages/policy-2012–02–25-en (zuletzt abgerufen: Mai 2017); hinzu kommen die „Rules for Uniform Domain Name Dispute Policy", die im Oktober 1999 verabschiedet worden sind.

Tuvalu).[488] Die DENIC hat sich noch nicht dazu durchringen können, eine solche Streitschlichtung zu akzeptieren.

Auch neue gTLDs fallen unter die UDRP.[489] Die Verbindlichkeit der UDRP **195** basiert auf rein vertragsrechtlicher Grundlage. Wer eine Domain registriert, unterwirft sich rechtsgeschäftlich der UDRP. Es handelt sich insofern bei der UDRP nicht um die Einführung einer Schiedsgerichtsbarkeit i. S. v. §§ 1025 ff. ZPO, sondern um eine Streitschlichtung auf der Basis einer Prorogation nach § 38 ZPO.[490] Eine Möglichkeit die UDRP isoliert anzugreifen, etwa wegen des darin vorgesehenen, dem deutschen Recht aber fremden Übertragungsanspruchs, besteht nicht.[491] Da die UDRP aber regelmäßig durch einen Hinweis in den AGB des jeweiligen Access Providers verbindlich werden sollen, stellt sich die Frage nach der AGB-rechtlichen Zulässigkeit einer solchen „Schiedsabrede". Die AGB-rechtliche Wirksamkeit ist hochgradig problematisch. Das *KG*[492] hat jedenfalls festgestellt, dass die Bestimmungen der UDRP als vertragliche Grundlagen für einen Anspruch auf Übertragung einer Domain ausscheiden. Die UDRP komme ausschließlich im außergerichtlichen Streitbeilegungsverfahren zur Anwendung und regele ausdrücklich die Möglichkeit, während des außergerichtlichen Streitbeilegungsverfahrens oder nach dessen Abschluss („before such mandatory administrative proceeding is commenced or after such proceeding is concluded", Absatz 4 (k) UDRP), das zuständige staatliche Gericht zur unabhängigen und damit auch in keiner Weise eingeschränkten Streitbeilegung anzurufen.

Im Übrigen wenden z. B. US-amerikanische Gerichte ohnehin im Zweifel **196** ihre eigenen Regeln an und lassen es dem Betroffenen offen, bei einer Niederlage nach der UDRP US-Gerichte anzurufen.[493] Auch Gerichte in anderen Staaten haben die UDRP hinterfragt.[494]

Die UDRP-Streitschlichtung erfolgt über mittlerweile fünf verschiedene, **197** von der ICANN lizenzierte Schiedsgerichtsorganisationen:

---

488 Siehe dazu die Liste unter www.wipo.int./amc/en/domains/cctld/index.html (zuletzt abgerufen: Mai 2017).
489 Siehe www.wipo.int/amc/en/domains/gtld/ (zuletzt abgerufen: Mai 2017); hierzu zählen: .info; .biz; .aero; .coop; .museum; .name; .travel.
490 *LG Berlin*, Teilurt. v. 2. 3. 2010 – 15 O 79/09.
491 *LG Berlin*, Teilurt. v. 2. 3. 2010 – 15 O 79/09.
492 *KG*, Urt. v. 21. 10. 2011 – 5 U 56/10, MMR 2012, 747.
493 So Section 1114(2)(D)(v) des US Anticybersquatting Act und U. S. Court of Appeals for the First Circuit, Entscheidung vom 5. 12. 2001 – (Jay D. Sallen ./. Corinthians Licenciamentos Ltd. et al.), GRUR Int. 2003, 82.
494 Siehe die Liste bei der WIPO, http://arbiter.wipo.int/domains/challenged/index.html (zuletzt abgerufen: Mai 2017).

- WIPO Arbitration and Mediation Center,[495]
- National Arbitration Forum (NAF),[496]
- Czech Arbitration Court (CAC) Arbitration Center for Internet Disputes,
- Arab Center for Domain Name Dispute Resolution (ACDR);
- Asian Domain Name Dispute Resolution Centre (ADNDRC).[497]

198 Es besteht die freie Wahl, entweder vor ordentlichen Gerichten zu klagen oder die UDRP-Schlichtungsorganisation anzurufen. Auch können staatliche Gerichte trotz einer Streitschlichtungsentscheidung nachträglich tätig werden (Absatz 4 (k) UDRP). Eine UDRP-interne Berufungsinstanz besteht nicht.[498] Über die **Frage der Kostenerstattung** wird nicht entschieden. Allerdings hat der *öOGH* entschieden, dass bei einer Entscheidung innerhalb der UDRP zu Lasten des Beschwerdegegners ein Auslagenersatz nach nationalem Recht verlangt werden kann.[499] Mit Wirkung ab 1. März 2010[500] hat die ICANN das Verfahren auf eine weitgehend elektronische Abwicklung umgestellt. Beschwerden einschließlich der Anlagen können **ausschließlich in elektronischer Form** eingereicht werden, wobei eine E-Mail an domain.disputes@wipo.int genügt. Als Dateiformat ist das Word- wie das .pdf-Format zugelassen, auch Excel-Dateien akzeptieren die Schiedsgerichte. Allerdings sollten einzelne Dateien nicht größer als zehn MB sein, die Beschwerdeschrift nebst Anlagen insgesamt eine Größe von 50 MB nicht überschreiten. Der Beschwerdegegner erhält weiterhin eine Nachricht über das UDRP-Verfahren an seine im WhoIs-Register angegebene Postanschrift, um sicherzustellen, dass er ordnungsgemäß über das Verfahren in Kenntnis gesetzt wird.

199 Zu zahlen sind die **Schlichtungskosten** durch den Beschwerdeführer (z. B. beim WIPO Center zwischen USD 1 500 und USD 4000). Der Beschwerdegegner hat zwanzig Tage Zeit, auf die Beschwerde zu reagieren. Ein „case administrator" prüft die formellen Voraussetzungen der Beschwerde und der Erwiderung und bestimmt dann einen Schiedsrichter. Dieser hat nach seiner Ernennung vierzehn Tage Zeit, seine Entscheidung zu erlassen. Insgesamt dauert das Verfahren selten länger als zwei Monate. Entscheidungen werden im Volltext und

---

495 www.wipo.int/amc/en/index.html (zuletzt abgerufen: Mai 2017); siehe dazu auch www.wipo.int/amc/en/arbitration/ (zuletzt abgerufen: Mai 2017).
496 www.adrforum.com/Home/HomePage (zuletzt abgerufen: Mai 2017).
497 Ausgeschieden ist das kanadische eResolution Consortium.
498 Siehe allerdings den Vorschlag von M. Scott Donahey zur Einführung eines UDRP Appelatte Panel in: Journal of International Abitration 18 (1) 2001, 131.
499 *öOGH*, Urt. v. 16. 3. 2004 – 4 Ob 42/04m, MMR 2004, 747.
500 http://wipo.int/amc/en/domains/rules/eudrp/ (zuletzt abgerufen: Mai 2017).

mit voller Namensangabe aller Beteiligten auf der Homepage des Gerichts veröffentlicht. Probleme bereitet den Schiedsrichtern die Frage, wie mit nachgereichten Schriftsätzen umzugehen ist. Deren Berücksichtigung liegt im Ermessen der Schiedsrichter; die meisten lassen nachgereichte Schriftsätze nur dann zu, wenn plausibel gemacht wird, dass die entsprechenden Argumente und Beweismittel nicht bereits in der Beschwerde bzw. der Erwiderung vorgetragen werden konnten.[501] Unzulässig ist die Einbringung neuer Tatsachen, wenn der Beschwerdeführer den fehlenden Vortrag bereits zum Zeitpunkt der Einreichung der Beschwerde hätte vorbringen können.[502] Empfehlenswert ist es, nur klare Fälle zur Entscheidung des Schiedsgerichts zu bringen. Alle wesentlichen Argumente sollten vollständig und sachbezogen in einem einzigen Schriftsatz vorgetragen werden. Dabei sollte von vornherein gleich in diesem Schriftsatz alles schriftliche Beweismaterial beigefügt werden. Als sinnvoll hat es sich erwiesen, die Schiedsrichter auch auf ähnlich gelagerte Entscheidungen anderer Schiedsrichter hinzuweisen. Die Anrufung eines Dreipanels lohnt sich nur dann, wenn noch kein einheitliches Fallrecht existiert und Rechtsfragen in der Vergangenheit streitig waren.

Die Einlegung der Beschwerde ist automatisch mit einer Übertragungssperre verbunden. Allerdings ist unklar, ob diese Wirkung erst mit Zugang der Beschwerdemitteilung beim Registrar oder schon ab Zustellung der Beschwerdeschrift an den Beschwerdegegner gilt. Es bestehen zum Teil noch zeitliche Möglichkeiten, als Beschwerdegegnerin in Kenntnis der Beschwerdeeinlegung die Domain auf einen anderen zu übertragen (sog. **Cyberflight**). Fraglich ist, ob dann der neue Domaininhaber an die Beschwerdeentscheidung gebunden ist. **200**

Die Streitschlichtungsgremien entscheiden **nicht nach Maßgabe staatlichen Rechts**. Vielmehr nehmen sie – in Anlehnung an US-amerikanische Gesetzesvorgaben – nur einen eingeschränkten Bereich der Markenpiraterie wahr. Entscheidend ist hierbei Absatz 4 (a) der UDRP: **201**

(I)   „You are required to submit to a mandatory administrative proceeding in the event that a third party (a „complainant") asserts to the applicable Provider, in compliance with the Rules of Procedure, that your domain name is identical or confusingly similar to a trademark or service mark in which the complainant has rights; and

(II)   you have no rights or legitimate interests in respect of the domain name; and

(III) your domain name has been registered and is being used in bad faith."

---

501 Balidiscovery.org, D 2004 – 0299; noch strenger mtvbase.com, D 2000 – 1440, wonach eine Zulassung nur bei besonderer Anforderung der Unterlagen des Panels möglich ist.
502 WIPO Case No. D 2005/0485 – Vincotte.com.

202 Jedes dieser drei Merkmale bedarf näherer Erläuterung. Zunächst ist beim ersten Merkmal zu beachten, dass der Begriff **„trademark or service mark"** weit ausgelegt wird. Darunter fallen z. B. auch Zeichen, die nach dem US Common Law geschützt sind. Dann muss allerdings eine entsprechende Benutzung im geschäftlichen Verkehr nachgewiesen werden („secondary meaning").[503] Abzugrenzen sind die geschützten Zeichen von Kennzeichen, die lediglich auf Unternehmen verweisen oder persönliche Namen – selbst bei Berühmtheit des Namensträgers – umfassen.[504] Entscheidend kommt es nicht auf den territorialen Schutzbereich der Marke an. Selbst wenn kein Markenschutz im Land des Beschwerdegegners besteht, kann die entsprechende Marke herangezogen werden. Allerdings wird man das Fehlen des Markenschutzes im Rahmen der Bösgläubigkeit zu erörtern haben.[505] Der Zeitpunkt des Schutzerwerbs ist unerheblich. Insofern setzt sich die Marke auch durch, wenn sie „jünger" ist als der Domainname. Auch hier wird man allerdings dann bei der Frage der Bösgläubigkeit des Domaininhabers Zweifel anmelden dürfen.[506] Auch nicht registrierte Markenrechte, wie Benutzungsmarken oder Common Law Trademarks, fallen unter die UDRP. Ähnliches gilt für berühmte Personennamen, wenn diese mit einer gewerblichen Nutzung verbunden sind. Berühmtheit als solche reicht nicht aus, um die UDRP anwenden zu können.[507] Geografische Angaben fallen als solche nicht unter die UDRP.[508] Ein Schutz kommt allerdings in Betracht, wenn die geografische Angabe auch Teil einer Wort-Bild-Marke ist.[509] Einen Schutz bekommen auch Werktitel. Streitig ist, ob die Rechte auch nicht ausschließlicher Lizenznehmer unter das Schutzsystem fallen.[510] Der Inhaber der ausschließlichen Lizenz kann in jedem Fall Rechte geltend machen. Im Übrigen erlaubt die UDRP eine gewillkürte Prozessstandschaft. Ferner müssen die Eintragungen der Marken vor der Registrierung des Domainnamens durch den Beschwerdegegner erfolgt sein.[511]

203   Zu prüfen ist weiterhin die Identität oder verwechselbare Ähnlichkeit („confusing similarity") der streitigen Domain mit der Marke des Beschwerde-

---

503 NAOP LLC v. Name Administration Inc., FA0808001220825, NAF 7 October 2008.

504 Margarat C. Whitman v. Domains for Sale, D 2008 – 1534 („Merely having a 'famous name' is not sufficient to establish common law trademark or service mark rights in the name").

505 Siehe Early Learning Centre.com – D 2005 – 0692.

506 Aljazeera.com – D 2005 – 0309.

507 Juliaroberts.com – D 2000 – 0210; Charlierapier.com – D 2004 – 0221.

508 Sachsen-Anhalt.com – D 2002 – 0273; New Zealand.com – D 2002 – 0754.

509 Potsdam.com, D 2002 – 0856; Meißen.com, D 2003 – 0660.

510 Dafür Telcelbellsouth.com, D 2002 – 1027; dagegen Knicks.com, D 2000 – 1211.

511 WIPO Case No. D 2001/0074 – ode.com; WIPO Case No. D 2001/0101 – e-mortage.com; WIPO Case No. D 2002/0943 – Ezcommerce.com; WIPO Case No. D 2001/1228 – planetary society.com.

führers. Die verwechselbare Ähnlichkeit beurteilt sich dabei nur nach der Zeichenähnlichkeit; die konkrete Verwendung der Domain etwa zur Bewerbung bestimmter Waren oder Dienstleistungen wird nicht geprüft. Generische Zusätze der streitigen Domain werden berücksichtigt, schließen das Vorliegen einer verwechselbaren Ähnlichkeit aber regelmäßig nicht aus.[512] Kritische Zusätze wie „sucks" oder „fuck" können unter Umständen die verwechselbare Ähnlichkeit ausschließen, was allerdings zwischen UDRP-Schiedsrichtern durchaus streitig ist.[513]

Auf „**legitimate interests**" kann verweisen, wer eine Domain nachweislich für ein Fan-Forum[514] oder für kritische Meinungsäußerungen[515] nutzt. Die bloße Absicht einer solchen Nutzung reicht nicht aus. Dem Domaininhaber obliegt insofern die Darlegungs- und Beweislast. Der Hinweis auf die Namensgleichheit reicht nicht aus.[516] Ein eigenes Markenrecht begründet ebenfalls ein legitimes Interesse zur Benutzung der Domain.[517] Dies gilt allerdings nur dann, wenn dieses Markenrecht gutgläubig erworben worden ist.[518] Besonders streitig ist die Frage des legitimen Interesses beim Vertrieb von Markenwaren durch Vertragshändler. Hier plädiert eine überwiegende Zahl von Schiedsrichtern für eine händlerfreundliche Auslegung der Regeln. Ein Verstoß gegen die UDRP soll danach nicht vorliegen, wenn der Händler sich auf den tatsächlichen Vertrieb beschränkt, keine Konkurrenzprodukte anbietet und es nicht zu einer übermäßigen Behinderung des Markeninhabers kommt.[519] Diese Freiheit der Benutzung soll auch für unabhängige Händler gelten.[520] **204**

Am schwierigsten zu konkretisieren ist das Merkmal der Bösgläubigkeit des Beschwerdegegners („**bad faith**"). Nachzuweisen ist hier seitens des Beschwerdeführers, dass eine Domain „in bad faith" **registriert und benutzt** **205**

---

512 Faketrgheuer.com, D 2004 – 0871.

513 Für Verwechselungsgefahr: Bayersucks.org, D 2002 – 1115; Berlitzsucks.com, D 2003 – 0465; keine Verwechselungsgefahr: fucknetzcape.com, D 2001 – 0918; Asdasucks.net, D 2002 – 0857.

514 Patbenatar.com, D 2004 – 0001 gegen geert-hofstede.com, D 2003 – 0646.

515 Legal-and-general.com, D 2002 – 1019 gegen Fadesa.net, D 2001 – 0570.

516 Siehe die Entscheidung WIPO Case No. D2002–0141 in Sachen Peter Frampton www.wipo.int/amc/en/domains/decisions/html/2002/d2002–0141.html (zuletzt abgerufen: Mai 2017).

517 Geizhals.com, D 2005 – 0121.

518 So etwa nicht im Falle als Grundlage für die Domain Madonna.com, D 2000 – 0847; ähnlich Cebit.com, D 2003 – 0679.

519 Okidataparts.com, D 2001 – 0903; a. A. allerdings Talkabout.com, D 2000 – 0079.

520 Porschebuy.com, D 2004 – 0481.

wurde.[521] In Anlehnung an die deutsche „Afilias"-Rechtsprechung[522] gilt auch bei der UDRP, dass eine jüngere Marke nicht gegen eine ältere Domain geltend gemacht werden kann. In einem solchen Fall fehlt dem Domaininhaber bei der Registrierung die Bösgläubigkeit.[523] Zur Konkretisierung dieses allgemeinen Rechtsbegriffs muss Absatz 4 (b) der UDRP herangezogen werden:

> For the purposes of Paragraph 4(a)(iii), the following circumstances, in particular but without limitation, if found by the Panel to be present, shall be evidence of the registration and use of a domain name in bad faith:
> (I)   circumstances indicating that you have registered or you have acquired the domain name primarily for the purpose of selling, renting, or otherwise transferring the domain name registration to the complainant who is the owner of the trademark or service mark or to a competitor of that complainant, for valuable consideration in excess of your documented out-of-pocket costs directly related to the domain name; or
> (II) you have registered the domain name in order to prevent the owner of the trademark or service mark from reflecting the mark in a corresponding domain name, provided that you have engaged in a pattern of such conduct; or
> (III) you have registered the domain name primarily for the purpose of disrupting the business of a competitor; or
> (IV) by using the domain name, you have intentionally attempted to attract, for commercial gain, Internet users to your web site or other on-line location, by creating a likelihood of confusion with the complainant's mark as to the source, sponsorship, affiliation, or endorsement of your web site or location or of a product or service on your web site or location.

206 Diese Liste denkbarer „bad faith"-Fälle ist nicht abschließend („in particular but without limitation"). Im Laufe der Zeit hat sich gerade innerhalb der bei der WIPO tätigen Schiedsrichter eine eigene Judikatur entwickelt, die weitere Fälle von „bad faith" herausgearbeitet hat. An der Bösgläubigkeit soll es fehlen, wenn andere legitime Benutzungsmöglichkeiten denkbar sind. Dies gilt etwa bei generischen Begriffsinhalten.[524] Kritiker werfen den bei der WIPO tätigen Schiedsrichtern allerdings vor, dass zu schnell ein „bad faith" zugunsten des Beschwerdeführers bejaht werde.[525] Dies gilt vor allem seitdem die Schieds-

---

521 Das Merkmal stammt aus dem US Cybersquatting Act 1999, Pub L No. 106–133, § 3002 (a), 113 Stat. 1501, 1537, der eine entsprechende Änderung von lit. d § 43 Lanham Act vorsieht.
522 *BGH*, Urt. v. 24. 4. 2008 – I ZR 159/05, MDR 2009, 98 = MMR 2008, 815 – afilias.de.
523 Phoenix Mortgange Corp. V. Toggas D 2001 – 0101; Abnuela Company LLC v. Arisu Tech, FA0808001222449, NAF 21 October 2008.
524 Zeit.com, D 2005 – 0725.
525 Siehe www.icannwatch.org (zuletzt abgerufen: Juni 2017).

richter eine Vermutung der bösgläubigen Registrierung bei bösgläubiger Nutzung und umgekehrt zugelassen haben.[526]

Weiß der Beschwerdeführer bei Einreichung der Beschwerde, dass er keine **207** besseren Rechte gegenüber dem Beschwerdegegner geltend machen kann, dass die Beschwerde auch sonst offensichtlich unbegründet ist, kann der Beschwerdegegner gem. Absatz 15 (e) UDRP Feststellung beantragen, dass es sich bei der Beschwerde um einen Versuch des sog. **Reverse Domain Name Hijacking** handelt.[527]

V Streitschlichtung rund um die .eu-Domain

Literatur: *Bettinger*, Alternative Streitbeilegung für „.eu", WRP 2006, 548; *Jaeger-Lenz*, Die Einführung der .eu-Domains – Rechtliche Rahmenbedingungen für Registrierungen und Streitigkeiten, WRP 2005, 1234; *Nitzel*, Die ersten zweihundert ADR-Entscheidungen zu .eu-Domains – Im Spagat zwischen Recht und Gerechtigkeit, MMR 2007, 282; *Pothmann/Guhn*, Erste Analyse der Rechtsprechung zu .eu-Domains in ADR-Verfahren, K & R 2007, 69; *Remmertz*, Alternative Dispute Resolution (ADR) – An alternative for .eu-Domain Name Disputes?, CRi 2006, 161; *Schafft*, Streitigkeiten über „.eu"-Domains, GRUR 2004, 986; *Müller*: „.eu"-Domains: Widerruf aufgrund zweijähriger Nichtbenutzung ab Domainregistrierung – Zugleich eine Anmerkung zu den Entscheidungen des Tschechischen Schiedsgerichts Nr. 05208 – HAUG und Nr. 05231 – BOLTZE, GRUR Int 2009, 653; *Müller*: Das neue alternative Streitbeilegungsverfahren für „.eu"-Domains: Einführung und erste Erkenntnisse aus der Praxis, SchiedsVZ 2008, 76.

Bei Streitigkeiten im Zusammenhang mit der Internet-Domain „eu" kommt ein **208** Streitbeilegungsverfahren gem. Art. 22 VO (EG) 874/2004 in Betracht. Die Verfahrensregeln und -voraussetzungen sind in ebendieser Norm festgelegt, mit einzelnen Verweisen auf Art. 21 VO (EG) 874/2004. Im April 2005 wurde die Zuständigkeit für die Streitschlichtungsverfahren im Bereich der „.eu"-Domain an die Landwirtschaftskammer der Tschechischen Republik (Tschechisches Schiedsgericht) übertragen; seit Juni 2017 bietet nun auch die WIPO über das WIPO Arbitration and Mediation Center (WIPO Center) das .eu-Streitschlichtungsverfahren gem. der VO (EG) 874/2004 an.[528] Dabei sind Streitschlichtungen sogar via E-Mail möglich.[529]

---

526 Im Telstra-Fall führt das zum Verbot von Baustellendomains, WIPO Case No. D 2000 – 0003. Umgekehrt führt das im grundlegenden Octogen-Fall dazu, eine gutgläubige Registrierung (etwa aufgrund eines Lizenzvertrages) nachträglich zu verbieten; WIPO Case No. D 2009 – 0786.
527 Siehe WIPO Case No. D 2006 – 0875 – Trailblazer.com.
528 Siehe www.wipo.int/amc/en/new/eu.html (zuletzt abgerufen: Juni 2017).
529 Siehe https://eurid.eu/en/news/the-world-intellectual-property-organization-wipo-added-as-a-eu-and-eiu-adr-provider/ (zuletzt abgerufen: Juni 2017).

209   Art. 21 VO (EG) 874/2004 bestimmt, dass sich eine Streitschlichtung ausschließlich auf Marken- oder Namensrechte beziehen kann, gegen die die .eu-Domain verstößt. Der entsprechende Rechteinhaber muss vortragen, dass die Gegenseite kein Gegenrecht oder legitimes Interesse geltend machen kann oder die entsprechende Domain bösgläubig registriert hat oder nutzt. Das Streitschlichtungsverfahren unterscheidet sich hier fundamental von der UDRP, die das Fehlen eines Gegenrechtes kumulativ zur Bösgläubigkeit prüft und eine Bösgläubigkeit bei Registrierung *und* bei der Nutzung verlangt. Ein legitimes Interesse liegt vor, wenn die entsprechende Bezeichnung bereits vorher vom Domaininhaber genutzt worden war. Zu beachten sind insb. die Interessen von Händlern, die mit der Benutzung der Domain auf ihre Waren hinweisen wollen. Eine Bösgläubigkeit der Registrierung oder Nutzung liegt vor, wenn die entsprechenden Vorgänge unlauter sind, insb. wenn die Domain zur wettbewerbswidrigen Verunglimpfung oder Unterdrucksetzung des Markenrechtsinhabers genutzt werden soll. Neu ist auch gegenüber der UDRP, dass eine zweijährige Nichtbenutzung ebenfalls unter die bösgläubige Registrierung fällt und zum nachträglichen Widerruf der Domain führt. Der tschechische Schiedsgerichtshof kann mittlerweile auf mehr als zweihundert Entscheidungen zurückblicken.

210   In der ersten Phase der Entscheidungspraxis ging es vornehmlich um Auseinandersetzungen zwischen Markenrechtsinhabern und EURid im Hinblick auf die ordnungsgemäße Durchführung des Sunrise- und weiterer Registrierungsverfahren. Diese Streitigkeiten haben dann sehr schnell an Bedeutung verloren. Heute wird im Wesentlichen direkt zwischen Markenrechtsinhaber und Domaininhaber gestritten, insb. im Hinblick auf die Missbräuchlichkeit einer Domainregistrierung. Wichtig ist, dass die Inhaber zum Schutzrecht außerhalb der europäischen Union nicht beschwerdeberechtigt sind; sie können nur auf den staatlichen Rechtsweg verwiesen werden. Es erfolgt insofern keine volle Prüfung der Verwechslungsgefahr im markenrechtlichen Sinne, sondern nur ein Vergleich der Zeichenähnlichkeit zwischen Marke und Domain. Hierzu muss nach Art. 22 Abs. 1 VO (EG) Nr. 874/2004 vorgetragen werden, dass „eine Domainregistrierung spekulativ oder missbräuchlich i. S. v. Art. 21 der Verordnung" ist.

211   Im Einzelnen ist dazu vorzutragen, dass die Domain identisch oder verwechselbar in Bezug auf einen geschützten Namen ist. Das Verfahren setzt voraus, dass ein Recht i. S. v. Art. 10 VO (EG) Nr. 874/2004 nach nationalem oder Gemeinschaftsrecht an einem Namen anerkannt ist und der Domainname mit diesem identisch oder verwechselbar (ähnlich) ist. Die TLD „.eu" wird dabei ebenso wenig berücksichtigt[530] wie Sonderzeichen.[531] Das Verfahren unter-

---

530 Siehe C-283 – Lastminute; C-1959 – LOT; C-453 (Web); C-227 (Kunst); C-1693 – Gastrojobs; C-2035 – Waremahr.
531 Siehe dazu C-453 – Web; C-2733 – Hotel-Adlon.

scheidet sich also insofern auch von der UDRP, als dass nicht nur eine Marke Gegenstand des Verfahrens sein kann. Vielmehr reicht jeder nach nationalem Recht geschützte Name als Schutzgegenstand aus. Eine Domain als solche gibt aber noch kein Namensrecht – allenfalls über die jeweiligen Grundregeln für nicht eingetragene Marken. Probleme gibt es auch bei den Namen von Städten, da einzelne EU-Mitgliedstaaten diese Städtenamen nicht schützen. Dies gilt z. B. in Schweden und Finnland. Hier haben dann einzelne Schiedsrichter, als die Städte Stockholm und Helsinki die Verwendung ihres Städtenamens in einer .eu-Domain gerügt haben, unterschiedlich entschieden. In Bezug auf Stockholm war man der Auffassung, dass eine Beschwerde keine Aussicht auf Erfolg hat, wenn nach schwedischem Recht kein Rechtsschutz für Städtenamen bestehe. Anders entschied der Schiedsrichter in Sachen Helsinki, wo aus der Regelung für Sunrise-Bevorrechtigte die Konsequenz gezogen wird, dass man Städtenamen losgelöst von nationalem Recht einen Schutz nicht verwehren dürfe. Einig sind sich die Schiedsrichter, dass die TLD „.eu" nicht bei der Betrachtung der Ähnlichkeit von Domain und Namen einbezogen werden muss. Auch die manchmal verwendeten Sonderzeichen fließen in die Betrachtung der Verwechslungsgefahr nicht ein. Als schwierig erwies es sich, dass nicht klar ist, ob das geltend gemachte Recht von jedermann zu einer Beschwerde genutzt werden kann. Der Wortlaut der Grundregeln lässt es eigentlich zu, dass eine Popularklage mit Berufung auch auf Kennzeichenrechte eines Dritten erfolgen kann.[532] Andere Schiedsrichter verwiesen zu Recht darauf, dass eine Popularklage mit dem Sinn und Zweck des Verfahrens, insb. im Hinblick auf eine Übertragung der Domain, nicht zu rechtfertigen sei. Falsch gelöst wurde der Fall der Gleichnamigkeit in der Entscheidung „wuestenrot".[533] Hier hatte die Gemeinde Wüstenrot als erste den Domainnamen erhalten und wurde von der großen Bausparkasse Wüstenrot verklagt. Der Schiedsrichter war der Auffassung, dass hier die Gemeinde der viel bekannteren Beschwerdeführerin weichen müsse. Dabei verkennt er, dass die Gemeinde selbst auf ein eigenes Namensrecht verweisen kann und die in Deutschland bekannte Shell-Rechtsprechung zum Vorrang bekannter Namen wohl nicht auf den Konflikt mit einer Gemeinde übertragen werden kann.[534]

Anders als die UDRP schützt die ADR.eu den Kennzeichenrechtsinhaber in **212** zwei alternativen Fällen. Er kann zum einen vortragen, dass der Domaininhaber kein Recht oder legitime Interessen an der Domain habe. Er kann zum anderen alternativ darauf verweisen, dass die Domainregistrierung bösgläubig

---

532 So auch die Auslegung in dem Fall C- 0717 – ARZT.
533 Fall C-00120 – wuestenrot.de.
534 Siehe dazu auch *Mietzel*, MMR 2006 Heft 9, Seite XIII.

erfolgt sei. Im Rahmen der UDRP müssen beide Aspekte kumulativ vorliegen. Bei der Frage des bestehenden Rechtes oder Schutzinteresses stritten die Schiedsrichter darüber, ob bereits die Eintragung einer Benelux-Marke ausreiche, um ein eigenes Schutzrecht zu bejahen. Dies wurde in einigen Fällen angenommen, insb. in der berühmten „Last-Minute"-Entscheidung.[535] Andere Schiedsrichter verwiesen darauf, dass die entsprechende Marke dann auch im Webauftritt genutzt werden müsse; im Falle einer Nichtbenutzung der Domain scheide die Annahme eines berechtigten Interesses aus.[536] Als Benutzung soll der bloße Verweis auf eine Web-Baustelle („under construction") nicht ausreichen.[537] Vielmehr soll es erforderlich sein, unter der Domain Grafiken und Texte integriert zu haben.[538] Die Beweislast für das Fehlen eines Rechts oder legitimer Interessen trägt – entgegen dem Wortlaut der Grundregeln – der Beschwerdeführer. Angesichts dessen, dass es sich um negative Tatsachen handelt, soll er jedoch nur eine Prüfung der denkbaren Schutzinteressen der Gegenseite in Bezug auf offensichtliche Umstände haben.

213   Im Fall **lastminute.eu** hatte der Domaininhaber eine deutsche nationale Marke für Lacke für gewerbliche Zwecke eintragen lassen und auf dieser Grundlage die entsprechende Domain bekommen. Er hatte sich auf diese Weise zusätzlich Zugriff auf 55 weitere aus generischen Zeichen bestehende EU-Namen besorgt. Aus der Sicht des Schiedsgerichts[539] und später auch des *OLG Düsseldorf*[540] konnte man nicht nachweisen, dass hier eine bösgläubige Markenanmeldung beabsichtigt war. Allein die Markenanmeldung mit dem Ziel der Registrierung des Domainnamens reiche noch nicht für die Annahme von Bösgläubigkeit. Eine Behinderungsabsicht könne nicht nachgewiesen werden. Es könne auch nicht als rechtswidrig angesehen werden, wenn jemand einen Gattungsbegriff auf diese Weise als Domainnamen registrieren lasse. Nach den in Art. 21 Abs. 3 VO (EG) Nr. 874/2004 aufgeführten Beispielsfällen liegt ein böser Glaube insb. vor, wenn

a) aus den Umständen ersichtlich wird, dass der Domainname hauptsächlich registriert wurde, um diesen an den Rechteinhaber zu verkaufen, zu vermieten oder anderweitig zu übertragen,

b) der Domainname registriert wurde, um zu verhindern, dass der Inhaber eines Rechts an dem Namen diesen verwenden kann, oder

---

535 Siehe dazu auch C-01196 – Memorx sowie C-0910 – Reifen.
536 C-01959 – LOT.
537 C-0910 – Reifen.
538 C-0052 – JAGA.
539 Ähnlich Reifen.eu C-910 und Memorx.eu für eine Beneluxmarke.
540 *OLG Düsseldorf*, Urt. v. 11. 9. 2007 – I-20 U 21/07, K & R 2008, 51 = MMR 2008, 107.

c) der Domainname hauptsächlich registriert wurde, um die berufliche oder geschäftliche Tätigkeit eines Wettbewerbers zu stören, sowie wenn

d) der Domainname absichtlich benutzt wird, um Internetnutzer aus Gewinnstreben auf eine Webseite zu locken, oder

e) der Domainname der Name einer Person ist und keine Verbindung zwischen dem Domaininhaber und dem registrierten Domainnamen nachgewiesen werden kann.

Es reiche aus, dass der Domainname registriert worden sei, um ihn an irgendeinen Rechteinhaber zu übertragen.[541] Als Zeichen für die Behinderungsabsicht wurde es angesehen, wenn ein Domaininhaber mehrere Domainnamen mit klarem Bezug zu Marken Dritter aufweist und die entsprechende streitgegenständliche Marke hinter der Domain gar nicht benutzt wird.[542] 214

Bei der Frage der Bösgläubigkeit wird ebenfalls darum gestritten, ob der Erwerb einer Benelux-Marke ohne entsprechende Nutzung als bösgläubig angesehen werden kann.[543] Anders als bei der UDRP führt im Rahmen der ADR.eu jede Verkaufs-, Vermietungs- oder Übertragungsabsicht gegen Entgelt eines Dritten zur Vermutung der Bösgläubigkeit. Es ist nicht mehr entscheidend, ob der Domaininhaber einen entsprechenden Verkauf an den Markenrechtsinhaber selbst plant. Nach einem Zeitraum von zwei Jahren der Nichtbenutzung besteht eine unwiderlegbare Vermutung für die Bösgläubigkeit. Nutzt jemand eine Domain trotz bestehenden eigenen Rechts oder berechtigten Interesses über diesen langen Zeitraum nicht, soll der Markenrechtsinhaber die Chance haben, die Domainübertragung wegen Bösgläubigkeit zu beantragen. Schwierig zu behandeln ist der ebenfalls in den Grundregeln genannte Fall, dass der Domaininhaber vor Beginn des Streitschlichtungsverfahrens eine Benutzungsabsicht bekannt gibt und trotzdem die Benutzung nicht binnen sechs Monaten vornimmt. Eine solche fehlende Benutzung kann in laufenden ADR-Verfahren kaum geltend gemacht werden. Man wird hier das ADR-Verfahren aussetzen müssen, um dann nach Ablauf der sechs Monate wieder neu in die Prüfung einzusteigen. Gibt der Beschwerdegegner etwa bei einer Verhandlung vor dem *Handelsgericht Wien* zu, dass er Rechtsverletzer sei, kann dies auch im Streitschlichtungsverfahren gewürdigt werden.[544] Bei Gleichnamigkeit zählt der Grundsatz „Wer zuerst kommt, mahlt zuerst".[545] Als berechtigtes Interesse 215

---

541 KSB-C1584.
542 LOT-C1959; Reifen ist auch verffentlicht in GRUR Int. 2006, 947 (Tschechisches Schiedsgericht, Entscheidung v. 24. 7. 2004 – Fall Nr. 00910).
543 Dagegen 00283 – Lastminute.
544 NGRAM.
545 Alpha.

angesehen wurden z. B. die Gründung von Beschwerdeforen oder eines tatsächlich existierenden Fanclubs für einen Fußballverein.[546] Der Kennzeichenrechtsinhaber muss sein eigenes Recht klar nachweisen und wird bei diffusem Vortrag zu Recht abgewiesen.[547] Der 92. Verwaltungsbezirk in Frankreich hat keine eigenen Rechte an der Bezeichnung „92.eu", die sich ein pfiffiger estnischer Dichter mit Verweis auf den Titelschutz für ein sehr eigenartiges, in Estland veröffentlichtes Gedicht hat sichern lassen.

216   Der *EuGH* stellte mit der Entscheidung in der Sache **„reifen.eu"** klar, dass die Auflistung der Bösgläubigkeitsfälle in Art. 21 Abs. 3 VO (EG) Nr. 874/2004 nicht abschließend ist.[548] So habe die Beurteilung durch das nationale Gericht vielmehr aufgrund einer umfassenden Würdigung der Umstände zu erfolgen. Dabei ist nach Auffassung des Gerichts insb. zu berücksichtigen, ob der Markeninhaber beabsichtige, die Marke auf dem Markt, für den Schutz beantragt wurde, zu benutzen und ob die Marke derart gestaltet wurde, dass eine Gattungsbezeichnung kaschiert wurde. Bösgläubigkeit könne darüber hinaus durch die Registrierung einer Vielzahl vergleichbarer Marken sowie ihrer Eintragung kurz vor Beginn der ersten Phase für die Registrierung von EU-Domains indiziert werden.[549] Die Registrierung und der Betrieb der TLD „.eu" wird insgesamt als zufriedenstellend eingestuft, wie die Europäische Kommission im Rahmen einer Evaluation festgestellt hat.[550] Allerdings ist hier nicht alles Gold, was glänzt. Die Sunrise-Registrierungen waren sehr stark dadurch belastet, dass Provider aus Zypern und Lettland das Verfahren zu ihren Gunsten missbraucht haben. Insbesondere wurde versucht, durch die Eintragung von Scheinmarken im Schnellverfahren an eine bevorrechtigte Position für die Eintragung von Domains zu kommen. Auch fiel auf, dass bei dem Wettlauf um die schnelle Registrierung die genannten zypriotischen und lettischen Provider fast immer den Sieg errungen haben. Dabei kam diesen exotischen Providern zu Gute, dass nach Art. 22 Abs. 4 VO (EG) Nr. 874/2004 das alternative Streitbeilegungsverfahren in der Sprache des Registrierungsvertrags durchzuführen war; insofern führten Beschwerden gegen die genannte Praxis immer zu Verfahren in zypriotischer oder lettischer Verfahrenssprache.[551]

217   Neben dieser Form der Streitschlichtung besteht immer noch die Möglichkeit, staatliche Gerichte anzurufen, da die Streitschlichtung als solche nicht zu

---

546 Panathinaikos FC.
547 LABRADA.
548 *EuGH*, Urt. v. 3. 6. 2010 – C-569/08, CR 2010, 615 (Ls.) = MMR 2010, 538 – reifen.eu.
549 *EuGH*, Urt. v. 3. 6. 2010 – C-569/08, CR 2010, 615 (Ls.) = MMR 2010, 538 – reifen.eu.
550 Mitteilung der Kommission an das Europäische Parlament und an den Rat. Bericht über die Implementierung, Betrieb und Effektivität der „.eu" TLD vom 6. 7. 2007 – KON (2007) 385.
551 Für eine graphische Verfahrensdarstellung siehe auch *Bettinger*, WRP 2006, 548 (554).

einer Rechtshängigkeit des Verfahrens führt. Insbesondere können die Parteien auch nach Erlass der Streitsschlichtungsentscheidung an einem Gericht der staatlichen Gerichtsbarkeit ein Verfahren einleiten; erfolgt die Einleitung dieses Verfahrens innerhalb einer Frist von 30 Kalendertagen, wird die Bindungswirkung der Streitschlichtungsentscheidung beseitigt (Art. 22 Abs. 13 VO (EG) Nr. 874/2004). Erstaunlich ist, dass die materiellen Bestimmungen des Art. 21 VO (EG) Nr. 874/2004 auch von den staatlichen Gerichten anzuwenden sein sollen.[552] Art. 21 VO (EG) Nr. 874/2004 soll auf diese Weise ein eigenständiges EU-Domainrecht etablieren. Allerdings stellt sich hier die Frage, auf welcher europarechtlichen Grundlage dies geschieht. Die genannte Verordnung ist keine Verordnung im europarechtlichen Sinne, da sie nur von der Europäischen Kommission verabschiedet worden ist. Es fehlt für eine Verordnung im materiellen rechtlichen Sinne die Einhaltung des Verfahrens unter Einbindung des Europäischen Parlamentes. Daneben bleibt noch der normale Gerichtsweg mit der klassischen kennzeichenrechtlichen Prüfung je nach Recht des Mitgliedstaates (Art. 21 Abs. 4 VO (EG) Nr. 874/2004).[553] Auch an die Streitschlichtung selbst kann sich ein Gerichtsverfahren anschließen (Art. 22 VO (EG) Nr. 874/2004). Bei formalen Verstößen gegen die Registrierungsbedingungen, etwa bei der Angabe falscher Adressen, kommt ein Widerruf von Amts wegen in Betracht (Art. 20 VO (EG) Nr. 874/2004). Schließlich bleibt auch die Möglichkeit, je nach Landesrecht, bei unsittlichen Registrierungen einen Widerruf vorzunehmen (Art. 18 VO (EG) Nr. 874/2004).

Das *OLG Düsseldorf* hat mit Urteil vom 11. September 2007 in der Sache **218** „**last-minute.eu**"[554] die Verordnungen der EU zur „.eu"-Domain als unmittelbar geltendes Recht angewendet. Ferner hat das *OLG* bekräftigt, dass die Entscheidung eines Schiedsgerichts der Tschechischen Landwirtschaftskammer zur „.eu"-Domain nichts an der Zuständigkeit staatlicher Gerichte für kennzeichenrechtliche Streitigkeiten um „.eu"-Domains ändere. Der Begriff „last-minute" sei in der Touristikbranche rein beschreibend und daher nicht schutzfähig. Dementsprechend sei die Nutzung der Domain „last-minute.eu" mit Berufung auf eine Marke für Bekleidungsprodukte nicht missbräuchlich i. S. der EU-Verordnungen zu „.eu"-Domains.

In Sachen „**original-nordmann.eu**" hat das *OLG Hamburg* mit Urteil vom **219** 12. April 2007[555] entschieden, dass eine .eu-Domain frei wählbar sei und von

---

552 Siehe dazu auch *Schafft*, GRUR 2004, 986, 989; *Jäger-Lenz*, WRP 2005, 1234.
553 Dazu z. B. *OLG Hamburg*, Urt. v. 24. 4. 2007 – 3 U 50/07, CR 2009, 512 mit Verweis darauf, dass auch eine Kennung mit .eu-Domain gegen das deutsche Markenrecht verstoßen kann.
554 *OLG Düsseldorf*, Urt. v. 11. 9. 2007 – I-20 U 21/07, MMR 2008, 107.
555 *OLG Hamburg*, Urt. v. 12. 4. 2007 – 3 U 212/06, K & R 2007, 414.

einem Nichtmarkeninhaber registriert werden könne, auch wenn für eine beschreibende Domain mit dem Top-Level „.eu" in einem Mitgliedstaat der EU eine identische Marke eingetragen ist. Hintergrund für diese Wertung ist das Territorialitätsprinzip, wonach eine nationale Wortmarke nur im Anmeldeland ihre Wirkung entfalte. Im konkreten Fall stand die Domain „original-nordmann.eu" in Streit, die ein deutscher Staatsangehöriger angemeldet hatte, der sich erfolgreich gegen einen britischen Bürger zur Wehr setzte, für den in Britannien die Wortmarke „Original Nordmann" eingetragen ist.

220   Da für den Bereich der TLD „.eu" im Falle von Rechtsstreitigkeiten **kein Dispute-Eintrag,** vergleichbar dem bei der DENIC, zur Verfügung steht, müsse einem Antragsteller im Streit um eine Domain zumindest ein Verfügungsverbot zugesprochen werden, wenn er glaubhaft machen kann, dass er über entsprechende Rechte an der Internetadresse verfügt und sich der derzeitige Domaininhaber auf keine Anspruchsgrundlagen berufen kann. Dies hat das *KG*[556] entschieden. Damit gab das *KG* dem Antrag auf Erlass einer einstweiligen Verfügung statt und verpflichtete den Domaininhaber, es zu unterlassen, über die in Streit stehende „.eu"-Domain entgeltlich oder unentgeltlich zu verfügen, es sei denn, es erfolge eine Übertragung auf den Antragsteller oder ein gänzlicher Verzicht.

221   Im Übrigen hat das *LG München*[557] darauf hingewiesen, dass die „.eu"-Festlegungsverordnung **kein Schutzgesetz** i. S. v. § 823 Abs. 2 BGB sei. Zum Verhältnis von staatlicher Gerichtsbarkeit zu den ADR-Verfahren betont das *OLG Stuttgart*[558], dass sich die gerichtliche Überprüfung nicht auf eine Kontrolle der Schiedsentscheidung beschränke. Durch eine Klage entfalle der Wirkungsbereich jener alternativen Streitbeilegung. Die Entscheidung der Schiedskommission im „ADR"-Verfahren auf Domainübertragung sei verbindlich, wenn nicht fristgemäß Klage vor Gericht eingereicht wurde.[559] Sofern fristgemäß Klage erhoben wurde, beschränke sich die gerichtliche Entscheidungskompetenz nicht auf eine bloße Kontrolle jener Entscheidung. Vielmehr entfällt dann jede Relevanz des Schiedsspruchs.[560] Es greife danach das sonst gesetzlich dafür vorgesehene Regelungsinstrumentarium mit seinem entsprechenden Anspruchssystem.

---

556 *KG*, Beschl. v. 10. 8. 2007 – 5 W 230/07, MMR 2008, 53 = CR 2007, 735.
557 *LG München I*, Urt. v. 10. 5. 2007 – 17 HKO 19416/06.
558 *OLG Stuttgart*, Urt. v. 28. 5. 2014 – 2 U 147/13, MMR 2015, 122.
559 *OLG Stuttgart*, Urt. v. 28. 5. 2014 – 2 U 147/13, MMR 2015, 122, 123.
560 *OLG Stuttgart*, Urt. v. 28. 5. 2014 – 2 U 147/13, MMR 2015, 122, 12.

Drittes Kapitel: Das Urheberrecht

Literatur: *Dreier/Leistner*, Urheberrecht im Internet: die Forschungsherausforderungen, GRUR 2013, 88; *Flechsig*, Urheberrecht in der Wissensgesellschaft, ZRP 2004, 249; *Gesmann-Nuissl*, Wunsche: Neue Ansätze zur Bekämpfung der Internetpiraterie – ein Blick über die Grenzen, GRUR Int. 2012, 225; *Klickermann*, Urheberschutz bei zentralen Datenspeichern, MMR 2007, 7; *Ott*, Die Google Buchsuche – Eine massive Urheberrechtsverletzung?, GRUR Int. 2007, 562; *Paal/Hennemann*, Schutz von Urheberrechten im Internet – ACTA, Warnhinweismodell und Europarecht, MMR 2012, 288; *Schack*, Rechtsprobleme der Online-Übermittlung, GRUR 2007, 639; *Seichter*, Die Verfolgung von Verletzungen geistiger Eigentumsrechte durch Verbraucher im Internet, VuR 2007, 291; *Solmecke*, Rechtliche Beurteilung der Nutzung von Musiktauschbörsen, K & R 2007, 138.

I Vorüberlegungen

Literatur: *Ahlberg/Götting*, Beck'scher Online-Kommentar Urheberrecht, 16. Edition, Stand: 01. 04. 2017, Verlag C. H. Beck, München; *Bauer/v. Einem*, Handy-TV – Lizenzierung von Urheberrechten unter Berücksichtigung des „2. Korbs", MMR 2007, 698; *Berger*, Die öffentliche Wiedergabe von urheberrechtlichen Werken an elektronischen Leseplätzen in Bibliotheken, Museen und Archiven – Urheberrechtliche, verfassungsrechtliche und europarechtliche Aspekte des geplanten § 52b UrhG, GRUR 2007, 754; *Dreier/Schulze*, Urheberrechtsgesetz, 5. Auflage 2015, Verlag C. H. Beck, München; *Evers*, Nutzung verwaister Werke, ZUM 2013, 454 (vor allem im Bezug auf Filme); *Grützmacher*, Urheberrecht im Wandel – der Zweite Korb, die Enforcement-RL und deren Umsetzung – Ein Überblick, ITRB 2007, 276; *Hanewinkel*, Urheber versus Verleger – Zur Problematik des § 63a S. 2 UrhG und dessen geplanter Änderung im Zweiten Korb, GRUR 2007, 373; *Hoeren*, Der Zweite Korb – Eine Übersicht zu den geplanten Änderungen im Urheberrechtsgesetz, MMR 2007, 615; *Hucko*, Die unbekannten Nutzungsarten und die Öffnung der Archive nach dem „Zweiten Korb", MR-Int. 2007, 141; *Klett*, Das zweite Gesetz zur Regelung des Urheberrechts in der Informationsgesellschaft (zweiter Korb), K & R 2008, 1; *Langhoff/Oberndörfer/Jani*, Der Zweite Korb der Urheberrechtsreform, ZUM 2007, 593; *Meinke*, Der 2. Korb der Urheberrechtsreform, ZAP Fach 16, 341; *Müller*, Festlegung und Inkasso von Vergütungen für die private Vervielfältigung auf der Grundlage des Zweiten Korbs, ZUM 2007, 777; *Nägele/Nitsche*, Gesetzesentwurf der Bundesregierung zur Verbesserung der Durchsetzung von Rechten des Geistigen Eigentums, WRP 2007, 1047; *Peifer*, Das Urheberrecht und die Wissenschaft, UFITA 2007/II, 327; *Peifer*, Die gesetzliche Regelung über verwaiste und vergriffene Werke, NJW 2014, 6; *Rauer/Kaase*, Reda-Bericht: Ansätze für eine Reform des europäischen Urheberrechts GRUR-Prax 2015, 364; *Scheja/Mantz*, Nach der Reform ist vor der Reform – Der Zweite Korb der Urheberrechtsreform, CR 2007, 715; *Spindler*, Reform des Urheberrechts im „Zweiten Korb", NJW 2008, 9; *Spindler/Weber*, Die Umsetzung der Enforcement-RL nach dem Regierungsentwurf für ein Gesetz zur Verbesserung der Durchsetzung von Rechten des geistigen Eigentums, ZUM 2007, 257; *Sprang/Ackermann*, Der zweite Korb aus Sicht der (Wissenschafts)Verlage, K & R 2008, 7; *Wandtke/Bullinger*, Praxiskommentar zum Urheberrecht, 4. Auflage 2014, Verlag C. H. Beck, München.

https://doi.org/10.1515/9783110556346-003

222 Ein Anbieter im E-Commerce muss sich zunächst durch den **Dschungel des Immaterialgüterrechts** wühlen, bevor er mit einem Projekt beginnen kann. Dabei ist vor allem die Abgrenzung von Urheber- und Patentrecht wichtig. Das Urheberrecht schützt künstlerische oder wissenschaftlich-technische Leistungen, die eine gewisse Originalität und Kreativität aufweisen. Der Schutz besteht unabhängig von einer Registrierung, eines Copyright-Vermerks oder anderen Formalitäten. Er beginnt mit der Schöpfung des Werkes und endet 70 Jahre nach dem Tod des Urhebers (post mortem auctoris; § 64 UrhG). Neben dem Urheberrecht steht das Patentrecht, das den Schutz innovativer Erfindungen regelt. Für den patentrechtlichen Schutz ist die Anmeldung und Registrierung beim DPMA oder EPMA erforderlich. Der Schutz besteht nur für 20 Jahre ab dem Zeitpunkt der Anmeldung (§ 16 PatG); danach ist die Erfindung zur Benutzung frei. Neben dem Urheber- und Patentrecht bestehen noch weitere Schutzsysteme, die aber hier lediglich am Rande erwähnt werden können. Dazu zählen:

– das Designrecht (früher Geschmacks- und Gebrauchsmusterrecht),
– der ergänzende Leistungsschutz über § 3 UWG,
– der Geheimnisschutz (§ 17 UWG),
– der deliktsrechtliche Schutz über § 823 Abs. 1 BGB und
– die Möglichkeit einer Eingriffskondiktion (§ 812 Abs. 1 Satz 1, 2. Var. BGB).

223 Geregelt ist das Urheberrecht im **Urheberrechtsgesetz aus dem Jahre 1965**, einem Regelwerk, das schon aufgrund seines Alters nicht auf das Internet bezogen sein kann. Ein zunächst geplanter „Dritter Korb" zur Anpassung des Urheberrechts an die digitale Nutzung von Werken hat sich in einzelnen Regelungen erschöpft. Internetrechtlich relevant sind vor allem die Neuregelungen zum **Open Access** in § 38 Abs. 4 UrhG[1] sowie die Neuregelung zur Nutzung verwaister Werke nach den §§ 62 ff. UrhG.[2] Weitere bedeutende Änderungen des Urheberrechts, insb. im Bereich der Rechtsdurchsetzung, zog die Umsetzung der sog. Enforcement-Richtlinie[3] zum 1. September 2008[4] nach sich.

224 EU-Kommissar *Oettinger* hat Anfang Dezember 2015 seine weiteren Pläne für das Urheberrecht in der EU vorgestellt. Neben der Mitteilung, einem dazugehörigen Staff Working Paper und zwei Factsheets liegt für die Frage der Portabilität bereits ein kompletter Verordnungsentwurf vor. Dieser setzt im We-

---

1 Siehe hierzu A.V. 2.
2 Siehe hierzu A.VII. 1.
3 Richtlinie 2004/48/EG des Europäischen Parlaments und des Rates vom 29.4.2004 zur Durchsetzung der Rechte des geistigen Eigentums, ABl. L 157 v. 30.4.2004.
4 BGBl. I 2008, S. 1191.

sentlichen an dem Vertragsrecht an und stellt für den Rechteerwerb wie schon die SatKab-RL auf den Herkunftsort ab.[5] Im September 2016 konkretisierte EU-Kommissar *Oettinger* seine Pläne für die Modernisierung des Urheberrechts für Europa.[6] Schwerpunkte sind das Urheberecht im Internet und die Verbesserung der Internet-Infrastruktur. Weiterhin setzt sich der EU-Kommissar trotz vorheriger Kritik für ein europäisches Leistungsschutzrecht ein. Die Abstimmung über den Entwurf im Europäischen Parlament steht noch aus.

II Kollisionsrechtliche Fragen

Literatur: *Geller*, Internationales Immaterialgüterrecht, Kollisionsrecht und gerichtliche Sanktionen im Internet, GRUR Int. 2000, 659; *Halfmeier*, Vom Cassislikör zur E-Commerce-Richtlinie: Auf dem Weg zu einem europäischen Mediendeliktsrecht, ZeuP 2001, 837; *Junker*, Anwendbares Recht und internationale Zuständigkeit bei Urheberrechtsverletzungen im Internet, Kassel 2002; *Petry*, Schutzland oder Ursprungsland – Wer bestimmt den Urheber nach der Revidierten Berner Übereinkunft?, GRUR 2014, 536; *Sack*, Das internationale Wettbewerbs- und Immaterialgüterrecht nach der EGBGB-Novelle, WRP 2000, 269; *Sack*, Das internationale Wettbewerbsrecht nach der E-Commerce-Richtlinie (ECRL) und dem EGG-/TDG-Entwurf, WRP 2001, 1408; *Schack*, Internationale Urheber-, Marken- und Wettbewerbsrechtsverletzungen im Internet. Internationales Privatrecht, MMR 2000, 59; *Schack*, Copyright licensing in the internet age. Choice of law and forum, Corporations, capital market and business in the law, 2000, 489; *Stieper*, Grenzüberschreitender Zugang zu digitalen Inhalten – oder Reform des europäischen Urheberrechts?, GRUR 2015, 1145; *Thum*, Internationalprivatrechtliche Aspekte der Verwertung urheberrechtlich geschützter Werke im Internet, GRUR Int. 2001, 9; *Wilske*, Conflict of Laws in Cyber Torts, CRi 2001, 68.

Die Informationsindustrie ist ein international ausgerichteter Wirtschaftssek- **225** tor. Informationen sind ihrer Natur nach ubiquitär, d. h. überall verbreitet. Sie können ohne hohen Kostenaufwand reproduziert und – z. B. über internationale Datennetze – in wenigen Sekunden transferiert werden. Gerade die Satellitenübertragung oder das Internet zeigen, dass nationale Grenzen hierfür keine besondere Bedeutung mehr haben. Daher stellt sich vorab die Frage, ob und wann das deutsche Urheberrecht bei Informationsprodukten zur Anwendung kommt.

---

5 Verordnungsvorschlag des Europäischen Parlaments und des Rates zur Gewährleistung der grenzüberschreitenden Portabilität von Online-Inhaltediensten im Binnenmarkt vom 9. 12. 2015, 2015/0284 (COD) (abrufbar unter: http://europa.eu/rapid/press-release_IP-15–6261_de.htm; zuletzt abgerufen: August 2017).
6 Vorschlag für eine Richtlinie über das Urheberrecht im digitalen Binnenmarkt vom 14. 9. 2016 (abrufbar unter: http://eur-lex.europa.eu/legal-content/DE/TXT/HTML/?uri=CELEX: 52016PC0593&from=EN; zuletzt abgerufen: August 2017).

226   Für schuldrechtliche Verpflichtungen zur Übertragung von Urheberrechten kann das anwendbare Recht vertraglich durch eine ausdrückliche oder konkludente **Rechtswahl gem. Art. 3 Rom I-VO** geregelt werden.[7] Die Parteien vereinbaren die Anwendung einer bestimmten Urheberrechtsordnung auf ihre Rechtsbeziehungen. Somit unterliegt ein Vertrag vorrangig dem von den Parteien gewählten Recht. Treffen die Parteien demnach eine Vereinbarung darüber, welches Recht Anwendung finden soll, ist diese immer vorrangig zu beachten. Insbesondere die Vereinbarung eines Gerichtsstandes soll ein (widerlegbares) Indiz für die Wahl des am Gerichtort geltenden materiellen Rechts sein.[8]

227   Zwingende Vorschriften haben jedoch auch regelmäßig Auswirkungen auf Urheberrechtsverträge. Grundsätzlich sind die Bestimmungen des UrhG nicht international zwingend, da sie privatschützender Rechtsnatur sind.[9] Umstritten ist allerdings die Einordnung des § 32b UrhG, welcher die zwingende Anwendung des § 32 UrhG (angemessene Vergütung) sowie des § 32a UrhG (weitere Beteiligung des Urhebers) für bestimmte Fälle vorschreibt.[10]

228   Der rechtliche Anknüpfungspunkt für die Rechtswahl bei Urheberrechtsverträgen ist umstritten.[11] Erhält der Rechteinhaber von dem Verwerter lediglich ein Entgelt für die Übertragung der Nutzungsrechte, gelangt man über Art. 4 Abs. 2 Rom I-VO zur Anwendung der Rechtsordnung des Staates des Rechteinhabers.[12] Soweit den Verwerter selbstständige Ausübungs- oder Verwertungspflichten treffen, findet das Recht des Staates, in welchem dieser seinen Sitz hat, Anwendung.[13] Für die Bestimmung der Rechtswahl bestimmter Urheberrechtsverträge (z. B. Verlagsverträge, Filmverträge) bestehen besondere Regelungen, auf die hier nicht näher eingegangen werden soll.[14] Darüber hinaus ist zu beachten, dass das gewählte Recht allein für die vertraglichen Rechtsbeziehungen entscheidend ist. So werden die oftmals auftretenden deliktischen Rechtsfragen nicht dem gewählten Vertragsstatut unterstellt, sondern nach dem Deliktsstatut beurteilt. Für außervertragliche Schuldverhältnisse aus einer Verletzung von Rechten des geistigen Eigentums ist insofern

---

7 MüKoBGB/*Martiny*, 6. Aufl. 2015, Art. 4 Rom I-VO Rz. 247.
8 *BGH*, Urt. v. 5. 5. 1988 – VII ZR 119/87, BGHZ 104, 268 = NJW 1988, 1964; *BGH*, Urt. v. 8. 11. 1989 – VIII ZR 1/89, MDR 1990, 536 = CR 1990, 333 = NJW-RR 1990, 182; *BGH*, Urt. v. 21. 1. 1991 – II ZR 50/90, NJW 1991, 1418 = WPM 1991, 862; *BGH*, Urt. v. 13. 6. 1996 – IX ZR 172/95, MDR 1997, 27 = NJW 1996, 2569.
9 MüKoBGB/*Martiny*, 7. Aufl. 2016, Art. 4 Rom I-VO Rz. 248.
10 MüKoBGB/*Martiny*, 7. Aufl. 2016, Art. 4 Rom I-VO Rz. 249 ff. m. w. N.
11 MüKoBGB/*Martiny*, 7. Aufl. 2016, Art. 4 Rom I-VO Rz. 262.
12 MüKoBGB/*Martiny*, 7. Aufl. 2016, Art. 4 Rom I-VO Rz. 262.
13 MüKoBGB/*Martiny*, 7. Aufl. 2016, Art. 4 Rom I-VO Rz. 262.
14 Gute Übersicht in MüKoBGB/*Martiny* Art. 4 Rom I-VO Rz. 525 ff.

Art. 8 Rom II-VO maßgebend. Dabei sieht Art. 8 Rom II-VO eine von der Grundanknüpfung des Art. 4 Rom II-VO (**Erfolgsortprinzip**) abweichende Anknüp-
fungsregel vor: Bei einer **Verletzung von Rechten des geistigen Eigentums**,
wozu u. a. die Urheberrechte, verwandte Schutzrechte, das Recht sui-generis
für Datenbanken sowie gewerbliche Schutzrechte gehören,[15] kommt gem.
Art. 8 Abs. 1 Rom II-VO das sog. **Territorialitätsprinzip bzw. Schutzlandprin-**
zip (*lex loci protectionis*)[16] zum Tragen. Demnach ist das „Recht des Staates
anzuwenden, für den der Schutz beansprucht wird".[17]

Eine **Ausnahme** gilt gem. Art. 8 Abs. 2 Rom II-VO **für gemeinschaftsweit** 229
einheitliche Schutzrechte: Dort ist „das Recht des Staates anzuwenden, in
dem die Verletzung begangen wurde", es kommt folglich auf den **Handlungs-**
ort an. Zu solchen Schutzrechten zählen zurzeit die Unionsmarke (Art. 1 Abs. 2
UMV), das Gemeinschaftsgeschmacksmuster (Art. 1 Abs. 3 GGV), der gemeinschaftliche Sortenschutz (Art. 2 GSortenV) sowie der gemeinschaftsweite
Schutz geographischer Herkunftsangaben (Erwägungsgrund Nr. 11 VO (EG)
2006/510).[18] In diesem Sinne sind auch staatsvertragliche Sonderregelungen
zu beachten.[19]

Gem. Art. 8 Abs. 3 Rom II-VO ist zudem eine Rechtswahl – unabhängig 230
von deren Zeitpunkt – im Gegensatz zu den schuldrechtlichen Verpflichtungen
ausgeschlossen.[20] Das Statut kann weder zugunsten des gemeinsamen gewöhnlichen Aufenthalts von Haftendem und Geschädigtem (Art. 4 Abs. 2
Rom II-VO), noch zugunsten einer offensichtlich enger verbundenen Rechtsordnung (Art. 4 Abs. 3 Rom II-VO) aufgelockert werden.[21]

Werden durch eine einzige Handlung Immaterialgüterrechte in mehreren 231
Staaten betroffen, so handelt es sich um ein sog. **Multistate-Delikt**. In diesem
Zusammenhang bereitet die Geltung des Schutzlandprinzips insb. Rechtever-
wertern im Internetbereich große Probleme: Diejenigen, die sich rechtmäßig
verhalten wollen, müssten ihre Online-Auftritte **nach den Urheberrechtsord-**

---

15 Vgl. Erwägungsgrund Nr. 26 Rom II-VO.
16 Hk-BGB/*Dörner*, 9. Aufl. 2017, Art. 8 Rom II-VO Rz. 1; jurisPK/*Heinze*, BGB, 7. Aufl. 2014,
Art. 8 Rom II-VO Rz. 1.
17 Art. 8 Abs. 1 Rom II-VO.
18 Prütting/Wegen/Weinreich/*Schaub*, BGB, 11. Aufl. 2016, Art. 8 Rom II-VO Rz. 5; jurisPK/
Heinze, BGB, 7. Aufl. 2014, Art. 8 Rom II-VO Rz. 11.
19 Hk-BGB/*Dörner*, 9. Aufl. 2017, Art. 8 Rom II-VO Rz. 2.
20 Palandt/*Thorn*, Kommentar BGB, 76. Aufl. 2017, Art. 8 Rom II-VO Rz. 6; Prütting/Wegen/
Weinreich/*Schaub*, BGB, 11. Aufl. 2016, Art. 8 Rom II-VO Rz. 6; jurisPK/*Heinze*, BGB, 7. Aufl.
2014, Art. 8 Rom II-VO Rz. 21.
21 Palandt/*Thorn*, Kommentar BGB, 76. Aufl. 2017, Art. 8 Rom II-VO Rz. 6; jurisPK/*Heinze*,
BGB, 7. Aufl. 2014, Art. 8 Rom II-VO Rz. 1.

nungen all derjenigen Staaten ausrichten, in denen ihr Angebot abrufbar ist, da jeder dieser Staaten potenziell als Schutzland in Betracht kommt.[22] Damit wird aber der Internetauftritt zu einem rechtlich unmöglichen Unterfangen, denn zu einer effektiven Kontrolle der Rechtmäßigkeit des Auftritts müssten alle weltweit bekannten Urheberrechtsordnungen (technisch gesehen alle Rechtsordnungen der Welt) berücksichtigt werden. Es wäre daher auch möglich, dass sich jemand aus Deutschland vor einem amerikanischen Gericht verantworten und dort ggf. einen hohen „punitive damage" (Strafschadensersatz) zahlen muss, weil seine Inhalte dort rechtswidrig sind.

232   Insofern stellt sich bei Multistate-Verstößen die Frage, ob man sich von der konsequenten Anwendung der in Art. 8 Abs. 1 Rom II-VO verankerten lex laesionis und der damit verbundenen distributiven Anwendung des Rechts der jeweiligen Staaten (Mosaikbetrachtung) abwendet.[23] Als Alternative könnte man das Spürbarkeitskriterium (z. B. in Gestalt eines „hinreichenden Inlandsbezugs") heranziehen. Allerdings spricht gegen diese Abweichung vom Wortlaut der systematische Vergleich zu Art. 6 Abs. 3 Rom II-VO. Hierbei wird deutlich, dass dem Normgeber durchaus die Komplexität der parallelen Anwendung mehrerer Rechtsordnungen bewusst war.[24] Daher sollte die Korrektur einer zu breiten distributiven Anknüpfung auf sachrechtlicher und nicht auf kollisionsrechtlicher Ebene vorgenommen werden. Hier ist dann das zur Anwendung berufene Recht entscheidend.[25]

233   Der *BGH*[26] hat dazu bereits Stellung bezogen, indem er entschieden hat, dass nicht jedes im Inland abrufbare Angebot von Dienstleistungen im Internet bei Verwechslungsgefahr mit einem inländischen Kennzeichen kennzeichenrechtliche Ansprüche auslösen könne: Eine Verletzungshandlung bedürfe eines wirtschaftlich relevanten Inlandsbezugs oder mit den Worten der WIPO, eines „commercial effect".[27]

234   In gewissen **schwerwiegenden Fällen** (insb. hinsichtlich der „punitive damages"[28]) kann allerdings auch auf kollisionsrechtlicher Ebene unter Rückgriff auf die öffentliche Ordnung (**ordre public**) des Gerichtsstaates (Art. 26

---

22 Zu den damit verbundenen Haftungsproblemen siehe allgemein *Decker*, MMR 1999, 7; *Waldenberger*, ZUM 1997, 176.

23 BeckGOK/*McGuire*, Stand 1. 12. 2016, Rom II-VO Art. 8 Rz. 143.

24 BeckGOK/*McGuire*, Stand 1. 12. 2016, Rom II-VO Art. 8 Rz. 148.

25 Palandt/*Thorn*, Kommentar BGB, 76. Aufl. 2017, Art. 8 Rom II-VO (IPR) Rz. 7; jurisPK/*Heinze*, BGB, 7. Aufl. 2014, Art. 8 Rom II-VO Rz. 12, 15.

26 *BGH*, Urt. v. 13. 10. 2004 – I ZR 163/02, MDR 2005, 1005 = CR 2005, 359 m. Anm. *Junker*.

27 Siehe WIPO, Joint Recommendation (Publication 845), Part II: Use of a sign on the internet.

28 Vgl. Erwägungsgrund Nr. 32 Rom II-VO – insbesondere „punitive damages".

Rom II-VO) oder aufgrund zwingender Vorschriften (Art. 16 Rom II-VO) die Anwendung des Art. 8 Rom II-VO versagt werden.

Um den o. g. Problemen zu begegnen, hat die Europäische Kommission in ihrem Grünbuch zur Online-Verbreitung audiovisueller Medien[29] angeregt, das bei Satellitensendungen anzuwendende Ursprungslandprinzip auch bei der Online-Übertragung anzuwenden.[30] Dies könne allerdings zu einem „race-to-the-bottom", also einer Verlegung der Geschäfte in das Land mit dem niedrigsten Schutzniveau, führen. Auch wurde die Kodifizierung eines einheitlichen europäischen Urheberrechts oder die Einführung eines optionalen europäischen Urheber-Registerrechts neben den nationalen Rechtsordnungen angedacht.[31] **235**

III Schutzfähige Werke

Literatur: *Büchner,* Die urheberrechtliche Schutzfähigkeit virtueller Güter, K & R 2008, 425; *Jaeger/Koglin,* Der rechtliche Schutz von Fonts, CR 2002, 169; *Kazemi,* Online-Nachrichten in Suchmaschinen – Ein Verstoß gegen das deutsche Urheberrecht?, CR 2007, 94; *Solmecke/Bärenfänger,* Urheberrechtliche Schutzfähigkeit von Dateifragmenten – Nutzlos = Schutzlos, MMR 2011, 567; *Thormann,* Links und Frames und ihr Rechtsschutz im Internet, Mitt. 2002, 311.

Wenn das deutsche Urheberrecht kollisionsrechtlich also Anwendung findet, stellt sich als nächstes die Frage, welche Werke urheberrechtlich überhaupt schutzfähig sind. **236**

1 Der Katalog geschützter Werkarten

Nach § 1 UrhG ist der Urheber von Werken der Literatur, Wissenschaft und Kunst durch das UrhG geschützt. § 2 Abs. 1 UrhG greift diese Kategorien auf, indem die Norm einen Beispielskatalog geschützter Werkarten enthält und die- **237**

---

29 Europäische Kommission, Grünbuch über den Online-Vertrieb von audiovisuellen Werken in der Europäischen Union: Chancen und Herausforderungen für den digitalen Binnenmark vom 13. 11. 2007, KOM (2011) 427, S. 13 ff.; abrufbar unter http://ec.europa.eu/internal_market/consultations/docs/2011/audiovisual/green_paper_COM2011_427_de.pdf (zuletzt abgerufen: Mai 2017).
30 Europäische Kommission, Grünbuch über den Online-Vertrieb von audiovisuellen Werken in der Europäischen Union: Chancen und Herausforderungen für den digitalen Binnenmark vom 13. 11. 2007, KOM (2011) 427, S. 14.
31 Ebd. S. 14.

se näher konkretisiert. Der Beispielskatalog des § 2 Abs. 1 UrhG ist dabei nicht abschließend, sodass auch künftige technische Erscheinungsformen einer Werkart zugeordnet werden können. Als Werke der Literatur, Wissenschaft und Kunst sind hiernach etwa Sprachwerke, Werke der Musik, Werke der bildenden Kunst sowie Lichtbild- und Filmwerke geschützt. Geschützt sein kann z. B. die Sprachgestaltung von Webseiten, wenn der Text eine individuelle Wortwahl und Gedankenführung aufweist.[32] Insbesondere in Bezug auf multimediale Werke ist im Einzelfall festzustellen, welches „Element" einen urheberrechtlichen Schutz durch die Zuordnung zu einer der in § 1 UrhG genannten Werkarten beanspruchen kann.[33] So wird **Software** bspw. der Werkart der Literatur zugeordnet.

238   Zu den klassischen Werken treten in der Zwischenzeit neue internetspezifische Werkarten hinzu. Insbesondere sei hier für den Fernsehbereich auf den Bereich der **virtuellen Figuren** verwiesen.[34] Solche Computeranimationen sind meist als Werke der bildenden Kunst anzusehen und dementsprechend über § 2 Abs. 1 Nr. 4 UrhG geschützt; dieser Schutz erstreckt sich auch auf das elektronische Bewegungsgitter der Figur. Die grundsätzliche Schutzfähigkeit solcher virtuellen Güter wurde im Zusammenhang mit dem sog. „Second Life" relevant.[35] Wie der *BGH* im Fall Pippi Langstrumpf[36] betont, kommt der Schutz einer literarischen Figur als Sprachwerk in Betracht, wenn diese Figur durch eine unverwechselbare Kombination äußerer Merkmale, Charaktereigenschaften, Fähigkeiten und typischen Verhaltensweisen beschrieben wird. Das Urheberrecht an einer solchen Figur wird jedoch nicht schon dadurch verletzt, dass lediglich wenige äußere Merkmale übernommen werden, die für sich genommen den Urheberrechtsschutz nicht begründen könnten. Der *BGH*[37] hat ferner entschieden, dass mit dem Vertrieb eines Pippi-Langstrumpf-Kostüms auch nicht gegen das Wettbewerbsrecht verstoßen werde. Zwar könne eine literarische Figur wie Pippi Langstrumpf durch das Wettbewerbsrecht gegen Nachahmungen geschützt sein, das Kostüm sei aber keine Nachahmung der Figur

---

32 *LG Köln*, Urt. v. 12. 8. 2009 – 28 O 396/09, MMR 2010, 110 = GRUR-RR 2009, 420 (Ls.).

33 Siehe z. B. für Webseiten *OLG Rostock*, Beschl. v. 27. 6. 2007 – 2 W 12/07, CR 2007, 737 = MMR 2008, 116; die für ein Literaturwerk erforderliche Gestaltungshöhe könne u. a. durch Suchmaschinen-Optimierung erreicht werden.

34 Vgl. hierzu *Schulze*, ZUM 1997, 77 sowie allgemeiner *Rehbinder*, Zum Urheberrechtsschutz für fiktive Figuren, insbesondere für die Träger von Film- und Fernsehserien, Baden-Baden 1988.

35 *LG Köln*, Urt. v. 21. 4. 2008 – 28 O 124/08, CR 2008, 463 = K & R 2008, 477 m. Anm. *Büchner* zur schutzfähigen Nachbildung des Kölner Doms im „Second Life".

36 *BGH*, Urt. v. 17. 7. 2013 – I ZR 52/12, GRUR 2014, 258 = NJW 2014, 771 – Pippi Langstrumpf.

37 *BGH*, Urt. v. 19. 11. 2015 – I ZR 149/14, GRUR 2016, 725 m. Anm. *Nemeczek* = MDR 2016, 723.

„Pippi Langstrumpf". Hierfür seien die Übereinstimmungen zwischen Kostüm und den charakteristischen Merkmalen von Pippi Langstrumpf zu gering.

2 Idee – Form

Literatur: *Heinkelein*, Der Schutz der Urheber von Fernsehshows und Fernsehformaten, Baden-Baden 2004; *Hertin*, Zur urheberrechtlichen Schutzfähigkeit von Werbeleistungen unter besonderer Berücksichtigung von Werbekonzeptionen und Werbeideen, GRUR 1997, 799.

Zu bedenken ist, dass das Urheberrechtsgesetz nur die **Form eines Werkes** 239 schützt, d. h. die Art und Weise seiner Zusammenstellung, Strukturierung und Präsentation. **Die Idee, die einem Werk zugrunde liegt, ist nicht geschützt.** Je konkreter einzelne Gestaltungselemente übernommen worden sind, desto wahrscheinlicher ist die urheberrechtliche Verletzung. Schwierig, ja fast unmöglich scheint die Grenzziehung zwischen Idee und Form. Hier wird man beachten müssen, dass die Unterscheidung nicht ontologisch erfolgen darf, sondern auf einer gesellschaftlichen Entscheidung zugunsten des Freihaltebedürfnisses, also der freien Nutzung, beruht. Im Übrigen gilt es zu bedenken, dass sich für das Zivilrecht durchaus auch ein Eigentumsrecht an Daten[38] konstruieren lässt.[39] So soll der Arbeitgeber nach § 950 BGB das Eigentumsrecht an einer Software bekommen, die der Arbeitnehmer auf ein Notebook des Arbeitgebers überträgt.[40]

Zu den freien Ideen gehören z. B. Werbemethoden, wissenschaftliche Leh- 240 ren sowie sonstige Informationen, die als Allgemeingut anzusehen sind. Im **Fernsehbereich** spielt die Abgrenzung von Idee und Form eine zentrale Rolle, wenn es um **Showformate** geht.[41] Dies bekräftigte der *BGH* in der Entscheidung zu der Kinderfernsehserie „Kinderquatsch mit Michael". Der Vorwurf französischer Produzenten, diese Serie lehne sich unzulässigerweise an das Format der seit 1977 in Frankreich ausgestrahlten Sendereihe „L'école des fans" an, blieb in allen Instanzen ohne Erfolg. Nach Auffassung des *BGH*[42] ist

---

38 Zum Dateneigentum: *Hoeren*, Dateneigentum, MMR 2013, 486.
39 Für einen Eigentumsbegriff: BeckOGK/*Spindler* BGB § 823 Rn. 135; *Hoeren*, MMR 2013, 486. Gegen einen Eigentumsbegriff: *Ensthaler*, NJW 2016, 3473, 3476; *Dorner*, CR 2014, 617; https://berliner-datenschutzrunde.de/node/272 (zuletzt abgerufen: August 2017).
40 *LAG Sachsen*, Urt. v. 17. 1. 2007 – 2 Sa 808/05, CR 2008, 553 m. Anm. *Redeker* = CR 2008, 352 (Ls.) = MMR 2008, 416.
41 Siehe *Litten*, MMR 1998, 412.
42 *BGH*, Urt. v. 26. 6. 2003 – I ZR 176/01, MDR 2003, 1366 = NJW 2003, 2828 = BGHZ 155, 257.

das Format von „L'école des fans" nicht urheberrechtlich schutzfähig. Das Format für eine Fernsehshowreihe, in dem die Konzeption für eine Unterhaltungssendung mit Studiopublikum ausgearbeitet ist (hier: Gesangsauftritte von kleinen Kindern und Gaststars), sei im Allgemeinen nicht urheberrechtlich schutzfähig. Die Idee zu einer neuen Spielshow ist demnach ebenso wenig schutzfähig[43] wie der Hinweis auf neue Themen für die Berichterstattung. Ein Schutz kommt für den audiovisuellen Bereich nur bei ausgearbeiteten Treatments oder Drehbüchern in Betracht.

241   Auch für die **Werbebranche** bringt dies erhebliche Schutzbeschränkungen mit sich. So sind zwar Werbeanzeigen dem Schutz des UrhG zugänglich. Sie müssen hierzu aber in ihren individuellen Bestandteilen eine eigenschöpferische Prägung und Gestaltung aufweisen. Bei einem Gesamtvergleich mit vorbestehenden Gestaltungen müssen sich schöpferische Eigentümlichkeiten ergeben, die über das Handwerksmäßige und Durchschnittliche deutlich hinausragen. Die Idee, als erster eine **Werbemethode** auf bestimmte Produkte anzuwenden, reicht für einen urheberrechtlichen Schutz nicht aus. Es kommt vielmehr auf die Umsetzung dieser Idee in Form und Inhalt an.[44] Die abstrakte Idee und Konzeption einer Werbekampagne, die noch keinen schöpferischen Ausdruck in einer bestimmten Gestaltung gefunden hat, genießt daher keinen urheberrechtlichen Schutz.[45]

242   Im **Softwarebereich** bestimmt § 69a Abs. 2 S. 2 UrhG ausdrücklich, dass Ideen und Grundsätze, auf denen ein Element des Computerprogramms basiert, sowie die den Schnittstellen zugrunde liegenden Grundsätze nicht geschützt sind. Das bedeutet, dass die Verfahren zur Lösung eines Problems und die **mathematischen Prinzipien** in einem Computerprogramm grundsätzlich nicht vom urheberrechtlichen Schutz umfasst werden, wobei wiederum die Abgrenzung zu der geschützten konkreten Ausformulierung dieser Grundsätze äußerst schwierig ist. Vom *EuGH* werden so z. B. die Funktionalität eines Computerprogramms, die Programmiersprache oder das Dateiformat, die im Rahmen eines Computerprogramms verwendet werden, um bestimmte Funktionen des Programms zu nutzen, nicht als Ausdrucksform dieses Programms angesehen und unterfallen daher nicht dem Schutz des Urheberrechts an Computerprogrammen i. S. d. § 69a UrhG.[46]

---

43 *OLG München*, Urt. v. 21. 1. 1999 – 29 W 3422/98, ZUM 1999, 244 = AfP 1999, 206 (Ls.).

44 *OLG Düsseldorf*, Urt. v. 19. 3. 1996 – 20 U 178/94, ZUM 1998, 65, bestätigt durch *BGH*, Urt. v. 3. 11. 1999 – I ZR 55/97, GRUR 2000, 317 = MMR 2000, 218.

45 *OLG Köln*, Beschl. v. 22. 6. 2009 – 6 U 226/08, ZUM 2010, 179 = GRUR-RR 2010, 140.

46 *EuGH*, Urt. v. 2. 5. 2012 – C-406/10, MMR 2012, 468 = GRUR 2012, 814 – SAS Institute.

Während bei wissenschaftlichen und technischen Inhalten ein besonderes **243** Freihaltebedürfnis besteht, kommt bei **literarischen Werken** ein Schutz des Inhalts in Betracht. So bejaht die Rechtsprechung einen Urheberrechtsschutz bei Romanen nicht nur für die konkrete Textfassung, sondern auch für eigenpersönlich geprägte Bestandteile des Werks, die auf der schöpferischen Phantasie des Urhebers beruhen, wie etwa der Gang der Handlung sowie die Charakteristik und Rollenverteilung der handelnden Personen.[47]

Für den Betroffenen ist die freie Nutzbarkeit von Ideen ein unlösbares **244** Problem. Es gibt zahlreiche Branchen, deren Kreativität und Erfolg einzig und allein auf Ideen beruhen. So bedarf es in der Werbebranche oft einiger Mühen, um die Idee für eine Werbestrategie zu entwickeln. Auch in der schnelllebigen Fernsehbranche haben Einfälle für neue Sendekonzepte eine enorme Bedeutung. In all diesen Branchen steht der Ideengeber schutzlos da. Er kann sich gegen die Verwertung seiner Einfälle nicht zur Wehr setzen. Auch eine Hinterlegung oder Registrierung hilft hier nicht weiter, da diese nichts an der Schutzunfähigkeit von Ideen zu ändern vermag. Die gewerblichen Schutzrechte (insb. das PatentG und GebrauchsmusterG) bieten nur unter sehr hohen Voraussetzungen einen Schutz für technische Erfindungen. Auch das Wettbewerbsrecht (UWG) schützt grundsätzlich nicht vor der Übernahme von Ideen. Unter den Schutzvoraussetzungen des MarkenG können Werbeslogans jedoch geschützt sein. Der EuGH hat dementsprechend „Vorsprung durch Technik" in vielen Warenklassen als eintragungsfähig anerkannt; er will Slogans mit einer „gewissen Originalität oder Prägnanz" schützen, die sie leicht merkfähig machen, ein Mindestmaß an Interpretationsaufwand erfordern oder bei den angesprochenen Verkehrskreisen einen Denkprozess auslösen.[48] Die gewerblichen Schutzrechte sind indes für den Schutz von Werbeslogans weniger interessant, weil sie der Anmeldung und Eintragung in ein öffentliches Register bedürfen (z. B. nach §§ 32 ff. MarkenG), während der urheberrechtliche Schutz mit dem Realakt der Schöpfung beginnt.

3 Schutzhöhe

Literatur: *Häuser*, Sound und Sampling, München 2002; *Röhl*, Die urheberrechtliche Zulässigkeit des Tonträger-Sampling, K & R 2009, 117; *Schack*, Zu den Ansprüchen des Ton-

---

47 *BGH*, Urt. v. 29. 4. 1999 – I ZR 65/96, MDR 1999, 1454 = ZUM 1999, 644, 647; *OLG München*, Urt. v. 17. 12. 1998 – 29 U 3350/98, ZUM 1999, 149 = NJW-RR 2000, 268.
48 *EuGH*, Urt. v. 21. 1. 2010 – C-398/08 P, GRUR Int. 2010, 225 = GRUR 2010, 228 – Vorsprung durch Technik.

trägerherstellers wegen Sound Sampling, JZ 2009, 475; *Stieper*, Zur Frage der Urheber- und Leistungsschutzrechteverletzung durch Sound Sampling, ZUM 2009, 223.

245 Nach § 2 Abs. 2 UrhG sind Werke i. S. d. Gesetzes nur solche, die als **persönliche geistige Schöpfungen** angesehen werden können. Das Gesetz verweist mit dem Erfordernis der „Schöpfung" auf die **Gestaltungshöhe**, die für jedes Werk im Einzelfall nachgewiesen sein muss. Nicht jedes Werk ist geschützt, sondern nur solche, deren Formgestaltung ein hinreichendes Maß an Kreativität beinhaltet.

246 Beiträge, Meldungen oder Posts, die Nutzer auf Media-Plattformen, wie bspw. **Facebook, Twitter, Google+** o. ä., veröffentlichen, müssen ebenfalls die erforderliche Schöpfungshöhe erreichen, um urheberrechtlichen Schutz zu erlangen. Hierbei ist in einem ersten Schritt zu hinterfragen, ob derartige Plattformen dem Nutzer überhaupt die Möglichkeit einräumen, seine „Seite" individuell zu gestalten. Bei den meisten sozialen Netzwerken schließt die Plattform eine eigenschöpferische Gestaltung durch den Anwender aus.[49] I. d. R. werden kurze Statusmeldungen diese Schwelle der eigenschöpferischen Leistung nicht übertreten können, wenngleich sie nicht anhand ihrer Qualität zu beurteilen sind. Ausschlaggebend ist allein, ob dem Beitrag eine besondere Individualität bzw. eine gestalterische Eigenart inne wohnt.[50] Oftmals können Nutzer auf diesen Plattformen auch Videos oder Bilder hochladen – sofern diesen Werken eine eigenschöpferische Gestaltung immanent ist, kann ihnen ein urheberrechtlicher Schutz zuzusprechen sein. Dies wird jedenfalls nicht bei kurzen Handy-Videos anzunehmen sein. Hat der Nutzer jenes Werk jedoch mit einer eigenschöpferischen Note versehen (durch Bearbeitung, Schnitt, Kameraeinstellungen, Musik-Hinterlegung usw.) öffnet dies die Möglichkeit eines urheberrechtlichen Schutzes.[51]

247 In der Rechtsprechung wurde über viele Jahrzehnte **zwischen Werken der schönen und der angewandten Künste unterschieden**. Die **schönen Künste** gehören zu den traditionellen Schutzgütern des Urheberrechts. Hier reicht es daher aus, dass die Auswahl oder Anordnung des Stoffes individuelle Eigenarten aufweist. Das *Reichsgericht* hat hierzu die Lehre von der sog. **kleinen Münze**[52] eingeführt, wonach bereits kleinere Eigenarten im Bereich der schö-

49 Wandtke/*Bullinger*, UrhG, § 2 Rn. 159.
50 Bräutigam/Rücker/*Müller-Riemenschneider*, E-Commerce, 7. Teil C – Der Umgang mit user-generated content, Rn. 14.
51 Wandtke/*Bullinger*, UrhG, § 2 Rn. 159.
52 *RGSt* 39, 282, 283 – Theaterzettel; RGZ 81, 120, 122 – Kochrezepte; RGZ 116, 292, 294 – Adressbuch.

nen Künste die Schutzfähigkeit begründen können. Großzügig ist man z. B. bei dem Schutz von Kontaktanzeigen eines Eheanbahnungsinstituts.[53]

Für **Werke der angewandten Kunst,** einschließlich von Gebrauchstexten, war lange Zeit ein **erhöhtes Maß an Gestaltungshöhe** verlangt worden.[54] Die individuellen Eigenarten sollten auf ein überdurchschnittliches Können verweisen. Erst weit jenseits des Handwerklichen und Durchschnittlichen setze hier die Schutzhöhe an.[55] Diese Kriterien hat der *BGH* in der Entscheidung **„Geburtstagszug"** aufgegeben.[56] An den Urheberrechtsschutz von Werken der angewandten Kunst i. S. v. § 2 Abs. 1 Nr. 4, Abs. 2 UrhG seien grundsätzlich keine anderen Anforderungen zu stellen als an den Urheberrechtsschutz von Werken der zweckfreien bildenden Kunst oder des literarischen und musikalischen Schaffens. Es genüge daher, dass sie eine Gestaltungshöhe erreichen, die es nach Auffassung der „für Kunst empfänglichen und mit Kunstanschauungen einigermaßen vertrauten Kreise" rechtfertigt, von einer „künstlerischen" Leistung zu sprechen.[57] Es sei dagegen nicht erforderlich, dass sie die Durchschnittsgestaltung deutlich überragen. Die Kehrseite des erweiterten Designschutzes ist allerdings das Phänomen der **Doppelschöpfungen.** Doppelschöpfungen können im Bereich der so genannten kleinen Münze, d. h. dort, wo die Grenze zwischen Schutzfähigkeit und Schutzlosigkeit liegt und technische Zwänge oder übliche und naheliegende Gestaltungsweisen eine gewisse Form vorgeben, vorkommen.[58] Wie das *OLG Frankfurt a. M.*[59] feststellte, sei die Verwendung naturalistischer Motive (z. B. Blumen und Tiere) im Bereich der Gestaltung von Mustern (Stoff/Tapeten) grundsätzlich gebräuchlich. Der geis-

248

---

53 *LG München I,* Urt. v. 12. 11. 2008 – 21 O 3262/08, ZUM-RD 2009, 161.
54 *BGH,* Urt. v. 17. 4. 1986 – 1 ZR 213/83, MDR 1986, 999 = GRUR 1986, 739 – Anwaltsschriftsatz; siehe auch *BGH,* Urt. v. 21. 5. 1969 – 1 ZR 42/67, GRUR 1972, 38, 39 – Vasenleuchter; *BGH,* Urt. v. 9. 5. 1985 – I ZR 52/83, BGHZ 94, 276, 286 = MDR 1986, 121 = CR 1985, 22 – Inkasso-Programm; *BGH,* Urt. v. 22. 6. 1995 – I ZR 119/93, MDR 1995, 1229 = GRUR 1995, 581 f. – Silberdistel. Deutlich auch formuliert in *OLG Brandenburg,* Urt. v. 16. 3. 2010 – 6 U 50/09, GRUR-RR 2010, 273 = ZUM-RD 2010, 596.
55 Anders die österreichische Rechtsprechung, die nur darauf abstellt, dass individuelle, nicht-routinemäßige Züge vorliegen; siehe etwa *öOGH,* Beschl. v. 24. 4. 2001 – 4 Ob 94/01d, MMR 2002, 42 = ZUM-RD 2002, 133 – telering.at.
56 *BGH,* Urt. v. 13. 11. 2013 – I ZR 143/12, NJW 2014, 469 = MMR 2014, 333 – Geburtstagszug.
57 *BGH,* Urt. v. 13. 11. 2013 – I ZR 143/12, NJW 2014, 469 = MMR 2014, 333 – Geburtstagszug; ähnlich *OLG Köln,* Urt. v. 20.2. 2015 – 6 U 131/14, GRUR-RR 2015, 275 = WRP 2015, 637 – Urne mit Hirschmotiv; *LG Hamburg,* Urt. v. 7. 7. 2016 – 310 O 212/14 = ZUM-RD 2017, 227 – Bierflasche.
58 *OLG Frankfurt a. M.,* Urt. v. 30. 6. 2015 – 11 U 56/15, ZUM-RD 2015, 589 = GRUR-RS 2015, 15366.
59 *OLG Frankfurt a. M.,* Urt. v. 30. 6. 2015 – 11 U 56/15, ZUM-RD 2015, 589 = GRUR-RS 2015, 15366.

tig-schöpferische Gehalt einer Tapete, auf welcher echte Fasanenfedern nach dem Zufallsprinzip in Handarbeit vollflächig unter Verdeckung der Federkiele, verklebt werden, verharre im untersten Bereich des Werkschutzes.

249   Eine solch großzügige Rechtsprechung schafft das Risiko, dass der Schutz des Urheberrechts über den eigentlichen Kernbereich von Literatur, Musik und Kunst hinaus uferlos ausgeweitet würde und auch bei minimaler kreativer Gestaltung ein monopolartiger Schutz bis 70 Jahre nach dem Tod des Urhebers bejaht werden müsste. Selbst in der US-amerikanischen Rechtsprechung machten sich bereits in den neunziger Jahren Tendenzen bemerkbar, erhöhte qualitative Kriterien an die Gewährung des Copyrights anzulegen.[60] Umgekehrt vertritt der *EuGH* nunmehr, dass das Schutzniveau zugunsten der Urheber weit auszulegen sei und damit z. B. durchaus Textauszüge mit elf Wörtern urheberrechtlich geschützt sein könnten.[61] Entscheidend sei, dass der Urheber „seinen schöpferischen Geist in origineller Weise zum Ausdruck" bringe. Die deutsche Rechtsprechung ist im Hinblick auf Textbestandteile und deren Schutz immer noch skeptisch. So wurde in der Werbung für eine Buchhandlung ein Schutz für den Slogan „Thalia verführt zum Lesen" verneint.[62] Geschützt ist auch nicht der Tweet „Wenn das Haus nasse Füße trägt". [63] Großzügiger ist man im Markenrecht; dort werden die Kürze, Originalität und Prägnanz eines Slogans als wichtige Indizien angesehen, die für eine Unterscheidungskraft eines Zeichens sprechen können.[64] Jedenfalls ist zu bedenken, wie auch der *BGH* zu verstehen gibt, dass aus einer niedrigen Schutzschwelle ein enger Schutzbereich folgt.[65]

250   Besondere Probleme bereiten **computergenerierte Werke**. Computer sind in der Lage, Grafiken (sog. Fraktale) zu generieren, Software zu programmieren oder gar Liebesgedichte zu schreiben. In diesen Fällen ist fraglich, ob man hier noch von persönlichen Schöpfungen i. S. d. § 2 Abs. 2 UrhG reden kann. Meist

---

60 Siehe etwa die Entscheidung des *Supreme Court of the United States* No. 89–1909 v. 27. 3. 1991 in Sachen Feist Publications Inc. vs. Rural Telephone Service Company, Sup. Ct. 111 (1991), 1282, GRUR Int. 1991, 933.
61 *EuGH*, Urt. v. 16. 7. 2009 – C-5/08, GRUR 2009, 1041 = K & R 2009, 707.
62 *LG Mannheim*, Urt. v. 11. 12. 2009 – 7 O 343/08, ZUM 2010, 911 = GRUR-RR 2010, 462.
63 *OLG Köln*, Urt. v. 8. 4. 2016 – 6 U 120/15, ZUM-RD 2016, 470 = GRUR-Prax 2016, 269 m. Anm. *Grübler*.
64 *BGH*, Beschl. v. 4. 12. 2008 – I ZB 48/08, GRUR 2009, 778 = AfP 2009, 371 – Willkommen im Leben; *BGH*, Beschl. v. 2. 1. 2009 – I ZB 34/08, MMR 2009, 692 = GRUR 2009, 949 – My World; *BGH*, Beschl. v. 1. 7. 2010 – I ZB 35/09, GRUR 2010, 935 = MD 2010, 931 – die Vision; zu *EuGH*, Urt. v. 21. 1. 2010 – C-398/08 P, GRUR Int. 2010, 225 – Vorsprung durch Technik siehe bereits vorheriges Kapitel.
65 *BGH*, Urt. v. 13. 11. 2013 – I ZR 143/12, NJW 2014, 469 = MMR 2014, 333, 336 – Geburtstagszug.

wird darauf abgestellt, dass die Computer nur deshalb „kreativ" sein können, weil sie ihrerseits von einem menschlichen Programmierer persönlich zur „Kreativität" programmiert sind. Diesem Programmierer sollen dann auch die Rechte an den abgeleiteten Werken zustehen. Zumindest ist dies die gesetzgeberische Lösung im britischen Copyright, Designs and Patents Act von 1988.[66] In Deutschland wird immer noch stark die Auffassung vertreten, dass solche Werke nicht schutzfähig seien. Dem Sinn und Zweck des § 2 Abs. 2 UrhG folgend wird dem Programmierer, der den Computer als Werkzeug zur Werkerstellung nutzt, ein entsprechendes Urheberrecht i. d. R. zugesprochen. Letztlich bleibt aber eine Prüfung des Einzelfalls unentbehrlich. Hierbei kommt es erstens darauf an, dass der Programmierer einen bestehenden Gestaltungsraum bei der Programmierung nutzt. Außerdem ist entscheidend, wie eng die Befehle an den Computer gefasst werden. Richtigerweise wird man urheberrechtlichen Schutz umso eher bejahen, je weniger die Schöpfung das Ergebnis einer zufälligen Auswahl durch das Computerprogramm ist.

Die Übernahme des Quelltextes einer Webseite mit Anzeigen ist nach Auf- **251** fassung des *OLG Frankfurt a. M.*[67] weder als Urheberrechtsverstoß noch als Verstoß gegen das Wettbewerbsrecht anzusehen. Das Umsetzen in HTML-Code sei keine persönliche geistige Schöpfung wie sie ein urheberrechtlicher Werkschutz voraussetze. Mangels Programmierleistung komme auch ein urheberrechtlicher Schutz als Computerprogramm nicht in Betracht. Ferner verletze die Übernahme der Seite durch den Mitkonkurrenten nach Ansicht des Gerichts nicht das Wettbewerbsrecht.[68] Rechtswidrig ist eine Übernahme fremder Leistungen grundsätzlich dann, wenn die übernommenen Inhalte wettbewerbliche Eigenart besitzen und besondere Unlauterkeitsmerkmale eine relevante subjektive Behinderung des nachgeahmten Konkurrenten begründen. Eine wettbewerbliche Eigenart sei aber in der Internetseite nicht zu erkennen, da diese in Aufbau, Logik der Darstellung, Inhalt sowie grafischer Aufbereitung keine Besonderheiten gegenüber üblichen Online-Stellenmarktanzeigen aufweise und auch die Erstellung keinen erheblichen Aufwand erfordert habe. Ergänzend kann hier auf eine Entscheidung des *LG Düsseldorf*[69] hingewiesen werden, wonach das Design einer Internetseite auch als nicht eingetragenes Geschmacksmuster geschützt sein kann. Erforderlich sei lediglich, dass sich in der Internetseite ein Muster findet, das neu ist und Eigenart besitzt. Nicht ge-

---

66 Ähnlich auch *öOGH*, Urt. v. 21. 12. 2004 – 4 Ob 252/04v, ZUM-RD 2005, 217 = Medien und Recht 2004, 265.
67 *OLG Frankfurt a. M.*, Urt. v. 22. 3. 2005 – 11 U 64/04, CR 2006, 198 = MMR 2005, 705.
68 *OLG Frankfurt a. M.*, Urt. v. 22. 3. 2005 – 11 U 64/04, CR 2006, 198 = MMR 2005, 705, 707.
69 *LG Düsseldorf*, Urt. v. 26. 6. 2013 – 12 O 381/10, BeckRS 2013, 19906.

schützt ist nach Auffassung des *OLG Hamm*[70] die Gestaltung von Webbuttons. Ähnlich soll eine Menüführung für ein multimediales Werk nicht schutzfähig sein.[71]

252 Schwierigkeiten bereiten Onlineauftritte auch insofern, als teilweise nicht ganze Sprach-, Lichtbild- oder Filmwerke eingespeist, sondern kleinste Partikel der betroffenen Werke verwendet werden. So wird etwa bei **Musik** manchmal lediglich der **Sound** kopiert; die Melodie hingegen wird nicht übernommen.[72] Bei Musik ist regelmäßig nur die Melodie – allerdings schon bei geringer Kreativität[73] – geschützt. Für Melodien gilt der sog. „starre Melodienschutz" aus § 24 Abs. 2 UrhG, der das Entnehmen einer Melodie und deren Zugrundelegung für ein neues Werk der Musik von der Zustimmungsfreiheit nach § 24 Abs. 1 UrhG ausnimmt. Außerhalb des urheberrechtlichen Schutzbereiches liegen die rein handwerkliche Tätigkeit, die kein geistiges Schaffen ist, und alle gemeinfreien Elemente – so die formalen Gestaltungselemente, die auf den Lehren von Harmonik, Rhythmik und Melodik beruhen.[74]

253 Schlagzeugfiguren, Bassläufe oder Keyboardeinstellungen sind folglich nach allgemeiner Auffassung[75] urheberrechtlich nicht geschützt, da sie nicht melodietragend, sondern lediglich abstrakte Ideen ohne konkrete Form seien. Ähnliches gilt für **Klangdateien** (sog. Presets).[76] Insoweit rächt sich die Unterscheidung von Idee und Form, die dazu führt, dass nur die Melodie als urheberrechtsfähig angesehen wird. Hier ist ein Umdenken erforderlich, das auch

---

70 *OLG Hamm*, Urt. v. 24.8. 2004 – 4 U 51/04, K & R 2005, 141 = MMR 2005, 106.

71 *LG Köln*, Urt. v. 15.6. 2005 – 28 O 744/04, MMR 2006, 52 = ZUM 2005, 910.

72 Vgl. *Allen*, Entertainement & Sports Law Review 9 (1992), 179, 181; *Keyt*, CalLR 76 (1988), 421, 427; *McGraw*, High Technology LJ 4 (1989), 147, 148; zum deutschen Recht siehe *Bortloff*, ZUM 1993, 476; *Lewinski*, Verwandte Schutzrechte, in: Schricker (Hrsg.), Urheberrecht auf dem Weg zur Informationsgesellschaft, Baden-Baden 1997, 231; *Münker*, Urheberrechtliche Zustimmungserfordernisse beim Digital Sampling, Frankfurt a. M. 1995.

73 *LG Hamburg*, Urt. v. 23.3. 2010 – 308 O 175/08, ZUM-RD 2010, 331 – Bushido I: „individuelle Tonfolgen mit Wiedererkennungseffekt".

74 *BGH*, Urt. v. 26.9. 1980 – I ZR 17/78, MDR 1981, 641 = GRUR 1981, 267/268 – Dirlada; vgl. auch *BGH*, Urt. v. 3.2. 1988 – I ZR 143/86, MDR 1988, 838 = GRUR 1988, 810 – Fantasy und 812 – Ein bisschen Frieden sowie *BGH*, Urt. v. 24.1. 1991 – I ZR 72/89, MDR 1991, 1057 = GRUR 1991, 533 – Brown Girl II.

75 So etwa *Wolpert*, UFITA 50 (1967), 769, 770.

76 *LG Rottweil*, Beschl. v. 18.3. 2001 – 3 Qs 172/00, ZUM 2002, 490; zur Schutzfähigkeit bloßer Dateifragmente (sog. Chunks) vgl. *Heckmann/Nordmeyer*, Pars pro toto: Verletzung des Urheberrechtsgesetzes durch das öffentliche Zugänglichmachen von Dateifragmenten („Chunks") in Peer-to-Peer-Tauschbörsen?, CR 2014, 41.

den Sound als grundsätzlich urheberrechtsfähig begreift.[77] Ansätze dazu finden sich im *BGH*-Urteil „Goldrapper"[78]. Zugunsten des Rappers Bushido entschied der *BGH*, dass bei Musikstücken die schöpferische Eigentümlichkeit in ihrer individuellen ästhetischen Ausdruckskraft liege. Eine individuelle schutzfähige Leistung könne sich nicht nur aus der Melodie und dem Einsatz der musikalischen Ausdrucksmittel der Rhythmik, des Tempos, der Harmonik und des Arrangements ergeben. Vielmehr könnte auch die Durchführung der Instrumentierung und Orchestrierung geschützt sein. Nicht dem Urheberrechtsschutz zugänglich sei demgegenüber das rein handwerkliche Schaffen unter Verwendung formaler Gestaltungselemente, die auf den Lehren von Harmonik, Rhythmik und Melodik beruhen oder die – wie Tonfolgen einfachster Art oder bekannte rhythmische Strukturen – sonst zum musikalischen Allgemeingut gehörten.

Als Problem hat sich in der Vergangenheit immer wieder die Verwendung von **Kartenausschnitten**[79] erwiesen. Die Verwendung eines Stadtplankartenausschnitts ist ohne Einwilligung des Inhabers der entsprechenden Urheberrechte unzulässig.[80] Ob die Geodaten für topografische Landkarten nach § 87a UrhG geschützt werden können, ist streitig; der *BGH* hat die Frage dem *EuGH* vorgelegt.[81] Der an vorgegebene Zeichenschlüssel und Musterblätter gebundene Hersteller von Karten kann nur Urheber sein, wenn ihm ein für die Erreichung des Urheberrechtschutzes genügend großer Spielraum für individuelle kartografische Leistungen verbleibt.[82] Die schöpferische Eigentümlichkeit einer Karte kann sich daraus ergeben, dass die Karte nach ihrer Konzeption von einer individuellen kartographischen Darstellungsweise geprägt ist, die sie zu einer in sich geschlossenen eigentümlichen Darstellung des betreffenden Gebiets macht.[83]

254

77 Siehe hierzu die Nachweise bei *Bindhardt*, Der Schutz von in der Popularmusik verwendeten elektronisch erzeugten Einzelsounds nach dem Urheberrechtsgesetz und dem Gesetz gegen den unlauteren Wettbewerb, Frankfurt a. M. 1998, 102; *Bortloff*, ZUM 1993, 477; *Hoeren*, GRUR 1989, 11, 13; *Müller*, ZUM 1999, 555.
78 *BGH*, Urt. v. 16. 4. 2015 – I ZR 225/12, MMR 2015, 824 = GRUR 2015, 1189 – Goldrapper.
79 *BGH*, Urt. v. 23. 6. 2005 – I ZR 227/02, CR 2005, 852 = MDR 2006, 104; *OLG Hamburg*, Beschl. v. 8. 2. 2010 – 5 W 5/10, CR 2010, 478 = MMR 2010, 418; *AG Charlottenburg*, Urt. v. 17. 11. 2005 – 204 C 356/05, GRUR-RR 2006, 70.
80 *OLG Hamburg*, Urt. v. 28. 4. 2006 – 5 U 199/05, MDR 2006, 1183 = K & R 2006, 527; *LG München I*, Urt. v. 15. 11. 2006 – 21 O 506/06, CR 2007, 674 = MMR 2007, 396.
81 *BGH*, Beschl. v. 18. 9. 2014 – I ZR 138/13, NJW 2015, 816 = GRUR 2014, 1197, GRUR Int. 2014, 1163.
82 *BGH*, Hinweisbeschl. v. 26. 2. 2014 – I ZR 121/13, GRUR 2014, 772 = NJW-RR 2014, 1195.
83 *BGH*, Hinweisbeschl. v. 26. 2. 2014 – I ZR 121/13, GRUR 2014, 772 = NJW-RR 2014, 1195.

255   Probleme gab es auch immer mit **Texten**, etwa Songtexten[84] und Gebrauchstexten. Ausschreibungsunterlagen oder Bedienungsanleitungen sind nur in Einzelfällen schutzfähig, wenn sie sich wegen ihres gedanklichen Konzepts von gebräuchlichen Standardformulierungen betreffender technischer Produkte abheben.[85] Die DIN-Normen sind nicht nach § 5 UrhG gemeinfrei und daher geschützt.[86] Die für den Urheberrechtsschutz von Werbe- und Informationstexten erforderliche Schöpfungshöhe kann sich aus der Länge, der Reihenfolge der Informationen sowie aus einer besonderen Formulierung ergeben.[87] Während ein Gewohnheitsrecht zur Vervielfältigung von Rezensionsauszügen zur Bewerbung von Büchern im Klappentext existiert, kann ein solches dem *OLG München* zufolge für die öffentliche Zugänglichmachung durch Online-Werbung mangels einheitlicher Überzeugung der Rechtsgemeinschaft nicht festgestellt werden.[88]

256   Ein besonderes Problem bereiten **Fotos** und deren Verwendung im Internet. Nach § 72 UrhG ist jedwedes Foto als sog. Lichtbild durch § 72 UrhG geschützt; besonders kreative Fotos gelten als Lichtbildwerke (§ 2 Abs. 1 Nr. 5 UrhG). Der *EuGH*[89] hat die Erfordernisse für die Kreativität von Lichtbildwerken herabgesetzt. Demnach ist selbst bei einer Porträtfotografie der Spielraum, über den der Urheber verfügt, um seine schöpferischen Fähigkeiten zu entfalten, nicht zwangsläufig verringert oder gar auf null reduziert. Es reiche, dass im Foto die Persönlichkeit des Fotografen und die bei der Herstellung getroffenen freien kreativen Entscheidungen zum Ausdruck kommen. In der Vorbereitungsphase könne der Urheber über die Gestaltung, die Haltung der zu fotografierenden Person oder die Beleuchtung entscheiden. Bei der Aufnahme des Porträts könne er den Bildausschnitt, den Blickwinkel oder auch die Atmosphäre wählen. Schließlich könne er bei der Herstellung des Abzugs unter den verschiedenen bestehenden Entwicklungstechniken diejenige wählen, die er einsetzen möchte, oder ggf. Software verwenden. Wegen der sehr weiten Schutzfähigkeit nahezu aller Fotos sollten User unbedingt darauf achten, nicht mittels „Copy & Paste" fremdes Bildmaterial zu kopieren und in die eigene Webseite einzufügen. Dies zieht schnell eine Abmahnung mit hohen Schadens-

---

84 *LG Berlin*, Urt. v. 14. 6. 2005 – 16 O 229/05, MMR 2005, 718 = ZUM-RD 2005, 398.

85 Vgl. hierzu *LG Köln*, Urt. v. 18. 12. 2014 – 14 O 193/14, ZfBR 2015, 506.

86 *LG Hamburg*, Urt. v. 12. 1. 2014 – 308 O 206/13 (n. v.); *LG Hamburg*, Urt. v. 31. 3. 2015 – 308 O 206/13, GRUR-RS 2015, 13218 = K & R 2015, 519.

87 *OLG Düsseldorf*, Urt. v. 6. 5.2014 – I-20 U 174/12, GRUR-RS 2014, 17559 = ZUM-RD 2015, 95.

88 *OLG München*, Urt. v. 27. 11. 2014 – 29 U 1004/14, GRUR-RR 2015, 331 = ZUM-RD 2015, 469.

89 *EuGH*, Urt. v. 1. 12. 2011 – C-145/10, GRUR 2013, 544 = GRUR Int. 2012, 158; ähnlich *OLG Düsseldorf*, Urt. v. 16. 6. 2015 – I-20 U 203/14, MMR 2016, 277 = GRUR-RS 2015, 11667.

ersatzforderungen nach sich, zumal Fotografen wegen der illegalen Vervielfältigung und der fehlenden Namensnennung im Kern doppelten Schadensersatz verlangen können. Hierunter ist die Konstellation zu verstehen, dass zunächst eine i. S. d. § 11 UrhG angemessene Vergütung nachträglich verlangt wird. Zudem kann aufgrund der Verletzung des Namensnennungsrechts aus § 13 UrhG ein bis zu einhundertprozentiger Aufschlag geltend gemacht werden.[90] Geschützt sind demnach z. B. auch die Fotos eines Kfz-Sachverständigen von Unfallautos.[91]

Auf die Urheberschaft eines Fotografen an bestimmten Fotografien, die **257** durch eine andere Person auf einer Website veröffentlich wurden, lässt sich schließen, wenn der Fotograf der Person die Dateien zuvor auf einem Speichermedium hat zukommen lassen. Ebenso spricht es für die Urheberschaft an bestimmten Fotografien, wenn ein Fotograf innerhalb eines Prozesses eine zusammenhängende Fotoserie vorlegen kann. Die tatsächliche Herkunft lässt sich allerdings nicht durch die Metadaten der Fotodatei erkennen. Diese stellen aufgrund ihrer Manipulierbarkeit keinen zuverlässigen Beweis dar.[92] Der Kunde darf Portraitfotos auch dann nicht auf seiner Homepage veröffentlichen, wenn er dieses Vorhaben während der Auftragserteilung erwähnt hat.[93] Die Übergabe der digitalen Bilddateien gegen zusätzliches Entgelt geschehe lediglich, um dem Kunden die Möglichkeit zum hochauflösenden Ausdruck zu geben und bedeute keine konkludente Einwilligung.[94]

Das Kopieren von Fotos gemeinfreier Gemälde ist nach Auffassung des *LG* **258** *Berlin*[95] urheberrechtlich regelmäßig verboten. Denn die – in diesem Falle von dem Hausfotografen des Museums erstellten – Fotos selbst sind eigene Werke mit urheberrechtlicher Schöpfungshöhe. Dies gilt jedenfalls dann, wenn der Fotograf einen gewissen Aufwand betreibt. Jedem fotografischen Laien sei bekannt, dass eine farb- und kontrastgetreue, nicht verzerrte Wiedergabe eines Gemäldes in Katalogbildqualität bei zufällig vorgefundenen Beleuchtungsverhältnissen nicht einfach so nur durch spontanes Abknipsen erzielt werden könne. Andere Gerichte ziehen zu Recht hier nicht § 2 UrhG, sondern § 72 UrhG heran.[96]

---

90 LG *Düsseldorf*, Urt. v. 14. 7. 1992 – 12 O 353/91, GRUR 1993, 664 = ZUM 1994, 52.
91 *BGH*, Urt. v. 29. 4. 2010 – I ZR 68/08, CR 2010, 540 (Ls.) = MDR 2010, 1136.
92 LG *München I*, Urt. v. 21. 5. 2008 – 21 O 10753/07 – MMR 2008, 622 m. Anm. *Knopp* = ZUM-RD 2008, 615.
93 LG *Köln*, Urt. v. 20. 12. 2006 – 28 O 468/06, MMR 2007, 466 m. Anm. *Nennen* = ZUM 2008, 76.
94 LG *Köln*, Urt. v. 20. 12. 2006 – 28 O 468/06, MMR 2007, 466, 467 m. Anm. *Nennen* = ZUM 2008, 76, 77.
95 LG *Berlin*, Urt. v. 31. 5. 2016 – 15 O 428/15 (n. rkr.), GRUR-RR 2016, 318 = ZUM 2016, 766.
96 LG *Stuttgart*, Urt. v. 27. 9. 2016 – 17 O 690/15, ZUM-RD 2017, 201.

IV Leistungsschutzrechte

Literatur: *Hossenfelder*, Die Nachrichtendarstellung in Suchmaschinen nach der Einführung des Leistungsschutzrechts für Presseverleger, ZUM 2013, 374; *Kahl*, Wen betrifft das Leistungsschutzrecht für Presseverleger? – „Kleinste Textausschnitte" vor dem Hintergrund der *BGH*-Rechtsprechung, MMR 2013, 348; *Kersting/Dworschak*, Leistungsschutzrecht für Presseverlage: Müsste Google wirklich zahlen? – eine kartellrechtliche Analyse, NZKart 2013, 46; *Leistner/Dreier*, Urheberrecht im Internet: die Forschungsherausforderungen, GRUR 2013, 881; *Peifer*, Leistungsschutzrecht für Presseverleger – „Zombie im Paragrafen-Dschungel" oder Retter in der Not? GRUR-Prax 2013, 149; *Schippan*, Der Schutz von kurzen Textwerken im digitalen Zeitalter, ZUM 2013, 358; *Stieper*, Das Leistungsschutzrecht für Presseverleger nach dem Regierungsentwurf zum 7. UrhRÄndG, ZUM 2013, 10.

259 Neben den Rechten des Urhebers bestehen noch die sog. **Leistungsschutzrechte** (§§ 70 – 94 UrhG). Hierbei genießen Leistungen auch dann einen Schutz durch das Urheberrechtsgesetz, wenn sie selbst keine persönlich-geistigen Schöpfungen i. S. d. § 2 Abs. 2 UrhG beinhalten. Allerdings ist der Schutz gegenüber urheberrechtsfähigen Werken durch Umfang und Dauer beschränkt (meist auf 50 Jahre nach entsprechender Leistung).

260 Von besonderer Bedeutung im Internet sind vor allem folgende Arten von Leistungsschutzrechten:
– der Schutz des Lichtbildners (§ 72 UrhG),
– der Schutz der ausübenden Künstler (§§ 73 – 83 UrhG),
– der Schutz der Tonträgerhersteller (§§ 85, 86 UrhG),
– der Schutz der Presseverleger (§§ 87f – 87h UrhG),
– der Schutz der Filmhersteller (§§ 88 – 94 UrhG),
– der sui generis Schutz für Datenbankhersteller (§§ 87a – 87e UrhG).

261 Im Übrigen genießen alle oben erwähnten Leistungsschutzberechtigten einen spezialgesetzlich verankerten und letztendlich **wettbewerbsrechtlich begründeten Schutz** ihrer Leistungen. Die Leistung des Lichtbildners besteht z. B. darin, Fotografien herzustellen, deren Originalität unterhalb der persönlich-geistigen Schöpfung angesiedelt ist. Der ausübende Künstler genießt Schutz für die Art und Weise, in der er ein Werk vorträgt, aufführt oder an einer Aufführung bzw. einem Vortrag künstlerisch mitwirkt (§ 73 UrhG). Der Tonträgerhersteller erbringt die technisch-wirtschaftliche Leistung der Aufzeichnung und Vermarktung von Werken auf Tonträgern (§ 85 UrhG). Der Filmhersteller überträgt Filmwerke und Laufbilder auf Filmstreifen (§§ 94, 95 UrhG). Ein Hersteller von Datenbanken wird schließlich aufgrund der investitionsintensiven Beschaffung, Überprüfung und Darstellung des Inhalts seiner Datenbank geschützt (§§ 87a ff. UrhG).

1 Lichtbildner, § 72 UrhG

Die Leistung des Lichtbildners besteht z. B. darin, Fotografien herzustellen, de- **262** ren Originalität unterhalb der persönlich-geistigen Schöpfung angesiedelt ist. Es handelt sich um eine rein technische Leistung, die nicht einmal handwerkliche Fähigkeiten voraussetzt.[97] Allerdings sind mechanische Reproduktionen von Fotografien, die lediglich eine Vervielfältigung nach § 16 UrhG darstellen, nicht schutzwürdig.[98]

2 Ausübende Künstler, §§ 73–83 UrhG

Der ausübende Künstler genießt Schutz für die Art und Weise, in der er ein **263** Werk vorträgt, aufführt oder an einer Aufführung bzw. einem Vortrag künstlerisch mitwirkt (§ 73 UrhG). Als Beispiele können hierfür der Regisseur oder der Dirigent angeführt werden. Veranstalter erhalten nach § 81 UrhG Schutz, wenn die Darbietung von einem Unternehmen veranstaltet wird.[99] Die geschützte Darbietung muss in allen Fällen an ein Werk oder eine Ausdrucksform der Volkskunst anknüpfen, da die Aufzählung abschließend ist. Somit kommen keine anderen Anknüpfungspunkte in Betracht.[100] Hingegen ist die Art der Darbietung in § 73 UrhG nur beispielhaft aufgezählt. Es sind auch weitere Formen der Darbietung geschützt, soweit diese eine künstlerische Leistung, also eine Werkinterpretation, enthalten.[101]

Problematisch ist z. B. die Stellung des ausübenden Künstlers, insb. im Fall **264** der **Übernahme von Sounds eines Studiomusikers**.[102] Nach § 77 Abs. 2 UrhG dürfen Bild- und Tonträger, auf denen Darbietungen eines ausübenden Künstlers enthalten sind, nur mit dessen Einwilligung vervielfältigt werden. Dieses Recht steht nach herrschender Auffassung auch dem Studiomusiker zu, auch wenn er unmittelbar kein Werk vorträgt oder aufführt (vgl. § 73 UrhG).[103] Beim Sound-Sampling kann sich ein Studiomusiker nur dann gegen die Integration

---

97 Wandtke/Bullinger/*Thum*, UrhG, 4. Aufl. 2014, § 72 UrhG Rz. 5.
98 Wandtke/Bullinger/*Thum*, UrhG, 4. Aufl. 2014, § 72 UhrG Rz. 3.
99 *Engels*, Patent-, Marken-, und Urheberrecht, 9. Aufl. 2015, Rz. 1350.
100 BeckOK UrhR/*Stang*, 14. Edition, § 73 UrhG Rz. 4.
101 BeckOK UrhR/*Stang*, 14. Edition, § 73 UrhG Rz. 8.
102 Allgemein dazu *Müller*, ZUM 1999, 555.
103 *Gentz*, GRUR 1974, 328, 330; *Schack*, Urheber- und Urhebervertragsrecht, 7. Aufl. Tübingen 2015, Rz. 664; Schricker/Loewenheim/*Krüger*, Urheberrecht, 4. Aufl. München 2010, § 73 UrhG Rz. 16. Teilweise wird § 73 UrhG analog angewendet; vgl. *Dünnwald*, UFITA 52 (1969), 49, 63 f.; *Dünnwald*, UFITA 65 (1972), 99, 106.

„seiner" Sounds zur Wehr setzen, wenn die Leistung des Musikers zumindest ein Minimum an Eigenart aufweist.[104]

3 Tonträgerhersteller, §§ 85, 86 UrhG

265 Der Tonträgerhersteller erbringt die technisch-wirtschaftliche Leistung der Aufzeichnung und Vermarktung von Werken auf Tonträgern (§ 85 UrhG). Tonträgerhersteller kann eine natürliche Person sein und da es nicht auf die schöpferische Leistung, sondern die wirtschaftlich-organisatorische Leistung ankommt, können auch juristische Personen Tonträgerhersteller sein.[105] Sollte der Tonträger in einem Unternehmen hergestellt worden sein, dann entsteht das Recht des Tonträgerherstellers beim Inhaber des Unternehmens und nicht bei den Angestellten oder bei den ansonsten für das Unternehmen tätigen Personen.[106] Außerdem wird das Recht aus § 85 UrhG nicht durch die Vervielfältigung eines Tonträgers erworben, sondern der Erwerb findet bei dem statt, der erstmalig die Aufnahme fixiert.[107]

266 Schwierigkeiten bereitet auch die Rechtsstellung des Tonträgerherstellers im Hinblick auf neue Verwertungstechnologien. Überträgt dieser urheberrechtlich geschützte Musikwerke auf Tonträger und werden die Tonträger unerlaubt ganz oder teilweise kopiert, kann er sich auf ein Leistungsschutzrecht aus § 85 Abs. 1 UrhG berufen. Streitig ist jedoch, ob sich das Herstellerunternehmen z. B. gegen **Sound-Klau** zur Wehr setzen kann, auch wenn Sounds als solche nicht urheberrechtsfähig sind.[108] Die Streitfrage war zu Lasten des Sampling-Produzenten Moses Pelham vom *BGH* entschieden worden.[109] Hiernach greift bereits derjenige in die Rechte des Tonträgerherstellers ein, der einem fremden

104 Abweichend *Möhring/Nicolini*, § 73 Rz. 2: „Es ist dabei nicht notwendig, dass der Vortrag oder die Aufführung des Werkes oder die künstlerische Mitwirkung bei ihnen einen bestimmten Grad künstlerischer Reife erlangt hat".
105 Dreier/*Schulze*, UrhG Kommentar, 5. Aufl. 2015, § 85 UrhG Rz. 5.
106 Dreier/*Schulze*, UrhG Kommentar, 5. Aufl. 2015, § 85 UrhG Rz. 6.
107 Dreier/*Schulze*, UrhG Kommentar, 5. Aufl. 2015, § 85 UrhG Rz. 7; dazu auch *BGH*, Urt. v. 12. 11. 1999 – I ZR 31 / 96, GRUR 1999, 577, 578 – Sendeunternehmen als Tonträgerhersteller; *BGH*, Urt. v. 20. 11. 1986 – I ZR 188/84, GRUR 1987, 814, 815 – Die Zauberflöte.
108 Vgl. *Schack*, Urheber- und Urhebervertragsrecht, Tübingen 1997, Rz. 190, 624.
109 *BGH*, Urt. v. 20. 11. 2008 – I ZR 112/06, GRUR 2009, 403 = MMR 2009, 253 – Metall auf Metall; siehe auch *OLG Hamburg*, Urt. v. 17. 8. 2011 – 5 U 48/05, MMR 2011, 755. In dieser Frage ist eine Verfassungsbeschwerde anhängig. Für urheberrechtliche Ansprüche hat der *BGH* einen Schutz gegen Sound-Sampling abgelehnt; *BGH*, Urt. v. 16. 4. 2015 – I ZR 225/12, MMR 2015, 824 – Goldrapper.

Tonträger kleinste Tonfetzen entnimmt. Diese Entscheidung hat das *BVerfG* aufgehoben.[110] Steht der künstlerischen Entfaltungsfreiheit ein Eingriff in das Tonträgerherstellerrecht gegenüber, der die Verwertungsmöglichkeiten nur geringfügig beschränkt, können die Verwertungsinteressen des Tonträgerherstellers nach Ansicht des *BVerfG* zugunsten der Freiheit der künstlerischen Auseinandersetzung zurückzutreten haben. Das vom *BGH* für die Anwendbarkeit des § 24 Abs. 1 UrhG auf Eingriffe in das Tonträgerherstellerrecht eingeführte zusätzliche Kriterium der fehlenden gleichwertigen Nachspielbarkeit der übernommenen Sequenz sei nicht geeignet, einen verhältnismäßigen Ausgleich zwischen dem Interesse an einer ungehinderten künstlerischen Fortentwicklung und den Eigentumsinteressen der Tonträgerproduzenten herzustellen.

Schlecht sieht es für die Musikproduzenten aus, soweit es um **Internet-Radio** geht. Die Produzenten verfügen zwar über ein eigenes Leistungsschutzrecht; dieses erstreckt sich jedoch nur auf die Kontrolle der Vervielfältigung und Verbreitung der von ihnen produzierten Tonträger (§ 85 Abs. 1 UrhG). Für die Ausstrahlung einer auf einem Tonträger fixierten Darbietung eines ausübenden Künstlers steht dem Hersteller des Tonträgers nur ein Beteiligungsanspruch gegenüber dem ausübenden Künstler nach § 86 UrhG zu, der von einer Verwertungsgesellschaft wahrgenommen wird. Der Produzent hat folglich keine Möglichkeit, die Ausstrahlung einer so fixierten Darbietung im Rahmen eines Internet-Radiodienstes zu unterbinden. Gerade digitaler Rundfunk führt aber dazu, dass ein Nutzer digitale Kopien erstellen kann, die qualitativ vom Original nicht mehr zu unterscheiden sind. Der Tonträgermarkt könnte so allmählich durch die Verbreitung der fixierten Inhalte über digitalen Rundfunk ersetzt werden. Allerdings stehen den Tonträgerherstellern Verbotsrechte aus den §§ 85, 19a UrhG zu, wenn die User im Wege des Streamings Music-on-Demand-Dienste im Internet nutzen können.[111] In diesem Sinne wurde einem Anbieter die Bereitstellung von Musik im Streaming-Verfahren untersagt. Hier liegt ein Eingriff in § 19a UrhG vor, der zu einem Verbotsanspruch der Tonträgerhersteller nach § 85 UrhG führt.[112] Die Abgrenzung von Internetradio zu Music-on-demand ist aber fließend. **267**

Im Übrigen gilt es zu beachten, dass die **Dauer des rechtlichen Schutzes für ausübende Künstler und Tonträgerhersteller** von 50 auf 70 Jahre verlän- **268**

---

110 *BVerfG*, Urt. v. 31. 5. 2016 – 1 BvR 1585/13, MMR 2016, 463 m. Anm. *Hoeren* = GRUR 2016, 690.
111 *OLG Stuttgart*, Beschl. v. 21. 1. 2008 – 2 Ws 328/07, MMR 2008, 474 = GRUR-RR 2008, 289.
112 *OLG Hamburg*, Urt. v. 7. 7. 2005 – 5 U 176/04, MMR 2006, 173; ähnlich *OLG Hamburg*, Urt. v. 11. 2. 2009 – 5 U 154/07, ZUM 2009, 414; a. A. wegen Besonderheiten im österreichischen Urheberrecht (§ 17 III URG) *öOGH*, Beschl. v. 26. 8. 2008 – 4 Ob 89/08d, GRUR Int. 2009, 751.

gert worden ist (§ 85 Abs. 3 UrhG). In Umsetzung der Richtlinie 2011/77/EU verabschiedete der Bundestag das Neunte Gesetz zur Änderung des Urheberrechtsgesetzes vom 2. Juli 2013[113]. Von der Verlängerung der Schutzdauer sollen Aufzeichnungen von Darbietungen ausübender Künstler und Tonträger erfasst werden, deren Schutzdauer am 1. November 2013 noch nicht erloschen ist und die nach dem 1. November 2013 entstehen. Der ausübende Künstler erhält einen neuen zusätzlichen Vergütungsanspruch für den Zeitraum der verlängerten Schutzdauer, d. h. für die Jahre 51 bis 70; dadurch soll er an den, der verlängerten Schutzdauer geschuldeten Mehreinnahmen des Tonträgerherstellers beteiligt werden. Der ausübende Künstler soll 20 Prozent der Einnahmen des Tonträgerherstellers erhalten, wenn er diesem seine Rechte gegen eine Pauschalvergütung eingeräumt oder übertragen hat (§ 79a UrhG). Der Vergütungsanspruch ist unverzichtbar und kann nur über eine Verwertungsgesellschaft geltend gemacht werden. Hat ein Tonträgerhersteller die Aufzeichnung einer Darbietung nicht in einer ausreichenden Stückzahl von Kopien zum Verkauf angeboten oder der Öffentlichkeit zugänglich gemacht, steht dem ausübenden Künstler 50 Jahre nach Erscheinen bzw. 50 Jahre nach der ersten erlaubten Benutzung ein Kündigungsrecht gegenüber dem Tonträgerhersteller zu, sofern dieser den Missstand nicht innerhalb eines Jahres nach Mitteilung der Kündigungsabsicht behebt (§ 79 Abs. 3 UrhG).

4 Datenbankhersteller, §§ 87a–87e UrhG

Literatur: *Häuser*, Sound und Sampling, München 2002; *Loewenheim*, § 43 Leistungsschutz von Datenbanken, in: Loewenheim (Hrsg.), Handbuch des Urheberrechts, 2. Aufl. München 2010; *Röhl*, Die urheberrechtliche Zulässigkeit des Tonträger-Sampling, K & R 2009, 172; *Schack*, Sound Sampling und Schutzrechte des Tonträgerherstellers, JZ 2009, 475; *Stieper*, Zur Frage der Urheber- und Leistungsschutzrechtsverletzung durch Sound Sampling, ZUM 2009, 223; *Wiebe*, Bewertungsportale als Datenbanken – Wie weit reicht der Schutz des Datenbankherstellers im Internet?, GRUR-Prax 2011, 369.

a) Vorüberlegungen: Der urheberrechtliche Schutz von Datenbanken

269 Webseiten sind häufig als **Datenbankwerke** (§ 4 Abs. 2 UrhG) geschützt. Nach § 4 Abs. 1 UrhG werden Sammlungen von Werken oder Beiträgen, die durch Auslese oder Anordnung eine persönlich-geistige Schöpfung sind, unbeschadet des Urheberrechts an den aufgenommenen Werken wie selbständige Werke

---

113 BGBl. I 2013, S. 1940.

geschützt.[114] Eine digitale Datenbank kann in dieser Weise geschützt sein, sofern in ihr Beiträge – auch unterschiedlicher Werkarten – gesammelt sind und die Auslese bzw. Anordnung der Beiträge eine **persönlich-geistige Schöpfung** darstellt. Fehlt diese Schöpfungshöhe, kommt ein Schutz als wissenschaftliche Ausgabe nach § 70 UrhG in Betracht.

Das erste Merkmal bereitet wenig Schwierigkeiten: Im Rahmen einer Web- **270** seite können eine Reihe verschiedener Auszüge aus Musik-, Filmwerken und Texten miteinander verknüpft werden. Das Merkmal einer persönlich-geistigen Schöpfung bereitet bei der Subsumtion die meisten Schwierigkeiten. Die Rechtsprechung stellt hierzu darauf ab, dass das vorhandene Material nach eigenständigen Kriterien ausgewählt oder unter individuellen Ordnungsgesichtspunkten zusammengestellt wird.[115] Eine rein schematische oder routinemäßige Auswahl oder Anordnung ist nicht schutzfähig.[116] Ein Spielplan für Fußballbegegnungen kann nicht urheberrechtlich geschützt werden, wenn seine Erstellung durch Regeln oder Zwänge bestimmt wird, die für künstlerische Freiheit keinen Raum lassen.[117] Die Tatsache, dass für die Erstellung des Spielplans ein bedeutender Arbeitsaufwand und bedeutende Sachkenntnis des Urhebers erforderlich waren, rechtfertigt als solche nicht den urheberrechtlichen Schutz des Spielplans. Eine Aufsatzsammlung kann aber schon die notwendige Schöpfungshöhe erfüllen, sodass eine Verwendung dieser Sammlung in einer Online-Datenbank die Rechte des Herausgebers der Sammlung verletzt.[118]

Schwierig ist allerdings die Annahme eines urheberrechtlichen Schutzes **271** bei **Sammlungen von Telefondaten**. Die Rechtsprechung hat einen solchen Schutz in den neunziger Jahren – insb. in den Auseinandersetzungen um D-Info 2.0 – abgelehnt und stattdessen einen Schutz über § 3 UWG überwiegend bejaht.[119] Hier käme auch ein Schutz als Datenbank nach § 87a UrhG in Betracht.

---

114 Vgl. zum urheberrechtlichen Schutz von Datenbanken auch *Erdmann*, CR 1986, 249; *Hackemann*, ZUM 1987, 269; *Hillig*, ZUM 1992, 325, 326; *Katzenberger*, GRUR 1990, 94; *Raczinski/Rademacher*, GRUR 1989, 324; *Ulmer*, DVR 1976, 87.
115 *BGH*, Urt. v. 12. 6. 1981 – I ZR 95/79, MDR 1982, 295 = GRUR 1982, 37, 39 – WK-Dokumentation; *OLG Frankfurt*, Urt. v. 10. 1. 1985 – 6 U 30/84, GRUR 1986, 242 – Gesetzessammlung.
116 *BGH*, Urt. v. 25. 9. 1953 – I ZR 104/52, GRUR 1954, 129 – Besitz der Erde.
117 *EuGH*, Urt. v. 1. 3. 2012 – C-604/10, K & R 2012, 335 m. Anm. *Reinholz* = MMR 2012, 828.
118 *OLG Hamm*, Urt. v. 26. 2. 2008 – 4 U 157/07, CR 2008, 517 = MMR 2008, 827.
119 *BGH*, Urt. v. 6. 5. 1999 – I ZR 199/96, MMR 1999, 470 m. Anm. *Wiebe* – Tele-Info-CD; *OLG Karlsruhe*, Beschl. v. 25. 9. 1996 – 6 U 46/96, MDR 1997, 162 = CR 1997, 149; *LG Trier*, Urt. v. 19. 9. 1996 – 7 HO 113/96, CR 1997, 81; *LG Hamburg*, Urt. v. 12. 4. 1996 – 416 O 35/96, CR 1997, 21.

b) Die sui-generis-Komponente
aa) Datenbankbegriff

272 Von zentraler Bedeutung sind i. Ü. auch die **§§ 87a – 87e UrhG** mit dem dort verankerten sui-generis-Recht, das infolge der EU-Datenbankrichtlinie[120] in das Urheberrechtsgesetz aufgenommen worden ist.[121] Geschützt werden die **Datenbankhersteller.** Als Hersteller gilt nicht nur die natürliche Person, welche die Elemente der Datenbank beschafft oder überprüft hat, sondern derjenige, der die **Investition in die Datenbank** vorgenommen hat. Aus diesem Grund fällt nach der Legaldefinition des § 87a Abs. 1 S. 1 UrhG unter diesen Schutz jede Sammlung von Werken, Daten oder anderen unabhängigen Elementen, die systematisch oder methodisch angeordnet und einzeln mit Hilfe elektronischer Mittel oder auf andere Weise zugänglich sind, sofern deren Beschaffung, Überprüfung oder Darstellung eine nach Art oder Umfang **wesentliche Investition** erfordert. Aufwendungen für den Erwerb einer fertigen Datenbank oder einer „Lizenz" an einer solchen Datenbank rechtfertigen keine Datenbankrechte.[122]

273 Wie der *EuGH* in einigen Entscheidungen zum Datenbankschutz für **Wett- und Fußballdaten** bestimmt hat,[123] bedarf es hierfür einer nicht unerheblichen Investition in die Ermittlung und Zusammenstellung von Elementen in der Datenbank. Die Mittel, die eingesetzt werden, um die Elemente zu erzeugen, aus denen der Inhalt der Datenbank besteht, sollen irrelevant sein. Mit dieser Begründung hat sich der *EuGH* in vier Urteilen im Zusammenhang mit Sportdatenbanken geweigert, eine Zusammenstellung von Ergebnissen einzelner Fußballspiele oder Hunderennen zu schützen. Entscheidend sei insofern der Aufwand an Arbeit und Geld bei der Datenbankaufbereitung, nicht jedoch bei der Datenerzeugung.[124] Die Abgrenzung ist schwierig und wird im Ergebnis zu heftigen Kontroversen für künftige Fälle führen. Der *BGH* hat in zwei Ent-

---

120 Richtlinie 96/9/EG v. 11. 3. 1996, ABl. Nr. L 77 v. 27. 3. 1996, 20. Siehe dazu *Flechsig*, ZUM 1997, 577; *Gaster*, ZUM 1995, 740, 742; *Gaster*, CR 1997, 669 und 717; Hoeren/Sieber/Holznagel/ *Gaster* (Hrsg.), Handbuch MMR, 36. Ergänzungslieferung 2013, Teil 7.6; *Gaster*, Der Rechtsschutz von Datenbanken, Köln 1999; *Wiebe*, CR 1996, 198.
121 Siehe dazu *Raue/Bensinger*, MMR 1998, 507.
122 *BGH*, Teilurt. v. 30. 4. 2009 – I ZR 191/05, CR 2009, 735 = GRUR 2009, 852 – Elektronischer Zolltarif.
123 *EuGH*, Urt. v. 9. 11. 2004 – C-203/02, CR 2005, 10 m. Anm. *Lehmann* = MMR 2005, 29 m. Anm. *Hoeren*; *EuGH*, Urt. v. 9. 11. 2004 – C-46/02, BeckEuRS 2004, 391408; *EuGH*, Urt. v. 9. 11. 2004 – C-338/02, GRUR 2005, 252; *EuGH*, Urt. v. 9. 11. 2004 – C-444/02, GRUR 2005, 254.
124 *EuGH*, Urt. v. 9. 11. 2004 – C-203/02, CR 2005, 10 m. Anm. *Lehmann* = MMR 2005, 29 m. Anm. *Hoeren*; *EuGH*, Urt. v. 9. 11. 2004 – C-46/02, BeckEuRS 2004, 391408; *EuGH*, Urt. v. 9. 11. 2004 – C-338/02, GRUR 2005, 252; *EuGH*, Urt. v. 9. 11. 2004 – C-444/02, GRUR 2005, 254.

scheidungen[125] die Vorgaben des *EuGH* verdreht. Ein Eingriff in das Datenbankrecht sei schon gegeben, wenn Daten entnommen und auf andere Weise zusammengefasst werden. Auf die Übernahme der Anordnung der Daten in der Datenbank des Herstellers solle es für den Schutz nach § 87b Abs. 1 S. 1 UrhG nicht ankommen. Folglich sei das Recht des Datenbankherstellers durch den Vertrieb einer CD-ROM mit Daten aus einer urheberrechtlich geschützten Sammlung nicht verletzt; Schutz komme nur dem Urheber der Zusammenstellung über § 4 Abs. 2 UrhG zu.[126] Der *öOGH*[127] unterscheidet zwischen den (allein relevanten) Kosten der Beschaffung sowie der Überprüfung und Darstellung des Datenbankinhalts einerseits und den nicht berücksichtigungsfähigen Kosten der Datenerzeugung als eine der Datenbankherstellung vorgeschaltete Tätigkeit andererseits. Bei Fußballdatenbanken liege – anders als bei Datenbanken, die lediglich Spielpläne enthalten – eine wesentliche Investition vor, wenn in eine Datenbank (auch) Ergebnisse von Fußballspielen aufgenommen werden. Das Erfassen der Ergebnisse sei in diesem Fall nicht Teil der Datenerzeugung, sondern der Datensammlung und -aufbereitung.

Unter den Schutz können eine umfangreiche Sammlung von Hyperlinks,[128] **274** online abrufbare Sammlungen von Kleinanzeigen,[129] das Nummernsystem eines Briefmarkenkatalogs[130] und die meisten Zusammenstellungen von Informationen auf einer Webseite[131] fallen. Der Schutz von Datenbanken ist auch auf Printmedien, etwa „Lists of Presses"[132] oder ein staatliches Ausschrei-

---

125 *BGH*, Urt. v. 21.7. 2005 – I ZR 290/02, CR 2006, 14 m. Anm. *Grützmacher* = MDR 2006, 104 – Musikcharts; ähnlich bereits *BGH*, Urt. v. 21.4. 2005 – I ZR 1/02, CR 2006, 51 = MDR 2006, 104 – Marktstudien.
126 *BGH*, Urt. v. 24.5. 2007 – I ZR 130/04, CR 2007, 556 = MMR 2007, 589 – Gedichttitelliste I; BGH, Vorlagebeschl. v. 24.5. 2007 – I ZR 130/04, GRUR 2007, 688 – Gedichttitelliste II.
127 *OGH Wien*, Beschl. vom 24.3. 2015 – 4 Ob 206/14v.
128 *LG Köln*, Urt. v. 4.5. 1999 – 2 O 4416/98, NJW-CoR 1999, 248; *AG Rostock*, Urt. v. 20.2. 2001 – 49 C 429/99, CR 2001, 786 = MMR 2001, 631; siehe dazu auch *Schack*, MMR 2001, 9.
129 *LG Berlin*, Urt. v. 8.10. 1998 – 16 O 448/98, CR 1999, 388 = MMR 2000, 120, das unter Anwendung des neuen Schutzrechts dem Anbieter einer Metasuchmaschine, die verschiedene Online-Angebote von Kleinanzeigenmärkten systematisch durchsuchte, untersagte, die Ergebnisse dieser Suche seinen Kunden per E-Mail verfügbar zu machen; *LG Köln*, Urt. v. 2.12. 1998 – 28 O 431/98, CR 1999, 593 m. Anm. *Obermüller* = AfP 1999, 95, 96; hierzu auch *Schmidt/Stolz*, AfP 1999, 146; a. A. *Schweizerisches Bundesgericht*, Urt. v. 4.2. 2005 – 4C.336/2004/zga, MMR 2005, 442, wonach veröffentlichte Immobilieninserate immaterialgüterrechtlich nicht schutzfähig seien.
130 *BGH*, Urt. v. 19.5. 2010 – I ZR 158/08, MDR 2011, 440 = CR 2011, 36 – Markenheftchen.
131 Siehe die Entscheidung des *Berufungsgerichts Helsinki*, Urt. v. 9.4. 1998 – S 96/1304, MMR 1999, 93; *Köhler*, ZUM 1999, 548.
132 *OLG Köln*, Urt. v. 1.9. 2000 – 6 U 43/00, MMR 2001, 165 = ZUM-RD 2001, 82.

bungsblatt,[133] anwendbar. Auch Zugfahrpläne fallen unter § 87b UrhG.[134] Auszüge aus solchen Datenbanken mit Hilfe einer Meta-Suchmaschine verstoßen gegen das dem Urheber der Datenbank zustehende Vervielfältigungsrecht. § 87a UrhG schützt eBay gegen eine Vervielfältigung ihrer Bewertungsdatenbank.[135] Auch Bewertungsdatenbanken, die von Nutzern der Plattform mit Inhalten gefüttert werden, fallen unter § 87a UrhG, sodass die Veröffentlichung von Bewertungsdatensätzen auf einer konkurrierenden Webseite gegen § 87b UrhG verstößt.[136]

275   Für **Telefonteilnehmerverzeichnisse** kommt neben dem Leistungsschutz über § 3 UWG[137] auch ein Schutz als Datenbank nach §§ 87a ff. UrhG in Betracht.[138] Allerdings reicht es nicht aus, wenn jemand Daten für ein Internet-Branchenbuch lediglich aus öffentlich zugänglichen Quellen sammelt und per Computer erfassen lässt.[139] In dem Aufrufen der Suchmaske der Online-Auskunft der Bahn, dem Starten der Suchabfrage und dem anschließenden (fern-)mündlichen Mitteilen des Suchergebnisses soll nach Auffassung des *LG Köln* eine wiederholte und systematische Verbreitung bzw. öffentliche Wiedergabe von Teilen der Online-Auskunfts-Datenbank der Bahn gesehen werden können.[140]

276   In Bezug auf **Gesetzessammlungen** hat das *OLG München* in einer Entscheidung aus dem Jahr 1996[141] einen urheberrechtlichen Schutz nach § 4 UrhG ausdrücklich abgelehnt: Eine solche Sammlung stelle allenfalls eine Aneinanderreihung von Texten dar, die auch hinsichtlich der redaktionell gestalteten Überschriften zu einzelnen Paragraphen keinen urheberrechtlichen Schutz genießen könne. Auch ein wettbewerbsrechtlicher Schutz scheide im Hinblick auf die fehlende Eigenart aus. In Betracht kommt jedoch ein Schutz über § 87a UrhG, da die Erstellung umfangreicher Textsammlungen (wie bspw. der Gesetzessammlung „Schönfelder") im Allgemeinen mit einer wesentlichen Investition des Verlegers verbunden ist.[142]

---

133 *OLG Dresden*, Urt. v. 18.7. 2000 – 14 U 1153/00, ZUM 2001, 595.
134 *LG Köln*, Urt. v. 8.5. 2002 – 28 O 180/02, MMR 2002, 689, 690.
135 *LG Berlin*, Beschl. v. 27.10. 2005 – 16 O 743/05, MMR 2006, 46.
136 *LG Köln*, Urt. v. 6.2. 2008 – 28 O 417/07, MMR 2008, 418 (n. rkr.; nachgehend *OLG Köln*, Urt. v. 14.11. 2008 – 6 U 57/08, MMR 2009, 191).
137 Siehe unter 3. a).
138 *BGH*, Urt. v. 6.5. 1999 – I ZR 199/96, CR 1999, 496 m. Anm. *Wuermeling* = MMR 1999, 470 m. Anm. *Wiebe*; siehe auch *HandelsG Paris*, Urt. v. 18.6. 1999 – 98/030426, MMR 1999, 533 m. Anm. *Gaster*.
139 *LG Düsseldorf*, Urt. v. 7.2. 2001 – 12 O 492/00, ZUM 2002, 65 – Branchenbuch.
140 *LG Köln*, Urt. v. 8.5. 2002 – 28 O 180/02, MMR 2002, 689, 690.
141 *OLG München*, Urt. v. 26.9. 1996 – 6 U 1707/96, CR 1997, 20 = NJW 1997, 1931.
142 Einen sui-generis-Schutz bejaht das *Bezirksgericht Den Haag*, Urt. v. 20.3. 1998 – 98/147, MMR 1998, 299 m. Anm. *Gaster*.

Eine Ausnahmebestimmung, die **amtliche Datenbanken** ungeschützt 277
lässt, findet sich in den §§ 87a ff. UrhG zwar nicht; allerdings scheint der *BGH*
insoweit § 5 UrhG (Bereichsausnahme vom Urheberrechtsschutz für amtliche
Werke) auch auf durch das UrhG geschützte Leistungsergebnisse – und damit
auch auf Datenbanken – anwenden zu wollen.[143] Unberührt bleibt jedoch die
Möglichkeit, durch eine investitionsintensive Zusammenstellung von amtlichen Werken, Dokumenten oder anderen Materialien (z. B. Gesetzessammlungen) sui-generis-Schutz für die daraus erstellte Datenbank zu beanspruchen.

Beim Investitionsschutz nach §§ 87a ff. UrhG ist das Kriterium der wesentli- 278
chen Investition das Pendant zur Schöpfungshöhe beim Schutz der Urheber.
Bei der Geltendmachung von Ansprüchen aus § 87a UrhG muss u. a. dargelegt
und bewiesen werden, ob und in welchem Umfang Aufwendungen für die Aufbereitung und Erschließung des Datenbankinhaltes getätigt wurden, wie etwa
die Erstellung von Tabellen, Abstracts, Thesauri, Indizes, Abfragesystemen, die
erst die für eine Datenbank charakteristische Einzelzugänglichkeit ihrer Elemente ermöglichen. Weiterhin sind Aufwendungen für den Erwerb der zur Datenbanknutzung erforderlichen Computerprogramme und für die Herstellung
eines Datenbankträgers darzulegen. Zudem fallen die Kosten der Datenaufbe-
reitung (einschließlich der Optimierung der Abfragesysteme), ins Gewicht, die
sich im Wesentlichen in Lohnkosten für ihre systematische oder sonstige methodische Anordnung niederschlagen, sowie Kosten der Bereitstellung. Diese
Aufwendungen sind abzugrenzen von unbeachtlichen Investitionen in die Datenerzeugung.[144]

Rätselhaft ist eine neuere Entscheidung des *EuGH*[145] zu einem Schutz von 279
Datenbanken durch ein in AGB vereinbartes Hausrecht. Danach soll das urheberrechtliche Datenbankrecht nicht auf eine Datenbank anwendbar sein, die
weder durch das Urheberrecht, noch durch das Schutzrecht sui generis nach
der RL 96/9/EG des Europäischen Parlaments und des Rates vom 11. März
1996 geschützt wird, sodass es dem Hersteller einer solchen Datenbank unbeschadet des anwendbaren nationalen Rechts nicht verwehrt werden könne,
vertragliche Beschränkungen für ihre Benutzung durch Dritte festzulegen.
Fraglich ist der Zusammenhang zwischen Vertrag und UrhG. Dem Hersteller
einer nicht geschützten Datenbank werden damit im Endeffekt mehr Rechte
eingeräumt als dem urheberrechtlich geschützten Investor.

---

143 *BGH*, Urt. v. 6. 5. 1999 – I ZR 199/96, CR 1999, 496 m. Anm. *Wuermeling* = MMR 1999, 470
m. Anm. *Wiebe*; zur niederländischen Situation siehe *Bezirksgericht Den Haag*, Urt. v. 20. 3.
1998 – 98/147, MMR 1998, 299 m. Anm. *Gaster*.
144 *OLG Düsseldorf*, Beschl. v. 7. 8. 2008 – I-20 W 103/08, ZUM-RD 2008, 598.
145 *EuGH*, Urt. v. 15. 1. 2015 – C-30/14, MMR 2015, 189 = GRUR 2015, 253.

bb) Schutzumfang

280 Das Schutzregime umfasst ein **fünfzehn Jahre währendes Recht** des Datenbankherstellers, die Datenbank ganz oder in **wesentlichen Teilen** zu vervielfältigen, zu verbreiten oder öffentlich wiederzugeben (§ 87b Abs. 1 S. 1 UrhG).[146] Gerade gegenüber einer kommerziellen Verwendung fremder Netzinhalte, z. B. mittels virtueller Suchroboter (intelligent or electronic agents), die Inhalte fremder Webseiten übernehmen, kann das sui-generis-Recht herangezogen werden.[147] Damit stellt sich z. B. für Anbieter von Suchmaschinen die Frage, inwieweit die von ihnen angewandten Suchmethoden im Hinblick auf einen eventuellen sui-generis-Schutz für die durchsuchten Webseiten problematisch sein könnten. Kein Verstoß gegen das Datenbankrecht liegt darin, dass ein Konkurrent sein Produkt mit einer Import-/Exportfunktion für eingegebene Benutzerdaten versieht.[148] Schon die einmalige Entnahme aller geänderten Daten aus einer bestimmten Version der CD-ROM – durch Erstellung einer (ggf. nur zwischengespeicherten) Änderungsliste oder unmittelbare Übernahme – bezieht sich nach Meinung des *BGH*[149] auf einen qualitativ wesentlichen Teil der Datenbank. Deshalb stehe dem Anspruch der Klägerin nicht entgegen, dass der rechtmäßige Benutzer qualitativ oder quantitativ unwesentliche Teile einer öffentlich zugänglichen Datenbank zu beliebigen Zwecken entnehmen könne. Die Übernahme von 10 Prozent einer Internet-Bewertungsdatenbank ist noch nicht „wesentlich".[150] Nach Auffassung des *EuGH* liegt eine relevante Vervielfältigung auch vor, wenn ein Teil der Kopie, der aus einem Textauszug von elf Wörtern besteht, ausgedruckt wird.[151]

281 § 87b Abs. 1 S. 2 UrhG sanktioniert i. Ü. auch die Verwendung **unwesentlicher Teile** einer Datenbank, sofern damit eine unzumutbare Beeinträchtigung der Interessen des Datenbankherstellers verbunden ist. Dies soll z. B. beim Ablesen von Zugverbindungsdaten aus einer öffentlichen Datenbank und der mündlichen Mitteilung dieser Daten an Dritte der Fall sein.[152] Das Datenbank-

---

146 Wobei in richtlinienkonformer Auslegung der Verwertungsrechte des § 87b UrhG grundsätzlich auch vorübergehende Vervielfältigungen und ein Bereithalten zum Abruf im Internet von dem sui-generis-Schutz umfasst sind.
147 Vgl. *LG Berlin*, Urt. v. 8.10. 1998 – 16 O 448/98, CR 1999, 388 = AfP 1998, 649.
148 *BGH*, Urt. v. 3.11. 2005 – I ZR 311/02, CR 2006, 438 = GRUR 2006, 493 – Michel-Nummern.
149 *BGH*, Urt. v. 30.4. 2009 – I ZR 191/05, ZUM-RD 2009, 594 = MMR 2009, 615 – Elektronischer Zolltarif; siehe dazu auch *OLG Köln*, Urt. v. 28.10. 2005 – 6 U 172/03, GRUR-RR 2006, 78 = ZUM 2006, 234.
150 *BGH*, Urt. v. 1.12. 2010 – I ZR 196/08, MMR 2011, 676 = GRUR 2011, 724 – Zweite Zahnarztmeinung II; zuvor schon *OLG Köln*, Urt. v. 14.11. 2008 – 6 U 57/08, MMR 2009, 191 = K & R 2009, 52.
151 *EuGH*, Urt. v. 16.7. 2009 – C-5/08, GRUR 2009, 1041 = ZUM 2009, 945 – Infopaq.
152 *LG Köln*, Urt. v. 8.5. 2002 – 28 O 180/02, MMR 2002, 689.

herstellerrecht aus § 87b Abs. 1 S. 2 UrhG wird nicht verletzt, wenn aus Zeitungs- und Zeitschriftenartikeln, die in einer Datenbank gespeichert sind, durch einen Internet-Suchdienst einzelne kleinere Bestandteile auf Suchwortanfrage an Nutzer übermittelt werden, um diesen einen Anhalt dafür zu geben, ob der Abruf des Volltextes für sie sinnvoll wäre. Dies gilt auch dann, wenn der Suchdienst dabei wiederholt und systematisch i. S. d. § 87b Abs. 1 S. 2 UrhG auf die Datenbank zugreift.[153] Es wird auch nicht verletzt, wenn ein Kataloghersteller im Verkehr mit Dritten auch ohne Erwerb des Konkurrenzprodukts auf dessen als Standard akzeptierte Referenznummern Bezug nimmt.[154]

Ein Unternehmen, das Software zum automatisierten Auslesen von Online-Automobilbörsen vertreibt, verletzt nur dann das Datenbankherstellerrecht eines Automobilbörsenbetreibers, wenn die einzelnen Nutzer ihrerseits das Datenbankherstellerrecht verletzen.[155] Ansonsten fehlt die für eine Gehilfen- oder Störerhaftung notwendige Haupttat. Deswegen kommt es für die Beurteilung der Frage, ob ein wesentlicher Teil der Datenbank entnommen wird, nicht auf das Nutzungsverhalten der Summe aller Nutzer an, sondern darauf, ob zumindest einzelne Nutzer bei dem Einsatz der Software quantitativ wesentliche Teile der Datenbank vervielfältigen oder entnehmen. Die wiederholte und systematische Vervielfältigung und Entnahme von nach Art und Umfang unwesentlichen Teilen der Datenbank kann nur dann eine Verletzung des Datenbankherstellerrechts darstellen, wenn durch die Entnahmehandlungen in ihrer kumulierten Wirkung ein wesentlicher Teil der Datenbank vervielfältigt oder entnommen wird.[156] Diese Ansicht hat der *BGH*[157] in der Revisionsinstanz präzisiert. Vervielfältigen demnach mehrere Nutzer nach Art und Umfang für sich genommen unwesentliche Teile einer Datenbank, die in ihrer Gesamtheit einen wesentlichen Teil der Datenbank bilden, liegt ein Eingriff in das Vervielfältigungsrecht vor, wenn diese in bewusstem und gewolltem Zusammenwirken gehandelt haben. Sind wiederholte und systematische Vervielfältigungen un-

282

153 *BGH*, Urt. v. 17. 7. 2003 – I ZR 259/00, CR 2003, 920 m. Anm. *Nolte* = MDR 2004, 346 = NJW 2003, 3406 – Paperboy.
154 *BGH*, Urt. v. 19. 5. 2010 – I ZR 158/08, CR 2011, 36 = MMR 2011, 104 – Markenheftchen I.
155 *BGH*, Urt. v. 22. 6. 2011 – I ZR 159/10, GRUR 2011, 1018 = MMR 2012, 544 – Automobil-Onlinebörse; *OLG Hamburg*, Urt. v. 18. 8. 2010 – 5 U 62/09, CR 2011, 47 = K & R 2011, 55; *OLG Hamburg*, Urt. v. 16. 4. 2009 – 5 U 101/08, CR 2009, 526 = GRUR-RR 2009, 293 – AUTOBINGOOO; ähnlich *OLG Frankfurt a. M.*, Urt. v. 5. 3. 2009 – 6 U 221/08, MMR 2009, 400 = K & R 2009, 343; *LG Hamburg*, Urt. v. 1. 10. 2010 – 308 O 162/09, CR 2010, 747 = MMR-Aktuell 2011, 312612.
156 *OLG Hamburg*, Urt. v. 16. 4. 2009 – 5 U 101/08, CR 2009, 526 = GRUR-RR 2009, 293 – AUTOBINGOOO.
157 *BGH*, Urt. v. 22. 6. 2011 – I ZR 159/10, NJW 2011, 3443 = ZUM 2011, 839 – Automobil-Onlinebörse.

wesentlicher Teile einer Datenbank nicht darauf gerichtet, kumulativ einen wesentlichen Teil der Datenbank wiederherzustellen, laufen sie einer normalen Auswertung der Datenbank nicht entgegen und sind somit nicht unzumutbar i. S. d. § 87b Abs. 1 S. 2 UrhG.[158]

283   Das Datenbankrecht erweist sich auch als Problem für das sog. **Screen Scraping**. Der Begriff Screen Scraping (engl. etwa: „Bildschirm auskratzen") umfasst generell alle Verfahren zum Auslesen von Texten aus Computerbildschirmen. Gegenwärtig wird der Ausdruck jedoch beinahe ausschließlich in Bezug auf Webseiten verwendet (daher auch „Web Scraping"). In diesem Fall bezeichnet Screen Scraping speziell die Technologien, die der Gewinnung von Informationen durch gezieltes Extrahieren der benötigten Daten von einer Webseite dienen, welche sodann in die eigene Web-Präsenz eingepflegt werden. Die Vermittlung von Flugtickets durch ein anderes Unternehmen im Wege des Screen Scrapings ist nach Ansicht des *OLG Frankfurt a. M.*[159] auch dann rechtlich nicht zu beanstanden, wenn das Flugunternehmen diesen Vertriebsweg nicht wünscht; insb. könne hierin weder eine Verletzung des „virtuellen Hausrechts" des Flugunternehmens an seiner Internetseite noch ein Verstoß gegen die Datenbankrechte (§ 87b UrhG) des Flugunternehmens gesehen werden. Der *BGH* verneinte das Vorliegen einer unlauteren geschäftlichen Handlung im Falle eines Anbieters, der im Wege des Screen Scrapings Angebote von Fluggesellschaften einholte, um diese anschließend seinen eigenen Kunden anzubieten. Auf die Verletzung des sui-generis-Schutzes von Datenbanken ging der *BGH* jedoch nicht ein, weil die Klägerin die Entscheidung der Vorinstanz (*OLG Hamburg*), die das Recht des Datenbankherstellers nicht verletzt sah, diesbezüglich nicht angefochten hatte.[160] Der *EuGH* sah Screen Scraping als unzulässig an, wenn es sich bei den Flugdaten *nicht* um eine geschützte Datenbank handelt und der Anbieter per AGB die gewerbliche Nutzung untersagt.[161]

284   In diesem Zusammenhang stellt sich auch die Frage nach einem **Herrschaftsrecht an Daten**, gerade im Kontext von Big Data. Im Arbeitsrecht taucht diese Frage bei der Löschung dienstlicher Daten auf. Nach Auffassung des *Hessischen LAG*[162] stehen solche Daten in der Verfügungsmacht des Arbeitgebers. Eine eigenmächtige Löschung durch einen Arbeitnehmer mit den sich daraus ergebenden internen Problemen und Schwierigkeiten gegenüber Kun-

---

158 *BGH*, Urt. v. 22. 6. 2011 – I ZR 159/10, NJW 2011, 3443 = ZUM 2011, 839 – Automobil-Onlinebörse.
159 *OLG Frankfurt a. M.*, Urt. v. 5. 3. 2009 – 6 U 221/08, MMR 2009, 400 = K & R 2009, 343.
160 *BGH*, Urt. v. 30. 4. 2014 – I ZR 224/12, NJW 2014, 3307 = MDR 2014, 914.
161 *EuGH*, Urt. v. 15. 1. 2015 – C 30/14, MMR 2015, 189 = GRUR 2015, 253 m. Anm. *Czychowski*.
162 *Hessisches LAG*, Urt. v. 5. 8. 2013 – 7 Sa 1060/10, ZD 2014, 377.

den ist ein so erheblicher Verstoß gegen arbeitsvertragliche Pflichten, dass die sofortige Beendigung des Arbeitsverhältnisses aus Sicht des Gerichts gerechtfertigt war. Nach Auffassung des *LAG Chemnitz*[163] erhält der Arbeitgeber durch die Installation eines Computerprogrammes gem. § 950 Abs. 1 S. 1 BGB das Eigentum daran. Demnach habe der Arbeitnehmer durch die Deinstallation Daten des Arbeitgebers gelöscht – und nicht etwa nur ein eigenes Programm entfernt. Das *OLG Nürnberg* argumentiert ähnlich und hat die Verfügungsbefugnis über Daten im Rahmen einer Prüfung des § 303a StGB demjenigen zugeordnet, der die Speicherung der Daten unmittelbar selbst bewirkt hat.[164] Hinsichtlich der Tonbandaufnahmen des Altbundeskanzlers Helmut Kohl hat das *OLG Köln* entschieden, dass es sich beim Aufzeichnungsvorgang eines Tonbandes um eine Verarbeitung i. S. d. § 950 Abs. 1 BGB handle.[165]

Die bei dem sui-generis-Recht auftretenden schwierigen Interpretationsfra- 285
gen und die dadurch hervorgerufene Rechtsunsicherheit lassen sich nur mit Hilfe der Gerichte lösen. Dies gilt insb. für die Auslegung des Begriffs der „Wesentlichkeit", der sowohl den Schutzgegenstand (§ 87a Abs. 1 UrhG) als auch den Schutzumfang (§ 87b Abs. 1 UrhG) bestimmt und damit maßgeblich über die Zulässigkeit einer Datenbanknutzung entscheidet. Dies gilt umso mehr, als § 87b Abs. 1 S. 2 UrhG auch das Einfallstor verfassungsrechtlicher Überlegungen, etwa im Hinblick auf die Presse- und Informationsfreiheit, sein soll.[166]

Der *BGH*[167] legte dem *EuGH* die Frage vor, ob eine rechtswidrige Übernah- 286
me von Daten auch dann vorliege, wenn die entsprechende Entnahme aufgrund von Abfragen der Datenbanken nach einer Abwägung im Einzelnen vorgenommen wurde. Konkret beschäftigte sich der *BGH* mit dem Fall eines Freiburger Professors für Germanistik, der nach umfangreichen Recherchen eine Liste von Gedichttiteln erstellt hatte, die unter der Überschrift „Die tausendeinhundert wichtigsten Gedichte der deutschen Literatur zwischen 1730 und 1900" im Internet veröffentlicht wurde. Die Beklagte vertrieb eine CD-ROM mit dem Namen „1000 Gedichte, die jeder haben muss". Bei der Zusammenstellung der Gedichte auf der CD-ROM hatte sich die Beklagte an der Gedichteliste des Freiburger Professors orientiert. Einige der dort aufgeführten Gedichte waren weg gelassen, andere hinzugefügt worden. Die vom Kläger getroffene Auswahl wurde kritisch geprüft. Der *EuGH* hat auf die Vorlagefrage entschie-

---

163 *LAG Chemnitz*, Urt. v. 17. 1. 2007 – 2 Sa 808/05, MMR 2008, 416 = K & R 2008, 256 m. Anm. *Bourguignon* (n. rkr.).

164 *OLG Nürnberg*, Beschl. v. 23. 1. 2013 – 1 Ws 445/12, CR 2013, 212 = ZD 2013, 282.

165 *OLG Köln*, Urt. v. 1. 8. 2014 – 6 U 20/14, MMR 2014, 684 = GRUR 2014, 1022.

166 *BGH*, Urt. v. 21. 4. 2005 – I ZR 1/02, GRUR 2005, 940 = MDR 2006, 104 – Marktstudien.

167 *BGH*, Urt. v. 13. 8. 2009 – I ZR 130/04, MMR 2010, 41 = NJW 2010, 778 – Gedichttitelliste III.

den.[168] Maßgeblich sei, dass die Bildschirmabfrage zur Übertragung eines wesentlichen Teils des Inhalts der geschützten Datenbank führe. Der Hersteller einer Datenbank dürfe Dritte nicht an der Abfrage der Datenbank zu Informationszwecken hindern, wenn er deren Inhalt Dritten zugänglich mache. Erst wenn für die Darstellung des Inhalts der Datenbank auf dem Bildschirm die ständige oder vorübergehende Übertragung der Gesamtheit oder eines wesentlichen Teils dieses Inhalts auf einen anderen Datenträger erforderlich sei, könne die betreffende Abfrage von der Genehmigung des Herstellers abhängig gemacht werden.[169] Für die Frage, ob eine Entnahme vorliege, sei es unerheblich, ob die Übertragung auf einem technischen Verfahren der Kopie des Inhalts einer geschützten Datenbank beruhe. Der Umstand, dass in einer Datenbank enthaltene Elemente erst nach kritischer Prüfung übernommen werden, stehe ebenfalls nicht der Feststellung entgegen, dass eine Übertragung von Elementen der ersten Datenbank zur zweiten stattfinde.[170]

287   In diesem Zusammenhang ist auch die Entscheidung des *OLG Köln*[171] aus dem Jahr 2008 zu beachten. Hiernach sind auch die von Nutzern abgegebenen Bewertungen auf einem Bewertungsportal als Datenbank i. S. v. § 87a Abs. 1 UrhG zu qualifizieren. Bei der Beurteilung der notwendigen Investitionshöhe seien auch die Kosten für die Erstellung, Betreuung und kontinuierliche Weiterentwicklung der Datenbanksoftware zu berücksichtigen. Allerdings führe eine wiederholte und systematische Entnahme einzelner Bewertungen aus einer solchen Datenbank nicht zwangsläufig zur Annahme eines Rechtsverstoßes. Denn selbst bei einer systematischen Entnahme müssten die entnommenen Daten in der Summe die Wesentlichkeitsgrenze überschreiten. Die rein quantitativ bedeutende Entnahme einzelner Daten reiche nur aus, wenn die Beschaffung, Überprüfung oder Darstellung dieses Teils der Daten eine ganz erhebliche, menschliche, technische oder finanzielle Investition erforderte.[172] Neben § 87a UrhG komme eine Anwendung von §§ 3, 4 Nr. 10 UWG (§ 4 Nr. 4 UWG 2015) nicht in Betracht; eine gewisse Behinderung des Wettbewerbs sei auch bei einer Entnahme einzelner Datensätze für den Wettbewerb immanent. Daran fehle es, wenn es dem Übernehmenden nur um das Partizipieren an den Daten, nicht aber um die Verhinderung der Verwertung der Datenbank gehe.[173]

288   Gerade auch wegen einer angeblich exzessiven Verwendung solcher unbestimmter Rechtsbegriffe hat die Datenbankrichtlinie in den USA besonders hef-

---

168 *EuGH*, Urt. v. 9.10. 2008 – C-304/07, GRUR 2008, 1077 = ZUM 2009, 54.
169 *EuGH*, Urt. v. 9.10. 2008 – C-304/07, GRUR 2008, 1077 = ZUM 2009, 54.
170 *EuGH*, Urt. v. 9.10. 2008 – C-304/07, GRUR 2008, 1077, 1079 = ZUM 2009, 54, 56.
171 *OLG Köln*, Urt. v. 14.11. 2008 – 6 U 57/08, K & R 2009, 52 = MMR 2009, 191.
172 *OLG Köln*, Urt. v. 14.11. 2008 – 6 U 57/08, K & R 2009, 52, 53 = MMR 2009, 191.
173 *OLG Köln*, Urt. v. 14.11. 2008 – 6 U 57/08, K & R 2009, 52, 54 = MMR 2009, 191, 192.

tige Kritik erfahren.[174] Anlass für eine so ausführliche Beschäftigung mit der europäischen Regelung des Datenbankschutzes dürfte das in Art. 11 Abs. 3 i. V. m. Erwägungsgrund 56 der Datenbankrichtlinie festgelegte **Erfordernis materieller Gegenseitigkeit** für die Gewährung eines sui-generis-Schutzes gegenüber Herstellern aus Drittstaaten sein. Danach genießen amerikanische Datenbankenhersteller für ihre Produkte in der EU nur dann den neuen Rechtsschutz, wenn in den USA ein vergleichbarer Schutz für europäische Datenbanken besteht. Obwohl vielfach Gefahren für die Informationsfreiheit, Wissenschaft und Forschung, eine Behinderung des Wettbewerbs auf dem Markt für Sekundärprodukte und eine Beschränkung des globalen Handels mit Informationsprodukten und -dienstleistungen durch die europäische Regelung befürchtet werden,[175] scheint die Sorge um einen Wettbewerbsnachteil für amerikanische Unternehmen auf dem europäischen Markt ein (verdecktes) Motiv für die harsche Kritik zu sein. Schließlich bleibt noch zu erwähnen, dass es in den USA seit Einführung der Datenbankrichtlinie ebenfalls Bemühungen gibt, einen Sonderrechtsschutz für „nicht-kreative" Datenbanken einzuführen.[176]

Vertragsrechtlich zu beachten ist § 87e UrhG. Hiernach sind Vereinbarungen über den Ausschluss der Nutzung von nach Art oder Umfang unwesentlichen Teilen einer Datenbank unwirksam, soweit die beschränkten Handlungen weder einer normalen Auswertung der Datenbank zuwiderlaufen noch die berechtigten Interessen des Datenbankherstellers unzumutbar beeinträchtigen. Ähnlich erlaubt § 87b UrhG die freie Nutzung unwesentlicher Teile einer Datenbank, sofern die Nutzung weder die berechtigten Interessen des Datenbankherstellers unzumutbar beeinträchtigt noch der normalen Auswertung der Datenbank zuwiderläuft. Vertragliche Beschränkungen der §§ 87b und 87e UrhG sind unwirksam; AGB-Regelungen verstoßen gegen § 307 BGB.[177] **289**

5 Presseverleger, §§ 87f–87h UrhG

Literatur: *Kreutzer*, Das Leistungsschutzrecht für Presseverleger im Lichte der *BGH*-Rechtsprechung zu Vorschaubildern. Was bleibt am Ende übrig?, MMR 2014, 512; *ders.*, Google, Facebook, Twitter, Wikipedia, Flippboard & Co. – Wer ist Adressat des neuen Leistungsschutzrechts für Presseverleger?, CR 2014, 542.

---

174 Siehe *Reichman/Samuelson*, Vanderbilt Law Review 1997, 51; *Rosler*, High Technology Law Journal 1995, 105; die Richtlinie insgesamt befürwortend jedoch *Hunsucker*, Fordham Intellectual Property, Media and Entertainment Law Journal 1997, 697.
175 Siehe insbesondere *Reichman/Samuelson*, Vanderbilt Law Review 1997, 84–137.
176 Hoeren/Sieber/Holznagel/*Gaster*, Handbuch MMR, 36. Ergänzungslieferung 2013, Teil 7.6 Rz. 235; Gesetzesvorschläge: HR.3261 und HR.3872.
177 So *OLG München*, Urt. v. 25. 10. 2001 – 29 U 2530/01, NJW-RR 2002, 401 = GRUR-RR 2002, 89.

290 Inzwischen sind auch **Leistungsschutzrechte für Verleger** in das UrhG integriert worden; §§ 87f – 87h UrhG. Mit dem Leistungsschutzrecht für Presseverlage wird diesen das ausschließliche Recht eingeräumt, das Presseerzeugnis[178] oder Teile hiervon zu gewerblichen Zwecken öffentlich zugänglich zu machen, es sei denn, es handelt sich um einzelne Wörter oder kleinste Textausschnitte. Schutzberechtigt ist wiederum der Hersteller des Presseerzeugnisses (§ 87f UrhG), wobei gem. der Fiktion des § 87f Abs. 1 S. 2 UrhG der Inhaber des Unternehmens als Hersteller gilt, sofern das Presseerzeugnis in einem Unternehmen hergestellt wurde. In § 87g UrhG sind besondere Schranken des Leistungsschutzrechtes, wie die kurze Schutzfrist von einem Jahr normiert. Die §§ 87f – 87h UrhG bieten jedoch nur Schutz vor systematischen Zugriffen auf die verlegerische Leistung durch die Anbieter von Suchmaschinen, da deren Geschäftsmodell in besonderer Weise darauf ausgerichtet sei, für die eigene Wertschöpfung auf die verlegerische Leistung zuzugreifen. Nicht erfasst werden sollen deshalb andere Nutzer, wie z. B. Blogger, Unternehmen der sonstigen gewerblichen Wirtschaft, Rechtsanwaltskanzleien oder private bzw. ehrenamtliche Nutzer (§ 87g Abs. 4 UrhG).

291 Eine besonders brisante Fallkonstellation ist die Zurverfügungstellung von sog. **Snippets** durch Suchmaschinen, bei denen kurze Teile von Nachrichtenmeldungen der Anbieter von Online-Nachrichtendiensten unter Angabe der Quelle zugänglich gemacht werden, z. B. bei Google News. Bei der Beurteilung der Rechtmäßigkeit dieser Zugänglichmachungen kommt es entscheidend darauf an, wie umfassend Textteile übernommen werden. Es ist mithin immer eine Beurteilung des Einzelfalls geboten. Aus dem Wortlaut des § 87f UrhG („einzelne Wörter oder kleinste Textausschnitte") ergibt sich jedoch, dass der entnommene Teil sehr klein sein muss, um zustimmungsfrei öffentlich zugänglich gemacht werden zu dürfen. Zu erwähnen ist in diesem Zusammenhang die Ansicht, nach der die fehlende Einrichtung technischer Schutzmaßnahmen eine konkludente Einwilligung in die Vervielfältigung und öffentliche Zugänglichmachung darstelle.[179] Vor dem Hintergrund der Entscheidung des *BGH* in dem Urteil „Vorschaubilder II"[180] ist dies folgerichtig.
Die Schranke der Zitierfreiheit aus § 51 UrhG gilt auch für die Leistungsschutzrechte der Presseverleger (§ 87g Abs. 4 UrhG).

---

178 Eine Legaldefinition enthält § 87f Abs. 2 UrhG.
179 *Stieper*, ZUM 2013, 10, 17; bezugnehmend auf *Ohly*, GRUR 2012, 983, 990.
180 *BGH*, Urt. v. 19. 10. 2011 – I ZR 140/10, GRUR 2012, 602 = NJW 2012, 1886 – Vorschaubilder II; ausführlich unten A. V. 1.

6 Filmhersteller, §§ 88–94 UrhG

Der Filmhersteller überträgt Filmwerke und Laufbilder auf Filmstreifen (§§ 94, 95 UrhG). Er ist zwingend von dem Urheber des Filmwerks zu unterscheiden.[181] Die Leistung des Filmherstellers liegt nicht in einer schöpferischen Leistung, sondern in der wirtschaftlichen Verantwortung und der organisatorischen Leistung zur Herstellung des Films.[182] Auch in diesem Fall können sowohl natürliche, als auch juristische Personen Träger des Schutzrechts sein. Auf Bild- und Tonfolgen, welche nicht als Filmwerk geschützt sind, werden die Vorschriften über den Schutz des Filmherstellers und das Recht zur Verfilmung (§§ 88–94 UrhG) entsprechend angewendet.[183]

292

V Verwertungsrechte des Urhebers

Literatur: *Berberich*, Die urheberrechtliche Zulässigkeit von Thumbnails bei der Suche nach Bildern im Internet, MMR 2005, 145; *Burmeister*, Urheberrechtsschutz gegen Framing im Internet, Köln 2000; *Dornis*, Zur Verletzung von Urheberrechten durch den Betrieb eines Music-on-Demand-Dienstes im Internet, CR 2008, 321; *Freitag*, Urheberrecht und verwandte Schutzrechte im Internet, Kröger/Gimmy (Hrsg.), Handbuch zum Internet-Recht, 2. Aufl. 2002, 289; *Haupt*, Öffentliche oder private Nutzung? – Der urheberrechtliche Öffentlichkeitsbegriff im europäischen und im nationalen Recht, MR-Int. 2014, 24; *Hoeren*, Urheberrechtliche Fragen rund um IP-TV und Handy-TV, MMR 2008, 139; *Hoeren*, Überlegungen zur urheberrechtlichen Qualifizierung des elektronischen Abrufs, CR 1996, 517; *Kazemi*, Online-Nachrichten in Suchmaschinen – Ein Verstoß gegen das deutsche Urheberrecht?, CR 2007, 94; *Leistner/Stang*, Die Bildersuche aus urheberrechtlicher Sicht, CR 2008, 499; *Ott*, Haftung für Embedded Videos auf YouTube und anderen Videoplattformen im Internet, ZUM 2008, 556; *Poll*, Neue internetbasierte Nutzungsformen – Das Recht der Zugänglichmachung auf Abruf (§ 19a UrhG) und seine Abgrenzung zum Senderecht (§§ 20, 20b UrhG), GRUR 2007, 476; *Schrader/Rautenstrauch*, Urheberrechtliche Verwertung von Bildern durch Anzeige von Vorschaugrafiken (sog. „Thumbnails") bei Internetsuchmaschinen, UFITA 2007, 761; *Thiele*, Framing und Embedded Content vor dem EuGH, MR-Int. 2014, 30; *Völtz*, Das Kriterium der „neuen Öffentlichkeit" im Urheberrecht – Implikationen der jüngsten EuGH-Rechtsprechung zum Recht der öffentlichen Wiedergabe, CR 2014, 721; *Walter*, Zur urheberrechtlichen Einordnung der digitalen Werkvermittlung, Medien und Recht 1995, 125; *Weil*, Was du liebst, lass frei. Kommt es zurück, gehört es dir – für immer! – Urteil des EUGH vom 13. Februar 2014, Rs. C-466/12; „Nils Svensson u. a./ Retriever Sverige AB", sic! 2014, 478; *Wimmers/Schulz*, Wer nutzt? – Zur Abgrenzung zwischen Werknutzer und technischem Vermittler im Urheberrecht, CR 2008, 170.

---

181 *Engels*, Patent-, Marken-, und Urheberrecht, 9. Aufl. 2015, Rz. 137.
182 Dreier/*Schulze*, UrhG Kommentar, 5. Aufl. 2015, § 94 UrhG Rz. 4.
183 *Engels*, Patent-, Marken-, und Urheberrecht, 9. Aufl. 2015, Rz. 1382.

293 Das Urheberrechtsgesetz billigt dem Urheber eine Reihe von Verwertungsrechten zu: Er hat gem. § 15 Abs. 1 UrhG das ausschließliche Recht, sein Werk in körperlicher Form zu verwerten. Dieses Recht umfasst insb. das Vervielfältigungsrecht (§§ 16, 69c Nr. 1 UrhG), das Verbreitungsrecht (§§ 17, 69c Nr. 3 UrhG) und das Recht, Bearbeitungen des Werkes zu verwerten (§§ 23, 69c Nr. 2 UrhG). Ferner ist allein der Urheber befugt, sein Werk in unkörperlicher Form öffentlich wiederzugeben (Recht der öffentlichen Wiedergabe, § 15 Abs. 2 UrhG); hierbei ist im Internet insb. das Recht auf öffentliche Zugänglichmachung gem. § 19a UrhG relevant). Die Digitalisierung urheberrechtsfähiger Materialien greift in eine Reihe dieser Verwertungsrechte ein.

1 Vervielfältigung

294 Eine Vervielfältigung i. S. d. §§ 15 Abs. 1 Nr. 1, 16 Abs. 1 UrhG liegt vor, wenn Vervielfältigungsstücke des Werkes hergestellt werden, wobei eine (weitere) körperliche Festlegung des Werkes erfolgen muss, die geeignet ist, das Werk den menschlichen Sinnen auf irgendeine Weise unmittelbar oder mittelbar wahrnehmbar zu machen.[184] Da das Vervielfältigungsrecht gem. § 15 Abs. 1 Nr. 1 UrhG ein ausschließliches Recht des Urhebers ist, kann dieser seine Zustimmung zu einer solchen Vervielfältigung verweigern, sofern sich aus den Schrankenregelungen der §§ 45 ff. UrhG nichts anderes ergibt.

295 Die **Digitalisierung von Material** etwa im Wege des Scannens und die Speicherung auf einem Server (sog. **Upload**) stellen Vervielfältigungshandlungen i. S. d. § 16 UrhG dar.[185] Dies gilt auch für das Digitalisieren von Musikwerken zu Sendezwecken; hier spielt das Argument der Sendeanstalten, das Digitalisieren sei eine bloße Vorbereitungshandlung für das Senden, keine Rolle.[186] Weitere Kopien des Werkes werden bei textorientierten Onlinedatenbanken durch die Umwandlung in ein Textdokument durch das OCR-Programm und das eventuell darauf folgende Selektieren der Artikel erstellt. Nicht relevant ist in diesem Kontext die mit der Digitalisierung verbundene Umgestaltung. Nach § 23 UrhG darf ein Werk auch ohne Zustimmung des Urhebers bearbeitet oder in sonstiger Form umgestaltet werden. Erst wenn diese umgestaltete Fassung

---

184 Picot/*Hoeren*, Digital Rights Management, 2003, S. 25; Schricker/*Loewenheim*, Urheberrecht, 4. Aufl. 2010, § 16 UrhG Rz. 5.
185 *EuGH*, Urt. v. 16. 7. 2009 – C-5/08, GRUR 2009, 1041 = NJW 2010, 753 (Ls.); vgl. *OLG Frankfurt a. M.*, Urt. v. 29. 10. 1996 – 11 U 44/95, CR 1997, 275 m. Anm. *Kerckhoff* = ZUM-RD 1997, 221.
186 So ausdrücklich der *öOGH*, Urt. v. 26. 1. 1999 – 4 Ob 345/98h, MMR 1999, 352 m. Anm. *Haller* – Radio Melody III.

veröffentlicht oder verwertet werden soll, ist eine Zustimmung des Urhebers erforderlich. Hieraus folgt, dass Texte und Bildmaterial zum Zwecke der Digitalisierung umgestaltet werden dürfen. Allerdings dürfen die Speicher nicht ohne Zustimmung des Urhebers öffentlich zugänglich gemacht oder verbreitet werden.

Anders liegt der Fall, wenn kurze Zusammenfassungen (sog. Abstracts) er- **296** stellt werden, die über den wesentlichen Inhalt des jeweiligen Dokumentes informieren. Weil die Abstracts aufgrund ihrer komprimierten Darstellung die Textlektüre nicht zu ersetzen vermögen, ist keine urheberrechtliche Relevanz anzunehmen. Die Beschreibung des Inhalts eines Werkes wird allgemein für zulässig erachtet, sobald das Werk selbst veröffentlicht wurde.[187] Werden lediglich Stichworte und bibliographische Angaben aus dem Originaltext übernommen und in das Dokumentationssystem eingespeichert, liegt ebenfalls keine urheberrechtliche Vervielfältigung vor, da hier nur ein inhaltliches Erschließen mit der Möglichkeit späteren Auffindens des Textes in Rede steht.[188] Zum gleichen Ergebnis kommt das *LG Frankfurt a. M.* in der vielbeachteten **„Perlentaucher"-Entscheidung** bzgl. des Zusammenfassens fremder Buchkritiken, wenn auch mit kritisch zu beurteilender anderer Begründung: Nachdem das Recht der ersten Inhaltsmitteilung nach § 12 Abs. 2 UrhG durch die Erstveröffentlichung erschöpft sei, ergebe sich im Umkehrschluss, dass nun jedermann das Werk frei mitteilen oder „beschreiben" dürfe.[189] Letztlich kommt es wohl in Abgrenzung der Bearbeitung zur freien Benutzung (§§ 23, 24 UrhG) darauf an, dass die Abstracts abhängig von Umfang, Aufbau und Gliederung einen eigenen schöpferischen Gehalt aufweisen.[190]

Bei einem **Abruf** der gespeicherten Daten **vom Server** kann ebenfalls das **297** Vervielfältigungsrecht des Urhebers betroffen sein. Dies ist unstreitig der Fall, wenn der Nutzer das Material nach dem Download (z. B. auf seiner Festplatte) speichert.[191] Dabei findet eine im Verhältnis zum Upload weitere Vervielfälti-

---

187 *Katzenberger,* GRUR 1973, 631; *Mehrings,* GRUR 1983, 284; krit. *Berger/Büchner,* K & R 2007, 151; die Abstracts verfolgten schließlich gerade den Zweck, den wesentlichen Inhalt des Originals wiederzugeben, sodass der für eine freie Benutzung i. S. d. § 24 UrhG erforderliche Abstand zu verneinen sei.
188 *Flechsig,* ZUM 1996, 833; *Raczinski/Rademacher,* GRUR 1989, 325.
189 *LG Frankfurt a. M.,* Urt. v. 23. 11. 2006 – 2–03 O 172/06, MMR 2007, 118 – Perlentaucher; nachgehend ebenso *OLG Frankfurt a. M.,* Urt. v. 11. 12. 2007 – 11 U 75/06, ZUM 2008, 233 (das sich aber wieder auf § 23 UrhG stützt).
190 *OLG Frankfurt a. M.,* Urt. v. 11. 12. 2007 – 11 U 76/06, GRUR 2008, 249 = ZUM-RD 2008, 121.
191 *BGH,* Urt. v. 6. 10. 2016 – I ZR 25/15, GRUR 2017, 266 = MMR 2017, 171 m. Anm. *Biehler* – World of Warcraft.

gung statt, für die die Zustimmung des Rechteinhabers erforderlich ist. Ebenso stellt das **Ausdrucken** in Form einer Hardcopy eine weitere Vervielfältigung dar. Problematisch ist, ob auch das bloße Sichtbarmachen von Inhalten auf dem Bildschirm (sog. **browsing**) als Vervielfältigung anzusehen ist, da es hier an dem Merkmal der körperlichen Wiedergabe fehlen könnte. Zwar erfolgt eine zeitlich zwingend vorgelagerte vorübergehende Einlagerung der Informationen in den Arbeitsspeicher (sog. **RAM-Speicher**)[192] des abrufenden Computers. Man könnte jedoch argumentieren, dass sich aus Sinn und Zweck des § 16 UrhG ergibt, dass die Vervielfältigung einer dauerhaften Festlegung entsprechen müsse, die mit der eines Buches oder einer CD vergleichbar ist.[193] Für Computerprogramme ist allerdings mittlerweile in § 69c Nr. 1 UrhG gesetzlich normiert, dass auch deren kurzfristige Übernahme in den Arbeitsspeicher eine rechtlich relevante Vervielfältigung ist.[194] Für die elektronisch übermittelten Werke wird daher angeführt, dass für sie letztlich nichts anderes gelten könne, da ihre Urheber ebenso schutzwürdig seien wie die von Computerprogrammen.[195]

298   Darüber hinaus erfüllt **die nur für wenige Sekunden erfolgende Festlegung eines Werkes** oder eines geschützten Werkteils im Arbeitsspeicher nicht nur technisch die Voraussetzungen einer Vervielfältigung. Es ist gerade ihr Zweck, die menschliche Betrachtung des Werkes zu ermöglichen. Darüber hinaus hat moderne Browser-Software zumeist eine besondere „**caching**"-Funktion, mit deren Hilfe jede von einem fremden System heruntergeladene Webseite auf dem Rechner des Nutzers abgespeichert wird, sodass dem Nutzer bei erneutem Aufruf der Seite (z. B. beim Zurückblättern) Kosten und Übertragungszeit für das Herunterladen erspart bleiben. Aus diesen Gründen mehrten sich die Stimmen, die §§ 16, 69c Nr. 1 UrhG auch auf solche Kopien erstrecken wollen, die technisch bedingt sind und insoweit aber eher einen flüchtigen Charakter haben.[196] Gerade für den Bereich der Proxyspeicherung[197] oder des RAM-Arbeitsspeichers wurde von vielen vertreten, dass auch technische Zwischenspeicherungen als urheberrechtlich relevante Vervielfältigungsvorgänge

---

192 Direktzugriffsspeicher („random access memory").
193 *Flechsig*, ZUM 1996, 833; so auch *Hoeren*, UFITA Bd. 111 (1989), S. 5.
194 Ebenso in den USA: *United States Court of Appeal of the 9ᵗʰ Circuit* 5. Systems Corp. vs. Peak Computer, Inc., 991 F.2d 511, 1993.
195 Siehe die Nachweise bei Schricker/*Loewenheim*, Urheberrecht, 4. Aufl. 2010, § 16 UrhG Rz. 16.
196 Fromm/*Nordemann*, Urheberrecht, 11. Aufl. 2014, § 16 Rz. 2.
197 Siehe dazu auch die technischen Hinweise in *Bechtold*, ZUM 1997, 427; *Ernst*, K & R 1998, 536; *Sieber*, CR 1997, 581.

anzusehen seien.[198] Eine Ausnahme sollte allenfalls dann zum Tragen kommen, wenn die Zwischenspeicherung keinen eigenständigen wirtschaftlichen Wert verkörperte.

Die Streitfrage ist seit 2003 in **Umsetzung des Art. 5 Richtlinie 2001/29/ EG** gesetzgeberisch gelöst. Nach § 44a UrhG sind solche Vervielfältigungen nicht zustimmungspflichtig, die dem technischen Prozess immanent sind, für keinen anderen Zweck getätigt werden, als den rechtmäßigen Gebrauch zu ermöglichen, und keine eigene wirtschaftliche Bedeutung haben. „Flüchtige und begleitende" Vervielfältigungshandlungen sind damit weitgehend vom Vervielfältigungsbegriff ausgenommen. Dies hat unmittelbare Auswirkungen für die Provider und deren User. Proxy-Server sind damit ebenso von der Zustimmungspflicht ausgenommen wie Speicherungen im RAM oder die Bildschirmanzeige. Der *EuGH*[199] bestätigte im Juni 2014, dass die von einem Endnutzer bei der Betrachtung einer Internetseite erstellten Kopien auf dem Bildschirm seines Computers und im Cache der Festplatte dieses Computers Art. 5 der Richtlinie 2001/29/EG und somit auch den tatbestandsgleichen § 44a UrhG erfüllen und somit nicht der Zustimmung des Rechteinhabers bedürfen. Auch die landgerichtliche Rechtsprechung sieht Streaming nicht als relevante Vervielfältigung an.[200] **299**

Nach § 23 UrhG darf ein Werk auch ohne Zustimmung des Urhebers bearbeitet oder in sonstiger Form umgestaltet werden. Erst wenn diese umgestaltete Fassung veröffentlicht oder verwertet werden soll, ist eine Zustimmung des Urhebers erforderlich. Anderes gilt nur für Software, bei der bereits die Umgestaltung als solche verboten ist (§ 69c Nr. 2 UrhG). Hieraus folgt, dass Texte und Bildmaterial, mit Ausnahme der Software, für die Zwecke der optischen Speicherung umgestaltet werden dürfen. Allerdings dürfen die Speicher nicht ohne Zustimmung des Urhebers öffentlich zugänglich gemacht oder verbreitet werden. **300**

Eine Ausnahme besteht auch für die Verfilmung des Werkes (§ 23 Abs. 1 S. 2 Var. 1). Hier ist bereits die Bearbeitung von der Zustimmung des Urhebers abhängig. Daher taucht die Frage auf, ob es sich bei der Herstellung von Multimedia-Produkten um eine zustimmungsbedürftige Verfilmung handelt. Der *BGH* hat in der „Sherlock-Holmes"-Entscheidung[201] den Verfilmungsvorgang **301**

---

198 Etwa *OLG Düsseldorf*, Urt. v. 14.5. 1996 – 20 U 126/95, CR 1996, 728 = GRUR 1997, 75.
199 *EuGH*, Urt. v. 5.6. 2014 – C-360/13, GRUR 2014, 654 = WRP 2014, 825.
200 So etwa *LG Köln*, Beschl. v. 24.1. 2014 – 209 O 188/13, GRUR-RR 2014, 114 = MMR 2014, 193.
201 *BGH*, Urt. v. 15.11. 1957 – I ZR 83/56, BGHZ 26, 52 = NJW 1958, 459 = GRUR 1958, 354 – Sherlock Holmes.

als Umsetzung eines Sprachwerkes „in eine bewegte Bilderfolge mit Hilfe filmi-
scher Gestaltungsmittel"[202] definiert. Sofern i. R. v. Multimedia-Produkten der
Charakter laufender Bilder überwiegt, kommt daher die Anwendung der Film-
regelungen des UrhG in Betracht.

302   Schwierig ist auch die **Abgrenzung** zwischen der **zustimmungspflichtigen Bearbeitung** und der **freien Benutzung** (§ 24 UrhG). Grundsätzlich darf
ein selbständiges Werk, das in freier Benutzung eines anderen Werks geschaffen worden ist, ohne Zustimmung des Urhebers des benutzten Werkes veröffentlicht und verwertet werden (§ 24 Abs. 1 UrhG). Eine Ausnahme gilt für die
erkennbare Übernahme von Melodien – sog. starrer Melodiensschutz (§ 24
Abs. 2 UrhG).

303   Damit eine freie Benutzung bejaht werden kann, darf das fremde Werk
nicht in identischer oder umgestalteter Form übernommen werden, sondern
nur als Anregung für das eigene Werkschaffen dienen.[203] Zur Konkretisierung
verwendet die Rechtsprechung seit den „Asterix"-Entscheidungen des *BGH*[204]
zwei verschiedene Verblassensformeln:[205] Eine freie Benutzung kann danach
zum einen darin zu sehen sein, dass die aus dem geschützten älteren Werk
entlehnten eigenen persönlichen Zügen in dem neuen Werk so zurücktreten,
dass das ältere in dem neuen Werk nur noch schwach und in urheberrechtlich
nicht mehr relevanter Weise durchschimmert. Zum anderen können aber auch
deutliche Übernahmen durch eine besondere künstlerische Gedankenführung
legitimiert sein; in diesem Fall ist ein so großer innerer Abstand erforderlich,
dass das neue Werk seinem Wesen nach als selbständig anzusehen ist. Die
nähere Konkretisierung gerade letzterer Variante der Verblassensformel ist
schwierig und nur unter Rückgriff auf die Besonderheiten des Einzelfalls möglich. Die Integration von Fotografien in einen digitalen Bildspeicher wird dabei
eher als unfreie Benutzung angesehen werden als die Übernahme fremder
Sounds in einem multimedialen Videokunstwerk.

304   Nach neuer Rechtsprechung des *BGH*[206] kommt es nicht mehr auf den Abstand an, den das neue Werk zu den entlehnten eigenpersönlichen Zügen des
benutzten Werkes hält. Eine freie Benutzung setze voraus, dass angesichts der

---

202 *BGH*, Urt. v. 15. 11. 1957 – I ZR 83/56, BGHZ 26, 52 = NJW 1958, 460 = GRUR 1958, 355 –
Sherlock Holmes.
203 *OLG Hamburg*, Urt. v. 6. 5. 1999 – 3 U 78/98, NJW-RR 2000, 271 = ZUM-RD 1999, 448 –
Häschenschule; Schricker/*Loewenheim*, 4. Aufl. 2010, § 24 UrhG Rz. 10.
204 *BGH*, Urt. v. 11. 3. 1993 – I ZR 264/91, MDR 1993, 747 = GRUR 1994, 191 – Alcolix.
205 Vgl. Fromm/*Nordemann*, Urheberrecht, 11. Aufl. 2014, § 24 UrhG Rz. 3.
206 *BGH*, Urt. v. 28. 7. 2016 – I ZR 9/15, GRUR 2016, 1157 = NJW 2017, 806 m. Anm. *Gounalakis* –
Auf fett getrimmt.

Eigenart des neuen Werkes die entlehnten eigenpersönlichen Züge des geschützten älteren Werkes verblassen. Wenn eine Parodie im urheberrechtlichen Sinne zu beurteilen ist, dann sei von Bedeutung, dass das Unionsrecht die Beschränkungen und Ausnahmen des Vervielfältigungsrechts, des Rechts der öffentlichen Wiedergabe und der öffentlichen Zugänglichmachung angepasst und in diesem Zusammenhang Schrankenregelungen entworfen habe. Ausnahmen von diesen Schrankenregelungen können die Mitgliedstaaten nach Art. 5 Abs. 3 lit. k RL 2001/29/EG vornehmen. Der deutsche Gesetzgeber setze eine solche Schutzschranke in § 24 Abs. 1 UrhG durch, wobei dieser in der urheberrechtlichen Zulässigkeit von Parodien richtlinienkonform auszulegen sei.[207] Wird ein Werk zu einer Parodie verändert, dann werde das Interesse des Parodisten und das Interesse des Urhebers gegenübergestellt. Innerhalb der Interessenabwägung sei aus Sicht des *EuGH* ein Verstoß gegen Art. 21 GRCh zu prüfen, wobei der *EuGH* sich v. a. auf das Diskriminierungsverbot und somit auf das Gemeinwohl des Erwägungsgrunds 3 der RL 2001/29/EG bezieht. Der Schwerpunkt der Interessenabwägung liege nicht in der Anwendung einer „Political-Correctness-Kontrolle". Bereits durch den Unionsgesetzgeber sei die Rolle der Parodie als Art der Meinungsfreiheit privilegiert. Es komme demnach lediglich darauf an, ob durch die Parodie Rechte Dritter verletzt werden und der Urheber ein schutzwürdiges Interesse hat, dass sein Werk mit einer solchen Rechtsverletzung nicht in Verbindung gebracht wird.[208] Streitig ist in diesem Zusammenhang die Rechtslage bei der Verwendung von **Thumbnails**. Die öffentliche Zugänglichmachung von kleinen Foto-Schnipseln im Internet stellt nach Auffassung des *LG Hamburg*[209] i. d. R. eine unfreie Nutzung der zu Grunde liegenden Originalfotos dar. Dem soll nicht entgegenstehen, dass die Thumbnails gegenüber den Originalen stark verkleinert und mit einer viel gröberen Auflösung zum Abruf bereitgehalten werden, denn dadurch werde die Schwelle zur freien Benutzung i. S. d. § 24 UrhG nicht erreicht. Dies sieht das *LG Erfurt*[210] anders. Durch das Onlinestellen von Bildern auf einer Webseite erteile der Webseitenbetreiber der Internetsuchmaschine konkludent eine Einwilligung, urheberrechtlich geschützte Bilder als automatische Thumbnails an-

---

207 *BGH*, Urt. v. 28. 7. 2016 – I ZR 9/15, GRUR 2016, 1157, 1159 f. = NJW 2017, 806, 809 m. Anm. *Gounalakis* – Auf fett getrimmt.
208 *BGH*, Urt. v. 28. 7. 2016 – I ZR 9/15, GRUR 2016, 1157, 1161 = NJW 2017, 806, 811 m. Anm. *Gounalakis* – Auf fett getrimmt.
209 *LG Hamburg*, Urt. v. 5. 9. 2003 – 308 O 449/03, CR 2004, 855 = MMR 2004, 558. Ähnlich *LG Hamburg*, Urt. v. 26. 9. 2008 – 308 O 42/06, CR 2009, 47 m. Anm. *Kleinemenke* = MMR 2009, 55 m. Anm. *Hoeren*; *LG Bielefeld*, Urt. v. 8. 11. 2005 – 20 S 49/05, ZUM 2006, 652; *OLG Jena*, Urt. v. 27. 2. 2008 – 2 U 319/07, MMR 2008, 408 = GRUR-RR 2008, 223.
210 *LG Erfurt*, Urt. v. 15. 3. 2007 – 3 O 1108/05, CR 2007, 391 m. Anm. *Berberich* = MMR 2007, 393; ähnlich *Court of Arnhem* (NL), Urt. v. 16. 3. 2006 – Ljn Av5236.

zuzeigen. Anders argumentierte aber nachfolgend das *OLG Jena*.[211] Die Nutzung von Thumbnails sei zwar nicht von einer konkludenten Einwilligung oder über das Zitatrecht gedeckt; es fehle im deutschen Recht an einer entsprechenden Schrankenbestimmung. Wer aber eine Suchmaschinenoptimierung etwa über Meta-Tags bei seiner Webseite vornehme, handele rechtsmissbräuchlich, wenn er gegen den Suchmaschinenbetreiber wegen der Thumbnails vorgehe. Der *BGH* hat Thumbnails für zulässig erachtet.[212] Ein rechtswidriger Eingriff in urheberrechtliche Befugnisse sei nicht nur dann zu verneinen, wenn der Berechtigte rechtsgeschäftlich entweder durch Einräumung entsprechender Nutzungsrechte über sein Recht verfügt oder dem Nutzer die entsprechende Werknutzung schuldrechtlich gestattet hat. Vielmehr sei die Rechtswidrigkeit eines Eingriffs in ein ausschließliches Verwertungsrecht auch dann ausgeschlossen, wenn der Berechtigte in die rechtsverletzende Handlung eingewilligt habe. Eine solche Einwilligung setze keine, auf den Eintritt dieser Rechtsfolge gerichtete, rechtsgeschäftliche Willenserklärung voraus. Die Einstellung des Bildes ohne Sicherungsmechanismen reiche als konkludente Einwilligung aus.[213] In einem weiteren Urteil hat der *BGH* diese Rechtsprechung bestätigt.[214] So läge auch dann eine konkludente Einwilligung vor, wenn Dritte das Werk mit Zustimmung des Urhebers ohne Schutzvorkehrungen ins Internet stellen. Zwar wurde hier ein Lichtbild unberechtigt ins Netz gestellt. Da aber die Suchmaschinen nicht unterscheiden könnten, ob ein Bild mit oder ohne Berechtigung eingestellt worden ist, dürfe ihr Betreiber von einer validen Einwilligung ausgehen. Allerdings könne dann der Urheber denjenigen in Anspruch nehmen, der das Werk unberechtigt ins Netz gestellt hat.[215] Zwar muss ein Berechtigter, der Texte oder Bilder im Internet ohne Sicherungsmechanismen frei zugänglich macht, mit einer Nutzung rechnen.[216] Allerdings muss er nur mit der nach den Umständen gebräuchlichen Nutzungshandlung rechnen. Laut dem *LG Hamburg*[217] bedeutet das für den konkreten Fall der Nutzung von Werken als Vorschaubilder in den Ergebnislisten einer Bildersuchmaschine, dass sich

211 *OLG Jena*, Urt. v. 27.2. 2008 – 2 U 319/07, CR 2008, 390 = K & R 2008, 301 m. Anm. *Ott*.
212 *BGH*, Urt. v. 29.4. 2010 – I ZR 69/08, MDR 2010, 884 = CR 2010, 463 = MMR 2010, 475 m. Anm. *Rössel*; dazu auch: *LG Köln*, Urt. v. 22.6. 2011 – 28 O 819/10, ZUM-RD 2011, 626 = CR 2012, 59 (Ls.).
213 *LG Köln*, Urt. v. 22.6. 2011 – 28 O 819/10, ZUM-RD 2011, 626, 628.
214 *BGH*, Urt. v. 19.10. 2011 – I ZR 140/10, CR 2012, 333 = MMR 2012, 383 m. Anm. *Spindler* – Vorschaubilder II.
215 *BGH*, Urt. v. 19.10. 2011 – I ZR 140/10, CR 2012, 333 = MMR 2012, 383 m. Anm. *Spindler* – Vorschaubilder II.
216 *BGH*, Urt. v. 29.04. 2010 – I ZR 69/08, ZUM 2010, 580 – Vorschaubilder.
217 *LG Hamburg*, Urt. v. 3.8. 2016 – 308 O 96/13, ZUM 2016, 1071.

die Einwilligung nur auf eine Benutzung zum Zwecke der Such- und Nachweisfunktion erstreckt. Somit ist ein öffentliches Zugänglichmachen von Vorschaubildern um seiner selbst willen nicht umfasst. Das bedeutet, dass die Art der Darstellung der Vorschaubilder nicht dazu führen darf, dass es überflüssig für den Nutzer wird, sich die Herkunftsseite anzuschauen. Daher setzt die Such- und Nachweisfunktion der Darstellung von Vorschaubildern eindeutige Schranken.

2 Recht der öffentlichen Zugänglichmachung

Das Bereithalten von urheberrechtlich geschützten Werken zum Abruf via In- 305
tra- oder Internet kann i. Ü. das **Recht der öffentlichen Zugänglichmachung**
(§ 19a UrhG) tangieren. Mit § 19a UrhG wurde im Jahr 2003 ein neues Verwertungsrecht eingeführt, das ausdrücklich den Bereich der elektronischen Abrufdienste umfasst. Es handelt sich hierbei um das Recht, das Werk drahtgebunden oder drahtlos der Öffentlichkeit in einer Weise zugänglich zu machen, dass es Mitgliedern der Öffentlichkeit an Orten und zu Zeiten ihrer Wahl zugänglich ist. Dieses Recht der öffentlichen Zugänglichmachung ist ein Unterfall des allgemeinen Rechts der öffentlichen Wiedergabe. Der Tatbestand wird weit ausgelegt[218] und gilt nach § 69c Nr. 4 UrhG auch für Software.

Problematisch bleibt allerdings die Einordnung von **Intranets** in das Sys- 306
tem der Verwertungsrechte. Denn auch das Recht der öffentlichen Zugänglichmachung umfasst nur die Netze, die an „Mitglieder der Öffentlichkeit" gerichtet sind. Statt auf den Akt abzustellen, wird nunmehr auf die Adressaten abgestellt und eine Differenzierung zwischen Angehörigen der Öffentlichkeit und den „Anderen" vorgenommen. Innerhalb eines Unternehmens aber ist niemand „Angehöriger der Öffentlichkeit", sodass bei dieser Unterscheidung unternehmensinterne Netze nicht unter das Recht des „making available" fallen würden. Die Frage ist also, wo und wie man die Grenze zwischen dem zustimmungsfreien Betrieb eines lokalen, internen Intranets und der zustimmungspflichtigen Nutzung in größeren Netzen setzt. Das Kriterium der Adressierung an „Mitglieder der Öffentlichkeit" ist schwammig, wie der Blick in § 15 Abs. 3 UrhG zeigt. Hiernach ist die Wiedergabe öffentlich, wenn sie für eine Mehrzahl von Mitgliedern der Öffentlichkeit bestimmt ist. Zur Öffentlichkeit soll jeder gehören, der nicht mit demjenigen, der das Werk verwertet, oder mit den anderen Personen, denen das Werk in unkörperlicher Form wahrnehmbar oder zu-

---

218 Vgl. *LG München I*, Urt. v. 10. 1. 2007 – 21 O 20028/05, CR 2007, 810 = MMR 2007, 260 m. Anm. *Ott*.

gänglich gemacht wird, durch persönliche Beziehungen verbunden ist. Man muss folglich zur Konkretisierung auf das althergebrachte **Kriterium der persönlichen Verbindung** abstellen. Die sorgfältige Abgrenzung wird insb. relevant mit Blick auf „legale", nämlich auf einen kleinen Teilnehmerkreis von „Freunden" begrenzte „peer to peer" (P2P)-Musiktauschbörsen im Internet.[219]

307   Ob zwischen den Benutzern eines internen Datenbanksystems eine solche persönliche Verbindung besteht, hängt meist von zahlreichen Zufällen und Eigenheiten der Betriebsstruktur ab. Auch die Zahl der anschließbaren Bildschirme lässt keine Rückschlüsse darauf zu, wann noch von einer persönlichen Verbindung der Benutzer ausgegangen werden kann. So ist fraglich, ob bei 100, 200 oder 500 Bildschirmen noch enge, persönliche Beziehungen zwischen den Usern bestehen. Bilden die Benutzer einer CPU von dem Aufbau des EDV-Netzes her eine einzige Organisationseinheit, so ist von einem Vorliegen einer persönlichen Verbindung auszugehen. Abzustellen ist deshalb nicht darauf, welche individuellen Verbindungen zwischen den Benutzern eines Abrufterminals bestehen, sondern entscheidend ist vielmehr die Einordnung der Benutzergruppe innerhalb der EDV-Organisationsstruktur einer Einrichtung. Nach dem Wortlaut der alten Fassung des § 15 Abs. 3 UrhG war der Benutzer aufgrund des Ausnahmecharakters der Regelung verpflichtet, die fehlende Öffentlichkeit des EDV-Systems darzulegen und ggf. unter Beweis zu stellen („[...] *es sei denn*, [...]").[220] Im Zuge der Neufassung von § 15 Abs. 3 UrhG[221] gibt es nun aber eine Legaldefinition, aufgrund derer der Kläger die Darlegungs- und Beweislast trägt. Allerdings können dem Rechteinhaber Darlegungs- und Beweiserleichterungen zu Gute kommen. Danach muss der Benutzer Tatsachen, die in seinen Kenntnis- und Verantwortungsbereich fallen, darlegen und nicht der Rechteinhaber. Dies gilt insb. für die Frage nach der persönlichen Beziehung der teilnehmenden Personen. Es dürfte in der Praxis demnach keinen großen Unterschied zu der vorherigen Regelung geben.[222] Im Falle einer hausinternen Datenbank könnte je nach der Enge der Bindung der User von einer persönlichen Beziehung auszugehen sein, sodass hinsichtlich der internen Nutzung der Datenbank kein Eingriff in das Recht der öffentlichen Zugänglichmachung vorliegt. Die Grenze dürfte erst überschritten sein, wenn die Datenbank allgemein für eine kommerzielle Nutzung freigegeben oder jedem außerhalb des internen Kontextes der Zugriff auf den Server ermöglicht würde.

---

219 Vgl. zur Problematik *Schapiro*, ZUM 2008, 273.
220 Zur alten Fassung: Fromm/*Nordemann*, Urheberrecht, 9. Aufl. 1998, § 15 UrhG Rz. 4.
221 Gesetz zur Regelung des Urheberrechts in der Informationsgesellschaft vom 10. September 2003, BGBl. I 2003, S. 1774.
222 Fromm/Nordemann/*Dustmann*, Urheberrecht, 11. Aufl. 2014, § 15 UrhG Rz.39; *Dreier*/Schulze, Urheberrechtsgesetz, 5. Aufl. 2015, § 15 UrhG Rz. 37.

Im Übrigen ändert die Tatsache, dass ein Werk auf einer passwortgeschütz- **308** ten Subdomain verbreitet wird, nichts daran, dass hier eine öffentliche Wiedergabe vorliegt.[223] Nach Auffassung des *OLG Köln*[224] ist der Tatbestand des § 19a UrhG erfüllt und ein Eingriff in das Vervielfältigungsrecht des betroffenen Fernsehsenders nach § 87 Abs. 1 Nr. 2 UrhG zu bejahen, wenn ein Anbieter Internetnutzern anbietet, eine digitalisierte Fassung einer ausgewählten Sendung auf einem dem jeweiligen Nutzer zugewiesenen Speicherplatz seines Servers vorzuhalten, um ein zeitversetztes Ansehen auf dem eigenen persönlichen Computer zu ermöglichen.

Streitig war lange Zeit, ob durch **Links** in das Vervielfältigungsrecht und/ **309** oder in das Recht der öffentlichen Bereitstellung i. S. v. § 19a UrhG eingegriffen wird. Das *OLG Hamburg*[225] hat einen Eingriff in das Vervielfältigungsrecht z. B. für den Fall bejaht, dass die verweisende Webseite beim Anklicken des Links nicht vollständig verlassen wird und sich stattdessen der gelinkte Text als Fenster in der Webseite des Verletzers wieder findet („**Framing**"). In einem solchen Fall könne nicht davon ausgegangen werden, dass die freie Abrufbarkeit von Inhalten im Internet gleichzeitig auch als konkludente Zustimmung zu einem Link anzusehen ist. Der *BGH*[226] hat diese Fragestellung anders gelöst: Ein Link auf eine fremde Datei sei kein Eingriff in das Vervielfältigungsrecht, da solche Links zum Wesen des Internets gehörten. In der Tat lässt die HTML-Technologie explizit eine Vervielfältigung durch Links zu. Dies muss dem Veröffentlichenden des Bildes bereits vor der Veröffentlichung bewusst sein. Er muss also, wenn er die Web-Technologie einsetzt, implizit der Nutzung des Bildes in dieser Form zugestimmt haben. Wenn er dies nicht tut, kann der Veröffentlicher nicht den freien Zugang wählen, sondern muss in geeigneter Form den allgemeinen Zugang verhindern. Dies kann z. B. durch den Zwang einer Angabe eines Benutzernamens und Schlüsselwortes durch den Veröffentlichenden geschehen. Das Setzen eines Links in o. g. Form muss also rechtlich gestattet sein, da der Veröffentlichende jederzeit selber die Möglichkeit hat, den Link unbrauchbar zu machen.

---

223 *OLG Jena*, Beschl. v. 10. 12. 2003 – 2 W 658/03, CR 2004, 781 (Ls.) = MMR 2004, 418.
224 *OLG Köln*, Urt. v. 9. 9. 2005 – 6 U 90/05, CR 2006, 557 = MMR 2006, 35 – Personal Video Recorder.
225 *OLG Hamburg*, Urt. v. 22. 2. 2001 – 3 U 247/00, CR 2001, 704 m. Anm. *Dieselhorst* – Online-Lexikon; ähnlich bereits *LG Hamburg*, Urt. v. 12. 7. 2000 – 308 O 205/00, CR 2000, 776 m. Anm. *Metzger* = MMR 2000, 761.
226 *BGH*, Urt. v. 17. 7. 2003 – I ZR 259/00, CR 2003, 920 = MDR 2004, 346 = NJW 2003, 3406 – Paperboy.

310   Inzwischen ist auch geklärt, ob das Verlinken als Bereitstellen für die Öffentlichkeit unter § 19a UrhG fällt. Nach Auffassung des *EuGH*[227] ist das Setzen eines Links zwar eine „Handlung der Wiedergabe" und auch eine „öffentliche Wiedergabe", allerdings könne nach der ständigen Rechtsprechung des Gerichts nur dann von einer „öffentlichen Wiedergabe" i. S. d. Art. 3 Abs. 1 der Richtlinie zur Informationsgesellschaft gesprochen werden, wenn sich die Wiedergabe auch an ein „neues Publikum" richtet. Durch die streitigen Linksetzungen ist aus Sicht des *EuGH* aber kein „neues Publikum" erschlossen worden, da die fragliche Website, auf die verlinkt worden war, ohnehin frei zugänglich war. Damit sei das Linksetzen aber im Ergebnis keine urheberrechtliche Nutzungshandlung. Praktisch bedeutet dies für die Allgemeinheit, dass das Setzen eines Links jedenfalls dann frei bleibt, wenn nicht auf geschützte Unterverzeichnisse verlinkt wird. [228]

311   In seinem Beschluss vom 18. November 2016 hat das *LG Hamburg*[229] als erstes deutsches Gericht nach der *EuGH*-Entscheidung[230] vom 8. September 2016 entschieden, dass in das Recht der öffentlichen Zugänglichmachung aus § 19a UrhG durch eine Verlinkung eingegriffen werden kann. Demnach haftet der Betreiber einer gewerblich betriebenen Website auch ohne Kenntnis für urheberrechtsverletzende Inhalte, auf die er verlinkt. In einer solchen Verlinkung sei eine eigenständige öffentliche Wiedergabe zu sehen, durch die der Zugriff für ein neues Publikum eröffnet sei. Haften solle der Verlinkende, wenn „die Linksetzung schuldhaft in dem Sinne erfolgt, dass der Linksetzer um die Rechtswidrigkeit der verlinkten Zugänglichmachung wusste oder hätte wissen müssen." Sofern jemand mit Gewinnerzielungsabsicht handele und einen fremden Inhalt verlinke, gilt ein strengerer Verschuldensmaßstab: Ihm sei zuzumuten, sich mittels diverser Nachforschungen zu vergewissern, ob die Zugänglichmachung des verlinkten Inhalts rechtmäßig erfolgte.[231] In dem vorliegenden Fall hatte der Antragsgegner auf eine Seite verlinkt, die eine öffentliche Zugänglichmachung einer Umgestaltung des Verfügungsmusters i. S. v. § 23 S. 1 UrhG enthielt. Hinsichtlich der Zugänglichmachung für ein „neues Publikum" führte das *LG Hamburg* unter Berufung auf das Urteil des *EuGH* aus, dass es

---

227 *EuGH*, Urt. v. 13. 2. 2014 – C-466/12, NJW 2014, 759 = MMR 2014, 260 m. Anm. *Dietrich* – Svensson.
228 *EuGH*, Urt. v. 13. 2. 2014 – C-466/12, NJW 2014, 759, 761 = MMR 2014, 260, 261 m. Anm. *Dietrich* – Svensson.
229 *LG Hamburg*, Beschl. v. 18. 11. 2016 – 310 0 402/16 – MMR 2017, 355 = ZUM 2017, 356.
230 *EuGH*, Urt. v. 08. 09. 2016 – C-160/15, GRUR 2016, 1152 m. Anm. *Ohly*.
231 *LG Hamburg*, Beschl. v. 18. 11. 2016 – 310 0 402/16 – MMR 2017, 355, 356 = ZUM 2017, 356, 359.

hinsichtlich dieses Kriteriums auf die **konkrete Werkfassung** ankomme. Sollte, wie im Fall, eine Umgestaltung bejaht werden, so sei die öffentliche Zugänglichmachung nicht von der Zustimmung zur öffentlichen Zugänglichmachung des Originals gedeckt.[232]

Framing galt lange Zeit als urheberrechtswidrig. Für einen Verstoß gegen 312
§ 19a UrhG reiche es dem *LG München I* zufolge aus, dass der Webseiten-Ersteller nach außen hin als „Herr" der Inhalte auftrete, sodass für den gewöhnlichen Nutzer die Fremdheit nicht mehr in Erscheinung trete.[233] Inzwischen hat der *BGH* dem *EuGH* die Frage vorgelegt, ob der Betreiber einer Internetseite eine Urheberrechtsverletzung begeht, wenn er urheberrechtlich geschützte Inhalte, die auf anderen Internetseiten öffentlich zugänglich sind, im Wege des Framing in seine eigene Internetseite einbindet.[234] In Anlehnung an den Svensson-Fall[235] entschied der *EuGH* im Bestwater-Fall[236], dass auch Framing keine Urheberrechtsverletzung darstelle. Im entschiedenen Fall ging es um die Einbindung eines Videos, das bei YouTube veröffentlicht war. Eine solche Art der Verlinkung, die nicht erkennbar macht, dass das Werk nicht auf der eigenen, sondern auf einer fremden Seite liegt, führe nicht dazu, dass dieses Werk einer neuen oder anderen Öffentlichkeit zugänglich gemacht wird. Denn mit der Einstellung ins Internet haben die Inhaber des Urheberrechts ja bereits an alle Internetnutzer als Publikum gedacht.[237] Dies solle nach einem Urteil des *OLG Düsseldorf*[238] allerdings nicht gelten, wenn eine fremde Fotografie nicht lediglich unter der Original-Quelle verlinkt, sondern auf einen Server kopiert wird.

Schwierig ist für die GEMA, dass nach der Rechtsprechung des *EuGH*[239] 313
und *BGH*[240] die Wiedergabe von **Musik im Hintergrund** einer Zahnbehandlung nicht urheberrechtlich relevant ist. Eine öffentliche Wiedergabe liege nur vor, wenn die Wiedergabe gegenüber einer unbestimmten Zahl potenzieller

---

232 *LG Hamburg*, Beschl. v. 18. 11. 2016 – 310 O 402/16 – MMR 2017, 355, 356 = ZUM 2017, 356, 359.

233 *LG München I*, Urt. v. 10. 1. 2007 – 21 O 20028/05, CR 2007, 810 = MMR 2007, 260 m. krit. Anm. *Ott*.

234 *BGH*, Beschl. v. 16. 5. 2013 – I ZR 46/12, MMR 2013, 596 = GRUR 2013, 818 – Die Realität.

235 *EuGH*, Urt. v. 13. 2. 2014 – C-466/12, NJW 2014, 759 = K & R 2014, 256 m. Anm. *Raver/ Ettig*.

236 *EuGH*, Beschl. v. 21. 10. 2014 – C-348/13, NJW 2015, 148 = GRUR 2014, 1196 = MMR 2015, 46 m. Anm. *Solmecke*.

237 *EuGH*, Beschl. v. 21. 10. 2014 – C-348/13, NJW 2015, 148 = GRUR 2014, 1196 = MMR 2015, 46 m. Anm. *Solmecke*.

238 *OLG Düsseldorf*, Urt. v. 16. 6. 2015 – I 20 U 203/14, MMR 2016, 277.

239 *EuGH*, Urt. v. 15. 3. 2012 – C-135/10, EuZW 2012, 715 = GRUR 2012, 593.

240 *BGH*, Urt. v. 18. 6. 2015 – I ZR 14/14, GRUR 2016, 278 = MMR 2016, 199 (Ls.).

Adressaten und recht vielen Personen erfolgt. Der *EuGH* hat ferner entschieden, dass diese Voraussetzungen im Allgemeinen nicht erfüllt sind, wenn ein Zahnarzt in seiner Praxis für seine Patienten Hörfunksendungen als Hintergrundmusik wiedergibt.[241]

314   Mit Wirkung vom 1. Januar 2014 wurde ferner die sog. **Open Access** Regelung in das UrhG[242] eingeführt, die Autoren wissenschaftlicher Werke, deren Herstellung zu mindestens 50 Prozent aus öffentlichen Mitteln finanziert wurde und die in einer periodisch mindestens zweimal jährlich erscheinenden Sammlung erschienen sind, das Recht einräumen, ihre Beiträge zwölf Monate nach Erstveröffentlichung öffentlich zugänglich zu machen (**Zweitverwertungsrecht**, § 38 Abs. 4 S. 1 UrhG). Dies gilt auch und vor allem dann, wenn der Urheber dem Verleger oder Herausgeber ein ausschließliches Nutzungsrecht an dem wissenschaftlichen Werk eingeräumt hat. Die Veröffentlichung darf jedoch nur in der vom Herausgeber oder Verleger akzeptierten Manuskriptversion und nicht zu gewerblichen Zwecken erfolgen, § 38 Abs. 4 S. 1 a. E. UrhG. Gemäß § 38 Abs. 4 S. 2 UrhG ist bei der öffentlichen Zugänglichmachung die Quelle der Erstveröffentlichung anzugeben. § 38 Abs. 4 S. 3 UrhG stellt klar, dass es sich bei der Regelung um zwingendes Recht handelt.

315   Die Norm ist nach der Gesetzesbegründung nicht auf die universitäre Forschung anwendbar, vielmehr muss eine öffentliche Projektförderung oder Forschung innerhalb einer institutionell geförderten außeruniversitären Forschungseinrichtung vorliegen.[243] Sinn und Zweck der Open Access Regelung ist es, Forschungsergebnisse frei verfügbar zu machen und das Interesse der Wissenschaftler an einer möglichst weiten Verbreitung ihrer Forschungsergebnisse gesetzlich anzuerkennen.[244] In der Gesetzesbegründung wird weiterhin auf die Schutzwürdigkeit der öffentlichen Hand hingewiesen, die durch steigende Preise wissenschaftlicher Werke bei Mitfinanzierung der Forschung nicht doppelt – z. B. durch den Ankauf von Literatur durch staatliche Bibliotheken – belastet werden soll.[245]

---

241 *EuGH*, Urt. v. 15. 3. 2012 – C-135/10, EuZW 2012, 715, 720 = GRUR 2012, 593, 597.
242 Gesetz zur Nutzung verwaister und vergriffener Werke und einer weiteren Änderung des Urheberrechtsgesetzes vom 1. Oktober 2013, BGBl. I 2013, S. 3728; lesenswert hierzu: *Bruch/ Pflüger*, Das Zweitveröffentlichungsrecht des § 38 Abs. 4 UrhG, ZUM 2014, 389; *Krings/Hentsch*, Das neue Zweitverwertungsrecht, ZUM 2013, 909.
243 BT-Drs. 17/13423 S. 9.
244 BT-Drs. 17/13423 S. 9 f.
245 BT-Drs. 17/13423 S. 9.

3 Verbreitungsrecht

Das in §§ 17, 69c Nr. 3 UrhG geregelte Verbreitungsrecht ist das Recht, das Origi- 316
nal oder Vervielfältigungsstücke des Werkes der Öffentlichkeit anzubieten oder
in Verkehr zu bringen. Dieses Recht könnte bei Recherchediensten, die nicht
nur die relevante Informationsquelle suchen und weiterleiten, sondern die Information selbst anbieten, betroffen sein. Dabei ist es unbeachtlich, ob dies
entgeltlich oder unentgeltlich, eigennützig oder altruistisch erfolgt. Das Verbreitungsrecht wird nur tangiert, wenn es zu einer **Eigentumsübertragung**
kommt; die reine Besitzüberlassung – etwa beim Ausleihen oder bloßen Aus-
stellen von Werken – reicht nicht aus.[246] Nicht um eine Verbreitung i. S. d. § 17
Abs. 1 UrhG handelt es sich bei **einer reinen Datenübermittlung**, da es hier
an der erforderlichen körperlichen Form fehlt.[247]

4 Creative Commons

Urheber sind gegen die unrechtmäßige Verbreitung ihrer Werke im Internet 317
durch das Recht der öffentlichen Zugänglichmachung weitreichend geschützt.
Dennoch liegt vielen Werkschaffenden daran, eine umfangreiche Verbreitung
ihres Werkes im Internet zu erzielen; gerade im künstlerischen Bereich kann
so eine bessere Bekanntheit und Popularität der Künstler erreicht werden. Zu
diesem Zweck haben sich viele „Open Content"-Bewegungen manifestiert.
Hierbei handelt es sich um Inhalte, deren kostenfreie Nutzung und Weiterverbreitung urheberrechtlich erlaubt ist. Mit Creative Commons wurde ein „Li-
zenz- bzw. Nutzungsrechtssystem" geschaffen, welches den offenen Zugang zu
urheberrechtlich geschützten Inhalten ermöglichen soll. Hierbei wird anhand
von vorgefertigten Lizenzverträgen den Urhebern ein Instrument an die Hand
gereicht, mit dessen Hilfe sie die Verbreitung ihrer kreativen Inhalte unter Festlegung rechtlicher Bedingungen bewirken können. Innerhalb der Creative
Commons bestehen verschiedene Vertragstypen, welche von dem Erfordernis
der Namensnennung des Urhebers über ein Verbot kommerzieller Nutzung bis
hin zum Erfordernis der „Weitergabe unter gleichen Bedingungen" verschieden
ausgestaltet sind und somit den Nutzern der Werke verschiedene Rechte und
Pflichten auferlegen. Wenngleich dieses System Transparenz bzgl. der Urheberschaft und eine teils kostenfreie Nutzung geschützter Werke bewirken
kann, so birgt es auch Risiken. Hier lauern Stolperfallen beginnend mit dem

---

246 *EuGH*, Urt. v. 17. 4. 2008 – C-456/06, GRUR 2008, 604 = ZUM 2008, 508.
247 Schricker/*Loewenheim*, Urheberrecht, 4. Aufl. 2010, § 17 UrhG, Rz. 5–6.

möglichen Fehlinterpretationspotenzial, dem Risiko der Unwirksamkeit der Nutzungsrechte, als auch der sog. **„Heimfallklausel"** – die Lizenzen werden unter der auflösenden Bedingung eingeräumt, dass der Nutzer sämtliche Lizenzbestimmungen einhält.[248]

318   Die Creative Commons haben ferner die Besonderheit, dass landesspezifische Anpassungen der Lizenzen für mehr als 50 Länder bestehen. So basierte die Version 3.0 bspw. nicht mehr auf dem US-amerikanischen Urheberrecht, sondern auf der Berner Konvention und dem Rom-Abkommen. Im November 2013 wurde zudem die Version 4.0 veröffentlicht, welche das sui-generis Recht für Datenbanken einbezieht und data mining ausdrücklich freistellt.[249] Auch wurde mittlerweile die offizielle deutsche Übersetzung veröffentlicht.[250]

VI Urheberpersönlichkeitsrechte

Literatur: *Hoeren/Decker*, in: Hoeren/Sieber/Holznagel, Handbuch Multimedia-Recht, 34. Ergänzungslieferung München 2013, Teil 7.2; *Hoeren/Herding*, Wikileaks und das Erstveröffentlichungsrecht des Urhebers, MMR 2011, 500; *Klass*, Werkgenuss und Werknutzung in der digitalen Welt: Bedarf es einer Harmonisierung des Urheberpersönlichkeitsrechts?, ZUM 2015, 290.

319   Das **Urheberpersönlichkeitsrecht** ist das **ideelle Gegenstück** zu den wirtschaftlich ausgerichteten Verwertungsrechten. Es schützt den Urheber in seiner besonderen Beziehung zu seinem Werk.[251] Das Urheberpersönlichkeitsrecht umfasst die Befugnisse des Veröffentlichungsrechts (§ 12 UrhG), des Rechts auf Anerkennung der Urheberschaft (§ 13 UrhG) und des Rechts auf Schutz gegen Entstellung oder Beeinträchtigung des Werkes (§ 14 UrhG). Im Rahmen der Nutzung von Werken über das Internet stellen sich eine Reihe umfangreicher urheberpersönlichkeitsrechtlicher Fragen.

---

248 Zu den Vor- und Nachteilen von Creative Commons: *Völtz*, Creative Commons Lizenzen im Lichte des Verbraucherschutzes, VuR 2016, 169.

249 Spindler/Schuster/*Wiebe*, Recht der elektronischen Medien, § 31 Rn. 20.

250 https://creativecommons.org/licenses/by/4.0/legalcode.de; https://creativecommons.org/licenses/by-sa/4.0/legalcode.de; https://creativecommons.org/licenses/by-nc/4.0/legalcode.de; https://creativecommons.org/licenses/by-nc-sa/4.0/legalcode.de; https://creativecommons.org/licenses/by-nd/4.0/legalcode.de; https://creativecommons.org/licenses/by-nc-nd/4.0/legalcode.de (zuletzt abgerufen: August 2017).

251 Hoeren/Sieber/Holznagel/*Hoeren/Decker*, Handbuch MMR, 42. Ergänzungslieferung 2015, Teil 7.2. Rn. 1.

1 Der Urheber

Das deutsche Recht folgt einheitlich dem **Schöpfungsprinzip**. Urheber ist 320 demnach diejenige Person, die das Werk geschaffen hat. Der Vorgang der Schaffung des Werks stellt dabei einen Realakt dar, mit ihm entstehen sämtliche Urheberrechte der natürlichen Person an ihrem Werk. Abzugrenzen ist das deutsche Urheberrecht damit insb. vom angloamerikanischen **Copyright** – hier steht der ökonomische Aspekt im Vordergrund, geschützt werden wirtschaftliche Investitionen. Das copyright law ermöglicht – im grundlegenden Unterschied zum deutschen Recht – auch eine juristische Person als möglichen Urheber.

Gemäß dem Erfordernis, dass nur eine **natürliche** Person Urheber i. S. d. 321 § 7 UrhG sein kann, scheiden **Maschinen** (Computer, Roboter, Fotoautomaten) als mögliche Urheber aus.[252] Es ist in diesen Fällen ggf. die Urhebereigenschaft derjenigen natürlichen Person anzunehmen, welche die entsprechende Maschine entwickelt, programmiert und dieser ferner Anweisungen zur konkreten Handlung erteilt hat. Erforderlich ist also, dass der Einsatz von Computerprogrammen dem Urheber ein Hilfsmittel darstellt und das Ergebnis jenes Einsatzes für den menschlichen Benutzer vorhersehbar ist. Handelt die Maschine hingegen selbstständig und ohne menschliche Intervention oder gar mittels eines Zufallgenerators, wird keine Schaffung durch den hinter der Technologie stehenden Menschen anzunehmen sein.[253]

In konsequenter Anwendung des Grundsatzes der Schutzunfähigkeit reiner 322 Ideen wird die Urheberschaft ebenfalls nicht solchen Personen zugesprochen, die dem eigentlichen Urheber bloße Ideen oder Anregungen zur Schaffung eines Werks vermitteln. Gleiches gilt für Besteller eines Werks. Demzufolge sind **Ghostwriter** die Urheber, nicht hingegen ihre Auftraggeber.[254] Für sie besteht lediglich die Möglichkeit, sich durch den Ghostwriter Nutzungsrechte an dessen Werk einräumen zu lassen.[255] Abzugrenzen von der Urhebereigenschaft sind auch bloße **Gehilfentätigkeiten** durch wissenschaftliche Assistenten oder Mitarbeiter, im Rahmen derer sich diese an klaren Vorlagen des Urhebers orientieren und keinen eigenen Beitrag erbringen. Werden im Rahmen solcher Tätigkeiten jedoch eigene wissenschaftliche Beiträge hervorgebracht, so ist dem Gehilfen ein eigenes Urheberrecht an diesen zuzusprechen.

---

252 Dreier/*Schulze*, Urheberrecht, § 7 Rn. 2.
253 Spindler/Schuster/*Wiebe*, Recht der elektronischen Medien, § 7 Rn. 3.
254 Spindler/Schuster/*Wiebe*, Recht der elektronischen Medien, § 7 Rn. 6.
255 Wandtke/*Wöhrn*, Urheberrecht, 2. Kapitel – das Werk, B. Die Urheberschaft, S. 102, Rn. 146.

323   Das Schöpfungsprinzip gilt folglich uneingeschränkt in **Arbeitsverhält-nissen**. Die Urheberschaft entsteht originär in der Person des Arbeitnehmers, Angestellten oder Beauftragten, der die persönlich-geistige Schöpfung des Werks erbracht hat. Aufgrund dieser Tatsache sehen viele Beschäftigungsverträge eine ausdrückliche oder stillschweigende Einräumung von Nutzungsrechten an den Arbeitgeber oder Auftraggeber vor (vgl. § 43 UrhG). Eine Sondervorschrift bildet in diesem Kontext § 69b UrhG: Auch bei der Entwicklung von Computerprogrammen ist der menschliche Schöpfer immer der Urheber des Programms.

324   Trotzdem sollen dem Arbeit- bzw. Dienstgeber möglichst umfassende Verwertungsmöglichkeiten der im Rahmen eines Arbeits- oder Dienstverhältnisses geschaffenen Programme zur Verfügung stehen. Um dies zu erleichtern, sieht § 69b UrhG vor, dass Arbeit- bzw. Dienstgeber grundsätzlich (vorbehaltlich abweichender vertraglicher Vereinbarungen) alle **vermögensrechtlichen Befugnisse** an den Programmen innehaben, welche ein Angestellter oder ein in einem Dienstverhältnis befindlicher Programmierer unter Einhaltung der Vorgaben seines Arbeitgebers unter Wahrnehmung seiner Aufgaben geschaffen hat.[256] Diese Befugnis geht sogar so weit, dass der Zeitpunkt der Erstellung des Programms für den Rechtserwerb des Arbeitgebers unerheblich ist. Dieser ist, unter der Vorraussetzung des Tätigwerdens in Erfüllung der dienstbezogenen Weisungen, auch dann zu bejahen, wenn der Arbeitnehmer während seiner Freizeit tätig wurde.[257]

325   Im Falle eines gewollten Zusammenwirkens und der Einheitlichkeit der Werkschöpfung ist, sofern ein Werk gemeinsam von mehreren im Rahmen schöpferischer Tätigkeit geschaffen wird, von **Miturheberschaft** nach § 8 Abs. 1 UrhG auszugehen.[258] Zwischen Miturhebern entsteht gem. § 8 Abs. 2 UrhG eine **Gesamthandsgemeinschaft**, sodass die Urheber das Werk nur gemeinsam verwerten oder veröffentlichen können. Es bedarf hierbei mithin der vorherigen **Einwilligung** aller Miturheber.[259] Problematisch stellt sich die gesamthänderische Bindung insb. im Bereich der **Open Source Software** dar; dennoch ist gem. § 8 Abs. 2 S. 3 UrhG jeder Miturheber befugt, Ansprüche aus Verletzung des gemeinsamen Urheberrechts geltend machen.[260]

---

256 Dreier/*Schulze*, UrhG, § 69b Rn. 2.
257 *OLG Köln*, Urt. v. 25.2. 2005 – 6 U 132/04 TKD-Programme, GRUR-RR 2005, 302 = MMR 2005, 616.
258 Wandtke/*Wöhrn*, Urheberrecht, 2. Kapitel – das Werk, B. Die Urheberschaft, S. 102, Rn. 149, 150.
259 Spindler/Schuster/*Wiebe*, Recht der elektronischen Medien, § 8 Rn. 8.
260 Wandtke/Bullinger/*Thum*, UrhG, § 8 Rn. 63.

2 Entstellungsverbot

Eine Entstellung setzt voraus, dass eine Beeinträchtigung vorliegt. Darunter 326
versteht man jede Änderung der konkreten Form des Werkes und des darin
zum Ausdruck kommenden konkreten geistig-ästhetischen Gesamteindrucks
des Werkes.[261] Außerdem müsste die Beeinträchtigung geeignet sein, um die
Interessen des Urhebers zu gefährden.[262] Abschließend muss nun eine Interessenabwägung vorgenommen werden. Dabei bildet das Bestands- und Integri-
tätsinteresse des Urhebers den Ausgangspunkt.[263]

Die Gestalt des Werkes im Internet ist aufgrund der oft geringen Auflö- 327
sungsqualität häufig erheblich geändert. Hier ist auch in Bezug auf die vertraglich berechtigte Nutzung das **Entstellungsverbot** aus § 39 Abs. 1 UrhG zu beachten. Nach § 39 Abs. 2 UrhG sind Änderungen des Werkes oder seines Titels,
zu denen der Urheber seine Einwilligung nach Treu und Glauben nicht versagen kann, zulässig. Sofern es sich bei Multimediaprodukten um filmähnliche
Werke handelt, kommt § 93 UrhG zur Anwendung, der den Entstellungsschutz
auf die Fälle gröbster Entstellung und Beeinträchtigung beschränkt. Ähnliches
gilt für die Leistungsschutzberechtigten, für die das UrhG zur Anwendung
kommt (§§ 14, 93 UrhG). Für ausländische Künstler gilt ansonsten das Rom-
Abkommen, das keine persönlichkeitsrechtlichen Vorgaben enthält. Diese Lücke kann nur durch die Anwendung des Beleidigungsschutzes und anderer
strafrechtlicher Schutzvorschriften geschlossen werden.

Das **Redigieren von Texten** innerhalb einer Zeitschriftenredaktion stellt 328
eine unzulässige Bearbeitung eines Werkes dar, die in das Recht des Urhebers
aus § 14 UrhG eingreift, wenn dieser nicht der Änderung seiner Texte zugestimmt hat oder der Nutzungszweck bestimmte Änderungen unumgänglich
macht.[264] Den Vorgang der **Digitalisierung** als solchen wird man regelmäßig
nicht als Entstellung ansehen können.[265] Entscheidender ist vielmehr die Art
und Weise, wie das Werk digitalisiert und in einen **Off-/Online-Kontext** gesetzt worden ist; z. B. kann eine geringe Auflösung einer Fotografie mit einem
Verlust der künstlerischen Eigenart einhergehen und die ideellen Beziehungen
des Fotografen zu seinem Werk verletzen. Der *BGH*[266] hat eine Entstellung
i. S. d. § 14 UrhG für das Einscannen und Abspeichern von Werkentwürfen ab-

261 Dreier/*Schulze*, UrhG Kommentar, 5. Aufl. 2015, § 14 UrhG Rn. 1.
262 Dreier/*Schulze*, UrhG Kommentar, 5. Aufl. 2015, § 14 UrhG Rn. 15.
263 BeckOK UrhR/*Kroitzsch/Götting*, 16. Edition, § 14 UrhG Rn. 8.
264 *LG Hamburg*, Urt. v. 22.10. 2010 – 308 O 78/10, GRUR-RR 2010, 460 = ZUM 2011, 264.
265 Ähnlich auch *BGH*, Urt. v. 18.12. 2008 – I ZR 23/06, MMR 2009, 246 = ZUM 2009, 288 –
Klingeltöne für Mobiltelefone I.
266 *BGH*, Urt. v. 19.3. 2014 – I ZR 35/13, GRUR 2014, 974 = ZUM-RD 2014, 562.

gelehnt. Wie weit das Entstellungsverbot in der Praxis tatsächlich reicht, kann letztendlich nur im Einzelfall festgestellt werden. Auch eine vertragliche Regelung ist unzulässig, da das Entstellungsverbot unverzichtbar ist und nicht auf Dritte übertragen werden kann. Ein Verzicht wird nur insoweit für zulässig erachtet, als genau bestimmte, konkrete Veränderungsformen vertraglich bezeichnet werden. Folglich ergeben sich aus dem Entstellungsverbot Informations- und Aufklärungspflichten des Verwerters gegenüber dem Urheber. Je konkreter der Verwerter vorab mit dem Urheber über konkrete Änderungsabsichten spricht, desto enger wird der Spielraum für das Entstellungsverbot.

3 Namensnennungsrecht

Literatur: *Groh*, „Mit fremden Federn" – Zur Wirksamkeit von Ghostwritervereinbarungen, GRUR 2012, 870; *Maaßen*, Abmahnung wegen unterlassener Urheberbenennung: Grenzen eines Geschäftsmodells, GRUR-Prax 2013, 127; *Metzger*, Rechtsgeschäfte über das Urheberpersönlichkeitsrecht nach dem neuen Urhebervertragsrecht, GRUR Int. 2003, 9; *Radmann*, Abschied von der Branchenübung – für ein uneingeschränktes Namensnennungsrecht der Urheber, ZUM 2001, 788.

329 Neben dem Entstellungsverbot ist das **Namensnennungsrecht** von zentraler Bedeutung. Nach § 13 UrhG hat der Urheber das Recht, darüber zu entscheiden, ob und an welcher Stelle des Werkes er als Urheber zu bezeichnen ist. Dieses Recht steht auch ausübenden Künstlern (z. B. Musikern) zu (§ 74 Abs. 1 UrhG). Abseits dieser gesetzlichen Regelung werden Namensnennungsrechte etwa von Produzenten vertraglich vereinbart. In den USA sehen Tarifverträge für den Filmbereich eine Reihe von Benennungspflichten im Vor- oder Nachspann vor. Die Namensnennung ist in Deutschland wegen der damit verbundenen Vermutung der Rechteinhaberschaft gem. § 13 UrhG von Bedeutung.

330 Das Namensnennungsrecht spielt traditionell im Bereich literarischer Werke die größte Rolle. Neuerdings wird es auch kreativen Programmierern zuerkannt.[267] Daneben ist es für **freie Fotografen** lebensnotwendig, dass sich an ihren Fotografien ein Urhebervermerk findet, denn von diesem Vermerk geht eine wichtige Akquisefunktion für die Erteilung späterer Aufträge aus. In anderen Bereichen kommt dem Namensnennungsrecht naturgemäß keine große Bedeutung zu. Insbesondere bei gewerblich genutzten Werken wie etwa bei einer Software ist eine Namensnennung kaum üblich. In der Rechtsprechung argumentiert man mit der Branchen(un)üblichkeit als Grenze des Namensnennungsrechts. Eine umfassende Nutzungs- und Verwertungsbefugnis erlaubt es

---

[267] *OLG Hamm*, Urt. v. 7. 8. 2007 – 4 U 14/07, CR 2008, 280 = GRUR-RR 2008, 154.

regelmäßig nicht, die Urheberbezeichnung wegzulassen. Es bedarf stets einer konkreten Interessenabwägung.[268]

Fotos sind bei der Verwendung im Internet unmittelbar in der Bilddatei mit   331 einem Urhebervermerk zu versehen. Andernfalls liegt nach Auffassung des *LG Köln* eine abmahnbare Verletzung von § 13 UrhG i. V. m. den jeweiligen CC-Lizenzbedingungen des Fotografen/seiner Fotoplattform (hier: Pixelio) vor.[269] Eine Person ist nur dann i. S. v. § 10 UrhG in der üblichen Weise auf dem Ver-vielfältigungsstück eines Werkes als Urheber bezeichnet, wenn die Angabe sich an der Stelle wiederfindet, an der bei derartigen Werken üblicherweise der Urheber benannt wird und die Bezeichnung inhaltlich erkennen lässt, dass sie den Urheber dieses Werkes wiedergibt.[270]

Mit Urteil vom 25. Januar 2017 entschied der *EuGH*[271] auf Vorlage des *polni-*   332 *schen Obersten Gerichtshofs*, dass ein doppelter Lizenzschaden bei Urheber-rechtsverletzungen europarechtskonform sei. Demnach sei eine nationale Re-gelung, nach der ein Rechteinhaber, dessen Urheberrechte verletzt wurden, eine Entschädigungsgebühr verlangen kann, die dem Doppelten oder sogar Dreifachen einer angemessenen Lizenzgebühr entspricht, aus europarechtli-cher Sicht nicht zu beanstanden. Relevant ist dies insb. für das deutsche Recht in Hinblick auf den hundertprozentigen Zuschlag der angemessenen Lizenz-gebühr bei einem fehlenden Urhebervermerk.[272]

4 Erstveröffentlichungsrecht

Nach der Vorschrift des § 12 UrhG steht dem Urheber das Erstveröffentlichungs-   333 recht, also die alleinige Entscheidungsmacht, ob und wie sein Werk zu veröf-fentlichen ist, zu. Veröffentlicht ist ein Werk folglich immer dann, wenn es mit Zustimmung dem in § 15 Abs. 3 UrhG beschriebenen Personenkreis zugänglich gemacht wurde. Es muss sich also um eine Mehrzahl von Personen handeln, die nicht persönlich untereinander verbunden sind. Maßgeblich für die Annah-me einer persönlichen Verbundenheit ist nicht nur die Zahl der Personen, son-dern auch die Art ihrer, durch die jeweiligen Umstände geprägten Bezieh-ung.[273] Die Veröffentlichung von geheimen Militärberichten durch eine

---

268 *OLG Hamm*, Urt. v. 7. 8. 2007 – 4 U 14/07, CR 2008, 280 = GRUR-RR 2008, 154.
269 *LG Köln*, Urt. v. 30. 1. 2014 – 14 O 427/13, CR 2014, 338 = MMR 2014, 265 m. Anm. *Hilgert*; *OLG Köln*, Urt. v. 31. 10. 2014 – 6 U 60/14, GRUR 2015, 167 = NJW 2015, 789 m. Anm. *Schweinoch*.
270 *BGH*, Urt. v. 18. 9. 2014 – I ZR 76/13, CR 2015, 257 = K & R 2015, 185 – CT-Paradis.
271 *EuGH*, Urt. v. 25. 1. 2017 – C-367/15, GRUR 2017, 26 = NJW 2017, 1373 m. Anm. *Hauck*.
272 Dreier/*Schulze*, UrhG; § 72 Rn. 27.
273 *Dreyer*/Kotthoff/Meckel, Urheberrecht, 3. Aufl. 2013, § 6 Rz. 22.

Tageszeitung kann daher urheberrechtlich verboten werden.[274] Bei einem Einstellen geheimer unveröffentlichter Dokumente z. B. auf **WikiLeaks** ist das aus § 12 UrhG folgende Bestimmungsrecht des Urhebers über die Veröffentlichung seines Werkes ebenfalls betroffen.

VII Gesetzliche Schranken

Literatur: *De La Durantaye*, Die Bildungs- und Wissenschaftsschranke – Warum kurz springen?, ZUM 2016, 475; *Dreier/Leistner*: Urheberrecht im Internet: die Forschungsherausforderungen, GRUR Beilage 2014, 13; *Gräbig*, Abdingbarkeit urheberrechtlicher Schranken, GRUR 2012, 331; *Grünberger*, Bedarf es einer Harmonisierung der Verwertungsrechte und Schranken?, ZUM 2015, 273; *Kröger*, Enge Auslegung von Schrankenbestimmungen – wie lange noch?, MMR 2002, 18; *Schack*, Urheberrechtliche Schranken für Bildung und Wissenschaft, ZUM 2016, 266; *Schippan*, Urheberrecht goes digital – Das Gesetz zur Regelung des Urheberrechts in der Informationsgesellschaft, ZUM 2003, 378.

334 Der grundrechtliche Schutz des Eigentums aus Art. 14 Abs. 1 GG schützt auch das Urheberrecht.[275] Urheber und Leistungsschutzberechtigte können jedoch die ihnen zustehenden ausschließlichen Verwertungsrechte nicht unbeschränkt geltend machen. Eine solche Monopolstellung wäre mit den Vorgaben des Grundgesetzes unvereinbar. Zum Schutz der Presse-, Rundfunk- und Informationsfreiheit (Art. 5 GG) sieht das Urheberrecht in den §§ 44a–63 UrhG eine Reihe von Schranken für die Ausübung dieser Rechte vor. Schranken können unterschiedlich gestaltet sein. In den USA wurde z. B. die große, weit formulierte Schranke des „**fair use**" eingeführt (17 U.S.C. § 107), die anhand bestimmter Einzelumstände je nach Einzelfall angewendet wird und darüber hinaus vertraglich abdingbar ist.

335 Das deutsche Urheberrecht sieht hingegen einen **enumerativen Katalog** einzelner Schranken in unterschiedlich starken Ausprägungen vor.[276] Der Eingriff in das Verbotsrecht des Urhebers besteht in den Formen der zustimmungs- und vergütungsfreien Nutzung, der gesetzlichen Lizenzen, Zwangslizenzen und Verwertungsgesellschaftspflichtigkeiten. Zwangslizenzen gewähren keine direkte Nutzungsbefugnis, sondern lediglich ein gerichtlich durchsetzbares Erfordernis der Zustimmung des Urhebers zu der Nutzung zu einem angemes-

---

274 *OLG Köln*, Urt. v. 12. 06. 2015 – 6 U 5/15, NJW 2016, 821 = GRUR-RR 2016, 59 – Afghanistan-Papiere.
275 *BVerfG*, Beschl. v. 7. 7. 1971 – 1 BvR 765/66, MDR 1972, 23 = NJW 1971, 2163; Beschl. v. 29. 5. 2006 – 1 BvR 1080/01, VersR 2006, 1057; Beschl. v. 20. 1. 2010 – 1 BvR 2062/09, K & R 2010, 254 = NJW 2010, 1347.
276 So ausdrücklich *BGH*, Urt. v. 20. 3. 2003 – I ZR 117/00, MDR 2003, 1305 = WRP 2003, 1235.

senen Preis. Das deutsche UrhG kannte lediglich eine einzige durch eine Zwangslizenz ausgestaltete Schranke (§ 61 UrhG), die aufgrund ihrer Bedeutungslosigkeit in der Praxis seit dem 13. September 2003 aufgehoben ist.[277]

Die gesetzliche Festlegung, dass ein bestimmter Anspruch nur durch eine Verwertungsgesellschaft geltend gemacht werden kann, findet sich dagegen sehr häufig, oft in Kombination mit einer gesetzlichen Lizenz. Zum großen Teil wird mit letzterer operiert: Der Urheber kann in diesen Fällen die Nutzung seines Werkes nicht reglementieren (behält jedoch einen Vergütungsanspruch); vielmehr hat der Nutzer eine genau umrissene, gesetzliche Lizenz. Diese Schranken gelten nicht nur im Verhältnis zum Urheber, sondern auch für Lichtbildner (§ 72 Abs. 1 UrhG), ausübende Künstler (§ 83 UrhG), Tonträger- (§ 85 Abs. 3 UrhG) und Filmhersteller (§ 94 Abs. 4 UrhG). Im Folgenden werden die für den Bereich der neuen Medien relevanten Schrankenregelungen dargestellt. **336**

Zu beachten ist dabei, dass Schranken keine eng auszulegenden Ausnahmebestimmungen, sondern spätestens nach den Urteilen des *EGMR* vom 10. Januar 2013 im Lichte der Menschenrechte auszulegen sind.[278] **337**

1 Ablauf der Schutzfrist und verwaiste Werke

Literatur: *de la Durantaye*, Die Nutzung verwaister und vergriffener Werke – Stellungnahme zu dem Gesetzentwurf der Bundesregierung. ZUM 2013, 437; *Evers*, Nutzung verwaister Werke, ZUM 2013, 454 (vor allem im Bezug auf Filme); *Grages*, Verwaiste Werke. Lizensierung in Abwesenheit des Rechtsinhabers. Geistiges Eigentum und Wettbewerbsrecht Bd. 83, Mohr-Siebeck Verlag, Tübingen 2013; *Klass*, Die deutsche Gesetzesnovelle zur „Nutzung verwaister und vergriffener Werke und einer weiteren Änderung des Urheberrechtsgesetzes" im Kontext der Retrodigitalisierung. GRUR Int. 2013, 881; *Krogmann*, Zum „Entwurf eines Gesetzes zur Nutzung verwaister Werke und zu weiteren Änderungen des Urheberrechtsgesetzes" sowie zur technologieneutralen Ausgestaltung des § 20 b UrhG. ZUM 2013, 457: *Möller*, Verwaiste Werke. Eine Analyse aus internationaler Perspektive. UFITA-Schriftenreihe Bd. 272, Nomos Verlagsgesellschaft, Baden-Baden 2013; *Peifer*, Die Gesetzliche Regelung über verwaiste und vergriffene Werke. Hilfe für verborgene Kulturschätze, NJW 2014, 6; *Spindler*, Ein Durchbruch für die Retrodigitalisierung? Die Orphan-Works-Richtlinie und der jüngste Referentenentwurf zur Änderung des Urheberrechts, ZUM 2013, 349; *Staats*, Regelungen für verwaiste und vergriffene Werke – Stellungnahme zu dem Gesetzentwurf der Bundesregierung, ZUM 2013, 446; *Talke*, Verwaiste und vergriffene Werke: Kommt das 20. Jahrhundert endlich in die Digitale Bibliothek?, K & R 2014, 18.

---

277 Gesetz zur Regelung des Urheberrechts in der Informationsgesellschaft vom 10. September 2003, BGBl. I S. 1774 (1777).
278 *EGMR*, Urt. v. 10. 1. 2013 – 36769/08, GRUR 2013, 859 = NJW 2013, 2735 – Ashby Donald.

338 Das Urheberrecht erlischt nach Ablauf von **70 Jahren post mortem auctoris** (§ 64 UrhG). Bei Werken, die von mehreren (Mit-)Urhebern geschaffen sind, berechnet sich die Frist nach dem Tode des Längstlebenden (§ 65 Abs. 1 UrhG). Bei Filmwerken kommt es auf den Tod des Hauptregisseurs, Drehbuchautors, Dialogautors und des Filmkomponisten an (§ 65 Abs. 2 UrhG).

339   Hinzu kommen die Schutzfristen für die **Leistungsschutzberechtigten**, insb. die Tonträger- und Filmhersteller sowie die ausübenden Künstler. Die grundsätzliche Schutzdauer für Leistungsschutzrechte beträgt 50 Jahre. Für ausübende Künstler und Tonträgerhersteller gilt eine Schutzfrist von 70 Jahren (§§ 82 Abs. 1, 85 Abs. 3 UrhG). Die verlängerte Schutzdauer ist von enormer Bedeutung für ausübende Künstler, da diese häufig über keine anderen Einkommensquellen außer der Urheberrechtsvergütung verfügen. Außerdem sieht § 79 Abs. 3 UrhG vor, dass nun in Verträge zwischen Künstlern und Plattenfirmen eine sog. „Gebrauch-es-oder-verlier-es"-Klausel aufgenommen werden muss, welche es den Künstlern ermöglicht, den Übertragungsvertrag zu kündigen und somit seine Rechte zurückzuerlangen, wenn der Hersteller die Aufnahme in der erweiterten Schutzfrist nicht weiter vermarktet. Außerdem müssen Plattenfirmen einen Fonds einrichten, in den sie 20 Prozent ihrer Einnahmen zahlen, die während des erweiterten Zeitraums entstehen (§ 79a Abs. 1 S. 1 UrhG). Dieser Fond kommt Studiomusikern zugute, deren Aufnahmen in der verlängerten Schutzdauer verkauft werden. Bei Datenbanken ist der Schutz auf 15 Jahre ab jeweiliger Investition beschränkt (§ 87d S. 1 UrhG).

340   Sonderprobleme bestehen bei der **Nutzung verwaister Werke**, also noch urheberrechtlich geschützter Werke, bei denen der Rechteinhaber nicht zu ermitteln ist.[279] Am 25. Oktober 2012 haben das Europäische Parlament und der Rat die Richtlinie 2012/28/EU über bestimmte zulässige Formen der Nutzung verwaister Werke erlassen. Das Umsetzungsgesetz wurde im Oktober 2013 verabschiedet.[280] § 61 Abs. 1 UrhG erklärt die Vervielfältigung und öffentliche Zugänglichmachung von verwaisten Werken als zulässig. Berechtigt, verwaiste Werke in der gesetzlich bestimmten Art zu nutzen, sind ausschließlich privilegierte Institutionen wie Bibliotheken, Bildungseinrichtungen, Museen, Archive oder öffentlich-rechtliche Institutionen zum Schutz des Filmerbes, die sich jetzt leichter die notwendigen Rechte zur Werke-Digitalisierung verschaffen, wenn trotz sorgfältiger Suche die Rechteinhaber nicht festgestellt werden konnten (§ 61 Abs. 2 UrhG). Ihre Rechercheergebnisse müssen sie dokumentieren und beim DPMA hinterlegen (§ 61a Abs. 4 UrhG).

---

279 *Pfeifer*, GRUR-Prax 2011, 1.

280 Das Gesetz zur Nutzung verwaister und vergriffener Werke und weiterer Änderungen des Urheberrechtsgesetzes vom 1. Oktober 2013, BGBl I S. 3728.

Sofern für ein Werk nach sorgfältiger Recherche im Land seines ersten Er- 341
scheinens keine richtigen Daten zum Rechteinhaber festgestellt werden können, kann ein Werk als verwaist gelten. Jedoch muss die Suche gem. § 61a
Abs. 1 S. 3 UrhG auf das Gebiet anderer Staaten erweitert werden, „wenn es
Hinweise darauf gibt, dass relevante Informationen zu Rechteinhabern in anderen Staaten gefunden werden können". Folge von § 61 Abs. 1 UrhG ist, dass
Bibliotheken, Bildungseinrichtungen, Museen und Archive das Werk ohne
(Nach-)Lizenzierung digitalisieren und online stellen dürfen. Dieses Privileg
gilt auch für Institutionen, die im Bereich des Filmerbes tätig sind sowie für
die öffentlich-rechtlichen Rundfunkanstalten. Von der Regelung sind vorverö-
fentlichte Printwerke und audiovisuelle Medien umfasst (§ 61 Abs. 2 Nr. 1–3
UrhG), jedoch nicht Bilder und unveröffentlichte Archivarien sowie elektronische Medien auf Datenträgern. Filmwerke und audiovisuelle Werke dürfen von
den Rundfunkanstalten (§ 61c UrhG) sowie von denen im Bereich des Filmerbes
(§ 61 Abs. 2 UrhG) tätigen Institutionen digitalisiert und online veröffentlicht
werden. Eine Vergütung zugunsten des Urhebers ist grundsätzlich nicht vorgesehen. Der Urheber kann den Status als verwaistes Werk jederzeit beenden
(§ 61b UrhG). Ihm ist ein gerechter Ausgleich zu zahlen.

2 Beiwerk

Nach § 57 UrhG ist die Vervielfältigung, Verbreitung und öffentliche Wiederga- 342
be von Werken zulässig, wenn sie als unwesentliches Beiwerk neben dem eigentlichen Gegenstand der Vervielfältigung, Verbreitung oder öffentlichen Wiedergabe anzusehen ist. Ein solches unwesentliches Beiwerk liegt aber nicht
vor, wenn Kunstwerke dekorativ zur Verschönerung eines Möbelprospektes
eingesetzt werden. Denn § 57 UrhG deckt nicht ein Konzept, das dem Möbel-
kunden durch Einsatz von Hintergrundkunst eine mögliche Verwendungssitua-
tion und die sich daraus ergebende ästhetische Wirkung dieser Möbel vor Augen führen will.[281]

3 Erschöpfungsgrundsatz

Literatur: *Appl/Schmid*, Zweitverwertung gebrauchter Digitalgüter – Die Folgen des Used-
Soft-Urteils für Schöpfungen anderer Werkarten, medien und recht 2014, 189; *Baus*, Umgehung der Erschöpfungswirkung durch Zurückhaltung von Nutzungsrechten?, MMR

---

281 *BGH*, Urt. v. 17.11. 2014 – I ZR 177/13, NJW 2015, 2119 = GRUR 2015, 667 m. Anm. *Stang*.

2002, 14; *Berger*, Die Erschöpfung des urheberrechtlichen Verbreitungsrechts als Ausprägung der Eigentumstheorie des BGB, AcP 2001, 412; *Ganzhorn*, Ist ein E-Book ein Buch? – Das Verhältnis von Büchern und E-Books unter besonderer Berücksichtigung der Used-Soft-Rechtsprechung, CR 2014, 492; *Grützmacher*, „Gebrauchtsoftware" und Erschöpfungslehre: Zu den Rahmenbedingungen eines Second-Hand-Marktes für Software, ZUM 2006, 302; *Grützmacher*, Gebrauchtsoftware und Übertragbarkeit von Lizenzen – Zu den Rechtsfragen auch jenseits der Erschöpfungslehre, CR 2007, 549; *Grützmacher*, Gebrauchtsoftwarehandel mit erzwungener Zustimmung – eine gangbare Alternative?, CR 2010, 141; *Hauck*, Gebrauchthandel mit digitalen Gütern, NJW 2014, 3616; *Hoeren/Jakopp*, Der Erschöpfungsgrundsatz im digitalen Umfeld – Notwendigkeit eines binnenmarktkonformen Verständnisses, MMR 2014, 646; *Knies*, Erschöpfung Online? – Die aktuelle Problematik beim On-Demand-Vertrieb von Tonträgern im Lichte der Richtlinie zur Informationsgesellschaft, GRUR Int. 2002, 314; *Koch*, Lizenzrechtliche Grenzen des Handels mit Gebrauchtsoftware, ITRB 2007, 140; *Koehler*, Der Erschöpfungsgrundsatz des Urheberrechts im Online-Bereich, München 2000; *Neuber*, Online-Erschöpfung doch nur für Software?, WRP 2014, 1274; *Schrader/Rautenstrauch*, Geltung des Erschöpfungsgrundsatzes beim Online-Erwerb durch unkörperliche Übertragung urheberrechtlich geschützter Werke, K & R 2007, 251; *Peifer*, Vertrieb und Verleih von E-Books – Grenzen der Erschöpfungslehre, AfP 2013, 89.

343 Zu beachten ist ferner der **Erschöpfungsgrundsatz** (§ 17 Abs. 2 UrhG).[282] Stimmt der Urheber einer Veräußerung von Vervielfältigungsstücken zu, erschöpft sich daran sein Verbreitungsrecht (mit Ausnahme des Vermietrechts). Die Erschöpfung erstreckt sich nur auf die **Verbreitung körperlicher Werkexemplare.** Eine zumindest entsprechende Anwendung des Grundsatzes auf bestimmte Online-Übertragungen wird von der h. M. als unmöglich erachtet.[283] Die Erschöpfung knüpft daran an, dass Werkexemplare mit Zustimmung des zur Verbreitung Berechtigten im Wege der Veräußerung in den Verkehr gebracht worden sind. Bietet z. B. ein Verlag ein Buch zum Verkauf an, verliert dieser an den Werkkopien sein Kontrollrecht hinsichtlich der Weiterverbreitung. Wer also ein solches Buch gekauft hat, darf es weiterverkaufen. Von der Erschöpfung umfasst sind auch Daten, die auf den Werkstücken enthalten sind

---

282 Für Software findet sich eine Spezialregelung in § 69c Nr. 3 UrhG; für Datenbanken in § 87b Abs. 2 UrhG.

283 So auch Erwägungsgrund 29 der InfoSoc-RL (2001/29/EG) mit folgender Begründung: „Unlike CD-ROM or CD-I, where the intellectual property is incorporated in a material medium, namely an item of goods, every on-line service is in fact an act which should be subject to authorisation where the copyright or related right so provides". Die InfoSoc-RL wiederholt damit Überlegungen aus der Datenbankrichtlinie; siehe dort Erwägungsgrund 33; so auch *Reinbothe*, GRUR Int. 2001, 733; anders allerdings *Knies*, GRUR Int. 2002, 314; *Köhler*, Der Erschöpfungsgrundsatz des Urheberrechts im Online-Bereich, München 2000, 72.

(z. B. Marktdaten eines Marktforschungsunternehmens).[284] Gleiches gilt für den Weiterverkauf gebrauchter Standardsoftware.[285]

Fraglich ist, ob auch **im Online-Bereich** eine Erschöpfung angenommen 344 werden kann. Zum Teil wird dies verneint.[286] Das *OLG München*[287] will diesen Grundsatz nicht anerkennen; die Weitergabe von Nutzungsrechten verstoße gegen die urheberrechtlichen Befugnisse des Verwertungsberechtigten, weil sich der Erschöpfungsgrundsatz sowohl nach deutschem als auch nach europäischem Recht nur auf in einem Gegenstand verkörperte Werke beziehe und hier die „gebrauchte" Software dem Käufer nicht auf einem Datenträger verkörpert übergeben, sondern nur die Softwarelizenz verkauft wurde. Weder direkt noch analog könne der Erschöpfungsgrundsatz zur Anwendung kommen. Ferner ist nach Auffassung des *LG München*[288] die pauschale Werbeaussage, dass die Veräußerung von „gebrauchten" Softwarelizenzen für Standardsoftware erlaubt sei, im Lichte der §§ 3, 5 UWG irreführend und damit unzulässig. Dabei wird auch darauf abgestellt, dass ohnehin die Nutzung von Software den Eingriff in weitere Rechte impliziere, etwa das Recht zum Laden in den Arbeitsspeicher. Andere Gerichte argumentieren zu Recht damit, dass es keinen Unterschied mache, ob Software via DVD oder über das Netz vertrieben werde; in beiden Fällen müsse wirtschaftlich und juristisch im Hinblick auf eine Erschöpfung gleich argumentiert werden.[289] Das *LG München*[290] hat der Kauf-

---

284 *OLG München*, Urt. v. 25.10. 2001 – 29 U 2530/01, NJW-RR 2002, 401 = ZUM 2002, 562.
285 *OLG Stuttgart*, Urt. v. 3.11. 2011 – 2 U 49/11, ZUM 2012, 811 = MMR 2012, 834; für eine analoge Anwendung des § 69c Nr. 3 S. 2 UrhG dagegen *Grützmacher*, CR 2007, 549; *Schrader/ Rautenstrauch*, K & R 2007, 251; zum Erschöpfungsgrundsatz bei Software vgl. auch *Hoeren*, Der Erschöpfungsgrundsatz bei Software – Körperliche Übertragung und Folgeprobleme, GRUR 2010, 665.
286 *LG München I*, Urt. v. 19.1. 2006 – 7 O 23237/05, MMR 2006, 175 = ZUM 2006, 251 = CR 2006, 159 m. Anm. *Haines/Scholz*; siehe dazu auch *Grützmacher*, ZUM 2006, 302; *OLG München*, Urt. v. 3.8. 2006 – 6 U 1818/06, MMR 2006, 748 m. Anm. *Stögmüller* = CR 2006, 655 m. Anm. *Lehmann*; siehe dazu *Hoeren*, CR 2006, 573. Kritisch wohl auch *OLG Frankfurt a. M.*, Beschl. v. 12.5. 2009 – 11 W 15/09, MMR 2009, 544 m. Anm. *Bräutigam* für den Handel mit Echtheitszertifikaten.
287 *OLG München*, Urt. v. 3.7. 2008 – 6 U 2759/07, CR 2008, 551 m. Anm. *Bräutigam* = K & R 2008, 538; *OLG München*, Urt. v. 3.8. 2006 – 6 U 1818/06, K & R 2006, 469 = MMR 2006, 748.
288 *LG München I*, Beschl. v. 30.4. 2007 – 33 O 7340/08, CR 2008, 414 m. Anm. *Moritz*.
289 So etwa *LG Hamburg*, Urt. v. 29.6. 2006 – 315 O 343/06, MMR 2006, 827 m. Anm. *Heydn/ Schmidl* = CR 2006, 812 m. Anm. *Grützmacher*; *OLG Hamburg*, Urt. v. 7.2. 2007 – 5 U 140/06, MMR 2007, 317 m. Anm. *Hüsch/Meuser*; siehe dazu auch *Rössel*, ITRB 2007, 105; ähnlich *Grützmacher*, ZUM 2006, 302; *Grützmacher*, CR 2007, 549; *Sosnitza*, K & R 2006, 206.
290 *LG Hamburg*, Urt. v. 29.6. 2006 – 315 O 343/06, MMR 2006, 827 m. Anm. *Heydn/Schmidl* = CR 2006, 812 m. Anm. *Grützmacher*; *Bräutigam/Sosna*, jurisPR-ITR 12/2006, Anm. 5.

preisklage des mit gebrauchten Softwarelizenzen handelnden Klägers stattgegeben; das Vorbringen des Software-Käufers, der Veräußerung einer einzelnen
Lizenz aus einem Volumenlizenzvertrag läge ein Rechtsmangel zu Grunde,
teilte das Gericht nicht. Es sei dem Käufer eine verkörperte Kopie übergeben
worden, die durch Vervielfältigung der Masterkopie des ursprünglichen Lizenzinhabers entstanden sei. Dadurch sei sowohl hinsichtlich des Verbreitungsrechts als auch des Vervielfältigungsrechts Erschöpfung gem. § 69c Nr. 3 S. 2
UrhG eingetreten. Durch die in Erfüllung des jeweiligen Volumenlizenzvertrags
erfolgte Einräumung von Nutzungsrechten an Software, habe sich das Verbreitungsrecht des Lizenzinhabers in Bezug auf jedes einzelne eingeräumte Nutzungsrecht, das jew. als ein eigenständig zu beurteilendes Vervielfältigungs-
stück der Software zu behandeln sei, erschöpft. Dadurch könnten auch bei
aufgespaltenen Volumenlizenzen einzelne Softwarelizenzen ohne Zustimmung
des Lizenzinhabers veräußert werden. Das *OLG Düsseldorf* hat eine Ausdehnung des Erschöpfungsgrundsatzes auf die mitgelieferte Sicherungskopie abgelehnt.[291] Der *BGH* hat mit Beschluss vom 3. Februar 2011[292] die Frage der
Online-Erschöpfung dem *EuGH* zur Entscheidung vorgelegt.

345   Der *EuGH* hat in **„UsedSoft vs. Oracle"**[293] den Erschöpfungsgrundsatz der
Computerprogramm-Richtlinie auch auf Download-Software angewendet.[294]
Stelle der Urheberrechtsinhaber seinem Kunden eine – körperliche oder nicht-
körperliche – Kopie zur Verfügung und schließe er gleichzeitig gegen Zahlung
eines Entgelts einen „Lizenzvertrag", durch den der Kunde das unbefristete
Nutzungsrecht an dieser Kopie erhält, so verkaufe er diese Kopie an den Kunden und erschöpfe damit sein ausschließliches Verbreitungsrecht. Durch ein
solches Geschäft werde das Eigentum an dieser Kopie übertragen. Somit kann
sich der Rechteinhaber, selbst wenn der Lizenzvertrag eine spätere Veräußerung untersagt, dem Weiterverkauf dieser Kopie nicht mehr widersetzen. Entsprechende Nutzungsbeschränkungen in AGB sind rechtswidrig.[295] Fraglich ist
nun, ob künftig neue Vertriebsmodelle Kauf/Lizenz ersetzen werden (Miete,

---

291 *OLG Düsseldorf*, Urt. v. 29. 6. 2009 – I-20 U 247/08, CR 2009, 566 = MMR 2009, 629.
292 *BGH*, Beschl. v. 3. 2. 2011 – I ZR 129/08, CR 2011, 223 m. Anm. *Rössel* = MMR 2011, 305
m. Anm. *Heydn* – UsedSoft.
293 *EuGH*, Urt. v. 3. 7. 2012 – C-128/11, NJW 2012, 2565 = ZUM 2012, 661 – UsedSoft; dem *EuGH*
folgend auch *BGH*, Urt. v. 17. 7. 2013 – I ZR 129/08, MDR 2014, 417 = MMR 2014, 232 – UsedSoft
II; *BGH*, Urt. v. 11. 12. 2014 – I ZR 8/13 – UsedSoft III, GRUR 2015, 772 = MMR 2015, 530.
294 Zum Weiterverkauf der Sicherungskopie auch: *EuGH*, Urt. v. 12. 10. 2016 – C 166/15, MMR
2017, 19 m. Anm. *Heyden* = GRUR 2016, 1271 = ZUM 2017, 49; eine Zusammenfassung des Urteils
ist als Pressemitteilung des *EuGH* Nr. 110/16 abrufbar unter: http://curia.europa.eu/jcms/
upload/docs/application/pdf/2016-10/cp160110de.pdf (zuletzt abgerufen: Mai 2017).
295 *OLG Hamburg*, Beschl. v. 30. 4. 2013 – 5 W 35/13, CR 2013, 700 = MMR 2014, 115.

Cloud-Computing; SaaS). Im Übrigen zählen zu den Vervielfältigungen, die nach Art. 5 der RL 2001/29/EG für die Benutzung der Software erforderlich und dem Zweiterwerber daher erlaubt sind, nicht die Aufspaltungen von Volumenlizenzen. Spannend ist schließlich auch, wie sich die Entscheidung auf andere Werkarten auswirkt.[296] Zu beachten ist, dass der Zweitkäufer die Darlegungs- und Beweislast für das Vernichten der Altkopie beim Verläufer trägt.[297] Über solche Beweislastregeln macht die deutsche Rechtsprechung regelmäßig die Erschöpfung unmöglich.

Streitig ist, ob diese Konzeption auch auf **eBooks** und andere digitale In- **346** halte zur Anwendung kommt. Nach Auffassung des *OLG Hamm*[298] und des *OLG Hamburg*[299] ist der Weiterverkauf von eBooks weder in direkter noch analoger Anwendung des Erschöpfungsgrundsatzes von diesem gedeckt. Eine europarechtskonforme Auslegung des § 17 Abs. 2 UrhG im Lichte des Art. 4 Abs. 2 RL 2001/29/EG ergebe, dass dieser lediglich körperliche Werkstücke umfasse. Die „UsedSoft"-Entscheidung des *EuGH* sei nicht auf eBooks übertragbar. AGB-Klauseln, die eine Weiterveräußerung eines eBooks verbieten, seien keine unangemessene Benachteiligung gem. § 307 BGB und daher wirksam.

Auf der Rechtsfolgenseite ist die Erschöpfung räumlich **auf den Bereich** **347** **der EU und des EWR beschränkt** (§ 17 Abs. 2 UrhG).[300] Wer Kopien geschützter Werke in den USA kauft, darf diese nicht in der EU weiterverkaufen; eine internationale Erschöpfung wird von der h. M. abgelehnt.[301]

Sachlich beschränkt sich die Erschöpfung nur auf die jeweilige Verbrei- **348** tungsform. Sie erlaubt nicht die Verbreitung innerhalb eines neuen, eigenständigen Marktes, etwa von Buchclubausgaben eines Buches im Taschenbuchhandel.[302]

---

296 Abgelehnt für eBooks durch *LG Bielefeld*, Urt. v. 5. 3. 2013 – 4 O 191/11, K & R 2013, 415 = ZUM 2013, 688; dem zustimmend *OLG Hamburg*, Beschl. v. 4.12. 2014 – 10 U 5/11, CR 2015, 534 = GRUR-RR 2015, 361 sowie in derselben Sache *OLG Hamburg*, Beschl. v. 24. 3. 2015 – 10 U 5/11, ZUM 2015, 503.
297 *OLG Frankfurt a. M.*, Urt. v. 5. 4. 2016 – 11 U 113/15, ZUM-RD 2016, 465; ähnlich *OLG Frankfurt a. M.*, Urt. v. 22. 12. 2016 – 11 U 108/13, GRUR-RS 2016, 114663 = GRUR-RR 2017, 138 (Ls.).
298 *OLG Hamm*, Urt. v. 15. 5. 2014 – 22 U 60/13, NJW 2014, 3659 = GRUR 2014, 853 m. Anm. *Hansen*; siehe hierzu auch die Entscheidung der Vorinstanz: *LG Bielefeld*, Urt. v. 5. 3. 2013 – 4 O 191/11, K & R 2013, 415 = ZUM 2013, 688 = GRUR-RR 2013, 281.
299 *OLG Hamburg*, Beschl. v. 24. 3. 2015 – 10 U 5/11, ZUM 2015, 503; siehe hierzu auch *Rauer/Ettig*: Verkehrsfähigkeit von E-Books und anderen digitalen Werken, GRUR-Prax 2015, 202.
300 Siehe dazu auch *EuGH*, Urt. v. 8. 6. 1971 – C-78/70, NJW 1971, 1533 = WM 1971, 850 – Polydor.
301 Schricker/*Loewenheim*, UrhG, § 17 Rz. 55 m.w.N; Streitig ist die Online-Erschöpfung auch im US-Recht: Siehe District Court of New York Decision of 30 March 2013 – No. 12 Civ. 95 (RJS) Capital Records LLC. ./. ReDigi NC.
302 *BGH*, Urt. v. 21. 11. 1958 – I ZR 98/57, GRUR 1959, 200 = MDR 1959, 185 – Heiligenhof.

349   Der *BGH* hat in der Entscheidung „**Half Life 2**"[303] vertreten, dass der urheberrechtliche Grundsatz der Erschöpfung des Verbreitungsrechts nicht berührt wird, wenn ein Hersteller eines Computerspiels, das auf DVD-ROM vertrieben wird, dieses so programmiert, dass es erst nach Einrichtung eines Benutzerkontos über eine Internetverbindung zum Hersteller benutzt werden kann, die Einrichtung des Benutzerkontos nur einmalig möglich ist und der Lizenzvertrag eine Klausel enthält, nach welcher es dem Nutzer verboten ist, das Benutzerkonto zu verkaufen, für dessen Nutzung Geld zu verlangen oder es anderweitig weiterzugeben. Urheberrechtlich bestehe kein Anspruch darauf, dass mit dem Erwerb eines urheberrechtlich geschützten Computerprogramms auch eine Nutzungsmöglichkeit eingeräumt wird; insb. gebiete dies nicht der urheberrechtliche Erschöpfungsgrundsatz. Einschränkungen der rechtlichen oder tatsächlichen Verkehrsfähigkeit eines Werkstücks, die sich nicht aus dem Verbreitungsrecht des Urhebers als solchem ergeben, sondern auf anderen Umständen beruhen, wie z. B. auf der spezifischen Gestaltung des betreffenden Werks oder Werkstücks, berühren den Grundsatz der Erschöpfung des urheberrechtlichen Verbreitungsrechts nicht.

350   Ähnlich ist nach Auffassung des *LG Berlin* die Rechtslage beim **Vertrieb von Musikdownloads**.[304] Eine Klausel in den AGB eines entgeltlichen Musikdownloadportals, die den Weitervertrieb, die Weitergabe, Übergabe oder Unterlizenzierung von im Wege des Downloads erworbenen Musikdateien vorbehaltlich abweichender gesetzlicher Regeln verbietet, beinhaltet keine unangemessene Benachteiligung. Durch den Download einer Musikdatei und ihrer Festlegung auf einem Datenträger tritt keine Erschöpfung des Verbreitungsrechts i. S. d. § 17 Abs. 2 UrhG ein. Eine analoge Anwendung des Erschöpfungsgrundsatzes scheidet aus, da sowohl nach dem deutschen Urheberrecht als auch nach der Richtlinie 2001/29/EG der Eintritt der Erschöpfung ausdrücklich die gegenständliche Verkörperung eines Werkes voraussetzt. Der Weitervertrieb einer durch Download erworbenen Musikdatei mittels Herstellung eines weiteren Vervielfältigungsstückes, z. B. über E-Mail, stellt demnach bloß einen Verstoß gegen das Vervielfältigungsrecht aus § 16 UrhG dar.[305]

---

303 *BGH*, Urt. v. 11. 2. 2010 – I ZR 178/08, CR 2010, 565 m. Anm. *Menz/Neubauer* = MDR 2010, 1071 = MMR 2010, 771.
304 *LG Berlin*, Urt. v. 14. 7. 2009 – 16 O 67/08, MMR 2010, 46 = ZUM-RD 2010, 78.
305 *LG Berlin*, Urt. v. 14. 7. 2009 – 16 O 67/08, MMR 2010, 46, 46–47 = ZUM-RD 2010, 78, 79–80.

4 Öffentliche Reden (§ 48 UrhG)

Nach § 48 Abs. 1 Nr. 2 UrhG ist die Vervielfältigung, Verbreitung und öffentliche 351 Wiedergabe von Reden zulässig, die **bei öffentlichen Verhandlungen** vor staatlichen, kommunalen oder kirchlichen Organen gehalten worden sind. Es ist daher möglich, ohne Zustimmung des Urhebers, Reden über das Internet zugänglich zu machen. Fraglich könnte allenfalls sein, ob sich die Ausnahmebestimmung nur auf den reinen Text der Rede oder auch auf weitere Umstände der Rede (Ton- und Bildmaterial) erstreckt. Für die Internetnutzung hat diese Schranke keine besondere Bedeutung.

5 Zeitungsartikel (§ 49 UrhG)

Literatur: *Beiner*, Der urheberrechtliche Schutz digitalisierter Presseartikel in unternehmenseigenen Datenbanken, MMR 1999, 691; *Berger*, Elektronische Pressespiegel und die Informationsrichtlinie, CR 2004, 360; *Flechsig*, Elektronische Pressespiegel – ein Beitrag zur Reform künftiger Pressespiegelausnahmen, Festschrift für Melichar, Tübingen 1999; *Hoeren*, Pressespiegel und das Urheberrecht. Eine Besprechung des Urteils des *BGH* „Elektronischer Pressespiegel", GRUR 2002, 1022; *Katzenberger*, Elektronische Pressespiegel aus der Sicht des urheberrechtlichen Konventionsrechtes, GRUR Int. 2004, 739; *Lehmann/Katzenberger*, Elektronische Pressespiegel und Urheberrecht, Düsseldorf 1999; *Niemann*, Pressespiegel de lege lata, CR 2002, 817; *Niemann*, Pressespiegel de lege ferenda, CR 2003, 119; *Rath-Glawatz*, Pressespiegel in Kommunen und das Urheberrecht, KommJur 2011, 4; *Vogtmeier*, Elektronischer Pressespiegel im zweiten Korb, MMR 2004, 658; *Wallraf*, Elektronische Pressespiegel aus der Sicht der Verlage, AfP 2000, 23.

Unter dem Gesichtspunkt des freien Informationszugangs regelt § 49 UrhG den 352 uneingeschränkten Zugriff auf Beiträge vor allem aus der Tagespresse. Erst die Rechtsprechung hat aus dieser Bestimmung die sog. „Pressespiegelbestimmung" gemacht.[306] Interessant ist hier vor allem der Bereich der elektronischen Pressespiegel. Nach § 49 Abs. 1 UrhG ist die Vervielfältigung und Verbreitung einzelner Artikel und Abbildungen aus Zeitungen in anderen „Zeitungen und Informationsblättern" sowie deren öffentliche Wiedergabe zulässig, sofern die Artikel und Abbildungen politische, wirtschaftliche oder religiöse Tagesfragen betreffen und nicht mit einem Vorbehalt der Rechte versehen sind.

---

306 Gegen die Anwendung von § 49 Abs. 1 UrhG auf Pressespiegel noch *Beiner*, MMR 1999, 691, 695.

a) Artikel

353 Unter „Artikel" sind nur Sprachwerke zu verstehen, nicht jedoch Fotografien oder Zeichnungen.[307] Wenn ein Artikel neben dem Text auch Bildmaterial enthielt, war bis zum 31. Dezember 2007 nur die Übernahme des Textes von § 49 Abs. 1 UrhG gedeckt. Seit dem 1. Januar 2008 werden von § 49 Abs. 1 UrhG nun auch die im Zusammenhang mit Artikeln veröffentlichten Abbildungen erfasst. Damit ist es möglich, die (regelmäßig bebilderten) Texte aus der Tagespresse insgesamt zu scannen und unter Berufung auf § 49 UrhG in eine Datenbank einzuspeisen. Erlaubt ist nur die Übernahme *einzelner* Artikel, nicht jedoch etwa die Übernahme des Texts einer gesamten Ausgabe. Auch dürfen nur Artikel, deren Inhalt politische, wirtschaftliche oder religiöse Tagesfragen betrifft, verwendet werden. Beiträge mit schwerpunktmäßig wissenschaftlichem oder kulturellem Inhalt fallen nicht unter die Vorschrift.[308] Außerdem muss der übernommene Artikel noch im Zeitpunkt der Übernahme aktuell sein.[309]

b) Zeitungen

354 Die Entnahme ist nur im Hinblick auf **„Zeitungen und andere lediglich dem Tagesinteresse dienende Informationsblätter"** zulässig. Zu dieser Gruppe zählen neben der Tagespresse auch periodisch erscheinende Informations- und Mitteilungsblätter.[310] Es stellt sich dabei die Frage, ob auch eine Online-Zeitung eine „Zeitung" i. S. v. § 49 UrhG ist. Die Repräsentanten der Zeitungsverleger lehnen dies ab. Sie verweisen darauf, dass es sich bei § 49 UrhG um eine Ausnahmevorschrift zu Lasten des Urhebers handle. Ausnahmevorschriften seien eng auszulegen. Deshalb sei § 49 UrhG nur auf Printmedien als Ausgangsmaterial zu beziehen und spiele für den Online-Bereich keine Rolle. Diese Ansicht wird von der VG Wort zurückgewiesen. Nach deren Ansicht sei zwar § 49 UrhG als Ausnahmevorschrift tatsächlich eng auszulegen. Dies schließe

---

307 *Loewenheim*, Urheberrechtliche Grenzen der Verwendung geschützter Werke in Datenbanken, 1994, 73 m. w. N. in Fn. 327.

308 A.a. Schricker/Loewenheim/*Melichar*, 4. Aufl. 2010 § 49 Rz. 7, der es für § 49 UrhG genügen lässt, dass ein Artikel „auch" den privilegierten Inhalt hat. Nach a. A. kommt es entscheidend auf die Schwerpunkte des Textes an.

309 A.a. auch *Loewenheim*, Urheberrechtliche Grenzen der Verwendung geschützter Werke in Datenbanken, 1994, 74, der für die Aktualität auf den Zeitpunkt der Übergabe auf die Benutzer (etwa einer Datenbank) abstellt. Die Übergabe ist als solche allerdings kein urheberrechtlich relevanter Akt; entscheidend ist der Zeitpunkt, in dem in die Verwertungsrechte des Urhebers eingegriffen worden ist.

310 So jetzt ausdrücklich der *BGH*, Urt. v. 27.1. 2005 – I ZR 119/02, MDR 2005, 1304 = GRUR 2005, 670. Anders noch das *OLG München*, Urt. v. 23.12. 1999 – 29 U 4142/99, AfP 2000, 191, 193, das Artikel aus Publikumszeitschriften von der Pressespiegelfreiheit ausnahm.

jedoch nicht aus, dass für den Begriff der „Zeitung" eine sinnvolle und sachgerechte Interpretation gefunden werden könne. Dabei könne es nicht darauf ankommen, auf welchem Trägermedium eine Publikation erscheine. Nach der typischen Definition der Zeitungswissenschaft umfasse Zeitung vielmehr jedes
periodisch erscheinende Informationsmedium mit universellem und aktuellem
Inhalt.[311] Damit fallen auch Online-Zeitungen unter die Pressespiegelbestimmung.

c) Elektronische Pressespiegel
Strittig ist die Anwendbarkeit des § 49 UrhG auf **elektronische Pressespiegel,**   355
insb. im Online-Bereich.

Fraglich ist, ob die Erstellung einer „Pressespiegeldatenbank", die bspw.   356
in einem Großunternehmen oder in einer Verwaltung sinnvoll genutzt werden
könnte, von § 49 Abs. 1 UrhG umfasst ist. Nach § 49 Abs. 1 S. 1 UrhG ist, wie
erläutert, nur die Verbreitung von Informationsblättern erlaubt, die dem Tagesinteresse dienen. Es erscheint aber nicht wahrscheinlich, dass elektronische
Pressespiegel tatsächlich nur für einen Tag benutzt und dann vernichtet oder
unabhängig von anderen tagesaktuellen Pressespiegeln aufbewahrt werden.
Vielmehr soll so eine Datenbank entstehen, die jederzeit und wesentlich kom-
fortabler als traditionelle Pressespiegel mit Suchfunktionen versehen verfügbar
wäre. Das Erfordernis der Tagesinteressen wäre damit nicht mehr gegeben. Die
Abgrenzung ist – wie so oft – allerdings fließend.[312]

Bei dem übernehmenden Medium muss es sich ebenfalls um Zeitungen   357
bzw. Informationsblätter handeln. Abwegig erscheint die dazu teilweise vertretene Ansicht, dass auch der selektive Ausdruck von gescannten Zeitungsarti-
keln aus einer zentralen Datenbank heraus unter § 49 Abs. 1 UrhG falle.[313] Der
Benutzer einer Datenbank stellt sich nicht sein eigenes „Informationsblatt" zusammen; der Verteilung von Kopien an Dritte fehlt die vorherige Zusammenfassung in einem zentralen Primärmedium. Wie *Loewenheim* zu Recht feststellt,[314]
fehlt es bei solchen Informationsdatenbanken daran, dass der Betreiber selbst
von sich aus und im eigenen Interesse informieren will.

---

311 Siehe *Rehbinder*, UFITA Bd. 48, (1966), S. 102; vgl. auch *Melichar*, Die Begriffe „Zeitung"
und „Zeitschrift" im Urheberrecht, ZUM 1988, 14.
312 Vgl. *Wallraf*, Elektronische Pressespiegel aus der Sicht der Verlage, AfP 2000, 23.
313 So *Eidenmüller*, Elektronischer Pressespiegel, CR 1992, 321, 323.
314 *Loewenheim*, Urheberrechtliche Grenzen der Verwendung geschützter Werke in Datenbanken, 1994, 76.

358   Insgesamt ist die Rechtslage hinsichtlich der Anwendbarkeit der Bestimmung auch auf Pressespiegel in elektronischer Form unklar.[315] Zunächst wurde gegen die Zulässigkeit der Lizenzierung eines elektronischen Pressespiegels durch eine Verwertungsgesellschaft entschieden,[316] eine Privilegierung durch § 49 UrhG also abgelehnt und damit das Verbotsrecht der Urheber bejaht. Diese Entscheidung des *LG Hamburg* wurde durch das *OLG Hamburg* bestätigt.[317] Ähnlich sahen das *OLG Köln*[318] und das *LG Berlin*[319] die Rechtslage. Restriktiv argumentierte auch das *Appellationsgericht Bern* für den Bereich der Pressebeobachtung.[320] Nach Auffassung des *LG München I* sollte es allerdings urheberrechtlich unproblematisch und von § 49 UrhG gedeckt sein, wenn jemand einen elektronischen Pressespiegel in der Form anbietet, dass eine Auflistung von zu Suchbegriffen gefundenen Artikeln dargeboten wurde, die nur Fundstelle, Überschrift des Artikels, Namen der Zeitung als Quellenangabe, Ressort und den Satz des Artikels mit dem Suchbegriff enthielt.[321]

359   Der *BGH* hat zugunsten der Pressenutzer die Entscheidungen aus Hamburg aufgehoben und eine Anwendung des § 49 Abs. 1 UrhG auf elektronisch übermittelte Pressespiegel für möglich erachtet.[322] Entscheidend sei, dass der Pressespiegel nach Funktion und Nutzungspotenzial noch im Wesentlichen dem herkömmlichen Pressespiegel entspreche. Dies setze voraus, dass der elektronisch übermittelte Pressespiegel nur betriebs- oder behördenintern und nur in einer Form zugänglich gemacht werde, die sich im Falle der Speicherung nicht zu einer Volltextrecherche eigne. Infolge dieser höchstrichterlichen Klärung hat der Gesetzgeber im Regierungsentwurf zum Zweiten Korb von einer Kodifizierung der Entscheidung abgesehen.[323]

360   Einige Zeitungsverleger haben die **Presse-Monitor Deutschland GmbH & Co. KG** (PMG) gegründet, die die Pressespiegelrechte der Verleger bündeln soll. Die PMG bietet elektronische Artikel und/oder Lizenzen von derzeit mehr als

315 Schon gegen die Anwendbarkeit auf traditionelle Pressespiegel *Wallraf*, Elektronische Pressespiegel aus der Sicht der Verlage, AfP 2000, 23, 26; *Beiner*, MMR 1999, 691, 695.
316 *LG Hamburg*, Urt. v. 7.9. 1999 – 308 O 258/99, CR 2000, 355 = AfP 1999, 389.
317 *OLG Hamburg*, Urt. v. 6.4. 2000 – 3 U 211/99, CR 2000, 658 m. Anm. *Kröger* = AfP 2000, 299.
318 *OLG Köln*, Urt. v. 30.12. 1999 – 6 U 151/99, CR 2000, 352 = MMR 2000, 365 m. Anm. *Will.*
319 *LG Berlin*, Urt. v. 15.5. 2001 – 16 O 173/01, AfP 2001, 339 = ZUM 2002, 836.
320 *Appellationsgericht Bern*, Urt. v. 21.5. 2001 – I-0299/I/00, MMR 2002, 30 m. Anm. *Hilty.*
321 *LG München I*, Urt. v. 1.3. 2002 – 21 O 9997/01, K & R 2002, 258 m. Anm. *Lührig* = CR 2002, 452.
322 *BGH*, Urt. v. 11.7. 2002 – I ZR 255/00, MMR 2002, 739 m. Anm. *Hoeren* und *Waldenberger* = CR 2002, 827 m. Anm. *Niemann* S. 817; vgl. auch *Hoeren*, GRUR 2002, 1022.
323 Vgl. hierzu *Flechsig*, GRUR 2006, 888.

490 Verlagen aus Deutschland und anderen europäischen Ländern für die Erstellung elektronischer Pressespiegel an und hat im Einklang mit der Rechtsprechung des *BGH* entsprechende Verträge geschlossen. Streitig war allerdings lange Zeit, ob nicht diese Organisation ihrerseits als Verwertungsgesellschaft anzusehen sei, sodass für deren Tätigkeit eine Erlaubnis des DPMA eingeholt werden müsste.[324] Das Problem hat sich faktisch dadurch entschärft, dass die PMG inzwischen zusammen mit der VG Wort im Bereich der Pressespiegelvergütung tätig ist.

d) Vergütungsanspruch

Wichtig ist ferner der mit der Ausnahme, also der Zulässigkeit der Vervielfälti- 361 gung und Verbreitung, verknüpfte **Vergütungsanspruch**. Nach § 49 Abs. 1 S. 2 UrhG ist für die Vervielfältigung, Verbreitung oder öffentliche Wiedergabe eine angemessene Vergütung zu zahlen. Diesen Anspruch kann der Rechteinhaber nur über eine Verwertungsgesellschaft geltend machen (§ 49 Abs. 1 S. 3 UrhG). Die Vergütungspflicht entfällt, wenn lediglich kurze Auszüge aus mehreren Kommentaren oder Artikeln in Form einer Übersicht verwendet werden (§ 49 Abs. 1 S. 2 UrhG a. E.). Es ist daher ohne Zustimmung der Urheber und ohne Verpflichtung zur Zahlung einer Vergütung zulässig, Presseauszüge etwa im Internet zu platzieren.

Die **VG Wort** nimmt für die Journalisten die Vergütungsansprüche für die 362 elektronischen Pressespiegel, die unter § 49 UrhG fallen, wahr. Dazu zählen – wie oben erläutert – Artikel aus Zeitungen mit aktuellem politischem Bezug, bspw. jedoch nicht Artikel aus Zeitschriften oder Beiträge über kulturelle, unterhaltende oder lokale Ereignisse sowie Texte, die keinen aktuellen Bezug haben. Die VG Wort hat ihrerseits mit der **PMG** im September 2003 eine umfassende Zusammenarbeit für die Bereitstellung elektronischer Pressespiegel vereinbart. Danach vermarktet die PMG nicht nur die Artikel der mit ihr vertraglich verbundenen Verlage, sondern auch solche elektronischen Pressespiegel, die unter die Einschränkungen des § 49 UrhG fallen. Die VG Wort wird im Gegenzug an den Erlösen der PMG aus dem Geschäft mit elektronischen Pressespiegeln beteiligt, sodass auch die Journalisten, die bei der VG Wort gemeldet sind, von dieser Umlage profitieren.

---

324 Siehe zu den Rechtsauseinandersetzungen *BayVGH*, Beschl. v. 14. 3. 2002 – U 16 E 02.11987, AfP 2002, 173; im Wesentlichen bestätigt durch *BayVGH*, Beschl. v. 18. 6. 2002 – 22 CE 02.815, ZUM-RD 2003, 219 zur der Frage, ob und mit welchem Inhalt das DPMA über eine Untersagungsverfügung für Presse-Monitore Pressemitteilungen herausgeben darf.

6 Zitierfreiheit (§ 51 UrhG)

Literatur: *Poll*, TV-Total – Alles Mattscheibe, oder was? Zum Verhältnis von freier Benutzung (§ 24 UrhG) und Zitatrecht (§ 51 UrhG) zu Art. 5 GG, ZUM 2004, 511; *Seifert*, Das Zitatrecht nach „Germania 3", in: Festschrift für Willi Erdmann, Köln 2003, 195; *Seydel*, Die Zitierfreiheit als Urheberrechtsschranke, Köln 2002.

363 Denkbar ist auch eine Anwendung der in § 51 UrhG geregelten Grundsätze **der Zitierfreiheit.** Dabei ist zu berücksichtigen, dass § 51 UrhG die Meinungsfreiheit (Art. 10 EMRK und Art. 5 Abs. 1 GG) schützt und daher eine Güterabwägung zwischen Urheberrecht und Meinungsfreiheit zu erfolgen hat, die nicht einseitig zugunsten des Urheberrechts gelöst werden darf.[325]

364   Im Rahmen der Urheberrechtsnovellierung zum sog. „Zweiten Korb" war angedacht, das Zitatrecht weiter einzuschränken. Es sollte nur dann gewährt werden, sofern die Nutzung anständigen Gepflogenheiten entspricht.[326] Schließlich hat man diese Beschränkung aber doch gestrichen. Stattdessen erstreckt sich das Zitatrecht nunmehr ohne Differenzierung zwischen einzelnen Werkarten auf alle Nutzungen, bei denen das Zitat durch den besonderen Zweck gerechtfertigt ist.

a) Zitierfreiheit für wissenschaftliche Werke

365 § 51 Nr. 1 UrhG erlaubt die Vervielfältigung, Verbreitung und öffentliche Wiedergabe einzelner bereits veröffentlichter Werke auch ohne Zustimmung des Urhebers, sofern diese in ein selbständiges wissenschaftliches Werk zur Erläuterung des Inhalts aufgenommen werden und die Nutzung in ihrem Umfang durch den besonderen Zweck gerechtfertigt ist.

aa) Wissenschaft

366 Dabei ist der Begriff des **wissenschaftlichen Werks** weit zu ziehen; auch Filmwerke können hierunter fallen.[327] Allerdings muss das Werk durch die ernst-

---

325 Siehe dazu den Gerichtsstreit in Frankreich rund um die Ausstrahlung von Utrillo-Werken, *Cour d'Appel de Paris*, Urt. v. 30. 5. 2001 (Jean Fabris ./. Sté Frances), GRUR Int. 2002, 329 m. Anm. *Geiger*; ähnlich *öOGH*, Urt. v. 12. 6. 2001 – 4 Ob 127/01, GRUR Int. 2002, 341 m. Anm. *Walter* zum Verhältnis von Art. 10 EMRK und UrhG.

326 Regierungsentwurf für ein Zweites Gesetz zur Regelung des Urheberrechts in der Informationsgesellschaft vom 22. 3. 2006, vgl. hierzu auch www.ulb.uni-muenster.de/bibliothek/aktuell/nachrichten/2006-06_zweiter_korb.html (zuletzt abgerufen: Mai 2017).

327 *Ekrutt*, Urheberrechtliche Probleme beim Zitat von Filmen und Fernsehsendungen, Hamburg 1973, 109; *Ulmer*, Zitate in Filmwerken, GRUR 1972, 323, 324.

hafte, methodische Suche nach Erkenntnis gekennzeichnet sein.[328] Die Entwickler multimedialer Produkte können das Zitierrecht für wissenschaftliche Zwecke, z. B. im Fall von online nutzbarem Lehrmaterial für Studierende, Schüler oder sonstige Interessierte, in Anspruch nehmen. Nicht anwendbar ist die Vorschrift jedoch bei der Verwendung von Material für Produkte, bei denen der Schwerpunkt auf dem Unterhaltungswert liegt,[329] so z. B. bei einer Webseite zur Geschichte der Beatles.

bb) Umfang des Zitats

§ 51 Nr. 1 UrhG erlaubt die **Übernahme „einzelner Werke"**. Damit ist zuguns- 367 ten der Verbreitung wissenschaftlicher Informationen auf der einen Seite eine sehr weitgehende, extensive Verwendung fremder Quellen legitimiert: Der Zitierende kann auf ganze Werke zurückgreifen, sofern dies zur Untermauerung einer eigenen Aussage erforderlich ist (sog. Großzitat). Auf der anderen Seite ist das Zitatrecht jedoch auf „einzelne" Quellen beschränkt. Diese Regelung wird bei Verwendung der Werke eines Urhebers sehr eng ausgelegt.[330] Der Zitierende soll nicht unter Berufung auf § 51 UrhG das gesamte Werkrepertoire eines Urhebers verwenden. Anders ist die Lage bei Zitaten in Bezug auf mehrere Urheber; hier neigt man zu einer großzügigeren Behandlung.

cc) Zitatzweck

Entscheidend ist der **Zitatzweck.** Das zitierende Werk muss selbständig sein. 368 Es reicht nicht aus, dass fremde Werke lediglich gesammelt werden; es muss eine eigene geistige Leistung auch im Verhältnis zur Auswahl der Zitate vorliegen.[331] Die Zitate sind folglich nur zur Untermauerung einer eigenen Aussage zulässig. Steht das Zitat gegenüber der eigenen Aussage im Vordergrund, scheidet eine Zulässigkeit nach § 51 Nr. 1 UrhG aus. Ein zulässiges Zitat liegt weiterhin nur vor, wenn eine innere Verbindung zwischen zitierendem und

328 *LG Berlin*, Urt. v. 26. 5. 1977 – 16 S 6/76, GRUR 1978, 108 = NJW 1978, 109 – Terroristenbild; *Schricker*/Loewenheim, 4. Aufl. 2010, § 51 Rz. 31.
329 *KG*, Urt. v. 13. 1. 1970 – 5 U 1457/69, GRUR 1970, 616.
330 *BGH*, Urt. v. 3. 4. 1968 – I ZR 83/66, BGHZ 50, 147, 156, = NJW 1968, 1875 = GRUR 1968, 607 m. Anm. *Fromm* – Kandinsky I; siehe auch Schricker/Loewenheim/*Spindler*, 4. Aufl. 2010, § 51 Rz. 34.
331 *BGH*, Urt. v. 22. 9. 1972 – I ZR 6/71, GRUR 1973, 216 = NJW 1972, 2304 – Handbuch moderner Zitate; Schricker/Loewenheim/*Spindler*, 4. Aufl. 2010, § 51 Rz. 22, 34.

zitiertem Werk besteht.[332] Das Zitat darf nur als Beleg und Hilfsmittel fungieren und muss gegenüber dem Hauptwerk zurücktreten.[333] Geht es hingegen darum, dass der Zitierende auf eigene Ausführungen zugunsten des Zitats verzichten will, kann er sich nicht auf § 51 UrhG stützen.[334] Es kommt darauf an, zu welchem Zweck fremde Werke in das Produkt integriert werden. Bedenklich ist vor allem die Übernahme ganzer Werke ohne eigene Auseinandersetzung mit deren Inhalt. Umgekehrt ist die Verwendung von Musik- oder Filmsequenzen in einem multimedialen Lexikon über § 51 UrhG durchaus legitimierbar. Die erkennbare Abbildung eines Fotos auf einem neuen Foto kann nur dann von der Zitierfreiheit (§ 51 UrhG) gedeckt sein, wenn es sich bei dem neuen Foto um ein Lichtbildwerk i. S. v. § 2 Abs. 1 Nr. 5, Abs. 2 UrhG (in Abgrenzung zum einfachen Lichtbild nach § 72 UrhG) handelt und die Abbildung des Lichtbilds im Lichtbild nicht nur einem rein dekorativen, illustrierenden Zweck dient. Erforderlich ist vielmehr das Vorliegen eines Zitatzwecks, d. h. eine irgendwie geartete (geistige) Auseinandersetzung mit dem abgebildeten und erkennbaren Foto (Objekt).[335]

dd) Quellenangabe
369 Allerdings setzt § 51 UrhG auch voraus, dass in jedem Fall einer Vervielfältigung des Werkes oder eines Werkteiles **die Quelle deutlich angegeben wird** (§ 63 Abs. 1 UrhG). Dies wird bei der Digitalisierung von Fotographien oder dem Sampling einzelner Musikkomponenten kaum praktizierbar sein.[336] Auch beim Zitat von im Internet verfügbaren Texten könnte das Quellenerfordernis problematisch sein, da ein Link als Quellenangabe – wegen der Flüchtigkeit dieses Verweises – im Regelfall nicht ausreichen wird.[337] Links im eigenen Text als

---

332 *BGH*, Urt. v. 17.10. 1958 – I ZR 180/57, GRUR 1959, 197 = NJW 1959, 336 – Verkehrskinderlied; *BGH*, Urt. v. 3.4. 1968 – I ZR 93/66, BGHZ 50, 147 = NJW 1968, 1875 – Kandinsky I; *BGH*, Urt. v. 4.12. 1986 – I ZR 189/84, MDR 1987, 381 = GRUR 1987, 362 – Filmzitat; *BGH*, Urt. v. 20.12. 2007 – I ZR 42/05, CR 2008, 507 = GRUR 2008, 693; Schricker/Loewenheim/*Spindler*, 4. Aufl. 2010, § 51 Rz. 16 m. w. N.
333 *BGH*, Urt. v. 23.5. 1985 – I ZR 28/83, MDR 1986, 468 = GRUR 1986, 59 – Geistchristentum; *BGH*, Urt. v. 7.3. 1985 – I ZR 70/82, MDR 1985, 738 = GRUR 1987, 34, 35 – Liedtextwiedergabe I.
334 *KG*, Urt. v. 13.1. 1970 – 5 U 1457/69, GRUR 1970, 616, 618 – Eintänzer.
335 *KG*, Urt. v. 15.6. 2010 – 5 U 35/08, K & R 2010, 674 = ZUM 2010, 883 = AfP 2011, 268.
336 Hoeren/Sieber/Holznagel/*Raue*/*Hegemann*, Handbuch MMR, 44. Ergänzungslieferung 2017, Teil 7.3 Rz. 87; Die Situation stellt sich allerdings anders mit Blick auf den digitalen „Fingerprint" dar; siehe dazu *Gass*, Digitale Wasserzeichen als urheberrechtlicher Schutz digitaler Werke?, ZUM 1999, 815.
337 Vgl. *Schulz*, ZUM 1998, 221, 232; *Bisges*, Grenzen des Zitatrechts im Internet, GRUR 2009, 730.

solche stellen keine Zitate dar und müssen daher auch nicht den Anforderungen genügen.[338]

b) Kleinzitat, § 51 Nr. 2 UrhG

Gem. § 51 Nr. 2 UrhG ist die Vervielfältigung, Verbreitung und öffentliche Wie- 370
dergabe zulässig, sofern Stellen eines Werkes nach der Veröffentlichung in einem **selbständigen Sprachwerk** angeführt werden. Über den Wortlaut hinaus wird die Regelung **auch auf Filme**[339] **und sonstige Werkgattungen**[340] ausgedehnt. Erlaubt ist nur die Verwendung kleinerer Ausschnitte des Werkes. Allerdings müssen diese Ausschnitte für sich genommen schutzfähig sein. Kleine Pixel und Sounds[341] sind z. B. nicht schutzfähig und können daher stets frei verwendet werden. Schwierigkeiten bereiten Bildzitate. Bei Fotografien oder Werken der bildenden Kunst umfasst ein Zitat notwendigerweise das ganze Bild und nicht nur einen Ausschnitt; in solchen Fällen ist – je nach Zitatzweck – auch die Verwendung ganzer Werke zulässig.[342] Zu beachten ist neben dem Zitatzweck insb. die Notwendigkeit der Quellenangabe.

c) Musikzitate, § 51 Nr. 3 UrhG

Nach § 51 Nr. 3 UrhG ist es zulässig, ohne Zustimmung des Rechteinhabers **Tei-** 371
le eines erschienenen musikalischen Werkes in ein (selbständiges) Werk der Musik zu integrieren.[343] Die Regelung dürfte im Multimediabereich keine große Bedeutung haben, denn bei einer CD-ROM oder Internet-Anwendung handelt es sich nicht um Werke der Musik. Beide sind eher als Datenbank oder (teilweise) als filmähnliche Werke einzustufen.

7 Öffentliche Zugänglichmachung für Unterricht und Forschung, § 52a UrhG

Literatur: *Ensthaler*, Bundestag beschließt die Herausnahme wissenschaftlicher Sprachwerke aus dem Urheberrechtsgesetz, K & R 2003, 209; *Gounalakis*, Elektronische Kopien

338 So schon *Koch*, GRUR 1997, 417, 420.
339 *BGH*, Urt. v. 4.12. 1986 – I ZR 189/84, MDR 1987, 381 = GRUR 1987, 362 – Filmzitat; *BGH*, Urt. v. 20.12. 2007 – I ZR 42/05, CR 2008, 507 = GRUR 2008, 693.
340 Schricker/Loewenheim/*Spindler*, 4. Aufl. 2010, § 51 Rz. 41.
341 Vgl. Schricker/*Loewenheim*, 4. Aufl. 2010, § 2 Rz. 122.
342 *BVerfG*, Beschl. v. 29.6. 2000 – 1 BvR 825/98, MMR 2000, 686 = NJW 2001, 598 – Germania 3; *KG*, UFITA 54, 1969, 296, 299; Schricker/Loewenheim/*Spindler*, 4. Aufl. 2010, § 51 Rz. 45; *OLG Hamburg*, Urt. v. 10.7. 2002 – 5 U 41/01, GRUR-RR 2003, 33 = NJW-RR 2003, 112.
343 Siehe dazu allg. Schricker/Loewenheim/*Spindler*, 4. Aufl. 2010, § 51 Rz. 49.

für Unterricht und Forschung (§ 52a UrhG) im Lichte der Verfassung, Tübingen 2003; *Hoeren/Neubauer*, Zur Nutzung urheberrechtlich geschützter Werke in Hochschulen und Bibliotheken, ZUM 2012, 636; *Loewenheim*, Grenzen der Nutzung elektronischer Leseplätze. GRUR 2014, 1057; *Sieber*, Urheberrechtlicher Reformbedarf im Bildungsbereich, MMR 2004, 715; *Spindler*, Reform des Urheberrechts im „Zweiten Korb", NJW 2008, 9; *Steinhauer*, EuGH-Urteil zu elektronischen Leseplätzen stärkt Wissenschaftsurheberrecht, GRUR-Prax 2014, 471; *Thum*, Urheberrechtliche Zulässigkeit von digitalen Online-Bildarchiven zu Lehr- und Forschungszwecken, K & R 2005, 490.

372 Eine Schrankenregelung zugunsten von Unterricht, Wissenschaft und Forschung sieht der 2003 eingeführte § 52a UrhG vor. Durch diese Regelung soll die Nutzung von Werken im Rahmen kleiner Forschungs- und Lehrintranets verbotsfrei gegen eine Pauschalvergütung zulässig sein.

373 Diese Vorschrift erlaubt zustimmungsfrei das öffentliche Zugänglichmachen
  – veröffentlichter kleiner Teile eines Werks, Werke geringen Umfangs sowie einzelner Zeitungs- und Zeitschriftenbeiträge und
  – zur Veranschaulichung im Schul- und Hochschulunterricht für den bestimmt abgegrenzten Kreis der Unterrichtsteilnehmer (Abs. 1 Nr. 1) sowie für einen bestimmt abgegrenzten Kreis von Personen für deren eigene wissenschaftliche Forschung (Abs. 1 Nr. 2).

374 Dabei muss die Zugänglichmachung zu dem jeweiligen Zweck **geboten** und zur Verfolgung nicht kommerzieller Zwecke **gerechtfertigt** sein. Nach § 52a Abs. 2 S. 2 UrhG fallen **Filmwerke** erst zwei Jahre nach Beginn der üblichen regulären Auswertung in Filmtheatern unter die Schranke. Nach § 52a Abs. 3 UrhG sind auch die mit der öffentlichen Zugänglichmachung in Zusammenhang stehenden Vervielfältigungen (z. B. Drucken, Speichern) von der Regelung umfasst. Für das öffentliche Zugänglichmachen und Vervielfältigen ist eine Vergütung an die jeweiligen Verwertungsgesellschaften zu entrichten (Abs. 4).

375 Nach Auffassung des *BGH*[344] darf eine Universität i. R. v. § 52a UrhG den Teilnehmern einer Lehrveranstaltung nur dann Teile eines urheberrechtlich geschützten Werkes auf einer elektronischen Lernplattform zur Verfügung stellen, wenn diese Teile höchstens 12 Prozent des Gesamtwerks sowie nicht mehr als 100 Seiten ausmachen und der Rechteinhaber der Universität keine angemessene Lizenz für die Nutzung angeboten hat. Das *OLG Stuttgart*[345] hatte be-

---

344 *BGH*, Urt. v. 28. 11. 2013 – I ZR 76/12, GRUR 2014, 549 = ZUM 2014, 524 = MMR 2014, 616 – Meilensteine der Psychologie.
345 *OLG Stuttgart*, Urt. v. 4. 4. 2012 – 4 U 171/11, CR 2012, 387 = MMR 2012, 477.

tont, dass die Auslegung des Begriffs der „kleinen Teile" eines Werkes nicht anhand bestimmter relevanter Prozentgrößen erfolgen könne. Vielmehr sei eine absolute Obergrenze festzulegen, die Gliederung und Charakter des Gesamtwerkes berücksichtigt.

Während bei der öffentlichen Zugänglichmachung zu Unterrichtszwecken **376** der abgegrenzte Personenkreis durch die Unterrichtsteilnehmer hinreichend bestimmt ist, fragt sich, was unter einem „bestimmt abgegrenzten Personenkreis" bei der Zugänglichmachung für Forschungszwecke zu verstehen ist. Eine offene Forschergruppe mit häufig wechselnden Mitgliedern wird sicherlich nicht hierunter fallen. Die Mitglieder müssen sich dem Personenkreis vielmehr eindeutig zuordnen lassen, z. B. die Mitarbeiter eines Forschungsinstituts oder Mitglieder verschiedenster Einrichtungen, die in einem geschlossenen Forschungsteam zusammenarbeiten.[346]

Zugunsten des Personenkreises erlaubt die Vorschrift z. B. das Einstellen **377** von urheberrechtlich geschützten Materialien in ein Newsboard oder eine Mailingliste. Dabei sind immer Quelle und Name des Urhebers anzugeben (§ 63 Abs. 2 S. 2 UrhG). Vorsicht ist allerdings geboten beim Einstellen ganzer oder wesentlicher Teile einer Datenbank i. S. d. §§ 87a ff. UrhG oder von Computerprogrammen i. S. d. §§ 69a ff. UrhG. Diese Schutzgegenstände unterliegen eigenen, sehr engen Schrankenregelungen. § 52a UrhG findet auf sie keine Anwendung.

Weitere Probleme bereitet die Filmauswertung i. R. v. Intranets. Zu Unter- **378** richts- und Forschungszwecken wird meist weniger auf Spielfilme als auf **Dokumentarfilme** zurückgegriffen. Bei diesem Filmgenre fehlt es aber oft an der in § 52a Abs. 2 UrhG vorausgesetzten „üblichen regulären Auswertung in Filmtheatern". Das Gesetz ist insofern einseitig auf den Spielfilm bezogen. Folglich käme mangels Kinoauswertung eine Verwendung von Dokumentarfilmen i. R. v. § 52a UrhG überhaupt nicht in Betracht. Denkbar ist hier allenfalls eine analoge Anwendung des § 52a Abs. 2 S. 2 UrhG auf die Fernsehauswertung oder die übliche Nutzung bei Filmfestivals, doch diese Auslegung geht über den – insoweit eng auszulegenden – Wortlaut der Vorschrift hinaus. Im Übrigen kann davon ausgegangen werden, dass dem Gesetzgeber die Besonderheiten des Dokumentarfilmmarktes nicht unbekannt waren, sodass es sich hierbei um eine bewusste Entscheidung zugunsten des Dokumentarfilms und gegen dessen Intranetverwendung handeln müsste.[347]

Nachdem die Vorschrift zunächst immer nur in befristeter Form Geltung **379** erlangt hatte, ist sie durch das 10. UrhÄndG[348] entfristet worden, sodass sich

---

346 *Dreier*/Schulze, 5. Aufl. 2015, § 52a UrhG Rz. 11.
347 Wandtke/Bullinger/*Lüft*, UrhG, 4. Aufl. 2014, § 52a Rz. 19 f.
348 10. UrhÄndG v 5. 12. 2014, BGBl I S. 1974.

vorherige Probleme aus der Befristung erledigt haben. Im Übrigen streiten die Kultusminister noch mit der VG Wort über Schlichtungsvorschläge des DPMA, wonach die Höhe der in § 52a UrhG vorgesehenen Vergütung im Rahmen einer nutzungs- und werkbezogenen Erhebung festgestellt werden soll.

380   Diese Schranke und weitere Wissenschaftsschranken standen zuletzt zu einigen Diskussionen in Berlin an. Das BMJV hatte im Frühjahr 2017 einen ersten **Referentenentwurf für ein Urheberwissenschaftsgesetz** veröffentlicht.[349] Kernziele dabei waren eine klarere Strukturierung und Transparenz bzgl. der gesetzlichen Regelungen zur erlaubten Nutzung urheberrechtlich geschützter Werke in den Bereichen Bildung und Wissenschaft, aber auch Bibliotheken, Museen und Archiven. Zusätzlich sollten die Regelungen themenübergreifend weiter an die Bedingungen des digitalen Zeitalters angepasst werden.[350] Nun hat am 30. Juni 2017 der Bundestag jenen Entwurf in der vom Rechtsausschuss geänderten Fassung angenommen.[351] Die Neuregelungen werden am 1. März 2018 in Kraft treten.

381   Inhaltlich betrifft das neue Urheberwissenschaftsgesetz somit primär auch die Regelung des § 52a UrhG. Die Norm wird aufgehoben, die §§ 60a–h UrhG werden zur Regelung der gesetzlich erlaubten Nutzung für Unterricht, Wissenschaft und Institutionen eingefügt. Diese ermöglichen u. a. eine Verwendung von Werken zur Veranschaulichung in der Lehre und für wissenschaftliche Forschung in einem abgegrenzten Kreis bis zu 15 Prozent[352] des Werkes (§§ 60a, 60c UrhG). Somit bieten sie mehr Rechtssicherheit und steigern die Möglichkeiten von Lehre und Wissenschaft. Auf der Gegenseite sind in § 60h UrhG genauere Regelungen zur Vergütung des Urhebers getroffen. Abweichend von dem vorigen Referentenentwurf wurde im nun angenommenen Entwurf die Erlaubnis in Bezug auf Zeitungsnutzungen auf Fachzeitschriften und wissenschaftliche Zeitschriften reduziert, um die private Tages- und Publikumspresse finanziell nicht noch weiter zu belasten. Die Schranken der § 60a Abs. 1 UrhG und

---

349 Entwurf eines Gesetzes zur Angleichung des Urheberrechts an die aktuellen Erfordernisse der Wissensgesellschaft vom 1. 2. 2017 (abrufbar und Informationen zum aktuellen Stand des Verfahrens finden sich unter: https://www.bmjv.de/SharedDocs/Gesetzgebungsverfahren/DE/UrhWissG.html; zuletzt abgerufen: Januar 2017).
350 Entwurf eines Gesetzes zur Angleichung des Urheberrechts an die aktuellen Erfordernisse der Wissengesellschaft vom 1. 2. 2017, S. 1 f.
351 BT-Drs. 18/13014, die Neufassung und eine Übersicht über die letzten Änderungen im Vergleich zum vorigen Entwurf finden sich unter: http://dip21.bundestag.de/dip21/btd/18/130/1813014.pdf (zuletzt abgerufen: Juli 2017).
352 Zur Debatte standen 25 Prozent, was allerdings nicht in den Entwurf übernommen wurde; BT-Drs. 18/13014, S. 27 f., 30.

§ 51 UrhG bleiben aber diesbezüglich vollständig bestehen.[353] Insgesamt werden durch diese Neuregelung also einige der o. g. Probleme des § 52a UrhG, vor allem in Bezug auf unbestimmte Rechtsbegriffe, weitestgehend gelöst. Die Neuregelungen sind befristet bis 2023.

8 Die Nutzung über Bibliotheksarbeitsplätze, § 52b UrhG

Literatur: *Dreier*, Elektronische Leseplätze in Bibliotheken – Ein Urteil zum Nachteil von Autoren und Verlagen, NJW 2015, 1905; *Jani*, Die Bildungs- und Wissenschaftsschranke – Der Gesetzgeber muss erklären, was das Ziel einer solchen Schranke sein soll, ZUM 2016, 481; *Koch, BGH*, Elektronische Leseplätze II: Konsequenzen für Bibliotheken und Verlage, GRUR Prax 2015, 524; *Steinhauer*, Angemessene Schranken für Bildung und Wissenschaft – Praktische Probleme und Bedürfnisse für die wissenschaftliche Informationsversorgung sowie das digitale kulturelle Gedächtnis, ZUM 2016, 489; *Wiebe/Müller*, Die Zulässigkeit elektronischer Leseplätze in Bibliotheken, NJW 2015, 741.

Im Rahmen der Novellierung des Urheberrechtsgesetzes durch den „Zweiten **382** Korb" wurde der neue § 52b UrhG in das Gesetz aufgenommen. Dieser regelt die Wiedergabe von Werken an **elektronischen Leseplätzen in öffentlich zugänglichen Bibliotheken, Museen oder Archiven.** Zulässig ist nun, veröffentlichte Werke aus den Beständen ausschließlich in den Räumen der genannten Einrichtungen (nur) an eigens dafür eingerichteten elektronischen Leseplätzen zur Forschung und für private Studien zugänglich zu machen, soweit dem keine vertraglichen Regelungen entgegenstehen. Ein Vertragsangebot als solches reicht nicht aus; der Anwendung steht nur ein geschlossener Vertrag entgegen.[354] Die Zahl der gleichzeitig an den eingerichteten elektronischen Leseplätzen zugänglich gemachten Exemplare darf dabei zudem die Anzahl der sich im Bestand der Einrichtung befindlichen Exemplare nicht übersteigen (sog. „doppelte Bestandsakzessorietät"). Für die Zugänglichmachung ist eine angemessene Vergütung an eine Verwertungsgesellschaft zu zahlen. Nicht von § 52b UrhG gedeckt ist die Möglichkeit, Texte und Inhalte der Bücher teilweise oder komplett mittels USB-Stick herunterzuladen.[355]

Das *LG Frankfurt a. M.*[356] hatte in einem Eilverfahren über den Antrag des **383** Ulmer-Verlags zu entscheiden, der Universitätsbibliothek der Technischen Uni-

---

353 BT-Drs. 18/13014, S. 30.
354 *BGH*, Urt. v. 16.4. 2015 – I ZR 69/11 MMR 2015, 820 = ZUM 2015, 884; siehe auch *LG Frankfurt a. M.*, Urt. v. 16.3. 2011 – 2–06 O 378/10, GRUR 2011, 614 = ZUM 2011, 582.
355 *LG Frankfurt a. M.*, Urt. v. 13.5. 2009 – 2–06 O 172/09, GRUR-RR 2009, 330 = MMR 2009, 578.
356 *LG Frankfurt a. M.*, Urt. v. 13.5. 2009 – 2–06 O 172/09, GRUR-RR 2009, 330 = MMR 2009, 578.

versität Darmstadt zu untersagen, eines seiner Lehrbücher zu digitalisieren und an elektronischen Leseplätzen innerhalb der Bibliothek zur Verfügung zu stellen. Des Weiteren wollte der Ulmer-Verlag auch die Anschlussnutzung durch Studenten und Mitarbeiter geklärt wissen. Die Richter entschieden, dass eine vertragliche Regelung nicht entgegenstünde und eine Digitalisierung und Wiedergabe durch die Bibliothek zulässig sei. Zudem seien auch der Ausdruck der Datei und deren Mitnahme aus den Räumlichkeiten der Bibliothek zulässig, denn nur durch Markieren und Kommentieren der Datei sei ein Studium effektiv durchführbar. Mit diesem Urteil gab sich der Verlag jedoch nicht zufrieden und stellte die vom *LG Frankfurt a. M.* erlaubten Anschlussnutzungen in Frage, die das *OLG Frankfurt a. M.*[357] in der Folge untersagte. Erlaubt nach § 52b UrhG seien nur die Digitalisierung der Werke und ihre Zugänglichmachung an reinen Leseplätzen, nicht aber weitere Nutzungen der digitalisierten Werke, wie Ausdrucken oder Speichern. Das berechtigte Interesse des Studenten, Ausdrucke für eine sinnvolle Arbeit mit längeren Texten zu nutzen, sei dadurch gewahrt, dass im Rahmen der Privatkopierfreiheit des § 53 UrhG die Möglichkeit bestehe, Kopien von in der Bibliothek vorhandenen Printexemplaren anzufertigen. Das *LG Frankfurt a. M.* hat ferner Anschlussnutzungen wie das Ausdrucken oder Speichern auf USB-Sticks verboten.[358] Nachdem der *EuGH*[359] über die Vorlagefragen des *BGH*[360] entschieden hatte, dass Art. 5 Abs. 3 lit. n der RL 2001/29/EG nicht der Digitalisierung von in den Sammlungen der Bibliotheken vorhandener Werke sowie deren Zurverfügungstellung über digitale Leseplätze entgegenstehe und der Ausdruck oder die Speicherung auf weiteren Medien durch die Nutzer jedenfalls wegen Art. 5 Abs. 2 lit. a, lit. b der RL 2001/29/EG durch nationale Rechtsvorschriften gestattet sein können, schloss sich auch der *BGH*[361] im zuvor erläuterten Rechtsstreit dieser Ansicht an. Es könne nicht ohne weiteres davon ausgegangen werden, dass unbefugte Vervielfältigungen eines Werkes durch Nutzer elektronischer Leseplätze zu erwarten sind. So kämen zahlreiche Fallgestaltungen in Betracht, in denen ein Ausdrucken oder Abspeichern der an elektronischen Leseplätzen i. S. v. § 52b UrhG „zur Forschung und für private Studien" zugänglich gemachten Werke von der Schrankenregelung des § 53 UrhG gedeckt sei und der Umfang der vervielfältigten

357 *OLG Frankfurt a. M.*, Urt. v. 24.11. 2009 – 11 U 40/09, MMR 2010, 194 = NJW 2010, 2890.
358 *LG Frankfurt a. M.*, Urt. v. 16.3. 2011 – 2–06 O 378/10, GRUR 2011, 614 = ZUM 2011, 582.
359 *EuGH*, Urt. v. 11.9. 2014 – C-117/13, NJW 2015, 766 = MMR 2014, 822 = GRUR 2014, 1078.
360 *BGH*, Beschl. v. 20.9. 2012 – I ZR 69/11, NJW 2013, 1760 = MMR 2013, 529 = GRUR 2013, 503.
361 *BGH*, Urt. v. 16.4. 2015 – I ZR 69/11, NJW 2015, 3511 = MMR 2015, 820.

Texte die berechtigten Interessen des Urheberrechtsinhabers nicht ungebührlich verletze.[362]

Im Rahmen der oben bereits angesprochenen Neuregelung im Urheberwis- **384** senschaftsgesetz wird auch § 52b UrhG aufgehoben, da inhaltlich stattdessen nun die §§ 60a–h UrhG greifen. Die Regelungen zu erlaubten Nutzungen im Zusammenhang mit Bibliotheken finden sich in § 60e UrhG, im Zusammenhang mit Archiven, Museen und Bildungseinrichtungen in § 60f UrhG. Auch hier bietet sich nun mehr Rechtssicherheit, insbes. wurde die Frage der Anschlussnutzung bei der Nutzung von Terminals detailliert geklärt. Unterschiede zwischen Referentenentwurf und angenommenem Entwurf ergeben sich erneut in Bezug auf Zeitungen und Zeitschriften, sowie betreffend der Erlaubnis, die zulässigen Vervielfältigungen durch Dritte vornehmen lassen zu können. Dies stellt in Zeiten der Digitalisierung eine Erleichterung für die Bibliotheken dar.[363]

9 Vervielfältigungen zum eigenen Gebrauch, § 53 UrhG

Literatur: *Ahrens*, Napster, Gnutella, FreeNet & Co – die immaterialgüterrechtliche Beurteilung von Internet-Musiktauschbörsen, ZUM 2000, 1029; *Becker*, Onlinevideorecorder im deutschen Urheberrecht, AfP 2007, 5; *Berger*, Die Neuregelung der Privatkopie in § 53 Abs. 1 UrhG im Spannungsverhältnis von geistigem Eigentum, technischen Schutzmaßnahmen und Informationsfreiheit, ZUM 2004, 257; *Berger*, Die Erstellung elektronischer Archive nach der Novellierung des deutschen Urheberrechts, info7, 153; *Cohen Jehoram*, Facilitating Copyright Infringement by Running Peer-to-Peer Networks. Even the Netherlands May Join a Growing International Consensus, RIDA Bd. 214 (Octobre 2007) S. 104–131; *Däubler-Gmelin*, Private Vervielfältigung unter dem Vorzeichen digitaler Technik, ZUM 1999, 769; *Dornis*, Zur Verletzung von Urheberrechten durch den Betrieb eines Music-on-Demand-Dienstes im Internet, CR 2008, 321; *Dreier*, in: Schricker, Urheberrecht auf dem Weg in die Informationsgesellschaft, Baden-Baden 1997, S. 139; *Euler*, Web-Harvesting vs. Urheberrecht, CR 2008, 64; *Frey*, Peer-to-Peer-File-Sharing, das Urheberrecht und die Verantwortlichkeit von Diensteanbietern am Beispiel Napster Inc, ZUM 2001, 466; *Haupt*, Electronic Publishing – Rechtliche Rahmenbedingungen, München 2002; *Heghmanns*, Musiktauschbörsen im Internet aus strafrechtlicher Sicht, MMR 2004, 14; *Hoeren*, Urheberrecht und Verbraucherschutz, Münster 2003; *Kreutzer*, Napster, Gnutella & Co: Rechtsfragen zu Filesharing-Netzen aus der Sicht des deutschen Urheberrechts de lege lata und de lege ferenda, GRUR 2001, 193; *Hoffmann*, Die Auslegung des Begriffs der „offensichtlich rechtswidrig hergestellten Vorlage" in § 53 Abs. 1 UrhG, WRP 2006, 55; *Jani*, Was sind offensichtlich rechtswidrig hergestellte Vorlagen? Erste Überlegungen zur Neu-

---

362 *BGH*, Urt. v. 16. 4. 2015 – I ZR 69/11, NJW 2015, 3511, 3513 = MMR 2015, 820, 821.
363 BT-Drs. 18/13014, S. 30, abrufbar unter: http://dip21.bundestag.de/dip21/btd/18/130/1813014.pdf (zuletzt abgerufen: Juli 2017).

fassung von § 53 Abs. 1 Satz 1 UrhG, ZUM 2003, 842; *Krüger*, Die digitale Privatkopie im „zweiten Korb", GRUR 2004, 204; *Leupold/Demisch*, Bereithalten von Musikwerken zum Abruf in digitalen Netzen, ZUM 2000, 379; *Loewenheim*, Vervielfältigungen zum eigenen Gebrauch von urheberrechtsrechtswidrig hergestellten Werkstücken, Ganea u. a. (Hrsg.), Urheberrecht. Gestern – Heute – Morgen. Festschrift für Adolf Dietz zum 65. Geburtstag, München 2001, 415; *Malpricht*, Über die rechtlichen Probleme beim Kopieren von Musik-CDs und beim Download von MP3-Dateien aus dem Internet, NJW-CoR 2000, 233; *Mayer*, Die Privatkopie nach Umsetzung des Regierungsentwurfs zur Regelung des Urheberrechts in der Informationsgesellschaft, CR 2003, 274; *Mönkemöller*, Moderne Freibeuter unter uns? – Internet, MP3 und CD-R als GAU für die Musikbranche!, GRUR 2000, 664; *Müller*, Verbesserung des gesetzlichen Instrumentariums zur Durchsetzug von Vergütungsansprü-chen für private Vervielfältigung, ZUM 2008, 377; *Nordemann/Dustmann*, To Peer or not to Peer. Urheberrechtliche und datenschutzrechtliche Fragen der Bekämpfung der Inter-netpiraterie, CR 2004, 380; *Rehbinder/Lausen/Donhauser*, Die Einspeisung von Zeitungs-artikeln in Online-Datenbanken der Zeitungsverlage, UFITA 2000/2, 395; *Pichlmaier*, Ab-schied von der Privatkopie?, CR 2003, 910; *Plaß*, Der Aufbau und die Nutzung eines Online-Volltextsystems durch öffentliche Bibliotheken aus urheberrechtlicher Sicht, WRP 2001, 195; *Poll*, „Korb 2": Was wird aus der Privatkopierregelung in §§ 53 ff. UrhG, ZUM 2006, 96; *Rath-Glawatz/Dietrich*, Die Verwertung urheberrechtlich geschützter Print-Arti-kel im Internet, AfP 2000, 222; *Rodriguez Ruiz*, After Napster: Cyberspace and the Future of Copyright, CRi 2003, 1; *Röhl/Bosch*, Musiktauschbörsen im Internet, NJW 2008, 1415; *Schapiro*, Die neuen Musiktauschbörsen unter „Freunden". Ein legaler Weg zum Aus-tausch von Musikdateien?, ZUM 2008, 273; *Senftleben*, Privates digitales Kopieren im Spie-gel des Dreistufentests, CR 2003, 914; *Spindler*, Urheberrecht und Tauschplattformen im Internet, JZ 2002, 60; *Stickelbrock*, Die Zukunft der Privatkopie im digitalen Zeitalter, GRUR 2004, 736; *Weber/Bischof*, Napster, die Musikindustrie und der Musikvertrieb, sic 2001, 152; *Wiebe*, Der virtuelle Videorecorder – in Österreich erlaubt?, Medien und Recht 2007, 130; *Zahrnt*, Der urheberrechtliche Schutz elektronischer Printmedien, Frank-furt a. M. 1999.

385 Die „Magna Charta" der gesetzlichen Lizenzen findet sich in § 53 UrhG, der weitgehend Vervielfältigungen zum eigenen Gebrauch auch ohne Zustimmung der Rechteinhaber zulässt. Kompensatorisch erhält der Urheber für den mit § 53 UrhG verbundenen Rechteverlust einen Anspruch auf Vergütung (§§ 54, 54a UrhG), der seit 1985 hauptsächlich auf einen Anteil an der sog. Geräte- und Leerkassettenabgabe gerichtet ist.[364]

386 Nach Umsetzung der Datenbankrichtlinie in deutsches Recht gelten **für Datenbanken und Datenbankwerke abweichende Schrankenbestimmun-gen**. Nach dem nachträglich eingefügten § 53 Abs. 5 UrhG ist die Vervielfälti-gung aus elektronisch zugänglichen Datenbanken zum privaten Gebrauch i. S. d. § 53 Abs. 1 UrhG nicht mehr zulässig. Auch die Aufnahme in ein eigenes

---

[364] Zur Vorgeschichte siehe *Kreile*, ZUM 1985, 609; *Melichar*, ZUM 1987, 51; *Nordemann*, GRUR 1985, 837.

Archiv (§ 53 Abs. 2 Nr. 2 UrhG), die Vervielfältigung zur Unterrichtung über Tagesfragen (§ 53 Abs. 2 Nr. 3 UrhG) und die Vervielfältigung aus Zeitschriften oder vergriffenen Werken (§ 53 Abs. 2 Nr. 4 UrhG) sind im Hinblick auf elektronisch zugängliche Datenbankwerke entfallen. Die Vervielfältigung zum eigenen wissenschaftlichen Gebrauch gem. § 53 Abs. 2 Nr. 1 UrhG ist nur noch von der Schranke gedeckt, wenn keine kommerziellen Zwecke verfolgt werden. Eine ähnliche Bestimmung findet sich für die nicht-kreativen Datenbanken in § 87c UrhG, der die auf Datenbanken anwendbaren Schranken abschließend regelt. Die Vervielfältigung zum privaten Gebrauch (§ 87c Nr. 1 UrhG) ist nur ausgeschlossen, wenn die Datenbank elektronisch zugänglich ist. Der wissenschaftliche Gebrauch (§ 87c Nr. 2 UrhG) sowie die Benutzung zur Veranschaulichung des Unterrichts (§ 87c Nr. 3 UrhG) ohne Lizenzierung ist von Anfang an auf die für den Zweck gebotene Erstellung der Kopien ohne gewerbliche Zielsetzung beschränkt.

a) Privater Gebrauch

Nach § 53 Abs. 1 S. 1 UrhG ist es zulässig, einzelne Vervielfältigungsstücke eines Werkes **zum privaten Gebrauch** herzustellen oder herstellen zu lassen. Tendenziell kann sich jedermann via File Transfer Protocol (FTP) und unter Berufung auf privaten Gebrauch fremdes Material laden und kopieren. Er kann sich auch von Bibliotheken und Dokumentationsstellen Material kopieren und via Internet zusenden lassen, vorausgesetzt, dass diese Herstellung von Kopien durch andere unentgeltlich geschieht. Anderes gilt jedoch für die Verwendung von Datenbankwerken und Datenbanken, da deren Vervielfältigung – selbst zum Laden in den Arbeitsspeicher und auch zum Privatgebrauch – erlaubnispflichtig ist.[365] Im Übrigen findet eine Differenzierung nach der verwendeten Technik (analog oder digital) nicht statt; die Privatkopierfreiheit umfasst auch digitale Kopien.[366] **387**

Nicht umfasst ist von § 53 Abs. 1 UrhG die Erstellung von Kopien zu erwerbswirtschaftlichen Zwecken. Auch können nach herrschender Auffassung[367] nur natürliche Personen in den Genuss der Regelung kommen; damit scheidet eine **388**

---

365 *OLG Hamburg*, Urt. v. 22.2. 2001 – 3 U 247/00, ZUM 2001, 512 = CR 2001, 704 m. Anm. *Dieselhorst*.

366 Unklar ist, ob es einen Anspruch auf Privatkopierfreiheit gibt; siehe dazu abl. *Brüsseler Appelationsgericht* in Test Achats v. EMIr Records Music Belgium et. Al. v. 9.9. 2005 – 2004/ AR/1649; *Court de Cassation* in Studio Canal et al. V. St. Perquin and Union Federale des consummateurs, Urt. v. 28.2. 2006 – Bul. 2006 I No. 126, p. 115 – Mullholland Drive.

367 So am deutlichsten *Flechsig*, NJW 1985, 1991; ähnlich auch Schricker/*Loewenheim*, 4. Aufl. 2010, § 53 Rz. 7 m. w. N.

Berufung auf diese Vorschrift für betriebsinterne Zwecke eines Unternehmens aus.

389   Streitig – nun aber in § 53 Abs. 1 UrhG eindeutig geklärt – war lange, inwieweit das Kopieren von Werken nur dann zulässig ist, wenn **eine erlaubterweise hergestellte Vervielfältigung** als Vorlage benutzt worden ist. Gerade im Zusammenhang mit „Napster"[368] wurde z. B. die Auffassung vertreten, dass dieses Kriterium nach dem Wortlaut des § 53 UrhG nicht vorausgesetzt sei.[369] § 53 Abs. 1 UrhG sah in seiner alten Fassung keinen Hinweis darauf vor, dass die Vorlage für die Kopie ihrerseits rechtmäßig erstellt sein müsste. Dieses Schweigen des Gesetzes wurde dahingehend interpretiert, dass die Nutzung von P2P-Diensten wie „Kazaa" zu privaten Kopierzwecken urheberrechtlich zulässig sei. Dies störte wiederum bei der vorletzten Novellierung des Gesetzes den Bundesrat, der in seiner Entschließung[370] die Reichweite der Privatkopierfreiheit auf Kopien von legal hergestellten Vorlagen beschränken wollte. Dieser Vorschlag wurde aber im Vermittlungsausschuss abgelehnt. Erstaunlicherweise kam es dann in letzter Minute doch noch zu einer Änderung des § 53 Abs. 1 UrhG. So wurde kurzerhand in der Vorschrift verankert, dass die Privatkopierfreiheit ausnahmsweise nicht zum Tragen komme, wenn zur Vervielfältigung „eine offensichtlich rechtswidrig hergestellte Vorlage" verwendet werde. Umstritten ist insofern, ob das Vorliegen dieses Tatbestandsmerkmals objektiv[371] oder subjektiv[372] zu bestimmen ist. Richtigerweise ist hier letzterer Annahme zu folgen. Es kommt mithin auf die Kenntnis und das Wissen des privaten Kopierers an. Auch wenn sich für die eine objektive Bestimmung befürwortende Ansicht argumentieren lässt, die urheberrechtlichen Verwertungs- und Nutzungsrechte seien absoluter Natur,[373] so ist Sinn und Zweck des § 53 Abs. 1 UrhG gerade der Schutz der privaten Kopierer. Schutzbedürftig sind diese jedoch nur dann nicht, wenn für sie im konkreten Fall die Rechtswidrigkeit der Vorlagenherstellung offensichtlich ist. Der Gesetzgeber hat seinen Willen zur Anwendung des subjektiven Bewertungsmaßstabs in Bezug auf die Rechtswidrigkeit der öffentlichen Zugänglichmachung bei der Verabschiedung des „Zwei-

---

368 Siehe dazu A&M Records Inc vs. Napster Inc, GRUR Int. 2000, 1066 sowie die Entscheidung des *US Court of Appeals for the Ninth Circuit*, GRUR Int. 2001, 355.
369 So etwa *Schack*, Urheber- und Urhebervertragsrecht, 7. Aufl. 2015, Rz. 496; *Mönkemöller*, GRUR 2000, 663; a. A. *Leupold/Demisch*, ZUM 2000, 379; *Loewenheim*, FS für Adolf Dietz 2001, S. 415.
370 BT-Drs. 15/1066 v. 27. 5. 2003, S. 2.
371 Dafür Fromm/*Nordemann*, 11. Aufl. 2014, § 53, Rz.14; *Lauber/Schwipps*, GRUR 2004, 293, 298;
372 *Dreier*/Schulz, 5. Aufl. 2015, § 53 Rz. 12; Schricker/*Loewenheim*, 4. Aufl. 2010, § 53 Rz. 22.
373 *Lauber/Schwipps*, GRUR 2004, 293, 298.

ten Korbs" deutlich gemacht.[374] Für die Beurteilung der Frage der Offensichtlichkeit der rechtswidrigen Herstellung kann nichts anderes gelten. Es sei
darauf hingewiesen, dass P2P-Dienste nicht offensichtlich rechtswidrige Kanä-
le sind, sondern in vielfältiger Weise zu legalen Zwecken, etwa im Bereich der
Wissenschaft, genutzt werden können. Dies ist insb. auch mit Blick auf legale
Tauschbörsen „unter Freunden" zu beachten.[375]

Durch den „Zweiten Korb" wurde die einschränkende Ausnahme durch   390
das Merkmal der offensichtlich rechtswidrig öffentlich zugänglich gemachten
Vorlage ergänzt. Trotzdem ist der Download von Fremdmaterial über P2P weiterhin juristisch ungeklärt. Klar ist nur, dass der Upload via P2P niemals unter
§ 53 Abs. 1 UrhG fallen kann, da der Upload als Bereithalten zum Abruf für
die Öffentlichkeit i. S. v. § 19a UrhG nicht unter die Privatkopierfreiheit fallen
kann.[376]

Die Möglichkeit der **Herstellung von Vervielfältigungen durch Dritte**   391
wird beibehalten, sofern diese unentgeltlich geschieht oder es sich um repro-
grafische oder ähnliche Vervielfältigungen handelt. Die vorgeschlagene Regelung gewährleistet damit auch weiterhin, dass ein Versand von Kopien möglich
bleibt. Als unentgeltlich i. S. dieser Vorschrift sollen Vervielfältigungen auch
dann anzusehen sein, wenn sie z. B. durch Bibliotheken gefertigt werden, die
Gebühren oder Entgelte für die Ausleihe erheben, soweit die Kostendeckung
nicht überschritten wird. Nicht unter § 53 Abs. 1 UrhG sollen sog. virtuelle Videorecorder fallen.[377] Der Betrieb eines solchen Recorders stelle einen Eingriff
in das Senderecht der TV-Anstalten dar; die Möglichkeit, Fernsehsendungen
auf dem Server des Dienstanbieters aufzuzeichnen und zu einem beliebigen

---

374 BT-Drs. 16/1828, S. 26: „*Gleichzeitig wird durch das Erfordernis, dass die öffentliche Zugänglichmachung für den jeweiligen Nutzer nach seinem Bildungs- und Kenntnisstand offensichtlich rechtswidrig sein muss, weiterhin gewährleistet, dass der Verbraucher nicht mit unerfüllbaren
Prüfpflichten belastet wird*".
375 *Schapiro*, ZUM 2008, 273 weist zu Recht darauf hin, dass auch im Rahmen solcher Netzwerke die Vorlage nicht immer rechtmäßig hergestellt sein wird.
376 So auch der *High Court of Justice* in Polydor Ltd vs. Brown, Urt. v. 28. 11. 2005, EWHC 3191
(Ch.D); ähnlich *Dublin High Court* in Emi Sony Universal and others vs. Eirecom, Urt. v. 8. 7.
2005, (2006) ECDR 5. Die alte und neue Rechtslage zusammenfassend siehe *Röhl/Bosch*, NJW
2008, 1415.
377 *OLG Dresden*, Urt. v. 20. 3. 2007 – 14 U 2328/06, MMR 2007, 664 = ZUM RD 2008, 6; *OLG
Köln*, Urt. v. 9. 9. 2005 – 6 U 90/05, CR 2006, 557 = MMR 2006, 35 = GRUR-RR 2006, 5; *LG
Braunschweig*, Urt. v. 7. 6. 2006 – 9 O 869/06, K & R 2006, 362; *LG Köln*, Urt. v. 27. 4. 2005 – 28
O 149/05, MMR 2006, 57; *LG Leipzig*, Urt. v. 12. 5. 2006 – 5 O 4391/05, CR 2006, 784 = K & R
2006, 426; *LG München I*, Urt. v. 19. 5. 2005 – 7 O 5829/05, ZUM 2006, 583; siehe auch *Becker*,
AfP 2007, 5; *Kamps/Koops*, CR 2007, 581.

Zeitpunkt über das Internet abzurufen, verstößt gegen § 20b UrhG.[378] Gleiches gilt für On-Demand-Webradiodienste, bei denen Playlisten auf Abruf ohne Download der Dateien individuell zusammengestellt und dann im Streaming-Verfahren hörbar gemacht werden (z. B. Spotify).[379] Nicht der private Nutzer selbst, sondern der zwischengeschaltete Dienst nehme die Vervielfältigungshandlung vor. § 53 Abs. 1 UrhG komme allerdings dann zum Tragen, wenn dem Internetnutzer der Programmabruf unentgeltlich gewährt wurde.[380] Der *BGH*[381] sieht das jetzt differenzierter: Falls die Beklagte die Sendungen im Auftrag ihrer Kunden auf den „Persönlichen Videorecordern" abspeichert, verstößt sie – so der *BGH* – gegen das Recht der Klägerin, ihre Sendungen auf Bild- oder Tonträger aufzunehmen. Da sie ihre Leistung nicht unentgeltlich erbringe, könne sie sich in diesem Fall nicht auf das Recht ihrer Kunden stützen, Fernsehsendungen zum privaten Gebrauch aufzuzeichnen.[382] Falls dagegen der Aufzeichnungsprozess vollständig automatisiert sei mit der Folge, dass der jeweilige Kunde als Hersteller der Aufzeichnung anzusehen sei, liege zwar im Regelfall eine vom Gesetz als zulässig angesehene Aufzeichnung zum privaten Gebrauch vor, die Beklagte verletze dann aber das Recht der Klägerin, ihre Funksendungen weiterzusenden, wenn sie die mit den Satelliten-Antennen empfangenen Sendungen der Klägerin an die „Persönlichen Videorecorder" mehrerer Kunden weiterleite. Denn in diesem Fall greife sie in das Recht der Klägerin ein, ihre Sendungen der Öffentlichkeit zugänglich zu machen.[383]

392   Die Reichweite von § 53 Abs. 1 UrhG wird durch die Einfügung des § 95b UrhG im „Ersten Korb" konterkariert. Sofern der Rechteinhaber technische Schutzmaßnahmen verwendet, sind öffentliche Multiplikatoren (wie z. B. Schulen oder Universitäten) geschützt, private Nutzer aber nicht. Aus der Beschränkung des § 53 Abs. 1 UrhG in § 95b Abs. 1 UrhG auf analoge Vervielfältigungen lässt sich schließen, dass der Rechteinhaber in einer Vielzahl von Fällen nur

378 *OLG Dresden*, Urt. v. 28.11. 2006 – 14 U 1071/06, CR 2007, 662 = ZUM 2007, 203; *LG Köln*, Urt. v. 27.4. 2005 – 28 O 149/05, MMR 2006, 57; *LG München I*, Urt. v. 19.5. 2005 – 7 O 4829/05, ZUM 2006, 583.
379 *OLG Stuttgart*, Beschl. v. 21.1. 2008 – 2 Ws 328/07, CR 2008, 321 m. Anm. *Dornis*; *LG Hamburg*, Urt. v. 21.2. 2007 – 308 O 791/06, ZUM 2007, 869; *LG Köln*, Urt. v. 28.2. 2007 – 28 O 16/07, MMR 2007, 610 – Trackfinder; *OLG Hamburg*, Urt. v. 25.7. 2008 – 5 U 52/07, ZUM 2009, 575.
380 *OLG Köln*, Urt. v. 9.9. 2005 – 6 U 90/05, CR 2006, 557 = MMR 2006, 35.
381 *BGH*, Urt. v. 22.4. 2009 – I ZR 216/06, MMR 2009, 620, 621 = CR 2009, 598 m. Anm. *Lüghausen* – Internet-Videorecorder.
382 *BGH*, Urt. v. 22.4. 2009 – I ZR 216/06, MMR 2009, 620, 624 = CR 2009, 598 m. Anm. *Lüghausen* – Internet-Videorecorder.
383 *BGH*, Urt. v. 22.4. 2009 – I ZR 216/06, MMR 2009, 620, 623 = CR 2009, 598 m. Anm. *Lüghausen* – Internet-Videorecorder.

technische Sperrmechanismen einsetzen muss, um § 53 Abs. 1 UrhG zu umgehen. Die Einführung einer „Umgehung" der Schutzschranke der Privatkopie ist
ein Eingeständnis gegenüber der Musikindustrie und führt die Schutzschranke
der Privatkopie ad absurdum. In der Gesetzesformulierung erkennt man die
gute Lobbyarbeit der Musikindustrie, deren Ziel, die weitgehende Einschränkung von Privatkopien durch die Auferlegung von technischen Schutzmaßnahmen auf Tonträgern zu schaffen, erreicht wurde.

Es ist bedenklich, dass die digitale Privatkopierfreiheit nicht in § 95b Abs. 1 **393**
UrhG genannt wird.[384] Damit ist die Regelung des § 53 Abs. 1 UrhG ein „zahn-
loser Tiger".[385] Die Industrie kann den Privaten das, was § 53 Abs. 1 UrhG gibt,
durch den Einsatz technischer Schutzmechanismen wieder nehmen. Begründet
wurde dies lediglich mit einem Urteil des *BVerfG*, nach dem die zustimmungs-
freie Kopie nur ausnahmsweise durch überragende Allgemeininteressen zulässig sei.[386] Hier sollte offensichtlich unter der Hand ein Geschenk für die
Musikindustrie eingefügt werden, das aber an den verfassungsrechtlichen Vorgaben (Unverletzlichkeit der Wohnung; Informationsfreiheit) vorbei geht.
Art. 6 Abs. 4 RL 2001/29/EG (InfoSoc-RL) ist ein mühevoll errungener Kompro-
miss zugunsten privater Nutzer, der unbedingt einer Umsetzung bedarf. Dem
können nicht die Vorbehalte der Musikindustrie gegen die Gefahr des Hacking
und unkontrollierten CD-Brennens entgegengehalten werden. Es bleiben hinreichende technische Möglichkeiten, die Zahl der Privatkopien technisch zu
beschränken; i. Ü. erhält die Musikindustrie über die Geräte- und Leerkassettenabgabe eine nicht unbeträchtliche Kompensation für ihre Ausfälle. Man
könnte allenfalls darüber nachdenken, diese Kompensation noch zu erhöhen.

Die soeben genannte Schutzlücke kann auch nicht dadurch kompensiert **394**
werden, dass das Umgehen technischer Maßnahmen zum eigenen privaten Gebrauch strafrechtlich freigestellt wird (§ 108b Abs. 1 UrhG). Denn zivilrechtliche
Sanktionen bleiben bestehen und können für den Betroffenen unter Umständen sehr hart sein. Auch entsteht in der Öffentlichkeit der Eindruck, dass das
Umgehen von Schutzmechanismen zur Erstellung privater Kopien strikt verboten sei, was aber angesichts der Regelung des § 53 Abs. 1 UrhG nicht stimmt.
Die gesetzliche Regelung ist insoweit zu hinterfragen, als nicht das Anfertigen
von Privatkopien als Unrecht anzusehen ist, sondern das Einfügen technischer
Sperren durch die herstellenden Unternehmen zur Verhinderung der Anferti-

---

384 So auch *Holznagel/Brüggemann*, MMR 2003, 767; siehe auch *Hoeren*, Urheberrecht und
Verbraucherschutz, Münster 2003; *Köcher/Kaufmann*, Anm. zu *BVerfG*, Urt. v. 25. 7. 2005 –
1 BvR 2182/04, CR 2005, 847 = MMR 2005, 751.
385 Schricker/Loewenheim/*Götting*, 4.Aufl. 2010, § 95b Rz. 4 m. w. N.
386 *BVerfG*, Beschl. v. 7. 7. 1971 – 1 BvR 765/66.

gung von Privatkopien. Doch leider hat sich in diesem Bereich die Lobby der Musikindustrie durchgesetzt.

b) Eigener wissenschaftlicher Gebrauch

395 Das Urheberrecht legitimiert auch das **freie Kopieren** von Werken aus dem Internet **für wissenschaftliche Zwecke**. Nach § 53 Abs. 2 S. 1 Nr. 1 UrhG ist es zulässig, auch ohne Zustimmung des Rechteinhabers einzelne Kopien eines Werkes zum eigenen wissenschaftlichen Gebrauch herzustellen oder herstellen zu lassen. Dabei ist der Begriff des „wissenschaftlichen Gebrauchs" weit auszulegen. Darunter fällt das (auch digitale) Kopieren durch
- Wissenschaftler und Forschungsinstitute
- Privatleute mit wissenschaftlichem Informationsbedürfnis
- Studierende im Rahmen ihrer Ausbildung und
- Forschungseinrichtungen der Privatwirtschaft.[387]

396 Eine Grenze ist dort zu ziehen, wo nahezu **vollständige Kopien** ganzer Bücher oder Zeitschriften ohne Zustimmung der Rechteinhaber angefertigt werden (§ 53 Abs. 4 lit. b UrhG). Sofern die Schutzfristen für diese Werke nach deutschem Recht noch nicht abgelaufen sind, darf der Nutzer die Texte nicht zu wissenschaftlichen Zwecken aus dem Netz abrufen. Ferner legitimiert § 53 UrhG nicht die öffentliche Wiedergabe des Materials (§ 53 Abs. 6 Satz 1 UrhG). Wer sich also zu Forschungszwecken Werke aus dem Internet lädt, darf diese nicht „posten". Zu beachten ist allerdings die Möglichkeit zur Einspeisung in Intranets (§ 52a UrhG).

397 Aufgrund der Novellierung i. R. d. „Zweiten Korbs" wurde die Regelung noch weiter beschränkt und die wissenschaftliche Kopierfreiheit auf Fälle beschränkt, in denen **weder unmittelbar noch mittelbar ein kommerzieller Zweck** verfolgt wird. Damit wird eine Nutzung von Material i. R. v. Drittmittelforschung unmöglich gemacht.[388]

398 Bibliotheken und Wissenschaftler sind auch gegen **technische Sperrmaßnahmen** geschützt, die ihre Freiheiten und Rechte aus § 53 Abs. 2 UrhG schmälern. Fragwürdig ist allerdings die Pflicht der geschützten Verkehrskreise zur Durchsetzung des Herausgabe- und Unterlassungsanspruchs im Wege der Kla-

---

387 Dies ist allerdings streitig. Wie hier auch Schricker/*Loewenheim*, 4. Aufl. 2010 § 53 Rz. 14; einschränkend auf Hochschulen *Dreier*/Schulze, 5. Aufl. 2015, § 53 UrhG Rz. 23; zustimmend *BGH*, Urt. v. 20. 2. 1997 – 1 ZR 13/95, ZUM-RD 1997, 425 – Betreibervergütung für Privatunternehmen.
388 *Dreier*/Schulze, 5. Aufl. 2015, § 53 Rz. 23; a. A. Fromm/Nordemann/*Wirtz*, 11. Aufl. 2014, § 53 UrhG Rz. 33.

ge (§ 95b Abs. 2 UrhG). Ein solches Verfahren ist ein kosten- und zeitintensives Rechtsmittel, welches die Arbeit etwa von Bibliotheken trotz Rechtsanspruchs de facto behindert. Die Informationsbeschaffung an Hochschulen ist dadurch entscheidend gefährdet, denn die Hochschulen tragen das Nichtbeschaffungs- und Verzögerungsrisiko. Im Falle der Insolvenz des Rechteinhabers entstünden erhebliche Probleme bei der Nutzung von CD-ROMs; die wissenschaftliche Forschung könnte dadurch sehr schnell lahm gelegt werden. Auch müssten z. B. die Bibliotheken das Risiko tragen, dass die notwendigen Informationen erst mit großer Verzögerung beschafft und CD-ROM-Datenbanken zeitweilig nicht genutzt werden könnten. Hier sollte an die Einführung eines schnelleren Rechtsmittels, wie etwa die Einführung einer Schlichtungsstelle, gedacht werden, damit sowohl auf Seiten der Bibliotheken und Wissenschaftler als auch auf Seiten der Anbieter eine rasche Klärung der Ansprüche erreicht werden kann.

Auch diese Regelung des § 53 Abs. 2 S. 1 Nr. 1 UrhG wird jedoch durch die Neuregelungen im Urheberwissenschaftsgesetz aufgehoben. Die inhaltliche Regelung – die Erlaubnis zum eigenen wissenschaftlichen Gebrauch – wird stattdessen in dem neuen § 60c Abs. 1–3 UrhG festgesetzt, sodass sich diesbezüglich grundsätzlich nichts ändert. Allerdings wird dabei nun der genaue Werkumfang, der genutzt werden darf, in den einzelnen Absätzen bestimmt und die Erlaubnis somit konkretisiert. § 60c UrhG ist in Bezug auf wissenschaftliche Forschung mit kommerziellen Zwecken nicht anwendbar, alle erlaubten Handlungen in dem Bereich ergeben sich nach wie vor aus den sonstigen Tatbeständen des § 53 Abs. 2 UrhG.[389] **399**

c) Aufnahme in ein eigenes Archiv
Nach § 53 Abs. 2 S. 1 Nr. 2 UrhG dürfen einzelne Vervielfältigungsstücke des Werkes zur Aufnahme in ein **eigenes Archiv** hergestellt werden, soweit die Vervielfältigung zu diesem Zweck geboten ist und als Vorlage für die Vervielfältigung ein eigenes Werkstück benutzt wird. Nach Sinn und Zweck ist lediglich ein **Archiv nur zum haus- bzw. betriebsinternen Gebrauch** gemeint.[390] Hinsichtlich elektronischer Pressearchive (i. S. eines Inhouse-Kommunikationssystems, das den Zugriff durch einen geschlossenen Nutzerkreis zulässt) hat der *BGH*[391] entschieden, dass auch dann, wenn die Nutzung auf Betriebsangehöri- **400**

---

389 RegE zum UrhWissG vom 12. April 2017, S. 35, abrufbar unter: https://www.bmjv.de/ SharedDocs/Gesetzgebungsverfahren/Dokumente/RegE_Urheber-Wissensgesellschafts-Gesetz.pdf;jsessionid=23A9C06FD40B2CD0365D05BCF0084673.2_cid324?__blob= publicationFile&v=1 (zuletzt abgerufen: August 2017).
390 Schricker/*Loewenheim*, 4. Aufl. 2010, § 53 Rz. 25; *Katzenberger*, GRUR 1973, 629, 636.
391 *BGH*, Urt. v. 10. 12. 1998 – I ZR 100/96, CR 1999, 213 m. Anm. *Lütje* = MMR 1999, 409 m. Anm. *Hoeren*.

ge beschränkt werde, dies weit über das hinausgehe, was der Gesetzgeber mit der Bestimmung des § 53 Abs. 2 S. 1 Nr. 2 UrhG privilegieren wollte. Im Übrigen ist zu beachten, dass die Möglichkeiten zur Errichtung eines **digitalen Archivs** inzwischen stark eingeschränkt sind, siehe § 53 Abs. 2 S. 2 UrhG. Die Vorschrift erlaubt nur die Vervielfältigung auf Papier, die ausschließlich analoge Nutzung des Archivmaterials oder die Nutzung digitalen Materials im **öffentlichen Interesse** ohne einen unmittelbar oder mittelbar wirtschaftlichen Erwerbszweck. Firmeninterne digitale Archive sind daher nicht mehr zustimmungsfrei erstell- und nutzbar.

401 § 53 Abs. 2 S. 1 Nr. 2 UrhG bleibt auch unter den Neuregelungen des Urheberwissenschaftsgesetzes bestehen. Denn die Norm unterscheidet nicht ausdrücklich zwischen kommerziellen und nicht-kommerziellen Zwecken und hat somit eigene Bestandskraft neben dem neuen § 60f UrhG, welcher die Regelung für Archive mit nicht-kommerziellen Zwecken festsetzt.

Der neue § 53 Abs. 2 S. 2 UrhG bezieht sich folglich einheitlich auf alle in S. 1 erlaubten Handlungen.[392]

d) Zeitungs- und Zeitschriftenbeiträge

402 Nach § 53 Abs. 2 Nr. 4a UrhG ist es zulässig, zum „sonstigen eigenen Gebrauch" – ein besonderer Zweck ist also nicht erforderlich – einzelne Vervielfältigungsstücke eines Werkes herzustellen oder herstellen zu lassen, soweit es sich **um einzelne Beiträge aus Zeitungen und Zeitschriften** handelt. Bzgl. anderer Werke privilegiert diese Bestimmung lediglich die Vervielfältigung kleiner Teile. Insgesamt dürfen die kopierten Beiträge nur einen kleinen Teil der Zeitung oder Zeitschrift ausmachen; die Regelung gilt nicht für die Übernahme wesentlicher Teile der ausgewählten Beiträge.

e) Kopienversanddienste, § 53a UrhG

Literatur: *Flechsig*, Der Zweite Korb zur Verbesserung der Urheber- und Leistungsschutzrechte, ZRP 2006, 145; *Loewenheim*, Kopienversand und kein Ende, Festschrift für Tilmann 2003, 63; *Müller*, Aktuelles zum Kopienversand der Bibliotheken, MR-Int. 2007, 102; *Spindler*, Reform des Urheberrechts im „Zweiten Korb", NJW 2008, 9.

---

[392] RegE zum UrhWissG vom 12. April 2017, S. 35, abrufbar unter: https://www.bmjv.de/ SharedDocs/Gesetzgebungsverfahren/Dokumente/RegE_Urheber-Wissensgesellschafts-Gesetz.pdf;jsessionid=23A9C06FD40B2CD0365D05BCF0084673.2_cid324?__blob= publicationFile&v=1 (zuletzt abgerufen: August 2017).

Gerungen wurde um die Zulässigkeit sog. **Kopierdienste**, die von größeren 403
Bibliotheken und Unternehmen zugunsten der Kunden angeboten werden.[393]
Der *BGH*[394] hat in zwei Verfahren gegen kommerzielle Recherchedienste entschieden, dass das Angebot von Recherche und Erstellung aus einer Hand
nicht von den Schranken des Urheberrechts gedeckt sei. Die Klagen richteten
sich jew. gegen die CB-Infobank, die angeboten hatte, aus ihrem umfangreichen Pressearchiv Rechercheaufträge zu erfüllen und Kopien gleich mit anzufertigen. Dabei berief sie sich in erster Linie auf § 53 Abs. 2 Nr. 4a UrhG. Die
Vorinstanzen hatten voneinander abweichende Urteile erlassen. Der *BGH* hat
klargestellt, dass bei einem Recherche- und Kopierauftrag § 53 Abs. 2 Nr. 4a
UrhG nicht zur Anwendung komme, weil die Kopiertätigkeit der Informations-
stelle nicht für den Auftraggeber, sondern in eigener Sache geschehe. Die Bank
könne sich deshalb auf keine Privilegierung berufen. Der Kunde andererseits,
der sich auf die Schranke hätte berufen können, habe weder kopiert noch kopieren lassen.[395]

Anders als bei kommerziellen Informationsdiensten ist die Rechtslage bei 404
öffentlichen Bibliotheken und sonstigen für die Öffentlichkeit zugänglichen
Einrichtungen. Dies gilt insb., wenn auch Recherche- und Auswahlleistung –
wie im nachfolgend skizzierten Fall – beim Besteller liegen. In einer spektaku-
lären Grundsatzentscheidung hatte der *BGH*[396] 1999 entschieden, dass solche
Einrichtungen weder in das Vervielfältigungs- noch in das Verbreitungsrecht
des Urhebers eingreifen, wenn sie auf eine Einzelbestellung hin Vervielfältigungen einzelner Zeitschriftenbeiträge anfertigen und im Wege des Post- oder
Faxversandes übermitteln. In einem solchen Fall sei dann aber in rechtsanalo-
ger Anwendung von §§ 27 Abs. 2 und Abs. 3, 49 Abs. 1, 54a Abs. 2 und 54h
Abs. 1 UrhG ein Anspruch des Urhebers auf angemessene Vergütung zuzuer-

---

393 Diese Problematik ist auch der Hintergrund für das Gutachten, das *Loewenheim* im Auftrag der Zeitungsverleger-Verbände erstellt hatte; siehe *Loewenheim*, Urheberrechtliche Grenzen der Verwendung geschützter Werke in Datenbanken, Stuttgart 1994.
394 *BGH*, Urt. v. 16.1. 1997 – I ZR 9/95, CR 1997, 403 m. Anm. *Loewenheim* = MDR 1997, 870 –
CB-Infobank I; *BGH*, Urt. v. 16.1. 1997 – I ZR 38/96, MDR 1997, 871 = WM 1997, 738 – CB-
Infobank II; ähnlich auch *LG Frankfurt a.M.*, Urt. v. 25.10. 2001 – 2/03 O 371/01, MMR 2002,
488 für elektronische Pressespiegel.
395 *BGH*, Urt. v. 16.1. 1997 – I ZR 9/95, CR 1997, 403 m. Anm. *Loewenheim* = MDR 1997, 870 –
CB-Infobank I; *BGH*, Urt. v. 16.1. 1997 – I ZR 38/96, MDR 1997, 871 = WM 1997, 738 – CB-
Infobank II.
396 *BGH*, Urt. v. 25.2. 1999 – I ZR 118/96, GRUR 1999, 707 = ZUM 1999, 566 – Kopienversanddienst; gegen das Urteil haben beide Parteien Verfassungsbeschwerde eingelegt; vgl. auch die
(gegensätzlichen) Anmerkungen zu diesem Urteil von *Hoeren*, MMR 1999, 665, 672 und *Loewenheim*, ZUM 1999, 574.

kennen, der nur durch eine Verwertungsgesellschaft geltend gemacht werden könne. Die Anerkennung eines solchen Anspruchs sei angesichts der technischen und wirtschaftlichen Entwicklung geboten, um den Anforderungen des Art. 9 RBÜ, der Art. 9 und 13 des TRIPS-Übereinkommens, der Eigentumsgarantie des Art. 14 GG sowie dem urheberrechtlichen Beteiligungsgrundsatz Rechnung zu tragen. Vor diesem Hintergrund sei eine analoge Anwendung aller Regelungen im UrhG, in denen einem Rechteinhaber im Bereich der Schranken Vergütungsansprüche zugebilligt werden, geboten.[397] Ausführlich nahm der *BGH* auf die Möglichkeiten des Internets und des Zugriffs auf Online-Datenbanken (i. S. v. Online-Katalogen und hinsichtlich der dadurch wesentlich erleichterten und erweiterten Recherchemethoden) Bezug. Offen blieb allerdings, ob der *BGH* nur den Kopienversand per Post und Fax ausnehmen wollte, oder ob die Entscheidungsgründe auch auf den Online-Versand (der nicht Gegenstand des Verfahrens war) übertragen werden konnten.

405   Nach Auffassung des *OLG Köln* fiel ein Internet-Suchdienst, durch den man Zeitungsartikel mittels Deep-Links auffinden kann, unter § 53 Abs. 2 Nr. 4a UrhG.[398] Der Nutzer verwende den Suchdienst nur zum eigenen Gebrauch; daran ändere auch die Beteiligung des Betreibers des Suchdienstes nichts. Das *OLG München*[399] hielt den elektronischen Kopienversand geschützter Aufsätze aus Zeitschriften zumindest nach Einführung des „Ersten Korbes" des Urheberrechts seit dem 13. September 2003 für eine Verletzung des Vervielfältigungsrechts des Urhebers, während der Kopienversand auf dem Postweg oder als Telefax als gewohnheitsrechtlich gerechtfertigt anzusehen war.[400]

406   Im Rahmen des „Zweiten Korbes" ist die Zulässigkeit von Kopienversanddiensten durch eine neue Vorschrift geregelt und damit die Rechtsprechung des *BGH* kodifiziert worden.[401] Nach § 53a UrhG ist die Versendung im Wege des Post- oder Faxversandes durch öffentliche Bibliotheken zulässig, sofern sich der Besteller auf einen durch § 53 UrhG privilegierten Zweck berufen kann. Die Vervielfältigung und Verbreitung in sonstiger elektronischer Form ist auf grafische Dateien beschränkt. Eine solche Versendung grafischer Dateien kommt aber nur in Betracht, wenn die Beiträge von Mitgliedern der Öffentlichkeit nicht von Orten und zu Zeiten ihrer Wahl mittels einer vertraglichen Vereinbarung erworben werden können. Mit diesen Beschränkungen hat sich der Kopienver-

---

397 *BGH*, Urt. v. 25. 2. 1999 – I ZR 118/96, GRUR 1999, 707 = ZUM 1999, 566 – Kopienversanddienst.
398 *OLG Köln*, Urt. v. 27. 10. 2000 – 6 U 71/00, CR 2001, 708 = K & R 2001, 327.
399 *OLG München*, Urt. v. 10. 5. 2007 – 29 U 1638/06, MMR 2007, 525 m. Anm. *Gausling*.
400 *OLG München*, Urt. v. 10. 5. 2007 – 29 U 1638/06, MMR 2007, 525 m. Anm. *Gausling*.
401 Siehe auch *Flechsig*, ZRP 2006, 145.

sand von öffentlichen Bibliotheken angesichts der elektronischen Angebote der Verlage weitgehend erledigt.

f) Ausnahmeregelungen für den Unterricht

Multimedia wird häufig im **Ausbildungs- und Schulungsbereich** eingesetzt. **407** Insofern stellt sich die Frage nach der Reichweite von § 53 Abs. 3 UrhG. Diese Regelung erlaubt die Vervielfältigungen von kleinen Teilen eines Druckwerkes oder einzelnen Zeitungs- und Zeitschriftenbeiträgen zur Veranschaulichung des Unterrichts in Schulen und in nichtgewerblichen Einrichtungen der Aus- und Weiterbildung. Es wäre ein Missverständnis, wollte man unter Berufung auf diese Ausnahmevorschrift Werke mittels eines schulübergreifenden Internetangebots zum Kopieren freigeben. Die Regelung bezieht sich nur auf Kopien in der „für **die Unterrichtsteilnehmer** erforderlichen Anzahl". Zudem ist durch den neu eingeführten Satz 2 nun geregelt, dass das Kopieren aus Schulbüchern nur mit der Einwilligung des Berechtigten zulässig ist. Im Übrigen sind Verbreitung und öffentliche Wiedergabe von Material nicht durch die Vorschrift gedeckt (§ 53 Abs. 6 S. 1 UrhG).

Durch die Neuregelungen wird § 53 Abs. 3 UrhG aufgehoben und durch **408** § 60a UrhG inhaltlich ersetzt.[402]

g) Rechtsfolge: Vergütungsanspruch

In den Fällen des § 53 Abs. 1–3 UrhG hat der Urheber einen **Anspruch auf Ver- 409 gütung gegenüber den Herstellern von Geräten und Speichermedien**, die zur Vornahme von Vervielfältigungen benutzt werden. Dieser in § 54 UrhG geregelte Anspruch kommt neben dem Urheber auch dem ausübenden Künstler (§ 83 UrhG), dem Tonträgerhersteller (§ 85 Abs. 4 UrhG) und dem Filmhersteller (§ 94 Abs. 4 UrhG) zugute.[403]

Allerdings ist dabei zwischen dem Vergütungsanspruch gegenüber den **410** Herstellern von Geräten und Speichermedien (§ 54 UrhG) und jenem gegenüber dem Betreiber von Ablichtungsgeräten (§ 54c Abs. 1 UrhG) zu unterscheiden. Diese Unterscheidung ist nicht nur theoretischer Natur; vielmehr wird die Ver-

---

[402] RegE zum UrhWissG vom 12. April 2017, S. 35, abrufbar unter: https://www.bmjv.de/SharedDocs/Gesetzgebungsverfahren/Dokumente/RegE_Urheber-Wissensgesellschafts-Gesetz.pdf;jsessionid=23A9C06FD40B2CD0365D05BCF0084673.2_cid324?__blob=publicationFile&v=1 (zuletzt abgerufen: August 2017).
[403] Sendeunternehmen erhalten keine Vergütung (§ 87 Abs. 4 i. V. m. § 54 Abs. 1 UrhG), was keine Staatshaftungsansprüche auslöst; *BGH*, Beschl. v. 24. 6. 2010 – III ZR 140/09, NJW 2011, 772 = CR 2010, 671, MDR 2010, 1114.

gütung jew. unterschiedlich berechnet. Die Höhe des Vergütungsanspruchs aus § 54 UrhG bemisst sich nach § 54a UrhG, während sich die Vergütungshöhe für Ansprüche aus § 54c Abs. 1 UrhG nach § 54c Abs. 2 UrhG richtet. Durch diese neuen Regelungen wird die Bestimmung der Vergütungshöhe nun den Parteien überlassen. Die Anlage zu § 54d Abs. 1 UrhG a. F. mit den darin enthaltenen abschließend geregelten Vergütungssätzen wurde mit Einführung des „Zweiten Korbs" aufgehoben.[404]

aa) Die alte Rechtslage: Vergütung bei Bild- und Tonaufzeichnungen und bei reprographischen Vervielfältigungen

411 § 54 Abs. 1 UrhG a. F. gewährte einen Vergütungsanspruch bei der Aufnahme von Funksendungen auf Bild- und Tonträgern und der Übertragung von einem Bild- und Tonträger auf einen anderen. Diese Regelung war im Zeitalter von MP3[405] und dem mittlerweile weit verbreiteten Gebrauch von CD-Brennern von wachsender Bedeutung. Eine Vergütungsregelung für CD-Brenner, MP3-Geräte oder Festplatten existierte aber weiterhin nicht.[406] Jene für Leer-CDs lehnte sich an die Vergütung für Leerkassetten an, was angesichts der enormen Qualitätsvorteile der digitalen Kopie nicht gerechtfertigt erschien.[407] Neben dem Vergütungsanspruch nach § 54 Abs. 1 UrhG a. F. konnte für Multimedia auch der Anspruch nach § 54a Abs. 1 UrhG a. F. für die Vervielfältigung im Wege der **Ablichtung** von Bedeutung sein. Dieser Anspruch kam bzgl. der Werkarten zum Tragen, bei denen zu erwarten war, dass sie durch Ablichtung oder in einem vergleichbaren Verfahren zum eigenen Gebrauch vervielfältigt werden. Ferner setzte § 54a Abs. 1 UrhG a. F. voraus, dass die Geräte zur Vornahme von Vervielfältigungen zum eigenen Gebrauch „bestimmt" waren. Erforderlich war hierzu, dass das Gerät zur Vornahme von Vervielfältigungen technisch geeignet und vorgesehen war.[408] Zu den geeigneten Geräten zählten Scanner,[409] Sampler und Telefaxgeräte.[410]

---

404 Siehe auch BT-Drs. 16/1828, S. 28.
405 Vgl. dazu *Cichon*, K & R 1999, 547.
406 Vgl. *Däubler-Gmelin*, ZUM 1999, 769, 771.
407 *Cichon*, K & R 1999, 547, 552.
408 *BGH*, Urt. v. 28. 1. 1993 – I ZR 34/91, MDR 1993, 1072 = CR 1993, 548 – Readerprinter; *BGH* v. 19. 12. 1980 – I ZR 126/78, MDR 1981, 642 = GRUR 1981, 355 – Videorekorder; *BGH*, Urt. v. 18. 9. 1981 – I ZR 43/80, MDR 1982, 460 = GRUR 1982, 104 – Tonfilmgeräte.
409 *BGH*, Urt. v. 29. 10. 2009 – I ZR 168/06, CR 2010, 153 = ZUM-RD 2010, 1; *BGH*, Urt. v. 5. 7. 2001 – I ZR 335/98, MDR 2002, 472 = CR 2002, 176 m. Anm. *Poll* – Scanner; *OLG Hamburg*, Urt. v. 3. 12. 1998 – 3 U 62/98, CR 1999, 415.
410 *BGH*, Urt. v. 28. 1. 1999 – I ZR 208/96, MDR 1999, 1398 = CR 1999, 504; ähnlich bereits *OLG Zweibrücken*, Urt. v. 15. 11. 1996 – 2 U 14/96, CR 1997, 348; *LG Düsseldorf*, Urt. v. 14. 4. 1993 – 12 O 540/92, CR 1994, 224.

Angedacht war seitens der VG Wort auch eine Vergütung für PCs und Dru- 412
cker. Gegen eine Gebührenpflicht für Drucker hatten sich dagegen das *OLG Düsseldorf*[411] und der *BGH*[412] ausgesprochen. Können Geräte nur im Zusammenhang mit anderen Geräten – z. B. im Verbund mit einem Scanner oder einem PC als sog. Funktionseinheit – die Aufgabe eines Vervielfältigungsgerätes erfüllen, seien sie dazu zwar geeignet, jedoch nicht bestimmt. Vergütungspflichtig nach § 54a UrhG a. F. waren CD-Kopierstationen[413] und sog. Multifunktionsgeräte[414] mit Druck-, Scan- und Faxfunktion, nicht aber PCs.[415] Im Hinblick auf die Kopierstationen nahm der *BGH* im Juli 2008 allerdings eine Korrektur dahingehend vor, dass diese nicht zu den nach § 54a UrhG a. F. vergütungspflichtigen Vervielfältigungsgeräten gehören.[416] Das *BVerfG* hat diese Haltung des *BGH* scharf kritisiert und den I. Zivilsenat insb. zur Vorlage der Frage an den *EuGH* aufgefordert.[417] Auf Anfrage des I. Zivilsenats bekräftigte der *EuGH*, dass der Begriff „Vervielfältigungen mittels beliebiger fotomechanischer Verfahren oder anderer Verfahren mit ähnlicher Wirkung" i. S. v. Art. 5 Abs. 2 lit. a der Urheberrechtsrichtlinie 2001/29 auch Vervielfältigungen eines Verbunds aus Drucker und PC umfasst.[418] Daraufhin stellte der *BGH* fest, dass § 54a Abs. 1 UrhG a. F. bei richtlinienkonformer Auslegung – entgegen seiner frührer en Auffassung – nicht nur Verfahren zur Vervielfältigung von Druckwerken umfasst. Vielmehr seien damit sämtliche Verfahren erfasst, bei denen analoge Vervielfältigungsstücke entstehen, insb. auch solche mit verschiedenen verbundenen Geräten, solange es sich um ein einheitliches Verfahren unter der Kontrolle einer Person handelt.[419] Innerhalb des Verbunds von Drucker und PC sei es gerade Sinn und Zweck des Druckers, für vergütungspflichtige Vervielfältigungen verwendet zu werden und somit nach § 54a Abs. 1 UrhG a. F. vergütungspflichtig.[420] Eine Vergütungspflicht für PCs ergibt sich daraus nicht, da der *BGH* an seiner Beurteilung festhielt, dass lediglich das Gerät vergütungspflichtig sei, dessen Bestimmung zum Einsatz zur Vervielfältigung am deut-

---

411 *OLG Düsseldorf*, Urt. v. 23. 1. 2007 – 20 U 38/06, CR 2007, 217.
412 *BGH*, Urt. v. 6. 12. 2007 – I ZR 94/05, CR 2008, 211 = MMR 2008, 245.
413 *OLG München*, Urt. v. 27. 10. 2005 – 29 U 2151/05, MMR 2005, 847.
414 *OLG Stuttgart*, Urt. v. 6. 7. 2005 – 4 U 19/05, CR 2005, 881.
415 *BGH*, Urt. v. 2. 10. 2008 – I ZR 18/06, GRUR 2009, 53 = MMR 2009, 182 – PC I.
416 *BGH*, Urt. v. 17. 7. 2008 – I ZR 206/05, MMR 2008, 729.
417 *BVerfG*,Beschl. v. 30. 8. 2010 – 1 BvR 1631/08, GRUR 2010, 999.
418 *EuGH*, Urt. v. 27. 6. 2013 – C-457/11 bis C-460/11, MMR 2013, 729 = CR 2013, 557.
419 *BGH*, Urt. v. 3. 7. 2014 – I ZR 28/11, MMR 2014, 760, 761, 763 f. = NJW-RR 2015, 171 = GRUR 2014, 984.
420 *BGH*, Urt. v. 3. 7. 2014 – I ZR 28/11, MMR 2014, 760, Rz. 31 ff., NJW-RR 2015, 171 = GRUR 2014, 984.

lichsten hervortrete (in diesem Fall der Drucker).[421] Der *BGH* sah es in seiner neueren Rechtsprechung jedoch als verfassungs- und unionsrechtlich geboten an, die Regelung des § 54 Abs. 1 UrhG a. F. so auszulegen, dass sie auch digitale Kopien sog. „stehender" Texte und Bilder auf Festplatten umfasst. So solle dem rasanten Anstieg der Verbreitung digitaler Kopien Rechnung getragen werden.[422] Der *EuGH*[423] seinerseits hat unabhängig davon eine Vergütungspflicht für gewerblich genutzte Geräte abgelehnt. Es bedürfe für die Vergütungspflicht eines mutmaßlichen Gebrauchs der Anlagen zum Zweck privater Vervielfältigungen. Folglich sei die unterschiedslose Anwendung der Abgabe für Privatkopien auf Anlagen, Geräte und Medien zur digitalen Vervielfältigung, die nicht privaten Nutzern überlassen werden und eindeutig anderen Verwendungen als der Anfertigung von Privatkopien vorbehalten sind, nicht mit der Richtlinie 2001/29/EG vereinbar.

bb) Die neue Rechtslage: § 54 Abs. 1 UrhG

413 Im Rahmen der Einführung des „Zweiten Korbs" wurden die Vergütungsansprüche nun in § 54 Abs. 1 UrhG zusammengefasst. Die Neufassung verzichtet auf eine technische Unterscheidung und erfasst nun unterschiedslos alle Vervielfältigungsverfahren.[424] Außerdem wurde der Kreis der Geräte auf Speichermedien erweitert, deren Typ allein oder i. V. m. anderen Geräten, Speichermedien oder Zubehör zur Vornahme solcher Vervielfältigungen in nennenswertem Umfang benutzt wird. Von § 54 Abs. 1 UrhG werden nunmehr alle elektronischen (z. B. Smartcard, Memory Stick), magnetischen (z. B. Musikkassette, Magnetband, Festplatte, Diskette) und optischen (z. B. Film, DVD, CD-ROM, CD-R, CD-RW, Laserdisc) Speicher erfasst.[425]

414 Voraussetzung im neu gefassten § 54 Abs. 1 UrhG ist nicht mehr, dass die Geräte zur Vervielfältigung „bestimmt" sind, sondern dass sie dazu tatsächlich genutzt werden.

415 Der Vergütungsanspruch kann nach § 54h Abs. 1 UrhG nur durch eine Verwertungsgesellschaft geltend gemacht werden. Zuständig ist dabei z. B. die Zentralstelle für private Überspielungsrechte (ZPÜ) mit Sitz in München. Soweit es um literarische Texte geht, nimmt die VG Wort den Anspruch nach § 54

---

421 *BGH*, Urt. v. 3.7. 2014 – I ZR 28/11, MMR 2014, 760, Rz. 25 f., NJW-RR 2015, 171 = GRUR 2014, 984.

422 *BGH*, Urt. v. 3.7. 2014 – I ZR 30/11, MMR 2014, 763, Rz. 41 ff. mwN, NJW-RR 2015, 171 = GRUR 2014, 984.

423 *EuGH*, Urt. v. 21.10. 2010 – C-467/08, CR 2011, 6 = GRUR 2011, 50.

424 Vgl. BT-Drs. 16/1828 S. 28.

425 Vgl. BT-Drs. 16/1828 S. 29.

Abs. 1 UrhG wahr.[426] Bei der Vervielfältigung von Werken der bildenden Kunst und Darstellungen wissenschaftlich-technischer Art ist hingegen die VG Bild-Kunst zur Geltendmachung von Vergütungsansprüchen berechtigt. Die Höhe der Vergütung wurde für den Reprographiebereich ab 1. Januar 2008 durch eine Einigung zwischen BITKOM, VG Wort und VG Bild-Kunst festgelegt, die Ende Dezember 2008 nach langen Auseinandersetzungen verabschiedet wurde. Danach fallen für Multifunktionsgeräte Abgaben zwischen 25 Euro und 87,50 Euro, für Drucker 5 Euro bis 12,50 Euro und Scanner 12,50 Euro an.[427]

Auf den Vergütungsanspruch kann der Urheber gem. § 63a S. 1 UrhG im **416** Voraus nicht verzichten. Er kann ihn im Voraus nur an eine Verwertungsgesellschaft abtreten, § 63a S. 2 UrhG.

h) Hausrechte

Literatur: *Maaßen*, Panoramafreiheit in den preußischen Schloßgärten, GRUR 2010, 880; *Seiler*, Fotografierverbote, Eigentumsrecht und Panoramafreiheit, K & R 2010, 234; *Weber*, Google Street View und ähnliche Geo-Datendienste im Internet aus zivilrechtlicher Sicht, NJOZ 2011, 673.

Zu beachten ist auch für das Internet die Reichweite von § 59 UrhG, der die **417** Nutzung von Abbildungen bei Werken an öffentlichen Plätzen regelt. Hiernach ist es zulässig, Werke, die sich bleibend an öffentlichen Wegen, Straßen oder Plätzen befinden, mit Mitteln der Malerei oder Grafik, durch Lichtbild oder durch Filmen zu vervielfältigen, zu verbreiten und öffentlich wiederzugeben. Dieses Recht bezieht sich auch auf Bauwerke, wie sich aus § 59 Abs. 1 Satz 2 UrhG ergibt. Allerdings erstreckt es sich auch bei Bauwerken nur auf die äußere Ansicht, nicht auf die Wiedergabe von Innenräumen. Zulässig sind damit Projekte wie „Google Street View", welches über das Internet Straßenzüge einschließlich der darauf befindlichen Häuser sichtbar macht. Das Werk muss sich allerdings bleibend an öffentlichen Wegen befinden; Installationen von Christo und ähnliche Werke, die von vornherein nur befristet an öffentlichen Straßen oder Plätzen aufgestellt werden, fallen nicht unter die Vorschrift.[428] Umfasst ist alles, was der Benutzer von einem der Allgemeinheit frei zugänglichen Ort

---

426 Zur Vergütungshöhe bzw. vergütungspflichtigen Geräten gem. § 54a UrhG siehe explizit unten zu „Verwertungsgesellschaften" unter VIII. 3b.

427 VG Wort, Pressemitteilung v. 10.12. 2008, Einigung über Urhebervergütungen im Reprobereich, abrufbar unter: www.vgwort.de/fileadmin/pressemitteilungen/vg_pi_101208.pdf (zuletzt abgerufen: August 2017).

428 *BGH*, Urt. v. 24.1. 2002 – I ZR 102/99, MDR 2002, 771 = GRUR 2002, 605, 606 – Verhüllter Reichstag.

ohne besondere Hilfsmittel wahrnehmen kann.[429] Die Schranke überschneidet sich jedoch mit dem Hausrecht von Veranstaltern. Nicht alles, was man auf einem öffentlichen Platz, wie etwa einem Fußballplatz sehen kann, ist über das Internet frei verwertbar. Gerade im Sportbereich sind die entsprechenden Veranstalterrechte, wie die des DFB oder der UEFA, zu berücksichtigen. Dies zeigt der kontrovers diskutierte Fall der „**Hartplatzhelden**", einer Webseite, bei der Amateuraufnahmen von Amateurfußballspielen zum Abruf bereitgehalten wurden. Der *BGH*[430] hat in dem Falle ein ausschließliches Verwertungsrecht des klagenden Verbandes verneint. Die Veröffentlichung der Filmausschnitte sei – anders als das *OLG Stuttgart*[431] ausführte – keine nach § 4 Nr. 9 lit. b UWG (§ 4 Nr. 3 UWG 2015) unlautere Nachahmung eines geschützten Leistungsergebnisses. Die Organisation und Durchführung der Fußballspiele bedürfe keines solchen Schutzes. Der Kläger könne sich über die ihm angehörigen Vereine eine entsprechende wirtschaftliche Verwertung der Fußballspiele dadurch sichern, dass den Besuchern der Fußballspiele Filmaufnahmen unter Berufung auf das Hausrecht untersagt werden.[432]

418 § 59 UrhG hat keine Auswirkungen auf die Befugnisse des Eigentümers, die Erstellung von Fotos auch eines öffentlich zugänglichen Gebäudes (z. B. Sanssouci) zu verbieten, soweit die Fotos von seinem Grundstück aus angefertigt worden sind.[433] Allerdings ist die Sammlung und Speicherung von Fotos, welche die Außenansicht eines Wohnhauses mit dessen postalischer Anschrift zeigen, rechtlich zulässig.[434] Es ist ferner rechtlich nicht zu beanstanden, wenn für „Google Street View" Aufnahmen eines Hauses von der offenen Straße aus gefertigt werden, soweit keine Fotos unter Überwindung einer Umfriedung aufgenommen werden oder die Fotos eine Wohnung darstellen.[435] Auch kann das Veröffentlichen von Abbildungen eines Wohnhauses und darauf bezogener In-

---

429 *BGH*, Urt. v. 5. 6. 2003 – I ZR 192/00, MDR 2004, 404 = GRUR 2003, 1035, 1037 – Hundertwasser-Haus.
430 *BGH*, Urt. v. 28. 10. 2010 – I ZR 60/09, GRUR 2011, 436 = MDR 2011, 617 – Hartplatzhelden.
431 *OLG Stuttgart*, Urt. v. 19. 3. 2009 – 2 U 47/08, CR 2009, 386 = MMR 2009, 395; *LG Stuttgart*, Urt. v. 8. 5. 2008 – 41 O 3/08, MMR 2008, 551 m. Anm. *Hoeren/Schröder*.
432 *BGH*, Urt. v. 28. 10. 2010 – I ZR 60/09, GRUR 2011, 436, 438 = MDR 2011, 617 – Hartplatzhelden.
433 *BGH*, Urteile v. 17. 12. 2010 – V ZR 44/10, 45/10 und 46/10, CR 2011, 325, 398 = GRUR 2011, 323 bestätigt durch Urt. v. 1. 3. 2013 – V ZR 14/12, GRUR 2013, 623; *LG Potsdam*, Urt. v. 21. 11. 2008 – 1 O 175/08, CR 2009, 194; ähnlich Urt. v. 21. 11. 2008 – 1 O 161/08 und Urt. v. 21. 11. 2008 – 1 O 330/08; zur Panoramafreiheitbei der Verwendung von Fotos in 3-D-Modellen *BGH*, Urt. v. 19. 1. 2017 – I ZR 242/15, GRUR 2017, 390 = GRUR 2017, 151 m. Anm. *Bullinger*.
434 *LG Köln*, Urt. v. 13. 1. 2010 – 28 O 578/09, CR 2010, 198 = NJOZ 2010, 1933.
435 *KG*, Beschl. v. 25. 10. 2010 – 10 W 127/10, MMR 2011, 414.

formationen im Internet von dem Medienprivileg des § 41 BDSG erfasst sein, soweit dem Internetangebot eine meinungsbildende Wirkung beigemessen werden kann.[436] Hinsichtlich der Vervielfältigung und Veröffentlichung eines an einem Seeschiff außen angebrachten Werkes hat das *OLG Köln* allerdings jüngst entschieden, dass es unerheblich ist, ob sich der Fotograf zum Zeitpunkt der Aufnahme an einem öffentlich zugänglichen Platz befunden hat. Vielmehr sei ausschlaggebend, ob das Werk in einer Perspektive wiedergegeben wird, die nicht ausschließlich von einem der Allgemeinheit unzugänglichen Ort aus wahrnehmbar ist.[437]

10 Kartellrechtliche Zwangs-„lizenzen"

Literatur: *von Bechtolsheim/Bruder*, Die Essential Facilities Doktrin und § 19 (4) Nr. 4 GWB, WRP 2002, 55; *Deselaers*, Die „Essential Facilities"-Doktrin im Lichte des Magill-Urteils des EuGH, EuZW 1995, 563; *Schwarze*, Der Schutz des geistigen Eigentums im europäischen Wettbewerbsrecht, EuZW 2002, 75; *Frey*, Neue Herausforderungen für die exklusive Contentverwertung – Der wettbewerbsrechtliche Rahmen für die Vermarktung und den Erwerb von Medienrechten, GRUR 2003, 931; *Wielsch*, Wettbewerbsrecht als Immaterialgüterrecht, EuZW 2005, 391.

Denkbar ist auch eine kartellrechtliche Erweiterung der Schranken in besonderen Einzelfällen. Ausgangspunkt ist Art. 102 AEUV[438] und die dort verankerte Missbrauchskontrolle bei marktbeherrschenden Unternehmen. **419**

Berühmt ist die hierzu ergangene Entscheidung des *EuGH* in Sachen „Magill".[439] Hier bejahte der *EuGH* die Möglichkeit, die Ausübung urheberrechtlicher Verwertungsrechte kartellrechtlich zu überprüfen. Im konkreten Fall hatten BBC und ITV dem kanadischen Verleger den Zugriff auf Listen verweigert, in denen das Fernsehprogramm der kommenden Wochen enthalten war. Magill brauchte die Listen, um eine Fernsehzeitschrift auf den Markt zu bringen. BBC und ITV beriefen sich auf ihr nach britischem Recht bestehendes Urheberrecht an den Programmlisten, obwohl sie selbst auf dem Markt für Programmzeitschriften nicht tätig waren. Dies sah der *EuGH* als möglichen Missbrauch einer marktbeherrschenden Stellung an.[440] Allerdings beschränkte der *EuGH* **420**

---

436 *LG Köln*, Urt. v. 13.1. 2010 – 28 O 578/09, CR 2010, 198 = MMR 2010, 278.
437 *OLG Köln*, Urt. v. 23.10. 2015 – 6 U 34/15, GRUR 2016, 495.
438 Zur Zwangslizenzierung nach § 24 PatG vgl. *BGH*, Urt. v. 13.7. 2004 – KZR 40/02, MDR 2005, 526 = GRUR 2004, 966.
439 *EuGH*, Urt. v. 6.4. 1995 – C-241/91 P, C 242/91 P, GRUR Int. 1995, 490 – Magill.
440 *EuGH*, Urt. v. 6.4. 1995 – C-241/91 P, C 242/91 P, GRUR Int. 1995, 490 – Magill; siehe dazu *Bechtold*, EuZW 1995, 345; *Deselaers*, EuZW 1995, 563; *Götting*, JZ 1996, 307; *Pilny*, GRUR Int. 1995, 956.

eine solche Anwendung des Kartellrechts bei urheberrechtlichen Konstellationen auf „außergewöhnliche Umstände".

421   Die Auslegung der „außergewöhnlichen Umstände" nahm der *EuGH* bei der Entscheidung im Fall „**Bronner**" vor.[441] Die Lieferung der Informationen sei für die Herausgabe des Programmführers unumgänglich gewesen. Auch habe es für die Weigerung keinerlei sachliche Gründe gegeben. Schließlich sei sie geeignet, sämtlichen Wettbewerb auf dem betreffenden Markt zu verhindern.[442] Damit bedarf es dreier kumulativ zu prüfender Kriterien für die Annahme eines Kontrahierungszwanges: Der Abschluss des Lizenzvertrags muss zunächst unentbehrlich, d. h. tatsächlich und potenziell unersetzbar, sein. Die Weigerung zum Abschluss des Vertrags muss außerdem geeignet sein, jeglichen Wettbewerb auf dem betreffenden Markt auszuschalten, und darf nicht objektiv gerechtfertigt sein. Der Kontrahierungszwang ist hiernach ultima ratio gegenüber dem Aufbau eigener Informationsbeschaffungs- und Vertriebsstrukturen.

422   Neben dem Magill-Fall bietet auch das Urteil in Sachen „**IMS Health**"[443] Anlass, über die Grenzen der Ausübung urheberrechtlicher Befugnisse zum Ausbau der eigenen Stellung am Markt und vor allem zur Marktkontrolle nachzudenken. Am 3. Juli 2001 veröffentlichte die EU-Kommission ihre Entscheidung, wonach IMS Health, der Weltmarktführer bei der Sammlung von Daten über den Absatz von Arzneimitteln, Auskunft über Lizenzen für seine Struktur „1860 Bausteine" zu erteilen habe.[444] Die Datenstruktur erlaubt es, das Gebiet der BRD in Absatzsegmente, sog. Bausteine, zu unterteilen; der Standard hat sich zu einer landesweiten Norm für die deutsche Pharmaindustrie entwickelt. Die Kommission sah die Weigerung von IMS Health, Lizenzen für die Verwendung seiner urheberrechtlich geschützten Struktur zu erteilen, als einen Primafacie-Beweis für den Missbrauch einer marktbeherrschenden Stellung an.[445] Sie verpflichtete IMS Health, die Verwendung dieser Struktur seinen Wettbewerbern zu nicht diskriminierenden und geschäftlich angemessenen Bedingungen zu gestatten. Aus Sicht der Kommission hinderte die Weigerung von

---

441 *EuGH*, Urt. v. 26.11. 1998 – C-7–97, NJW 1999, 2259 = GRUR Int 1999, 262 – Bronner.

442 *EuGH*, Urt. v. 26.11. 1998 – C-7–97, NJW 1999, 2259, 2261.

443 *EuGH*, Urt. v. 29.4. 2004 – C-418/01, NJW 2004, 2725 = GRUR 2004, 524 = MMR 2004, 456 m. Anm. *Hoeren* – IMS Health; siehe dazu auch: *Immenga*, Das EU-Wettbewerbsrecht bedroht das Urheberrecht, FAZ v. 9.5. 2001, S. 29.

444 Kommissionsentscheidung COMP D3/38.044 – NDC Health/IMS Health: Interim Measures; die Entscheidung beruht auf Art. 3 der Verordnung No. 17.

445 Anders im Rahmen eines Verfahrens über urheberrechtliche Unterlassungsansprüche von IMS Health, *OLG Frankfurt a. M.*, Urt. v. 19.6. 2001 – 11 U 66/00, MMR 2002, 687; ähnlich *LG Frankfurt a. M.*, Urt. v. 16.11. 2000 – 2/3 O 359/00.

IMS Health neue Wettbewerber an einem Eintritt in den Markt für pharmazeutische Absatzdaten und war überdies geeignet, den Konkurrenten von IMS Health schweren, irreparablen Schaden zuzufügen.[446]

Nachdem IMS Health Rechtsmittel gegen die Kommissionsentscheidung 423 eingelegt hatte, entschied der *EuGH*[447] erstinstanzlich am 26. Oktober 2001 in dem einstweiligen Rechtsschutzverfahren zugunsten von IMS Health und setzte den Vollzug der Kommissionsentscheidung bis zur Entscheidung in der Hauptsache aus. Das Gericht nahm die von der Kommission vorgenommene extensive Interpretation der Voraussetzungen, welche in dem „Magill"-Urteil für einen Missbrauch marktbeherrschender Stellungen durch geistige Eigentumsrechte aufgestellt worden waren, zum Anlass, einen Prima-facie-Nachweis für einstweiligen Rechtsschutz zugunsten von IMS Health zu bejahen.[448] In ihrer Entscheidung hatte die Kommission einen Missbrauch auch für die Fälle bejaht, in denen die Lizenzverweigerung „nur" den Zugang der potenziellen Lizenznehmer zu denselben Märkten verhinderte. Der *EuGH* hatte in Sachen Magill hingegen gefordert, dass ein Missbrauch marktbeherrschender Stellung durch die Ausübung eines geistigen Eigentumsrechts nur dann anzunehmen sei, wenn

1. die Lizenzverweigerung das Entstehen neuer Produkte oder Dienstleistungen, für die es
2. eine potenzielle Nachfrage auf Sekundärmärkten gibt, verhindere und
3. der Lizenzgegenstand die faktisch einzige Quelle für das Ausgangsmaterial sei, welches für die Entwicklung des neuen Produkts zwingend benötigt werde.[449]

Es blieb abzuwarten, ob sich der Anwendungsbereich der Missbrauchsdoktrin 424 des *EuGH* im Hinblick auf die Ausübung nationaler Immaterialgüterrechte i. S. der Kommissionsentscheidung erweiterte oder ob die in Magill aufgestellten Voraussetzungen streng beibehalten werden sollten. Nach dem 2004 ergangenen Urteil des *EuGH*[450] stellt nun die Weigerung eines Unternehmens, das eine beherrschende Stellung wegen der Inhaberschaft an Immaterialgüterrechten

---

446 Kommissionsentscheidung COMP D3/38.044 – NDC Heath/IMS Health: Interim measures; siehe auch Pressemitteilung „Kommission ordnet einstweilige Maßnahmen gegen IMS Health in Deutschland an", 3. 7. 2001 – IP/01/941.
447 *EuGH*, Urt. v. 26. 10. 2001 – T-184/01 R, GRUR Int. 2002, 70.
448 *EuGH*, Urt. v. 26. 10. 2001 – T-184/01 R, GRUR Int. 2002, 70.
449 *EuGH*, Urt. v. 6. 4. 1995 – C-241/91 P, C 242/91 P, GRUR Int. 1995, 490, 492 – Magill.
450 *EuGH*, Urt. v. 29. 4. 2004 – C-418/01, NJW 2004, 2725 = GRUR 2004, 524 = MMR 2004, 456 m. Anm. *Hoeren* – IMS Health.

innehat, einem anderen Unternehmen eine Lizenz zur Verwendung dieser Rechte zu erteilen, keinen Missbrauch einer beherrschenden Stellung i. S. v. Art. 102 AEUV dar. Eine Ausnahme gilt, wenn folgende Bedingungen erfüllt sind:

- Das Unternehmen, welches um die Lizenz ersucht hat, beabsichtigt, auf dem Markt für die Lieferung der betreffenden Daten neue Erzeugnisse oder Dienstleistungen anzubieten, die der Inhaber des Rechts des geistigen Eigentums nicht anbietet und für die eine potenzielle Nachfrage der Verbraucher besteht.
- Die Weigerung ist nicht aus sachlichen Gründen gerechtfertigt.
- Die Weigerung ist geeignet, dem Inhaber des Rechts des geistigen Eigentums den in Frage stehenden Markt in dem betreffenden Mitgliedstaat vorzubehalten, indem jeglicher Wettbewerb auf diesem Markt ausgeschlossen wird.

425 Wichtig ist in diesem Zusammenhang auch die patentrechtliche Entscheidung des *BGH* in Sachen „**Orange Book**".[451] Hiernach kann derjenige, der aus einem Immaterialgüterrecht in Anspruch genommen wird, einwenden, der Rechteinhaber missbrauche eine marktbeherrschende Stellung, wenn er sich weigere, einen Lizenzvertrag zu nicht diskriminierenden und nicht behindernden Bedingungen abzuschließen. Missbräuchlich handelt der Rechteinhaber jedoch nur, wenn der Gegner ihm ein unbedingtes Angebot auf Abschluss eines Lizenzvertrags gemacht hat, an das er sich gebunden hält und das der Rechteinhaber nicht ablehnen darf, ohne gegen das Diskriminierungs- oder das Behinderungsverbot zu verstoßen. Im Übrigen muss der Gegner, solange er den Gegenstand des Patents bereits benutzt, diejenigen Verpflichtungen einhalten, die der abzuschließende Lizenzvertrag an die Benutzung des lizenzierten Gegenstands knüpft.

VIII Verwertungsgesellschaften

Literatur: *Albrecht*, Praxis der Rechtevergabe im Online-Bereich, ZUM 2011, 706; *Baierle*, Lizenzierung von Musikwerken im Online-Bereich – Weg frei zu einer globalen Musikrechtedatenbank?, MMR 2012, 503; *Becker*, Urheberrecht und Internet – Praktische Erfahrungen aus dem Bereich der Musik, in: Schwarze/Becker (Hrsg.), Regulierung im Bereich von Medien und Kultur, Baden-Baden 2002, 57; *Bezzenberger/Riesenhuber*, Die Rechtsprechung zum „Binnenrecht" der Verwertungsgesellschaften – dargestellt am Beispiel der GEMA, GRUR 2003, 1005; *Egloff*, Extended Collective Licenses – Ein Modell auch für die

---

451 *BGH*, Urt. v. 6.5. 2009 – KZR 39/06, CR 2009, 492 = MMR 2009, 686.

Schweiz. In: sic! 2014, 671; *Kretschmer*, The Failure of Property Rules in Collective Administration: Rethinking Copyright Societies as Regulatory Instruments, EIPR 24 (2002), 126; *Müller*, Die Rechteinhaberschaft an Musikwerken bei Online-Nutzungen, ZUM 2011, 13; *Niemann*, Urheberrechtsabgaben – Wie viel ist im Korb?, CR 2008, 273; *Verweyen*, Pauschale Geräteabgabe: Kein Ende in Sicht – Weiterhin keine praktikable Lösung bei urheberrechtlicher Abgabepflicht für PCs und Drucker/Plotter, MMR 2014, 718; *ders.*, Zur geplanten Hinterlegungspflicht für Geräteabgaben, K & R Beiheft 5/2014, 1–11; *Vogel*, Verwertung ist Macht. Übles Spiel mit dem Urhebervertragsgesetz, FAZ vom 17. Januar 2004, S. 37; *Welp*, Der Öffentlichkeitsbegriff im Urheberrecht und die Praxis der internationalen Rechtewahrnehmung, GRUR 2014, 751.

Verwertungsgesellschaften nehmen als private Organisationen kollektiv die Urherrechte und verwandte Schutzrechte der Urheber als Treuhänder wahr. **426**

1 Entwicklung und Zweck der Verwertungsgesellschaften

Die zahlreichen von der Online-Nutzung betroffenen Urheber- und Leistungsschutzrechte machen eine sinnvolle Nutzung des Internets sehr schwierig. **427**
Wollte der Content-Provider eine digitale Bild- oder Musikdatenbank einrichten, bräuchte er je nach Speicherkapazität die Zustimmung tausender Urheber und Leistungsschutzberechtigter. So musste z. B. der Musikverlag Schott für die Herstellung der CD-ROM anlässlich des 100. Geburtstages des Komponisten Carl Orff mehr als 800 Urheber- und Leistungsschutzrechte einholen.[452] Gäbe es nicht zumindest die Verwertungsgesellschaften, die einige Rechte treuhänderisch[453] wahrnehmen, müsste der Content-Provider mit jedem einzelnen Berechtigten verhandeln. Die Nutzung von Multimedia wäre damit von vornherein unmöglich. Hier bietet sich die Idee eines One-Stop-Shops an, eines einzigen „Geschäfts für digitale Rechte". Die EU-Richtlinie über kollektive Wahrnehmung von Urheber- und verwandten Schutzrechten (2014/26/EU) wurde im Februar 2014 verabschiedet und musste bis zum 10. April 2016 umgesetzt werden. Die Richtlinie enthält Regeln zur Binnenorganisation von Verwertungsgesellschaften (Mitglieder, Aufsicht, Geschäftsführerpflichten), der Verwaltung und Ausschüttung von Einnahmen, der Rechtswahrnehmung für andere Verwertungsgesellschaften, der Lizenzvergabe, Transparenzpflichten und schließlich zur Vergabe von Mehrgebietslizenzen. Ferner schreibt der Ent-

---

452 *Möschel/Bechthold*, MMR 1998, 571.
453 Der zwischen dem Urheber und der Verwertungsgesellschaft geschlossene Wahrnehmungsvertrag begründet ein fremdnütziges Treuhandverhältnis, durch das der Treuhänder das ausschließliche Nutzungs- und Verwertungsrecht erhält; vgl. *LG Köln*, Urt. v. 9. 4. 1997 – 28 O 55/96, ZUM 1998, 168.

wurf vor, dass die Rechteinhaber sich ihre Verwertungsgesellschaft frei aussuchen können. Verwertungsgesellschaften können Mehrgebietslizenzen vergeben, müssen dies jedoch nicht. Nach einer Sperrfrist dürfen Rechteinhaber selbst Mehrgebietslizenzen vergeben, wenn ihre Verwertungsgesellschaft dies nicht tut und keine Vereinbarung mit einer anderen Verwertungsgesellschaft hierüber hat. Allerdings sind solche One-Stop-Shops kartellrechtlich bedenklich. Zur Umsetzung der Richtlinie ist mittlerweile das **Verwertungsgesellschaftengesetz** (VGG)[454] verabschiedet worden, welches am 1. Juni 2016 in Kraft getreten ist. Es löste damit das bis dato geltende Urheberrechtswahrnehmungsgesetz (UrhWahrnG) ab. Neben der Umsetzung der Bestimmungen der Richtlinie beinhaltet das Gesetz Reformvorschriften bzgl. des Verfahrens zur Ermittlung der Geräte- und Speichermedienvergütung, die langwierige Streitigkeiten zwischen Herstellern entsprechender Medien und den Verwertungsgesellschaften über eine pauschale Vergütung für damit vervielfältigte bzw. gespeicherte geschützte Werke zukünftig verhindern sollen.[455] Auch wurde die Aufsicht des DPMA über die Verwertungsgesellschaften intensiviert und den europäischen Vorgaben angepasst sowie der gesetzliche Anspruch auf die Geräte- und Speichermedienvergütung gegenüber den Vergütungsschuldnern geregelt. Im Übrigen wurden viele der bisher bestehenden Institute des deutschen Wahrnehmungsrechts wie der allgemeine Abschlusszwang (§ 34 VGG) und das Hinterlegungsrecht bei Streitigkeiten über die Höhe der Vergütung für die Einräumung von Nutzungsrechten (§ 37 VGG) beibehalten.

428   Die Europäische Kommission hat am 16. Juli 2008 in Brüssel ihre Entscheidung im Kartellrechtsverfahren gegen den Weltverband musikalischer Verwertungsgesellschaften CISAC und 24 europäische Verwertungsgesellschaften, u. a. die GEMA, veröffentlicht.[456] Die Kommission wirft den Verwertungsgesellschaften Beschränkungen bei der Aufnahme neuer Mitglieder aus anderen Mitgliedstaaten vor. Weiterhin beanstandet die EU-Kommission die territorialen Beschränkungen in den Vereinbarungen der europäischen Verwertungsgesellschaften untereinander für die Bereiche Online-Nutzung, Satellitenübertragung sowie Kabelweitersendung. Territoriale Einschränkungen, die eine Verwertungsgesellschaft daran hindern, kommerziellen Usern außerhalb ihrer

---

454 Gesetz zur Umsetzung der Richtlinie 2014/26/EU über die kollektive Wahrnehmung von Urheber- und verwandten Schutzrechten und die Vergabe von Mehrgebietslizenzen für Rechte an Musikwerken für die Online-Nutzung im Binnenmarkt sowie zur Änderung des Verfahrens betreffend die Geräte- und Speichermedienvergütung, BGBl. I 2016, S. 1190.
455 Vgl. BT-Drs. 18/7223, S. 1 f.
456 http://europa.eu/rapid/pressReleasesAction.do?reference=IP/08/1165&format=HTML&aged= EN&guiLanguage=en (zuletzt abgerufen: Mai 2017).

Landesgrenzen Lizenzen anzubieten, seien wettbewerbswidrig. Entsprechende Klauseln in den Verträgen von 17 Verwertungsgesellschaften führten zu einer strengen Aufteilung des Marktes auf einer nationalen Basis. Auf diese Weise soll zwischen den europäischen Verwertungsgesellschaften ein Wettbewerb für Musikrechte entstehen. Unter Berufung auf diese Entscheidung führten dann im September 2008 die Verwertungsgesellschaften untereinander einen Gerichtskrieg. Nachdem die niederländische Verwertungsgesellschaft BUMA/STEMRA EU-weite Lizenzen für das Weltrepertoire angeboten hatte, erwirkte die GEMA gegen diese Lizenzerteilung eine einstweilige Verfügung beim *LG Mannheim*.[457] Der BUMA wurde mit Verfügung vom 25. August 2008 die Lizenzerteilung für das GEMA-Territorium verboten. Ähnlich ging die britische Performing Rights Society in den Niederlanden in dem Wege einer einstweiligen Verfügung gegen die BUMA vor.

2 Zahlungsabwicklung

Zunächst kassieren die Verwertungsgesellschaften die nach § 54 UrhG zu ent- **429** richtende Geräteabgabe. Hierbei handelt es sich um eine Gebühr, die Hersteller von Speichermedien und von Geräten zu entrichten haben, die zur Vornahme von Vervielfältigungen zum privaten Gebrauch bestimmt sind. Über diesen gesetzlichen Vergütungsanspruch hinaus richtet sich die Kompetenz der Verwertungsgesellschaften nach den Wahrnehmungsverträgen, die die Gesellschaften mit den Rechteinhabern abgeschlossen haben.

Eine AGB-Klausel, wonach ein Dokumentarfilmer verpflichtet wird, im **430** Rahmen einer Auftragsproduktion die Verwertungsgesellschaft der Film- und Fernsehproduzenten (VFF) mit der Wahrnehmung der Vergütungsansprüche zu beauftragen (sog. VFF-Klausel), ist nach Auffassung des *OLG Dresden* nichtig.[458] Gleiches gilt für eine Klausel, wonach der Sendeanstalt 50 Prozent der VFF-Erlöse zustehen sollen. Solche Klauseln beeinträchtigen die dem Filmhersteller zustehende Entscheidungsgewalt über die Geltendmachung der gesetzlichen Vergütungsansprüche und nehmen ihm die de lege lata bestehende Wahlmöglichkeit über die zu beauftragende Verwertungsgesellschaft. Ferner verstoßen die Klauseln gegen die Verzichts- und Vorausabtretungsverbote der §§ 20b Abs. 2, 27 Abs. 1, 63a UrhG. Im Übrigen gilt es, die *EuGH*-Entscheidung

---

457 *LG Mannheim*, Beschl. v. 25.8. 2008 – 7 O 224/08, ZUM 2008, 999.
458 *OLG Dresden*, Urt. v. 12.3. 2013 – 11 U 1493/12, AfP 2013, 263 = ZUM-RD 2013, 245; ähnlich bereits *LG Leipzig*, Urt. v. 8.8. 2012 – 05 O 3921/09, ZUM-RD 2012, 550.

„Luksan"[459] zu beachten. In diesem hier in Deutschland wenig bekannten Urteil entschied der *EuGH*, dass im Falle der Einführung der Privatkopierfreiheit die betroffenen Rechteinhaber im Gegenzug die Zahlung eines gerechten Ausgleichs erhalten müssen. Der Unionsgesetzgeber habe nicht zulassen wollen, dass die Betroffenen auf den Erhalt dieses Ausgleichs verzichten können. Demnach stehe das Unionsrecht einer innerstaatlichen Rechtsvorschrift entgegen, nach der etwa der Hauptregisseur eines Filmwerks auf seinen Anspruch auf einen gerechten Ausgleich verzichten kann. Eine unionsrechtskonforme Auslegung von § 63a UrhG muss daher dazu führen, dass eine pauschale Abtretung von Vergütungsansprüchen an Verleger rechtlich unzulässig ist.[460] Zum gleichen Ergebnis kommt man, wenn man wie das *OLG Dresden* auf das Zusammenspiel von § 63a UrhG und § 307 Abs. 2 Nr. 1 BGB abstellt. Denn dann scheitert die pauschale Aufteilung von Vergütungen à la VFF-Klausel am Leitbild des Urheberrechts, das die Geltendmachung von Vergütungsansprüchen des Urhebers für unverzichtbar hält.

3 Deutsche Verwertungsgesellschaften

431 Ein bekanntes Beispiel einer deutschen Verwertungsgesellschaft ist die in München und Berlin ansässige **GEMA** (Gesellschaft für musikalische Aufführungs- und mechanische Vervielfältigungsrechte). Wer bei einem öffentlichen Vereinsfest Musik von CDs spielen oder die Kunden in seinem Geschäft mit Hintergrundmusik erfreuen will, muss dafür an die GEMA einen Obolus entrichten. Die GEMA führt das Geld nach Abzug ihrer Verwaltungsgebühren an die Rechteinhaber ab. Ähnliche Gesellschaften existieren für andere Werkarten. Die **VG Bild-Kunst** (mit Sitz in Bonn) nimmt u. a. die Rechte von bildenden Künstlern, Fotografen und Filmurhebern wahr. Die **VG Wort** (mit Sitz in München) ist insb. für die Rechte an literarischen, journalistischen und wissenschaftlichen Texten zuständig. Musikproduzenten und Musiker sind in der Hamburger **GVL** (Gesellschaft zur Verwertung von Leistungsschutzrechten) zusammengeschlossen. Undurchsichtig ist die Lage für die Filmproduzenten, die je nach Einzelfall zwischen vier verschiedenen Verwertungsgesellschaften wählen können.

a) GEMA

432 Die GEMA lässt sich u. a. die „Rechte der Aufnahme auf Ton-, Bildton-, Multimedia- und andere Datenträger […] sowie die Vervielfältigungs- und Verbrei-

---

459 *EuGH*, Urt. v. 9. 2. 2012 – C 277/10, GRUR 2012, 489 = MMR 2012, 320 – Luksan.
460 So auch *Flechsig*, MMR 2012, 293 ff.

tungsrechte an diesen Trägern" übertragen.[461] Die Klausel bezieht sich nur auf die unveränderte Übernahme eines vollständigen Musikwerkes auf Bild-/Tonträger. Jede Bearbeitung, Veränderung oder Kürzung führt deshalb zur Nichtanwendbarkeit der Klausel.[462] Neben der Eins-zu-Eins-Verwendung von Musik regelt der Wahrnehmungsvertrag auch die Verbindung von Musik mit anderen Werken, die sog. Synchronisation. So soll die GEMA zuständig sein, Musik „mit Werken anderer Gattungen auf Multimedia- und anderen Datenträgern oder in Datenbanken, Dokumentationssystemen oder in Speichern ähnlicher Art, u. a. mit der Möglichkeit interaktiver Nutzung" zu verbinden und diese neue Verbindung zu nutzen (vgl. § 1 lit. i (1) GEMA-Berechtigungsvertrag). Die GEMA verpflichtet sich in diesen Fällen, den Rechteinhaber über alle Anfragen nach Online-Synchronisationsrechten zu informieren. Der Rechteinhaber hat dann vier Wochen Zeit darüber zu entscheiden, ob er die Rechte selbst wahrnimmt. Unternimmt er in diesem Zeitraum nichts, ist die GEMA endgültig zur Vergabe der Synchronisationsrechte berechtigt. Die GEMA hat ferner das Recht, „Werke der Tonkunst in Datenbanken, Dokumentationssysteme oder in Speicher ähnlicher Art einzubringen" (§ 1 lit. h GEMA-Berechtigungsvertrag). Sofern Musik daher über das Internet ausgestrahlt werden soll, ist dafür in Bezug auf die Rechte der Komponisten und Texter (ausschließlich) an die GEMA zu zahlen. Hinzu kommen aber noch die Rechte der Tonträgerhersteller, die ihre digitalen Rechte nicht an eine Verwertungsgesellschaft abgetreten haben. Die GEMA verfügt nicht über das Bearbeitungsrecht, sodass z. B. Aufarbeitung von Musik für Klingeltöne nicht von einer GEMA-Erlaubnis abgedeckt ist.[463] Berechtigte sind allerdings auch nicht daran gehindert, der GEMA das Recht zur Nutzung bearbeiteter oder anders umgestalteter Musikwerke als Klingeltöne oder Freizeichenuntermalungsmelodien nur unter der aufschiebenden Bedingung einzuräumen, dass der Lizenznehmer der GEMA in jedem Einzelfall vor Beginn der Nutzung eine ihm von den Berechtigten zur Wahrung der Urheberpersönlichkeitsrechte der Komponisten erteilte Benutzungsbewilligung vorgelegt hat.[464] Mittlerweile enthält der GEMA-Lizenzvertrag eine entsprechende Passage, § 1 lit. h GEMA-Berechtigungsvertrag (Fassung 2016). Der GEMA ist umgekehrt ver-

---

461 § 1 lit. h GEMA-Berechtigungsvertrag, abrufbar unter: https://www.gema.de/fileadmin/user_upload/Gema/Berechtigungsvertrag.pdf (zuletzt abgerufen: Mai 2017).
462 Dreier/*Schulze*, UrhG, 5. Aufl. 2015, Vor. §§ 31 – 44 IV. 5. b) Rz. 135; vgl. hierzu ausführlich *Schulze*, Teil-Werknutzung, Bearbeitung und Werkverbindung bei Musikwerken – Grenzen des Wahrnehmungsumfangs der GEMA, ZUM 1993, 255, 261.
463 *OLG Hamburg*, Urt. v. 18. 1. 2006 – 5 U 58/05, CR 2006, 235 = MMR 2006, 315; *LG München I*, Urt. v. 20. 7. 2005 – 21 O 11289/05, MMR 2006, 49; siehe dazu auch *Castendyk*, Gibt es ein „Klingelton-Herstellungsrecht"?, ZUM 2005, 9; *Klees/Lange*, CR 2005, 684.
464 *BGH*, Urt. v. 11. 3. 2010 – I ZR 18/08, MDR 2010, 1339 = CR 2010, 647.

boten worden, die Nutzungsrechteeinräumung an den Nachweis einer Bearbeitungseinwilligung zu koppeln.[465]

433   Seit Juli 2001 verfügt die GEMA auch über eigene Online-Tarife, die auf Pauschalgebühren (prozentual bei Gewinnerzielung, sonst Mindestgebühr) je eingespeistem Musiktitel abstellen.[466] Die GEMA ist aufgrund der Berechtigungsverträge in der Fassung der Jahre 2002 und 2005 nicht berechtigt, urheberrechtliche Nutzungsrechte für die Verwendung von Musikwerken zu Werbezwecken wahrzunehmen.[467]

434   Zu beachten ist allerdings, dass bei der GEMA **nicht die Leistungsschutzrechte der ausübenden Künstler und Tonträgerhersteller** liegen. Diese werden von der GVL wahrgenommen, der die Leistungsschutzberechtigten allerdings bewusst nicht die Online-Rechte übertragen haben. Auch soweit die großen Musik-Companies unberechtigterweise als Musikverleger der GEMA angehören, ist eine Rechteübertragung an die GEMA nicht erfolgt.

435   Der *BGH* hat mit Urteil vom 18. Dezember 2008[468] über die Kompetenzen der GEMA bei der Vergabe von Rechten an Klingeltönen entschieden. Nach einer Musterklage des Komponisten Frank Kretschmer („Rock my Life") sollte der *BGH* darüber entscheiden, ob für die Vergabe von Rechten an Klingeltönen nur an die Verwertungsgesellschaft GEMA oder auch an den entsprechenden Urheber der Telefonmelodie zu zahlen sei. Der *BGH* ging davon aus, dass der GEMA-Vertrag von 2002 auch die Verwertung der Musik als Klingelton umfasse. In den GEMA-Verträgen von 1996 und davor sei die Berechtigung, die Stücke zu Klingeltönen zu verarbeiten, noch nicht enthalten. Nach den neueren GEMA-Verträgen bedürfe es keiner zusätzlichen Einwilligung des Urhebers, wenn das Musikwerk so zum Klingelton umgestaltet werde, wie dies bei Vertragsschluss „üblich" und „voraussehbar" gewesen sei. Dazu gehöre, „dass die Nutzung eines Musikwerkes als Ruftonmelodie dessen Kürzung und digitale Bearbeitung bzw. Umgestaltung erfordert". Im Übrigen weist der *BGH* darauf hin, dass der betroffene Urheber mit seinem Altvertrag nicht darauf verwiesen werden könne, dass die GEMA einseitig Änderungen auf Altverträge erstrecken dürfe. Ein solches Recht stehe der GEMA nicht zu. Die zwischen der GEMA und den Berechtigten geschlossenen Berechtigungsverträge könnten nämlich nicht durch einen Beschluss der Mitgliederversammlung der GEMA einseitig geän-

---

465 *LG München I*, Urt. v. 20. 7. 2005 – 21 O 11289/05, MMR 2006, 49.

466 Siehe Bundesanzeiger Nr. 106 v. 9. 6. 2001, 11472 und 11473; ausführlicher *Becker*, in: Schwarze/Becker (Hrsg.), Regulierung im Bereich von Medien und Kultur, S. 57, 63.

467 *BGH*, Urt. v. 10. 6. 2009 – I ZR 226/06, MDR 2010, 96 = MMR 2010, 106.

468 *BGH*, Urt. v. 18. 12. 2008 – I ZR 23/06, MDR 2009, 399 = CR 2009, 233 m. Anm. *Prill/Spindler*.

dert werden. Die Bestimmungen aus dem alten GEMA-Berechtigungsvertrag 1996, wonach die Mitgliederversammlung mit Wirkung für künftige Verträge Änderungen des Berechtigungsvertrags beschließen dürfe, seien unwirksam, weil sie die Berechtigten unangemessen benachteilige.

Der GEMA steht i. Ü. nicht das Recht zu, die Eigenwerbung einer Werbe- **436** agentur mit musikunterlegten Werbefilmen auf der eigenen Homepage zu kontrollieren. Die GEMA ging bislang gemeinsam mit den Rechteinhabern und Nutzern davon aus, dass die Rechtewahrnehmung im Werbebereich in zwei Stufen erfolgte. Auf der ersten entscheide der Berechtigte individuell, ob seine Werke überhaupt zu Werbezwecken genutzt werden dürfen. Zweitens nehme dann die GEMA die Rechte für die weitere Verwertung der im Einklang mit dieser Entscheidung erstellten Spots wahr. Der *BGH* entschied im Juni 2009,[469] dass der Urheberberechtigte durchaus dazu in der Lage sei, das Recht zur Nutzung seines Werkes zu Werbezwecken selbst wahrzunehmen. Die Nutzung für Werbezwecke müsste aufgrund der im Urheberrecht anerkannten Zweckübertragungsregel explizit im Berechtigungsvertrag geregelt sein. Da dies nicht der Fall ist, verbleibt also im Zweifel dieses Verwertungsrecht bei den jeweiligen Urhebern. Es entspreche auch nicht dem Vertragszweck, dass die GEMA diese Rechte wahrnehmen müsse. Eine Verwertungsgesellschaft solle kollektive Rechte wahrnehmen, die das individuelle Mitglied nicht oder nur schwer unmittelbar selbst wahrnehmen kann. Dies sei aber bei der Werbenutzung von Musik nicht der Fall. Denn die Werbung betreffe ein Marktgeschehen, das ein freies Aushandeln des im Einzelfall angemessenen Entgelts für die Werknutzung erlaube. Es liege daher geradezu im Interesse des Berechtigten, das Entgelt für die Werknutzung zu Werbezwecken selbst mitbestimmen zu können und nicht an die Tarifbestimmungen oder Verteilungsschlüssel der GEMA gebunden zu sein. Das zweistufige Verfahren wurde nach dem *BGH*-Urteil im GEMA-Berechtigungsvertrag ausdrücklich niedergelegt; § 1 lit. k GEMA-Berechtigungsvertrag (Fassung Mai 2016).

Die GEMA unterliegt – wie alle anderen Verwertungsgesellschaften dem **437** Abschlusszwang – sowohl gegenüber den Urhebern wie den potenziellen Nutzern. Der Abschlusszwang nach § 11 UrhWG ist eine notwendige Folge davon, dass die jeweilige Verwertungsgesellschaft – in Deutschland besteht für eine oder mehrere Arten von Schutzrechten i. d. R. nur jew. eine Verwertungsgesellschaft – das tatsächliche Monopol für alle Rechte erlangt, die zu ihrem Tätigkeitsbereich gehören. Nach Auffassung des *BGH*[470] besteht ausnahmsweise

---

469 *BGH*, Urt. v. 10. 6. 2009 – I ZR 226/06, MDR 2010, 96 = MMR 2010, 106 – Nutzung von Musik für Werbezwecke.
470 *BGH*, Urt. v. 22. 4. 2009 – I ZR 5/07, NJW-RR 2010, 612 = MMR 2010, 42 – Seeing is Believing.

keine Abschlusspflicht, wenn eine missbräuchliche Ausnutzung der Monopolstellung von vornherein ausscheide und die Verwertungsgesellschaft dem Verlangen auf Einräumung von Nutzungsrechten vorrangige berechtigte Interessen entgegenhalten könne. Diese Voraussetzung sei z. B. gegeben, wenn der
Nutzer Benutzungsrechte erhalten soll, die er nicht rechtmäßig nutzen könne.
Der *BGH* hat in einem weiteren Urteil[471] einen Kontrahierungszwang nur gegenüber denjenigen angenommen, die die Rechte zumindest auch für eigene
Nutzungshandlungen benötigen. Die GEMA müsse Nutzungsrechte dagegen
nicht denjenigen einräumen, welche diese ausschließlich auf Dritte weiter-
übertragen möchten.

b) VG Wort

438 Schwieriger ist die Rechtslage bei den anderen Verwertungsgesellschaften.
Nach § 1 Nr. 17 des Wahrnehmungsvertrages der VG Wort[472] überträgt der Berechtigte der VG Wort „das Recht, Beiträge auf digitalen Offline-Produkten
(z. B. CD-ROM) zu vervielfältigen und zu verbreiten [...]" zur Wahrnehmung;
hierbei geht es um die Wahrnehmung von Altrechten, d. h. der **Übernahme
von Altwerken in CD-ROM-Produkte.** Im Mai 1998 wurde zwar eine Änderung beschlossen, wonach der VG Wort gem. § 1 Nr. 18 des Wahrnehmungsvertrages nunmehr auch die Rechte zur Wiedergabe durch Pay-TV, TV-on-demand,
Pay-per-view oder ähnliche Einrichtungen übertragen werden. Die Rechte zur
Nutzung eines Textes auf einer Website verbleiben aber nach wie vor beim
Berechtigten.[473]

439 Die VG Wort ist auch zuständig für die **Pressespiegelvergütung** (§ 49
UrhG). Soweit Presseübersichten elektronisch erstellt werden, kommt die Pressespiegelfreiheit zum Tragen. Insofern steht der VG Wort ein breites Tätigkeitsfeld zur Verfügung. Dieses nimmt sie seit September 2003 zusammen mit der
Pressemonitor Deutschland GmbH & Co. KG (PMG), einem Unternehmen der
Verlagswirtschaft, wahr. Darüber hinaus nimmt die VG Wort bereits die Vergütungsansprüche für private Kopien wahr.

440 Ungeklärt und höchst umstritten war die Frage, inwieweit Verleger an dem
Gebührenaufkommen bei der VG Wort zu beteiligen sind. Nach § 63a UrhG a. F.
konnten gesetzliche Vergütungsansprüche von Urhebern und Künstlern im Voraus nur an eine Verwertungsgesellschaft abgetreten werden. Verleger konnten

---

471 *BGH*, Urt. v. 14.10. 2010 – I ZR 11/08, CR 2011, 121 = MDR 2011, 312 – Gesamtvertrag
Musikabrufdienste.
472 www.vgwort.de/fileadmin/pdf/wahrnehmungsvertrag/Vertrag_Urheber_Muster.pdf (zuletzt abgerufen: Mai 2017).
473 Vgl. *Melichar*, Schöpfer vorbestehender Werke aus Sicht der VG Wort, ZUM 1999, 12.

daher mangels eigener gesetzlicher Vergütungsansprüche keine an sie abgetretenen Ansprüche mehr in Verwertungsgesellschaften einbringen. Insofern musste ihr Anteil an den Ausschüttungen generell (nicht nur bei der VG Wort, sondern auch bei den anderen Verwertungsgesellschaften) sinken. Die VG Wort wollte – wie vermutet wird – auf Druck des Börsenvereins diese neue Rechtslage wohl nicht wahrhaben und stellte ihre Verteilungspraxis nicht um.[474] Diese Regelung ist infolge der Probleme mit dem „Zweiten Korb" modifiziert worden. Die Vergütungsansprüche können nunmehr im Voraus nur an eine Verwertungsgesellschaft oder zusammen mit der Einräumung des Verlagsrechts dem Verleger abgetreten werden, wenn dieser sie durch eine Verwertungsgesellschaft wahrnehmen lässt, die Rechte von Verlegern und Urhebern gemeinsam wahrnimmt.

Das *OLG München I*[475] entschied, dass der Abzug eines pauschalen Verlegeranteils bei der jährlichen Ausschüttung der auf verlegte Werke des Klägers entfallenden Vergütungsanteile zu Unrecht erfolgt sei. Der *BGH*[476] hat sich dem angeschlossen; das Geld stehe nach derzeitiger Gesetzeslage ausschließlich den Autoren zu. Geändert wurde § 27 VGG, um zumindest zu ermöglichen, dass Urheber ihre Rechte an Verleger abtreten können. **441**

c) VG Bild-Kunst

Auch die VG Bild-Kunst hatte lange Zeit kein Recht, die Digitalisierung geschützter Werke zu kontrollieren. Erst im Juni 1994 wurde der Wahrnehmungsvertrag dergestalt geändert, dass auch die digitalen Rechte bildender Künstler (Maler, Architekten) bei dieser Verwertungsgesellschaft liegen. Der VG Bild-Kunst gelang es dann, die Fotografen für den Bildungsbereich zu einer Übertragung ihrer digitalen Rechte zu veranlassen. Nach dem neuen Wahrnehmungsvertrag überträgt der Fotograf der Gesellschaft die Ansprüche aus der nach der ersten Veröffentlichung erfolgenden Nutzung in digitaler Form, soweit die Nutzung für wissenschaftliche Zwecke oder für den Schul- und Unterrichtsgebrauch sowie andere, nichtkommerzielle Bildungszwecke erfolgt. Es muss nach dem Wahrnehmungsvertrag aber sichergestellt sein, dass mit der Nutzung nicht zugleich Werbezwecke verfolgt werden, dass die Bilder bei jeder **442**

---

474 Weitere Hinweise finden sich in dem zu Recht deprimierenden Beitrag von *Vogel* aus der FAZ v. 17.1. 2004, S. 37.
475 *OLG München*, Urt. v. 17.10. 2013 – 6 U 2492/12; ähnlich schon *LG München I*, Urt. v. 24.5. 2012 – 7 O 28640/11 (n. rkr.).
476 *BGH*, Urt. v. 21.4. 2016 – I ZR 198/13, GRUR 2016, 596 = MMR 2016, 471 im Anschluß an *EuGH*, Urt. v. 12.11. 2015 – C-572/13, GRUR 2016, 55 = MMR 2016, 45 m. Anm. *Flechsig* – Reprobel.

Nutzung mit der Bezeichnung des jeweiligen Fotografen versehen sind und dass die Bilder in ihrer digitalen Form nicht entstellt sind. Das Recht, gegen eventuelle Entstellungen vorzugehen, überträgt der Fotograf ebenfalls auf die Gesellschaft. Er kann aber jederzeit bzgl. eines konkreten Falls alle Rechte zurückholen. Diese Änderung des Wahrnehmungsvertrages erstreckt sich auf alle existierenden und zukünftig entstehenden Fotos. Den Mitgliedern der VG Bild-Kunst wurde die Möglichkeit eingeräumt, gegen diese Ausdehnung der Kompetenz binnen sechs Wochen Widerspruch einzulegen. Taten sie dies nicht, galten alle bestehenden Verträge mit der VG Bild-Kunst als erweitert. Im Übrigen gilt der Wahrnehmungsvertrag für neue Mitglieder in der neuesten Form.

443   Bei den von der VG Bild-Kunst wahrgenommenen Filmrechten geht es u. a. um die Videovermietungsrechte, die zu 70 Prozent auf die Urheber und zu 30 Prozent auf die Produzenten verteilt werden. Weiterhin werden das Kabelweiterleitungsrecht, das Recht zur öffentlichen Wiedergabe (etwa bei Lufthansa und in der Bahn) sowie Ansprüche für die Einrichtung von Datenbanken und für die Digitalisierung und von Bildungseinrichtungen geltend gemacht.

IX Möglichkeiten der Rechteübertragung

Literatur: *Gialeli/von Olenhusen*, Das Spannungsverhältnis zwischen Urheberrecht und AGB-Recht, ZUM 2012, 389; *Hoeren*, Konzernklauseln – an der Schnittstelle von Urheber-, Gesellschafts- und AGB-Recht, CR 2013, 345; *Klass*, Neue Internettechnologien und das Urheberrecht: Die schlichte Einwilligung als Rettungsanker?, ZUM 2013, 1; *Meyer-van Raay*, Der Fortbestand von Unterlizenzen bei Erlöschen der Hauptlizenz, NJW 2012, 3691; *Sasse*, Musikverwertung im Internet und deren vertragliche Gestaltung, ZUM 2000, 837; *Schardt*, Musikverwertung im Internet und deren vertragliche Gestaltung, ZUM 2000, 849; *Schooning*, Licensing Author's Rights on the Internet, International Review of Industrial Property and Copyright Law 2000, 967; *Trauschel*, Ende territorialer Exklusivität – Der EuGH als Totengräber? Welche Folgen hat der „Karen-Murphy-Case"?, ZUM 2012, 194; *Ventroni/Poll*, Musiklizenzerwerb durch Online-Dienste, MMR 2002, 648; *Weber/Hötzel*, Das Schicksal der Softwarelizenz in der Lizenzkette bei Insolvenz des Lizenznehmers, NZI 2011, 432.

1 Vorüberlegungen

444 Vor dem Abschluss von Verträgen zwischen Homepagebetreibern und einem Rechteinhaber bedarf es einer Reihe von Due-Diligence-Überlegungen, etwa folgender Art und zu folgenden Punkten:

a) Allgemeines:
–   Welche Werke sollen einbezogen werden?
–   Woraus bestehen die einbezogenen Werke (Ton, Text, Bilder)?

- Wie viele Teile des Werkes sollen übernommen werden?
- Wird das Werk eins-zu-eins oder in veränderter Form übernommen?
- Bestehen an vorbestehenden Werken Markenrechte?
- Welche Rechte werden benötigt (Vervielfältigung, Bearbeitung, Verbreitung, öffentliche Wiedergabe)?
- Wer ist Rechteinhaber (Verwertungsgesellschaften, Verlage, Agenturen)?
- Kann auf gesetzliche Lizenzen/Zwangslizenzen zurückgegriffen werden?

Aus diesen Grundfragen ergibt sich folgende **Checkliste** für die Projektplanung: 445

b) Die Homepage:
  - Art der Homepage und erwartete „Lebensdauer",
  - Konkurrenzprojekte,
  - Titel des Produktes (Domain),
  - Begleitprodukte,
  - Technische Plattform,
  - Benötigte Datenspeicherkapazität.
c) Projektbeteiligte:
  - Namen der Beteiligten,
  - Beteiligung Außenstehender,
  - Rechte am Endprodukt,
  - Wettbewerbsbeschränkungen.
d) Inhalt:
  - Inkorporierung welcher Werke,
  - Bestandteile der Werke,
  - Geplante Änderungen, Kürzungen und Übersetzungen,
  - Fiction/Non-Fiction,
  - Fotografien von Zeitzeugen,
  - Rechteinhaber (synchron/diachron),
  - Vergütung (Lizenzgebühr, Minimalzahlungen).
e) Finanzierung:
  - Art und Risiken der Finanzierung,
  - Finanzbedarf und erwartete Gewinne (abzgl. Lizenzgebühren u. a.).
f) Projektbeendigung:
  - Umstände der Beendigung,
  - Implikationen für Lizenzzeiten und Wettbewerbsverbote,
  - Verbleibende Rechte.

446 Im Übrigen bleibt die besondere Bedeutung des **Creative-Commons**-Gedankens zu berücksichtigen. Bei Creative Commons (CC) handelt es sich nach ihrem Selbstverständnis[477] um eine Non-Profit-Organisation. Derzeit bietet CC den Urhebern sechs verschiedene vorgefertigte Standard-Lizenzverträge an, die diese zur Freigabe rechtlich geschützter Inhalte verwenden können. Die Musterverträge werden von den Urhebern übernommen und in eigener Verantwortung verwendet. Die Muster sind im Kern von der deutschen Rechtsprechung anerkannt worden.[478] So hat das *OLG Köln*[479] zugunsten von Fotografen entschieden, dass das Entfernen der Bezeichnung des Fotografen einen Verstoß gegen die CC-Lizenzbedingungen darstellt, auch wenn die Urheberbenennung ersatzweise unter dem Bild erfolgt.

2 Abgrenzung der Nutzungsrechte

447 Das **Urheberrecht** ist nicht übertragbar (§ 29 UrhG). Dies entspricht dem kontinentaleuropäischen Urheberrechtsverständnis, wonach der Schutz der Kreativität ein unveräußerliches Menschenrecht ist. In den Vereinigten Staaten und in Großbritannien wird dies anders gesehen; nach der „work made for hire"-Doktrin oder durch „Assignments" kann auch das Urheberrecht auf einen Dritten übertragen werden. Angloamerikanische Verträge bedürfen bei Geltung deutschen Rechts einer Uminterpretation; die Übertragung des Urheberrechts wird regelmäßig in die Einräumung eines ausschließlichen Nutzungsrechts umgedeutet. Sinnlos sind demnach Klauseln, wonach der Rechteinhaber dem Produzenten sein Urheberrecht überträgt. Sie sollten tunlichst vermieden werden.

448 Der Rechteinhaber kann nach § 31 Abs. 1 UrhG nur **Nutzungsrechte** einräumen. Diese Rechte umfassen die Befugnis, das Werk für einzelne oder alle Nutzungsarten zu benutzen. Sie beinhalten dagegen nicht das Urheberrecht oder das Verwertungsrecht als solches und auch nicht die Urheberpersönlichkeitsrechte.

---

477 Weitere Informationen unter https://de.creativecommons.org/index.php/was-ist-cc/ (zuletzt abgerufen: Mai 2017).
478 *LG Berlin*, Urt. v. 8.10. 2010 – 16 O 458/10; *Mantz*, „Creative Commons-Lizenzen im Spiegel internationaler Gerichtsverfahren.", GRURInt 2008, 20; *Dörre*, „Aktuelle Rechtsprechung zu Creative-Commons-Lizenzen.", GRUR-Prax 2014, 516; *Söbbing*, Struktur und Aufbau von Creative Commons-Lizenzen, MR-Int. 2014, 59.
479 *OLG Köln*, Urt. v. 31.10. 2014 – 6 U 60/14, GRUR 2015, 167 = MMR 2015, 331.

a) Einfaches versus ausschließliches Nutzungsrecht

Das Gesetz gibt dem Produzenten die Wahl: er kann sich ein ausschließliches **449**
oder ein einfaches Nutzungsrecht einräumen lassen (§ 31 Abs. 1 S. 2 UrhG).

Der Inhaber eines **einfachen Nutzungsrechts** kann das Werk neben ande- **450**
ren Berechtigten nutzen (§ 31 Abs. 2 UrhG). Ihm stehen gegen Verletzungen des
Urheberrechts keine eigenen Abwehrbefugnisse zu. Er muss sich vom Rechteinhaber zur Klage in Prozessstandschaft ermächtigen lassen. Er verfügt nach
älterer Lehre nur über eine schuldrechtliche Rechtsposition, die nicht gegenüber Dritten geschützt ist. Derweil hat der *BGH* den (quasi-)dinglichen Charakter des einfachen Nutzungsrechts bekräftigt.[480]

Das **ausschließliche Nutzungsrecht** berechtigt den Inhaber hingegen **451**
dazu, jeden Dritten und sogar den Inhaber selbst von der eingeräumten Nutzungsmöglichkeit auszuschließen und selbst einfache Nutzungsrechte einzuräumen (§ 31 Abs. 3 UrhG). Er kann selbständig (neben dem Urheber) gegen
Verletzungen des Urheberrechts durch Dritte vorgehen. Die Aktivlegitimation
steht ihm selbst gegen den Urheber zu, falls dieser die Rechtsposition des Nut-
zungsberechtigten beeinträchtigt, wobei nach § 31 Abs. 3 S. 2 UrhG wiederum
vereinbart werden kann, dass der Urheber sein Werk selbst nutzen kann.

Welche Rechtsposition ein Produzent erhält, hängt im Einzelfall von des- **452**
sen wirtschaftlicher Macht ab. Selten wird er in die Lage kommen, dass er von
einem Urheber die Einräumung von ausschließlichen Nutzungsrechten verlangen kann. Dies ist nur dann gerechtfertigt, wenn er mit dem Rechteinhaber die
Erstellung individuellen, maßgeschneiderten Materials vereinbart hat. Dann
sollte nach Möglichkeit der Urheber daran gehindert werden, die Rechte an
dem Material noch einmal an Dritte zu übertragen. Im Übrigen schaffen es
große Unternehmen in aller Regel, pauschal ausschließliche Nutzungsrechte
zur Erstellung etwa einer Homepage einzufordern, indem sie mit den Urhebern
folgende Klausel vereinbaren: *„Der Urheber räumt X ein ausschließliches, zeitlich und räumlich unbeschränktes Nutzungsrecht zur Verwendung des Materials
in jeder Form ein."* Literatur und Rechtsprechung haben diese Pauschalklau-
seln (Buy-out-Klauseln) immer kritisiert.[481]

b) Zeitliche und räumliche Begrenzung

Der Lizenzvertrag sollte Aussagen zum **zeitlichen und räumlichen Umfang** **453**
des Nutzungsrechts treffen. Nach § 31 Abs. 1 S. 2 UrhG kann das Nutzungsrecht
räumlich, zeitlich oder inhaltlich beschränkt eingeräumt werden.

---

480 *BGH*, Urt. v. 26. 3. 2009 – I ZR 153/06, MDR 2009, 1291 = CR 2009, 767 – Reifen Progressiv.
481 *Hoeren*, CR 1996, 82; ähnlich *OLG Düsseldorf*, Urt. v. 23. 10. 2001 – 20 U 19/01, ZUM 2002,
221; *LG Hamburg*, Beschl. v. 15. 7. 2009 – 312 O 415/09.

454   Am günstigsten ist die Position des Produzenten, wenn die übertragenen Nutzungsrechte zeitlich unbeschränkt eingeräumt werden. Denn ansonsten riskiert er, dass bei Ende der Befristung die Rechte automatisch entfallen und er sein fertiges Produkt nicht mehr kommerziell nutzen kann. Er müsste dann mit dem Rechteinhaber nachverhandeln, was meist mit einer Verteuerung der Rechte verbunden ist. Allerdings hängt die Übertragung der unbeschränkten Rechte von der wirtschaftlichen Macht des Unternehmens ab. Ist der Produzent nicht marktführend, muss er für unbeschränkte Rechte kräftig zahlen.

455   Aus § 31 Abs. 1 S. 2 UrhG ergibt sich, dass das Nutzungsrecht auch räumlich beschränkt eingeräumt werden kann. Wie bei der zeitlichen Beschränkung ist es auch hier für den Produzenten am günstigsten, das überlassene Material räumlich unbeschränkt nutzen zu können. Dies gilt insb. für die Online-Nutzung, da in diesem Bereich räumliche Beschränkungen keinen Sinn ergeben. Vielmehr empfiehlt es sich, nach Sprachversionen zu staffeln – etwa bezogen auf eine deutsch- oder englischsprachige Homepage; dann inhaltliche Beschränkung.

c) Zweckübertragung (§ 31 Abs. 5 UrhG): Auflistung der zu übertragenden Rechte

456 Im Anschluss an die allgemeine Bestimmung des zu übertragenden Nutzungsrechts folgt bei der Vertragsgestaltung i. d. R. noch eine beispielhafte Aufzählung („insbesondere") der umfassten Rechte. Dies erklärt sich aus § 31 Abs. 5 UrhG. Die dort verankerte Zweckübertragungsregel besagt, dass sich der Umfang des Nutzungsrechts bei unklarer Formulierung des Vertrages nach dem mit seiner Einräumung verfolgten Zweck richtet. Es handelt sich hier also um eine „Schlamperregel". Werden in einem Vertrag die Nutzungsarten nicht detailliert festgelegt, bestimmt das Gericht den Rechteumfang anhand des Vertragszwecks. § 31 Abs. 5 UrhG führt also dazu, dass in Lizenzverträgen immer exemplarisch die zentralen Nutzungsrechte gesondert spezifiziert werden. Eine Nutzungsart i. S. v. § 31 Abs. 1 UrhG ist jede technisch und wirtschaftlich selbstständige und abgrenzbare Verwendungsform des Werkes.[482] Ob eine solche vorliegt bestimmt sich nach der Verkehrsauffassung.[483] So umfasst z. B. die Übergabe von Pressefotos an eine Tageszeitung regelmäßig nicht die Internetrechte.[484] Die Einwilligung zur Veröffentlichung eines Artikels in einer Zeitung schließt nicht die Nutzung als E-Paper im Internet mit ein.[485] Eine Aufspaltung

---

482 *Wandtke*/Bullinger/*Grunert*, UrhG, 3. Aufl. 2009, § 31 Rz. 1.
483 *Wandtke*/Bullinger/*Grunert*, UrhG, 3. Aufl. 2009, § 31 Rz. 1.
484 *KG*, Urt. v. 24. 7. 2001 – 5 U 9427/99, CR 2002, 127 = K & R 2002, 148 m. Anm. *Welker* 154.
485 *AG Köln*, Urt. v. 14. 6. 2006 – 13/C 90/06, GRUR-RR 2006, 396.

des Onlinenutzungsrechts in das Recht zur öffentlichen Zugänglichmachung (§ 19a UrhG) und in das Vervielfältigungsrecht (§ 16 UrhG) ist nicht möglich. Die Nutzung von Presseartikeln in einem Online-Archiv ist nach Meinung des *OLG Düsseldorf* nicht vom Recht zur Nutzung für die Online-Ausgabe einer Zeitung abgedeckt, sondern stelle eine eigene Nutzungsart dar.[486] Sinn und Zweck ist es, eine unbegrenzte, unübersichtliche Aufsplitterung der Nutzungsrechte zum Schutz des Rechtsverkehrs zu verhindern. Demnach ist auch die Frage, ob die Aufspaltung eines Nutzungsrechts mit dinglicher Wirkung zulässig ist, anhand einer Abwägung zwischen den Interessen des Urhebers und der Allgemeinheit zu beantworten.[487] Streitig ist z. B. die Verwendung von Fotos für E-Paper, geknüpft mit der Frage, ob ein E-Paper eine eigenständige Nutzungsart darstellt.[488]

Das UrhG gewährt dem Urheber **gewisse Verwertungsrechte.**[489] Nach 457 § 15 Abs. 1 UrhG hat er das ausschließliche Recht, sein Werk in körperlicher Form zu verwerten. Dies schließt insb. das Vervielfältigungsrecht (§ 16 UrhG) und das Verbreitungsrecht (§ 17 UrhG) ein. Darüber hinaus ist nach § 15 Abs. 2 UrhG einzig der Urheber befugt, sein Werk in unkörperlicher Form öffentlich wiederzugeben (Recht der öffentlichen Wiedergabe) und zum Abruf durch die Öffentlichkeit bereitzustellen (§ 19a UrhG). Für Computerprogramme existieren Sondervorschriften in § 69c UrhG, die als lex specialis ggü. den §§ 15 ff. UrhG vorrangig sind.

Im Einzelnen müssen für die **Produktion einer Homepage** eine Reihe von 458 Rechten besonders hervorgehoben werden, darunter das Recht,
– das Material ganz und teilweise auf Bild- und/oder Tonträger zu vervielfältigen sowie zwecks Digitalisierung in den Arbeitsspeicher zu laden;
– das Material über Online-Dienste (FTP, WWW) und vergleichbare Abrufdienste öffentlich wiederzugeben oder einer Mehrzahl von Nutzern zum Abruf bereitzuhalten;
– das Material zu verbreiten, insb. zu verkaufen, vermieten, verleihen oder in sonstiger Weise abzugeben (dieser Punkt ist insbes. wichtig für Sperre der CD-ROM-Verwertung);
– an dem Material Schnitte, Kürzungen und sonstige Veränderungen vorzunehmen, die aus technischen Gründen oder mit Rücksicht auf die Erfordernisse des Marktes als geboten oder wünschenswert angesehen werden;

---

486 *OLG Düsseldorf*, Urt. v. 19. 11. 2013 – I-20 U 187/12, ZUM 2014, 242; a. A. *Czychowski/Nordemann*, GRUR-RR 2015, 185, 189.
487 *LG München*, Urt. v. 20. 6. 2009 – 7 O 4139/08, CR 2010, 58 = ZUM 2009, 788.
488 Verneinend *OLG Düsseldorf*, Urt. v. 13. 7. 2010 – I-20 U 235/08, MMR 2011, 52; bejahend *LG Frankenthal*, Urt. v. 13. 11. 2012 – 6 O 258/10, ZUM-RD 2013, 138.
489 Ausführlich oben A.V.

- das Material – unter Wahrung eventueller Urheberpersönlichkeitsrechte – neu zu gestalten, zu kürzen und in andere Werkformen zu übertragen;
- das Material zur Verwendung auf oder anlässlich von Messen, Ausstellungen, Festivals und Wettbewerben sowie für Prüf-, Lehr- und Forschungszwecke zu nutzen;
- zu Werbezwecken Ausschnitte, Inhaltsangaben, Bildmaterial und Trailer bis zu einer Länge von drei Minuten herzustellen, zu verbreiten und zu senden;
- eine durch den Lizenzgeber oder in dessen Auftrag vorzunehmende Bearbeitung zu überwachen.

459 Umstritten ist, ob der Zweckübertragungsgrundsatz aufgrund etwaigen Leitbildcharakters in eine AGB-Kontrolle einfließt.[490] Der *BGH* hat den Leitbildcharakter von § 32 Abs. 5 UrhG verneint.[491] Der Regelung sei zwar der Grundgedanke zu entnehmen, dass der Urheber an der Werknutzung wirtschaftlich möglichst weitgehend zu beteiligen sei, jedoch seien Bezeichnung und Umfang der vertraglichen Hauptleistungspflichten Ausdruck der Privatautonomie und somit einer AGB-Kontrolle nicht zugänglich. Damit ist der Streit für die Praxis als erledigt anzusehen.

460 Nach zutreffender Ansicht handelt es sich bei dieser Regelung jedoch nicht nur um eine gesetzliche Auslegungsregel, sondern auch um eine zwingende Inhaltsnorm, die im Rahmen der AGB-Kontrolle zu beachten ist. Der *BGH* setzt sich in seiner Rechtsprechung über den in § 11 S. 2 UrhG zum Ausdruck kommenden ausdrücklichen Willen des Gesetzgebers[492] hinweg, dem Prinzip der angemessenen Vergütung eine Leitbildfunktion zukommen zu lassen.[493] Das Gericht verkennt, dass für die Identifizierung einer Norm als gesetzliches Leitbild i. S. d. § 307 Abs. 2 Nr. 1 BGB einzig der Gerechtigkeitsgehalt der Norm maßgeblich ist, nicht aber eine Einordnung als Auslegungs- oder dispositive Norm, da die konkrete gesetzliche Ausgestaltungsform eines Gerechtigkeitsgedankens häufig vom Zufall abhängig ist.[494] Der Zweckübertragungsgrundsatz stellt i. Ü. einen wesentlichen Grundsatz des deutschen Urhebervertragsrechts

---

490 v. Westphalen/*Hoeren*, Vertragsrecht und AGB-Klauselwerke, Kreativverträge, Rz. 20 ff.
491 *BGH*, Urt. v. 31.5. 2012 – I ZR 73/10, GRUR 2012, 1031 = ZUM 2012, 793 – Honorarbedingungen Freie Journalisten; dem folgend: *OLG Hamm*, Urt. v. 31.1. 2013 – I-22 U 8/12, ZUM-RD 2013, 333.
492 BT–Drs. 14/8085, 17 f.
493 v. Westphalen/*Hoeren*, Vertragsrecht und AGB-Klauselwerke, Kreativverträge, Rz. 25.
494 *Larenz/Wolf*, Allgemeiner Teil des Bürgerlichen Rechts, 10. Aufl. 2012, § 28 Rz. 107; v. Westphalen/*Hoeren*, Vertragsrecht und AGB-Klauselwerke, Kreativverträge, Rz. 25.

dar und kann daher auch international-privatrechtlich nicht zur Disposition gestellt werden.[495]

Die Möglichkeiten einer **AGB-Kontrolle von Verwerterverträgen** werden **461** i. Ü. im UrhG bewusst ausgeklammert. Der Schutz der Urheber und sonstigen marktschwachen Kreativen lässt sich am besten und einfachsten über § 307 BGB bewerkstelligen, wie das *OLG Zweibrücken*[496] im Streit zwischen Musikverlegern und dem ZDF aufgezeigt hat. Der Blick auf die AGB-rechtliche Inhaltskontrolle macht eine Reform des Urhebervertragsrechts weitgehend obsolet. So hat das *OLG Düsseldorf* in seinem Urteil vom 23. Oktober 2001[497] die AGB-Kontrolle bei Fernsehverträgen zur Anwendung gebracht. Gegenstand des Verfahrens war u. a. die Frage, inwieweit MDR und NDR Filmproduzenten von der Verwertung ihrer Videorechte abhalten können. Nach Auffassung des Düsseldorfer Senats erstrecken sich die Befugnisse der Fernsehsender nur auf die Ausstrahlung eines Filmes, nicht aber auf die Videoauswertung. Versuche, den Filmproduzenten die außerfernsehmäßige Vermarktung zu verbieten, seien rechtswidrig. Auch sei es den Sendeanstalten verwehrt, sich die Hälfte der Erlöse, die die Filmproduzenten über Verwertungsgesellschaften erzielen, vertraglich zusichern zu lassen. Das Urteil führte dazu, dass zahlreiche im Fernsehbereich gängige Vertragsklauseln nichtig wurden.

Pauschale Änderungsvereinbarungen in AGB müssen nach Auffassung der **462** Rechtsprechung unter den Vorbehalt gestellt werden, dass die Bearbeitung und Umgestaltung z. B. *„unter Wahrung der geistigen Eigenart des Werkes zu erfolgen hat"*. Das Recht zur werblichen Nutzung von Pressefotografien für beliebige Zwecke jedweder Art kann nicht wirksam als Nebenrecht pauschal übertragen werden. Auf das Recht auf Anerkennung der Urheberschaft aus § 13 UrhG kann in AGB nicht vollständig im Voraus verzichtet werden.[498]

d) Weiterübertragung

Nach § 34 Abs. 1 S. 1 UrhG darf ein Nutzungsrecht nur **mit Zustimmung des** **463** **Rechteinhabers** übertragen werden. Der Rechteinhaber darf die Zustimmung nicht wider Treu und Glauben verweigern (§ 34 Abs. 1 S. 2 UrhG). Dadurch soll Schikane oder eine sonstige Diskriminierung des Lizenznehmers vermieden werden. Der Rechteinhaber kann auf sein Zustimmungsrecht ganz oder teilwei-

---

495 *OLG Köln*, Urt. v. 28. 1. 2011 – 6 U 101/10, ZUM 2011, 574.
496 *OLG Zweibrücken*, Urt. v. 7. 12. 2000 – 4 U 12/00, ZUM 2001, 346.
497 *OLG Düsseldorf*, Urt. v. 23. 10. 2001 – 20 U 19/01, ZUM 2002, 221 = MMR 2002, 238.
498 *KG*, Urt. v. 9. 2. 2012 – 23 U 192/08, GRUR-RR 2012, 362 = ZUM-RD 2012, 519 – Synchronsprecher; *OLG Hamburg*, Urt. v. 1. 6. 2012 – 5 U 113/09, GRUR-RR 2011, 293 = ZUM 2011, 846 – Buy-out mit Pauschalabgeltung.

se verzichten. Allerdings kann bereits in der Einräumung von Nutzungsrechten die stillschweigende Zustimmung zur Weiterübertragung an Dritte liegen. Eine stillschweigende Erklärung zur Übertragung von Nutzungsrechten gem. § 34 Abs. 1 UrhG ist innerhalb eines Arbeitsverhältnisses nur anzunehmen, wenn die Weitergabe der Nutzungsrechte an Dritte noch vom Betriebszweck des Arbeitgebers erfasst wird, insb. wenn die Verwendungsform für das Unternehmen typisch ist.[499] Wenn schon nicht verlässlich festzustellen ist, dass ein erstellter urheberrechtlich geschützter Text zu den Verpflichtungen des Arbeitnehmers aus dem Arbeitsverhältnis gehört, ist der Arbeitnehmer im Zweifel auch nicht stillschweigend mit einer Weiterübertragung von Nutzungsrechten an einen Dritten einverstanden (vgl. auch § 43 UrhG).

464　　Weitergehende Probleme können sich im Falle der Vergabe von Unterlizenzen (§ 35 UrhG) ergeben. Gegenstand von drei *BGH*-Urteilen[500] waren Fälle, in denen der Inhaber eines ausschließlichen Nutzungsrechts wiederum einfache Nutzungsrechte an Unterlizenznehmer vergeben hatte und das ausschließliche Nutzungsrecht nachträglich aufgrund wirksamen Rückrufs oder aus sonstigen Gründen erlosch. Der *BGH* entschied in allen Fällen, dass das abgeleitete einfache Nutzungsrecht nicht erlischt und stärkte damit die Rechte der Unterlizenznehmer. Dem Hauptlizenzgeber stehe in diesen Fällen gegen den Hauptlizenznehmer ein Anspruch nach § 812 Abs. 1 S. 1, 2. Alt. BGB auf Abtretung des gegen den Unterlizenznehmer bestehenden Anspruchs auf ausstehende Lizenzzahlungen zu.[501]

465　　Problematisch ist allerdings die Frage, ob das Zustimmungserfordernis in AGB abbedungen werden kann. Der *BGH* hat dies in einer Entscheidung[502] unter Berufung auf § 9 Abs. 2 Nr. 1 AGBG (jetzt: § 307 Abs. 2 Nr. 1 BGB) zutreffenderweise[503] abgelehnt.

466　　Problematisch sind **Konzernklauseln**. Die bisherige Praxis, Nutzungsrechte formularmäßig zur Übertragung innerhalb eines nicht näher spezifizierten „Konzerns" oder einer „Unternehmensgruppe" zu verwenden, ist zumindest wegen fehlender Bestimmtheit rechtswidrig. Ein Pauschalverzicht zugunsten

---

499 *OLG Düsseldorf*, Urt. v. 15. 2. 2008 – I-20 U 126/07, ZUM-RD 2009, 63.
500 *BGH*, Urt. v. 19. 7. 2012 – I ZR 70/10, GRUR 2012, 916 – U2Trade; *BGH*, Urt. v. 19. 7. 2012 – I ZR 24/11, GRUR 2012, 914 – Take Five; *BGH*, Urt. v. 26. 3. 2009 – I ZR 153/06, GRUR 2009, 946 – Reifen Progressiv.
501 *BGH*, Urt. v. 19. 7. 2012 – I ZR 70/10, GRUR 2012, 916.
502 *BGH*, Urt. v. 18. 2. 1982 – I ZR 81/80, MDR 1983, 113 = GRUR 1984, 45 – Honorarbedingungen.
503 v. Westphalen/*Hoeren*, Vertragsrecht und AGB-Klauselwerke, Kreativverträge, Rz. 29, insbesondere die Differenzierung nach individueller Gestaltungshöhe ablehnend; *Hoeren*, CR 2013, 345 ff.

nicht benannter Dritter verstößt ebenso wie klassische Konzernklauseln gegen das Transparenzgebot des § 307 Abs. 1 S. 2 BGB und ist daher unwirksam.[504]

e) Nichtausübung und Rückrufsrechte

Aus dem klassischen Film- und Fernsehbereich stammen vertragliche **Rege-** **467** **lungen zur Nichtausübung des Nutzungsrechts.** Der Lizenznehmer soll nicht dazu verpflichtet werden, das überlassene Material einzusetzen. Vielmehr muss es ihm i. R. einer Multimediaproduktion freistehen, aus der Fülle von Fotos oder Musiktiteln das geeignete Objekt auszuwählen und die Rechte an anderen Objekten zunächst einmal nicht zu gebrauchen. Auch für die Sperrlizenzen bedarf es dieser Regelung. Lässt sich der Lizenznehmer etwa die Online-Rechte zur Verhinderung einer eventuellen Nutzung durch den Lizenzgeber übertragen, so muss er vermeiden, dass er auf die Verwertung der Online-Rechte verklagt werden kann.

Die gesetzliche Regelung ist allerdings tückisch. Denn mit der Übertragung **468** eines ausschließlichen Nutzungsrechts wird auch das Rückrufsrecht wegen Nichtausübung (§ 41 UrhG) mitgeregelt. Nach § 41 Abs. 1 Satz 1 UrhG kann der Lizenzgeber im Falle einer ausschließlichen Lizenz das Nutzungsrecht zurückrufen, wenn der Lizenznehmer das Recht nicht oder nur unzureichend ausübt und dadurch berechtigte Interessen des Urhebers erheblich verletzt werden. Allerdings müssen zwei Jahre seit Übertragung der Nutzungsrechte abgelaufen sein; darüber hinaus muss eine weitere angemessene Nachfrist zur Ausübung gesetzt werden (§ 41 Abs. 2 S. 1, 3 UrhG). Vertragsrechtlich ist das Rückrufsrecht deshalb ein Problem, weil nicht im Voraus darauf verzichtet werden kann (§ 41 Abs. 4 S. 1 UrhG). Der Lizenznehmer kann lediglich die Ausübung des Rechts für einen Zeitraum von fünf Jahren ausschließen (§ 41 Abs. 4 S. 2 UrhG). Dadurch kann der Lizenznehmer den Zeitraum für die wirtschaftliche Nutzung von Rechten auf über sieben Jahre verlängern (zwei Jahre Nichtnutzung + Nachfrist + fünf Jahre Ausübungsverzicht). Die Regelung schützt das Bedürfnis des Urhebers nach öffentlicher Wahrnehmung seiner Schöpfung.

Wer eine Regelung zum Rückrufsrecht in seinen Vertrag aufnimmt, weckt **469** damit aber auch „schlafende Geister". Viele Rechteinhaber wissen von dem Rückrufsrecht nicht; sie würden erst durch den Vertrag auf die Existenz eines solchen Rechtes hingewiesen. Daher ist in der Praxis eine Güterabwägung zwischen den Risiken der Aufklärung des Rechteinhabers und der Bedeutung der Fristverlängerung üblich.

---

504 Dazu ausführlich *Hoeren*, CR 2013, 345 ff.

f) Honorare

Literatur: *Berger/Freyer*, Neue individualvertragliche und kollektivrechtliche Instrumente zur Durchsetzung angemessener Urhebervergütungen, ZUM 2016, 569; *Borzucki*, Regierungsentwurf zur Novelle des Urhebervertragsrechts, AfP 2016, 125; *Cornish*, The Author as Risk-Sharer, in: The Columbia Journal of Law & the Arts 26 (2002), No. 1, 1; *Erdmann*, Urhebervertragsrecht im Meinungsstreit, GRUR 2002, 923; *Grzeszick*, Der Anspruch des Urhebers auf angemessene Vergütung: Zulässiger Schutz jenseits der Schutzpflicht, AfP 2002, 383; *Hertin*, Urhebervertragsnovelle 2002: Up-Date von Urheberrechtsverträgen, MMR 2003, 16; *Hilty/Peukert*, Das neue deutsche Urhebervertragsrecht im internationalen Kontext, GRUR Int. 2002, 643; *Jacobs*, Das neue Urhebervertragsrecht, NJW 2002, 1905; *Joppich*, § 34 UrhG im Unternehmenskauf, K & R 2003, 211; *Lober*, Nachschlag gefällig? Urhebervertragsrecht und Websites, K & R 2002, 526; *Ory*, Das neue Urhebervertragsrecht, AfP 2002, 93; *Reinhard/Distelkötter*, Die Haftung des Dritten bei Bestsellerwerken nach § 32a Abs. 2 UrhG, ZUM 2003, 269; *Schack*, Urhebervertragsrecht im Meinungsstreit, GRUR 2002, 853; *Schmitt*, § 36 UrhG – Gemeinsame Vergütungsregeln europäisch gesehen, GRUR 2003, 294; *Schricker*, Zum neuen deutschen Urhebervertragsrecht, GRUR Int. 2002, 797; *Tolkmitt*, Gemeinsame Vergütungsregeln – ein kartellrechtlich weiterhin ungedeckter Scheck, GRUR 2016, 564; *Vogel*, Die Reform des Urhebervertragsrechts, in: Schwarze/Becker (Hrsg.), Regulierung im Bereich von Medien und Kultur, Baden-Baden 2002, 29; *Willi*, Neues deutsches Urhebervertragsrecht – Auswirkungen für Schweizer Urheber und Werknutzer, sic! 2002, 360; *Zirkel*, Das neue Urhebervertragsrecht und der angestellte Urheber, WRP 2003, 59.

470 In der Praxis hat sich bislang **kein fester Tarif für die Nutzung digitaler Rechte** eingebürgert; Standardvergütungen sind nicht bekannt. Daher müssen regelmäßig individuell die Höhe der Vergütung und die Vergütungsgrundlagen festgelegt werden. Die Höhe unterliegt keiner Kontrolle nach §§ 307–309 BGB. Nur die Bemessungskriterien sind kontrollfähig. Im klassischen Urheberrecht haben sich allerdings eine Reihe verschiedener Vergütungsmodelle eingebürgert, die auch für den Online-Bereich gewinnbringend genutzt werden können. Für den Einsatz fertiger Werkteile hat sich die Bemessung nach Festpreisen durchgesetzt. Der Rechteinhaber erhält eine feste Summe, die alle Nutzungen abdeckt. Denkbar ist aber auch die Vereinbarung einer prozentualen Beteiligung am Nettogewinn oder Nettoerlös des Produzenten. Allerdings setzt dies voraus, dass der Online-Dienst von seiner Konzeption her überhaupt Erlöse erzielt bzw. hierauf ausgerichtet ist.

471 Zum 1. Juli 2002 trat das erste Gesetz zur Novellierung des Urhebervertragsrechts in Kraft.[505] Das Gesetz beabsichtigte, den verfassungsrechtlich veranker-

---

[505] Siehe dazu *Däubler-Gmelin*, GRUR 2000, 764; *Dietz*, AfP 2001, 261; *Dietz*, ZUM 2001, 276; *Dreier*, CR 2000, 45; *Geulen/Klinger*, ZUM 2000, 891; *Katzenberger*, AfP 2001, 265; *Kreile*, ZUM 2001, 300; *Reber*, ZUM 2000, 729; *Schricker*, Editorial MMR 12/2000; *Stickelbrock*, GRUR 2001, 1087; *von Olenhusen*, ZUM 2000, 736; *Weber*, ZUM 2001, 311. Kritisch *Flechsig*, ZRP 2000, 529; *Flechsig*, ZUM 2000, 484; *Flechsig/Hendricks*, ZUM 2000, 721; *Ory*, ZUM 2001, 195; *Schack*, ZUM 2001, 453.

ten Grundsatz, dass Urheber angemessen an dem wirtschaftlichen Nutzen ihrer Arbeiten zu beteiligen sind,[506] stärker im UrhG zu verankern. Die Neuregelung sollte insb. die Rechtsstellung der freischaffenden Urheber gegenüber den wirtschaftlich stärkeren Verwertern verbessern. Die bedeutsamste Änderung findet sich in § 32 UrhG. Die Vorschrift stellt den Urheber insoweit besser, als sie ihm ein gesetzliches Werkzeug an die Hand gibt, auf vertraglicher Ebene eine **angemessene Vergütung** gegenüber dem Werknutzer durchzusetzen. Inhaltlich regelt sie folgendes: Ist in einem Nutzungsvertrag keine Regelung über die Höhe der Vergütung bestimmt, gilt zugunsten des Urhebers die angemessene Vergütung als vereinbart (§ 32 Abs. 1 S. 2 UrhG). Für den Fall, dass zwar eine Vergütung vertraglich vereinbart wurde, diese aber nicht die Schwelle zur Angemessenheit erreicht, kann der Urheber von seinem Vertragspartner verlangen, eine angemessene Vergütung in den Vertrag aufzunehmen. Der Anspruch richtet sich auf Einwilligung in die Vertragsänderung, (§ 32 Abs. 1 S. 3 UrhG). Als angemessen gilt eine Vergütung dann, wenn sie zur Zeit des Vertragsschlusses dem entspricht, was im Hinblick auf Art und Umfang der eingeräumten Nutzungsrechte im Geschäftsverkehr nach redlicher Branchenübung geleistet wird.[507] Eine Pauschalvergütung soll regelmäßig unangemessen sein, weil sie das berechtigte Interesse des Urhebers nicht wahre, an jeder wirtschaftlichen Nutzung ihrer Übersetzung angemessen beteiligt zu werden.[508] Im Übrigen kann selbst bei unterschiedlicher Begründung eines Nachvergütungsanspruchs Klage gegen verschiedene Rechteverwerter an einem Gerichtsstand erhoben werden.[509]

Zur Bestimmung der angemessenen Vergütung können die Interessenvertretungen der Urheber und der Verwerter – ähnlich wie in Tarifverträgen – sog. **Gemeinsame Vergütungsregeln** festlegen (§ 36 UrhG). Können sich die Parteien nicht auf gemeinsame Vergütungsregeln einigen, soll eine Schlichtungsstelle entscheiden (§ 36 Abs. 3 UrhG), die sich am Modell der Einigungsstelle des Betriebsverfassungsgesetzes orientiert und so die Sachkunde der Branchen einbezieht. Soweit Vergütungssätze bereits in Tarifverträgen festgelegt sind, gehen diese den Vergütungsregeln vor. Da derzeit nur wenige Gemeinsame Vergütungsregeln und meist auch keine tarifvertraglichen Vergütungssätze existieren und gerichtliche Entscheidungen zur Höhe der jew. angemessenen Vergütung abzuwarten bleiben, ist die Bestimmung angemessener Vergütungssätze vorerst schwierig. Als Anhaltspunkt sollten die Vergütungssätze der Verwertungsgesell-

472

506 *BGH*, Urt. v. 6.11. 1953 – I ZR 97/52, NJW 1954, 305 = GRUR 1954, 216 – Schallplatte.
507 Siehe dazu auch *BGH*, Urt. v. 13.12. 2001 – I ZR 44/99, GRUR 2002, 602 – Musikfragmente.
508 *BGH*, Urt. v. 7.10. 2009 – I ZR 38/07, MDR 2010, 96 – Talking to Addison.
509 *OLG München*, Urt. v. 19.2. 2009 – 31 AR 38/09, GRUR-RR 2009, 319 = ZUM 2009, 428.

schaften herangezogen werden. Eine pauschale Orientierung an einer Regel, wonach z. B. 10 Prozent des Umsatzes angemessen seien, wird man wohl kaum vertreten können.[510] Im Übrigen ist umstritten, ob eine solche Vergütungsregel nicht unter das Kartellverbot des Art. 101 AEUV fällt.[511] Die Gemeinsamen Vergütungsregeln für freie hauptberufliche Journalisten an Tageszeitungen sind mittlerweile jedoch gerichtlich bekräftigt worden und sollen nach Ansicht des *OLG Köln* auch als Berechnungsgrundlage für nicht arbeiternehmerähnliche Journalisten sowie für Sachverhalte vor ihrem Inkrafttreten gelten.[512]

473   Zu beachten ist, dass dem Urheber in bestimmten Fällen ein **Anspruch auf Nachvergütung** zusteht. Wichtig ist vor allem der sog. „Bestsellerparagraph" (§ 32a UrhG), wonach dem Urheber bei unerwartet hohen Erträgen[513] und auffälligem Missverhältnis zum gezahlten Entgelt ein Nachforderungsrecht bis zur Höhe einer angemessenen Vergütung zusteht.[514] Dabei kommt es nicht darauf an, ob die Höhe der erzielten Beträge tatsächlich voraussehbar war. Da in dem alten „Bestsellerparagraphen" ein „grobes" Missverhältnis erforderlich war, ist die Schwelle für eine zusätzliche Vergütung nun herabgesetzt. Laut Begründung liegt ein auffälliges Missverhältnis jedenfalls dann vor, wenn die vereinbarte Vergütung um 100 Prozent von der angemessenen Beteiligung abweicht.[515]

474   Dies gilt allerdings nicht, wenn der Urheber nur einen untergeordneten Beitrag zu dem Werk geleistet hat.[516] Bei Vereinbarung einer prozentualen Beteiligung sollten Abrechnungsverpflichtungen sowie ein Prüfungsrecht mit Kostentragungsregelung vorgesehen werden. § 32a UrhG findet auf Sachverhalte Anwendung, die nach dem 28. März 2002 entstanden sind. Für frühere Tatbestände bleibt es bei der Anwendung des § 36 UrhG a. F., es sei denn, dass die das Missverhältnis begründenden Erträge aus der Verwertung nach dem 28. März 2002 entstanden sind.[517] Der allgemeine Anspruch auf eine angemessene vertragliche Vergütung (§ 32 UrhG) gilt für Verträge nach dem 28. März 2002 in vollem Umfang. Für Verträge, die zwischen dem 1. Juni 2001 und dem

---

510 So zu Recht *Schricker*, GRUR 2002, 737.
511 So der Ansatz von *Schmitt*, GRUR 2003, 294.
512 *OLG Köln*, Urt. v. 14. 2. 2014 – 6 U 146/13, ZUM-RD 2014, 492 = AfP 2014, 277.
513 Es geht hierbei um den Erlös, nicht den Gewinn; siehe *KG*, Urt. v. 1. 6. 2016 – 24 U 25/15, GRUR Int. 2016, 1072 m. Anm. *Reber* – Fluch der Karabik II.
514 *BGH*, Urt. v. 27. 6. 1991 – I ZR 22/90, MDR 1992, 38 = ZUM 1992, 141 – Horoskop-Kalender; *BGH*, Urt. v. 22. 1. 1998 – I ZR 189/95, ZUM 1998, 497 – Comic-Übersetzungen; *LG Oldenburg*, Urt. v. 3. 2. 1994 – 5 O 1949/93, CR 1995, 39.
515 BT-Drs. 14/8058, S. 19 zu § 32a UrhG; Begründung des Rechtsausschusses zu § 32a, S. 46.
516 *BGH*, Urt. v. 21. 6. 2001 – I ZR 245/98, MDR 2002, 349 m. Anm. *Schricker*.
517 So *LG Hamburg*, Urt. v. 18. 4. 2008 – 308 O 452/07, ZUM 2008, 608.

28. März 2002 geschlossen wurden, greift die Vorschrift, wenn von den einge-
räumten Nutzungsrechten nach dem 28. März 2002 Gebrauch gemacht wird.
Bei Verträgen, die vor dem 1. Juni 2001 datieren, kommt § 32 UrhG nicht zur
Anwendung.

Umstritten ist das Verhältnis der AGB-Kontrolle zu der individuellen Vergü- **475**
tungskontrolle nach den §§ 32, 32a, 32c UrhG. Der *BGH* sieht hier ein Vorrang-
verhältnis der individuellen Vergütungskontrolle vor der sich auf § 11 S. 2 UrhG
stützenden AGB-Kontrolle.[518] Die Gegenansicht hält die individuelle Vergütungskontrolle nach den §§ 32 ff. UrhG neben der AGB-Kontrolle für gleich-
berechtigt anwendbar.[519] Begründet wird diese Ansicht folgerichtig mit dem
Willen des Gesetzgebers, einen „lückenlosen Schutz" der angemessenen Beteiligung des Urhebers zu gewährleisten.[520]

Die Bundesregierung hat am 16. März 2016 den von dem BMJV vorgelegten **476**
Entwurf eines Gesetzes zur verbesserten Durchsetzung des Anspruchs der Ur-
heber und ausübenden Künstler auf angemessene Vergütung beschlossen.[521]
Diese Änderungen sind stark modifiziert zum 1. März. 2017 in Kraft getreten:
– Die Urheber bekommen ein ausdrücklich geregeltes gesetzliches Recht auf
  Auskunft über erfolgte Nutzungen. Kreative sollen wissen, wieviel mit ihrer
  Leistung verdient wird (§ 32d). Diese Regelungen gelten nicht für Software
  und die Ersteller nachrangiger Beiträge; der Anspruch ist vertraglich nicht
  abdingbar. Er besteht auch gegenüber Dritten, wenn es um die Berechnung
  der Sonderbelohnung nach § 32a UrhG geht (§ 32e UrhG).
– Der Grundsatz der angemessenen Vergütung soll auch für die mehrfache
  Nutzung eines Werks oder einer künstlerischen Darbietung gestärkt werden. Das Gesetz regelt ausdrücklich, dass auch die Häufigkeit der Nutzung
  ein Kriterium zur Bestimmung eines fairen Honorars ist. Nutzt der Verwerter das Werk oder eine künstlerische Darbietung mehrfach, bspw. in verschiedenen Online-Medien, muss dies bei der Vergütung berücksichtigt
  werden.
– Der Urheber, der dem Verwerter gegen eine pauschale Vergütung ein Ex-
  klusivrecht eingeräumt hat, erhält das Recht, sein Werk nach Ablauf von
  zehn Jahren auch anderweitig zu vermarkten (§ 40a UrhG). Der erste Vertragspartner behält ein einfaches Nutzungsrecht. Das Recht gilt nicht für
  Software und Filmwerke oder für Baukunst.

---

518 *BGH*, Urt. v. 31. 5. 2012 – I ZR 73/10, GRUR 2012, 1031 = ZUM 2012, 793 – Honorarbedingungen Freie Journalisten.
519 *OLG München*, Urt. v. 21. 4. 2011, ZUM 2011, 576 = GRUR–RR 2011, 401 – Printmediarechte.
520 v. Westphalen/*Hoeren*, Vertragsrecht und AGB-Klauselwerke, Kreativverträge, Rz. 38.
521 BT-Drs. 18/8625.

- Von diesen gesetzlichen Regelungen kann zum Nachteil des Urhebers nur abgewichen werden, soweit dies durch gemeinsame Vergütungsregeln oder Tarifverträge vorgesehen ist, die von Verbänden auf gleicher Augenhöhe fair ausgehandelt worden sind (§ 36 UrhG).
- Die Regeln zur Aufstellung gemeinsamer Vergütungsregeln durch die Verbände von Kreativen und Verwertern sollen gestrafft werden, damit es schneller als bisher zu kollektiven Absprachen kommt.
- Die Reform führt ein Verbandsklagerecht für Urheberverbände ein, um die tatsächliche Durchsetzung von vereinbarten Vergütungsregelungen zu erleichtern. Wenn diese Regelungen in Verträgen mit einzelnen Künstlern unterlaufen werden, dann kann sein Verband in Zukunft dagegen vorgehen. Der einzelne Künstler ist künftig nicht mehr auf sich allein gestellt ist, wenn es darum geht, sein Recht auf eine faire Bezahlung durchzusetzen.

3 § 31a UrhG und die unbekannten Nutzungsarten

Literatur: *Berger*, Verträge über unbekannte Nutzungsarten nach dem „Zweiten Korb", GRUR 2005, 907; *Breinersdorfer*, Thesen zum Problem der Behandlung unbekannter Nutzungsarten für urheberrechtlich geschützte Werke aus Sicht von Autoren und Produzenten, ZUM 2007, 700; *Diesbach*, Unbekannte Nutzungsarten beim Altfilmen: Der BGH gegen den Rest der Welt?, ZUM 2011, 623; *Donhauser*, Der Begriff der unbekannten Nutzungsart gemäß § 31 Abs. 4 UrhG, Baden-Baden 2001; *Ehmann/Fischer*, Zweitverwertung rechtswissenschaftlicher Texte im Internet, GRUR Int. 2008, 284; *Esser-Wellie/Hufnagel*, Multimedia & Telekommunikation, AfP 1997, 786; *Fitzek*, Die unbekannte Nutzungsart, Berlin 2000; *Freitag*, Neue Kommunikationsformen im Internet, Markenartikel 1995, 514; *Frey/ Rudolph*, Verfügungen über unbekannte Nutzungsarten: Anmerkungen zum Regierungsentwurf des Zweiten Korbs, ZUM 2007, 13; *Frohne*, Filmverwertung im Internet und deren vertragliche Gestaltung, ZUM 2000, 810; *Freiherr von Gamm*, Urheber- und urhebervertragsrechtliche Probleme des „digitalen Fernsehens, ZUM 1994, 591; *Hoeren*, Multimedia als noch nicht bekannte Nutzungsart, CR 1995, 710; *Hucko*, Die unbekannten Nutzungsarten und die Öffnung der Archive nach dem „Zweiten Korb", Medien und Recht Int. 2007, 141; *Jänich/Eichelberger*, Die Verwertung von Musikaufnahmen in dezentralen Computernetzwerken als eigenständige Nutzungsart des Urheberrechts?, MMR 2008, 576; *Klöhn*, Unbekannte Nutzungsarten nach dem „Zweiten Korb" der Urheberechtsreform, K & R 2008, 77; *Kreile*, Neue Nutzungsarten – Neue Organisation der Rechteverwaltung? – Zur Neuregelung des § 31 Abs. 4 UrhG, ZUM 2007, 682; *Lettl*, Urheberrecht, München 2008, § 5, Rz. 34; *Lichtenberger/Stockinger*, Klingeltöne und die Begehrlichkeit der Musikverlage. Die EMI-Entscheidung und ihre Relevanz für den österreichischen Markt, Medien und Recht 2002, 95; *Loewenheim*, Die Verwertung alter Spielfilme auf DVD – eine noch nicht bekannte Nutzungsart nach § 31 IV UrhG?, GRUR 2004, 36; *Reber*, Die Substituierbarkeit von Nutzungsformen im Hinblick auf § 31 Abs. 4 und 5 UrhG, ZUM 1998, 481; *Schulze*, Die Einräumung unbekannter Nutzungsrechte nach neuem Urheberrecht, UFITA 2007, 641; *Schwarz*, Klassische Nutzungsrechte und Lizenzvergabe bzw. Rückbehalt von „Internet-Rechten", ZUM 2000, 816; *Spindler*, Reform des Urheberrechts im „Zweiten Korb", NJW

2008, 9; *Stieper/Frank*, DVD als neue Nutzungsart, MMR 2000, 643; *Wandtke/Schäfer*, Music on Demand – Neue Nutzungsart im Internet, GRUR Int. 2000, 187.

Immer wieder taucht im Internetbereich die Frage auf, ob ein Produzent unter **477** Berufung auf Altverträge vorbestehende Werke benutzen kann. Hier setzte § 31 Abs. 4 UrhG a. F. klare Grenzen, wonach die Einräumung von Nutzungsrechten für bei Vertragsschluss unbekannte Nutzungsarten ausgeschlossen war.

a) Einführung

Möchte ein Provider bestehende Werke in seine Homepage integrieren, benö- **478** tigt er je nach betroffenem Verwertungsrecht die Zustimmung des Urhebers. Problematisch waren bis zur Novellierung mit Wirkung vom 1. Januar 2008 die Fälle, in denen der Urheber dem Hersteller bereits ein ausschließliches Nutzungsrecht eingeräumt hatte und der Hersteller erst nachträglich eine Nutzung in einer anderen Nutzungsart vornahm. Fraglich war dann, ob der Hersteller unter Berufung auf das ausschließliche Nutzungsrecht nachträglich Werke einer Zweitverwertung zuführen konnte. Dies war problematisch, sofern es sich um eine neue, noch nicht bekannte Nutzungsart i. S. d. § 31 Abs. 4 UrhG a. F. handelte. Kam diese Vorschrift zur Anwendung, war dem Produzenten die Berufung auf Altverträge versagt. Er musste stattdessen mit den Lizenzgebern nachverhandeln, um die für die Verwendung im Rahmen der neuen Nutzungsart erforderlichen Rechte zu erwerben. Dies konnte zu erheblichen logistischen Schwierigkeiten führen, da die Rechteinhaber unter Umständen nicht mehr auffindbar waren. Darüber hinaus bestand die Möglichkeit, dass der eine oder andere Lizenzgeber gerade angesichts der Internet-Euphorie reiche Beute witterte und die Rechte nur gegen hohe Nachzahlungen einräumen wollte.

b) Unbekannte Nutzungsarten und der „Zweite Korb"

Im Rahmen der Novellierung im „**Zweiten Korb**" wurde § 31 Abs. 4 UrhG abge- **479** schafft. An dessen Stelle trat § 31a UrhG. Hiernach kann der Urheber durch schriftlichen Vertrag Rechte für unbekannte Nutzungsarten einräumen oder sich dazu verpflichten. Um den Anforderungen für eine wirksame Einräumung gerecht zu werden, muss die Vereinbarung über die Übertragung von Nutzungsrechten aber bereits erkennen lassen, dass die Vertragspartner mit der Festlegung der Pauschalvergütung auch die Nutzungsrechte für unbekannte Nutzungsarten mit abgelten wollen.[522] Der Schriftform bedarf es nicht, wenn

---

[522] *BGH*, Urt. v. 28. 10. 2010 – I ZR 85/09, ZUM 2011, 498; dazu krit. Anm. *Diesbach*, ZUM 2011, 623.

der Urheber unentgeltlich ein einfaches Nutzungsrecht für jedermann ein-räumt, so etwa bei Open-Source-Software und sonstigem vergleichbarem Open-Content; § 31a Abs. 1 S. 2 UrhG. Der Urheber kann ferner die Rechtsein-räumung bzw. die Verpflichtung widerrufen, solange der andere noch nicht begonnen hat, das Werk in der neuen Nutzungsart zu nutzen. Die Frist zum Widerruf beträgt drei Monate und beginnt, sobald der andere die Mitteilung über die beabsichtigte Aufnahme der neuen Nutzungsart an den Urheber unter der ihm zuletzt bekannten Adresse abgesendet hat (§ 31a Abs. 1 S. 3 UrhG). Den Vertragspartner des Urhebers trifft damit eine Mitteilungspflicht. Unterlässt er es, dem Urheber die Aufnahme der neuen Nutzungsart mitzuteilen, beginnt auch die Dreimonatsfrist nicht. Der Urheber kann dann jederzeit widerrufen.[523] Wenn der Vertragspartner eine neue Art der Werknutzung aufnimmt, die im Zeitpunkt des Vertragsschlusses vereinbart, aber noch unbekannt war, hat der Urheber kompensatorisch Anspruch auf eine gesonderte angemessene Vergü-tung (§ 32c Abs. 1 UrhG). Der Vertragspartner hat den Urheber gem. § 32c Abs. 1 UrhG unverzüglich über die Aufnahme der neuen Art der Werknutzung zu un-terrichten. Dadurch wird gewährleistet, dass der Urheber seinen Anspruch auf eine gesonderte angemessene Vergütung auch tatsächlich geltend machen kann.[524] Bei Einigung auf eine solche Vergütung entfällt das nicht-dispositive Widerrufsrecht (§ 31a Abs. 2 UrhG). Das Widerrufsrecht entfällt außerdem mit dem Tod des Urhebers (§ 31a Abs. 2 S. 3 UrhG). Ungeklärt ist noch, welcher Anwendungsbereich dann für § 31 Abs. 5 UrhG bleibt.

c) Übergangsregelung des § 137l UrhG

480 In § 137l Abs. 1 S. 1 UrhG ist geregelt, dass bei Verträgen, die zwischen dem 1. Januar 1966 und dem 1. Januar 2008 geschlossen wurden und deren Inhalt die Einräumung eines ausschließlichen sowie räumlich und zeitlich unbe-grenzten Nutzungsrechts ist, die Nutzungsrechte für zum Zeitpunkt des Ver-tragsschlusses unbekannte Nutzungsarten ebenfalls als eingeräumt gelten. Dies gilt jedoch nur, sofern der Urheber der Nutzung nicht fristgerecht wider-spricht. Für die Bestimmung der Widerspruchsfrist bedarf es jedoch einer Un-terscheidung. Für neue Nutzungsarten, die bis zum 1. Januar 2008 bekannt geworden sind, gilt eine Widerspruchsfrist von einem Jahr seit Inkrafttreten[525] des § 137l UrhG (§ 137l Abs. 1 S. 2 UrhG).[526] Der Widerspruch gegen die Nutzung

---

523 *Schulze*, UFITA 2007, 641, 664.
524 *Hucko*, Medien und Recht Int. 2007, 141, 142.
525 § 137l UrhG wurde eingeführt durch das zweite Gesetz zur Regelung des UrhG in der Informationsgesellschaft vom 26. Oktober 2007, BGBl. I, S. 2513.
526 Vgl. *Schulze*, UFITA 2007, 641, 700.

in solchen Nutzungsarten, die nach dem 1. Januar 2008 bekannt geworden sind, muss innerhalb von drei Monaten, nachdem der Vertragspartner die Mitteilung über die beabsichtigte Aufnahme der neuen Nutzungsart an den Urheber unter der ihm zuletzt bekannten Anschrift abgesendet hat (§ 1371 Abs. 1 S. 2 UrhG), erfolgen. Diese Frist entspricht der in § 31a Abs. 1 UrhG normierten Widerspruchsfrist.[527]

Die Fiktion gem. § 1371 Abs. 1 UrhG bezieht sich nur auf die Übertragung **481** von Nutzungsrechten, die im Zeitpunkt des Vertragsschlusses noch unbekannt waren. Sie gilt selbstverständlich nicht für solche Nutzungsrechte, die bei Vertragsschluss bereits bekannt waren, dem Vertragspartner durch den Urheber jedoch nicht eingeräumt wurden. Solche Nutzungsrechte müssen gesondert vom Urheber erworben werden.[528]

4 Die Rechtsstellung des angestellten Webdesigners

Literatur: *Däubler-Gmelin*, Zur Notwendigkeit eines Urhebervertragsgesetzes, GRUR 2000, 764; *Fuchs*, Der Arbeitnehmerurheber im System des § 43 UrhG, GRUR 2006, 561; *Grobys/Foerstl*, Die Auswirkungen der Urheberrechtsreform auf Arbeitsverträge, NZA 2002, 1015; *Lejeune*, Neues Arbeitnehmerurheberrecht, ITRB 2002, 145; *Naumann*, Die arbeitnehmerähnliche Person in Fernsehunternehmen, in: Dörr/Fink (Hrsg.), Studien zum deutschen und europäischen Medienrecht Bd. 26, Frankfurt a.M. 2007; *von Olenhusen*, Film und Fernsehen. Arbeitsrecht – Tarifrecht – Vertragsrecht, Baden-Baden 2001; *Ory*, Rechtspolitische Anmerkungen zum Urhebervertragsrecht, ZUM 2001, 195; *Ory*, Das neue Urhebervertragsrecht, AfP 2002, 93; *Ory*, Erste Entscheidungen zur angemessenen und redlichen Vergütung nach § 32 UrhG, AfP 2006, 9; *Schricker*, Zum neuen deutschen Urhebervertragsrecht, GRUR Int. 2002, 797; *von Vogel*, Der Arbeitnehmer als Urheber, NJW-Spezial 2007, 177.

Die kontinentaleuropäische Urheberrechtstradition hat zahlreiche Probleme **482** mit der Entwicklung von Werken im Beschäftigungsverhältnis.[529] Seit der französischen Revolution wird es als **unveräußerliches Menschenrecht** betrachtet, seine Kreativität in originellen Werken auszudrücken. Deshalb wird der Schöpfer eines Werkes als Inhaber aller Rechte angesehen, selbst wenn er von einem Arbeitgeber mit der Entwicklung dieses Werkes beauftragt worden ist (vgl. §§ 29, 43 UrhG). Darüber hinaus lässt das deutsche Urheberrecht juristische Personen als Inhaber von Urheberrechten nicht zu.

---

527 Kritisch zur Regelung u.a. *Klickermann*, MMR 2007, 221; *Schulze*, UFITA 2007, 641.
528 Vgl. *Schulze*, UFITA 2007, 641, 692.
529 *Vivant*, Copyrightability of Computer Programs in Europe, in: A. P. Meijboom/C. Prins, The Law of Information Technology in Europe 1992, Deventer 1991, 103, 110.

483   Folglich wird der **Arbeitnehmer als Urheber** qualifiziert; vertragliche Beschränkungen dieses Prinzips sind ungültig. Der Arbeitgeber erwirbt kein Urheberrecht an einem digitalen Produkt, selbst wenn er seinen Arbeitnehmer zur Entwicklung solcher Produkte beschäftigt.[530]

484   Allerdings kann sich der Arbeitgeber ausschließliche oder einfache Nutzungsrechte an dem Produkt vertraglich ausbedingen, § 43 UrhG. Selbst wenn er dies im Arbeitsvertrag nicht vermerkt, sollen ihm diejenigen Rechte zukommen, die nach dem Zweck des Arbeitsvertrages erforderlich sind (§ 31 Abs. 5 i. V. m. § 43 UrhG).[531] Die Anwendung dieses sog. **Zweckübertragungsprinzips** bereitet allerdings Schwierigkeiten.

a) Stellung des Arbeitnehmers vor und nach Beendigung des Arbeitsverhältnisses

485 Inmitten der verschiedenen diskutierten Ansichten hat sich eine Art „Opinio Comunis" in folgender Hinsicht entwickelt:[532]

486   Wenn ein Arbeitnehmer hauptsächlich – aufgrund **von allgemeinen Vorgaben im Arbeitsvertrag oder nach Einzelweisung** – mit der Entwicklung eines Werkes betraut worden ist, hat der Arbeitgeber einen Anspruch auf Übertragung einer ausschließlichen Lizenz, um die Leistungen kommerziell ausnutzen zu können.[533] Ein Arbeitnehmer, der Werke zwar nicht hauptsächlich, aber **nebenbei i. R. seines Beschäftigungsverhältnisses** entwickelt, muss dem Arbeitgeber ein einfaches Nutzungsrecht gewähren, damit dieser die Werke in seinem Geschäftsbetrieb einsetzen kann.[534] Zweifelhaft bleibt jedoch, ob dem Arbeitgeber in dieser Konstellation auch ein ausschließliches Nutzungsrecht

---

530 Vgl. zu diesem Themenkreis allgemein *Holländer*, Arbeitnehmerrechte an Software, Bayreuth 1991; *Scholz*, Die rechtliche Stellung des Computerprogramme erstellenden Arbeitnehmers nach Urheberrecht, Patentrecht und Arbeitnehmererfindungsrecht, Köln 1989.

531 *BAG*, Urt. v. 13. 9. 1983 – 3 AZR 371/81, MDR 1984, 521 = GRUR 1984, 429; *BGH*, Urt. v. 22. 2. 1974 – I ZR 128/72, GRUR 1974, 480; siehe auch *Buchner*, Der Schutz von Computerprogrammen im Arbeitsverhältnis, in: Michael Lehmann (Hrsg.), Rechtsschutz und Verwertung von Computerprogrammen, Köln 1988, XI, 266; *Holländer*, Arbeitnehmerrechte an Software, Bayreuth 1991, 122 m. w. N.

532 Vgl. aus der zahlreichen Literatur zu diesem Thema: *Koch*, Urheberrechte an Computer-Programmen sichern, Planegg 1986; *Koch*, CR 1985, 86 (I), 1985, 146 (II); *Kolle*, GRUR 1985, 1016; *Sundermann*, GRUR 1988, 350; *Zahrnt*, DV-Verträge: Rechtsfragen und Rechtsprechung, Hallbergmoos 1993, Kapitel 11.

533 Vgl. *OLG Karlsruhe*, Urt. v. 27. 5. 1987 – 6 U 9/87, CR 1987, 763; *OLG Karlsruhe*, Urt. v. 9. 2. 1983 – 6 U 150/81, BB 1983, 992; *LAG München*, Urt. v. 16. 5. 1986 – 4 Sa 28/86, CR 1987, 509; *OLG Koblenz*, Urt. v. 13. 8. 1981 – 6 U 294/80, BB 1983, 994.

534 *BGH*, Urt. v. 9. 5. 1985 – I ZR 52/83, MDR 1986, 121 = CR 1985, 22.

zukommen soll.[535] Im Übrigen kann unter normalen Umständen nicht davon ausgegangen werden, dass ein Landesbediensteter, der in Erfüllung seiner Dienstpflichten ein urheberrechtlich geschütztes Werk geschaffen und seinem Dienstherrn hieran ein ausschließliches Nutzungsrecht eingeräumt hat, damit seine stillschweigende Zustimmung gegeben hat, dass der Dienstherr anderen Bundesländern zur Erfüllung der ihnen obliegenden oder übertragenen Aufgaben Unterlizenzen gewährt oder das Nutzungsrecht auf sie weiterüberträgt.[536]

Ein Arbeitnehmer darf Werke frei nutzen und verwerten, die er **außerhalb** 487 **der Arbeitszeit** entwickelt hat. Es wurde bislang aber diskutiert, ob nicht bestimmte Vorschriften des Patentrechts in einem solchen Fall analog angewandt werden können.[537] Streitig ist insb., ob der Arbeitnehmer den Arbeitgeber unter bestimmten Voraussetzungen über sein Werk informieren und ihm die Rechte daran zu angemessenen Bedingungen anbieten muss (§ 19 des Arbeitnehmererfindungsgesetzes[538] analog).[539]

Der Arbeitgeber hat keine Rechte an Werken, die **vor Beginn des Arbeits-** 488 **verhältnisses** oder nach Beendigung des Arbeitsverhältnisses entwickelt worden sind.[540] Ein Urheber darf jedoch auch nicht die Entwicklung eines Werkes stoppen, um sein Beschäftigungsverhältnis zu lösen und dann das Werk später für sich selbst zu nutzen; tut er dies, hat der Arbeitgeber das Recht auf eine ausschließliche Lizenz, obwohl das Werk unabhängig vom Beschäftigungsverhältnis zu Ende entwickelt worden ist.[541] Der Arbeitnehmer hat – anders als im Patentrecht – **keinen Anspruch auf Leistung eines Entgelts** für die Nutzung und Verwertung seiner Werke durch den Arbeitgeber, da er bereits durch seinen Lohn für die Entwicklung des Programms bezahlt worden ist.[542] Es wird allerdings z. T. in Literatur und Rechtsprechung überlegt, dem Arbeitnehmer eine Sonderbelohnung zu gewähren, wenn dessen Lohn außerordentlich dis-

---

535 *Koch*, CR 1985, 89.

536 *BGH*, Urt. v. 12. 5. 2010 – I ZR 209/07, MDR 2011, 179 = GRUR 2011, 59.

537 *Buchmüller*, Urheberrecht und Computersoftware, Münster 1985, 99; *Henkel*, BB 1987, 836.

538 Gesetz über Arbeitnehmererfindungen vom 25. 7. 1957, BGBl. I 1957, S. 756; vgl. hierzu *Junker*, Computerrecht, Baden-Baden 1988, 238.

539 Vgl. *Buchmüller*, Urheberrecht und Computersoftware, Münster 1985, 98; *Däubler*, AuR 1985, 169; *Kolle*, GRUR 1985, 1016.

540 *BGH*, Urt. v. 10. 5. 1984 – I ZR 85/82, MDR 1985, 120 = GRUR 1985, 129; *LAG München*, RDV 1987, 145.

541 *BGH*, Urt. v. 21. 10. 1980 – X ZR 56/78, NJW 1981, 345.

542 So ausdrücklich *BGH*, Urt. v. 24. 10. 2000 – X ZR 72/98, CR 2001, 223 = MMR 2001, 310 m. krit. Anm. *Hoeren* – Wetterführungspläne I; wiederholt durch *BGH*, Urt. v. 23. 10. 2001 – X ZR 72/98, CR 2001, 223 = MMR 2002, 99 m. Anm. *Rinkler* – Wetterführungspläne II.

proportional zum ökonomischen Erfolg seiner Software war („**Sonderleis-tungstheorie**"). [543]

489 Unklar ist zurzeit leider, ob der Anspruch auf eine **angemessene vertragliche Vergütung** auch **innerhalb von Arbeits- und Dienstverhältnissen** zur Anwendung kommt. Ein Entwurf sah für § 43 UrhG einen neuen Absatz 3 vor, wonach § 32 UrhG ausdrücklich auch innerhalb von Arbeits- und Dienstverhältnissen gelten sollte. Nach Beratungen im Rechtsausschuss des Deutschen Bundestages wurde dieser Absatz wieder aus dem Gesetzesentwurf entfernt. [544]

490 In der rechtswissenschaftlichen Literatur wird seitdem darum gestritten, ob damit die Anwendung des § 32 UrhG zugunsten von Urhebern in Arbeits- und Dienstverhältnissen generell ausscheidet. [545] Denn trotz Entnahme der eindeutigen Regelung aus dem Entwurf verweist § 43 UrhG, die maßgebliche Vorschrift für Urheber in Arbeits- und Dienstverhältnissen, auf die Vorschriften des Unterabschnitts „Nutzungsrecht" (§§ 31–44 UrhG) und damit auch auf § 32 UrhG. Im Übrigen führt die Begründung des Rechtsausschusses aus, dass die von Rechtsprechung und Lehre entwickelten Grundsätze für Urheber in Arbeits- und Dienstverhältnissen unberührt bleiben. [546] Nach diesen Grundsätzen wurden zusätzliche Vergütungen urheberrechtlicher Leistungen stets abgelehnt. Ferner weist die Begründung darauf hin, dass die im ursprünglichen Vorschlag vorgesehene Regelung des Abs. 3 sich nun in § 32 Abs. 4 UrhG wiederfinde. [547] Dieser Absatz bestimmt, dass der Urheber dann keinen Anspruch auf angemessene Erhöhung seiner vertraglichen Vergütung hat, wenn die Vergütung für die Nutzung von Werken bereits tarifvertraglich bestimmt ist. Der Hinweis auf das Tarifvertragsrecht scheint auf den ersten Blick eine Geltung des § 32 UrhG für Arbeits- und Dienstverhältnisse nahe zu legen. Dieser Schluss ist allerdings nicht zwingend, da das Tarifvertragsrecht unter bestimmten Voraussetzungen (§ 12a TVG) auch für Freischaffende gilt. § 32 Abs. 4 UrhG könnte daher in seiner Anwendung auf diese Personengruppe beschränkt sein. Dies würde sich auch mit der Intention des Gesetzgebers decken, die Rechtsstellung der freischaffenden Urheber verbessern zu wollen. Die Klärung dieser Streitfrage bleibt den Gerichten überlassen. [548] Nach Ansicht des *LAG Schleswig-*

---

543 *BAG*, Urt. v. 30. 4. 1965 – 3 AZR 291/63, GRUR 1966, 88. Teilweise wird auch auf § 36 UrhG rekurriert; vgl. Fromm/Nordemann/*Vinck*, Urheberrecht, 8. Aufl. § 36 Rz. 4; *Buchner*, GRUR 1985, 1.

544 Vgl. zu § 43 UrhG auch BT-Drs. 14/8058, S. 21.

545 Für eine Anwendung des § 32 UrhG z. B. *Grobys/Foerstl*, NZA 2002, 1016; *Lejeune*, ITRB 2002, 146; dagegen *Däubler-Gmelin*, GRUR 2000, 765; *Ory*, AfP 2002, 95.

546 Beschlussempfehlung des Rechtsausschusses zu § 43 UrhG, BT-Drs. 14/8058, S. 21.

547 Beschlussempfehlung des Rechtsausschusses zu § 43 UrhG, BT-Drs. 14/8058, S. 21.

548 Vgl. zum Thema *Vogel*, NJW-Spezial 2007, 177.

Holstein ist § 32 UrhG jedenfalls nur dann anwendbar, wenn das Arbeitsentgelt nicht bereits als Gegenleistung für die Einräumung von Nutzungsrechten anzusehen ist.[549]

Wird die Ansicht zugrunde gelegt, nach der § 32 UrhG auch innerhalb von **491** Arbeits- und Dienstverhältnissen anzuwenden ist, hat dies folgende Konsequenzen: Da die §§ 43 ff. UrhG klarstellen, dass die Vorschriften der §§ 31 ff. UrhG nur zur Anwendung kommen, soweit sich aus dem Arbeits- und Dienstverhältnis nichts anderes ergibt, kommt eine zusätzliche Vergütung urheberrechtlicher Leistungen nur in Ausnahmefällen in Betracht. Denn die Erbringung urheberrechtlicher Leistungen gehört häufig zu den Dienstpflichten des Personals und ist daher, soweit die Nutzung der Werke sich i. R. dessen hält, was nach der Ausgestaltung des Dienstverhältnisses zu erwarten war, bereits durch das Gehalt abgegolten. Nur wenn der erbrachten urheberrechtlichen Leistung im Wirtschaftsverkehr ein besonders hoher, weit über den Gehaltsanspruch hinausgehender Wert zukommt, könnte im Einzelfall anderes gelten. Erfolgt eine Nutzung des Werkes außerhalb dessen, was nach der Ausgestaltung des Arbeits- oder Dienstverhältnisses geschuldet und zu erwarten war, könnte der Bedienstete die Aufnahme einer Klausel in seinen Arbeits- oder Dienstvertrag verlangen, die ihm eine angemessene Vergütung für die Verwertung seiner urheberrechtlichen Leistung gewährt. § 32a UrhG (sog. Bestsellerparagraph) findet auch auf Urheber in Arbeits- und Dienstverhältnissen Anwendung.[550] Dies folgt schon aus § 32a Abs. 4 UrhG.

Die **unveräußerlichen Urheberpersönlichkeitsrechte** bleiben immer bei **492** dem Arbeitnehmer. Diese Rechte beinhalten v. a. das Recht, als Autor benannt zu werden und das Recht, das Werk zu bearbeiten (§ 39 UrhG); hinzukommen weitere Nebenrechte (Recht auf Zugang zu Werkstücken gem. § 25 UrhG, Rückrufsrechte gem. §§ 41 f. UrhG u. a.). Diese Rechtslage ist sehr unvorteilhaft für den Arbeitgeber – besonders im Vergleich zum angloamerikanischen Urheberrechtssystem, in dem der Arbeitgeber als Urheber des Werkes gilt. Allerdings wird in der Literatur ein vertraglicher Verzicht auf die Ausübung dieser Persönlichkeitsrechte für möglich erachtet.[551]

b) Software

Für den **Softwarebereich** gelten – infolge der Europäischen Softwareschutz- **493** richtlinie – Sonderregelungen. In § 69b Abs. 1 UrhG beschäftigt sich das Gesetz

---

549 *LAG Schleswig-Holstein*, Urt. v. 13. 11. 2013 – 3 Sa 160/13, PflR 2014, 157.
550 *Wandtke*/Bullinger, UrhG, 3. Aufl. 2009, § 43, Rz. 145 m. w. N.
551 *Schricker*, FS Hubmann, 1985, S. 409; *Seetzen*, Der Verzicht im Immaterialgüterrecht, München 1969, 49.

mit dem Urheberrecht in Beschäftigungsverhältnissen. Wird ein Computerprogramm von einem Arbeitnehmer in der Ausführung seiner arbeitsvertraglichen Pflichten oder gem. den Instruktionen seines Arbeitgebers entwickelt, stehen ausschließlich dem Arbeitgeber alle wirtschaftlich relevanten Rechte zu, es sei denn, der Vertrag sieht etwas anderes vor. Diese Regelung erstreckt sich auch auf Dienstverhältnisse der öffentlichen Hand (§ 69b Abs. 2 UrhG).[552] § 69b UrhG ist mithin lex specialis gegenüber § 43 UrhG. Für Auftragsverhältnisse kommt die Regelung jedoch nicht zur Anwendung; insofern kommt es künftig auf die (schwierige) Abgrenzung von Auftrag und Arbeitsvertrag entscheidend an.

494   Die Regelung des § 69b UrhG führte zu einem wichtigen Wechsel im deutschen Urheberrecht:[553] Der Arbeitgeber bekommt alle wirtschaftlichen Rechte, selbst wenn sein Arbeitnehmer nicht als Vollzeit-Softwareentwickler beschäftigt wird.[554] Dies gilt auch für den Fall, dass der Arbeitgeber seinen Arbeitnehmer zur Erstellung eines Computerprogramms von sonstigen Tätigkeiten sowie der betrieblichen Anwesenheitspflicht freigestellt und der Arbeitnehmer die Entwicklung der Software überwiegend außerhalb der regulären Arbeitszeit vorangetrieben hat.[555] Zusätzlich braucht der Arbeitgeber seine Rechte nicht mehr einzuklagen, falls sich der Arbeitnehmer diesbezüglich weigert. Stattdessen wird er – selbst im Falle einer Verweigerung durch den Arbeitnehmer – Inhaber der Rechte. Kraft Gesetzes sind dem Arbeitgeber – wie es in der Gesetzesbegründung zu § 69b UrhG heißt – „die vermögensrechtlichen Befugnisse [...] vollständig zuzuordnen".[556] Auch ist eine Vergütung abseits des Arbeitslohns i. R. v. § 69b UrhG grundsätzlich ausgeschlossen.[557] Denkbar bleibt jedoch eine Beteiligung an den Erlösen des Arbeitgebers nach Maßgabe des sog. Bestsellerparagraphen (§ 32a UrhG).[558]

495   Der Begriff **„wirtschaftliche Rechte"** beinhaltet nicht die Urheberpersönlichkeitsrechte. Diese ideellen Rechte wollen weder die EG-Richtlinie noch der Gesetzesentwurf regeln;[559] es bleibt insofern beim alten Recht. Deshalb darf

---

552 Vgl. zu dem schwierigen Problem des Urheberrechts an Hochschulen, das trotz § 69b Abs. 2 UrhG einer Lösung harrt, *Hubmann/Preuss*, Mitteilungen des Hochschulverbandes 1986, 31; *von Loeper*, WissR 1986, 133.
553 Vgl. hierzu ausführlich *Sack*, BB 1991, 2165.
554 Dies gilt auch dann, wenn das Programm ohne konkreten Auftrag während der Arbeitszeit entwickelt worden ist, vgl. *KG*, Beschl. v. 28. 1. 1997 – 5 W 6232/96, CR 1997, 612.
555 *OLG Köln*, Urt. v. 25. 2. 2005 – 6 U 132/04, CR 2005, 557 = GRUR 2005, 863.
556 BT-Drs. 12/4022, S. 10.
557 *BGH*, Urt. v. 24. 10. 2000 – I ZR 72/98, ZUM 2001, 161; ähnlich *BGH*, Urt. v. 23. 10. 2001 – X ZR 72/98, CR 2001, 223 = MMR 2002, 99 m. Anm. *Rinkler* – Wetterführungspläne II.
558 *BGH*, Urt. v. 23. 10. 2000 – X ZR 72/98, CR 2001, 223 = MMR 2002, 99 m. Anm. *Rinkler* – Wetterführungspläne II.
559 BT-Drs. 12/4022, S. 10.

der Urheber eines Programms selbst in Beschäftigungsverhältnissen folgende Rechte wahrnehmen:
- das Recht darüber zu entscheiden, ob und wo das Werk veröffentlicht oder verbreitet wird,
- das Recht, als Autor genannt zu werden, und besonders
- das Recht, Änderungen des Werkes als entstellend abzulehnen.

Diese Rechte sind unveräußerlich und können auch nicht i. R. v. Arbeitsverträ- **496** gen übertragen werden. Zu der Frage, ob ein Verzicht hinsichtlich der Ausübung dieser Rechte möglich ist, steht eine gefestigte Rechtsprechung noch aus.[560] Nach Ansicht des *OLG Hamburg* ist ein Verzicht auf Urheberpersönlichkeitsrechte aber ausschließlich im Einzelfall möglich; eine vorherige Verzichtserklärung in AGB ist hingegen ausnahmslos unwirksam.[561]

5 Nutzungsrechtsverträge in der Insolvenz

Literatur: *Berger*, Softwarelizenzen in der Insolvenz des Softwarehauses – Die Ansätze des IX. Zivilsenates für insolvenzfeste Softwarelizenzen als Wegbereiter einer neuen dogmatischen Betrachtung, CR 2006, 505; *Breidenbach*, Computersoftware in der Zwangsvollstreckung, CR 1989, 873, 971 und 1074; *Dieselhorst*, Zur Dinglichkeit und Insolvenzfestigkeit einfacher Lizenzen, CR 2010, 69; *Hubmann*, Zwangsvollstreckung in Persönlichkeits- und Immaterialgüterrechte, Festschrift für Heinrich Lehmann 1956, 812; *Paulus*, Software in Vollstreckung und Insolvenz, ZIP 1996, 2; *Plath*, Pfandrechte an Software – Ein Konzept zur Lösung des Insolvenzproblems?, CR 2006, 217; *Roy/Palm*, Zur Problematik der Zwangsvollstreckung in Computer, NJW 1995, 690; *Spindler*, Lizenzierung nach M2Trade, Take five und Reifen Progressiv – Eine Analyse mit besonderem Blick auf das Konzern- und das Kollisionsrecht, CR 2014, 557; *Weber*, Das Schicksal der Softwarelizenz in der Lizenzkette, NZI 2011, 432.

Besondere Schwierigkeiten ergeben sich bei der Frage der Verwertbarkeit von **497** urheberrechtlich geschützten Inhalten in der Insolvenz. Nutzungsrechte an Werken können nicht ohne Zustimmung der beteiligten Urheber an einen Kreditgeber zur Kreditsicherung übertragen werden. Hier gilt das (dispositive) Zustimmungserfordernis der §§ 34 Abs. 1, 35 Abs. 1 UrhG. Ausnahmen gelten für den Filmbereich (siehe die Sonderregelung des § 90 S. 1 UrhG). Das Zustimmungserfordernis des Urhebers entfällt auch dann, wenn das gesamte Unternehmen Gegenstand einer Rechtsübertragung ist, d. h. wenn sämtliche dazu-

---

560 Vgl. hierzu Fromm/Nordemann/*Nordemann*, 11. Aufl. 2014, § 29 Rz. 12 m. w. N.
561 *OLG Hamburg*, Urt. v. 1. 6. 2011 – 5 U 113/09, GRUR-RR 2011, 293 = ZUM 2011, 846.

gehörende Rechte und Einzelgegenstände übertragen werden (§ 34 Abs. 3 UrhG).[562]

498   In diesem Zusammenhang stellt sich die Frage, was im Falle der Insolvenz eines Lizenznehmers mit dem ihm vom Urheber eingeräumten ausschließlichen Nutzungsrecht geschieht und inwiefern sich die Insolvenz auf einfache Nutzungsrechte, die der Lizenznehmer seinen Kunden (Sublizenznehmern) eingeräumt hat, auswirkt. Hat der Urheber dem insolventen Lizenznehmer ein ausschließliches Nutzungsrecht an einem Werk gem. § 31 Abs. 3 UrhG eingeräumt, so steht ihm gem. § 41 UrhG das Recht zu, dieses Nutzungsrecht wegen Nichtausübung oder nicht unerheblicher unzureichender Ausübung zurückzurufen. Derartige Umstände liegen im Falle der Insolvenz des Lizenzgebers vor. Im Verhältnis zwischen Urheber und Lizenznehmer erlischt nun nach dem Rückruf von Seiten des Urhebers das ausschließliche Nutzungsrecht und fällt an den Urheber zurück. Zu klären gilt es allerdings, was mit den einfachen Nutzungsrechten geschieht, die der Lizenznehmer in seiner Funktion als Lizenzgeber seinen Kunden (Sublizenznehmern) eingeräumt hat. In der Rechtsprechung wird bzgl. des Rückrufs einer Lizenz vertreten, dass der Lizenzgeber im Falle der Insolvenz des Lizenznehmers nicht berechtigt sein soll, einfache Nutzungsrechte gegenüber Kunden des Lizenznehmers gem. § 41 UrhG zurückzurufen. Dies lasse sich zunächst dem Umstand entnehmen, dass § 41 UrhG nur den Rückruf des ausschließlichen Nutzungsrechts regelt und damit nur das Vertragsverhältnis zwischen Lizenzgeber und Lizenznehmer betreffe, nicht aber ein Verhältnis zu Dritten. Demnach wirke sich das Erlöschen des Verpflichtungsgeschäfts zwischen Urheber und dem Lizenznehmer nicht auf die vertraglichen Vereinbarungen zwischen dem Lizenznehmer und seinen Kunden aus. Des Weiteren stützt sich diese Ansicht vor allem auf die Schutzwürdigkeit des Sublizenznehmers. Der *BGH*[563] entschied, dass der Sublizenznehmer die Ursachen für die außerordentliche Auflösung des zwischen dem Urheber und dem Lizenznehmer geschlossenen Vertrags und die vorzeitige Beendigung des früheren Nutzungsrechts regelmäßig weder beeinflussen noch vorhersehen kann. Es sei demnach unbillig, wenn er aufgrund derartiger Umstände sein Nutzrecht verliere und u. U. wirtschaftliche Nachteile erleide. Zudem haben sowohl das einfache Nutzungsrecht als auch das ausschließliche Nutzungsrecht dinglichen Charakter, was sie in ihrem Fortbestand unabhängig mache. Ein einfaches Nutzungsrecht versperre dem Urheber nicht eine anderweitige Nutzung und stehe daher einer Verwertung und einem Bekanntwerden

---

562 Vgl. auch schon *RG*, Urt. v. 17.1. 1908 – VII 197/07, RGZ 68, 49; *RG*, Urt. v. 2.4. 1919 – I 221/18, RGZ 95, 235; *OLG Köln*, Urt. v. 3.3. 1950 – 4 U 317/49, GRUR 1950, 579.
563 *BGH*, Urt. v. 26.3. 2009 – I ZR 153/06, MDR 2009, 1291 = CR 2009, 767.

des entsprechenden Werkes nicht entgegen. Diese Auffassung hat der *BGH* in zwei weiteren Urteilen bestätigt.[564]

Urheberrechtsverträge sind regelmäßig **nicht insolvenzfest**. Der *BGH* **499** spricht in diesem Fall von „Lizenzverträgen" und ordnet sie dem Wahlrecht nach § 103 InsO zu.[565] Lehnt der Insolvenzverwalter in Ausübung dieses Wahlrechts die Erfüllung des Vertrages ab, gestaltet sich das Vertragsverhältnis um und dem Vertragspartner steht nur noch ein Anspruch auf Schadenersatz wegen Nichterfüllung als einfache Insolvenzforderung zu. Er wird damit auf eine i. d. R. sehr geringe Quote verwiesen. Ist ein Softwareerstellungsvertrag daher noch nicht beiderseitig erfüllt, kann insb. der Insolvenzverwalter die weitere Erfüllung ablehnen.[566] Das Bundeskabinett hatte daraufhin im August 2007 einen **Gesetzentwurf zur Änderung der Insolvenzordnung** beschlossen; dieser ist allerdings bis heute nicht umgesetzt worden.[567] Der Lizenzvertrag soll danach nicht dem Wahlrecht des Verwalters unterliegen; er behält im Insolvenzverfahren seine Gültigkeit. Die Masse hat nur die Nebenpflichten zu erfüllen, die für eine Nutzung des geschützten Rechts unumgänglich sind. Bei einem krassen Missverhältnis zwischen der vereinbarten und einer marktgerechten Vergütung soll der Verwalter eine Anpassung verlangen können. In diesem Fall soll der Lizenznehmer ein Recht zur außerordentlichen Kündigung haben. Mit dieser differenzierten Lösung würde dem zentralen Interesse des Lizenznehmers Rechnung getragen, auch nach Eröffnung des Insolvenzverfahrens ein ungestörtes Fortlaufen des Lizenzvertrages zu erreichen, ohne dadurch das Interesse der Insolvenzgläubiger an einer möglichst hohen Quote zu vernachlässigen.

Zu beachten ist ferner, dass eine Verwertung in der Insolvenz nicht zuläs- **500** sig ist, sofern zwangsvollstreckungsrechtliche Hindernisse einer Verwertung entgegenstehen (§§ 42, 43 Abs. 1 InsO). Das UrhG sieht allerdings eine Reihe **zwangsvollstreckungsrechtlicher Beschränkungen** vor. Zunächst ist zu beachten, dass das Urheberrecht als solches, die Verwertungsrechte sowie das Urheberpersönlichkeitsrecht mangels Übertragbarkeit nicht verwertbar sind (§ 29 UrhG). Eine Zwangsvollstreckung in Nutzungsrechte in Bezug auf unbekannte Nutzungsarten (§ 31a UrhG) ist ausgeschlossen. § 113 UrhG zieht hieraus

---

564 *BGH*, Urt. v. 19. 7. 2012 – 1 ZR 70/10, GRUR 2012, 916 – U2Trade; *BGH*, Urt. v. 19. 7. 2012 – I ZR 24/11, GRUR 2012, 914 – Take Five.
565 *BGH*, Urt. v. 19. 7. 2012 – 1 ZR 70/10, GRUR 2012, 918 – U2Trade.
566 *BGH*, Urt. v. 17. 11. 2005 – IX ZR 162/04, MMR 2006, 386 = NJW 2006, 915; siehe dazu auch *Witte*, ITRB 2006, 263; *Grützmacher*, CR 2006, 289; *Berger*, CR 2006, 505.
567 Siehe dazu auch die Stellungnahme der Deutschen Vereinigung für Gewerblichen Rechtsschutz und Urheberrecht e. V. (GRUR) in GRUR 2008, 138.

die Konsequenz, dass die Zwangsvollstreckung wegen einer Geldforderung gegen den Urheber in dessen Urheberrecht nur mit der Einwilligung des Urhebers und nur insoweit zulässig ist, als er anderen Nutzungsrechte einräumen kann (§ 31 UrhG). Verwertbar sind daher nur einzelne Nutzungsrechte und Geldforderungen aus deren Verwertung (einschließlich der Einnahmen aus Vergütungen der Verwertungsgesellschaften), sofern der Urheber einwilligt. Die Einwilligung muss höchstpersönlich erteilt werden (§ 113 S. 2 UrhG). Die Zustimmung des Insolvenzverwalters reicht nicht aus (§ 91 Abs. 1 InsO). Diese Regeln gelten auch für einige Leistungsschutzberechtigte, insb. Lichtbildner (§ 118 i. V. m. § 72 UrhG), nicht jedoch für ausübende Künstler sowie Film- und Tonträgerhersteller.

501   Zu beachten sind auch die Schwierigkeiten bei der **Bilanzierung urheberrechtlicher Schutzpositionen**. Eine handelsrechtliche Aktivierung ist nur möglich, wenn das Urheberrecht als immaterieller Wert abstrakt und konkret aktivierungsfähig ist. Für die abstrakte Aktivierungsfähigkeit ist die selbständige Verwertbarkeit des Urheberrechts vonnöten. Das Urheberrecht ist jedoch in abstracto nicht veräußerbar (§ 29 Abs. 1 UrhG); aktivierbar ist daher nur die Möglichkeit, Nutzungsrechte i. R. v. § 31 UrhG einzuräumen. Schwierigkeiten bereitet ferner § 248 Abs. 2 HGB, der eine Aktivierung immaterieller Vermögensgegenstände verbietet, die nicht entgeltlich erworben wurden. Damit sind selbsterstellte immaterielle Werte von der Aktivierung ausgeschlossen. Dies widerspricht dem Vollständigkeitsgebot des § 246 Abs. 1 HGB und den abweichenden Bestimmungen im IAS und US-GAAP-System.[568] Nach IAS 38.45 und SFAS 86/SOP 98–1 muss der Bilanzierende die Fähigkeit, Ressourcen und Absichten haben, ein marktreifes Produkt zu entwickeln; ferner muss ein entsprechender Markt für die externe Verwendung nachgewiesen werden. In der deutschen Diskussion[569] wird daher gefordert, § 248 Abs. 2 HGB aufzuheben und eine Aktivierung immaterieller Werte zuzulassen, sofern ein konkretes, abgrenz- und beschreibbares Projekt begonnen worden ist, dessen aktive Verfolgung sichergestellt und dessen Nutzen darstellbar ist. Zumindest soll eine Bilanzierung als Rechnungsabgrenzungsposten i. R. v. § 250 Abs. 1 HGB zulässig sein, sofern bestimmte Ausgaben zeitlich eindeutig einem späteren Erfolg zugeordnet werden können.

---

568 Siehe dazu *von Keitz*, Immaterielle Güter in der internationalen Rechnungslegung, 1997.
569 Vgl. den Bericht des Arbeitskreises „Immaterielle Werte im Rechnungswesen" der Schmalenbach-Gesellschaft für Betriebswirtschaft e. V. in DB 2001, 989.

X Code as Code – Zum Schutz von und gegen Kopierschutzmechanismen

Literatur: *Arnold*, Rechtmäßige Anwendungsmöglichkeiten zur Umgehung von technischen Kopierschutzmaßnahmen?, MMR 2008, 144; *Arnold/Timmann*, Ist die Verletzung des § 95a Abs. 3 UrhG durch den Vertrieb von Umgehungsmitteln keine Urheberrechtsverletzung?, MMR 2008, 286; *Bär/Hoffmann*, Das Zugangskontrolldiensteschutz-Gesetz, MMR 2002, 654; *Bechtold*, Vom Urheber- zum Informationsrecht, München 2002; *Davies*, Copyright in the Information Society – Technical Devices to Control Private Copying, in: Ganea u. a. (Hrsg.), Urheberrecht. Gestern – Heute – Morgen. Festschrift für Adolf Dietz zum 65. Geburtstag, München 2001, 307; *Dressel/Scheffler* (Hrsg.), Rechtsschutz gegen Dienstepiraterie. Das ZKDSG in Recht und Praxis, München 2003; *Ernst*, Kopierschutz nach neuem UrhG, CR 2004, 39; *Fallenböck/Weitzer*, Digital Rights Management: A new Approach to Information and Content Management?, CRi 2003, 40; *Fränkl*, Digital Rights Management in der Praxis, 2005; *Gutmann*, Rechtliche Flankierung technischer Schuzmöglichkeiten, K & R 2003, 491; *Goldmann/Liepe*, Vertrieb von kopiergeschützten Audio-CDs in Deutschland. Urheberrechtliche, kaufrechtliche und wettbewerbsrechtliche Aspekte, ZUM 2002, 362; *Gottschalk*, Das Ende von „fair use" – Technische Schutzmaßnahmen im Urheberrecht der USA, MMR 2003, 148; *Holznagel/Brüggemann*, Das Digital Rights Management nach dem ersten Korb der Urheberrechtsnovelle, MMR 2003, 767; *Knies*, DeCSS – oder – Spiel mir das Lied vom Code, ZUM 2003, 286; *Koch*, Urheberrechtliche Zulässigkeit technischer Beschränkungen und Kontrolle der Software-Nutzung, CR 2002, 629; *Kreutzer*, Schutz technischer Maßnahmen und Durchsetzung von Schrankenbestimmungen bei Computerprogrammen, CR 2006, 804; *Melichar*, Die Umsetzung der EU-Urheberrechtsrichtlinie in deutsches Recht, *Schwarze/Becker* (Hrsg.), Regulierung im Bereich von Medien und Kultur, Baden-Baden 2002, 43; *Heinemeyer/Nordmeyer*, Super Marios Erzfeind – Die Legalität der Modchips und Softwaremods für Videospielkonsolen, CR 2013, 586, *Picot* u. a. (Hrsg.), Distribution und Schutz digitaler Medien durch Digital Rights Management, Berlin 2004; *Pleister/Ruttig*, Neues Urheberrecht – neuer Kopierschutz, MMR 2003, 763; *Retzer*, On the Technical Protection of Copyright, CRi 2002, 134; *Wand*, Technische Schutzmaßnahmen und Urheberrecht, München 2001; *Wiegand*, Technische Kopierschutzmechanismen in Musik-CDs, MMR 2002, 722.

Die Globalisierung des Internets und die territoriale Anknüpfung des Urheber- **502** rechts stehen im Widerspruch; dieser Widerspruch führt in der Praxis zu erheblichen Irritationen. Diese Probleme lassen sich – wie oben beschrieben – nur eingeschränkt durch gesetzliche Ausnahmebestimmungen (statutory licensing) oder durch die Zwischenschaltung der Verwertungsgesellschaften (collective licensing) lösen. Auch das single licensing erweist sich als zeitraubender Lösungsansatz, muss doch mit jedem Rechteinhaber ein Vertrag geschlossen werden. Es wundert nicht, dass die Industrie in dieser Situation zur Selbsthilfe übergeht. Code as Code bedeutet, dass der Programmiercode zur Kodifikation wird. An die Stelle gesetzlicher Vorgaben treten **technische Standards, Kopierschutzmechanismen und Copyright Management Systeme.** Im Einzelnen zählen hierzu:

- Dongles, ein Stecker, der zum Schutz vor unberechtigter Softwarenutzung auf den parallelen Port des Rechners gesteckt wird und dadurch erst die Nutzung des Computerprogramms ermöglicht,
- RPS, das Rights Protection System der IFPI, einem System zur Sperrung des Zugriffs auf urheberrechtsverletzende Webseiten,
- Regional Encoding Enhancements, eine territorial-bezogene Beschränkung der Nutzungsmöglichkeiten einer CD,
- CSS, **Content Scramble System** ein Verfahren zur Verschlüsselung von DVD-Videoinhalten,
- SCMS, das Serial Copy Management System, das die Verwendung kopierter CDs verhindert.

503 Zu diesem Bereich der technischen Selbsthilfe hat die EU eine Reihe von Regelungen erlassen. Zu bedenken sind zunächst die Bestimmungen in der **Softwareschutzrichtlinie über den Schutz gegen Umgehungstools** (Art. 7 Abs. 1 lit. c).[570] Hinzu kommt die **Richtlinie 98/84/EG über den rechtlichen Schutz von zugangskontrollierten Daten und von Zugangskontrolldiensten.**[571] Diese regelt nicht nur den Bereich des Pay-TVs, sondern aller Zugangskontrolldienste (Art. 2 lit. a). Nach Art. 4 dieser Richtlinie müssen die Mitgliedstaaten sog. „illicit devices" verbieten. Solche „devices" sind in Art. 2 lit. e definiert als *„any equipment or software designed or adapted to give access to a protected service in an intelligible form without the authorisation of the service provider".* Die Richtlinie ist durch das am 23. März 2002 in Kraft getretene „Gesetz zum Schutz von zugangskontrollierten Diensten und Zugangskontrolldiensten (Zugangskontrolldiensteschutzgesetz – ZKDSG)" in das deutsche Recht umgesetzt worden.[572] Verboten ist hiernach die gewerbsmäßige Verbreitung von Vorrichtungen, die dazu bestimmt sind, den geschützten Zugang von Fernseh- und Radiosendungen sowie von Telemediendiensten zu überwinden.

504 Hinzu kommt die Richtlinie zur Harmonisierung bestimmter Aspekte des Urheberrechts und der verwandten Schutzrechte in der Informationsgesellschaft, die sog. **InfoSoc-Richtlinie.**[573] Diese verpflichtet die Mitgliedstaaten zu einem angemessenen Rechtsschutz gegen die Umgehung wirksamer technischer Maßnahmen durch eine Person, der bekannt ist, oder den Umständen

---

570 Siehe dazu vor allem *Raubenheimer,* CR 1994, 129; *Raubenheimer,* MittdPatA 1994, 309.
571 ABl. Nr. L 320/54 vom 28.11.1998.
572 Siehe dazu *Bär/Hoffmann,* MMR 2002, 654 und ausführlich *Dressel/Scheffler* (Hrsg.), Rechtsschutz gegen Dienstepiraterie. Das ZKDSG in Recht und Praxis, München 2003.
573 Richtlinie 2001/29/EG vom 22.5.2001, EG ABl. L 167 v. 22.6.2001, S. 10.

nach bekannt sein muss, dass die Maßnahme dieses Ziel verfolgt (Art. 6 Abs. 1 InfoSoc-RL).

Allerdings ist ein solcher Schutz dort problematisch, wo die technischen 505 Schutzsysteme gesetzliche Vorgaben unterminieren. Das ist z. B. bei SCMS der Fall, sofern das gesetzlich erlaubte Erstellen privater Kopien (siehe nur § 69d Abs. 2 UrhG) technisch unmöglich gemacht wird. Ähnliches gilt für die Regional Encoding Mechanismen, die mit dem Erschöpfungsgrundsatz (§ 17 Abs. 2 UrhG) und dem Prinzip der Warenverkehrsfreiheit kollidieren. Nach Art. 6 Abs. 4 S. 1 der InfoSoc-RL treffen die Mitgliedstaaten auch Schutzmaßnahmen gegen technische Sperren, sofern diese den gesetzlichen Schranken widersprechen. Für das Verhältnis zur Privatkopierfreiheit sieht Art. 6 Abs. 4 S. 2 allerdings nur noch vor, dass ein Mitgliedstaat hier tätig werden „kann" („may"). Es ist daher möglich, dass technische Sperren das Erstellen privater Kopien verhindern und die EU-Staaten hier nicht zum Schutz des Endnutzers vorgehen.[574] Im Übrigen können die Rechteinhaber solche Sperren auch setzen, wenn sie selbst die Vervielfältigung zum privaten Gebrauch ermöglichen (Art. 6 Abs. 4 S. 2 a. E.).

Wesentliche Ausprägungen dieser EU-Vorgaben finden sich in **§§ 95a ff.** 506 **UrhG**. Streitig ist, ob diese Bestimmungen auch für **Computerspiele oder Spielekonsolen** gelten, da § 69a Abs. 4 UrhG die Anwendung der §§ 95a–95d UrhG für Computerprogramme ausschließt.[575] Nach entsprechender Vorlage an den *EuGH*[576] hat der *BGH*[577] nunmehr erklärt, dass wirksame technische Maßnahmen zum Schutz eines Videospiels, das aus einem Computerprogramm und aus anderen urheberrechtlich geschützten Werken besteht, auch nach § 95a UrhG geschützt seien. Allerdings erstrecke sich der Schutz nur auf Maßnahmen, deren Einsatz den Grundsatz der Verhältnismäßigkeit wahrt und legale Nutzungsmöglichkeiten nicht in übermäßiger Weise beschränkt.[578] Ob eine Vorrichtung hauptsächlich zur Umgehung wirksamer technischer Maßnahmen

---

574 Vgl. dazu die Ausführungen zu §§ 53, 95b UrhG unter VI. 8.

575 Eine Darstellung des bisherigen Streitstandes zu der werklichen Einordnung von Computerspielen sowie zu der Frage, ob sog. Modchips gegen das Urheberrecht verstoßen, findet sich bei *Heinemeyer/Nordmeyer*, Super Marios Erzfeind – Die Legalität der Modchips und Softwaremods für Videospielkonsolen, CR 2013, 586.

576 *BGH*, Beschl. v. 6. 2. 2013 – I ZR 124/11, GRUR 2013, 1035 = WRP 2013, 1355 – Videospiel-Konsolen I; *EuGH*, Urt. v. 23. 1. 2014 – C 355/12, GRUR 2014, 255 = WRP 2014, 301= MMR 2014, 401 – Nintendo/PC Box und 9Net.

577 *BGH*, Urt. v. 27. 11. 2014 – I ZR 124/11, GRUR 2015, 672, 676 m. Anm. *Pfeifer* – Videospiel-Konsolen II .

578 *BGH*, Urt. v. 27. 11. 2014 – I ZR 124/11, GRUR 2015, 672 m. Anm. *Pfeifer* – Videospiel-Konsolen II .

oder zur legalen Nutzung entwickelt wurde, richtet sich laut *EuGH*[579] und *BGH*[580] nach der tatsächlichen Verwendung bzw. der objektiven Zweckbestimmung. Bezüglich der Verhältnismäßigkeitsprüfung sei insb. – auch hinsichtlich der Kosten – zu prüfen, ob es Schutzmaßnahmen gegeben hätte, die bei geringerer Beeinträchtigung der legalen Nutzung einen vergleichbaren Schutz bewirkt hätten.[581] Unter diesen Maßgaben hat der *BGH* den Fall an das *OLG München*[582] zurückverwiesen, sodass eine konkrete Einordnung abzuwarten bleibt.

507   Nach § 95a Abs. 1 UrhG dürfen wirksame technische Maßnahmen zum Schutz eines urheberrechtlich geschützten Gegenstandes ohne Zustimmung des Rechteinhabers nicht umgangen werden. Der Begriff der Wirksamkeit kann nicht mit dem Begriff der Unumgehbarkeit gleichgesetzt werden, da § 95a UrhG ansonsten seine Existenzberechtigung verliere.[583] Auch die Legaldefinition in § 95a Abs. 2 S. 2 UrhG führt nicht weiter. Negativ abgrenzend ist jedenfalls zutreffend, dass technische Maßnahmen dann unwirksam sind, wenn sie in der Praxis für den Durschnittsnutzer leicht zu umgehen sind.[584] Das ist etwa dann der Fall, wenn ein weit verbreitetes Programm die Umgehung problemlos ermöglicht.[585]

508   § 95a Abs. 3 UrhG verbietet u. a. die Herstellung, die Einfuhr, die Verbreitung, den Verkauf, die Vermietung, die Werbung im Hinblick auf Verkauf oder Vermietung und den gewerblichen Zwecken dienenden Besitz von Vorrichtungen, Erzeugnissen oder Bestandteilen. Die Verfassungsmäßigkeit dieser sehr verbotsfreudigen Regelung ist umstritten.[586] In Bezug auf § 95a Abs. 3 UrhG hat das *BVerfG* jedoch keine Bedenken gesehen.[587] Zu den geschützten Kopier-

---

579 *EuGH*, Urt. v. 23. 1. 2014 – C 355/12, GRUR 2014, 255 = WRP 2014, 301= MMR 2014, 401 – Nintendo/PC Box und 9Net.
580 *BGH*, Urt. v. 27. 11. 2014 – I ZR 124/11, GRUR 2015, 672, 676, Rz. 52 – Videospiel-Konsolen II.
581 *EuGH*, Urt. v. 23. 1. 2014 – C 355/12, GRUR 2014, 255 = WRP 2014, 301 = MMR 2014, 401 – Nintendo/PC Box und 9Net; *BGH*, Urt. v. 27. 11. 2014 – I ZR 124/11, GRUR 2015, 672, 676, Rz. 58 – Videospiel-Konsolen II.
582 Instanzenzug: *LG München I*, Urt. v. 14. 10. 2009 – 21 O 22196/08, MMR 2010, 341 = ZUM-RD 2010, 159; *OLG München*, Urt. v. 9. 6. 2011 – 6 U 5037/09, ZUM 2013, 806.
583 *Dreier*/Schulze, UrhG, 4. Aufl. 2013, § 95a, Rz. 15.
584 *Dreier*/Schulze, UrhG, 4. Aufl. 2013, § 95a, Rz. 15.
585 *OLG Hamburg*, Urt. v. 20. 2. 2008 – 5 U 68/07, CR 2010, 125 – Session-ID.
586 *Ulbricht*, CR 2004, 674; differenzierend *LG Köln*, Urt. v. 23. 11. 2005 – 28 S 6/05, CR 2006, 702 = MMR 2006, 412; *Holznagel/Brüggemann*, MMR 2003, 767, 773.
587 *BVerfG*, Beschl. v. 25. 7. 2005 – 1 BvR 2182/04, CR 2005, 847 = MMR 2005, 751; ähnlich auch *OLG München*, Urt. v. 28. 7. 2005 – 29 U 2887/05, CR 2005, 821 m. Anm. *Scheja* = AfP 2005, 480.

schutzmaßnahmen zählen auch Regional Encoding Systems, wie auf DVDs gebräuchlich.[588] Auch bei Nintendo DS-Karten handelt es sich um technische Schutzmaßnahmen nach § 95a UrhG.[589] Allerdings müssen die nationalen Gerichte nach Auffassung des *EuGH*[590] prüfen, ob andere Vorkehrungen oder nicht in die Konsolen eingebaute Vorkehrungen zu geringeren Beeinträchtigungen oder Beschränkungen der Handlungen Dritter führen könnten, dabei aber einen vergleichbaren Schutz für die Rechte des Betroffenen bieten könnten.

Der **Beteiligungstatbestand** des § 95a Abs. 3 UrhG wird in der Rechtsprechung weit ausgelegt. Er umfasst auch das bloße Einstellen eines Verkaufsangebots bei eBay für eine Software, die technische Kopierschutz-Mechanismen umgehen kann, als tatbestandliche „Werbung".[591] Die Haftung wird durch die Münchener Justiz[592] in zweifelhafter Art und Weise über den Wortlaut des § 95a Abs. 3 UrhG hinaus ausgedehnt. Hierzu bedient man sich der Konstruktion der allgemeinen Mitstörerhaftung. Eine solche soll schon eingreifen, wenn jemand einen Link auf Umgehungssoftware setzt.[593] Allerdings kann der Presse eine Berichterstattung über Umgehungssoftware nicht verwehrt werden. Auch Links auf solche Angebote sind durch die Pressefreiheit geschützt: Sind in einem im Internet veröffentlichten, seinem übrigen Inhalt nach dem Schutz der Presse- und Meinungsfreiheit unterfallenden Beitrag elektronische Verweise (Links) auf fremde Internetseiten in der Weise eingebettet, dass sie einzelne Angaben des Beitrags belegen oder diese durch zusätzliche Informationen ergänzen sollen, so werden auch diese Verweise von der Presse- und Meinungsfreiheit umfasst.[594]

In der *BGH*-Entscheidung „Session-ID"[595] hat der Senat den Schutz technischer Maßnahmen über § 95a UrhG hinaus erweitert. Bediene sich ein Berechtigter einer technischen Schutzmaßnahme, um den öffentlichen Zugang zu ei-

509

510

---

588 So in Australien der Fall Kabushiki Kaisha Sony vs. Stevens, entschieden vom *Obersten Gerichtshof Australiens* am 26. 7. 2002 FCA 906; ähnlich Sony v. Ball, *High Court of Justice*, 24. 6. 2004 und 19. 7. 2004, (2005) FSR 9.
589 *LG München I*, Urt. v. 14.10. 2009 – 21 O 22196/08, K & R 2010, 66 = MMR 2010, 341.
590 *EuGH*, Urt. v. 23.1. 2014 – C-355/12, NJW 2014, 761 = GRUR 2014, 255.
591 *LG Köln*, Urt. v. 23. 11. 2005 – 28 S 6/05, CR 2006, 702 = MMR 2006, 412.
592 *OLG München*, Urt. v. 28. 7. 2005 – 29 U 2887/05, AfP 2005, 480, 484; ähnlich bereits *LG München I*, Urt. v. 7. 3. 2005 – 21 O 3220/05, CR 2005, 460 m. Anm. *Lejeune* = MMR 2005, 385, 387.
593 *OLG München*, Urt. v. 28. 7. 2005 – 29 U 2887/05, GRUR-RR 2005, 372.
594 *BGH*, Urt. v. 14.10. 2010 – I ZR 191/08, CR 2011, 467 m. Anm. *Arlt* = CR 2011, 401 = MDR 2011, 618– AnyDVD.
595 *BGH*, Urt. v. 29. 4. 2010 – I ZR 39/08, MDR 2011, 378 = CR 2011, 41 – Session-ID.

nem geschützten Werk nur auf dem Weg über die Startseite seiner Webseite zu eröffnen, greife das Setzen eines Hyperlinks, der unter Umgehung dieser Schutzmaßnahme einen unmittelbaren Zugriff auf das geschützte Werk ermöglicht, in das Recht der öffentlichen Zugänglichmachung des Werkes aus § 19a UrhG ein. Bei der technischen Schutzmaßnahme müsse es sich nicht um eine wirksame technische Schutzmaßnahme i. S. d. § 95a UrhG handeln. Es reiche aus, dass die Schutzmaßnahme den Willen des Berechtigten, den öffentlichen Zugang zu dem geschützten Werk nur auf dem vorgesehenen Weg zu ermöglichen, erkennbar macht.

511   Im Übrigen greift § 95a UrhG nicht ein, wenn ein Nutzer bei bestehendem digitalen Kopierschutz eine **analoge Kopie** zieht.[596] Denn der digitale Kopierschutz ist in einem solchen Fall nicht gegen die Redigitalisierung einer analogen Kopie wirksam. Allerdings besteht dann die Möglichkeit, gegen den Softwarehersteller aus §§ 3, 4 Nr. 4 UWG vorzugehen. Der Vertrieb von Bot-Software für ein **Online-Rollenspiel** spielt unter dem Gesichtspunkt der Absatz- und Vertriebsstörung eine unlautere vertriebsbezogene Behinderung nach §§ 3, 4 Nr. 4 UWG dar, denn hierdurch werden ehrliche Spieler, die die Spielregeln einhalten, gegenüber unehrlichen Spielern benachteiligt, sodass das Spiel erheblich an Attraktivität verliert und damit wirtschaftliche Erfolge einbüßt.[597]

512   § 95a UrhG kommt i. Ü. zum Tragen, wenn Brenner-Software im Rahmen einer Online-Auktion angeboten wird.[598] Manipulierbare Schnittstellen an Receivern unterfallen nicht § 95a UrhG.[599] Im Übrigen stellen verbotene Angebote auch für Private eine unzulässige „Werbung" i. S. v. § 95a UrhG dar. Bei der Bestimmung des § 95a Abs. 3 UrhG handelt es sich um ein Schutzgesetz i. S. d. § 823 Abs. 2 S. 1 BGB zugunsten der Inhaber von Urheberrechten und Leistungsschutzrechten, die wirksame technische Maßnahmen zum Schutz ihrer urheberrechtlich geschützten Werke und Leistungen einsetzen. Der Begriff der Werbung im Hinblick auf den Verkauf i. S. d. § 95a Abs. 3 UrhG umfasst jegliche Äußerung mit dem Ziel, den Absatz der in dieser Regelung näher bezeichneten Umgehungsmittel zu fördern.[600] Er ist nicht auf ein Handeln zu gewerblichen Zwecken beschränkt und erfasst auch das private und einmalige Verkaufsange-

---

596 *LG Frankfurt a. M.*, Urt. v. 31. 5. 2006 – 2/6 O 288/06, CR 2006, 816 = ZUM 2006, 881 – Musik-Flatrate.
597 *OLG Hamburg*, Urt. v. 6. 11. 2014 – III U 86/13, bestätigt durch *BGH*, U. v. 12. 1. 2017 – I ZR 253/14, World of Warcraft 2.
598 *BGH*, Urt. v. 15. 7. 2008 – I ZR 219/05, MDR 2008, 1351 = CR 2008, 691 – Clone-CD; *LG Köln*, Urt. v. 23. 11. 2005 – 28 S 6/05, CR 2006, 702 = MMR 2006, 412.
599 *OLG Hamburg*, Urt. v. 24. 6. 2009 – 5 U 165/08, CR 2010, 45 = MMR 2009, 851.
600 *BGH*, Urt. v. 17. 7. 2008 – I ZR 219/05, MDR 2008, 1351 = CR 2008, 691 – Clone-CD.

bot. Ein Verstoß gegen § 95a Abs. 3 UrhG setzt kein Verschulden des Verletzers voraus.[601]

Die Beschränkung der Zulässigkeit digitaler Privatkopien durch das Verbot **513** der Umgehung wirksamer technischer Schutzmaßnahmen (vgl. § 95a UrhG) verletzt nach Auffassung des *OLG München*[602] nicht das Eigentumsgrundrecht des Besitzers einer Kopiervorlage; es ist vielmehr nur eine wirksame Inhalts- und Schrankenbestimmung i. S. d. Art. 14 Abs. 1 S. 2 GG. Das Gericht stellt auf die Historie ab und verweist auf die damalige „Not der geistigen Eigentümer"[603] als Grund für die Entstehung der Befugnis zur Privatkopie. Zugunsten des Verbrauchers sei hieraus kein Recht erwachsen, das sich heute gegen das seinerseits durch Art. 14 GG geschützte geistige Eigentum ins Feld führen ließe. Aus der bloßen Existenz von Umgehungsmaßnahmen folge daher nicht zwingend die Unwirksamkeit der betroffenen technischen Schutzmaßnahmen i. S. d. § 95a Abs. 1 UrhG. Die Wirksamkeit solcher Schutzmaßnahmen hänge vielmehr davon ab, ob der durchschnittliche Benutzer durch die Maßnahmen von Urheberrechtsverletzungen abgehalten werden kann.[604]

XI Folgen bei Rechtsverletzung

Die Rechtsfolgen in Piraterfiällen bestimmen sich nach den §§ 97 ff. und **514** §§ 106 ff. UrhG; ergänzend sind die Bestimmungen des BGB zum Schadensersatz hinzuzuziehen. Zum 1. September 2008 erfolgte eine Novellierung des Sanktionssystems aufgrund der Richtlinie 2004/48/EG zur Durchsetzung der Rechte des geistigen Eigentums.[605]

1 Strafrechtliche Sanktionen

Hinsichtlich der Folgen von Rechtsverletzungen sind zunächst die **strafrecht-** **515** **lichen Sanktionen** zu beachten. Nach § 106 Abs. 1 UrhG droht demjenigen

601 *BGH*, Urt. v. 17. 7. 2008 – I ZR 219/05, MDR 2008, 1351 = CR 2008, 691 – Clone-CD.
602 *OLG München*, Urt. v. 23. 10. 2008 – 29 U 5696/07, CR 2009, 105 m. Anm. *Feldmann* = MMR 2009, 118.
603 *OLG München*, Urt. v. 23. 10. 2008 – 29 U 5696/07, CR 2009, 105 m. Anm. *Feldmann* = MMR 2009, 118.
604 *OLG München*, Urt. v. 23. 10. 2008 – 29 U 5696/07, CR 2009, 105 m. Anm. *Feldmann* = MMR 2009, 118.
605 Richtlinie 2004/48/EG zur Durchsetzung der Rechte des geistigen Eigentums v. 2. 6. 2004, ABl. L 195/16; BGBl. I 2008, S. 1191.

eine Freiheitsstrafe bis zu drei Jahren oder eine Geldstrafe, der ohne eine gesetzliche Lizenz und ohne Einwilligung des Rechteinhabers ein Werk vervielfältigt (§ 16 UrhG), verbreitet (§ 17 UrhG) oder öffentlich wiedergibt (§ 15 Abs. 2 UrhG).[606] Das Kopieren von Software ohne Einwilligung des Rechteinhabers ist demnach verboten, sofern nicht die gesetzlichen Ausnahmen wie z. B. § 69c Nr. 3 UrhG (veräußerte körperliche Vervielfältigungsstücke), § 69d Abs. 2 UrhG (Sicherungskopien) oder §§ 69d Abs. 3, 69e UrhG (Reverse Engineering und Dekompilierung) eingreifen. Auch wenn die Erstellung solcher Raubkopien immer noch gesellschaftlich als Kavaliersdelikt angesehen wird, ist dieses Verhalten nicht von dem Gesetzgeber durch Schaffung einer gesetzlichen Schranke legitimiert worden. Dagegen fällt die Online-Datenübertragung nicht unter das Merkmal der Verbreitung, da Gegenstand der Verbreitung nur körperliche Werkstücke sein können.[607] Unter die unerlaubte öffentliche Wiedergabe fällt allerdings das Bereithalten von Material zum Abruf über das Internet.[608] Die Nutzung von Internet-Tauschbörsen zum Download von Musik fällt ebenfalls unter § 106 UrhG.[609] Der bloße Besitz von Raubkopien ist jedoch nicht strafbar.

516   § 106 Abs. 2 UrhG erweitert die Strafbarkeit auf die **Versuchsdelikte**. Es reicht aus, dass der Täter bereits nach seiner Vorstellung unmittelbar zur Tat i. S. d. § 22 StGB angesetzt. Allerdings reicht es nicht aus, dass einschlägige Werkzeuge zum Herstellen von Kopien in der Wohnung des Beschuldigten gefunden werden. So ist der bloße Besitz eines CD-ROM-Brenners noch nicht geeignet, von einem unmittelbaren Ansetzen zur Tat zu sprechen. § 106 UrhG ist gem. § 109 UrhG ein Antragsdelikt. Es ist also erforderlich, dass der betroffene Rechteinhaber eine Strafverfolgung wünscht und ausdrücklich fordert. Die Strafverfolgungsbehörden können gem. § 109 UrhG von sich aus erst dann tätig werden, wenn sie ein besonderes öffentliches Interesse an der Strafverfolgung annehmen. Dieses besondere Interesse dürfte im Bereich der Kleinstpiraterie (etwa der sog. Computerkids) zu verneinen sein. Erst wenn die Piraterie von ihrer Größenordnung her das „normale" Maß übersteigt, ist eine Amtsermittlung geboten.

---

606 Die Auslegung dieser Regelung waren Gegenstand einer Vorlage des *BGH* an den *EuGH*: *BGH*, Beschl. v. 8. 12. 2010 – 1 StR 213/10, GRUR 2011, 227 = ZUM-RD 2011, 403; *EuGH*, Urt. v. 21. 6. 2012 – C-5/11, GRUR 2012, 817.

607 *Dreier*/Schulze, § 106 UrhG, Rz. 4; Möhring/Nicolini/*Kroitzsch*, § 17 UrhG Rz. 9.

608 Erbs/Kohlhaas/*Kaiser*, Strafrechtliche Nebengesetze , 213. Aufl. 2017, § 106 UrhG, Rz. 20.

609 § 53 Abs. 1, Abs. 6 UrhG; *AG Mainz*, Urt. v. 24. 9. 2009 – 2050 Js 16878/07.408ECs, MMR 2010, 117; Erbs/Kohlhaas/*Kaiser*, Strafrechtliche Nebengesetze, 213. Aufl. 2017, § 106 UrhG, Rz. 20; noch zur alten Rechtslage vor dem Zweiten Gesetz zur Regelung des Urheberrechts in der Informationsgesellschaft v. 26. 10. 2007, BGBl. I 2007, S. 2513: *AG Cottbus*, Urt. v. 25. 5. 2004 – 95 Ds 1653, CR 2004, 782 = ITRB 2004, 252 m. Anm. *Gebler*.

Etwas anderes gilt für den Bereich der **gewerbsmäßigen Piraterie** (§ 108a 517
UrhG). Wenn jemand zu kommerziellen Zwecken Kopien erstellt und vertreibt,
erhöht sich nicht nur die denkbare Freiheitsstrafe auf bis zu fünf Jahre. Die
gewerbsmäßige Piraterie ist auch ein Offizialdelikt, sodass die Strafverfolgungsbehörden bei einem entsprechenden Verdacht auch ohne Antrag des Betroffenen tätig werden und ermitteln. Darüber hinaus können Gegenstände,
wenn sie zu einer der o. g. Straftaten genutzt wurden, wie z. B. der PC mit Zubehör, gem. § 110 UrhG eingezogen werden.

Es hat für den Betroffenen große Vorteile, den strafrechtlichen Weg einzu- 518
schlagen und Strafantrag zu stellen. Im Zivilverfahren kann es nämlich sehr
schwierig sein, den Nachweis einer Piraterie zu führen. Der Betroffene selbst
kann regelmäßig kein Beweismaterial in den Räumen des Beschuldigten beschlagnahmen. Anders ist die Lage für die Strafverfolgungsbehörden, die entsprechendes Material auf richterliche Anordnung beschlagnahmen können
(siehe § 98 StPO). Sobald das Strafverfahren abgeschlossen ist, kann der Betroffene die Ergebnisse in das anschließende Zivilverfahren einführen. Im Übrigen entstehen dem Betroffenen für die Ermittlungen im Strafverfahren keine
Kosten; insb. eventuelle Sachverständigengebühren sind vom Staat zu entrichten. Angesichts der guten Relation von Kosten und Nutzen sollte der Betroffene
daher unbedingt einen Strafantrag stellen. Auch sollte der Betroffene im Offizi-
alverfahren gegen gewerbliche Piraterie entsprechende Anzeigen bei den Behörden machen und das Verfahren laufend begleiten. Ferner sind die Möglichkeiten der **Zollbeschlagnahme** zu beachten.[610] Der Zoll kann aufgrund eines
Antrags des Rechteinhabers verdächtige Sendungen anhalten, untersuchen,
Proben entnehmen, Fälschungen vernichten und Informationen an den Rechteinhaber herausgeben. Der Zoll wird bei Nichtgemeinschaftswaren nach der
VO 1383/2003 („Produktpiraterieverordnung")[611] tätig; hinzu kommen eher seltene Beschlagnahmefälle nach rein nationalen Vorschriften etwa im Falle in-
nergemeinschaftlicher Parallelimporte.

2 Zivilrechtliche Ansprüche

Literatur: *Eisenkolb*, Die Enforcement-Richtlinie und ihre Wirkung – Ist die Enforcement-
Richtlinie mit Ablauf der Umsetzungsfrist unmittelbar wirksam?, GRUR 2007, 387; *Frank/*

---

610 Weitere Informationen hierzu unter www.zoll.de/DE/Fachthemen/Verbote-Beschraenkun
gen/Gewerblicher-Rechtsschutz/Marken-und-Produktpiraterie/marken-und-produktpiraterie_
node.html (zuletzt abgerufen: August 2017).
611 Verordnung (EG) Nr. 1383/2003 des Rates v. 22. 7. 2003 über das Vorgehen der Zollbehör-
den gegen Waren, die im Verdacht stehen, bestimmte Rechte geistigen Eigentums zu verletzen,
und die Maßnahmen gegenüber Waren, die erkanntermaßen derartige Rechte verletzen, ABl.
Nr. L 196 v. 2. 8. 2003, S. 7.

Wiegand, Der Besichtigungsanspruch im Urheberrecht de lege ferenda, CR 2007, 481; *Freitag*, Internetangebote und Urheberrecht, DRiZ 2007, 204; *Husch*, Thumbnails in Bildersuchmaschinen, CR 2010, 452; *Faustmann/Ramsperger*, Abmahnkosten im Urheberrecht – Zur Anwendbarkeit des § 97a Abs. 2 UrhG, MMR 2010, 662; *Kaeding*, Haftung für Hot Spot Netze, CR 2010, 164; Köhler: Das neue Gesetz gegen unseriöse Geschäftspraktiken, NJW 2013, 3473; *Leistner*, Störerhaftung und mittelbare Schutzrechtsverletzung, GRUR 2010, Beilage zu Heft 1; *Nümann/Mayer*, Rechtfertigung und Kritik von Massenabmahnungen gegen Urheberrechtsverletzungen in Filesharing-Netzwerken, ZUM 2010, 321; *Pahlow*, Anspruchskonkurrenzen bei Verletzung lizenzierter Schutzrechte unter Berücksichtigung der Richtlinie 2004/48/EG, GRUR 2007, 1001; *Peifer*, Die dreifache Schadensberechnung im Lichte zivilrechtlicher Dogmatik, WRP 2008, 48; *Schwartmann/Kocks*, Haftung für den Missbrauch offener WLAN-Anschlüsse, K & R 2010, 433; *Sobola*, Schadensersatzpflicht durch Nutzung von Musiktauschbörsen, ITRB 2008, 135; *Spindler*, Haftung für private WLAN im Delikts- und Urheberrecht, CR 2010, 592; *Spindler/Weber*, Die Umsetzung der Enforcement-Richtlinie nach dem Regierungsentwurf für ein Gesetz zur Verbesserung der Durchsetzung von Rechten des geistigen Eigentums, ZUM 2007, 257; *Spitz*, Überlegungen zum entgangenen Gewinn und zur Gewinnherausgabe im Bereich des gewerblichen Rechtsschutzes, sic! 2007, 795; *Witte*, Zur Schadensberechnung bei der Verletzung von Urheberrechten an Software, ITRB 2006, 136; *Wörheide*, Haftung im Internet, MMR-Beilage 2011, 6.

a) § 97 Abs. 1 UrhG

519 Die zentrale Norm der zivilrechtlichen Ansprüche bildet § 97 Abs. 1 UrhG. Danach steht dem Verletzten ein verschuldensunabhängiger Anspruch auf Beseitigung bzw. bei Wiederholungsgefahr auf Unterlassung der Verletzungshandlung zu. Darüber hinaus kann der Verletzte bei Vorsatz oder Fahrlässigkeit Schadensersatz verlangen. Voraussetzung ist jew. die widerrechtliche Verletzung eines Urheber- oder Leistungsschutzrechts eines anderen. Diese Ansprüche sind frei übertragbar und auch verzichtbar. Geschützt sind dabei nur die absoluten Rechte, d. h. solche, die gegenüber jedem nichtberechtigten Dritten wirken. Die Verletzung rein vertraglicher Ansprüche, etwa die Position des Inhabers eines einfachen Nutzungsrechts, reicht nicht aus.[612] Als Verletzungshandlung gilt jeder Eingriff in eines der dem Rechteinhaber zustehenden Verwertungs- oder Persönlichkeitsrechte. Widerrechtlich ist jeder Eingriff in die Position des Rechteinhabers, der nicht von einer gesetzlichen Schranke oder der Einwilligung des Rechteinhabers gedeckt ist. Rechtsunkenntnis entlastet nicht.[613] Vor dem Hintergrund, dass § 13b UrhWG außer Kraft getreten ist, kann

---

612 Str.; so auch Schricker/Loewenheim/*Wild*, UrhG, 4 Aufl. 2010, § 97 Rz. 30; Möhring/Nicolini/*Reber*, 3.Aufl. 2014, § 97 Rz. 17.
613 *BGH*, Urt. v. 14.11. 1985 – I ZR 68/83, GRUR 1986, 734 m. Anm. *Schack* – Bob Dylan; *BGH*, Urt. v. 18.12. 1997 – I ZR 79/95, MDR 1998, 1113 = GRUR 1998, 568 – Beatles-Doppel-CD.

ein Veranstalter (diejenige Person, die eine urheberrechtsverletzende Tätigkeit anordnet oder sie durch ihre Tätigkeit ins Werk setzt) als mittelbarer Täter oder Teilnehmer allerdings zumindest über § 13b UrhWG nicht mehr in Anspruch genommen werden.

aa) Anspruch auf Beseitigung und Unterlassung

Der in § 97 Abs. 1 UrhG normierte **Unterlassungsanspruch** gilt sowohl für ver- 520 mögens- als auch für persönlichkeitsrechtliche Beeinträchtigungen. Zu unterscheiden ist zwischen dem wiederherstellenden und dem vorbeugenden Unterlassungsanspruch. Während sich das Gesetz nur auf den wiederherstellenden Unterlassungsanspruch nach vorangegangener Rechtsverletzung bezieht, regelt der in der Rechtsprechung entwickelte vorbeugende Unterlassungsanspruch die Fälle der konkret drohenden Erstbegehungsgefahr. Diese besteht bei allen vorbereitenden Maßnahmen, die einen zukünftigen Eingriff nahe legen.

Da streng genommen alle Unterlassungsansprüche Unterfälle des **Beseiti-** 521 **gungsanspruchs** sind, greift dieser nur, wenn eine fortdauernde Gefährdung nicht durch bloßes Unterlassen beseitigt werden kann. Dabei dient er dem Zweck, den Eintritt künftiger Verletzungsfolgen zu verhindern, nicht jedoch der Wiederherstellung des ursprünglichen Zustands.

Zu beachten ist auch § 98 Abs. 1 UrhG, wonach der Verletzte Herausgabe 522 an einen Gerichtsvollzieher zwecks Vernichtung verlangen kann.[614] Neben der Vernichtung kann auch Schadensersatz verlangt werden.[615] Der Anspruchsinhaber hat nach ständiger Rechtsprechung nach den Grundsätzen der Geschäftsführung ohne Auftrag einen Anspruch auf Ersatz der Aufwendungen, insb. auch der Anwaltskosten.[616]

bb) Anspruch auf Schadensersatz

Handelt der Schädiger **vorsätzlich oder fahrlässig** (§ 276 BGB), besteht ein 523 Anspruch auf Schadensersatz. Dieser wird nicht dadurch ausgeschlossen, dass der Schädiger darauf verweist, keine hinreichenden Rechtskenntnisse gehabt zu haben. Schon eine grobe Vorstellung davon, dass das Verhalten nicht der Rechtsordnung entspricht, reicht aus. Auch muss sich der Schädiger die notwendigen Rechtskenntnisse verschaffen. Es gilt der Grundsatz: „Irrtum schützt

614 *BGH*, VersäumnisUrt. v. 28.11. 2002 – I ZR 168/00, GRUR 2003, 228 – P-Vermerk.
615 *KG*, Urt. v. 5.3. 1991 – 5 U 4433/91, GRUR 1992, 168 – Dia-Kopien.
616 Z. B. *LG Köln*, Urt. v. 18.7. 2007 – 28 O 480/06, MMR 2008, 126 = ZUM-RD 2007, 596.

vor Strafe nicht". Jeder Fehler bei der Beurteilung der Rechtslage ist dem Schädiger i. R. d. Fahrlässigkeitsvorwurfes zuzurechnen.[617]

524 Zur Bestimmung des Inhalts des Schadensersatzanspruchs ist zunächst zwischen materiellem und immateriellem Schaden zu unterscheiden. Bei **materiellen Schäden** sind die §§ 249 ff. BGB heranzuziehen. Der Schädiger schuldet zunächst die Naturalrestitution, d. h. die Wiederherstellung des Zustandes, der ohne die Rechtsverletzung bestehen würde. Dies ist allerdings bei Urheberrechtsverletzungen selten möglich. Insofern ist nach § 251 BGB Geldersatz zu leisten. Hierbei stehen **drei verschiedene Berechnungsarten** zur Auswahl: Ersatz der erlittenen Vermögenseinbuße einschließlich des entgangenen Gewinns (§§ 249 ff. BGB), Zahlung einer angemessenen Lizenz (Lizenzanalogie) und die Herausgabe des vom Schädiger erlangten Gewinns.[618] Der Verletzte kann zwischen diesen Berechnungsarten frei wählen und noch während des Prozesses und sogar nach Rechtskraft des Verletzungsprozesses wechseln.[619]

525 Dabei gilt der Gewinn als entgangen, der nach dem gewöhnlichen Lauf der Dinge oder nach den besonderen Umständen, insb. nach den getroffenen Anstalten und Vorkehrungen mit Wahrscheinlichkeit erwartet werden konnte (§ 252 S. 2 BGB). Auch ein eigenes Vergütungssystem des Verletzten kann dabei zugrunde gelegt werden, wenn dieses tatsächlich vorher zum Einsatz gekommen ist.[620] Allerdings ist es gerade im Urheberrecht oft schwierig, den Nachweis eines solchen Gewinns zu erbringen. Einfacher ist es für den Verletzten daher, eine angemessene Lizenzgebühr für die Benutzung des ihm zustehenden Rechts zu fordern. Dann ist dem Verletzten der Betrag zu ersetzen, den er als Gegenleistung für die Erteilung seiner Zustimmung erhalten hätte. Als angemessen gilt die Lizenzgebühr, die verständige Vertragspartner üblicherweise vereinbart hätten. Darüber hinaus sieht § 97 Abs. 2 S. 2 UrhG ausdrücklich vor, dass anstelle des Schadensersatzes die Herausgabe des erlangten Gewinns verlangt werden kann.[621] Herauszugeben ist der Reingewinn, den der Schädiger gezogen hat und zwar unabhängig davon, ob ihn der Verletzte hätte erzielen können oder nicht. Dabei wird der Schaden regelmäßig nach § 287 ZPO durch das entscheidende Gericht geschätzt.[622] Bei Bemessung der Scha-

---

617 *BGH*, Urt. v. 20. 5. 2009 – I ZR 239/06, CR 2009, 642 = GRUR 2009, 864 – CAD-Software.

618 *BGH*, Urt. v. 8. 10. 1971 – I ZR 12/70, GRUR 1972, 189 – Wandsteckdose II; *BGH*, Urt. v. 22. 9. 1999 – I ZR 48/97, MDR 2000, 596 = GRUR 2000, 226, 227 – Planungsmappe u. a.

619 *BGH*, Urt. v. 22. 4. 1993 – I ZR 52/91, MDR 1993, 1070 = GRUR 1993, 757 – Kollektion Holiday.

620 *BGH*, Urt. v. 26. 3. 2009 – I ZR 42/06, IBRRS 2009, 1632.

621 Vgl. auch *BGH*, Urt. v. 19. 1. 1973 – I ZR 39/71, GRUR 1973, 478 = NJW 1973, 800 – Modeneuheit.

622 *OLG Frankfurt a. M.*, Urt. v. 4. 5. 2004 – 11 U 6/02 und 11 U 11/03, ZUM 2004, 924 = MMR 2004, 476.

denshöhe kann bei Prominenten auch der Bekanntheitsgrad und Sympathie-
wert berücksichtigt werden.[623] Als abzugsfähig galten nach älterer Rechtsprechung alle Selbstkosten des Verletzers, einschließlich der Materialkosten,
Vertriebsgemeinkosten und Fertigungslöhne.[624] Gemeinkosten sind jedoch nur
noch abzugsfähig, wenn sie den schutzrechtsverletzenden Gegenständen unmittelbar zugerechnet werden können.[625] Bei der Bemessung des Schadensersatzanspruchs nach den Grundsätzen der Lizenzanalogie sind Ersatzzahlun-
gen, die der Verletzer seinen Vertragspartnern wegen deren Inanspruchnahme
durch den Verletzten erbringt, nicht abzuziehen.[626]

Etwas anderes gilt im Falle der **Verletzung von Urheberpersönlichkeits-** 526
rechten. Nach § 97 Abs. 2 S. 4 UrhG können u. a. Urheber, Lichtbildner und
ausübende Künstler auch wegen immaterieller Schäden eine Entschädigung in
Geld nach Maßgabe der Billigkeit verlangen. Dadurch ist z. B. gewährleistet,
dass Fotografen bei Verletzung ihres Namensnennungsrechts einen Aufschlag
auf die geltend gemachten wirtschaftlichen Schäden erheben dürfen. Auch soll
eine Anwendung der Vorschrift gerechtfertigt sein, wenn jemand fremde Webseiten ohne Namensnennung zu kommerziellen Zwecken kopiert.[627]

Besonderheiten bestehen hinsichtlich der Gewährung **eines zusätzlichen** 527
Kostenaufschlags. Die Rechtsprechung hat i. R. d. Berechnung des konkreten
Schadens der GEMA gestattet, durch einen Aufschlag von bis zu 100 Prozent
ihre zusätzlichen Kosten für die Kontrolle von Rechtsverletzungen geltend zu
machen. Auch die fehlende Urheberbenennung rechtfertigt bei der unrechtmäßigen Verwendung von Fotos einen Zuschlag.[628] Eine Gewährung dieses pauschalen Zuschlags für andere Branchen ist nicht geboten, zumal es sich hier
um eine kaum zu rechtfertigende, verdeckte Form des Strafschadensersatzes
handelt. Ein Strafschadensersatz, etwa in Form eines doppelten Schadener-
satzes, war einmal bei der Diskussion rund um die Enforcement-Richtlinie angedacht, wurde aber als systemfremd abgelehnt.

Gem. § 97 Abs. 2 S. 3 UrhG kann der Schadensersatz auf der Grundlage des 528
Betrages berechnet werden, den der Verletzer hätte entrichten müssen, wenn

---

623 *BVerfG*, Urt. v. 5. 3. 2009 – 1 BvR 127/09, GRUR-RR 2009, 375 = ZUM 2009, 479.
624 *BGH*, Urt. v. 29. 5. 1962 – I ZR 132/60, GRUR 1962, 509 – Diarähmchen II; *BGH*, Urt. v. 13. 7.
1973 – I ZR 101/72, GRUR 1974, 53 – Nebelscheinwerfer; krit. dazu: *Lehmann*, BB 1988, 1680.
625 *BGH*, Urt. v. 2. 11. 2000 – I ZR 246/98, MDR 2001, 827 = CR 2001, 220 m. Anm. *Sedlmaier* –
Gemeinkostenanteil für den Bereich des Geschmacksmusterrechts; ähnlich für das Patentrecht
OLG *Düsseldorf*, Urt. v. 20. 12. 2001 – 2 U 91/00.
626 *BGH*, Urt. v. 26. 3. 2009 – I ZR 44/06, CR 2009, 447 = MDR 2009, 941 – Resellervertrag.
627 *OLG Frankfurt a. M.*, Urt. v. 4. 5. 2004 – 11 U 6/02 und 11 U 11/03, ZUM 2004, 924 = MMR
2004, 476.
628 *OLG Düsseldorf*, Urt. v. 9. 5. 2006 – 20 U 138/05, GRUR-RR 2006, 393.

er zuvor die Erlaubnis zur Nutzung des verletzten Rechts eingeholt hätte. Häufig werden für die Verletzung von Fotorechten die Empfehlungen der Mittelstandsgemeinschaft Fotomarketing (MFM) angewendet. Allerdings geht dies nicht pauschal, sondern nur unter Berücksichtung aller Umstände des Einzelfalls. Lässt sich eine repräsentative Verwertungspraxis des Fotografen zur Überlassung von Produktfotos zum Zwecke eines privaten eBay-Verkaufs nicht feststellen, kann zur Bemessung der angemessenen Lizenzhöhe nicht auf die MFM-Honorarempfehlungen zurückgegriffen werden, weil diese eine solche Art der Fotonutzung nicht abbilden.[629] Bei der Bemessung des Schadensersatzbetrages für unerlaubte Lichtbildnutzung durch einen Zweitnutzer kann zwar an das gezahlte Honorar für eine erteilte Lizenz an den Erstnutzer angeknüpft werden. Hiervon sind jedoch Abschläge vorzunehmen, da das Honorar auch die Arbeitsleistung des Fotografen abdeckt, die Zweitnutzung regelmäßig geringer vergütet wird und der Umfang der Zweitnutzung hinter der Erstnutzung zurückbleibt.[630] Der Ausgleich für den durch die fehlende Urheberbenennung verursachten materiellen Schaden kann auch in Form eines Zuschlags auf die (fiktive) Lizenzgebühr für die jeweilige Nutzung bemessen werden.[631]

529   Bei **privater Nutzung von Fotos im Internet für kurze Zeit** sind die Erstattungskosten allerdings deutlich geringer. So verurteilte das *OLG Brandenburg*[632] einen Privaten zur Zahlung von 40 Euro Schadensersatz und 100 Euro Abmahnkosten. Der Kläger könne hier nur 40 Euro Lizenzgebühren verlangen, weil das Foto nur wenige Tage im Internet verwendet worden sei. Zu bezahlen habe der Beklagte auch die Abmahnkosten. Da der Beklagte erstmals das Urheberrecht verletzt, das Foto lediglich für einen Privatverkauf verwendet habe und daher die Rechtsverletzung des Klägers nicht erheblich gewesen sei, sei der Kostenerstattungsanspruch auf 100 Euro zu begrenzen. Seit dem 9. Oktober 2013 sind die Abmahnkosten im Urheberrecht stark reduziert.[633] Der Streitwert wird durch § 97a Abs. 3 UrhG seitdem auf 1 000 Euro beschränkt, sodass nur noch 155,29 Euro an Anwaltskosten entstehen können. Das gilt jedoch nur, wenn der Anspruchsgegener eine natürliche Person ist und das Werk nicht für die gewerbliche oder selbständige berufliche Tätigkeit verwendet wird (§ 97a Abs. 3 Nr. 1) und der Abgemahnte nicht bereits wegen eines Anspruchs des

---

629 *OLG Braunschweig*, Urt. v. 8. 2. 2012 – 2 U 7/11, MMR 2012, 328 = GRUR 2012, 920.

630 *OLG Hamm*, Urt. v. 17. 11. 2015 – 4 U 34/15, MMR 2016, 549 = GRUR-RR 2016, 188.

631 *BGH*, Urt. v. 15. 1. 2015 – I ZR 148/13, MMR 2015, 680 = GRUR 2015, 780 = CR 2015, 678.

632 *OLG Brandenburg*, Urt. v. 3. 2. 2009 – 6 U 58/08, MDR 2009, 643 = CR 2009, 251 = MMR 2009, 258; ähnlich *LG Hamburg*, Urt. v. 10. 2. 2009 – 36a C 171/08, AfP 2009, 95.

633 Mit dem Gesetz gegen unseriöse Geschäftspraktiken v. 1. 10. 2013 (BGBl. I 2013, S. 3714) wurde unter anderem § 97a UrhG neu gefasst.

Abmahnenden durch Vertrag, aufgrund einer rechtskräftigen gerichtlichen Entscheidung oder einer einstweiligen Verfügung zur Unterlassung verpflichtet ist (§ 97a Abs. 3 Nr. 2). Eine Ausnahme sieht § 97a Abs. 3 UrhG a. E. für den Fall vor, dass die Einschränkung „nach den besonderen Umständen des Einzelfalls unbillig" ist. Man darf gespannt sein, wie dies in der Praxis ausgelegt wird.[634] Teilweise wird der reduzierte Streitwert auch in Altfällen angewandt.[635] Ebenso wurde der sog. fliegende Gerichtsstand abgeschafft. Der Verbraucher muss fortan an seinem Wohnsitz oder in Ermangelung eines solchen an seinem gewöhnlichen Aufenthaltsort verklagt werden, § 104a UrhG.

b) Sonstige Geldansprüche

§ 102a UrhG weist auf die Anwendbarkeit weiterer Anspruchsgrundlagen hin. **530** Hier kommen Ansprüche aus dem Bereicherungsrecht, der Geschäftsführung ohne Auftrag, aus dem Deliktsrecht sowie dem Wettbewerbsrecht in Betracht. Besonders wichtig sind dabei die Ansprüche aus den §§ 812 ff. BGB, denn sie sind auf Zahlung gerichtet, ohne ein Verschulden des Schädigers zu fordern. Praktische Folgen hat dies, wenn der Verletzte dem Inanspruchgenommenen weder Vorsatz noch Fahrlässigkeit nachweisen kann. Ein Vorteil des Bereicherungsrechts liegt auch in der längeren Verjährung, welche gem. § 852 S. 2 BGB zehn Jahre ab Entstehung des Anspruches beträgt. Dagegen haben Ansprüche aus anderen gesetzlichen Vorschriften aufgrund der umfassenden Regelung des § 97 UrhG meist nur subsidiäre Bedeutung.

c) Auskunft und Rechnungslegung

Literatur: *Bäcker*, Starkes Recht und schwache Durchsetzung, ZUM 2008, 391; *Beck/Kreißig*, Tauschbörsen-Nutzer im Fadenkreuz der Strafverfolgungsbehörden, NStZ 2007, 304; *Nordemann/Dustmann*, To Peer Or Not To Peer. Urheberrechtliche- und datenschutzrechtliche Fragen der Bekämpfung der Internet-Piraterie, CR 2004, 380; *Czychowski*, Auskunftsansprüche gegenüber Internetzugangsprovidern „vor" dem 2. Korb und „nach" der Enforcement-Richtlinie der EU, MMR 2004, 514; *ders./Nordemann*, Grenzenloses Internet – entgrenzte Haftung?, GRUR 2013, 986; *Einzinger/Schubert/Schwabl/Wessely/Zykan*, Wer ist 217.204.27.214? Access-Provider im Spannungsfeld zwischen Auskunftsbegehrlichkeiten der Rechteinhaber und Datenschutz, M&R 2005, 113; *Gercke*, Tauschbörsen und

---

634 Das *OLG Düsseldorf* sah eine Deckelung des Streitwerts in einem Fall als unbillig an, in dem der Beklagte sich bewusst über einen Copyright-Hinweis hinweggesetzt hatte; *OLG Düsseldorf*, Urt. v. 29. 08. 2014 –I-20 U 114/13, BeckRS 2015, 04596.
635 *AG Hamburg*, Beschl. v. 24. 7. 2013 – 31a C 109/13; abgelehnt vom *AG München*, Beschl. v. 9. 10. 2013 – 172 C 18546/13; *AG München*, Beschl. v. 27. 8. 2013 – 172 C 10944/13; *LG Köln*, Beschl. v. 3. 12. 2013 – 28 T9/13, MMR 2014, 194.

das Urheberstrafrecht – Ein Überblick über die strafrechtliche Bewertung der Tauschbörsennutzung unter Berücksichtigung der Änderungen durch den „Zweiten Korb" der Urheberrechtsreform, ZUM 2007, 791; *Hoppen*, Software-Besichtigungsansprüche und ihre Durchsetzung, CR 2009, 407; *Jüngel/Geißler*, Der neue Auskunftsanspruch aus § 101 UrhG, MMR 2008, 787; *Sieber/Höfinger*, Drittauskunftsansprüche nach § 101a UrhG gegen Internetprovider zur Verfolgung von Urheberrechtsverletzungen, MMR 2004, 575; *Spindler/Dorschel*, Auskunftsansprüche gegen Internet-Service-Provider, CR 2005, 38; *Stomper*, Zur Auskunftspflicht von Internet-Providern, M&R 2005, 118; *Frank/Wiegand*, Der Besichtigungsanspruch im Urheberrecht de lege ferenda, CR 2007, 481.

aa) Voraussetzungen

531 Gem. § 97 Abs. 1 UrhG i. V. m. § 242 BGB analog hat der Verletzte außerdem einen Auskunftsanspruch auf Darlegung des erzielten Gewinns und den nutzungsrechtlich orientierten Auskunftsanspruch aus § 101 Abs. 1 UrhG, der die Verfolgung des eigentlichen Anspruchs erleichtern soll.[636] Dies setzt allerdings voraus, dass der Verletzte selbst nur auf unzumutbare Weise an die notwendigen Informationen gelangen kann. Der Verletzer muss in Erfüllung der Auskunftspflicht alle zumutbaren Recherchemöglichkeiten bzgl. seiner Erwerbsquelle oder des Umfangs der Verletzung ausschöpfen.[637] Insofern muss er in Geschäftsunterlagen Einsicht nehmen und bei Mitarbeitern, Kunden oder Lieferanten nachfragen.[638] Auch sind Geschäftsunterlagen und sonstige Belege herauszugeben.[639] Im Verfügungsverfahren ist ein Auskunftsanspruch nur zu bejahen, wenn die Rechtsverletzung offensichtlich ist.[640] Der Rechnungslegungsanspruch ergibt sich aus § 259 BGB;[641] er kann allerdings nur gegenüber Gewerblichen geltend gemacht werden. Zu den Verletzten zählt auch ein Host Provider nach Maßgabe des TMG.[642]

bb) Kreis der Auskunftsverpflichteten

532 § 101 UrhG erweitert den Kreis der zur Auskunft Verpflichteten und sieht u. a. einen Auskunftsanspruch gegen Dritte vor, die für rechtsverletzende Tätigkei-

---

636 Der Auskunftsanspruch aus § 101 I UrhG kann auch urheberpersönlichkeitsrechtliche Ansprüche erfassen, sofern ein Zusammenhang zur Vervielfältigung bzw. Verbreitung des Werkes besteht, *OLG Hamburg*, Urt. v. 9. 1. 2007 – 5 W 147/06, CR 2007, 487.
637 *OLG Zweibrücken*, Urt. v. 14. 2. 1997 – 2 U 25/96, GRUR 1997, 827, 829 – Pharaon-Schmucklinie.
638 *BGH*, Urt. v. 23. 1. 2003 – I ZR 18/01, MDR 2003, 945 = GRUR 2003, 433, 434 – Cartierring.
639 *BGH*, Urt. v. 23. 1. 2003 – I ZR 18/01, MDR 2003, 945 = GRUR 2003, 433, 434 – Cartierring.
640 *KG*, Urt. v. 31. 5. 1996 – 5 U 889/96, GRUR 1997, 129 – verhüllter Reichstag II.
641 *BGH*, Urt. v. 25. 2. 1992 – X ZR 41/90, MDR 1992, 662 = GRUR 1992, 612, 614 – Nicola.
642 *OLG München*, Urt. v. 21. 9. 2006 – 29 U 2119/06, CR 2007, 40 = MMR 2006, 739 – Lateinlehrbuch.

ten genutzte Dienstleistungen erbracht haben. Auch andere Personen, die nicht selbst Verletzer sind, sind durch die Regelung Auskunftsverpflichtungen ausgesetzt. Gem. § 101 Abs. 2 UrhG besteht im Falle einer offensichtlichen Rechtsverletzung oder der Klageerhebung ein Auskunftsanspruch gegen Personen, die in gewerblichem Ausmaß rechtsverletzende Vervielfältigungsstücke in ihrem Besitz hatten (Nr. 1), rechtsverletzende Dienstleistungen in Anspruch nahmen (Nr. 2) oder für rechtsverletzende Tätigkeiten genutzte Dienstleistungen erbracht haben (Nr. 3). Besondere Bedenken ruft § 101 Abs. 2 S. 1 Nr. 4 UrhG hervor. Danach besteht ein Auskunftsanspruch auch gegenüber Personen, die nach Angaben der in § 101 Abs. 2 S. 1 Nr. 1–3 UrhG aufgeführten Dritten an der Herstellung, Erzeugung oder am Vertrieb der urheberrechtlich geschützten Güter beteiligt waren. Hier führt die Denunziation eines Dritten ohne Überprüfung der Richtigkeit zur Auskunftspflicht.[643] So kann z. B. ein Sharehoster auf Auskunft über Name, Anschrift und E-Mail-Adresse eines Uploaders in Anspruch genommen werden.[644]

In § 101 Abs. 2 und 9 UrhG ist ein Auskunftsanspruch gegen **Access Provi-** **533** **der** geregelt.[645] Dieser setzt nach dem Wortlaut der Vorschrift voraus, dass sowohl der auskunftspflichtige Access Provider als auch der Rechtsverletzer in gewerblichem Ausmaß handeln.[646] Der *BGH* hat sich über das Erfordernis der Gewerblichkeit hinweggesetzt.[647] Der Senat verzichtet auf das Merkmal.[648] Ein Auskunftsanspruch setze demnach „nicht voraus, dass die rechtsverletzenden Tätigkeiten das Urheberrecht oder ein anderes nach dem Urheberrechtsgesetz geschütztes Recht in gewerblichem Ausmaß verletzt haben".[649] Nach Auffassung des *BGH* bezieht sich die neuerliche Erwähnung des „gewerblichen Ausmaßes" in § 101 Abs. 2 UrhG nicht auf die Rechtsverletzung, sondern auf die Dienstleistung, i. d. R. also den Internet Provider. Deshalb bestehe der Aus-

---

643 *Haedicke*, FS Schricker, S. 29; *Knaak*, GRUR Int. 2004, 749.
644 *OLG Köln*, Urt. v. 25. 3. 2011 – 6 U 87/10, CR 2011, 673 = WRP 2011, 933.
645 *OLG Hamburg*, Urt. v. 28. 4. 2005 – 5 U 156/04, CR 2005, 512 m. Anm. *Dorschel* = MMR 2005, 453; *OLG Frankfurt a. M.*, Urt. v. 25. 1. 2005 – 11 U 51/04, MMR 2005, 241 m. Anm. *Spindler* = CR 2005, 285; *OLG München*, Urt. v. 24. 3. 2005 – 6 U 4696/04, MMR 205, 616; *Kitz*, GRUR 2003, 1015; *Spindler/Dorschel*, CR 2005, 39.
646 *OLG Köln*, Beschl. v. 31. 10. 2008 – 6 Wx 2/08, MDR 2009, 158 = GRUR-RR 2009, 9; a. A. *LG Bielefeld*, Beschl. v. 20. 3. 2009 – 4 OH 49/09.
647 *BGH*, Beschl. v. 19. 4. 2012 – I ZB 80/11, GRUR 2012, 1026 = WRP 2012, 1250 – Alles kann besser werden.
648 *BGH*, Beschl. v. 25. 10. 2012 – I ZB 13/12, MMR 2013, 110 = ZUM 2013, 38, 39; ähnlich auch *BGH*, Beschl. v. 16. 5. 2013 – I ZB 25/12, MMR 2013, 800 = NJW 2013, 3039.
649 *BGH*, Beschl. v. 25. 10. 2012 – I ZB 13/12, MMR 2013, 110, 111 mit Verweis auf *BGH*, Beschl. v. 19. 4. 2012 – I ZB 80/11, GRUR 2012, 1026 = WRP 2012, 1250 – Alles kann besser werden.

kunftsanspruch ganz allgemein für jegliche „offensichtliche Rechtsverletzung".[650] So einfach ist das (scheinbar).

534   Das **Bankgeheimnis** genießt keinen uneingeschränkten Vorrang vor dem Schutz des geistigen Eigentums. Daher ist es einem Bankinstitut nicht unbegrenzt und bedingungslos gestattet, eine Auskunft über Namen und Anschrift eines Kontoinhabers unter Berufung auf das Bankgeheimnis zu verweigern.[651]

535   Die Regelung des § 101 UrhG gilt als verfassungs- sowie europarechtlich unbedenklich.[652] Die Auskunftspflicht kann auch im Wege einstweiliger Anordnungen durchgesetzt werden, sofern das Vorliegen der Voraussetzungen nach § 101 Abs. 9 UrhG glaubhaft gemacht wird. Die Durchsetzung eines Vorlage- und Besichtigungsanspruchs nach § 101a UrhG im Wege der einstweiligen Verfügung bedarf der besonderen Dringlichkeit.[653]

cc) Umfang des Auskunftsanspruchs

536   § 101 UrhG erlaubt allerdings keine „Rasterfahndung", um feststellen zu können, wer aus der Menge der Anschlussinhaber Urheberrechte in gewerblichem Ausmaß verletzt haben könnte.[654]

537   Die Anordnung gem. § 101 Abs. 9 UrhG schafft die datenschutzrechtliche Gestattung dafür, dass der zur Auskunft Verpflichtete (hier: Provider) berechtigt ist, die begehrten Daten nicht zu löschen; sie stellt eine i. S. v. § 96 TKG ausreichende Erlaubnis dar. Die Gestattung bewirkt zugleich, dass der in Anspruch Genommene die Daten nicht mehr sanktionslos löschen kann, da er sich in diesem Fall schadenersatzpflichtig gem. §§ 280 Abs. 1, 281 BGB i. V. m. § 101 Abs. 2 UrhG machen würde.[655] Zugelassen wird zum Teil eine vorläufige richterliche Anordnung zur Sicherstellung der Daten bei einer bereits begangenen Rechtsverletzung.[656] Unzutreffend ist die Auffassung des *LG Hamburg*,[657] dass der Access Provider auch verpflichtet sei, „auf Zuruf" die noch vorhandenen Verkehrsdaten bis zur Beendigung des Auskunftsverfahrens vorzuhalten. Den Access Provider treffen nach dem TKG vorrangige Löschungspflichten, de-

650 *BGH*, Beschl. v. 25.10. 2012 – I ZB 13/12, MMR 2013, 110, 111 = ZUM 2013, 38, 39.
651 *EuGH*, Urt. v. 16.7. 2015 – C-580/13.
652 *OLG Karlsruhe*, Beschl. v. 1.9. 2009 – 6 W 47/09, K & R 2009, 731 = MMR 2010, 419 – Datensicherung zur Auskunftserteilung.
653 *OLG Köln*, Beschl. v. 9.1. 2009 – 6 W 3/09, CR 2009, 289 = ZUM 2009, 427.
654 *LG Kiel*, Beschl. v. 2.9. 2009 – 2 O 221/09, K & R 2009, 818 = ZUM 2009, 978.
655 *OLG Köln*, Beschl. v. 21.10. 2008 – 6 Wx 2/08, CR 2009, 107 = MMR 2008, 820.
656 *OLG Köln*, Beschl. v. 9.6. 2011 – 6 W 159/10, MMR 2011, 759 = ZUM-RD 2011, 490.
657 *LG Hamburg*, Urt. v. 11.3. 2009 – 308 O 75/09, CR 2009, 656 = MMR 2009, 570 m. krit. Anm. *zur Wiesche*.

nen er auch prioritär nachzukommen hat.[658] Das *LG Hamburg* vertritt demgegenüber sogar die Auffassung, dass dem Access Provider einstweilig untersagt werden könne, noch vorhandene Daten zu löschen.[659] Viele Oberlandesgerichte haben inzwischen eine solche Speicherpflicht zu Recht abgelehnt.[660] Einer gesetzlichen Grundlage bedarf die Annahme einer Pflicht zur Speicherung dynamischer IP-Adressen im Interesse der Inhaber gewerblicher Schutzrechte und Urheberrechte gerade vor dem Hintergrund der Urteile des *BVerfG*[661] und des *EuGH*[662] zur Vorratsdatenspeicherung.

Es kommt dem Gesetzgeber zu, einen Ausgleich herzustellen zwischen den **538** Interessen dieser Inhaber privater Rechte, die von Verfassungs wegen zu schützen sind, und den datenschutzrechtlichen Belangen der Internetnutzer, die ihrerseits verfassungsrechtlich geschützt sind.

Ein Internet Provider ist nicht verpflichtet, IP-Adressen, die er nur i. R. der **539** Vorratsdatenspeicherung vorgehalten hat, an einen Rechteinhaber herauszugeben.[663] Das *OLG Frankfurt a. M.* ist dabei der Argumentation gefolgt, dass die Norm des § 101 Abs. 9 UrhG (allenfalls) einen datenschutzrechtlichen Erlaubnistatbestand für die Übermittlung der gem. § 96 TKG gespeicherten Verkehrsdaten, nicht jedoch für die allein nach § 113a TKG gespeicherten Daten bildet. Für eine Gestattung im Hinblick auf derartige Daten fehlt es nach der Auffassung des Gerichts an einer Rechtsgrundlage. Auf dieses Urteil des *OLG Frankfurt a. M.* hat auch die Nichtigerklärung der §§ 113a und 113b TKG durch das *BVerfG*[664] im Zuge des Urteils zur Vorratsdatenspeicherung keine direkte Auswirkung, weil auch nach einer Neugestaltung der Regelungen durch den Gesetzgeber keine Erweiterung des Kreises der Auskunftsanspruchsberechtigten über staatliche Stellen hinaus zu erwarten ist. Gibt der Access Provider die Daten rechtswidrig an den Rechteinhaber, unterliegen diese Daten keinem Be-

---

658 So auch *OLG Hamm*, Beschl. v. 2.11. 2010 – I-4 W 119/10, CR 2011, 516 = GRUR-Prax 2011, 66 = MMR 2011; *OLG Frankfurt a. M.*, Beschl. v. 17.11. 2009 – 11 W 53/09, GRUR-RR 2010, 91 = MMR 2010, 109; eine Verfassungsbeschwerde der Rechteinhaber wurde abgelehnt; *BVerfG*, Beschl. v. 17.2. 2011 – 1 BvR 3050/10, RDV 2011, 141 = ZUM-RD 2011, 395.

659 Modifiziert in *LG Hamburg*, Urt. v. 20.10. 2010 – 308 O 320/10, CR 2011, 448 = MMR 2011, 475.

660 *OLG Düsseldorf*, Urt. v. 15.3. 2010 – I-20 U 136/10, MMR 2011, 546; *OLG Hamm*, Beschl. v. 2.11. 2010 – I-4 W 119/10, CR 2011, 516 = GRUR-Prax 2011, 61; *OLG Düsseldorf*, Beschl. v. 7.3. 2013 – I-20 W 121/12, CR 2013, 470 = MMR 2013, 392 – IP-Daten-Speicherung.

661 *BVerfG*, Urt. v. 2.3. 2010 – 1 BvR256/08, NJW 2010, 833.

662 *EuGH*, Urt. v. 8.4. 2014 – C-293/12, C-594/12 = NJW, 2014, 2169 – Digital Rights Ireland Ldt/Minister for Communications, Marine and Naturale Recourses.

663 *OLG Frankfurt a. M.*, Beschl. v. 12.5. 2009 – 11 W 21/09, CR 2010, 99 = MMR 2009, 542.

664 *BVerfG*, Urt. v. 2.3. 2010 – 1 BvR 256/08, CR 2010, 232 m. Anm. *Heun* = NJW 2010, 833.

weisverwertungsverbot, selbst wenn die Auskunft des Providers ohne richterliche Anordnung eingeholt wurde.[665]

dd) Gerichtliche Zuständigkeit

540 Schwierigkeiten macht auch die Frage des Auskunftsanspruches nach § 101 UrhG, wenn es um die **örtliche Zuständigkeit des Gerichts** geht. Nach § 101 Abs. 9 S. 2 UrhG ist nur dasjenige *LG* zuständig, in dessen Bezirk der zur Auskunft Verpflichtete seinen Wohnsitz, seinen Sitz oder eine Niederlassung hat. Das *OLG Düsseldorf*[666] hat klar gestellt, dass es zwischen den Gerichtsbarkeiten kein gleichberechtigtes Wahlrecht gebe. Entscheidend sei der alleinige Sitz. Die Zuständigkeit einer Zweigniederlassung sei erst dann gegeben, wenn ein Bezug zu einer bestimmten Niederlassung des zur Auskunft Verpflichteten bestehe. Dies sei der Fall, wenn dort ein wesentlicher Beitrag der Dienstleistungen für die beanstandete rechtsverletzende Tätigkeit erbracht werde. Gegen eine einstweilige Anordnung nach § 101 Abs. 9 UrhG ist die Beschwerde nach den allgemeinen Grundsätzen des FamFG-Verfahrens (Gesetz über das Verfahren in Familiensachen und in den Angelegenheiten der freiwilligen Gerichtsbarkeit) statthaft. Ein Fall der sofortigen Beschwerde nach § 101 Abs. 9 S. 6 UrhG liegt bei einstweiligen Anordnungen nicht vor.[667]

541 Der Antragsteller hat die Kosten des Auskunftsverfahrens unabhängig von dessen Ausgang zu zahlen; die Erstattungspflicht umfasst auch die außergerichtlichen Kosten des Providers.[668]

ee) Strafanträge

542 Gefährlich war lange Zeit der von der Musik- und Spieleindustrie eingeschlagene Weg über das Strafrecht. Mittels technischer Tools des Unternehmens Logistep wurden P2P-Netzwerke durchforstet und automatisiert **Strafanträge an die Staatsanwaltschaft** geschickt.[669] Selbst wenn die Staatsanwaltschaft den Antrag nicht weiter verfolgte, konnte dadurch die Anwaltskanzlei über den strafrechtlichen Weg an die Adressen der Nutzer kommen und (bis dahin noch sehr) hohe Abmahngebühren liquidieren. Entsprechende Akteneinsichtsrechte

---

665 *OLG Köln*, Urt. v. 23.7. 2010 – 6 U 31/10, CR 2010, 746 = MDR 2010, 1141 = MMR 2010, 780.
666 *OLG Düsseldorf*, Beschl. v. 8.1. 2009 – I-20 W 130/08, K & R 2009, 122 = ZUM 2009, 229.
667 *OLG Köln*, Beschl. v. 21.10. 2008 – 6 Wx 2/08, CR 2009, 107 = MMR 2008, 820.
668 *LG Frankenthal*, Beschl. v. 6.3. 2009 – 6 O 60/09, MMR 2009, 487; dazu auch *Bierekoven*, ITRB 2009, 158.
669 Siehe dazu Massenanzeige „Schienbeintritt für Softwarepiraten", FAZ, 12.9. 2005, S. 23.

der Musikindustrie wurden dann aber vermehrt abgelehnt.[670] Diese Ansicht ist zutreffend, da § 406e Abs. 2 StPO eine Akteneinsicht verbietet, wenn schutzwürdige Interessen des Beschuldigten entgegenstehen. Die Geltendmachung zivilrechtlicher Ansprüche wiegt gegenüber den persönlichkeits- und datenschutzrechtlichen Belangen des Beschuldigten geringer. Hier ging es um eine rechtsmissbräuchliche Nutzung der Staatsanwaltschaften und ihrer hoheitlichen Befugnisse für die Belange der Musikindustrie. Da es sich beim File-Sharing häufig um Bagatellkriminalität handelt, konnte die Staatsanwaltschaft von dem Provider nach Auffassung des *AG Offenburg*[671] auch nicht die Namensnennung eines Kunden verlangen, dem zu einem ganz bestimmten Zeitpunkt eine IP-Nummer zugewiesen war. Bei der Geltendmachung von Einsichts- und Auskunftsansprüchen des Rechteinhabers ist auch das Recht des Beschuldigten auf informationelle Selbstbestimmung zu beachten. Insofern kann die Musikindustrie kein strafrechtlich begründetes Akteneinsichtsrecht nach § 406e Abs. 1 StPO geltend machen, wenn es um Bagatellfälle geht.[672] Bei dem Bereithalten einer Musikdatei kann es sich um einen solchen Fall bagatellartiger Rechtsverletzung handeln, was sodann zum Vorrang des Rechtes auf informationelle Selbstbestimmung des Betroffenen führt.[673] Im Übrigen hat der *EuGH* betont, dass Auskunftsansprüche gegen Access Provider nicht zwingend europarechtlich vorgegeben sind.[674] Das *LG Hamburg* hat ferner festgestellt, dass gefertigte Screenshots von den angeblichen P2P-Rechtsverstößen kein geeignetes Beweismittel sind.[675] Ansonsten gehen die Hamburger Richter von der Zulässigkeit der Logistep-Recherche nach IP-Adressen aus.[676]

---

670 *LG München I*, Beschl. v. 12.3. 2008 – 5 Qs 19/08, MMR 2008, 561; ähnlich *LG Saarbrücken*, Beschl. v. 28.1. 2008 – 5 (3) Qs 349/07, MMR 2008, 562; *LG Frankenthal*, Beschl. v. 21.5. 2008 – 6 O 156/08, CR 2008, 666 = MMR 2008, 687; *LG München I*, Beschl. v. 12.3. 2008 – 5 Qs 19/08, K & R 2008, 472; a. A. *LG Saarbrücken*, Beschl. v. 2.7. 2007 – 2 Qs 11/09, MMR 2009, 639 und *LG Bielefeld*, Beschl. v. 10.6. 2009 – 2 Qs 224/09.

671 *AG Offenburg*, Beschl. v. 20.7. 2007 – 4 Gs 442/07, CR 2007, 676 m. Anm. *Heidrich* = MMR 2007, 809.

672 *LG Darmstadt*, Beschl. v. 12.12. 2008 – 9 QS 573/08, K & R 2009, 211 m. Anm. *Sankol* = MMR 2009, 290.

673 Dazu schon *LG Darmstadt*, Beschl. v. 9.10. 2008 – 9 QS 490/08, MMR 2009, 52 m. Anm. *Bär* mit Verweis auf BT-Drs. 16/8783, S. 50.

674 *EuGH*, Urt. v. 29.1. 2008 – C-275/06, CR 2008, 381 = MMR 2008, 227.

675 *LG Hamburg*, Urt. v. 14.3. 2008 – 308 O 76/07, CR 2008, 401 m. Anm. *Stücke* = MMR 2008, 418.

676 *OLG Hamburg*, Beschl. v. 3.11. 2010 – 5 W 126/10, CR 2011, 126 = MMR 2011, 281; ebenso *OLG München*, Beschl. v. 4.7. 2011 – 6 W 496/11, ZD 2011, 182 = ZUM 2011, 865.

ff) Österreichische und Schweizerische Rechtsprechung

543 Das *Schweizerische Bundesverwaltungsgericht* hat im Jahr 2010[677] eine Empfehlung des Eidgenössischen Datenschutz- und Öffentlichkeitsbeauftragten (EDÖB) in Sachen Logistep AG „betreffend die Bearbeitung und Weitergabe von Datenspuren" im Wesentlichen bestätigt. Der Beauftragte hatte die Bearbeitungsmethoden der Logistep AG als geeignet angesehen, die Persönlichkeit einer größeren Anzahl von Personen zu verletzen. Mithilfe einer speziellen Software hatte diese in verschiedenen P2P Netzwerken nach angebotenen urheberrechtlich geschützten Werken gesucht und elektronische Daten aufgezeichnet, die die Identifikation der Urheberrechtsverletzer ermöglichte. Die so erhobenen Daten wurden sodann an die Urheberrechtsinhaber weitergegeben, die sich damit über eine Anzeige gegen Unbekannt die Identitätsdaten im Rahmen der Akteneinsicht verschaffen und Schadensersatzforderungen geltend machen konnten. Das *Schweizerische Bundesverwaltungsgericht* kam in diesem Zusammenhang zu dem Schluss, dass

- das Sammeln und Weitergeben von technischen Daten durch die Beklagte eine Bearbeitung von Personendaten i. S. d. Datenschutzgesetzes darstellt,
- diese Datenbearbeitung die Persönlichkeit der betroffenen Personen verletzt, da weder das Zweckmäßigkeits- noch das Erkennbarkeitsprinzip eingehalten werden und
- das Interesse an der wirksamen Bekämpfung von Urheberrechtsverletzungen die Tragweite der Persönlichkeitsverletzungen nicht aufwiegen kann.

544 In **Österreich** sah die Lage anders aus; hier argumentierte man ursprünglich deutlicher zugunsten der Musikindustrie. So hatte der *öOGH*[678] Ende Juli 2005 über die Auskunftspflicht von Internet Providern entschieden: Diese müssten nunmehr Auskunft über Namen und Adressen der User erteilen. Bei dieser Auskunft handele es sich um eine Stammdatenauskunft und nicht um eine Telekommunikationsüberwachung, und der Auskunftsleistung stünden weder grundsätzliche datenschutz- noch telekommunikationsrechtliche Bestimmungen entgegen.[679] Diese Auffassung hat der *öOGH* dann aber nach widerstreitender Vorlageentscheidung des *EuGH*[680] wieder aufgegeben.[681]

---

677 *Schweizer BG*, Urt. v. 8. 9. 2010 – 1 C_285/2009, MMR 2011, 201.

678 *öOGH*, Entschl. v. 26. 7. 2005 – 11 Os 57/05z, MMR 2005, 827; ähnlich *OLG Wien*, Beschl. v. 30. 3. 2005 – 17 Bs 76/05u, MMR 2005, 591.

679 Anderer Auffassung in Österreich *OLG Linz*, Beschl. v. 23. 2. 2005 – 9 Bs 35/05v, MMR 2005, 592.

680 *öOGH*, Beschl. v. 13. 11. 2007 – 4 Ob 141/07z, GRUR Int. 2008, 765.

681 *öOGH*, Urt. v. 14. 7. 2009 – 4 Ob 41/09x, GRUR Int. 2010, 345.

Viertes Kapitel: Online-Marketing – Werberechtliche Fragen

Literatur: *Bender/Kahlen*, Neues Telemediengesetz verbessert den Rechtsrahmen für Neue Dienste und Schutz vor Spam-Mails, MMR 2006, 590; *Bergt*, Praktische Probleme bei der Umsetzung neuer gesetzlicher Vorgaben im Webshop, NJW 2012, 3541; *ders.*, Schutz personenbezogener Daten bei der E-Mail-Bestätigung von Online-Bestellungen, NJW 2011, 3752; *Dörre/Kochmann*, Zivilrechtlicher Schutz gegen negative eBay-Bewertungen, ZUM 2007, 30; *Frey/Plath*, Online-Marketing nach der BDSG-Novelle, CR 2009, 613; *Glöckner/ Kur*, Geschäftliche Handlungen im Internet, in: „GRUR Beilage" 2014, 29; *Hüsch*, Keyword Advertising, MMR 2006, 357; *Kaestner*, Unfair Competition Law – European Union and Member States, WRP 2007, 1009; *Lammenett*, Praxiswissen Online-Marketing, Wiesbaden 2012; *Micklitz/Schirmbacher*, Distanzkommunikation im europäischen Lauterkeitsrecht, WRP 2006, 148; *Ohly*: Die lauterkeitsrechtliche Haftung für Hyperlinks, NJW 2016, 1417; *Ott*, To link or not to link – This was (or still is?) the question, WRP 2004, 52; *Rolfes*, Die Zulässigkeit des E-Commerce mit Arzneimitteln, MMR 2003, 571; *Ruess*, Die E-Commerce-Richtlinie und das deutsche Wettbewerbsrecht, München 2003; *Scherer*, Kehrtwende bei der vergleichenden Werbung – Welche Konsequenzen hat die Änderung der BGH-Rechtsprechung?, GRUR 2012, 545; *Schirmbacher*, Online-Marketing und Recht, Heidelberg 2011; *Terhaag/Schwarz*, Quo vadis, Freundschaftsempfehlung – Mächtiges PR-Instrument oder wettbewerbswidrige Datenschleuder?, K & R 2012, 377; *Weber/Meckbach*, E-Mail-basierte virale Werbeinstrumente – unzumutbare Belästigung oder modernes Marketing?, MMR 2007, 482; *Weber/Volz*, Online Marketing und Wettbewerbsrecht, Zürich 2011; *Fuchs/ Hahn*, Erkennbarkeit und Kennzeichnung von Werbung im Internet – Rechtliche Einordnung und Vorschläge für Werbefragen in sozialen Medien, MMR 2016, 503; *Lichtnecker*, Ausgewählte Werbeformen im Internet unter Berücksichtigung der neueren Rechtssprechung, GRUR 2014, 523; *Schilling*, Geschäftsschädigende Äußerungen auf Bewertungsportalen im Internet: Wer haftet noch?, GRUR-Prax 2015, 313; *Sosnitza*, Fake-Werbung, GRUR 2010, 106.

Wer das Internet zu Werbezwecken nutzt, weiß oft nicht, welche rechtlichen **545** Grenzen zu beachten sind. Eine Vielzahl von Gesetzen kommt hier zum Tragen, gekoppelt mit einer Vielfalt von Gerichtsentscheidungen. Im Folgenden soll daher der Dschungel des Werberechts etwas gelichtet werden. Dabei muss unterschieden werden zwischen den werberechtlichen Spezialbestimmungen, insb. im Arzneimittelrecht, und den allgemeinen Bestimmungen des Gesetzes zum Schutz gegen unlauteren Wettbewerb (UWG).

I Kollisionsrechtliche Fragen

Literatur: *Alexander*, Verhaltenskodizes im europäischen und deutschen Lauterkeitsrecht, GRUR Int. 2012, 965; *Bernreuther*, Die Rechtsdurchsetzung des Herkunftslandrechts nach

https://doi.org/10.1515/9783110556346-004

Art. 3 Abs. 2 EC-RiL und das Grundgesetz, WRP 2001, 384; *Bodewig*, Herkunftslandprinzip im Wettbewerbsrecht: Erste Erfahrungen, GRUR 2004, 822; *Damm*, Sind deutsche Gerichte zur weltweiten Internetregulierung befugt? – Anmerkung zur BGH-Entscheidung „New York Times", GRUR 2010, 891; *Danckwerts*, Örtliche Zuständigkeit bei Urheber-, Marken- und Wettbewerbsverletzungen im Internet – Wider einen ausufernden „fliegenden Gerichtsstand" der bestimmungsgemäßen Verbreitung, GRUR 2007, 104; *Glöckner*, Ist die Union reif für die Kontrolle an der Quelle?, WRP 2005, 795; *Handig*, Neues im Internationalen Wettbewerbsrecht – Auswirkungen der Rom II-Verordnung, GRUR Int. 2008, 24; *Henning-Bodewig*, Herkunftslandprinzip im Wettbewerbsrecht: Erste Erfahrungen – Anmerkung zu OLG Hamburg „Active Two", GRUR 2004, 822; *Kur*, Das Herkunftslandprinzip der E-Commerce-Richtlinie: Chancen und Risiken, in: Festschrift für Willi Erdmann, Köln 2003, 629; *Lehr*, Internationale medienrechtliche Konflikte und Verfahren, NJW 2012, 705; *Leible/Lehmann*, Die neue EG-Verordnung über das auf außervertragliche Schuldverhältnisse anzuwendende Recht („Rom II"), RIW 2007, 721; *Lindacher*, Die internationale Dimension lauterkeitsrechtlicher Unterlassungsansprüche: Marktterritorialität versus Universalität, GRUR Int. 2008, 453; *Lutzi*, Aktuelle Rechtsfragen zum Handel mit virtuellen Gegenständen in Computerspielen, NJW 2012, 2070; *Mankowski*, Wider ein Herkunftslandprinzip für Dienstleistungen im Binnenmarkt, IPRax 2004, 385; *Mankowski*, Die kollisionsrechtliche Behandlung unteilbarer Multistate-Verstöße. Das Internationale Wettbewerbsrecht im Spannungsfeld von Marktort-, Auswirkungs- und Herkunftslandprinzip, GRUR Int. 2003, 887; *Naskret*, Das Verhältnis zwischen Herkunftslandprinzip und Internationalem Privatrecht in der Richtlinie zum elektronischen Geschäftsverkehr, Münster 2003; *Ohly*, Das Herkunftslandprinzip im Bereich vollständig angeglichenen Lauterkeitsrechts, WRP 2006, 1401; *Raue*, Die verschränkte Anwendung und Durchsetzung europäischen und nationalen Wettbewerbsrechts, WRP 2012, 1478; *Sack*, Internationales Lauterkeitsrecht nach der Rom II-VO, WRP 2008, 845; *ders.*, Art. 6 Abs. 2 Rom II-VO und „bilaterales" unlauteres Wettbewerbsverhalten, GRUR Int. 2012, 601; *Schmittmann*, Werbung im Internet im Sinne der Einheitlichkeit. Recht und Praxis, München 2003; *Kaufhold*, Internationale Webshops – anwendbares Vertrags- und AGB-Recht im Verbraucherverkehr, EuZW 2016, 247; *Paal*, Online-Suchmaschinen – Persönlichkeits- und Datenschutz, ZEuP 2016, 591.

546 Wie im Urheberrecht ist auch hier vorab zu prüfen, wann das deutsche Wettbewerbs- und Kartellrecht anwendbar ist. Grundsätzlich bestimmt sich dies für außervertragliche Schuldverhältnisse im Lauterkeitsrecht gem. Art. 6 Abs. 1 Rom II-VO nach dem **Marktort**. Demnach ist auf den **Ort der wettbewerblichen Interessenkollision** abzustellen, also auf den Ort, an dem Verbraucher umworben werden und die Wettbewerbsmaßnahme einwirkt.[1] Wer sich für seine Werbung des Internets oder einer CD-ROM bedient, muss diese folglich an deutschem Recht messen lassen, sofern Verbraucher in Deutschland umworben werden und die Werbemaßnahme auf diese einwirkt.

547 Mit dem Marktortprinzip soll die Grundregel des Art. 4 Abs. 1 Rom II-VO (Ort des Schadenseintritts, Erfolgsortprinzip) – im Interesse der Marktteilneh-

---

1 *KG*, Urt. v. 12. 6. 2015 – 5 U 167/13, BeckRS 2015, 16208.

mer sowie der Allgemeinheit an gleichen Konkurrenzbedingungen auf dem Markt – präzisiert werden.[2] Der Marktort ist somit eine besondere Ausprägung des Erfolgsortes und ermöglicht im Regelfall eine präzise Lokalisierung

Zum Schutz der Allgemeinheit begrenzt darüber hinaus Art. 6 Abs. 4 Rom II-VO die Rechtswahl. Art. 4 Abs. 2 und Abs. 3 Rom II-VO (Anknüpfung an gleichen gewöhnlichen Aufenthalt der Parteien bzw. offensichtlich engere Beziehung) sind ebenfalls nicht anwendbar.[3] **548**

Bei Verstößen, die sich lediglich gegen einen bestimmten Wettbewerber richten, bedarf es allerdings aufgrund der großen Nähe zum allgemeinen Deliktsrecht gem. Art. 6 Abs. 2 Rom II-VO keiner Marktanknüpfung. In solchen Fällen greift die Grundregel des Art. 4 Rom II-VO.[4] Umstritten ist jedoch, ob in solchen Fällen ebenfalls die Rechtswahl ausgeschlossen ist.[5] Dies hätte zur Folge, dass insb. bei Wettbewerbshandlungen im Internet aufgrund der weltweiten Abrufbarkeit praktisch jede Rechtsordnung zur Anwendung kommen könnte, ohne Rücksicht darauf, ob die Interessensbeeinträchtigung vor Ort überhaupt spürbar, unmittelbar oder wesentlich ist. **549**

Die Frage nach einer entsprechenden **Spürbarkeitsschwelle**, insb. im Hinblick auf Wettbewerbshandlungen im Internet, ist nicht gänzlich geklärt. Während die bisherige deutsche Rechtsprechung eine kollisionsrechtliche Spürbarkeitsregel entwickelt hat,[6] enthält die beschlossene Fassung der Rom II-VO keinen Ansatzpunkt für die Anforderung einer „unmittelbaren" oder „wesentlichen" Beeinträchtigung.[7] **550**

Bei strikter Wortlautinterpretation könnte ein Spürbarkeitskriterium allenfalls auf **materiell-rechtlicher** Ebene Beachtung finden.[8] Aus dieser Ansicht folgt, dass auch für Unterlassungsansprüche bereits die bloße Möglichkeit der Auswirkung ausreichen solle, weil dies eine Gefahr der Interessenkollision **551**

---

2 Erwägungsgrund Nr. 21 der Rom II-VO; *Sack*, WRP 2008, 845, 847; jurisPK/*Wurmnest*, BGB, 7. Aufl. 2014, Art. 6 Rom II-VO Rz. 2, 5.

3 Vgl. *Staudinger/Czaplinski*, Anm. zu *BGH*, Urt. v. 9.7. 2009 – Xa ZR 19/08, MDR 2009, 1348 = NJW 2009, 3371.

4 jurisPK/*Wurmnest*, BGB, 7. Aufl. 2014, Art. 6 Rom II-VO Rz. 2, 7. Aufl. 2014.

5 Dafür: *Sack*, WRP 2008, 845, 651; *v. Hein*, ZEuP 2009, 6, 23; dagegen: jurisPK/*Wurmnest*, BGB, 7. Aufl. 2014, Art. 6 Rom II-VO Rz. 24 – aufgrund nur sehr indirekter Berührung der Interessen der Allgemeinheit und Anwendung von Art. 4 Rom II-VO sei eine teleologische Reduktion des Art. 6 Abs. 4 Rom II-VO nur konsequent, so auch: *Leible/Lehmann*, RIW 2007, 721.

6 Grundlegend für das deutsche Wettbewerbsrecht: *BGH*, Urt. v. 23.10. 1970 – I ZR 86/09, GRUR 1971, 153 (III.2.a) – Tampax; *Sack*, WRP 2008, 845 m. w. N.

7 Anders in den Vorschlägen für die Rom II-VO, siehe Art. 5 Abs. 1 und Art. 7 Abs. 1 Rom II-VO in der Fassung KOM(2006) 83 endg.

8 So Palandt/*Thorn*, Kommentar BGB, 76. Aufl. 2017, Art. 6 Rom II-VO (IPR) Rz. 13; *Sack*, WRP 2008, 845; vgl. *Handig*, GRUR Int. 2008, 24, 28.

i. S. d. Art. 6 Abs. 1 Rom II-VO schaffe.[9] Als wesentliche Grundlage auf internationaler sachrechtlicher Ebene liefert bisher die UGP-RL[10] eine qualitative Spürbarkeitsgrenze,[11] welche verlangt, dass ein Durchschnittsverbraucher durch die unlautere Geschäftspraktik wesentlich beeinflusst werden kann.[12] Im B2B-Bereich gibt es dagegen keine Spürbarkeitsgrenze. Eine andere Auffassung lehnt eine strikte Anlehnung an den Wortlaut ab.[13] So sei die Lösung mit dem übergeordneten Prinzip des IPR, für Rechtssicherheit zu sorgen, kaum vereinbar. Deshalb müsse ein Spürbarkeitskriterium in das Tatbestandsmerkmal der Beeinträchtigung hineingelesen werden, um Auswirkungen unwesentlicher, nicht spürbarer Effekte (sog. „Spillover"-Effekte) zu vermeiden.[14]

552   Darüber hinaus hat die bisherige Rechtsprechung des *BGH* zur vorherigen Rechtslage nach Art. 40 EGBGB eine Interessenkollision bei Werbung im Internet nur dort angenommen, wo sich diese **bestimmungsgemäß, d. h. final,** ausgewirkt hat.[15] Eine solche Einschränkung soll auch weiterhin möglich sein.[16] In Fällen, in denen ein Kaufmann seine Waren oder Leistungen grenzüberschreitend anbietet, ist gem. Art. 40 EGBGB der **Marktort** somit derjenige, an dem die Werbemaßnahme auf den Kunden einwirken soll, selbst wenn der spätere Absatz auf einem anderen Markt stattfindet.[17] Diese Regel gilt uneingeschränkt jedoch nur in den Fällen, in denen die wettbewerbsrechtliche Beurteilung der Werbemaßnahme – z. B. bei irreführender Werbung – nicht davon

---

9 *Sack*, WRP 2008, 845, 852; ähnlich i. E. auch *LG Berlin*, Urt. v. 30. 4. 2013 – 15 O 92/12, NJW 2013, 2605, wonach die Zulässigkeit von Datenschutz-AGB nach deutschem Recht zu beurteilen ist, sofern die Tätigkeit des Verwenders sich an Verbraucher richtet, die ihren gewöhnlichen Aufenthalt in Deutschland haben.
10 Abrufbar unter: http://eur-lex.europa.eu/LexUriServ/LexUriServ.do?uri=OJ:L:2005:149: 0022:0039:de:PDF (zuletzt abgerufen: Juli 2017).
11 *Handig*, GRUR Int. 2008, 24; *Gamerith* i. d. Anm. zu *öOGH*, ÖBl 2007, 121, 123.
12 Art. 5 Abs. 2 lit. b UGP-RL.
13 Vgl. Hk-BGB/*Dörner*, 9. Aufl. 2017, Art. 6 Rom II-VO, Rz. 10.
14 jurisPK/*Wurmnest*, BGB, 7. Aufl. 2014, Art. 6 Rom II-VO Rz. 22.
15 *BGH*, Urt. v. 30. 3. 2006 – I ZR 24/03, CR 2006, 539 = MDR 2006, 941 = GRUR 2006, 513 Rz. 25 – Arzneimittelwerbung im Internet; *BGH*, Urt. v. 5. 10. 2006 – I ZR 7/04, MDR 2007, 536 = GRUR 2007, 245 Rz. 13; dies ist allerdings nicht mit der oben diskutierten Spürbarkeitsschwelle im Rahmen der Intensität der Wirkung zu verwechseln.
16 Hk-BGB/*Dörner*,9. Aufl. 2017, Art. 6 Rom II-VO Rz. 6; Palandt/*Thorn*, Kommentar BGB, 76. Aufl. 2017, Art. 6 Rom II-VO (IPR) Rz. 10; wohl auch: jurisPK/*Wurmnest*, BGB, 7. Aufl. 2014, Art. 6 Rom II-VO Rz. 22; dagegen: *Sack*, WRP 2008, 845, 852.
17 *BGH*, Urt. v. 15. 11. 1990 – I ZR 22/89, MDR 1991, 856 = NJW 1991, 1054 – Kauf im Ausland; vgl. auch jurisPK/*Wurmnest*, BGB, 7. Aufl. 2014, Art. 6 Rom II-VO Rz. 17; *Lindacher*, GRUR Int. 2008, 453; *Sack*, WRP 2008, 845, 847; die Vorschriften des EGBGB über außervertragliche Schuldverhältnisse (Art. 38 – 42 EGBGB) werden seit Inkrafttreten der Rom II-VO allerdings weitgehend durch diese verdrängt.

abhängig ist, ob das beworbene Absatzgeschäft wettbewerbsrechtlich zu beanstanden ist.[18] Anders verhält es sich, wenn sich der Vorwurf nicht gegen die
Werbung richtet, sondern darauf, dass das im Ausland stattfindende Absatzgeschäft nach inländischem Recht unlauter sei. So kann die Werbung für ein
im Ausland abzuschließendes Geschäft im Inland nicht mit der Begründung
untersagt werden, dass der Geschäftsabschluss – wenn er im Inland stattfän-
de – als Rechtsbruch nach § 3a UWG zu untersagen sei. Bspw. wäre es einem
luxemburgischen Kaufmann unbenommen, in Deutschland damit zu werben,
dass Kunden an einem gesetzlichen Feiertag, an dem der Verkauf in Deutschland gegen die Bestimmungen des Ladenschlussgesetzes verstieße, in seinem
luxemburger Geschäftslokal willkommen seien.[19]

Im **Internet** kommt Werbung in zwei Formen in Betracht: Zum einen durch **553**
individuell oder massenhaft versandte E-Mails, zum anderen durch die Präsentation auf einer Webseite. Im Hinblick auf E-Mail-Werbung kann z. B. die Län-
derkennung der Absenderadresse Anhaltspunkt für den bestimmungsgemäßen
Empfangsort sein.[20] Bei Webseiten, die auch zu Werbezwecken genutzt werden, ist die Festlegung des bestimmungsgemäßen Abrufsorts wegen der Globa-
lität des Internets oftmals weitaus schwieriger. Aufgrund des erforderlichen
finalen Charakters der Einwirkung fallen Internetangebote, die bspw. nur auf
den amerikanischen Markt zugeschnitten sind, für eine lauterkeitsrechtliche
Prüfung nach deutschem Recht aus. Soweit herrscht Übereinstimmung. Wie
aber lässt sich der **Adressatenkreis einer Webseite** festlegen? Webseiten stehen grundsätzlich einem weltweiten Publikum zum Abruf zur Verfügung, ohne
dass sie allein aufgrund dieser Möglichkeit auch an die gesamte Welt adressiert
sein müssen. Entscheidend dürfte wohl kaum die subjektiv-finale Sichtweise
des Online-Anbieters sein. Denn dann könnte dieser durch Warnhinweise (sog.
Disclaimer) auf seiner Webseite, wie z. B. „Diese Homepage ist nicht für den
deutschen Markt bestimmt", die Anwendung des deutschen Rechts ausschließen. Ein Ausschluss über den Disclaimer ist zwar grundsätzlich möglich,[21] je-

---

18 *BGH*, Urt. v. 13.5. 2004 – I ZR 264/00, GRUR 2004, 1035 – Rotpreis-Revolution; ähnlich
OLG Hamburg, Urt. v. 9.11. 2006 – 3 U 58/06, BeckRS 2008, 07219 und *OLG Rostock*, Urt. v.
20.7. 2009 – 2 W 41/09, K & R 2009, 657; vgl. ebenso: Piper/*Ohly*/Sosniza, UWG, 7. Aufl. 2016,
B. 1. Einführung B. Rz. 15a; a. A. *Sack*, WRP 2008, 845, 949.
19 *BGH*, Urt. v. 13.5. 2004 – I ZR 264/00, GRUR 2004, 1035 = LMK 2004, 228 (Ls.) m. Anm.
Schricker – Rotpreis-Revolution.
20 Palandt/*Thorn*, Kommentar BGB, 76. Aufl. 2017, Art. 6 Rom II-VO (IPR), Rz. 10; *LG Stuttgart*,
Urt. v. 15.5. 2007 – 17 O 490/06, MMR 2007, 668; hierzu krit. *Klinger*, jurisPR-ITR 9/2008
Anm. 2.
21 *BGH*, Urt. v. 30.3. 2006 – I ZR 24/03, MDR 2006, 941 = NJW 2006, 2630; Palandt/*Thorn*,
Kommentar BGB, 76. Aufl. 2017, Art. 6 Rom II-VO (IPR) Rz. 10.

doch muss im Zweifel der Grundsatz der „protestatio facto contraria non valet" gelten und auf den objektiven Empfängerhorizont abgestellt werden.[22] Es sind in diesem Zusammenhang insofern alle Umstände des Einzelfalls einzubeziehen, um festzustellen, auf welche Verkehrskreise eine Werbekampagne im Internet zielt.[23] So kann neben der TLD[24] auch der Sprache[25] eine größere Bedeutung zukommen. Allerdings ist dies eine deutsch geprägte Sicht. Im Einzelfall können zumindest einzelne Märkte eindeutig ausgeschlossen sein, aber schon bei Verwendung englischer oder französischer Sprache ist ein nationaler Markt angesichts der weltweiten Bedeutung solcher Sprachen nicht mehr rekonstruierbar.[26] Neben der Sprache können jedoch vor allem die für das Online-Angebot verfügbaren **Zahlungsmittel** weiterhelfen. Als ein nennenswertes Indiz könnten insofern landesspezifische Währungen (also insb. nicht der Euro)[27] bzw. die Beschränkung von Zahlungen ausschließlich über deutsche Konten fungieren.

554   Werden ausschließlich Zahlungen in Euro oder über Konten deutscher Kreditinstitute zugelassen, kann dadurch auch auf eine Beschränkung für den deutschen Markt geschlossen werden. In der Praxis vermag dieses Kriterium kaum zu einer Einschränkung zu führen. Denn im Internet werden üblicherweise mehrere Zahlungsmöglichkeiten angeboten, unter denen sich meist auch eine Zahlungsform per Kreditkarte befindet.[28] Diese Zahlungsmodalitäten sind international verbreitet und lassen damit keine Rückschlüsse auf einen national beschränkten Adressatenkreis des Online-Marketings zu. Auch Hinweise auf Verkaufs- und Lieferbeschränkungen (bspw.: „Die hier angebotenen Waren können von Österreich oder der Schweiz aus nicht bestellt werden.") können, wie oben bereits angedeutet, lediglich als Indiz für eine Beschränkung auf den

---

22 So auch *Glöckner/Kur*, GRUR-Beilage 2014, 29, 34; *Hoeren*, WRP 1997, 993, 998.

23 *BGH*, Urt. v. 30.3. 2006 – I ZR 24/03, MMR 2006, 461 m. Anm. *Hoeren*; *BGH*, Urt. v. 13.10. 2004 – I ZR 163/02, MMR 2005, 239.

24 Vgl. Hoeren/Sieber/Holznagel/*Banholzer*, Handbuch MMR, 42. Ergänzungslieferung 2015, Teil 25 Rz. 37, 63 – 67, 77 m. w. N.

25 Vgl. Palandt/*Thorn*, Kommentar BGB, 76. Aufl. 2017, Art. 6 Rom II-VO (IPR) Rz. 10; *Ubber*, WRP 1997, 497, 503 (zur int. Zuständigkeit).

26 Anders das *OLG Hamburg*, Urt. v. 2.5. 2002 – 3 U 312/01, MMR 2002, 822 = CR 2002, 837 sowie das *LG Köln*, Urt. v. 20.4. 2001 – 81 O 160/99, MMR 2002, 60 = CR 2002, 58 m. Anm. *Cichon*, wonach die Verwendung der englischen Sprache und das Fehlen der deutschen Flagge dafür spreche, dass die Seite nicht für den deutschen Markt konzipiert sei.

27 Vgl. Hoeren/Sieber/Holznagel/*Banholzer*, Handbuch 42. Ergänzungslieferung 2015, Teil 25 Rz. 37, 68 – gleiche Diskussion zur int. Zuständigkeit.

28 Siehe hierzu *Mankowski*, GRUR Int. 1999, 909, 918; *Escher*, WM 1997, 1173.

deutschen Markt angesehen werden.[29] Entscheidend ist, ob der Online-Anbieter tatsächlich Bestellungen aus den umliegenden Grenzländern annimmt oder nicht.[30] Es gibt folglich eine Reihe von Webseiten, deren Marktausrichtung nicht eindeutig bestimmbar ist. Die Betreiber dieser Seiten werden damit rechnen müssen, dass sie mehrere nationale Wettbewerbsordnungen zu beachten haben. Deutsche Webseitenbetreiber werden z. B. regelmäßig auch das – vom deutschen Recht z. T. stark divergierende – Wettbewerbsrecht der Schweiz und Österreichs mitbedenken müssen.

Ein Abstellen auf den „finalen Markteingriff" wirft allerdings weitere Probleme auf. Insbesondere betrifft dies das Zusammenspiel mit der E-Commerce-Richtlinie[31] (ECRL) und deren Umsetzung in § 3 TMG. Darin wird nämlich auf das **Herkunftslandprinzip** abgestellt, also das Recht des Staats, in dem der Handelnde seinen Sitz hat, was der Verwirklichung von Waren-, Verkehrs- und Dienstleistungsfreiheit dienen soll.[32] Danach soll jeder Mitgliedstaat dafür Sorge tragen, dass die Dienste der Informationsgesellschaft, die von einem in seinem Hoheitsgebiet niedergelassenen Diensteanbieter erbracht werden, den innerstaatlichen Vorschriften, die den durch die Richtlinie koordinierten Bereich betreffen, entsprechen. Auf Internetdienste bezogen hat somit ein Provider, der seine Dienste entsprechend den Vorgaben seines „Heimatrechts" erbringt, zusätzliche Restriktionen im Abrufstaat nicht zu befürchten. Portugiesisches Internetrecht schlägt damit deutsches Lauterkeits- oder schwedisches Verbraucherschutzrecht. Ausnahmen für Anbieter mit Sitz außerhalb der EU sieht § 3 Abs. 5 TMG vor.[33] Das anwendbare Recht richtet sich in diesem Fall vielmehr nach den Regeln des IPR.

Problematisch erscheint dabei bereits auf kollisionsrechtlicher Ebene die Regelung des Art. 1 Abs. 4 ECRL, welche vorschreibt, dass die Richtlinie keine zusätzlichen Regeln im Bereich des IPR schaffen soll. Der Streit aber, ob es sich um eine zwingende Regelung des materiellen Rechts handelt[34] oder ob

555

556

29 Vgl. Hoeren/Sieber/Holznagel/*Banholzer*, Handbuch MMR, 42. Ergänzungslieferung 2015, Teil 25 Rz. 39.
30 Vgl. ebd.
31 Richtlinie 2000/31/EG des Europäischen Parlaments und des Rates v. 8. 6. 2000 (Richtlinie über den elektronischen Geschäftsverkehr), ABl. EG Nr. L 178/1; laut Begründungserwägung 35 RO-II-VO „sollte [die Rom II-VO] die Anwendung anderer Rechtsakte nicht ausschließen, die zum reibungslosen Funktionieren des Binnenmarkts beitragen sollen".
32 jurisPK/*Wurmnest*, BGB, 7. Aufl. 2014, Art. 6 Rom II-VO Rz. 10.
33 Zur a.F: *OLG Hamm*, Urt. v. 17. 12. 2013 – 4 U 100/13, MMR 2014, 175 m. Anm. *Kleinemenke*.
34 Harte-Bavendamm/Henning-Bodewig/*Glöckner*, UWG, 4. Aufl. 2016, Einl. C. Rz. 32; Staudinger/*Fezer/Koos*, Int WirtschR Rz. 547; MüKoBGB/*Drexl*, 6. Aufl. 2015, IntUnlWettbR Rz. 62 ff.; *Sack*, WRP 2008, 845, 855.

Art. 1 Abs. 4 ECRL lediglich ein „Etikettenschwindel" ist und eine kollisionsrechtliche Wirkung hat,[35] kann dahinstehen. Denn jedenfalls hat die Herkunftslandregelung der ECRL Vorrang vor der Rom II-VO: Ordnet man diese als Kollisionsregel ein, so greift Art. 27 Rom II-VO (wonach Kollisionsnormen der EG für besondere Gegenstände der außervertraglichen Schuldverhältnisse in ihrer Anwendung nicht von der Rom II-VO tangiert werden). Sieht man es dagegen als zwingende materiell-rechtliche Vorgabe, ist die Rom II-VO gar nicht betroffen.[36] Der *EuGH* hat sich in einer Entscheidung aus dem Jahr 2011 gegen die Deutung des Herkunftslandprinzips als Kollisionsregelung ausgesprochen.[37]

557   Die Anwendung des Herkunftslandprinzips ist jedoch auch aus folgender Sicht problematisch: Hinter dieser radikalen Neuregelung verbirgt sich eine latente **Angst vor materieller Harmonisierung**. Offensichtlich hat die Kommission den Mut verloren, Gebiete wie das Lauterkeitsrecht zu harmonisieren. Stattdessen wählt man einen Weg, der (scheinbar) für weniger Diskussionen in den Mitgliedstaaten sorgt: das formale Herkunftslandprinzip. Letztlich führt dies zu einer Harmonisierung auf dem geringsten Level. Die Wahl des Geschäftssitzes fällt daher in vielen Fällen auf die EU-Länder mit den geringsten Restriktionen. Die Provider können von dort aus ganz Europa mit ihren Leistungen bedienen, ein **„race to the bottom"** ist die Folge.[38] Im Übrigen unterliegen infolge dieses Prinzips gem. § 3 TMG in der BRD niedergelassene Diensteanbieter und ihre Telemedien den Anforderungen des deutschen Rechts auch dann, wenn die Telemedien in einem anderen Mitgliedstaat geschäftsmäßig angeboten oder erbracht werden.[39]

558   Die Bedeutung des Herkunftslandprinzips ist i. Ü. allerdings durch eine Fülle von **Ausnahmen** deutlich herabgesetzt worden. Der Anhang der Richtlinie nimmt eine Reihe von Rechtsgebieten aus Art. 3 der Richtlinie global heraus. Nach diesem Anhang soll das Herkunftslandprinzip u. a. nicht im Bereich des Immaterialgüterrechts, der vertraglichen Verpflichtungen bei Verbraucher-

---

35 *Mankowski*, ZVglRWiss 100 (2001), 137; *Mankowski*, IPRax 2002, 257; *Thünken*, IPRax 2001, 15.
36 Palandt/*Thorn*, Kommentar BGB, 76. Aufl. 2017, Art. 6 Rom II-VO (IPR) Rz. 3; JurisPK/ *Wurmnest*, BGB, 7. Aufl. 2014, Art. 6 Rom II-VO Rz. 10; vgl. auch: Erwägungsgrund 35 zur Rom II-VO, 7. Aufl. 2014.
37 *EuGH*, Urt. v. 25.10. 2011 – C-509/09 und C-161/10, GRUR 2012, 300 – eDate Advertising u. Martinez; siehe auch die Anm. von *Brand* in NJW 2012, 127, 130 sowie MüKoBGB/*Drexl*, 6. Aufl. 2015, IntLautK Rz. 64 f.; *Mankowski*, CR 2000, 763, 768 f.
38 Das Herkunftslandprinzip gilt jedoch nicht für die Frage der Gerichtszuständigkeit; a. A. nur *Bernreuther*, WRP 2001, 384.
39 *LG Hamburg*, Urt. v. 23.5. 2013 – 312 O 390/11, MMR 2013, 725. *OLG Hamburg*, Urt. v. 6.11. 2014 – 3 U 86/13, GRUR-RR 2015, 110 = GRUR-Prax 2015, 42 m. Anm. *Hermes*.

verträgen sowie bei der Zulässigkeit von nicht angeforderter E-Mail-Werbung zum Tragen kommen.[40] Es bleibt den Abrufstaaten also unbenommen, insoweit restriktivere Regelungen vorzusehen. Nach Art. 3 Abs. 4 der ECRL sind auch nationalstaatliche Maßnahmen der Abrufstaaten, z. B. in Bereichen wie der öffentlichen Ordnung, öffentlichen Gesundheit und dem Verbraucherschutz, i. R. d. Verhältnismäßigkeit legitim. Allerdings unterliegen die Mitgliedstaaten bei solchen Maßnahmen einer starken Aufsicht durch die Europäische Kommission. Das Herkunftslandprinzip führt i. Ü. nicht zur Anwendung ausländischen Werberechts, wenn ein Anbieter in Deutschland eine Zweigniederlassung eingetragen hat und diese als Anbieterin auf der streitigen Internetseite anzusehen ist.[41] Deutsche Anbieter, d. h. Anbieter mit Sitz in Deutschland, unterliegen somit dem deutschen Recht, selbst wenn sie im EU-Ausland über das Internet Geschäfte abwickeln. Auf ihr Heimatrecht können sich umgekehrt auch EU-Ausländer berufen.[42] Probleme bestehen bei Unternehmen mit Sitz im außereuropäischen Ausland; für sie gilt nach Maßgabe des Kollisionsrechts deutsches Recht, wenn sie in Deutschland Kunden und Märkte gewinnen wollen. Noch ungeklärt ist, ob in dieser Schlechterstellung nicht eine Verletzung von WTO-Recht liegt.

II Anwendbare Regelungen

Bei der Werbung im Online-Marketing-Bereich sind vor allem die Vorgaben **559** spezieller Lauterkeitsgesetze, des UWG sowie des MarkenG zu beachten.

1 Besondere Regelungen mit wettbewerbsrechtlichem Gehalt

In Deutschland bestehen eine Reihe lauterkeitsrechtlicher Regelungen, die **560** als Spezialgesetze für bestimmte Adressatenkreise dem E-Commerce Grenzen ziehen. Hervorzuheben sind standesrechtliche Sonderregelungen, Werbebeschränkungen für bestimmte Produkte sowie besondere Bestimmungen im Zusammenhang mit Online-Auktionen.

---

40 http://eur-lex.europa.eu/legal-content/DE/TXT/PDF/?uri=CELEX:32000L0031&from=de, S. 16 (zuletzt abgerufen: Oktober 2016).
41 *LG Dresden*, Urt. v. 3. 8. 2007 – 41 O 1313/07 EV; vgl. hierzu auch *OLG Hamburg*, Urt. v. 8. 4. 2009 – 5 U 13/08, MMR 2010, 185 = WRP 2009, 1305, Herkuftslandprinzip nicht anwendbar aus Verbraucherschutzgründen.
42 Siehe dazu *BGH*, Urt. v. 8. 5. 2012 – VI ZR 217/08, GRUR 2012, 850.

a) „Standesrecht"

Literatur: *Axmann/Degen*, Kanzlei-Homepages und elektronische Mandatsbearbeitung – Anwaltsstrategien zur Minimierung rechtlicher Risiken, NJW 2006, 1457; *Bousonville*, Rat und Auskunft am Telefon – Anwalts-Hotline, K & R 2003, 177; *Dahns/Krauter*, Anwaltliche Werbung im Internet, BRAK-Mitt. 2004, 2; *Faßbender*, Von Fachanwälten und selbster-nannten „Spezialisten" – Ein Beitrag zu den zulässigen Grenzen werblicher Äußerungen von Rechtsanwälten, NJW 2006, 1463; *Franosch*, Rechtliche Fallstricke der anwaltlichen Impressumspflicht im Internet, NJW 2004, 3155; *Gravel/Mehari*, Ist Internetwerbung mit Gegnerlisten generell zulässig?, MMR-Aktuell 2010, 307094; *Greif*, Wie Mandanten heute im Netz ihren Anwalt suchen, AnwBl 2013, 273; *Heinemann*, Der Rechtsanwalt und die neuen Medien, NZFam 2015, 438; *Kleine-Cosack*, Freiberufsspezifische Werbeverbote vor dem Aus, NJW 2010, 1921; *ders.*, Verbraucherschutz als Vorrangmaßstab bei freiberufli-chen Werbeverboten, NJW 2014, 514; *Knorpp*, Der rechtskonforme Auftritt von Rechtsan-wälten im Internet, Münster 2005; *Müller*, Internet-Domains von Rechtsanwaltskanzleien, WRP 2002, 160; *Müller-Teckhof*, Gesetz zur Förderung des elektronischen Rechtsverkehrs mit den Gerichten – Harmonisierung der Formerfordernisse mit Möglichkeiten moderner Kommunikation, MMR 2014, 95; *Raschke*, Inhalt und Grenzen des ärztlichen Werberechts, NJW 2015, 825; *Saenger/Riße*, Die Gestaltung der Anwaltshomepage, WRP 2005, 1468; *Schmittmann*, Die Domain des Notars, K & R 2006, 67; *Schöttle*, Zur Bedeutung des neuen Fernabsatzrechts für die Anwaltshomepage, NJW 2005, 1979; *Kleine-Cosack*, Vom Fachan-walt zum Spezialisten: Was bleibt von den Werbeverboten?, AnwBl. 2015, 358; *Menebrö-cker*, Anwaltswerbung – Was ist erlaubt?, GRUR-Prax 2010, 189; *Rohrlich*, Anwälte im Internet – Rechtssicher im World Wide Web auftreten, ZAP Fach 23, 1024.

561 Auch das Berufsrecht kann über § 3 UWG unter dem Gesichtspunkt der Stan-desvergessenheit zum Gegenstand wettbewerbsrechtlicher Auseinandersetzun-gen gemacht werden. Hier ist an die **„Standesregeln" der freien Berufe** zu denken.[43] Exemplarisch werden die Sonderregelungen für Rechtsanwälte, Steuerberater und Wirtschaftsprüfer sowie für medizinische Berufe dargestellt.

aa) Rechtsanwälte

562 Nach § 43b BRAO ist Werbung von Rechtsanwälten zulässig, „soweit sie über die berufliche Tätigkeit in Form und Inhalt sachlich unterrichtet und nicht auf die Erteilung eines Auftrags im Einzelfall gerichtet ist.[44] Das *BVerfG* hat die

---

43 Siehe hierzu für die Anwaltswerbung im Internet *Edenhofer*, CR 1997, 120; *Scheuerl*, NJW 1997, 1291; *Schmittmann*, MDR 1997, 601; *Wagner/Lerch*, NJW-CoR 1996, 380; für Steuerberater vgl. *Wittsiepe/Friemel*, NWB Fach 30, 1047.
44 *OLG Koblenz*, Urt. v. 13. 2. 1997 – 6 U 1500/96, CR 1997, 343 = WRP 1997, 478, 480; *BVerfG*, Beschl. v. 12. 12. 2007 – 1 BvR 1625/06, NJW 2008, 838 = GRUR 2008, 352, Werbung für Anwalts-sozietät im Internet mit sog. Gegnerliste; zur Reichweite des Sachlichkeitsgebots bei Anwalts-werbung: *OLG Frankfurt a. M.*, Urt. v. 14. 10. 2004 – 6 U 198/03, NJW 2005, 1283 = AnwBl 2005, 74.

Verfassungsmäßigkeit der Norm insb. auch im Hinblick auf die Meinungsfreiheit aus Art. 5 Abs. 1 S. 1 GG bestätigt.[45] Eine Webseite darf Angaben zur Kanzlei, zu den Tätigkeitsschwerpunkten – nach § 7 Abs. 1 BORA allerdings nur bei entsprechenden Kenntnissen[46] – und den Interessenschwerpunkten des Anwalts, wobei insgesamt nur fünf Rechtsgebiete, hiervon höchstens drei als Tätigkeitsschwerpunkte, bezeichnet werden dürfen, sowie Lebensläufe und Fotos der Anwälte enthalten. In Rechtsgebieten, in denen keine Fachanwaltsbezeichnung erhältlich ist, kann auf der eigenen Webseite mit der Bezeichnung „Spezialist" geworben werden, wenn der Rechtsanwalt über herausragende, qualitativ weit über den Mitbewerbern liegende Kenntnisse verfügt, für die er im Zweifel darlegungs- und beweisbelastet ist.[47] Die Benutzung der Bezeichnung „Fachanwälte" ist dann gerechtfertigt, wenn in der Kanzlei eine den Plural rechtfertigende Anzahl an Rechtsanwälten berechtigt ist, den Titel „Fachanwalt" zu führen. Dabei spielt es keine Rolle, ob an jedem Standort bei einer überörtlichen Kanzlei Rechtsanwälte mit der Berechtigung zum Führen der Bezeichnung „Fachanwalt" tätig sind.[48] Einem Anwalt ist es nicht erlaubt, darauf hinzuweisen, er sei spezialisierter Rechtsanwalt für Arbeitsrecht, da insofern Irreführungsgefahr mit dem Titel „Fachanwalt Arbeitsrecht" besteht. Sonstige Hinweise eines Anwalts darauf, dass er sich auf bestimmte Rechtsgebiete spezialisiert habe, können jedoch dann zulässig sein, wenn die schwerpunktmäßige Ausrichtung nicht zwingend mit besonderen Kenntnissen einhergeht, die denen eines Fachanwalts entsprechen.[49] Eine Haftung des Anwalts für eine fehlerhafte Homepage tritt nur dann ein, wenn er bestimmenden Einfluss auf den Inhalt der Homepage hat. Ansonsten ist ein angestellter Anwalt selbst dann nicht verantwortlich, wenn sich die wettbewerbswidrigen Aussagen auf seine Person beziehen.[50]

Auch die **Angabe von Titeln** kann wettbewerbsrechtlich relevant werden. **563** So urteilte das *OLG Schleswig*, dass die Angabe eines ausländischen Doktor-

---

45 *BVerfG*, Nichtannahmebeschl. v. 5. 3. 2015 – 1 BvR 3362/14, NJW 2015, 1438 = GRUR 2015, 507.
46 *OLG Stuttgart*, Urt. v. 15. 6. 2001 – 2 U 4/01, NJW 2002, 1433 = MDR 2002, 240 (Ls.); *Faßbender*, Von Fachanwälten und selbsternannten „Spezialisten" – Ein Beitrag zu den zulässigen Grenzen werblicher Äußerungen von Rechtsanwälten, NJW 2006, 1463.
47 *BVerfG*, Beschl. v. 28. 7. 2004 – 1 BvR 159/04, MDR 2004, 1085 m. Anm. *Römermann* = NJW 2004, 2656; *OLG Nürnberg*, Urt. v. 20. 3. 2007 – 3 U 2675/06, BRAK 2007, 128 = NJW 2007, 1984; *LG Berlin*, Urt. v. 25.11. 2010 – 52 O 142/10, NJW-Spezial 2011, 222 = BeckRS 2011, 06241; *LG Frankfurt a. M.*, Fantasie-Anwaltstitel, Urt. v. 8. 3. 2012 – 2-03 O 437/11, MMR 2012, 380 = NJW-RR 2012, 1395.
48 *BGH*, Urt. v. 29. 3. 2007 – I ZR 152/04, MDR 2007, 1272 = NJW 2007, 2334.
49 *OLG Frankfurt a. M.*, Urt. v. 30. 4. 2015 – 6 U 3/14, MMR 2015, 521 = GRUR-RR 2015, 302.
50 *OLG Frankfurt a. M.*, Urt. v. 30. 4. 2015 – 6 U 3/14, MMR 2015, 521 = GRUR-RR 2015, 302.

titels, der mit dem deutschen Doktortitel nicht vergleichbar ist,[51] auf dem Briefkopf eines Steuerberaters ohne Herkunftsangabe nicht nur hochschulrechtlich, sondern auch wettbewerbsrechtlich zu beanstanden sei.[52] Bei der Verwendung des Titels auf dem Briefbogen handle es sich um eine geschäftliche Handlung i. S. d. § 2 Abs. 1 Nr. 1 UWG, da der Steuerberater bei dessen Benutzung seinen Kunden auf dem Markt gegenübertrete. Schon zuvor urteilte das *LG Düsseldorf* in einem ähnlich gelagerten Fall, dass die Vorschriften der Hochschulgesetze der Länder auch dazu bestimmt seien, das Verhalten im Wettbewerb zu regeln und damit Vorschriften i. S. d. § 3a UWG seien.[53] Der Doktorgrad erzeuge erhebliches Vertrauen in die Kompetenz und die intellektuellen Fähigkeiten des jeweiligen Trägers. Dies sei ein Umstand, der objektiv geeignet ist, neue Mandanten anzulocken und damit die eigene Marktposition zu verbessern.[54]

564   Die Formulierung „Zulassung OLG, LG, AG Bremen" stellt eine nach §§ 3 Abs. 1, 5 Abs. 1 UWG unzulässige Werbung mit Selbstverständlichkeiten dar. Denn sie ist geeignet, bei einem Rechtsschutz vor bremischen Gerichten suchenden potenziellen Mandaten den Eindruck zu erwecken, der Anwalt sei aufgrund seiner Zulassung gegenüber auswärtigen Rechtsanwälten besser geeignet.[55] Die Werbung mit einer OLG-Zulassung ist nach Ansicht des *BGH*[56] allerdings zulässig, wenn ein Anwalt schon vor der Änderung des Zulassungssystems eine Zulassung beim OLG erhalten hatte.

565   Auch können in eine Homepage Informationen zu ausgewählten Rechtsgebieten sowie Aufsätzen, Vorträgen der Anwälte, Musterverträgen oder Checklisten aufgenommen werden.[57] Sachfremde Downloadmöglichkeiten sind unzulässig.[58] Keine Bedenken bestehen gegen die Verwendung von Fotos der

---

51 Die Anerkennung ausländischer Titel regeln die einzelnen Landeshochschulgesetze. Die Verwendung eines falschen Dr. med. muß ab Kenntnis unverzüglich korrigiert werden; *LG Hamburg*, Urt. v. 26. 7. 2016 – 312 O 534/15.
52 *OLG Schleswig*, Urt. v. 26. 5. 2011 – 6 U 6/10, BeckRS 2011, 21450.
53 *LG Düsseldorf*, Urt. v. 18. 2. 2009 – 12 O 284/06, K & R 2009, 423.
54 *LG Düsseldorf*, Urt. v. 18. 2. 2009 – 12 O 284/06, K & R 2009, 423.
55 *OLG Bremen*, Hinweisbeschl. v. 20. 2. 2013 – 2 U 5/13, NJW-RR 2013, 1054 = MMR 2013, 656; a. A. *KG*, Beschl. v. 14. 6. 2013 – 5 W 119/13, MDR 2013, 993 = NJW-RR 2013, 1308; siehe auch *BGH*, Urt. v. 20. 2. 2013 – I ZR 146/12, GRUR 2013, 950 = NJW 2013, 2671 zu der erlaubten Bezeichnung „auch zugelassen am OLG".
56 *BGH*, Urt. v. 20. 2. 2013 – I ZR 146/12, GRUR 2013, 950 = NJW 2013, 2671 m. Anm. *Deckenbrock*.
57 *LG Köln*, Beschl. v. 20. 10. 1998 – 31 O 817/98 (n. v.); *Scheuerl*, NJW 1997, 1291, 1292; *Schmittmann*, MDR 1997, 601; zu zulässigen Werbemöglichkeiten allgemein: ähnlich werden Meinungsäußerungen auf anwaltlichen Internetseiten behandelt: *OLG Hamm*, Urt. v. 23. 8. 2011 – I-4 U 67/11, MMR 2012, 750 = GRUR-RR 2012, 279.
58 *LG Köln*, Beschl. v. 20. 10. 1998 – 31 O 817/98 (n. v.).

Kanzleiräume.[59] Allerdings darf keine Irreführung über die wirkliche Größe und Kapazität der Kanzlei entstehen.[60] Dezente Hintergrundmusik ist ebenfalls zulässig.[61] Sponsoring ist auch für Anwälte grundsätzlich zulässig.[62] Insofern darf ein Anwalt auch virtuelle Kunstausstellungen im Netz platzieren.[63] Pop-Up-Fenster sind nicht erlaubt.[64] Gästebücher sind wegen der damit verbundenen Irreführungsgefahr verboten.[65] (Anwalts-)Notaren ist jedwede Hervorhebung oder Werbung untersagt; sie dürfen im Internet nur auf den örtlichen Tätigkeitsbereich hinweisen und eventuell Beiträge zu wichtigen Rechtsproblemen verbreiten.[66] Dabei ist die Werbung mit Ortsnamen als örtlicher Tätigkeitsbereich nur zulässig, wenn auch tatsächlich eine Niederlassung an den genannten Orten besteht.

Der Betreiber eines Internetportals, der Rechtsanwälten darüber die Möglichkeit bietet, u. a. Terminsvertreter zu finden, und der sich dafür im Erfolgsfall eine Transaktionsgebühr entrichten lässt, verstößt nicht gegen berufsrechtliche Verbote und kann deshalb von einem Mitbewerber nicht auf Unterlassung gem. §§ 3 Abs. 1, 3a UWG (§ 4 Nr. 11 UWG a. F.) i. V. m. §§ 49b III 1 BRAO, 27 S. 1 BORA in Anspruch genommen werden.[67] **Forenbetreibern** ist es untersagt, Mitglieder ihres Forums öffentlich zur Kontaktaufnahme mit einer bestimmten Kanzlei aufzufordern und für eine anwaltliche Beratung gegen Pauschalgebühr zu werben.[68] **566**

Eine **Online-Beratung** war früher nur i. R. eines bestehenden Mandatsverhältnisses zulässig. Abseits eines solchen Verhältnisses galt ein solches Beratungsangebot – etwa im Rahmen öffentlicher Diskussionsforen – als standeswidrig.[69] Diese Rechtsprechung hat sich gewandelt. Der *BGH* hat einen tele- **567**

---

59 *OLG München*, Urt. v. 29. 3. 2000 – 29 U 2007/00, MDR 2000, 673 m. Anm. *Römermann* = BRAK 2000, 311.
60 *OLG Stuttgart*, Urt v. 4. 3. 1952 – 3 W 33/52, BB 1952, 386; *LG Köln*, Urt. v. 28. 9. 1993 – 31 O 371/93 (n.v.).
61 *LG Köln*, Urt. v. 20. 10. 1998 – 31 O 723/98 (n. v.).
62 *BVerfG*, Beschl. v. 17. 4. 2000 – 1 BvR 721/99, MDR 2000, 730 m. Anm. *Härting* = BRAK 2000, 137, anders noch *OLG Rostock*, Urt. v. 17. 3. 1999 – 2 U 81/98, MDR 1999, 834 = AnwBl 1999, 558.
63 So *Härting*, als Anm. zu BVerfG v. 17. 4. 2000 – 1 BvR 721/99, MDR 2000, 730, MDR 2000, 730; a. A. *Schneider*, MDR 2000, 133.
64 So *Schmittmann*, MMR 2001, 792.
65 *OLG Nürnberg*, Urt. v. 23. 3. 1999 – 3 U 3977/98, MDR 1999, 769 m. Anm. *Römermann* = CR 2000, 243 m. Anm. *Schmittmann*. Ähnlich *LG Nürnberg-Fürth*, Urt. v. 20. 5. 1998 – 3 O 1435/98, CR 1998, 622 = DB 1998, 1404.
66 Siehe *KG*, Urt. v. 19. 5. 2000 – 5 U 727/00, MDR 2001, 239 = MMR 2001, 128.
67 *LG Hamburg*, Urt. v. 7. 8. 2014 – 327 O 118/14, GRUR-RR 2015, 27.
68 *LG München I*, Urt. v. 25. 3. 1996 – 1 HKO 5953/96, BRAK 1997, 95 = CR 1996, 736.
69 Vgl. noch Hoeren/Sieber/*Marwitz*, Handbuch MMR, München 1999, Teil 11.2 Rz. 50.

fonischen Rechtsberatungsdienst für standesrechtskonform angesehen.[70] Entscheidend sei, dass der Beratungsvertrag nicht mit dem Organisator des Beratungsdienstes, sondern direkt mit dem den Anruf entgegennehmenden Anwalt zustande komme. Auch die Vereinbarung einer Zeitvergütung sei unbedenklich, selbst wenn es dabei zu einer Gebührenunterschreitung und gelegentlich auch zu einer Gebührenüberschreitung komme. Schließlich seien auch weitere Standesrechtsverbote, insb. das Verbot der Abtretung von Gebührenansprüchen (§ 49b Abs. 4 S. 2 BRAO), nicht verletzt.

568   Ein Anwalt darf werbewirksame Ideen bei der Auswahl seiner **Kanzlei-Domain** benutzen und sich z. B. unter der Adresse „recht-freundlich.de" im Internet präsentieren.[71] Auch keine Bedenken bestehen gegen die Internet-Verwendung der Werbeaussage „Die Kanzlei zum Schutz des Privatvermögens"[72] oder die Verwendung des Begriffs „Anwalts-Suchservice" als Link und Meta-Tag.[73] Die Verwendung nicht existenter Fachanwaltstitel (z. B. Fachanwalt für Internetrecht) in einer Internetwerbung ist wettbewerbswidrig. Das Gleiche gilt für die Verwendung einer automatisierten Vorschlagsliste (wie Autocomplete-Funktion, Autosuggest-Box) mit deren Hilfe eine solche Bezeichnung erzeugt werden soll.[74]

569   Die Nutzung generischer Domains für Anwälte ist als solche nach Auffassung des *BGH* sowohl in standesrechtlicher Hinsicht (etwa im Hinblick auf § 43b BRAO) unproblematisch und auch wettbewerbsrechtlich unbedenklich.[75] Erlaubt ist etwa die Kennung „steuerberater-suedniedersachsen.de".[76] Verboten wurden Kennungen wie „Rechtsanwalt", als Vanity-Nummer,[77]

---

70 *BGH*, Urt. v. 26.9. 2002 – I ZR 44/00, MDR 2003, 357 = K & R 2003, 183 mit Anm. *Bousonville*, S. 177; ähnlich *BGH*, Urt. v. 30.9. 2004 – I ZR 261/02, FamRZ 2005, 883 = CR 2005, 442 (Ls.).

71 *OLG Celle*, Urt. v. 23.8. 2001 – 13 U 152/01, MDR 2002, 118 = CR 2001, 857; siehe zu dem Themenkomplex auch *Müller*, WRP 2002, 160.

72 *LG Berlin*, Urt. v. 24.4. 2001 – 15 O 391/00, MMR 2001, 836 = NJW-RR 2001, 1643.

73 *OLG Köln*, Urt. v. 4.10. 2002 – 6 U 64/02, CR 2003, 93 = K & R 2003, 193.

74 *LG Frankfurt a.M.*, Urt. v. 8.3. 2012 – 2–03 O 437/11, MMR 2012, 380 = NJW-RR 2012, 1395.

75 *BGH*, Urt. v. 22.1. 2014 – I ZR 164/12, GRUR 2014, 393 = MMR 2014, 242 – wetteronline.de; *BGH*, Urt. v. 2.12. 2004 – I ZR 207/01, NJW 2005, 2315 = K & R 2005, 379; *BGH*, Beschl. v. 25.11. 2002 – AnwZ (B) 41/02, CR 2003, 355 m.Anm. *Hoß* = K & R 2003, 189. *BGH*, Urt. v. 21.2. 2002 – I ZR 281/99, MDR 2003, 119 = BRAK 2002, 231 m.Anm. *Dahns;* anders noch die Vorinstanz *OLG Stuttgart*, Urt. v. 15.10. 1999 – 2 U 52/99, MMR 2000, 164; zu diesem Komplex auch *Buchner*, GRUR 2006, 984.

76 *BGH*, Urt. v. 1.9. 2010 – StbSt (R) 2/10, CR 2011, 125 = MMR 2010, 820; so auch *OLG Celle*, Urt. v. 17.11. 2011 – 13 U 168/11, MMR 2012, 107.

77 *OLG Stuttgart*, 15.10. 1999 – 2 U 52/99, MMR 2000, 164 in Bezug auf eine Vanity-Nummer.

„rechtsanwaelte.de"[78] oder „rechtsanwaelte-dachau.de"[79] unter Berufung auf §§ 3, 5 UWG. Anders soll die Lage bei der singulären Bezeichnung „rechts anwalt-kempten.de" sein.[80] Im elektronischen Kontakt zum Mandanten sind die **Verschwiegenheitspflichten** (§ 43a Abs. 2 S. 1 BRAO) zu bedenken; insofern ist die Verschlüsselung der Nachrichten und ein hinreichendes Datensicherheitskonzept (einschließlich Firewalls) ratsam.[81] Unklar ist, ob ein Anwalt aus der anwaltlichen Schweigepflicht (§ 43a Abs. 2 S. 1 BRAO) und im Hinblick auf § 203 Abs. 1 Nr. 3 StGB verpflichtet ist, seine E-Mails an Mandanten zu verschlüsseln.[82] Aus Wortlaut und Normverständnis lässt sich eine solche Verpflichtung – auch unter Berücksichtigung der Berufsfreiheit aus Art. 12 GG – wohl nicht ableiten.[83]

Zu beachten sind schließlich die **Informationspflichten** und das Recht 570 des Kunden auf **Widerruf** nach dem Fernabsatzrecht, die auch für die Erbringung anwaltlicher Dienstleistungen via Internet zum Tragen kommen.[84] Insofern sind die Pflichtangaben nach § 312d Abs. 1 S. 1 BGB i. V. m. Art. 246a EGBGB zu machen. Eine Information über die Modalitäten des Widerrufsrecht ist jedoch nicht nötig, da ein Widerrufsrecht regelmäßig wegen des zeitlichen Ablaufs der Beratungsleistung (§ 356 Abs. 4 BGB) nicht in Betracht kommt. Allerdings ist der Anwalt dann zur Information über den Wegfall des Widerrufsrechts verpflichtet.

Nach § 2 Abs. 1 Nr. 11 der **Dienstleistungsinformationsverordnung** (DL- 571 InfoV) muss ein Dienstleistungserbringer – also auch ein Anwalt – grundsätzlich vor Abschluss eines schriftlichen Vertrages oder, sofern kein schriftlicher Vertrag geschlossen wird, vor Erbringung der Dienstleistung u. a. Angaben zu

---

78 *LG München I*, Urt. v. 16. 11. 2000 – 7 O 5570/00, MMR 2001, 179 m. Anm. *Ernst* = CR 2001, 128 = K & R 2001, 108 m. Anm. *Soznitza*; zu Domains mit Anwaltsbezug siehe auch *OLG Celle*, Urt. v. 16. 11. 2000 – 7 O 5570/00, MMR 2001, 179; *OLG Hamburg*, Urt. v. 2. 5. 2002 – 3 U 303/01, MMR 2002, 824; *OLG München*, Urt. v. 18. 4. 2002 – 29 U 1573/02, MMR 2002, 614.
79 *OLG München*, Urt. v. 18. 4. 2002 – 29 U 1573/02, MMR 2002, 614 = CR 2002, 757; ähnlich *OLG Celle*, Urt. v. 29. 3. 2001 – 13 U 309/00, MDR 2001, 840 = NJW 2001, 2100 – anwalt-hannover.de; *LG Köln*, Urt. v. 7. 9. 1998 – 31 O 723/98, ZAP EN-Nr. 785/98 für die Domain „rechtsanwaelte-koeln.de".
80 *OLG München*, Urt. v. 10. 5. 2001 – 29 U 1594/01 (n. v.); a. A. *OLG Celle*, Urt. v. 29. 3. 2001 – 13 U 309/00, MDR 2001, 840 = NJW 2001, 2100 – anwalt-hannover.de.
81 Siehe dazu *Koch*, MDR 2000, 1293, 1297; näher zu den Anforderungen an die IT-Sicherheit *Schultze-Melling*, CR 2005, 73.
82 Siehe dazu (ablehnend) *Härting*, MDR 2001, 61; *ders.*, NJW 2005, 1248, *Kubach/Gutsche*, K & R 2015, 86.
83 Vgl. *Axmann/Degen*, NJW 2006, 1457, 1458; *Härting*, NJW 2005, 1248.
84 So zu Recht *Axmann/Degen*, NJW 2006, 1461; *Bürger*, NJW 2002, 465; a. A. *AG Wiesloch*, Urt. v. 16. 11. 2011 – 1 C 282/01, MDR 2002, 852 = JZ 2002, 671 m. Anm. *Bürger*.

einer Berufshaftpflichtversicherung – insb. den Namen und der Anschrift des Versicherers sowie den räumlichen Geltungsbereich der Versicherung – machen, sofern eine solche besteht. § 2 Abs. 2 DL-InfoV räumt dem Dienstleistungserbringer indes vier gleichwertige Möglichkeiten zur Erfüllung der Pflicht ein. So erlaubt es § 2 Abs. 2 Nr. 2 DL-InfoV dem Dienstleistungserbringer seine Pflicht zur Bereitstellung der Informationen dadurch zu erfüllen, dass am Ort der Leistungserbringung oder aber des Vertragsschlusses die erforderlichen Informationen so vorgehalten werden, dass sie dem Dienstleistungsempfänger leicht zugänglich sind. Dazu zählt bspw. auch ein Aushang im Geschäftslokal oder im Wartezimmer des Anwalts, der leicht zu sehen sein muss. Ein Rechtsanwalt braucht daher in seinem Internetauftritt nicht auf seine Berufshaftpflichtversicherung hinzuweisen, wenn er von seinem Wahlrecht Gebrauch macht und die entsprechende Information im Wartezimmer zugänglich macht. Das Wahlrecht ist aber eingeschränkt, wenn der Anwalt seine Dienstleistung auch im Internet erbringt; denn nach § 2 Abs. 1 DL-InfoV müssen die Informationen vor Abschluss des Vertrags bzw. vor Erbringung der Dienstleistung zur Verfügung gestellt werden.[85]

572 Das *OLG Hamm* verbot eine Werbung für ein Portal als „konkurrenzloses Anwaltssuchportal".[86] Eine solche Äußerung sei nach § 5 Abs. 1 Nr. 1 UWG verboten. Anwaltswerbung, die auf Datenschutzrechtsverstößen beruht, ist auch nach §§ 3 Abs. 1, 3a UWG (§ 4 Nr. 11 UWG a. F.) verboten.[87] Sofern Anwälte also z. B. eine Schutzgemeinschaft begründen und Anschreiben an verschiedene Anleger schicken, verstoßen sie sowohl gegen das Datenschutzrecht als auch gegen das anwaltliche Berufsrecht, wenn die Daten unter Verstoß gegen das Datenschutzrecht zu Werbezwecken genutzt werden. Umstritten ist auch eine Werbung „Scheidung Online – spart Zeit, Nerven und Geld". Nach Auffassung des *OLG Hamm*[88] liege keine übertriebene Herausstellung vor, wenn die Art und Weise, wie Kosten gespart werden können, im Folgesatz hinreichend erläutert wird.

573 Anwälte unterliegen besonderen Sorgfaltspflichten, was den Umgang mit E-Mails angeht.[89] Ein Anwalt kann sich nicht damit entlasten, dass die E-Mail

---

85 *LG Dortmund*, Urt. v. 26. 3. 2013 – 3 O 102/13, NJW-RR 2013, 1381; siehe auch *OLG Hamm*, Urt. v. 28. 2. 2013 – 4 U 159/12, NJW-RR 2013, 1054 = MMR 2014, 116, GRUR-RR 2013, 339.
86 *OLG Hamm*, Urt. v. 3. 9. 2013 – 4 U 82/13, NJW-RR 2013, 1517.
87 *OLG Köln*, Urt. v. 17. 1. 2014 – 6 U 167/13, NJW 2014, 1820 = GRUR-Prax 2014, 242 = NZG 2014, 710.
88 *OLG Hamm*, Urt. v. 7. 3. 2013 – 4 U 162/12, NJW 2013, 2038 = MMR 2013, 507 = GRUR 2013, 746 = 2013, 263 m. Anm. *Heinemann*, GRUR-Prax 2013, 252 m. Anm. *Dönch*.
89 *LG Bonn*, Urt. v. 10. 1. 2014 – 15 O 189/13, MMR 2014, 709.

eines Mandanten angeblich nicht in seinem Postfach einging, sondern durch den Spam-Filter aussortiert wurde. Es gehört zu den Sorgfaltspflichten jedes Anwaltes, seinen Spam-Filter täglich zu kontrollieren. Wenn der Anwalt seine Mailadresse ausdrücklich auf seinem Briefbogen erwähnt, öffnet er damit einen Kommunikationsweg. Und gerade deshalb muss der E-Mail-Kontoinhaber bei der Unterhaltung eines geschäftlichen E-Mail-Kontos mit aktiviertem Spam-Filter seinen Spam-Ordner täglich durchsehen, um versehentlich als Werbung aussortierte E-Mails zurückzuholen.

Vergleichbar ist die Rechtslage bei den **Steuerberatern und Wirtschafts- 574 prüfern**. Nach §§ 57 Abs. 1, 57a StBerG ist Steuerberatern ein berufswidriges, insb. „in Form und Inhalt" unsachliches Werben untersagt. Das *LG Nürnberg-Fürth*[90] urteilte, anders als später das *LG München II*[91], dass Homepages als Teil des weltweiten Datennetzes an sich keinen Verstoß gegen § 57a StBerG darstellen. Verboten sind nach jenem späteren Urteil reklamehafte Werbungen auf Homepages, d.h. solche, die sich der Methoden der gewerblichen Wirtschaft bedienen.[92] Für Wirtschaftsprüfer gilt nach § 52 der Wirtschaftsprüferordnung (WiPrO) das Verbot unlauterer Werbung. Besondere Standespflichten in Bezug auf Werbung sind nicht mehr vorgesehen.

bb) Ärzte

Schwieriger ist die Rechtslage für die **medizinischen Berufe**. Zu beachten sind 575 hier ebenfalls zunächst die besonderen Vertrauenspflichten i.R.v. § 203 StGB, die es z.B. verbieten, dass Mediziner ihre Datenverarbeitung ohne Einwilligung der Patienten auf Externe übertragen.[93] Apothekern ist die Werbung für Arzneimittel und bestimmte Körperpflegemittel untersagt.[94] Ärzte und Zahnärzte unterliegen immer noch einem strengen Verbot jeglicher Werbung. Werbeverbote ergeben sich aus den jeweiligen Berufsordnungen der Landesärztekammern. § 27 der Musterberufsordnung der Bundesärztekammer (MOB) wurde in alle Landesberufsordnungen im Wesentlichen übernommen.[95] Maßstab der Zu-

---

90 *LG Nürnberg-Fürth*, Urt. v. 29.1. 1997 – 3 O 33/97, CR 1997, 415 = NJW-CoR 1997, 229.
91 *LG München II*, Urt. v. 31.8. 2000 – 4 HK O 3241–00, CR 2001, 345 (Ls.) = DStRE 2000, 1231.
92 Siehe etwa den Fall des *LG München II*, Urt. v. 31.8. 2000 – 4 HKO 3241/00, CR 2001, 345 (Ls.) = DStRE 2000, 1231, in dem ein Steuerberater sich auf seiner Homepage als „außergewöhnlicher Steuerberater" mit einem „exklusiven Leistungsprofil" angepriesen hatte.
93 Dies gilt selbst dann, wenn die Patienten formal in die Datenweitergabe einwilligen; so *BSG*, Urt. v. 10.12. 2008 – B 6 KA 37/07 R, GesR 2009, 305 = CR 2009, 460 m. Anm. *Brisch/Laue*.
94 Siehe hierzu v. *Czettritz*, Pharma Recht 1997, 86.
95 Hoeren/Sieber/Holznagel/*Boemke*, Handbuch MMR, 36. Ergänzungslieferung 2013, Teil 11 Rz. 162.

lässigkeitsbeurteilung ist nach § 27 Abs. 1 MOB „die Gewährleistung des Patientenschutzes durch sachgerechte und angemessene Information und die Vermeidung einer dem Selbstverständnis der Ärztin oder des Arztes zuwiderlaufenden Kommerzialisierung des Arztberufs". Erlaubt sind nach § 27 Abs. 2 MOB „sachliche berufsbezogene Informationen", also bspw. Sprechzeiten, Anschrift und ärztliche Titel. Standesrechtlich erlaubt sind nach § 27 Abs. 4 MOB auch Hinweise auf Spezialisierungen, Praxisschwerpunkte und Zeugnisse.[96] Auch hat das *BVerfG* Werberestriktionen gelockert, in dem es z. B. Hinweise auf Hobbies, Berufserfahrungen, Auslandsaufenthalte oder Dialektkenntnisse zuließ.[97] Verboten ist Werbung jedoch immer dann, wenn sie durch die übermäßig anpreisende Elemente geprägt ist (§ 27 Abs. 3 MOB) und dabei die sachliche Information über die angebotene Leistung sowie die genaueren Konditionen ihrer Inanspruchnahme in den Hintergrund treten.[98]

576   Nach Auffassung des *OLG Köln*[99] verstößt ein Mediziner gegen Standesrecht, wenn er sich als Spezialist in fast allen Bereichen der Zahnmedizin anpreist und auf seine Teilnahme an Fortbildungsveranstaltungen sowie seine Referententätigkeit hinweist. Ferndiagnosen verbietet zudem § 9 des Heilmittelwerbegesetzes (HWG). Unzulässig ist nach Ansicht des *OLG Koblenz* auch der Aufbau einer Homepage mit Hinweisen z. B. zur Praxis, zur Behandlung von Zahn- und Kiefererkrankungen und zur Pflege der Zähne.[100] Ein Zahnarzt, der auf einer Internet-Plattform ein Gegenangebot zu dem Heil- und Kostenplan oder Kostenvoranschlag eines Kollegen abgibt, das der Patient dort eingestellt hat, verstößt aber weder gegen das berufsrechtliche Kollegialitätsgebot noch gegen das Verbot berufswidriger Werbung.[101] Verpflichtet er sich, dem Betreiber der Internet-Plattform im Falle des Zustandekommens eines Behandlungsvertrags mit dem Patienten einen Teil seines Honorars als Entgelt für die Nutzung des virtuellen Marktplatzes abzugeben, liegt darin auch kein unzulässiges Versprechen eines Entgelts für die Zuweisung von Patienten. Dem-

---

96 Ähnlich auch zur früheren Rechtslage: *BGH*, Urt. v. 9.10. 2003 – I ZR 167/01, MDR 2004, 224 = NJW 2004, 440; Zulässigkeit der Bezeichnung „daszahnaerztehaus.de": *BVerfG*, Beschl. v. 14.7. 2011 – 1 BvR 407/11, MMR 2012, 60.

97 *BVerfG*, Beschl. v. 26.8. 2003 – 1 BvR 1003/02, NJW 2003, 3470 = WRP 2003, 1209.

98 *LG Hamburg*, Urt. v. 12.1. 2012 – 327 O 443/11, GRUR-RR 2012, 257 = WRP 2012, 602.

99 *OLG Köln*, Urt. v. 9.3. 2001 – 6 U 127/00, MMR 2001, 702 = NJW-RR 2002, 204.

100 *OLG Koblenz*, Urt. v. 13.2. 1997 – 6 U 1500/96, CR 1997, 343 = WRP 1997, 478; siehe auch die Entscheidung der Vorinstanz *LG Trier*, Urt. v. 19.9. 1996 – 7 HO 133/96, WRP 1996, 1231 = CR 1997, 81.

101 *BGH*, Urt. v. 1.12. 2010 – I ZR 55/08, CR 2011, 465 = MDR 2011, 554; ähnlich *BGH*, Urt. v. 24.3. 2011 – III ZR 69/10, MDR 2011, 588 = MMR 2011, 454; dagegen sind Rabatt-Angebote unzulässig: *LG Köln*, Urt. v. 21.6. 2012 – 31 O 25/12, K & R 2012, 628 = MMR 2012, 682.

entsprechend handelt auch der Betreiber der Internet-Plattform nicht wettbewerbswidrig. Nach einem Urteil des *BGH*[102] kann bereits das Setzen eines Links
auf einer Internetseite ausreichen, um geschäftliche Handlungen i. S. d. UWG
zu begründen. So nahm der *BGH* in dieser Entscheidung bei einem Link auf
Bezugsquellen von Arzneimitteln ein geschäftliches Handeln an.

Ein übermäßig anpreisendes Angebot eines Arztes auf einer Internet-Platt- 577
form wie „groupon.de" verstößt gegen die Regelungen in der Berufsordnung
der Ärzte, wenn die i. R. d. Angebots beworbene Leistung in „marktschreieri-
scher" Art und Weise werblich kommuniziert wird.[103] Ähnlich liegt eine verbotene Zugabe nach § 7 Abs. 1 HWG vor, wenn eine Augenarztpraxis für konkrete
Verfahren mit einem kostenlosen Transfer zu und von der Klinik wirbt.[104] Nach
§ 11 Abs. 1 S. 1 Nr. 2 HWG darf außerhalb der Fachkreise für Arzneimittel nicht
mit Angaben oder Darstellungen geworben werden, die sich auf eine Empfehlung von im Gesundheitswesen tätigen Personen beziehen. Eine solche Werbung liegt auch dann vor, wenn mit dem von einem Apothekerverband verlie-
henen Preis „Medikament des Jahres" geworben wird.[105] Verboten ist ferner
nach § 11 Abs. 1 S. 3 HWG, mit der Wirkung operativ plastisch-chirurgischer
Eingriffe, gerichtet auf die Veränderung des menschlichen Körpers ohne medizinische Notwendigkeit durch vergleichende Darstellung des Körperzustandes
oder des Aussehens vor und nach dem Eingriff (Vorher-Nachher-Bilder), zu
werben. Daher dürfen Schönheitsoperationen im Internet nicht mit Fotografien
der Patienten vor und nach dem Eingriff beworben werden.[106]

Durch die Änderungen im Heilmittelwerberecht im Jahre 2012 wurden § 11 578
Nr. 1, 4, 6 und 10 HWG ersatzlos gestrichen. Damit ist es nun mehr möglich,
auch außerhalb ärztlicher Fachkreise für Arzneimittel, Verfahren, Behandlun-
gen, Gegenstände oder andere Mittel mit Gutachten, Zeugnissen, wissenschaftlichen oder fachlichen Veröffentlichungen zu werben. Gestrichen wurde auch
das Verbot der bildlichen Darstellung von Personen in der Berufskleidung.

Ähnlich restriktive Bestimmungen finden sich für **Notare und Architek-** 579
ten. Wirbt ein Architekt auf seiner Homepage mit Referenzobjekten, so bringt
er damit im Allgemeinen zum Ausdruck, dass er für diese Objekte die wesentlichen Planungsleistungen, soweit diese zu den normalen Architektenleistungen

---

102 *BGH*, Urt. v. 11. 12. 2014 – I ZR 113/13, MMR 2015, 518 = GRUR 2015, 694.
103 *LG Hamburg*, Urt. v. 12. 1. 2012 – 327 O 443/11, GRUR-RR 2012, 257 = WRP 2012, 602 –
Augenlaserbehandlung für 999 Euro.
104 *OLG Düsseldorf*, Urt. v. 4. 12. 2012 – I-20 U 46/12, GRUR-RR 2013, 130 = WRP 2013, 816 –
Shuttle-Service, kostenloser Shuttleservice.
105 *OLG Frankfurt a. M.*, Urt. v. 12. 2. 2015 – 6 U 184/14, GRUR-RR 2015, 267.
106 *OLG Koblenz*, Urt. v. 8. 6. 2016 – 9 U 1362/15, WRP 2016, 1293.

gehören, erbracht hat. Die Werbung mit Referenzobjekten ist daher im Allgemeinen nicht deshalb irreführend, weil der Architekt für die Objekte die Bauüberwachung nicht übernommen hatte.[107]

b) Werbebeschränkungen für besondere Produkte

Literatur: *Arhold/Wimmer*, Arzneimittelhandel über das Internet, K & R 2004, 126; *Doepner-Thiele*, Reform des Heilmittelwerberechts: Ein Überblick, GRUR-Prax 2012, 293; *Hebenstreit*, Neue Regeln für die Arzneimittelwerbung im österreichischen AMG, PharmR 2006, 131; *Heil/Klümper*, Die Werbung mit der sozialen Verantwortung – „Social Sponsoring" im Bereich der Arzneimittelwerbung, PharmR 2008, 226; *Liesching*, Alkoholwerbung in Rundfunk und Telemedien – Anforderungen des § 6 Abs. 5 JMStV, MMR 2012, 211; *Mand*, Arzneimittelversand durch Internet-Apotheken im Europäischen Binnenmarkt, WRP 2003, 37; *ders.*, E-Commerce mit Arzneimitteln, MMR 2003, 77; *ders.*, Das Verbot von Zuwendungen und sonstigen Werbegaben in der Heilmittelwerbung, GRUR 2016, 556; *Mand/Könen*, Verbraucherschutz und Versandhandel mit Arzneimitteln, WRP 2006, 841; *Marwitz*, Internetapotheken zwischen Gerichten und Gesetzgebern, MMR 2004, 218; *Rolfes*, Die Zulässigkeit des E-Commerce mit Arzneimitteln, MMR 2003, 571; *ders.*, Internetapotheken, München 2003; *Schmidt*, Heilmittelwerberecht: Vorstellung der Reform des Heilmittelwerbegesetzes, PharmR 2012, 285; *Schultz*, Die Haftung von Internetauktionshäusern für den Vertrieb von Arzneimitteln, WRP 2004, 1347; *Stallberg*, Die Zugänglichmachung der Gebrauchsinformation verschreibungspflichtiger Arzneimittel im Internet, WRP 2010, 56; *ders.*, Information und Werbung in und auf Arzneimittelverpackungen – Rechtliche Gestaltungsmöglichkeiten und Grenzen, PharmR 2010, 214; *Tillmanns*, Patienten-Compliance-Programme im Lichte des Werbeverbotes für verschreibungspflichtige Arzneimittel, WRP 2012, 914; *Wudy/Pohl*, Ein Überblick über die durch den Gesetzesentwurf zur 16. AMG-Novelle geplante Änderung im Heilmittelwerberecht, WRP 2012, 388; *Raschke*, Inhalt und Grenzen des ärztlichen Werberechts, NJW 2015, 825; *Schippel*, Das deutsche Online-Glücksspielrecht nach dem GlüStV 2012, ZfWG 2016, 315; *Weidner*, Arzneimittelwerbung im Bereich „Social Media"?, PharmR 2014, 241.

580 Das deutsche Wettbewerbsrecht kennt eine Fülle von produktspezifischen Werbebeschränkungen, die auch für das Online-Marketing zu beachten sind.

aa) Arzneimittelwerbung

581 Hervorzuheben sind die umfänglichen Regelungen für den Bereich der **Arzneimittelwerbung** im Arzneimittel- und Heilmittelwerbegesetz (AMG/HWG). Die Einstufung eines Produkts als Arzneimittel hat mitunter enorme Auswirkungen auf die zulässigen Werbemöglichkeiten. Zuletzt drehte sich bei der Zulässigkeit von E-Zigaretten alles um die Frage, ob die Nikotintanks der elektronischen

---

107 *OLG Karlsruhe*, Urt. v. 27.1. 2011 – 4 U 180/10, GRUR-RR 2011, 187 = NZBau 2011, 366 – Under Construction.

Zigaretten als Arzneimittel und die Zigarette somit als Medizinprodukt einzustufen sind.[108] Diesbezüglich hat das *BVerwG* nun entschieden, dass nikotinhaltige Liquids, die zum Verdampfen in E-Zigaretten bestimmt sind, keine Arzneimittel i. S. v. § 2 I AMG sind und somit E-Zigaretten insgesamt nicht als Medizinprodukte eingestuft werden können.[109]

Wichtig für die Werbung in diesem Bereich sind die Pflichtangaben für **582** Arzneimittel nach § 4 Abs. 1 HWG.[110] § 10 Abs. 1 HWG, der eine **Werbung für verschreibungspflichtige Arzneimittel** nur gegenüber Ärzten, Zahnärzten und ähnlichen Approbierten zulässt,[111] führt zu erheblichen Problemen im Internet. So ist schon die Nennung eines verschreibungspflichtigen Arzneimittels auf der Homepage neben der Werbung für eine Arztpraxis nach § 10 HWG verboten.[112] Denn selbst wenn der Nutzer per E-Mail bestätigt, dass er approbiert sei, wird dies einen Abruf von Werbung i. S. d. § 10 HWG nicht legitimieren, sodass diese Vorschrift de facto auf ein Verbot der Werbung für verschreibungspflichtige Arzneimittel im Internet hinausläuft. Eine interessengerechte Lösung lässt sich nur dadurch erreichen, dass man vorab Passwörter an Approbierte weitergibt und dadurch einen geschlossenen Benutzerkreis für die Datenbank schafft.[113] Jeder Arzt oder Apotheker erhält auf Vorlage seiner Approbationsurkunde einen Zugangscode für die Homepage. Dies kann allerdings problematisch werden, insb. was die Langwierigkeit der Urkundenvorlage und -prüfung angeht. Es bietet sich an, eine Verbindung mit der digitalen Signatur, die es erlaubt über ein Attribut-Zertifikat Angaben zur berufsrechtlichen Zulassung zu speichern und elektronisch zu verifizieren (siehe § 7 Abs. 2 SigG), einzurichten. Schließlich lässt sich auch an ein gemeinsames Portal aller Arzneimittelhersteller zur einmaligen Prüfung der Approbation denken, wobei dann kartellrechtliche Vorgaben zu beachten wären. § 10 HWG verbietet i. Ü. auch

---

108 *OVG Münster*, Urt. v. 17. 9. 2013 – 13 A 1100/12, NVwZ 2013, 1553 = GesR 2013, 694; Vorinstanz: *VG Köln*, Urt. v. 2. 4. 2012 – 7 K 3169/11, PharmR 2012, 223; *Voit*, Zur arzneimittelrechtlichen Einordnung der „Genuss-E-Zigarette", PharmR 2012, 241; Einstufung als Arzneimittel durch das *VG Düsseldorf*, Urt. v. 10. 10. 2012 – 16 K 3792/12, PharmR 2012, 521; Einstufung als Genussmittel durch das *OVG Münster*, Beschl. v. 23. 4. 2012 – 13 B 127/12, PharmR 2012, 255.
109 *BVerwG*, Urt. v. 20. 11. 2014 – 3 C 26/13, NVwZ-RR 2015, 420 = PharmR 2015, 252.
110 Siehe dazu *OLG München*, Urt. v. 7. 3. 2002 – 29 U 5688/01, CR 2002, 445 = MMR 2002, 463.
111 Siehe hierzu krit. *Albrecht*, GRUR 1977, 83, 95.
112 *OVG Lüneburg*, Beschl. v. 4. 7. 2006 – 11 LA 138/05; *LG Berlin*, Urt. v. 30. 9. 2002 – 103 O 84/02, WRP 2003, 125; *LG Köln*, Urt. v. 1. 12. 2011 – 31 O 268/11, MMR 2012, 608 = GRUR-Prax 2012, 151 m. Anm. *v. Czettritz/Strelow*; neue Entscheidung dazu: *BGH*, Urt. v. 6. 6. 2013 – I ZR 2/12, GRUR 2014, 94 = MMR 2014, 252.
113 *Stöckli*, PharmR 2009, 640.

ohne Passwort zugängige Angaben im Internet zur Indikation von Arzneimitteln.[114] Diese müssen in unmittelbarem Zusammenhang mit der Werbung stehen, mithin leicht erreichbar sein; drei Klicks sind zu viel.[115]

583   Im Übrigen hat der *BGH* dem *EuGH* die Frage vorgelegt, ob nicht Öffentlichkeitswerbung für verschreibungspflichtige Rezeptmittel im Internet zulässig sein sollte.[116] Der *EuGH*[117] hat daraufhin entschieden, dass die Verbreitung von Informationen über verschreibungspflichtige Arzneimittel auf einer Webseite durch Arzneimittelunternehmen zulässig sei, wenn diese Informationen auf dieser nur demjenigen zugänglich sind, der sich selbst um sie bemüht, und diese Verbreitung ausschließlich in der getreuen Wiedergabe der Umhüllung des Arzneimittels geschieht. Ferner müsse die Packungsbeilage wörtlich und vollständig wiedergegeben werden.

584   Eine **Google AdWords-Anzeige** für ein Arzneimittel verstößt nicht allein dadurch gegen § 4 HWG, dass die Pflichtangaben nicht in der Anzeige selbst enthalten sind.[118] Es sei dem *BGH* zufolge vielmehr ausreichend, dass die Anzeige einen als solchen klar erkennbaren elektronischen Verweis enthält, der unzweideutig darauf hinweist, dass der Nutzer über ihn zu den Pflichtangaben gelangt; der elektronische Verweis muss zu einer Internetseite führen, auf der die Pflichtangaben unmittelbar, d. h. ohne weitere Zwischenschritte leicht lesbar wahrgenommen werden können.

585   Nach § 11 Abs. 1 Satz 1 Nr. 2 HWG sind ferner die besonderen Restriktionen für die Werbung außerhalb der in § 2 HWG definierten Fachkreise zu beachten. Problematisch sind insb. virtuelle Gästebücher, soweit darin positive Äußerungen Dritter über Arzneimittel auftauchen können; eine solche Webseite ist nach § 11 Abs. 1 S. 1 Nr. 11 HWG unzulässig.[119] Eine Ausnahme vom Werbeverbot gilt für die nach § 11 Abs. 1 S. 1 AMG vorgeschriebenen Pflichtangaben.[120] § 12 HWG verbietet Publikumswerbung für bestimmte Krankheiten (etwa Herz-

---

114 *OLG Hamburg*, Urt. v. 23.11. 2006 – 3 U 43/05, BeckRS 2007, 15054 = LMRR 2006, 76.

115 *OLG München*, Urt. v. 7.3. 2002 – 29 U 5688/01, CR 2002, 445 = NJW-RR 2002, 985; *OLG Hamburg*, Beschl. v. 3.5. 2002 – 3 U 355/01, GRUR-RR 2003, 121.

116 *BGH*, Urt. v. 16.7. 2009 – 1 ZR 223/06, WRP 2009, 1100 = GRUR 2009, 988 – Arzneimittelpräsentation im Internet I.

117 *EuGH*, Urt. v. 5.5. 2011 – C-316/09, MMR 2011, 529 = GRUR 2011, 1160 m. Anm. *Meeser*, PharmR 2011, 282, 349; zu der vorherigen Rechtslage: *Lorz*, GRUR Int. 2005, 894; *BGH*, Urt. v. 19.10. 2011 – I ZR 223/06, GRUR-RR 2012, 259 = MMR 2012, 370 – Arzneimittelpräsentation im Internet II.

118 *BGH*, Urt. v. 6.6. 2013 – I ZR 2/12, GRUR 2014, 94 = NJW 2014, 1012 – Pflichtangaben im Internet.

119 Vgl. dazu *Weidner*, PharmR 2014, 241.

120 *BGH*, Urt. v. 13.3. 2008 – I ZR 95/05, GRUR 2008, 1014 = NVwZ 2008, 1270 – Amlodipin.

oder Nervenerkrankungen). In diesem Bereich sind auch Hinweise zur Erkennung, Verhütung oder Linderung der Krankheit nicht erlaubt, sofern sie mit
der Werbung für ein Arzneimittel kombiniert sind.[121] Bislang kaum diskutiert
ist die Reichweite des Heilmittelwerbegesetzes im Verhältnis zu ausländischen
Internetanbietern. § 13 HWG lässt eine Werbung ausländischer Unternehmen
nur zu, wenn diese einen Verantwortlichen mit Sitz in der EU benennen. Die
Vorschrift würde nach ihrem Wortlaut darauf hinauslaufen, dass US-Pharma-
Produzenten bei jedwedem Internetauftritt § 13 HWG zu beachten hätten. Allerdings ist es dem Begriff der Werbung immanent, dass nach der Zielrichtung
gefragt wird. § 13 HWG kann daher nur zur Anwendung gelangen, wenn die
Homepage auf den deutschen Markt ausgerichtet ist.[122] Nicht unter das Heilmittelwerberecht fällt jedoch eine kostenlos für jedermann abrufbare Onlineda-
tenbank mit Einzelinformationen zu tausenden Arzneimitteln.[123]

Der *EuGH*[124] hat geklärt, dass es für das Versandhandelsverbot keine euro- **586**
parechtliche Rechtfertigung gebe, soweit es um nicht verschreibungspflichtige
Arzneimittel geht. Erlaubt seien dementsprechend nur Beschränkungen bei
verschreibungspflichtigen oder in Deutschland nicht zugelassenen Arzneimitteln, wie etwa in § 73 AMG. Einem Urteil des *KG* zufolge dürfen niederländische
Internet-Apotheken per Versandhandel keine apothekenpflichtigen Arzneimittel an deutsche Endverbraucher schicken.[125]

Auch für **Online-Apotheken** gilt die Arzneimittelpreisverordnung.[126] So **587**
hatte zunächst auch der *Gemeinsame Senat der obersten Gerichtshöfe des Bundes* entschieden und Rabatte bei dem Kauf rezeptpflichtiger Medikamente für
unzulässig gehalten, auch wenn sie durch ausländische Versandapotheken gewährt wurden.[127] Nach einem Urteil des *EuGH*[128] ist die Preisbindung für re-
zeptpflichtige Medikamente gegenüber Apotheken aus dem EU-Ausland jedoch
unvereinbar mit der Warenverkehrsfreiheit. Eine Rechtfertigung der mengen-
mäßigen Einfuhrbeschränkung aus Gründen des Gesundheitsschutzes sah der
EuGH nicht, da die Regelungen der Arzneimittelpreisverordnung nicht geeignet seien, diese Ziele zu erreichen. Aus diesem Grund ist die Werbung einer

---

121 *Spickhoff/Fritzsche*, Medizinrecht, 2. Aufl. 2014, § 12 HWG Rz. 5 ff.
122 *Spickhoff/Fritzsche*, Medizinrecht, 2. Aufl. 2014, § 13 HWG Rz. 4.
123 *OLG Frankfurt a. M.*, Urt. v. 28. 10. 2004 – 6 U 187/03, MMR 2005, 383.
124 *EuGH*, Urt. v. 11. 12. 2003 – C-322/01, GesR 2004, 58 = MMR 2004, 149 m. Anm. *Mand.*
125 *KG*, Urt. v. 9. 11. 2004 – 5 U 300/01, CR 2005, 291 = MMR 2005, 246, 251.
126 *BGH*, Beschl. v. 26. 2. 2014 – ZR 72/08, MMR 2014, 387; *OLG Hamburg*, Urt. v. 17. 2. 2009 –
3 U 225/06, GesR 2009, 626 = MD 2009, 772.
127 *GmS-OGB*, Beschl. v. 22. 8. 2012 – GmS-OGB 1/10, BGHZ 194, 354 = GRUR 2013, 417.
128 *EuGH*, Urt. v. 19. 10. 2016 – C-148/15, NJW 2016, 3771 = GRUR-Prax 2016, 516 m. Anm. *Merx.*

Selbsthilfegruppe mit der Kooperation einer Versandapotheke aus dem EU-Ausland, die Rabatte auf Bestellungen gibt, zulässig.[129] Unabhängig von dem Urteil des *EuGH* können ausländische Versandapotheken dem deutschen Arzneimittelrecht auch ausweichen, solange das Vertriebsgebiet ihrer Waren durch einen eindeutig gestalteten Disclaimer, der aufgrund seiner Aufmachung ernst genommen und tatsächlich auch eingehalten wird, auf außerhalb Deutschlands beschränken.

588 Untersagt wurde, für den Versandhandel zu werben, sofern es sich um verschreibungspflichtige Arzneien oder solche handelt, für die es in Deutschland keine Zulassung gibt. Dieser Linie folgte das *LG Frankfurt a. M.*[130] Auch für Online-Apotheken gilt die Arzneimittelpreisverordnung;[131] verboten wurden aus diesem Grund „Bonus-Modelle" für „gute" DocMorris-Kunden.[132] Das *LG Düsseldorf* bewertete auch Werbung einer Selbsthilfegruppe mit der Kooperation einer Versandapotheke, die Rabatte auf Bestellungen gibt, als unzulässig.[133] Im Rahmen der dagegen eingelegten Berufung hat das *OLG Düsseldorf* das Verfahren ausgesetzt und dem *EuGH* zur Vorabentscheidung vorgelegt.[134] Stark umstritten war, ob eine Internetapotheke gegen arzneimittelrechtliche Preisbestimmungen verstößt, wenn sie für jedes Rezept einen Gutschein im Wert von fünf Euro ausstellt.[135] Der *EuGH*[136] entschied nun, dass es einen einheitlichen Preis für verschreibungspflichtige Humanarzneimittel geben muss. Dem strengen deutschen Arzneimittelrecht können ausländische Versandapotheken jedoch ausweichen, solange sie das Vertriebsgebiet ihrer Waren durch einen eindeutig gestalteten Disclaimer, der aufgrund seiner Aufmachung ernst genommen und tatsächlich auch eingehalten wird, auf außerhalb Deutschlands beschränken.[137]

---

129 Anders noch *LG Düsseldorf*, Urt. v. 26. 6. 2013 – 12 O 411/09 U, BeckRS 2014, 03009.

130 *LG Frankfurt a. M.*, Urt. v. 21. 7. 2006 – 3/11 O 64/01, CR 2007, 201 (Ls.) = MMR 2007, 64.

131 *BGH*, Beschl. v. 26. 2. 2014 – I ZR 72/08, MMR 2014, 387; *OLG Hamburg*, Urt. v. 17. 2. 2009 – 3 U 225/06, GesR 2009, 626 = MD 2009, 772.

132 *BGH*, Urt. v. 26. 2. 2014 – I ZR 79/10, GRUR 2014, 593; *BVerfG*, Beschl. v. 31. 3. 2016 – 2 BvR 929/14, PharmR 2016, 237.

133 *LG Düsseldorf*, Urt. v. 26. 6. 2013 – 12 O 411/09, BeckRS 2014, 03009.

134 *OLG Düsseldorf*, Beschl. v. 24. 3. 2015 – I-20 U 149/13.

135 *OLG Naumburg*, Urt. v. 26. 8. 2005 – 10 U 16/05, GRUR-RR 2006, 336; a. A. *OVG Lüneburg*, Beschl. v. 8. 7. 2011 – 13 ME 95/11, GRUR-Prax 2011, 356; all das ist streitig und Gegenstand einer Vorlage des *BGH* an den Gemeinsamen Senat aller Bundesgerichte.

136 *EuGH*, Urt. v. 19. 10. 2016 – C-148/15, GRUR 2016, 1312 = MMR 2017, 436.

137 *BGH*, Urt. v. 30. 3. 2006 – I ZR 24/03, MDR 2006, 941 = CR 2006, 539.

bb) Tabakwerbung

Umfassend sind die Beschränkungen in Bezug auf **Tabakwerbung**. Das vor- 589
läufige VTabakG wurde mit Inkrafttreten des Tabakerzeugnisgesetz (TabakerzG) am 20.5.2016 abgelöst. Demnach gelten umfangreiche Beschränkungen
zum Schutz vor Täuschung nach § 18 TabakerzG und Verbote für Werbung,
die positive Effekte hervorzuheben versucht, nach § 21 Abs. 1 TabakerzG. Im
Allgemeinen ist Werbung für Tabakerzeugnisse, elektronische Zigaretten oder
Nachfüllbehälter im Hörfunk, § 19 Abs. 1 TabakerzG, und in audiovisuellen Mediendienste unzulässig, § 20 TabakerzG. In der Presse und Diensten der Informationsgesellschaft darf nach § 19 Abs. 2, 3 TabakerzG u. a. nur dann geworben
werden, wenn das Medium „ausschließlich für im Handel mit Tabakerzeugnissen oder elektronischen Zigaretten oder Nachfüllbehältern tätige Personen bestimmt ist". So ist bspw. die Unternehmenshomepage eines Tabakherstellers,
auf der vier Personen abgebildet sind, die fröhlich Zigaretten rauchen bzw.
andere Tabakerzeugnisse konsumieren, unzulässig.[138] Die noch in § 21a Abs. 3
S. 2 Nr. 3 VTabakG vorgesehene Ausnahme für Medien, die sich redaktionell
weit überwiegend mit Tabakerzeugnissen auseinandersetzen, ist entfallen.[139]
Das Sponsoring von Hörfunkprogrammen ist nach § 19 Abs. 4 TabakerzG unzulässig, ebenso das Sponsoring von Veranstaltungen mit Bezug zur Europäischen Union nach § 19 Abs. 5 TabakerzG. Zu bedenken sind die sonstigen Restriktionen für den Vertrieb von Waren. So gelten auch bei Online-Auktionen
die **Vorgaben des Tabaksteuergesetzes.** Der Käufer kann sich hier nicht auf
eine Gutgläubigkeit bei der Ersteigerung erheblich preisreduzierter Tabakwa-
ren im Internet berufen. Wie das *FG Düsseldorf* entschied, ist die Heranziehung
eines Ersteigerers zur Zahlung der bei Wareneinfuhr seitens des Internet-An-
bieters nicht entrichteter Zölle und Steuern rechtmäßig. Der steuerpflichtige
Ersteigerer sei wegen des erheblich reduzierten Preises nicht gutgläubig gewesen und durch entsprechende Hinweise auf den Internetseiten des Auktionshauses über die Möglichkeit eines nicht gesetzeskonformen Warenstroms auch
angemessen informiert gewesen.[140]

cc) Buchpreisbindung

Im Übrigen ist beim Verkauf neuer Bücher über online Auktionsplattformen 590
die **Preisbindung des Buchpreisbindungsgesetzes** (BuchPrG) zu beach-

---

138 *LG Landshut*, Urt. v. 29.6.2015 – 720 3510/14, GRUR-RS 2015, 13825.
139 Auch danach war allerdings eine Tabakunternehmenswebsite mit werbender Abbildung
nicht zulässig, *OLG München*, Urt. v. 21.4.2016 – 6 U 2775/15, GRUR-RS 2016, 11421 = GRUR-
Prax. m. Anm. *Kiontke*.
140 *FG Düsseldorf*, Urt. v. 23.6.2004 – 4 K 1162/04, ZfZ 2005, 25, dazu auch *FG Sachsen*, Urt.
v. 19.3.2008 – 7 K 422/04, BeckRS 2008, 26024921.

ten.[141] Das gilt seit dem 1. 9. 2016 auch explizit für elektronische Bücher, § 2 Abs. 1 Nr. 3 a. E. BuchPrG. Auch Privatpersonen, die mit einer gewissen Regelmäßigkeit neue Bücher in Online-Auktionen anbieten, müssen die Vorschriften des Buchpreisbindungsgesetzes einhalten. Wer gewerbs- oder geschäftsmäßig Bücher an Letztabnehmer verkauft, muss nach § 3 BuchPrG den festgesetzten Preis einhalten. Diese Verpflichtung trifft nicht nur gewerbsmäßige Händler. Geschäftsmäßig handelt, wer – auch ohne Gewinnerzielungsabsicht – die Wiederholung gleichartiger Tätigkeit zum wiederkehrenden Bestandteil seiner Beschäftigung macht. Diese Voraussetzung liegt nach Ansicht des *OLG Frankfurt a. M.*[142] bei einem Angebot von mehr als 40 Büchern innerhalb von sechs Wochen vor. Dafür spielt es keine Rolle, dass der Beklagte den Handel „nebenbei" betreibt. Der Verkauf von Büchern unterliegt dann der Preisbindung, wenn es sich um den ersten Verkauf an Letztabnehmer handelt. Derjenige, der ein Buch geschenkt erhält, das der Schenker zuvor als Endabnehmer erworben hat, kann über das geschenkte Buch frei und beliebig verfügen und unterliegt nicht mehr der Preisbindung.[143] Eine Versandbuchhandlung im Internet, die für Fachbücher ihre Endkunden lediglich 90 Prozent des Verkaufspreises zahlen lässt und die restlichen 10 Prozent des Verkaufspreises durch Beiträge von Wirtschaftsunternehmen in einen sog. Fördertopf bestreiten lässt, verstößt gegen die Buchpreisbindung gem. §§ 3, 5 BuchPrG.[144] Es erscheint jedoch zweifelhaft, ob die Restriktion gegenüber Versandbuchhandlungen aus dem EU-Ausland im Hinblick auf ein Urteil des *EuGH*[145] aus dem Jahr 2016 mit der Warenverkehrsfreiheit zu vereinbaren ist.[146] Wird beim Ankauf gebrauchter Bücher (sog. Trade-In-Geschäft) von dem ankaufenden Versandhausunternehmen ein Bonus-Gutschein ausgegeben, ohne dass mit diesem für das Versandhausunternehmen ein äquivalenter Vorteil verbunden ist, liegt ein Verstoß gegen das BuchPrG vor, wenn dieser Gutschein beim späteren Kauf eines neuen Buches beim Versandhausunternehmen preismindernd eingesetzt wird.[147]

---

141 *OLG Frankfurt a. M.*, Urt. v. 15. 6. 2004 – 11 U 18/04, MMR 2004, 685 = NJW 2004, 2098.
142 *OLG Frankfurt a. M.*, Urt. v. 15. 6. 2004 – 11 U 18/04, MMR 2004, 685 = NJW 2004, 2098; ähnlich *OLG Frankfurt a. M.*, Urt. v. 9. 12. 2009 – 11 U 72/07, GRUR-RR 2010, 221 = ZUM-RD 2010, 255.
143 *OLG Frankfurt a. M.*, Urt. v. 8. 12. 2009 – 11 U 72/07, GRUR-RR 2010, 221 = ZUM-RD 2010, 255.
144 *LG Hamburg*, Urt. v. 8. 6. 2011 – 315 O 182/11, MMR 2012, 172 = ZUM-RD 2011, 500.
145 *EuGH*, Urt. v. 19. 10. 2016 – C-148/15, NJW 2016, 3771 = GRUR-Prax 2016, 516 m. Anm. *Merx*.
146 Kritisch etwa *Mittwoch*, EuZW 2016, 936, 939.
147 *OLG Frankfurt a. M.*, Urt. v. 4. 9. 2012 – 11 U 25/12, MMR 2013, 94 = ZUM-RD 2013, 250.

dd) Glücksspiel

Nach § 33c GewO ist die Durchführung eines **Spiels mittels Spielgerätes mit** 591
Gewinnmöglichkeit erlaubnispflichtig. Einer besonderen Erlaubnis bedürfen
Lotterien und Glücksspiele i. S. v. § 284 StGB. Wer diese Erlaubnis nicht einholt,
macht sich strafbar. Diese Regelungen gelten auch für das Bewerben von
Sportwetten im Internet.[148] Schon die Werbung über eine Webseite für ein aus-
ländisches, nicht genehmigtes Glücksspiel reicht aus, um § 284 StGB zur Anwendung zu bringen.[149] Ein bloßer Link als solcher, insb. i. R. einer Pressebe-
richterstattung über ausländische Glücksspiele, begründet hingegen keine
Haftung.[150] Auch wer vom Ausland aus Onlinecasinos betreibt, macht sich
nach deutschem Recht strafbar; daran ändern Warnhinweise auf der Homepage für deutsche Interessenten nichts.[151] Ein ausländischer Anbieter von
Glücksspielen im Internet, der auch gegenüber Interessenten in Deutschland
auftritt, benötigt die dazu notwendige Erlaubnis einer inländischen Behörde,
um sich nicht nach § 284 StGB strafbar zu machen.[152] Zweifelhaft ist seit der
„Gambelli"-Entscheidung des *EuGH*,[153] ob das deutsche Glücksspielverbot europarechtlichen Vorgaben noch entspricht.[154] Im Übrigen gilt das Verbot von
Glücksspielen auch für Spielhallen. Wenn dort der Zugang zu Internetsport-
wetten gewährt wird, sind solche „Annahmestellen" nach § 33i GewO verboten.[155]

Der *BGH* hat jedoch das Verbot des Veranstaltens und des Vermittelns öf- 592
fentlicher Glücksspiele im Internet nach § 4 Abs. 4 Glücksspiel-Staatsvertrag
(GlüStV) für wirksam befunden und insb. nicht europäisches Recht verletzt gesehen.[156] Das Verbot stelle zwar eine Beschränkung des freien Dienstleistungs-
verkehrs in der EU dar. Die mit dem Verbot verfolgten Ziele der Suchtbekämp-
fung und -prävention sowie des Jugendschutzes und der Betrugsvorbeugung

---

148 *OLG Hamburg*, Urt. v. 10. 1. 2002 – 3 U 218/01, MDR 2002, 1083 = MMR 2002, 471 m. Anm.
Bahr.
149 *OLG Hamburg*, Beschl. v. 19. 1. 2005 – 3 U 171/04, CR 2005, 459 = MMR 2005, 471; *OLG
Köln*, Urt. v. 9. 12. 2005 – 6 U 91/05, MMR 2006, 230 = ZUM 2006, 230; *Feldmann*, MMR-Aktuell
2012, 340780.
150 *BGH*, Urt. v. 1. 4. 2004 – I ZR 317/01, NJW 2004, 2158 = MDR 2004, 1432 – Schöner Wetten.
151 *öOGH*, Urt. v. 14. 3. 2005 – 4 Ob 255/04k, LSK 2005, 400269.
152 Vgl. wiederum *öOGH*, Urt. v. 14. 3. 2005 – 4 Ob 255/04k, LSK 2005, 400269.
153 *EuGH*, Urt. v. 6. 11. 2003 – C-243/01, NJW 2004, 139 = MMR 2004, 92 m. Anm. *Bahr.*
154 So etwa *Kazemi/Leopold*, MMR 2004, 649; *Pelz/Stempfle*, K & R 2004, 570; *Spindler*, GRUR
2004, 724; siehe auch *LG München*, Urt. v. 27. 10. 2003 – 5 Qs 41/03, CR 2004, 464 = MMR 2004,
109.
155 *VG Trier*, Urt. v. 17. 2. 2009 – 1 L 32/08.
156 *BGH*, Urt. v. 28. 9. 2011 – I ZR 92/09, CR 2012, 105 = MMR 2012, 191 – Sportwetten im
Internet II.

könnten dies jedoch rechtfertigen. Insb. das Kohärenzkriterium sieht der *BGH* erfüllt. Nach diesem Kriterium müssen Maßnahmen, durch die ein Mitgliedsstaat die Spieltätigkeit beschränkt, dazu beitragen die Gelegenheit zum Spiel zu verringern und die Tätigkeit in diesem Bereich in kohärenter und systematischer Weise zu begrenzen.

593   Nach § 8a RStV sind Gewinnspiele bei einer Teilnahmeentgelt-Höchstgrenze von 50 Cent grundsätzlich zulässig. Nach Auffassung des *LG Köln* gilt ein Gewinnspiel, das nach dem Tombola-Prinzip aufgebaut ist und über das Internet angeboten wird, auch dann als Glücksspiel i. S. d. GlüStV, wenn für ein Los zwar lediglich 50 Cent verlangt werden, der Spieler jedoch durch Mehrfachteilnahme das zu zahlende Entgelt in 50 Cent-Schritten jederzeit erhöhen kann.[157] Verboten ist es daher auch, Pachtverträge über eine Gaststätte für 9,99 Euro zu verlosen.[158] Auch Umgehungsgeschäfte sind vom Verbot umfasst.

ee) Versicherungsvermittlungsgeschäfte

594   Verboten sind auch im Internet Versicherungsvermittlungsgeschäfte ohne gewerberechtliche Erlaubnis (§§ 34c, 34d GewO). Die Tätigkeit ohne Makler-Schein ist über §§ 3 Abs. 1, 3a UWG (§4 Nr. 11 UWG) u. a. ein Wettbewerbsverstoß. So verbot das *LG Hamburg*[159] – mittlerweile durch den *BGH*[160] bestätigt – dem Unternehmen Tchibo, auf seinen Internetseiten unter dem Bereich „Versicherungen" Versicherungen vorzustellen und zu vermitteln. Tchibo selbst war zwar weder Versicherer noch Vertragspartner der angebotenen Versicherungsunternehmen, jedoch hatte Tchibo Vereinbarungen mit (anderen) Vermittlern und erhielt für getätigte Abschlüsse Vergütungen. Dies sei als Versicherungsvermittlung i. S. d. § 34d GewO bzw. als Finanzdienstleistung gem. § 34c GewO anzusehen, zumal die Marke Tchibo stark in die werblichen Textungen eingebunden war („tchibo-günstig", „tchibo-fair", „tchibo-einfach").

595   Bei der Versicherungsvermittlung ist auch § 11 der Versicherungsvermittlungsverordnung (VersVermV) zu berücksichtigen. Das betrifft auch Online-Preisvergleichportale, die den Abschluss eines Versicherungsvertrags ermöglichen.[161]

---

157 *LG Köln*, Urt. v. 7.4. 2009 – 33 O 45/09, MMR 2009, 485.
158 *VG Berlin*, Beschl. v. 17.8. 2009 – 4 L 274.09, MMR 2009, 794; zu sog. 50-Cent-Gewinnspielen: *VGH München* Urt. v. 25.8. 2011 – 10 BV 10.1176, WRP 2012, 247.
159 *LG Hamburg*, Urt. v. 30.4. 2010 – 408 O 95/09, BeckRS 2010, 11878 = VuR 2010, 319 (Ls.); ebenfalls bestätigt durch *OLG Hamburg*, Urt. v. 12.12. 2012 – 5 U 79/10, BeckRS 2014, 05330.
160 *BGH*, Urt. v. 28.11. 2013 – I ZR 7/13, MMR 2014, 466 = GRUR 2014, 398.
161 Dazu *LG München*, Urt. v. 13.7. 2016 – 37 O 15268/15, VersR 2016, 1315 = BeckRS 2016, 12788 (Ls.).

ff) Internet-Auktionshäuser

Sachlich gerechtfertigt soll ein Ausschluss von Internethändlern bei Marken- 596 produkten sein, die im selektiven Vertrieb ausschließlich über Ladenlokale verkauft werden.[162] Ähnlich sieht es das *LG Mannheim*.[163] Ein Hersteller von Markenartikeln (hier: Scout-Schulranzen) darf den Verkauf seiner Produkte bei eBay untersagen, weil die Internet-Plattform nicht das Ambiente eines Fachgeschäfts bietet. Das hat das *OLG Karlsruhe* bestätigt.[164] Eine vertragliche Beschränkung des Internetvertriebs soll hiernach zulässig sein, wenn sie auf die fachliche Eignung des Wiederverkäufers und seines Personals und auf seine sachliche Ausstattung bezogen ist; sie muss ferner einheitlich und diskriminierungsfrei angewendet werden. Das *KG* hingegen hat einem Hersteller von Schulrucksäcken untersagt, die Belieferung eines Einzelhändlers mit seinen Produkten mit dem Verbot zu verbinden, die Ware über Internet-Plattformen zu vertreiben.[165] Die Richter stuften die betreffende Klausel als kartellrechtswidrig ein, weil sie den Wettbewerb behindere. Unzulässig sei es, einen Shopinhaber, der Rucksäcke und Schulranzen zu Preisen weit unterhalb der unverbindlichen Preisempfehlung vertreibt, anzurufen und ihm mitzuteilen, man könne die Preiskalkulation betriebswirtschaftlich nicht nachvollziehen.[166] Ein solcher Anruf stellt die Ausübung unzulässigen Drucks i. S. v. § 21 GWB dar, denn der Händler hatte den Telefonanruf des Außendienstmitarbeiters nur dahingehend verstehen können, dass dieser angesichts der erheblichen Abweichung der Preise von denen seiner Konkurrenten im Interesse einer Preisangleichung intervenierte.

Ein Internet-Auktionshaus ist – unabhängig von einer marktbeherrschen- 597 den Stellung – nicht zur Aufnahme von Artikeln, die einen Bezug zur rechtsextremen Szene haben, verpflichtet.[167] Denn es müsste mit schweren Beeinträchtigungen rechnen, wenn es mit dem Verkauf von Bekleidung an rechtsextreme Kreise in Verbindung gebracht würde. Insoweit sind Vorsichtsmaßnahmen, um den eigenen Ruf nicht zu gefährden, zulässig. Der eigene Ruf stellt ein gewichtiges Interesse dar.

---

162 *BGH*, Versäumnisurt. v. 4. 11. 2003 – KZR 2/02, CR 2004, 295 = MMR 2004, 536 m. Anm. *Jaeger* – Depotkosmetik im Internet; das *OLG Frankfurt a. M.* hat diese Frage jetzt dem *EuGH* zur Entscheidung vorgelegt; Urt. v. 19. 4. 2016 – 11 U 96/14, ZVertriebsR 2016, 249.
163 *LG Mannheim*, Urt. v. 14. 3. 2008 – 7 O 263/07, CR 2008, 593 = GRUR-RR 2008, 253; a. A. *LG Berlin*, Urt. v. 24. 7. 2007 – 16 O 412/07, CR 2008, 607 (Ls.) = K & R 2008, 321.
164 *OLG Karlsruhe*, Urt. v. 25. 11. 2009 – 6 U 47/08 Kart., MMR 2010, 175 = WRP 2010, 412.
165 *KG*, Urt. v. 19. 9. 2013 – 2 U 8/09 Kart., MMR 2013, 774 = NZKart 2014, 72.
166 *BGH*, Beschl. v. 6. 11. 2012 – KZR 13/12, GRUR-RR 2013, 182 = MMR 2013, 163 – UVP für Rucksäcke.
167 *LG Nürnberg-Fürth*, Urt. v. 17. 5. 2013 – 4 HK O 1975/13, GRUR-Prax 2013, 300.

598   Ein **Usenetdienst** hat keinen kartellrechtlichen Anspruch auf Schaltung von Google AdWords-Anzeigen gegen Google, wenn Google sich zur Begründung seiner Weigerung auf die sonst bestehende Gefahr einer urheberrechtlichen Störerhaftung berufen kann.[168] Die Einlegung einer sog. allgemeinen Markenbeschwerde beim Betreiber einer Internetsuchmaschine ist nicht deshalb eine gezielte Behinderung i. S. v. § 4 Nr. 10 UWG (§ 4 Nr. 4 UWG 2015), weil Mitbewerber, die eine nicht markenverletzende AdWords-Werbung beabsichtigen, die vorherige Zustimmung des Markeninhabers einholen müssen.[169] Allerdings stellt es eine gezielte Behinderung i. S. v. § 4 Nr. 10 UWG (§ 4 Nr. 4 UWG 2015) dar, wenn der Markeninhaber nach Einlegung einer Markenbeschwerde bei Google, durch die die Verwendung der Marke in AdWords-Anzeigen unterbunden wird, die Zustimmung zu der AdWords-Werbung eines Mitbewerbers nicht erteilt, obwohl die beabsichtigte Werbung das Markenrecht nicht verletzt.[170]

599   Der *EuGH*[171] erklärte in Übereinstimmung mit dem Generalanwalt[172] ein den Vertriebshändlern eines selektiven Vertriebsnetzes auferlegtes allgemeines und absolutes Verbot, Produkte über das Internet an Endbenutzer zu verkaufen, für grundsätzlich kartellrechtswidrig. Ein solches Verbot ist als eine Beschränkung des aktiven und passiven Verkaufs i. S. d. Art. 4 lit. c VO (EU) 330/ 2010 unzulässig.

c) Bewertungssysteme

600   Umstritten ist, inwieweit ein Portal, z. B. eBay, Kunden zur Abgabe sachlicher Bewertungen bei abgewickelten Geschäften verpflichten kann.[173] Die Gerichte haben sich seit einiger Zeit mit Unterlassungs-, Beseitigungs- und Schadensersatzansprüchen hinsichtlich solcher Bewertungen zu beschäftigen.[174]

aa) falsche Tatsachenbehauptungen

601   Zunächst zu prüfen ist die rechtliche Zulässigkeit **falscher Tatsachenbehauptungen**. Diese sind einem Beweis zugänglich, also an den Maßstäben von

---

168 *LG Hamburg*, Urt. v. 4. 2. 2008 – 315 O 870/07.
169 *BGH*, Urt. v. 12. 3. 2015 – I ZR 188/13, MMR 2015, 446 = GRUR 2015, 607 m. Anm. *Scheuerl*.
170 *BGH*, Urt. v. 12. 3. 2015 – I ZR 188/13, MMR 2015, 446 = GRUR 2015, 607 m. Anm. *Scheuerl*.
171 *EuGH*, Urt. v. 13. 10. 2011 – C-439/09, CR 2011, 813 = MMR 2012, 50 m. Anm. *Neubauer*.
172 *EuGH*, Schlussantrag des Generalanwalts v. 3. 3. 2011 – C-439/09, BeckRS 2011, 80183.
173 Vgl. *Janal*, NJW 2006, 870; *Dörre/Kochmann*, ZUM 2007, 30.
174 Siehe z. B. *BGH*, Urt. v. 1. 3. 2016 – VI ZR 34/15, ZUM-RD 2016, 355 = MMR 2016, 418 m. Anm. *Paal* – Ärztebewertung III; *BGH*, Urt. v. 19. 3. 2015 – I ZR 94/13, GRUR 2015, 1129 = NJW 2015, 3443; *OLG München*, Urt. v. 28. 10. 2014 – 18 U 1022/14 Pre, MMR 2015, 410; die bisherige Rechtsprechung im Zusammenhang mit eBay bilanzieren *Schlömer/Dittrich*, BB 2007, 2129.

„wahr" und „unwahr" zu messen. Eine ehrenrührige, **unwahre** Tatsachenbehauptung kann in das allgemeine Persönlichkeitsrecht (Art. 2 Abs. 1, Art. 1 Abs. 1 GG) oder auch in den eingerichteten und ausgeübten Gewerbebetrieb eingreifen.[175] Erfolgt das Abgeben der unwahren Bewertung widerrechtlich, d. h. ist sie geeignet, negativen Einfluss auf weitere Geschäfte auf der jeweiligen Plattform auszuüben, so kann ein Unterlassungs- bzw. Beseitigungsanspruch gem. § 823 Abs. 1 BGB und analog § 1004 Abs. 1 BGB bejaht werden.[176] Die einmalige Möglichkeit der Bewertungsabgabe begründet jedoch nicht die widerlegliche Vermutung einer Wiederholungsgefahr und rechtfertigt somit noch keinen Unterlassungsanspruch.[177] Auch die Geltendmachung eines Schadensersatzanspruchs gem. § 823 Abs. 1 BGB ist möglich.

Einige Gerichte verneinen den Rückgriff auf diese Anspruchsgrundlagen und leiten aus §§ 280 Abs. 1, 241 Abs. 2 BGB i. V. m. den AGB von eBay **vertragliche Ansprüche** her. Die eBay-AGB sehen vor, dass ausschließlich wahrheitsgemäße, sachliche Angaben gemacht werden dürfen und die gesetzlichen Bestimmungen zu beachten sind. Diese AGB gelten zwischen den Vertragspartnern zwar nicht unmittelbar,[178] sie obliegen jedoch jedem Vertragsteil als Nebenpflichten.[179] **602**

Das *LG Düsseldorf* fordert im Zusammenhang mit § 824 BGB eine **offensichtlich unwahre Tatsache** und stellt somit zumindest für den Bereich des einstweiligen Rechtsschutzes erhöhte Anforderungen an die Voraussetzungen des § 824 BGB, der das bloße Vorliegen einer unwahren Tatsache verlangt.[180] Das Gericht rechtfertigt die erhöhte Anforderung mit der von § 824 Abs. 2 BGB geforderten Interessenabwägung zwischen dem Interesse des Betroffenen an Zurückhaltung der Information und dem Interesse der Mitteilungsempfänger an Veröffentlichung der Information. Es sei gerade Sinn und Zweck des Bewertungssystems, ein aussagekräftiges Bild des Verkäufers zu zeichnen. Der Verkäufer habe sich den Vorteil zunutze gemacht, durch den Verkauf im Internet eine Vielzahl von potenziellen Käufern zu werben, sodass er auch mit den ne- **603**

---

175 *OLG Oldenburg*, Urt. v. 3. 4. 2006 – 13 U 71/05, NJW-RR 2006, 1204 = ZUM-RD 2006, 442.
176 *LG Konstanz*, Urt. v. 28. 7. 2004 – 11 S 31/04, MMR 2005, 54 = NJW-RR 2004, 1635; *AG Koblenz*, Urt. v. 21. 8. 2006 – 151 C 624/06, CR 2007, 540 = MMR 2007, 270.
177 *LG Bad Kreuznach*, Beschl. v. 13. 7. 2006 – 2 O 290/06, MMR 2006, 823 = CR 2007, 335 (Ls.).
178 *BGH*, Urt. v. 7. 11. 2001 – VIII ZR 13/01, MDR 2002, 208 = CR 2002, 213 m. Anm. *Wiebe*.
179 *AG Erlangen*, Urt. v. 26. 5. 2004 – 1 C 457/04, CR 2004, 780 = NJW 2004, 3720, 3721; bestätigt durch *LG Nürnberg-Fürth*, Beschl. v. 8. 6. 2005 – 3 S 6387/04; *AG Peine*, Urt. v. 15. 9. 2004 – 18 C 234/04, NJW-RR 2005, 275; *LG Bochum*, Urt. v. 18. 12. 2012 – 9 S 166/12, BeckRS 2013, 00876.
180 *LG Düsseldorf*, Urt. v. 18. 2. 2004 – 12 O 6/04, CR 2004, 623 = MMR 2004, 496 m. Anm. *Herrmann*.

gativen Konsequenzen leben müsse. Außerdem könne der Betroffene über das Antwort-Formular in direktem Zusammenhang auf die Äußerung reagieren. Es werde auch dem Umstand Rechnung getragen, dass viele Unternehmen sich dem Markt unter einem Pseudonym präsentieren. Nur in dem Fall, in dem eine offensichtlich unwahre Tatsachenbehauptung vorliege, könne von einer Interessenverletzung des eigentlichen Geschäftsherrn die Rede sein. Für den Markt sei die Bewertung ferner die einzige Informationsquelle und somit besonders schützenswert.

604   Die Literatur vermag das Argument, es bestehe eine Gegendarstellungsmöglichkeit, nicht zu überzeugen. Das Argument gehe an der Realität von Plattformen wie eBay v. a. deshalb vorbei, weil häufig eine Vielzahl von Bewertungen vorhanden sei, die von den Interessierten alle gesichtet werden müssten. Des Weiteren bleibe eine negative Bewertung in der Gesamtbewertungsstatistik erhalten, unabhängig davon, ob eine Gegendarstellung erfolgt.[181]

bb) Beweislast

605   Hinsichtlich der Unwahrheit der Tatsache stellt sich die Frage nach der Beweislast. Bei einem Unterlassungsbegehren hat der von der Behauptung Betroffene die Unwahrheit zu beweisen. Daran orientiert sich dann auch das *AG Peine*.[182] Zwar sei nach dem Rechtsgedanken des § 186 StGB der Unterlassungsbeklagte beweispflichtig, d. h. er müsse die Wahrheit der von ihm getätigten Aussage beweisen, jedoch kehre sich diese um, wenn der Unterlassungsbeklagte ein berechtigtes Interesse an der Äußerung nachweisen kann. Ein solches ergebe sich auch daraus, dass die Bewertung Grundlage der Kaufentscheidung anderer ist. Insofern trifft die Rechtsprechung die in § 4 Nr. 8 UWG (§ 4 Nr. 2 UWG 2015) kodifizierte Wertung. Das Interesse (meist das des Käufers), sich an die Öffentlichkeit zu richten, ist vom *AG Peine* in einer Abwägung mit dem Interesse des Betroffenen an Zurückhaltung der Information auch als überwiegend bewertet worden. Der Betroffene (meist der Verkäufer) wisse, dass er von seinem Vertragspartner öffentlich bewertet werde, er nutze den Effekt einer positiven Bewertung als Werbung, sodass er auch die Auswirkungen negativer Bewertungen hinnehmen müsse. Im Rahmen der Interessenabwägung müsse auch berücksichtigt werden, dass es dem Sinn und Zweck des Bewertungssystems zuwiderlaufe, wenn den Bewertenden die Beweislast treffe. Dieser würde eine Bewertung u. U. dann gar nicht erst abgeben, aus Angst im Streitfalle den Beweis für diese Aussage erbringen zu müssen.

---

181 *Herrmann*, Anm. zu *LG Düsseldorf*, Urt. v. 18. 2. 2004 – 12 O 6/04, MMR 2004, 497.
182 *AG Peine*, Urt. v. 15. 9. 2004 – 18 C 234/04, NJW-RR 2005, 275.

Das *AG Peine* differenziert darüber hinaus zwischen dem tatsächlichen De- **606** fekt der verkauften Sache und der Wahrheit der Äußerung des Käufers über diesen Defekt. Könne der Kläger beweisen, dass bei Absenden der Ware kein Defekt vorlag, so sei damit nicht bewiesen, dass dies auch bei Übergabe des Pakets an den Empfänger der Fall war. Das *LG Konstanz*[183] urteilte anders über die Beweislast. Derjenige, der eine Tatsache behaupte, deren Wahrheit zum Zeitpunkt der Äußerung noch nicht hinreichend geklärt ist, sei in besonderer Weise verpflichtet. Er müsse darlegen, auf welche tatsächlichen Erkenntnisse und Grundlagen er seine Aussage stütze. Andernfalls sei die Behauptung des Anspruchstellers, die Aussage sei unwahr, nicht ausreichend widerlegt. Das *LG Konstanz* sah in dem zu entscheinden Fall folglich – ohne dass hierfür eine Begründung vorlag – keine Umkehr der Beweislast.

cc) Werturteile

Neben den Tatsachenbehauptungen fließen in Bewertungsysteme auch Wert- **607** urteile ein. Werturteile zeichnen sich dadurch aus, dass sie ein Element des Dafür- oder Dagegenhaltens beinhalten und keinem Beweis zugänglich sind. Die Äußerung von Werturteilen ist durch das Grundrecht der Meinungsfreiheit gem. Art. 5 Abs. 1 GG geschützt. Bei der Prüfung der Beseitigungs- bzw. Unterlassungsansprüche analog § 1004 Abs. 1 BGB ist der von der Behauptung Betroffene analog § 1004 Abs. 2 BGB u. U. zur Duldung der Behauptung verpflichtet. Bei der Interessenabwägung sind die Schranken der Meinungsfreiheit gem. Art. 5 Abs. 2 GG zu beachten. Werturteile können die grundrechtlich geschützte Grenze demnach u. a. dann überschreiten, wenn sie eine Ehrverletzung beinhalten. Meinungsfreiheit und Schutz der Persönlichkeit stehen in Wechselwirkung. Nicht jede überzogene oder ausfällige Äußerung bringt daher eine Ehrverletzung mit sich. Erst, wenn mit der Aussage nicht das Kundtun einer Meinung, sondern die Diffamierung einer Person beabsichtigt wird und mit der Aussage eine persönliche Herabsetzung verbunden wird, ist von schlichtweg unzulässiger **Schmähkritik** zu sprechen.

Wird die Unzulässigkeit des Werturteils bejaht, können daraus die bereits **608** im Zusammenhang mit der Tatsachenbehauptung beschriebenen Ansprüche erwachsen. Ein Beseitigungsanspruch in Form des Widerrufs gem. §§ 823 Abs. 1, 1004 Abs. 1 BGB dürfte jedoch bei Werturteilen nicht in Betracht kommen, da ein „Gegenbeweis" in dem Sinne nicht erbracht werden kann.[184] In diesem Fall dürfte lediglich ein Löschungsanspruch sinnvoll sein. In Verbin-

---

183 *LG Konstanz*, Urt. v. 28. 7. 2004 – 11 S 31/04, MMR 2005, 54 = NJW-RR 2004, 1635.
184 *LG Konstanz*, Urt. v. 28. 7. 2004 – 11 S 31/04, MMR 2005, 54 = NJW-RR 2004, 1635.

dung mit § 823 Abs. 2 BGB können auch strafrechtliche Normen gem. §§ 185 ff. StGB, wie Beleidigung, üble Nachrede und Verleumdung in Betracht kommen.[185] So hat das *AG Köln* bei offensichtlich beleidigendem Inhalt einer Bewertung einen Löschungsanspruch gegen eBay selbst bejaht.[186]

609 In der durch das *LG Konstanz* zu überprüfenden Aussage: „Alles Unfug, Kunststück mit mir nicht zufrieden zu sein", liegt z. B. ein Werturteil.[187] Das *AG Eggenfelden* bezieht in die Interessenabwägung zugunsten des Beklagten ein, dass der Kläger seinerseits Kraftausdrücke verwendete und vorher selbst eine negative Bewertung abgab. Darüber hinaus habe sich der Rechtsstreit an einem Fehler des Klägers entzündet.[188] Zur Einschätzung von Bewertungsforen führt das *LG Köln* aus, dass hier jedem verständigen Nutzer klar sein müsse, dass das Bewertungssystem von wirklicher Objektivität weit entfernt sei.[189] Im Übrigen können allerdings auch deutlichere Formulierungen von der Meinungsfreiheit gedeckt sein, z. B. die Bewertung eines Hotels als „Nicht Hühnerhof sondern Hühnerstall".[190] Ein wahlkampfmotivierter Boykottaufruf in einer Twitter-Nachricht kann zulässig sein, wenn der in der verwendeten Wortwahl enthaltene Sarkasmus erkennbar ist und der Leser bemerkt, dass mit dem Aufruf nicht die Qualität der Dienstleistung, sondern die politische Auffassung des in der Nachricht gemeinten Geschäftsinhabers gemeint ist.[191]

610 Einige Gerichte stellen ein **besonderes Erfordernis der Sachlichkeit** einer Bewertung auf. Auch jenseits des Vorliegens einer unwahren Tatsachenbehauptung oder von Schmähkritik sei die Unzulässigkeit einer Aussage zu bejahen, wenn sie unsachlich ist.[192] Diese Ansicht geht zugunsten des von der Aussage Betroffenen am weitesten. Sie steht teilweise in Widerspruch zu der o. g., vom *AG Koblenz* vertretenen, Auffassung. Im Falle des *AG Erlangen*[193] bewertete der Beklagte den Kläger noch vor Bezahlung negativ mit dem Kommentar: „Ein Freund und ich werden hier nicht mehr kaufen". Das Gesamtbewertungsprofil des Klägers sank bzgl. der positiven Bewertungen daraufhin von 100 Prozent auf 98,5 Prozent. Eine Tatsachenbehauptung liegt in dieser

---

185 *AG Koblenz*, Urt. v. 2. 4. 2004 – 142 C 330/04, CR 2005, 72 (Ls.) = MMR 2004, 638.

186 Allerdings handelt es sich um eine Entscheidung im einstweiligen Rechtsschutz; *AG Köln*, Beschl. v. 14. 3. 2005 – 119 C 110/05 (n. v.).

187 *LG Konstanz*, Urt. v. 28. 7. 2004 – 11 S 31/04, MMR 2005, 54 = NJW-RR 2004, 1635.

188 *AG Eggenfelden*, Urt. v. 16. 8. 2004 – 1 C 196/04, CR 2004, 858 = MMR 2005, 132.

189 *LG Köln*, Beschl. v. 16. 6. 2005 – 28 O 304/05, BeckRS 2009, 89433.

190 *OLG Stuttgart*, Urt. v. 11. 9. 2013 – 4 U 88/13, AfP 2014, 87 = MMR 2014, 203.

191 *OLG Dresden*, Urt. v. 5. 5. 2015 – 4 U 1676/14, MMR 2015, 552 = ZUM-RD 2015, 728.

192 *AG Erlangen*, Urt. v. 26. 5. 2004 – 1 C 457/04, CR 2004, 780 = NJW 2004, 3720; ähnlich: *AG Bonn*, Urt. v. 9. 1. 2013 – 113 C 28/12, CR 2013, 263.

193 *AG Erlangen*, Urt. v. 26. 5. 2004 – 1 C 457/04, CR 2004, 780 = NJW 2004, 3720.

Aussage nicht, sodass sie nur an den Maßstäben eines Werturteils zu messen ist. Eine Ehrverletzung oder ein Eingriff in den eingerichteten und ausgeübten Gewerbebetrieb lässt sich hier jedoch nicht erkennen. Dennoch bemängelte das *AG* die Bewertung, sie sei so allgemein gehalten, dass sie dem Empfänger eine Reihe von Interpretationsmöglichkeiten lasse. Aufgrund der damit zum Ausdruck kommenden Unsachlichkeit sei sie als unzulässig zu werten und es bestehe ein Löschungsanspruch.[194] Das *AG* sieht hier die Grenzen der Meinungsfreiheit früher überschritten und erkennt in dem Schutz der Persönlichkeit bereits ein überwiegendes Interesse. Zunächst ist hierzu anzumerken, dass die Meinungsfreiheit nicht gänzlich eingeschränkt wird. Das *AG* gesteht zu, dass bei dem von eBay verwendeten System überwiegend subjektive Äußerungen abgegeben werden, stellt an sie jedoch das Erfordernis einer Begründung. Es handle sich insofern bei eBay nicht ausschließlich um ein Meinungsforum, bei dem Meinungen, ohne bestimmten Erfordernissen nachzukommen, verbreitet werden könnten.[195] Dieser Ansicht ist entgegenzuhalten, dass die wenig konkretisierten Anforderungen an die Begründung die Teilnehmer auch eher verunsichern und diese Bewertungen daher gar nicht oder nicht entsprechend ihrer Meinung äußern, was im Ergebnis dem Sinn und Zweck des Bewertungssystems zuwider läuft.[196] Das *AG Erlangen* sieht jedoch in dem Erfordernis der Begründung der Aussage gerade die Garantie für den Sinn und Zweck der Plattform, durch die alle Nutzer sich voneinander ein angemessenes Bild machen sollen. Dieses Bild könne gerade nicht entstehen, wenn der Nutzer nur mit allgemeinen, überspitzten und schlagwörtlich gehaltenen Bewertungen konfrontiert werde. Auch das vielfach ins Feld geführte Argument, der Betroffene habe die Möglichkeit zur Gegendarstellung, greift hier für das *AG* nicht. Eine allgemeine Bewertung verhindere gerade, dass sich der Betroffene auf einen Kritikpunkt beziehen und sich gegen diesen zur Wehr setzen könne.[197]

Dem tritt das *AG Koblenz* entgegen, indem es einen Eingriff in den einge- **611** richteten und ausgeübten Gewerbebetrieb wegen Fehlens von Schmähkritik für die folgende Bewertung ablehnte: „So etwas hätte ich nicht erwartet. Rate ab".[198] Die Äußerung müsse sich vielmehr gegen die betriebliche Organisation oder die unternehmerische Freiheit richten und über eine bloße Belästigung hinausgehen. Die getätigte Aussage erfülle dieses Kriterium nicht. Auch werde der Achtungsanspruch des Anspruchstellers dadurch nicht gefährdet. Das *AG*

---

194 *AG Erlangen*, Urt. v. 26. 5. 2004 – 1 C 457/04, CR 2004, 780 = NJW 2004, 3720.
195 *AG Erlangen*, Urt. v. 26. 5. 2004 – 1 C 457/04, CR 2004, 780 = NJW 2004, 3720.
196 *AG Peine*, Urt. v. 15. 9. 2004 – 18 C 234/04, NJW-RR 2005, 275.
197 *AG Erlangen*, Urt. v. 26. 5. 2004 – 1 C 457/04, CR 2004, 780 = NJW 2004, 3720.
198 *AG Koblenz*, Urt. v. 2. 4. 2004 – 142 C 330/04, CR 2005, 72 (Ls.) = MMR 2004, 638, 639.

Koblenz stellt darauf ab, dass die Bewertung keine unsachliche Schmähkritik enthalten darf, allerdings sieht es in dem Vorliegen einer Begründung kein Kriterium für die Sachlichkeit. Es sieht in dem Bewertungssystem ein reines Meinungsforum, sodass es für die Sachlichkeit nicht auf die Begründung der Aussage ankommen könne.[199] Den Anforderungen der Zulässigkeit kämen sonst nur die Kommentare nach, die eine ausführliche Beschreibung der Transaktion enthielten, sodass aufgrund der „neutralen" Beschreibung eine Einschätzung erfolgen kann. Gerade die Tatsache, dass nur eine beschränkte Zeichenanzahl für den Kommentar zur Verfügung steht, zeige, dass eine lange Begründung nicht möglich sei und es sich um eine subjektive Äußerung handle. Auch der Wortlaut der eBay-AGB, denen zufolge das Bewertungssystem helfen solle, die Zuverlässigkeit anderer einzuschätzen, mache die Eigenschaft als ausschließliches Meinungsforum deutlich. An die Zuverlässigkeit würden unterschiedliche Kriterien gestellt; jedem sei klar, dass es sich bei der Einschätzung der Zuverlässigkeit um eine subjektive handle.

612   Die **Literatur** stellt sich auf die Seite des *AG Koblenz*. So wird zwar angemerkt, dass in der Ablehnung einer ausführlichen Begründung die Gefahr einer vertrags- und sittenwidrigen Manipulation liege, diese jedoch deshalb nicht verhindert werden könne, weil es keine Möglichkeit gebe, aus dem Ratingsystem auszusteigen. Schon gar nicht dürfe die Gefahr durch eine Veränderung des Bewertungssystems gebannt werden, dies könne allenfalls durch gerichtlichen Schutz erfolgen.[200] Obwohl sogar die Erpressung mit einer negativen Bewertung (sog. Feedback-Erpressung) befürchtet wird, bejaht die Literatur das Urteil des *AG Koblenz*. Eine absolute Objektivität sei bei einer derart kurzen Darstellung nicht möglich. Des Weiteren bestehe die Gefahr, dass jegliche subjektive Bewertung kritisiert und daher eine Flut an Klagen ausgelöst werde.[201]

dd) Auswirkungen auf das Vertragsverhältnis mit Internet-Plattformen

613   Erhalten Verkäufer zu viele negative Bewertungen durch andere Nutzer und sehen die AGB des Webauktionshauses für diesen Fall ein Kündigungsrecht mit einer Frist von 14 Tagen vor, so ist die Kündigung rechtens.[202] Die Kündigungsfrist ist nach Auffassung des *OLG Brandenburg* nicht zu kurz bemessen, da sie im Einklang mit § 621 Nr. 5 BGB stehe. Auch bestehe kein unmittelbarer oder mittelbarer Kontrahierungszwang seitens der Plattform, da es für eine un-

---

199 *AG Koblenz*, Urt. v. 2. 4. 2004 – 142 C 330/04, CR 2005, 72 (Ls.) = MMR 2004, 638.
200 *Ernst*, MMR 2004, 640, Anm. zu *AG Koblenz*, Urt. v. 2. 4. 2004 – 142 C 330/04.
201 *Herrmann*, MMR 2004, 497.
202 *OLG Brandenburg*, Urt. v. 18. 5. 2005 – 7 U 169/04, CR 2005, 662 = MMR 2005, 698.

mittelbare Pflicht an einer gesetzlichen Bestimmung fehle, wie sie bspw. für bestimmte Formen der Daseinsvorsorge normiert ist. Für einen mittelbaren Kontrahierungszwang fehle es am Erfordernis, dass die Ablehnung des Vertragsschlusses eine unerlaubte Handlung darstellt.[203]

Das *KG* entschied einen etwas anders gearteten Fall: eBay hatte den Account einer Händlerin gesperrt, den sie eröffnet hatte, nachdem der Account ihres Ehemannes aufgrund negativer Bewertungen gesperrt worden war.[204] Das Gericht stellte klar, dass die Eröffnung eines neuen Accounts zur Umgehung einer bereits erfolgten Sperrung einen schwerwiegenden Verstoß gegen die vertragliche Vertrauensgrundlage darstelle und zur sofortigen Sperrung des neuen Accounts berechtige. Zur Durchsetzung der Sperrung sei eBay nach dem *OLG Brandenburg* nicht auf den Klageweg zu verweisen, da das Kündigungsrecht nicht von einer Zustimmung des Kunden abhänge.[205]

614

d) Die Preisangabenverordnung, die Impressums- und weitere Informationspflicht

Literatur: *Birk*, Wann enthält eine Werbung ein „Angebot"?, GRUR-Prax 2014, 100; *Bohnenkamp*, Mindestangaben des e. V. auf seinen geschäftlichen Schreiben und E-Mails, NZG 2007, 292; *Brunst*, Umsetzungsprobleme der Impressumspflicht bei Webangeboten, MMR 2004, 8; *Buchmann*, Die Angabe von Grundpreisen im Internet, K & R 2012, 90; *v. Czettritz/ Thewes*, Pflichtangaben in AdWords-Anzeigen?, PharmR 2012, 56; *Woitke*, Informations- und Hinweispflichten im E-Commerce, BB 2003, 2469; *Ernst*, Pflichtangaben in E-Mails – Neue Pflichten durch das EHUG?, ITRB 2007, 94; *ders.*, Die Pflichtangaben nach § 1 II PAngV im Fernabsatz, GRUR 2006, 636; *Frevert/Wagner*, Rechtliche Rahmenbedingungen behördlicher Internetauftritte, NVwZ 2011, 76; *Glaus/Gabel*, Praktische Umsetzung der Anforderungen zu Pflichtangaben in E-Mails, BB 2007, 1744; *Härting*, Briefe und E-Mails im Netz, K & R 2007, 551; *Haug*, Informationspflichten bei Social Media-Präsenzen von Rechtsanwälten, NJW 2015, 661; *Hoeren*, Informationspflichten im Internet – im Lichte des neuen UWG, WM 2004, 2461; *Hoeren/Pfaff*, Pflichtangaben im elektronischen Geschäftsverkehr aus juristischer und technischer Sicht, MMR 2007, 207; *König/Riede*, Pflichtangaben in geschäftlichen E-Mails – Rechtslage Deutschland und Österreich, MR-Int. 2007, 99; *Lent*, Besondere Impressumspflichten im Online-Journalismus, ZUM 2015, 134; *Lichtnecker*, Die Werbung in sozialen Netzwerken und mögliche hierbei auftretende Probleme, GRUR 2013, 135; *Ott*, Impressumspflicht für Webseiten – Die Neuregelungen nach § 5 TMG, § 55 RÄStV, MMR 2007, 354; *Pießkalla*, Zur Reichweite der Impressums-

---

203 Die Frage des Bestehens einer marktbeherrschenden Stellung i. S. d. GWB konnte das Gericht offen lassen, da der Kläger aufgrund eigener Einlassung kein Gewerbetreibender war und somit das GWB keine Anwendung fand.
204 *KG*, Urt. v. 5. 8. 2005 – 13 U 4/05, CR 2005, 818 m. Anm. *Spindler* = MMR 2005, 764.
205 *OLG Brandenburg*, Beschl. v. 15. 1. 2009 – 12 W 1/09, MMR 2009, 262 = BeckRS 2009, 04550; die Verwendung entsprechender Sperrklauseln in den AGB werden als zulässig eingeordnet.

pflicht in sozialen Netzwerken, ZUM 2014, 368; *Rätze*, „Ich freue mich auf E-Mails" verstößt gegen § 5 TMG, MMR-Aktuell 2010, 308821; *Raue*, „Kostenpflichtig bestellen" – ohne Kostenfalle? Die neuen Informations- und Formpflichten im Internethandel, MMR 2012, 438; *Richter*, Ein anonymes Impressum? – Profile in sozialen Netzwerken zwischen Anbieterkennzeichnung und Datenschutz, MMR 2014, 517; *Rockstroh*, Impressumspflicht auf Facebook-Seiten – Wann werden Telemedien „in der Regel gegen Entgelt" angeboten?, MMR 2013, 627; *Schulte/Schulte*, Informationspflichten im elektronischen Geschäftsverkehr – wettbewerbsrechtlich betrachtet, NJW 2003, 2140; *Schweinoch/Böhlke/Richter*, E-Mails als elektronische Geschäftsbriefe mit Nebenwirkungen, CR 2007, 167; *Stickelbrock*, „Impressumspflicht" im Internet – eine kritische Analyse der neueren Rechtssprechung zur Anbieterkennzeichnung nach § 6 TDG, GRUR 2004, 111.

aa) Preisangabenverordnung

615 Die Vorgaben der Preisangabenverordnung, insb. § 1 PAngV, gelten auch im Internet und somit ebenfalls bei dem Vertrieb von Apps über mobile Endgeräte wie Smartphones und Tablets.[206] Wer nur wirbt, muss keine Preise angeben; wer aber mit Preisen wirbt, muss diese vollständig angeben.[207] Jeder Anbieter muss danach gegenüber den Endverbrauchern die Entgelte für die Nutzung der Dienste vor dem Zugriff angeben. § 4 Abs. 4 PAngV stellt klar, dass jedes auf Bildschirm übertragene Angebot mit einer Preisangabe (inkl. einer Angabe der Mehrwertsteuer)[208] versehen sein muss. Wird eine Leistung über Bildschirmanzeige erbracht und nach Einheiten berechnet, ist der Preis der fortlaufenden Nutzung als gesonderte Anzeige unentgeltlich anzubieten (§ 5 Abs. 1 S. 4 PAngV). Der Verbraucher muss daher über den Preis der aktuellen Online-Nutzung ständig informiert sein. Es ist wettbewerbswidrig, wenn der angezeigte Verkaufspreis in einer Preissuchmaschine von dem späteren, tatsächlichen Preis im verlinkten Online-Shop abweicht. So entschieden der *BGH*[209] und das *OLG Hamburg*[210], dass Verpackungs- und Bearbeitungskosten bereits auf der

---

206 *OLG Hamm*, Urt. v. 20. 5. 2010 – 4 U 225/09, NJW-RR 2010, 1481 = MMR 2010, 693, GRUR-RR 2010, 446 – iPhone.
207 *OLG Stuttgart*, Urt. v. 17. 1. 2008 – 2 U 12/07, MMR 2008, 754 = GRUR-RR 2009, 31 (Ls.); zu den Anforderungen an die fachliche Sorgfalt bei Preisangaben im Internet *OLG Köln*, Urt. v. 19. 10. 2012 – 6 U 46/12, CR 2013, 249 = MMR 2013, 307; zur Berechnungsweise bei Gratiszugaben *OLG Köln*, Urt. v. 29. 6. 2012 – 6 U 174/11, GRUR-Prax 2012, 359 m. Anm. *Ziegenaus* = WRP 2012, 1452.
208 *OLG Hamburg*, Beschl. v. 4. 1. 2007 – 3 W 224/06, CR 2007, 753; CR 2007, 818 (Ls.) = MMR 2007, 321.
209 *BGH*, Urt. v. 16. 7. 2009 – I ZR 140/07, GRUR 2010, 251 = MMR 2010, 245 m. Anm. *Föhlisch* – Versandkosten bei Froogle I; *BGH*, Urt. v. 18. 3. 2010 – I ZR 16/08, GRUR 2010, 1110 = MMR 2010, 823 – Versandkosten bei Froogle II.
210 *OLG Hamburg*, Urt. v. 6. 2. 2014 – 5 U 174/12, MMR 2015, 113 = GRUR-RR 2015, 14.

Ebene der Preissuchmaschine in den angezeigten Gesamtpreis einbezogen werden müssen.[211] Dies gilt ebenfalls, wenn die Abweichung nur für wenige Stunden vorhanden ist. Verantwortlich als Täter im wettbewerbsrechtlichen Sinne ist hier der Händler, sofern er dem Suchmaschinenbetreiber die Preisangaben mitgeteilt und dieser sie unverändert übernommen hat.[212] Die Beweislast für einen Fehler der Preissuchmaschine bei der Übernahme der Preisangaben liegt bei dem Händler.[213] Auch hinsichtlich der auf einer Homepage zu findenden Produktangebote hat ein Anbieter die Preise einschließlich der Versandkosten genau zu spezifizieren. Dagegen verstößt er, wenn er im Internet z. B. Buchungen für Flugreisen entgegennimmt und den Preis durch den Kunden selbst bestimmen lässt.[214] Die PAngV ist auch bei Internetabofallen verletzt.[215] Nach einem Urteil des *OLG Köln*[216] ist die mancherorts aufgrund kommunaler Satzungen erhobene **Tourismusabgabe** ein Bestandteil des Gesamtpreises und muss gem. § 1 Abs. 1 S. 1 PAngV im Endpreis der Angebotsseite – im Gegensatz zur Kurtaxe – berücksichtigt werden.

An die fachliche Sorgfalt eines Internetversandhändlers sind keine geringeren Anforderungen zu stellen als an die eines stationären Lebensmitteleinzelhändlers; er kann sich verschuldensunabhängigen Unterlassungsansprüchen wegen fehlender Grundpreisangabe nicht dadurch entziehen, dass er auf im Massengeschäft immer wieder vorkommende Versehen und Nachlässigkeiten sonst zuverlässiger Mitarbeiter oder Beauftragter verweist.[217]   **616**

Das Internet gebietet aufgrund seiner technischen Besonderheiten eine flexible Interpretation des Preisangabenrechts. Es reicht aber nicht aus, wenn am oberen Bildschirmrand auf die Seite „Allgemeine Geschäftsbedingungen" mit den dortigen Preisangaben verwiesen wird.[218] Der Verweis auf eine Hotline   **617**

---

211 Ebenso *Köhler*/Bornkamm, UWG, 35. Aufl. 2017, § 1 PAngV Rz. 38.

212 BGH, Urt. v. 18. 3. 2010 – I ZR 16/08, CR 2010, 809 = MMR 2010, 823 – Versandkosten bei Froogle II.

213 *OLG Naumburg*, Urt. v. 16. 6. 2016 – 9 U 98/15, K & R 2016, 758 = BeckRS 2016, 20171.

214 *OLG Düsseldorf*, Urt. v. 9. 11. 2000 – 2 U 49/00, CR 2001, 122 m. Anm. *Hackbarth* = WRP 2001, 291.

215 *OLG Frankfurt a. M.*, Beschl. v. 17. 12. 2010 – 1 Ws 29/09, NJW 2011, 398 mit Anm. *Hansen* = GRUR 2011, 249 mit Anm. *Hövel* = MMR 2011, 270 mit Anm. *Eisele* – Abo-Falle; so auch *LG Hamburg*, Urt. v. 8. 7. 2010 – 327 O 634/09, GRUR-RR 2011, 101 = MD 2010, 1265; *LG Meiningen*, Urt. v. 6. 7. 2010 – 1 O 613/10.

216 *OLG Köln*, Urt. v. 14. 3. 2014 – 6 U 172/13, NJW-RR 2014, 932 = MMR 2014, 754 = GRUR-RR 2014, 298; ebenso *Köhler*/Bornkamm, UWG, 35. Aufl. 2017, § 1 PAngV Rz. 17.

217 *OLG Köln*, Urt. v. 19. 10. 2012 – 6 U 46/12, CR 2013, 249 = MMR 2013, 307.

218 BGH, Urt. v. 4. 10. 2007 – I ZR 143/04, GRUR 2008, 84 = NJW 2008, 1384; nach dem *OLG Hamburg* sind die Grundpreis-Angaben „so nahe wie möglich" zu dem Endpreis anzugeben, *OLG Hamburg*, Urt. v. 10. 10. 2012 – 5 U 274/11, MMR 2013, 173 = GRUR-RS 2012, 23500.

reicht ebenfalls nicht aus.[219] Auch bei der (zulässigen) Information über Links darf der Link selbst nicht banal mit der Beschriftung „mehr Infos" versehen sein.[220] Auf der Homepage ist ein Verweis auf die Endpreise durch einen einfachen Link zulässig.[221] Der Link muss aber deutlich gekennzeichnet sein. Zwischenlinks sind unzulässig. Auch die Verlinkung mittels des Buttons „Top Tagespreis" ist unzulässig.[222] Angaben wie die der Versandkosten müssen leicht erkennbar, deutlich lesbar und gut wahrnehmbar sein.[223] Es muss auf sie aber nicht auf der Internetseite, die das Warenangebot enthält, hingewiesen werden. Ausreichend ist es, wenn sie auf einer anderen Seite angezeigt werden, die aber dann vor Beginn des Bestellvorgangs zwingend aufgerufen werden muss.[224] Unmittelbar vor dem Bestellvorgang müssen dem Verbraucher gem. § 312j Abs. 2 BGB i. V. m. Art. 246a § 1 Abs. 1 S. 1 Nr. 4 EGBGB Informationen zu dem Gesamtpreis und eventuell anfallenden Versandkosten zur Verfügung gestellt werden. **Verpackungskosten** sind neben den Warenpreisen ebenfalls gesondert auszuweisen.[225]

618   Strengere Regeln gelten mittlerweile für **Reservierungssysteme für Flugdienste.** Vor Erlass der Luftverkehrsdienste-VO ging der *BGH* davon aus, dass es ausreiche, wenn der Preis bei der fortlaufenden Eingabe in das Reservierungssystem ermittelt werden kann, solange der Nutzer unmissverständlich darauf hingewiesen wird.[226] Der *EuGH* entschied jedoch nach Erlass auf Vorlage des *BGH*,[227] dass der Endpreis bei einem elektronischen Buchungssystem bereits bei der erstmaligen Angabe – so wie bei jeder weiteren – auszuweisen ist. Art. 23 Abs. 1 S. 2 Luftverkehrsdienste-VO sei so auszulegen, dass bei jeder Preisangabe der zu zahlende Endpreis anzugeben ist.[228] Dieser Auffassung folgend entschied nun der *BGH* in der ihm vorliegenden Streitsache.[229]

619   Nach dem *LG Berlin* sind **Flughafengebühren** (Art. 23 Abs. 1 S. 3 lit. c Luftverkehrsdienste-VO), sofern sie nicht bereits im Flugpreis enthalten sind,

219 *OLG Hamburg*, Urt. v. 11. 9. 2003 – 5 U 69/03, CR 2004, 377 = MMR 2004, 424.
220 *OLG Hamburg*, Urt. v. 3. 2. 2005 – 5 U 128/04, CR 2005, 366 = MMR 2005, 467.
221 *OLG Köln*, Urt. v. 7. 5. 2004 – 6 U 4/04, CR 2004, 861 (Ls.) = MMR 2004, 617.
222 *OLG Hamburg*, Urt. v. 6. 11. 2003 – 5 U 48/03, CR 2004, 460 = MMR 2004, 335.
223 *OLG Hamburg*, Urt. v. 23. 12. 2004 – 5 U 17/04, CR 2005, 605 (Ls.) = MMR 2005, 318.
224 *BGH*, Urt. v. 4. 10. 2007 – I ZR 143/04, NJW 2008, 1384 = GRUR 2008, 84; dem *BGH* unter ausdrücklicher Aufgabe der älteren Rechtsprechung folgend auch *OLG Hamburg*, Urt. v. 16. 1. 2008 – 5 U 148/06, MD 2008, 464 = MMR 2008, 681 – FRITZCard.
225 *LG Hamburg*, Urt. v. 24. 2. 2005 – 5 U 72/04, CR 2006, 127 = MD 2005, 1197.
226 *BGH*, Urt. v. 3. 4. 2003 – I ZR 222/00, GRUR 2003, 889 = CR 2003, 849.
227 *BGH*, Beschl. v. 18. 9. 2013 – I ZR 29/12, MMR 2014, 42 = GRUR 2013, 1247.
228 *EuGH*, Urt. v. 15. 1. 2015 – C-573/13, NJW 2015, 1081 = GRUR 2015, 281= MMR 2015, 178.
229 *BGH*, Urt. v. 30. 7. 2015 – I ZR 29/12, MMR 2016, 243 = GRUR 2016, 392 = MMR 2016, 614.

als separater Preisbestandteil des Gesamtpreises auszuweisen, damit der Verbraucher im Falle einer Stornierung oder eines Streits um den Flugpreis die einzelnen Preisbestandteile zumindest teilweise nachvollziehen kann; sie dürfen daher nicht unter andere Posten wie „Steuern und Gebühren" gefasst werden.[230]

Die PAngV wurde zum 1. Januar 2003 um weitere Informationspflichten **620** ergänzt. Seitdem müssen Online-Anbieter auf ihren Werbeseiten ausdrücklich darauf hinweisen, dass der hier zu findende Preis die Umsatzsteuer und alle anderen Preisbestandteile einschließt. Weiter ist anzugeben, ob für den Kunden zusätzliche Liefer- und Versandkosten anfallen. Diese Angaben müssen deutlich wahrnehmbar sein und dürfen nicht in den AGB „versteckt" werden.[231] Unterlässt der Anbieter es, Angaben über die Höhe der Versandkosten für Sendungen ins Ausland zu machen, ist dies wettbewerbsrechtlich unbeachtlich, wenn ein Versand in das innereuropäische Ausland angeboten wird und für diesen keine höheren Kosten verlangt werden als für den Versand ins Inland. Sind die Versandkosten für Auslandssendungen höher und wird dennoch auf eine gesonderte Versandkostenangabe verzichtet, handelt es sich lediglich um einen Bagatellverstoß, der wettbewerbsrechtlich nicht geahndet wird.[232]

Die nach der PAngV anzugebenden Hinweise auf den Enthalt der Umsatz- **621** steuer im Preis sowie auf zusätzlich anfallende Liefer- und Versandkosten müssen in einem Webshop nicht auf der gleichen Unterseite angeboten werden, auf der auch die Ware dargestellt wird. Als Argument führte der Erste Senat des *BGH* an, dass dem Internetnutzer bekannt sei, dass im Versandhandel weitere Kosten anfallen und er auch davon ausgehe, dass der Preis die Umsatzsteuer enthalte. Für die Pflichtangaben reiche es demgemäß aus, „wenn die fraglichen Informationen alsbald leicht erkennbar und gut wahrnehmbar auf einer gesonderten Seite gegeben werden, die [der Internetnutzer bei näherer Befassung mit dem Angebot] noch vor Einleitung des Bestellvorgangs [aufrufen muss]".[233]

---

230 *LG Berlin*, Urt. v. 26.6. 2015 – 15 O 367/14, GRUR-RS 2015, 15734; *LG Berlin*, Urt. v. 28.4. 2015 – 16 O 175/14, GRUR-RS 2015, 09352 = MMR 2015, 526 (n. rkr.).
231 *BGH*, Urt. v. 4.10. 2007 – I ZR 143/04, GRUR 2008, 84 = NJW 2008, 1384.
232 *KG*, Beschl. v. 7.9. 2007 – 5 W 266/07, CR 2008, 259 (Ls.) = MMR 2008, 45.
233 *BGH*, Urt. v. 4.10. 2007 – I ZR 143/04, CR 2008, 108 m. Anm. *Kaufmann* = MMR 2008, 39 m. Anm. *Hoffmann*; ähnlich *OLG Hamm*, Beschl. v. 28.3. 2007 – 4 W 19/07, MMR 2007, 663 = BeckRS 2007, 09442.

bb) Impressumspflicht

622 Hinzu kommen die **Informationspflichten aus § 5 Abs. 1 TMG.**[234] Diese gelten auch für die bloße Werbung für Waren ohne unmittelbare Bestell- oder sonstige Interaktionsmöglichkeiten.[235] Für die Frage, ob eine Impressumspflicht besteht, ist es unerheblich, dass der Internetauftritt noch nicht vollständig aufgebaut und abgeschlossen ist und über ihn selbst noch keine Leistungen in Anspruch genommen werden können. Entscheidend ist, ob der Internetauftritt zu dem vorliegenden Zeitpunkt bereits den Zweck hatte, wirtschaftliche Interessen zu verfolgen.[236] Die Impressumspflicht gilt grundsätzlich **auch für Anbieter aus Nicht-EU-Staaten,** deren Angebot sich an deutsche Verbraucher richtet und in Deutschland abrufbar ist.[237] Allerdings trifft die Impressumspflicht bei einem solchen ausländischen Anbieter nicht den Domainverwalter selbst, der nicht Betreiber der Webseite ist. Eine Handlungspflicht ist für ihn nur begründet, wenn er von dem Verstoß in Kenntnis gesetzt wird und das Angebot daraufhin nicht unverzüglich sperrt.

623 Nach § 5 Abs. 1 TMG muss ein Unternehmen auf der Homepage als Minimum angeben:

- Name, Firma, Rechtsform und Anschrift,[238]
- Vorstand,[239]
- E-Mail-Adresse,[240]
- ggf. Angaben zu den zuständigen Aufsichtsbehörden,[241]

---

234 Die Impressumspflicht gilt nach der E-Commerce-Richtlinie für alle EU-Anbieter. Sie soll nicht für einen ägyptischen Reiseveranstalter mit einer deutschsprachigen Webseite gelten, *LG Siegen*, Urt. v. 9.7. 2013 – 2 O 36/13, CR 2013, 676 = MMR 2013, 722.

235 *OLG Düsseldorf*, Urt. v. 28.12. 2012 – I-20 U 147/11, MMR 2013, 718.

236 *LG Aschaffenburg*, Urt. v. 3.4. 2012 – 2 HK O 14/12, CR 2013, 58 = BeckRS 2012, 09845.

237 *OLG Hamm*, Urt. v. 17.12. 2013 – 4 U 100/13, MMR 2014, 175 mit Anm. *Kleinemenke*.

238 *LG Berlin*, Urt. v. 11.5. 2010 – 15 O 104/10, MD 2010, 763: auch der Vorname des Firmeninhabers muss vollständig genannt werden; ähnlich *OLG Jena*, Urt. v. 25.3. 2015 – 2 U 476/14, GRUR-RS 2015, 09910 = MD2015, 636.

239 Das Fehlen der Angabe des gesetzlichen Vertreters im Impressum stellt keine unlautere Handlung nach §§ 1, 3a UWG dar, da das europäische Recht nicht die Angabe des gesetzlichen Vertreters fordert, *OLG Düsseldorf*, Urt. v. 18.6. 2013 – I-20 U 145/12, CR 2013, 666 = MMR 2013, 649.

240 Für in einem Impressum von Telemediendiensten hinterlegte E-Mail-Adressen gibt es keine Antwortpflicht. Ebenso wie auf dem Postweg darf der Anbieter des Telemediendienstes an ihn gerichtete E-Mails im Einzelfall unbeantwortet lassen. Es ist nicht erforderlich, auf jede an ihn gerichtete E-Mail zu antworten; *OLG Koblenz*, Urt. v. 1.7. 2015 – 9 U 1339/14, MMR 2015, 732 m. Anm. *Wettig*. Nicht notwendig ist die Verwendung eines automatisierten Links zur E-Mail-Anschrift, so *Ernst*, GRUR 2003, 759.

241 *OLG Hamm*, Urt. v. 9.6. 2009 –4 U 70/09, BeckRS 2009, 21916; nicht notwendig sind solche Abgaben bei einer Randzuständigkeit der Aufsicht, siehe *OLG Frankfurt a. M.*, Urt. v. 28.4. 2016 – 6 U 214/15, MMR 2016, 526 = WRP 2016, 902; die Angabe einer wegen Umzugs nicht

- Handelsregisternummer,
- USt-Identifikationsnummer.

Geschäftsmäßige Anbieter von allgemein zugänglichen Telemedien, die ent- 624 wicklungsbeeinträchtigende oder jugendgefährdende Inhalte enthalten, sowie Anbieter von Suchmaschinen haben ferner wesentliche Informationen über den Jugendschutzbeauftragten leicht erkennbar, unmittelbar erreichbar und ständig verfügbar zu halten (§ 7 Abs. 1 S. 2 JMStV).

Streitig war lange Zeit, ob auch die Angabe einer **Telefonnummer** vonnö- 625 ten ist.[242] Sie war im Gesetzestext nicht ausdrücklich erwähnt; nur in der Gesetzesbegründung fand sich ein entsprechender Hinweis darauf. Der *EuGH* hat auf Vorlage des *BGH*[243] entschieden, dass die Angabe einer Telefonnummer im Impressum nicht zwingend notwendig ist.[244] Nicht allein die Angabe der Telefonnummer gewährleiste eine schnelle Kontaktaufnahme und unmittelbare Kommunikation; dazu gebe es auch andere Kommunikationswege. So reiche auch eine i. R. d. Internetauftritts angebotene elektronische Anfragemaske aus, sofern auf Anfragen der Verbraucher innerhalb von 30 bis 60 Minuten geantwortet wird.[245] Nur in Ausnahmefällen, etwa, wenn der Verbraucher/Nutzer des Dienstes nach erster elektronischer Kontaktaufnahme keinen Zugang zum Internet hat (z. B. aufgrund einer Urlaubsreise), muss auf Anfrage des Nutzers ein (nichtelektronischer) Kommunikationsweg angeboten werden, der eine effiziente Kontaktaufnahme i. S. der Richtlinie bzw. des § 5 Abs. 1 Nr. 2 TMG ermöglicht.[246] Die nach § 5 Abs. 1 Nr. 2 TMG bestehende Pflicht zur Angabe der „Adresse der elektronischen Post" meint die Angabe der E-Mail-Anschrift. Diese Pflicht wird weder durch die Angabe einer Telefaxnummer noch durch die Angabe einer Telefonnummer noch durch die Bereitstellung eines – mehrere einschränkende Vorgaben enthaltenden – „Online-Kontaktformulars" erfüllt.[247] Eine wichtige Änderung hat sich allerdings durch die Umsetzung der

---

mehr zuständigen Aufsicht ist ein Bagatellverstoß; *LG Leipzig*, Urt. v. 27. 5. 2016 – 5 O 2272/15, GRUR-RS 2016, 10579 = MMR 2016, 539.
242 Dafür *OLG Köln*, Urt. v. 13. 2. 2004 – 6 U 109/03, CR 2004, 694 = MMR 2004, 412; abl. *OLG Hamm*, Urt. v. 17. 3. 2004 – 20 U 222/03, CR 2005, 64 = MMR 2004, 549.
243 *BGH*, Beschl. v. 26. 4. 2007 – I ZR 190/04, CR 2007, 521 = MMR 2007, 505.
244 *EuGH*, Urt. v. 16. 10. 2008 – C-298/07, CR 2009, 17 = MMR 2009, 25 m. Anm. *Ott*.
245 *LG Bamberg*, Urt. v. 28. 11. 2012 – 1 HK O 29/12, BeckRS 2012, 25341 = CR 2013, 130 (Ls.); a. A. *KG*, Urt. v. 7. 5. 2013, CR 2013, 599 = MMR 2013, 591.
246 *EuGH*, Urt. v. 16. 10. 2008 – C-298/07, MMR 2009, 25 f.
247 *KG*, Urt. v. 7. 5. 2013 – 5 U 32/12, CR 2013, 599 = MMR 2013, 591; *OLG Köln*, Urt. v. 13. 2. 2004 – 6 U 109/03, MMR 2004, 412 f. = NJW-RR 2004, 1570 = ZUM 2004, 489.

Verbraucherrechterichtlinie zum 13. Juni 2014[248] ergeben, welche den Streit um die Notwendigkeit der Telefonnummer im Impressum obsolet macht. Danach ist im Fernabsatzhandel aufgrund des **Art. 246a § 1 Abs. 1 Nr. 2 EGBGB** die Angabe einer Telefonnummer, am besten im Impressum, zwingend.[249] Bei der Telefonangabe ist die Verwendung von 0180-Nummern regelmäßig verboten; es darf eine Nummer verwendet werden, die mit dem ortsüblichen Festnetzpreis verbunden ist.[250]

626 Die **Pflichtangaben** müssen dem Nutzer leicht erkennbar und unmittelbar erreichbar zugänglich gemacht werden. Es reicht nicht aus, dass die Angaben unter dem Begriff „Backstage" zu finden sind.[251] Auch ein Link mit der Beschriftung „Ich freue mich auf Ihre Mails", mittels dessen sich beim Anklicken ein neues Fenster mit der vollständigen E-Mail-Adresse öffnet, genügt nicht.[252] Streitig ist, ob die Begriffe „Kontakt" oder „Impressum" ausreichen.[253] Die Informationspflichten gem. § 5 TMG sind jedenfalls nicht verletzt, soweit die notwendigen Informationen auf der Internetseite auf einer über den Link „Impressum" erreichbaren Unterseite vollständig erteilt werden und der Link hinreichend deutlich wahrnehmbar ist, sodass die Grenze zur bloßen oder gar zur schlechten Erkennbarkeit noch nicht überschritten ist.[254]

627 Bedenken bestehen auch dagegen, den Bildschirm insoweit mit einer hohen Pixeldichte (z. B. 800 × 600 Pixel) zu versehen[255] oder wenn die Informationen mittels PDF oder JavaScript integriert wurden.[256] Unzulässig ist es zudem, wenn die Hinweise erst nach vorherigem Scrollen vollständig lesbar sind[257]

---

248 BT-Drs. 17/12637, S. 16.

249 Nicht ausreichend ist eine kostenpflichtige Mehrwertdienstenummer; *BGH*, Urt. v. 25. 2. 2016 – I ZR 238/14, GRUR 2016, 957 = MMR 2016, 629 m. Anm. *Isele*, siehe dazu sogleich.

250 *EuGH*; Urt. v. 2. 3. 2017 – C 568/15, MMR 2017, 306 m. Anm. *Ufer* = NJW 2017, 1229 m. Anm. *Schirmbacher* = GRUR-Prax. 2017, 217 m. Anm. *Isele*.

251 *OLG Hamburg*, Beschl. v. 20. 11. 2002 – 5 W 80/02, CR 2003, 283 = MMR 2003, 105 – Backstage.

252 *OLG Naumburg*, Urt. v. 13. 8. 2010 – 1 U 28/10, CR 2010, 682 = MMR 2010, 760.

253 Bejaht durch *OLG Hamburg*, Beschl. v. 20. 11. 2002 – 5 W 80/02, CR 2003, 283 = MMR 2003, 105 – Backstage; *BGH*, Urt. v. 20. 7. 2006 – I ZR 228/03, CR 2006, 850 m. Anm. *Zimmerlich* = MMR 2007, 40; *OLG München*, Urt. v. 11. 9. 2003 – 29 U 2681/03, MMR 2004, 36 = CR 2004, 53, 54 m. Anm. *Schulte*; ähnlich *Hoß*, CR 2003, 687; *Kaestner/Twes*, WRP 2002, 1011, 1016; *Ott*, WRP 2003, 945, 948; ablehnend: *OLG Karlsruhe*, Urt. v. 27. 3. 2002 – 6 U 200/01, CR 2002, 682 = WRP 2002, 849, 850 und *Ernst*, GRUR 2003, 759, 760.

254 *OLG Hamburg*, Beschl. v. 17. 1. 2012 – 3 W 54/10, MMR 2012, 489 = ZUM-RD 2012, 539.

255 *OLG Hamburg*, Beschl. v. 20. 11. 2002 – 5 W 80/02, CR 2003, 283 = MMR 2003, 105 – Backstage.

256 Siehe *Ernst*, GRUR 2003, 759, 760; *Schulte*, CR 2004, 55, 56.

257 So *Hoenike/Hülsdunk*, MMR 2002, 415, 417.

oder das Anklicken mehrerer Unterpunkte für die Wahrnehmbarkeit erforderlich ist.[258] Einigen Stimmen in der Literatur zufolge ist auch das ein- oder zweimalige Scrollen bis zum Auffinden des Impressums noch hinnehmbar.[259] Ausreichend ist es nach Ansicht des *BGH*, wenn die Pflichtangaben nach zweimaligem Anklicken eines Links erreichbar sind.[260] Rechtmäßig ist es auch, wenn ein eBay-Händler auf seiner Shopseite unter der Bezeichnung „mich" die Angaben bereithält.[261] Die Verwendung von Pop-Up-Fenstern ist hingegen insb. vor dem Hintergrund, dass die Mehrzahl der Internetnutzer einen Pop-Up-Blocker verwendet, unzulässig.[262] Ferner ist es nach einem Beschluss des *OLG Frankfurt a. M.*[263] unzulässig, wenn der Scrollkasten, in dem die gesetzlichen Angaben gemacht werden, bei einem Online-Shop zu klein ist; dies gelte auch für AGB, die in einer Scrollbox dargestellt werden. An der Pflicht zur ständigen Verfügbarkeit des Impressums ändert die vorübergehende Unerreichbarkeit der Website aufgrund technischer Wartungsarbeiten nichts.[264] Die Impressumspflicht gilt in Ermangelung einer hinreichenden geschäftlichen Tätigkeit nicht für eine „Baustellenseite", wenn sich die Webpräsenz noch in der Vorbereitungsphase befindet:[265] ebensowenig greift sie für eine Vorschaltseite „Alles für die Marke".[266]

Umstritten ist weiterhin, ob private **Social Media Internetpräsenzen** der Impressumspflicht des § 5 TMG unterfallen. Nach einem Beschluss des *LG München*[267] sind Social Media Internetpräsenzen wie Google Places Profile nicht **628**

---

258 *OLG Hamburg*, Beschl. v. 20. 11. 2002 – 5 W 80/02, CR 2003, 283 = MMR 2003, 105 – Backstage.

259 *Stickelbrock*, GRUR 2004, 111, 114; *Klute*, MMR 2003, 107, 108.

260 *BGH*, Urt. v. 20. 7. 2006 – I ZR 228/03, CR 2006, 850 m. Anm. *Zimmerlich* = MMR 2007, 40; *OLG München*, Urt. v. 11. 9. 2003 – 29 U 2681/03, MMR 2004, 36 = CR 2004, 53, 54 m. Anm. *Schulte*; a. A. z. B. *Woitke*, NJW 2003, 871, 873, der die Erreichbarkeit auf einen Mausklick beschränken will.

261 *KG*, Beschl. v. 11. 5. 2007 – 5 W 116/07, CR 2007, 595 = MMR 2007, 791; *LG Hamburg*, Urt. v. 11. 5. 2006 – 327 O 196/06, MMR 2007, 130.

262 *OLG Düsseldorf*, Urt. v. 13. 4. 2006 – U (Kart) 23/05, GRUR 2006, 782 = CR 2007, 51 – Lottofonds.

263 *OLG Frankfurt a. M.*, Beschl. v. 9. 5. 2007 – 6 W 61/07, CR 2008, 124 = MMR 2007, 603.

264 *OLG Düsseldorf*, Urt. v. 4. 11. 2008 – I-20 U 125/08, CR 2009, 267 (Ls.) = MMR 2009, 266.

265 *LG Düsseldorf*, Urt. v. 15. 12. 2010 – 12 O 312/10, K & R 2011, 281.

266 *LG Düsseldorf*, Urt. v. 15. 12. 2010 – 12 O 312/10, K & R 2011, 281; dies gilt nicht, wenn schon einige Leistungen abrufbar sind, *LG Aschaffenburg*, Urt. v. 3. 4. 2012 – 2 HK O 14/12, CR 2013, 58.

267 *LG München*, Beschl. v. 22. 3. 2011 – 17 HK O 5636/11, BeckRS 2012, 04897.

von der Impressumspflicht ausgenommen. Diese Ansicht[268] lässt sich auf nicht private Webangebote wie Preisvergleichsdienste, Unternehmensverzeichnisse, Facebook,[269] Xing,[270] Twitter[271] usw. übertragen und zeichnet sich mittlerweile als herrschend ab. Es besteht allerdings keine Notwendigkeit, dass sich das Impressum unter der gleichen Domain befindet wie das angebotene Telemedium. Das *OLG Düsseldorf* führt in seinem Urteil zur Impressumspflicht von Anbietern bei Internetportalen wie mobile.de aus, dass ein Impressum dann nicht erforderlich sei, wenn die „Einzeldarstellung von Filialgeschäften derart in einen einheitlich gestalteten Gesamtauftritt einer Firmengruppe/eines Konzerns eingepasst ist, dass die einzelnen Unternehmen keine kommunikationsbezogene Eigenständigkeit besitzen".[272] Dann fehle es an der Eigenständigkeit des Dienstes, sodass kein Telemedium i. S. d. § 5 TMG angeboten werde. Das *LG Regensburg* verlangt für die Annahme einer Impressumspflicht ebenfalls „einen gewissen Grad von Selbstständigkeit in Bezug auf die präsentierte Firma".[273] Es ist wohl auch zulässig, von der Social Media Präsenz lediglich auf das Impressum der eigenen Webseite zu verlinken, sofern aus dem Impressum jedenfalls hervor geht, auf welche Telemedien sich dieses bezieht.[274] Nicht ausreichend ist die Angabe unter „Info". Wie das *OLG Düsseldorf*[275] festgestellt

---

268 Vgl. hierzu insbes. auch *OLG Düsseldorf*, Urt. v. 18.12. 2007 – I-20 U 17/07, MD 2008, 361 = MMR 2008, 682; *LG Aschaffenburg*, Urt. v. 19.8. 2011 – 2 HK O 54/11, CR 2012, 57 = MMR 2012, 38; vgl. zudem *LG Köln*, Urt. v. 28.12. 2010 – 28 O 402/10; *LG Regensburg*, Urt. v. 31.1. 2013 – 1 HK O 1884/12, CR 2013, 197 = MMR 2013, 246.

269 *LG Regensburg*, Urt. v. 31.1. 2013 – 1 HK O 1884/12, CR 2013, 197 = MMR 2013, 246; hierzu auch *LG Aschaffenburg*, Urt. v. 19.8. 2011 – 2 HK O 54/11, CR 2012, 57 = MMR 2012, 38, bezugnehmend auf *OLG Düsseldorf*, Urt. v. 18.12. 2007 – 20 U 17/07, MD 2008, 361 = MMR 2008, 682 im Falle von mobile.de; vgl. hierzu auch ausführlich *Thinius*, DFN-Infobrief 4/2013, S. 2.

270 Die Rechtslage bei Portalen wie Xing ist streitig; siehe dazu *LG Stuttgart*, Urt. v. 27.6. 2014 – 11 O 51/14, MMR 2014, 674 = ZUM 2014, 988, in 2. Instanz kam es hingegen zu einem Anerkenntnisurteil unter Aufhebung der Entscheidung des *LG Stuttgart*, *OLG Stuttgart*, Anerkenntnisurt. v. 20.11. 2017 – 2 U 95/14, BeckRS 2014, 22472.; zweifelnd *LG München I*, Urt. v. 3.6. 2014 – 33 O 4149/14, MMR 2014, 677; *LG Dortmund*, Urt. v. 14.5. 2014 – 5 O 107/14, MMR 2014, 678; vgl. hierzu Hoeren/Sieber/Holznagel/*Solmecke*, Handbuch MMR, 42. Ergänzungslieferung 2015, Teil 21.1 Rz. 4.

271 Vgl. hierzu Hoeren/Sieber/Holznagel/*Solmecke*, Handbuch MMR, 42. Ergänzungslieferung 2015, Teil 21.1 Rz. 2 m. w. A; *Lapp* auf http://blog.beck.de/2009/04/17/impressumspflicht-fuer-twitter-account (zuletzt abgerufen: Mai 2017).

272 *OLG Düsseldorf*, Urt. v. 18.12. 2007 – I-20 U 17/07, MD 2008, 361 = MMR 2008, 682, 683 mit Verweis auf *OLG Frankfurt a.M.*, Urt. v. 6.3. 2007 – 6 U 115/06, MMR 2007, 379 m.Anm. *Mankowski* = CR 2007, 454.

273 *LG Regensburg*, Urt. v. 31.1. 2013 – 1 HKO 1884/12, CR 2013, 197 = MMR 2013, 246.

274 *LG Aschaffenburg*, Urt. v. 19.08. 2011 – 2 HK O 54/11, CR 2012, 57 = MMR 2012, 38.

275 *OLG Düsseldorf*, Urt. v. 13.8. 2013 – I-20 U 75/13, MMR 2014, 393 = ZUM 2014, 587; *LG Aschaffenburg*, Urt. v. 19.08. 2011 – 2 HK O 54/11, CR 2012, 57 = MMR 2012, 38, 39.

hat, bleibt der Informationsgehalt der Bezeichnung „Info" deutlich hinter dem des Begriffs „Kontakt" zurück. Während der Begriff „Kontakt" dem Nutzer vermittle, dass über einen so bezeichneten Link Informationen erlangt werden können, auf welche Weise mit welcher Person Kontakt aufgenommen werden kann (eingeschlossen der Informationen über Identität, Anschrift etc.), sei die Palette der mit dem Begriff „Info" bezeichneten und zu erwartenden Informationen groß. Bis zu einer endgültigen Klärung der Frage durch den *BGH* sollten Unternehmen auf ihren Social Media Präsenzen ein Impressum bereithalten, um etwaigen Abmahnungen aus dem Weg zu gehen.

Besteht die Möglichkeit, Angebote auf dem Portal einzustellen, so sind nach der Generalklausel des **§ 3 Abs. 1 UWG** Sicherungsmaßnahmen zur Einhaltung der Impressumspflicht zu ergreifen. An die insoweit erforderlichen Maßnahmen sind jedoch keine allzu hohen Anforderungen zu stellen; es kann ausreichen, dass die Anzeigenkunden vor Abgabe ihres Anzeigenauftrags in geeigneter Form über die Impressumspflicht belehrt, zur Preisgabe der Gewerblichkeit ihres Angebots bei der Anmeldung nachdrücklich angehalten und in diesem Fall zur Angabe ihres Namens und ihrer Anschrift gezwungen werden.[276] Die Gewährung der Gelegenheit zur Einstellung von Angeboten ohne Sicherungsmaßnahmen zur Einhaltung der Impressumspflicht stellt einen Verstoß gegen die Generalklausel des § 3 UWG dar. Derjenige, der durch sein Handeln im geschäftlichen Verkehr in einer ihm zurechenbaren Weise die Gefahr eröffnet, dass Dritte Interessen von Marktteilnehmern verletzen, die durch das Wettbewerbsrecht geschützt sind, kann eine unlautere Wettbewerbshandlung begehen, wenn er diese Gefahr nicht i. R. d. Zumutbaren begrenzt.[277]   **629**

Lange Zeit streitig war die Frage, inwieweit ein Verstoß gegen die gesetzlichen Vorgaben durch Dritte **abgemahnt** werden kann. Unstreitig ist, dass die Informationspflichten verbraucherschützend sind.[278] Durch das Fehlen der nach § 5 TMG erforderlichen Anbieterangaben wird nach Auffassung des *LG Berlin* kein Umsatzgeschäft gemacht, vielmehr sei das Fehlen der Angaben eher kontraproduktiv für Vertragsabschlüsse.[279] Anders bejaht das *OLG Hamburg* in der „Backstage"-Entscheidung das Vorliegen eines unlauter erlangten   **630**

---

276 *OLG Düsseldorf*, Urt. v. 18. 6. 2013 – I-20 U 145/12, GRUR-RR 2013, 433 = MMR 2013, 649; *OLG Frankfurt a. M.*, Urt. v. 23. 10. 2008 – 6 U 139/08, CR 2009, 189 = MMR 2009, 194; ähnlich *OLG Düsseldorf*, Urt. v. 18. 12. 2007 – I-20 U 17/07, MD 2008, 361 = MMR 2008, 682; *LG Frankfurt a. M.*, Urt. v. 13. 5. 2009 – 2–06 O 61/09.
277 *OLG Düsseldorf*, Urt. v. 18. 6. 2013 – I-20 U 145/12, GRUR-RR 2013, 433 = MMR 2013, 649.
278 *BGH*, Urt. v. 20. 7. 2006 – I ZR 228/03, MMR 2007, 40 = CR 2006, 850 m. Anm. *Zimmerlich*; *OLG München*, Urt. v. 11. 9. 2003 – 29 U 2681/03, MMR 2004, 36 = CR 2004, 53 m. Anm. *Schulte*; *OLG München*, Urt. v. 26. 7. 2001 – 29 U 3265/01, MMR 2002, 173 = CR 2002, 55.
279 *LG Berlin*, Versäumnisteil- und Teilurt. v. 1. 10. 2002 – 16 O 531/02, MMR 2003, 200.

Wettbewerbsvorteils.[280] Seit in Umsetzung der Richtlinie über unlautere Geschäftspraktiken im Jahr 2008 das UWG geändert wurde, ist geklärt, dass nahezu jeder Verstoß gegen die Impressumspflicht wettbewerbsrechtlich geahndet werden kann.[281] Aber auch hier ist zu differenzieren. Soweit das TMG bei juristischen Personen zusätzlich die Angabe des Geschäftsführers bzw. eines Vertretungsberechtigten im Impressum fordert, stellt dies keine Marktverhaltensregelung i. S. v. § 3a UWG (§ 4 Nr. 11 UWG a. F.) dar; es fehlt insoweit an einer hinreichenden Grundlage im Unionsrecht.[282]

631   Wenn auf einer E-Commerce-Homepage ein Hinweis auf die **EU-Online-Streitbeilegungsplattform** fehlt, ist dies wettbewerbswidrig und kann abgemahnt werden. Ein fehlender Hinweis war auch schon vor dem Start der Online-Streitbeilegungsplattform am 15. Februar 2016 wettbewerbswidrig.[283] Der Hinweis muss einen klickbaren Link zu der Online-Streitbeilegungsplattform beinhalten.[284] Bei Verstößen gegen die genannten Informationspflichten steht auch den nach § 3 Abs. 1 S. 1 UKlaG anspruchsberechtigten Stellen, u. a. Verbraucherschutzverbänden, gem. § 2 Abs. 1 S. 1, Abs. 2 S. 1 Nr. 12 UKlaG ein Unterlassungsanspruch zu.

632   Seit dem 1. Februar 2017 besteht eine zusätzliche Pflicht zur Benennung von **Streitschlichtungsmöglichkeiten nach §§ 36, 37 VSBG**.[285] Nach § 36 Abs. 1 VSBG hat der Unternehmer auf seiner Website (sowie in den AGB) darüber zu informieren, inwieweit er bereit oder verpflichtet ist, an Streitbeilegungsverfahren vor einer Verbraucherschlichtungsstelle teilzunehmen (Nr. 1), und auf die zuständige Verbraucherschlichtungsstelle hinzuweisen, wenn sich der Unternehmer zur Teilnahme an einem Streitbeilegungsverfahren vor einer Verbraucherschlichtungsstelle verpflichtet hat oder wenn er aufgrund von Rechtsvorschriften zur Teilnahme verpflichtet ist (Nr. 2). Nach § 37 Abs. 1 VSBG hat

---

280 *OLG Hamburg*, Beschl. v. 20.11. 2002 – 5 W 80/02, CR 2003, 283 = MMR 2003, 105 – Backstage; anders *LG Düsseldorf*, Urt. v. 29.1. 2003 – 34 O 188/02, CR 2003, 380 = MMR 2003, 340.

281 Erstes Gesetz zur Änderung des Gesetzes gegen unlauteren Wettbewerb vom 22.12. 2008 (BGBl. I 2008, S. 2949) zur Umsetzung der Richtlinie 2005/29/EG des europäischen Parlaments und des Rates über unlautere Geschäftspraktiken vom 11.5. 2005 (ABl. EG Nr. L 149 S. 22); *OLG Hamm*, Urt. v. 2.4. 2009 – 4 U 213/08, MMR 2009, 552 = K & R 2009, 504.

282 *KG*, Beschl. v. 21.9. 2012 – 5 W 204/12, AfP 2012, 583 = MMR 2013, 175.

283 *LG Bochum*, Urt. v. 31.3. 2016 – 14 O 21/16, MMR 2016, 540 = CR 2016, 461.

284 *OLG München*, Urt. v. 22.9. 2016 – 29 U 2498/16, BeckRS 2016, 108898 = MMR 2017, 191 = K & R 2016, 848 = GRUR-Prax 2017, 87 m. Anm. *Ulrici*.

285 Die §§ 36 f. VSGB traten mit Wirkung zum 1. Februar 2017 in Kraft; Gesetz zur Umsetzung der Richtlinie über alternative Streitbeilegung in Verbraucherangelegenheiten und zur Durchführung der Verordnung über Online-Streitbeilegung in Verbraucherangelegenheiten 19.2. 2016 (BGBl. I 2016, S. 254).

der Unternehmer den Verbraucher nach Entstehen der Streitigkeit auf eine für ihn zuständige Verbraucherschlichtungsstelle unter Angabe von deren Anschrift und Website hinzuweisen, wenn die Streitigkeit über einen Verbrauchervertrag durch den Unternehmer und den Verbraucher nicht beigelegt werden konnte. De facto ergibt sich daraus die Pflicht, auch schon vor der Steitigkeit allgemein darüber zu informieren, welche Streitschlichtungsstelle zuständig ist, wenn der Unternehmer einer solchen Schlichtung unterworfen wäre. Verstöße können Schadensersatzansprüche nach sich ziehen.[286]

cc) Lieferfristen

Soweit Betreiber von Webshops auf der Homepage **keine Angaben über Lie-** **633** **ferfristen** machen, muss der Versand, laut einem Urteil des *BGH*[287] sofort erfolgen. Mangele es an einem entsprechenden Hinweis, liege eine irreführende Werbung i. S. v. § 5 Abs. 5 S. 1 UWG a. F. vor. Insofern kann man nunmehr auf § 3 Abs. 3 i. V. m. Anhang Nr. 5 UWG zurückgreifen.[288] Zur Begründung führte der *BGH* an, dass sich der Tatbestand einer unzulässigen irreführenden Werbung maßgeblich nach dem Gesamteindruck, den der angesprochene Verkehrskreis von der Werbung hat, bemisst. Dies gelte nicht nur für beworbene Ware im stationären Handel, sondern ebenfalls für das Internet. Auch dort erwarte der Verbraucher bei einem fehlenden Hinweis, dass ihm die Ware unverzüglich und nicht erst in drei bis vier Wochen zugesandt wird. Darin liege auch keine unzumutbare Belastung des Shop-Inhabers. Schließlich könne er in zulässiger Weise auf eine bestehende Lieferfrist hinweisen. Davon zu unterscheiden ist die nach dem Verbraucherschutzrecht bestehende Pflicht eines Unternehmers, den Verbraucher gem. § 312d Abs. 1 BGB i. V. m. Art. 246a § 1 Abs. 1 S. 1 Nr. 7 EGBGB über den Liefertermin bzw. gem. § 312j Abs. 1 BGB über etwaige Lieferbeschränkungen zu informieren. Denn diese Information erfolgt nur zwischen den Vertragsparteien und hat keine Auswirkungen auf möglicherweise wettbewerbswidrige Angaben auf der Homepage, welche nur durch das UWG vermieden werden sollen.

Es ist AGB-rechtlich nach § 308 Nr. 4 BGB unzulässig, in den AGB eine **634** Klausel einzufügen, wonach Lieferfristen unverbindlich sind.[289] Ebenso untersagt ist es, wenn die Lieferzeit nach Zahlungseingang in AGB nicht hinreichend

---

286 *Gössl*, NJW 2016, 838, 839.
287 *BGH*, Urt. v. 7. 4. 2005 – I ZR 314/02, CR 2005, 591 = MMR 2005, 531; ähnlich *LG Hamburg*, Urt. v. 12. 5. 2009 – 312 O 74/09, MD 2010, 127 = MMR 2010, 32 (Ls.).
288 *OLG Hamm*, Urt. v. 11. 8. 2015 – 4 U 69/15, MMR 2016, 320 = K & R 2015, 747.
289 *OLG Frankfurt a. M.*, Urt. v. 10. 11. 2005 – 1 U 127/05, CR 2006, 195 = MMR 2006, 325; *LG Frankfurt a. M.*, Urt. v. 28. 6. 2006 – 2/2 O 404/05, CR 2007, 267 = MMR 2006, 831.

bestimmt ist.[290] Eine AGB-Klausel, mit der eine Lieferzeit mit dem Zusatz „in der Regel" versprochen wird, ist unwirksam.[291] Gleiches gilt für Änderungsvorbehalte bei unverschuldeter Nichtverfügbarkeit der Ware.[292]

635   Erlaubt sind Hinweise wie „Lieferung innerhalb 24 Stunden".[293] Wegen Irreführung verboten ist der Hinweis „Lieferung auf Anfrage".[294]

dd) Sonstige Angaben zu Preisen und Abbildungen

636 Soweit ein Online-Anbieter mit Preissenkungen wirbt und diese zeitlich befristet, muss das Ende der Aktion unmittelbar der Offerte zu entnehmen sein. Eine Unterrichtung erst auf einer Unterseite, zu der ein Link ohne Beschreibung von der Preissenkungsseite führt, reicht nicht aus. Nach Auffassung des *OLG Stuttgart*[295] liegt in der fehlenden direkten Angabe auf der Angebotsseite ein Verstoß gegen § 4 Nr. 4 UWG a. F., wonach bei Preissenkungen sämtliche Bedingungen anzugeben sind. Erforderlich sei dabei eine klare und eindeutige Angabe. Die Normen zur Beurteilung einer solchen Frage sind nach dem UWG 2015 die §§ 5 und 3 Abs. 2 UWG. Zwar sei eine Aufklärung auch durch Hyperlinks möglich. Erforderlich sei aber, dass aus dem neben dem Angebot angebrachten Link deutlich hervor gehe, dass dieser zu einer Unterseite mit weiteren Bedingungen führt.

637   Erlaubt sind Hinweise in Katalogen wie „Änderungen und Irrtümer vorbehalten" und „Abbildung ähnlich". Wie der *BGH*[296] betont, bringen diese Hinweise lediglich die auch ohne ausdrücklichen Vorbehalt bestehende Rechtslage zum Ausdruck, dass die im Katalog enthaltenen Angaben zu den Produkten sowie zu deren Preisen und Eigenschaften – ebenso wie die Abbildungen – nicht ohne Weiteres Vertragsinhalt werden, sondern insoweit vorläufig und unverbindlich sind, als die Katalogangaben durch die Beklagte vor oder bei Abschluss des Vertrages noch korrigiert werden können. Die Hinweise verdeutlichen damit, dass erst die bei Vertragsschluss abgegebenen Willenserklärungen

---

290 *OLG Hamm*, Urt. v. 12. 1. 2012 – 4 U 107/11, MMR 2013, 241 = NJOZ 2013, 545.

291 *OLG Frankfurt a. M.*, Beschl. v. 27. 7. 2011 – 6 W 55/11, MMR 2011, 800; *OLG Hamm*, Urt. v. 12. 1. 2012 – 4 U 107/11, MMR 2013, 241 = NJOZ 2013, 545; *OLG Bremen*, Urt. v. 5. 10. 2012 – 2 U 49/12, MMR 2013, 36.

292 *LG Bochum*, Urt. v. 22. 12. 2011 – 14 O 189/11, vorliegend fügte die Klägerin ihrem Angebot den späteren Hinweis hinzu: „Die Lieferzeit kann von der oben angegebenen abweichen. Für die Anfrage der genauen Lieferzeit kontaktieren Sie uns bitte".

293 *OLG Hamm*, Urt. v. 4. 6. 2009 – 4 U 19/09, MMR 2009, 861 = NJW-RR 2010, 344.

294 *OLG Hamm*, Urt. v. 17. 3. 2009 – 4 U 167/08, K & R 2009, 500 = MMR 2009, 555.

295 *OLG Stuttgart*, Urt. v. 8. 2. 2007 – 2 U 136/06, MMR 2007, 385 = WRP 2007, 694.

296 *BGH*, Urt. v. 4. 2. 2009 – VIII ZR 32/08, MDR 2009, 556 m. Anm. *Niebling* = GRUR 1009, 506.

und nicht schon die Katalogangaben oder -abbildungen für den Inhalt eines Vertrages über die im Katalog angebotenen Produkte maßgebend sind. Den Hinweisen sei keine Beschränkung der Rechte des Vertragspartners in haftungs- oder gewährleistungsrechtlicher Hinsicht zu entnehmen. Anders wäre es dann, wenn die Beklagte unter Umgehung der Vorschriften über AGB (§§ 305 ff. BGB) die Hinweise dazu missbrauchen würde, eine Geltendmachung berechtigter Ansprüche von Verbrauchern zu verhindern.

ee) Informationspflichten nach Fernabsatzrecht

Aufgrund des Fernabsatzrechts trifft den Unternehmer im E-Commerce eine **638** Fülle von Informationspflichten im Verhältnis zum Verbraucher. Der Umfang dieser Pflichten ist in Art. 246a §§ 1 S. 1 bis 4 EGBGB zusammengefasst, auf welchen § 312d Abs. 1 BGB verweist. Streitig ist allerdings, wann diese Pflichten zu erfüllen sind. Unklar ist z. B., ob die Angaben zu Anschrift und Identität des Gewerbetreibenden schon in der Anzeigenwerbung für konkrete Produkte in einem Printmedium gemacht werden müssen, auch wenn die Verbraucher die beworbenen Produkte ausschließlich über eine in der Anzeige angegebene Website des werbenden Unternehmens erwerben können.[297]

Besonders wichtig für den Fernabsatzhandel ist naturgemäß die Pflicht **639** zur Information über ein bestehendes Widerrufsrecht, deren Umfang in Art. 246a § 1 Abs. 2 EGBGB bestimmt wird. Auf die wichtige Neuerung hinsichtlich der Telefonnummer im Impressum wurde oben bereits hingewiesen. Weitere wichtige Änderungen seien im Folgenden benannt. Sofern im Auftrag eines Dritten gehandelt wird, ist die Anschrift dieses Unternehmens, an den sich der Verbraucher mit einer Beschwerde richten kann, mitzuteilen; Art. 246a § 1 Abs. 1 S. 1 Nr. 3 EGBGB. Wird ein unbefristeter Vertrag oder ein Abonnement-Vertrag geschlossen, so ist nach Art. 246a § 1 Abs. 1 S. 1 Nr. 5 EGBGB ein Gesamtpreis anzugeben, der die pro Abrechnungszeitraum anfallenden Gesamtkosten und, wenn für einen solchen Vertrag Festbeträge in Rechnung gestellt werden, ebenfalls die monatlichen Gesamtkosten umfasst. Wenn die Gesamtkosten vernünftigerweise nicht im Voraus berechnet werden können, ist die Art der Preisberechnung anzugeben. Auch das Bestehen und die Bedingungen von Kundendienst, Kundendienstleistungen und Garantien sind anzugeben; Art. 246a § 1 Abs. 1 S. 1 Nr. 9 EGBGB.[298] Bei Dauerschuldverhältnissen ist gem.

---

[297] Die Frage wurde dem *EuGH* durch den *BGH* zur Entscheidung vorgelegt, *BGH*, Beschl. v. 28. 1. 2016 – I ZR 231/14, GRUR 2016, 399 = MMR 2016, 395.
[298] Die Angaben zu Garantien müssen das Bestehen und Bedingungen der Garantie klar und verständlich benennen, *OLG Köln*, Urt. v. 25. 8. 2016 – 4 U 1/16, GRUR-RS 2016, 18361; ähnlich wird das ab 1. Januar 2018 der § 479 BGB n. F. festschreiben.

Art. 246a § 1 Abs. 1 S. 1 Nr. 12 EGBGB die Mindestdauer der Verpflichtung des Verbrauchers anzugeben. Nach Art. 246a § 1 Abs. 1 S. 1 Nr. 14 EGBGB – man beachte auch § 95 Abs. 1 UrhG – sind dem Verbraucher ggf. Informationen zu der Funktionsweise digitaler Inhalte, einschließlich anwendbarer technischer Schutzmaßnahmen für solche Inhalte zur Verfügung zu stellen. Soweit wesentlich, sind Beschränkungen der Interoperabilität und der Kompatibilität digitaler Inhalte mit Hard- und Software mitteilungsbedürftig, soweit diese Beschränkungen dem Unternehmer bekannt sind oder bekannt sein müssen, Art. 246a § 1 Abs. 1 S. 1 Nr. 15 EGBGB. Ist der Unternehmer einem außergerichtlichen Beschwerde- und Rechtsbehelfsverfahren unterworfen, das der Verbraucher nutzen kann, so bedarf auch dieser Umstand der Mitteilung; Art. 246a § 1 Abs. 1 S. 1 Nr. 16 EGBGB. Ein Online-Shop, der als B2B-Shop auftritt, aber de facto auch Verbraucher beliefert, muss alle Pflichtinformationen für Verbraucher (etwa eine Widerrufsbelehrung nach Fernabsatzrecht) bereitstellen. Es reicht nicht, wenn sich auf der Webseite lediglich Hinweise befinden, wonach nur Unternehmen beliefert werden. Vielmehr muss der Online-Shop-Betreiber durch weitergehende Maßnahmen sicherstellen, dass Verbraucher nicht bestellen können.[299]

640   Wer bspw. über einen Webshop Fernseher vertreibt, muss dessen Energieeffizienzklasse nicht auf derselben Internetseite wie die preisbezogene Werbung angeben. Es reicht aus, wenn die Energieeffizienzklasse auf einer weiteren Webseite angegeben wird, die sich nach Anklicken eines Links öffnet, der in der Nähe der preisbezogenen Werbung angebracht ist und klar und deutlich als elektronischer Verweis auf die Angabe der Energieeffizienzklasse zu erkennen ist.[300]

641   Die wettbewerbsrechtliche Relevanz dieser Vorschriften ergibt sich aus § 2 Abs. 1 S. 1, Abs. 2 Nr. 1 UKlaG sowie §§ 3, 4 Nr. 11, 8 UWG. Danach sind die Informationspflichten des Fernabsatzrechts verbraucherschützende Vorschriften, deren Nichteinhaltung von den Verbraucherschutzverbänden abgemahnt werden kann.[301]

2 Allgemeines Wettbewerbsrecht

642 Abseits spezieller Lauterkeitsregeln ist das allgemeine Wettbewerbsrecht, insb. die §§ 3, 5 UWG, zu beachten. Im Vordergrund der Diskussion im Zusammen-

---

299 *LG Dortmund*, Urt. v. 23. 2. 2016 – 25 O 139/15, MMR 2016, 460 = K & R 2016, 433.
300 *BGH*, Urt. v. 4. 2. 2016 – I ZR 181/14, GRUR 2016, 954 = MMR 2016, 813.
301 Hoeren/Sieber/Holznagel/*Föhlisch*, Handbuch MMR, 33. Ergänzungslieferung 2012, Teil 13.4 Rz. 174 ff.

hang mit Werbung im Internet stehen vier Problemfelder: die kommerzielle Versendung von E-Mails, das Trennungsgebot sowie die Verwendung von Hyperlinks und Meta-Tags. Zum Abschluss wird auf sonstige relevante wettbewerbsrechtliche Probleme eingegangen.

Ganz allgemein gilt es bei der Anwendung des UWG zu berücksichtigen, **643** dass zur Beurteilung der Frage, ob eine Werbung im Internet irreführende Angaben enthält, auf das Verständnis eines **durchschnittlich informierten und verständigen Verbrauchers** abzustellen ist, der der Werbung die der Situation angemessene Aufmerksamkeit entgegenbringt.[302] Die besonderen Umstände der Werbung im Internet, wie, dass der interessierte Internet-Nutzer die benötigten Informationen selbst nachfragen muss, sind bei der Bestimmung des Grades der Aufmerksamkeit zu berücksichtigen. Verträge, die unter Verstoß gegen die wettbewerbsrechtlichen Vorgaben Handlungspflichten vorsehen, sind regelmäßig nach § 134 BGB nichtig.[303]

Im UWG hervorzuheben ist in diesem Zusammenhang insb., dass zur Stär- **644** kung der Verbraucherrechte das Verhalten des Unternehmens nicht nur vor Vertragsschluss, sondern auch während und nach Vertragsschluss Berücksichtigung findet (z. B. im Kundenreklamationsmanagement). Darüber hinaus findet sich im Anhang des UWG eine sog. „Schwarze Liste" von unlauteren Werbepraktiken gegenüber Verbrauchern, die z. B. die Verwendung von Gütezeichen ohne die erforderliche Genehmigung oder Lockangebote per se untersagt. Es handelt sich dabei um „Verbote ohne Wertungsvorbehalt", da sie keinen Raum für eine Wertung im Einzelfall lassen.

Der Tatbestand der Irreführung durch Unterlassen in § 5a UWG begründet **645** darüber hinaus Informationspflichten für Unternehmen. Wonach § 5a Abs. 1 UWG auch im B2B-Bereich Anwendung findet, gelten die nachfolgenden Abs. 2–4 nur im Verhältnis zwischen Unternehmern und Verbrauchern. Demnach gilt eine Werbung als unlauter, wenn Informationen in der Werbung, die für den Verbraucher wesentlich sind, fehlen und hierdurch die Entscheidungsfähigkeit des Verbrauchers beeinflusst wird. Eine denkbare Indizwirkung der auf den Umgang mit Verbrauchern beschränkten Regelungen für den B2C-Bereich, scheint im Hinblick auf die Gesetzesbegründung, den Geschäftsverkehr nicht übermäßig mit Informationspflichten zu belasten,[304] zweifelhaft. Eine einschlägige Rechtsprechung zu dieser Frage steht allerdings noch aus.

---

302 *BGH*, Urt. v. 16.12. 2004 – I ZR 222/02, CR 2005, 357 = MMR 2005, 309 – Epson-Tinte; *Lederer*, NJOZ 2011, 1833.
303 *OLG München*, Urt. v. 16.2. 2006 – 29 U 4412/05, GRUR 2006, 603 = NJW-RR 2006, 768.
304 Amtl. Begr. zum RegE, BT-Drs. 16/10145, S. 25.

a) Kommerzielle Versendung von E-Mails

Literatur: *Bergt*, Schutz personenbezogener Daten bei der E-Mail-Bestätigung von Online-Bestellungen, NJW 2011, 3752; *Decker*, Ähnlichkeit von Waren und Dienstleistungen im Rahmen der Privilegierung von E-Mail-Werbung nach § 7 III UWG, GRUR 2011, 774; *Dietrich*, Rechtsfragen zur E-Mail-Werbung: Wann ist Werbung zulässig und wie wird ein Unterlassungsantrag formuliert?, GWR 2012, 102; *Dietrich/Pohlmann*, IP-Blacklisting zur Spam-Abwehr, DuD 2005, 548; *Ernst/Seichter*, Werben mittels E-Cards – Rechtliche Beurteilung als Spamming?, MMR 2006, 779; *Dieselhorst/Schreiber*, Die Rechtslage zum E-Mail-Spamming in Deutschland, CR 2004, 680; *Ernst*, Die Einwilligung in Werbeanrufe, NJW 2013, 2637; *Isele/Danckelmann/Kerst*, Telefonwerbung: Was ist (noch) erlaubt?, GRUR Prax 2011, 463; *Kabel*, Spam: A Terminal Threat to ISPs?, CRI 2003, 1; *Kitz*, Meine E-Mails les' ich nicht!, CR 2005, 450; *Leible*, Spam oder Nicht-Spam, das ist hier die Frage, K & R 2006, 485; *Leistner/Pothmann*, E-Mail-Direktmarketing im neuen europäischen Recht und in der UWG-Reform, WRP 2003, 815; *Nippe*, Belästigung zwischen Wettbewerbshandlung und Werbung, WRP 2006, 951; *ders.*, Belästigende Wettbewerbshandlungen – Tatbestände, Rechtfertigungsgründe, Rechtsprechung, WRP 2007, 19; *Nowak-Over*, Anruf erwünscht: Ein Plädoyer gegen schärfere Vorschriften zur Telefonwerbung, GRUR-Prax 2011, 4; *Prasse*, Spam-E-Mails in der neueren Rechtsprechung, MDR 2006, 361; *Roßnagel/Jandt*, Rechtskonformes Direktmarketing – Gestaltungsanforderungen und neue Strategien für Unternehmen, MMR 2011, 86; *Schmidl*, E-Mail-Filterung am Arbeitsplatz, MMR 2005, 343; *Schöttle*, Webseite- und E-Mail-Marketing – ein Überblick, JurPC 2007, WebDok. 9/2007; *Schmittmann/Lorenz*, Die rechtliche Beurteilung von E-Mail-Werbung nach Inkrafttreten des TMG, K & R 2007, 609; *Seichter/Witzmann*, Die Einwilligung in die Telefonwerbung, WRP 2007, 699; *Schürmann/Günther*: Werbung über mobile Push-Dienste als unzumutbare Belästigung? – Wettbewerbsrechtliche Einordnung von Push-Nachrichten, MMR 2015, 419; *Splittgerber/Zscherpe/Goldmann*, Werbe-E-Mails – Zulässigkeit und Verantwortlichkeit, WRP 2006, 178; *Stuckel*, Zur Einwilligung in Telefon- und E-Mail-Werbung, DB 2011, 2421; *Terhaag/Schwarz*, Quo vadis, Freundschaftsempfehlung – Mächtiges PR-Instrument oder wettbewerbswidrige Datenschleuder?, K & R 2012, 377; *Weber/Meckbach*, E-Mail basierte virale Werbeinstrumente – unzumutbare Belästigung oder modernes Marketing, MMR 2007, 482; *Wegmann*, Anforderungen an die Einwilligung in Telefonwerbung nach dem UWG, WRP 2007, 1141.

646   Seit das Internet und E-Mails boomen, hat auch die Werbung diesen Zweig schnell für sich entdeckt. In zunehmendem Maße wird Werbung per E-Mail sowohl individuell als auch massenhaft versandt. Leider handelt es sich in den meisten Fällen jedoch um unerwünschte Post. Man bezeichnet dieses Phänomen als Spamming.

647   Zunächst ist zu beachten, dass das deutsche Werberecht auch für ausländische Spammer gilt (selbst wenn diese ihren Sitz außerhalb der EU – z. B. in den USA – haben). Es findet das sog. **Marktortprinzip** Anwendung, wonach das Wettbewerbsrecht desjenigen Staates gilt, an dem durch das Wettbewerbsverhalten auf die Entschließung des Kunden eingewirkt wird.[305] Man sollte

---

305 *LG Stuttgart*, Urt. v. 15. 5. 2007 – 17 O 490/06, MMR 2007, 668 = VuR 2008, 399.

aber nicht versuchen, gegen ausländische Anbieter rechtlich vorzugehen – es ist in der Praxis zwecklos. Denn eine deutsche Entscheidung, die man gegen ausländische Spammer durchaus erwirken könnte, wäre im außereuropäischen Ausland kaum vollstreckbar. Im Übrigen ist auch die Vollstreckung deutscher Entscheidungen innerhalb der EU oft ein Trauerspiel.

Mit dem i. R. d. Novellierung des UWG eingefügten § 7 Abs. 2 Nr. 3 UWG **648** besteht nunmehr eine ausdrückliche Regelung, derzufolge unverlangte Werbesendungen an Marktteilnehmer wettbewerbswidrig sind. Jede Werbezusendung von Unternehmen wird stets als „unzumutbare Belästigung" eingestuft, wenn der Empfänger nicht vorher ausdrücklich zugestimmt hat (**Opt-in**).[306] Dieses Werbeverbot umfasst auch Einladungs- und Erinnerungs-E-Mails für das soziale Netzwerk Facebook.[307]

Im Übrigen lässt § 7 Abs. 3 UWG in Umsetzung von Art. 13 Abs. 2 der Daten- **649** schutzrichtlinie über elektronische Kommunikation nunmehr ein **modifiziertes Opt-out** zu.[308] Werbe-Mails dürfen danach auch versandt werden, wenn der Werbende die E-Mail-Kontaktdaten im Zusammenhang mit dem Verkauf eines Produktes oder einer Dienstleistung des Werbenden unmittelbar von seinem Kunden erhalten hat und nunmehr eigene ähnliche Leistungen via Internet bewerben will. Es muss dann aber bei der ersten Bestellung die Möglichkeit zu einem gebührenfreien, einfachen Widerruf eröffnet worden sein. Die Neuregelung entspricht weitgehend der bisherigen Rechtsprechung zu Spam-Mails.[309]

---

306 *BGH*, Urt. v. 16. 7. 2008 – VIII ZR 348/06, CR 2008, 720 m. Anm. *Brisch/Laue* = MMR 2008, 731; zu den Anforderungen an die Einwilligungserklärung: *LG Berlin*, Urt. v. 9. 12. 2011 – 15 O 343/11, WRP 2012, 610; Bestätigungsanfragen per E-Mail im Double-Opt-In-Verfahren stellen auch Werbung i. S. d. § 7 UWG dar: *OLG München*, Urt. v. 27. 9. 2012 – 29 U 1682/12, MMR 2013, 38 m. Anm. *Heidrich* = CR 2012, 799 m. Anm. *Schirmbacher* = GRUR-Prax 2012, 589 m. Anm. *Hühner* = WRP 2013, 111 m. Anm. *Gramespacher;* hierzu auch *Fischer*, DFN-Infobrief 1/2013, S.4.
307 *BGH*, Urt. v. 14. 1. 2016 – I ZR 65/14, GRUR 2016, 946; *LG Berlin*, Urt. v. 6. 3. 2012 – 16 O 551/10, CR 2012, 270 = WRP 2012, 613 – Freunde finden.
308 EU-Richtlinie über die Verarbeitung personenbezogener Daten und den Schutz der Privatsphäre in der elektronischen Kommunikation, ABl. EG Nr. L 201 vom 31. 7. 2002, S. 37, abgedruckt in GRUR 2003, 409; siehe zu den Spamming-Bestimmungen in der Richtlinie auch *Weiler*, MMR 2003, 223.
309 Vgl. *BGH*, Urt. v. 11. 3. 2004 – I ZR 81/01, MDR 2004, 893 = MMR 2004, 386; *LG Berlin*, Beschl. v. 14. 5. 1998 – 16 O 301/98, CR 1998, 499 m. Anm. *Schnittmann* = MMR 1998, 491 = BRAK 1999, 45 = RDV 1998, 220; *LG Berlin*, Urt. v. 13. 10. 1998 – 16 O 320/98, CR 1999, 187 = MMR 1999, 43 m. Anm. *Westerwelle*; *LG Berlin*, Urt. v. 7. 1. 2000 – 15 O 495/99, NJW-RR 2000, 1229 = MMR 2000, 441 = CR 2000, 622; *LG Traunstein*, Beschl. v. 18. 12. 1997 – 2 HKO 3755/97, NJW 1998, 109 = CR 1998, 171 = MMR 1998, 109; *LG Augsburg*, Beschl. v. 19. 10. 1998 – 2 O 34416/98, NJW-CoR 1999, 52; *LG Dresden*, Beschl. v. 31. 3. 1998 – 44 O 1026/97, WRP 1999, 250; *LG Ellwangen*, Urt. v. 27. 8. 1999 – 2 KfH O 5/99, MMR 1999, 675 m. Anm. *Schnittmann; AG*

650   Bei der Verfolgung der wettbewerbsrechtlichen Verstöße gegen § 7 Abs. 2 Nr. 3 UWG ist zu beachten, dass Beseitigungs- und Unterlassungsansprüche gem. § 8 Abs. 3 UWG nur Mitbewerbern oder bestimmten Verbraucherverbänden sowie den Industrie- und Handels-, oder Handwerkskammern zustehen. Diese Ansprüche richten sich dabei nicht nur gegen den Inhaber der Domain, von der aus die Spam-E-Mails versendet wurden, sondern auch gegen das Unternehmen, dessen Internetauftritt sich auf dieser Domain befindet.[310]

651   Dem Empfänger selbst hat der Gesetzgeber mit § 6 Abs. 2 S. 1 i. V. m. § 16 Abs. 1 TMG ein neues Mittel zur Bekämpfung des E-Mail-Spammings an die Hand gegeben. Danach kann mit einem Bußgeld von bis zu 50 000 Euro (§ 16 Abs. 3 TMG) belegt werden, wer kommerzielle Kommunikation per elektronischer Post versendet und dabei in der Kopf- und Betreffzeile den Absender oder den kommerziellen Charakter der Nachricht verschleiert oder verheimlicht. Das Spamming wird folglich im TMG als Ordnungswidrigkeit qualifiziert. Die Durchsetzung wird aber auch hier Schwierigkeiten bereiten. So stammt ein großer Teil der Spam-Mails aus dem Ausland. Selbst im Inland ist eine Identifikation des Absenders in vielen Fällen unmöglich. Die Intention des Gesetzgebers liegt daher vielmehr darin, ein Zeichen im Kampf gegen das Spamming zu setzen.[311]

652   Die Zusendung von unerwünschter E-Mail-Werbung an Private verstößt nach einigen Auffassungen auch gegen **§ 823 Abs. 1 BGB**, sofern der Empfänger nicht damit einverstanden ist oder sein Einverständnis auch nicht im Rahmen einer bereits bestehenden Geschäftsverbindung vermutet werden kann. Sie stellt nach Ansicht des *LG Berlin*[312] und des *AG Brakel*[313] darüber hinaus einen Eingriff in das allgemeine Persönlichkeitsrecht des Empfängers dar, gegen den dieser einen Anspruch auf Unterlassung der Zusendung gem. §§ 1004, 823 Abs. 1 BGB habe. Das *LG Augsburg*[314] hatte speziell über die unaufgeforder-

---

Essen-Borbeck, Urt. v. 18. 12. 1998 – 5 C 365/98 (n. v.); *AG Berlin-Charlottenburg*, Urt. v. 21. 3. 2000 – 4 C 382/99, CR 2001, 197 (Ls.) = MMR 2000, 775; *AG Essen-Borbeck*, Urt. v. 16. 1. 2001 – 6 C 658/00, MMR 2001, 261; *Ernst*, BB 1997, 1057, 1060; *Hoeren*, WRP 1997, 993; *Ultsch*, NJW 1997, 3007, 3008 Fn. 26; *Schrey/Westerwelle*, BB-Beilage 18/1997, 17; *Marwitz*, MMR 1999, 83, 86; *Wendel*, Wer hat Recht im Internet?, 1997, 80; *Gummig*, ZUM 1996, 573.
310 *LG Düsseldorf*, Urt. v. 16. 8. 2006 – 12 O 376/05, CR 2007, 114.
311 *Bender/Kahlen*, MMR 2006, 590, 593.
312 *LG Berlin*, Beschl. v. 14. 5. 1998 – 16 O 301/98, CR 1998, 499 m. Anm. *Schmittmann* = MMR 1998, 491; siehe auch *AG Dachau*, Urt. v. 10. 7. 2001 – 3 C 167/01, CR 2002, 455 m. Anm. *Winter* = MMR 2002, 179, wonach das unverlangte Übersenden einer sofort als Werbe-Mail erkennbaren E-Mail an ein Unternehmen der IT-Branche keinen Schadensersatzanspruch auslöst.
313 *AG Brakel*, Urt. v. 11. 2. 1998 – 7 C 748/97, MMR 1998, 492 = NJW 1998, 3209.
314 *AG Augsburg*, Beschl. v. 19. 10. 1998 – 2 O 34416/98, NJW-CoR 1999, 52; *LG Augsburg*, Urt. v. 4. 5. 1999 – 2 O 4416/98, NJW 2000, 593.

te E-Mail-Werbung an Privatleute zu entscheiden und bejahte ebenfalls einen Verstoß gegen § 823 Abs. 1 BGB. Ein Rechtsverstoß liegt auch dann vor, wenn die Mail eindeutig in der Betreffzeile als Werbung gekennzeichnet und auf Abbestellmöglichkeiten verwiesen wird.[315]

Handelt es sich bei Absender und Empfänger einer unaufgeforderten **653** Werbe-E-Mail jew. um einen Gewerbetreibenden, bejaht das *LG Berlin*[316] zudem einen Eingriff in den eingerichteten und ausgeübten Gewerbebetrieb und spricht dem Gewerbetreibenden einen Unterlassungsanspruch aus §§ 1004, 823 Abs. 1 BGB gegen den Absender zu. Ein Wettbewerbsverstoß nach §§ 3, 7 Abs. 1, 2 Nr. 3 UWG wird in diesem konkreten Fall trotz Einordnung der Versendung der Werbe-E-Mail als Handlung im geschäftlichen Verkehr verneint, weil Absender und Empfänger in völlig verschiedenen Branchen tätig seien, sodass jeglicher Wettbewerb fehle. Eine Eigentumsverletzung aus § 823 Abs. 1 BGB lehnt das *LG Berlin* in diesem Fall mit der Begründung ab, der Empfang einer unerwünschten E-Mail beeinträchtige keine materiellen Güter, sondern lediglich Zeit, Arbeitsaufwand und Speicherplatz des betroffenen Empfängers bzw. Computers. Diese Aspekte würden als Vermögensbestandteile jedoch, anders als bei der Telefax-Werbung, bei der das Eigentum an Papier und Toner regelmäßig betroffen sei, nicht dem Eigentumsschutz unterfallen.[317] Zum Teil wird angenommen, dass die bloß vereinzelte Zusendung einer Werbe-E-Mail nicht den Erlass einer einstweiligen Verfügung rechtfertigt, der Betroffene ein Hauptsacheverfahren einleiten muss.[318] Ein lediglich vermutetes Interesse an der Zusendung einer Werbe-E-Mail reicht nicht aus.[319] § 7 Abs. 2 Nr. 3 UWG erlaubt E-Mail-Werbung nur bei einem ausdrücklichen oder konkludenten Einverständnis. Ein mutmaßliches Einverständnis ist auch bei Werbung, die sich an Unternehmer richtet, nicht ausreichend.[320] Bereits die einmalige Zusendung einer Werbe-E-Mail ohne vorherige ausdrückliche Einwilligung des Adressaten

---

315 *LG Dortmund*, Urt. v. 30. 8. 2005 – 19 O 20/05, K & R 2006, 196 = WRP 2005, 1575.
316 *LG Berlin*, Urt. v. 13. 10. 1998 – 16 O 320/98, CR 1999, 187 = MMR 1999, 43 m. Anm. *Westerwelle* = K & R 1999, 524; ebenso *LG Berlin*, Urt. v. 16. 5. 2002 – 16 O 4/02, CR 2002, 606 und *LG Berlin*, Urt. v. 26. 8. 2003 – 16 O 339/03, CR 2004, 544 = MMR 2004, 44; vgl. auch *Baetge*, NJW 2006, 1037, 1039.
317 Ebenso *LG Braunschweig*, Urt. v. 11. 8. 1999 – 22 O 1683/99, CR 2000, 854 = MMR 2000, 50 im Bereich des § 1 UWG; *AG Kiel*, Urt. v. 30. 9. 1999 – 110 C 243/99, K & R 2000, 201 = MMR 2000, 51; so auch *Baetge*, NJW 2006, 1037, 1038.
318 *LG Karlsruhe*, Urt. v. 25. 10. 2001 – 5 O 186/01, MMR 2002, 402.
319 *OLG Düsseldorf*, Urt. v. 22. 9. 2004 – I-15 U 41/04, MMR 2004, 820 = ZUM-RD 2004, 574.
320 *BGH*, Beschl. v. 10. 12. 2009 – I ZR 201/07, CR 2010, 525 = MMR 2010, 183 = K & R 2010, 115.

kann einen rechtswidrigen Eingriff in das Recht am eingerichteten und ausgeübten Gewerbebetrieb darstellen.[321]

654   Eine als sog. „Opt-in"-Klausel vorformulierte Einwilligung in Werbung ist unwirksam, wenn sie so allgemein gehalten ist, dass sie ohne einen konkreten Bezug die Bewerbung aller möglichen Waren und Dienstleistungen durch einen nicht überschaubaren Kreis von Unternehmen erlaubt.[322] Eine Einwilligung ist nur wirksam, wenn sie in Kenntnis der Sachlage und für den konkreten Fall erklärt wird. Dies setzt voraus, dass der Verbraucher hinreichend auf die Möglichkeit von Werbeanrufen hingewiesen wird und weiß, auf welche Art von Werbemaßnahmen und auf welche Unternehmen sich seine Einwilligung bezieht.[323] Die Einwilligung eines Kunden zur werblichen Kontaktaufnahme durch Dritte erfordert die namentliche Nennung der Unternehmen.[324] Wenn eine **Anmeldemaske** für eine Flugbuchung so gestaltet ist, dass der Interessent unwillentlich zum Abschluss einer fakultativen Reiserücktrittsversicherung geleitet wird, dann liegt ein Verstoß gegen das Opt-In-Erfordernis vor.[325]

655   Verboten sind nach den vorgenannten Grundsätzen auch **Feedbackanfragen**[326] und Anfragen zur Kundenzufriedenheit.[327] Auch Autoresponder-E-Mails und Abwesenheitsnotizen dürfen keine Werbung enthalten.[328] Untersagt sind auch nicht konsentierte **Produktempfehlungen mit Zusatzwerbung**.[329] Als Beispiel kann der Fall „Quelle" angeführt werden. Hier war Reklame in die Produktempfehlungs-E-Mails integriert worden, die jedoch vom Absender beim Abschicken der Mail nicht gesehen werden konnte, sondern erst beim Empfänger sichtbar wurde. Die Spamverbote gelten nicht, wenn der Absender um

---

321 *BGH*, Beschl. v. 20.5. 2009 – I ZR 218/07, CR 2009, 733 = GRUR 2009, 980 = K & R 2009, 649.
322 *OLG Köln*, Urt. v. 29.4. 2009 – 6 U 218/08, = CR 2009, 783 = MMR 2009, 470 = MDR 2010, 39; ähnlich *OLG Hamburg*, Urt. v. 4.3. 2009 – 5 U 62/08, GRUR-RR 2009, 351 = NJW-RR 2009, 1705 = CR 2009, 437 (Ls.).
323 *BGH*, Urt. v. 25.10. 2012 – I ZR 169/10, MMR 2013, 380 m.Anm. *Eckhardt* = NJW 2013, 2683 – Einwilligung in Werbeanrufe II.
324 *OLG Koblenz*, Urt. v. 26.3. 2014 – 9 U 1116/13, GRUR-RR 2014, 407 = ZD 2014, 524 = CR 2014, 716.
325 *KG*, Urt. v. 21.7. 2015 – 5 U 114/14, GRUR-RS 2015, 15733.
326 *OLG Hamm*, Urt. v. 10.9. 2013 – 4 U 48/13, MittdtschPatAnw 2014, 185; *AG Hannover*, Urt. v. 3.4. 2013 – 550 C 13442/12, CR 2013, 679; a.A. *LG Coburg*, Urt. v. 17.2. 2012 – 33 S 87/11, MMR 2012, 608 = WRP 2012, 1022.
327 *OLG Köln*, Urt. v. 30.3. 2012 – 6 U 191/11, K & R 2012, 434 = MMR 2012, 535 = CR 2012, 520 (Ls.).
328 *BGH*, Urt. v. 15.12. 2015 – VI ZR 134/15, K & R 2016, 179 = WRP 2016, 493 = MMR 2016, 240; *AG Stuttgart*, Urt. v. 25.4. 2014 – 10 C 225/14, MMR 2014, 540 = CR 2014, 822.
329 *OLG Nürnberg*, Urt. v. 25.10. 2005 – 3 U 1084/05, CR 2006, 196 = MMR 2006, 111.

Dienstleistungen des Empfängers wirbt, für die er ein Entgelt zu entrichten bereit ist.[330] Verboten sind damit auch allgemeine Empfehlungs-E-Mails (Tell-a-friend-E-Mails).[331] Sofern ein Unternehmen auf seiner Website die Möglichkeit für Nutzer schafft, anderen Dritten unverlangt eine Empfehlungs-E-Mail, die auf den Internetauftritt des Unternehmens hinweist, zu schicken, ist dies dem *BGH*[332] zufolge gleichzusetzen mit einer durch des Unternehmens selbst unverlangt versandten Werbe-E-Mail. Richtet sich diese einwilligungslos verschickte E-Mail an einen Rechtsanwalt, stellt das Vorgehen einen rechtswidrigen Eingriff in den eingerichteten und ausgeübten Gewerbebetrieb dar.[333]

Das Spamming-Verbot gilt auch für **Gewerkschaften.** Da Arbeitnehmer bei 656 nicht erlaubter Privatnutzung des dienstlichen E-Mail-Accounts eingehende Mails auf deren Relevanz für ihren Job prüfen und somit Arbeitszeit aufwenden müssen, stellt die Zusendung von E-Mails durch eine Gewerkschaft ohne Einverständnis des Arbeitgebers unerlaubtes Spamming dar und begründet einen Unterlassungsanspruch.[334]

Das Erfordernis des Opt-In gilt grundsätzlich auch für die Versendung 657 elektronischer Newsletter. Hier bedarf es regelmäßig auch eines **Double-Opt-In** in Form einer Bestätigungs-E-Mail.[335] Allerdings wird immer noch darüber gestritten, ob nicht schon die Bestätigungs-E-Mail unzulässige Werbung darstellt.[336] Inzwischen gehen die meisten Gerichte wieder davon aus, dass ein solches Double-Opt-in werberechtlich zulässig ist.[337] Allerdings muss die Be-

330 *OLG Düsseldorf*, Urt. v. 4.10. 2005 – 20 U 64/05, MMR 2006, 171 = CR 2006, 642 (Ls.).
331 *BGH*, Urt. v. 12.9. 2013 – I ZR 208/12, CR 2013, 797 m. Anm. *Schirmbacher* = MMR 2014, 250 = K & R 2013, 792; ebenso der *BGH*, Urt. v. 14.1. 2016 – I ZR 65/14, ZD 2016, 484 m. Anm. *Kocatepe/Solmecke* = NJW 2016, 3445 m. Anm. *Lampmann*.
332 *BGH*, Urt. v. 12.09. 2013 – I ZR 208/12, CR 2013, 797 = MMR 2014, 250 = K & R 2013, 792.
333 *BGH*, Urt. v. 12.09. 2013 – I ZR 208/12, CR 2013, 797 = MMR 2014, 250 = K & R 2013, 792.
334 *ArbG Frankfurt a. M.*, Urt. v. 12.4. 2007 – 11 Ga 60/07, CR 2008, 195 = DSB 2007, 19 m. Anm. *Vahle*.
335 *LG München*, Beschl. v. 13.10. 2009 – 31 T 14369/09, K & R 2009, 824; *AG Burgwedel*, Urt. v. 7.2. 2008 – 70 C 161/06, MIR 2008, Dok. 149; *AG Berlin*, Urt. v. 11.6. 2008 – 21 C 43/08, MMR 2009, 144 (Ls.); *AG Düsseldorf*, Urt. v. 14.7. 2009 – 48 C 1911/09, MMR 2009, 872 (Ls.) = BeckRS 2009, 25861.
336 Für die Zulässigkeit: *AG Hamburg*, Urt. v. 11.10. 2006 – 6 C 404/06, GRUR-RR 2008, 216; *LG Berlin*, Urt. v. 23.1. 2007 – 15 O 346/06, K & R 2007, 430; *OLG Düsseldorf*, Urt. v. 17.3. 2016 – 15 U 64/15, GRUR-RR 2017, 75 = MMR 2016, 754; dagegen *OLG München*, Urt. v. 27.9. 2012 – 29 U 1682/12, GRUR-RR 2013, 226; offen gelassen *OLG Frankfurt a.M.*, Urt. v. 30.9. 2013 – 1 U 314/12, MMR 2014, 115; differenzierend: *Fischer*, DFN-Infobrief 1/2013, S.4 ff.
337 *OLG Celle*, Urt. v. 15.5. 2014 – 13 U 15/14, MMR 2014, 611 = GRUR-Prax 2014, 447 m. Anm. *Kleinemenke* = K & R 2014, 531; *LG Braunschweig*, Urt. v. 24.5. 2013 – 21 O 1703/12, BeckRS 2013, 18253 = WRP 2013, 1535; *OLG Düsseldorf*, Urt. v. 17.3. 2016 – I-15 U 64/15, K & R 2016, 677.

stätigungs-E-Mail vollständig ohne Werbeinhalte sein[338] und die komplette Einwilligungserklärung wiedergeben. Nur durch die Rücksendung/Aktivierung der Bestätigungs-E-Mail kann der Versender des Newsletters den ihm obliegenden Beweis der datenschutzrechtlichen Einwilligung erbringen. Eine zulässige Check-Mail im Rahmen eines Double-Opt-In-Verfahrens liegt nicht vor, wenn der Versender überhaupt nicht davon ausgeht, der Empfänger habe sich selbst eingetragen, sondern weiß, dass die Adressen von Dritten in ein Formular zur Freundschaftswerbung eingetragen wurden. Inhaltlich liegt keine Check-Mail vor, wenn die E-Mail bereits Werbung enthält.[339]

658   Der Absender trägt die **Beweislast** für das Bestehen eines für die Zulässigkeit der Zusendung erforderlichen Einverständnisses.[340] Die Tatsache, dass ein Nutzer seine E-Mail-Adresse freiwillig in ein für jedermann zugängliches E-Mail-Verzeichnis hat eintragen lassen, führt auf keinen Fall zu der Vermutung, er sei mit der Zusendung von Werbung per E-Mail einverstanden. Schwierig wird es, wenn die E-Mail-Werbung mit unbedenklichen Diensten verquickt wird. So gibt es bereits Konstellationen, in denen eine Privatperson beim Versenden einer privaten E-Mail-Werbung als Attachment oder am Ende der Mail mitverschickt.[341] Dies erfolgt meist, um einen kostenlosen E-Mail-Dienst zu nutzen oder Webmiles zu bekommen. In einem solchen Fall besteht gegen den Versender wohl kaum eine Handhabe. Das Werbeunternehmen kann aber weiterhin aus §§ 3, 7 Abs. 2 Nr. 3 UWG in Anspruch genommen werden. Nicht ausreichend ist es i. Ü. auch, die Einwilligungserklärung in AGB zu integrieren, wenn sich die Einwilligung abstrakt auf „interessante Angebote" beziehen soll.[342]

659   Veröffentlicht ein **Gewerbetreibender** seine E-Mail-Adresse auf seiner Webseite, heißt dies nicht, dass er mit Kaufanfragen von anderen Gewerbetreibenden unter Verwendung dieser Kontaktdaten einverstanden ist.[343] Die Angabe einer E-Mail-Adresse auf einer Homepage kann auch nicht als konkludente Einwilligung in den Empfang von E-Mail-Werbung gewertet werden.[344] Schon

---

338 *LG Berlin*, Urt. v. 18. 8. 2009 – 15 S 8/09, K & R 2009, 823.

339 *LG Berlin*, Urt. v. 18. 8. 2009 – 15 S 8/09, K & R 2009, 823.

340 *KG*, Beschl. v. 8. 1. 2002 – 5 U 6727/00, CR 2002, 759 = MMR 2002, 685; *LG Berlin*, Urt. v. 16. 5. 2002 – 16 O 4/02, CR 2002, 606; *LG Berlin*, Urt. v. 26. 8. 2003 – 16 O 339/03, MMR 2004, 44; zweifelhaft ist, ob die Einwilligung in AGB erklärt werden kann, *OLG Hamm*, Urt. v. 17. 2. 2011 – I-4 U 174/10, CR 2011, 539 = MMR 2011, 539.

341 Siehe in diesem Zusammenhang auch das Problem des Anhängens von Werbung an Free-SMS-Dienste, dazu *Remmertz*, MMR 2003, 314.

342 *OLG Köln*, Urt. v. 29. 4. 2009 – 6 U 218/08, CR 2009, 783 = MMR 2009, 470.

343 *BGH*, Beschl. v. 10. 12. 2009 – I ZR 201/07, CR 2010, 525 = MMR 2010, 183, anders nach der alten Fassung des UWG, die für E-Mailwerbung im B2B-Bereich ein mutmaßliches Einverständnis ausreichen ließ: *BGH*, Urt. v. 17. 7. 2008 – I ZR 75/06, CR 2008, 708 = MMR 2008, 661.

344 *BGH*, Beschl. v. 10. 12. 2009 – I ZR 201/07, CR 2010, 525 = MMR 2010, 183.

die erstmalig unverlangte Zusendung von Werbung an einen Gewerbetreibenden kann einen Eingriff in den eingerichteten und ausgeübten Gewerbebetrieb
darstellen.[345] Gibt ein Sportverein in der Rechtsform des eingetragenen Vereins
auf seiner Webseite eine E-Mail-Adresse an, so liegt darin keine konkludente
Einwilligung, gewerbliche Anfragen nach Dienstleistungen des Vereins (hier:
Platzierung von Bannerwerbung auf der Webseite des Vereins) mittels E-Mail
zu empfangen.[346]

Die Betroffenen können sich mit aller Härte des Gesetzes gegen Spammer **660**
wehren. Sie können und sollten im Bereich B2B deutsche und EU-Provider **abmahnen.** Ferner besteht nach deutschem Datenschutzrecht ein Auskunftsanspruch des Betroffenen; der Spammer muss offenlegen, woher er die E-Mail-
Adresse hat und an wen er sie weiterleitet.[347]

Der betroffene **Access Provider** kann technisch und rechtlich reagieren.[348] **661**
Zu beachten ist aber, dass er zwar für Wettbewerbsverstöße via Internet nicht
haftet, aber zur Sperrung der Nutzung im Rahmen technischer Möglichkeiten
verpflichtet ist.[349] Den Adressaten trifft allerdings keine Pflicht zur Sperrung
oder Filterung von Mails.[350]

Als **technische Abwehrmaßnahmen** des Providers kommen z. B. in Be- **662**
tracht:

– Umstellen der netzinternen Mail-Kommunikation (zwischen dem Haupt-
  Mailserver und den netzinternen Mail-Servern) auf einen anderen Port als
  den Standardport 25, über den fast alle Spam-Mails versendet werden.
  Hierzu ist eine formale Abstimmung innerhalb der Institution erforderlich,
  damit die (ein- und ausgehenden, internen und externen) Mails zwischen
  einzelnen Mail-Servern und dem Gateway-Server auf dem richtigen Port
  übermittelt werden können.
– Abweisen ausgehender Mails, die von externen Nutzern (außerhalb des eigenen Netzes) zur Weiterleitung übermittelt werden.
– Führen von Signaturen (Hash-Werte) zur Erkennung von inhaltsgleichen
  Mails, die in großer Zahl an den Mail-Server übermittelt werden.

---

345 *BGH*, Beschl. v. 20. 5. 2009 – I ZR 218/07, NJW 2009, 2958 = GRUR 2009, 980, MMR 2010,
33 – E-Mail-Werbung II.
346 *BGH*, Urt. v. 17. 7. 2008 – I ZR 197/05, CR 2008, 718 = MMR 2008, 662 m. Anm. *Schulze zur
Wiesche.*
347 *LG Heidelberg*, Urt. v. 23. 9. 2009 – 1 S 15/09, GRUR-Prax 2009, 67 Anm. *Schmidt-Hern* =
MMR 2010, 66 (Ls.).
348 *Hoeren*, NJW 2004, 3513 f.
349 *OLG Karlsruhe*, Urt. v. 8. 5. 2002 – 6 U 197/01, MMR 2002, 613 = CR 2002, 751.
350 *OLG Düsseldorf*, Urt. v. 24. 5. 2006 – I-15 U 45/06, MDR 2006, 1349 = MMR 2006, 681.

– Abwicklung des gesamten ausgehenden Mail-Verkehrs über einen Mail-Server, der Mails von unbekannten Absendern nicht weiterleitet.
– Führen von „Blacklists" von SPAM-offenen Sites, sodass Mails dieser Hosts gezielt auf Spam-Inhalte überprüft werden können, z. B. durch Prüfen auf verdächtige Keywörter, Inkonsistenzen (insbes. im E-Mail-Header).
– Umleiten aller Mails, die die Institution von außen erreichen, auf einen einzigen Mail-Server, der mit entsprechendem Aufwand vor Missbräuchen durch Spammer „gesichert" wird.

663 Allerdings ist zu beachten, dass jede Filterungsmaßnahme telekommunikationsrechtlich und datenschutzrechtlich problematisch sein kann. Der 1. Strafsenat des *OLG Karlsruhe*[351] hat entschieden, dass das Ausfiltern von E-Mails wegen **Verletzung des Post- und Briefgeheimnisses** nach § 206 Abs. 2 Nr. 2 StGB strafbar ist. Dies gelte selbst für eine nicht-gewerbliche Einrichtung wie eine Hochschule. Der Begriff des Unternehmens i. S. v. § 206 StGB sei weit auszulegen,[352] denn nur ein solches Verständnis könne dem Gesetzeszweck gerecht werden, das subjektive Recht des Einzelnen auf Geheimhaltung des Inhalts und der näheren Umstände des Postverkehrs und seinen Anspruch auf Übermittlung von Sendungen zu schützen. Als Unternehmen sei danach jede Betätigung im geschäftlichen Verkehr anzusehen, die nicht ausschließlich hoheitlich erfolge oder auf eine rein private Tätigkeit beschränkt sei. Auf eine Gewinnerzielungsabsicht komme es dabei nicht an. Zwar handele es sich bei einer staatlichen Hochschule um eine Körperschaft des öffentlichen Rechts, diese sei vorliegend aber nicht ausschließlich zur Erfüllung ihrer hoheitlichen Aufgaben tätig geworden, sondern habe ihre Telekommunikationsanlage unterschiedlichen Nutzergruppen, wie z. B. Mitarbeitern, Vereinen und außenstehenden Dritten, zur Verfügung gestellt. Aus diesem Grund sei eine Abgrenzung zwischen dienstlichen und wissenschaftlichen Belangen einerseits und privaten und wirtschaftlichen Zwecken andererseits nicht möglich. Wegen der bestehenden vielfältigen Verflechtungen und wirtschaftlichen Interessen habe die Hochschule deshalb vorliegend am geschäftlichen Verkehr teilgenommen und sei nicht ausschließlich hoheitlich tätig geworden.

664 Die **Filterung von Spamseiten** ist rechtlich unbedenklich. Dem Inhaber einer Domain, die unter Verstoß gegen die Richtlinien des Suchmaschinenbe-

351 *OLG Karlsruhe*, Beschl. v. 10. 1. 2005 – 1 Ws 152/04, CR 2005, 288 m. Anm. *Lejeune* = MMR 2005, 178 m. Anm. *Heidrich*; a. A. *LAG Brandenburg*, Urt. v. 16. 2. 2011 – 4 Sa 2132/10, K & R 2011, 608 (Ls.).
352 *OLG Karlsruhe*, Beschl. v. 10. 1. 2005 – 1 Ws 152/04, CR 2005, 288 = MMR 2005, 178, 180 m. Anm. *Heidrich*; vgl. hierzu auch *Altenhain* in Münchener Kommentar zum StGB, 2. Aufl. 2012, § 206 StGB Rz. 13.

treibers Google mit Hilfe von unzulässigen Brücken- oder Doorway-Seiten in den Trefferlisten der Suchmaschine Google weit oben positioniert ist, steht kein Unterlassungsanspruch gegen den Betreiber einer Filtersoftware für Recherchen im Hinblick auf eine Kennzeichnung seiner Domain als Spam zu.[353]

b) Trennungsgebot

Von Bedeutung ist im Electronic Business auch das sog. **Trennungsgebot**, wel- 665 ches besagt, dass in den klassischen Print- und Rundfunkmedien Werbung und redaktioneller Teil klar voneinander zu trennen sind. Das Trennungsgebot ist im Bereich von Fernsehen und Presse u. a. in den Richtlinien des Zentralverbandes der deutschen Werbewirtschaft (ZAW), im Staatsvertrag über den Rundfunk im vereinten Deutschland (RStV) und in den Landespresse- und Landesrundfunkgesetzen verankert.

Eine Besonderheit tritt insofern bei der Verwendung von **Hyperlinks in** 666 **elektronischen Presseerzeugnissen** auf. So kann eine im Internet vertretene Zeitschrift durchaus bei einzelnen redaktionellen Beiträgen Hyperlinks auf die Homepages der im Text erwähnten Unternehmen zulassen. Nach der presserechtlichen Judikatur ist ein solcher Hyperlink nur i. R. d. publizistischen Informationsaufgabe zulässig. Das Trennungsgebot sei aber nicht verletzt, wenn die sachliche Unterrichtung der Leser im Vordergrund steht und die unvermeidlich damit verbundene Werbewirkung nur als eine in Kauf zu nehmende Nebenfolge erscheint.[354]

Für die allgemeine Zulässigkeit könnte sprechen, dass die Hyperlinks dem 667 Leser die oft mühevolle Aufgabe abnehmen, sich selbst unter Angabe der Unternehmensadresse mit dem fremden Server verbinden lassen zu müssen. Aus diesem Grund gelten solche Links vielfach als Serviceleistung und sind daher häufig im Internet zu finden.[355] Die besseren Argumente sprechen jedoch dafür, dass die Hyperlinks von der wettbewerbsrechtlich vorausgesetzten Informationsaufgabe nicht mehr gedeckt sind. Der Leser wird regelmäßig durch den Beitrag selbst sachgerecht informiert, ohne dass es des Verweises bedarf. Zur Sachaufklärung reicht es aus, wenn der Leser im Artikel die Internetadresse des Unternehmens findet. Kann er sich darüber hinaus sofort mit dem Server

---

353 *OLG Hamm*, Urt. v. 1. 3. 2007 – 4 U 142/06, CR 2007, 530 m. Anm. *Ernst* = NJW 2008, 161 = K & R 2007, 410.
354 *BGH*, Urt. v. 10. 1. 1968 – Ib ZR 43/66, GRUR 1968, 645 = NJW 1968, 1419 – Pelzversand; *BGH*, Urt. v. 7. 6. 1967 – Ib ZR 34/65, GRUR 1968, 382 = MDR 1967, 905 – Favorit II; *OLG Düsseldorf*, Urt. v. 17. 4. 1986 – *2 U 179/85*, AfP 1987, 418 = WRP 1986, 556; *OLG Frankfurt*, Urt. v. 23. 8. 1984 – 6 U 174/83, NJW 1985, 1647 = WRP 1985, 37.
355 So auch pro Link *KG*, Urt. v. 4. 9. 2001 – 5 U 124/01, MMR 2002, 119 m. Anm. *Becker*.

des Unternehmens verbinden lassen, verschwimmen die Grenzen von inhaltlicher Information und Werbung. Der Anbieter der Sachinformation stellt dann den Kontakt zum Werbetreibenden her – eine Marketingaufgabe, die sonst dem werbenden Unternehmen obliegt. Gleichzeitig werden damit bestimmte Unternehmen optisch hervorgehoben und andere Firmen, die über keine Homepage verfügen, herabgesetzt. Von daher spricht mehr dafür, dass Hyperlinks in elektronischen Presseerzeugnissen wegen Verstoßes gegen das Trennungsgebot unzulässig sind.[356]

668   Interessant ist in diesem Zusammenhang eine Entscheidung des *KG*.[357] Dieses hat – wie der *BGH*[358] mittlerweile bestätigt hat – zu Recht betont, dass das einfache **Setzen eines Links** von einem redaktionellen Beitrag auf die Internetseiten eines Glücksspielunternehmens nicht verboten werden könne. Sofern mit dem Link keine werbende Anpreisung verbunden sei, handele es sich noch um journalistische Arbeit zugunsten des Lesers, sodass auch keine Wettbewerbsförderungsabsicht zugunsten des verlinkten Unternehmens unterstellt werden könne. In einer weiteren Entscheidung hat der *BGH*[359] seine pressefreundliche Stellung aufrecht erhalten. Die Setzung eines Hyperlinks in redaktioneller Online-Berichterstattung sei nicht nur durch die Pressefreiheit des Art. 5 GG geschützt, sondern auch durch Art. 11 der GRCh. Bei den zu beurteilenden Links handle es sich nicht bloß um eine für die Leser „technische Erleichterung für den Aufruf der betreffenden Internetseite", sondern vielmehr auch um „eingebettete Belege und ergänzende Angaben", welche somit von der Pressefreiheit umfasst sind.[360]

669   Ein redaktionell aufgemachter Artikel über Diätprogramme im Internet, der ausschließlich pauschale positive Aussagen über ein Diätprogramm enthält, ohne sich detailliert damit auseinander zu setzen, kann als Verstoß gegen das Trennungsgebot anzusehen sein.[361] Betreiber von Homepages mit redaktionellem Inhalt müssen bei einem Link, der auf eine tiefer liegende Werbeseite verweist, klar auf den folgenden Reklameinhalt hinweisen. Das hat das *LG Ber-*

---

356 Auf weitere Fallgruppen soll hier nicht eingegangen werden; so wäre z. B. an den Einsatz von Hyperlinks für Zwecke vergleichender Werbung (§ 6 UWG) und als Teil einer Schmähkritik zu denken.

357 *KG*, Urt. v. 4. 9. 2001 – 5 U 124/01, MMR 2002, 119 m. Anm. *Becker*.

358 *BGH*, Urt. v. 1. 4. 2004 – I ZR 317/01, GRUR 2004, 693, 695, 696 = NJW 2004, 2158, MMR 2004, 529 mit Anm. *Hoffmann* – Schöner Wetten.

359 *BGH*, Urt. v. 14. 10. 2010 – I ZR 191/08, NJW 2011, 2436 m. Anm. *Bölke* = MMR 2011, 391 = GRUR 2011, 513, m. Anm. *Hoeren*, GRUR 2011, 503 – AnyDVD; a. A. noch die Vorinstanz *OLG München*, Urt. v. 23. 10. 2008 – 29 U 5696/07, MMR 2009, 118 = GRUR-RR 2009, 85.

360 *BGH*, Urt. v. 14. 10. 2010 – I ZR 191/08, GRUR 2011, 513, 515 f.

361 *LG Hamburg*, Urt. v. 21. 10. 2014 – 416 HKO 93/14, GRUR-RS 2015, 05194 = WRP 2015, 501.

lin[362] entschieden und der Unterlassungsklage der Verbraucherzentrale Bundesverband gegen die vom Axel Springer-Verlag betriebene Webseite Bild.t-Online.de stattgegeben. Im entschiedenen Fall erschien auf der Startseite ein Artikel zu einem Auto, der mit Links zu Unterseiten versehen war. Klickte der Benutzer eine der Verknüpfungen an, so gelangte er auf die Unterseiten mit weiteren Texten, die nach Auffassung der Verbraucherschützer als Werbung einzustufen waren, aber nur teilweise den Hinweis „Anzeige" enthielten. Darin sah das *LG Berlin* einen unlauteren Vorsprung durch Rechtsbruch (§ 4 Nr. 11 UWG/§ 3a UWG 2015), da § 6 Abs. 1 Nr. 1 TMG für kommerzielle Kommunikationen wie Werbung fordert, dass sie klar als solche erkennbar sind (Trennungsgrundsatz). Zwar könne wegen der Gewöhnung der Online-Leser an Werbung im Internet ein großzügigerer Maßstab angelegt werden. Dennoch liege eine Verwirrung vor, wenn Links auf der Frontpage so gestaltet sind, dass der Benutzer erwarten darf, dass er beim Anklicken gleichfalls auf eine weitere Seite mit redaktionellen Texten geführt wird. Unbeachtlich sei nach Meinung des *LG Berlin* der Einwand, dass Internetnutzer quasi als Gegenleistung für kostenlose Informationen Werbung erwarten würden. Nähme man das an, wären die Kennzeichnungspflicht und der Trennungsgrundsatz aus § 6 Abs. 1 Nr. 1 TMG ihres Sinnes entleert. Das Trennungsgebot wird beachtet, wenn bei einer Online-Zeitung ein auffällig gelb unterlegter Link verbunden wird mit dem Symbol eines Einkaufswagens und dem Wort „Shopping". Der Leser weiß dann, dass er über den Link den redaktionellen Teil der Zeitung verlässt und zu einer Werbeseite gelangt.[363] Ein Presseunternehmen muss einen von einem Unternehmen bezahlten redaktionellen Beitrag in einer Zeitung deutlich mit dem Begriff „Anzeige" kennzeichnen. Zur Kennzeichnung von Anzeigen und der Verdeutlichung des Anzeigencharakters eines solchen Beitrags sei ein präziser Begriff erforderlich.[364]

Zurzeit wird diskutiert, wie man mit **Native Advertising** umgehen soll. 670 Hierbei werden bezahlte Beiträge, Themenreihen und -schwerpunkte kombiniert; solche Werbung im bekannten Umfeld umfaßt Advertorials, also PR-Texte im journalistischen Stil, ebenso wie Suchmaschinenmarketing oder finanzierte Tweets in den sozialen Netzwerken. Eine klare Trennung zwischen redaktionellem Text und Veröffentlichungen zu werblichen Zwecken gibt es beim „Native Advertising" nicht. Nach dem Trennungsverbot unzulässig sind i. Ü. auch Interstitials, also Werbung, die als sog. **Unterbrechungswerbung**,

---

362 *LG Berlin*, Urt. v. 26.7. 2005 – 16 O 132/05, MMR 2005, 778 = ZUM-RD 2006, 250.
363 *KG*, Beschl. v. 8.6. 2007 – 5 W 127/07, WRP 2007, 1392 (Ls.).
364 *BGH*, Urt. v. 6.2. 2014 – I ZR 2/11, GRUR 2014, 879 = MDR 2014, 1040 = K & R 2014, 589 (Ls.) – GOOD NEWS II.

zwischen den Anruf und den Abruf des gewünschten Inhaltes geschaltet wird, wegen unzumutbarer Belästigung.[365]

c) Hyperlinks

Literatur: *Claus*, Hyperlinks und die Nutzung und Verwertung von geschützten Inhalten im Internet, Berlin 2004; *Glöckner*, Zivilrechtliche Haftung für Links im World Wide Web in Deutschland und den nordischen Staaten, Frankfurt a. M. 2011; *Hoeren*, Keine wettbewerbsrechtlichen Bedenken mehr gegen Hyperlinks? – Anmerkung zum *BGH*-Urteil „Paperboy", GRUR 2004, 1; *Köster/Jürgens*, Die Haftung von Suchmaschinen für Suchergebnislisten, K & R 2006, 108; *Ott*, Haftung für Hyperlinks – Eine Bestandsaufnahme nach 10 Jahren, WRP 2006, 691; *Ott*, Haftung für Embedded Videos von YouTube und anderen Videoplattformen im Internet, ZUM 2008, 556; *Petershagen*, Der Schutz des Rechts am eigenen Bild vor Hyperlinks, NJW 2011, 705; *Sommer/Brinkel*, Zur Haftung für eDonkey-Links, CR 2006, 68; *Stenzel*, Zur Haftung des Metasuchmaschinenbetreibers für die Wiedergabe rechtswidriger Inhalte, ZUM 2006, 405; *Volkmann*, Haftung für fremde Inhalte: Unterlassungs- und Beseitigungsansprüche gegen Hyperlinksetzer im Urheberrecht, GRUR 2005, 200.

671 Weitere wettbewerbsrechtliche Probleme ergeben sich bei der **Verwendung von Hyperlinks** auch außerhalb redaktioneller Berichterstattung. Darf z. B. ein Unternehmen in seiner Homepage auf die Pages anderer Unternehmen verweisen? Ein solches Cross-Referencing ist als Benutzung einer fremden Marke oder geschäftlichen Bezeichnung nach §§ 14, 15 MarkenG zu beurteilen.

672 Diese Benutzung ist in jedem Fall zulässig, wenn der Markeninhaber der Vorgehensweise zugestimmt hat. Eine solche Zustimmung ist konkludent für die Benutzung fremder Internet-Adressen zu bejahen.[366] Hyperlinks stellen das Kennzeichen des WWW dar. Wer sich und sein Unternehmen im Internet präsentiert, weiß, dass andere Internetteilnehmer durch Hyperlinks auf diese Präsentation verweisen. Er kann sich grundsätzlich nicht dagegen zur Wehr setzen, dass andere auf seine Homepage verweisen. Auch dieses Prinzip hat jedoch Ausnahmen, die im allgemeinen Wettbewerbsrecht begründet sind.

---

365 *LG Berlin*, Urt. v. 14. 9. 2010 – 103 O 43/10, GRUR-RR 2011, 332 m. Anm. *Rauda* = ZUM-RD 2011, 365 = GRUR 2011, 848 (Ls.); ähnlich bei Werbung für Kinder *OLG Köln*, Urt. v. 12. 4. 2013 – 6 U 132/12, MMR 2014, 51 = GRUR-Prax 2013, 475 m. Anm. *Klein*; zu Interstitials siehe auch *Ohly*/Sosnitza, UWG, 76. Aufl. 20164, § 7 Rz. 95.

366 *BGH*, Urt. v. 17. 7. 2003 – I ZR 299/00, CR 2003, 920 m. Anm. *Nolte* = MDR 2004, 346 = NJW 2003, 3406 – Paperboy; *OLG Düsseldorf*, Urt. v. 29. 6. 1999 – 20 U 85/98, CR 2000, 184 m. Anm. *Leistner* = MMR 1999, 729 – Baumarkt; siehe auch Hoeren/Sieber/Holznagel/*Viefhues*, Handbuch MMR, 41. Ergänzungslieferung 2015, Teil 6 Rz. 197; anders allerdings *LG Hamburg*, Urt. v. 2. 1. 2001 – 312 O 606/00, CR 2001, 265 m. Anm. *Metzger*, das alle Hyperlinks zwischen Wettbewerbern als Verstoß gegen § 1 UWG angesehen hat.

aa) Deep-Linking

Deep-Links verweisen auf eine tieferliegende Unterseite der Homepage.[367] **673**
Fraglich ist, wann das Setzen eines solchens Links ohne Zustimmung gegen
§ 3 UWG verstößt. Das *OLG Celle* betrachtete das Setzen zahlreicher Links auf
im Internet verstreute Immobilienanzeigen als ein unlauteres Schmarotzen.[368]
Das *OLG Düsseldorf* hingegen sah in der mit dem Link verbundenen Auswahl
einzelner Seiten eines fremden Internetangebots keine Lauterkeitsprobleme.[369]
Für unzulässig hielt das *OLG Hamburg* einen Link, der zahlreiche Funktionen
einer Datenbank in ein separates Fenster aufnimmt, obwohl Bookmarking auf
das fremde Angebot ausgeschlossen ist.[370] Das *LG Hamburg* will i. Ü. generell
jedweden Link im B2B-Bereich als unlauter i. S. v. § 3 UWG ansehen.[371]

Großzügig hat demgegenüber das *OLG Köln* einen Internetsuchdienst zuge- **674**
lassen, der dem Nutzer eine Auflistung aller Presseinformationen nach den
Wünschen und Vorgaben des Nutzers ermöglichte. In dem direkten Zugriff des
Nutzers auf die angebotenen Informationen via Deep-Link sah der Senat keine
Verletzung von § 3 UWG.[372] Diese Auffassung hat der *BGH* in der „**Paperboy**"-
Entscheidung bekräftigt. Ein Internet-Suchdienst, der Informationsangebote,
insb. Presseartikel, auswertet, die vom Berechtigten öffentlich zugänglich gemacht worden sind, handele grundsätzlich nicht wettbewerbswidrig, wenn er
Nutzern unter Angabe von Kurzinformationen über die einzelnen Angebote
durch Deep-Links den unmittelbaren Zugriff auf die nachgewiesenen Angebote
ermöglicht und die Nutzer so an den Startseiten der Internetauftritte, unter
denen diese zugänglich gemacht sind, vorbeiführt. Das gelte auch dann, wenn
dies dem Interesse des Informationsanbieters widerspricht, dadurch Werbeeinnahmen zu erzielen, dass Nutzer, die Artikel über die Startseiten aufrufen, zunächst der dort aufgezeigten Werbung begegnen. Die Tätigkeit von Suchdiensten und deren Einsatz von Hyperlinks sei wettbewerbsrechtlich zumindest
dann grundsätzlich hinzunehmen, wenn diese lediglich den Abruf vom Be-

---

367 Hoeren/*Sieber*/Holznagel, Handbuch MMR, 42. Ergänzungslieferung 2015, Teil 1 Rz. 87.
368 *OLG Celle*, Urt. v. 12. 5. 1999 – 13 U 38/99, CR 1999, 523 m. Anm. *Wiebe* = MMR 1999, 480
m. Anm. *Hoffmann*.
369 *OLG Düsseldorf*, Urt. v. 29. 6. 1999 – 20 U 85/98, CR 2000, 184 m. Anm. *Leistner* = MMR
1999, 729 – Baumarkt.
370 *OLG Hamburg*, Urt. v. 22. 2. 2001 – 3 U 247/00, CR 2001, 704 m. Anm. *Dieselhorst* = MMR
2001, 533; *LG Hamburg*, Urt. v. 12. 7. 2000 – 308 O 205/00, MMR 2000, 761 = CR 2000, 776
m. Anm. *Metzger*.
371 *LG Hamburg*, Urt. v. 2. 1. 2001 – 312 O 606/00, CR 2001, 265 = EwiR 2001, 501 m. Anm.
Hoeren = MD 2001, 1062, das alle Hyperlinks zwischen Wettbewerbern als Verstoß gegen § 3
UWG angesehen hat.
372 *OLG Köln*, Urt. v. 27. 10. 2000 – 6 U 71/00, CR 2001, 708 = MMR 2001, 387.

rechtigten öffentlich zugänglich gemachter Informationsangebote ermöglichen.[373]

bb) Framing bzw. Inline-Linking

675 Lange Zeit ungeklärt war die Frage, ob das sog. Inline-Linking[374] wettbewerbswidrig ist. Hierunter versteht man Verfahren, bei denen der Link nicht mit
einem Wechsel der Internet-Adresse verbunden ist, sondern der Benutzer den
Eindruck hat, er finde das Angebot noch auf dem ursprünglichen Server. Dies
wird durch den Einsatz von Frames erreicht, die beim Aufruf der fremden URL
erhalten bleiben (sog. IMG-Links). In solchen Fällen wird suggeriert, dass die
„gelinkte" Homepage von einem anderen als dem tatsächlichen Anbieter
stammt. Für den Benutzer ist oftmals nicht erkennbar, von welchem Anbieter
die angezeigten Inhalte stammen. Bedenklich erscheint ein solches Vorgehen
bereits urheberrechtlich im Hinblick auf das Namensnennungsrecht des Urhebers (§ 13 UrhG).[375] Eine urheberrechtliche Vervielfältigung i. S. v. § 16 UrhG
kann in dem Setzen eines Links nicht gesehen werden.[376] Eine Kopie des Werkes entsteht lediglich auf dem Rechner des Nutzers, nicht aber auf dem Rechner des Linksetzers. Der Nutzer wird dabei regelmäßig wegen § 44a UrhG
(vorübergehende Vervielfältigungshandlung) nicht gegen das Urheberrecht
verstoßen. Es kommt eine Verletzung von bestehenden Kennzeichenrechten
in Betracht.[377] Aber auch wettbewerbsrechtlich dürfte das Verhalten unlauter
i. S. v. § 3 UWG sein, wenn in der Darstellung der fremden Webseite im eigenen
Frame die Übernahme fremder, unter Mühen und Aufwendungen zusammen-
gestellter Daten liegt.[378] Dies entspricht auch der Rechtslage in anderen Staa-

---

373 *BGH*, Urt. v. 17. 7. 2003 – I ZR 259/00, CR 2003, 920 = MDR 2004, 346 = NJW 2003, 3406 –
Paperboy.

374 Hoeren/*Sieber*/Holznagel, Handbuch MMR, 42. Ergänzungslieferung 2015, Teil 1 Rz. 88.

375 Diesen Aspekt übersieht *Koch*, GRUR 1997, 417, 430; siehe hierzu auch die britische Entscheidung im Fall Shetland Times von Shetland News vom 24. 10. 1996, abrufbar unter:
www.shetland-news.co.uk (zuletzt abgerufen: Oktober 2017); dazu auch *Reed*, Copyright in
WWW Pages, in: Computer Law & Security Report 13 (1997), 167.

376 *EuGH*, Urt. v. 13. 2. 2014 – C-466/12, GRUR 2014, 360 – Svensson; *BGH*, Urt. v. 17. 7. 2003 –
I ZR 299/00, CR 2003, 920 m. Anm. *Nolte* = MDR 2004, 346 = NJW 2003, 3406 – Paperboy;
Ernst, ZUM 2003, 860; *Schack*, MMR 2001, 13; *Volkmann*, GRUR 2005, 201.

377 Hinweise dazu finden sich in Playboy Enterprises, Inc. vom Universal Tel-A-Talk, CIVOM
A. 96–6961 (E. D. Pa. 1998); vgl. auch *Tucker*, Vanderbilt Journal of Law and Technology 4
(1999), 8.

378 Siehe dazu auch *OLG Celle*, Urt. v. 12. 5. 1999 – 13 U 38/99, CR 1999, 523 m. Anm. *de Selby* =
MMR 1999, 480; *LG Berlin*, Urt. v. 30. 7. 1996 – 1 S 82/96, AfP 1996, 405 = CR 1997, 216 (Ls.),
das die Übernahme von fremden Stellenanzeigen in ein eigenes Internetangebot als unlauter
angesehen hat; *LG Lübeck*, Urt. v. 24. 11. 1998 – 11 S 4/98, CR 1999, 650 = NJW-CoR 1999, 429,
429; *Hoeren*, MMR 2004, 645.

ten, die solche Inline-Linking-Verfahren als irreführend verbieten.[379] In der Rechtsprechung[380] zeigt sich die Tendenz dahingehend, das Inline-Linking jedenfalls dann nicht als wettbewerbs- oder urheberrechtswidrig anzusehen, wenn für den Benutzer erkennbar wird, dass die angezeigten Inhalte einen anderen Ursprung haben. Dann sei die Gefahr der namensmäßigen Identitäts- oder Zuordnungsverwirrung ausgeschlossen. Ähnlich zu beurteilen ist auch das **Embedded-Linking** als Unterform des Inline-Linking, bei dem der verlinkte Inhalt direkt auf der Homepage angezeigt wird, ohne dass es eines Klicks des Users bedarf.[381]

d) Meta-Tags, Google AdWords & SEO

Literatur: *Baars/Schuler/Lloyd*, Keyword-Advertising – Legal implications in Germany, France and the UK, CRi 2007, 137; *Bernreuther*, Die suchmaschinenoptimierte Webseite – eine urheberrechtlich geschützte Unlauterkeit mit und ohne Markenverletzung. Zusammenhänge zwischen UWG einerseits und UrhG bzw. MarkenG andererseits, WRP 2008, 1058; *Denis-Leroy*, Liability for Adwords Services in France, CRi 2007, 65; *Eichelberger*, Keyword-Advertising vor dem EuGH – Zur markenrechtlichen Zulässigkeit der Verwendung fremder Kennzeichen als Keyword – zugleich Anmerkung zu EuGH, C-236/08 bis C-238/08 – Google, C-278/08 – BergSpechte, C-91/09 – Eis.de und C-558/08 – Portakabin/ Primakabin, EuZW 2010, 731; *Ernst*, Suchmaschinenmarketing in der aktuellen deutschen Rechtsprechung, MR-Int 2007, 195; *Fuchs*, Die marken- und wettbewerbsrechtliche Zulässigkeit von kontextabhängiger Suchmaschinenwerbung, wbl 2007, 414; *Hartl*, Fremde Kennzeichen im Quelltext von Webseiten – Marken- und wettbewerbsrechtliche Zulässigkeit, MMR 2007, 12; *ders.*, Keyword-Advertising mit geschützten Kennzeichen, eine Kennzeichenrechtsverletzung?, K & R 2006, 384; *Hartwig*, Zur Verwendung eines fremden Kennzeichens als Metatag, EWiR 2007, 473; *Horak*, Die Platzierung von nicht sichtbaren Keywords zwecks Bewerbung von Leistungen, MarkenR 2007, 240; *Hüsch*, Der Gebrauch geschützter Kennzeichen als Advertising Keywords, MMR 2006, 357; *ders.*, Keyword Advertising und Keyword Buying, Baden-Baden 2006; *ders.*, Rechtmäßigkeit suchwortabhängiger Werbebanner in der aktuelle Rechtsprechung, MMR 2006, 357; *Illmer*, Keyword-Advertising – Quo Vadis?, WRP 2007, 399; *Jacobs*, Kennzeichenrechtliche Privilegierungen im Internet – Zur Anwendbarkeit der §§ 23, 24 MarkenG auf MetaTags und Domain-Namen, GRUR 2011, 1069; *Jaeschke*, Zur markenmäßigen Benutzung beim Keyword-Advertising, CR 2008, 375; *Kaufmann*, Metatagging – Markenrecht oder reformiertes

---

379 Vgl. Shetland Times Ltd. v. Wills, Scot. Sess-Cas. (Oct. 24, 1996), EIPR 1 (1996), 723; Ticketmaster Corp. v. Tickets.com, 2000 US Dist. LEXIS 12987, 2000 WL 1887522 (C. D. Cal 2000).
380 Vgl. hierzu *OLG Celle*, Beschl. v. 8.3. 2012 – 13 W 17/12, NJW-RR 2012, 1325 = MMR 2013, 123 = GRUR-RR 2012, 455; *OLG Köln*, Urt. v. 16.3. 2012 – 6 U 206/11, MMR 2012, 552 = GRUR-RR 2012, 336 (Ls.) = CR 2012, 547; Hoeren/Sieber/Holznagel/*Boemke*, Handbuch MMR, 42. Ergänzungslieferung 2015, Teil 11 Rz. 74 f.
381 Vgl. zum Embedded-Linking insb. den Aufsatz von *Ott*, ZUM 2008, 556; Hoeren/Sieber/ Holznagel/*Boemke*, Handbuch MMR, 42. Ergänzungslieferung 2015, Teil 11 Rz. 75.

UWG?, MMR 2005, 348; *Kur*, Confusion Over Use? Die Benutzung „als Marke" im Lichte der EuGH-Rechtsprechung, GRUR Int. 2008, 1; *Lammenett*, Praxiswissen Online-Marketing, Wiesbaden 2012; *McCuaig*, Halve the Baby: An Obvious Solution to the Troubling Use of Trademarks as Metatags, John Marshall Journal of Computer & Information Law 18 (2000), 643; *Meyer*, Wer haftet für vermeintliche Rechtsverletzung? Zur Zulässigkeit der Nutzung fremder Kennzeichen als AdWords, K & R 2006, 557; *Ott*, Suchmaschinenmanipulation im Zusammenhang mit fremden Marken, MMR 2008, 222; *Renner*, Metatags und Keyword Advertising mit fremdem Kennzeichen im Marken- und Wettbewerbsrecht, WRP 2007, 49; *Schirmbacher*, Metatags und Keyword-Advertising, ITRB 2007, 117; *Schirmbacher/Engelbrecht*, Suchmaschinenoptimierung und (un)zulässige SEO-Maßnahmen, CR 2015, 659; *Shemtov*, Searching for the Right Balance: Google, Keywords Advertising and Trade Mark Use, EIPR 2008, 470; *Schultz/Störing*, Die wettbewerbsrechtliche Beurteilung von Keyword-Advertising mit fremden Marken, WRP 2008, 741; *Sosnitza*, Adwords = Metatags? Zur marken- und wettbewerbsrechtlichen Zulässigkeit des Keyword-Advertising über Suchmaschinen, MarkenR 2009, 35; *Stögmüller*, Markenrechtliche Zulässigkeit kontextsensitiver Werbung im Internet, CR 2007, 446; *Terhaag*, Verwendung fremder Kennzeichen als Google-Adword, MMR 2007, 111; *Tietge/Yorck-Percy*, Ist die Verwendung fremder Marken i. R. d. Keyword-Advertising nach jüngster Rechtsprechung zulässig?, K & R 2007, 503; *Ullmann*, Wer sucht, der findet – Kennzeichenverletzung im Internet, GRUR 2007, 633.

676 Sehr häufig finden sich Unternehmen mit ihrem WWW-Angebot bei den Suchmaschinen schlecht platziert. Wer nicht auf den ersten Seiten von Google und Co. erscheint, wird oft gar nicht gefunden. Diese fatale Situation führte zu der neuen Branche des Search Engine Optimizing (SEO).

677 Schwierig ist die Lage, wenn jemand ein Recht hat, eine Bezeichnung zu verwenden. Man denke z. B. an einen Miele-Händler, der die Bezeichnung „Miele" in seine Meta-Tags integriert. Der *EuGH* hat hierzu festgestellt, dass es Händlern markenrechtlich nicht verwehrt werden könne, die Bezeichnungen von Markenprodukten (einschließlich der Logos) für den Verkauf ihrer Produkte zu verwenden.[382] Fraglich ist aber, ob dies z. B. auch den tausendfachen Gebrauch des Wortes „Miele" in den Meta-Tags abdecken würde. Hier wäre an §§ 3, 4 Nr. 4 UWG zu denken, wenn der Händler sich durch solche Massenverwendungen eines geschützten Begriffs eine ihm (gerade im Verhältnis zum Hersteller) nicht zukommende Position in den Suchmaschinenergebnissen sichert.[383] Allerdings ist die Verwendung von Meta-Tags, die keinen sachlichen Bezug zu den auf einer Internetseite angebotenen Informationen und Inhalten aufweisen, nicht per se wettbewerbswidrig, wie das *OLG Düsseldorf*[384] gegen-

---

382 *EuGH*, Urt. v. 23. 2. 1999 – Rs.C-63/97, JZ 1999, 835 = WRP 1999, 407, 411 = EuZW 1999, 244.
383 Vgl. *Hartl*, MMR 2007, 13.
384 *OLG Düsseldorf*, Urt. v. 1. 10. 2002 – 20 U 93/02, CR 2003, 133 = WRP 2003, 104 = MMR 2003, 407.

über dem *LG Düsseldorf*[385] klargestellt hat. Nach Auffassung des *OLG Thüringen*[386] kann einer Nissan-Vertragswerkstatt die Verwendung des Nissan-Logos verboten werden. Das Gericht wies in diesem Zusammenhang darauf hin, dass trotz entsprechender Erschöpfung des § 24 Abs. 2 MarkenG und der darin enthaltene Grundsatz der Irreführungsgefahr zu berücksichtigen seien. Darüber hinaus liege auch ein Verstoß gegen § 5 Abs. 2 und Abs. 3 UWG vor.

Entschieden ist inzwischen, dass die Verwendung von **Google AdWords** 678 marken- und wettbewerbsrechtlich grundsätzlich nicht untersagt werden kann. Google macht es möglich, kostenpflichtig frei wählbare Keywords, sog. AdWords, anzumelden, nach deren Eingabe durch den Nutzer Werbung am Rande der Trefferliste platziert wird. Bei den Keywords hat der Anzeigenkunde verschiedene Auswahlmöglichkeiten. Er kann genau passende Keywords wählen („exact match"). Denkbar ist aber auch, passende Wortgruppen („phrase match") oder weitgehend passende Keywords („broad match") zu buchen. Im markenrechtlichen Fall „Bananabay"[387] legte der *BGH* diesen dem *EuGH* zur Entscheidung vor. Hier war das Schlüsselwort identisch mit einer fremden Marke und wurde auch für identische Waren und Dienstleistungen genutzt. Der *Französische Cour de Cassation* hat dem *EuGH* die Frage vorgelegt, ob es eine markenmäßige Verwendung i. S. v. Art. 5 Abs. 1 lit. a der Markenrechtsrichtlinie sei, wenn markenrechtliche Begriffe als Keyword verwendet werden.[388] Ähnlich hat der *öOGH* einen Vorlagebeschluss gefasst.[389] Hierbei hatte der *öOGH* ohnehin die Auffassung vertreten, dass es eine Verwechselungsgefahr bei Google AdWords schon deshalb gebe, weil die Überschrift über den entsprechenden Trefferlisten keine hinreichende Kennzeichnung als Anzeigen darstelle. Der *EuGH*[390] entschied, dass derjenige, der bei Google AdWords als Schlüsselwort ein einer Marke eines anderen entsprechendes Zeichen auswählt, die Marke benutzt. Markenrechtliche Abwehransprüche bestünden aber nur dann,

---

385 *LG Düsseldorf*, Urt. v. 27.3. 2002 – 12 O 48/02, MMR 2002, 557 = CR 2002, 610 = K & R 2002, 380.
386 *OLG Jena*, Urt. v. 25.6. 2008 – 2 U 21/08, GRUR-RR 2008, 397 = MD 2008, 1187.
387 *BGH*, Beschl. v. 22.1. 2009 – 1 ZR 125/07, JZ 2009, 856 = MMR 2009, 326 – Bananabay I.
388 *EuGH*, Urt. v. 23.3. 2010 – C-236/08, C-237/08, C-238/08, GRUR 2010, 445 = K & R 2010, 320 = MMR 2010, 315.
389 *EuGH*, Urt. v. 25.3. 2010 – C-278/08, GRUR 2010, 451 = MarkenR 2010, 171, MMR 2010, 313 – Bergspechte.
390 *EuGH*, Urt. v. 23.3. 2010 – C-236/08 bis C-238/08, CR 2010, 318 = GRUR 2010, 445 = MMR 2010, 315. Ähnlich *EuGH*, Urt. v. 26.3. 2010 – C-91/09, GRUR 2010, 641 = MMR 2010, 609 – Bananabay; *EuGH*, Urt. v. 25.3. 2010 – C-278/08, GRUR 2010, 451 = MarkenR 2010, 171, MMR 2010, 313 – Bergspechte; *EuGH*, Urt. v. 8.7. 2010 – C-558/08, CR 2010, 827 (Ls.) = GRUR 2010, 841 – Portakabin/Primakabin.

wenn aus dieser Werbung für einen Durchschnittsinternetnutzer nur schwer zu erkennen ist, ob die in der Anzeige beworbenen Waren von dem Inhaber der Marke oder vielmehr von einem Dritten stammen. Im Kern gehen damit viele zu Recht von der Zulässigkeit von Google AdWords aus; Google selbst hat die lange Zeit betriebene Einrichtung entsprechender Sperrlisten von Markenartikelherstellern eingestellt. Das *OLG Köln* zieht aus der Entscheidung die Konsequenz, dass die Verhinderung von AdWords-Werbung durch den Markenhersteller ihrerseits eine unlautere Behinderung nach §§ 3, 4 Nr. 10 UWG (§ 4 Nr. 4 UWG 2015) darstelle.[391] In Anwendung der *EuGH*-Entscheidung hat der *öOGH* allerdings eine Google AdWords-Kampagne verboten, bei der nicht erkennbar war, dass der Anbieter in keiner Weise mit dem Markeninhaber verbunden ist.[392] Die deutschen Gerichte scheinen sich nun darauf zu kaprizieren, Google AdWords-Kampagnen wegen Verwechselungsgefahr zu verbieten,[393] sodass sich durch die *EuGH*-Entscheidung letztendlich nichts verändert hat. Im Jahr 2011 urteilte der *EuGH* noch einmal, dass der Gebrauch fremder Markennamen für Werbezwecke im Internet grundsätzlich zulässig sei.[394] Somit ist es Unternehmen gestattet, Markennamen ihrer Wettbewerber als Schlüsselbegriffe zu nutzen, um Internetnutzer zu ihren eigenen Werbeanzeigen zu lotsen, sofern es sich bei der Werbung nicht um eine bloße Nachahmung von Waren oder Dienstleistungen des Inhabers der Marke handelt („Trittbrettfahrer"), die Unterscheidungskraft der Marke („Verwässerung") oder ihre Wertschätzung beeinträchtigt werden. In dem vorliegenden Fall hatte der Blumenversand Interflora gegen das britische Kaufhaus Marks & Spencer geklagt, welches ohne die Zustimmung des Wettbewerbers den Begriff „Interflora" und ähnliche als Schlüsselwörter bei Google reserviert hatte. Dem *EuGH* zufolge muss nun das britische Gericht prüfen, ob Marks & Spencer damit die Marke seines Wettbewerbers als Trittbrettfahrer ausgenutzt hat. Dies ist der Fall, wenn es „für einen normal informierten und angemessen aufmerksamen Internetnutzer" nicht ohne Weiteres zu erkennen sei, „ob die in der Anzeige beworbenen Waren oder Dienstleistungen von dem Inhaber der Marke oder einem mit ihm wirtschaftlich verbundenen Unternehmen oder vielmehr von einem Dritten stammen".[395] Ergänzend hat der *BGH* in der Entscheidung „Beate

---

391 *OLG Köln*, Urt. v. 2.7. 2010 – 6 U 48/10, CR 2010, 683 = MMR 2010, 761.

392 *ÖOGH*, Beschl. v. 21.6. 2010 – 17 Ob3/10 f., MMR 2010, 754 – Bergspechte; ähnlich auch die strenge Formulierung in *Ingerl/Rohnke*, Nach § 15 Rz. 197: Aus der Gesamtaufmachung der Anzeige müsse unmissverständlich deutlich werden, dass sie von einem Dritten stamme.

393 So etwa *OLG Düsseldorf*, Beschl. v. 21.12. 2010 – I 20 W 136/10, MMR 2011, 253 = GRUR-RR 2011, 94 = ZUM-RD 2011, 304.

394 *EuGH*, Urt. v. 22.9. 2011 – C-323/09, CR 2011, 745 = MMR 2011, 804 – Interflora.

395 *EuGH*, Urt. v. 22.9. 2011 – C-323/09, CR 2011, 745 = MMR 2011, 804 – Interflora.

Uhse"[396] darauf abgestellt, dass eine Markenbenennung in einer AdWord-Anzeige zulässig sei, wenn eine Alternative zu den Waren oder Dienstleistungen des Inhabers der bekannten Marke vorgeschlagen werde, ohne Funktionen der Marke zu beeinträchtigen. Verboten sei es aber, wenn der Werbende Nachahmungen von Waren des Inhabers dieser Marke anbiete oder die mit der bekannten Marke versehenen Waren in einem negativen Licht darstelle.[397]

Die Herkunftsfunktion der klägerischen Marke wird ferner in unzulässiger **679** Weise durch die Verwendung der Marke als Keyword für eine Google AdWords-Anzeige beeinträchtigt, wenn die Anzeige des Dritten in keiner Weise für den normal informierten und angemessen aufmerksamen Internetnutzer erkennen lässt, welche Person bzw. welches Unternehmen das Angebot veranlasst hat.[398] Es fehlt daher an einer hinreichend unmissverständlichen Aufklärung, dass es sich um ein fremdes Angebot handelt.[399] Umgekehrt ist eine ausdrückliche Nennung des fremden Kennzeichens in einer Google AdWords-Anzeige erlaubt, wenn zwischen dem Inhaber des Kennzeichens und dem Verwender der Anzeige eine wirtschaftliche Verbindung besteht.[400] Für eine solche wirtschaftliche Verbindung soll es ausreichend sein, dass die Unternehmen, zur Vermittlung von Hotelzimmern durch eine sog. „Bettenbank", nur mittelbar wirtschaftlich verknüpft sind.[401]

Im Übrigen steht auch der UWG-Vorwurf im Raum, Markeninhaber nutzten **680** Beschwerden bei Google gegen Konkurrenten **missbräuchlich.** Der *BGH*[402] meint hierzu, dass zwar derartige Beschwerden als solche nicht wettbewerbsrechtlich verboten seien. Es liege aber eine gezielte Behinderung i. S. v. § 4 Nr. 10 UWG (§ 4 Nr. 4 UWG 2015) vor, wenn der Markeninhaber nach Einlegung einer Markenbeschwerde bei Google, durch welche die Verwendung der Marke in AdWords-Anzeigen unterbunden wird, die Zustimmung zu der AdWords-Werbung eines Mitbewerbers nicht erteilt, obwohl die beabsichtigte Werbung das Markenrecht nicht verletzt.

Schließlich sind bei der Nutzung von Google AdWords, wenn auch nur bei **681** nicht eröffnetem Anwendungsbereich des Markenrechtes, auch **die Vorgaben**

---

396 *BGH*, Urt. v. 20.2. 2013 – I ZR 172/11, NJW-RR 2014, 47 = MMR 2013, 669, GRUR 2013, 1044 – Beate Uhse.
397 Ähnlich *OLG Frankfurt a. M.*, Urt. v. 27.3. 2014 – 6 U 243/13, WRP 2014, 981 = MMR 2014, 753.
398 *OLG Hamburg*, Urt. v. 22.1. 2015 – 5 U 271/11, GRUR-RR 2015, 282 = MMR 2016, 324.
399 *OLG Hamburg*, Urt. v. 22.1. 2015 – 5 U 271/11, GRUR-RR 2015, 282 = MMR 2016, 324.
400 *OLG Dresden*, Urt. v. 30.9. 2014 – 14 U 652/14, GRUR-RR 2015, 290 = MMR 2015, 454.
401 *OLG Dresden*, Urt. v. 30.9. 2014 – 14 U 652/14, GRUR-RR 2015, 290 = MMR 2015, 454.
402 *BGH*, Urt. v. 12.3. 2015 – I ZR 188/13, CR 2015, 384 = MMR 2015, 446 = K & R 2015, 399.

des Wettbewerbsrechts (UWG) zu beachten.[403] Maßgeblich sind daher ebenfalls die vom *BGH* in der Entscheidung „Beta Layout" angeführten Grundsätze.[404] Nach diesen liegt jedenfalls dann, wenn die fremde Marke nicht in der Anzeige genannt wird und diese bloß im Anzeigenteil der Trefferliste aufgeführt wird, weder eine Behinderung unter dem Gesichtspunkt des Kundenfangs noch unter dem Gesichtspunkt der Rufausbeutung gem. §§ 8, 4 Nr. 4 UWG vor. Der Grund dafür ist, dass bei dieser Gestaltung der Trefferliste und der Anzeige weder auf den potenziellen Kunden unangemessen eingewirkt wird, noch der Kunde eine Verbindung zwischen der Marke und den beworbenen Waren herstellt. Ohne Hinzutreten weiterer, verschleiernder Umstände ist für den Internetnutzer auch der Werbecharakter der Anzeige zu erkennen, sodass auch eine nach § 5 UWG unlautere Irreführung nicht anzunehmen ist. Letztlich ist noch der **Gesichtspunkt der unlauteren vergleichenden Werbung nach § 6 UWG** zu beachten. Hier ist der *BGH*[405] allerdings großzügig, wie der Fall „Swirl" zeigt. Auf seiner Webseite hatte ein Webshop-Betreiber, der mit Staubsaugerbeuteln anderer Marken als Swirl handelte, Produkte denen von Swirl gegenübergestellt. Als Folge dessen wurde seine Seite bei Google auch bei einer Suche nach „Swirl Staubsaugerbeuteln" gelistet. Der *BGH* meinte, diese Gegenüberstellung von Produkten sei innerhalb der Rahmen einer vergleichenden Werbung hinzunehmen. Bei vergleichender Werbung sei es notwendig, dass die Artikelbezeichnung von Konkurrent und Originalhersteller nicht voneinander getrennt erscheinen.[406]

682   Ein neues Verfahren des SEO ist die **Verwendung fremder Kennzeichen in sonstigen Suchmaschinen** (etwa der Suchfunktion von Amazon). Eine markenmäßige Benutzung liegt hier vor, wenn Amazon seine interne Suchmaschine in einer Art und Weise zur Verfügung stellt, dass bei der Suche z. B. mit dem Schlüsselwort „Lush" das Ergebnis Waren von Mitbewerbern anzeigt, die mit den Waren, für die die Marke eingetragen wurde, identisch sind und welche durch Amazon vertrieben werden, oder das Wortzeichen „Lush" als verwandter Suchbegriff angezeigt wird.[407] Sie ist aber dann zu verneinen, wenn die Suche nach dem Schlüsselwort „Lush" lediglich dazu führt, dass Waren mit dem Wortzeichen „Lush", welche weder vom Markeninhaber vertrieben

---

403 So auch *EuGH*, Urt. v. 11. 7. 2013 – C 657/11, GRUR 2013, 1049 = K & R 2013, 579 m. Anm. *Redlich* – bestlasersorter.com.

404 *BGH*, Urt. v. 22. 1. 2009 – I ZR 30/07, NJW 2009, 2382 = MMR 2009, 329 m. Anm. *Hoeren*, GRUR 2009, 500 – Beta Layout.

405 *BGH*, Urt. v. 2. 4. 2015 – I ZR 167/13, GRUR 2015, 1136 = MMR 2016, 106 – Swirl.

406 *BGH*, Urt. v. 2. 4. 2015 – I ZR 167/13, GRUR 2015, 1136 = MMR 2016, 106 – Swirl.

407 *High Court of Justice* (Chancery Division), Entsch. v. 10. 2. 2014 – [2014] EWHC 181 (Ch).

werden noch dessen Waren ähnlich sind, unter dem Reiter „Marke" mit dem
Begriff „Lush" angezeigt werden.[408] Ähnlich verstoßen Suchmaschinenbetreiber gegen markenrechtliche Vorgaben, wenn dann eine markenrechtliche Verwechselungsgefahr begründet wird, sobald bei wiederholter Wiedergabe des
gesuchten Markennamens in der Überschrift zu den Suchergebnissen diese lediglich dem gesuchten Markenprodukt ähnliche Produkte von Wettbewerbern
des Markeninhabers aufweisen, ohne jedoch ausdrücklich klarzustellen, dass
das gesuchte Markenprodukt nicht über die Webseite des Online-Warenhänd-
lers vertrieben wird und damit nicht unter den Suchergebnissen zu finden
ist.[409] Wenn das Suchergebnis eines Hotel-Preisvergleichsportals den Eindruck
vermittelt, dass die eingeschränkte Anzahl von Treffern auf ein individualisiertes Suchergebnis zurückzuführen ist, so liegt eine relevante Irreführung des
Publikums vor.[410] Eine automatisch eingestellte elektronische Preisvergleichs-
funktion, die dem Nutzer eines Internetangebots unmittelbar auf dem geöffne-
ten Browserfenster eine Informationsleiste präsentiert, mit der er günstigere
Angebote oder Coupons für das jeweilige Produkt erhält und von der er unmittelbar auf diese Angebote weiterklicken kann, so erfüllt das den Tatbestand
der Behinderung.[411]

In einem durch den *BGH* entschiedenen Fall aus dem Jahr 2015 verfügte **683**
die konkurrierende Webseite über eine interne Suchfunktionalität, die so strukturiert war, dass die vom Besucher eingegebenen Suchbegriffe abgespeichert
wurden.[412] Die Resultate wurden in der Folge automatisch in den Quelltext der
Webseite integriert. Da Google auch den Quelltext einzelner Seiten durchsucht
und bewertet, wurde bei einer Googlesuche auch der Wettbewerber prominent
angezeigt. Das Ergebnis war so aufgebaut, dass schon in der Überschrift des
Snippets die streitgegenständlichen Worte „poster lounge" zu lesen waren. Der
BGH sah darin eine rechtswidrige markenmäßige Verwendung der Marke.
Durch die entsprechende Programmierung der internen Suchfunktion auf den
Webseiten werde aktiv Einfluss auf die externen Suchmaschinenergebnisse genommen. Schon darin liege eine markenmäßige Verwendung, auch wenn die
fraglichen Seiten erst erstellt werden, wenn Nutzer in der internen Suche nach

---

408 *High Court of Justice* (Chancery Division), Entsch. v. 10. 2. 2014 – [2014] EWHC 181 (Ch).
409 *U. S. Court of Appeals for the Ninth Circuit*, Entsch. v. 6. 7. 2015 (Multi Time Machine, Inc.
v. Amazon.com, Inc.; Amazon Services, LLC).
410 *LG Düsseldorf*, Urt. v. 6. 5. 2015 – 12 O 337/14, K & R 2015, 519 = WRP 2015, 1159.
411 *LG Hamburg*, Urt. v. 28. 1. 2015 – 416 HKO 163/14, K & R 2015, 270 = WRP 2015, 495.
412 *BGH*, Urt v. 30. 7. 2015 – I ZR 104/14, GRUR 2015, 1223, 1225 = MMR 2016, 100, 102 –
Posterlounge.

den fremden Marken suchen.[413] Ähnlich entschied das *OLG Frankfurt a. M.* für nach § 5 UWG irreführende Trefferlisten bei Google.[414]

e) Beispiele sonstiger wettbewerbsrechtlicher Werbebeschränkungen

684 Ein Internetdienst, der Personen zusammenführt, um gemeinsam **verbilligte Gruppentarife** der Deutschen Bahn zu nutzen, verstößt nicht gegen § 3 UWG. Insbesondere liegt insofern weder ein unlauterer Behinderungswettbewerb noch die Übernahme fremder Leistungen vor.[415]

685 Das Angebot, eine **kostenlose Registrierung einer „.de"-Adresse** durchzuführen, verstößt auch unter dem Gesichtspunkt der Wertreklame nicht gegen § 3 UWG.[416] Das *LG Hamburg* hat einen Internetdienst untersagt, der es Kunden von eBay erlaubt, erst kurz vor dem Auktions-Ende selbsttätig Gebote auf Verkaufsangebote abzugeben (sog. **Sniper-Software**).[417] Diese Sniper seien zum einen als sittenwidriges Verleiten zum Vertragsbruch anzusehen; denn die Nutzung des Dienstes setze die Weitergabe von Nutzernamen und Passwort voraus, was den AGB von eBay widerspreche. Zum zweiten sei das Sniping eine unlautere Absatzbehinderung zu Lasten des Auktionshauses.

686 Das *LG Düsseldorf*[418] hat entschieden, dass **Pop-Up-Fenster**, die sich öffnen, wenn ein Internetnutzer eine Webseite verlassen möchte, gem. §§ 3, 7 UWG unlauter seien und damit gegen das Wettbewerbsrecht verstoßen. Diese Art der unfreien „Werbung" wird vor allem von Anbietern aus dem Erotik- und Glücksspiel-Bereich verwendet, um die Surfer auf den entsprechenden Webseiten festzuhalten. Die Richter vergleichen dies mit der Werbung durch unerwünschte E-Mails, weil der Surfer auch hier gegen seinen Willen gezwungen werde, Informationen und Angebote wahrzunehmen. Anders ist die Situation

---

413 *BGH*, Urt v. 30.7. 2015 – I ZR 104/14, GRUR 2015, 1223, 1225 = MMR 2016, 100, 102 – Posterlounge; ähnlich bei gleichbleibender Klägerin gegen eine andere Beklagte *BGH*, Urt. v. 30.7. 2015 – I ZR 97/14, BeckRS 2015, 17164.

414 *OLG Frankfurt a. M.*, Urt. v. 2.2. 2017 – 6 U 209/16; ähnlich für Marken in Metatags, *OLG Frankfurt a. M.*, Urt. v. 6.10. 2016 – 6 U 17/14, GRUR-RR 2017, 60; *OLG München*, Urt. v. 12.5. 2016 – 29 U 3500/15, MMR 2016, 820 = GRUR-Prax 2015, 486; *OLG Hamburg*, Beschl. v. 27.6. 2016 – 3 W 49/16, GRUR-Prax 2016, 483 m. Anm. *Matthes* = GRUR-RR 2017, 11 (Ls.).

415 *LG Frankfurt a. M.*, Urt. v. 17.11. 2000 – 3/11 O 193/00, CR 2001, 125 m. Anm. *Leible*.

416 *KG*, Urt. v. 24.11. 2000 – 5 U 7264/00, MMR 2001, 708 m. Anm. *Hoffmann*.

417 *LG Hamburg*, Urt. v. 16.7. 2002 – 312 O 271/02, CR 2002, 763 = MMR 2002, 755; siehe dazu krit. *Leible/Sosnitza*, CR 2003, 344 und K & R 2003, 300; a. A. auch *LG Berlin*, Urt. v. 11.2. 2003 – 15 O 704/02, CR 2003, 857 = K & R 2003, 294.

418 *LG Düsseldorf*, Urt. v. 26.3. 2003 – 2a O 186/02, CR 2003, 525 = K & R 2003, 525 (Ls.) m. Anm. *Mankowski*; ähnlich auch *Leupold u. a.*, WRP 2000, 575, 591.

aber, wenn eine Pop-Up-Werbung nach wenigen Sekunden automatisch verschwindet.[419]

Nicht wettbewerbswidrig ist der Einsatz von **Werbeblockern/Adblockern.** 687 Insbesondere sind das Angebot und der Vertrieb eines Werbeblockers weder eine gezielte Behinderung noch eine unlautere Beeinträchtigung i. S. d. UWG.[420] Hier werden Mittel eingesetzt, die dazu führen, dass der Mitbewerber seine Leistung am Markt durch eigene Anstrengung nicht mehr in angemessener Weise zur Geltung bringen kann. Die Konstellation entspricht im Ergebnis den Erwägungen des *BGH* im Fall „Werbeblocker".[421] Der *BGH*[422] hat die Zulässigkeit eines Tools bejaht, das Fernsehwerbungen ausfiltern kann (sog. Fernsehfee); ein solches Tool verstoße weder wegen Produktbehinderung noch wegen Behinderung des Werbemarktes gegen § 3 UWG. Das Urteil ist auch auf den Webwasher übertragbar, der Bannerwerbung und Pop-Ups unterdrückt. Der Einsatz von Werbeblockern stellt somit keine wettbewerbswidrige Behinderung werbefinanzierter Onlinemedien dar.[423] Soweit der Betreiber eines Adblockers allerdings werbewillige Marktteilnehmer unter Voraussetzungen, zu denen auch die Zusicherung von Werbeumsatzbeteiligungen gehört, von der Blockadefunktion ihrer Software ausnehmen (sog. Whitelisting), liegt dem *OLG Köln* zufolge eine aggressive Praktik i. S. d. § 4a Abs. 1 S. 1 UWG vor.[424] Eine Stellungnahme des *BGH* dürfte zeitnah folgen.[425]

Hat der Rechteinhaber von **Fußball-Eintrittskarten** in seinen AGB ein ge- 688 werbliches Weiterverkaufsverbot statuiert, so dürfen die Tickets nicht zu einem höheren Preis auf einer Internetseite verkauft werden.[426] Mit dem Kartenwei-

---

419 *KG*, Urt. v. 18. 10. 2013 – 5 U 138/12, MMR 2014, 44 m. Anm. *Czernik.*
420 *OLG Köln*, Urt. v. 24. 6. 2016 – 6 U 149/15, GRUR-Prax 2016, 338 = K & R 2016, 528 = WRP 2016, 1027; *LG Hamburg*, Urt. v. 21. 4. 2015 – 416 HKO 159/14, CR 2016, 122 = K & R 2015, 600; *LG Hamburg*, Urt. v. 25. 11. 2016 – 315 O 293/15; *LG München I*, Urt. v. 27. 5. 2015 – 37 O 11673/14, MMR 2015, 660 = K & R 2015, 521; *LG Stuttgart*, Urt. v. 10. 12. 2015 – 11 O 238/15, K & R 2016, 362; dazu auch *Engels*, AdBlocker auf dem Prüfstand, GRUR-Prax 2015, 338; *Becker/Becker*, Zur rechtlichen Zulässigkeit von AdBlockern, GRUR-Prax 2015, 245.
421 *BGH*, Urt. v. 24. 6. 2004 – I ZR 26/02, GRUR 2004, 878 = MMR 2004, 662 m. Anm. *Funk/Zeifang.*
422 *BGH*, Urt. v. 24. 6. 2004 – I ZR 26/02, GRUR 2004, 878 = MMR 2004, 662 m. Anm. *Funk/Zeifang.*
423 *LG Hamburg*, Urt. v. 21. 4. 2015 – 416 HK O 159/14, GRUR-Prax 2015, 357; ähnlich *LG München I*, Urt. v. 27. 5. 2015 – 37 O 11843/14, WRP 2015, 927.
424 *OLG Köln*, Urt. v. 24. 6. 2016 – 6 U 149/15 (n. rkr.), MMR 2017, 124 = GRUR 2016, 1082 m. Anm. *Alexander.*
425 Die Revision wird bei dem *BGH* unter dem Az. I ZR 154/16 geführt.
426 *OLG Hamburg*, Urt. v. 3. 2. 2005 – 5 U 65/04, NJW 2005, 3003; ähnlich *LG Frankfurt a. M.*, Urt. v. 20. 4. 2006 – 31 C 3120/05–17, SpuRt 2006, 122; *OLG Hamm*, Urt. v. 14. 7. 2009 – 4 U 86/09, MMR 2009, 628; *LG Hamburg*, Urt. v. 2. 10. 2014 – 327 O 251/14, GRUR RR, 2015, 72; dazu auch *Holzhäuser*, SpuRt 2011, 106.

terverkauf trotz AGB-mäßigen Weiterveräußerungsverbots beschäftigte sich auch der *BGH* in seiner Entscheidung „bundesligakarten.de".[427] Das Gericht urteilte, dass der Erwerb von Tickets, für die ein Weiterveräußerungsverbot gelte, mit der Absicht, diese anschließend weiterzuverkaufen, als unzulässiger Schleichbezug nach § 4 Nr. 10 UWG (§ 4 Nr. 4 UWG 2015) wettbewerbswidrig sei. Der Erwerber könne die Tickets dann nur unter Täuschung über seiner Wiederverkaufsabsicht erwerben.[428]

689 Die Verknüpfung eines Gewinnspiels mit der Teilnahmebedingung, den **„Gefällt mir"-Button** auf der Seite des Werbenden bei Facebook zu betätigen, führt nach Auffassung des *LG Hamburg*[429] weder bei dem Gewinnspielteilnehmer noch bei seinen Kontakten zu einer Irreführung. Mit der Betätigung des „Gefällt mir"-Button bei Facebook komme nach dem Verkehrsverständnis lediglich eine unverbindliche Gefallensäußerung zum Ausdruck, mit der das Netzwerk des betroffenen Nutzers keine weiteren Erwartungen oder Gütevorstellungen verbinde. Dem Netzwerk blieben vielmehr das Motiv und die Hintergründe der Gefallensäußerung durch den „Gefällt mir"-Button in Ermangelung weiterer Angaben des Nutzers unbekannt. Eine Koppelung eines Zeitschriften-Abos mit einem Gewinnspiel war früher nach § 4 Nr. 6 UWG a. F. verboten.[430] Heutzutage wird eine solche Koppelung nur dann verboten, wenn im Einzelfall eine unlautere Geschäftspraxis vorliegt und von einem Verstoß gegen die berufliche Sorgfalt auszugehen ist.[431] Verboten ist allerdings bei Kindern und Jugendlichen eine Koppelung von Opt-in und Gewinnspielteilnahme nach § 3 Abs. 4 S. 2 UWG.[432]

690 Lange Zeit häuften sich gerichtliche Auseinandersetzungen zur Frage der wegen § 184 StGB notwendigen **Altersverifikation im Pornobereich**.[433] Das

---

427 *BGH*, Urt. v. 11. 9. 2008 – I ZR 74/06, MMR 2009, 108 = NJW 2009, 1504; ähnlich *LG Hamburg*, Urt. v. 15. 4. 2014 – 312 O 34/14.

428 Nach §§ 3, 5 UWG ist es verboten, ein Ticket zum Selbstausdruck zu verkaufen und dann noch zusätzlich eine Servicegebühr zu verlangen; siehe *LG Bremen*, Urt. v. 31. 8. 2016 – 1 O 969/15, MMR 2016, 739.

429 *LG Hamburg*, Urt. v. 10. 1. 2013 – 327 O 438/11, CR 2013, 260 = MMR 2013, 250 (n. rkr.).

430 Siehe dazu aber auch mit Bedenken hinsichtlich der Vereinbarkeit mit EU-Recht krit. *EuGH*, Urt. v. 14. 1. 2010 – C-304/08, NJW 2010, 1867 = MMR 2010, 181, GRUR 2010, 244 – Plus Warenhandelsgesellschaft.

431 *BGH*, Urt. v. 12. 12. 2013 – I ZR 192/12, NJW 2014, 2279 = GRUR 2014, 686 – Goldbärenbarren.

432 Zu § 4 Nr. 2 UWG a. F.: *BGH*, Urt. v. 22. 1. 2014 – I ZR 218/12, NJW 2014, 2282 = GRUR 2014, 682 – Nordjob-Messe.

433 Siehe hierzu auch Hoeren/Sieber/Holznagel/*Altenhain*, Handbuch MMR, 42. Ergänzungslieferung 2015, Teil 20 Rz. 67 ff.

BVerwG[434] weist darauf hin, dass eine zuverlässige Alterskontrolle anzunehmen sei, wenn vor oder während des Vertragsschlusses ein persönlicher Kontakt mit dem späteren Kunden und in diesem Zusammenhang eine zuverlässige Kontrolle seines Alters anhand amtlicher und mit Lichtbild versehener Dokumente vorgenommen wird. Nach Ansicht des Gerichts müssten andere Verfahrensweisen ein ähnliches Maß an Gewissheit bewirken, dass der Vertrag nur mit Erwachsenen abgeschlossen wird. Insbesondere müsse „so weit wie möglich sichergestellt sein, dass die Zugangsdaten tatsächlich nur an die volljährigen Kunden gelangen".[435] Sicherstellen des Erwachsenenversandhandels nach dem Jugendschutzgesetz erfordert einen persönlichen Kontakt im Rahmen der Zustellung der über das Internet versendeten Ware (§§ 12 Abs. 3 Nr. 2, 1 Abs. 4 JuSchG). Diesen Anforderungen genügen die meisten Kontrollsysteme nicht.[436] So verstößt z. B. das oft verwendete Altersverifikationssystem „Über18.de" gegen § 4 Abs. 2 JMStV.[437] Zweifelhaft sind auch PostIdent-Verfahren bei der Bestellung von Versandware im Internet. Hier soll nach Auffassung des *OLG München*[438] eine persönliche Alterskontrolle („Face-to-Face") i. R. d. Zustellung am Bestellerhaushalt notwendig sein. Reine Online-Altersüberprüfungen – etwa über Abfrage einer Personalausweisnummer – sind danach für eine „Sicherstellung" jedenfalls völlig unzureichend. Dies sah auch der *BGH*[439] so. Der *BGH* erachtete zudem das Verifikationssystem „Über18.de" als nicht effektiv. Jugendliche könnten sich leicht die Ausweisnummern von Familienangehörigen und erwachsenen Bekannten beschaffen. Oft würden sie auch über eigene Bankkonten verfügen.[440] Die Anforderung an die Verlässlichkeit müsste höher sein als im streitgegenständlichen System. Den Vorwurf, dass damit der Zugang Erwachsener zu pornografischen Angeboten im Internet unverhältnismäßig beschränkt werde, ließ der *BGH* nicht gelten.[441] Es gebe hinreichende Möglichkei-

434 *BVerwG*, Urt. v. 20. 2. 2002 – 6 C 13/01, NJW 2002, 2966 = ZUM 2002, 567.
435 *BVerwG*, Urt. v. 20. 2. 2002 – 6 C 13/01, NJW 2002, 2966, 2968 = ZUM 2002, 567.
436 *Erbs/Kohlhaas/Liesching*, Srafrechtliche Nebengesetze, 214. EL. Mai 2017, § 12 Rz. 14.
437 *OLG Nürnberg*, Beschl. v. 7. 3. 2009 – 3 U 4142/04, CR 2005, 902 (Ls.) = MMR 2005, 464; ähnlich auch *KG*, Beschl. v. 13. 9. 2004 – 1 Ss 295/04, MMR 2005, 474; *LG Hamburg*, Urt. v. 14. 9. 2004 – 312 O 732/04 (n. v.); *LG Krefeld*, Urt. v. 15. 9. 2004 – 11 O 85/04 (n. v.); *LG Duisburg*, Urt. v. 30. 8. 2004 – 21 O 97/04, CR 2005, 226; a. A. *LG Düsseldorf*, Urt. v. 28. 7. 2004 – 12 O 19/04, CR 2004, 849 (n. rkr.).
438 *OLG München*, Urt. v. 29. 7. 2004 – 29 U 2745/04, GRUR 2004, 963 = MMR 2004, 755.
439 *BGH*, Urt. v. 18. 10. 2007 – I ZR 102/05, MDR 2008, 699 = ZUM 2008, 511, CR 2008, 386, MMR 2008, 400 m. Anm. *Waldenberger* – ueber18.de.
440 *BGH*, Urt. v. 18. 10. 2007 – I ZR 102/05, ZUM 2008, 511, 514 = MMR 2008, 403 m. Anm. *Waldenberger* – ueber18.de.
441 *BGH*, Urt. v. 18. 10. 2007 – I ZR 102/05, MMR 2008, 400 m. Anm. *Waldenberger* – ueber18.de.

ten, ein Verifikationssystem zuverlässig auszugestalten, etwa durch eine einmalige persönliche Identifizierung der Nutzer durch den Postzusteller und entsprechende Authentifizierungen beim Inhalteabruf. Alternativ könnten auch technische Mittel wie ein Webcam-Check oder biometrische Merkmale zur Identifizierung herangezogen werden. Ein Killer-Argument aus der klassischen Internetrechtsdiskussion hat der *BGH* ebenfalls abgeschmettert, nämlich den Hinweis auf großzügigere Regelungen im Ausland. Auch ausländische Angebote, die im Inland abrufbar sind, unterlägen der Zugangsbeschränkung des deutschen Jugendschutzrechts.[442] Dass die Rechtsdurchsetzung im Ausland unter Umständen schwieriger sein kann, stelle keinen Verstoß gegen das Gleichheitsgebot dar.

691   Die in eine Werbung einbezogene **unmittelbare Aufforderung** an Kinder, selbst die beworbene Ware zu erwerben oder die beworbene Dienstleistung in Anspruch zu nehmen oder ihre Eltern oder andere Erwachsene dazu zu veranlassen, ist stets unzulässig i. S. v. § 3 Abs. 3 UWG (vgl. Nr. 28 Anh. zu § 3 Abs. 3 UWG). Kinder sind die Zielgruppe einer Werbung, wenn diese in der zweiten Person Singular und mit kindertypischen Begriffen ausgestrahlt wird. Durch gezielte Ansprachen und Aufforderungen, wie „kauf dir" und „hol dir", verstößt die Werbung gegen Nr. 28 des Anhangs zu § 3 Abs. 2 UWG.[443]

692   Unlauter ist eine Werbung ferner, wenn sie auf einer Interneteite gezielt für **Kinder ab sieben Jahren** nicht als Werbung gekennzeichnet ist. Dies ist zu bejahen, wenn – wie in einem durch das *KG* zu entscheidenden Fall – eine Joghurt-Werbung spielerisch zu einer Schneeballschlacht mit einem Elch durch die Anzeige „Klick und wirf zurück" Kinder auffordert, auf den Werbelink zu klicken. Um eine auch für Kinder deutliche Kennzeichnung einer Werbung zu gestalten, ist von Bedeutung, dass Kinder in diesem Alter i. d. R. noch kein Bewusstsein für werbende Anzeigen entwickelt haben, sondern sich von ihrem Spieltrieb und bewegten Bildern leiten lassen.[444]

693   Das *OLG Frankfurt a. M.*[445] hat entschieden, dass ein Konkurrent eine (fast) **identische Hotline-Rufnummer** nicht nutzen darf; damit sei typischerweise ein unlauteres Abfangen von Kundenströmen verbunden. Eine Ausnahme gelte

---

442 *BGH*, Urt. v. 18. 10. 2007 – I ZR 102/05, ZUM 2008, 511, 515 = MMR 2008, 400, 404 m. Anm. *Waldenberger* – ueber18.de; a. A. *Berger* MMR 2003, 773, 775, 777; hierzu krit. *Döring/Günter*, MMR 2004, 231, 235.
443 So zuletzt *BGH*, Urt. v. 18. 9. 2014 – I ZR 34/12, NJW 2015, 485 = WRP 2014, 1447; *BGH*, Versäumnisurt. v. 17. 7. 2013 – I ZR 34/12, CR 2014, 196 = NJW 2014, 1014; im Übrigen sind die genannten Arten der Werbung auch nach § 6 Abs. 2 Nr. 1, Nr. 2 und Nr. 3 JMStV unzulässig.
444 *KG*, Urt. v. 15. 1. 2013 – 5 U 84/12, MDR 2013, 543 = MMR 2013, 515.
445 *OLG Frankfurt a. M.*, Urt. v. 11. 9. 2008 – 6 U 197/07, GRUR-RR 2009, 65 = K & R 2009, 204.

dann, wenn der Kunde bei Beginn des Telefonats einen deutlichen Hinweis auf die Fehlleitung bekommt. Das *OLG Hamm*[446] wies darauf hin, dass die **Ausgrenzung von IP-Adressen** eines Mitbewerbers unzulässig sei.

Wettbewerbswidrig sind sog. **WLAN-Sharing**- bzw. Flatrate-Sharing-Angebote, bei denen Mitglieder einer Community ihren jew. eigenen Breitband-Internetzugang mit denen der anderen registrierten Mitglieder teilen. Durch den „schmarotzenden" Zugriff auf die von Mitbewerbern mit eigenen erheblichen Kosten eingerichteten Internetzugänge droht nach Auffassung des *OLG Köln*[447] eine Gefährdung des Wettbewerbs. Das Geschäftsmodell stelle das derzeit noch vorhandene und nicht zuletzt auch aus Verbrauchersicht erhaltenswerte Angebot von Flatrate-Tarifen für den Internetzugang grundsätzlich in Frage.[448] **694**

Es liegt ein Wettbewerbsverstoß nach § 4 Nr. 1 und Nr. 4 UWG 2015 vor, wenn Mitarbeiter von Mitbewerbern auf Social Media Plattformen durch gezielte Zusendung von Nachrichten **abgeworben** werden sollen.[449] In einem Fall vor dem *LG Heidelberg*[450] stritten zwei konkurrierende Personaldienstleistungsunternehmen. Der Beklagte hatte zwei Mitarbeiter des Klägers mit Nachrichten mit dem Inhalt „Sie wissen ja hoffentlich, was Sie sich da angetan haben?" sowie „Sie wissen ja hoffentlich, in was für einem Unternehmen Sie gelandet sind. Ich wünsche Ihnen einfach mal viel Glück. Bei Fragen gebe ich gerne Auskunft." bei Xing kontaktiert. Die streitgegenständlichen Profile waren dabei keine reinen Privatprofile, sondern wiesen einen deutlichen Bezug zum Arbeitgeber auf. Das *LG Heidelberg* sah dieses Vorgehen als unlauter gem. § 4 Nr. 7 und Nr. 10 UWG an. **695**

3 Prozessuale Fragen

Literatur: *Dönch*, Verbandsklagen bei Verstößen gegen das Datenschutzrecht – neue Herausforderungen für die Datenschutz-Compliance, BB 2016, 962; *Gerhard*, Vereinbarkeit einer Verbandsklage im Datenschutzrecht mit Unionsrecht, CR 2015, 338; *Köpernik*, Zur Notwendigkeit einer Verbandsklage bei Datenschutzverstößen, VuR 2014, 240; *Rehart*, Aufgespaltene Rechtsverfolgung – auch im UKlaG rechtsmissbräuchlich? Zusammenfassung der Grundsätze der UWG-Rechtsprechung und deren Übertragbarkeit auf UKlaG-Konstellationen, MMR 2014, 506; *Weidlich-Flatten*, Verbraucherschutzverbände als Heilsbringer für den Datenschutz?, ZRP 2014, 196.

---

446 *OLG Hamm*, Urt. v. 10. 6. 2008 – 4 U 37/08, CR 2009, 121 = MMR 2009, 269.
447 *OLG Köln*, Urt. v. 5. 6. 2009 – 6 U 223/08, GRUR-RR 2009, 339 = MMR 2009, 695 m. Anm. *Mantz*.
448 *OLG Köln*, Urt. v. 5. 6. 2009 – 6 U 223/08, GRUR-RR 2009, 341 = MMR 2009, 695, 697.
449 *LG Heidelberg*, Urt. v. 23. 5. 2012 – 1 S 58/11, K & R 2012, 537 = MMR 2012, 607.
450 *LG Heidelberg*, Urt. v. 23. 5. 2012 – 1 S 58/11, K & R 2012, 537 = MMR 2012, 607.

696 Ein Wettbewerbsprozess, der sich mit der Zulässigkeit einer Werbeaussage im Internet beschäftigt, hat eine Reihe besonderer **verfahrensrechtlicher Schwierigkeiten**. So ist zu beachten, dass eine genaue Bezeichnung der inkriminierten Homepage notwendig ist. Im Hinblick auf § 253 Abs. 2 Nr. 2 ZPO ist es wichtig, die URL der Seite, d. h. die genaue Bezeichnung der Domainadresse inklusive sämtlicher Sub-Domains, genau zu kennzeichnen; der bloße Verweis auf die zentrale Einstiegsseite dürfte problematisch sein. Auch der Inhalt der zu ahndenden Seite ist im Antrag wiederzugeben, z. B. durch lesbare Ausdrucke der Seiten zum angegriffenen Zeitpunkt. Dies ist besonders deshalb wichtig, weil Homepages jederzeit leicht und unauffällig veränderbar sind, sodass eine genaue Bestimmung im Nachhinein unmöglich wird.

697 Als sehr ärgerlich erweisen sich die zunehmenden **Abmahnwellen**, etwa im Hinblick auf Stadtkarten, die Verwendung von Kfz-Domains[451] oder die Verletzung von Informationspflichten. Meist versuchen (vermeintlich) clevere Anwälte oder Geschäftsleute hier eine neue Einnahmequelle aufzubauen, indem sie massenhaft solche Verstöße abmahnen und die Erstattung ihrer Gebühren verlangen. Grundsätzlich sind die Kosten für eine Abmahnung zu erstatten; die Anspruchsgrundlage ergibt sich im Allgemeinen (wenn auch in zweifelhafter Weise) aus dem Gedanken der Geschäftsführung ohne Auftrag. In § 12 Abs. 1 S. 2 UWG ist ein spezieller Erstattungsanspruch hinsichtlich der für eine wettbewerbsrechtlich begründete Abmahnung erforderlichen Aufwendungen normiert. Allerdings neigt die Rechtsprechung immer mehr dazu, eine Kostenerstattungspflicht bei Massenabmahnungen abzulehnen. Die Versendung zahlreicher Abmahnungen in gleichgelagerten Fällen der fehlerhaften Widerrufsbelehrung im Internet stellt einen **Rechtsmissbrauch** gem. § 8 Abs. 4 UWG dar und rechtfertigt nicht den Erlass einer einstweiligen Verfügung.[452] Die in § 8 Abs. 4 UWG normierte Rechtsmissbräuchlichkeit einer an sich aktivlegitimierten Partei ist auch dann anzunehmen, wenn der beauftragte Rechtsanwalt seinen Auftraggeber von dem Kostenrisiko freistellt.[453] Dieses kollusive Zusammenwirken zwischen Rechtsanwalt und Mandant zeige dem *OLG Frankfurt a. M.* zufolge, dass „der Abmahner ersichtlich keine ernsthaften Interessen am Schutz gegen den unlauteren Wettbewerb verfolgt, sondern sich lediglich dafür hergibt, seinem Anwalt eine Gebühreneinnahmequelle zu verschaffen".[454] Ein Rechtsmissbrauch wurde auch angenommen, wenn die Abmahntätigkeit in keinem vernünftigen wirtschaftlichen Verhältnis zu dem Umfang der

451 *LG Hamburg*, Urt. v. 27.1. 2004 – 315 O 627/03 (Anerkenntnisurteil ohne Gründe) (n. v.).
452 *LG Paderborn*, Urt. v. 3.4. 2007 – 7 O 20/07, MMR 2007, 672.
453 *OLG Frankfurt a. M.*, Urt. v. 14.12. 2006 – 6 U 129/06, CR 2007, 387 = GRUR-RR 2007, 56.
454 *OLG Frankfurt a. M.*, Urt. v. 14.12. 2006 – 6 U 129/06, GRUR-RR 2007, 56, 57.

sonstigen gewerblichen Tätigkeit des Abmahners steht.[455] Hinzutreten müssen in solchen Fällen für den *BGH* jedoch weitere Umstände, welche auf die Missbräuchlichkeit der Geltendmachung des Anspruchs schließen lassen.[456] Die Missbräuchlichkeit kann sich bspw. aus der Art und Weise der Abmahnung ergeben.[457] Für eine Missbräuchlichkeit sprechen ein abenteuerlich überhöhter Gegenstandswert (hier: 100 000 Euro), allgemein gehaltene Ausführungen in der Abmahnschrift ohne Bezug zum Einzelfall sowie eine hohe Zahl von Abmahnfällen pro Monat.[458] Dies gilt auch insb. dann, wenn der Abmahnumsatz den sonstigen Umsatz der Kanzlei überschreitet.[459] Unzulässig soll es auch sein, wenn der Abmahnanwalt dem Mandanten eine kostenfreie Verfolgung von Unterlassungsansprüchen und Profit aus Vertragsstrafen verspricht.[460] Die Abgabe einer Unterlassungserklärung gegenüber der Wettbewerbszentrale reicht als solche nicht aus, um die Wiederholungsgefahr auszuschließen.[461] Auch ein Unternehmer, der in seiner Außendarstellung die sog. Kleinunternehmerregelung gem. § 19 UStG in Anspruch nimmt, kein Ladengeschäft und auch keinen Online-Shop unterhält, aber eine umfangreiche Abmahntätigkeit und Prozessführung entfaltet, muss sich den Vorwurf des Rechtsmissbrauchs entgegenhalten lassen.[462] Im Übrigen kann die Beanstandung des Vertriebs eines Konkurrenzprodukts auf einer Internet-Verkaufsplattform unter Hinweis auf die tatsächlich nicht vorhandene Verletzung eines gewerblichen Schutzrechts (hier: Design) eine gezielte Absatzbehinderung sein.[463]

Ferner besteht für einen eingeschalteten Rechtsanwalt, für dessen Verfassen einer Abmahnung, dann kein Kostenerstattungsanspruch, wenn Miss- **698**

---

455 *OLG Hamm*, Urt. v. 28. 4. 2009 – 4 U 216/08, MMR 2009, 865; *LG Berlin*, Urt. v. 16. 4. 2008 – 15 O 565/07; *OLG Jena*, Urt. v. 6. 10. 2010 – 2 U 386/10, GRUR-RR 2011, 327; zur Rechtsmissbräuchlichkeit bei Abmahnungen gegenüber Konzernverbunden siehe *BGH*, Urt. v. 17. 11. 2005 – I ZR 300/02, NJW-RR 2006, 474 – Mega Sale.
456 *BGH*, Urt. v. 5. 10. 2000 – I ZR 224/98, NJW 2001, 2089, 2090 = GRUR 2001, 354, 355.
457 *OLG Hamm*, Urt. v. 28. 4. 2009 – 4 U 216/08, MMR 2009, 865.
458 *LG Bückeburg*, Urt. v. 22. 4. 2008 – 2 O 62/08, MMR 2009, 144.
459 *OLG Hamm*, Urt. v. 2. 3. 2010 – I-4 U 217/09, MMR 2010, 508 m. Anm. *Faustmann*; siehe hierzu auch *OLG Brandenburg*, Urt. v. 22. 9. 2009 – 6 W 93/09, MDR 2010, 39; *LG Stade*, Urt. v. 23. 4. 2009 – 8 O 46/09, MMR 2009, 578; *LG Bochum*, Urt. v. 7. 4. 2009 – 3–12 O 20/09; *LG Dortmund*, Urt. v. 6. 8. 2009 – 19 O 39/08.
460 *KG*, Beschl. v. 8. 7. 2008 – 5 W 34/08, MMR 2008, 742; *KG*, Beschl. v. 3. 8. 2010 – 5 U 82/08, MMR 2010, 688 = WRP 2010, 1177.
461 *LG Bielefeld*, Beschl. v. 18. 4. 2008 – 17 O 66/08, MIR 2008, Dok. 176; *LG Frankfurt a. M.*, Urt. v. 9. 4. 2008 – 3/8 O 190/07, MIR 2008, Dok. 177.
462 *OLG Düsseldorf*, Urt. v. 24. 3. 2015 – I-20 U 187/14, GRUR-RR 2015, 306 = MMR 2015, 657.
463 *OLG Düsseldorf*, Urt. v. 3. 12. 2015 – I-15 U 140/14, GRUR-RR 2016, 344.

brauch i. S. v. § 8 Abs. 4 UWG vorliegt.[464] Dies ist z. B. der Fall, wenn die Abmahnung nur erfolgt, um beim Abgemahnten möglichst hohe Kosten entstehen zulassen. Ein derartiges nicht schützenswertes Vorgehen liegt auch dann vor, wenn der Anwalt in der Vergangenheit zahlreiche gleich gelagerte Abmahnungen verschickt hat und in einer weiteren Abmahnung, neben den Interessen des Konzerns, auch noch die rechtlichen Belange von fünf weiteren Tochterunternehmen wahrnimmt. Dagegen fordert das *OLG Frankfurt a. M.* für die Annahme eines Missbrauchs des Abmahnungsrechts selbst bei einer Serie von 200 Abmahnungen weitere Gesichtspunkte, sodass selbst bei dieser hohen Zahl ein Missbrauch per se aufgrund dieser Zahl nicht anzunehmen sei.[465] Stellt ein Rechtsanwalt seinen Mandanten von dem Kostenrisiko einer Abmahnung vollständig oder zu einem großen Teil frei, handelt es sich um ein missbräuchliches kollusives Zusammenwirken.[466] Es ist im Ergebnis daher wichtig, Abmahnungen nicht blind zu unterschreiben. Der behauptete Rechtsverstoß muss genau geprüft werden. Sinnvoll ist es oft auch, zwar die Unterlassungserklärung abzugeben, die Erstattung der Kosten aber abzulehnen.

699   Der **Streitwert** für Rechtsverletzungen im Bereich der Informationspflichten wird von einigen Gerichten zunehmend kleiner angesetzt. Für die Festlegung des Streitwertes bei fehlerhaften Angaben der gesetzlichen Informationspflichten bei Fernabsatzgeschäften sei zwar das wirtschaftliche Interesse des sich gesetzeskonform verhaltenden Mitbewerbers zu berücksichtigen. Gleichfalls müsse aber beachtet werden, wie sich der gerügte Wettbewerbsverstoß tatsächlich zwischen den beiden Konkurrenten ausgewirkt habe. Entscheidend ist dabei auch die „Größe des Marktes und die Vielzahl der Marktteilnehmer". Demnach ist der Streitwert bspw. höchstens auf bis zu 900 Euro festzulegen, wenn die Parteien im Internet Gold- und Silberschmuck verkaufen.[467] Anders

---

464 *OLG Hamm*, Urt. v. 28. 4. 2009 – 4 U 216/08, MMR 2009, 865; *OLG Hamm*, Urt. v. 24. 3. 2009 – 4 U 211/08, MMR 2009, 474; *AG Lübbecke*, Urt. v. 31. 5. 2005 – 3 C 314/04.
465 *OLG Frankfurt a. M.*, Urt. v. 14. 12. 2006 – 6 U 129/06, CR 2007, 387 = MMR 2007, 322; a. A. *LG Bielefeld*, Urt. v. 2. 6. 2006 – 15 O 53/06, CR 2006, 857 = MMR 2006, 561, das bei einer Anzahl von 100 Abmahnungen mit identisch gerügten Verstößen innerhalb weniger Tage einen Rechtsmissbrauch bejahte; *OLG Jena*, Urt. v. 6. 10. 2010 – 2 U 386/10, GRUR-RR 2011, 327.
466 *OLG Frankfurt a. M.*, Urt. v. 14. 12. 2006 – 6 U 129/06, CR 2007, 387 = MMR 2007, 322, 323; ebenso *LG Heilbronn*, Urt. v. 23. 4. 2007 – 8 O 90/07 St, CR 2008, 129 = MMR 2007, 536 im Hinblick auf Rechtsanwälte, die im Internet mit kostenneutralen Abmahntätigkeiten werben.
467 *OLG Düsseldorf*, Beschl. v. 5. 7. 2007 – 20 W 15/07, CR 2008, 197 (Ls.) = BeckRS 2007, 18617; ähnlich *OLG Düsseldorf*, Urt. v. 3. 7. 2007 – I-20 U 10/07, MMR 2008, 56; siehe auch *LG Münster*, Urt. v. 4. 4. 2007 – 2 O 595/06: Herabsetzung des Streitwerts von 25 000 Euro auf 4000 Euro bei fehlender Widerrufsbelehrung; *OLG Frankfurt a. M.*, Beschl. v. 17. 8. 2006 – 6 W 117/06, MMR 2007, 117: Herabsetzung des Streitwerts auf 5.000 Euro.

argumentiert das *OLG Hamburg*[468]: Da Mitbewerber, die sich um ein rechtstreues Verhalten hinsichtlich der ordnungsgemäßen Aufklärung von Verbrauchern bei Onlinegeschäften kümmern, „gegebenenfalls auch Geld für Beratungsleistungen" aufwenden müssten, verschlechtere sich ihre Rechtsposition gegenüber Konkurrenten, die sich nicht an die gesetzlichen Vorgaben halten. Da „eine erhebliche Gefahr zunehmender Nachlässigkeit" in diesem Bereich zu besorgen sei, rechtfertige die Nichteinhaltung von Informationspflichten einen Streitwert von 5000 Euro.[469]

Zu beachten ist ferner, dass eine **Abmahnbefugnis eines Mitbewerbers** **700** i. S. v. § 8 Abs. 3 Nr. 1 UWG i. V. m. § 2 Abs. 1 Nr. 3 UWG voraussetzt, dass der Abmahnende ausreichend glaubhaft macht, ein zum Abgemahnten in einem konkreten Wettbewerbsverhältnis stehender Gewerbetreibender zu sein. Dazu gehöre dem *OLG Jena* zufolge „bei der gebotenen wirtschaftlichen Betrachtungsweise auch die Glaubhaftmachung einer ausreichenden, bereits in ausreichendem Umfang aufgenommenen, auf Dauer gerichteten geschäftlichen Betätigung, die im Falle des behaupteten Handels auch von einer ausreichenden Gewinnerzielungsabsicht getragen sein muss".[470] Erforderlich seien daher konkrete Angaben zu den angeblichen Gewerbetätigkeiten; etwa in Bezug auf Kundenstamm, Anzahl der Geschäftsvorfälle oder Umsatzzahlen.[471]

Das *LG Düsseldorf*[472] hat darauf hingewiesen, dass Abmahngebühren in **701** einem Wettbewerbsprozess nur geltend gemacht werden können, wenn der Gegenseite eine **schriftliche Vollmacht** übermittelt worden ist. Dem *BGH*[473] zufolge hat der Abmahnung allerdings dann keine Vollmacht im Original beizuliegen, wenn dieser zugleich eine strafbewehrte Unterlassungserklärung beiliegt, da in diesen Fällen § 174 S. 1 BGB weder direkt noch analog anwendbar sei. Umstritten bleibt weiterhin die Frage der Erforderlichkeit einer Original-Vollmacht, wenn die Abmahnung kein Angebot auf den Abschluss eines Unterlassungsvertrages enthält, sodass dieser sicherheitshalber eine solche beigefügt werden sollte.

---

468 *OLG Hamburg*, Beschl. v. 30.10. 2007 – 3 W 189/07, K & R 2008, 254.

469 Siehe auch *OLG Hamm*, Beschl. v. 28.3. 2007 – 4 W 19/07, CR 2008, 197, das (und im Folgenden auch die Instanzgerichte des Bezirks) sogar von einem Streitwert von 30 000 Euro ausgeht.

470 *OLG Jena*, Urt. v. 18.8. 2004 – 2 W 355/04, CR 2005, 467 (Ls.) = MMR 2005, 184.

471 *OLG Jena*, Urt. v. 18.8. 2004 – 2 W 355/04, CR 2005, 467 (Ls.) = MMR 2005, 184.

472 *LG Düsseldorf*, Urt. v. 3.12. 2008 – 12 O 393/07; ähnlich *OLG Düsseldorf*, Urt. v. 11.8. 2009 – I-20 U 253/08, GRUR-Prax 2009, 23.

473 *BGH*, Urt. v. 19.5. 2010 – I ZR 140/08, NJW-RR 2011, 335 = MMR 2011, 138 m. Anm. *Buchmann*, GRUR 2010, 1120.

702   Ende Februar 2016 ist das Gesetz zur Verbesserung der zivilrechtlichen Durchsetzung von verbraucherschützenden Vorschriften des Datenschutzrechts in Kraft getreten.[474] Infolge der Neuregelung werden u. a. die Abmahnbefugnisse von Verbraucherschutzverbänden auf datenschutzrechtliche Verstöße erweitert, wenn die **Daten zu Zwecken der Werbung**, der Markt- und Meinungsforschung, des Betreibens einer Auskunft, des Erstellens von Persönlichkeits- und Nutzungsprofilen, des Adresshandels, des sonstigen Datenhandels oder zu vergleichbaren kommerziellen Zwecken erhoben, verarbeitet oder genutzt werden.

---

474 BGBl. I 2016, S. 233.

Fünftes Kapitel: Der Vertragsschluss mit dem Kunden

I Kollisionsrechtliche Fragen

Literatur: *Doralt/Nietner*, Verbrauchervertragsrecht und Rechtswahl, AcP 2016 Bd. 215, 855; *Hübner*, Vertragsschluss und Probleme des Internationalen Privatrechts beim E-Commerce, ZgesVW 2001, 351; *Kaufhold*, Internationale Webshops – anwendbares Vertrags- und AGB-Recht im Verbraucherverkehr, EuZW 2016, 247; *Pfeiffer*, Neues internationales Vertragsrecht, Zur Rom I-VO, EuZW 2008, 622; *Terlau*, Internationale Zuständigkeit, in: Moritz/Dreier, Rechts-Handbuch E-Commerce, 2. Aufl. 2005, 443; *Schroeter*, Der digitale Binnenmarkt für Europa und das UN-Kaufrecht, ZVGlRWiss 2016, 270; *Zieger/Smirra*, Neue Informationspflichten im Zusammenhang mit alternativer Streitbeilegung – Praktische Handhabung und Vorschläge zur Umsetzung für Online-Händler und Webseitenbetreiber, MMR 2016, 291.

Im Internet wird eine Reihe von Verträgen mit grenzüberschreitendem Charakter geschlossen. Auf diese darf nicht einfach das deutsche Vertragsrecht angewendet werden. Vielmehr ist nach den Regeln des Internationalen Privatrechts (IPR) das Vertragsstatut, also das auf den Vertrag anwendbare Recht, zu bestimmen. **703**

1 UN-Kaufrecht

Das UN-Kaufrecht, auch Wiener Kaufrecht genannt, ist eine mögliche Rechtsgrundlage des internationalen Warenkaufs. Es ist im **CISG** (Convention on the International Sale of Goods[1]) geregelt. Bei dem CISG handelt es sich um ein internationales Übereinkommen, das dem nationalen Recht eines Vertragsstaates sowie dem internationalen Privatrecht vorgeht. Sachlich kommt das **UN-Kaufrecht** typischerweise zum Tragen, wenn Waren im gewerblichen Kontext verkauft werden.[2] Waren sind alle beweglichen Sachen, Art. 1 Abs. 1 CISG.[3] Auf den Verkauf von Standardsoftware wird das Übereinkommen zumindest entsprechend angewendet, unabhängig davon, ob sie per Datenträger oder Daten- **704**

---

[1] Wiener UN-Übereinkommen über Verträge über den internationalen Warenkauf, BGBl. II 1989, S. 588.

[2] Vgl. MüKoHGB/*Benicke*, 3. Aufl. 2013, Art. 1 CISG Rz. 16.

[3] MüKoHGB/*Benicke*, 3. Aufl. 2013, Art. 1 CISG Rz. 16; Schlechtriem/Schwenzer/*Ferrari*, Kommentar zum Einheitlichen UN-Kaufrecht, 6. Aufl. 2013, Art. 1 CISG Rz. 34.

https://doi.org/10.1515/9783110556346-005

fernübertragung geliefert wird.[4] Nicht erfasst sind Datenbankverträge, da es sich hierbei meist nicht um Kaufverträge handelt.

705   Neben diesem **sachlichen Anwendungsbereich** muss der **örtliche Anwendungsbereich** eröffnet sein. Art. 1 Abs. 1 CISG erfordert, dass die Kaufvertragsparteien ihre Niederlassung in verschiedenen Staaten haben, also ein grenzüberschreitender Kauf vorliegt. Zudem muss der Kauf eine Verbindung zu mindestens einem Vertragsstaat aufweisen. Dies ist der Fall, wenn die Parteien die Niederlassung in verschiedenen Vertragsstaaten haben (Art. 1 Abs. 1 lit. a CISG), oder die Regeln des IPR zur Anwendung des Rechts eines Vertragsstaats führen (Art. 1 Abs. 1 lit. b CISG). Da mit Ausnahme von Großbritannien alle wichtigen Nationen Vertragsmitglieder sind,[5] wird der räumliche Anwendungsbereich bei vielen über das Internet geschlossenen Warenkaufverträgen eröffnet sein. Zwar erlaubt Art. 6 CISG, von den Regeln der CISG abzuweichen bzw. ein nationales Recht als Vertragsstatut zu bestimmen; liegt jedoch eine Rechtswahl zugunsten eines Staates vor, der Vertragsmitglied ist, so ist grundsätzlich davon auszugehen, dass diese Rechtswahl das gesamte Recht und damit auch das zu innerstaatlichem Recht gewordene CISG umfasst.[6] Soll also z. B. deutsches materielles Recht auf den Vertrag anwendbar sein, so hat die Rechtswahl unter eindeutigem Ausschluss des UN-Kaufrechts zu erfolgen.[7]

2 Grundzüge der Rom I-VO

706 Im Bereich des EU-weiten Kollisionsrechts ist die am 17. Dezember 2009 in Kraft getretene Rom I-VO für vertragliche Schuldverhältnisse, welche nach diesem Zeitpunkt geschlossen wurden, grundsätzlich maßgebend.[8] Diese ist in ihrem

---

4 MüKoHGB/*Benicke*, 3. Aufl. 2013, Art. 1 CISG, Rz. 18; Schlechtriem/Schwenzer/*Ferrari*, Kommentar zum Einheitlichen UN-Kaufrecht, 6. Aufl. 2013, Art. 1 CISG Rz. 38, siehe auch *Diedrich*, Autonome Auslegung von Internationalem Einheitsrecht, Baden-Baden 1994, 174; *Diedrich*, RIW 1993, 441, 452; *Endler/Daub*, CR 1993, 601; *Hoeren*, CR 1988, 908; *Mankowski*, CR 1999, 581; a. A. *Piltz*, NJW 1994, 1101.
5 Zu derzeitigen Mitgliedstaaten siehe: www.uncitral.org/uncitral/en/uncitral_texts/sale_goods/1980CISG_status.html (zuletzt abgerufen: Mai 2017).
6 MüKoHGB/*Benicke*, 3. Aufl. 2013, Art. 6 CISG Rz. 6; Schlechtriem/Schwenzer/*Ferrari*, Kommentar zum Einheitlichen UN-Kaufrecht, 6. Aufl. 2013, Art. 6 CISG, Rz. 43.
7 MüKoHGB/*Benicke*, 3. Aufl. 2013, Art. 6 CISG Rz. 11; zu beachten ist ferner, dass die UNCITRAL am 23. 11. 2005 die „United Nations Convention on the Use of Electronic Communications in International Contracts" (CUECIC) verabschiedet hat. Dabei handelt es sich um ein internationales Übereinkommen für den grenzüberschreitenden Handelsverkehr; siehe dazu *Bernstorff*, RIW 2002, 179.
8 Palandt/*Thorn*, Kommentar BGB, 76. Aufl. 2017, Vorbem. zu Art. 1 Rom I-VO Rz. 1.

Anwendungsbereich dem deutschen IPR gem. Art. 3 Nr. 1b EGBGB vorrangig. Die Rom I-VO löst somit insb. die Regelungen zum internationalen Vertragsrecht in Art. 27–37 EGBGB ab.[9]

Ist das UN-Kaufrecht nicht einschlägig, so bestimmt sich das Vertragsstatut **707** nach den **Art. 3, 4 Rom I-VO**. Wegen der in Art. 6 Rom I-VO normierten vorrangigen Regelung für Verbraucherverträge sind vom praktischen Anwendungsbereich der Art. 3, 4 Rom I-VO primär solche Internet-Transaktionen erfasst, an denen auf beiden Seiten freiberuflich oder gewerblich Tätige beteiligt sind. Nach Art. 3 Abs. 1 S. 1 Rom I-VO unterliegt ein solcher Vertrag dabei vorrangig dem von den Parteien gewählten Recht. Auch in den AGB kann eine Rechtswahlklausel enthalten sein.[10] Nicht erlaubt sind Rechtswahlklauseln im Verhältnis zu Verbrauchern.[11] Die Wirksamkeit der getroffenen Rechtswahlvereinbarung richtet sich nach dem hierin gewählten Recht.[12] Weiterhin kommt gem. Art. 3 Abs. 1 S. 2 Rom I-VO eine konkludente Rechtswahl in Betracht. Insbesondere die Vereinbarung eines einheitlich ausschließlichen Gerichts- oder Schiedsstandes soll ein (widerlegbares) Indiz für die Wahl des am Gerichtsort geltenden materiellen Rechts sein, nicht aber der formularmäßige Gerichtsstandsvermerk.[13]

Wenn die Parteien keine ausdrückliche oder konkludente Rechtswahl getroffen **708** haben, kommt als subsidiäre Auffangregelung die Anknüpfung an die **charakteristische Leistung** zum Tragen.[14] Sie kommt in **Art. 4 Abs. 2 Rom I-VO** zum Ausdruck und findet Anwendung, sofern kein besonderer Vertrag nach Art. 4 Abs. 1 oder Art. 5–8 Rom I-VO vorliegt. Anknüpfungspunkt ist dabei grundsätzlich der **gewöhnliche Aufenthalt** des Marketers, also der absetzenden Person, wobei allerdings durch die detaillierten Regelungen für einzelne Vertragstypen in Art. 4 Abs. 1 Rom I-VO das Kriterium der „vertragscharakteristischen Leistung" gestärkt werden soll.[15] Bei Unternehmen findet für die Be-

---

9 *Palandt/Thorn*, Kommentar BGB, 76. Aufl. 2017, Vorbem. zu Art. 1 Rom I-VO Rz. 1; Die Regelungen des EGBGB sind jedoch weiterhin für Altverträge anwendbar – mit der Folge, dass für eine lange Übergangszeit zwei kollisionsrechtliche Systeme nebeneinander anwendbar bleiben.

10 MüKoBGB/*Martiny*, 6. Aufl. 2015, Art. 3 Rom I-VO Rz. 13, 42 m. w. A.

11 *EuGH*, Urt. v. 28. 7. 2016 – C 191/15, NJW 2016, 2727 = MMR 2016, 808.

12 MüKoBGB/*Martiny*, 6. Aufl. 2015, Art. 3 Rom I-VO Rz. 104; Palandt/*Thorn*, Kommentar BGB, 76. Aufl. 2017, Art. 3 Rom I-VO Rz. 9.

13 Vgl. Erwägungsgrund 12 der Rom I-VO; Palandt/*Thorn*, Kommentar BGB, 76. Aufl. 2017, Art. 3 Rom I-VO Rz. 7 m. w. A.; *BGH*, Urt. v. 1. 7. 1964 – VIII ZR 266/62, WM 1964, 1023, ZF X Nr. 496; vgl. hierzu auch MüKoBGB/*Martiny*, 6. Aufl. 2015, Art. 3 Rom I-VO Rz. 50.

14 MüKoBGB/*Martiny*, 6. Aufl. 2015, Art. 4 Rom I-VO,Rz. 1; Palandt/*Thorn*, Kommentar BGB, 76. Aufl. 2017, Art. 4 Rom I-VO Rz. 2, 22.

15 Vgl. Grünbuch der Kommission, KOM (2002) 654, S. 30 f.

stimmung des gewöhnlichen Aufenthaltes Art. 19 Rom I-VO Anwendung, der auf den Sitz der Hauptverwaltung oder Niederlassung abstellt.

709   Sofern also die Art. 3 sowie 5–8 Rom I-VO (für Beförderungs-, Verbraucher-, Versicherungs- sowie Individualarbeitsverträge) nicht einschlägig sind, ist zunächst zu prüfen, ob es sich bei dem zu beurteilenden Sachverhalt nicht um einen in Art. 4 Abs. 1 Rom I-VO genannten Vertragstyp handelt. Hervorzuheben ist etwa die Regelung in **Art. 4 Abs. 1 lit. a Rom I-VO** zu **Kaufverträgen** über bewegliche Sachen (zu Software vgl. oben). Hierbei ist, wie bereits erwähnt, insb. zu beachten, dass die Regelungen des **CISG** gem. Art. 25 Rom I-VO vorrangig Anwendung finden.[16] Jedoch behält die Regelung des Art. 4 Abs. 1 lit. a Rom I-VO ihre Bedeutung, sofern die Parteien die Anwendung des CISG ausgeschlossen haben und auch für die Ausfüllung von Lücken ist das anwendbare Recht weiterhin nach den Regeln des IPR der lex fori (in unserem Fall also auch nach Art. 4 Rom I-VO) zu bestimmen.[17]

710   Gewisse Probleme tauchen jedoch auf, sofern kein besonderer Vertragstyp gem. Art. 4 Abs. 1 Rom I-VO einschlägig ist, oder die Bestandteile des zu beurteilenden Vertrags durch den Tatbestand mehrerer solcher Vertragstypen abgedeckt werden. Dann kommt die **Auffangklausel des Art. 4 Abs. 2 Rom I-VO** zum Tragen, wonach an den gewöhnlichen Aufenthalt des Erbringers der **charakteristischen Leistung** angeknüpft wird. Charakteristisch ist dabei die Leistung, die dem betreffenden Vertragstyp seine Eigenart verleiht und seine Unterscheidung von anderen Vertragstypen ermöglicht.[18]

711   Allerdings ist gerade diese Zuordnung der charakteristischen Leistung insb. im Hinblick auf Verträge über **Immaterialgüter** sehr umstritten.[19] So wird bei Verpflichtungen zur Übertragung von Urheberrechten sowie bei **Lizenzverträgen** einerseits vertreten, dass es an sich der Urheber bzw. der Lizenzgeber sei, der die charakteristische Leistung erbringe.[20] Dass auf die Niederlassung des Lizenznehmers abzustellen sei, wird indes kaum vertreten. Wird allerdings ein ausschließliches Recht übertragen oder verpflichtet sich der Rechteerwerber zur Verwertung bzw. Ausübung, so soll andererseits nach weit verbreiteter Ansicht der Erwerber bzw. der Lizenznehmer die charakteristische Leistung er-

---

16 Palandt/*Thorn*, Kommentar BGB, 76. Aufl. 2017, Art. 4 Rom I-VO Rz. 5.

17 Palandt/*Thorn*, Kommentar BGB, 76. Aufl. 2017, Art. 4 Rom I-VO Rz. 5.

18 Vgl. MüKoHGB/*Martiny*, 6. Aufl. 2015, Art. 4 Rom I-VO, Rz. 172; Palandt/*Thorn*, Kommentar BGB, 76. Aufl. 2017, Art. 4 Rom I-VO Rz. 22.

19 MüKoHGB/*Martiny*, 6. Aufl. 2015, Art. 4 Rom I-VO, Rz. 245; Palandt/*Thorn*, Kommentar BGB, 76. Aufl. 2017, Art. 4 Rom I-VO Rz. 28.

20 So Palandt/*Thorn*, Kommentar BGB, 76. Aufl. 2017, Art. 4 Rom I-VO Rz. 28 mit Verweis auf *LG Mannheim*, Beschl. v. 23.10. 2009 – 7 O 125/09, GRUR-Prax 2010, 319 (noch zu Art. 28 EGBGB); Soergel/*v. Hoffman*, BGB, Art. 28 EGBGB, Rz. 495, 501; *Wagner*, IPRax 2008, 377.

bringen. Dem ist nicht so, wenn der Lizenznehmer lediglich eine Lizenzgebühr für eine nicht ausschließliche Lizenz zahlt.[21]

Es gibt auch Konstellationen, in denen die Anknüpfung nach Art. 4 Abs. 1, 2 Rom I-VO unangemessen erscheint. Sofern sich aus der Gesamtheit der Umstände also ergibt, dass der Vertrag trotz der vorgenommenen objektiven Anknüpfung zu einem anderen Staat eine **offensichtlich engere Verbindung** aufweist, soll nach **Art. 4 Abs. 3 Rom I-VO** das Recht dieses Staates Anwendung finden. Dabei soll diese Ausweichklausel eine enge Ausnahme und restriktiv auszulegen sein.[22] So kann diese z. B. greifen, wenn die Anknüpfung nach Art. 4 Abs. 1, 2 Rom I-VO willkürlich und isoliert erscheint und mit Ausnahme der Regelanknüpfung alle anderen Hinweise auf eine andere Rechtsordnung verweisen (vgl. insb. Erwägungsgrund 20 der Rom I-VO).[23] **712**

Zuletzt kommt in manchen Fällen allerdings auch **Art. 4 Abs. 4 Rom I-VO** zum Tragen: Schlägt nämlich eine Anknüpfung nach den Absätzen 1 und 2 fehl, findet das Recht des Staates Anwendung, zu dem der Vertrag die engste Verbindung aufweist.[24] Dabei können wie bei Art. 4 Abs. 3 Rom I-VO alle für den Abschluss und die Erfüllung relevanten Gesichtspunkte als Indizien von Bedeutung sein (vgl. insb. Erwägungsgrund 21 der Rom I-VO).[25] **713**

3 Kollisionsrecht und Verbraucherschutz

Auch bei Verbraucherverträgen ist zunächst das anwendbare materielle Recht zu bestimmen. Das UN-Kaufrecht ist gem. Art. 2 lit. a CISG nicht anwendbar, sofern das Konsumentengeschäft für den Verkäufer als solches erkennbar ist. An der Erkennbarkeit kann es fehlen, wenn ein Angestellter eine Bestellung über die E-Mail-Adresse seines Unternehmens vornimmt, die Leistung jedoch für seinen privaten Bedarf bestimmt ist. **714**

Seit der Aufhebung[26] der Art. 27 – 37 EGBGB a. F. Ende 2009 erfolgt die Ermittlung der anwendbaren Kollisionsvorschriften nun europaweit einheitlich **715**

---

21 Vgl. MüKoHGB/*Martiny*, 6. Aufl. 2015, Art. 4 Rom I-VO, Rz. 265 m. w. N.

22 Vgl. MüKoHGB/*Martiny*, 6. Aufl. 2015, Art. 4 Rom I-VO, Rz. 287; Palandt/*Thorn*, Kommentar BGB, 76. Aufl. 2017, Art. 4 Rom I-VO Rz. 29; *Leible*/Lehmann, RIW 2008, 528, 536.

23 jurisPK/*Ringe*, BGB, 7. Aufl. 2014, Art. 4 Rom I-VO Rz. 62.

24 Nicht zu verwechseln mit Art. 4 Abs. 3 Rom I-VO, der gerade dann Anwendung findet, wenn die Regelanknüpfung der Abs. 1, 2 greift, jedoch aufgrund einer offensichtlich engeren Verbindung zu einer anderen Rechtsordung unangemessen erscheint.

25 Vgl. Palandt/*Thorn*, Kommentar BGB, 76. Aufl. 2017, Art. 4 Rom I-VO Rz. 30; jurisPK/*Ringe*, BGB, 7. Aufl. 2014, Art. 4 Rom I-VO Rz. 67.

26 Die Aufhebung erfolgte durch das Gesetz zur Anpassung der Vorschriften des Internationalen Privatrechts an die Verordnung EG (Nr.) 593/2008 v. 25. 6. 2009 (BGBl. I 2009, S. 1574) mit Wirkung zum 17. 12. 2009.

nach der Rom I-VO (Verordnung EG (Nr. 593/2008), die als Verordnung ohne Umsetzung unmittelbar Wirkung in den Mitgliedstaaten entwickelt. Für Verbraucherverträge gilt hierbei nun insb. Art. 6 Rom I-VO.

716   Haben die Parteien **keine Rechtswahl** getroffen, gilt bei Verbraucherverträgen das Recht des Staates, in dem der Verbraucher seinen gewöhnlichen Aufenthalt hat (Art. 6 Abs. 1 Rom I-VO). In diesem Zusammenhang ergeben sich bei Vertragsschlüssen im Internet weder Probleme noch Besonderheiten.

717   Voraussetzung ist, dass es sich um einen Verbrauchervertrag i. S. d. Art. 6 Abs. 1 Rom I-VO handelt, der Vertragszweck also nicht der beruflichen oder gewerblichen Tätigkeit des Kunden zugerechnet werden kann. Zudem wird z. T. – wie bei Art. 2 lit. a CISG – gefordert, dass der Vertragspartner den Verwendungszweck nach den objektiven Gegebenheiten erkennen konnte.[27]

718   Sachlich unterliegen grundsätzlich sämtliche Vertragsarten der Sonderregelung des Art. 6 Abs. 1 Rom I-VO. Lediglich der Ausnahmekatalog gem. Art. 6 Abs. 4 Rom I-VO ist zu beachten. Besonderheiten für den Vertragsschluss im Internet ergeben sich aus diesem jedoch nicht.

719   Einschränkungen in der Anwendbarkeit können sich lediglich aus den räumlichen Voraussetzungen des Art. 6 Rom I-VO ergeben. So wird vorausgesetzt, dass der Vertragsschluss aufgrund äußerer Umstände für den Verbraucher in die Nähe eines Inlandsgeschäftes rückt. An die Stelle der speziellen Fallgruppen des Art. 29 Abs. 1 Nr. 1-3 EGBGB a. F. sind nun zwei generalklauselartige Formulierungen getreten. Diese erfordern entweder gem. lit. a des Art. 6 Abs. 1 Rom I-VO die Ausübung einer beruflichen oder gewerblichen Tätigkeit durch den Unternehmer im Aufenthaltsstaat des Verbrauchers oder gem. lit. b des Art. 6 Abs. 1 Rom I-VO das Ausrichten einer solchen Tätigkeit auf diesen Staat.[28]

720   Entscheidend ist allein die Ausrichtung der Tätigkeiten unabhängig vom verwendeten Medium.[29] Internetangebote sind allerdings regelmäßig nicht speziell auf ein bestimmtes Staatsgebiet gerichtet, sondern an die ganze Welt adressiert. Jedoch wird die Ansprache im Internet zumindest auch als individuell an den Aufenthaltsstaat des Verbrauchers gerichtet empfunden und es wäre zudem widersprüchlich, wenn sich der Anbieter die Internationalität des Mediums nicht zurechnen lassen müsste. Das Risiko, einer Vielzahl von Rechtsord-

---

27 Vgl. MüKoHGB/*Martiny*, 6. Aufl. 2015, Art. 6 Rom I-VO, Rz. 10; Palandt/*Thorn*, Kommentar BGB, 76. Aufl. 2017, Art. 6 Rom I-VO Rz. 5.

28 Palandt/*Thorn*, Kommentar BGB, 76. Aufl. 2017, Art. 6 Rom I-VO Rz. 6; Hk-BGB/*Staudinger*, 9. Aufl. 2017, Art. 6 Rom I-VO Rz. 9 f.

29 Palandt/*Thorn*, Kommentar BGB, 76. Aufl. 2017, Art. 6 Rom I-VO Rz. 6; MüKoBGB/*Martiny*, 6. Aufl. 2015, Art. 6 Rom I-VO Rz. 34.

nungen unterworfen zu sein (Overspill-Risiko), muss grundsätzlich derjenige tragen, der sich eines transnationalen Mediums bedient. Daher genügt es für die Anwendbarkeit des Art. 6 Abs. 1 Rom I-VO, dass die Internetangebote zumindest auch auf den Aufenthaltsstaat des Verbrauchers abzielen.

Eine **Rechtswahl** ist neben den allgemeinen Regeln gem. Art. 3 Abs. 1 **721** Rom I-VO auch bei Verbraucherverträgen gem. Art. 6 Abs. 2 Satz 1 Rom I-VO ausdrücklich zulässig und primär zur Bestimmung des anwendbaren Rechts zu berücksichtigen. Zum Schutz des Verbrauchers darf gem. Art. 6 Abs. 2 Rom I-VO diese Rechtswahl jedoch nicht dazu führen, dass dem Verbraucher der Schutz entzogen wird, den ihm die zwingenden Bestimmungen des Staats gewähren, in dem er seinen gewöhnlichen Aufenthalt hat. Auch bei Vereinbarung ausländischen Rechts steht einem deutschen Verbraucher daher bei elektronischen Bestellungen der Schutz nach dem BGB zu.[30]

Regelmäßig nach Art. 6 Rom I-VO ist Art. 46b EGBGB zu prüfen, weil die **722** Vorschrift den Verbraucherschutz nach Art. 6 Rom I-VO ergänzt. Art. 46b EGBGB regelt den Verbraucherschutz für besondere Gebiete, die durch Rechtswahl von den Vertragsparteien gewählt worden sind.[31] Der Rückgriff auf Art. 46b EGBGB ist jedoch nur dann sinnvoll, wenn Art. 6 Rom I-VO nicht zu einem richtlinienkonformen Verbraucherschutz nach dem Recht eines Mitgliedstaats führt. Ist dieser gegeben, besteht kein Anlass zur Anwendung von Art. 46b EGBGB. Dieser greift jedoch dann ein, wenn Art. 6 Rom I-VO tatbestandlich nicht anwendbar ist oder zur Anwendung des für den Verbraucher ungünstigeren Rechts eines Nicht-EU/EWR-Mitgliedstaats führt.[32]

Zu beachten ist, dass Art. 46b EGBGB allein die Anwendbarkeit solcher **723** Normen regelt, die in Anwendung von Verbraucherschutzrichtlinien ergangen sind. Diese sind in Art. 46b Abs. 3 EGBGB abschließend aufgeführt. Diese Liste kann jedoch nach Bedarf vom Gesetzgeber erweitert werden. Zudem ist die Aufzählung „dynamisch" ausgestaltet: Verwiesen wird jew. auf die Sekundärrechtsakte „in ihrer jew. geltenden Fassung".

Art. 46b EGBGB erfasst nur solche Sachverhalte, in denen eine Rechtswahl **724** zugunsten des Rechts eines Drittstaats vorliegt. Nicht erfasst werden Sachverhalte, für die das Recht eines Drittstaats aufgrund objektiver Anknüpfungspunkte maßgeblich ist: Diese kann keine Partei zu ihren Gunsten beeinflussen,

---

30 Vgl. Palandt/*Thorn*, Kommentar BGB, 76. Aufl. 2017, Art. 6 Rom I-VO Rz. 8, 9 m. w. A.; MüKoBGB/*Martiny*, 6. Aufl. 2015, Art. 6 Rom I-VO, Rz. 51 ff.
31 MüKoBGB/*Martiny*, 6. Aufl. 2015, Art. 6 Rom I-VO Rz. 32, Art. 46b EGBGB Rz. 109.
32 MüKoBGB/*Martiny*, 6. Aufl. 2015, Art. 46b EGBGB Rz. 111; Hk-BGB/*Staudinger*, 9. Aufl. 2017, Art. 46b EGBGB Rz. 4.

ein besonderer Schutz des Verbrauchers ist daher nicht erforderlich. Art. 46b EGBGB greift demnach ein, wenn:

– der **Vertrag kraft subjektiver Anknüpfung** (also Rechtswahl) nicht dem Recht eines Mitgliedstaats oder Vertragsstaats des EWR unterliegt und
– der Vertrag einen engen Zusammenhang „mit dem Gebiet eines dieser Staaten" aufweist.[33]

725 Liegen diese Voraussetzungen vor, so hat der Richter die „geltenden Bestimmungen zur Umsetzung der Verbraucherschutzrichtlinien" desjenigen EU- bzw. EWR-Staats anzuwenden, „zu dem der Vertrag einen engen Zusammenhang aufweist". Im Wege der allseitigen Anknüpfungen wird somit dasjenige Statut zur Anwendung berufen, zu dem der Vertrag ein besonderes Näheverhältnis innehat. Die dortigen einzelstaatlichen Sachnormen zur Umsetzung der in Abs. 3 genannten Richtlinien gelten ergänzend zu den Normen des durch Rechtswahl bestimmten Vertragsstatuts. Bei der Anwendung des von Art. 46b Abs. 1 EGBGB berufenen Rechts bleibt es auch dann, wenn dieses dem Verbraucher einen geringeren Schutz bietet als das von den Parteien gewählte Recht. Insoweit ist ein sog. „Günstigkeitsvergleich" des gewählten mit dem von Abs. 1 berufenen Rechtes nicht vorgesehen.[34]

726 Art. 46b Abs. 2 EGBGB nennt Regelbeispiele für das Vorliegen eines „**engen Zusammenhangs**". Ein solcher liegt nach Art. 46b Abs. 2 Nr. 1 EGBGB mit dem EU- bzw. EWR-Staat vor, in dem der Verbraucher seinen gewöhnlichen Aufenthalt hat und in dem ein Unternehmer eine berufliche bzw. gewerbliche Tätigkeit ausübt. Weiterhin ist nach Art. 46b Abs. 2 Nr. 2 EGBGB ein solcher enger Zusammenhang anzunehmen, wenn der Unternehmer eine solche Tätigkeit auf einen Mitglied- oder Vertragsstaat ausrichtet. Dies entspricht im Wesentlichen dem Wortlaut des Art. 6 Rom I-VO und sollte damit in diesem Sinne ausgelegt werden.

727 Probleme ergeben sich, wenn auf ein mitgliedstaatliches Recht verwiesen wird, in dem eine Richtlinientransformation bisher unterblieben ist oder ein Sekundärrechtsakt zwar rechtzeitig, aber unzutreffend umgesetzt wurde. Führt Art. 46b Abs. 1 EGBGB zur Anwendung eines zwar mitgliedstaatlichen, aber richtlinienwidrigen Rechts, so muss der deutsche Richter zunächst versuchen, dieses Recht anhand des landeseigenen Methodenkanons richtlinienkonform zu interpretieren. Ist dies ausgeschlossen, verbleibt dem Verbraucher nur der Weg einer Staatshaftungsklage gegen den säumigen Mitgliedstaat.[35]

---

33 MüKoBGB/*Martiny*, 6. Aufl. 2015, Art. 46b EGBGB Rz. 37.
34 Palandt/*Thorn*, Kommentar BGB, 76. Aufl. 2017, Art. 46b EGBGB Rz. 5; Hk-BGB/*Staudinger*, 9. Aufl. 2017, Art. 46b EGBGB Rz. 17.
35 MüKoBGB/*Martiny*, 6. Aufl. 2015, Art. 46b EGBGB Rz. 79.

4 Sonderanknüpfungen

Eingeschränkt wird die Bestimmung des Vertragsstatuts nach Art. 3 und 4 **728**
Rom I-VO jedoch auch durch den speziellen **Vorbehalt des Art. 9 Rom I-VO**
zugunsten der Anwendung von **Eingriffsnormen** des Rechts des angerufenen
Gerichts. Eine Eingriffsnorm ist danach eine zwingende Vorschrift, deren Einhaltung von einem Staat als so entscheidend für die Wahrung seines öffentlichen Interesses, insb. seiner politischen, sozialen oder wirtschaftlichen Organisation, angesehen wird, dass sie ungeachtet des nach Maßgabe dieser
Verordnung auf den Vertrag anzuwendenden Rechts auf alle Sachverhalte
anzuwenden ist, die in ihren Anwendungsbereich fallen (Art. 9 Abs. 1 Rom I-
VO).[36]

Bereits aus dieser Definition lässt sich erkennen, dass der Gesetzgeber da- **729**
rauf abzielt, den Anwendungsbereich dieses Eingriffsrechts zu schmälern.[37] Es
ist daher ausschlaggebend, ob die Norm durch einen Staat als maßgeblich für
die Wahrung des „öffentlichen Interesses" angesehen wird und dass sie nationale Geltung einnimmt.[38] Es reicht wegen der gebotenen restriktiven Anwendung nicht aus, wenn eine Norm nur untergeordnet auf öffentliche Gemein-
wohlinteressen gerichtet ist. Als Unterscheidungsmerkmal kann daher die
Frage, ob die Regelung dem überindividuellen Kollektiv- oder dem Institutio-
nenschutz verpflichtet ist, hilfreich sein.

Anwendbar bleiben daher insb. Gesetze i. R. d. Kartell- und Außenwirt- **730**
schaftsrechts, der Regelung des Produktpirateriegesetzes, sowie des Daten-
schutz- und Steuerrechts.

Noch begrenzter ist der Anwendungsbereich des **ordre public** gem. Art. 21 **731**
Rom I-VO. Demnach kann die Anwendung einer nach der Rom I-VO bestimmten Rechtsordnung versagt werden, wenn sie mit der öffentlichen Ordnung des
Forumstaates offensichtlich unvereinbar ist. Die Vorschrift stellt die letzte Ebene der Kontrollmechanismen dar, bei denen eine Kollisionsverweisung unter
einen Ordnungsvorbehalt gestellt wird. Als Ausnahmevorschrift ist sie daher
eng auszulegen und kommt erst dann zur Anwendung, wenn das an sich maßgebliche ausländische Recht den Kernbestand der inländischen Rechtsordnung antasten würde.[39]

---

36 Palandt/*Thorn*, Kommentar BGB, 76. Aufl. 2017, Art. 9 Rom I-VO Rz. 5.
37 jurisPK/*Ringe*, BGB, 7. Aufl. 2014, Art. 9 Rom I-VO, Rz. 8.
38 Palandt/*Thorn*, Kommentar BGB, 76. Aufl. 2017, Art. 9 Rom I-VO Rz. 5.
39 MüKoBGB/*Martiny*, 6. Aufl. 2015, Art. 21 Rom I-VO Rz. 5.

II Vertragsschluss im Internet

Literatur: *Billing/Milsch*: Der Ratenkauf im Internet, NJW 2015, 2369; *Bisges*: Schlumpf-beeren für 3000 Euro – Rechtliche Aspekte von In-App-Verkäufen an Kinder, NJW 2014, 183; *Druschel*: Die Regelung digitaler Inhalte im Gemeinsamen Europäischen Kaufrecht (GEKR), GRUR Int. 2015, 125; *Föhlisch/Stariradeff*: Zahlungsmittel und Vertragsschluss im Internet, NJW 2016, 353; *Hoeren/Kairies*: Der Anscheinsbeweis im Bankenbereich – aktuelle Entwicklungen, WM 2015, 549; *Hoeren/Kairies*: Anscheinsbeweis und chipTAN, ZBB 2015, 35; *Holzbach/Süßenberger* in: Moritz/Dreier (Hrsg.), Rechtshandbuch zum E-Commerce, 2. Aufl. 2005, 453 ff.; Allgemeine Regeln für den Vertragsschluss; *Sutschet*: Anforderungen an die Rechtsgeschäftslehre im Internet, NJW 2014, 1041.

732 Via Internet können prinzipiell Verträge genauso durch Einigung, d. h. durch Angebot und Annahme, abgeschlossen werden wie im normalen Geschäftsleben, §§ 145 ff. BGB. Dabei ist zu beachten, dass eine Homepage regelmäßig nur als **„invitatio ad offerendum"** anzusehen ist.[40] Das Angebot geht demnach von dem Besteller aus; der Content-Provider entscheidet nach freiem Ermessen darüber, ob er das Angebot annimmt. Auch automatisch generierte Erklärungen sind Willenserklärungen i. S. d. BGB.[41] Dies gilt v. a. für den Vertragsschluss über autonome elektronische Agenten; denn in der Einrichtung des Agenten selbst liegt eine willentliche Vorbereitungshandlung, aufgrund derer Erklärungen des Agenten dem Anwender zugerechnet werden können.[42]

1 Annahmeerklärung und Bestätigungs-E-Mail, § 312i Abs. 1 Nr. 3 BGB

733 Mangels Rechtsbindungswillens nicht als Willenserklärung anzusehen sind Bestätigungs-E-Mails i. S. v. § 312i Abs. 1 Nr. 3 BGB, die ein Unternehmer seinem

---

[40] Siehe auch *BGH*, Urt. v. 26. 1. 2005 – VIII ZR 79/04, NJW 2005, 976 = MMR 2005, 233; *OLG Nürnberg*, Hinweisbeschl. v. 10. 6. 2009 – 14 U 622/09, MMR 2010, 31 = K & R 2010, 58; *OLG Stuttgart*, Urt. v. 10. 8. 2006 – 12 U 91/06, CR 2007, 269 (Ls.); *OLG Nürnberg*, Hinweisbeschl. v. 10. 6. 2009 – 14 U 622/09, K & R 2010, 58 = MMR 2010, 31; *OLG Oldenburg*, Urt. v. 11. 1. 1993 – 13 U 133/92, MDR 1993, 420 = CR 1993, 558 m. Anm. *Paefgen*; *LG Essen*, Urt. v. 13. 2. 2003 – 16 O 416/02, MMR 2004, 49; *Eckert*, DB 1994, 717; *Wagner*, WM 1995, 1129; *Ernst*, NJW-CoR 1997, 165; *Ph. Koehler*, MMR 1998, 289; *H. Köhler*, NJW 1998, 185; *Waldenberger*, BB 1996, 2365. Etwas anders ist die Gewichtung bei *Mehrings*, MMR 1998, 30, 32, der „in einer Reihe von Fällen" von einem verbindlichen Angebot ausgeht.

[41] *Köhler*, AcP 1982, 126; Hoeren/Sieber/Holznagel/*Kitz*, Handbuch MMR, 36. Ergänzungslieferung 2015, Teil 13.1 Rz. 144 m. w. N.; a. A. früher *Susat/Stolzenburg*, MDR 1957, 146; *Clemens*, NJW 1985, 1998.

[42] Graf von Westphalen/*Hoeren*, Vertragsrecht und AGB-Klauselwerke, 36. Ergänzungslieferung 2015, E-Commerce-Verträge, Rz. 43; *Cornelius*, MMR 2002, 353. Vgl. dazu auch die Regelungen in Sec. 14 des Uniform Electronic Transactions Act der USA sowie Sec. 21 des kanadischen Uniform Electronic Commerce Act, § 130 Rz. 13 f.

Kunden zuzusenden hat und wonach die eingegangene Bestellung bearbeitet wird.[43] Sie dient nur dazu, dem Kunden Gewissheit darüber zu verschaffen, ob seine Bestellung angekommen ist. Die Empfangsbestätigung kann indes auch mit der Annahmeerklärung des Unternehmers verknüpft werden. Die Abgrenzung zwischen Empfangs- und Annahmebestätigung wird von den Gerichten unterschiedlich beurteilt. Dabei kommt es maßgeblich auf den objektiven Empfängerhorizont an, §§ 133, 157 BGB. Als verbindliches Angebot anzusehen sind jedenfalls Rubriken wie „Sofort kaufen" oder Hinweise auf den direkten Download von Software und Musik.[44] Eine Annahme soll in der Ankündigung liegen, ein Auftrag werde „ausgeführt".[45] Das *OLG Frankfurt a. M.*[46] hat bereits in der Rückmeldung „Vielen Dank für Ihren Auftrag, den wir so schnell als möglich ausführen werden", eine Annahmeerklärung gesehen. Das *AG Westerburg*[47] hat eine Annahme ähnlich bejaht für eine E-Mail mit dem Inhalt: „Guten Tag, vielen Dank für Ihre Bestellung! Am Ende dieser E-Mail finden Sie eine Auflistung Ihrer Bestellung, die wir so schnell wie möglich für Sie bearbeiten werden." Das *AG Butzbach*[48] hingegen sah in der Formulierung „Vielen Dank für Ihre E-Mail. Wir werden Ihren Auftrag umgehend bearbeiten." keine Annahme. Der fehlende Rechtsbindungswille kann durch den Zusatz „Keine Auftragsbestätigung" deutlich gemacht werden.[49] Ein solcher klarstellender Hinweis kann auch in den AGB verankert werden.[50] Die Pflichten zur Bereitstellung einer Empfangsbestätigung gelten nach dem Wortlaut von § 312i Abs. 1 BGB („Kunde") sowohl im B2C- als auch im B2B-Bereich. Im B2B-Bereich können die Pflichten abbedungen werden, § 312i Abs. 2 S. 2 BGB.

---

43 Hoeren/Sieber/Holznagel/*Kitz*, Handbuch MMR, 36. Ergänzungslieferung 2015, Teil 13.1 Rz. 166; *AG München*, Urt. v. 4. 2. 2010 – 281 C 27753/09, MMR 2010, 687; *LG Essen*, Urt. v. 13. 2. 2004 – 16 O 416/02, NJW-RR 2003, 1207; *LG Hamburg*, Urt. v. 15. 11. 2004 – 328 S 24/04, CR 2005, 605 (Ls.) = MMR 2005, 121 m. Anm. *Lindhorst*; *AG Butzbach*, Urt. v. 14. 6. 2002 – 51 C 2S/02, CR 2002, 765; anders *AG Wolfenbüttel*, Urt. v. 14. 3. 2003 – 17 C 477/02, CR 2003, 622 = MMR 2003, 492.
44 Vgl. Hoeren/Sieber/Holznagel/*Kitz*, Handbuch MMR, 36. Ergänzungslieferung 2015, Teil 13.1 Rz. 149 m. w. N.
45 *LG Köln*, Urt. v. 16. 4. 2003 – 9 S 289/02, CR 2003, 613 = MMR 2003, 481; *LG Gießen*, Urt. v. 4. 6. 2003 – 1 S 413/02, CR 2003, 856 = MDR 2003, 1041 = NJW-RR 2003, 1206.
46 *OLG Frankfurt a. M.*, Urt. v. 20. 11. 2002 – 9 U 94/02, MDR 2003, 677 = CR 2003, 450.
47 *AG Westerburg*, Urt. v. 14. 3. 2003 – 21 C 26/03, CR 2003, 699.
48 *AG Butzbach*, Urt. v. 14. 6. 2002 – 51 C 25/02, NJW-RR 2003, 55 = CR 2002, 765.
49 *LG Gießen*, Urt. v. 4. 6. 2003 – 1 S 413/02, MDR 2003, 1041 = CR 2003, 856.
50 *AG Wolfenbüttel*, Urt. v. 14. 3. 2003 – 17 C 477/02, CR 2003, 622.

2 Anfechtung

734 Der Besteller kann sein Angebot nach den §§ 119, 120 BGB anfechten, wenn seine Willenserklärung via Provider falsch übermittelt worden ist.[51] Macht der Besteller bei der Erstellung seiner Mail irrtümlich falsche Angaben, kann er nach § 119 Abs. 1, 2. Alt. BGB anfechten.[52] Streitig ist, ob eine Anfechtung bei computergenerierten Erklärungen in Betracht kommt, deren Fehler auf lange zuvor eingegebenem falschen Datenmaterials beruht.[53] Es muss hier beachtet werden, dass die abgegebene Erklärung den Motiven desjenigen, der die Daten eingepflegt hat, entspricht, sodass eine Anfechtung dieses Motivirrtums unzulässig ist.[54] Ein Erklärungsirrtum ist bei **Eingabefehlern** möglich.[55] Bei **Übertragungsfehlern** kommt eine Anfechtung nach § 120 BGB analog in Betracht. Streitig ist, ob ein Fehler bei der Einstellung von Preisen in eine Webseite zur Anfechtung berechtigt. Teilweise wird darauf abgestellt, dass der Eingabefehler auf die Annahmeerklärung fortwirke und damit zur Anfechtung berechtige.[56] Unbeachtlich ist auf dieser Grundlage auch eine automatisch generierte (falsche) Bestätigungs-E-Mail, da diese i. d. R. nur als Bestätigung des Auftrages einzustufen ist.[57] Bei eBay-Käufen unter der Rubrik „Sofort kaufen" bestimmt sich das Angebot aus der Oberzeile und dem Text der Anzeige selbst. Sollte sich der Kunde darüber irren, kann er wegen Inhaltsirrtums anfechten.[58]

---

51 Siehe *Stockmar/Wittwer*, CR 2005, 118; *Heun*, CR 1994, 595; *Waldenberger*, BB 1996, 2365.

52 *OLG Hamm*, Urt. v. 8.1. 1993 – 20 U 249/92, NJW 1993, 2321; siehe auch *BGH*, Urt. v. 7.6. 1984 – IX ZR 66/83, MDR 1984, 838 = DB 1984, 2399; *OLG Oldenburg*, Urt. v. 30.10. 2003 – 8 U 136/03, CR 2004, 298.

53 *OLG Hamm*, Urt. v. 8.1. 1993 – 20 U 249/92, NJW 1993, 2321; siehe auch *BGH*, Urt. v. 7.6. 1984 – IX ZR 66/83, MDR 1984, 838 = DB 1984, 2399; *OLG Oldenburg*, Urt. v. 30.10. 2003 – 8 U 136/03, CR 2004, 298; dafür *OLG Frankfurt a. M.*, Urt. v. 20.11. 2002 – 9 U 94/02, MDR 2003, 677 = MMR 2003, 405; dagegen *AG Frankfurt a. M.*, Urt. v. 13.6. 1989 – 30 C 1270/89–45, CR 1990, 469 m. Anm. Redeker = NJW-RR 1990, 116; im Ergebnis auch *LG Frankfurt a. M.*, Urt. v. 8.8. 1988 – 2/24 S 76/88, NJW-RR 1988, 1331; *LG Frankfurt a. M.*, Urt. v. 28.2. 1997 – 2/19 O 359/96, CR 1997, 738.

54 *LG Frankfurt a. M.*, Urt. v. 28.2. 1997 – 2/19 O 359/96, BeckRS 9998, 14929.

55 Hoeren/Sieber/Holznagel/*Kitz*, Handbuch MMR, 36. Ergänzungslieferung 2015, Teil 13.1 Rz. 51 mit Verweis auf *LG Köln*, Urt. v. 30.11. 2010 – 18 O 150/10, K & R 2011, 281.

56 *BGH*, Urt. v. 26.1. 2005 – VIII ZR 79/04, CR 2005, 355 m. Anm. *Ernst* = MDR 2005, 674; *OLG Hamm*, Urt. v. 12.1. 2004 – 13 U 165/03, CR 2004, 949 = NJW 2004, 2601; *OLG Frankfurt a. M.*, Urt. v. 20.11. 2002 – 9 U 94/02, MDR 2003, 677 = CR 2003, 450; a. A. *LG Köln*, Urt. v. 16.4. 2003 – 9 S 289/02, CR 2003, 613 (n. v.); *AG Herford*, Urt. v. 21.8. 2003 – 12 C 574/03, CR 2003, 934.

57 Hoeren/Sieber/Holznagel/*Kitz*, Handbuch MMR, 36. Ergänzungslieferung 2015, Teil 13.1 Rz. 51.

58 *BGH*, Urt. v. 15.2. 2017 – VIII ZR 59/16, NJW 2017, 1660 m. Anm. *Sutschet*.

Wichtig ist, dass die Anfechtung schnell erklärt wird. Möchte z. B. ein   735
Onlineshop-Betreiber den Kaufvertrag wegen irrtümlicher Preisauszeichnung
i. S. v. § 119 Abs. 1, 1. Alt. BGB anfechten, hat dies gem. § 121 Abs. 1 BGB „unverzüglich", d. h. ohne schuldhaftes Zögern, zu erfolgen. Hierbei ist zu beachten,
dass nicht zu hohe Anforderungen zu stellen sind, da eine Gleichsetzung mit
„sofort" nicht erfolgen soll.[59] Es muss ein Ausgleich zwischen den widerstreitenden Interessen gefunden werden. Allerdings ist dem Anfechtenden die Möglichkeit der Einholung einer Rechtsauskunft zuzugestehen.[60] Die Obergrenze
liegt hier i. d. R. bei zwei Wochen.[61] Nach einer Entscheidung des *LG Bonn*[62] ist
das Anfechtungsrecht verwirkt, wenn es erst drei Wochen nach Kenntnis vom
Irrtum wahrgenommen wird. Auch müsse der Händler deutlich machen, dass
er tatsächlich die Anfechtung will. Räumt er dem Käufer nach drei Tagen ein
Rücktrittsrecht ein, liegt darin keine konkludente Anfechtung.

3 Stellvertretung und Internet

Wie im normalen Geschäftsleben ist auch im Internet der Abschluss eines Ver-   736
trages für und gegen einen anderen als Stellvertreter möglich, § 164 Abs. 1 BGB.
Allerdings ist dort eine besondere Fallgruppe zu beachten. Benutzt ein Fremder
die Kennung eines Nutzers, kommt es für eine Bindung dieses Nutzers an elektronische Bestellungen darauf an, ob es sich bei diesem Handeln unter fremdem
Namen um eine bloße falsche Namensangabe oder eine Identitätstäuschung
handelt, auf die § 164 Abs. 1 BGB analog Anwendung findet.[63] Im ersten Fall
handelt es sich um ein Eigengeschäft des Bestellers, im zweiten Fall um ein
Geschäft des Kontoinhabers. Das Abgrenzungskriterium ist, ob es dem Ge-
schäftspartner gerade auf ein Geschäft mit dem tatsächlichen Träger des Namens ankommt oder nicht. Dies wird normalerweise aber der Fall sein, denn
es geht vielfach um Insolvenzrisiken. Außerdem würde Unkenntnis der wahren
Identität des Bestellers der Abwicklung des Vertrags entgegenstehen.

Daher kommt es für den Fall der Identitätstäuschung maßgeblich darauf   737
an, ob der Handelnde Vertretungsmacht hatte. Anderenfalls war er **falsus pro-**
curator gem. § 177 Abs. 1 BGB, dessen Geschäft der tatsächliche Nutzer also

---

59 *RG*, Urt. v. 22. 02. 1929 – II 357/28, RGZ 124, 118.
60 Palandt/*Ellenberger*, Kommentar BGB, 76. Aufl. 2017, § 121 Rz. 3.
61 *Ders.* mit Verweis auf *OLG Hamm*, Urt. v. 9.1. 1990 – 26 U 21/98, NJW-RR, 1990, 523; *OLG
Thüringen*, Urt. v. 22. 9. 1999 – 7 U 229/99, OLG-NL 2000, 37.
62 *LG Bonn*, Urt. v. 8. 3. 2005 – 2 O 455/04 (n. v.).
63 *OLG München*, Urt. v. 5. 2. 2004 – 19 U 5114/03, NJW 2004, 1328 = MMR 2004, 625. Siehe
Borsum/Hoffmeister, NJW 1985, 1205.

mit einer Genehmigung an sich ziehen kann. Ansonsten kommt eine Haftung des falsus procurators auf Erfüllung oder Schadensersatz aus § 179 Abs. 1 BGB in Betracht.

738   Eine Anwendung der **Regeln über die Duldungsvollmacht** vermag nicht zu einer Haftung des Account-Inhabers zu führen, da diese voraussetzen würde, dass der Vertretene positive Kenntnis der Handlung des Fremden hatte, an welcher es regelmäßig beim Einsatz von Trojanern, beim Hacken oder Phishing fehlen wird.

739   Besondere Bedeutung hat hier die Anwendung der **Regeln über die Anscheinsvollmacht.** Für die Anscheinsvollmacht bedarf es gerade nicht der positiven Kenntnis des Handelns eines Dritten, sondern es genügt die fahrlässige Unkenntnis des Account-Inhabers sowie das Vertrauen des Geschäftspartners auf die Vertretungsmacht des Handelnden. An diesem schutzwürdigen Vertrauen des Geschäftspartners fehlt es aber, da die Registrierung oder das Handeln unter einem bestimmten Account gerade nicht den nötigen Rechtsschein zu setzen vermag.[64] Dies wird durch die Gerichte mit den fehlenden Sicherheitsstandards und der daraus resultierenden Missbrauchsgefahr begründet.[65] In diesem Zusammenhang ist auch darauf hinzuweisen, dass auch bei haushaltsangehörigen minderjährigen Kindern keine Anscheinsvollmacht erwachsen kann, da die Familienzugehörigkeit regelmäßig keine Vollmachtstellung begründen kann.[66] Anders stellt sich die Situation aber dar, sofern der Account-Inhaber sein Passwort fahrlässig weitergegeben hat, oder es von einem Dritten durch einen einfachen Blick über die Schulter eingesehen werden konnte. In diesen Fällen bejaht das *OLG Hamm* in Einzelfällen eine Anscheinsvollmacht.[67] Wie der *BGH* bekräftigt hat, reicht es für eine Zurechnung aber nicht aus, dass der Kontoinhaber die Zugangsdaten nicht hinreichend vor dem Zugriff des Handelnden geschützt hat.[68] Im Bereich der R-Gespräche hat der *BGH* dies dahingehend eingeschränkt, dass von einer Anscheinsvollmacht des Minderjährigen dann ausgegangen werden kann, wenn das Kind mehrfach über einen gewissen Zeitraum hinweg R-Gespräche geführt hat und die Eltern die Kosten beglichen haben.[69] Aber auch hier hält der *BGH* daran fest, dass die bloße

---

64 *BGH*, Urt. v. 11.5. 2011 – VIII ZR 289/09, MDR 2011, 773 = CR 2011, 455 m. Anm. *Mankowski*.
65 *OLG Köln*, Urt. v. 13.1. 2006 – 19 U 120/05, CR 2006, 489 = NJW 2006, 1676; *LG Bonn*, Urt. v. 19.12. 2003 – 2 O 472/03, CR 2004, 218 m. Anm. Winter = MMR 2004, 180.
66 *LG Bonn*, Urt. v. 19.12. 2003 – 2 O 472/03, CR 2004, 218 m. Anm. *Winter* = MMR 2004, 180.
67 *OLG Hamm*, Urt. v. 16.11. 2006 – 28 U 84/06, NJW 2007, 611 = ZUM 2007, 39.
68 *BGH*, Urt. v. 11.5. 2011 – VIII ZR 289/09, MDR 2011, 773 = CR 2011, 455 m. Anm. *Mankowski*.
69 *BGH*, Urt. v. 16.3. 2006 – III ZR 152/05, CR 2006, 454 m. Anm. *Klees* = MMR 2006, 453 m. Anm. *Mankowski*; vgl. auch *AG Diegburg*, Urt. v. 31.1. 2006 – 20 C 303/05, MMR 2006, 343.

Nutzung, ähnlich wie bei der Nutzung des Accounts, keine Setzung eines Rechtsscheins begründen kann.[70]

Teilweise wird zwar im Prozess versucht, über den **Anscheinsbeweis** der 740 Gebotsabgabe bei Internetauktionen eine vertragliche Bindung bzw. eine Haftung des Account-Inhabers zu begründen, dies lehnen die Gerichte aber mit Hinweis auf die o. g. fehlenden Sicherheitsstandards und die daraus resultierende Missbrauchsgefahr ab, sodass es an dem notwendigen typischen Geschehensablauf fehlt.[71] Zwar setzen sich beide Parteien dieser Gefahr aus, allerdings hat das Risiko der Verkäufer zu tragen, der Initiator des Verkaufs ist und die Vorteile des Internets und der Internetauktion für sich nutzen will.[72] Der *BGH* hat einen Anscheinsbeweis dafür, dass die PIN auf der Karte notiert war oder zumindest gemeinsam mit dieser aufbewahrt wurde, jedoch für den Fall angenommen, dass für die Transaktion die Originalkarte verwendet wurde.[73]

Im Fall der missbräuchlichen Verwendung von Passwörtern und anderen 741 Identitätsmerkmalen des Bankkunden (hier: PIN und TAN i. R. d. **Skimming/ Phishing/Pharming**) durch Dritte fehlt es an einem vom Bankkunden bewusst gesetzten Rechtsschein.[74] Aus der Kenntnis eines Passwortes, einer PIN oder einer TAN kann aufgrund der Vielzahl der Skimming- und Phishing-Attacken nicht auf eine bestehende Berechtigung geschlossen werden.[75]

Die Grundsätze des *BGH* zum Anscheinsbeweis bei EC-Karten[76] können auf 742 solche Fälle nicht übertragen werden. Die Bank kann von ihren Kunden erwarten, dass diese einen den allgemeinen Anforderungen, an dem Verhalten eines durchschnittlichen PC-Benutzers orientierten Personalcomputer für die Benutzung des Online-Banking verwenden. So darf die Bank von einem verständigen, technisch durchschnittlich begabten Kunden verlangen, dass er eine

---

70 *BGH*, Urt. v. 16. 3. 2006 – III ZR 152/05, CR 2006, 454 m. Anm. *Klees* = MMR 2006, 453 m. Anm. *Mankowski*.
71 *LG Bonn*, Urt. v. 19. 12. 2003 – 2 O 478/03, CR 2004, 218 = MMR 2004, 180.
72 *OLG Hamm*, Urt. v. 16. 11. 2006 – 28 U 84/06, NJW 2007, 611; *OLG Köln*, Urt. v. 6. 9. 2002 – 19 U 16/02, CR 2003, 55 = K & R 2003, 83.
73 *BGH*, Urt. v. 29. 11. 2011 – XI ZR 370/10, NJW 2012, 1277 = MMR 2012, 225.
74 *AG Wiesloch*, Urt. v. 20. 6. 2008 – 4 C 57/08, K & R 2008, 550 = MMR 2008, 626.
75 *AG Krefeld*, Urt. v. 6. 7. 2012 – 7 C 605/11, MMR 2013, 164; *AG Berlin-Mitte*, Urt. v. 25. 11. 2009 – 21 C 442/08, NJW-RR 2010, 407 (n. rkr.); *LG Mannheim*, Urt. v. 16. 5. 2008 – 1 S 189/07, MMR 2008, 765; *AG Wiesloch*, Urt. v. 20. 6. 2008 – 4 C 57/08, MMR 2008, 626 = K & R 2008, 550 m. Anm. *Werner*; siehe dazu auch *AG Frankfurt a. M.*, Urt. v. 24. 3. 2016 – 32 C 3377/15.
76 *BGH*, Urt. v. 5. 10. 2005 – XI ZR 210/03, MMR 2004, 812 = NJW 2004, 3623; vgl. zu diesem Thema auch *Hoeren/Kairies*, Der Anscheinsbeweis im Bankenbereich – aktuelle Entwicklungen, WM 2015, 549; *Hoeren/Kairies*, Anscheinsbeweis und chipTAN, ZBB 2015, 35; dazu jetzt auch ausführlich *BGH*, Urt. v. 26. 1. 2016 – XI ZR 91/14, MMR 2016, 382 = NJW 2016, 2024 m. Anm. *Knops*.

aktuelle Virenschutzsoftware und eine Firewall verwendet und regelmäßig Sicherheitsupdates für sein Betriebssystem und die verwendete Software einspielt. Ebenso muss ein Kontoinhaber die Warnungen der Banken beachten, PIN und TAN niemals auf telefonische Anforderung oder Anforderung per E-Mail herauszugeben. Außerdem wird man von ihm erwarten können, dass er deutliche Hinweise auf gefälschte E-Mails und Internetseiten seiner Bank erkennt; das *OLG Köln* nennt hierfür z. B. sprachliche Mängel, deutlich falsche Internetadresse, Adresse ohne https:// sowie das Fehlen eines Schlüsselsymbols in der Statusleiste.[77] Durch die Umsetzung der Verbraucherkreditrichtlinie[78] wurde u. a. § 675w BGB im Jahre 2009 neu in das Gesetz eingefügt. § 675w S. 3 BGB zufolge kann sich aus dem bloßen Einsatz eines Zahlungsauthentifizierungssystems „allein nicht notwendigerweise" auf den erbrachten Nachweis der Authentifizierung schließen lassen. Aus dem Wortlaut der Vorschrift lässt sich daher folgern, dass die Kenntnis von PIN und TAN nicht ausreicht, um einen prima facie Beweis anzunehmen.[79] In diesen Fällen darf nicht automatisch auf eine (unwiderlegliche) Beweisvermutung zulasten des Kontoinhabers geschlossen werden.

743 Anders zu beurteilen ist insofern das als weitgehend sicher erachtete **chipTAN-Verfahren**. Hierbei wird die bisherige Praxis der durch Banken verschickten TAN-Listen durch eine einmalig verwendbare Transaktionsnummer zur Authentifikation der Transaktion und des Karteninhabers ersetzt. Daher besteht eine hohe Wahrscheinlichkeit für die Annahme, dass die Transaktion nicht ohne Mitwirkung des Berechtigten vorgenommen wurde, sodass in diesem Fall ein Anscheinsbeweis von der h. M. nicht pauschal ausgeschlossen wird.[80] Hat ein Kreditinstitut nach einer Phishing-Attacke einen Geldbetrag eines Kunden an einen Dritten überwiesen, besteht zwischen der Bank und dem Dritten ein nach Bereicherungsrecht rückabwickelbares Leistungsverhältnis, ohne dass sich der (bösgläubige) Dritte auf Entreicherung berufen kann.[81]

---

77 *LG Köln*, Urt. v. 5. 12. 2007 – 9 S 195/07, K & R 2008, 118 = MMR 2008, 259.

78 Gesetz zur Umsetzung der Verbraucherkreditrichtlinie, des zivilrechtlichen Teils der Zahlungsdiensterichtlinie sowie zur Neuordnung der Vorschriften über das Widerrufs- und Rückgaberecht (BGBl. I 2009, S. 2355) vom 29. 7. 2009; umgesetzt wurde die RL 2008/48/EG über Verbraucherkreditverträge des Europäischen Parlaments und des Rates vom 23. April 2008 über Verbraucherkreditverträge und zur Aufhebung der Richtlinie 87/102/EWG des Rates.

79 *Hoeren/Kairies*, Anscheinsbeweis und chipTAN, ZBB 2015, 35 m. w. A.

80 *Hoeren/Kairies*, Anscheinsbeweis und chipTAN, ZBB 2015, 35 f., 40 m. w. A.; dazu jetzt auch *BGH*, Urt. v. 26. 1. 2016 – XI ZR 91/14, MMR 2016, 382 = NJW 2016, 2024 m. Anm. *Knops*.

81 *LG Bad Kreuznach*, Urt. v. 30. 1. 2008 – 2 O 331/07, K & R 2008, 255 = MMR 2008, 421.

4 Vertragsschluss mit Verbrauchern

Im Geschäftsverkehr mit Verbrauchern sind i. R. d. Vertragsschlusses einige Be- **744**
sonderheiten zu beachten. An dieser Stelle wird auf die für das Zustandekommen des Vertrages relevanten Aspekte eingegangen. Dabei wird die Rechtslage
mit den Änderungen durch die Verbraucherschutzrichtlinie ab dem 13. Juni
2014[82] zugrunde gelegt, durch welche die §§ 312 ff. BGB neugefasst wurden.

a) Entwicklung des Verbraucherschutzrechts

Lange Zeit sah das BGB in seinen früheren Fassungen keinen besonderen **745**
Schutz des Verbrauchers oder überhaupt eine Differenzierung zwischen Unternehmern und Verbrauchern vor. Erst mit voranschreitender Entwicklung verschiedenster Vertriebsmöglichkeiten kristallisierte sich die besondere Schutzbedürftigkeit des Verbrauchers heraus. Das Verbraucherschutz- und später
auch das Fernabsatzrecht waren seit der Verbreitung des Internets in den vergangenen Jahren einem stetigen Wandel unterworfen. Zunächst trat am 30. Juli
2000 das Fernabsatzgesetz[83] in Kraft, durch welches die EU-Richtlinie über
den Verbraucherschutz bei Vertragsabschlüssen im Fernabsatz[84] in nationales
Recht umgesetzt wurde. Vorgesehen ist hier, dass der Verbraucher i. R. v. Fernabsatzverträgen bestimmte Informationen erhalten muss und den Vertrag ohne
Angabe von Gründen innerhalb von zwei Wochen widerrufen kann.[85] Mit dem
Schuldrechtsmodernisierungsgesetz vom 26. November 2001[86] sollte das zu jener Zeit gerade erst in Kraft getretene Fernabsatzgesetz ohne inhaltliche Änderungen in das BGB übernommen werden. Durch das Gesetz zur Neuordnung
der Vorschriften über das Widerrufs- und Rückgaberecht vom 29. Juli 2009[87]

---

82 Richtlinie 2011/83/EU des Europäischen Parlaments und des Rates vom 25. Oktober 2011
über die Rechte der Verbraucher, welche durch das Gesetz zur Umsetzung der Verbraucherrechterichtlinie und zur Änderung des Gesetzes zur Regelung der Wohnungsvermittlung vom
20. 9. 2013 (BGBl. I 2013, S. 3642) mit Wirkung zum 13. 6. 2014 umgesetzt wurde.
83 Gesetz über Fernabsatzverträge und andere Fragen des Verbraucherrechts sowie zur Umstellung von Vorschriften auf Euro vom 27. Juni 2000, BGBl. I 2000, S. 897.
84 Richtlinie 97/7/EG des Europäischen Parlaments und des Rates vom 20. Mai 1997 über den
Verbraucherschutz bei Vertragsabschlüssen im Fernabsatz, (ABlEG Nr. L 144 v. 4. 6. 1997, S. 19;
auch abrufbar unter: http://eur-lex.europa.eu/LexUriServ/LexUriServ.do?uri=CONSLEG:1997
L0007:20050612:DE:PDF, zuletzt abgerufen: Mai 2017).
85 Art. 6 der Richtlinie 97/7/EG.
86 Gesetz zur Modernisierung des Schuldrechts vom 26. November 2001, BGBl. I 2001, 3138.
87 Gesetz zur Umsetzung der Verbraucherkreditrichtlinie, des zivilrechtlichen Teils der Zahlungsdiensterichtlinie sowie zur Neuordnung der Vorschriften über das Widerrufs- und Rückgaberecht vom 29. Juli 2009, BGBl. I 2009, S. 2355; vgl. hierzu auch die Darstellung bei *Föhlisch*,
MMR 2010, 289.

wurden vor allem eine vereinfachte Anwendung und mehr Rechtssicherheit im Verbraucherschutzrecht erreicht. Eine weitere Änderung hat sich durch die Umsetzung der EU-Verbraucherrechterichtlinie (VRRL)[88] in das deutsche Recht zum 13. Juni 2014 ergeben, welche vor allem eine beträchtliche Neugestaltung der §§ 312 ff. BGB und der §§ 355 ff. BGB vorsah.[89] Die VRRL soll gem. ihrer Erwägungsgründe 2 und 5 eine Vollharmonisierung des Verbraucherschutzes innerhalb der Europäischen Union bewirken.

b) Allgemeiner Überblick

746 Nach der neuen Systematik bestimmt § 312 BGB zunächst den sachlichen Anwendungsbereich der §§ 312a ff. BGB und nennt Ausnahmetatbestände, auf welche die Regelungen der §§ 312a ff. BGB nur eingeschränkt anwendbar sind. Ausgenommen sind bspw. im Fernabsatz verabredete Reiseleistungen nach § 651a BGB (§ 312 Abs. 2 Nr. 4a) BGB) oder bestimmte Lieferservice-Verträge (§ 312 Abs. 2 Nr. 8 BGB). § 312a BGB regelt allgemeine Pflichten und Grundsätze für Verbraucherverträge. Im Anschluss daran werden in § 312b BGB außerhalb von Geschäftsräumen geschlossene Verträge (die früheren Haustürgeschäfte) und in § 312c BGB Fernabsatzverträge legaldefiniert. Dem folgen Vorschriften über Informationspflichten (§ 312d BGB; zu beachten ist insb. die Bezugnahme in § 312d Abs. 1 BGB auf Art. 246a EGBGB, der die Informationspflichten inhaltlich ausgestaltet), Folgen der Verletzung gewisser Informationspflichten (§ 312e BGB) sowie die Verpflichtung zur Zurverfügungstellung von Abschriften und Bestätigungen über den Vertrag und seinen Inhalt (§ 312f BGB). § 312g Abs. 1 BGB statuiert ein allgemeines Widerrufsrecht für Verträge gem. §§ 312b und 312c BGB, schließt dieses aber in Abs. 2 für bestimmte Verträge bspw. für Spezialanfertigungen (Nr. 1), schnell verderbliche (Nr. 2) oder versiegelte Waren (Nr. 3, Nr. 6) aus. § 312h BGB sieht bestimmte Formvorschriften für die Kündigung oder die Vollmacht zur Kündigung eines Dauerschuldverhältnisses zwischen einem Unternehmer und Verbraucher vor, welches ein anderes Dauerschuldverhältnis ersetzt. Diese Vorschrift dient v. a. dem Schutz des Verbrauchers vor bedrängenden Telefonanrufen, an deren Ende ein Vertragsschluss

---

[88] Richtlinie 2011/83/EU des Europäischen Parlaments und des Rates vom 25. Oktober 2011 über die Rechte der Verbraucher, zur Abänderung der Richtlinie 93/13/EWG des Rates und der Richtlinie 1999/44/EG des Europäischen Parlaments und des Rates sowie zur Aufhebung der Richtlinie 85/577/EWG des Rates und der Richtlinie 97/7/EG des Europäischen Parlaments und des Rates (abrufbar unter: http://eur-lex.europa.eu/legal-content/DE/TXT/?uri=CELEX%3A3 2011L0083, zuletzt abgerufen: Mai 2017).

[89] Gesetz zur Umsetzung der Verbraucherrechterichtlinie und zur Änderung des Gesetzes zur Regelung der Wohnungsvermittlung vom 13. Juni 2014; vgl. hierzu auch *Raue*, Jura 2015, 326.

mit dem anrufenden Unternehmen unter gleichzeitiger Kündigung beim bisherigen Vertragspartner steht.[90]

Während in § 312i BGB allgemeine, d. h. gegenüber jedermann bestehende 747 Pflichten im elektronischen Geschäftsverkehr vorgesehen sind, werden in § 312j BGB besondere Pflichten gegenüber Verbrauchern zu deren Schutze vor Kostenfallen bei Bestellungen im Internet aufgestellt.[91] Danach hat der Unternehmer spätestens bei Beginn des Bestellvorgangs klar und deutlich anzugeben, ob Lieferbeschränkungen bestehen und welche Zahlungsmittel akzeptiert werden, damit der Verbraucher die Kosten seiner Bestellung ausreichend überblicken kann (**sog. Button-Lösung**). Abschließend verbietet § 312k BGB eine Abweichung zulasten des Verbrauchers bzw. des Kunden von den vorgenannten Vorschriften, ordnet deren Geltung auch bei Umgehungsmaßnahmen an und erlegt dem Unternehmer die Beweislast für die Erfüllung seiner Informationspflichten auf.

c) Der Verbrauchervertrag

Gemäß § 312 Abs. 1 BGB finden u. a. die besonderen Vorschriften über das Fern- 748 absatzrecht der §§ 312 ff. BGB nur dann Anwendung, wenn es sich bei dem Vertrag um einen Verbrauchervertrag i. S. d. § 310 Abs. 3 BGB handelt, welcher diese als Verträge, die zwischen einem Unternehmer und einem Verbraucher geschlossen werden, definiert. Die sich gegenseitig ausfüllenden §§ 13, 14 BGB enthalten Legaldefinitionen für den Verbraucher- und Unternehmerbegriff.

aa) Verbraucher

Gem. § 13 BGB ist jede natürliche Person, die ein Rechtsgeschäft zu Zwecken, 749 die überwiegend weder ihrer gewerblichen noch ihrer selbstständigen beruflichen Tätigkeit zuzuordnen sind, abschließt, ein Verbraucher. Aus der negativen Formulierung des § 13 BGB („weder [...] noch") ergibt sich, dass die Verbrauchereigenschaft als der gesetzliche Normalfall für das private Handeln natürlicher Personen angesehen und folglich im Zweifel angenommen werden kann.[92] Nach der Rechtsprechung des *BGH* ist davon auszugehen, dass jedes

---

90 Prütting/Wegen/Weinreich/*Stürner*, Kommentar BGB, 10. Aufl. 2015, § 312h Rz. 2, Der Widerruf des neuen Vertrages wirkt sich allerdings nicht auf die erfolgte Kündigung aus.
91 Prütting/Wegen/Weinreich/*Stürner*, Kommentar BGB, 10. Aufl. 2015, § 312j Rz. 2.
92 *BGH*, Urt. v. 30. 9. 2009 – VIII ZR 7/09, NJW 2009, 3780 = CR 2010, 43; *BGH*, Urt. v. 11. 7. 2007 – VIII ZR 110/06, NJW 2007, 2619; MüKoBGB/*Micklitz/Purnhagen*, 7. Aufl. 2015, § 13 Rz. 76; *Purnhagen*, Die Zurechnung von Unternehmer- und Verbraucherhandeln in den §§ 13, 14 BGB im Spiegel der Rechtsprechung – Eckpfeiler eines Konzepts?, VuR 2015, 5 f.

rechtsgeschäftliche Handeln einer natürlichen Person grundsätzlich das Handeln eines Verbrauchers darstellt.[93] Dem Verbraucher obliegt die Darlegungs- und Beweislast dafür, dass das vorgenommene Rechtsgeschäft nach dem von ihm objektiv verfolgten Zweck seinem privaten Rechtskreis zuzuordnen ist.[94] Im Falle von diesbezüglichen Zweifeln sei aber zugunsten der Verbraucher- eigenschaft zu entscheiden.[95] Dementsprechend erklärt der *BGH*, dass nur dann eine Zurechnung als Unternehmerhandeln erfolge, „wenn Umstände vor- liegen, nach denen das Handeln aus der Sicht des anderen Teils eindeutig und zweifelsfrei einer gewerblichen oder selbstständigen beruflichen Tätigkeit zu- zurechnen ist".[96] Abweichend von dieser Rechtsprechung des *BGH* gibt es Stim- men in der Literatur, die ein Verbrauchergeschäft schon dann ablehnen, wenn der Unternehmer bei Vertragsschluss weder wusste noch hätte wissen können, dass sein Vertragspartner nicht zu gewerblichen oder selbstständigen berufli- chen Zwecken handelte.[97] Dabei wird auf den objektiven Empfängerhorizont abgestellt und so der Zweck des Rechtsgeschäfts nach objektiven Kriterien be- stimmt. Für die objektive Bestimmung des Zwecks eines Rechtsgeschäfts und gegen die Bestimmung nach subjektiven Kriterien (hypothetischer Parteiwille) spricht, dass es nicht der Verbraucher in der Hand haben sollte, ob er als Ver- braucher oder als Unternehmer einzustufen ist, und dementsprechend wählen könnte, ob er den verstärkten Schutz des Gesetzes in Anspruch nimmt.[98] Sofern ein Verbraucher seine Verbraucherrolle fahrlässig nicht hinreichend kenntlich macht, soll er dennoch den zwingenden Schutz der Verbraucher- rechtsnormen genießen können.[99] Der Wortlaut des § 13 BGB gibt keinen Hin- weis darauf, ob ein Geschäftszweck objektiv oder subjektiv zu bestimmen ist. Mit Verweis auf den Wortlaut von § 13 BGB hat der *BGH* diese Frage bisher offen gelassen.[100] Dem Problem der Einordnung **sog. dual-use-Fälle**, in denen also bei objektiver Betrachtung sowohl ein privater als auch beruflicher Zweck vorlag, begegnete der Gesetzgeber i. R. d. Umsetzung der VRRL, indem § 13 BGB um das Wort „*überwiegend*" ergänzt wurde. Maßgeblicher Zeitpunkt für die Einordnung der Beteiligten ist der des Vertragsschlusses.[101]

---

93 *BGH*, Urt. v. 30. 9. 2009 – VIII ZR 7/09, NJW 2009, 3780.

94 *BGH*, Urt. v. 11. 7. 2007 – VIII ZR 110/06, NJW 2007, 2619; hierzu auch: MüKoBGB/*Micklitz/ Purnhagen*, 7. Aufl. 2016 § 13 Rz. 42; *Prütting*/Wegen/Weinreich, Kommentar BGB, 10. Aufl. 2015, § 13 Rz. 13.

95 *BGH*, Urt. v. 30. 9. 2009 – VIII ZR 7/09, NJW 2009, 3780.

96 *BGH*, Urt. v. 30. 9. 2009 – VIII ZR 7/09, NJW 2009, 3780.

97 *Müller*, NJW 2003, 1975; *Wertenbruch*, LMK 2005, 49.

98 MüKoBGB/*Micklitz/Purnhagen*, 7. Aufl. 2016, § 13 Rz. 44.

99 MüKoBGB/*Micklitz/Purnhagen*, 7. Aufl. 2016, § 13 Rz. 45.

100 *BGH*, Urt. v. 22. 12. 2004 – VIII ZR 91/04, NJW 2005, 1045.

101 MüKoBGB/*Micklitz/Purnhagen*, 7. Aufl. 2016, § 13 Rz. 37.

bb) Unternehmer

Unternehmer ist nach § 14 BGB jede natürliche oder juristische Person oder 750 rechtsfähige Personengesellschaft, die bei Abschluss eines Rechtsgeschäfts in Ausübung ihrer gewerblichen oder selbstständigen beruflichen Tätigkeit handelt. Von dem Wortlaut des § 14 BGB ist grundsätzlich jedes nach deutschem Recht existierende Rechtssubjekt erfasst, das im Geschäftsverkehr tätig werden kann.[102] Eine Begrenzung findet durch besondere Anforderungen an das nach der Begriffsdefinition erforderliche funktionale Element („Handeln in Ausübung ihrer gewerblichen oder selbstständigen beruflichen Tätigkeit") statt. Hinsichtlich der gewerblichen Tätigkeit kann die Definition in § 1 Abs. 2 HGB herangezogen werden. Von einem Gewerbe i. S. d. HGB spricht man, wenn eine planvolle, auf gewisse Dauer angelegte, selbstständige und wirtschaftliche Tätigkeit nach außen manifestiert ausgeübt wird.[103] Dafür ist ein gewisser organisatorischer Mindestaufwand erforderlich.[104] Diskutiert wird, ob eine gewerbliche Tätigkeit eine Gewinnerzielungsabsicht voraussetzt. In der Literatur wenden sich – aufgrund einer dann stattfindenden Ausgrenzung öffentlicher Unternehmen, welche grundsätzliche keine Gewinnerzielungsabsicht verfolgen – einige gegen eine Anbindung der gewerblichen Tätigkeit an eine solche Absicht.[105] Alternativ wird in § 14 BGB neben der gewerblichen Tätigkeit auf eine selbstständige berufliche Tätigkeit hingewiesen.[106] Ein Beruf ist nach ständiger Rechtsprechung jede erlaubte, auf Dauer angelegte Tätigkeit, welche der Schaffung und Erhaltung der Lebensgrundlage dient.[107] Selbstständig meint, dass der Unternehmer in eigener Verantwortung und auf eigene Rechnung und Gefahr tätig wird.[108] Ein Teil der Literatur vertritt die Auffassung, dass auch unselbstständige berufliche Tätigkeiten umfasst sind. Dies ist jedoch abzulehnen, weil sie dem unionsrechtlichen Unternehmerbegriff, nach dem der unternehmerisch Tätige vor allem das wirtschaftliche Risiko seines Handelns trägt, was bei unselbstständigen Arbeitnehmern grundsätzlich nicht zutreffend ist, nicht genügend Rechnung trägt.[109]

---

102 MüKoBGB/*Micklitz/Purnhagen*, 7. Aufl. 2016, § 14 Rz. 3; *Prütting*/Wegen/Weinreich, Kommentar BGB, 10. Aufl. 2015, § 14 Rz. 6.
103 MüKoBGB/*Micklitz/Purnhagen*, 7. Aufl. 2016, § 14 Rz. 19; *Prütting*/Wegen/Weinreich, Kommentar BGB, 10. Aufl. 2015, § 14 Rz. 7.
104 MüKoBGB/*Micklitz/Purnhagen*, 7. Aufl. 2016, § 14 Rz. 20.
105 Vgl. hierzu MüKoBGB/*Micklitz/Purnhagen*, 7. Aufl. 2016, § 14 Rz. 23.
106 MüKoBGB/*Micklitz/Purnhagen*, 7. Aufl. 2016, § 14 Rz. 30.
107 *BVerfG*, Urt. v. 11. 6. 1958 – 1 BvR 596/56, NJW 1958, 1035; hierzu auch MüKoBGB/*Micklitz/ Purnhagen*, 7. Aufl. 2016, § 14 Rz. 31; *Prütting*/Wegen/Weinreich, Kommentar BGB, 10. Aufl. 2015, § 14 Rz. 8.
108 *Faber*, ZEuP 1998, 854.
109 MüKoBGB/*Micklitz/Purnhagen*, 7. Aufl. 2016, § 14 Rz. 32.

cc) Probleme bei der Abgrenzung Unternehmer – Verbraucher im Online-Bereich

751 Die Frage, wann eine Person unter den Unternehmerbegriff des § 14 BGB fällt, ist Gegenstand einer umfangreichen, kaum mehr überschaubaren Einzelfallkasuistik auf der Grundlage einer Vielzahl von Indizien. Somit können im Folgenden nur einige internetspezifische Leitlinien der höchstrichterlichen Rechtsprechung dargestellt werden.

752 Wenig problematisch ist zunächst die Einordnung von **Betreibern von Online-Shops**. Bereits Bezeichnungen wie „Shop" bzw. eine entsprechend gestaltete Homepage (z. B. virtueller Warenkorb, Bestellbuttons, etc.) weisen eindeutig auf eine auf Dauer angelegte geschäftliche Tätigkeit[110] und somit auf die Unternehmereigenschaft des Anbieters hin.

Demgegenüber bereitet die Abgrenzung auf **elektronischen Marktplätzen** oder bei **Internet-Auktionshäusern** größere Probleme. Obwohl auch nebenberufliche Tätigkeiten von § 14 umfasst sind,[111] ist hier eine klare Grenzziehung nahezu unmöglich.[112] Ob ein Akteur als Unternehmer einzuordnen ist, kann nur anhand einer Betrachtung aller Umstände des Einzelfalls ermittelt werden.[113] Anerkannt ist aber insoweit die Heranziehung verschiedener **Indizien**.[114] Dabei kann zunächst die absolute Zahl der getätigten Verkäufe oder „Auktionen" sowie die Dauer der Verkaufsaktivitäten entscheidende Bedeutung haben. Je extensiver der Akteur handelt, desto eher überschreitet er die Schwelle zur unternehmerischen Tätigkeit. Eine feste Grenze kann aber auch hier nicht gezogen werden. Im Folgenden seien aber einige Beispiele aus der obergerichtlichen Rechtsprechung aufgeführt: Bejahend bei 484 Verkäufen innerhalb eines Jahres[115] und bei 42 Auktionen in ca. drei Wochen[116]; verneinend bei 68 Verkäufen innerhalb von acht Monaten[117]. Ein weiteres Indiz sind die Art und Beschaffenheit der angebotenen Ware. Verkauft ein Akteur eine Vielzahl

---

110 *OLG Frankfurt a. M.*, Beschl. v. 27. 7. 2004 – 6 W 80/04, NJW 2004, 3433 = GRUR 2004, 1043; *Föhlisch*, Das Widerrufsrecht im Onlinehandel, S. 84.
111 *Prütting*/Wegen/Weinreich, Kommentar BGB, 10. Aufl. 2015, § 14 Rz. 9.
112 *Föhlisch*, Das Widerrufsrecht im Onlinehandel, S. 76.
113 MüKoBGB/*Micklitz/Purnhagen*, 7. Aufl. 2016, § 14 Rz. 28; *Föhlisch*, Das Widerrufsrecht im Onlinehandel, S. 84.
114 Eine gute Aufstellung findet sich bei *Spindler*/Schuster, Recht der elektronischen Medien, 3. Aufl. 2015, § 14 Rz. 4.
115 *OLG Frankfurt a. M.*, Beschl. v. 21. 3. 2007 – 6 W 27/07, MMR 2007, 378.
116 *OLG Zweibrücken*, Urt. v. 28. 6. 2007 – 4 U 210/06, WRP 2007, 1005 = CR 2007, 681 (Ls.).
117 *OLG Frankfurt a. M.*, Beschl. v. 7. 4. 2005 – 6 U 149/04, CR 2005, 667 = MMR 2005, 458.

gleichartiger[118] und insb. neuer[119] Waren, die nicht aus dem privaten Haushalt stammen, so spricht dies für seine Unternehmereigenschaft. Auch die Verwendung eigener Allgemeiner Geschäftsbedingungen lässt auf eine Unternehmereigenschaft ihres Verwenders schließen.[120]

Im Detail umstritten ist die Behandlung der **sog. Powerseller** bei eBay. 753 Von einem Powerseller spricht man, wenn pro Monat ein bestimmter Umsatz erreicht wird oder eine bestimmte Anzahl von Artikeln verkauft wird (z. B. mind. 3000 €, 300 verkaufte Artikel).[121] Nach der Rechtsprechung und einem Großteil der Literatur führt die Powerseller-Eigenschaft generell zu einer Beweislastumkehr zu Lasten des Powersellers. Es obliegt ihm, seine Verbrauchereigenschaft darzulegen und zu beweisen.[122] Eine strengere Ansicht will die Möglichkeit des Gegenbeweises ausgehend von Rechtsscheinsgrundsätzen gar vollständig versagen.[123]

d) Die Pflichten der §§ 312a–312j BGB

aa) Allgemeine Pflichten und Grundsätze bei Verbraucherverträgen (§ 312a BGB)

Zunächst sind **§ 312a Abs. 2–6 BGB** zu beachten. Dort werden Grenzen für die 754 Vereinbarung von Entgelten gesetzt, sodass bei Nichteinhaltung ein Anspruch auf diese Entgelte nicht entsteht. Für Entgelte, die über das für die Hauptleistung vereinbarte Entgelt hinausgehen, kann eine Vereinbarung nur ausdrücklich geschlossen werden, § 312a Abs. 3 S. 1 BGB. Für den wichtigen Bereich des elektronischen Geschäftsverkehrs gilt, dass ein solches Entgelt nur Vertragsbestandteil wird, wenn es nicht durch eine Voreinstellung herbeigeführt wurde, § 312a Abs. 3 S. 2 BGB (Verbot des Opt-Out). Insofern ist Vorsicht geboten, wenn es etwa darum geht, im Wege eines **pre-click-buttons** zusätzliche Reservie-

---

118 *OLG Hamm*, Urt. v. 18.3. 2010 – 4 U 177/09, MMR 2010, 608 = ITRB 2010, 206; *Föhlisch*, Das Widerrufsrecht im Onlinehandel, S. 81.
119 MüKoBGB/*Micklitz/Purnhagen*, 7. Aufl. 2016, § 14 Rz. 29; *Föhlisch*, Das Widerrufsrecht im Onlinehandel, S. 81.
120 *Föhlisch*, Das Widerrufsrecht im Onlinehandel, S. 83.
121 MüKoBGB/*Micklitz/Purnhagen*, 7. Aufl. 2016, § 14 Rz. 29.
122 *OLG Frankfurt a. M.*, Beschl. v. 22.12. 2004 – 6 W 153/04, NJW 2005, 1438 = CR 2005, 883; *OLG Koblenz*, Beschl. v. 17.10. 2005 – 5 U 1145/05, NJW 2006, 1438 = MMR 2006, 236; *OLG Karlsruhe*, Urt. v. 27.04. 2006 – 4 U 119/04, CR 2006, 689 = WRP 2006, 1038; einen Anscheinsbeweis annehmend: *LG Mainz*, Urt. v. 6.7. 2005 – 3 O 184/04, NJW 2006, 783 (Vorinstanz zu *OLG Koblenz*, Beschl. v. 17.10. 2005 – 5 U 1145/05), krit. *Spindler*, MMR 2005, 37 in Anm. zu *BGH*, Urt. v. 3.11. 2004 – VIII ZR 375/03.
123 *Föhlisch*, Das Widerrufsrecht im Onlinehandel, S. 77.

rungsleistungen (auch etwa bei der Deutschen Bahn) verbindlich vereinbaren zu wollen. Sofern der Verbraucher eindeutig auf die Nebenleistung und das hierfür zusätzlich fällig werdende Entgelt hingewiesen wird, bleibt eine Opt-In-Lösung auch nach dieser Vorschrift zulässig. Problematisch dürfte sein, inwieweit sich dieses Verbot von voreingestellten zusätzlichen Zahlungspflichten auch auf die Liefer- und Frachtkosten auswirkt. Diese können nach § 312a Abs. 2 S. 2 BGB nur verlangt werden, wenn der Verbraucher hierauf gem. Art. 246 § 1 Nr. 3 EGBGB ausdrücklich hingewiesen wurde. Zu beachten ist ferner, dass § 312a Abs. 3 BGB hinter den spezielleren Regeln der § 675g Abs. 2 S. 1 BGB und der Fluggastrechteverordnung zurücktritt. § 312a Abs. 4 und Abs. 5 BGB betreffen Entgelte für die Nutzung eines bestimmten Zahlungsmittels oder einer Hotline des Verkäufers. Dem Verbraucher muss eine gängige und zumutbare unentgeltliche Zahlungsmöglichkeit eingeräumt werden (§ 312a Abs. 4 Nr. 1 BGB). Nur eine bestimmte Kreditkarte als unentgeltliche Zahlungsart anzubieten ist nach einer aktuellen BGH-Entscheidung wohl keine gängige und zumutbare Zahlungsmöglichkeit, da nicht jeder Kunde über eine solche privilegierte Kreditkarte (hier American Express) verfügt.[124] Die Abrechnung von hohen Kreditkartenkosten ist damit unzulässig. Wenn überhaupt, kann ein Unternehmer solche Kreditkartenkosten nur noch geltend machen, wenn diese sich auf die Kosten beschränken, die diesem durch die Nutzung des Zahlungsmittels entstehen (§ 312a Abs. 4 Nr. 2 BGB). § 312a Abs. 5 BGB soll insb. verhindern, dass der Verbraucher durch eine über den üblichen Tarif hinausgehende Kostenpflicht einer Hotline von der Geltendmachung seiner Gewährleistungsrechte oder Beanstandungen zur Rechnung abgeschreckt wird. Im Übrigen bleibt der Vertrag allerdings wirksam, § 312a Abs. 6 BGB. Bereits gezahlte Beträge kann der Verbraucher kondizieren.[125]

755   Zwar gilt § 312a Abs. 2 S. 2 BGB, wonach Fracht-, Liefer-, Versand- oder sonstige Kosten nur verlangt werden können, wenn der Käufer gem. Art. 246 Abs. 1 Nr. 3 EGBGB über diese informiert wurde, gem. § 312a Abs. 2 S. 3 BGB nicht für Haustür- oder Fernabsatzverträge. Allerdings ergibt sich eine entsprechende Rechtsfolge aus **§ 312e BGB** für Haustür- und Fernabsatzverträge, die keine Finanzdienstleistung beinhalten. Danach muss der Verbraucher Fracht-, Liefer-, Versand- oder sonstige Kosten nur bezahlen, soweit er entsprechend § 312d Abs. 1 BGB i. V. m. Art. 246a § 1 Abs. 1 S. 1 Nr. 4 EGBGB darüber informiert wurde. Somit ergeben sich aus der vernachlässigten Informationspflicht für den Verkäufer nicht nur Nachteile hinsichtlich der Widerrufsfrist (vgl. § 356

---

124 *BGH*, Urt. v. 29.9.16 – I ZR 160/15, GRUR 2017, 283 = MMR 2017, 241.
125 *Wendehorst*, NJW 2014, 577, 579.

Abs. 3 BGB), sondern auch materielle Nachteile. Für sonstige Pflichtverletzungen, insb. hinsichtlich der Zurverfügungstellung einer Bestellkorrekturmaske aus § 312i Abs. 1 Nr. 1 BGB oder der Angabe von Lieferbeschränkungen (§ 312j Abs. 1 BGB) kommt jedoch ein Schadensersatzanspruch aus §§ 280 I, 311 Abs. 2 Nr. 1, 241 Abs. 2 BGB in Betracht, wenn bspw. aufgrund dieser Pflichtverletzung ein für den Verbraucher nachteiliger Vertrag zustande kommt.[126]

bb) Bestimmungen zum Vertragsinhalt (§ 312d Abs. 1 BGB)

Schließlich ist zu beachten, dass die Pflichtinformationen gem. **§ 312d Abs. 1** **756** **S. 2 BGB** Vertragsinhalt werden, wenn nicht die Parteien ausdrücklich etwas anderes vereinbaren. Dadurch wird die bisher bestehende Trennung zwischen gesetzlichen Informationspflichten und vertraglicher Vereinbarung aufgeweicht.[127] Da aber auch die Widerrufsbelehrung zu den Pflichtinformationen gehört, kann dies dazu führen, dass konstruktiv ein vertragliches Widerrufsrecht besteht. Ist der Kunde also ein Unternehmer, der aber wie ein Verbraucher informiert wird, ohne dass das Widerrufsrecht in der Belehrung ausdrücklich auf Verbraucher beschränkt worden ist, steht diesem auch ein solches Recht zu.[128]

cc) Pflichten zur Bereitstellung von Abschriften und Bestätigungen (§ 312f BGB)

§ 312f BGB legt dem Unternehmer Dokumentationspflichten auf, wonach die- **757** ser verpflichtet ist, dem Verbraucher alsbald nach Abschluss des Vertrages eine Abschrift des Vertragsdokuments auf Papier zur Verfügung zu stellen. Gemäß § 312f Abs. 1 S. 2 BGB ist auch die Nutzung eines dauerhaften Datenträgers möglich. Für Verträge über digitale Inhalte ist § 312f Abs. 3 BGB maßgeblich. Digitale Inhalte werden vom Unternehmer nicht auf einem körperlichen Datenträger bereitgestellt, sondern in digitaler Form her- und bereitgestellt. Umfasst sind hiervon also insb. der Download von Apps aus App-Stores, Computerprogrammen, Musik und Videos von Plattformen wie iTunes oder Streaminganbietern etc. Auch hier besteht ein Recht zum Widerruf des Verbrauchers, welches jedoch nach § 356 Abs. 5 BGB dann erlischt, wenn der Unternehmer mit der Ausführung begonnen hat, d. h. sobald der Download oder der Stream begonnen hat, und wenn der Verbraucher ausdrücklich zuge-

126 Bamberger/Roth/*Maume*, BeckOK BGB, 42. Aufl. 2017, § 312j Rz. 25.
127 *Buchmann*, K & R 2014, 221, 223.
128 *Buchmann*, K & R 2014, 221, 223.

stimmt hat, dass der Unternehmer mit der Ausführung des Vertrages vor Ablauf der Widerrufsfrist beginnt und seine Kenntnis davon bestätigt hat, dass er durch seine Zustimmung im Zeitpunkt des Beginns der Ausführung sein Widerrufsrecht verliert.

dd) Allgemeine Pflichten im elektronischen Rechtsverkehr (§ 312i BGB)

758 Im Rahmen des Gefüges der §§ 312 ff. BGB weist § 312i BGB die Besonderheit auf, dass die Norm Teile der E-Commerce-Richtlinie[129] umsetzt und nicht auf der VRRL beruht.[130] Streng genommen handelt es sich bei § 312i BGB folglich um keine Regelung zum Verbraucherschutz. § 312i BGB bezweckt allerdings für den Fall, dass sich ein Unternehmer zum Abschluss eines Vertrages eines Telemediums bedient (Vertrag im elektronischen Geschäftsverkehr), die Gewährleistung eines Mindestmaßes an einer Vertragsanbahnung und eines Vertragsschlusses unter fairen formalen Bedingungen und unter Beachtung der sich für den Verbraucher stellenden Risiken beim Einsatz von Technik.[131] Durch die dem Unternehmer auferlegten technischen Bereitstellungspflichten (§ 312i Abs. 1 S. 1 Nr. 1, Nr. 3, Nr. 4 BGB) zum einen und Informationspflichten (§ 312i Abs. 1 S. 1 Nr. 2 BGB) zum anderen soll den Gefahren des elektronischen Geschäftsverkehrs Rechnung getragen werden. Nr. 1–3 sollen der Gefahr vorbeugen, dass der Kunde als Folge der technischen Darstellung eine durch einen Eingabefehler ausgelöste ungewollte Bestellung abgibt, eine Bestellung unbeabsichtigt mehrfach abgibt oder im Unklaren darüber ist bzw. bleibt, ob seine Bestellung registriert wurde. Nr. 4 soll dem Kunden die Möglichkeit verschaffen, die Ausgestaltung der Vertragsbestimmungen einschließlich der AGB zum Zeitpunkt des Vertragsschlusses zu einem späteren Zeitpunkt beweisen zu können.[132]

759 § 312i BGB wird aufgrund seines verbraucherschützenden Charakters als ein Verbraucherschutzgesetz i. S. d. Unterlassungsklagegesetzes (UKlaG) eingeordnet, § 2 Abs. 2 Nr. 2 UKlaG. Der verbraucherschützende Charakter zeigt sich zum einen darin, dass insb. Verbraucher, denen gegenüber oftmals Telemedien

---

129 Richtlinie 2000/31/EG des Europäischen Parlaments und des Rates vom 8. 6. 2000 über bestimmte rechtliche Aspekte der Dienste der Informationsgesellschaft, insbesondere des elektronischen Geschäftsverkehrs im Binnenmarkt.
130 MüKoBGB/*Wendehorst*, 7. Aufl. 2016, § 312i Rz. 1; vgl. ErmanBGB/*Koch*, 14. Aufl. 2014, § 312i Rz. 1; Palandt/*Grüneberg*, Kommentar BGB, 76. Aufl. 2017, § 312i Rz. 1.
131 MüKoBGB/*Wendehorst*, 7. Aufl. 2016, § 312i Rz. 3; Prütting/Wegen/Weinreich/*Stürner*, Kommentar BGB, 10. Aufl. 2015, § 312i Rz. 3; vgl. ErmanBGB/*Koch*, 14. Aufl. 2014, § 312i Rz. 1.
132 MüKoBGB/*Wendehorst*, 7. Aufl. 2016, § 312i Rz. 3f, 4; Hk-BGB/*Schulte-Nölke*, 9. Aufl. 2017, § 312i Rz. 7–9, 10.

eingesetzt werden und die tendenziell den technischen Schwächen eher hilflos gegenüberstehen können, von der Regelung profitieren.[133] Zum anderen wird er durch § 312i Abs. 2 BGB verdeutlicht, der sich speziell auf den Verbraucher bezieht. Dennoch ist die Regelung nicht nur auf Verbraucherverträge beschränkt. Nach § 312i BGB wird ein Vertrag über die Lieferung von Waren oder die Erbringung von Dienstleistungen vorausgesetzt. Vor dem Hintergrund der E-Commerce-RL ist die Norm jedoch richtlinienkonform dahingehend auszulegen, dass grundsätzlich jede Art des Vertragsgegenstandes ausreichend ist (damit bspw. die Lieferung digitaler Inhalte o. ä. nicht ausgeschlossen wird).[134]

Nicht relevant sein soll auch, ob für die konkrete Leistung ein Entgelt verlangt wurde (vgl. Online-Suchmaschinen o. ä.).[135] Grund dafür ist die „Bezahlung" dieser Dienste über Werbung und die Weitergabe von Benutzerdaten gegen Entgelt.[136] **760**

Aus den Gesetzesmaterialien zu § 312e BGB a. F. (frühere Fassung des jetzigen § 312i BGB) ergibt sich allerdings, dass die Begriffe des Tele- und Mediendienstes im Hinblick auf den Sinn und Zweck des § 312e BGB a. F. und im Lichte der E-Commerce-Richtlinie zu verstehen seien.[137] Unter § 312e BGB a. F. sollten nach dem Willen des Gesetzgebers „nur solche Tele- und Mediendienste fallen, die der Nutzer bzw. Empfänger individuell elektronisch und zum Zwecke einer Bestellung abrufen kann".[138] Nicht erfasst sein sollten dagegen solche Tele- und Mediendienste, die „im Wege einer Übertragung von Daten ohne individuelle Anforderung gleichzeitig für eine unbegrenzte Zahl von Nutzern erbracht werden".[139] Insofern muss § 312i BGB teleologisch reduziert werden.[140] Dadurch ergeben sich für das Vorliegen des Merkmals „Telemedium" entsprechend der Definition aus Art. 1 Nr. 2 RL 98/34/EG folgende Voraussetzungen: **761**

---

133 MüKoBGB/*Wendehorst*, 7. Aufl. 2016, § 312i Rz. 5; siehe auch Prütting/Wegen/Weinreich/ *Stürner*, Kommentar BGB, 10. Aufl. 2015, § 312i Rz. 3.
134 MüKoBGB/*Wendehorst*, 7. Aufl. 2016, § 312i Rz. 38; Spindler/Schuster/*Schirmbacher*, Recht der elektronischen Medien, 3. Aufl. 2015, § 312i BGB Rz. 8; ErmanBGB/*Koch*, 14. Aufl. 2014, § 312i Rz. 6.
135 MüKoBGB/*Wendehorst*, 7. Aufl. 2016, § 312i Rz. 40; Spindler/Schuster/*Schirmbacher*, Recht der elektronischen Medien, 3. Aufl. 2015, § 312i BGB Rz. 9.
136 MüKoBGB/*Wendehorst*, 7. Aufl. 2016, § 312i Rz. 40; Spindler/Schuster/*Schirmbacher*, Recht der elektronischen Medien, 3. Aufl. 2015, § 312i BGB Rz. 9.
137 BT-Drs. 14/6040, S. 171.
138 BT-Drs. 14/6040, S. 171.
139 BT-Drs. 14/6040, S. 171.
140 Hk-BGB/*Schulte-Nölke*, 9. Aufl. 2017, § 312 Rz. 3; ErmanBGB/*Koch*, 14. Aufl. 2014, § 312 Rz. 12.

762   Die Dienstleistung muss nicht entgeltlich, sondern nur **i. d. R. gegen Entgelt erbracht** werden, vgl. Art. 1 Nr. 2 RL 98/34/EG.[141]

763   Eine **elektronische Erbringung im Fernabsatz** setzt voraus, dass der Dienst ohne die gleichzeitige physische Anwesenheit der Vertragsparteien erbracht wird; dabei kommt es nicht auf einen etwaigen Vertragsschluss als solchen an (so bei den §§ 312c–312f BGB), sondern auf die erbrachte (Dienst-)Leistung.[142] Dementsprechend liegt eine solche elektronische Erbringung im Fernabsatzrecht bei gleichzeitiger physischer Anwesenheit von Erbringer und Empfänger nicht vor, selbst wenn dabei elektronische Geräte genutzt werden: z. B. bei der Buchung eines Flugtickets mit Hilfe elektronischer Geräte während der Anwesenheit eines Kunden im Reisebüro.[143] Das in diesem Zusammenhang maßgebliche Kriterium „elektronisch" setzt sich aus zwei Merkmalen zusammen. Zum einen muss der Dienst zunächst am Ausgangspunkt durch Geräte für die elektronische Verarbeitung und Speicherung von Daten gesendet werden und dann am Empfangspunkt ebenfalls durch solche empfangen werden.[144] Zum anderen ist notwendig, dass das Senden und das Empfangen bzw. die für die Verknüpfung von beidem erforderliche Weiterleitung des Dienstes vollständig über Draht, Funk, in optischer oder elektromagnetischer Weise erfolgt.[145]

764   Für das Vorliegen eines **individuellen Abrufs** soll es ausreichen, dass die Daten hinsichtlich der entsprechenden Übertragungsform i. d. R. nur auf Anforderung des individuellen Empfängers übertragen werden.[146] Dabei ist unerheblich, ob eine Anforderung im konkreten Fall (durch eine rechtsgeschäftliche oder geschäftsähnliche Handlung des Empfängers) vorliegt oder das Interesse z. B. an Abonnements oder Mailinglisten zuvor erklärt wurde und die Übertragung im konkreten Fall dann automatisch erfolgt.[147]

---

141 Richtlinie des Europäischen Parlaments und des Rates vom 20. Juli 1998 zur Änderung der Richtlinie 98/34/EG über ein Informationsverfahren auf dem Gebiet der Normen und technischen Vorschriften, Amtsblatt Nr. L 217 vom 05/08/1998 S. 0018 – 0026.

142 MüKoBGB/*Wendehorst*, 7. Aufl. 2016, § 312i Rz. 15.

143 MüKoBGB/*Wendehorst*, 7. Aufl. 2016, § 312i Rz. 16 f.

144 MüKoBGB/*Wendehorst*, 7. Aufl. 2016, § 312i Rz. 17.

145 MüKoBGB/*Wendehorst*, 7. Aufl. 2016, § 312i Rz. 17; zum Begriff „Telemedien" siehe ErmanBGB/*Koch*, 14. Aufl. 2014, § 312i Rz. 7-9; für Bsp. des elektronischen Geschäftsverkehrs vgl. Spindler/Schuster/*Schirmbacher*, Recht der elektronischen Medien, 3. Aufl. 2015, § 312i BGB Rz. 11, 12 und Hk-BGB/*Schulte-Nölke*, 9. Aufl. 2017, § 312i Rz. 2.

146 MüKoBGB/*Wendehorst*, 7. Aufl. 2016, § 312i Rz. 20; vgl. Hk-BGB/*Schulte-Nölke*, 9. Aufl. 2017, § 312i Rz. 3.

147 MüKoBGB/*Wendehorst*, 7. Aufl. 2016, § 312i Rz. 20; auch erfasst sind Vertragsschlüsse über die Homepage des Unternehmers, die einem Angebot an eine unbestimmte Zahl von Empfängern folgen, siehe ErmanBGB/*Koch*, 14. Aufl. 2014, § 312i Rz. 12.

Der Unternehmer muss sich laut § 312i Abs. 1 S. 1 BGB eines Telemediums **765**
bedienen. Der Gesetzgeber hat sich damit von dem in der E-Commerce-RL verwendeten Begriff des „Anbieters" distanziert.[148] Um sich eines Telemediums zu
„bedienen", muss der Unternehmer es zurechenbar und aktiv in funktionellem
Zusammenhang mit der von ihm ausgeübten wirtschaftlichen Tätigkeit einsetzen, was bedeutet, dass er die Möglichkeit der Kontrolle über den Dienst haben
muss.[149] Die einmalige Verwendung reicht zur Erfüllung des § 312i BGB aus.[150]

Der Einsatz von Telemedien bzw. Diensten muss dazu führen, einen Ver- **766**
trag mit einem Kunden zu schließen. Das heißt die Dienste sollen die zum
Vertragsschluss führenden Willenserklärungen sowohl vom Unternehmer als
auch vom Kunden übermitteln.[151]

§ 312i Abs. 1 S. 1 BGB stellt vier Pflichten des Unternehmers auf, die kumu- **767**
lativ erfüllt sein müssen. Kunden müssen **Eingabefehler** vor Abgabe ihrer Bestellung **erkennen und berichtigen können**, § 312i Abs. 1 S. 1 Nr. 1 BGB. Der
Kunde muss die geforderten technischen Mittel hierzu schon während der Eingabe verwenden können.[152] Angemessen und wirksam sind technische Mittel
wie Buttons dann, wenn sie klar und eindeutig beschriftet sind; Fenster müssen dem Verbraucher die Möglichkeit geben, während der Eingabe den Text
in ausreichendem Umfang lesen zu können und ein Wechseln zwischen den
Eingabefenstern ermöglichen.[153] Bevor die Erklärung an den Empfänger weitergeleitet wird, muss der Nutzer außerdem die Erklärung noch einmal insgesamt
im Zusammenhang lesen können.[154]

Gem. **§ 312i Abs. 1 S. 1 Nr. 2 BGB** müssen dem Kunden die in Art. 246c **768**
EGBGB bestimmten Informationen rechtzeitig und vor Abgabe der Bestellung
mitgeteilt werden. Diese müssen in einer für Laien verständlichen Sprache prä-

---

148 Näheres dazu in MüKoBGB/*Wendehorst*, 7. Aufl. 2016, § 312i Rz. 28.
149 MüKoBGB/*Wendehorst*, 7. Aufl. 2016, § 312i Rz. 29.
150 MüKoBGB/*Wendehorst*, 7. Aufl. 2016, § 312i Rz. 30; Spindler/Schuster/*Schirmbacher*, Recht
der elektronischen Medien, 3. Aufl. 2015, § 312i BGB Rz. 15.
151 MüKoBGB/*Wendehorst*, 7. Aufl. 2016, § 312i Rz. 31; Spindler/Schuster/*Schirmbacher*, Recht
der elektronischen Medien, 3. Aufl. 2015, § 312i BGB Rz. 13. Auf elektronischem Wege muss
allerdings nur der Vertragsschluss selbst geschehen, nicht auch die Durchführung des Vertrages, siehe ErmanBGB/*Koch*, 14. Aufl. 2014, § 312i Rz. 13.
152 Vgl. ErmanBGB/*Koch*, 14. Aufl. 2014, § 312i Rz. 15; Spindler/Schuster/*Schirmbacher*, Recht
der elektronischen Medien, 3. Aufl. 2015, § 312i BGB Rz. 29.
153 MüKoBGB/*Wendehorst*, 7. Aufl. 2016, § 312i Rz. 63; vgl. Spindler/Schuster/*Schrimbacher*,
Recht der elektronischen Medien, 3. Aufl. 2015, § 312i BGB Rz. 34.
154 MüKoBGB/*Wendehorst*, 7. Aufl. 2016, § 312i Rz. 64; Hk-BGB/*Schulte-Nölke*, 9. Aufl. 2017,
§ 312i Rz. 7 „zusammen im Bildschirm"; Spindler/Schuster/*Schirmbacher*, Recht der elektronischen Medien, 3. Aufl. 2015, § 312i BGB Rz. 33 „zusammengefasst auf dem Bildschirm".

zise und am Gebot der Transparenz formuliert sein.[155] Sie sollten nicht in AGB „versteckt" werden.

769 Als weitere Pflicht trifft den Unternehmer diejenige zur unverzüglichen elektronischen Bestätigung der Bestellung (**§ 312i Abs. 1 S. 1 Nr. 3 BGB**). Die bloß technische Möglichkeit der Abrufbarkeit der Bestätigung im Machtbereich des Verbrauchers ist dabei ausreichend. Dies erfolgt i. d. R. durch die Zusendung einer E-Mail.

770 Letztlich muss dem Kunden gem. **§ 312i Abs. 1 S. 1 Nr. 4 BGB** noch die Möglichkeit des Abrufs und des Speicherns der dem Vertrag zugrunde liegenden AGB in wiedergabefähiger Form eingeräumt werden.[156]

ee) Die sog. Buttonlösung (§ 312j BGB)

771 Zum Schutze des Verbrauchers wurde i. R. d. **sog. „Button-Gesetzes"** in § 312g Abs. 3 BGB a. F. – jetzt **§ 312j Abs. 3 BGB n. F.** eine besondere Gestaltungpflicht des Unternehmers gegenüber Verbrauchern im elektronischen Geschäftsverkehr kodifiziert. Hauptzweck dieser Bestimmungen ist es, den oft unerfahrenen Verbraucher vor versteckten Kostenfallen im Internet zu schützen. Solche werden i. d. R. durch eine geschickte Gestaltung der Webseite geschaffen, welche die Entgeltlichkeit der angebotenen Leistung für den Kunden kaum erkenntlich werden lässt.[157] Gem. § 312j Abs. 1 BGB muss der Unternehmer spätestens bei Beginn des Bestellvorgangs angeben, ob Lieferbeschränkungen (z. B. geographischer Art, Höchstbestellmengen, eingeschränkte Warenvorräte) bestehen und welche Zahlungsmittel (Kreditkarte, Lastschrifteinzug, PayPal, etc.) allgemein akzeptiert werden. Dadurch soll der Verbraucher erkennen, dass der angestrebte Vertragsschluss möglicherweise sinnlos ist, weil eine bestimmte Sache nicht in sein Land lieferbar ist oder ihm keines der verlangten Zahlungsmittel zur Verfügung steht, bevor er seine Daten eingibt und sich dadurch an den Vertrag gebunden fühlt.[158] Weder in der Gesetzesbegründung zu § 312j BGB noch in den Erwägungsgründen der VRRL wird erwähnt, welcher Zeitpunkt genau mit dem „Beginn des Bestellvorgangs" gemeint ist. Größtenteils wird daher in Anlehnung an die Rechtsprechung des *BGH*[159] zur Preisangaben-

---

155 MüKoBGB/Wendehorst, 7. Aufl. 2016, § 312i Rn. 70, 84; Hk-BGB/*Schulte-Nölke*, 9. Aufl. 2017, § 312i Rz. 8.

156 Zu Einzelheiten siehe Hk-BGB/*Schulte-Nölke*, 9. Aufl. 2017, § 312i Rz. 10.

157 Vgl. *Alexander*, Neuregelungen zum Schutz vor Kostenfallen im Internet, NJW 2012, 1985 zum § 312g BGB a. F.

158 MüKoBGB/*Wendehorst*, 7. Aufl. 2016, § 312j Rz. 2.

159 *BGH*, Urt. v. 4. 10. 2007 – I ZR 143/04, NJW 2008, 1384 = CR 2008, 108 m. Anm. *Kaufmann*; *BGH*, Urt. v. 16. 7. 2009 – I ZR 50/07, MMR 2010, 237 = MDR 2010, 457.

verordnung der Beginn mit dem Einlegen der Ware in den Warenkorb bestimmt.[160]

Nach § 312j Abs. 2 BGB muss der Unternehmer dem Verbraucher, unmittelbar bevor dieser seine Bestellung abgibt, klar und verständlich sowie in hervorgehobener Weise bestimmte Informationen aus Art. 246a Abs. 1 S. 1 EGBGB, wie den Gesamtpreis der Ware oder Dienstleistung (Nr. 1) oder die Mindestdauer des Vertrags (Nr. 12), zur Verfügung stellen. Durch eine solche abschließende Übersicht wird dem Verbraucher nochmals der Inhalt seiner Bestellung verdeutlicht, sodass er bei Bedarf noch Korrekturen vornehmen kann oder gar nicht endgültig bestellen muss.[161] „Unmittelbarkeit" zur Abgabe der Bestellung bedeutet nach der Gesetzesbegründung, dass ein direkter zeitlicher Zusammenhang und ein räumlich-funktionaler Zusammenhang zur Bestellung gegeben sein müssen.[162] Die Informationen müssen dem Verbraucher also im Zeitpunkt der Abgabe seiner Willenserklärung, i. d. R. dem Anklicken der Bestell-Schaltfläche, und in räumlicher Nähe zu diesem angezeigt werden. Der räumlichen Unmittelbarkeit ist jedenfalls Genüge getan, wenn die Informationen und der Bestell-Button gleichzeitig auf dem Bildschirm zu sehen sind.[163] Ausreichend ist wohl auch, wenn sich die Bestell-Schaltfläche am Ende der Seite befindet und der Verbraucher für die Abgabe der Bestellung daher über die Hinweise herunterscrollen muss.[164] Entscheidend ist, dass ein durchschnittlich aufmerksamer Kunde diese typischerweise unmittelbar vor Betätigung des Bestell-Buttons wahrnimmt.[165] Ein Zugang zu ihnen über einen bloßen Link oder per Download ist daher nicht ausreichend.[166] Im Übrigen müssen sich die Informationen optisch vom übrigen Text und Gestaltungselementen abheben, sodass sie klar und einfach erkennbar sind.[167]

Von besonderer Bedeutung ist die sog. Button-Pflicht aus § 312j Abs. 3 BGB. **773** Nach § 312j Abs. 3 S. 1 BGB muss der Unternehmer bei einem Verbraucherver-

---

160 Bamberger/Roth/*Maume*, BeckOK BGB, 42. Aufl. 2017, § 312j Rz. 6; *Bierekoven*, Neuerungen für Online-Shops nach Umsetzung der Verbraucherrechterichtlinie, MMR 2014, 283, 283 f.; Spindler/Schuster/*Schirmbacher*, Recht der elektronischen Medien, 3. Aufl. 2015, § 312j Rz. 15.
161 MüKoBGB/*Wendehorst*, 7. Aufl. 2016, § 312j RZ. 16.
162 RegE, BT-Drs. 17/7745, S. 10 f.
163 RegE, BT-Drs. 17/7745, S. 11.
164 *Bergt*, Praktische Probleme bei der Umsetzung neuer gesetzlicher Vorgaben im Webshop, NJW 2012, 3541; MüKoBGB/*Wendehorst*, 7. Aufl: 2016, § 312j Rz. 18; Spindler/Schuster/*Schirmbacher*, Recht der elektronischen Medien, 3. Aufl. 2015, § 312j Rz. 18, der das „Mitwandern" des Buttons nicht für zulässig hält.
165 *Raue*, „Kostenpflichtig bestellen" – ohne Kostenfalle? Die neuen Informations- und Formpflichten im Internethandel, MMR 2012, 438, 441.
166 RegE, BT-Drs. 17/7745, S. 11.
167 RegE, BT-Drs. 17/7745, S. 11.

trag im elektronischen Geschäftsverkehr die Bestellsituation so gestalten, „dass der Verbraucher mit seiner Bestellung ausdrücklich bestätigt, dass er sich zu einer Zahlung verpflichtet." Erfolgt die Bestellung über eine Schaltfläche, muss diese nach § 312j Abs. 3 S. 2 BGB „gut lesbar mit nichts anderem als den Wörtern „zahlungspflichtig bestellen" oder mit einer entsprechenden eindeutigen Formulierung beschriftet sein." Kommt der Unternehmer dieser Pflicht nicht nach, so kommt der Vertrag mit dem Verbraucher nicht zustande, § 312j Abs. 4 BGB. Es handelt sich um eine rechtshindernde Einwendung. Zulässig sind Buttonbeschriftungen wie „Kostenpflichtig bestellen" oder „Zahlungspflichtigen Vertrag schließen", obwohl alle Formulierungen juristisch inkorrekt sind. Die Verwendung eines Buttons mit der Beschriftung „Jetzt verbindlich anmelden! (zahlungspflichtiger Reisevertrag)" verstößt gegen § 312j Abs. 3 S. 1 BGB und ist damit wettbewerbswidrig.[168] Das *LG Leipzig* untersagte der JW Handelssysteme GmbH (ehemals Melango.de), Verbrauchern auf ihrer Seite melango.de Waren anzubieten, ohne den vorgeschriebenen Kaufen-Button zu verwenden.[169] Bei der Button-Lösung ist das Wort „kaufen" als Bezeichnung unzureichend;[170] auch die Beschriftung „jetzt anmelden" reicht nicht.[171] Die Formulierung auf einer Schaltfläche mit der Beschriftung „Bestellung abschicken" ist gesetzeswidrig, weil sie keine den Worten „zahlungspflichtig bestellen" entsprechende eindeutige Formulierung darstellt.[172] Sie stellt eine die Interessen des Verbrauchers spürbar beeinträchtigende wettbewerbswidrige Handlung dar. Wird ein Vertrag über eine entgeltliche Leistung im Internet durch die Betätigung eines Buttons „jetzt kostenlos testen" geschlossen, verstößt dies auch dann gegen § 312j BGB, wenn der erste Monat des Vertrages (hier: Premium-Mitgliedschaft) gratis ist, sich der kostenpflichtige Zeitraum aber an diesen Gratis-Monat anschließt und wenn das Zustandekommen des kostenpflichtigen Vertragsverhältnisses nur dadurch verhindert werden kann, dass der Kunde seinerseits tätig wird und innerhalb des Gratis-Monats die Mitgliedschaft „storniert"[173]. Die zulässige Beschriftung des Bestell-Buttons be-

---

168 *LG Berlin*, Urt. v. 17.7. 2013 – 97 O 5/13, K & R 2013, 816 m. Anm. *Buchmann* = MMR 2013, 780.

169 *LG Leipzig*, Urt. v. 26.7. 2013 – 8 O 3495/12, VuR 2013, 472.

170 *AG Köln*, Urt. v. 28.4. 2014 – 142 C 354/13, MMR 2014, 736 = CR 2015, 196.

171 *AG Bonn*, Urt. v. 25.4. 2013 – 115 C 26/13; *AG Mönchengladbach*, Urt. v. 16.7. 2013 – 4 C 476/12, BeckRS 2013, 14741; *LG Berlin*, Urt. v. 17.7. 2013 – 97 O 5/13, MMR 2013, 780; für die Formulierung „jetzt verbindlich anmelden (zahlungspflichtiger Reisevertrag)"; für die Formulierung „jetzt anmelden" und den Zusatz „gewerblichen Zugang zahlungspflichtig bestellen": *LG Leipzig*, Urt. v. 26.7. 2013 – 08 O 3495/12, VuR 2013, 472 m. Anm. *Ott*.

172 *OLG Hamm*, Urt. v. 19.11. 2013 – 4 U 65/13, MMR 2014, 534 = CR 2014, 326.

173 *LG München I*, Beschl. v. 11.6. 2013 – 33 O 12678/13, K & R 2013, 753.

steht aus zwei Elementen, nämlich der Willenserklärung und dem Zum-Aus-druck-Bringen eines Rechtsbindungswillens. Beim „Bestellen und Kaufen" fehlt es an der Hervorhebung des Bindungswillens.[174]

5 Zugang

Fraglich ist, zu welchem **Zeitpunkt** ein über das Internet geschlossener **Vertrag zustande kommt.** Dies hängt vom Zeitpunkt des Wirksamwerdens einer Willenserklärung und damit von ihrem Zugang ab. Nach deutschem Recht wird zwischen den Willenserklärungen unter An- und Abwesenden unterschieden. Für den Zugang unter Abwesenden gilt § 130 Abs. 1 BGB. Dort kommt es darauf an, wann eine Erklärung so in den Machtbereich des Empfängers gelangt ist, dass dieser von der Willenserklärung Kenntnis nehmen kann und unter norma-len Umständen auch mit der Kenntnisnahme zu rechnen ist.[175] Zwischen Anwe-senden fehlt es an einer gesetzlichen Regelung, sodass § 130 BGB analog ange-wendet wird. Eine verkörperte Willenserklärung wird demnach mit Übergabe wirksam, wohingegen eine unverkörperte grundsätzlich in dem Zeitpunkt zu-geht, in dem der Vertragspartner sie akustisch richtig und vollständig vernom-men hat (sog. strenge Vernehmungstheorie).[176] Zum Schutz des Rechtsverkehrs wird dies aber dahingehend eingeschränkt, dass es für den Zugang ausrei-chend ist, wenn der Erklärende davon ausgeht und auch davon ausgehen darf, dass die andere Seite die Erklärung richtig und vollständig vernommen hat (sog. eingeschränkte Vernehmungstheorie).[177]

Bei online-kommunizierenden Computern (etwa im EDI-Bereich) wird teil-weise von Willenserklärungen unter Anwesenden ausgegangen.[178] Dies mag für den EDI-Bereich noch vertretbar sein. Im WWW-Sektor ist jedoch die Gegenmei-nung überzeugender, wonach der Vertragsschluss im Wege von Willens-erklärungen unter Abwesenden erfolgt, zumal § 147 Abs. 1 S. 2 BGB eine Er-

774

775

---

174 *AG Köln*, Urt. v. 28. 4. 2014 – 142 C 354/13, MMR 2014, 736 m. Anm. *Föhlisch/Stariradeff* = CR 2015, 196.
175 Sog. Empfangs- oder Zugangstheorie; siehe hierzu etwa MüKoBGB/*Einsele*, 7. Aufl. 2015, § 130 Rz. 9.
176 Palandt/*Ellenberger*, Kommentar BGB, 76. Aufl. 2017, § 130 Rz. 14; Staudinger/*Singer/Benedict*, Buch I, § 130 Rz. 112.
177 Palandt/*Ellenberger*, Kommentar BGB, 76. Aufl. 2017, § 130 Rz. 14.
178 So etwa *Brinkmann*, BB 1981, 1183; *Fritzsche/Malzer*, DNotZ 1995, 3; *Herget/Reimer*, DStR 1996, 1288; *Taupitz/Kritter*, JuS 1999, 839.

klärung direkt von Person zu Person voraussetzt.[179] Für den Zugang von Willenserklärungen via E-Mail ist daher maßgeblich, wann mit dem Abruf einer E-Mail durch den Empfänger üblicherweise gerechnet werden kann. Insoweit ist zwischen geschäftlichen und privaten Empfängern zu unterscheiden.[180] Von **Geschäftsleuten** kann die regelmäßige Kontrolle ihres elektronischen Posteingangs erwartet werden. Nachrichten, die während der Geschäftszeiten abrufbar werden, gelten im gleichen Zeitpunkt als zugegangen. Mitteilungen, die außerhalb der Geschäftszeiten eingehen, werden üblicherweise bei Öffnung des Geschäfts zur Kenntnis genommen. Bei **Privatpersonen** wird man davon ausgehen können, dass sie zumindest einmal täglich ihren Posteingang durchsehen. Mangels üblicher Abfragezeiten gelten Nachrichten bei diesen Empfängern als am Tag nach der Abrufbarkeit zugegangen.[181] Bei der **automatisierten Bestellungsannahme** reicht das Passieren der Schnittstelle des Online-Unternehmens aus.[182] Ab Zugang ist ebenfalls das in § 130 Abs. 1 S. 2 BGB verankerte Widerrufsrecht erloschen.

776   Gefährlich ist die Eröffnung von E-Mail-Zugängen wegen der damit verbundenen **Haftungsrisiken**. Gibt z. B. ein Rechtsanwalt seine E-Mail-Adresse den Mandanten bekannt, kann der Eindruck entstehen, dass über eine E-Mail an den Anwalt auch rechtsrelevante Vorgänge abgewickelt werden können. Fordert der Mandant daher seinen Anwalt via E-Mail auf, Berufung einzulegen und liest der Anwalt die Mail nicht, droht eine Schadensersatzklage des Mandanten gegen den Anwalt. Mit der Veröffentlichung der E-Mail-Adresse auf Briefbögen und Visitenkarten wird die Bereitschaft zur Entgegennahme von E-Mail-Aufträgen signalisiert. Der Provider muss dann auch während der normalen Geschäftszeiten unverzüglich reagieren. Will er das nicht, muss er den Kunden darauf hinweisen. Empfehlenswert sind deutliche Hinweise wie z. B.: *„Die E-Mail-Adresse dient nur zur Übermittlung von Informationswünschen, nicht für die Erteilung von E-Mail-Aufträgen."* Will der Provider über E-Mail Aufträge entgegennehmen und abwickeln, sollte er eine spezielle E-Mail-Adresse dafür vorsehen und den Account regelmäßig, d. h. in risikorelevanten Bereichen sogar mehrfach arbeitstäglich, abfragen.

---

179 I. E. ebenso *Graf Fringuelli/Wallhäuser*, CR 1999, 93; für den EDI-Bereich *Bartl*, DB 1982, 1097; *Fritzemeyer/Heun*, CR 1992, 130; *Hellner*, Festschrift Werner 1984, 251; *Heun*, CR 1994, 5955; *Kleier*, WRP 1983, 534; *Redeker*, NJW 1984, 2390.
180 *Ernst*, NJW-CoR 1997, 165; *Graf Fringuelli/Wallhäuser*, CR 1999, 93; ausführlich *Taupitz/Kritter*, JuS 1999, 839.
181 Hoeren/Sieber/Holznagel/*Kitz*, Handbuch MMR, 36. Ergänzungslieferung 2015, Teil 13.1 Rz. 48.
182 So auch *Heun*, CR 1994, 595.

Das **Fälschungsrisiko** trägt der Provider; eine Abwälzung auf den Kunden 777
in AGB ist unwirksam.

6 Vertragsschluss bei Online-Auktionen

Literatur: *Bonke/Gellmann*, Die Widerrufsfrist bei eBay-Auktionen – Ein Beitrag zur Problematik der rechtzeitigen Belehrung des Verbrauchers in Textform, NJW 2006, 3169; *Deutsch*, Vertragsschluss bei Internetauktionen – Probleme und Streitstände, MMR 2004, 586; *Goldman*, Rechtliche Rahmenbedingungen für Internetauktionen, 2005; *Gurman*, Internetauktionen, 2005; *Härting*, „Wer bietet mehr?" – Rechtssicherheit des Vertragsschlusses bei Internetauktionen, MMR 2001, 278; *Härting/Golz*, Rechtsfragen des eBay-Handels, ITRB 2005, 137; *Huppertz*, Rechtliche Probleme von Online-Auktionen, MMR 2000, 65; *Koch*, Geltungsbereich von Internet-Auktionsbedingungen, CR 2005, 502; *Koch*, Widerrufsrecht bei Online-Auktionen, ITRB 2005, 67; *Kono*, Some thoughts on Contractual Issues related to the Internet – the Internet Auction and its Contractual Analysis from a Japanese Point of View, Conference Paper Miyazaki 2001; *Lettl*, Versteigerung im Internet – BGH, NJW 2002, 363, JuS 2002, 219; *Mehrings*, Im Süd-Westen wenig Neues: BGH zum Vertragsabschluss bei Internet-Auktionen, BB 2002, 469; *Noack/Kremer*, Online-Auktionen: „eBay-Recht" als Herausforderung für den Anwalt, AnwBl 2004, 602; *Peter*, PowerSeller als Unternehmer, ITRB 2007, 18; *Rohlfing*, Unternehmer qua Indizwirkung? – Darlegungs- und Beweislast bei geschäftsmäßigem Handeln in elektronischen Marktplätzen, MMR 2006, 271; *Rüfner*, Verbindlicher Vertragsschluss bei Versteigerungen im Internet, JZ 2000, 715; *Szczesny*, Aktuelles zur Unternehmereigenschaft i. R. v. Internet-Auktionen, NJW 2007, 2586; *Sester*, Vertragsabschluss bei Internet-Auktionen, CR 2001, 98; *Spindler/Wiebe* (Hrsg.), Internet-Auktionen und Elektronische Marktplätze, 2005; *Wenzel*, Vertragsabschluss bei Internet-Auktionen – ricardo.de, NJW 2002, 1550; *Wiebe*, Vertragsschluss bei Online-Auktionen, MMR 2000, 323.

Im Falle einer Auktion kommt ein Vertrag[183] **mit Abgabe des Höchstgebotes** 778
zustande, wenn der Versteigerer bei Freischaltung der Angebotsseite die Erklärung abgibt, der Versteigerer nehme bereits zu diesem Zeitpunkt das höchste, wirksam abgegebene Angebot an. Der Anbieter der Webseite tritt sowohl für den Versteigerer als auch den Bieter jew. als Empfangsvertreter auf. Entschei-

---

[183] *BGH*, Urt. v. 3. 11. 2004 – VIII ZR 375/03, CR 2005, 53 m. Anm. *Wiebe* = MDR 2005, 132 m. Anm. *Schlegel*; siehe dazu u. a. *Leible*, JA 2002, 444; *Lettl*, JuS 2002, 219; *BGH*, Urt. v. 7. 11. 2001 – VIII ZR 13/01, NJW 2002, 363 = CR 2002, 213 m. Anm. *Wiebe* = TMR 2002, 36 m. Anm. *Wiebe*; später auch *LG Berlin*, Urt. v. 15. 5. 2007 – 31 O 270/05, MMR 2007, 802; ausführlich hierzu Hoeren/Sieber/Holznagel/*Neubauer/Steinmetz*, Handbuch MMR, 42. Ergänzungslieferung 2015, Teil 14 Internetauktionen Rz. 1 ff; *BGH*, Urt. v. 24. 08. 2016 – VIII ZR 100/15, Zitat: „es gerade den Reiz einer Internetauktion ausmacht, den Auktionsgegenstand zu einem „Schnäppchenpreis" zu erwerben, Rn. 43, das persönliche Maximalgebot eines Bieters muss sich gerade nicht am Marktwert des Verkaufsobjektes richten, Rn. 43; *BGH*, Urt. v. 28. 3. 2012 – VIII ZR 244/10, NJW 2012, 2723; *BGH*, Urt. v. 12. 11. 2014 – VIII ZR 42/14, MMR 2015, 103.

dend stellte der *BGH* darauf ab, dass der beklagte Versteigerer vor der Frei-schaltung seines Angebotes gegenüber ricardo.de ausdrücklich eine Erklärung mit folgendem Wortlaut abgegeben hatte: „Bereits zu diesem Zeitpunkt erkläre ich die Annahme des höchsten, wirksam abgegebenen Kaufangebotes." Der *BGH* sah sich an einer Inhaltskontrolle der ricardo.de-AGB gehindert, da diese nicht die inhaltliche Ausgestaltung des Kaufvertrages zwischen Versteigerer und Bieter beeinflussen könne. Die von den Auktionshäusern gestellten AGB werden zwar von Anbieter und Bieter bei Errichtung des Benutzerkontos ak-zeptiert. Sie finden aber gerade keine direkte Anwendung zwischen den Ver-tragsparteien, sondern können lediglich zur Auslegung des Vertrags herange-zogen werden.[184]

779   Nach der Einstellung des Angebots auf den Seiten von eBay ist dieses rechtsverbindlich und unwiderruflich.[185] Eine Ausnahme soll dann gelten, wenn ein krasses Missverhältnis zwischen Marktwert und erzieltem Kaufpreis vorliegt.[186] Dies gilt auch bei der Wahl der Option „Sofort-Kaufen", bei der der Kunde mit dem Anklicken das Angebot annimmt.[187] Anders als bei klassischen Online-Shops besteht hier auch keine Gefahr für den Verkäufer, Verträge mit einer Vielzahl unbekannter Käufer zu schließen und eventuell Lieferschwie-riegkeiten o. ä. zu riskieren, sodass keine invitatio ad offerendum, sondern ein bindendes Angebot vorliegt.[188] Dabei sind jedoch die eBay-AGB zu beachten, die eine Regelung bzgl. der vorzeitigen Beendigung einer Auktion seitens des Anbieters vorsehen. Dies wurde teilweise so verstanden, dass dadurch gerade kein Widerrufsrecht eingeräumt oder der Charakter des Angebots in eine un-verbindliche invitatio ad offerendum geändert wird. Sie sei vielmehr als bloße Möglichkeit der Anfechtung der Willenserklärung nach den allgemeinen Re-

---

184 *BGH*, Urt. v. 8. 1. 2014 – VIII ZR 63/13, MMR 2014, 1292 m. Anm. *Kulke*; *BGH*, Urt. v. 7. 11. 2001 – VIII ZR 13/01, CR 2002, 213 m. Anm. *Wiebe* = NJW 2002, 363; *BGH*, Urt. v. 23. 9. 2015 – VIII ZR 284/14, MMR 2016, 26 m. Anm. *Wagner* = NJW 2016, 395.
185 *OLG Nürnberg*, Urt. v. 26. 2. 2014 – 12 U 336/13, CR 2014, 316; *OLG Oldenburg* Urt. v. 28. 7. 2005 – 8 U 93/05, CR 2005, 828 = MDR 2006, 80; *KG*, Beschl. v. 25. 1. 2005 – 17 U 72/04, MMR 2005, 709 = NJW 2005, 1053; *LG Berlin* Urt. v. 20. 7. 2004 – 4 O 293/04, CR 2004, 940 = NJW 2004, 2831; *LG Coburg*, Urt. v. 6. 7. 2004 – 22 O 43/04, CR 2005, 228 = MMR 2005, 330; auch *LG Berlin*, Urt. v. 15. 5. 2007 – 31 O 270/05, NJW-RR 2009, 132.
186 *OLG Koblenz*, Beschl. v. 3. 6. 2009 – 5 U 429/09, MDR 2009, 1412 = CR 2010, 49; *OLG Nürnberg*, Urt. v. 23. 7. 2009 – 14 U 622/09, K & R 2010, 58 = MMR 2010, 31; a. A. *OLG Köln*, Urt. v. 8. 12. 2006 – 19 U 109/06, CR 2007, 598 = MMR 2007, 446.
187 *LG Saarbrücken*, Urt. v. 7. 1. 2004 – 2 O 255/03, MMR 2004, 556; *AG Moers*, Urt. v. 11. 2. 2004 – 532 C 109/83, Urt. v. 11. 2. 2004 – 532 C 109/03, NJW 2004, 1330 = MMR 2004, 563 = CR 2004, 706.
188 *OLG Jena*, Urt. v. 9. 6. 2007 – 2 W 124/07, WRP 2007, 1008; *OLG Hamburg*, Urt. v. 12. 9. 2009 – 5 W 129/07, CR 2008, 116 = K & R 2007, 655.

geln der §§ 119 ff. BGB zu verstehen.[189] Dem stellt sich der *BGH* entgegen.[190] Da die eBay-AGB auch zur Auslegung der Erklärungen der jew. handelnden Mitglieder herangezogen werden können, sei die Erstellung der Auktion dahingehend zu verstehen, dass das Angebot des Verkäufers unter dem Vorbehalt einer berechtigten Angebotsrücknahme steht. Was ein berechtigter Grund ist, wird durch weitere Hinweise in den AGB geregelt.

In diesem Zusammenhang ist außerdem darauf hinzuweisen, dass ein Wi- 780 derruf eines Gebotes ebenso wenig möglich ist, da dieser „vor oder gleichzeitig" mit dem Angebot zugehen müsste, § 130 Abs. 1 S. 2 BGB. Dies ist aufgrund der sofortigen Übermittlung an den Anbieter aber regelmäßig nicht möglich, sodass auch hier lediglich nach den allgemeinen Irrtumsregeln angefochten werden kann.

Nach Auffassung des *AG Kerpen* liegt kein rechtsverbindliches Angebot bei 781 Online-Auktionen vor, wenn der Verkäufer in der Artikelbeschreibung ausdrücklich darum bittet, von Geboten abzusehen („*hier bitte nicht bieten*") und einen Preis als „Verhandlungsbasis" nennt.[191] Ähnlich soll eine Offerte bei einem Online-Auktionshaus unverbindlich sein, wenn diese mit der Einleitung beginnt „Achtung, dies ist vorerst eine Umfrage! Nicht bieten!".[192] Keine AGB-rechtlichen Bedenken hatte das *KG* gegen die Verwendung der Klausel „Mit Ablauf der vom Verkäufer bestimmten Zeit kommt zwischen dem Verkäufer und dem Höchstbieter ein Kaufvertrag zustande."[193]

Das *AG Westerstede* geht davon aus, dass der Veranstalter einer Inter- 782 netauktion nicht für die ordnungsgemäße Abwicklung des eigentlichen Verkaufsvertrages hafte und insb. keine Bonitäts- oder Identitätsüberprüfungen schulde.[194]

Der Einsatz eines **Bietagenten** bei der Ersteigerung ändert nichts am Vor- 783 liegen eines rechtlich bindenden Vertragsschlusses. Die von der jeweiligen Agentensoftware abgegebene Willenserklärung ist dem Verwender der Software nach allgemeinen Grundsätzen als eigene Willenserklärung zuzurechnen.[195]

---

189 *KG*, Beschl. v. 25. 1. 2005 – 17 U 72/04, MMR 2005, 709 = NJW 2005, 1053; *OLG Oldenburg*, Urt. v. 28. 7. 2005 – 8 U 93/05, CR 2005, 828 = MMR 2005, 766; *LG Coburg*, Urt. v. 6. 7. 2004 – 22 O 43/06, CR 2005, 228 = MMR 2005, 330.
190 *BGH*, Urt. v. 8. 1. 2014 – VIII ZR 63/13, MMR 2014, 1292 m. Anm. *Kulke*; *BGH*, Urt. v. 23. 9. 2015 – VIII ZR 284/14, MMR 2016, 26 m. Anm. *Wagner* = NJW 2016, 395.
191 *AG Kerpen*, Urt. v. 25. 5. 2001 – 21 C 53/01, MMR 2001, 711 = NJW 2001, 3274.
192 *LG Darmstadt*, Urt. v. 24. 1. 2002 – 3 O 289/01, CR 2003, 295 m. Anm. *Winter* = MMR 2002, 768 (Ls.).
193 *KG*, Urt. v. 15. 8. 2001 – 29 U 30/01, K & R 2002, 147 = NJW 2002, 1583.
194 *AG Westerstede*, Urt. v. 19. 12. 2001 – 21 C 792/01, CR 2002, 377.
195 *Cornlius*, MMR 2002, 353, ohne nähere Begründung auch *AG Hannover*, Urt. v. 7. 9. 2001 – 501 C 1510/01, MMR 2002, 262 = NJW-RR 2002, 131.

784   Bei einer Internetauktion rechtfertigt nach Ansicht des *BGH*[196] ein grobes Missverhältnis zwischen dem Maximalgebot eines Bieters und dem (angenommenen) Wert des Versteigerungsobjektes nicht ohne Weiteres den Schluss auf eine nach § 138 BGB verwerfliche Gesinnung des Bieters. Aus einem geringen Startpreis (hier 1 Euro) bei einer Internetauktion ergeben sich keine Rückschlüsse auf den Wert des Versteigerungsobjektes. Ob und mit welchem Inhalt bei einer Internetauktion durch die Angebotsbeschreibung des Anbieters eine Beschaffenheitsvereinbarung mit dem Meistbietenden zustande kommt, ist unter umfassender Würdigung der abgegebenen Willenserklärungen unter Berücksichtigung aller Umstände des Einzelfalls zu beurteilen. Grob fahrlässige Unkenntnis des Käufers von der Unechtheit eines im Internet unter Angabe des Markennamens versteigerten Luxusobjektes kann nicht mit der Begründung bejaht werden, es sei erfahrungswidrig, dass ein solcher Gegenstand mit einem Startpreis von nur einem Euro angeboten werde. Der Durchsetzbarkeit eines Schadenersatzanspruchs wegen Nichterfüllung eines im Rahmen einer Internetauktion, nach vorzeitiger Auktionsbeendigung zustande gekommenen Kaufvertrags über einen hochwertigen Artikel zu einem unrealistisch niedrigen Preis kann allerdings der Einwand unzulässiger Rechtsausübung entgegenstehen.[197]

785   Wenn jemand bei eBay günstig an Produkte kommt, erfüllt dies nicht den Tatbestand einer Hehlerei i. S. v. § 259 StGB. Insofern hat das *LG Karlsruhe*[198] zu Recht erkannt, dass selbst bei dem Erwerb von Diebesgut über eBay eine Strafbarkeit nicht schon deshalb angenommen werden kann, weil der Startpreis für den hochpreisigen Gegenstand lediglich einen Euro betrage und der Zuschlagspreis deutlich unter dem üblichen Marktpreis liege.

786   Bei Internet-Auktionen stellt sich zudem immer häufiger das **Problem des sog. Spaßbietens**. Unter Spaßbieten ist vereinfacht die Abgabe eines Gebots ohne Interesse an der Ersteigerung zu verstehen. Hierbei umfasst es nicht nur die Benutzung eines fremden Accounts, sondern auch diejenige eines „gefakten" eigenen Accounts, bei dem falsche Nutzerdaten im Vorfeld eingegeben wurden. Weitläufig werden zudem auch die Formen der Preistreiberei, des sog. „Pushens" oder der „Preispflege" durch das zeitweise Ausschalten von Konkurrenten verstanden, die in diesem Rahmen aber unbeachtet bleiben sollen. Benutzt der Bieter einen „gefakten" eigenen Account, so kommt zwischen ihm

---

196 *BGH*, Urt. v. 28. 3. 2012 – VIII ZR 244/10, MMR 2012, 451 = NJW 2012, 2723; *BGH*, Urt. v. 12. 11. 2014 – VIII ZR 24/14.
197 *LG Koblenz*, Urt. v. 18. 3. 2009 – 10 O 250/08, CR 2009, 466 m. Anm. *Redeker* = NJW 2010, 159 – Porsche Carrera für 5,50 Euro.
198 *LG Karlsruhe*, Urt. v. 28. 9. 2007 – 18 AK 136/07, MMR 2007, 796 = StV 2008, 362.

und dem Anbieter unmittelbar ein Vertrag zustande, bei dem sich der Spaßbieter nicht auf seine unbeachtliche fehlende Ernstlichkeit (§ 118 BGB), oder einen geheimen Vorbehalt (§ 116 BGB) berufen kann, da der Vertragspartner von dieser keine Kenntnis hat. Hält der Anbieter unter Verstoß gegen die eBay-Bedingungen über ein weiteres Benutzerkonto am Ende der Angebotsdauer das Höchstgebot, wird der zuletzt überbotene Bieter gem. § 162 BGB so gestellt, als sei mit dem Inhalt seines letzten Höchstgebots ein Kaufvertrag zu Stande gekommen.[199] Das OLG Stuttgart erkennt die Angebotsannahme im letzten Gebot des Bieters, wenn dieser nicht weiß, dass er in Wahrheit durch den unredlichen Anbieter selbst überboten wird. Der rechtsgeschäftliche Wille sei dann, trotz der Unredlichkeit, frei von äußeren Einflüssen gebildet worden und stellt somit die Annahme des Angebots dar.

Dem stellt sich der *BGH* entgegen.[200] Das durch eine eBay-Auktion erklärte **787** Verkaufsangebot ist bereits nach dem Wortlaut des § 145 BGB darauf ausgelegt, „einem anderen" die Schließung eines Vertrages anzutragen. Das entspricht auch dem allgemeinen Verständnis des Vertragsbegriffes, wonach Willenserklärungen von personenverschiedenen Rechtssubjekten vorliegen müssen.[201] Die Willenserklärungen des Anbieters sind unwirksam, da der Anbieter mit sich selbst keinen Vertrag schließen kann. Das letzte Gebot des Bieters, das zeitlich vor dem unredlichen Verhalten des Anbieters abgegeben wurde, wird zur vertragsbegründenden Willenserklärung.

Im Übrigen sind **Gewährleistungsausschlüsse bei Online-Auktionen** **788** zwischen Privaten vereinbar.[202] Es empfiehlt sich beim Verkauf unter Privaten daher der Hinweis: „Es handelt sich um eine Privatauktion; ich übernehme keine Gewährleistung und keine Garantie nach EU-Recht".

Es ist allerdings zu beachten, dass der **Gewährleistungsausschluss** sich **789** nicht auf etwaige Sachmängel einer Falschlieferung erstreckt und er zudem, im Falle einer Beschaffenheitsvereinbarung, hinter dieser zurücktritt.[203] In diesem Zusammenhang ist aber darauf hinzuweisen, dass der *BGH* eine vorschnelle Annahme eines Garantiewillens des Verkäufers, wie er noch unter dem alten Recht häufig angenommen wurde, aufgrund der Besserstellung des Verbrau-

---

199 *OLG Stuttgart*, Urt. v. 14. 4. 2015 – 12 U 153/14, NJW-RR 2015, 1363 = MMR 2015, 577.
200 *BGH*, Urt. v. 24.8.16 – VIII ZR 100/15, MMR 2017, 176 m. Anm. *Wagner/Zegner* – Shill-Bidding.
201 Palandt/*Ellenberger*, Kommentar BGB, 76. Aufl. 2017, Einf v § 145 Rz. 1.
202 *AG Kamen*, Urt. v. 3. 11. 2004 – 3 C 359/04, CR 2005, 146 = MMR 2005, 392; ähnlich *LG Berlin*, Teilurt. v. 16. 3. 2004 – 18 O 533/03, MMR 2004, 630 mit dem zusätzlichen bedenklichen Hinweis, dass man beim Kauf einer Ware zum Preis von einem wertlosen Gegenständen ausgehen dürfe.
203 *AG Aachen*, Urt. v. 17. 5. 2005 – 10 C 69/05, NJW-RR 2005, 1143.

chers im neuen Verbrauchsgüterkaufrecht verneint.[204] Der *BGH* entschied in diesem Fall, dass allein der Umstand, dass der Kaufvertrag über eine Internet-auktionsplattform zustande komme, unter Privaten nicht die Annahme einer konkludenten Garantie i. S. v. § 444 BGB rechtfertige. Im zugrunde liegenden Fall ging es um ein gebrauchtes Motorrad, das mit einer Laufleistung von 30 000 km angeboten wurde. Zugleich wurde erklärt, dass das „Krad natürlich ohne Gewähr verkauft" werde. Tatsächlich stellte sich jedoch heraus, dass der Tachostand in Meilen angegeben war, was zu einer Laufleistung von 48 965 km führte. Um den Gewährleistungsausschluss zu überwinden, nahm der *BGH* jedoch, nicht wie die Vorinstanzen, an, dass aus dem Umstand, dass bei einem Internetkauf der Käufer nicht die Möglichkeit der Besichtigung der Sache hat, eine Garantie für die erwähnten Eigenschaften resultiere. Vielmehr müssten, wie bei jeder Garantie, besondere Umstände hinzutreten, welche auf einen Rechtsbindungswillen bzgl. der Garantie schließen ließen. Allerdings sei die Angabe des Kilometerstandes eine Beschaffenheitsangabe. Diese stehe neben dem Haftungsausschluss und werde somit nicht erfasst. Der *BGH* legt den Gewährleistungsausschluss dahingehend aus, dass die Beschaffenheitsvereinbarung ohne Sinn und Wert sei, wenn sie wegen eines umfassenden Haftungsausschlusses unverbindlich ist und somit ein Ausschluss für die Laufleistung nicht gewollt sein könne. Dem wird entgegengehalten, dass den beiden in § 444 BGB genannten Einschränkungen eine dritte hinzugefügt werde. Vielmehr können Sinn und Wert der Erklärung auch darin liegen, dass sie dem Käufer einen ersten Hinweis über den vermutlichen Zustand der Kaufsache gebe und damit die Kaufentscheidung erheblich beeinflussen würde. Zudem könne der Käufer davon ausgehen, dass der Verkäufer seinerseits von einer entsprechenden Beschaffenheit ausgehe. Dass dabei Käufererwartungen enttäuscht werden können, sei ein Spezifikum der Beschaffenheitsvereinbarung. Hätte das Motorrad eine Laufleistung von 30 000 km gehabt, wäre aber gar nicht gelaufen, so wäre dies vom Haftungsausschluss umfasst gewesen.[205]

790   Für den **Verkauf durch Gewerbetreibende an Private** ist ein Gewährleistungsausschluss nicht möglich. Insofern taucht oft die Frage auf, wie man im Einzelfall verkäuferseitig Privatleute von Gewerbetreibenden abgrenzen kann. Diese Unterscheidung ist zudem von äußerster Wichtigkeit, da sich aus der Unternehmereigenschaft besondere Pflichten des Verkäufers hinsichtlich verbraucherschutzrechtlicher Vorschriften ergeben (insb. bzgl. des Widerrufs-

---

204 *BGH*, Urt. v. 29.11. 2006 – VIII ZR 92/06, CR 2007, 473 (Ls.) = MMR 2007, 311 = m. Anm. *Hoffmann* = NJW 2007, 1346 m. Anm. *Gutzeit*.
205 *BGH*, Urt. v. 29.11. 2006 – VIII ZR 92/06, CR 2007, 473 (Ls.) = MMR 2007, 311 m. Anm, *Hoffmann* = NJW 2007, 1346 m. Anm. *Gutzeit*-

rechts gem. § 355 BGB und dessen Belehrung).[206] Grundsätzlich richtet sich die Einordnung nach dem Unternehmerbegriff des § 14 BGB, der allerdings in einem rein funktionalen Sinn zu verstehen ist, sodass ein **„in kaufmännischer Weise eingerichteter Gewerbebetrieb"** gerade nicht erforderlich ist.[207] Eine gewerbliche Tätigkeit ist vielmehr in der planmäßigen und dauerhaften Erbringung von Leistungen gegen Entgelt zu sehen. Entscheidend ist hierfür eine Würdigung aller Gesamtumstände und Indizien des Einzelfalls.[208] Erfasst werden aber gerade auch nebenberufliche Tätigkeiten und solche, bei denen es nicht um Gewinnerzielung geht.[209] Das Fehlen der Gewinnerzielungsabsicht kann in der Gesamtschau allerdings ein Indiz darstellen, welches gegen die Unternehmereigenschaft spricht, insb., wenn auf Dauer sogar Verluste entstehen.[210]

Als Indizien werden von der Rechtsprechung neben Zahl und Häufigkeit **791** insb. Neuware,[211] gleiche Warenkategorie und Veräußerung unterschiedlicher Waren herangezogen. Insbesondere bei Kleidung wird nicht nur darauf abgestellt, ob es sich um Neuware handelt, sondern auch auf das Angebot verschiedener Größen, was regelmäßig gegen ein rein privates Handeln spricht. Das *OLG Frankfurt a. M.*[212] nahm die Unternehmereigenschaft bereits bei 40 Abschlüssen in sechs Wochen an, wohingegen das *LG Mainz*[213] 252 Verkäufe von verschiedenen Gegenständen in zwei Jahren genügen ließ. Sofern innerhalb eines Monats 50 Mal gleichartige Waren verkauft werden, spricht dies ebenfalls für eine gewerbliche Tätigkeit.[214] Wer über eBay eine Mehrzahl wertvoller antiker Gegenstände verkauft, die er zumindest teilweise zuvor eingekauft hatte,

---

206 *KG*, Beschl. v. 18. 7. 2006 – 5 W 156/06, NJW 2006, 3215 = MMR 2006, 678.
207 *OLG Frankfurt a. M.*, Urt. v. 22. 12. 2004 – 6 W 153/04, CR 2005, 883 = NJW 2005, 1438; *LG Mainz*, Urt. v. 6. 7. 2005 – 3 O 184/04, CR 2006, 131 m. Anm. *Mankowski* = BB 2005, 2264; *LG Berlin*, Urt. v. 5. 9. 2006 – 103 O 75/06, MMR 2007, 401.
208 So zuletzt *OLG Zweibrücken*, Urt. v. 28. 6. 2007 – 4 U 210/06, CR 2007, 681 (Ls.) mit einigen Beispielen.
209 Palandt/*Ellenberger*, Kommentar BGB, 76. Aufl. 2017, § 14 Rz. 2; ErmanBGB/*Saenger*, 14. Aufl. 2014, § 14 Rz. 11; *Prütting*/Wegen/Weinrich, Kommentar BGB, 11. Aufl. 2016, § 14 Rz. 9.
210 *Canaris*, Handelsrecht, § 2 Rn. 14; ErmanBGB/*Saenger*, 14. Aufl. 2014, § 14 Rz. 12; *Prütting*/Wegen/Weinrich, Kommentar BGB, 11. Aufl. 2016, § 14 Rz. 7; Jauernig/*Mansel*, Kommentar BGB, 16. Aufl. 2015, § 14 Rz. 2; Schmidt, Handelsrecht, § 9 II 37.
211 *LG Berlin*, Urt. v. 9. 9. 2006 – 103 O 75/06, MMR 2007, 401.
212 *OLG Frankfurt a. M.*, Beschl. v. 27. 7. 2004 – 6 W 54/04, GRUR 2004, 1042.
213 *LG Mainz*, Urt. v. 6. 7. 2005 – 3 O 184/04, CR 2006, 131 m. Anm. *Mankowski* = BB 2005, 2264.
214 *OLG Frankfurt a. M.*, Beschl. v. 27. 7. 2004 – 6 W 54/04, GRUR 2004, 1042; bei 60 Verkäufen: *LG Berlin*, Urt. v. 5. 9. 2006 – 103 O 75/06, MMR 2007, 401.

handelt als Unternehmer und nicht als Privatperson.[215] Wer über ein ganzes Jahr nach vorliegenden Käuferreaktionen jeden Monat mindestens 15 Festplatten auf einer Internet-Plattform verkauft, handelt im geschäftlichen Verkehr.[216] Für das *LG Hanau* reichten bereits 25 Verkäufe in zwei Monaten, um die Unternehmereigenschaft zu bejahen, denn schließlich könne auch ein Nebenerwerb gewerblich sein.[217] Ein weiteres Indiz ist der Ankauf zum Weiterverkauf, auch wenn dies nicht konstitutiv für unternehmerisches Handeln sei. Vielmehr könne auch die Auflösung einer bereits im Privatbesitz befindlichen größeren Sammlung mit einer Vielzahl von Verkäufen unternehmerisch geschehen.[218]

792   Da es für den Verbraucher häufig unmöglich sein wird, aufgrund der Intransparenz und Anonymität von eBay den Nachweis über diese Eigenschaft erfolgreich zu führen, wird u. a. vorgeschlagen, eine Beweislastumkehr greifen zu lassen, um ein Leerlaufen des Verbraucherschutzes zu vermeiden.[219] Vertreten wird die Möglichkeit eines Anscheinsbeweises, der durch die Verwendung von Vertragsbedingungen, besondere Angaben auf der „Mich-Seite", oder aber die Führung des Titels **„Powerseller"** indiziert werde.[220] „Powerseller" gelten dabei zunächst als Unternehmer und sind somit an die Verbraucherschutzvorschriften gebunden.[221] Wer als „Powerseller" auftritt, muss im Zweifel das Nichtvorliegen der unternehmerischen Eigenschaft des § 14 BGB beweisen.[222] Auch wird vertreten, dass allein die Einstufung als Powerseller bloß ein Indiz und kein endgültiger Beweis für die Unternehmereigenschaft sei. Das gleiche gelte für die Einrichtung eines eBay-Shops. Umgekehrt stehe das Fehlen einer Registrierung als Powerseller einem unternehmerischen Handeln nicht entge-

---

215 *LG München*, Urt. v. 7.4. 2009 – 33 O 1936/08, MMR 2009, 504 (Ls.).

216 *OLG Hamm*, Urt. v. 21.8. 2012 – I-4 U 114/12, GRUR-RS 2013, 00045.

217 *LG Hanau*, Urt. v. 28.9. 2006 – 5 O 51/06, MMR 2007, 339.

218 *OLG Frankfurt a. M.*, Beschl. v. 21.3. 2007– 6 W 27/07, CR 2007, 682 (Ls.) = MMR 2007, 378; a. A. *OLG Zweibrücken*, Urt. v. 28.6. 2007 – 4 U 210/06, CR 2007, 681 (Ls.), welches zusätzliche Anforderungen an Dauerhaftigkeit und Planmäßigkeit stellt.

219 *OLG Karlsruhe*, Urt. v. 27.4. 2006 – 4 U 119/04, CR 2006, 689 = WRP 2006, 1038; *OLG Koblenz*, Beschl. v. 17.10. 2005 – 5 U 1145/05, CR 2006, 209 (Ls.) = MMR 2006, 236; *Peter*, ITRB 2007, 18.

220 *OLG Frankfurt a. M.*, Beschl. v. 21.3. 2007 – 6 W 27/07, CR 2007, 682 (Ls.) = MMR 2007, 378; *OLG Karlsruhe*, Urt. v. 27.4. 2006 – 4 U 119/04, CR 2006, 689 = WRP 2006, 1038; *LG Mainz*, Urt. v. 6.7. 2005 – 3 O 184/04, CR 2006, 131 m. Anm. *Mankowski* = MMR 2006, 51; *LG Berlin*, Urt. v. 5.9. 2006 – 103 O 75/06, MMR 2007, 401; siehe aber auch *LG Coburg*, Urt. v. 19.10. 2006 – 1 HKO 32/06, MMR 2007, 399, das bei 33 gleichzeitig angebotenen neuen Artikeln und 270 Bewertungen für Verkäufe noch keine Unternehmereigenschaft sah.

221 *OLG Karlsruhe*, Urt. v. 27.4. 2006 – 4 U 119/04, CR 2006, 689; *Peter*, ITRB 2007, 18.

222 *OLG Koblenz*, Beschl. v. 17.10. 2009 – 5 U 1149/05, MDR 2006, 321 = CR 2006, 209 (Ls.).

gen.[223] Einzelne Stimmen in der Literatur gehen dagegen sogar so weit, die Einrichtung eines eBay-Shops, genauso wie die Registrierung als Powerseller, stets für die Anwendung verbraucherschützender Vorschriften ausreichen zu lassen. Denn die Begriffe „Shop" oder „Powerseller" ließen auf unternehmerisches Handeln schließen. Wählt ein Verkäufer solche Bezeichnungen, obwohl er eigentlich Verbraucher ist, müsse er sich nach dem Grundsatz „venire contra factum proprium" wegen § 242 BGB so behandeln lassen, als wäre er tatsächlich Unternehmer.[224]

III Verbraucherschutz im Internet

Literatur: *Ady*, Die Umsetzung der Verbraucherkreditrichtlinie in deutsches Recht und besondere verbraucherpolitische Aspekte, WM 2009, 1061; *Aye*, Verbraucherschutz im Internet nach französischem und deutschem Recht: Eine Studie im Lichte der europäischen Rechtsangleichung, 2005; *Bierekoven*, Rechtssichere Widerrufsbelehrung im Onlinehandel, ITRB 2007, 73; *Dilger*, Verbraucherschutz bei Vertragsabschlüssen im Internet, 2002; *Bürger*, Das Fernabsatzrecht und seine Anwendbarkeit auf Rechtsanwälte, NJW 2002, 465; *Drexl*, Verbraucherschutz und Electronic Commerce in Europa, in: Lehmann (Hrsg.), Electronic Business in Europa. Internationales, europäisches und deutsches Online-Recht, 2002, 473; *Gülpen*, Verbraucherschutz i. R. v. Online-Auktionen, 2005; *Klewitz*, Verbraucherschutz bei Rechtsgeschäften im Internet, 2006; *Marini*, Profili giuridici del commercio elettronico nel diritto comunitario, in: Dir. Comm. Int 2000, 329; *Pauly*, M-Commerce und Verbraucherschutz, 2005; *Priwaczenko*, Verbraucherschutz bei grenzüberschreitendem Internetkredit, WM 2007, 189; *Reich/Nordhausen*, Verbraucher und Recht im elektronischen Geschäftsverkehr, 2000; *Föhlisch*, Verbraucherschutz im Internet, in: Hoeren/Sieber/Holznagel, Handbuch Multimedia-Recht, 33. Ergänzungslieferung München 2012, Teil 13.4.

Zur Umsetzung der VRRL: *Bittner/Clausnitzer/Föhlisch*, Das neue Verbrauchervertragsrecht. Leitfaden für die Beratungspraxis, Köln 2014; *Flohr*: Umsetzungsgesetz zur EU-Verbraucherrechte-Richtlinie, ZVertriebsR 2013, 334; *Föhlisch/Dyakova*: Fernabsatzrecht und Informationspflichten im Onlinehandel – Anwendungsbereich nach dem Referentenentwurf zur Umsetzung der Verbraucherrechterichtlinie, MMR 2013, 3; *Föhlisch/Dyakova*: Das Widerrufsrecht im Onlinehandel – Änderungen nach dem Referentenentwurf zur Umsetzung der Verbraucherrechterichtlinie, MMR 2013, 71; *Hoeren/Föhlisch*: Ausgewählte Praxisprobleme des Gesetzes zur Umsetzung der Verbraucherrechterichtlinie, CR 2014, 242; *Schwab, Giesemann*: Die Verbraucherrechte-Richtlinie: Ein wichtiger Schritt zur Vollharmonisierung im Binnenmarkt, EuZW 2012, 253; *Wendehorst*: Das neue Gesetz zur Umsetzung der Verbraucherrechterichtlinie, NJW 2014, 577;.

---

223 *OLG Frankfurt a. M.*, Beschl. v. 21. 3. 2007 – 6 W 27/07, CR 2007, 682 (Ls.) = MMR 2007, 378.
224 *Szczesny/Holthusen*, NJW 2007, 2586.

1 Der europäische Einfluss auf das nationale Verbraucherschutzrecht

793 Trotz der EU-Vorgaben hatten die Mitgliedstaaten fernabsatzrechtliche Vorgaben zum Verbraucherschutz äußerst unterschiedlich umgesetzt. Dies ist auch auf den Umstand zurückzuführen, dass eine Maximalharmonisierung bisher nicht vorgesehen war. Dies war lange Zeit eines der erklärten Ziele der EU gewesen. Dadurch sollte ein echter Nutzen für Verbraucher und Unternehmen erzeugt werden. Eine Rechtezersplitterung wurde als für die Rechtssicherheit und das Vertrauen in den Binnenmarkt nachteilig angesehen. So wurden etwa die Widerrufsfristen unterschiedlich zwischen sieben bis hin zu 15 Werktagen ausgestaltet. Dies hatte die Europäische Kommission veranlasst, einen neuen Entwurf für eine Richtlinie über „general consumer rights" zu erarbeiten. Dieser wurde am 23. Juni 2011 durch das Europäische Parlament verabschiedet.[225] In diesem Rahmen wurden z. B. Widerrufsrechte für Verbraucher und Informationspflichten der Unternehmer möglichst gleich ausgestaltet. Eine solche Vereinheitlichung des Verbraucherschutzrechts bedeutet jedoch nicht nur gleiche Mindeststandards in allen Mitgliedstaaten, sondern gleichzeitig auch ein Herabsetzen des Schutzniveaus in Ländern mit einem ausgeprägten Verbraucherschutz wie z. B. Deutschland. Vollharmonisierte Regelungen nehmen den Mitgliedstaaten die Möglichkeit, weitergehende Regelungen zum Schutz der Verbraucher aufrechtzuerhalten oder neu einzuführen. Aufgrund starken Widerstandes war die EU-Kommission zwischenzeitlich wieder von ihrem Ziel der „Vollharmonisierung" abgewichen. Im November 2011 wurde die Richtlinie im Amtsblatt der Union veröffentlicht.[226] Die Mitgliedstaaten hatten von diesem Zeitpunkt an zwei Jahre Zeit, die Bestimmungen in nationales Recht umzusetzen.

794 Nunmehr wurde durch die Verbraucherrechterichtlinie (VRRL)[227] in bestimmten Teilen eine Vollharmonisierung herbeigeführt, Art. 4 VRRL.[228] Vollständig harmonisiert wurden die Regelungen zur Verbraucherinformation und zum Widerrufsrecht.[229] Etwas anderes gilt aber für die sprachlichen Anforde-

---

225 Der Europäische Rat nahm die Richtlinie am 10. Oktober 2011 an.
226 Richtlinie 2011/83/EU des Europäischen Parlaments und des Rates vom 25. 10. 2011, ABl. Nr. L 304/64 vom 22. 11. 2011.
227 Richtlinie 2011/83/EU des Europäischen Parlaments und des Rates vom 25. Oktober 2011 über die Rechte der Verbraucher, welche durch das Gesetz zur Umsetzung der Verbraucherrechterichtlinie und zur Änderung des Gesetzes zur Regelung der Wohnungsvermittlung vom 20. 9. 2013 (BGBl. I 2013, S. 3642) mit Wirkung zum 13. 6. 2014 umgesetzt wurde.
228 Erwägungsgrund 2 zur RL 2011/83/EU.
229 Erwägungsgrund 5 zur RL 2011/83/EU.

rungen für Verbraucherverträge sowie Vertragsinformationen und -klauseln.[230] Besonders wichtig ist die nunmehr europaweit harmonisierte Widerrufsbelehrung.[231] Es gibt künftig ein neues Muster für eine EU-weit einheitliche Widerrufsbelehrung für den Unternehmer. Diese Widerrufsbelehrung ersetzt dann die aus dem November 2011 stammende deutsche Musterwiderrufsbelehrung. Nach einem Baukastensystem hat der Internethändler anhand der umfangreichen Ausfüllhinweise das Muster auf sein Unternehmen anzupassen.

Am 20. September 2013 ist das deutsche Gesetz zur Umsetzung der VRRL **795** verabschiedet worden.[232] In Kraft trat es am 13. Juni 2014. Weitere Übergangsfristen wird es nicht geben, sodass zu diesem Zeitpunkt viele Unternehmen entsprechende Rechtsänderungen bei ihren Webshops vornehmen müssen. Neben den Änderungen in Buch 2 des BGB wurden insb. auch wichtige Modifikationen der §§ 13, 126b und 323 Abs. 2 BGB vorgenommen.

Durch die Umsetzung der VRRL wurde auch die Systematik des Verbrau- **796** cherschutzrechts verändert. Die Änderungen betreffen insb. die §§ 312 ff. BGB[233] sowie die Einzelheiten des Widerrufsrechts und seiner Rechtsfolgen in den §§ 355 ff. BGB. Außerdem wurden in § 443 BGB Anpassungen der kaufrechtlichen Garantie an die Definition der Richtlinie sowie Regelungen der Leistungszeit und des Gefahrübergangs beim Verbrauchsgüterkauf in § 474 BGB vorgenommen. In § 241a Abs. 1 BGB wird der u.a. für § 312b Abs. 1 Nr. 4 BGB n.F. relevante Begriff der „Waren" legaldefiniert als „bewegliche Sachen, die nicht aufgrund von Zwangsvollstreckungsmaßnahmen oder anderen gerichtlichen Maßnahmen verkauft werden".

Die EU-Kommission hat Ende Dezember 2015 zwei Richtlinienentwürfe für **797** eine Neuregelung des digitalen Vertragsschlusses veröffentlicht:
– Vorschlag für eine Richtlinie über bestimmte vertragsrechtliche Aspekte der Bereitstellung digitaler Inhalte.[234]
– Vorschlag für eine Richtlinie über bestimmte vertragsrechtliche Aspekte des Online-Warenhandels und andere Formen des Fernabsatzes von Waren.[235]

---

230 Erwägungsgrund 15 zur RL 2011/83/EU.
231 Erwägungsgrund 44 zur RL 2011/83/EU.
232 Bundesgesetz zur Umsetzung der Verbraucherrechterichtlinie und zur Änderung des Gesetzes zur Regelung der Wohnungsvermittlung, BGBl. I 2013, S. 3642.
233 Zu den sich für den materiellen Vertragsschluss mit dem Kunden ergebenden Änderungen siehe die Ausführungen oben 5. Kapitel, II. 2. „Vertragsschluss mit Verbrauchern".
234 Vorschlag für eine Richtlinie des Europäischen Parlaments und des Rates über bestimmte vertragsrechtliche Aspekte der Bereitstellung digitaler Inhalte v. 9.12. 2015, KOM (2015) 634 endg.
235 Vorschlag für eine Richtlinie des Europäischen Parlaments und des Rates über bestimmte vertragsrechtliche Aspekte des Online-Warenhandels und andere Formen des Fernabsatzes von Waren vom 9.12. 2015, KOM (2015) 635 endg.

798 Danach sollen Verträge zwischen Unternehmen und Verbrauchern über die Bereitstellung digitaler Inhalte in der EU stärker harmonisiert werden. Gleichzeitig sei ein hohes Maß an Verbraucherschutz und größere Rechtssicherheit zu verwirklichen.

799 Hinsichtlich des Vorschlags für eine Richtlinie über bestimmte vertragsrechtliche Aspekte der Bereitstellung digitaler Inhalte haben die Ausschüsse des Bundesrates den Entwurf ihrer Stellungnahme am 11. April 2016 veröffentlicht.[236] Am 11. Mai 2016 fand bzgl. beider Richtlinienentwürfe eine Sachverständigenanhörung des Ausschusses für Recht und Verbraucherschutz statt. Das EU-Parlament veröffentlichte am 23. Juni 2016 ein Arbeitspapier vom Ausschuss für Binnenmarkt und Verbraucherschutz mit Hinweisen auf Aspekte, die bislang von den Entwürfen der Richtlinien nicht erfasst wurden.[237]

2 Das Fernabsatzrecht

Literatur: *Föhlisch/Buchmann*, „Globales Leihhaus Internet" statt Onlinehandel? Wertersatz für Nutzungen nach fernabsatzrechtlichem Widerruf, MMR 2010, 3; *Föhlisch/Dyakova*, Das Widerrufsrecht im Online-Handel nach dem Referentenentwurf zur Umsetzung der Verbraucherrechterichtlinie, MMR 2013, 71; *Föhlisch/Löwer*, Der Online-Handel mit Lebensmitteln – Rechtliche Rahmenbedingungen, ZLR 2015, 414; *Hohlweger/Ehmann*, Umsetzung der Verbraucherrechterichtlinie – Teil 2: Das neue Widerrufsrecht, GWR 2014, 211; *Janal*, Der Beginn der Widerrufsfrist im neuen Fernabsatzrecht, VuR 2015, 43; *Schirmbacher/ Schmidt*, Verbraucherrecht 2014 – Handlungsbedarf für den E-Commerce, CR 2014, 107; Schmidt/*Brönneke*, Das Widerrufsrecht bei Fernabsatz- und Haustürgeschäften – Neuerungen durch das Gesetz zur Umsetzung der Verbraucherrechterichtlinie, VuR 2013, 448; *Singbartl/Zintl*, Schadensersatzhaftung des Verbrauchers bei nicht erfolgter oder fehlerhafter Widerrufsbelehrung, NJW 2016, 1848; *Stiegler/Wawryka*, Umbruch der Gewährleistungsrechte beim Fernabsatzverkehr? Der Richtlinienvorschlag über vertragliche Aspekte des Online-Warenhandels, BB 2016, 903; *Wendland*, Ein neues europäisches Vertragsrecht für den Online-Handel?, in: EuZW 2016, 126; *Woitkewitsch*, Vertragswiderruf – Wertersatz und Nutzungsentschädigung bei fehlerhafter Belehrung, MDR 2015, 1157.

800 Das Fernabsatzrecht hat zum Ziel, den Verbraucher vor den speziellen Gefahren von Verträgen zu schützen, bei welchen der Verbraucher die Leistung oder Ware und die Person seines Vertragspartners vor dem Abschluss des Vertrages nicht zu Gesicht bekommt.[238] Hierdurch hat der Verbraucher weniger Möglich-

---

236 BR-Drs. 168/16.

237 www.computerundrecht.de/EU-Parlament_supply_digital_content.pdf (zuletzt abgerufen: Mai 2017).

238 MüKoBGB/*Wendehorst*, 7. Aufl. 2016, § 312c Rz. 3; Prütting/Wegen/Weinreich/*Stürner*, Kommentar BGB, 10. Aufl. 2015, § 312c Rz. 5.

keiten, spezifische Informationen zu erfragen und die Eigenschaften der zu erwerbenden Leistung oder Ware zur Kenntnis zu nehmen.[239]

In den vergangenen Jahren war das Fernabsatzrecht einem stetigen Wandel unterworfen. Zunächst trat am 1. Juli 2001 das Fernabsatzgesetz in Kraft, durch welches die EU-Richtlinie über den Verbraucherschutz im Fernabsatz in nationales Recht umgesetzt wurde.[240] Durch das **Schuldrechtsmodernisierungsgesetz** sind die Vorschriften des Fernabsatzgesetzes in das BGB überführt worden, ohne dass sich inhaltliche Änderungen ergaben.[241] Mit dem Gesetz zur Neuordnung der Vorschriften über das Widerrufs- und Rückgaberecht mit Wirkung zum 11. Juni 2010 wurden letzte Rechtsunsicherheiten auf diesem Gebiet beseitigt. Eine erneute Änderung hat sich durch die Umsetzung der VRRL mit Wirkung vom 13. Juni 2014 ergeben; künftige Änderungen können sich aus den beiden geplanten neuen Richtlinien von Dezember 2015 ergeben. **801**

a) Anwendungsbereich

Der Anwendungsbereich des Fernabsatzgesetzes erstreckt sich gem. § 312c Abs. 1 BGB auf Verträge zwischen **Unternehmern und Verbrauchern** (§§ 312 Abs. 1, 310 Abs. 3 BGB), bei denen die Vertragspartner bis einschließlich des Vertragsschlusses ausschließlich Fernkommunikationsmittel verwenden. Nach der Änderung des § 13 BGB im Rahmen der Umsetzung der VRRL ist Verbraucher jede natürliche Person, die ein Rechtsgeschäft zu Zwecken abschließt, das überwiegend weder ihrer gewerblichen noch ihrer selbständigen beruflichen Tätigkeit zugerechnet werden kann, d.h. umgekehrt überwiegend privat ist oder gerade auf der Trennlinie von hälftig privat und hälftig gewerblich/selbstständig liegt.[242] Das Merkmal „überwiegend" wurde neu eingefügt und adressiert die Problematik des „dual use". Die Einstufung des Verkäufers als Privatperson erfolgt nach Indizien, etwa der Lieferanschrift, der Angabe von Geschäftskonten oder der Verwendung der Checkbox „gewerblich". Auch wird **802**

---

239 Erwägungsgründe 11, 13 und 14 der Fernabsatzrichtlinie.
240 ABl. EG Nr. C 156 vom 23.6. 1992, 14; ABl. EG Nr. C 308 vom 15.11. 1993, 18; ABl. EG Nr. C 288 vom 30.10. 1995, 1 = EWS 1995, 411; EuZW 1996, 131; Richtlinie 97/7/EG des Europäischen Parlaments und des Rates vom 20.5. 1997 über den Verbraucherschutz bei Vertragsabschlüssen im Fernabsatz, ABl. Nr. L 144/19 vom 4.6. 1997; Referentenentwurf vom 31.5. 1999; siehe hierzu auch *Waldenberger*, K&R 1999, 345; Gesetz über Fernabsatzverträge und andere Fragen des Verbraucherrechts sowie zur Umstellung von Vorschriften auf Euro vom 27.6. 2000, BGBl. I 2000, S. 987.
241 Siehe zu § 312i BGB a.F. *Micklitz*, EuZW 2001, 133.
242 *Beck*, Jura 2014, 666, 668; zur Abgrenzung Verbraucher – Unternehmer siehe auch oben Kapitel II. 2. c) aa) – cc).

geprüft, wie viel und wie häufig verkauft wird, wie viele Bewertungen ein Verkäufer etwa bei einem Online-Auktionshaus hat oder ob Neu- oder Gebrauchtware verkauft wird. Zu berücksichtigen ist auch die Vermutung des § 346 HGB, wonach die Geschäfte eines Kaufmanns typischerweise gewerblich sind. Bei einem **Powerseller** besteht die Vermutung der Gewerblichkeit seines Geschäftsangebots.[243] Dies können auch Maklerdienste sein, wenn der Makler auf einer Internet-Verkaufsplattform die von ihm vertriebenen Immobilien bewirbt und dem Interessenten bei der Online-Übermittlung eines Exposés ein eindeutiges Provisionsverlangen (Angebot) mitteilt. Dieses Angebot nimmt der Interessent an, indem er mit dem Makler einen Besichtigungstermin vereinbart. Der Vertragsschluss erfolgt dann ausschließlich über Fernkommunikationsmittel i. S. d. § 312c Abs. 1 BGB.[244]

803 Fernabsatzverträge sind nach § 312c Abs. 1 BGB Verträge, bei denen der Unternehmer oder eine in seinem Namen oder Auftrag handelnde Person und der Verbraucher für die Vertragsverhandlungen und den Vertragsschluss **ausschließlich Fernkommunikationsmittel verwenden**, es sei denn, dass der Vertragsschluss nicht im Rahmen eines für den Fernabsatz organisierten Vertriebs- oder Dienstleistungssystems erfolgt. Die Formulierung (*„es sei denn"*) macht deutlich, dass der Unternehmer die Beweislast für das Nichtvorliegen eines für den Fernabsatz organisierten Vertriebs- oder Dienstleistungssystems trägt.[245]

804 Nach § 312c Abs. 2 BGB zeichnen sich Fernkommunikationsmittel dadurch aus, dass bei ihrer Benutzung die Vertragsparteien nicht gleichzeitig körperlich anwesend sein müssen. Von der nicht abschließenden Aufzählung in Abs. 2 werden z. B. der Versandhandel per Katalog oder Internet wie auch Teleshopping, Verkauf per E-Mail oder SMS und ähnliche Vertriebsformen umfasst. Maßgeblich ist, ob der Unternehmer sich systematisch Fernkommunikationsmittel zunutze macht und die beabsichtigten Vertragsabschlüsse nach dem Gesamtbild typische Distanzgeschäfte darstellen.[246] Nicht erfasst werden Websites, die lediglich Informationen über ihn, seine Dienstleistungen und entsprechende Kontaktdaten bereithalten.[247] Ebenso reichen bloß telefonisch

243 *OLG Zweibrücken*, Urt. v. 28.6. 2007 – 4 U 210/06, CR 2007, 681 (Ls.) – MMR 2008, 135.
244 *BGH*, Urt. v. 7.7. 2016 – I ZR 30/15; OLG Hamm, Urt. v. 20.10. 2016 – 18 U 152/15.
245 MüKoBGB/*Wendehorst*, 7. Aufl. 2016, § 312c Rz. 2; Prütting/Wegen/Weinreich/*Stürner*, Kommentar BGB, 10. Aufl. 2015, § 312c Rz. 17.
246 *AG Hildesheim*, Urt. v. 8.8. 2014 – 84 C 9/14, VuR 2015, 396 m. Anm. *Rückebeil*; MüKoBGB/ *Wendehorst*, 7. Aufl. 2016, § 312c Rz. 23; Prütting/Wegen/Weinreich/*Stürner*, Kommentar BGB, 10. Aufl. 2015, § 312c Rz. 14.
247 Begr. RegE BT-Drs. 17/12637, S. 50.

durchgeführte Reservierungen von Terminen bei jeglichen Dienstleistern für die Feststellung eines Fernabsatzvertrags nicht aus.[248]

Ein **Umgehungsgeschäft** i. S. v. § 312k Abs. 1 S. 2 BGB liegt vor, wenn auf- **805** grund einer telefonischen Bestellung der Kunde bei Anlieferung einen schriftlichen Vertrag unterschreiben soll.[249]

Nach derzeitiger Rechtslage ist das Fernabsatzrecht gem. § 312 Abs. 2 Nr. 5 **806** BGB auf Verträge über die Beförderung von Personen nicht anwendbar. Fraglich ist, ob von § 312 Abs. 2 Nr. 5 BGB auch eine bloße Vermittlung von Beförderungsverträgen erfasst sein soll. Legt man den Wortlaut zugrunde, so ist davon auszugehen, dass lediglich Verträge zwischen dem Befördernden und dem Verbraucher ausgeschlossen sind, nicht jedoch Vermittlungsverträge. Auf die bisherige Rechtsprechung wird somit nicht mehr zurückgegriffen werden können. Die übrigen vormals in § 312b Abs. 3 Nr. 6 BGB a. F. genannten Vertragskategorien tauchen in § 312 Abs. 2 BGB nicht mehr auf, sodass auf diese Verträge das Fernabsatzrecht nunmehr anzuwenden ist, sofern sie nicht einer der neugeschaffenen Vertragskategorien unterfallen. Keine Erwähnung in § 312 BGB n. F. findet die Kategorie Fernunterricht (§ 312b Abs. 3 Nr. 1 BGB a. F.). Für das Widerrufsrecht bei Fernabsatzverträgen gilt nun § 4 FernUSG. Ebenso wenig erwähnt sind Verträge über Versicherungen und deren Vermittlung (§ 312b Abs. 3 Nr. 3 BGB a. F.). Hierfür gilt nunmehr § 312 Abs. 5 BGB.

Auf folgende auf den Fernabsatz bezogenen Ausschlusskategorien des **807** § 312 Abs. 2 BGB sei besonders hingewiesen:

– Verträge über Reiseleistungen nach § 651a BGB (Nr. 4 a),
– Behandlungsverträge nach § 630a BGB (Nr. 7),
– Verträge zur Nutzung einer einzelnen von einem Verbraucher hergestellten Telefon-, Internet- oder Telefaxverbindung (Nr. 11),
– Verträge über den Verkauf beweglicher Sachen aufgrund von Zwangsvollstreckungsmaßnahmen oder anderen gerichtlichen Maßnahmen (Nr.13).

Die Notwendigkeit, den Informations- und Unterrichtungspflichten gem. der **808** §§ 312d, 356 Abs. 3, 357 BGB nachzukommen, entfällt im Fernabsatzhandel (hier: i. R. v. eBay) auch dann nicht, wenn eine Klausel mit der Formulierung *„Wir verkaufen ausschließlich an Gewerbetreibende, ein Widerrufsrecht wird deshalb ausgeschlossen"* auf den Angebotsseiten des Unternehmers angebracht wird. Wie das *OLG Hamm*[250] auf Basis der alten Rechtslage entschied, stellt

---

248 Begr. RegE BT-Drs. 17/12637, S. 50; zu Anwaltsverträgen: *Ernst*, Widerruf von Anwaltsverträgen im Fernabsatz?, NJW 2014, 817, 820.
249 *OLG Schleswig*, Urt. v. 28. 8. 2003 – 7 U 240/01, CR 2004, 300 = NJW 2004, 231.
250 *OLG Hamm*, Urt. v. 28. 2. 2008 – 4 U 196/07, CR 2008, 539 (Ls.) = MMR 2008, 469.

eine solche Klausel einen nach § 475 Abs. 1 BGB verbotenen Umgehungstatbestand dar, wenn durch die Klausel nicht mit hinreichender Sicherheit ausgeschlossen ist, dass ein Verkauf an Verbraucher stattfindet.

b) Ausübung des Widerrufsrechts

809 Der Verbraucher kann in jedem Fall den Vertrag binnen zwei Wochen **ohne Angabe von Gründen und ohne Strafzahlung widerrufen** nach § 355 BGB (§ 312g Abs. 1 BGB).[251] Das Widerrufsrecht soll dem Verbraucher die Möglichkeit geben, seine unter Umständen voreilig abgegebene Bestellung im Internet überdenken sowie die bestellte und zugesandte Ware überprüfen zu können.[252] Das Fernabsatzrecht verweist hinsichtlich der Modalitäten des Widerrufs auf die allgemeinen Regelungen zu Verbraucherwiderrufen (§§ 355–360 BGB). Dort ist vorgesehen, dass der Widerruf innerhalb von vierzehn Tagen erfolgen muss (§ 355 Abs. 2 BGB).

aa) Widerrufserklärung

810 Der Widerruf als Gestaltungsrecht des Verbrauchers ist eine einseitige empfangsbedürftige Willenserklärung.[253] Inhaltlich muss die Widerrufserklärung zum Ausdruck bringen, dass der Verbraucher nicht länger an den Vertrag gebunden sein möchte. Die Verwendung des Wortes „Widerruf" in der Erklärung ist dafür zwar nicht erforderlich,[254] jedoch ist nach Umsetzung der VRRL nunmehr eine **ausdrückliche Erklärung** des Willens zum Widerruf erforderlich. Dies folgt jetzt aus dem Wortlaut des § 355 Abs. 1 S. 3 BGB ([...] *eindeutig hervorgehen"*). Das schlichte Zurücksenden von Waren[255] oder die Annahmeverweigerung bei Lieferung[256] reichen mithin – anders als nach altem Recht (§ 355 Abs. 1 S. 2 BGB a. F.) – nicht mehr aus. Es besteht jedoch weiterhin die Möglich-

---

251 Zu den Belehrungspflichten siehe Ausführungen oben zum Online-Marketing.

252 MüKoBGB/*Wendehorst*, 7. Aufl. 2016, § 312g Rz. 1; Hk-BGB/*Schulte-Nölke*, 9. Aufl. 2017, § 312g Rz. 1.

253 MüKoBGB/*Fritsche*, 7. Aufl. 2016, § 355 Rz. 41; Prütting/Wegen/Weinreich/*Stürner*, Kommentar BGB, 10. Aufl. 2015, § 355 Rz. 1.

254 MüKoBGB/*Fritsche*, 7. Aufl. 2016, § 355 Rz. 41; Prütting/Wegen/Weinreich/*Stürner*, Kommentar BGB, 10. Aufl. 2015, § 355 Rz. 9; Hk-BGB/*Schulze*, 9. Aufl. 2017, § 355 Rz. 5; siehe auch Erwägungsgrund 44 der VRRL.

255 *OLG Düsseldorf*, Urt. v. 13.11. 2014 – I-15 U 46/14, MMR 2015, 243 = GRUR-RR 2015, 225; Prütting/Wegen/Weinreich/*Stürner*, Kommentar BGB, 10. Aufl. 2015, § 355 Rz. 8.

256 *AG Dieburg*, Urt. v. 04.11. 2015 – 20 C 218/15, 21, K & R 2016, 286 = MMR 2016, 169; hierzu *Nielsen*, jurisPR-ITR 2/2016 Anm. 4.

keit, dass durch Vereinbarung entsprechender AGB die Möglichkeit des Widerrufs durch Rücksendung eingeräumt werden kann.

Nicht mehr erforderlich ist die Erklärung des Widerrufs in Textform. Nach **811** § 355 Abs. 1 S. 2 BGB reicht nunmehr jede eindeutige Erklärung gegenüber dem Unternehmer, sodass z. B. auch eine telefonische Erklärung oder ein Online-Widerruf möglich ist. Für außerhalb von Geschäftsräumen geschlossene Verträge und Fernabsatzverträge sieht § 356 Abs. 1 S. 1 2. Hs. BGB zudem ausdrücklich die Möglichkeit vor, ein vom Unternehmer auf dessen Webseite bereitgestelltes Widerrufsformular zu benutzen. Dem Beweisinteresse des Verbrauchers trägt dabei § 356 Abs. 1 S. 2 BGB Rechnung, der den Unternehmer verpflichtet, den Zugang auf einem dauerhaften Datenträger zu bestätigen. Die formalen und inhaltlichen Vorgaben ergeben sich aus Anlage 2 zu Art. 246a § 1 Abs. 2 S. 1 Nr. 1 EGBGB. Dem Verbraucher wird jedoch aufgrund von Beweisschwierigkeiten, die aus dem telefonischen oder Online-Widerruf erwachsen, i. d. R. weiterhin anzuraten sein, die Erklärung des Widerrufs in Textform vorzunehmen.[257]

bb) Widerrufsfrist
Durch die VRRL wurde eine europaweit einheitliche **Widerrufsfrist von 14** **812** **Tagen** festgelegt (umgesetzt in § 355 Abs. 2 S. 1 BGB).[258] Diese Frist beginnt gem. § 355 Abs. 2 S. 2 BGB mit Vertragsschluss, soweit nichts anderes bestimmt ist. Gemäß § 355 Abs. 1 S. 5 BGB genügt zur Fristwahrung die rechtzeitige Absendung der Erklärung.

§ 356 Abs. 2 BGB trifft für außerhalb von Geschäftsräumen geschlosse- **813** ne Verträge und Fernabsatzverträge abweichende Regelungen. Für den Verbrauchsgüterkauf gilt § 356 Abs. 2 Nr. 1 BGB. Werden mehrere Waren im Rahmen einer einheitlichen Bestellung bestellt, so beginnt die Widerrufsfrist mit Erhalt der letzten Ware durch den Verbraucher oder einen von ihm benannten Dritten, § 356 Abs. 2 Nr. 1 lit. b BGB. Die Frist beginnt ebenso mit Erhalt der letzten Sendung, wenn eine Ware in mehreren Teilsendungen oder Stücken geliefert wird, § 356 Abs. 2 Nr. 1 lit. c BGB. Bei einem Verbrauchsgüterkauf, der auf die regelmäßige Lieferung von Waren über einen festgelegten Zeitraum erfolgt, beginnt die Widerrufsfrist gem. § 356 Abs. 2 Nr. 1 lit. d BGB mit Erhalt der ersten Ware. Für alle anderen Verbrauchsgüterkäufe beginnt die Widerrufsfrist

---

257 Vgl. *Föhlisch/Dyakova*, Das Widerrufsrecht im Onlinehandel, MMR 2013, 71, 74; vgl. *Schirmbacher/Schmidt*, Verbraucherrecht 2014 – Handlungsbedarf für den E-Commerce, CR 2014, 107, 117; Prütting/Wegen/Weinreich/*Stürner*, Kommentar BGB, 10. Aufl. 2015, § 355 Rz. 5f, 6.
258 Hoeren/Sieber/Holznagel/*Föhlisch*, Handbuch MMR, 42. EL., 2015, Teil 13.4 Rz. 220.

gem. § 356 Abs. 2 Nr. 1 lit. a BGB mit Erhalt der Ware. Die Regelung des § 356 Abs. 2 BGB wird in der Praxis auf Probleme stoßen, denn gem. **§ 312d Abs. 1 BGB i. V. m. Art. 246a § 4 Abs. 1, 3 EGBGB** muss der Verbraucher schon **vor Abgabe** der auf Vertragsschluss gerichteten Willenserklärung über sein Widerrufsrecht einschließlich des Fristbeginns **informiert** werden. Regelmäßig wird der Unternehmer aber zu diesem Zeitpunkt nicht wissen, ob die Lieferung der Bestellung in einem oder mehreren Teilen erfolgt.[259] Das gilt umso mehr für Fälle, in denen die Ware nicht vom Vertragspartner verschickt wird, sondern z. B. direkt aus dem Lager des Herstellers. Der Unternehmer wird dann kaum wissen, ob die Ware in einem oder mehreren Paketen verpackt ist und versendet wird. Zu Irritationen auf Verbraucherseite könnte es auch dann kommen, wenn ein Verbraucher bei einem Online-Anbieter mehrere Bestellungen über verschiedene Warenkörbe tätigt, sodass mehrere Bestellvorgänge vorliegen, der Verbraucher jedoch die Gesamtheit der Bestellungen als einheitliches Ereignis versteht und somit davon ausgeht, dass die Widerrufsfrist einheitlich nach Eingang der letzten Ware beginnt.[260] Als besonders kritisch sind diese Unsicherheiten vor dem Hintergrund zu beurteilen, dass ein Verstoß gegen die ordnungsgemäße Widerrufsbelehrung nicht nur im Verhältnis Verbraucher zu Unternehmer relevant wird, sondern für Mitbewerber die Möglichkeit eines lauterkeitsrechtlichen Vorgehens gegen den Unternehmer besteht. Diesem Risiko kann dadurch entgegengewirkt werden, dass dem Verbraucher für jede einzelne Bestellung und bezogen auf das konkrete Produkt eine Widerrufsbelehrung zugesendet wird. Sodann sollte eine Irreführung des Verbrauchers i. S. d. UWG ausgeschlossen sein.[261] Eine weitere Lösung bietet eine Kombinationsbelehrung, die so formuliert ist, dass dem juristischen Laien die Unterschiede der Alternativen des § 356 Abs. 2 Nr. 1 BGB verständlich werden.[262]

814   § 356 Abs. 2 Nr. 2 BGB stellt für Energielieferungsverträge und Verträge über die Lieferung von nicht auf einem körperlichen Datenträger befindlichen digitalen Inhalten klar, dass die Widerrufsfrist mit Vertragsschluss beginnt.

815   Gemäß § 356 Abs. 3 BGB beginnt die Widerrufsfrist jedoch nicht bevor der Verbraucher eine den Anforderungen der Art. 246a § 1 Abs. 2 Nr. 1 bzw. Art. 246b § 2 Abs. 1 EGBGB genügende, **d. h. vorvertragliche Belehrung über sein Widerrufsrecht** erhalten hat.

---

259 *Hoeren/Föhlisch*, CR 2014, 246.
260 *Hoeren/Föhlisch*, CR 2014, 246.
261 *Hoeren/Föhlisch*, CR 2014, 246.
262 *Hoeren/Föhlisch*, CR 2014, 246.

Die Systematik des Art. 246a EGBGB ist sehr komplex und wird selbst von **816** öffentlichen Stellen als unübersichtlich beschrieben.[263] Art. 246a § 4 Abs. 3 S. 3 EGBGB bestimmt, dass es für die in Art. 246a § 3 S. 2 EGBGB genannten Informationen ausreicht, diese dem Verbraucher zugänglich zu machen. Art. 246a § 3 S. 2 EGBGB verweist wiederum auf die in Art. 246a § 1 EGBGB aufgezählten Informationen mit Ausnahme der in Art. 246a § 3 S. 1 EGBGB erwähnten Informationen. Demnach reicht es für die in Art. 246a § 3 S. 1 EGBGB aufgezählten Informationen nicht aus, dass diese lediglich zugänglich gemacht werden. Sie müssen zur Verfügung gestellt werden. Art. 246a § 3 S. 1 EGBGB nennt dabei ausdrücklich in Nr. 4 das Bestehen des Widerrufsrechts.

Maßgeblich ist letztlich folgende Einordnung: **817**

– Für reine Verbraucherverträge i. S. d. § 310 Abs. 3 BGB gelten § 312a BGB und Art. 246 EGBGB.

– Für Fernabsatz- und außerhalb von Geschäftsräumen geschlossene Verträge gelten die §§ 312d, 312e, 312f BGB und Art. 246a EGBGB.

– Für Verträge über Finanzdienstleistungen gelten § 312d Abs. 2 BGB und Art. 246b EGBGB.

– Informationspflichten für Geschäfte im elektronischen Rechtsverkehr sind in den §§ 312i, 312j BGB und Art. 246c EGBGB behandelt.

Das nach alter Rechtslage nach § 355 Abs. 4 S. 3 BGB a. F. geltende Textform- **818** erfordernis für die Belehrung des Verbrauchers über den Widerruf besteht nicht mehr ausdrücklich. Nach Art. 246a § 4 Abs. 3 S. 1 EGBGB gilt für Fernabsatzverträge nunmehr die flexiblere Lösung, dass der Unternehmer dem Verbraucher die Informationen in einer den benutzten Fernkommunikationsmitteln angepassten Weise zur Verfügung stellen muss. Danach muss dem Verbraucher aber lediglich die Information über das Bestehen eines Widerrufsrechtes in angepasster Weise zur Verfügung gestellt werden (Art. 246a § 3 S. 2, § 1, § 3 S. 1 EGBGB). Für die in Art. 246a § 1 Abs. 2 Nr. 1 EGBGB erwähnten „Bedingungen, die Fristen und das Verfahren für die Ausübung des Widerrufsrechts" reicht es nun aus, dass diese dem Verbraucher zugänglich gemacht werden, d. h. z. B. durch den Unternehmer zum Abruf bereitgehalten werden.

Der Wegfall der Textform für die Widerrufsbelehrung ist nicht nur für den **819** Verbraucher nachteilig, sondern, durch die unübersichtliche Gestaltung des Art. 246a EGBGB, auch für den Unternehmer problematisch, da dieser sich dem Risiko aussetzt, mit lauterkeitsrechtlichen Ansprüchen konfrontiert zu werden.

---

263 Vgl. nur *Fritsche* auf NRWJustiz-Portal NRW: „[...] *wobei auch hier das Prinzip der Unübersichtlichkeit durchgreift*", https://www.justiz.nrw.de/BS/Verbraucherschutz/widerruf/index.php (zuletzt abgerufen: Mai 2017).

Unternehmern ist deshalb zu raten, Verbraucher auch über die in Art. 246a § 1 Abs. 2 Nr. 1 EGBGB erwähnten „Bedingungen, die Fristen und das Verfahren für die Ausübung des Widerrufsrechts" in Textform zu informieren. Diese Frage wäre aber dann entbehrlich, wenn mit einer wörtlichen Auslegung von „übermitteln" i. S. d. Art. 6 Abs. 4 S. 2 VRRL davon ausgegangen wird, dass etwas in Richtung des Verbrauchers auf den Weg gebracht werden muss, dass dieser die Belehrung für sich dauerhaft speichern kann.[264]

820   Der Unternehmer kann seinen Informationspflichten außerdem pauschal dadurch nachkommen, dass er das in Anlage 1 vorgesehene Muster für die Widerrufsbelehrung zutreffend ausgefüllt in Textform übermittelt, Art. 246a § 1 Abs. 2 S. 2 EGBGB. Kritik besteht allerdings an der Ausgestaltung dieses Musters, welches die neu geschaffenen Regeln nicht angemessen widerspiegelt.[265]

821   Vielfach diskutiert wird, ob auch die Rechtsfolgen des Widerrufs, insb. die Pflicht zum Wertersatz gem. § 357 Abs. 7 BGB, als dessen „Bedingungen" i. S. d. Art. 246a § 1 Abs. 2 S. 1 Nr. 1 EGBGB angesehen werden müssen, mit der praktischen Folge, dass diese von der Belehrung umfasst sein müssen. Neben beachtlichen systematischen Argumenten für beide Alternativen ist es mehr i. S. d. neuen Verbraucherschutzrechts, auch die Rechtsfolgen als relevant anzusehen.[266]

822   Art. 246a § 4 EGBGB legt in Abs. 1 und 3 die formalen Anforderungen an die Informationserteilung i. R. v. Fernabsatzverträgen fest. Besondere Bedeutung kommt in diesem Rahmen dem Transparenzgebot in Abs. 1 zu. Der Unternehmer muss dem Verbraucher die Informationen aus § 246a §§ 1-3 EGBGB in klarer und verständlicher Weise zur Verfügung stellen. In sprachlicher Hinsicht müssen die Pflichthinweise in einer Art abgefasst sein, dass sie ein durchschnittlich informierter, aufmerksamer und verständiger Verbraucher[267] ohne besondere juristische Kenntnisse ohne weiteres auffinden und verstehen kann.[268] Das genaue Maß an Kenntnissen, das der Unternehmer von seinen Kunden erwarten kann, hängt von der Zielgruppe der angebotenen Waren oder Dienstleistungen ab.[269] Dabei muss dem Verbraucher deutlich gemacht wer-

---

264 Vgl. *Buchmann*, K&R 2014, 221, 226.

265 Vgl. *Buchmann*, K&R 2014, 293, 297 ff.

266 So auch *Buchmann*, K&R 2014, 221, 224 m. w. N.

267 Zum mittlerweile in das deutsche Recht übernommenen europäischen Verbraucherleitbild siehe z. B. *EuGH*, Urt. v. 12. 5. 2011 – C-122/10, GRUR 930, 931; *BGH*, Urt. v. 8. 3. 2012 – I ZR 202/10, GRUR 2012, 1053, 1054.

268 *Buchmann*, Das neue Fernabsatzrecht 2014 (Teil 4), K&R 2014, 453, 455; Hoeren/Sieber/Holznagel/*Föhlisch*, Handbuch MMR, 42. EL., 2015, Teil 13.4 Rz. 97.

269 Spindler/Schuster/*Schirmbacher*, Recht der elektronischen Medien, 3. Aufl. 2015, Art. 246a EGBGB Rz. 212.

den, dass sich die Widerrufsbelehrung in den AGB befindet. Die Bezeichnung als „Dienstleistungsbelehrung" ist ungewöhnlich und nicht ausreichend.[270] Insbesondere soll er nach Erwägungsgrund 34 der VRRL auf die Bedürfnisse besonders schutzbedürftiger (z. B. älterer, leichtgläubiger, geistig bzw. körperlich behinderter) Personen entsprechende Rücksicht nehmen. Auch optisch muss eine gewisse Übersichtlichkeit herrschen. Pflichtinformationen dürfen nicht so versteckt sein, dass der Verbraucher sie möglicherweise gar nicht sieht. Sie sind während des Bestellvorgangs dort anzuzeigen, wo der durchschnittliche Kunde sie typischerweise erwarten darf; eine Aufnahme der Pflichtinformationen in die AGB des Unternehmers ist nur zulässig, wenn sie nicht in der Masse von Klauseln untergehen.[271] Richtet der Anbieter sein Angebot auf ein anderes Land aus, so hat er die Informationen i. d. R. auch in der Landessprache bereitzustellen.[272] Die Hinweise müssen für den Kunden ohne übermäßigen Aufwand erreichbar sein. Werden weiterführende Links verwendet, müssen diese aussagekräftig bezeichnet sein (durch sog. **„sprechende Links"**).[273] Ein **Scrollen** über mehrere Bildschirmseiten mit anschließendem Anklicken eines doppelten Links ist unzulässig.[274] Doppelte Links an sich dürfen grundsätzlich verwendet werden.[275]

Um eine effektive Information des Verbrauchers zu erreichen, müssen die **823** formalen Anforderungen an die Informationserteilung je nach verwendetem Fernkommunikationsmittel modifiziert werden. Daher bestimmt Art. 246a § 4 Abs. 3 S. 1 EGBGB, dass der Unternehmer dem Verbraucher die Pflichtangaben „in einer den benutzten Fernkommunikationsmitteln angepassten Weise" zur Verfügung stellen muss. Die Vorschrift konkretisiert ausschließlich die Form der Informationserteilung. Inhaltliche Anforderungen ergeben sich indes allein aus Art. 246a §§ 1, 3 EGBGB. Bedient sich der Unternehmer des Internets als Mittel zum Abschluss von Verträgen, muss er also bspw. dafür Sorge tragen, dass der Verbraucher beim Lesen nicht von **Pop-Up-Fenstern**, die den Bildschirm überlagern, gestört wird; auch **außergewöhnliche Dateiformate** oder

---

270 *LG Karlsruhe*, Urt. v. 25. 5. 2016 – 18 O 7/16, MMR 2017, 51.

271 *Buchmann*, Das neue Fernabsatzrecht 2014 (Teil 4), K&R 2014, 453, 455; Spindler/Schuster/*Schirmbacher*, Recht der elektronischen Medien, 3. Aufl. 2015, Art. 246a EGBGB Rz. 221.

272 Spindler/Schuster/*Schirmbacher*, Recht der elektronischen Medien, 3. Aufl. 2015, Art. 246a EGBGB Rz. 213 ff.

273 *Buchmann*, Das neue Fernabsatzrecht 2014 (Teil 4), K&R 2014, 453, 455.

274 *OLG Brandenburg*, Urt. v. 13. 6. 2006 – 6 U 121/05, MDR 2007, 43, 44.

275 *LG Lübeck*, Urt. v. 22. 4. 2008 – 11 O 9/08, MMR 2008, 554, 555.

seltene Software sollten für die Darstellung der Inhalte nicht verwendet werden.[276]

824   Art. 246a § 4 Abs. 1 EGBGB legt fest, dass der Unternehmer dem Verbraucher die Pflichtinformationen zeitlich „vor Abgabe von dessen Vertragserklärung" bereitstellen muss. Aus dem Zweck der Informationspflichten, dem Verbraucher eine autonome, ausreichend durchdachte Entscheidung über den Vertragsschluss zu ermöglichen, folgt, dass die Informationen in einer Weise rechtzeitig zur Verfügung gestellt werden müssen, dass der Verbraucher ausreichend Zeit hat, die Hinweise tatsächlich durchzulesen, spätestens aber unmittelbar vor Abgabe der Bestellung.[277]

825   Das nach alter Rechtslage unter Umständen bestehende endlose Widerrufsrecht bei unterbliebener oder mangelhafter Belehrung wurde mit Umsetzung der VRRL abgeschafft. Das **Widerrufsrecht erlischt** spätestens nach zwölf Monaten und vierzehn Tagen nach Beginn der Widerrufsfrist, § 356 Abs. 3 S. 2 BGB. Dies gilt jedoch nach § 356 Abs. 3 S. 3 BGB nicht für Verträge über Finanzdienstleistungen. Ferner erlischt das Widerrufsrecht bei Dienstleistungsverträgen gem. § 356 Abs. 4 S. 1 BGB nach vollständiger Erbringung einer Dienstleistung durch den Unternehmer, sofern dieser erst mit Erbringung der Dienstleistung begonnen hat, nachdem er den Verbraucher auf das Erlöschen des Widerrufsrechts im Falle der vollständigen Erbringung hingewiesen hat und der Verbraucher diesem Umstand ausdrücklich zugestimmt hat. Für Verträge über die Erbringung von Finanzdienstleistungen bestimmt § 356 Abs. 4 S. 2 BGB, dass das Widerrufsrecht erst erlischt, sobald der Vertrag von beiden Seiten auf ausdrücklichen Wunsch des Verbrauchers vollständig erfüllt ist, bevor der Verbraucher sein Widerrufsrecht ausübt. Für **kostenpflichtige Downloads** ist nun die Sonderregelung des § 356 Abs. 5 BGB einschlägig. Dieser bestimmt, dass das Widerrufsrecht des Verbrauchers bei Verträgen über die Lieferung von nicht auf einem körperlichen Datenträger befindlichen digitalen Inhalten schon dann erlischt, wenn der Unternehmer mit der Ausführung des Vertrages beginnt, sofern der Verbraucher ausdrücklich zugestimmt hat, dass der Unternehmer vor Ablauf der regelmäßigen Widerrufsfrist mit der Vertragsausführung beginnt und er seine Kenntnis von dem Erlöschen des Widerrufsrechts bestätigt hat. Die Bestätigung muss zeitlich nach dem Vertragsschluss erfolgen und gesondert vom Verbraucher erklärt werden. Durch diese zwei Stu-

---

276 Spindler/Schuster/*Schirmbacher*, Recht der elektronischen Medien, 3. Aufl. 2015, Art. 246a EGBGB Rz. 246 f.
277 Hoeren/Sieber/Holznagel/*Föhlisch*, Handbuch MMR, 42. Ergänzungslieferung 2015, Teil 13.4 Rz. 66 ff.

fen wird die Vorschrift dem Zweck gerecht, dass der Verbraucher eine übereilt getroffene Entscheidung noch einmal überdenken kann.[278]

Mit der Ausführung beginnt der Unternehmer mit Beginn der Übersendung der Daten via Download. **826**

cc) Kein Widerrufsgrund erforderlich

Das Widerrufsrecht kann **ohne Angaben von Gründen** ausgeübt werden, § 355 Abs. 1 S. 3 BGB. Es reicht allerdings nicht aus, wenn der Verbraucher nur mitteilt, er habe „eine Rücksendung".[279] Das Widerrufsrecht kann auch geltend gemacht werden, wenn der Vertrag nach §§ 134, 138 BGB nichtig ist.[280] Dementsprechend findet auch keine Motivationskontrolle statt,[281] worin ein Unterschied zum Rücktrittsrecht besteht, welches gerade kein Reurecht darstellt. In einem interessanten durch den *BGH* entschiedenen Fall bestellte ein Verbraucher Ware unter „Tiefpreisgarantie". Als er ein günstigeres Angebot entdeckte, verlangte er Zahlung des Differenzbetrages. Da der Unternehmer seinem Ansinnen nicht nachkam, widerrief der Verbraucher den Vertrag. Der Argumentation des Unternehmers, der Verbraucher habe durch die Ausübung des Widerrufsrechts in rechtsmissbräuchlicher Weise unbegründete Ansprüche durchsetzen wollen, erteilte der *BGH* eine Absage.[282] **827**

c) Rückgewährschuldverhältnis

§ 355 Abs. 3 S. 1 BGB stellt die allgemeine Anspruchsgrundlage für die Ansprüche der Vertragspartner dar, die sich aus der Rückabwicklung des Vertrags ergeben.[283] Hiernach sind die empfangenen Leistungen unverzüglich zurück zu gewähren. Die Ausübung des Widerrufsrechts führt zum Wegfall der Leistungspflicht, nicht aber zu einer ersatzlosen Vernichtung des Vertrags.[284] Vielmehr wandelt sich das ursprüngliche Schuldverhältnis in ein Rückgewährschuldver- **828**

---

278 ErmanBGB/*Koch*, 14. Aufl. 2014, § 14 Rz. 17; *LG Karlsruhe*, Urt. v. 25.5. 2016 – 18 O 7/16, MMR 2017, 51.
279 *AG Schopfheim*, Urt. v. 19.3. 2008 – 2 C 14/08, MMR 2008, 427.
280 *BGH*, Urt. v. 25.11. 2009 – VIII ZR 318/08, CR 2010, 188 = NJW 2010, 610.
281 *BGH*, Urt. v. 16.3. 2016 – VIII ZR 146/15, NJW 2016, 1951 m. Anm. *Wendehorst* = MMR 2016, 523.
282 *BGH*, Urt. v. 16.3. 2016 – VIII ZR 146/15, NJW 2016, 1951 m. Anm. *Wendehorst* = MMR 2016, 523.
283 MüKoBGB/*Fritsche*, 7. Aufl. 2016, § 355 Rz. 49; Prütting/Wegen/Weinreich/*Stürner*, Kommentar BGB, 10. Aufl. 2015, § 355 Rz. 13.
284 MüKoBGB/*Fritsche*, 7. Aufl. 2016, § 355 Rz. 50.

hältnis.[285] § 357 BGB normiert besondere Rechtsfolgen im Falle des Widerrufs eines Fernabsatzvertrages. Zunächst gilt gem. § 357 Abs. 1 BGB – abweichend von § 355 Abs. 3 S. 1 BGB – eine Rückgewährfrist von 14 Tagen.

d) Kostentragung

aa) Rücksendung und Rücksendekosten

829 Die Rechtsfolgen des Widerrufs sind in § 357 BGB geregelt. Nach § 357 Abs. 6 S. 1 BGB muss nun der Verbraucher für die Kosten der Rücksendung aufkommen, sofern der Unternehmer ihn zuvor über diese Pflicht im Rahmen der Belehrung nach Art. 246a § 1 Abs. 2 S. 1 Nr. 2 EGBGB informiert hat. Der Unternehmer kann sich jedoch gem. § 357 Abs. 6 S. 2 BGB bereiterklären, die Rücksendekosten zu übernehmen. § 357 Abs. 4 BGB kodifiziert eine **Vorleistungspflicht** des Verbrauchers hinsichtlich der Vornahme der Rücksendung der Ware an den Unternehmer bei erfolgtem Widerruf.[286] Allerdings genügt gem. § 357 Abs. 3 S. 2 BGB der Nachweis der Absendung der Ware, um eine Einrede des Unternehmers entfallen zu lassen, womit die Regelung des § 355 Abs. 3 S. 2 BGB fortgeführt wird.

bb) Hinsendekosten

830 Ebenso durch das Gesetz zur Umsetzung der VRRL eindeutig geregelt ist die Rückgewährpflicht des Unternehmers in Bezug auf die zuvor vom Verbraucher (anteilig) übernommenen Hinsendekosten. Der Streit, ob die anteiligen Versandkosten erstattungsfähig sind, ist nun also obsolet. § 357 Abs. 2 S. 1 BGB bestimmt, dass der Unternehmer auch etwaige Zahlungen des Verbrauchers für die Lieferung zurückgewähren muss. Diese Rückgewährpflicht ist jedoch nach § 357 Abs. 2 S. 2 BGB ausgeschlossen, wenn dem Verbraucher zusätzliche Kosten entstanden sind, weil er sich für eine andere Art der Lieferung als die vom Unternehmer angebotene günstigste Standardlieferung entschieden hat. Die Rückgewährpflicht beschränkt sich also auf den für die günstigste Versendungsart vom Verbraucher zu entrichtenden Betrag.

cc) Wertverluste

831 Hinzu kommen Regelungen zu einem **Wertersatzanspruch für Wertverluste** (§ 357 Abs. 7 BGB). Ein Wertverlust soll dann zu bejahen sein, wenn der Ver-

---

285 Jauernig/*Stadler*, BGB, 16. Aufl. 2015, § 355 Rz 9; MüKoBGB/*Fritsche*, 7. Aufl. 2016, § 355 Rz. 50; Prütting/Wegen/Weinreich/*Stürner*, Kommentar BGB, 10. Aufl. 2015, § 355 Rz. 13.
286 Prütting/Wegen/Weinreich/*Stürner*, Kommentar BGB, 10. Aufl. 2015, § 357 Rz. 10.

käufer die zurückerhaltene Ware nicht zum gleichen Preis weiterverkaufen kann, wohingegen Aufwendungen zur Wiederherstellung der Verkaufbarkeit nicht erfasst sind.[287] Nach § 357 Abs. 7 Nr.1 BGB hat der Verbraucher an den Unternehmer Wertersatz zu leisten, wenn der Wertverlust auf einen Umgang mit den Waren zurückzuführen ist, der zur Prüfung der Beschaffenheit, der Eigenschaften und der Funktionsweise der Waren nicht notwendig war. Die Wertersatzpflicht gilt nach § 357 Abs. 7 Nr. 2 BGB jedoch nur dann, wenn der Unternehmer den Verbraucher gem. Art. 246a § 1 Abs. 2 Satz 1 Nr. 1 EGBGB über sein Widerrufsrecht und die Pflicht zur Leistung von Wertersatz unterrichtet hat.[288] Das Maß des Notwendigen bestimmt sich nach dem Sinn und Zweck des Widerrufsrechts,[289] den Nachteil auszugleichen, der dem Verbraucher dadurch entsteht, dass er die Ware vor Vertragsschluss nicht prüfen kann. Mithin muss die Frage gestellt werden, welche Prüfungsmöglichkeiten im Ladengeschäft nach der Verkehrsauffassung üblich sind.[290] Nach der Rechtsprechung des *BGH* ist sogar auch das zum Wertverlust führende Befüllen eines online bestellten Wasserbettes notwendig i. S. der Vorschrift, denn im Ladenlokal sei das „Probeliegen" ebenso üblich.[291]

Für die bestimmungsgemäße Ingebrauchnahme eines Fernsehers für 30 **832** Betriebsstunden können 250 Euro Wertersatz verlangt werden.[292] Auch der Gebrauch von Rasierapparaten löst Ansprüche auf Nutzungsentschädigung aus,[293] wobei für diesen, je nach Art der Verpackung, das Widerrufsrecht gem. § 312g Abs. 2 Nr. 3 BGB n. F. ausgeschlossen sein könnte. Kein Wertersatz ist gem. § 357 Abs. 9 BGB beim Widerruf eines Vertrages über die Lieferung unkörperlicher Waren, insb. also digitaler Inhalte, zu leisten.

---

287 *Buchmann*, K & R 2014, 293, 296.
288 Vgl. *BGH*, Urt. v. 3. 11. 2010 – VIII ZR 337/09, NJW 2011, 56 = MMR 2011, 24; MüKoBGB/ Fritsche/*Wendehorst*, 7. Aufl. 2016, § 357 Rz. 31.
289 MüKoBGB/*Wendehorst*, 7. Aufl. 2016, § 312g Rz. 1; Hk-BGB/*Schulte-Nölke*, BGB, 9. Aufl. 2017, § 312g Rz. 1.
290 *BGH*, Urt. v. 3. 11. 2010 – VIII ZR 337/09, NJW 2011, 56 = MMR 2011, 24; *BGH*, Urt. v. 12. 10. 2016 – VIII ZR 55/15, becklink 2004612, Pressemitteilung Nr. 179/2015 der Pressestelle des *BGH* (abrufbar unter: http://juris.bundesgerichtshof.de/cgi-bin/rechtsprechung/document.py? Gericht=bgh&Art=pm&Datum=2016&Sort=3&nr=76173&pos=3&anz=182, zuletzt abgerufen: Mai 2017); MüKoBGB/*Wendehorst*, 7. Aufl. 2016, § 357 Rz. 28; Palandt/*Grüneberg*, Kommentar BGB, 76. Aufl. 2017, § 357 Rz. 9; *Schirmbacher/Schmidt*, Verbraucherrecht 2014 – Handlungsbedarf für den E-Commerce, CR 2014, 107, 118; Prütting/Wegen/Weinreich/*Stürner*, Kommentar BGB, 10. Aufl. 2015, § 357 Rz. 19.
291 *BGH*, Urt. v. 3. 11. 2010 – VIII ZR 337/09, NJW 2011, 56 = MMR 2011, 24.
292 *AG Augsburg*, Urt. v. 30. 10. 2006 – 23 C 4461 (alte Rechtslage); dazu auch *öOGH*, Urt. v. 27. 9. 2005 – 1 Ob 110/05s: 330 Euro für 343 Stunden.
293 *AG Backnang*, Urt. v. 17. 6. 2009 – 4 C 810/08, K&R 2009, 747.

dd) Nutzungsersatz

833 Die Frage nach Nutzungsersatz durch den Verbraucher inklusive der daraus erwachsenden Probleme, welche sich nach dem alten Verbraucherschutzrecht durch den Verweis des § 357 Abs. 1 S. 1 BGB a. F. auf § 346 Abs. 1, 2 Nr. 1 BGB ergeben hat, stellt sich nicht mehr. Die Rechtsfolgen des Widerrufs sind nunmehr abschließend in § 357 BGB n. F. geregelt. Nutzungen, die ohne Wertverlust der Ware einhergehen, muss der Verbraucher insofern nicht erstatten. Für den Nutzungsersatz bei Nacherfüllung ist i. Ü. § 474 Abs. 5 S. 1 BGB zu beachten.

e) Ausnahmebestimmungen

834 Das Widerrufsrecht gem. § 355 BGB steht dem Verbraucher grundsätzlich bei allen Fernabsatzverträgen zu, soweit es nicht gem. § 312g Abs. 2 BGB ausgeschlossen ist. Dabei kann zwischen zwei Gruppen von Ausschlusstatbeständen differenziert werden: Bei einigen ist das Widerrufsrecht bereits ab Vertragsschluss ausgeschlossen (z. B. bei schnell verderblichen Waren gem. § 312g Abs. 2 Nr. 2 BGB), bei anderen erlischt ein zunächst bestehendes Widerrufsrecht nachträglich (z. B. durch Entfernen eines Siegels gem. § 312g Abs. 2 Nr. 3 BGB). Die Darlegungs- und Beweislast für einen Ausschluss des Widerrufsrechts nach § 312g Abs. 4 BGB liegt bei dem Unternehmer, der sich auf den Ausnahmetatbestand beruft.[294]

835   Zunächst besteht kein Widerrufsrecht bei Verträgen über die Lieferung von Waren, die **nicht vorgefertigt** sind und für deren Herstellung eine **individuelle Auswahl oder Bestimmung** durch den Verbraucher maßgeblich ist oder die eindeutig auf die persönlichen Bedürfnisse des Verbrauchers zugeschnitten sind (§ 312g Abs. 2 Nr. 1 BGB). Dieser Ausschlusstatbestand dient dem Schutz des Unternehmers, der i. d. R. keine Möglichkeit hat, derartig spezielle Waren nach Rückgabe durch den Verbraucher erneut zu verkaufen bzw. ein solcher Verkauf mit wirtschaftlichen Nachteilen verbunden wäre (so z. B. bei Maßanzügen oder individuellen Fotobüchern/-Kalendern).[295] § 312d Abs. 4 Nr. 1 BGB a. F. sprach demgegenüber allgemeiner von „Waren, die nach Kundenspezifikation angefertigt werden oder eindeutig auf die persönlichen Bedürfnisse zugeschnitten sind."

---

294 *BGH*, Urt. v. 19. 3. 2003 – VIII ZR 295/01, MDR 2003, 732 = CR 2003, 480 (zur § 312d Abs. 4 BGB).

295 *BGH*, Urt. v. 19. 3. 2003 – VIII ZR 295/01, NJW 2003, 1665 = MMR 2003, 463; MüKoBGB/ *Wendehorst*, 7. Aufl. 2016, § 312g Rz. 15; *Föhlisch*, Das Widerrufsrecht im Online-Handel, S. 128.

Fraglich ist demnach, ob an der bisherigen „Built-to-Order"-Rechtspre- 836
chung des *BGH* noch festgehalten werden kann.[296] Aus Erwägungsgrund 49
der VRRL wird jedoch deutlich, dass es sich bei § 312g Abs. 2 Nr. 1 BGB trotz
der Änderung des Wortlauts um den inhaltgleichen Ausschlussgrund wie in
§ 312d Abs. 4 Nr. 1 Var. 1 und 2 BGB a. F. handelt.[297] Eine Erweiterung der Ausnahme durch den geänderten Wortlaut ist mithin nicht anzunehmen.[298] Eine
Änderung der bisherigen Rechtsprechung ist schon deshalb nicht wahrscheinlich, weil der *BGH* sich seit jeher einer teleologischen Auslegung bedient[299]
und den Ausschlusstatbestand erst dann erfüllt sieht, „wenn der Unternehmer
durch die Rücknahme auf Bestellung angefertigter Ware erhebliche wirtschaftliche Nachteile erleidet, die spezifisch damit zusammenhängen und dadurch
entstehen, daß die Ware erst auf Bestellung des Kunden nach dessen besonderen Wünschen angefertigt wurde."[300]

Nach bisheriger Rechtsprechung zu § 312d Abs. 4 Nr.1 BGB a. F. fallen unter 837
den Ausschlusstatbestand etwa die Bestellung eines PKW nach den Wünschen
des Kunden (etwa im Hinblick auf Sonderausstattungen oder Farbe). Sind die
Änderungswünsche nur von untergeordneter Bedeutung, ist die eng auszulegende Ausnahmevorschrift nicht einschlägig. Eine Anfertigung der Ware nach
Kundenspezifikation, bei deren Vorliegen das Recht des Verbrauchers zum Widerruf eines Fernabsatzvertrages ausgeschlossen ist, ist dann nicht gegeben,
wenn die zu liefernde Ware auf Bestellung des Verbrauchers aus vorgefertigten
Standardbauteilen zusammengefügt wird, die mit verhältnismäßig geringem
Aufwand ohne Beeinträchtigung ihrer Substanz oder Funktionsfähigkeit wieder getrennt werden können (hier PCs aus Bauteilen nach Kundenwunsch).[301]

Relativ neu ist der ausdrückliche Ausschluss des Widerrufsrechts bei Wa- 838
ren, die „wegen des Gesundheitsschutzes oder der Hygiene nicht zur Rückgabe
geeignet sind, wenn ihre Versiegelung nach der Lieferung entfernt wurde" in
§ 312g Abs. 2 Nr. 3 BGB. Diese Produkte fielen früher nach § 312d Abs. 4 Nr. 1
3. Var. BGB a. F. unter die Kategorie von Waren, die „aufgrund ihrer Beschaffenheit nicht für die Rücksendung geeignet sind". Fraglich ist, wie die Begriffe
des Siegels und der Hygienegründe zu bestimmen sind. Der Begriff des Siegels

---

296 *Hoeren/Föhlisch*, CR 2014, 244.
297 *Hoeren/Föhlisch*, CR 2014, 244.
298 *Schirmbacher/Schmidt*, CR 2014, 112; zustimmend: *Hoeren/Föhlisch*, CR 2014, 245.
299 *Hoeren/Föhlisch*, CR 2014, 245.
300 *BGH*, Urt. v. 19. 3. 2003 – VIII ZR 295/01, MDR 2003, 732 = CR 2003, 480.
301 *BGH*, Urt. v. 19. 3. 2003 – VIII ZR 295/01, MDR 2003, 732 = CR 2003, 480; ähnlich *LG Hannover*, Urt. v. 20. 3. 2009 – 13 S 36/08, DAR 2009, 530; *LG Arnsberg*, Urt. v. 30. 9. 2015 – 3 S 120/15, VuR 2016, 158 (Ls.).

ist dem Widerrufsrecht schon aus dem Ausschlusstatbestand für Ton- und Videoaufnahmen und Computersoftware, der jetzt in § 312g Abs. 2 Nr. 6 BGB geregelt ist, bekannt. Jedoch ist bei § 312g Abs. 2 Nr. 3 BGB nun zwingend erforderlich, dass ein Zusammenhang in Form von Gesundheitsschutz- und Hygienegründen besteht.[302] Ein Hinweis darauf, dass mit dem Siegelbruch das Widerrufsrecht erlischt, muss nicht auf dem Siegel angebracht sein.[303] Auf den Begriff der Hygiene wird in der Gesetzesbegründung nicht weiter eingegangen.

839 Der Anwendungsbereich des § 312g Abs. 2 Nr. 3 BGB ist daher schwer zu bestimmen. Während einige Autoren eine möglichst enge Auslegung der Vorschrift fordern und den Anwendungsbereich auf frei verkäufliche Arzneimittel, Fertiggerichte, Kosmetik- und Hygieneartikel begrenzen,[304] wird es zutreffender sein, allein auf die objektive Schutzrichtung der Norm abzustellen und die Erfüllung des Tatbestandes dann anzunehmen, wenn die gesundheitlichen Gefahren für den nachfolgenden Kunden besonders hoch sind.[305] Das ist insb. anzunehmen, wenn das Produkt unmittelbar mit Körperstellen in Kontakt kommt, über die regelmäßig Krankheiten übertragen werden, wie z. B. Schleimhäute und Körperöffnungen.[306] Richtigerweise muss danach gefragt werden, ob selbst nach Behandlung/Reinigung der Ware ein Weiterverkauf ausgeschlossen wäre, da die Ware nicht mehr verkehrsfähig ist.[307] Eine objektive Gesundheitsgefahr ist nicht erforderlich.[308] Die Norm hat insofern eine doppelte Schutzrichtung: Sie schützt den Zweitkäufer vor abstrakten Gesundheitsgefahren und zudem das wirtschaftliche Interesse des Unternehmers.[309] Fraglich ist indes, welche Anforderungen an eine Versiegelung i. S. der Vorschrift zu stellen sind. Ein Vergleich zur alten Rechtslage (§ 312d Abs. 4 Nr. 2 BGB a. F.) kann hier nicht gezogen werden, denn aus dem Wortlaut der Norm ergibt sich, dass ein Siegel im Zusammenhang mit Hygiene- oder Gesundheitsschutzgründen stehen muss.[310] Ein Online-Händler kann das Widerrufsrecht gem. § 312g Abs. 2 S. 1 Nr. 3 BGB ausschließen, wenn es sich bei der Kaufsache

---

302 *Hoeren/Föhlisch*, CR 2014, 245.

303 *Schirmbacher/Schmidt*, CR 2014, 113; zustimmend: *Hoeren/Föhlisch*, CR 2014, 245.

304 Palandt/*Grüneberg*, 76. Aufl. 2017, § 312g n. F. Rn. 6.

305 *Hoeren/Föhlisch*, CR 2014, 246.

306 *Hoeren/Föhlisch*, CR 2014, 246.

307 *Hoeren/Föhlisch*, CR 2014, 246; MüKoBGB/*Wendehorst*, 7. Aufl. 2016, § 312g Rz. 24.

308 MüKoBGB/*Wendehorst*, 7. Aufl. 2016, § 312g Rz. 24; *Hoeren/Föhlisch*, Ausgewählte Praxisprobleme des Gesetzes zur Umsetzung der Verbraucherrechterichtlinie, CR 2014, 242, 246; a. A. *Buchmann*, Das neue Fernabsatzrecht 2014 (Teil 3), K & R 2014, 369, 373.

309 Vgl. *Föhlisch/Dyakova*, Das Widerrufsrecht im Onlinehandel, MMR 2013, 71, 72; vgl. *Hoeren/Föhlisch*, CR 2014, 246.

310 *Hoeren/Föhlisch*, CR 2014, 245.

um einen Erotikartikel handelt, der in und am Körper verwendet wird und die Verpackung mit einem Siegel mit der Aufschrift „Hygienesiegel – kein Umtausch bei beschädigtem oder entferntem Siegel" versehen ist. Die tatbestandlichen Voraussetzungen des Ausschlussgrundes des § 312g Abs. 2 S. 1 Nr. 3 BGB sind dann erfüllt, wenn der Verbraucher die Verpackung öffnet und dabei dieses Siegel zerstört.

Ferner soll der Verbraucher sein Widerrufsrecht nicht ausüben können bei **840** Verträgen zur Lieferung von **Ton- oder Videoaufnahmen** oder **Computersoftware** in einer versiegelten Verpackung, wenn die Versiegelung nach der Lieferung entfernt wurde (**§ 312g Abs. 2 Nr. 6 BGB**). Dieser Ausschlusstatbestand fand sich zuvor unter geringfügig anderem Wortlaut in § 312d Abs. 4 Nr. 2 BGB a. F. Sie dient dem Schutz des „geistigen Eigentums" vor Raubkopien, die vor dem Gebrauch des Widerrufs angefertigt werden.

Wann eine Entsiegelung allerdings vorliegt und welche Maßnahmen (Ein- **841** schweißen, Aufkleber, o. ä.) ausreichend sind, um als Versiegelung zu gelten, ist bisher nicht abschließend geklärt. Schon nach dem allgemeinen Sprachgebrauch muss eine Versiegelung jedenfalls das eigentliche Produkt vor Zugriff schützen und eine physische Barriere schaffen, die durch Kraftentfaltung überwunden werden muss. Versiegelt ist die Ware nur dann, wenn nach erstmaliger Öffnung erkennbar ist, dass die Barriere überwunden wurde.[311] Diesen Anforderungen genügt eine einfache Pappschachtel jedenfalls nicht.[312] Nach Ansicht des *LG Dortmund*[313] reicht ein Tesafilmstreifen nicht als Versiegelung aus, wohingegen das *OLG Frankfurt a. M.*[314] in Bezug auf die Entsiegelung von Software darauf abstellte, ob eine Überwindung einer erkennbar zur Wahrung des Urheberrechts geschaffenen Sperre erfolgt sei, etwa durch Öffnen einer verschlossenen und äußerlich durch Aufschrift gekennzeichneten, verschweißten Hülle um eine CD-ROM. Umstritten ist, ob schon die Cellophanverpackung einer CD oder DVD ein Siegel i. S. der Vorschrift darstellt. Das *OLG Hamm* verneint dies unter Hervorhebung der anderen Funktionen der Cellophanverpackung, wie dem Schutz vor Verschmutzungen.[315] Richtigerweise ist für die Beurteilung, ob ein Siegel i. S. d. § 312g Abs. 2 Nr. 6 BGB vorliegt, auf die Ver-

---

311 MüKoBGB/*Wendehorst*, 7. Aufl. 2016, § 312g Rz. 25: „*offenkundige und irreversible Beschädigung*".
312 MüKoBGB/*Wendehorst*, 7. Aufl. 2016, § 312g Rz. 25.
313 *LG Dortmund*, Urt. v. 1. 6. 2006 – 16 O 55/06 (n. v.).
314 *LG Frankfurt a. M.*, Urt. v. 18. 12. 2002 – 2/1 S 20/02, CR 2003, 412.
315 *OLG Hamm*, Urt. v. 30. 3. 2010 – I-4 U 212/09, K & R 2010, 411 m. Anm. *Dehißelles* = MMR 2010, 684 mit lesenswerter Anm. v. *Föhlisch*; so auch Palandt/*Grüneberg*, Kommentar BGB, 76. Aufl. 2017, § 312g Rz. 6, 9 ohne nähere Begründung; siehe auch MüKoBGB/*Wendehorst*, 7. Aufl. 2016, § 312g Rz. 25; *Hoeren/Föhlisch*, CR 2014, 245 f.

kehrsauffassung abzustellen, nach der durch das Entfernen des Cellophans ein Gefühl vermittelt wird, dass die Ware nun entgültig Eigentum des Verbrauchers wird.[316] Nicht erforderlich ist es aber, dass auf dem Siegel ein entsprechender Hinweistext abgedruckt ist.[317] Die bloße Eingabe des BIOS-Passwortes stellt keine Entsiegelung eines Datenträgers dar. Will man die Norm auch auf die Übertragung von Software auf einer bereits eingebauten Festplatte anwenden, legt es der Sinn und Zweck der Vorschrift nahe, nur solche Handlungen des Verbrauchers als „Entsiegelung" anzusehen, die einer erkennbar zum Schutze des Urheberrechts geschaffenen Sperre dienen. Dies ist nach Auffassung des *LG Frankfurt a. M.* bei der Eingabe eines BIOS-Passwortes nicht der Fall, da deren Zweck allein die Verhinderung von unbefugten Änderungen der BIOS-Einstellungen sei.[318]

842 Letztendlich muss die Siegelqualität im Einzelfall festgestellt werden. Maßgeblich ist hierbei, ob der Verbraucher nach der Verkehrsauffassung mit der Entfernung des Siegels nach außen deutlich macht, die Ware nunmehr auf Dauer behalten zu wollen.[319]

843 Nach früherer Rechtslage wurde diskutiert, wie vor diesem Hintergrund der **Softwaredownload** zu behandeln ist. Wenn Software über das Internet zum Abruf bereitgehalten wird, fehlt es an einer Versiegelung. Hier griff folglich die (als Ausnahme eng auszulegende) Regelung für versiegelte Produkte nicht ein. Die EDV-Industrie plädierte dafür, in diesem Fall die Ausnahmebestimmung des § 312d Abs. 4 Nr. 1 3. Var. BGB a. F. heranzuziehen, wonach ein Widerrufsrecht nicht bei Gütern besteht, die aufgrund ihrer Beschaffenheit nicht für eine Rücksendung geeignet sind. Nach neuer Rechtslage existiert für den Download von Software noch immer kein Ausschlusstatbestand in § 312g Abs. 2 BGB. Die Situation der Anbieter wird jedoch dadurch verbessert, dass gem. § 356 Abs. 5 BGB das bestehende Widerrufsrecht bei Start des Downloadvorgangs erlischt, sofern der Unternehmer seinen besonderen Informationspflichten aus § 356 Abs. 5 Nr. 1 und 2 BGB nachgekommen ist.

844 **§ 312g Abs. 2 Nr. 8 BGB** schließt das Widerrufsrecht bei Verträgen über die Lieferung von Waren oder über Dienstleistungen aus, deren Preis von durch den Unternehmer nicht kontrollierbaren **Schwankungen** auf dem Finanzmarkt abhängt und die innerhalb der Widerrufsfrist auftreten können, bspw. Aktien und Wertpapiere. Nach Ansicht des *BGH* ist der Ausschlussgrund nur

---

316 *Hoeren/Föhlisch*, CR 2014, 245; MüKoBGB/*Wendehorst*, 7. Aufl. 2016, § 312g Rz. 33.
317 *Hoeren/Föhlisch*, CR 2014, 245; *Schirmbacher/Schmidt*, Verbraucherrecht 2014 – Handlungsbedarf für den E-Commerce, CR 2014, 107; 113.
318 *LG Frankfurt a. M.*, Urt. v. 18. 12. 2002 – 2/1 S 20/02, CR 2003, 412.
319 MüKoBGB/*Wendehorst*, 7. Aufl. 2016, § 312g Rz. 25; vgl. *Hoeren/Föhlisch*, CR 2014, 245.

einschlägig, wenn der spekulative Charakter den Kern des Geschäftes ausmacht und somit bspw. nicht bei der Lieferung von Heizöl.[320] Eine solche strenge Auslegung gebietet der Ausnahmecharakter der Vorschrift.

Der Ausschlussgrund des **§ 312g Abs. 2 Nr. 10 BGB** betrifft lediglich öffent- 845
lich zugängliche Versteigerungen und somit gerade keine Internetversteigerun-
gen über entsprechende Plattformen.

Teilweise neue Ausschlussgründe sind mit der Gesetzesänderung zum 846
13. Juni 2014 in § 312g Abs. 2 Nr. 9, Nr. 11 und Nr. 13 BGB in Kraft getreten:

§ 312g Abs. 2 Nr. 9 BGB schließt das Widerrufsrecht bei Verträgen über 847
Beherbergung, Beförderung, Mietwagen, Lieferung von Speisen oder Freizeitgestaltung aus.[321] Im weitesten Sinne also Dienstleistungen im Rahmen der
Freizeitgestaltung.[322] Diese Verträge waren, mit Ausnahme der Kraftfahrzeug-
vermietung, nach der alten Rechtslage in § 312b Abs. 3 Nr. 6 BGB a. F. vom
Anwendungsbereich der Fernabsatzverträge ausgeschlossen.[323] Nicht ausgeschlossen sind gem. § 312 Abs. 2 S. 2 BGB hingegen Verträge über Reiseleistungen nach § 651a BGB.

Der Begriff der Dienstleistung ist weit auszulegen.[324] Der Begriff der Ware 848
geht nicht auf die Legaldefinition des § 241a Abs.1 BGB zurück.[325]

Die Ausschlussgründe aus Nr. 9 setzen voraus, dass die Leistungserbrin- 849
gung zu einem „spezifischen Termin oder Zeitraum" erfolgen soll. Die Leistungszeit muss also bestimmt und eingrenzbar sein.[326]

Der Ausschlussgrund des **§ 312g Abs. 2 Nr. 11 BGB** umfasst Verträge über 850
dringende Reparatur- und Instandhaltungsarbeiten.[327] Nach der alten Rechtslage wurden diese Verträge den Haustürgeschäften zugeordnet. Die entsprechende Ausnahmeregelung war in § 312 Abs. 3 Nr. 1 BGB a. F. normiert.[328] Voraussetzung für das Vorliegen des neuen Ausnahmetatbestands ist, dass der

---

320 *BGH*, Urt. v. 17.6. 2015 – VIII ZR 249/14, NJW 2015, 2959 = MMR 2015, 650, ausführlich
hierzu Prütting/Wegen/Weinreich/*Stürner*, Kommentar BGB, 10. Aufl. 2015, § 312g Rz. 13.
321 Palandt/*Grüneberg*, Kommentar BGB, 76. Aufl. 2017, § 312g Rz. 11.
322 Jauernig/*Stadler*, Kommentar BGB, 16. Aufl. 2015, § 312g Rz. 10; ErmanBGB/*Koch*, 14. Aufl.
2014, § 312g Rz. 16.
323 BT-Drs. 17/12637, 57.
324 Palandt/*Grüneberg*, Kommentar BGB, 76. Aufl. 2017, § 312g Rz. 12.
325 BT-Drs. 17/12637, 57.
326 ErmanBGB/*Koch*, 14. Aufl. 2014, § 312g Rz. 18; Jauernig/*Stadler*, Kommentar BGB, 16. Aufl.
2015, § 312g Rz. 10.
327 Palandt/*Grüneberg*, Kommentar BGB, 76. Aufl. 2017, § 312g Rz. 14; Jauernig/*Stadler*, Kommentar BGB, 16. Aufl. 2015, § 312g Rz. 11.
328 ErmanBGB/*Koch*, 14. Aufl. 2014, § 312g Rz. 20.

Unternehmer durch den Kunden ausdrücklich angefordert wurde, um dringende Reparatur- oder Instandhaltungsarbeiten durchzuführen.[329]

851 Der Ausschlussgrund des § 312g Abs. 2 Nr. 13 BGB umfasst Verträge, die durch notarielle Beurkundung zustande kommen. Durch Wahrung der Vorschriften aus § 13 Abs. 1 BeurkG und § 17 BeurkG kommt der notariellen Beurkundung eine Warnfunktion zu.[330] Der Verbraucher ist deswegen nicht mehr schutzwürdig, sodass das Widerrufsrecht für notariell beurkundete Verträge ausgeschlossen ist.[331]

f) Besonderheiten im M-Commerce

852 Mit dem Begriff „M-Commerce" wird der Einsatz mobiler elektronischer Kommunikationstechniken im Zusammenhang mit mobilen Endgeräten zur Abwicklung von Geschäftstransaktionen umschrieben. Problematisch kann hierbei die Darstellbarkeit von Informationen auf solchen Geräten sein. Oft ist bspw. die Bildschirmgröße eines Smartphones derart begrenzt, dass eine uneingeschränkte Pflicht des Unternehmers zur Darstellung aller Hinweise aus Art. 246a § 1 EGBGB es diesem praktisch unmöglich machen würde, die Informationen noch ausreichend übersichtlich für diese Endgeräte zusammenzustellen. Dies liefe dem Ziel, dem Verbraucher eine informierte Entscheidung vor Abschluss eines Kaufvertrags zu ermöglichen, zuwider, da der Kunde durch die optische Überwältigung mit Hinweisen den Überblick verlieren könnte.[332] Art. 246a § 3 EGBGB reduziert die allgemeinen Informationspflichten des Unternehmers für den Fall, dass ein Vertrag mittels eines Fernkommunikationsmittels geschlossen wird, „das nur begrenzten Raum oder begrenzte Zeit für die dem Verbraucher zu erteilenden Informationen bietet".

853 Damit auch der mCommerce unter diese Vorschrift fällt, muss das Medium, dessen sich zum Abschluss des Vertrags bedient wird, nur begrenzten Raum für die optische Darstellung der Pflichtinformationen zur Verfügung stellen. Schon das kann aber bei einigen Ausführungen mobiler Endgeräte bezweifelt werden. Die Bildschirme mancher Tablets haben die Größe derer eines Computers, bei dem die Darstellungsmöglichkeiten gerade nicht i. S. v. Art. 246a § 3 S. 1 EGBGB beschränkt sind.[333] Ebenso könnte der Raum von kleineren Smart-

---

329 BT-Drs. 17/12637, 57.

330 BT-Drs. 17/12637, 57.

331 Palandt/*Grüneberg*, Kommentar BGB, 76. Aufl. 2017, § 312g Rz. 16; Jauernig/*Stadler*, Kommentar BGB, 16. Aufl. 2015, § 312g Rz. 12.

332 Spindler/Schuster/*Schirmbacher*, Recht der elektronischen Medien, 3. Aufl. 2015, § 246a EGBGB Rz. 162.

333 *Tamm*, Informationspflichten nach dem Umsetzungsgesetz zur Verbraucherrechterichtlinie, VuR 2014, 9, 14.

phone-Displays wegen der Möglichkeit des Scrollens auch als unbegrenzt angesehen werden.[334] Erwägungsgrund 36 der VRRL nennt als Beispiel eines Mediums i. S. d. Art. 8 Abs. 4 VRRL Mobiltelefone mit einer beschränkten Anzahl von Zeichen auf dem Display. Es wird dabei offen gelassen, ob auf die Anzahl der Zeichen abzustellen ist, die zeitgleich auf dem Bildschirm abgebildet sind, oder auch auf die (unbegrenzte) Anzahl, die durch Scrollen sichtbar wird. Ebenso bleibt (im Vergleich zur Rechtsprechung zur Auffindbarkeit eines Impressums auf einer Homepage) bzgl. letzterem offen, wieviel maliges Scrollen zur Wahrnehmung der Hinweise noch ausreichen könnte. Bei der Anwendung der Vorschrift auf moderne Smartphones scheint jedenfalls Zurückhaltung geboten zu sein, wenn man bedenkt, dass deren Displays zur Zeit der Entstehung der Richtlinie noch weitaus kleiner waren und daher den klassischen E-Commerce-Medien entsprechend weniger ähnelten. Maßgebender Gedanke bei der Auslegung sollte stets das Ziel des Art. 246a § 3 EGBGB sein, eine klare, verständliche und vom Verbraucher einfach wahrnehmbare Information zu ermöglichen.[335]

Ist Art. 246a § 3 EGBGB im konkreten Fall anwendbar, hat der Unternehmer **854** dem Verbraucher „zumindest" die in Art. 246a § 3 EGBGB Nr. 1–5 genannten Informationen (z. B. die wesentlichen Eigenschaften der Ware oder Dienstleistung, Bestehen eines Widerrufsrechts, Vertragslaufzeit) zur Verfügung zu stellen. Dies bedeutet jedoch nicht zwangsläufig, dass der Unternehmer dann in jedem Fall nur die genannten Inhalte darstellen muss. Vielmehr legt der Zweck des Art. 246a § 3 EGBGB nahe, die Informationspflichten aus Art. 246a § 1 EGBGB nur so weit zu verringern, wie die Darstellbarkeit durch die Art des Mediums tatsächlich beeinträchtigt ist.[336] Die nicht schon gem. Art. 246a § 3 S. 1 EGBGB zur Verfügung gestellten Informationen muss der Unternehmer nach Art. 246a § 3 S. 2 EGBGB dem Verbraucher „in geeigneter Weise" zugänglich machen. Als Beispiele wird in der Gesetzesbegründung eine gebührenfreie Telefonnummer oder ein Hyperlink zu einer Webseite des Unternehmens, auf der die zusätzlichen Informationen abrufbar sind, genannt.[337] Zu beachten ist,

---

334 *Rose/Taeger*, Reduzierte Informationspflichten für den M-Commerce, 159, 163.
335 Spindler/Schuster/*Schirmbacher*, Recht der elektronischen Medien, 3. Aufl. 2015, Art. 246a EGBGB Rz. 167.
336 *Tamm*, Informationspflichten nach dem Umsetzungsgesetz zur Verbraucherrechterichtlinie, VuR 2014, 9, 14; a. A. wohl *Buchmann*, Das neue Fernabsatzrecht 2014, K & R 2014, 221, 224. *Schirmbacher/Schmidt*, Verbraucherrecht 2014 – Handlungsbedarf für den E-Commerce, CR 2014, 107, 111.
337 BT-Drs. 17/12637, S. 75; die Beispiele sind aus Erwägungsgrund 36 der VRRL übernommen.

dass Art. 246a § 3 EGBGB nur die vorvertraglichen Informationspflichten betrifft; diejenigen nach Abschluss des Vertrags bleiben unberührt.[338]

g) Das Widerrufsrecht bei Online-Auktionen

Literatur: *Bonke/Gellmann*, Die Widerrufsfrist bei eBay-Auktionen – Ein Beitrag zur Problematik der rechtzeitigen Belehrung des Verbrauchers in Textform, NJW 2006, 3169; *Braun*, Widerrufsrecht und Haftungsausschluss bei Internetauktionen, CR 2005, 113; *Dietrich/Hofmann*, 3... Gerichte, 2... Wochen, 1... Monat? Konfusion um die Widerrufsfristen bei eBay, CR 2007, 318; *Föhlisch*, Ist die Musterwiderrufsbelehrung für den Internethandel noch zu retten?, MMR 2007, 139; *Hoeren/Müller*, Widerrufsrecht bei eBay-Versteigerungen, NJW 2005, 948; *Hoffmann*, Die Entwicklung des Internet-Rechts bis Mitte 2006, NJW 2006, 2602; *Schirmbacher*, Von der Ausnahme zur Regel: Neue Widerrufsfristen im Online-Handel?, CR 2006, 673.

855 Nach Zustandekommen eines Fernabsatzvertrags i. S. d. § 312c Abs. 1 BGB besteht für den Verbraucher regelmäßig ein **Widerrufsrecht** gem. den §§ 312g Abs. 1, 355 BGB. Unabdingbare Voraussetzung hierfür ist allerdings, dass es sich bei dem Vertragspartner um einen Unternehmer i. S. d. § 14 Abs. 1 BGB handelt. Dies verdeutlicht, warum Verkäufer insb. bei Internetauktionen häufig versuchen, als Verbraucher aufzutreten, nämlich um ebendiese Einräumung des Widerrufsrechts an den Vertragspartner zu umgehen.[339]

856 Die **Anwendbarkeit des Widerrufsrechts** war insb. bei Internetauktionen im Hinblick auf die Ausnahmeregelung des § 312d Abs. 4 Nr. 5 BGB a. F. (jetzt § 312g Abs. 2 Nr. 10 BGB) lange umstritten. Diesen Streit klärte der *BGH* allerdings dahingehend, dass er die Anwendbarkeit des § 156 BGB auf Internetauktionen verneinte, da es diesen an dem nötigen Zuschlag fehle, sondern Geschäfte hier vielmehr durch Angebot und Annahme zustande kämen.[340] Nach der Formulierung des nunmehr seit dem 13. Juni 2014 geltenden § 312g Abs. 2 Nr. 10 BGB ist diese Diskussion endgültig obsolet. Eine weitere Ausnahmeregelung greift nach § 312g Abs. 2 Nr. 6 BGB für Computersoftware, Ton- und Videoaufzeichnungen, sofern die gelieferten Datenträger entsiegelt worden sind. Bei Anwendbarkeit des Fernabsatzrechts gelten die allgemeinen Regeln.

---

338 *Schirmbacher/Engelbrecht*, Neues Verbraucherrecht: Erleichterte Informationspflichten bei begrenzter Darstellungsmöglichkeit, ITRB 2014, 89, 90; Spindler/Schuster/*Schirmbacher*, Recht der elektronischen Medien, 3. Aufl. 2015, Art. 246a EGBGB Rz. 181, 183.
339 Für die Einordnung als Unternehmer in einer Internetauktion vgl. *OLG Frankfurt a. M.*, Beschl. v. 21. 3. 2007 – 6 W 27/07, MMR 2007, 378.
340 *BGH*, Urt. v. 3. 11. 2004 – VIII Z R 375/03, CR 2005, 53 m. Anm. *Wiebe* = NJW 2005, 53; ebenso: *KG*, Beschl. v. 5. 12. 2006 – 5 W 295/06, CR 2007, 331 = MMR 2007, 185; *Dietrich/Hoffmann*, CR 2007, 318.

IV Formvorschriften im Internet: Schriftform und digitale Signatur

Literatur: *Bergfelder*, Was ändert das 1. Signaturgesetz?, CR 2005, 148; *Boente/Riehm*, Das BGB im Zeitalter digitaler Kommunikation – Neue Formvorschriften, Jura 2001, 793; *Fringuelli/Wallhäuser*, Formerfordernisse beim Vertragsschluss im Internet, CR 1999, 93; *Gellert*, Elektronischer Brückenschlag – Verbindungen schaffen zwischen Public Key Infrastrukturen, DuD 2005, 597; *Kunz/Schmidt/Viebeg*, Konzepte für rechtssichere Transformation signierter Dokumente, DuD 2005, 279; *Moritz*, Quo vadis elektronischer Geschäftsverkehr?, CR 2000, 61; *Müglich*, Neue Formvorschriften für den E-Commerce, MMR 2000, 7; *Noack*, Digitaler Rechtsverkehr: Elektronische Signatur, elektronische Form und Textform, DStR 2001, 1893; *Nowak*, Der elektronische Vertrag – Zustandekommen und Wirksamkeit unter Berücksichtigung des neuen „Formvorschriftenanpassungsgesetzes", MDR 2001, 841; *Roßnagel*, Elektronische Signaturen mit der Bankkarte? – Das erste Gesetz zur Änderung des Signaturgesetzes, NJW 2005, 385; *Sidler*, Beweislast liegt beim Schlüsselinhaber, digma 2001, 64; *Spindler*, Der neue Vorschlag einer E-Commerce-Richtlinie, ZUM 1999, 795; *Steinbeck*, Die neuen Formvorschriften im BGB, DStR 2003, 644; *Vehslage*, Das geplante Gesetz zur Anpassung der Formvorschriften des Privatrechts und anderer Vorschriften an den modernen Rechtsverkehr, DB 2000, 1801.

Das deutsche Zivilrecht geht vom Grundsatz der Formfreiheit von Rechtsgeschäften aus.[341] Dies folgt u. a. aus § 125 BGB und dem ersten Halbsatz des § 126 Abs. 1 BGB. Im Internetrecht wird dieser Grundsatz an einigen Stellen durchbrochen. **857**

1 Schriftform

Die Anordnung der Schriftform erfolgt durch allgemeine oder spezielle zivilrechtliche Normen. Die Schriftform kann unterschiedlichen Zwecken dienen: Zum einen kann ihr eine Warnfunktion zukommen.[342] Durch die Schriftform wird den Parteien der Inhalt des Rechtsgeschäfts im wahrsten Sinne des Wortes vor Augen geführt. Sie bietet mithin Schutz vor übereilten Entscheidungen.[343] Zum anderen kann der Schriftform auch eine Beweisfunktion zukommen.[344] Zudem ist denkbar, dass die Schriftform eine Kontrolle durch **858**

---

341 MüKoBGB/*Einsele*, 7. Aufl. 2015, § 125 Rz. 1; Hk-BGB/*Dörner*, 9. Aufl. 2017, § 125 Rz. 1.
342 Jauernig/*Mansel*, BGB, 16. Aufl. 2015, § 126 Rz. 2; MüKoBGB/*Einsele*, 7. Aufl. 2015, § 126 Rz. 8; Prütting/Wegen/Weinreich/*Ahrens*, Kommentar BGB, 10. Aufl. 2015, § 125 Rz. 3.
343 ErmanBGB/*Arnold*, 14. Aufl. 2014, § 125 Rz. 2; MüKoBGB/*Einsele*, 7. Aufl. 2015, § 126 Rz. 8; Staudinger/*Hertel*, BGB, Buch 1, 14. Aufl. 2012, § 126 Rz. 67.
344 MüKoBGB/*Einsele*, 7. Aufl. 2015, § 126 Rz. 8; Palandt/*Ellenberger*, Kommentar BGB, 76. Aufl. 2017, § 125 Rz. 3; Prütting/Wegen/Weinreich/*Ahrens*, Kommentar BGB, 10. Aufl. 2015, § 125 Rz. 2.

öffentliche Stellen ermöglichen soll, sog. Kontrollfunktion.[345] Welche Funktion der Schriftform zukommt, kann nur im Einzelfall durch Auslegung der sie anordnenden Norm ermittelt werden. Die Nichteinhaltung der gesetzlich angeordneten Schriftform hat gem. § 125 S. 1 BGB grundsätzlich die Nichtigkeit des Rechtsgeschäfts zur Folge.

859   Daneben können die Parteien ein Schriftformerfordernis auch privatautonom vereinbaren. Gemäß § 125 S. 2 BGB ist das Rechtsgeschäft dann bei Nichteinhaltung „im Zweifel" nichtig. Mithin ist vorrangig durch Auslegung der Parteiabrede zu ermitteln, ob die Einhaltung der Formvorschrift konstitutiv für das Geschäft sein soll.[346] Ist das nicht der Fall, so ist das Rechtsgeschäft gleichwohl wirksam; bspw. bei bloßer Beweisfunktion.[347]

860   Der Schriftform ist gem. § 126 Abs. 1 BGB genügt, wenn eine Urkunde vorliegt, die von dem Aussteller eigenhändig oder mittels notariell beglaubigten Handzeichens unterzeichnet wurde. Eine Urkunde ist dabei jeder körperliche Gegenstand, der Gedankeninhalte dauerhaft verkörpern kann.[348] Elektronische Dokumente, die nach eigenhändiger Unterschrift eingescannt und (z. B. per E-Mail) übermittelt werden, genügen nicht der Schriftform i. S. d. § 126 Abs. 1 BGB.[349] Dies folgt bereits aus einem Umkehrschluss zu § 126 Abs. 3 BGB. Ein geeignetes Medium muss, sofern das Gesetz die Schriftform für das gesamte Rechtsgeschäft anordnet, den gesamten Inhalt dieses Rechtsgeschäfts wiedergeben. Die Urkunde muss von ihrem Aussteller unterschrieben sein. Der Unterschrift kommt dabei eine Abschluss- und Identitätsfunktion zu.[350] Folglich genügen unter einer Unterschrift verortete Zusätze nicht der Schriftform des § 126 Abs. 1 BGB.[351] Sie können aber zur Ermittlung des Parteiwillens und mithin zur Auslegung des Rechtsgeschäfts herangezogen werden.

---

345 MüKoBGB/*Einsele*, 7. Aufl. 2015, § 126 Rz. 8; Prütting/Wegen/Weinreich/*Ahrens*, Kommentar BGB, 10. Aufl. 2015, § 125 Rz. 6; Staudinger/*Hertel*, BGB, Buch 1, 14. Aufl. 2012, § 126 Rz. 76 f.
346 ErmanBGB/*Arnold*, 14. Aufl. 2014, § 125 Rz. 25; Hk-BGB/*Dörner*, 9. Aufl. 2017, § 125 Rz. 18.
347 Jauernig/*Mansel*, BGB, 16. Aufl. 2015, § 125 Rz. 11; Prütting/Wegen/Weinreich/*Ahrens*, Kommentar BGB, 10. Aufl. 2015, § 125 Rz. 23; Hk-BGB/*Dörner*, 9. Aufl. 2017, § 125 Rz. 18.
348 MüKoBGB/*Einsele*, 7. Aufl. 2015, § 126 Rz. 6; weitere Definitionen z. B. bei Prütting/Wegen/Weinreich/*Ahrens*, Kommentar BGB, 10. Aufl. 2015, § 126 Rz. 4: „jede schriftlich verkörperte Willenserklärung" u. Staudinger/*Hertel*, BGB, Buch 1, 14. Aufl. 2012, § 126 Rz. 108: „dauerhaft verkörperte Schriftzeichen".
349 *BGH*, Urt. v. 28.1. 1993 – IX ZR 259/91, NJW 1993, 1126 = WM 1993, 496; Bamberger/Roth/*Wendtland*, BeckOK BGB, 42. Aufl. 2017, § 126 Rz. 11.
350 MüKoBGB/*Einsele*, 7. Aufl. 2015, § 126 Rz. 10; Hk-BGB/*Dörner*, 9. Aufl. 2017, § 126 Rz. 4; Palandt/*Ellenberger*, Kommentar BGB, 76. Aufl. 2017, § 126 Rz. 6.
351 *BGH*, Urt. v. 20.11. 1990 – XI ZR 107/89, NJW 1991, 487 = WM 1991, 57; MüKoBGB/*Einsele*, 7. Aufl. 2015, § 126 Rz. 10.

§ 126 Abs. 3 BGB stellt die elektronische Form nach § 126a BGB der Schrift- **861** form gleich. Mit Einführung dieser Norm begegnete der Gesetzgeber dem Problem, dass die Anforderungen an die Schriftform im Bereich des elektronischen Geschäftsverkehrs nicht ohne einen Medienwechsel erfüllt werden können. Hierdurch hat diese Form der Geschäftsabwicklung ihre Vorteile größtenteils verloren, sofern Schriftform angeordnet war.

Zu beachten ist, dass Schriftformklauseln für Kündigungen im Verhältnis **862** zu Verbrauchern verboten sind, wenn der Vertrag ansonsten rein digital abgeschlossen und durchgeführt wird. Dies hat der *BGH* für Kündigungsklauseln bei Partnerschaftsverträgen festgestellt;[352] jetzt steht ein entsprechendes Verbot auch in § 309 Nr. 13 BGB. Seit dem 1. Oktober 2016 kann der Verbraucher daher jeden Vertrag auch mit Textform kündigen.

2 Textform

Ordnet das Gesetz die Textform an, so bestimmen sich die Formanforderungen **863** nach § 126b BGB. Erforderlich ist, dass eine lesbare Erklärung auf einem dauerhaften Datenträger abgegeben wird, in der die Person des Erklärenden genannt ist. § 126b S. 2 BGB enthält eine Legaldefinition für den Begriff des dauerhaften Datenträgers. Hierunter fallen u. a. E-Mails[353] und Daten auf CDs oder USB-Sticks.[354] Nach dem Wortlaut des § 126b S. 2 Nr. 1 BGB kommt es allein auf die Möglichkeit des Empfängers an, die Erklärung dauerhaft abspeichern zu können. Ob hiervon tatsächlich Gebrauch gemacht wird, ist nicht entscheidend.[355] Anders sieht dies das *OLG Köln*.[356] Dem ist entgegenzuhalten, dass der Absender dann keinen Einfluss darauf hätte, ob die Form gewahrt ist.[357] Das Bereithalten von Informationen auf einer einfachen Webseite genügt den Anforderungen jedoch nicht, denn sie ist kein dauerhaftes Medium.[358] Der Webseitenbetreiber kann deren Inhalt nachträglich jederzeit ändern, weshalb die

---

352 *BGH*, Urt. v. 14. 7. 2016 – III ZR 387/15, NJW 2016, 2800 = MMR 2016, 673.
353 Bamberger/Roth/*Wendtland*, BeckOK BGB, 42. Aufl. 2017, § 126b Rz. 9.
354 *BGH*, Urt. v. 15. 5. 2014 – III ZR 368/13, NJW 2014, 2857 = MMR 2014, 525; MüKoBGB/ *Einsele*, 7. Aufl. 2015, § 126b Rz. 6.
355 Bamberger/Roth/*Wendtland*, BeckOK BGB, 42. Aufl. 2017, § 126b Rz. 9; MüKoBGB/*Einsele*, 7. Aufl. 2015, § 126b Rz. 6.
356 *OLG Köln*, Urt. v. 24. 8. 2007 – 6 U 60/07, CR 2008, 44 = MMR 2007, 713.
357 Bamberger/Roth/*Wendtland*, BeckOK BGB, 42. Aufl. 2017, § 126b Rz. 9.
358 *EuGH*, Urt. v. 5. 7. 2012 – C-49/11, NJW 2012, 2637 = MMR 2012, 730; *BGH*, Urt. v. 15. 5. 2014 – III ZR 368/13, NJW 2014, 2857 = MMR 2014, 525; Bamberger/Roth/*Wendtland*, BeckOK BGB, 42. Aufl. 2017, § 126b Rz. 10.

Voraussetzungen des § 126b S. 2 Nr. 2 BGB nicht erfüllt sind. Etwas anderes gilt nur dann, wenn durch Programmierung der Webseite gewährleistet ist, dass der Empfänger die Informationen dauerhaft speichert, z. B. durch technischen Zwang zum Download.[359]

864   Seit dem 13. Juni 2014 gilt das frühere Textformerfordernis aus § 355 Abs. 1 S. 2 BGB a. F. für die Widerrufserklärung im Fernabsatz nicht mehr. Bedeutung hat die Textform vor allem noch für die Belehrung des Verbrauchers bei Fernabsatzverträgen nach § 312d BGB i. V. m. Art. 246a § 1 Abs. 2 S. 2 bzw. Art. 246b § 2 Abs. 2 EGBGB.

3 Elektronische Form und digitale Signatur

865   Nach § 126 Abs. 3 BGB ist die elektronische Form i. S. d. § 126a Abs. 1 BGB der Schriftform gleichgestellt, sofern das Gesetz diese Regelung nicht ausdrücklich im Einzelfall abbedingt. Die Normen dienen der Umsetzung der Richtlinie 1999/93/EG über gemeinschaftliche Rahmenbedingungen für elektronische Signaturen (SignaturRL) und der Richtlinie 2000/31/EG über bestimmte Aspekte der Dienste der Informationsgesellschaft, insb. des elektronischen Geschäftsverkehrs (ECRL). Die Richtlinie 1999/93/EG wurde durch die Verordnung über elektronische Identifizierung und Vertrauensdienste (eIDAS-VO) zum 1. Juli 2016 abgelöst.[360] Die eIDAS-VO genießt Anwendungsvorrang vor dem deutschen Signaturgesetz.[361] Die Regelungen des deutschen Signaturgesetzes, die die eIDAS-VO nicht beinhaltet, sollen in einem neuen Vertrauensdienstegesetz normiert werden und die eIDAS-VO in diesen Teilen konkretisieren.[362]

866   Die elektronische Form ist gewahrt, wenn der Aussteller die Erklärung mit seinem Namen und das elektronische Dokument mit einer den Anforderungen der eIDAS-VO genügenden elektronischen Signatur versieht. Die Verweisung auf das SigG ist dynamischer Natur.[363] Das elektronische Dokument muss einen für den Menschen lesbaren Inhalt haben und eine dauerhafte Wiedergabe gewährleisten.[364] Hierunter fallen z. B. auf Servern oder PCs gespeicherte E-Mails, sofern eine qualifizierte Signatur enthalten ist.[365]

---

359 Bamberger/Roth/*Wendtland*, BeckOK BGB, 42. Aufl. 2017, § 126b Rz. 10.

360 *Bamberger/Roth*/Wendtland, BeckOK BGB, 42. Aufl. 2017, § 126b Rz. 10.

361 *Dorndorf/Schneidereit*, E-Signing von Vertägen mittels qualifizierter elektronischer Signatur nach eIDAS, CR 2017, 21, 23.

362 www.dihk.de/branchen/informations-und-kommunikationsbranche/daten-informations sicherheit/vertrauensdienstegesetz (zuletzt abgerufen: Mai 2017).

363 MüKoBGB/*Einsele*, 7. Aufl. 2015, § 126a Rz. 7.

364 MüKoBGB/*Einsele*, 7. Aufl. 2015, § 126a Rz. 3.

365 Vgl. *Spindler*/Schuster, Recht der elektronischen Medien, 3. Aufl. 2015, § 126a BGB Rz. 7.

Die praktische Relevanz der elektronischen Form ist derzeit gering.[366] Dies **867**
könnte sich zukünftig ändern. Eine der wesentlichen inhaltlichen Neuerungen
der eIDAS-VO zum Signaturgesetz ist die Zulässigkeit einer sog. Fernsigna-
tur.[367] Diese kann unter Zuhilfenahme von einem Smartphone erstellt werden.[368] Aufgrund des hohen Verbreitungsgrades von Smartphones und der damit verbundenen hohen Anzahl an potenziellen Nutzern könnte sich die
praktische Relevanz zukünftig deutlich erhöhen.[369]

V Beweiswert digitaler Dokumente

Literatur: *Bösig*, Authentifizierung und Autorisierung im elektronischen Rechtsverkehr,
2006; *Brandner/Pordesch/Roßnagel/Schachermayer*, Langzeitsicherung qualifizierter
elektronischer Signaturen, DuD 2002, 97; *Bieser*, Das neue Signaturgesetz, DStR 2001, 27;
Bieser, Signaturgesetz: die digitale Signatur im europäischen und internationalen Kontext, DStR 2001, 27; *Blum*, Entwurf eines neuen Signaturgesetzes, DuD 2001, 71; *Bülles-
bach/Miedbrodt*, Überblick über die internationale Signaturregulierung, CR 2000, 751;
Czeguhn, Beweiswert und Beweiskraft digitaler Dokumente im Zivilprozess, JuS 2004, 124;
Dreßel/Viehues, Gesetzgeberischer Handlungsbedarf für den elektronischen Rechtsverkehr – werden die wahren Probleme gelöst?, K & R 2003, 434; *Dumortier/Rinderle*, Umsetzung der Signaturrichtlinie in den europäischen Mitgliedstaaten, CRi 2001, 5; *Eßer*, Der
strafrechtliche Schutz des qualifizierten elektronischen Signaturverfahrens; *Fischer-Dieskau*, Der Referentenentwurf zum Justizkommunikationsgesetz aus Sicht des Signaturrechts, MMR 2003, 701; *Fischer-Dieskau*, Das elektronisch signierte Dokument als Mittel
zur Beweissicherung, 2006; *Fischer-Dieskau/Roßnagel/Steidle*, Beweisführung am seide-
nen Bit-String? Die Langzeitaufbewahrung elektronischer Signaturen auf dem Prüfstand,
MMR 2004, 451; *Fischer-Dieskau/Gitter/Paul/Steidle*, Elektronisch signierte Dokumente als
Beweismittel im Zivilprozess, MMR 2002, 709; *Gassen*, Digitale Signaturen in der Praxis,
2003; *Geis*, Die elektronische Signatur: Eine internationale Architektur der Identifizierung
im E-Commerce, MMR 2000, 667; *Geis*, Schutz von Kundendaten im E-Commerce und
elektronische Signatur, RDV 2000, 208; *von Harnier*, Organisationsmöglichkeiten für Zertifizierungsstellen nach dem Signaturgesetz, 2000; *Hoeren/Schüngel* (Hrsg.), Rechtsfragen
der digitalen Signatur, 1999; *Leier*, Die Haftung der Zertifizierungsstellen nach dem SigG.
Betrachtung der geltenden und Überlegungen zur zukünftigen Rechtslage, MMR 2000, 13;

---

[366] Bamberger/Roth/*Wendtland*, BeckOK BGB, 42. Aufl. 2017, § 126a Rn. 1; *Roßnagel*, Elektronische Signaturen mit der Bankkarte? – Das erste Gesetz zur Änderung des Signaturgesetzes,
NJW 2005, 385.
[367] CR 2017, 21, 22; https://www.heise.de/newsticker/meldung/Elektronische-Signaturverord
nung-eIDAS-ist-gestartet-wie-geht-es-weiter-3252396.html (zuletzt abgerufen: Mai 2017).
[368] https://www.bundesdruckerei.de/de/4503-eidas-verordnung-macht-den-weg-fuer-online-
unterschrift-frei (zuletzt abgerufen: Mai 2017).
[369] CR 2017, 21, 22; dazu ganz aktuell: https://www.heise.de/newsticker/meldung/Bank-Startup-
N26-bietet-Echtzeit-Kredite-per-Smartphone-3618466.html (zuletzt abgerufen: Mai 2017).

Mankowski, Wie problematisch ist die Identität des Erklärenden bei E-Mails wirklich?, NJW 2002, 2822; *Mason*, Electronic Signatures – Evidence, CLSR 18 (2002), 175; *Miedbrodt*, Das Signaturgesetz in den USA, DuD 2000, 541; *Miedbrodt*, Signaturregulierung im Rechtsvergleich, 2000; *Morel/Jones*, De-mystifying electronic signatures and electronic signatures law from a European Union perspective, Communications Law 7 (2002), 174; *von Ondarza*, Digitale Signaturen und die staatliche Kontrolle von „Fremdleistungen", 2001; *Rapp*, Rechtliche Rahmenbedingungen und Formqualität elektronischer Signaturen, 2002; *Redeker*, EU-Signaturrichtlinie und Umsetzungsbedarf im deutschen Recht, CR 2000, 455; *Rieß*, Signaturgesetz – der Markt ist unsicher, DuD 2000, 530; *Roßnagel*, Auf dem Weg zu neuen Signaturregelungen, MMR 2000, 451; *Roßnagel*, Digitale Signaturen im europäischen elektronischen Rechtsverkehr, K & R 2000, 313; *Roßnagel*, Das neue Signaturgesetz, MMR 2001, 201; *Roßnagel*, Die elektronische Signatur im Verwaltungsrecht, DÖV 2001, 221; *Roßnagel*, Die neue Signaturverordnung, BB 2002, 261; *Roßnagel*, Die europäische Richtlinie für elektronische Signaturen und ihre Umsetzung im neuen Signaturgesetz, in: Lehmann (Hrsg.), Electronic Business in Europa. Internationales, europäisches und deutsches Online-Recht, 2002, 131; *Roßnagel*, Rechtliche Unterschiede von Signaturverfahren, MMR 2002, 215; *Roßnagel*, Die fortgeschrittene elektronische Signatur, MMR 2003, 164; *Roßnagel*, Qualifizierte elektronische Signatur mit Einschränkungen für das Besteuerungsverfahren, K & R 2003, 379; *Roßnagel/Fischer-Dieskau/Pordesch/Brandner*, Erneuerung elektronischer Signaturen, CR 2003, 301; *Roßnagel/Fischer-Dieskau/Pordesch/Brandner*, Das elektronische Verwaltungsverfahren – Das Dritte Verwaltungsverfahrensänderungsgesetz, NJW 2003, 469; *Roßnagel/Wilke*, Die rechtliche Bedeutung gescannter Dokumente, NJW 2006, 2145; *Schemmann*, Die Beweiswirkung elektronischer Signaturen und die Kodifizierung des Anscheinsbeweises in § 371a ZPO, ZZP2005, 161; *Schlauri/Jörg/Arter* (Hrsg.), Internet-Recht und Digitale Signaturen, 2005; *Schlechter*, Ein gemeinschaftlicher Rahmen für elektronische Signaturen, K & R Beilage 10/2000; *Schmidl*, Die elektronische Signatur. Funktionsweise, rechtliche Implikation, Auswirkungen der EG-Richtlinie, CR 2002, 508; *Schröter*, Rechtssicherheit im elektronischen Geschäftsverkehr. Zur Notwendigkeit einer gesetzlichen Zurechnungsregelung beim Einsatz elektronischer Signaturen, WM 2000, 2134; *Tettenborn*, Die Novelle des Signaturgesetzes, CR 2000, 683; *Thomale*, Die Haftungsregelung nach § 11 SigG, MMR 2004, 80; *Vehslage*, Beweiswert elektronischer Dokumente, K & R 2002, 531; *Welsch*, Das Signaturänderungsgesetz, DuD 2000, 408; *Wietzorek*, Der Beweis des Zugangs von Anhängen in E-Mails, MMR 2007, 156; *Yonemaru/Roßnagel*, Japanische Signaturgesetzgebung – Auf dem Weg zu „e-Japan", MMR 2002, 798.

868 In prozessualer Hinsicht stellt sich die Frage nach dem Beweiswert digitaler Dokumente.

1 Freie richterliche Beweiswürdigung

869 Nach bislang herrschender Auffassung können diese Dokumente nur im Rahmen freier richterlicher Beweiswürdigung (§ 286 Abs. 1 ZPO) im Zivilprozess Berücksichtigung finden.[370]

---

370 Hierzu sehr ausführlich *Nöcker*, Urkunden und EDI-Dokumente, CR 2000, 176; *Geis*, Zivilprozessrechtliche Aspekte des elektronischen Datenmanagements, CR 1993, 653; *Heun*, Elek-

Dabei mehren sich die Stimmen, die einer E-Mail im Falle des Bestreitens **870** keinen Beweiswert zuerkennen.[371] Der Ausdruck einer E-Mail ist freilich eine Urkunde i. S. d. § 592 ZPO. Allerdings kommt einem solchen nicht die Beweiskraft des § 416 ZPO zu, da es dem Ausdruck an einer entsprechenden Unterschrift bzw. Unterzeichnung fehlt.[372] E-Mails können am PC leicht manipuliert und anschließend ausgedruckt werden, weshalb ihr Beweiswert relativ gering ist. Allerdings besteht die Möglichkeit, dem Gericht den Zugriff auf das originale elektronische Dokument (z. B. auf den eigenen E-Mail-Server) zu gewähren. Je nach Manipulationsfestigkeit des Systems hinsichtlich der Authentizität und Integrität der Dokumente erhöht sich sodann deren Beweiswert.[373] Diese Ausführungen können wohl auf ähnliche Systeme wie Messenger-Apps[374] und Facebook-Nachrichten[375] übertragen werden.

Folglich kann ein Verkäufer beim Abschluss eines Vertrages via Internet **871** nicht darauf vertrauen, dass die elektronisch erstellten Unterlagen den vollen Beweis für den Abschluss und den Inhalt des Vertrages erbringen. Der Kunde kann sich problemlos darauf berufen, dass er den Vertrag nie oder nicht mit diesem Inhalt abgeschlossen hat. Sendeprotokolle erbringen nämlich nicht den Anscheinsbeweis für den Zugang einer Erklärung; sie haben allenfalls Indizwirkung.[376]

2 Beweisvereinbarung

Die Problematik des Beweiswerts digital generierter Dokumente lässt sich auch **872** nicht vertraglich durch Abschluss einer Beweisvereinbarung lösen. Zwar wäre eine Klausel denkbar, wonach der Kunde den Beweiswert der elektronischen Dokumente als Urkundsbeweis akzeptieren muss. Eine solche Klausel bindet

---

tronisch erstellte oder übermittelte Dokumente und Schriftform, CR 1995, 2, 3; a. A. nur *Kilian*, Möglichkeiten und zivilrechtliche Probleme eines rechtswirksamen elektronischen Datenaustauschs (EDI), DuD 1993, 607, 609.

371 *AG Bonn*, Urt. v. 25. 10. 2001 – 3 C 193/01, NJW-RR 2002, 1363 = CR 2003, 301; *Roßnagel/ Pfitzmann*, Der Beweiswert von E-Mail, NJW 2003, 1209, 1210.

372 Hoeren/Sieber/Holznagel/*Ortner*, Handbuch MMR, 42. Ergänzungslieferung 2015, Teil 13.2 Rz. 2.

373 Hoeren/Sieber/Holznagel/*Ortner*, Handbuch MMR, 42. Ergänzungslieferung 2015, Teil 13.2 Rz. 20.

374 Hierzu ausführlich: Hoeren/Sieber/Holznagel/*Ortner*, Handbuch MMR, 42. Ergänzungslieferung 2015, Teil 13.2 Rz. 45 ff.

375 Hierzu ausführlich: Hoeren/Sieber/Holznagel/*Ortner*, Handbuch MMR, 42. Ergänzungslieferung 2015, Teil 13.2 Rz. 50.

376 *BGH*, Urt. v. 7. 12. 1994 – VIII ZR 153/93, CR 1995, 143 m. Anm. *Wiebe* = NJW 1995, 665.

jedoch nur die Parteien, nicht aber den Richter in seiner Beweiswürdigung. Dieser könnte es weiterhin ablehnen, die Dokumente als Urkunden zu qualifizieren. Auch die Bindung des anderen Teils an diese Klausel ist zweifelhaft.[377]

3 Signaturgesetz

873 Dieser Problematik wirkte die EU mit der Ende 1999 in Kraft getretenen **Signaturrichtlinie**[378] entgegen. Diese hat der nationale Gesetzgeber mit dem Signaturgesetz vom 16. Mai 2001 umgesetzt.[379] Im Jahr 2004 verabschiedete der Gesetzgeber das erste Gesetz zur Änderung des Signaturgesetzes, um die Verbreitung der elektronischen Signatur zu beschleunigen.[380]

874 Nach dem Signaturgesetz kommen **verschiedene Stufen** der Signaturerzeugung zum Tragen. Da ist zum ersten die **einfache Signatur**. Es handelt sich um eine digitale Unterschrift, deren Erzeugung nicht nach den Vorgaben des Signaturgesetzes erfolgt. Solche Signaturen sind nicht verboten. Sie sind aber nicht der Schriftform gleichgestellt (§ 126 Abs. 3 BGB). Auch kommt ihnen kein erhöhter Beweiswert i. S. v. § 371a ZPO zu. Es fehlt ihnen zudem die Sicherheitsvermutung nach § 15 Abs. 1 SigG.

875 Im Signaturgesetz sind lediglich die Anforderungen an eine **„qualifizierte elektronische Signatur"** geregelt. Eine Legaldefinition findet sich in § 2 Nr. 3 SigG. Als „qualifiziertes Zertifikat" gelten all diejenigen elektronischen Bescheinigungen, mit denen Signaturprüfschlüssel einer natürlichen Person zugeordnet werden und die die Identität dieser Person bestätigen (§ 2 Nr. 6 und 7 SigG). Das Zertifikat muss bestimmte Mindestangaben enthalten (§ 7 SigG) und den gesetzlichen Vorgaben des SigG entsprechen. Erlaubt sind auch softwarebasierte Signatursysteme (§ 2 Nr. 10 SigG).

876 Der Betrieb eines Zertifizierungsdienstes für solche Zertifikate ist genehmigungsfrei nach entsprechender Anzeige möglich (§ 4 Abs. 1 und 3 SigG). Die Anzeige erfolgt bei der Bundesnetzagentur; diese nimmt auch die allgemeine Missbrauchsaufsicht hinsichtlich der Einhaltung der technischen Standards

---

377 *Hoeren*, Beweisklauseln in EDI-Vereinbarungen, CR 1995, 513, 516.
378 Richtlinie 1999/93/EG des europäischen Parlaments und des Rates v. 13. 12. 1999 über gemeinschaftliche Rahmenbedingungen für elektronische Signaturen, ABl. L 13 v. 19. 1. 2000, 12. Parallel dazu sind die Arbeiten zum UNCITRAL-Modellgesetz für den elektronischen Geschäftsverkehr zu beachten, die auch die Entwicklung einheitlicher Regeln für elektronische Signaturen umfassen (www.uncitral.org, zuletzt abgerufen: Oktober 2016). Auch die OECD arbeitet an einer Übersicht über Formvorschriften im Bereich elektronischer Signaturen.
379 BT-Drs. 14/4662.
380 BT-Drs. 15/3417.

vor. Nach § 11 Abs. 1 SigG haftet eine Zertifizierungsstelle einem Dritten für den Schaden, den dieser dadurch erleidet, dass er auf die Angaben in einem qualifizierten Zertifikat vertraut. Die Haftung entfällt nur dann, wenn der Anbieter beweisen kann, dass er nicht schuldhaft gehandelt hat (§ 11 Abs. 2 SigG).

Genügt das elektronische Dokument den Anforderungen an eine qualifizierte elektronische Signatur i. S. d. SiG, so kommt ihm gem. § 371a Abs. 1 ZPO eine erhöhte Beweiskraft zu. Die Vorschriften über die Beweiskraft privater Urkunden, also insb. § 416 ZPO, finden gem. § 371a Abs. 1 S. 1 ZPO entsprechende Anwendung. Der Anschein der Echtheit des elektronischen Dokuments kann gem. § 371a Abs. 1 S. 2 ZPO nur durch Tatsachen erschüttert werden, die es ernsthaft als möglich erscheinen lassen, dass die Erklärung nicht vom Signaturschlüssel-Inhaber abgegeben worden ist. Die Norm ist lex specialis zu § 440 ZPO.[381] Der Kunde kann also immer noch vortragen, die Chipkarte mit dem Signaturschlüssel sei ihm entwendet worden.[382] Allerdings trifft ihn dann eine Obliegenheit, diesen Fall unverzüglich dem Vertragspartner anzuzeigen; ansonsten verliert er sein Rügerecht. Im Übrigen bleibt ihm die Behauptung, ihm seien nicht die Daten angezeigt worden, die er signiert habe (etwa weil ein anderes als das signierte Dokument im Hintergrund signiert worden ist). Gelingt dem Anwender der Nachweis einer solch falschen Präsentation, ist die signierte Erklärung nicht authentisch. In der Forschung wird zu Recht von der „Achillesferse" des Signaturrechts gesprochen.[383]

Eine freiwillige Akkreditierung ist für Zertifizierungsdiensteanbieter möglich, die von der zuständigen Behörde ein zusätzliches Gütesiegel erhalten (§ 15 SigG). Zu diesen Anbietern zählen die Deutsche Telekom AG mit ihrer Tochter „T-Telesec Crypt"[384] und die Deutsche Post AG mit ihrem Dienst „Signtrust"[385]. Den auf diese Weise generierten Zertifikaten kommt ein noch höherer Beweiswert als den normalen qualifizierten Signaturen zu, ohne dass man weiß, wie hoch der Beweiswert zu bemessen ist. Für das Zivilrecht stehen qualifizierte und akkreditierte Signaturverfahren auf einer Stufe; für Behörden erscheint

877

878

---

381 MüKoZPO/*Zimmermann*, 5. Aufl. 2016, § 371a Rz. 4.

382 MüKoZPO/*Zimmermann*, 5. Aufl. 2016, § 371a Rz. 4; *Schemmann*, Die Beweiswirkung elektronischer Signaturen und die Kodifizierung des Anscheinsbeweises in § 371a Abs. 1 S. 2 ZPO, ZZP 2005, 161, 172 f.

383 So *Fischer-Dieskau u. a.*, Elektronisch signierte Dokumente als Beweismittel im Zivilprozess, MMR 2002, 709, 713. Siehe auch *Pordesch*, Der fehlende Nachweis der Präsentation signierter Daten, DuD 2000, 89.

384 www.telesec.de (zuletzt abgerufen: Mai 2017).

385 Der Betrieb von Signtrust wurde eingestellt: https://www.deutschepost.de/de/e/elektro nische_signatur.html (zuletzt abgerufen: Mai 2017).

allerdings eine Verpflichtung zur Nutzung akkreditierter Verfahren möglich.[386] Trotz der theoretischen Relevanz des Signaturgesetzes beschränkt sich die praktische Bedeutung mittlerweile indes auf die Nutzung durch Anwälte oder ähnliche Berufsgruppen.

4 De-Mail

879 Am 24. Februar 2011 hat der Bundestag den Gesetzesentwurf[387] für das De-Mail-Gesetz verabschiedet, welches am 3. Mai 2011 in Kraft getreten ist. Ziel des Gesetzes ist die Gewährleistung eines sicheren, vertraulichen und nachweisbaren Geschäftsverkehrs für jedermann im Internet. Bei der De-Mail handelt es sich um ein kostenpflichtiges Kommunikationsmittel im Internet, das den schnellen, verbindlichen und vertraulichen Austausch rechtsgültiger elektronischer Dokumente, wie vertrags- und geschäftsrelevanter Unterlagen, zwischen Bürgern, Behörden und Unternehmen ermöglichen soll. Hierfür sollen Mail-Provider eine zusätzliche eigene Infrastruktur für sichere E-Mail-Kommunikation aufbauen und in dieser zusammenarbeiten. Die De-Mail soll insgesamt vier neue Möglichkeiten bieten, um die Mängel im unsicheren E-Mail-Verkehr zu beheben: Einen gegen Ausspähung und Manipulation gesicherten E-Mail-Verkehr, sichere Nachweise der Identität des Kommunikationspartners, belastbare Beweismittel für Handlungen im E-Mail-Verkehr und eine rechtssichere Zustellung elektronischer Dokumente auch gegen nichtkooperative Kommunikationspartner.[388] Diese vier De-Mail-Dienste, durch deren Gebrauch die De-Mail-Nutzer untereinander ihre E-Mail-Kommunikation absichern können, sollen Sicherheit für den Rechts- und Geschäftsverkehr gewährleisten. Die Anforderungen an diese Dienste sind in den §§ 3–8 De-Mail-Gesetz geregelt.

880 Mail-Provider, die die De-Mail-Funktion anbieten wollen, müssen die gesetzlichen Voraussetzungen erfüllen und diese freiwillig in einer Akkreditierung nachweisen. Hierfür muss der Antragsteller u. a. nachweisen, dass er ausreichend zuverlässig und fachkundig ist, über eine Deckungsvorsorge verfügt und die datenschutzrechtlichen Anforderungen erfüllt.[389] Nur akkreditierte Anbieter können nach § 17 Abs. 1 S. 3 und 4 De-Mail-Gesetz ihre Vertrauenswür-

---

386 Siehe *Roßnagel*, DÖV 2001, 225; *Roßnagel*, Rechtliche Unterschiede von Signaturverfahren, MMR 2002, 215.

387 BT-Drs. 17/3630.

388 BT-Drs. 17/3630, S. 1.

389 Hierzu *Roßnagel*, Rechtsregeln für einen sicheren elektronischen Geschäftsverkehr, CR 2011, 25.

digkeit durch ein Gütezeichen nachweisen. Durch die Akkreditierung wird es möglich, weitergehende Rechtsfolgen an die De-Mail-Dienste zu knüpfen. So besteht bei der De-Mail die Möglichkeit, eine Zugangsbestätigung zu erhalten. Es handelt sich hierbei um ein mit Richtigkeitsbestätigung versehenes technisches Protokoll, das dem Absender als qualifiziert elektronisch signiertes Dokument bereitgestellt wird. Mit dem Gesetz zur Förderung des elektronischen Rechtsverkehrs mit den Gerichten[390] vom 10. Oktober 2013 wurde in § 371a Abs. 2 ZPO eine Beweiskraftregelung für über De-Mail-Dienste versandte elektronische Dokumente eingeführt. Für sie gilt nunmehr der Anscheinsbeweis der Echtheit, wenn der Absender eine natürliche Person ist, das De-Mail-Konto nur ihm zugeordnet ist, er sich i. S. d. De-Mail-Gesetzes sicher angemeldet hat und eine Absenderbestätigung des Providers vorliegt.[391] Für die Erschütterung des Anscheinsbeweises kann auf die Ausführungen zu § 371a Abs. 1 ZPO verwiesen werden.

Durch das Gesetz zur Förderung des elektronischen Rechtsverkehrs mit **881** den Gerichten wurde ferner der elektronische Zugang zur Justiz durch entsprechende bundeseinheitliche Regelungen in der ZPO und in anderen Verfahrensordnungen erweitert. Noch keine Regelungen sind im Hinblick auf die Verfahrensvorschriften des Strafverfahrens enthalten, hier ist ein weiteres Gesetzgebungsvorhaben zur elektronischen Strafakte geplant.[392] Ziel des neuen Gesetzes ist es, eine technologieneutrale Regelung zu schaffen, die eine anwenderfreundliche Kommunikation mit der Justiz für alle Dokumente vom De-Mail-Konto, vom besonderen elektronischen Rechtsanwalts- oder Behördenpostfach oder von einem anderen sicheren Kommunikationsweg heraus ohne qualifizierte elektronische Signatur ermöglichen. Ab 2016 sollten alle Rechtsanwältinnen und Rechtsanwälte über sichere elektronische Postfächer, die die BRAK einrichten wird, für Gerichte elektronisch erreichbar sein. Die flächendeckende Einführung des Systems scheiterte bisher an vereinzeltem Widerstand in der Anwaltschaft. Somit ist auch das De-Mail-Projekt als weithin gescheitert anzusehen.

Das Konkurrenzangebot der Deutschen Post, „E-Postbrief", welches noch **882** nicht dem De-Mail-Standard entspricht,[393] hat nunmehr lauterkeitsrechtliche

---

390 BT-Drs. 17/12634.
391 MüKoZPO/*Zimmermann*, 5. Aufl. 2016, § 371a Rz. 6; Hk-ZPO/*Eichele*, 6. Aufl. 2015, § 371a Rz. 5; Zöller/*Greger*, ZPO, 31. Aufl. 2016, § 371a Rz. 3.
392 Hierzu ausführlich Hannich/*Graf*, Karlsruher Kommentar zur Strafprozessordnung, 7. Aufl. 2013, § 41a StPO; *Vieshuf*, Elektronischer Rechtsverkehr und Einführung der elektronischen Akte in Strafsachen, ZAP 2015, 263.
393 *Viefhues*, MMR-Aktuell 2011, 317906.

Fragestellungen aufgeworfen. So wurde der Werbespruch, der E-Postbrief sei „so sicher und verbindlich wie der Brief" und übertrage „die Vorteile des klassischen Briefes ins Internet", auf Klage der Verbraucherzentrale vom *LG Bonn*[394] für unzulässig erklärt, da das Schriftformerfordernis bei elektronischer Kommunikation nur durch eine qualifizierte elektronische Signatur ersetzt werden könne, diese Möglichkeit beim E-Postbrief aber nicht bestehe. Verbraucher könnten durch die Annahme, elektronische Post sei so verbindlich wie ein Brief, Fristen versäumen und erhebliche Nachteile erleiden.[395]

883   Die EU-Kommission schlägt vor, elektronische Rechnungen in Zukunft ebenso zu behandeln wie auf Papier ausgestellte.[396] Damit würde die seit dem 1. Januar 2002 als § 14 Abs. 3 Nr. 1 im deutschen Umsatzsteuergesetz (UStG) eingeführte Vorschrift entfallen, elektronische Rechnungen qualifiziert zu signieren. Zur Begründung ihres Gesetzesvorschlags führt die Kommission an, die vorhandenen Regeln seien „zu kompliziert und unterschiedlich". Ein am 2. Januar 2011 verabschiedeter Entwurf für ein Steuervereinfachungsgesetz sah daraufhin die Änderung des UStG dahingehend vor, dass elektronische Rechnungen nicht mehr nur mit einer qualifizierten Signatur versehen oder per EDI versandt werden könnten, sondern auch Übermittlungsverfahren wie Download per Web-Link, E-Post oder De-Mail möglich sein sollten. Nachdem der Entwurf vom Bundestag am 23. September 2011 verabschiedet worden war,[397] schloss sich der Bundesrat diesem am gleichen Tag an.[398] Die geplanten Erleichterungen für elektronische Rechnungen sind nun also wie geplant rückwirkend zum 1. Juli 2011 in Kraft getreten. Seitdem gelten von Fax zu Fax übermittelte Rechnungen als normale Papierrechnungen. Elektronische Rechnung und Papierrechnung werden gleich behandelt, d. h. der Vorsteuerabzug ist zulässig, wenn die Echtheit der Herkunft und die Unversehrtheit und Lesbarkeit des Rechnungsinhalts gewährleistet sind und sich alle Pflichtangaben vollständig auf der Rechnung befinden. Eine qualifizierte Signatur ist nicht mehr erforderlich.[399]

884   In strafrechtlicher Hinsicht fallen sowohl signierte als auch unsignierte E-Mails in den Anwendungsbereich des § 269 StGB.

---

394 *LG Bonn*, Urt. v. 30. 6. 2011 – 14 O 17/11, K & R 2011, 816 = MMR 2011, 747.
395 Vgl. auch becklink 1015557.
396 http://ec.europa.eu/taxation_customs/resources/documents/common/whats_new/COM(2008)805_en.pdf (zuletzt abgerufen: Oktober 2016).
397 BT-Drs. 17/5125.
398 BR-Drs. 568/11(B).
399 Weitere Informationen *Painter*, Das Steuervereinfachungsgesetz 2011 im Überblick, DStR 2011, 1877, 1881; http://heise.de/-1349623 (zuletzt abgerufen: Mai 2017).

VI Das Recht der Allgemeinen Geschäftsbedingungen

Literatur: *Bergt*, Praktische Probleme bei der Umsetzung neuer gesetzlicher Vorgaben im Webshop, NJW 2012, 3541; *Kamanabrou*, Vorgaben der E-Commerce-RL für die Einbeziehung von AGB bei Online-Rechtsgeschäften, CR 2001, 421; *Kitz*, Vertragsschluss im Internet, in: Hoeren/Sieber (Hrsg.), Handbuch Multimedia-Recht, 37. Ergänzungslieferung München 2014, Teil 13.1; *Ranke*, M-Commerce – Einbeziehung von AGB und Erfüllung von Informationspflichten, MMR 2002, 509; *Raue*, „Kostenpflichtig bestellen" – ohne Kostenfalle? – Die neuen Informations- und Formpflichten im Internethandel, MMR 2012, 438; *Rinkler*: AGB-Regelungen zum Rückgriff des Unternehmers und zu Rechtsmängeln auf dem Prüfstand, ITRB 2006, 68; *Schmitz/Eckhardt*, AGB – Einwilligung in Werbung, CR 2006, 533; *Wiebe*, Vertragsschluss und Verbraucherschutz bei Internet-Auktionen und anderen elektronischen Marktplätzen, in: *Spindler/Wiebe* (Hrsg.), Internetauktionen und Elektronische Marktplätze, 2005.

Das Recht der Allgemeinen Geschäftsbedingungen hat besondere Bedeutung **885** auch im Bereich des Online-Rechts, und zwar insb. durch die Schwierigkeiten, die sich durch die Verwendung/Einbeziehung auf Webseiten stellen.

Hierbei ist vorweg festzustellen, dass das AGB-Recht (§§ 305 ff. BGB) nicht **886** nur auf B2C- oder auf B2B-Verträge Anwendung findet, sondern auch im Bereich der C2C-Verträge einschlägig ist. Allerdings wird der Verwendung von AGB in diesem Bereich zumeist entgegenstehen, dass es sich nicht um solche Vertragsbedingungen handelt, die für eine Vielzahl von Verträgen bestimmt sind (mindestens drei Verwendungen).[400] Im Übrigen ist zu beachten, dass die Verwendung unwirksamer AGB-Klauseln regelmäßig auch als Wettbewerbsverstoß angesehen wird und damit nach § 3 UWG abmahnfähig ist.[401] Auch löst die Verwendung nichtiger AGB Schadensersatzansprüche gem. §§ 280, 311 BGB aus.

Besondere Schwierigkeiten macht die Einbeziehung von AGB in eine Web- **887** seite. Nach § 305 Abs. 2 BGB muss auf die Geschäftsbedingungen im Zeitpunkt des Vertragsschlusses ausdrücklich hingewiesen und dem Erwerber somit eine zumutbare Möglichkeit der Kenntnisnahme gegeben werden. Wird im Zusam-

---

[400] *BGH*, Urt. v. 15. 4. 1998 – VIII ZR 377/96, MDR 1998, 890 = NJW 1998, 2286; *BGH*, VersäumnisUrt. v. 25. 9. 2001 – XI ZR 109/01, NJW 2002, 137 = MDR 2002, 163; *BAG*, Urt. v. 1. 3. 2006 – 5 AZR 363/05, DB 2006, 1377 = BAGE 117, 155; Palandt/*Grüneberg*, Kommentar BGB, 76. Aufl. 2017, § 305 Rz. 9.

[401] *OLG Frankfurt a. M.*, Beschl. v. 4. 7. 2008 – 6 W 54/08, OLGReport Frankfurt 2008, 937 = BeckRS 2008, 18860; *KG*, Beschl. v. 25. 1. 2008 – 5 W 344/07, GRUR-RR2008, 308 = MD 2008, 351; *OLG Celle*, Urt. v. 28. 2. 2008 – 13 U 195/07, BeckRS 2008, 08633; a. A. *OLG Köln*, Urt. v. 16. 5. 2008 – 6 U 26/08, MMR 2008, 540.

menhang von Rahmenverträgen vorab auf die AGB hingewiesen und deren Einbeziehung vereinbart, sind die Anforderungen von § 305 Abs. 2 BGB erfüllt.

888   Problematisch ist die Einbeziehung von AGB, die der Nutzer nur über den elektronischen Abruf einsehen kann. Unstreitig möglich ist eine Einbeziehung von AGB durch sog. **Click-Wrap-Agreements**, bei denen der Kunde die AGB elektronisch zur Lektüre einsehen kann und durch Klicken einer elektrischen Schaltfläche seine Zustimmung hierzu erklärt.[402] Hier wird häufig noch mit gerichtlichen Entscheidungen zum Btx-Verkehr argumentiert, die besagen, dass das Lesen längerer Bedingungen aufgrund der langen Übertragungsdauer unzumutbar sei.[403] Bei **Texten, die länger als eine Bildschirmseite sind**, soll eine Ausdruckmöglichkeit bestehen.[404] Andere verweisen aber wiederum darauf, dass der Ausdruck mit Kosten verbunden ist, Kenntnisse des Kunden hinsichtlich der Druckmöglichkeiten voraussetzt und i. Ü. die Existenz eines Druckers bedingt.[405] Ähnlich hält die Literatur wegen der nachträglichen Änderbarkeit eine wirksame Vereinbarung von AGB über elektronische Netze für unmöglich.[406]

889   Im Bereich des **M-Commerce** (d. h. innerhalb des elektronischen Geschäftsverkehrs mittels mobiler und ortsunabhängiger Endgeräte wie Smartphones oder Tablets) ist aufgrund der kleinen Displays und oftmals nicht vorhandenen Möglichkeit zum Ausdruck von einem Verzicht auf die Kenntnisnahme und Speicherung der AGB auszugehen.[407]

890   Diese Anforderungen erscheinen überzogen. Der Besteller ist gerade im WWW-Bereich frei, sich die AGB auf seinen Rechner oder einen Proxy-Server zu laden und in aller Ruhe, ohne zusätzliche Übertragungskosten, zu lesen. Er kann sie zusätzlich ausdrucken und hat dadurch die Gewähr, die jeweiligen AGB unzweifelhaft zur Kenntnis nehmen zu können. Schließlich bedient sich der Nutzer zum Vertragsschluss freiwillig des Internets und muss damit auch die für das Internet typischen Informationsmöglichkeiten akzeptieren. Eine

---

402 So auch *LG Essen*, Urt. v. 13. 2. 2003 – 16 O 416/02, MMR 2004, 49 = NJW-RR 2003, 1207.

403 *LG Aachen*, Urt. v. 24. 1. 1991 – 6 S 192/90, BeckRS 9998, 56741 = NJW 1991, 2159, 2160; *LG Wuppertal*, Urt. v. 16. 5. 1990 – 8 S 21/90, MDR 1991, 349 = BeckRS 9998, 77024; *AG Ansbach*, Zit. v. *Herget/Reimer*, DStR 1996, 1288, 1293: in der Literatur wird diese Argumentation geteilt von *Ulmer/Brandner/Hensen*, AGBG, 12. Aufl. 2016, § 305 Rz. 149a und *Borges*, ZIP 1999, 130; *Mehrings*, BB 1998, 2373.

404 *Heinrichs*, NJW 1999, 1596; ähnlich auch *Borges*, ZIP 1999, 130.

405 Siehe dazu *Mehrings*, BB 1998, 2373; *Kamanbrou*, CR 2001, 421.

406 *Bultmann/Rahn*, NJW 1988, 2432.

407 Vgl. hierzu MüKoBGB/*Basedow*, 7. Aufl. 2016, § 305 Rz. 69 m. w. A; vgl. auch *Ranke*, M-Commerce – Einbeziehung von AGB und Erfüllung von Informationspflichten, MMR 2002, 509.

nachträgliche Änderung der AGB wäre unter dem Gesichtspunkt des Betrugs strafbar. Von daher spricht diese eher vage Möglichkeit nicht gegen die wirksame Vereinbarung von AGB.[408]

Nicht ausreichend ist der **bloße Hinweis auf die AGB auf der Homepage,** 891 etwa i. R. v. Frames auf der Einstiegsseite. Die Hinzufügung eines Links allein ist ebenfalls noch nicht ausreichend, solange ein ausdrückliches Einverständnis fehlt. Wegen der Flüchtigkeit des Internets reicht auch die Integrierung des Einverständnisses in den Hinweistext nicht aus. Zu empfehlen ist daher zusätzlich die Anbringung einer zwingend zu markierenden Checkbox als i. S. d. § 305 Abs. 2 Nr. 1 BGB „ausdrücklich" erklärtes Einverständnis. Diese Lösung hat sich inzwischen in der Praxis durchgesetzt. Ein zwingendes Aufpoppen der oft umfangreichen AGB ist wohl eher unpraktikabel und wird von § 305 Abs. 2 Nr. 2 BGB auch nicht gefordert, der lediglich die zumutbare „Möglichkeit" der Kenntnisnahme verlangt.

Probleme bereiten die oft überlangen AGB vor allem von US-amerikani- 892 schen E-Commerce-Unternehmen wie Facebook oder Whatsapp. Die AGB von WhatsApp sind nach Auffassung des *KG*[409] unwirksam, weil WhatsApp deutschen Verbrauchern das „Kleingedruckte" ausschließlich in englischer Sprache zur Verfügung stellte. Ohne Übersetzung ins Deutsche sind sämtliche englischsprachigen WhatsApp-AGB unwirksam. Ein Unternehmen, deren Webseite in deutscher Sprache gehalten ist und sich an deutsche Verbraucher richtet, um bei diesen für Produkte und Dienstleistungen zu werben, muss AGB in deutscher Sprache vorhalten. Ob das Unternehmen seinen Sitz in Deutschland oder im Ausland hat, spielt dabei keine Rolle.

Zu beachten ist ferner § 312i Abs. 1 Nr. 4 BGB, der der Umsetzung von 893 Art. 10 Abs. 3 der E-Commerce-Richtlinie dient. Hiernach sind dem Nutzer die Vertragsbestimmungen einschließlich der in den Vertrag **einbezogenen AGB so zur Verfügung zu stellen,** dass er sie abrufen und in wiedergabefähiger Form speichern kann. Erforderlich sind insofern Hinweise auf technische Speichermöglichkeiten über Shortcuts wie strg-s und strg-p.[410] Die Wiedergabemöglichkeit ist am besten gesichert, wenn die AGB als HTML-Dokument oder

---

408 Zuletzt *OLG Hamm,* Urt. v. 14. 12. 2000 – 2 U 58/00, MMR 2001, 105 = CR 2001, 117; *LG Münster,* Urt. v. 21. 1. 2000 – 4 O 424/99, CR 2000, 313: „auch umfangreiche Geschäftsbedingungen werden bei Vertragsschlüssen im Internet wirksam einbezogen, wenn der Kunde die Möglichkeit hat, sie kostenlos zu kopieren"; ähnlich auch Palandt/*Grüneberg,* Kommentar BGB, 76. Aufl. 2017, § 311; *Fringuelli/Wallhäuser,* CR 1999, 93; *Kaiser/Voigt,* K & R 1999, 445; *Löhnig,* NJW 1997, 1688; *Moritz,* CR 2000, 61; *vom Bernstorff,* RIW 2000, 14; *Waldenberger,* BB 1996, 2365.
409 *KG,* Urt. v. 8. 4. 2016 – 5 U 156/14, GRUR-Prax 2016, 390 = K & R 2016, 527.
410 Siehe *Kamanabrou,* CR 2001, 421.

im PDF-Format (oder einem vergleichbaren Format) zum Herunterladen bereitgestellt werden.

894 Im B2B-Fall ist die Einbeziehung von AGB unproblematischer möglich.
Hier ist anerkannt, dass zur Einbeziehung in den Vertrag jede auch stillschweigende Willensübereinstimmung genügt. Im unternehmerischen Verkehr reicht
es mithin aus, ist es andererseits aber auch erforderlich, dass die Parteien sich
auf irgendeine Weise konkludent über die Einbeziehung der AGB einigen. Hinreichend ist, dass der Verwender erkennbar auf seine AGB verweist und der
unternehmerische Vertragspartner deren Geltung nicht widerspricht. Eine ausdrückliche Einbeziehung ist auch dann wirksam, wenn die AGB dem für den
Vertragsschluss maßgeblichen Schreiben nicht beigefügt waren und der Kunde
den Inhalt der AGB nicht kennt.[411]

895 Zulässige Klauseln in AGB sind solche bzgl.
- Bezahlverfahren
- Preis
- Versandkosten
- Eigentumsvorbehalt
- Aufrechnungsverbot
- „Solange der Vorrat reicht! Änderungen und Irrtümer vorbehalten."[412]

896 Unzulässige Klauseln sind hingegen solche bzgl.
- Der Gerichtswahl gegenüber Nicht-Kaufleuten
- Der Erhebung einer Gebühr für die Verwendung von Kreditkarten[413]
- Der Erhebung einer pauschalen Bearbeitungsgebühr für Rücklastschrif-
  ten[414]
- Nicht geregelter Folgen in Bezug auf die Rückzahlung des bereits entrichte-
  ten Kaufpreises bei Ausübung des Widerrufsrechts[415]
- Umfassender Verkürzung der gesetzlichen Verjährungsfrist für Gewährleis-
  tungsansprüche des Käufers[416]
- Einschränkungen der Ausübung des Widerrufsrechts auf „Ware in Origi-
  nalverpackung und mit Originalrechnung" oder Ausschluss des Widerrufs-

---

411 *OLG Bremen*, Urt. v. 11. 2. 2004 – 1 U 68/03, NJOZ 2004, 2854.
412 *BGH*, Urt. v. 4. 2. 2009 – VIII ZR 32/08, K & R 2009, 332 = MMR 2009, 324.
413 *BGH*, Urt. v. 20. 5. 2010 – Xa ZR 68/09, NJW 2010, 2719 = MMR 2010, 677; *KG*, Urt. v. 30. 4.
2009 – 23 U 243/08, K & R 2009, 498 = DAR 2009, 522.
414 *BGH*, Urt. v. 17. 9. 2009 – Xa ZR 40/08, NJW 2009, 3570 = WM 2009, 2398.
415 Bei *BGH*, Urt. v. 5. 10. 2005 – VIII ZR 382/04, MDR 2006, 435 (Ls.) = CR 2006, 120 handelte
es sich um die Formulierung „entweder wird der Wert Ihrem Kundenkonto gutgeschrieben
oder Sie erhalten beim Nachnahmekauf einen Verrechnungsscheck".
416 *BGH*, Urt. v. 15. 11. 2006 – VIII ZR 3/06, MDR 2007, 450 (Ls.) = CR 2007, 351.

rechts für bestimmte Warengruppen,[417] soweit nicht in § 312d Abs. 4 BGB a. F. bzw. § 312g Abs. 2 BGB vorgesehen

- Abwälzung der Gefahr der Rücksendung auf den Kunden bei Ausübung des Widerrufsrechts[418]
- Der Beschränkung der Gültigkeit von Warengeschenkgutscheinen auf ein Jahr[419]
- Angaben zu Lieferfristen „in der Regel" oder „ca"[420]; insb. muss gem. Art. 246a Abs. 1 Nr. 7 EGBGB der Termin genannt werden, bis zu dem der Unternehmer die Ware spätestes liefern muss
- Unkonkretisierter Preis- oder Leistungsänderungsvorbehalte[421]
- „Unfrei zurücksandte Ware wird nicht angenommen"[422]
- Liefervorbehalten in Bezug auf Ersatzlieferung gleichwertiger Produkte[423]
- Der Beschränkung der Rückerstattung nach fernabsatzrechtlichem Widerruf auf eine Gutschrift[424]
- Der Option, die Ware mit „versichertem Versand" zu versenden[425]

---

417 *LG Düsseldorf*, Urt. v. 17. 5. 2006 – 12 O 496/05, CR 2006, 858 = WRP 2006, 1270; *OLG Hamburg*, Urt. v. 20. 12. 2006 – 5 U 105/06, GesR 2008, 161 (Ls.) = WRP 2007, 1498; ähnlich *LG Konstanz*, Urt. v. 5. 5. 2006 – 8 O 94/05 KfH, WRP 2006, 1156; auch verboten ist die Verweigerung der Rücknahme unfrei versendeter Ware, so *OLG Hamburg*, Beschl. v. 14. 2. 2007 – 5 W 15/07, CR 2007, 455 = MMR 2007, 530.
418 *LG Düsseldorf*, Urt. v. 17. 5. 2006 – 12 O 496/05, CR 2006, 858 = WRP 2006, 1270; *LG Landau*, Urt. v. 17. 2. 2006 – HKO 97/05, WRP 2006, 779; *LG Coburg*, Urt. v. 9. 3. 2006 – 1 HKO 95/05, CR 2007, 59 = K & R 2006, 533; zulässig ist die Klausel „Bitte frankieren Sie das Paket ausreichend, um Strafporto zu vermeiden. Wir erstatten Ihnen den Portobetrag dann umgehend", so *OLG Hamburg*, Beschl. v. 20. 4. 2007 – 3 W 83/07, CR 2008, 183 = MMR 2008, 57.
419 *LG München*, Urt. v. 5. 4. 2007 – 12 O 22084/06, K & R 2007, 428; ähnlich *OLG München*, Urt. v. 17. 1. 2008 – 29 U 3193/07, MDR 2008, 376 = MMR 2009, 70; *AG Köln*, Urt. v. 4. 5. 2012 – 118 C 48/12; a. A. *LG Berlin*, Urt. v. 25. 10. 2011 – 15 O 663/10 für Groupon-Gutscheine.
420 *KG*, Beschl. v. 3. 4. 2007 – 5 W 73/07, CR 2007, 682 = NJW 2007, 2266; *OLG Bremen*; Beschl. v. 8. 9. 2009 – 2 W 55/09, CR 2010, 533 = MMR 2010, 26; anders *LG Frankfurt a. M.*, Urt. v. 3. 7. 2008 – 2-31 O 128/07, MMR 2008, 857 (Ls.) für die „ca"-Angabe.
421 *BGH*, Urt. v. 15. 11. 2007 – III ZR 247/06, MDR 2008, 189 = CR 2008, 178; siehe auch *BGH*, Urt. v. 11. 10. 2007 – III ZR 63/07, CR 2008, 104 = MDR 2008, 36.
422 *OLG Hamburg*, Beschl. v. 14. 2. 2007 – 5 W 15/07, CR 2007, 455 = MMR 2007, 530, wegen Verstoßes gegen § 312d Abs. 1 BGB.
423 *LG Frankfurt a. M.*, Urt. v. 23. 8. 2006 – 2/2 O 404/05, CR 2007, 267 = MMR 2006, 831; ähnlich auch *BGH*, Urt. v. 21. 9. 2005 – VIII ZR 284/04, NJW 2005, 3567 = MMR 2005, 833.
424 *LG Regensburg*, Urt. v. 15. 3. 2007 – 1 HKO 2719/06, BeckRS 2011, 12695.
425 *LG Hamburg*, Urt. v. 18. 1. 2007 – 315 O 457/06, MMR 2007, 461; *LG Hamburg*, Beschl. v. 6. 11. 2007 – 315 O 888/07, BeckRS 2012, 02525; *LG Saarbrücken*, Urt. v. 15. 9. 2006 – 7 I O 94/06.

- Der Einführung von Rügepflichten im B2C-Bereich[426]
- „Teillieferungen und Teilabrechnungen sind zulässig".[427]

897 **Facebook** verstößt mit der Funktion des Freundefinders und seinen Geschäftsbedingungen gegen Verbraucherrechte. Das entschied das *LG Berlin*[428] und gab damit der Klage des Verbraucherzentrale Bundesverbandes (vzbv) in vollem Umfang statt. An dem Freundefinder kritisierte das Gericht, dass die Facebook-Mitglieder dazu verleitet werden, Namen und E-Mail-Adressen von Freunden zu importieren, die selbst nicht bei Facebook sind. Sie erhalten daraufhin eine Einladung, ohne dazu eine Einwilligung erteilt zu haben. Das Gericht urteilte, die Nutzer müssten klar und deutlich informiert werden, dass durch den Freundefinder ihr gesamtes Adressbuch zu Facebook importiert und für Freundeseinladungen genutzt wird. Dies findet bislang nicht statt. Weiterhin urteilte das Gericht, Facebook dürfe sich in seinen AGB nicht ein umfassendes weltweites und kostenloses Nutzungsrecht an Inhalten einräumen lassen, die Facebook-Mitglieder in ihr Profil einstellen. Vielmehr bleiben die Mitglieder Urheber ihrer selbst komponierten Musiktitel oder eigenen Bilder. Facebook darf diese Werke nur nach Zustimmung der Nutzer verwenden. Rechtswidrig ist nach Auffassung der Richter ferner die Einwilligungserklärung, mit der die Nutzer der Datenverarbeitung zu Werbezwecken zustimmen. Zudem muss Facebook sicherstellen, dass es über Änderungen der Nutzungsbedingungen und Datenschutzbestimmungen rechtzeitig informiert. Auch in 2. Instanz unterlag Facebook mit seiner Berufung in selbigem Rechtsstreit vor dem *KG*.[429]

898 Versteckt sich die Zahlungspflicht in den AGB, kann diese Klausel ungewöhnlich und überraschend mit der Folge der Unwirksamkeit sein, wenn nach dem Erscheinungsbild der Website damit, dass eine Leistung kostenpflichtig angeboten wird, nicht gerechnet werden muss.[430] Weist ein Diensteanbieter auf einer Internetseite blickfangmäßig auf die Möglichkeit hin, eine (Gratis-) Leistung beziehen zu können (hier: 111 Gratis-SMS und ein Gewinnspiel mit einer Gewinnchance von über 1000 Euro), ohne hinreichend deutlich und in ähnlicher Form wie diese Blickfangwerbung eine tatsächlich bestehende Zah-

---

426 *LG Hamburg*, Urt. v. 5.9. 2003 – 324 O 224/03, CR 2004, 136 m. Anm. *Föhlisch* = MMR 2004, 190; *LG Frankfurt a. M.*, Urt. v. 9.3. 2005 – 2–02 O 341/04, WRP 2005, 922.
427 *KG*, Beschl. v. 25.1. 2008 – 5 W 344/07, GRUR 2008, 930 (Ls.) = MD 2008, 351.
428 *LG Berlin*, Urt. v. 6.3. 2012 – 16 O 551/10, CR 2012, 270 m. Anm. *Piltz* = WRP 2012, 613; siehe hierzu auch *Polenz*, Die Datenverarbeitung durch und via Facebook auf dem Prüfstand, VuR 2012, 207.
429 *KG*, Urt. v. 24.1. 2014 – 5 U 42/12, CR 2014, 319 = K & R 2014, 280.
430 *AG München* Urt. v. 16.1. 2007 – 161 C 23695/06, CR 2007, 816 = VuR 2008, 398.

lungspflicht und/oder Preisbestandteile herauszustellen, liegt der Fall einer irreführenden und unzulässigen Blickfangwerbung vor.[431]

Es ist in diesem Zusammenhang aber zu beachten, dass aufgrund der verbraucherfreundlichen Regelung des AGB-Rechts, insb. der §§ 308, 309 BGB, die Gerichte von den gesetzlichen Vorgaben nur sehr eingeschränkt abweichen. **899**

Bei **Downloadprodukten** (wie Software oder Musik) sind i. Ü. zu beachten: **900**

Zulässige Regelungen: **901**
– einfaches Nutzungsrecht
– Vermietrechte verbleiben beim Provider, §§ 27, 69c Nr. 3 UrhG
– Keine Unterlizenzen durch den User
– Eigentum an Werkkopie?
– Zulässig: Einzelplatzlizenz mit Verbot der gleichzeitigen Nutzung auf mehreren CPUs

Unzulässige Regelungen: **902**
– Beschränkung der Nutzung auf eine bestimmte CPU; Weiterveräußerungsverbote (str.)[432]
– Unzulässigkeit von Sicherungskopien (bei Software unerlässlich, § 69d Abs. 2 UrhG)
– Beschränkung von Fehlerbeseitigung und Deassembling (Verstoß gegen §§ 69d Abs. 1, 69e UrhG), sofern kein eigener Support des Providers

VII Zahlungsmittel im elektronischen Geschäftsverkehr

Literatur: *Beck/König,* Bitcoin: Der Versuch einer vertragstypologischen Einordnung von kryptographischem Geld, JZ 2015, 130; *Boehm/Pesch,* Bitcoins: Rechtliche Herausforderungen einer virtuellen Währung – Eine erste juristische Einordung, MMR 2014, 75; *Hoeren/Kairies,* Der Anscheinsbeweis im Bankenbereich – aktuelle Entwicklungen, WM 2015, 549; *Hoeren/Kairies,* Anscheinsbeweis und chipTAN, ZBB 2015, 35; *Hofmann,* Die Geldkarte – Die elektronische Geldbörse der deutschen Kreditwirtschaft, 2001; *Kociok,* in: *Auer-Reinsdorff/Conrad,* Handbuch IT- und Datenschutzrecht, § 27 E-Payment und E-Invoicing, Rz. 88 ff.; *Kuhlmann,* Bitcoins, Funktionsweise und rechtliche Einordnung der digitalen Währung, CR 2014, 691.

---

431 *LG Stuttgart,* Urt. v. 15. 5. 2007 – 17 O 490/06, MMR 2007, 668 = VuR 2008, 399.
432 E.A. *LG München,* Urt. v. 19. 1. 2006 – 7 O 23237/05, CR 2006, 159 m. Anm. *Haines/Scholz* = MMR 2006, 175: grundsätzlich unzulässige Klausel; a. A. *OLG München,* Urt. v. 3. 8. 2006 – 6 U 1818/06, CR 2006, 655 m. Anm. *Lehmann* = MMR 2006, 748: abhängig davon, ob dingliche oder schuldrechtliche Regelung getroffen wurde.

1 Herkömmliche Zahlungsmethoden

903 Im deutschsprachigen Internet sind die Kreditkarte, das Lastschriftverfahren und die Zahlung per Rechnung als Zahlungsmöglichkeiten am weitesten verbreitet.

904 Der **Kreditkarte** kommt zugute, dass sie sich als international anerkanntes Zahlungsmittel auch bei internationalen Transaktionen anbietet. Ihr Vorteil liegt für den Internet-Händler darin, dass das Kreditkartenunternehmen ihm eine Zahlungsgarantie gewährt, sodass er sich nicht primär auf die Bonität seines Kunden verlassen muss. Der Kunde wiederum kann Kreditkartenzahlungen relativ leicht stornieren lassen, wodurch sich das Risiko für ihn in vertretbaren Grenzen hält. Sicherheitsprobleme tauchen dann auf, wenn die Daten ungeschützt über das Netz verschickt werden, sodass sie leicht abgefangen bzw. mitgelesen werden können. Daher wird heute TLS bzw. SSL als Sicherheitsstandard eingesetzt. Das **Transport Layer Security** (**TLS**) bzw. sein Vorgängername **Secure Sockets Layer** (**SSL**) ist ein hybrides Verschlüsselungsprotokoll zur sicheren Datenübertragung im Internet. SSL-Verschlüsselung wird heute vor allem mit HTTPS eingesetzt. Jedes SSL-Zertifikat enthält eindeutige und authentifizierte Informationen über den Eigentümer des Zertifikats. Eine Zertifizierungsstelle überprüft bei der Ausstellung die Identität des Zertifikatbesitzers.

905 Im **Lastschriftverfahren** wird dem Händler auf elektronischem Wege die Ermächtigung erteilt, den Rechnungsbetrag per Lastschrift vom Girokonto des Kunden einzuziehen. Zu diesem Zweck teilt der Kunde dem Händler, meist im Wege eines WWW-Formulars, die Daten seiner Bankverbindung mit. Nachteil dieses Verfahrens ist, dass dem Händler ein Nachweis über die Lastschriftermächtigung fehlt, da ein solcher die handschriftliche Signatur des Kunden erfordert. Nach dem Lastschriftabkommen zwischen Kreditwirtschaft und Industrie ist diese Form des Nachweises zwingend; ein elektronisches Dokument reicht nicht aus.[433] Ein weiterer Unsicherheitsfaktor besteht für den Händler darin, dass der Kunde Lastschriften binnen sechs Wochen problemlos zurückbuchen lassen kann. Für internationale Transaktionen ist das Lastschriftverfahren ungeeignet, da es in dieser Form auf das Inland begrenzt ist.

906 Beim **Rechnungsversand** ist zu bedenken, dass der Händler das Risiko der Bonität und Zahlungsbereitschaft des Kunden trägt, da die Warenlieferung der Zahlung zeitlich vorgeht. Ohne zusätzliche Möglichkeiten, sich der Identität des Kunden sowie der Authentizität der Bestellung zu versichern – z. B.

---

433 Hoeren/Sieber/Holznagel/*Werner*, Handbuch MMR, 42. Ergänzungslieferung 2015, Teil 13.5 Rz. 53.

durch den Einsatz digitaler Signaturen und Zertifikate – ist diese Zahlungsform für die meisten Internet-Händler nicht optimal.

2 Internetspezifische Zahlungsmethoden

Systeme, die die **Zahlung im Internet per Chipkarte** (z. B. Geldkarte oder Mon- **907** dex)[434] **oder Netzgeld** (z. B. eCash) ermöglichen, haben keine Praxisdurchsetzung erfahren. Auch Verfahren bei Kleinbetragszahlungen (sog. micropayments) wie Millicent und CyberCoin konnten sich nicht durchsetzen. Von immer größerer praktischer (und rechtlicher) Relevanz sind sog. **Bitcoins**.[435]

Die Funktionsweise dieser Formen elektronischen Geldes ist bereits aus- **908** führlich in der Literatur beschrieben worden.[436] Dennoch sind viele rechtliche Fragen hierzu weitgehend ungeklärt. Hier soll sich die weitere rechtliche Beurteilung auf das **Netzgeld** beschränken. Die entscheidende Weichenstellung besteht in der Frage, ob Netzgeld seiner Rechtsnatur nach eher als **Forderung** gegen die Bank oder aber als eine Art verbriefte **Inhaberschuldverschreibung** (§§ 793, 797 BGB) anzusehen ist. Im ersten Fall wäre Netzgeld parallel zu den „normalen" Guthaben bei einer Bank zu behandeln; allerdings wäre dann auch die Zirkulationsfähigkeit des Netzgeldes wegen des sehr engen Gutglaubensschutzes bei Forderungsabtretungen[437] gefährdet. Im zweiten Fall steht eine sachenrechtlich orientierte Sichtweise im Vordergrund, die Netzgeld als digitale, dennoch durch Übereignung nach § 929 BGB übertragbare Münze ansieht. Allerdings scheitert diese Sichtweise daran, dass dem Netzgeld die Urkundsqualität fehlt und insofern die Annahme einer wertpapierrechtlichen Verbriefung fehlschlagen muss.[438] *Escher* schlägt daher eine analoge Anwendung der Vorschriften zur Inhaberschuldverschreibung vor und spricht insofern von „Inhaberschulddaten", „digitalisierten Inhaberschuldverpflichtungen" bzw. „Wertdaten".[439] Dieser Analogieschluss ist zumindest bei offenen Systemen,

---

434 Mondex ist in Deutschland nicht erhältlich.
435 Siehe hierzu *Boehm/Pesch*, Bitcoins: Rechtliche Herausforderungen einer virtuellen Währung – Eine erste juristische Einordung, MMR 2014, 75.
436 Siehe dazu insbesondere *Furche/Wrightson*, Cybermoney, 1997; *Birkelbach*, WM 1996, 2099; *Jaskulla*, ZBB 1996, 214; *Escher*, WM 1997, 1173; Hoeren/Sieber/Holznagel/*Werner*, Handbuch MMR, 42. Ergänzungslieferung 2015, Teil 13.5; *Gramlich*, in: Handbuch zum Internet-Recht, 103.
437 Siehe §§ 407, 409 BGB.
438 Zur fehlenden Urkundsqualität digitalisierter Informationen siehe auch Fünftes Kapitel, IV. Formvorschriften im Internet: Schriftform und digitale Signatur, V. Beweiswert digitaler Dokumente.
439 *Escher*, WM 1997, 1173.

die eine Nutzung von eCash auch außerhalb eines auf eine Bank bezogenen Testbetriebes zulassen, gerechtfertigt. Er entspricht der von der h. M.[440] vorgenommenen analogen Anwendung der Eigentumsvorschriften auf Software, die insoweit nur als Spezialfall digitaler Informationen anzusehen ist. Anders ist die Sachlage jedoch für die geschlossenen eCash-Systeme, bei denen eine einzelne Großbank eCash an ausgewählte Kunden „ausgibt" und nachträglich über den Händler wieder „einlöst". In Anlehnung an die rechtliche Einordnung der Geldkarte[441] ist das Verhältnis zwischen Kunden und Bank als Geschäftsbesorgungsvertrag i. S. v. § 675 BGB anzusehen. Die Übersendung der digitalen „Münzen" vom Kunden an den Händler impliziert eine Einzelweisung des Kunden an die Bank gem. §§ 665, 675 BGB, das eCash-Konto mit einem bestimmten Betrag zu belasten und in entsprechender Höhe einem anderen Konto gutzuschreiben. Der Händler übermittelt diese Weisung als Bote an die Bank, die nach einer Online-Überprüfung der eingereichten „Münzdatei" die Einlösung gegenüber dem Händler bestätigt. Mit letzterer Erklärung geht die Bank gegenüber dem einlösenden Händler eine abstrakte Zahlungsverpflichtung ein. Im Verhältnis von Kunden und Händler ist eCash nur als Leistung erfüllungshalber anzusehen (§ 364 Abs. 2 BGB).[442]

909   Besonderer Beliebtheit erfreut sich das Internetzahlungssystem **PayPal**.[443] Es bietet dem Nutzer nach einer Registrierung die Möglichkeit, Transaktionen im Internet über dieses Konto abzuwickeln. Der Nutzer kann hierbei seinem Vertragspartner das Geld auf dessen PayPal-Konto überweisen oder aber einer Zahlungsaufforderung, d. h. einer elektronischen Rechnung, des Vertragspartners nachkommen und sie von seinem PayPal-Konto begleichen. In der Grundversion des Accounts muss der User zuvor Geld auf dieses überweisen, um damit als Guthaben verfahren zu können. Es gibt allerdings daneben eine weitere Accountform, bei der der User eine eigene, reale Kontoverbindung oder aber seine Kreditkartennummer angibt, die per Testüberweisung bzw. Testabbuchung von PayPal verifiziert wird, sodass er auch ohne Guthaben auf seinem PayPal-Konto Überweisungen tätigen kann, die dann von seinem Konto durch PayPal eingezogen werden. Durch diese Verifizierung verringert PayPal das Missbrauchsrisiko auf ein Minimum. Das Risiko des Zurückgehens von Zahlungen trägt aber weiterhin der Vertragspartner. Besonders interessant ist in die-

---

440 Siehe hierzu *BGH*, Urt. v. 4.11. 1987 – VIII ZR 314/86, MDR 1988, 223 = CR 1988, 994 m. Anm. *Ruppelt*.

441 Siehe *Escher*, WM 1997, 1173.

442 Das e-Cash-System ist jedoch bis heute nicht weit verbreitet; es ist fraglich, ob das System in Zukunft bestehen kann.

443 Interessant zum Ganzen: *Hoenike/Szodruch*, MMR 2006, 519; *Meder/Grabe*, BKR 2005, 467.

sem Zusammenhang die Möglichkeit des Users, bei PayPal das Guthaben mit einer Beschränkung dahingehend zu versehen, dass über das Guthaben erst nach Freigabe durch den User verfügt werden kann, sodass eine Prüfung der Ware ermöglicht und etwaige Gewährleistungsrechte gesichert sind.

Als besonders problematisch ist allerdings das Klauselwerk von PayPal 910 einzuordnen, mit dem die Vertragsbeziehung zum User geregelt wird. Das Werk an sich ist äußerst umfangreich und hauptsächlich an den amerikanischen Rechtsrahmen angepasst, sodass es eine Vielzahl von Klauseln enthalten dürfte, die nicht den deutschen Anforderung entsprechen und damit unwirksam wären.

Währungsrechtlich ist Netzgeld **nicht als gesetzliches Zahlungsmittel** 911 i. S. v. § 14 Abs. 1 BBankG anzusehen und kollidiert damit nicht mit dem Notenmonopol der Deutschen Bundesbank. Die Ausgabe des Netzgeldes ist nicht nach § 35 BBankG strafbar. Infolge der geplanten Aufhebung der Vorschriften zur Mindestreserve spielt die Frage, ob die Ausgabe von Netzgeld nicht zu einer für die Mindestreservepolitik gefährlichen Herabsenkung des Bargeldumlaufs führen wird, wohl keine Rolle mehr. Das Geldwäschegesetz, das in § 2 eine „Annahme oder Abgabe von Bargeld" voraussetzt, ist weder direkt noch analog auf Netzgeld anwendbar.

Neu ist auch die Diskussion rund um **Bitcoins.** Bitcoin ist zunächst einmal 912 ein Open-Source-Softwareprojekt für die gleichnamige „Währung", begründet 2009 von einem Unbekannten unter dem Pseudnoym *Satoshi Nakamoto.*[444] Es basiert auf P2P-Basis. Generiert werden Bitcoins dadurch, dass Computersysteme komplizierte Rechenaufgaben lösen müssen (sog. Mining). Über Bitcoin-Adressen kann „Geld" anonym von einer Wallet-Datei (einer virtuellen Geldbörse) oder einem speziellen Service über das Netzwerk an andere Adressen „überwiesen" werden. Ein Dienstleistungsangebot, das den Umtausch von Bitcoins in klassische Währungen und umgekehrt zum Ziel hat, unterliegt nicht der Umsatzsteuer.[445] Mit dieser Klassifizierung sind Bitcoins zumindest umsatzsteuerlich den klassischen gesetzlichen Zahlungsmitteln weitgehend gleichstellt. Im Übrigen weist die BaFin in einem Merkblatt darauf hin, dass sowohl die Schaffung als Zahlungsmittel bestimmter Werteinheiten als auch ihr Einsatz als Zahlungsmittel erlaubnisfrei zulässig sind. [446]

---

444 Siehe dessen Basispapier unter http://nakamotoinstitute.org/bitcoin/ (zuletzt abgerufen: Mai 2017).

445 *EuGH*, Urt. v. 22. 10. 2015 – C-264/14, K & R 2015, 786 = MMR 2016, 201.

446 Zahlungsdiensteaufsichtsgesetz (ZAG), BaFin, Merkblatt vom 22. Dezember 2011 zum Thema „Hinweise zu dem Gesetz über die Beaufsichtigung von Zahlungsdiensten".

VIII Sonstige Probleme des E-Contracting

913   Die Rechte aus einem Vertrag mit Facebook zur Nutzung von Facebook-Diensten ist in vollem Umfang nach § 1922 BGB vererblich. Eine Unterscheidung zwischen vermögensrechtlichen und nicht-vermögensrechtlichen Teilen des digitalen Nachlasses ist abzulehnen. Auch das insoweit anwendbare deutsche Datenschutzrecht führt nicht dazu, dass Facebook an der Zugangsgewährung gehindert wäre. Aus dem übergangenen Vertrag steht der Erbengemeinschaft daher ein Anspruch dergestalt zu, dass Facebook Zugang zu dem Benutzer-Account der Erblasserin zu verschaffen hat.[447]

914   Dem Betreiber einer Internetseite kann ein **virtuelles Hausrecht** zustehen, um das Speichern unerwünschter Inhalte oder eine Haftung wegen eingestellter Beiträge zu vermeiden. Es kann jedoch nicht zur Abwehr unerwünschter und den Verkaufsbedingungen des Betreibers widersprechender Bestellungen herangezogen werden, da der Betreiber insoweit die Möglichkeit hat, einen Vertragsschluss abzulehnen oder Bestellungen nicht auszuführen.[448]

915   Das Einstellen von Objektangaben durch einen Immobilienmakler in ein Internetportal stellt kein Angebot zum Abschluss eines **Maklervertrags** dar, sondern eine invitatio ad offerendum.[449] Dagegen stellt die Übersendung eines Exposés per E-Mail mit der Angabe in den „Angebotsbedingungen", dass der Empfänger „im Erfolgsfall" eine Courtage i. H. v. 3,57 Prozent des Kaufpreises zahlen soll, ein Angebot auf Abschluss eines Maklervertrags dar. Dies gilt auch, wenn in der vorhergegangenen Internetanzeige der Zusatz „ohne Provision" enthalten war. Die anschließende Bitte des Interessenten um Vereinbarung eines Besichtigungstermins stellt die konkludente Annahme des Angebots dar. Dem Umstand, dass ein Makler den Kunden zu den Besichtigungsterminen begleitet, steht die Annahme eines Fernabsatzgeschäfts nicht entgegen. Entscheidend ist, dass der Vertrag unter ausschließlichem Einsatz von Fernkommunikationsmitteln zu Stande gekommen ist. Bewirbt der Makler die Immobilien im Internet, kommuniziert er mit möglichen Kunden per E-Mail und Telefon und übersendet er Unterlagen per E-Mail, verwendet er ein für den Fernabsatz organisiertes Vertriebs- oder Dienstleistungssystem. Nach erfolgtem Widerruf scheidet ein Wertersatzanspruch für die erbrachten Dienstleistungen aus, wenn auf das Widerrufsrecht und die Rechtsfolge dieses Anspruchs nicht hingewiesen worden ist.

---

447 *LG Berlin*, Urt. v. 17.12. 2015 – 20 O 172/15, K & R 2016, 135 m. Anm. *Leeb* = ZUM-RD 2016, 471.
448 *LG Ulm*, Beschl. v. 13.1. 2015 – 2 O 8/15, MMR 2016, 31 = NJW-RR 2015, 1167.
449 *OLG Jena*, Urt. v. 4.3. 2015 – 2 U 205/14, MMR 2015, 438; ähnlich *OLG Köln*, Urt. v. 3.12. 2015 – 24 U 21/14, MMR 2016, 313 = IMR 2016, 83.

Sechstes Kapitel: Datenschutzrecht

Literatur: *Artl*, Datenschutzrechtliche Betrachtung von Onlineangeboten zum Erwerb digitaler Inhalte, MMR 2007, 683; *Beukelmann*, Vorratsdatenspeicherung so nicht verfassungsgemäß, NJW-Spezial 2010, 184; *Börding*, Ein neues Datenschutzschild für Europa, CR 2016, 431; *Böhm/Cole*, Studie zu den Folgen des EuGH-Urteils zur Vorratsdatenspeicherung – Auswirkungen auf Mitgliedstaaten, EU-Rechtsakte und internationale Abkommen, ZD 2014, 553; *Brink/Schmidt*, Die rechtliche (Un-)Zulässigkeit von Mitarbeiterscreenings – Vom schmalen Pfad der Legalität, MMR 2010, 592; *Büllesbach/Garstka*, Meilensteine auf dem Weg zu einer datenschutzrechtlichen Gesellschaft, CR 2005, 720; *Döpke*, Das sogenannte Recht auf Vergessenwerden – Was steckt dahinter und wie müsste es aussehen?, Iurratio 2016, 33; *Domke*, Was bedeutet die Safe-Harbor-Entscheidung des EuGH für Unternehmen und ihre Personalabteilungen?, BB 2015, 2804; *Dorn*, Lehrerbenotung im Internet, DuD 2008, 98; *Dorner*, Big Data und „Dateneigentum" – Grundfragen des modernen Daten- und Informationshandels., CR 2014, 617; *Eckhardt*, „Safe Harbor" ungültig: Wie geht es in der Praxis weiter?, DSB 2015, 236; *Ernst*, Social Plugins: Der „Like-Button" als datenschutzrechtliches Problem, NJOZ 2010, 1917; *Fuchs*, Personenbezogene Daten zwischen der EU und den USA, BB 2015, 3074; *Giesen*, Datenverarbeitung im Auftrag in Drittstaaten – eine misslungene Gesetzgebung, CR 2007, 543; *Härting*, Datenschutz im Internet – Gesetzgeberischer Handlungsbedarf, BB 2010, 839; *Hinrichs*, Unsafe Harbor, was tun? Navigationshilfe für personenbezogene Daten im internationalen Wirtschaftsverkehr, ITRB 2015, 285; *Hornung*, Datenschutz durch Technik in Europa – Die Reform der Richtlinie als Chance für ein modernes Datenschutzrecht, ZD 2011, 51; *Kamps/Bonanni*, Was tun mit „Unsafe Harbor"? Die Übermittlung personenbezogener Daten in die USA nach dem EuGH-Urteil, ArbRB 2015, 378; *Krügel u. a.*, „Social Sharing" via Twitter und Datennutzung durch Dritte: Drum prüfe, wer sich ewig bindet?, K & R 2014, 699; *Roßnagel*: Neue Maßstäbe für den Datenschutz in Europa – Folgerungen aus dem EuGH-Urteil zur Vorratsdatenspeicherung, MMR 2014, 372; *Roßnagel/Banzhof/Grimm*, Datenschutz im Electronic Commerce, Heidelberg 2003; *Ruppmann*, Der konzerninterne Austausch personenbezogener Daten: Risiken und Chancen für den Datenschutz, Baden-Baden 2000; *Schneider*, WhatsApp & Co. – Dilemma um anwendbare Datenschutzregeln. Problemstellung und Regelungsbedarf bei Smartphone-Messengern, ZD 2014, 231; *Schneider/Härting*, Warum wir ein neues BDSG brauchen – Kritischer Beitrag zum BDSG und dessen Defiziten, ZD 2011, 63; *Simitis*, Der EuGH und die Vorratsdatenspeicherung oder die verfehlte Kehrtwende bei der Kompetenzregelung, NJW 2009, 1782; *Spindler*, Datenschutz- und Persönlichkeitsrechte im Internet – der Rahmen für Forschungsaufgaben und Reformbedarf, GRUR 2013, 996; *Schwartmann*, Datentransfer in die Vereinigten Staaten ohne Rechtsgrundlage. Konsequenzen der Safe-Harbor-Entscheidung des EuGH, EuZW 2015, 864; *Weichert*, Keine Rechtssicherheit beim Privacy Shield, CB 2016, Heft 9, I; *Weichert*, Keine Rechtssicherheit beim Privacy Shield, CB 2016, Heft 9, I; *Wiesner*, Datenschutzrechtliche Einwilligung zur Werbung: Opt-out ausreichend?, DuD 2007, 604; *Wiesner*, Datenschutzrechtliche Einwilligung zur Werbung: Opt-out ausreichend?, DuD 2007, 604.

Datenschutz steht an der Schnittstelle von Zugangsrechten Dritter und dem **916** Exklusivitätsrecht des Betroffenen, der sich insoweit auf sein **„right to be let**

https://doi.org/10.1515/9783110556346-006

alone", seine Privatsphäre, oder genauer auf sein Recht auf informationelle Selbstbestimmung (Art. 2 Abs. 1 i. V. m. Art. 1 Abs. 1 GG) berufen möchte. Insoweit umfasst das Datenschutzrecht den Schutz der Vertraulichkeit des Briefverkehrs und der Telekommunikation sowie die besonderen Persönlichkeitsrechte an Bild, Text und Ton. Das Datenschutzrecht steht historisch am Beginn des Informationsrechts. Erst später kamen das Urheberrecht und ähnliche Teilbereiche hinzu.

917   Das Datenschutzrecht ist für die Privatwirtschaft (noch) im **BDSG** geregelt; dieses gilt als lex generalis gegenüber den vorrangigen Spezialgesetzen (wie z. B. dem TMG, welches aufgrund seiner spezielleren Regelungen bzgl. Telemedien einen Anwendungsvorrang genießt). Verhandlungsführer des EU-Parlaments und des EU-Rates haben sich im Dezember 2015 auf eine gemeinsame Textfassung einer neuen **EU-Datenschutzgrundverordnung** (DSGVO) geeinigt.[1] Am 25. Mai 2016 ist die EU-Datenschutzgrundverordnung in Kraft getreten.[2] Sie wird damit gem. Art. 99 Abs. 2 DSGVO zum 25. Mai 2018 in Deutschland (und allen anderen EU-Staaten) unmittelbar geltendes Recht. Mit der Verordnung, die sodann vor dem jeweiligen nationalen Recht eines Mitgliedstaates Anwendungsvorrang genießt, wird das Ziel verfolgt, einheitliche Regelungen im europäischen Datenschutz zu schaffen.[3] In vielen Punkten lässt der Text nationale Abweichungen zu. Es ist zu erwarten, dass die Neuregelungen erhebliche Auswirkungen (insb. auf ausländische in Europa tätige) Firmen haben werden, die ihre Geschäftsmodelle auf der Auswertung personenbezogener Daten aufbauen. Ein Entwurf zur Anpassung des BDSG an die DSGVO liegt mittlerweile vor.[4] Problematisch ist jedoch die Datenübermittlung in die USA, da diese ein Drittland sind, welches kein mit europäischen Standards vergleichbares Datenschutzrechtsniveau bietet, weshalb der personenbezogene

---

1 Verordnung (EU) 2016/679 des Europäischen Parlaments und des Rates vom 27. April 2016 zum Schutz natürlicher Personen bei der Verarbeitung personenbezogener Daten, zum freien Datenverkehr und zur Aufhebung der Richtlinie 95/46/EG, abrufbar unter http://eur-lex. europa.eu/legal-content/DE/TXT/HTML/?uri=CELEX:32016R0679&from=DE (zuletzt abgerufen: Mai 2017).

2 Im ABl. EU zu finden unter http://eur-lex.europa.eu/legal-content/DE/TXT/?qid=14623458 86854&uri=OJ:JOL_2016_119_R_0001 (zuletzt abgerufen: Mai 2017).

3 Erwägungsgrund 10 der DSGVO.

4 Referentenentwurf des Bundesministeriums des Innern – Entwurf eines Gesetzes zur Anpassung des Datenschutzrechts an die DSGVO und zur Umsetzung der Richtlinie EU/2016/680 (Datenschutz-Anpassungs- und -Umsetzungsgesetz EU – DSAnpUGEU, abrufbar unter: https:// www.datenschutz-grundverordnung.eu/wp-content/uploads/2016/09/Entwurf-ABDSG-E-08. 2016.pdf, zuletzt abgerufen: Mai 2017).

Datenaustausch bisher auf das sog. Safe Harbor-Abkommen gestützt wurde.[5]
Dieses Abkommen zwischen den USA und der EU beruht auf Art. 25 Abs. 6
der Europäischen Datenschutzrichtlinie.[6] Dieser bestimmt, dass ein Drittland,
welches die europäischen Datenschutzstandards nach dortiger Rechtslage
nicht garantieren kann, diese doch gewährleistet, wenn sich das Drittland den
internationalen Regelungen zur Einhaltung eines angemessenen Schutzniveaus verpflichtet. Bis zum Jahr 2015 wurde die Übertragung personenbezogener Daten in die USA hierauf gestützt. Allerdings wurde das Safe Harbor-
Abkommen durch das Urteil des *EuGH* vom 6. Oktober 2015 aufgehoben, da es
nach Ansicht des *EuGH* gegen die europäische GRCh verstößt.[7] Die Frage, ob
Datenübermittlungen weiterhin auf EU-Standardvertragsklauseln gestützt werden können, ließ der *EuGH* unbeantwortet.[8] Im Februar 2016 wurde jedoch
durch die EU-Kommission der sog. EU-US-Privacy Shield vorgestellt und am
12. Juli desselben Jahres, nachdem die EU-Staaten mehrheitlich für ihn stimmten, beschlossen.[9] Dieses Datenschutzschild soll nun anstelle des Safe Harbor-
Abkommens die neue rechtliche Grundlage für den personenbezogenen Datenaustausch in die USA darstellen. Inhalt des Privacy-Shields ist die Verpflichtung zur Selbstzertifizierung der US-Unternehmen, gewisse Datenschutzanforderungen einzuhalten. Zudem wurden erstmals Rechtsschutzmöglichkeiten für
Betroffene gegen Unternehmen mit Sitz in den USA geschaffen, sodass dort ein
angemessenes Datenschutzniveau angenommen wird, sobald EU-Bürger gegen

---

5 Safe-Harbor Entscheidung der Kommission (2000/520/EG) vom 26. Juli 2000 gemäß der
Richtlinie 95/46/EG des Europäischen Parlaments und des Rates über die Angemessenheit des
von den Grundsätzen des „sicheren Hafens" und der diesbezüglichen „Häufig gestellten Fragen" (FAQ) gewährleisteten Schutzes, vorgelegt vom Handelsministerium der USA (Bekannt
gegeben unter Aktenzeichen K(2000) 2441), veröffentlicht im Amtsblatt der Europäischen
Gemeinschaft, am 25. August 2000, L215, 43. Jahrgang, S. 7–47, abrufbar unter: http://eur-
lex.europa.eu/legal-content/DE/TXT/?uri=OJ:L:2000:215:TOC (zuletzt abgerufen: Mai 2017);
Für weitere Informationen siehe auch https://www.bfdi.bund.de/DE/Europa_International/
International/Artikel/SafeHarbor.html (zuletzt abgerufen: Mai 2017).
6 Richtlinie 95/46/EG des Europäischen Parlaments und des Rates vom 24. Oktober 1995 zum
Schutz natürlicher Personen bei der Verarbeitung personenbezogener Daten und zum freien
Datenverkehr, abrufbar unter: http://eur-lex.europa.eu/legal-content/DE/TXT/?uri=celex%
3A31995L0046 (zuletzt abgerufen: Mai 2017).
7 *EuGH*, Urt. v. 6. 10. 2015– C-362/14, EuZW 2015, 881–888 = NJW 2015, 3151–3158.
8 Die Standardvertragsklauseln sind einsehbar unter http://ec.europa.eu/justice/data-
protection/international-transfers/transfer/index_en.htm (zuletzt abgerufen: Mai 2017).
9 Vgl. hierzu auch *Weichert*, EU-US-Privacy-Shield – Ist der transatlantische Datentransfer nun
grundrechtskonform? – Eine erste Bestandsaufnahme, ZD 2016, 209 mit Verweis auf http://
europa.eu/rapid/press-release_IP-16-433_de.htm (zuletzt abgerufen: Mai 2017).

US-Unternehmen klagen können.[10] Ob dies allerdings mit den bestehenden prozessualen Vorschriften in den Vereinigten Staaten vereinbar ist, bleibt fraglich.

I Die Datenschutzgrundverordnung (DSGVO) – ein erster Überblick

918 Im Folgenden werden kurz einige inhaltliche Schwerpunkte der DSGVO erläutert.

1 Anwendbarkeit

919 Ein wesentlicher Beweggrund für die Verabschiedung einer Verordnung über den Datenschutz gegenüber der vorher geltenden Richtlinie war das Ziel einer Vereinheitlichung des Datenschutzrechts in den EU-Mitgliedstaaten. Anders als die Richtlinie (welche von den Mitgliedstaaten in nationales Recht umgesetzt werden musste) gilt die Verordnung unmittelbar in allen Mitgliedstaaten. Bestehende nationale Gesetze zum Datenschutz (in Deutschland bspw. das BDSG und die Datenschutzgesetze der Länder) werden weitgehend abgelöst, soweit die DSGVO anwendbar ist. Da die DSGVO grundsätzlich (bis auf wenige ausgesparte Bereiche, insb. Strafverfolgung und öffentliches Gefahrenabwehrrecht) auf jegliche Verarbeitung personenbezogener Daten anwendbar ist, werden große Teile der bestehenden nationalen Regelungen durch diese verdrängt. Allerdings räumt die DSGVO den Mitgliedstaaten an einigen Stellen einen gewissen Handlungsspielraum ein, sodass sie eigene Regelungen behalten oder erlassen können. Es handelt sich dabei um sog. Öffnungsklauseln in der Verordnung. Eine sehr weitgehende Öffnungsklausel besteht für die Verarbeitung personenbezogener Daten auf Grundlage einer rechtlichen Verpflichtung oder in Wahrnehmung öffentlicher Interessen (Art. 6 Abs. 1 lit. c und e, Abs. 2 und 3 lit. b DSGVO). Danach können die Mitgliedstaaten in diesen Bereichen der Datenverarbeitung die Anwendung der Vorschriften der DSGVO durch spezifischere Bestimmungen anpassen. Daraus ergibt sich, dass im Bereich der Datenverarbeitung durch öffentliche Stellen regelmäßig nationale Vorschriften anwendbar bleiben oder erlassen werden können, wenn diese lediglich im Rahmen der Grenzen der DSGVO spezifischere Regelungen enthalten. Inwie-

---

10 Eher krit. ggü. neuem EU-US-Privacy Shield: *Weichert*, Keine Rechtssicherheit beim Privacy Shield, CB 2016, Heft 9, I.

fern dies auf die bestehenden Vorschriften zutrifft, kann nur für den jeweiligen Einzelfall einer Regelung entschieden werden. Da die DSGVO aber nur sehr allgemeine Aussagen zur Datenverarbeitung in diesen beiden Fällen enthält, ist es möglich, dass große Teile der Landesdatenschutzgesetze anwendbar bleiben.

Darüber hinaus sind für die Datenverarbeitung zu journalistischen, wis- 920 senschaftlichen, künstlerischen oder literarischen Zwecken sogar Ausnahmen und Befreiungen von den Vorschriften der Verordnung auf nationaler Ebene möglich, wenn dies erforderlich ist, um das Recht auf Schutz der personenbezogenen Daten mit der Meinungsäußerungs- und der Informationsfreiheit in Einklang zu bringen (Art. 85 Abs. 2 DSGVO). Das Recht auf Schutz personenbezogener Daten ist insoweit mit der Meinungsäußerungs- und der Informationsfreiheit abzuwägen (Art. 85 Abs. 1, Abs. 2 DSGVO). Eine Öffnungsklausel existiert auch für die Verarbeitung personenbezogener Daten im Beschäftigungskontext (Art. 88 DSGVO.). Hier ist zu beobachten, inwiefern der deutsche Gesetzgeber diesen Spielraum nutzen wird und die Idee eines Gesetzes zum Beschäftigtendatenschutz wieder aufleben lässt.

In dem ersten vorgelegten Entwurf des Allgemeinen Bundesdatenschutzge- 921 setzes (ABDSG) wird der Beschäftigtendatenschutz dabei in § 32 ABDSG geregelt. Diese Regelung entspricht inhaltlich den §§ 32, 3 Abs. 11 BDSG, sodass das bisherige deutsche Recht weiter fortgeführt wird. Der eigentlich als Übergangslösung eingeführte § 32 BDSG hat den Beschäftigtendatenschutz jedoch nur abstrakt geregelt, weswegen die Gerichte ihn durch ihre Rechtsprechung konkretisierten und Maßstäbe entwickelten, welche mithin auch weiter zur Anwendung kommen werden. Die Idee eines Gesetzes zum Beschäftigtendatenschutz wurde durch den Gesetzgeber bisher nicht wieder aufgegriffen.

2 Zweckbindungsgrundsatz

Der Grundsatz der Zweckbindung ist weiterhin elementarer Bestandteil des Da- 922 tenschutzes. Er beinhaltet, dass personenbezogene Daten grundsätzlich nur zu dem Zweck verarbeitet werden dürfen, für den sie auch erhoben wurden (Art. 5 Abs. 1 lit. b DSGVO). Wie die bisherigen Regelungen sieht die DSGVO davon aber gewisse Ausnahmen vor. Solche bestehen, wenn das Einverständnis des Betroffenen vorliegt oder besondere gesetzliche Regelungen des Mitgliedstaates eingreifen (Art. 6 Abs. 4 DSGVO).

Falls weder das Einverständnis des Betroffenen vorliegt, noch eine gesetz- 923 liche Bestimmung eingreift, muss ermittelt werden, ob der mit der Datenverarbeitung verfolgte Zweck noch mit dem ursprünglichen Zweck vereinbar ist. Folgende Aspekte müssen in diese Abwägung einfließen: Etwaige Verbindungen zwischen dem ursprünglichen und dem neuen Zweck der Datenverarbeitung; der Zusammenhang, in dem die Daten erhoben wurden; die Art der personenbezogenen Daten; mögliche Folgen der Weiterverarbeitung für den Betroffenen; die Existenz angemessener Schutzmaßnahmen, z. B. Verschlüsselung und Pseudonymisierung (Art. 6 Abs. 4). Im Hinblick auf den Zweckbindungsgrundsatz beinhaltet die DSGVO somit eine Abwägungsmöglichkeit, die den Beteiligten einen gewissen Spielraum einräumt und gleichzeitig Beurteilungskriterien für eine zulässige Weiterverwendung von Daten an die Hand gibt.

924   Diese Beurteilungskriterien sind allerdings sehr vage und nicht genau definiert, sodass abzuwarten bleibt, wie eine solche Abwägung in Zukunft gehandhabt wird. Es wird aber davon auszugehen sein, dass der Zweckbindungsgrundsatz i. S. der DSGVO schwächer ausfällt als im bisherigen BDSG.

3 Einwilligung

925 Gem. eines Verbots mit Erlaubnisvorbehalt ist jegliche Datenverarbeitung untersagt, sofern nicht bestimmte Rechtmäßigkeitstatbestände eingreifen.

926   Art. 6 Abs. 1 DSGVO besagt, in welchen Fällen eine Verwendung personenbezogener Daten zulässig ist. Demnach ist die Verarbeitung u. a. rechtmäßig, wenn die betroffene Person ihre Einwilligung erteilt hat (Art. 6 Abs. 1 lit. a DSGVO).

927   Die DSGVO normiert bestimmte Anforderungen, die an die Einwilligung in die Datenerhebung und -verarbeitung gestellt werden. Eine wirksame Einwilligung muss zunächst hinreichend bestimmt und eindeutig sein, sich also auf konkrete Fälle und alle Zwecke der Verarbeitung beziehen. Des Weiteren muss der Betroffene ausreichend informiert worden sein und die Einwilligung ohne Zwang abgegeben haben. Letzteres kann nicht angenommen werden, wenn zwischen dem Betroffenen und dem für die Datenverarbeitung Verantwortlichen ein erhebliches Ungleichgewicht herrscht. Dies kann bspw. der Fall sein, wenn es sich bei dem für die Datenverarbeitung Verantwortlichen um eine Behörde handelt und sich aus den Umständen des konkreten Einzelfalls ergibt, dass die Einwilligung nicht freiwillig erteilt worden ist. Auch wenn die Ausführung eines Vertrages von der Einwilligung in eine Datenverarbeitung abhängig gemacht wird, die für die Durchführung des Vertrages nicht notwendig ist, ist eine freiwillige Einwilligung abzulehnen (Art. 7 Abs. 4 DSGVO). Die Einwilligung kann sowohl durch eine Erklärung, als auch durch eine andere eindeutige Handlung erfolgen (Art. 4 Abs. 11 DSGVO). Auf ein allgemeines Schriftformerfordernis wurde verzichtet. Der für die Datenverarbeitung Verantwortliche trägt die Beweislast für das Vorliegen der Einwilligung (Art. 7 Abs. 1 DSGVO).

Der Betroffene kann seine Einwilligung jederzeit widerrufen. Hierüber ist er zu informieren. Gegenüber der Erteilung der Einwilligung darf deren Widerruf nicht erschwert sein (Art. 7 Abs. 3 DSGVO).

4 Minderjährigenschutz

Richten sich Dienste der Informationsgesellschaft direkt an Minderjährige, sind **928** an die Einwilligung besondere Anforderungen zu stellen. Zunächst ist der Betroffene darüber vor Abgabe der Einwilligung zu informieren. Des Weiteren muss das Ersuchen um Einwilligung, sofern sie durch eine schriftliche Erklärung erfolgt, die noch andere Sachverhalte betrifft, in verständlicher und leicht zugänglicher Form in einer klaren und einfachen Sprache erfolgen, sodass erkennbar ist, in welchem Umfang die Einwilligung erteilt wird (Art. 7 Abs. 2 DSGVO). Ist die betroffene Person unter 16 Jahre alt, ist eine Einwilligung des Erziehungsberechtigten notwendig bzw. muss dieser der Einwilligung des Minderjährigen zugestimmt haben (Art. 8 Abs. 1 S. 1, 2 DSGVO). Den Mitgliedstaaten wird die Möglichkeit eingeräumt, die Altersschwelle herabzusetzen, jedoch nicht unter 13 Jahre (Art. 8 Abs. 1 S. 3 DSGVO). Der für die Datenverarbeitung Verantwortliche hat hinreichende Maßnahmen zu treffen, um sicherzustellen, dass eine Einwilligung bzw. Zustimmung des Erziehungsberechtigten vorliegt. Insoweit ist auch an technische Maßnahmen zu denken (Art. 8 Abs. 2 DSGVO). Darüber hinaus enthält die DSGVO neben dieser zentralen Norm weitere Regelungen zum Schutz von Minderjährigen. So besagt z. B. Art. 12 Abs. 1 S. 1 DSGVO, dass die verantwortliche Stelle im Rahmen ihrer Transparenzpflicht gehalten ist, die Informationen, die sich speziell an Kinder richten, in einer für diese verständlichen Sprache zu verfassen. Des Weiteren muss bei der Interessenabwägung zwischen den berechtigten Interessen des Verantwortlichen und denen des Betroffenen, ob es sich um eine rechtmäßige Verarbeitung handelt, die Tatsache, dass der Betroffene ein Minderjähriger ist, besonders ins Gewicht fallen (Art. 6 Abs. 1 lit. f DSGVO).

5 Recht auf Löschung („Recht auf Vergessenwerden")

Unter dem Schlagwort „Recht auf Vergessenwerden" wurde während des Ge- **929** setzgebungsprozesses darüber verhandelt, wann personenbezogene Daten wieder zu löschen sind. Im Ergebnis entstand daraus ein Recht auf Löschung personenbezogener Daten. Danach hat jeder Betroffene u. a. das Recht, dass Daten gelöscht werden, wenn diese für den verfolgten Zweck nicht mehr notwendig sind, die Daten unrechtmäßig verarbeitet wurden oder er seine Einwilligung in die Verarbeitung widerrufen bzw. dieser widersprochen hat (Art. 17 Abs. 1 DSGVO). Darüber hinaus normiert die DSGVO eine weitergehende Verpflichtung des für die Datenverarbeitung Verantwortlichen, wenn dieser die Daten öffentlich gemacht hat. Ist er selbst verpflichtet die Daten zu löschen, so hat er auch Dritte, die die Daten verarbeiten, darüber zu informieren, dass der Betroffene sowohl die Löschung aller Querverweise auf die in Frage stehenden personenbezogenen Daten als auch die Löschung aller Kopien oder Replikationen der personenbezogenen Daten verlangt (Art. 17 Abs. 2 DSGVO). Ein Recht auf Löschung besteht jedoch u. a. nicht, wenn die Daten zur Ausübung des Rechts auf freie Meinungsäußerung und Informationsbeschaffung oder zur Wahrnehmung einer Aufgabe, die im öffentlichen Interesse liegt, verarbeitet werden (Art. 17 Abs. 3 DSGVO).

6 Recht auf Datenportabilität

930 Personenbezogene Daten, die einem Anbieter zur Verfügung gestellt wurden, sind wiederum auch der betroffenen Person auf Verlangen in einem strukturierten, gängigen und computerlesbaren Format vom Anbieter zur Verfügung zu stellen. Der Betroffene kann diese Daten an einen Dritten weitergeben, der die Daten wieder verarbeitet (Art. 20 Abs. 1 DSGVO). Die Ausübung dieses Rechts hat keinen Einfluss auf das Recht auf Löschung aus Art. 17 DSGVO (Art. 20 Abs. 3 DSGVO). Das Recht auf Datenübertragbarkeit besteht allerdings nur, wenn die Verarbeitung mithilfe automatisierter Verfahren erfolgt und auf einer Einwilligung des Betroffenen oder einem Vertrag beruht (Art. 20 Abs. 1 lit. a und b DSGVO). Wenn es technisch möglich ist, kann der Betroffene auch verlangen, dass die Daten von dem für die Datenverarbeitung Verantwortlichen direkt an den Dritten weitergegeben werden (Art. 20 Abs. 2 DSGVO). Das sog. Recht auf Datenportabilität greift jedoch dann nicht ein, wenn die Datenverarbeitung für die Wahrnehmung einer Aufgabe erforderlich ist, die im öffentlichen Interesse liegt oder in Ausübung öffentlicher Gewalt erfolgt und dem für die Verarbeitung Verantwortlichen übertragen wurde (Art. 20 Abs. 3 S. 2 DSGVO).

7 Profiling und Scoring

931 Prozesse, die mittels Datenverarbeitung eine ausschließlich automatische Entscheidungsfindung ermöglichen, sind grundsätzlich untersagt, sofern die Entscheidung rechtliche Auswirkungen auf die betroffene Person hat (Art. 22 Abs. 1 DSGVO). Das bedeutet, dass die Auswertung z. B. der Arbeitsleistung,

der finanziellen Lage, des Gesundheitszustandes oder des Verhaltens einer Person zum Zweck einer selbsttätig getroffenen Entscheidung ohne menschliche Einflussnahme nicht zulässig ist. Dieses Verbot umfasst auch die Profilerstellung und das Scoring (Entscheidungen, die von einem sog. Scorewert abhängen, wie z. B. die automatische Ablehnung eines Online-Kreditantrags) zu solchen Zwecken.[11]

Ausnahmen hiervon ergeben sich aus einer erteilten Einwilligung für den Fall, dass das Profiling i. R. d. Abschlusses eines Vertrages oder dessen Erfüllung erfolgt und wenn es durch Rechtsvorschrift zugelassen ist (Art. 22 Abs. 2 DSGVO). Allerdings müssen auch in diesen Fällen Mechanismen bereitgestellt werden, die eine menschliche Einflussnahme auf den Prozess erlauben (Art. 22 Abs. 3 DSGVO). Zudem dürfen bestimmte Daten wie z. B. die ethnische Herkunft oder Religion (Art. 9 Abs. 1 DSGVO) grundsätzlich überhaupt nicht zum Profiling genutzt werden, es sei denn, der Betroffene hat ausdrücklich eingewilligt oder eine rechtliche Regelung erlaubt dies (Art. 22 Abs. 4 DSGVO). 932

8 Auftragsdatenverarbeitung

Um eine Auftragsdatenverarbeitung handelt es sich, wenn eine natürliche oder juristische Person, Behörde, Einrichtung oder andere Stelle personenbezogene Daten im Auftrag verarbeitet (Art. 4 Abs. 8 DSGVO). Es sind dabei umfangreiche Regeln und Qualitätsstandards einzuhalten. Die Verarbeitung muss so organisiert sein und mit solchen technischen Mitteln erfolgen, dass die Datenschutzanforderungen der DSGVO insgesamt eingehalten werden und der Schutz der Rechte der betroffenen Person gewährleistet wird (Art. 28 Abs. 1 DSGVO). Zudem dürfen durch den Auftragsverarbeiter keine weiteren Auftragsdatenverarbeiter ohne Zustimmung des Verantwortlichen eingeschaltet werden (Art. 28 Abs. 2 DSGVO). Auch wenn der Verantwortliche zugestimmt hat, bleibt der ursprüngliche Verarbeiter vollständig haftbar (Art. 28 Abs. 4 S. 2 DSGVO). Zudem gelten zwischen dem ursprünglichen Verarbeiter und jedem weiteren Verarbeiter die gleichen Standards wie im Verhältnis zwischen dem Verantwortlichen und dem ursprünglichen Verarbeiter (Art. 28 Abs. 4 S. 1 DSGVO). 933

Der Auftragsdatenverarbeitung muss ein in Textform (Art. 28 Abs. 9 DSGVO) gefasster Vertrag oder ein anderer Rechtsakt zugrunde liegen, der den Datenverarbeiter an den Verantwortlichen bindet und Punkte wie den Zweck der Datenverarbeitung, ihre Dauer, die Art der verarbeiteten Daten und die Rechte und Pflichten des Verantwortlichen regelt. Zudem soll das Vertragswerk 934

---

11 Zur Legaldefinition des Profiling siehe Art. 4 Abs. 4 DSGVO.

sicherstellen, dass die Daten in Übereinstimmung mit vom Verantwortlichen festgelegten Regeln übermittelt werden und dass die mit der Verarbeitung betrauten Personen Verschwiegenheitspflichten befolgen. Der Auftragsverarbeiter soll außerdem dem Verantwortlichen und der Kontrollstelle alle Informationen bereitstellen, die für die Kontrolle der Einhaltung seiner Pflichten notwendig sind (Art. 28 Abs. 3 DSGVO). Die Verarbeitung der Daten durch den Auftragsverarbeiter darf indes nur auf Weisung des Verantwortlichen stattfinden (Art. 29 DSGVO).

935   Darüber hinaus ist es wichtig, den Auftragsverarbeiter vom gemeinsam Verantwortlichen abzugrenzen. Gemäß Art. 26 Abs. 1 DSGVO handelt es sich um gemeinsam Verantwortliche, sobald zwei oder mehr Verantwortliche zusammen die Zwecke und Mittel zur Verarbeitung festlegen und die Verpflichtungen untereinander durch einen Vertrag selber zuordnen. Die betroffene Person kann dementsprechend ihre Rechte gegen beide geltend machen. Eine Auftragsdatenverarbeitung liegt hingegen dann vor, wenn der Auftragsverarbeiter als Dienstleister dem Verantwortlichen als Auftragsgeber gegenüber weisungsabhängig ist, unter dessen Kontrolle arbeitet und keine eigenen Zwecke für die Verarbeitung bestehen.

9 Drittstaaten

a) Vertreter

936 Bietet ein außerhalb der EU ansässiger Verantwortlicher oder Verarbeiter Waren oder Dienstleistungen gegenüber Personen in der EU an oder überwacht er das Verhalten von Personen in der EU, ist die DSGVO gleichwohl auf ihn anwendbar (Art. 3 Abs. 2 DSGVO).

937   Es muss dann schriftlich ein Repräsentant innerhalb der Union benannt werden, der als Ansprechpartner für die Betroffenen und die Aufsichtsbehörden im Hinblick auf die Einhaltung der Vorschriften der DSGVO in dem Mitgliedstaat, in dem sich die betroffenen Personen befinden, fungiert (Art. 27 DSGVO). Die Pflicht zur Bestellung eines Vertreters innerhalb der Union besteht u. a. nicht, sofern die Verarbeitung nur gelegentlich oder durch eine Behörde oder öffentliche Stelle erfolgt (Art. 27 Abs. 2 DSGVO).

938   Allerdings lässt die DSGVO größtenteils offen, wer als Vertreter geeignet ist. Gemäß Art. 4 Abs. 17 DSGVO kommt dabei grundsätzlich jede natürliche oder juristische Person in Betracht. Als Vertreter kann mithin z. B. eine Rechtsanwaltskanzlei fungieren, wobei eine bestimmte Qualifikation nicht vorausgesetzt wird.

b) Übermittlung

Eine Übermittlung an Drittstaaten oder internationale Organisationen darf 939
auch weiterhin nur stattfinden, wenn die Kommission dort ein angemessenes
Datenschutzniveau festgestellt hat (Art. 45 DSGVO) oder andere geeignete Garantien für die Einhaltung eines solchen Datenschutzniveaus nachgewiesen
wurden (z. B. verbindliche Unternehmensrichtlinien, Art. 46 DSGVO). Danach
ist u. a. eine Übermittlung durch Einwilligung des Betroffenen möglich. Deren
wirksame Erteilung setzt aber eine Belehrung über das mögliche Risiko voraus
(Art. 49 Abs. 1 lit. a DSGVO). Diesbezüglich bringt die DSGVO keine Änderungen zur geltenden Rechtslage. Für einen Datentransfer in die USA (die nicht
als Drittstaat mit angemessenem Datenschutzniveau anerkannt sind) hat die
EU-Kommission nach dem Safe Harbor-Urteil des *EuGH*[12] den sog. EU-US-Privacy Shield entwickelt. Dieser wurde im Juli 2016 beschlossen und stellt die
neue Rechtsgrundlage für Datenübermittlungen in die USA dar.

10 Datenschutzbeauftragter

Die DSGVO nennt drei Fälle, in denen ein Datenschutzbeauftragter ernannt 940
werden muss (Art. 37 Abs. 1 DSGVO). Dazu gehört jede Datenverarbeitung
durch eine öffentliche Stelle (Abs. 1 lit. a), weswegen diese Pflicht auch die
Hochschulen treffen wird. Zudem muss ein Datenschutzbeauftragter ernannt
werden, wenn die zentralen Tätigkeiten des Verantwortlichen oder des Datenverarbeiters aus Handlungen bestehen, die aufgrund ihrer Art, ihres Umfangs
oder Zwecks eine regelmäßige und systematische Überwachung von Betroffenen erfordern (Abs. 1 lit. b). Schließlich besteht die gleiche Pflicht, wenn im
großen Umfang besondere Arten von Daten i. S. d. Art. 9 DSGVO oder Daten
über strafrechtliche Verurteilungen und Straftaten gem. Art. 10 DSGVO verarbeitet werden (Abs. 1 lit. c). Der Beauftragte ist aufgrund seiner Fähigkeiten
und Kenntnisse im Bereich des Datenschutzrechtes zu ernennen (Art. 37 Abs. 5
DSGVO). Er ist über alle Aktivitäten im Bereich der Datenverarbeitung frühzei-
tig und ordnungsgemäß zu informieren und arbeitet unabhängig. Der Datenschutzbeauftragte darf darüber hinaus wegen der Erfüllung seiner Aufgaben
nicht benachteiligt oder abberufen werden und muss durch den Verantwortlichen oder Auftragsdatenverarbeiter über alle erforderlichen Ressourcen verfügen können (Art. 38 DSGVO).

Seine Aufgaben bestehen u. a. darin, auf die Einhaltung der Datenschutz- 941
vorschriften durch Überwachung, Beratung und Unterrichtung hinzuwirken und

---

12 *EuGH*, Urt. v. 6. 10. 2015 – C-362/14, EuZW 2015, 881–888 = NJW 2015, 3151–3158.

mit den Aufsichtsbehörden zu kooperieren (Art. 39 Abs. 1 DSGVO). Bei einem Verstoß gegen Regelungen der DSGVO haftet jedoch weiterhin allein die verarbeitende Stelle und nicht der Datenschutzbeauftragte, wie die Artikel 29-Datenschutzgruppe in ihrer Stellungnahme vom 13. Dezember 2016 deutlich machte.[13]

942   Art. 37 Abs. 4 DSGVO enthält zudem eine Öffnungsklausel, um den Mitgliedstaaten die Möglichkeit zu geben, bei der Ernennung eines Datenschutzbeauftragten nationale Sonderregelungen zu erlassen. So wurde bereits in dem Entwurf des ABDSG festgelegt, dass Verantwortliche mit Sitz in Deutschland einen Beauftragten für den Datenschutz zu bestellen haben, sobald i. d. R. mindestens zehn Personen ständig mit der Verarbeitung personenbezogener Daten beschäftigt sind (§ 14 Abs. 1 Entwurf-ABDSG). Die nationale Vorschrift sieht damit eine deutlich umfassendere Bestellpflicht vor.

11 Bußgelder

943   Die Aufsichtsbehörden sollen zusätzlich oder anstelle von bestimmten Maßnahmen aus dem Katalog des Art. 58 Abs. 2 DSGVO Bußgelder verhängen (Art. 83 Abs. 2 DSGVO). Zudem werden Kriterien sowohl für die Entscheidung über die Verhängung eines Bußgeldes an sich als auch für die Entscheidung über dessen Höhe festgelegt. Dies sind bspw. Art, Schwere und Dauer des Verstoßes (Art. 83 Abs. 2 lit. a DSGVO). Des Weiteren bestehen Obergrenzen (10 000 000 bzw. 20 000 000 Euro oder zwei bis vier Prozent des gesamten weltweit erzielten Jahresumsatzes des vorangegangenen Geschäftsjahres) für die Höhe eines Bußgeldes (Art. 83 Abs. 4, 5 DSGVO). Die jeweilige Obergrenze ist abhängig davon, welche konkreten Vorschriften verletzt wurden. Es gilt der Grundsatz, dass die jeweilige Bußgeldverhängung effektiv, verhältnismäßig und abschreckend sein soll (Art. 83 Abs. 1 DSGVO).

12 Verarbeitung i. R. v. Arbeitsverhältnissen

944   Für die Verarbeitung von Daten im Beschäftigungskontext können die Mitgliedstaaten spezifischere Bestimmungen erlassen (Art. 88 Abs. 1 DSGVO). Durch Gesetz oder mittels Tarifvertrag können Regelungen zum Schutz der Daten von Arbeitnehmern getroffen werden, sodass deren Rechte und Freiheiten ausreichend gewährleistet sind. Dabei sollen Maßnahmen getroffen werden, die die

---

13 http://ec.europa.eu/information_society/newsroom/image/document/2016–51/wp243_en_40855.pdf (zuletzt abgerufen: Mai 2017).

Berücksichtigung der Arbeitnehmerinteressen im Hinblick auf die Transparenz von Überwachungseinrichtungen, sowie Datenverarbeitung und -weiterleitung sicherstellen (Art. 88 Abs. 2 DSGVO).

II Besondere Persönlichkeitsrechte

Literatur: *Beck*, Lehrermobbing durch Videos im Internet – ein Fall für die Staatsanwaltschaft?, MMR 2008, 77; *Gounalakis/Rhode*, Persönlichkeitsschutz im Internet – Grundlagen und Online-Spezifika, München 2002; *Heidrich*, Zwischen Free Speech und Mitstörerhaftung. Forenhaftung in den USA und Deutschland, K & R 2007, 144; *Helle*, Persönlichkeitsverletzungen im Internet, JZ 2002, 593; *Hildebrand*, Abbildungen von Personen bei künstlerischer Street Photography, ZUM 2016, 305; *Höch*, Bewegung bei Bewertungsportalen – wie Unternehmen ihren Ruf im Netz besser schützen können; *Holznagel/Hartmann*, Das „Recht auf Vergessenwerden" als Reaktion auf ein grenzenloses Internet – Entgrenzung der Kommunikation und Gegenbewegung, MMR 2016, 228; *Jandt*, EuGH stärkt den Schutz der Persönlichkeitsrechte gegenüber Suchmaschinen, MMR-Aktuell 2014, 358242; *Kamp/Peifer*, Datenschutz und Persönlichkeitsrecht – Anwendung der Grundsätze über Produktkritik auf das Bewertungsportal „spickmich.de"?, ZUM 2009, 185; *Kühling*, Rückkehr des Rechts: Verpflichtung von „Google & Co." zu Datenschutz, EuZW 2014, 527; *Lütcke*, Persönlichkeitsrechtsverletzungen im Internet – eine rechtsvergleichende Untersuchung zum deutschen und amerikanischen Recht, München 2000; *Mann*, Online-Archive nach der „Google-Entscheidung" des EuGH, AfP 2014, 210; *McCarthy*, All the World's a Stage: The European right to be forgotten revisited from a US perspective, GRUR Int. 2016, 604; *Nolte*, Das Recht auf Vergessenwerden – Mehr als nur ein Hype? NJW 2014, 2238; *Petershagen*, Der Schutz des Rechts am eigenen Bild vor Hyperlinks, NJW 2011, 705; *Spindler*, Durchbruch für ein Recht auf Vergessen(werden)? – Die Entscheidung des EuGH in Sachen Google Spain und ihre Auswirkungen auf das Datenschutz- und Zivilrecht, JZ 2014, 981; *Stehmeier/Schimke*, Internet-Suchmaschinen und Datenschutz – Zugleich eine Besprechung von EuGH C-131/12, UFITA 2014, 661; *Trentmann*, Die (un)geklärte Rechtslage bei Altberichten in Online-Archiven – kritischer Überblick zum aktuellen Entwicklungsstand der Rechtsprechung, MMR 2016, 731; *von Hinden*, Persönlichkeitsverletzungen im Internet. Das anwendbare Recht, Tübingen 1999; *von Petersdorff-Campen*, Persönlichkeitsrecht und digitale Archive, ZUM 2008, 102.

1 Einwilligung des Abgebildeten

Vorab zu beachten sind besondere Persönlichkeitsrechte, etwa das im Kunsturheberrechtsgesetz geregelte **Recht am eigenen Bild** (§§ 22 ff. KUG).[14] Bildnisse dürfen danach grundsätzlich nur mit Einwilligung des Abgebildeten verbreitet oder öffentlich zur Schau gestellt werden (§ 22 S. 1 KUG). Auch Mitarbeiter

945

---

[14] Vgl. dazu etwa *BGH*, Urt. v. 29. 10. 2009 – I ZR 65/07, MDR 2010, 706 = NJW-RR 2010, 855.

eines Unternehmens dürfen im Internet nur mit ihrer Einwilligung abgebildet werden. Dies gilt auch für leitende Angestellte, die das Unternehmen nach außen repräsentieren.[15] Eine Veröffentlichung von Fotos einer Disco-Veranstaltung im Internet ist grundsätzlich nur mit Einwilligung der Abgebildeten zulässig.[16] Dabei erstreckt sich eine Einwilligung, die sich auf die Verwendung eines Fotos für Personalzwecke bezieht, nicht automatisch auf das Internet. Auch hier gilt entsprechend der urheberrechtliche Zweckübertragungsgrundsatz (§ 31 Abs. 5 UrhG); eine Einwilligung zu Personalzwecken legitimiert keine Internetnutzung.[17] Fraglich ist jedoch, wie die Einwilligung ausgestaltet sein muss, wenn es sich bei dem Abgebildeten um eine minderjährige Person handelt. In dem Fall finden nach herrschender Ansicht die §§ 104 ff. BGB Anwendung. Bei Geschäftsunfähigen ist die Einwilligung mithin allein durch den gesetzlichen Vertreter zu erteilen (§§ 104, 105 BGB). Beschränkt geschäftsfähige Personen i. S. d. § 106 BGB müssen hingegen mit ihren gesetzlichen Vertretern in die Veröffentlichung einwilligen, sofern der Minderjährige eine gewisse Einsichtsfähigkeit vorweisen kann (hier sind die Gedanken des § 828 Abs. 3 BGB heranzuziehen).[18]

946   Zu bedenken ist beim Recht am eigenen Bild auch die Möglichkeit eines Widerrufs, zumindest dann, wenn der Abgebildete wegen gewandelter Überzeugung eine Verbreitung seines Fotos nicht mehr billigen möchte.[19] Erklärt der Abgebildete einen solchen Widerruf, kommt eine analoge Anwendung von § 42 Abs. 3 UrhG nicht in Betracht, wonach der Urheber (in diesem Fall der Abgebildete) den Nutzer entschädigen müsste, sodass ein Anspruch auf angemessene Entschädigung nicht besteht.

947   Vielmehr verbleibt dem Nutzer allenfalls ein Anspruch auf Ersatz des Vertrauensschadens in analoger Anwendung von § 122 BGB.[20] Liegt keine ausdrückliche Einwilligung vor, so ist zu überprüfen, ob möglicherweise eine konkludente Einwilligung in Betracht kommt. Denkbar ist bspw. bei professionell tätigen Foto-Hostessen eine konkludente Einwilligung, da diesen sowohl durch die Art der Veranstaltungen als auch durch die Art ihrer Tätigkeiten bewusst

---

15 *Kaufmann*, Mitarbeiterdaten auf der Homepage, DuD 2005, 262, 266.
16 *AG Ingolstadt*, Urt. v. 3. 2. 2009 – 10 C 2700/08, ITRB 2009, 269 = MMR 2009, 436.
17 *KG*, Urt. v. 24. 7. 2001 – 5 U 9427/99, CR 2002, 127 = AfP 2001, 406, wonach die bloße Bekanntheit einer Nutzungsmöglichkeit bei Vertragsschluss nicht reiche, eine Einwilligung nach dem KUG anzunehmen.
18 Dreier/Schulze/*Specht*, Urheberrechtsgesetz, 5. Auflage 2015, KUG § 22 Rz. 24 ff.
19 *OLG Koblenz*, Urt. v. 20. 5. 2014 – 3 U 1288/13, ZUM 2015, 58 = BeckRS 2014, 1030; *OLG München*, Urt. v. 17. 3. 1989 – 21 U 4729/88, NJW-RR 1990, 999 = BeckRS 9998, 09410.
20 *AG Charlottenburg*, Urt. v. 21. 2. 2002 – 204 C 574/01, AfP 2002, 172 = ZUM-RD 2002.

sein muss, dass mit Fotos ihrer Person und deren Veröffentlichung zu rechnen ist.[21]

Die Aufzeichnung von Personen mittels Dashcam verletzt das Allgemeine **948** Persönlichkeitsrecht und das Recht auf informationelle Selbstbestimmung; solche Aufzeichnungen in einem Pkw unterliegen einem Beweisverwertungsverbot.[22] Die Teilnahme an einer öffentlichen Veranstaltung ist keine konkludente Einwilligung in Veröffentlichung herausgeschnittener Einzelbilder einer Person.[23]

2 Ausgewählte Problembeispiele

Eine Veröffentlichung von Bildern ohne eine vorherige Einwilligung ist nur in **949** bestimmten Ausnahmefällen zulässig. Dazu gehören u. a. Bildnisse aus dem Bereich der Zeitgeschichte und solche, auf denen Personen nur als Beiwerk neben einer Landschaft oder sonstigen Örtlichkeiten erscheinen (§ 23 Abs. 1 Nr. 1, 2 KUG). Diese Ausnahmen greifen jedoch nicht, wenn durch die Verbreitung berechtigte Interessen des Abgebildeten beeinträchtigt werden (§ 23 Abs. 2 KUG). Werden z. B. dem **privaten Bereich** zuzuordnende und im Internet im Zusammenhang mit einer Freizeitaktivität veröffentlichte Bilder in einem Bericht verlinkt, der sich kritisch mit der anwaltlichen Tätigkeit des Abgebildeten auseinandersetzt, steht dem abgebildeten Anwalt ein Unterlassungsanspruch aus §§ 1004, 823 BGB, 22, 23 KUG zu, sofern der Link auf die Bilder als Untermauerung der kritischen Äußerungen eingesetzt wird.[24] Selbst wenn man die Bebilderung noch als Beitrag zu einer allgemeinen Diskussion versteht, überwiegt das berechtigte Interesse des Abgebildeten an seiner Privatsphäre dasjenige eines Presseorgans an der Veröffentlichung, da das zur Schau gestellte Bild als Beleg für die kritischen Meinungsäußerungen aus dem (privaten) Zusammenhang gerissen wird. Die Veröffentlichung von Gerichtsentscheidungen im Internet mit voller Nennung der anwaltlichen Parteivertreter hingegen verletzt nach Auffassung des *OLG Hamm*[25] nicht die Rechte der betroffenen Anwälte. In Bezug auf den Ausnahmetatbestand des § 23 Abs. 1 Nr. 1 KUG argumentiert das *LG Berlin* eher pressekritisch.[26] Ein **Rechtsanwalt**

21 *BGH*, Urt. v. 11.11. 2014 – VI ZR 9/14, NJW 2015, 1450 = GRUR 2015, 295.
22 *LG Heilbronn*, Urt. v. 17.2. 2015 – I 3 S 19/14, NJW-RR 2015, 1019.
23 *OLG Frankfurt a. M.*, Urt. v. 21.4. 2016 – 16 U 251/15, K & R 2016, 524.
24 *OLG München*, Urt. v. 26.6. 2007 – 18 U 2067/07, MMR 2007, 659 = K & R 2007, 531 m. Anm. *Wimmers/Schulz*.
25 *OLG Hamm*, Urt. v. 11.12. 2007 – 4 U 132/07, MDR 2008, 1128 = MMR 2008, 547.
26 *LG Berlin*, Urt. v. 8.3. 2007 – 27 O 1208/06, NJW-RR 2007, 1270 = AfP 2007, 164.

sei typischerweise nach § 23 Abs. 1 Nr. 1 KUG **keine relative Person der Zeitgeschichte** und habe daher einen Anspruch auf Unterlassung von Fotoveröffentlichungen gegen die Zeitung „Die Welt". Von einer sog. relativen Person der Zeitgeschichte sei auszugehen, wenn die Abbildung im Zusammenhang mit einem sog. zeitgeschichtlichen Ereignis stehe und daran ein sachentsprechendes Informationsinteresse und -bedürfnis der Öffentlichkeit bestehe. Die bildliche Darstellung solle dabei dem echten, sachgerechten Informationsbedürfnis der Allgemeinheit über Personen insb. des öffentlichen Lebens Rechnung tragen. Der Informationsanspruch der Öffentlichkeit sei dabei gegen die Interessen des Betroffenen abzuwägen. Kein zeitgeschichtliches Ereignis stelle die Wahrnehmung beratender Tätigkeiten durch einen Anwalt für prominente Mandanten dar. Weder in ihrem Allgemeinen Persönlichkeitsrecht noch in ihrem Recht am eingerichteten und ausgeübten Gewerbebetrieb sind Anwälte in dem Falle beschränkt.[27]

950 Fotos sind auch ohne Zustimmung **bei Ereignissen der Zeitgeschichte** zulässig (§ 23 Abs. 1 Nr. 1 KUG).[28] Der Begriff umfasst nicht nur Vorgänge von großer historischer oder politischer Bedeutung, sondern alle Fragen von allgemeinem gesellschaftlichem Interesse. Dazu können auch Veranstaltungen von nur lokaler oder regionaler Bedeutung, auch Mieterfeste einer Berliner Wohnungsbaugesellschaft, gehören.[29] Jedoch bezieht sich diese Ausnahme nur auf eine Situation, in der der Empfängerkreis der Fotos als gering eingeschätzt werden kann.[30] Es ist somit davon auszugehen, dass eine Veröffentlichung solcher Fotos im Internet in derartigen Fällen nicht legitimiert ist. Die Veröffentlichung eines überlebensgroßen Plakates von einer **straßenfotografischen Szene in Berlin,** auf welchem auch Personen abgebildet sind, kann auch nicht durch die Kunstfreiheit i. S. d. § 23 Abs. 1 Nr. 4 KUG gerechtfertigt sein, denn die Veröffentlichung stellt eine schwere Beeinträchtigung des Persönlichkeitsrechts (§ 22 KUG) dar.[31] Das Recht der Abgebildeten, nicht für die Ausstellung herhalten zu müssen, überwiegt daher das Recht auf Kunstfreiheit, da überwiegende berechtigte Interessen i. S. d. § 23 Abs. 2 KUG anzuerkennen sind.

951 Streng ist das *BAG* im Hinblick auf die Anforderung an die **Einwilligung von Arbeitnehmern.** So vertritt das *BAG* die Auffassung, dass die nach § 22 KUG grundsätzlich formfreie erforderliche Einwilligung schriftlich erfolgen

---

27 *LG Berlin*, Urt. v. 8.3. 2007 – 27 O 1208/06, NJW-RR 2007, 1270 = AfP 2007, 164.
28 *BGH*, Urt. v. 21.4. 2015 – VI ZR 245/14, GRUR 2015, 816 = CR 2015, 528.
29 *BGH*, Urt. v. 8.4. 2014 – VI ZR 197/13, NJW-RR 2014, 1193 = GRUR 2014, 804.
30 *BGH*, Urt. v. 8.4. 2014 – VI ZR 197/13, NJW-RR 2014, 1193 = VersR 2014, 890.
31 *LG Berlin*, Urt. v. 3.6. 2014 – 27 O 56/14, AfP 2015, 177; dazu auch Elmenhorst, ZUM 2014, 734.

müsse, um der Bedeutung des Rechts der Arbeitnehmer, auch im Arbeitsverhältnis ihr Grundrecht auf informationelle Selbstbestimmung ausüben zu dürfen, gerecht zu werden.[32] Im Übrigen lasse die Tatsache, dass diese Einwilligung im Rahmen eines Beschäftigungsverhältnisses abgegeben wurde, nicht
den Schluss zu, der Arbeitnehmer sei in seiner Entscheidung nicht frei gewesen. Eine ohne Einschränkung erteilte Einwilligung des Arbeitnehmers in die
Veröffentlichung von Videoaufnahmen durch seinen Arbeitgeber erlischt nicht
automatisch mit dem Ende des Beschäftigungsverhältnisses. Sie kann aber widerrufen werden, wenn dafür ein plausibler Grund angegeben wird.[33] Ein solcher Grund könnte z. B. vorliegen, wenn durch die Abbildung mit der Person
des ausgeschiedenen Arbeitnehmers oder mit seiner Funktion im Unternehmen geworben wird.

Eine **Personensuchmaschine**, die Informationen zu gesuchten Personen 952
im Internet aufspürt, kann sich grundsätzlich nicht darauf berufen, dass ein
bestimmtes Foto im Internet vorhanden und dessen Nutzung daher von einer
mutmaßlichen Einwilligung des Abgebildeten gedeckt sei. Die Reichweite der
Einwilligung erstreckt sich somit nicht von einem Internetseitenbetreiber auf
einen anderen.[34] Der Eingriff des Betreibers der Personensuchmaschine ist
aber nicht rechtswidrig, wenn er dem Verhalten der abgebildeten Person auch
ohne ausdrückliche rechtsgeschäftliche Erklärung entnehmen durfte, diese sei
mit der Abbildung ihres Fotos in dem Internetangebot einverstanden, da sie
es ermöglicht hat, dass ihr Foto auf der von ihrem Arbeitgeber betriebenen
Internetseite veröffentlicht wird. Ein solches Verhalten liege insb. vor, wenn
die abgebildete Person Bilder auf einer suchmaschinenoptimierten Homepage
ohne Einschränkungen frei zugänglich macht und nicht von den technischen
Möglichkeiten Gebrauch macht, die Fotos von der Anzeige durch Personen-
suchmaschinen auszunehmen.[35] Ähnlich zulässig ist der Zugriff auf Bilder, die
der Betroffene bei Facebook und vergleichbaren sozialen Plattformen einstellt
und dabei die vorhandene Sperrmöglichkeit für Suchmaschinen nicht nutzt.[36]
Des Weiteren hat das *LG Hamburg* eine vorbeugende Prüfungspflicht der Suchmaschinenbetreiber für möglicherweise persönlichkeitsrechtsverletzende In-

---

32 *BAG*, Urt. v. 11. 12. 2014 – 8 AZR 1010/13, NZA 2015, 604 = ZD 2015, 604 m. Anm. *Wybitul.*
33 *BAG*, Urt. v. 19. 2. 2015 – 8 AZR 1011/13, MMR 2015, 544 = ZUM-RD 2016, 208 m. Anm. *Stück.*
34 *LG Köln*, Urt. v. 17. 6. 2009 – 28 O 662/08, K & R 2009, 820; zum „Recht auf Vergessen
werden" bei Suchmaschinen siehe *EuGH*, Urt. v. 13. 5. 2014 – C-131/12, NJW 2014, 2257 = MMR
2014, 455, m. Anm. *Sörup* sowie die Anm. *Luch/Schulz/Kuhlmann*, EuR 2014, 698.
35 *LG Hamburg*, Urt. v. 16. 6. 2010 – 325 O 448/09, CR 2010, 750 = ZUM-RD 2010, 623.
36 *OLG Köln*, Urt. v. 9. 2. 2010 – 15 U 107/09, CR 2010, 530 = ZUM 2010, 706.

halte der verlinkten Texte (hier Namensnennung im Zusammenhang mit einem Mordfall) abgelehnt.[37]

953   Nach dem Anfang 2015 neugefassten **§ 201a Abs. 1 StGB** wird bestraft, wer eine Bildaufnahme, die die Hilflosigkeit einer anderen Person zur Schau stellt oder die Person in einer Wohnung zeigt, unbefugt herstellt oder überträgt und dadurch den höchstpersönlichen Lebensbereich der abgebildeten Person verletzt.[38] Da der Rechtgutangriff bereits in der Fertigung der Bildaufnahme durch den Täter liegt, ohne dass es auf eine mögliche spätere Weitergabe oder Verbreitung der Aufnahme ankommt, besteht insb. kein Grund, den Eintritt des Taterfolgs davon abhängig zu machen, dass die Identifizierung der abgebildeten Person von Dritten anhand auch anderer bekannter Merkmale oder Besonderheiten vorgenommen werden kann.[39] Es genügt mithin, wenn die Bildaufnahmen aufgrund hinreichend vorhandener Identifizierungsmerkmale von den jeweiligen Tatopfern der eigenen Person zugeordnet werden können. **§ 201a Abs. 2 StGB** sanktioniert denjenigen, der unbefugt von einer anderen Person eine Bildaufnahme, die geeignet ist, dem Ansehen der abgebildeten Person erheblich zu schaden, einer dritten Person zugänglich macht. Diese seit dem 21. Januar 2015 geltenden Vorschriften sind gerade in ihrer Unkonturiertheit sehr problematisch. Unklar ist z. B., ab wann eine Bildaufnahme dem Ansehen einer Person erheblich schadet. Auch die Gesetzesmaterialien geben keinen eindeutigen Aufschluss. Danach soll die Beurteilung durch einen durchschnittlichen Betrachter der Maßstab dafür sein, ob eine Bildaufnahme geeignet ist, dem Ansehen der abgebildeten Person erheblich zu schaden.[40] Doch auch dieses Kriterium ist zu unbestimmt, sodass abzuwarten bleibt, wie die Gerichte die Vorschrift auslegen werden.

954   Bestraft wird gem. § 203 I Nr. 1, Nr. 3 StGB ferner, wer unbefugt ein fremdes, zum persönlichen Lebensbereich gehörendes Geheimnis offenbart, das ihm z. B. als Arzt oder Rechtsanwalt anvertraut worden ist. Ohne eine Einwilligung des Betroffenen dürfen solche personenbezogenen Informationen mithin nicht weitergegeben werden. So ist es einem Arzt u. a. untersagt, Patientendaten im Zusammenhang mit einer Abtretung der ärztlichen Honorarforderung an eine gewerbliche Verrechnungsstelle zu übermitteln, wenn der Patient der

---

37 *OLG Köln*, Urt. v. 9. 2. 2010 – 15 U 107/09, CR 2010, 530 = ZUM 2010, 706.
38 Dazu auch *BGH*, Beschl. v. 26. 2. 2015 – 4 StR 328/14, StRR 2015, 269, m. Anm. *Burhoff* = RDV 2015, 192; *Busch*, Strafrechtlicher Schutz gegen Kinderpornographie und Missbrauch, NJW 2015, 977; *Wieduwilt*, Neues Fotorecht im öffentlichen Raum, K & R 2015, 83; ähnlich auch *LG Köln*, Urt. v 22. 6. 2011 – 28 O 819/10, DuD 2011, 823.
39 *BGH*, Beschl. v. 26. 2. 2015 – 4 StR 328/14, StRR 2015, 269 = RDV 2015, 192, m. Anm. *Burhoff*.
40 BT-Drs. 18/2954, 12.

damit verbundenen Weitergabe seiner Abrechnungsunterlagen nicht zugestimmt hat.[41]

Die Haftung **von Online-Pressearchiven für Persönlichkeitsrechtsver-** 955
letzungen wird in der Rechtsprechung unterschiedlich bewertet. Hierbei zeigt sich bereits eine uneinheitliche Beurteilung der Frage, wann durch das Bereithalten von Inhalten in einem Online-Archiv überhaupt eine Persönlichkeitsrechtsverletzung gegeben ist. Gegenstand der gerichtlichen Entscheidungen sind zumeist Berichte über Straftaten, in denen die Namen der Straftäter genannt und Bilder von ihnen verwendet werden. Schwierigkeiten persönlichkeitsrechtlicher Art ergeben sich, wenn ein schon seit mehreren Jahren wegen einer Straftat rechtskräftig Verurteilter gegen einen ihn identifizierenden Artikel in einem Online-Archiv vorgehen will. Ein solcher Anspruch hängt wesentlich von der durch den Bericht erzielten Breitenwirkung und der seit der Tat vergangenen Zeit ab. Zudem ist das Recht des Täters auf Wiedereingliederung in die Gesellschaft zu beachten. Eine Gefährdung dieser Resozialisierung des Täters ist der Rechtsprechung zufolge dann anzunehmen, wenn ein den Täter identifizierender Beitrag nach dessen Haftentlassung oder in einem zeitlichen Zusammenhang zu der bevorstehenden Entlassung veröffentlicht werden soll.[42] Das Allgemeine Persönlichkeitsrecht führt aber nicht dazu, dass Straftäter einen Anspruch darauf haben, in der Öffentlichkeit nie wieder mit der begangenen Straftat konfrontiert zu werden.[43] Ist der Täter noch in Haft, hat die Berichterstattung i. d. R. keine so negativen Auswirkungen, dass das öffentliche Informationsinteresse und die Meinungs- und Pressefreiheit hinter das Allgemeine Persönlichkeitsrecht des Betroffenen zurücktreten müssten.[44] Während das *LG Frankfurt a. M.*[45] eine Verletzung des Persönlichkeitsrechts ablehnt, wenn der archivierte Artikel keine mit einem aktuellen Beitrag vergleichbare Breitenwirkung erzeugt, da eine gezielte Suche unter Eingabe des vollständigen Namens des Täters nötig sei, bejaht das *LG Hamburg*[46] eine Verletzung des Persönlichkeitsrechts. Die Möglichkeit einer blitzschnellen, für jedermann möglichen Auffindbarkeit durch den Einsatz hocheffizienter Suchmaschinen begründe ein erheblich intensiviertes und ganz eigenes Maß an sich

---

41 *LG Mannheim*, Urt. v. 20.11. 2014 – 10 S 44/14, ZD 2015, 183 = BeckRS 2014, 22264.
42 *OLG Hamburg*, Urt. v. 18.12. 2007 – 7 U 77/07, AfP 2008, 95 mit Verweis auf *BverfG*, Beschl. v. 25.11. 1999 – 1 BvR 348/98 u. a., NJW 2000, 1859 f. – Lebach II.
43 *OLG Hamburg*, Urt. v. 18.12. 2007 – 7 U 77/07, AfP 2008, 95 mit Verweis auf *BverfG*, Urt. v. 5.6. 1973 – 1 BvR 536/75, GRUR 1973, 541 – Lebach I.
44 *LG Hamburg*, Beschl. v. 11.6. 2008 – 324 O 1069/07.
45 *LG Frankfurt a. M.*, Urt. v. 5.10. 2006 – 2/3 O 358/06, MMR 2007, 59 = AfP 2006, 584.
46 *LG Hamburg*, Urt. v. 1.6. 2007 – 324 O 717/06, MMR 2007, 666.

fortsetzender Beeinträchtigung, sodass das Individualinteresse des Betroffenen, mit seiner Tat „in Ruhe gelassen" zu werden, Vorrang genieße. In einer Entscheidung schloss sich das *OLG Hamburg* allerdings im Ergebnis der Meinung an, nach der eine grundsätzliche Löschungspflicht nach dem Ablauf einer bestimmten Zeit nicht bejaht werden kann, sofern eine bevorstehende Entlassung des Täters aus der Strafhaft nicht ersichtlich ist.[47] Auch nach Auffassung des *OLG Frankfurt a. M.*[48] bestehen keine persönlichkeitsrechtlichen Löschungspflichten für Online-Archive. Grundsätzlich könne einem verurteilten Straftäter zur Wahrung seines Persönlichkeitsrechts ein Unterlassungsanspruch gegen eine ihn identifizierende Berichterstattung zustehen. Voraussetzung sei eine entsprechende Breiten- und Tiefenwirkung, die bei einigen Zeilen in einem Online-Archiv nicht gegeben sei. Anders sei dies bspw. bei einer umfassenden Berichterstattung im Fernsehen zu den „größten Kriminalfällen".

956   Der *BGH*[49] hat die Löschungspflichten von Archivbetreibern auf ein Minimum reduziert. Im Veröffentlichungszeitpunkt zulässige Mitschriften nicht mehr aktueller Rundfunkbeiträge dürfen hiernach auch unter voller Namensnennung verurteilter Straftäter zum Abruf im Internet bereitgehalten werden. Zu berücksichtigen sei darüber hinaus, dass ein anerkennenswertes Interesse der Öffentlichkeit nicht nur an der Information über das aktuelle Zeitgeschehen, sondern auch an der Möglichkeit bestehe, vergangene zeitgeschichtliche Ereignisse zu recherchieren. Das von den Klägern begehrte Verbot würde den freien Informations- und Kommunikationsprozess einschnüren und hätte abschreckende Auswirkungen auf den Gebrauch der Meinungs- und Medienfreiheit. Etwas anderes könne nur gelten, wenn die Aussagen geeignet seien, eine erhebliche Breitenwirkung zu entfalten und eine besondere Stigmatisierung des Betroffenen nach sich zu ziehen, sodass sie zum Anknüpfungspunkt für eine soziale Ausgrenzung und Isolierung zu werden drohen. Ähnlich hat der *BGH* in einem weiteren Urteil[50] presseinterne Bildarchive von der Haftung freigestellt. Der quasi presseintern bleibende Abruf von Bildnissen (von Personen) durch Presseunternehmen in einem Bildarchiv stelle keine Verbreitungshandlung i. S. v. § 22 KUG des Betreibers dieses Bildarchivs dar. Das Bildarchiv erbringe in einem solchen Fall eine typischerweise pressebezogene bzw. medien-

---

47 *OLG Hamburg*, Beschl. v. 11. 3. 2008 – 7 W 22/08.
48 *OLG Frankfurt a. M.*, Urt. v. 22. 5. 2007 – 11 U 72/06, MMR 2008, 182; ähnlich *BGH*, Urt. v. 13. 11. 2012 – VI ZR 330/11, MMR 2013, 194 = ZUM 2013, 399.
49 *BGH*, Urt. v. 15. 12. 2009 – VI ZR 227/08, MDR 2010, 321 = CR 2010, 184 m. Anm. *Kaufmann* = GRUR 2010, 266 und *BGH*, Urt. v. 15. 12. 2009 – VI ZR 228/08, BeckRS 2010, 01852.
50 *BGH*, Urt. v. 7. 12. 2010 – VI ZR 34/09, ZUM 2011, 240.

bezogene Hilfstätigkeit, die in enger organisatorischer Bindung an die Medien erfolge und für das Funktionieren der freien Medien bzw. Presse notwendig sei. Bei schweren Straftaten hält der *BGH* i. Ü. auch das Bereithalten von sog. Teasern im Internet für zulässig, in denen ein verurteilter Straftäter namentlich genannt wird und durch die auf im „Archiv" enthaltene und nur Nutzern mit besonderer Zugangsberechtigung zugängliche Beiträge aufmerksam gemacht wird.[51] Der *EuGH* hat in seiner „Google"-Entscheidung zum **Recht auf Vergessen werden** vom 13. Mai 2014 eine Löschungspflicht der Betreiber von Internetsuchmaschinen in Bezug auf Links anerkannt, die als Ergebnis einer anhand des Namens der betroffenen Person durchgeführten Suche erscheinen und zu von Dritten angebotenen Internetseiten führen, die Informationen über diese Person enthalten. Diese Pflicht diene der Wahrung der Rechte aus Art. 12 lit. b und Art. 14 lit. a der Datenschutzrichtlinie 95/46/EG und bestehe nur, wenn die Voraussetzungen dieser Rechte erfüllt sind. Sie gelte unabhängig davon, ob der Name oder die Informationen auf den von Dritten veröffentlichten Internetseiten vorher oder gleichzeitig gelöscht werden und gegebenenfalls auch dann, wenn die Veröffentlichung auf den Internetseiten als solche rechtmäßig ist. Unerheblich sei zudem, ob der betroffenen Person durch die Einbeziehung der betreffenden Information in die Ergebnisliste ein Schaden entstehe. Bei der Beurteilung, ob die Voraussetzungen der Rechte aus der Datenschutzrichtlinie erfüllt sind, sei zu prüfen, ob der betroffenen Person ein Recht darauf zustehe, dass ihr Name nicht mehr über die Ergebnisliste der Suchmaschine mit der Information über sie in Verbindung gebracht werden kann. Aufgrund der Grundrechte aus Art. 7 und 8 GRCh auf Achtung des Privatlebens und Schutz personenbezogener Daten könne die betroffene Person verlangen, dass die Information über sie nicht mehr durch die Anzeige in der Ergebnisliste einer breiten Öffentlichkeit zugänglich gemacht wird. Dieses Recht überwiege grundsätzlich sowohl die wirtschaftlichen Interessen der Suchmaschinenbetreiber als auch das Interesse der Öffentlichkeit an der Informationserlangung über die Ergebnisliste der Suchmaschine.[52] Dies wäre jedoch nicht der Fall, wenn sich aus besonderen Gründen – wie der Rolle der betreffenden Person im öffentlichen Leben – ergeben sollte, dass der Eingriff in die Grundrechte dieser Person durch das überwiegende Interesse der breiten Öffentlichkeit daran, über die Ergebnisliste der Suchmaschine Zugang zu den Informationen zu erlangen, gerechtfertigt sei. Hintergrund der Entscheidung

---

51 *BGH*, Urt. v. 20. 4. 2010 – VI ZR 245/08, MMR 2010, 571 = NJW 2010, 2728; ähnlich *BGH*, Urteile vom 9. 2. 2010 – VI ZR 243/08 und VI ZR 244/08, MMR 2010, 573.
52 *EuGH*, Urt. v. 13. 5. 2014 – C-131/12, NJW 2014, 2257 = MMR 2014, 455 m. Anm. *Sörup*; siehe dazu *Kühling*, EuZW 2014, 527; *Mann*, AfP 2014, 210.

des *EuGH* ist der Gedanke, dass durch die Suche mit einer Suchmaschine jedem Internetnutzer die Möglichkeit gegeben werde, mit der Ergebnisliste einen strukturierten Überblick über die betreffende Person zu erhalten und somit ein mehr oder weniger detailliertes Profil der Person zu erstellen. Zudem werde die Wirkung des Eingriffs in die genannten Rechte der betroffenen Person noch durch die bedeutende Rolle des Internets und der Suchmaschinen in der modernen Gesellschaft gesteigert.[53] Diesem Urteil entsprechend normiert die DSGVO nun in Art. 17 DSGVO ein Recht auf Löschung für die betroffene Person.

957   Soweit eine Person freiwillig Fragen von Journalisten beantwortet und sich von diesen fotografieren oder sich von einem Reporter interviewen lässt, auf dessen Mikrofon eindeutig das Logo des Fernsehsenders zu erkennen ist, liegt darin das **konkludente Einverständnis** zur Verwendung der Aussagen und des Bildes in einem Artikel.[54] Trägt der Befragte in einem späteren Schmerzensgeldprozess vor, er habe seine Aussage unter den Vorbehalt gestellt, dass er den Artikel vor der Veröffentlichung gegenlesen wollte, trägt er die Beweislast. Auch ein zeitlicher Abstand zwischen der Befragung und der Veröffentlichung ändert an der konkludenten Einwilligung nichts, da diese grundsätzlich unbefristet ist. Wer sein Privatleben der Internetöffentlichkeit („jedenfalls den Siamkatzenfans") zugänglich gemacht hat, muss sich auch Kritik an seiner Person und seiner Katzenhaltung gefallen lassen, solange diese die Grenzen zur Schmähkritik nicht überschreitet und nicht auf unwahren Tatsachenbehauptungen beruht.[55]

958   Die Benotung von Lehrern in Foren wie **spickmich.de** oder **meinprof.de** ist vom Grundrecht auf freie Meinungsäußerung gedeckt.[56] In seinem Urteil zum Lehrerbewertungsportal „spickmich"[57] gab der *BGH* der Meinungsäußerungsfreiheit den Vorzug vor dem Persönlichkeitsrechtsschutz. Bei den in dem Portal verwendeten Informationen (Name, Geburtsdatum, etc.) handele es sich um personenbezogene Daten, deren geschäftsmäßige Erhebung und Speiche-

---

[53] *EuGH*, Urt. v. 13.5. 2014 – C-131/12, NJW 2014, 2257 = MMR 2014, 455 m. Anm. *Sörup*; siehe dazu *Kühling*, EuZW 2014, 527; *Mann*, AfP 2014, 210.
[54] *LG München I*, Urt. v. 12.12. 2007 – 9 O 13832/07, ZUM-RD 2008, 309.
[55] *LG Berlin*, Urt. v. 25.10. 2007 – 27 O 602/07, CR 2008, 402 (Ls.) = MMR 2008, 353.
[56] *OLG Köln*, Urt. v. 3.7. 2008 – 15 U 43/08, CR 2008, 512 = MMR 2008, 672; *OLG Köln*, Urt. v. 27.11. 2007 – 15 U 142/07, CR 2008, 112 = MMR 2008, 101; *LG Köln*, Urt. v. 30.1. 2008 – 28 O 319/07, ZUM-RD 2008, 205; *LG Köln*, Urt. v. 11.7. 2007 – 28 O 263/07, CR 2007, 666 m. Anm. *Plog* = MMR 2007, 729 m. Anm. Kreutzer; *LG Köln*, Urt. v. 22.8. 2007 – 28 O 333/07, RDV 2007, 252; *LG Duisburg*, Urt. v. 18.4. 2008 – 10 O 350/07, CR 2008, 540 (Ls.) = MMR 2008, 691; ähnlich *LG Berlin*, Urt. v. 31.5. 2007 – 27 S 2/07, CR 2007, 742 = MMR 2007, 668 und *LG Regensburg*, Urt. v. 2.2. 2009 – 1 O 1642/08 (2), AfP 2009, 175 zu meinprof.de.
[57] *BGH*, Urt. v. 23.6. 2009 – VI ZR 196/08, CR 2009, 593 = MDR 2009, 1038.

rung gem. § 29 Abs. 1 Nr. 2 BDSG zulässig sei, weil die Daten aus allgemein zugänglichen Quellen, wie der Schulwebsite, entnommen wurden. Zwar berührten die Bewertungen den jeweiligen Lehrer in seiner beruflichen Tätigkeit, also seiner Sozialsphäre, die vom Allgemeinen Persönlichkeitsrecht geschützt wird, jedoch bedürfe es für die Frage der Zulässigkeit einer Würdigung im Zusammenhang mit der Speicherung der Bewertungen, weil auch diese personenbezogene Daten darstellen und nur die gemeinsame Verwendung der Daten den von den Forenbetreibern verfolgten Zweck erfülle. Die Speicherung der Bewertungen sei nach § 29 Abs. 1 Nr. 1 BDSG zulässig, wenn kein Grund zu der Annahme bestehe, dass der Betroffene ein schutzwürdiges Interesse an dem Ausschluss der Erhebung oder Speicherung hat. Die Bewertungen berührten den jeweiligen Lehrer zwar in seiner beruflichen Tätigkeit, also seiner Sozialsphäre, die vom Allgemeinen Persönlichkeitsrecht geschützt wird, dennoch seien sie rechtmäßige Meinungsäußerungen i. S. d. Art. 5 Abs. 1 GG. Zwar handelt es sich um eine Einzelfallentscheidung; diese hat jedoch grundsätzliche Bedeutung für die Zulässigkeit entsprechender Hochschulbewertungsportale wie „meinprof.de" oder „profrate.de". In der Zwischenzeit werden auch in anderen Bereichen entsprechende Bewertungssysteme als Meinungsäußerungen und damit als zulässig angesehen.[58] Insofern dürfe jemand über ein vier Sterne Hotel im Internet veröffentlichen „Max. 3-Sterne-Hotel" und „Alles andere im Hotel, was wir bewerten können durch unsere Nutzung, entsprach überwiegend getünchter Nostalgie, gepaart mit unternehmerischer Arroganz." In späteren Entscheidungen werden Gerichte allerdings kritischer und verlangen auch bei Meinungsäußerungen im Web eine hinreichende „Tatsachenbasis". So soll nach Auffassung des *OLG Köln*[59] eine negative Restaurantkritik in einem Restaurantführer unzulässig sein, sofern diese nur auf Grundlage eines einzelnen Besuchs erstellt wurde und die Bewertung ganz erhebliche Nachteile, wie die Beeinträchtigung des geschäftlichen Ansehens und des wirtschaftlichen Fortkommens des Gourmetrestaurants, für den Restaurantbetreiber nach sich ziehen kann. Der die Bewertung Abgebende sei mithin zur sorgfältigen Prüfung gehalten, ob die Untersuchung neutral, sachkundig und im Bemühen auf Richtigkeit vorgenommen wurde. Datenschutzrechtlich wurde die Zulässig-

---

58 Siehe z. B. *OLG Hamburg*, Urt. v. 18. 1. 2012 – 5 U 51/11, MMR 2012, 605 = CR 2012, 183; *AG Wolgast*, Urt. v. 5. 12. 2008 – 1 C 501/07, K & R 2009, 281 m. Anm. *Krieg* für Hotelbewertungssysteme; *OLG Hamburg*, Urt. v. 10. 11. 2015 – 7 U 18/15, MMR 2016, 355 = BeckRS 2016, 02911 für die Bewertungsplattform yelp.de; *OLG Frankfurt a. M.*, Beschl. v. 18. 6. 2015 – 16 W 29/15, MMR 2016, 566 = BeckRS 2016, 01857 zu Ärztebewertungsportalen.
59 *OLG Köln*, Urt. v. 3. 5. 2011 – 15 U 194/10, ZUM 2012, 493 = AfP 2011, 489; ähnlich *LG Berlin*, Urt. v. 24. 5. 2012 – 27 O 864/11, MMR 2012, 706 = CR 2012, 752.

keit von Bewertungsportalen nun vom *BGH* in einer Grundsatzentscheidung bejaht.[60] Bei der Verwendung veröffentlichter Daten aus öffentlich zugänglichen Quellen im Rahmen eines Bewertungsportals kommt es auf die Zulässigkeit gem. § 29 Abs. 1 Nr. 2 BDSG an. Im Rahmen einer verfassungskonformen Auslegung ist § 29 Abs. 2 BDSG dahingehend zu verstehen, dass die Zulässigkeit der Übermittlung von Daten an abfragende Nutzer anhand einer Gesamtabwägung zwischen dem Persönlichkeitsrecht des Bewerteten und dem Informationsinteresse des Abfragenden zu beurteilen ist.[61] Da die erhobenen Daten grundsätzlich nur die Sozialsphäre des Betroffenen, einen Bereich, in dem sich die persönliche Entfaltung von vornherein im Kontakt mit der Umwelt vollzieht, berühren, ist deswegen dem öffentlichen Informationsinteresse grundsätzlich der Vorrang einzuräumen.[62] Bei Ärztebewertungsportalen hat der *BGH* den Betreibern solcher Plattformen jedoch eine Prüfungspflicht auferlegt.[63] An diese seien strenge Anforderungen zu stellen, da ein Ärztebewertungsportal im Vergleich zu anderen Portalen von vornherein ein gesteigertes Risiko für Persönlichkeitsrechtsverletzungen mit sich brächte. Wird mithin eine Bewertung vom betroffenen Arzt als rechtswidrig beanstandet, so habe der Betreiber eine gewissenhafte Ermittlung des gesamten Sachverhalts vorzunehmen.

959 Das *KG*[64] hatte sich mit der Frage des **Zitierens aus anwaltlichen Schriftsätzen** zu beschäftigen.[65] Es gebe zwar kein generelles Verbot für ein solches Zitieren, dennoch könne die Veröffentlichung eines derartigen Zitates das allgemeine Persönlichkeitsrecht des Anwaltes verletzen. Ob eine Verletzung dieses Rechts vorliege, sei nach Maßgabe einer Güterabwägung zwischen dem allgemeinen Persönlichkeitsrecht des Anwalts und dem Informationsinteresse der Öffentlichkeit zu prüfen. Sofern sich der Äußernde auf ein sachliches und ernsthaftes, für die Allgemeinheit bedeutsames Informationsinteresse berufen könne, gehe die Meinungsfreiheit dem Persönlichkeitsrecht vor. Die Grenzen des Persönlichkeitsrechts sind allerdings überschritten, wenn „Berufskläger gegen Aktiengesellschaften" als „Schmeißfliege" bezeichnet werden, da diese Aussage zu einer schwerwiegenden Diffamierung einer Person führt und dadurch nicht mehr durch die Meinungsfreiheit gerechtfertigt werden kann.[66]

---

60 *BGH*, Urt. v. 23. 9. 2014 – VI ZR 358/13, CR 2015, 116 = GRUR 2014, 1228 = NJW 2015, 489.
61 *BGH*, Urt. v. 23. 9. 2014 – VI ZR 358/13, CR 2015, 116 = GRUR 2014, 1228 = NJW 2015, 489.
62 *BGH*, Urt. v. 23. 9. 2014 – VI ZR 358/13, CR 2015, 116 = GRUR 2014, 1228 = NJW 2015, 489;
KG, Urt. v. 3. 3. 2006 – 9 U 117/05.
63 *BGH*, Urt. v. 1. 3. 2016 – VI ZR 34/15, GRUR 2016, 855 = NJW 2016, 2106.
64 *KG*, Beschl. v. 31. 10. 2008 – 9 W 152/06, ZUM-RD 2009, 244.
65 Siehe auch *LG Köln*, Urt. v. 7. 7. 2010 – 28 O 721/09, BRAK 2010, 226 = ZUM 2010, 987 insb.
zur Frage der urheberrechtlichen Schutzfähigkeit.
66 *AG Düsseldorf*, Urt. v. 19. 12. 2008 – 31 C 5067/08.

Schwierig ist auch die Verwendung von **Zitaten eines prominenten Ka-** 960
barettisten in einem Werbetext.[67] Die bloße Verwendung des Namens eines
Prominenten in einer Werbeanzeige ist noch keine Namensrechtsverletzung
i. S. v. § 12 BGB. Etwas anderes kann nur dann gelten, wenn in der Veröffentlichung der Eindruck erweckt werde, die namentlich genannte Person stehe
selbst hinter dem Produkt. Auch liegt in der Verwendung einzelner Sätze aus
dem Kabarett-Programm des Prominenten keine Verletzung allgemeiner Persönlichkeitsrechte. Die Verwendung solcher Zitate greift auch nicht in das Urheberrecht ein, wenn die zitierten Stellen weder von ihrem gedanklichen Inhalt
noch von ihrer sprachlichen Gestaltung her die notwendige Gestaltungshöhe
erreichen. Allerdings soll sich aus § 51 UrhG ergeben, dass auch Teile von Werken, die für sich genommen keinen Werkcharakter haben, nicht ohne weiteres
in Veröffentlichungen Dritter übernommen werden dürfen. Nach § 51 Nr. 2
UrhG ist aber die Verbreitung von einzelnen Stellen eines veröffentlichten Werkes zum Zweck des Zitats zulässig. Dies gilt allerdings nur, sofern die Nutzung
in ihrem Umfang durch den besonderen Zweck gerechtfertigt ist und die zitierten Stellen in einem selbstständigen Sprachwerk angeführt werden. Man könne aufgrund der Meinungsfreiheit Dritter für den Urheber allerdings kein Recht
ableiten, wonach dieser bestimmt, zu welchen Zwecken und in welchen Zusammenhängen Zitate aus seinem Werk eingesetzt werden.

Bei Meinungen wird wegen des hohen verfassungsrechtlichen Schutzes der 961
Meinungsfreiheit die Zulässigkeit der freien Rede vermutet. Dies gilt – wie das
OLG Koblenz[68] klarmacht – auch bei einer **heftigen Diskussion in Internet-
foren**. In der öffentlichen Auseinandersetzung müsse Kritik hingenommen
werden, die durchaus auch überspitzt und polemisch sein dürfe. Andernfalls
drohe die Gefahr der Lähmung oder Verengung des Meinungsbildungsprozes-
ses. Unzulässig seien allenfalls sog. Schmähkritiken, also Werturteile, die jeder
sachlichen Grundlage entbehrende, böswillige oder gehässige Schmähungen
enthalten. Erst wenn die Diffamierung einer Person im Vordergrund steht und
nicht mehr die Auseinandersetzung mit der Sache, werde diese Grenze überschritten. Dementsprechend seien Werturteile von dem Recht zur freien Meinungsäußerung gem. Art. 5 Abs. 1 S. 1 GG gedeckt, soweit sie nicht zugleich
darauf gerichtet sind, die Persönlichkeit herabzusetzen oder formal zu beleidi-
gen. Diese sich für das Recht auf freie Meinungsäußerung aussprechende Judikatur unterstützt das *OLG Stuttgart*[69] selbst für den Fall, dass jemand im Inter-

67 *OLG Hamburg*, Urt. v. 26.2. 2008 – 7 U 61/07, AfP 2008, 210 = ZUM 2008, 690; siehe auch
AG Hamburg, Urt. v. 7.7. 2009 – 36 A C 164/09.
68 *OLG Koblenz*, Beschl. v. 12.7. 2007 – 2 U 862/06, MMR 2008, 54 = ZUM-RD 2007, 522.
69 *OLG Stuttgart*, Beschl. v. 26.2. 2007 – 4 Ss 42/2007, MMR 2007, 434 m. Anm. *Vassilaki*.

net zur Zerstörung von Maisfeldern wegen des dort angebauten Gen-Maises aufruft. Ein **Aufruf zu Straftaten** durch eine Mitteilung via Internet könne nur vorliegen, wenn i. S. d. § 111 StGB zeitgleich mindestens die Mitteilung eines bestimmten Tatortes und Tatzeitpunktes erfolgen. Zusätzliche inhaltliche Anforderungen könnten sich aus der Straftat ergeben, zu der aufgerufen werde. Ohne eine derartige Konkretisierung stelle sich ein Aufruf im Internet zwar als drastische, aber i. S. der Meinungsfreiheit noch hinzunehmende Äußerung zur Beeinflussung der öffentlichen Meinung dar. Ob die **Veröffentlichung eines rechtskräftigen Urteils im Internet unter voller Namensnennung** der Parteien zulässig ist, ist im Rahmen einer Abwägung zwischen dem Recht auf freie Meinungsäußerung des Veröffentlichers einerseits und dem Allgemeinen Persönlichkeitsrecht des Genannten andererseits festzustellen. Enthält das veröffentlichte Urteil keine für die Öffentlichkeit erheblichen Informationen, sondern dient es allein dem privaten Konflikt der Parteien untereinander und der Anprangerung einer der beteiligten Parteien, so überwiegt das Allgemeine Persönlichkeitsrecht.[70] Dies gilt vor allem dann, wenn die Veröffentlichung Daten enthält, die der Privatsphäre der betroffenen Person zuzuordnen sind (z. B. seine Privatanschrift).

962 Besondere Probleme bestehen bei der Geltendmachung persönlichkeitsrechtlicher **Ansprüche gegen EU-Ausländer**. Ein finnischer Betreiber eines Bewertungsportals kann z. B. nach Auffassung des *LG Berlin*[71] nicht zur Unterlassung einer persönlichkeitsrechtsverletzenden Äußerung verurteilt werden, da nach dem wegen § 3 Abs. 2 TMG zusätzlich zu prüfenden finnischen Haftungsrecht eine solche Haftung unbekannt ist.

963 **Titulierte Forderungen und die Daten der dazugehörigen Schuldner** dürfen im Internet auf einer Handelsplattform für Vollstreckungstitel veröffentlicht werden, sofern der Betreiber hinreichende Sicherheitsmaßnahmen (z. B. einen umständlichen, postalischen Registrierungsprozess) gewährleistet. Dadurch werden weder das Allgemeine Persönlichkeitsrecht noch datenschutzrechtliche Bestimmungen verletzt.[72] Die Richter des *LG Köln* erklärten, die Informationen über die Schuldner beträfen nur die Sozialsphäre und dürften aufgrund des öffentlichen Interesses veröffentlicht werden. Da der Gläubiger

70 *OLG Hamburg*, Beschl. v. 9. 7. 2007 – W 56/07, ZUM 2008, 66 = AfP 2008, 303; *LG Hamburg*, Urt. v. 31. 7. 2009 – 325 O 85/09, MMR 2010, 60 (Ls.) = BeckRS 2009, 24244; anders *OLG Hamburg*, Urt. v. 16. 2. 2010 – 7 U 88/09, ITRB 2010, 154.
71 *LG Berlin*, Urt. v. 24. 5. 2012 – 27 O 864/11, MMR 2012, 706 = CR 2012, 752 = ZUM-RD 2013, 134.
72 *LG Köln*, Urt. v. 17. 3. 2010 – 28 O 612/09, DuD 2010, 586 = MMR 2010, 369 m. Anm. *Vierkötter.*

zudem ein schützenswertes Interesse daran habe, dass zumindest ein Teil seiner Forderungen erfüllt werden könne, gehe eine Interessenabwägung zu Lasten des Schuldners aus. Dessen Allgemeines Persönlichkeitsrecht habe hinter dem Interesse des Gläubigers an der Erfüllung seiner Forderung zurückzutreten. Die Veröffentlichung der Daten durch die Übermittlung an anfragende Nutzer der Plattform ist mithin nach § 29 Abs. 2 Nr. 1, 2 BDSG zulässig.

Ein Sportverband darf die **Sperre eines Spielers** auf seiner Internet-Homepage veröffentlichen. Eine Veröffentlichung auf der Homepage sei – so das *OLG Karlsruhe*[73] – die praktikabelste Möglichkeit, über die jew. aktuellen Sperren zu informieren. Es sei nicht erkennbar, dass die Veröffentlichung geeignet gewesen sei, dem Kläger einen erheblichen Persönlichkeitsschaden zuzufügen, da eine solche – anders als eine Berichterstattung in der Presse oder gar im Fernsehen – keine besondere Breitenwirkung entfalte. Es erhielten nämlich nur solche Personen Informationen über den Kläger, die von sich aus aktiv wurden, die Webseite aufriefen und sich über mehrere Links zu den Spielsperren „durchklickten". Dass der Eintrag über den Kläger auch bei Eingabe seines Namens in einer Internetsuchmaschine erscheine, mache die Veröffentlichung auf der Webseite nicht rechtswidrig. Hinzu komme, dass es grundsätzlich ebenso erlaubt sei, sich Informationen über einen Dritten zu beschaffen, wie Informationen über einen Dritten zu erteilen. Der Umstand, dass Suchmaschinen die Beschaffung solcher Informationen erleichtern, ändere hieran nichts. Mit der Möglichkeit einer solchen Suche sei keinerlei öffentliche Stigmatisierung oder Prangerwirkung verbunden. Darüber hinaus handele es sich bei der Veröffentlichung einer Namensliste mit gesperrten Spielern um eine Tatsachenbehauptung, welche in den Schutzbereich der Meinungsfreiheit falle und deshalb vom Betroffenen hingenommen werden müsse. **964**

Die **Veröffentlichung privater E-Mails** auf einer allgemein zugänglichen Homepage kann einen Eingriff in das Allgemeine Persönlichkeitsrecht in Gestalt der Geheimsphäre des Absenders/Betroffenen darstellen.[74] In den Bereich der Geheimsphäre fallen schriftliche sowie Tonbandaufzeichnungen, persönliche Briefe, aber auch solche Aufzeichnungen und Briefe, die berufliche oder geschäftliche Fragen betreffen, insb. persönliche Aufzeichnungen zu beruflichen oder geschäftlichen Erlebnissen oder Planungen, mithin der gesamte Bereich menschlichen Lebens, der der Öffentlichkeit bei verständiger Würdigung nicht preisgegeben werden soll. Mit dem Versenden einer E-Mail verlässt der Absender nicht den heimischen Bereich und begibt sich nicht in eine allgemei- **965**

---

73 *OLG Karlsruhe*, Urt. v. 30. 1. 2009 – 14 U 131/08, CR 2009, 535 = MMR 2009, 404.
74 *LG Köln*, Urt. v. 28. 5. 2008 – 28 O 157/08, CR 2008, 664 = ZUM-RD 2009, 349; *LG Stuttgart*, Urt. v. 6. 5. 2010 – 17 O 341/09, K & R 2010, 837.

ne Sphäre. Dies kann allenfalls in Betracht kommen, wenn der Absender die E-Mail an einen nicht abgegrenzten Personenkreis richtet und versendet oder im Rahmen seiner beruflichen Tätigkeit handelt, sodass die E-Mail dem Bereich der Sozialsphäre zuzuordnen wäre. Wird sich öffentlich kritisch mit dem Inhalt der E-Mail auseinandergesetzt, ist ferner der Schutzumfang der Meinungsfreiheit zu beachten, sodass eine Güterabwägung zwischen der Meinungsfreiheit einerseits und dem Allgemeinen Persönlichkeitsrecht des Betroffenen andererseits erfolgen muss.[75]

III Kollisionsrechtliche Vorfragen

Literatur: *Hoeren (Hrsg.)*, Big Data und Recht, München 2014; *Jotzo*, Gilt deutsches Datenschutzrecht auch für Google, Facebook & Co. bei grenzüberschreitendem Datenverkehr?, MMR 2009, 232; *Kjelland*, Der Schutz der persönlichen Integrität im Internet – kollisionsrechtliche Fragen, Hohloch (Hrsg.), Recht und Internet, Baden-Baden 2001, 143.

966 Im Hinblick auf die fortschreitende Internationalisierung der Datenverarbeitung insb. im Online-Bereich fragt sich, in welchen Fällen das deutsche Datenschutzrecht zur Anwendung kommt. Fest steht, dass zumindest vertragliche Rechtswahlklauseln keinen Einfluss auf die Anwendbarkeit des Datenschutzrechts haben, da es sich beim BDSG um zwingendes Recht handelt.[76] Die internationale Anwendbarkeit richtet sich vielmehr nach § 1 Abs. 5 BDSG, wonach grundsätzlich das **Territorialprinzip** für das Datenschutzrecht gilt. Demnach fällt in den Anwendungsbereich des BDSG jede verantwortliche Stelle, die personenbezogene Daten in Deutschland erhebt, verarbeitet oder nutzt. Dabei handelt es sich um eine spezialgesetzliche Kollisionsnorm, die gegenüber den allgemeinen Kollisionsnormen (z. B. Art. 3 ff. EGBGB) einen Anwendungsvorrang genießt.[77] Zur Bestimmung des anwendbaren Rechts knüpft die Richtlinie folglich an den Ort der **Niederlassung der verantwortlichen Stelle** an (sog. **Niederlassungsprinzip).**[78]

967   Die kollisionsrechtliche Norm des § 1 Abs. 5 S. 1 BDSG regelt in Umsetzung der Datenschutz-Richtlinie von diesem Grundsatz abweichend, dass das BDSG keine Anwendung findet, wenn die für die Erhebung oder Verarbeitung von personenbezogenen Daten im Inland verantwortliche Stelle in einem EU-Mit-

---

75 Vgl. *BVerfG*, Beschl. v. 18. 2. 2010 – 1 BvR 2477/08, CR 2010, 380 = NJW 2010, 1587.
76 Siehe Art. 3, 9 Rom I-VO; vgl. hierzu auch Däubler/Klebe/Wedde/*Weichert*, BDSG, 5. Aufl. 2016, § 1 Rz. 5; *Gola/Schomerus*, BDSG, 12. Aufl. 2015, § 1 Rz. 16.
77 *Jotzo*, MMR 2009, 232.
78 *Jotzo*, MMR 2009, 232; *Gola*/Schomerus/*Klug/Körffer*, BDSG, 12. Aufl. 2015, § 1 Rz. 27.

gliedstaat oder EWR-Vertragsstaat belegen ist. Das deutsche Datenschutzrecht kommt mithin nur zur Anwendung, wenn eine verantwortliche Stelle personenbezogene Daten in Deutschland erhebt, verarbeitet oder nutzt, die ihre Niederlassung entweder im Inland oder außerhalb der EU/EWR hat (§ 1 Abs. 5 BDSG). Gemäß Erwägungsgrund 19 der Datenschutzrichtlinie setzt eine Niederlassung dabei eine „effektive und tatsächliche Ausübung einer Tätigkeit mittels einer festen Einrichtung voraus". Die Regelung des § 1 Abs. 5 BDSG findet darüber hinaus auch Anwendung im Hinblick auf §§ 11 ff. TMG, welche ebenfalls Datenschutzbestimmungen enthalten und gegenüber den Vorschriften aus dem BDSG Vorrang haben. Insbesondere ergibt sich die internationale Anwendbarkeit insofern nicht aus § 3 Abs. 1, 2 TMG.[79]

Das *OVG Schleswig* hat in einer Entscheidung die Anwendbarkeit des BDSG **968** für das Unternehmen Facebook abgelehnt, da die irische Tochtergesellschaft des Unternehmens zumindest als eine Niederlassung der verantwortlichen Stelle i. S. d. § 1 Abs. 5 S. 1 BDSG anzusehen sei und somit das irische Datenschutzrecht Anwendung finde.[80] Der Begriff des „Verantwortlichen" bezeichnet die Einrichtung oder jede andere Stelle, die personenbezogene Daten verarbeitet oder (etwa im Wege der Auftragsdatenverarbeitung) verarbeiten lässt und über Zweck und Ziel der Datenverarbeitung, verwendete Daten und Verfahren sowie über die Übermittlungsadressaten entscheidet (Art. 2 lit. d, lit. e DSRL).[81] Diese Definition macht es sehr schwer, den Verantwortlichen zu bestimmen. Schon nach dem geltenden BDSG ist es schwierig, die Auftragsdatenverarbeitung nach § 11 BDSG von Funktionsübertragungen (etwa im Bereich des Outsourcing, wenn neben der Verarbeitung auch die Aufgabe selbst, für welche die Datenverarbeitung erforderlich ist, an ein Service-Unternehmen übertagen wird) abzugrenzen, da auch hier die Verantwortlichkeit und Entscheidungsbefugnis bzgl. der Daten das relevante Kriterium darstellt.

Nach dem mittlerweile viel besprochenen Urteil des *EuGH* in Sachen „Goo- **969** gle gegen Agencia Espanola de Protección de Datos" handelt es sich um eine Verarbeitung von Daten i. S. v. Art. 4 Abs. 1 lit. a RL/95/46 i. R. d. Tätigkeiten einer Niederlassung, die der für die Verarbeitung Verantwortliche im Hoheitsgebiet eines Mitgliedstaats besitzt, wenn ein Suchmaschinenbetreiber in einem

---

79 *Jotzo*, MMR 2009, 232; Däubler/Klebe/Wedde/*Weichert*, BDSG, 5. Aufl. 2016, § 1 Rz. 19.

80 Ausführlich begründet in *OVG Schleswig*, Beschl. 22. 4. 2013 – 4 MB 11/13, NJW 2013, 1977 = ZD 2013, 364.

81 *OVG Schleswig*, Beschl. v. 22. 4. 2013 – 4 MB 11/13, NJW 2013, 1977 = ZD 2013, 364, anders der Generalanwalt beim *EuGH*, der die bloße Niederlassung in einem EU-Ausland ausreichen lässt; *Jääskinen*, Generalanwalt des *EUGH*, Schlussanträge vom 25. 6. 2013 in der Rechtssache C-131/12.

Mitgliedstaat für die Förderung des Verkaufs der Werbeflächen der Suchmaschine und diesen Verkauf selbst eine Zweigniederlassung oder Tochtergesellschaft gründet, deren Tätigkeit auf die Einwohner dieses Staats ausgerichtet ist.[82] Der *EuGH* will also bereits in einem solchen Fall das europäische Datenschutzrecht zur Anwendung kommen lassen.

970   Aufgrund von Art. 4 Abs. 1 lit. c DSRL soll § 1 Abs. 5 S. 2 BDSG infolge einer richtlinienkonformen Auslegung auch dann zur Anwendung kommen, wenn der Verantwortliche außerhalb der EU ansässig ist, sofern er für seine Datenverarbeitung – außer für Zwecke der „Durchfuhr" (vgl. ebenso § 1 Abs. 5 S. 4 BDSG) – automatisierte oder nicht automatisierte „Mittel", welche im Hoheitsgebiet eines Mitgliedstaats belegen sind, verwendet. Hier taucht der unklare Begriff der „Mittel" auf; die Begründung verweist erläuternd auf Terminals und Fragebögen. Im Übrigen trifft den Verantwortlichen in diesem Fall die Pflicht zur Benennung eines im entsprechenden EU-Mitgliedstaat ansässigen Vertreters (Art. 4 Abs. 2 DSRL, § 1 Abs. 5 S. 3 BDSG).

971   Im Ergebnis kommt das deutsche Datenschutzrecht zur Anwendung, wenn
– ein Unternehmen mit einer Niederlassung in Deutschland Daten verarbeitet,
– ein Unternehmen mit Sitz in Deutschland Daten in den USA verarbeiten lässt,
– ein Unternehmen mit Sitz außerhalb der EU/EWR Daten über deutsche Terminals verarbeitet.

972 Umgekehrt ist das Recht des außereuropäischen Staates anzuwenden, wenn
– das Unternehmen außerhalb der EU sitzt und nur dort Datenverarbeitung betreibt oder
– ein amerikanischer Vertriebsbeauftragter mit seinem Laptop im Transitbereich eines Flughafen innerhalb der EU sitzt („Durchfuhr"), § 1 Abs. 5 S. 4 BDSG.

973 Zweifelhaft ist i. Ü. jedoch, ob diese Regelung auch für die zivilrechtlichen Folgen gilt, die bei unzulässigem Umgang mit personenbezogenen Daten auftreten. Das BDSG stellt für Persönlichkeitsrechtsverletzungen aber kein umfassendes Sanktionssystem zur Verfügung, sodass diese Ansprüche trotz des BDSG bestehen bleiben.[83]

---

82 *EuGH*, Urt. v. 13. 5. 2014 – C-131/12, NJW 2014, 2257 = MMR 2014, 455, 460 m. Anm. *Sörup*; sich dem Generalanwalt *Jääskinen* anschließend.
83 *Jotzo*, MMR 2009, 232.

Für jegliche privatrechtlichen Ansprüche, welche durch den unerlaubten 974
Kontakt mit personenbezogenen Daten entstehen, beruht das anwendbare
Recht mithin nicht auf § 1 Abs. 5 BDSG, sondern richtet sich nach dem Deliktsstatut des Art. 40 EGBGB.[84] Demnach unterliegen diese Ansprüche dem Recht
des Staates, in dem der Ersatzpflichtige gehandelt hat, also dem Ort der Verletzungshandlung. Dies ist, wie bei Persönlichkeitsrechtsverletzungen gewöhn-
lich, grundsätzlich der Geschäftssitz der datenverarbeitenden Stelle.[85] Der Verletzte kann jedoch verlangen, dass anstelle dieses Rechts das Recht des Staates
angewandt wird, in dem der Erfolg eingetreten ist (Art. 40 Abs. 1 S. 2 EGBGB).
Der Erfolgsort ist dabei i. d. R. der gewöhnliche Aufenthaltsort des Betroffenen.
Das *LG Berlin* hat darüber hinaus im Rahmen einer AGB-Kontrolle von Daten-
schutzrichtlinien die Rom I-VO herangezogen.[86] Die Gesetzeskonformität der in
der Datenschutzrichtlinie enthaltenen Klauseln sei gem. Art. 6 Rom I-VO nach
deutschem Recht zu beurteilen, sofern die Tätigkeit des Verwenders sich an
Verbraucher richte, die ihren gewöhnlichen Aufenthalt in Deutschland haben.

Probleme im Hinblick auf die Anwendbarkeit des deutschen Datenschutz- 975
rechts ergeben sich auch für **Big-Data-Anwendungen**, die durch die Verarbeitung und Analyse von exponentiell wachsenden Datenvolumen und kon-
tinuierlichen Datenströmen mit hohen Datenraten gekennzeichnet sind. Im
Rahmen des geltenden Territorialprinzips stellt sich insofern die Frage, wann
von einer Erhebung und Verarbeitung von Daten im Inland auszugehen und
ob ein Standort der Datenmengen überhaupt verlässlich bestimmbar ist. Aufgrund der Flüchtigkeit und schnellen Standortwechsel der Datenmengen sowie
der durch Cloud Computing bedingten Speicherung an verschiedenen Standor-
ten weltweit ist die Tauglichkeit des Territorialprinzips im Hinblick auf Big-
Data-Anwendungen zweifelhaft.[87]

Auf europäischer Ebene soll der kollisionsrechtlichen Problematik durch 976
die in Kraft getretene **DSGVO** begegnet werden. Die Verordnung gilt ab dem
25. Mai 2018 europaweit einheitlich für die Verarbeitung personenbezogener
Daten durch in der Union niedergelassene Verantwortliche. Für nicht in der
Union niedergelassene Verantwortliche soll nach Art. 3 Abs. 2 DSGVO europäisches Recht gelten, wenn die Datenverarbeitung dazu dient, in der Union ansässigen Personen Waren und Dienstleistungen anzubieten oder ihr Verhalten

---

84 Dies ist nach wie vor der Fall, da Persönlichkeitsrechtsverletzungen gem. Art. 1 Abs. 2 lit. g
Rom II-VO explizit von ihrem Anwendungsbereich ausgenommen sind.
85 *Jotzo*, MMR 2009, 232.
86 *LG Berlin*, Urt. v. 30. 4. 2013 – 15 O 92/12, GRUR-RR 2013, 406 = ZD 2013, 451 m. Anm.
Schröder.
87 *Hoeren* (Hrsg.), Big Data und Recht, S. 60 ff.

zu beobachten. Ob jedoch sämtliche Big-Data-Anwendungen von dieser Regelung umfasst werden, hängt davon ab, wie die Begriffe „Waren und Dienstleistungen" und „Verhaltensbeobachtung" i. S. d. Art. 3 Abs. 2 DSGVO zu verstehen sind. Nach Erwägungsgrund 24 der DSGVO sollen zumindest Analysen oder Voraussagungen von Verhaltensweisen unter diese Norm fallen.[88]

IV Die Grundstruktur des BDSG

977 Das deutsche Bundesdatenschutzgesetz (BDSG) hat den Zweck, den Einzelnen davor zu schützen, dass er durch den Umgang mit seinen personenbezogenen Daten in seinem Persönlichkeitsrecht beeinträchtigt wird (§ 1 Abs. 1 BDSG). Das BDSG ist folglich ein Schutzgesetz, welches bei einem Verstoß u. a. Schadensersatz oder Bußgelder vorsieht (z. B. § 7 BDSG). Überdies hat es gleichwohl auch den Charakter eines Eingriffsgesetzes, da es für die Verarbeitung von personenbezogenen Daten Zulässigkeitstatbestände (z. B. § 28 BDSG) bereithält.[89] Normadressaten des Bundesdatenschutzgesetzes sind alle öffentlichen Stellen des Bundes sowie die gesamte Privatwirtschaft. Öffentliche Stellen der Länder fallen gem. § 1 Abs. 2 Nr. 2 BDSG auch in den Anwendungsbereich des Gesetzes, sofern die Länder nicht eigene Datenschutzregelungen getroffen haben. Da jedoch alle Bundesländer inzwischen Landesdatenschutzgesetze (z. B. DSG NRW) erlassen haben, ist diese Vorschrift mithin gegenstandslos geworden.[90]

978   Die Kernpunkte für das Verständnis des BDSG sind das Merkmal „personenbezogene Daten" sowie die Regelungen zur Erhebung, Verarbeitung und Nutzung der geschützten Daten.

1 Abgrenzung zwischen BDSG und Telemediengesetz

979 Zunächst ist allerdings die Anwendbarkeit des BDSG auf den E-Commerce-Sektor zu klären. Hierzu bedarf es einer Abgrenzung zwischen den Regelungsbereichen des BDSG und des Telemediengesetzes (TMG). Das im Vergleich zum BDSG speziellere TMG erfasst nur Daten, die für die Durchführung eines Telemediendienstes verwendet werden. Das TMG gilt allerdings nicht für die Verarbeitung von Daten juristischer Personen (§ 11 Abs. 2 TMG, wonach Nutzer i. S. d. Gesetzes nur natürliche Personen sein können). Auch gilt es nicht für

---

88 *Hoeren/Bitter/Buchmüller/Uecker*, Big Data und Recht, 60 ff., 62 f.
89 *Gola*/Schomerus/*Klug/Körffer*, BDSG, 12. Aufl. 2015, §1 Rz. 3 und 16.
90 *Gola*/Schomerus/*Klug/Körffer*, BDSG, 12. Aufl. 2015, §1 Rz. 19 ff.

die Datenverarbeitung in Dienst- und Arbeitsverhältnissen, soweit die Nutzung der Telemediendienste ausschließlich zu beruflichen oder dienstlichen Zwecken erfolgt (§ 11 Abs. 1 Nr. 1 TMG). Zudem ist die Kommunikation von oder zwischen Unternehmen vom Gesetz ausgenommen, wenn die Bereitstellung solcher Dienste allein zur Steuerung von Arbeits- oder Geschäftsprozessen erfolgt (§ 11 Abs. 1 Nr. 2 TMG). Ob das BDSG oder das TMG anzuwenden ist, richtet sich nach den **verschiedenen Stufen der Internetnutzung.** Die Aufforderung zu einem Vertragsangebot selbst ist ein Telemediendienst, die Behandlung entsprechender Daten fällt in den Bereich des TMG. Damit unterliegen auch die Vermarkter von Banner Ads dem TMG. Dies gilt nunmehr auch für den ehemals vom MDStV (Staatsvertrag über Mediendienste, welcher 2007 außer Kraft trat) erfassten Fall, dass die Werbung der Meinungsbildung der Allgemeinheit dient. Gibt der Nutzer aber tatsächlich ein Angebot ab, werden erneut Daten ausgetauscht. Diese betreffen jedoch nicht mehr Fragen der Nutzungsdauer des Angebotes oder der Kontrolle der abgerufenen Angebote. Es handelt sich hingegen um reine Inhaltsdaten, deren Erhebung, Verarbeitung und Nutzung sich nach den Vorschriften des BDSG richtet. Geht es folglich um Daten, die bei der Nutzung des Mediums anfallen, so ist das TMG anzuwenden; der Inhalt der Kommunikation selber fällt hingegen unter das BDSG.

Das BDSG findet in der Privatwirtschaft uneingeschränkt nur Anwendung **980** bei

– personenbezogenen Daten (§ 3 Abs. 1 BDSG)
– natürlicher Personen (§ 3 Abs. 1 BDSG),
– die unter Einsatz von Datenverarbeitungsanlagen verarbeitet oder genutzt werden (§ 1 Abs. 2 Nr. 3 BDSG).

2 Personenbezogene Daten, § 3 Abs. 1 BDSG

Nur „Einzelangaben über persönliche oder sachliche Verhältnisse einer be- **981** stimmten oder bestimmbaren natürlichen Person" (§ 3 Abs. 1 BDSG) sind durch das BDSG geschützt. Diese Legaldefinition beinhaltet zweierlei: Zum einen begrenzt sie den Datenschutz auf natürliche Personen, zum anderen werden alle Informationen erfasst, die über den Betroffenen etwas aussagen.

Geschützt sind also nur **Informationen über den einzelnen Menschen.** **982** Die Daten von Verstorbenen genießen keinen Schutz durch das BDSG, fallen jedoch unter den postmortalen Persönlichkeitsschutz als Allgemeines Persönlichkeitsrecht. Anders als in anderen europäischen Staaten (wie z. B. in Luxemburg, Dänemark und Österreich) fallen unter das BDSG nicht die Daten juristischer Personen, wie etwa die eines eingetragenen Vereins, einer GmbH, einer Genossenschaft oder einer AG. Selbst sensible Informationen über ein Unternehmen (z. B. Beschäftigtenzahl, finanzielle Lage, technisches Know-how) sind nicht durch das BDSG geschützt, sondern allenfalls über § 17 UWG (als Betriebsgeheimnis) oder über § 823 Abs. 1 BGB (Recht am eingerichteten und ausgeübten Gewerbebetrieb). Etwas anderes gilt allerdings, wenn die (nicht durch das BDSG geschützten) Unternehmensdaten in eine Beziehung zu einzelnen Mitgliedern des Vorstands, der Geschäftsführung oder einzelnen Gesellschaftern gebracht werden;[91] in diesem Fall ist das BDSG anwendbar. Überdies soll die unberechtigte Weitergabe von Unternehmensdaten nach Auffassung des *BGH* das „allgemeine Persönlichkeitsrecht eines Unternehmens" aus § 823 Abs. 1 BGB verletzen.[92]

983   Das BDSG schützt weiter *alle* Informationen, die über den Betroffenen etwas aussagen, bspw.:
- den Familien- und Vornamen,
- die Anschrift,
- die Staatsangehörigkeit und
- den Beruf.

984 Die Daten müssen bestimmt sein, mithin einen Rückschluss auf den Betroffenen unmittelbar zulassen. Ist eine unmittelbare Identifizierung allerdings nicht möglich, liegt ein bestimmbares Datum erst vor, sobald ein gewisses Zusatzwissen (z. B. Autokennzeichen, Kundennummer) zur Verfügung steht.[93] Fraglich ist jedoch, aus wessen Sicht der Personenbezug dabei zu bestimmen ist. Vertreten werden hier vor allem zwei Theorien: die **Theorie** vom **absoluten** und die Theorie vom **relativen Personenbezug**. Nach dem absoluten Begriff des Personenbezugs beurteilt sich die Bestimmbarkeit anhand objektiver Kriterien. Personenbezogene Daten liegen demnach vor, sobald für eine beliebige Person oder Stelle die Möglichkeit besteht, den Betroffenen zu identifizieren. Die Theorie vom relativen Personenbezug stellt hingegen allein auf die verantwortliche Stelle ab und ob diese mit einem verhältnismäßigen Aufwand an Zeit, Kosten und Arbeitskraft mittels ihrer individuellen Möglichkeiten eine Identifizierung erreichen kann.[94]

---

91 Vgl. *BGH*, Urt. v. 17.12. 1985 – VI ZR 244/84, MDR 1986, 489 = CR 1986, 635 m. Anm. *Bischoff* = NJW 1986, 2505.
92 *BGH*, Urt. v. 8.2. 1994 – VI ZR 286/93, MDR 1994, 991 = CR 1994, 396; a. A. für die Übermittlung geschäftsbezogener Daten einer GmbH *OLG Karlsruhe*, Urt. v. 2.10. 1986 – 12 U 43/86, CR 1988, 34 m. Anm. *Bischoff* = GmbHR 1998, 62.
93 *Gola*/Schomerus/*Klug*/*Körffer*, BDSG, 12. Aufl. 2015, § 3 Rz. 10.
94 *Kartheuser*/*Gilsdorf*, EuGH: Dynamische IP-Adressen können personenbezogene Daten sein, MMR-Aktuell 2016, 382533.

Des Weiteren kommt es nicht darauf an, wie schutzbedürftig und sensibel **985** das einzelne Datum ist. Das BDSG ist insofern im Lichte des Volkszählungsurteils[95] zu lesen, wonach **es ein belangloses personenbezogenes Datum im Zeitalter der EDV nicht geben kann.**[96] Eine qualitative Anforderung an den Dateninhalt ist daher nicht erforderlich. Deshalb ist z. B. auch die Abbildung eines Gebäudes in einer Adressdatenbank auf CD-ROM als personenbezogenes Datum einzuordnen, wenn die Gebäudeabbildung mit dem Namen und der Anschrift der einzelnen Bewohner verknüpft ist und so einen Rückschluss über die Wohnverhältnisse des Betroffenen zulässt.[97] Gerade angesichts der großen Bedeutung, die Wertungen etwa in Personaldateien für den einzelnen Betroffenen haben, ist der h. M. beizupflichten, wonach auch Werturteile den Schutz der Datenschutzgesetze genießen, da sie Angaben über persönliche oder sachliche Verhältnisse enthalten können und eine Einschränkung des § 3 Abs. 1 BDSG auf tatsächliche Informationen nicht ersichtlich ist.[98] Auch der *BGH* schloss sich dieser Ansicht an und lässt neben den klassischen Daten zugleich Meinungsäußerungen, Beurteilungen und Werturteile unter den Datenbegriff des BDSG fallen.[99]

Im Übrigen wird derzeit über die Zulässigkeit von Diensten wie **Google** **986** **Street View** gestritten. Erste Urteile zeigen, dass unter eigentums- und persönlichkeitsrechtlichen Aspekten keine Bedenken gegen die entsprechenden Google-Aufnahmen bestehen.[100] Eine Verletzung des Eigentumsrechts der Anlieger wurde abgelehnt, da der Eigentümer nicht an der Nutzung der Sache gehindert sei.[101] Auch nach § 59 Abs. 1 UrhG ist die fotografische Verbreitung der äußeren Ansicht eines Gebäudes urheberrechtlich unproblematisch. Schließlich fehlt es

---

95 *BVerfG*, Urt. v. 15. 12. 1983 – 1 BvR 209/83 u. a., NJW 1984, 419 = WPM 1984, 98.

96 Zum besonderen Schutz sensitiver Daten vgl. die obigen Ausführungen zur Regelvermutung des § 28 Abs. 2 Nr. 1b BDSG und zur EU-Datenschutzrichtlinie.

97 Vgl. hierzu *LG Waldshut-Tiengen*, Urt. v. 28. 10. 1999 – 1 O 200/99, DuD 2000, 106, das die Frage nach dem Personenbezug der Gebäudeabbildung offenlässt, jedoch „im Falle einer Anwendbarkeit des BDSG" von einer Zulässigkeit der Datenerhebung (in Bezug auf die Gebäudeabbildungen) gemäß § 29 Abs. 1 Nr. 2 BDSG ausgeht.

98 So für das alte BDSG *Hümmerich/Kniffka*, Die Entwicklung des Datenschutzrechts im Jahre 1978, NJW 1979, 1182; *Eberle*, Datenschutz durch Meinungsfreiheit, DÖV 1977, 306; zum aktuellen BDSG vgl. Simitis/*Dammann*, BDSG, 8. Aufl. 2014, § 3 Rz. 12; *Gola*/Schomerus/*Klug*/*Körffer*, BDSG, 12. Aufl. 2015, § 3 Rz. 6 und 9.

99 *BGH*, Urt. v. 23. 6. 2009 – VI ZR 196/08, CR 2009, 593 = MDR 2009,1038.

100 *LG Berlin*, Beschl. v. 13. 9. 2010 – 37 O 363/10, ZUM-RD 2011, 418 = IBRRS 2011, 1006; *KG*, Beschl. v. 25. 10. 2010 – 10 W 127/10, MMR 2011, 414 = IBRRS 2011, 0980.

101 Vgl. *BGH*, Urt. v. 9. 3. 1989 – I ZR 54/87, MDR 1989, 966 = NJW 1989, 2251; *OLG Brandenburg*, Urt. v. 2. 9. 1998 – 1 U 4/98, NJW 1999, 3339; *LG Waldshut-Tiengen*, Urt. v. 28. 10. 1999 – 1 O 200/99, DuD 2000, 106.

auch an einer Verletzung des Allgemeinen Persönlichkeitsrechts der Anlieger durch wertneutrale Aufnahmeverfahren in der Öffentlichkeit. Die (noch nicht gelösten) Probleme liegen vielmehr in der Möglichkeit, Google Street View zur Erstellung von Persönlichkeitsprofilen zu nutzen und große Datenpools auf der Grundlage dieses Dienstes zu erstellen. Ähnliches gilt zudem, wie bereits oben dargestellt, für subjektive Bewertungen des Planenden über den Arbeitnehmer. Werden diese persönlichen Meinungen in den Dateien gespeichert, handelt sich auch bei ihnen um geschützte personenbezogene Daten.

987   Streitig ist, ob **Werturteile** unter den Begriff der personenbezogenen Daten fallen. So wurde bereits zum alten BDSG die Ansicht vertreten, Werturteile seien als bloße „Annahmen" von den „Angaben" zu unterscheiden und deshalb vom Schutzbereich des Gesetzes auszunehmen.[102] Gerade angesichts der großen Bedeutung, die Wertungen etwa in Personaldateien für den einzelnen Betroffenen haben, ist der h. M. beizupflichten, wonach auch Werturteile den Schutz der Datenschutzgesetze genießen.[103] Der Personenbezug ist daher nach der h. M., relativ aus der Sicht der datenverarbeitenden Stelle zu bestimmen.

988   Problematischer ist die Frage, ob **Prognose- und Planungsdaten** vom BDSG geschützte Daten sind. Maßgeblich ist grundsätzlich, ob es sich um Daten handelt, die nicht nur die künftigen, sondern bereits die gegenwärtigen Verhältnisse des Betroffenen berühren.[104] So beruht insb. die Personalplanung eines Arbeitgebers auf der Bewertung gegenwärtiger fachlicher Qualifikationen der Arbeitnehmer. Derartige Planungsdaten bauen damit regelmäßig auf einer Analyse vergangener bzw. gegenwärtiger Sachverhalte auf und können erhebliche Rückwirkungen für die jetzige Stellung des Betroffenen implizieren. Daher ist davon auszugehen, dass zumindest re-individualisierbare Planungsdaten dem BDSG unterliegen, wenn sie konkrete Auswirkungen für den Betroffenen mit sich bringen.[105] Man wird deshalb über eine Risikoanalyse im Einzelfall prüfen müssen, unter welchem wirtschaftlichen und technischen Aufwand ein Personenbezug wiederhergestellt werden kann, wobei die verant-

---

102 Vgl. *Hergenhahn*, Verbreitete Mißverständnisse um das Bundesdatenschutzgesetz, DuD 1977, 25.

103 So für das alte BDSG *Hümmerich/Kniffka*, Die Entwicklung des Datenschutzrechts im Jahre 1978, NJW 1979, 1182; *Eberle*, Datenschutz durch Meinungsfreiheit, DÖV 1977, 306; zum aktuellen BDSG vgl. Simitis/*Dammann*, BDSG, 8. Aufl. 2014, § 3 Rz. 12; *Gola*/Schomerus/*Klug*/ *Körffer*, BDSG, 12. Aufl. 2015, § 3 Rz. 6.

104 *Gola*/Schomerus/*Klug*/*Körffer*, BDSG, 12. Aufl. 2015, § 3 Rz. 6 und 9.

105 So auch *Gola*/Schomerus/*Klug*/*Körffer*, BDSG, 12. Aufl. 2015, § 3 Rz. 9; einschränkend *Bergmann*/*Möhrle*/*Herb*, BDSG, 52. Aktualisierung 2017, § 3 Rz. 34, die „abstrakte" Planungsdaten vom Anwendungsbereich des BDSG ausnehmen, weil sie „regelmäßig keine Einzeldaten enthalten".

wortliche Stelle das erforderliche Wissen noch nicht zwingend besitzen oder eine Reanonymisierungsabsicht vorweisen muss. Grundsätzlich ist jedoch die Erstellung anonymer Profile in vollem Umfang zulässig, da das Datenschutzrecht mangels Personenbezug hier nicht zum Tragen kommt.

Von Bedeutung ist auch die Frage, inwieweit **anonymisierte oder zusam-** 989 **menfassende (aggregierte) Daten und Datensammlungen** dem BDSG unterliegen. Entscheidend ist nach der Legaldefinition des Anonymisierens in § 3 Abs. 6 BDSG, ob die Daten „nicht mehr oder nur mit einem unverhältnismäßig großen Aufwand an Zeit, Kosten und Arbeitskraft einer bestimmten oder bestimmbaren natürlichen Person zugeordnet werden können." Der Personenbezug ist daher relativ aus der Sicht der datenverarbeitenden Stelle zu bestimmen. Man wird deshalb über eine Risikoanalyse im Einzelfall prüfen müssen, unter welchem wirtschaftlichen und technischen Aufwand ein Personenbezug wiederhergestellt werden kann.[106] Grundsätzlich ist jedoch die Erstellung anonymer Profile in vollem Umfang zulässig, da das Datenschutzrecht hier nicht zum Tragen kommt. Ähnliches gilt für Pseudonyme, sofern nicht Zuordnungslisten in der Hand des Datenverarbeiters die Aufdeckung der Identität des hinter dem Pseudonym stehenden Nutzers ermöglichen.

Nach h. M. sind daher **Sammelangaben über Personengruppen, aggre-** 990 **gierte oder anonymisierte Daten** jedenfalls dann keine Einzelangaben i. S. v. § 3 Abs. 1 BDSG, wenn kein Rückschluss auf eine einzelne Person möglich ist.[107] Allerdings wird der Personenbezug hergestellt, wenn eine Einzelperson als Mitglied einer Personengruppe gekennzeichnet wird, über die bestimmte Angaben gemacht werden, wenn die Daten also auf die Einzelperson „durchschlagen".[108] Der Einzelne muss mithin anhand der Daten identifiziert werden können, das Erfassen des Verhaltens einer ganzen Gruppe reicht hingegen nicht aus. Dies wird z. B. im Bereich des E-Commerce bei der Erstellung von Nutzungsprofilen relevant, wenn ein Internetnutzer aufgrund statistischer Erkenntnisse einer bestimmten Käuferschicht zugeordnet werden kann.[109] Von anonymisierten Informationen zu unterscheiden sind pseudonymisierte Daten. Laut § 3 Abs. 6a BDSG handelt es sich um eine Pseudonymisierung, wenn der

106 *Gola*/Schomerus/*Klug*/*Körffer*, BDSG, 12. Aufl. 2015, § 3 Rz. 44.
107 Vgl. *Gola*/Schomerus/*Klug*/*Körffer*, BDSG, 12. Aufl. 2015, § 3 Rz. 3; Simitis/*Dammann*, BDSG, 8. Aufl. 2014, § 3 Rz. 23; *BFH*, Urt. v. 27. 10. 1993 – I R 25/92, CR 1994, 346 = NJW 1994, 2246.
108 Vgl. *BAG*, Beschl. v. 18. 2. 1986 – 1 ABR 21/84, CR 1986, 335 = RDV 1986, 138; *BAG*, Urt. v. 26. 7. 1994 – 1 ABR 6/94, CR 1995, 223 = RDV 1995, 29; *Bergmann*/*Möhrle*/*Herb*, BDSG, 52. Aktualisierung 2017, § 3 Rn. 30 zu Kunden- und Datenprofilen.
109 Siehe hierzu auch die Ausführungen unten zum bereichsspezifischen TMG.

Namen und andere Identifikationsmerkmale durch ein Kennzeichen zum Zweck ersetzt werden, die Bestimmung des Betroffenen auszuschließen oder wesentlich zu erschweren. Die Artikel 29-Datenschutzgruppe erklärte in einer ihrer Stellungnahmen, dass pseudonymisierte Daten zur Identifizierung einzelner Personen geeignet sind und deswegen dem Anwendungsbereich des BDSG als personenbezogene Daten unterliegen.[110]

991 Streitig war zudem, inwieweit IP-Adressen, gemeint sind hier dynamische IP-Adressen, personenbeziehbar sind, wie an mehreren Stellen in diesem Text thematisiert. Der *BGH* hatte diese Frage 2014 dem *EuGH* zur Klärung vorgelegt[111], der den Personenbezug bejaht hat.[112] Dynamische IP-Adressen sind bestimmte Zahlenfolgen, welche Geräte im Internet identifizieren können und – im Gegensatz zu statischen IP-Adressen – einem Gerät nur temporär, solange es im Netz eingewählt ist, zugewiesen werden. Da die IP-Daten aus sich heraus keinen unmittelbaren Rückschluss auf die Identität des Betroffenen zulassen, sind diese nicht „bestimmt" i. S. d. § 3 Abs. 1 BDSG. Folglich ist die Einordnung von dynamischen IP-Adressen deshalb problematisch, weil bislang noch nicht geklärt wurde, ob der Personenbezug aus relativer oder absoluter Sicht erfolgen muss. Die Europäische Kommission hatte zu den Fragen bisher dahingehend Stellung genommen, als dass sie IP-Adressen als personenbezogene Daten ansieht. Begründet wurde dies mit Erwägungsgrund 26 der DSRL und der ratio von IP-Adressen, welche gerade dazu dienen, Personen – wenn auch nur hypothetisch – zu identifizieren. Hierfür unbeachtlich sei der Aufwand mit dem dies geschehen könnte.[113] Der *EuGH* hat die Frage nun in seiner Entscheidung vom 19. Oktober 2016 beantwortet und folgt in dieser grundsätzlich dem Schlussantrag des Generalanwalts, indem auch er dynamische IP-Adressen als personenbezogene Daten ansieht. Voraussetzung sei, dass der Anbieter, welcher die dynamische IP-Adresse beim Zugriff einer Person auf seiner Website speichert, über rechtliche Mittel verfügt, die es ihm erlauben, die betreffende Person anhand der Zusatzinformationen, über die der Internetzugangsanbieter dieser Person verfügt, bestimmen zu lassen. Darüber hinaus betont der *EuGH*, dass die datenverarbeitenden Stellen i. d. R. über diese rechtlichen Mittel zur Identifizierung verfügen, da es ihnen möglich ist, sich insb. im Fall von Cyber-

---

110 http://ec.europa.eu/justice/data-protection/article-29/documentation/opinion-recommendation/files/2014/wp216_de.pdf (zuletzt abgerufen: Mai 2017).

111 *BGH*, Beschl. v. 28.10. 2014 – VI ZR 135/13, NJW 2015, 368 = MMR 2015, 131 m. Anm. *Bär* = GRUR 2015, 192; Verfahren vor dem *EuGH* anhängig unter Az.: C-582/14.

112 *EuGH*, Urt. v. 19.10. 2016 – C 582/14, MMR 2016, 842 m. Anm. *Moos/Rothkegel* = NJW 2016, 3579 m. Anm. *Mantz/Spittka* = EuZW 2016, 909 m. Anm. *Richter*.

113 Vgl. den Schlussantrag des Generalanwalts beim *EuGH*, BeckRS 2016, 81027.

attacken an die zuständige Behörde zu wenden, damit diese nötige Schritte unternimmt, um die fraglichen Informationen vom Internetzugangsanbieter zu erlangen und die Strafverfolgung einzuleiten.[114] Der *EuGH* vertritt damit die Theorie vom relativen Personenbezug und stellt allein auf die Sicht der datenverarbeitenden Stelle ab.[115]

Des Weiteren ist zwischen normalen personenbezogenen Daten (§ 3 Abs. 1 **992** BDSG) und besonders geschützten personenbezogenen Daten (§ 3 Abs. 6 BDSG) zu differenzieren. Dazu zählen Angaben über rassische und ethnische Herkunft, politische Meinungen, religiöse oder philosophische Überzeugungen, Gewerkschaftszugehörigkeit, Gesundheit oder Sexualleben. Es handelt sich dabei um eine abschließende Aufzählung von besonderen Datenarten, für welche eine ausdrücklich auf die konkreten Daten bezogene Einwilligung vorliegen muss (§ 4a Abs. 3 BDSG). Ohne eine Einwilligung ist die Erhebung und Verarbeitung nur erlaubt, wenn ein gesetzlicher Erlaubnistatbestand dies gestattet (z. B. § 13 Abs. 2, § 14 Abs. 5, § 28 Abs. 6–9 BDSG).

3 Erhebung, Verarbeitung und Nutzung von Daten

Handelt es sich um personenbezogene Daten einer natürlichen Person i. S. d. **993** § 3 Abs. 1 BDSG, verlangt § 1 Abs. 2 Nr. 3 BDSG von nicht-öffentlichen Stellen, dass die Daten unter Einsatz von Datenverarbeitungsanlagen verarbeitet, genutzt oder dafür erhoben werden. Die Datenverarbeitung wird dabei durch das BDSG in verschiedene Phasen unterteilt. Alle nachfolgenden Regelungen unterfallen ferner dem Grundsatz **„Verbot mit Erlaubnisvorbehalt"**. Danach ist grundsätzlich von einem Verbot der Datenerhebung, -verarbeitung und -nutzung ohne die Einwilligung des Betroffenen auszugehen, es sei denn, eine Norm im weitesten Sinne erlaubt die Datenverwendung (sog. Erlaubnisnorm). Dieser Grundsatz ist in § 4 Abs. 1 BDSG niedergelegt und gewährleistet damit den durch das Volkszählungsurteil zum Ausdruck gebrachten Leitgedanken, dass der Einzelne die Befugnis hat, grundsätzlich selbst über die Preisgabe und Verwendung seiner persönlichen Daten zu bestimmen.[116]

---

114 *EuGH*, Urt. v. 19. 10. 2016 – C-582/14, MMR 2016, 842 m. Anm. *Moos/Rothkegel* = NJW 2016, 3579 m. Anm. *Mantz/Spittka* = EuZW 2016, 909 m. Anm. *Richter.*; vgl. auch *EuGH*, Urt. v. 24. 11. 2011 – C-70/10, GRUR 2012, 265 = MMR 2012, 174, a. A. *OLG Hamburg*, Beschl. v. 3. 11. 2010 – 5 W 126/10, MMR 2011, 281 = BeckRS 2010, 28964, welches dynamische IP-Adressen bei einem relativen Personenbezug nicht als personenbezogene Daten anerkennt.
115 *Kartheuser/Gilsdorf*, EuGH: Dynamische IP-Adressen können personenbezogene Daten sein, MMR-Aktuell 2016, 382533.
116 *BVerfG*, Urt. v. 15. 12. 1983 – 1 BvR 209/83 u. a., NJW 1984, 419.

a) Erhebung von Daten, § 3 Abs. 3 BDSG

994 Der Begriff der „**Erhebung**" ist in § 3 Abs. 3 BDSG definiert als „das Beschaffen von Daten über den Betroffenen".[117] Es bedarf einer Aktivität, durch die die erhebende Stelle oder Person Kenntnis von den Daten erhält oder Verfügung über diese begründet.

995 Unter Berücksichtigung des Kausalerfordernisses aus § 1 Abs. 2 Nr. 3 bzw. § 27 Abs. 1 Satz 1 BDSG („dafür erhoben"), fällt sowohl die bloße Erhebung als solche (d. h. ohne anschließende Weiterverarbeitung oder Nutzung) als auch eine zufällige, sich aus anderen Handlungen ergebende Erhebung nicht unter das BDSG.[118] Ferner liegt laut des *BVerfG* keine Erhebung i. S. d. BDSG vor, wenn die Daten anonym bleiben und sofort spurlos und ohne die Möglichkeit, einen Personenbezug herzustellen, gelöscht werden, also nur technisch bedingt und ungezielt miterfasst wurden.[119] Ebenso wenig unter den Begriff des Erhebens fallen sogenannte aufgedrängte Informationen (wenn ein Bürger sich freiwillig an eine Behörde wendet) oder Daten, die aus allgemein zugänglichen Unterlagen gewonnen wurden.[120]

996 Es muss demnach eine zielgerichtete Erhebung vorliegen, bei welcher nach § 28 Abs. 1 S. 2 BDSG die Zwecke, für die die Daten verarbeitet oder genutzt werden sollen, konkret festzulegen sind. In welcher Form die Daten dabei beschafft werden, ist irrelevant.[121]

997 Auch wenn es sich beim Erheben lediglich um die Vorphase für die weitere Verarbeitung und Nutzung handelt, so unterliegt auch dieses Stadium, wie bereits oben geschildert, dem grundsätzlichen Verbot mit Erlaubnisvorbehalt (§ 4 Abs. 1 BDSG).[122] Eine Erhebung ist daher nach § 4 Abs. 2 S. 1 BDSG grundsätzlich nur unter Mitwirkung des Betroffenen zulässig (Grundsatz der Direkterhebung). Liegt eine solche Mitwirkung allerdings nicht vor, regelt § 4 Abs. 2 S. 2 BDSG die Ausnahmetatbestände, in denen eine Erhebung trotzdem gestattet ist. In einem solchen Fall besteht jedoch eine Unterrichtungspflicht für die verantwortliche Stelle (§ 4 Abs. 3 BDSG). [123]

998 Vom Vorliegen einer erlaubnispflichtigen Erhebung ist z. B. auszugehen bei Befragungen (etwa mittels Personalfragebögen[124] oder in Kunden- und Ver-

---

117 Vgl. hierzu *Tinnefeld*, Persönlichkeitsrecht und Modalitäten der Datenerhebung im Bundesdatenschutzgesetz, NJW 1993, 1117; speziell zur Erhebung von Arbeitnehmerdaten: *Däubler*, CR 1994, 101.

118 A.A. *Bergmann/Möhrle/Herb*, BDSG, 52. Aktualisierung 2017, § 3 Rz. 64.

119 *BVerfG*, Urt. v. 11. 3. 2008 – 1 BvR 2074/05, NJW 2008, 1505 = MMR 2008, 308.

120 *Gola*/Schomerus/*Klug/Körffer*, BDSG, 12. Aufl. 2015, § 3 Rz. 24.

121 *Gola*/Schomerus/*Klug/Körffer*, BDSG, 12. Aufl. 2015, § 3 Rz. 24.

122 *Gola*/Schomerus/*Klug/Körffer*, BDSG, 12. Aufl. 2015, § 3 Rz. 23.

123 A.A. *Bergmann/Möhrle/Herb*, BDSG, 52. Aktualisierung 2017, § 3 Rz. 64.

124 Vgl. *Däubler*, Erhebung von Arbeitnehmerdaten, CR 1994, 101.

braucherbefragungen),[125] medizinischen Untersuchungen (Blutproben) und der Observierung von Personen mittels Kameras.

b) Verarbeitung von Daten, § 3 Abs. 4 BDSG

Im Gegensatz zu den meisten Datenschutzgesetzen der Länder, der EU-Daten- 999 schutzrichtlinie und der Datenschutzgrundverordnung verwendet das BDSG nach wie vor einen engen Verarbeitungsbegriff. Der weite Verarbeitungsbegriff aus den LDSGs, der EU-DSRL und der EU-DSGVO schließt im Gegensatz zum engen Begriff das Erheben und Nutzen mit ein. Das BDSG verwendet deshalb an fast allen Stellen die Aufzählung der Begriffstrias („Erheben, „Verarbeiten", „Nutzen"), dies jedoch auch nicht konsequent (vgl. z. B. § 3 Abs. 2 Satz 1 BDSG bei dem die Trias dem Oberbegriff „automatisierte Verarbeitung" unterfällt).[126]

Unter „**Verarbeitung**" personenbezogener Daten fallen gem. § 3 Abs. 4 1000 BDSG die
– Speicherung (Nr. 1),
– Veränderung (Nr. 2),
– Übermittlung (Nr. 3),
– Sperrung (Nr. 4) und
– Löschung (Nr. 5) personenbezogener Daten.

Die Speicherung und die Übermittlung sind dabei die wichtigsten Verarbei- 1001 tungsphasen.

aa) Speicherung, § § 3 Abs. 4 Nr. 1 BDSG

Speicherung i. S. d. BDSG meint **das Erfassen, Aufnehmen oder Aufbewah-** 1002 **ren von Daten** auf einem Datenträger zum Zwecke ihrer weiteren Verwendung. Unter Datenträger sind z. B. Karteikarten oder mobile Speicherchips zu verstehen, wobei die zusätzlichen Voraussetzungen des § 6c BDSG für mobile Speichermedien zu beachten sind. Infolge der Verwerfung des Dateierfordernisses stellen jetzt auch Aufzeichnungen auf unformatierten Datenträgern wie Notizzetteln eine Speicherung i. S. d. BDSG dar. Keine Speicherung i. S. d. Gesetzes stellen zwischengespeicherte Daten aus rein technischen Ursachen dar (z. B. innerhalb eines Arbeitsspeichers von einem Computer).

---

125 Vgl. *Breinlinger*, Datenschutzrechtliche Probleme bei Kunden- und Verbraucherbefragungen zu Marketingzwecken, RDV 1997, 247.
126 Vgl. Däubler/Klebe/Wedde/Weichert/*Weichert*, BDSG, 5. Aufl. 2016, § 3 Rz. 28 f.

bb) Veränderung, § 3 Abs. 4 Nr. 2 BDSG

1003 Als **Veränderung** bezeichnet das BDSG das **inhaltliche Umgestalten gespeicherter Daten**. Es bezieht sich somit nur auf die Modifikation des Informationsgehalts und Aussagewerts eines konkreten Datums. Rein formale Verarbeitungsvorgänge wie das Vergleichen von Daten können deshalb nicht unter § 3 Abs. 4 Nr. 2 BDSG subsumiert werden. Es liegt dann ein Nutzen von Daten nach § 3 Abs. 5 BDSG vor. Problematisch ist diese Legaldefinition deshalb, weil Datenveränderung regelmäßig auch Löschung alter und Speicherung neuer Daten impliziert (z. B. bei der Berichtigung von Daten, wenn die falschen Angaben gelöscht und die richtigen Daten gespeichert werden). Man wird dann davon ausgehen müssen, dass die Vorschriften über Datenspeicherung und -löschung als leges speciales zu betrachten sind. Da jedoch die Zulässigkeitsvoraussetzungen für die Speicherung und Veränderung identisch sind, spielt die genaue Abgrenzung in der Praxis nur eine untergeordnete Rolle. Die Veränderung kann auch darin liegen, dass die Daten durch eine Verknüpfung aus ihrem bisherigen Kontext herausgerissen und so einen neuen, abgewandelten Informationswert erhalten, etwa durch das Herausnehmen von Daten aus dem bisherigen Verarbeitungszusammenhang oder durch das Einfügen in einen anderen Zusammenhang (z. B. Überspielung von Daten aus einem Schuldnerverzeichnis in eine Personaldatei).[127] Dagegen ist die Veränderung der rein äußeren Form der Daten (z. B. Verschlüsselung von Daten) keine Veränderung i. S. d. BDSG. Die Daten müssen folglich einen neuen, inhaltlich abgewandelten Informationswert erhalten.

1004 Allerdings greift § 3 Abs. 4 Nr. 2 BDSG dann nicht ein, wenn lediglich eine Veränderung der äußeren Umstände der Datenverarbeitung stattfindet, etwa wenn der Datenzugriff durch Personen erfolgt, die nicht zu einem nach bestimmten funktionalen Kriterien festgelegten sozialen Umfeld gehören. Nur Einwirkungen auf das Datum selbst, nicht aber der Inhaltswandel eines Datums durch verändertes Vorwissen Dritter, unterfallen dem Begriff der „Datenveränderung" in § 3 Abs. 4 Nr. 2 BDSG.

cc) Übermittlung, § 3 Abs. 4 Nr. 3 BDSG

1005 Übermittlung bezeichnet die **Bekanntgabe von Daten durch die verantwortliche Stelle** (§ 3 Abs. 7 BDSG) an Dritte (§ 3 Abs. 8 BDSG) durch Weitergabe, Einsichtnahme oder Abruf. Vom Übermittlungsbegriff umfasst ist demnach sowohl **die Weitergabe von personenbezogenen Daten an Dritte**, etwa in

---

127 Vgl. *Gola*/Schomerus/*Klug*/*Körffer*, BDSG, 12. Aufl. 2015, § 3 Rz. 30; *Bergmann*/*Möhrle*/*Herb*, BDSG, 52. Aktualisierung 2017, § 3 Rz. 86.

Form der (schriftlichen oder mündlichen) Erteilung von Auskünften oder der Übermittlung mittels Datenfernübertragung, als auch die **Einsichtnahme oder der Abruf von Daten durch Dritte**, wobei die verantwortliche Stelle die Daten zur Einsicht oder zum Abruf bereithalten muss. Insoweit fällt das BDSG allerdings hinter das Gesetz aus dem Jahre 1977 zurück, das bereits das Bereitstellen von Daten zum Abruf als „Übermittlung" einstufte (s. § 2 Abs. 2 Nr. 2 BDSG 1977, wonach eine Übermittlung selbst dann vorlag, wenn Dritte die bereitgestellten Daten nicht abgerufen haben). Eine Übermittlung i.S.d. BDSG liegt folglich erst dann vor, wenn die Daten durch den Dritten auch zur Kenntnis genommen wurden.[128] Das Bereithalten der Daten durch die verantwortliche Stelle erfordert dabei zweckgerichtetes Handeln; das unbefugte Verschaffen der Daten durch einen Dritten stellt damit kein Einsehen von bereitgehaltenen Informationen und folglich keine Übermittlung dar.[129]

Der Begriff der „Übermittlung" macht insofern Schwierigkeiten, als eine **1006** Bekanntgabe von Daten an „**Dritte**" vorliegen muss. Fraglich ist jedoch, wer als „Dritter" einzustufen ist. § 3 Abs. 8 Satz 2 BDSG verweist hierzu darauf, dass Dritter „jede Person oder Stelle außerhalb der verantwortlichen Stelle" sei; dabei ist der Begriff der „verantwortlichen Stelle" in § 3 Abs. 7 BDSG definiert als „jede Person oder Stelle, die personenbezogene Daten für sich selbst erhebt, verarbeitet oder nutzt oder dies durch andere im Auftrag vornehmen lässt". Nicht als Dritte gelten mithin der Betroffene selbst und diejenigen Personen oder Stellen, die innerhalb der EU/EWR im Auftrag der speichernden Stelle Daten erheben, verarbeiten oder nutzen (§ 3 Abs. 8 Satz 3 BDSG).

Das Verhältnis von verantwortlicher Stelle und Drittem bestimmt sich nach **1007** dem sog. funktionalen Stellenbegriff, wonach Behörden anhand der von ihnen jew. wahrgenommenen Aufgaben und Funktionen in organisatorische Teileinheiten untergliedert werden (als verantwortliche Stelle gilt mithin z.B. das Jugend- oder Meldeamt).[130] Danach sind Dritte

- sämtliche Behörden, Stellen und Personen außerhalb der jeweiligen Behörde bzw. des einzelnen Unternehmens und
- sämtliche organisatorischen Teile innerhalb einer Behörde oder eines Unternehmens, deren Funktion in keinem direkten Zusammenhang mit der konkreten Datenverarbeitung steht (Damit liegt eine Datenübermittlung auch bei scheinbar hausinternen Mitteilungen vor, wenn diese Mitteilungen die vorgegebene Funktions- und Geschäftsverteilung übersteigen, z.B.

---

128 *Bergmann/Möhrle/Herb*, BDSG, 52. Aktualisierung 2017, § 3 Rz. 95.
129 Simitis/*Dammann*, BDSG, 8. Aufl. 2014, § 3 Rz. 150.
130 Vgl. *BVerfG*, Beschl. v. 18.12. 1987 – 1 BvR 962/87, CR 1988, 147 = NJW 1988, 959; *Bergmann/Möhrle/Herb*, BDSG, 52. Aktualisierung 2017, § 3 Rz. 149 – 154.

sind auch die verschiedenen Ämter einer Gemeinde im Verhältnis zueinander als Dritte einzustufen);
- der Empfänger bei einem Datenaustausch zwischen zwei verschiedenen Stellen und der Empfänger bei jedem Datentransfer in Staaten außerhalb von EU/EWR,
- Tochtergesellschaften eines Unternehmens, deren Funktion nicht in einem konkreten Zusammenhang mit der jeweiligen Datenverarbeitung steht.

1008 Mangels Bekanntgabe an einen Dritten liegt eine Datenübermittlung nicht vor bei
- einem Datentransfer innerhalb der speichernden Stelle (in dem Fall liegt ein Nutzen von Daten i. S. d. § 3 Abs. 5 BDSG vor),
- der Mitteilung von Daten an den Betroffenen (etwa im Rahmen eines Auskunftsbegehrens nach §§ 19, 34 BDSG) und
- dem Austausch von Daten zwischen einem Auftraggeber und einem Auftragnehmer (etwa einem Rechenzentrum), sofern der Auftragnehmer seinen Sitz in der EU oder dem EWR hat (Auftragsdatenverarbeitung).

dd) Sperrung, § 3 Abs. 4 Nr. 4 BDSG

1009 Der Begriff der Sperrung personenbezogener Daten bezeichnet die Kennzeichnung dieser Daten zu dem Zweck, ihre weitere Verarbeitung oder Nutzung einzuschränken. Diese Verarbeitungsphase zielt auf die Möglichkeit, bei automatisierten Dateien den Zugriff auf Datenfelder oder ganze Datensätze programmtechnisch unmöglich zu machen. Es handelt sich vorliegend um § 20 Abs. 6 BDSG und nicht um § 20 Abs. 5 BDSG. Die Behörde (gemeint ist die verantwortliche Stelle) muss dafür im Einzelfall feststellen, dass ohne die Sperrung schutzwürdige Interessen des Betroffenen beeinträchtigt würden und die Daten für die Aufgabenerfüllung der Behörde nicht mehr erforderlich sind. Die datenverarbeitende Stelle muss ihre Akten folglich nicht laufend von Amts wegen auf Daten durchsuchen, die zu sperren sind.[131] Die erforderliche Einzelfallfeststellung tritt lediglich ein, wenn der Betroffene die Beeinträchtigung seiner Interessen geltend macht oder für die Behörde entsprechende Anhaltspunkte ersichtlich sind.[132] Liegen diese Voraussetzungen vor, so hat die Sperrung durch eine nachvollziehbare Kennzeichnung zu erfolgen (z. T. genügt eine Bemerkung auf dem Aktenblatt).[133]

---

131 *Gola*/Schomerus/*Klug*/*Körffer*, BDSG, 12. Aufl. 2015, § 20 Rz. 26.
132 Simitis/*Mallmann*, BDSG, 8. Aufl. 2014, § 20 Rz. 62.
133 *Gola*/Schomerus/*Klug*/*Körffer*, BDSG, 12. Aufl. 2015, § 20 Rz. 28.

ee) Löschung, § 3 Abs. 4 Nr. 5 BDSG

Die Löschung i. S. d. § 3 Abs. 4 Nr. 5 BDSG umfasst das Unkenntlichmachen **1010** von Daten, womit allein das unwiederbringliche Tilgen der Daten, ungeachtet der dabei verwendeten Verfahren, gemeint ist. Das Löschen kann durch Radieren, Überschreiben, Schwärzen und Vernichten der Datenträger (einschließlich aller Sicherheitskopien) erfolgen.[134] Nicht ausreichend sind der bloße Vermerk „Gelöscht" und/oder das bloße Archivieren und Auslagern von Daten, da die Daten grundsätzlich weiterhin lesbar sind.

ff) Nutzen von Daten, § 3 Abs. 5 BDSG

Als Nutzen von Daten wird im BDSG jede **Verwendung personenbezogener** **1011** **Daten** bezeichnet, soweit es sich **nicht um Verarbeitung handelt**. Gemeint sind hier vor allem Tätigkeiten wie der bloße Vergleich von Daten oder die Weitergabe innerhalb der verantwortlichen Stelle, aber auch das Kopieren oder Auswerten von Informationen fällt unter diesen Begriff. Werden die Daten innerhalb der verantwortlichen Stelle durch Weitergabe genutzt, so unterliegt dies jedoch dem Erfordernis der Erforderlichkeit und Zweckbindung.[135] Der Definition zufolge, handelt es sich bei § 3 Abs. 5 BDSG um einen Auffangtatbestand, der gegenüber den Phasen der Verarbeitung als subsidiär zu betrachten ist.

4 Auswirkungen der EU-DSGVO auf das BDSG

Durch die ab dem 25. Mai 2018 geltende DSGVO, welche in allen Mitgliedstaa- **1012** ten unmittelbar anwendbares Recht ist, wird das BDSG weitgehend abgelöst und mithin erheblich an Bedeutung verlieren. Die DSGVO enthält allerdings an zahlreichen Stellen nationale Öffnungsklauseln (z. B. in Art. 88 DSGVO zum Beschäftigtendatenschutz) und an die Mitgliedstaaten gerichtete Regelungsaufträge, aufgrund dessen die Nationalstaaten befugt sind, eigene Vorschriften zu erlassen. Das Bundesinnenministerium hatte daraufhin einen ersten Entwurf eines Allgemeinen Bundesdatenschutzgesetzes (ABDSG)[136] vorgelegt, durch welches die Regelungsspielräume in nationales Recht umgewandelt werden sollen. Das ABDSG sollte folglich mit der DSGVO ab dem 25. Mai 2018 gelten und damit das bisherige BDSG ersetzen, wodurch ein einwandfreies Zu-

---

134 *Bergmann/Möhrle/Herb*, BDSG, 52. Aktualisierung 2017, § 3 Rn. 113–117.
135 Wolff/Brink/*Schild*, BeckOK Datenschutzrecht, § 3 Rz. 69.
136 https://www.datenschutz-grundverordnung.eu/wp-content/uploads/2016/09/Entwurf-ABDSG-E-08.2016.pdf (zuletzt abgerufen: Mai 2017).

sammenspiel zwischen der DSGVO und dem deutschen Datenschutzrecht sichergestellt werden sollte.

1013 Mittlerweile hat der Bundestag am 27. April 2017 das Datenschutzanpassungs- und Umsetzungsgesetz (DSAnpUG) beschlossen, wodurch das alte BDSG durch ein neues BDSG EU-konform angepasst werden soll. Das „BDSG-neu" wurde am 5. Juli 2017 erstmals veröffentlicht als Art. 1 des DSAnpUG-EU.[137] Am 25. Mai 2018 tritt das BDSG-neu zeitgleich mit der Verordnung in Kraft. Nennenswerte Änderungen im BDSG-neu umfassen einen Schmerzensgeldanspruch für Verbraucher und Regelungen zum Datenschutzbeauftragten, die seine Stellung tendenziell stärken.

V Ermächtigungsgrundlagen

1014 Gemäß dem grundsätzlichen Verbot mit Erlaubnisvorbehalt ist jede Verarbeitung, Nutzung oder Erhebung personenbezogener Daten zunächst einmal unzulässig. Das Erheben, Verarbeiten oder Nutzen ist aber ausnahmsweise erlaubt, wenn
- der Betroffene eingewilligt hat,
- ein Tarifvertrag oder eine Betriebsvereinbarung die Verarbeitung erlaubt oder
- eine gesetzliche Vorschrift die Verarbeitung legitimiert.

1 Einwilligung

1015 Die Einwilligung nach § 4 Abs. 1 BDSG muss gem. § 4a Abs. 1 BDSG auf der freien Entscheidung des Betroffenen beruhen, also ohne Zwang erfolgen.[138] Sie ist nur möglich, wenn der Betroffene vorab auf den Zweck der Speicherung, Verarbeitung oder Nutzung sowie auf Verlangen auf die Folgen der Verweigerung hingewiesen wurde (sog. „informierte Einwilligung", § 4a Abs. 1 S. 2 BDSG). Die Einwilligung bedarf i. Ü. regelmäßig der **Schriftform** (§ 4a Abs. 1 S. 3 BDSG). Sie ist jederzeit frei widerruflich. Entgegenstehende Vereinbarungen sind unwirksam.

---

137 BGBl. I 2017, S. 2097, https://www.bgbl.de/xaver/bgbl/start.xav?startbk=Bundesanzeiger_BGBl#__bgbl__%2F%2F*%5B%40attr_id%3D%27bgbl117s2097.pdf%27%5D__1500481616193 (zuletzt abgerufen Juli 2017).
138 4 Abs. 1 S. 1 berücksichtigt insofern Art. 2 lit. h der EU-DSRL/bzw. Art. 7 der EU-DSGVO (ab 2018).

Schwierigkeiten bestehen bei der **Erteilung des Einverständnisses** 1016
inAGB, seitdem der *BGH* ein klauselmäßiges Einverständnis in Telefonwerbung für unwirksam erklärt hat.[139] Telefonwerbung stelle einen besonders
schwerwiegenden Eingriff in die Privatsphäre dar. Daher verstoße solche Werbung im privaten Bereich gegen die guten Sitten. Das Einverständnis des Kunden sei dementsprechend erst wirksam, wenn der Kunde sich ausdrücklich mit
dieser Maßnahme einverstanden erkläre. Die Rechtsprechung des *BGH* hat
konsequent Eingang in das reformierte UWG und den dortigen § 7 Abs. 2 Nr. 2
UWG gefunden,[140] wonach eine unzulässige Belästigung, „bei einer Werbung
mit Telefonanrufen gegenüber Verbrauchern ohne deren Einwilligung oder gegenüber sonstigen Marktteilnehmern ohne deren zumindest mutmaßliche Einwilligung" vorliegt. Nach einer Entscheidung des *LG Hannover* gelten diese
Grundsätze auch für unverlangt zugesandte Werbung per SMS gegenüber Verbrauchern.[141] Der Teilnehmer muss hiernach eindeutig über Art und Umfang
der Speicherung und die vorgesehene Datenübermittlung informiert werden.
Auch sind ihm Möglichkeiten zur Beschränkung einzelner Formen der Datenverarbeitung einzuräumen.

Für zum Teil unwirksam hielt der *BGH* eine formularmäßige Klausel, wo- 1017
nach der Nutzung von Daten für Werbung und Marktforschung ausdrücklich
(durch Ankreuzen) widersprochen werden muss (sog. **Opt-Out-Lösung**).[142]
Eine solche Klausel sei zwar mit den wesentlichen Grundgedanken der §§ 4
Abs. 1, 4a Abs. 1 BDSG im Hinblick auf die Zusendung von Werbung per Post
zu vereinbaren,[143] da sich aus § 4a BDSG insb. nicht ergebe, dass die Einwilligung nur dann wirksam sein soll, wenn sie aktiv erklärt wird (kein Erfordernis
des Opt-In).[144] Dies gelte aber nicht für eine Einwilligung, die sich auf Werbung
per E-Mail oder SMS beziehe. Hier gelte § 7 Abs. 2 Nr. 3 UWG. Die Vorschrift
verlangt entsprechend der Datenschutzrichtlinie für elektronische Kommunikation (RL 2002/58/EG) eine Einwilligung in Form einer gesonderten Erklärung
(**Opt-In**).

---

139 *BGH*, Urt. v. 16. 3. 1999 – XI ZR 76/98, MDR 1999, 856 m. Anm. *Imping* = CR 1999, 567;
Bergmann/Möhrle/Herb, BDSG, 52. Aktualisierung 2017, § 4a Rn. 70a.
140 BT-Drs. 15/1487, S. 21.
141 *LG Hannover*, Urt. v. 21. 6. 2005 – 14 O 158/04, CR 2006, 529 m. Anm. *Müglich* = MMR 2005,
714.
142 *BGH*, Urt. v. 16. 7. 2008 – VIII ZR 348/06, MDR 2008, 1264 = CR 2008, 720 m. Anm. *Brisch/
Laue* = MMR 2008, 731 m. Anm. *Grapentin* – Payback (n. v.); vgl. dazu *Bergmann/Möhrle/Herb*,
BDSG, 52. Aktualisierung 2017, § 4a Rn. 26c.
143 So schon die Vorinstanz: *OLG München*, Urt. v. 28. 9. 2006 – 29 U 2769/06, MMR 2007, 47 =
CR 2007, 179; auch *LG Köln*, Urt. v. 9. 5. 2007 – 26 O 358/05, BeckRS 2007 10750.
144 Vgl. auch *Wiesner*, Datenschutzrechtliche Einwilligung zur Werbung: Opt-out ausreichend?, DuD 2007, 604.

1018   Eine ohne sachlichen Zusammenhang in AGB eingebaute Einwilligungserklärung verstößt gegen das Transparenzgebot.[145] Ähnlich verstößt eine Bevoll-
mächtigung in AGB, Daten an Dritte weiterzugeben, gegen § 307 Abs. 1 sowie
§ 307 Abs. 2 Nr. 1 BGB i. V. m. § 4 Abs. 1 BDSG.[146]Auch eine Klausel, wonach
Daten an „Unternehmen eines Konzerns" weitergegeben werden dürfen, ist wegen unangemessener Benachteiligung unwirksam.[147] Ist die Klausel zu **unbestimmt**, fehlt ihr die ermächtigende Wirkung. Sie ist darüber hinaus wegen
der Abweichung von wesentlichen Grundgedanken des BDSG nach § 307
Abs. 1, Abs. 2 Nr. 1 BGB nichtig.[148]

1019   Umstritten ist, ob eine ausdrückliche Einwilligung in die Datenverarbei-
tung auch dann erforderlich ist, wenn die Datenerhebung freiwillig erfolgt.[149]
Für die Erforderlichkeit spricht der insofern eindeutige Wortlaut des § 4a Abs. 1
BDSG.[150] Allerdings ist auch zu berücksichtigen, dass die Einwilligung beim
Vorliegen besonderer Umstände nur dann der Schriftform bedarf, wenn nicht
wegen besonderer Umstände eine andere Form angemessen ist (§ 4a Abs. 1
S. 3 BDSG). Werden Daten, z. B. im Rahmen einer Verbraucherbefragung, unter
dem ausdrücklichen Hinweis auf die Freiwilligkeit der Teilnahme und mit detaillierter Darstellung der Zweckbestimmung erhoben, so kann dies im Einzelfall eine ausdrückliche Einwilligung in die spätere Datenverarbeitung entbehrlich machen, da bereits in der freiwilligen Teilnahme eine (konkludente)
Einwilligung liegt.[151] Die vom Gesetz in § 4a Abs. 1 BDSG vorgesehene schriftliche Einwilligung kann online allerdings nicht erfolgen.

1020   Der *BGH* hat inzwischen großzügig Opt-Out-Lösungen als Einwiligung ausreichen lassen.[152] Seitens der Firma „Happy Digits" war eine umrandete Klausel verwendet worden:

> **Einwilligung in Beratung, Information (Werbung) und Marketing**
> Ich bin damit einverstanden, dass meine bei HappyDigits erhobenen persönlichen Daten
> (Name, Anschrift, Geburtsdatum) und meine Programmdaten (Anzahl gesammelte Digits
> und deren Verwendung; Art der gekauften Waren und Dienstleistungen; freiwillige An-
> gaben) von der D GmbH [...] als Betreiberin des HappyDigits Programms und ihren

---

145 *LG Bonn*, Urt. v. 30. 10. 2006 – 11 O 66/06, CR 2007, 237 = MMR 2007, 124.
146 *LG Dortmund*, Urt. v. 23. 2. 2007 – 8 O 194/06; BeckRS 2007, 15598.
147 *OLG Köln*, Urt. v. 23. 11. 2007 – 6 U 95/07, MMR 2008, 780; *Bergmann/Möhrle/Herb*, BDSG,
52. Aktualisierung 2017, § 4a Rn. 39a.
148 *LG Halle*, Urt. v. 18. 3. 1996 – 8 O 103/95, CR 1998, 85.
149 Für eine Einwilligung *LG Stuttgart*, Urt. v. 13. 8. 1998 – 17 O 329/98, RDV 1998, 262; dagegen *LG Darmstadt*, Urt. v. 24. 9. 1998 – 15 O 204/98, RDV 1999, 28.
150 Vgl. *LG Stuttgart*, Urt. v. 13. 8. 1998 – 17 O 329/98, RDV 1998, 262.
151 *LG Darmstadt*, Urt. v. 24. 9. 1998 – 15 O 204/98, RDV 1999, 28.
152 *BGH*, Urt. v. 11. 11. 2009 – VIII ZR 12/08, NJW 2010, 864 = MDR 2010, 133.

Partnerunternehmen zu Marktforschungs- und schriftlichen Beratungs- und Informationszwecken (Werbung) über Produkte und Dienstleistungen der jeweiligen Partnerunternehmen gespeichert, verarbeitet und genutzt werden. [...] **Sind Sie nicht einverstanden, streichen Sie die Klausel** [...][153]

Der *BGH* hat entschieden, dass diese Klausel wirksam ist. Sie betreffe allein 1021 die Einwilligung in die Speicherung, Verarbeitung und Nutzung von Daten für die Zusendung von Werbung per Post sowie zu Zwecken der Marktforschung.[154] Unter dem Gesichtspunkt datenschutzrechtlicher Bestimmungen sei die Klausel nicht zu beanstanden. Danach könne die Einwilligung in die Speicherung, Verarbeitung und Nutzung von Daten zusammen mit anderen Erklärungen schriftlich erteilt werden, sofern sie – wie hier – besonders hervorgehoben werde. Die Klausel sei in der Mitte des eine Druckseite umfassenden Formulars platziert und als einziger Absatz der Seite mit einer zusätzlichen Umrahmung versehen, sodass sie schon deshalb Aufmerksamkeit auf sich ziehe. Der fettgedruckten Überschrift lasse sich schon aufgrund des verwendeten Worts „Einwilligung" unmittelbar entnehmen, dass sie ein rechtlich relevantes Einverständnis des Verbrauchers mit Werbungs- und Marketingmaßnahmen enthält, die – was einem durchschnittlich verständigen Verbraucher bekannt ist – in aller Regel mit einer Speicherung und Nutzung von Daten einhergehen.

An dieser Rechtslage hat sich nach Auffassung des *BGH*[155] auch durch die 1022 Änderung des BDSG mit Wirkung vom 1. September 2009 nichts geändert. Nach § 28 Abs. 3 S. 1 BDSG ist die Verarbeitung oder Nutzung personenbezogener Daten für Zwecke des Adresshandels oder der Werbung zulässig, soweit der Betroffene eingewilligt hat. Soll die Einwilligung zusammen mit anderen Erklärungen schriftlich erteilt werden, ist sie nach § 28 Abs. 3a S. 2 BDSG in drucktechnisch deutlicher Gestaltung besonders hervorzuheben. Auch nach der neuen Fassung des BDSG sei somit eine „Opt-Out"-Regelung zur Erteilung der Einwilligung in die Verarbeitung und Nutzung personenbezogener Daten für Zwecke der Werbung per Post zulässig. Eine darüber hinausgehende Einwilligung in die Verwendung solcher Daten für Werbung im Wege elektronischer Post (SMS, E-Mail), die nach § 7 Abs. 2 Nr. 3 UWG nur durch eine gesondert abzugebende Erklärung („Opt-In") wirksam erteilt werden kann, war

---

153 *BGH*, Urt. v. 11. 11. 2009 – VIII ZR 12/08, NJW 2010, 864 = MMR 2010, 138 m. Anm. *Hanloser.*
154 *BGH*, Urt. v. 11. 11. 2009 – VIII ZR 12/08, NJW 2010, 864 f. = MMR 2010, 138 f.; zu einem ähnlichen Fall siehe auch: *BGH*, Urt. v. 16. 7. 2008 – VIII ZR 348/06, MDR 2008, 1264 = CR 2008, 720 m. Anm. *Brisch/Laue* – „Payback".
155 *BGH*, Urt. v. 11. 11. 2009 – VIII ZR 12/08, NJW 2010, 864 f. = MMR 2010, 138 f.

allerdings nicht Gegenstand des Verfahrens. In diesen Fällen dürfte es bei einem strikten Opt-In bleiben.[156]

1023   Zweifelhaft ist, ob allein wegen der regelmäßigen Nutzung des Internets „besondere Umstände" anzunehmen sind, deretwegen eine andere Form angemessen wäre. Zwar wurde dies von der Rechtsprechung bei besonderer Eilbedürftigkeit oder in bestimmten Telefonsituationen anerkannt, doch würde eine Verallgemeinerung auf alle Internetsituationen dem Ausnahmecharakter dieser Vorschrift zuwiderlaufen. Wenn Unternehmen das Internet nutzen, um ihre Produkte anzubieten oder online Verträge abzuschließen, sind sie z. T. Telemediendiensteanbieter i. S. d. § 1 TMG. Auch § 12 Abs. 1 TMG sieht hinsichtlich der Verwendung personenbezogener Daten ein Verbot mit Erlaubnisvorbehalt vor.

1024   Für Telemediendienste hat sich der Gesetzgeber entschieden, die elektronische Einwilligung ausreichen zu lassen (§ 13 Abs. 2 TMG). Dabei darf allerdings nicht ein einfacher Mausklick genügen, sondern durch den Eingabemodus muss sichergestellt sein, dass eine bewusste Handlung des Kunden vorliegt. Hilfreich ist die sog. bestätigende Einwilligung, bei der die Einwilligung nach dem Setzen eines Häkchens durch einen anschließenden Klick auf einen Button bestätigt wird. Darüber hinaus muss die Protokollierung und Abrufbarkeit sichergestellt sein. Auch ist der Nutzer auf die Möglichkeit des Widerrufs seiner Einwilligung hinzuweisen (§ 13 Abs. 3 TMG), sofern dies nicht durch wirksamen Verzicht ausgeschlossen wird.

1025   Neuerungen bzgl. der Einwilligung sieht auch die neue europäische Datenschutz-Grundverordnung der EU-Kommission vor.[157]

2 Tarifvertrag/Betriebsvereinbarung – zugleich eine Einführung in arbeitsrechtliche Probleme mit Bezug zum Internet

Literatur: *Altenburg/von Reinsdorff/Leister*, Telekommunikation am Arbeitsplatz, MMR 2005, 135; *Altenburg/von Reinsdorff/Leister*, Betriebsverfassungsrechtliche Aspekte der Telekommunikation, MMR 2005, 222; *Balsmeier/Weißnicht*, Überwachung am Arbeitsplatz und deren Einfluss auf die Datenschutzrechte Dritter, K & R 2005, 537; *Beckschulze/ Henkel*, Der Einfluss des Internet auf das Arbeitsrecht, DB 2001, 1491; *Biter*, Internet und E-Mail am Arbeitsplatz, DuD 2004, 277; *Biter*, Private Internetnutzung am Arbeitsplatz?, DuD 2004, 432; *Brühl/Sepperer*, E-Mail-Überwachung am Arbeitsplatz. Wer überwacht den

---

156 So die Argumentation des *BGH* im Urt. v. 16.7. 2008 – VIII ZR 348/06, MMR 2008, 731 m. Anm. *Grapentin* = NJW 2008, 3055 ; *BGH*, Urt. v. 25.10. 2012 – I ZR 169/10, MMR 2013, 388 m. Anm. *Hoffmann* = GRUR 2013, 513 m. Anm. *Schnaub*.
157 Siehe hierzu Kapitel I 3.

Wächter?, ZD 2015, 415; *Däubler*, Internet und Arbeitsrecht, 5. Aufl. Frankfurt a. M. 2015; *Däubler*, Nutzung des Internet durch Arbeitnehmer, K & R 2000, 323; *Ernst*, Privates Surfen am Arbeitsplatz als Kündigungsgrund, DuD 2006, 223; *Gola*, Datenschutz bei der Kontrolle „mobiler" Arbeitnehmer – Zulässigkeit und Transparenz, NZA 2007, 1139; *Hanau*, Rechtsgutachten über die arbeits- und betriebsverfassungsrechtlichen Bedingungen der privaten Nutzung von Internet-Anschlüssen durch Arbeitnehmer, 2000; *Hanau/ Hoeren*, Private Internetnutzung durch Arbeitnehmer, München 2003; *Härting*, E-Mail und TK-Geheimnis – Die drei Gesichter der E-Mail: Telekommunikation, Datensatz, elektronischer Brief, CR 2007, 311; *Hoeren*, Rechtliche Grundlagen des SCHUFA-Scoring-Verfahrens, RDV 2007, 93; *Jaeger*, Vorsicht bei Überwachungssoftware, AuA 2001, 402; *Jofer/Wegerich*, Betriebliche Nutzung von E-Mail-Diensten: Kontrollbefugnisse des Arbeitgebers, K & R 2002, 235; *Kaufmann*, Mitarbeiterdaten auf der Homepage, DuD 2005, 262; *Kaufmann*, Rote Karte für neugierige Admins, c't 2006, 234; *Kiper/Schierbaum*, Arbeitnehmer-Datenschutz bei Internet und E-Mail-Nutzung, Oldenburg 2000; *Kliemt*, E-Mail- und Internetnutzung von Mitarbeitern, AuA 2001, 532; *Kramer*, Kündigung eines leitenden Angestellten wegen privater Internetnutzung, NZA 2013, 311; *Kronisch*, Privates Internet-Surfen am Arbeitsplatz, AuA 1999, 550; *Lansnicker*, Surfen im Internet während der Arbeitszeit, BB 2007, 2184; *Möller*, Privatnutzung des Internet am Arbeitsplatz, ITRB 2005, 142; *Nägele/Meyer*, Internet und E-Mail am Arbeitsplatz, K & R 2004, 312; *Oppliger/Holthaus*, Totale Überwachung ist technisch möglich, digma 2001, 14; *Panzer*, Mitarbeiterkontrolle und neue Medien, Frankfurt a. M. 2004; *Pötters*, Beschäftigtendaten in der Cloud, NZA 2013, 1055; *Pröpper/Römermann*, Nutzung von Internet und E-Mail am Arbeitsplatz (Mustervereinbarung), MMR 2008, 514; *Rath/Karner*, Private Internetnutzung am Arbeitsplatz – rechtliche Zulässigkeit und Kontrollmöglichkeiten des Arbeitgebers, K & R 2007, 446; *Rieble/Gutzeit*, Gewerkschaftliche Selbstdarstellung im Internet und Intranet, ZFA 2001, 341; *Sacherer*, Datenschutzrechtliche Aspekte der Internetnutzung von Arbeitnehmern, RdW 2005, 17; *Schmidl*, E-Mail-Filterung am Arbeitsplatz, MMR 2005, 343; *Schönfeld/Streese/Flemming*, Ausgewählte Probleme der Nutzung des Internet im Arbeitsleben, MMR-Beilage 2001, 8; *Tinnefeld*, Arbeitnehmerdatenschutz in Zeiten des Internet, MMR 2001, 797; *Tinnefeld/ Viethen*, Arbeitnehmerdatenschutz und Internet-Ökonomie, NZA 2000, 977; *Weißnicht*, Die Nutzung des Internet am Arbeitsplatz, MMR 2003, 448; *Wiese*, Internet und Meinungsfreiheit des Arbeitgebers, Arbeitnehmers und Betriebsrats, NZA 2012, 1; *Wigger*, Surfen im Betrieb – ein Spannungsfeld, digma 2001, 20; *Wolber*, Internet-Zugang und Mitbestimmung, PersR 2000, 3; *Wybitul*, Neue Spielregeln bei Betriebsvereinbarungen und Datenschutz, NZA 2014, 225; *Wytibul*, Datenschutz am Arbeitsplatz. Was sind die aktuellen Vorgaben der Rechtsprechung?, ZD 2015, 453; *Zilkens*, Datenschutz am Arbeitsplatz, DuD 2005, 253.

In Deutschland existiert noch immer kein Arbeitnehmerdatenschutzgesetz, **1026** durch das der Umgang mit personenbezogenen Daten im Arbeitsverhältnis geregelt wird. Es gelten stattdessen die allgemeinen Vorgaben des BDSG. Durch die BDSG-Novelle II, verabschiedet am 3. Juli 2009 im Bundestag,[158] wurden generelle Regeln zum Arbeitnehmerdatenschutz in das BDSG eingeführt. In ei-

---

158 BT-Drs. 16/12011 und 16/13657.

ner Entscheidung von 2013 hat das *BAG*[159] zwar wiederholt auf die Möglichkeit der negativen Abweichung von den Datenschutzregelungen des BDSG in einer Betriebsvereinbarung hingewiesen, gleichzeitig aber betont, dass zwischen den Interessen des Arbeitgebers und denen des Arbeitnehmers eine Abwägung in der Betriebsvereinbarung stattfinden muss. Nach § 32 Abs. 1 S. 1 BDSG dürfen personenbezogene Daten eines Beschäftigten verarbeitet werden, wenn dies für die Begründung, Durchführung oder Beendigung des Beschäftigungsverhältnisses erforderlich ist. Diese Regel ist nichtssagend. Konkreter ist der Hinweis in § 32 Abs. 1 S. 2 BDSG, wonach Arbeitnehmerdaten zur Aufdeckung von Straftaten nur verwendet werden dürfen, wenn zu dokumentierende tatsächliche Anhaltspunkte den Verdacht der Begehung einer Straftat begründen; ferner muss die Verarbeitung erforderlich und verhältnismäßig sein. Diese Regelung begrenzt die Bekämpfung von Korruption und anderen Missbrauchsfällen in Unternehmen erheblich.

1027   Nach Auffassung des *BAG* ist eine Verarbeitung von Arbeitnehmerdaten auch zulässig, sofern sie auf der Grundlage einer Ermächtigung in einem Tarifvertrag oder in einer Betriebsvereinbarung beruht.[160] Das *BAG* geht hierbei davon aus, dass es sich bei Tarifverträgen und Betriebsvereinbarungen um „andere Rechtsvorschriften" i. S. d. § 4 Abs. 1 BDSG handelt. Eine Verarbeitung personenbezogener Daten soll auf der Grundlage einer entsprechenden kollektivrechtlichen Regelung nach Auffassung des *BAG* selbst dann gerechtfertigt sein, wenn sich diese Vereinbarung zu Lasten des Betroffenen auswirkt.[161] Dies gilt jedoch mangels ausdrücklicher Gesetzesregelung nicht für den Bereich des Internets. Insofern fehlt es dem Betriebsrat an einer Regelungskompetenz für spezifisch datenschutzrechtliche Fragen in Bezug auf das Internet.

1028   Es bleibt aber betriebsverfassungsrechtlich dabei, dass die Einführung des Internets mitbestimmungspflichtig ist. Über die Login-Files bei der WWW-Nutzung und die Kontrolle der E-Mails ist eine Überwachung von Verhalten und Leistung der Arbeitnehmer möglich; insofern greift der Tatbestand des § 87 Abs. 1 Nr. 6 BetrVG.[162] Ähnliches gilt für die Mitbestimmung des Personalrats nach § 75 Abs. 3 Nr. 17 BPersVG.[163] So hat das *OVG Münster* im Januar 2000

---

159 *BAG*, Urt. v. 25. 9. 2013 – 10 AZR 270/12, ZD 2014, 154.

160 *BAG*, Beschl. v. 27. 5. 1986 – 1 ABR 48/84, CR 1986, 571 = MDR 1987, 83.

161 Krit. *Rademacher/Latendorf*, Betriebsvereinbarungen als andere Rechtsvorschriften, CR 1989, 1105; *Wohlgemuth*, Datenschutz für Arbeitnehmer, 2. Aufl. 1988, Rn. 613; Simitis/ *Scholz/Sokol*, BDSG, 8. Aufl. 2014, § 4 Rz. 17; *Fitting u. a.*, BetrVG, 28. Aufl. 2016, § 83 Rz. 28.

162 So auch *Däubler*, Internet und Arbeitsrecht, 5. Aufl. 2015, Rz. 293; *Balke/Müller*, Arbeitsrechtliche Aspekte beim betrieblichen Einsatz von E-Mails, DB 1997, 327; *Post-Ortmann*, Der Arbeitsgeber als Anbieter von Telekommunikations- und Telediensten, RDV 1999, 107.

163 Siehe *Schneider*, Verhaltens- und Leistungskontrolle durch technische Einrichtungen, PersR 1991, 129.

entschieden, dass die Bereitstellung von Sprechstundenübersichten und weiterer Personaldaten auf persönlichen WWW-Seiten im Hochschulnetz und im WWW-Bereich der Mitbestimmung nach § 72 Abs. 3 Nr. 1 LPVG NW unterliegt.[164] Das enorme **Überwachungspotenzial**, das die Nutzung des Internets dem Arbeitgeber eröffnet, zeigt sich zum einen darin, dass sämtliche Aktivitäten des Arbeitnehmers im Internet im Nachhinein protokolliert werden können. Zum anderen ist auch a priori eine Kontrolle möglich, etwa über Firewalls.

Bei der Überwachung des E-Mail-Verkehrs durch den Arbeitgeber, ist neben den betriebsverfassungsrechtlichen Vorgaben[165] auch das Fernmeldegeheimnis zu beachten.[166] § 88 TKG, der das Fernmeldegeheimnis festschreibt, gilt nur, wenn jemand geschäftsmäßig Telekommunikationsdienste erbringt (§ 88 Abs. 2 TKG). Geschäftsmäßig handelt, wer nachhaltig Telekommunikation für Dritte mit oder ohne Gewinnerzielungsabsicht anbietet (§ 3 Nr. 10 TKG). Bei der Nutzung von E-Mails zu dienstlichen Zwecken fehlt es an einem Angebot für „Dritte", sodass das Fernmeldegeheimnis nicht greift.[167] Der Arbeitgeber kann hier den Eingang und Ausgang von E-Mails einschließlich der Zieladressen festhalten. Er kann ferner bei Abwesenheit des Mitarbeiters E-Mails lesen, sofern die Mails nicht ausdrücklich als „persönlich" oder „vertraulich" gekennzeichnet sind oder anderweitig deren private Natur zu erkennen ist. Ansonsten ist die Lektüre der Mails durch den Arbeitgeber nur bei Nachweis eines berechtigten Interesses erlaubt, wenn etwa
- ein begründeter Verdacht auf strafbare Handlungen besteht,
- E-Mails den Betriebsfrieden gefährden (etwa bei Mobbing) oder
- die Weitergabe von Betriebsgeheimnissen vermieden werden soll.[168]

Nach § 96 Abs. 1 TKG ist die Datenerhebung zur betrieblichen Abwicklung der geschäftsmäßigen Telekommunikationsdienste gestattet. Außerdem berechtigt § 100 Abs. 3 TKG den Arbeitgeber zur Erhebung von Daten zwecks Aufklärung und Unterbindung rechtswidriger Inanspruchnahme von Telekommunikationsnetzen. Die Daten sind zu löschen, sofern sie für die genannten Zwecke nicht mehr erforderlich sind (§ 96 Abs. 1 S. 3 TKG). Werden Daten für die Entgeltermittlung und Entgeltabrechnung vorgehalten, müssen die Verkehrsdaten

1029

1030

---

164 *OVG Münster*, Beschl. v. 20. 1. 2000 – 1 A 128/98 PVL, DuD 2001, 110.

165 So auch in Österreich *öOGH*, Beschl. v. 13. 6. 2002 – 8 Ob A288/01p (n. v.).

166 Vgl. *Schmidl*, MMR 2005, 343.

167 So auch *Däubler*, Internet und Arbeitsrecht, 5. Aufl. 2015, Rz. 235; *Gola*, Neuer Tele-Datenschutz für Arbeitnehmer? Die Anwendung von TKG und TDDSG im Arbeitsverhältnis, MMR 1999, 322; *Post-Ortmann*, RDV 1999, 103.

168 *Däubler*, Internet und Arbeitsrecht, 5. Aufl. 2015, Rz. 249.

über die näheren Umstände der Kommunikation spätestens sechs Monate nach Versendung der Rechnung gelöscht werden (§ 97 Abs. 3 S. 3 TKG).

1031   Die erlaubte private Nutzung des Internets fällt hingegen unter § 88 TKG und § 206 StGB, sodass jede Überwachung von E-Mails (strafrechtlich) verboten ist. Auch das Ausfiltern der an den Arbeitnehmer gerichteten E-Mails kann eine Straftat gem. § 206 Abs. 2 Nr. 2 StGB darstellen. Nach dieser Vorschrift macht sich strafbar, wer als Beschäftigter oder Inhaber eines Unternehmens, das geschäftsmäßig Post- oder Telekommunikationsleistungen erbringt, unbefugt eine einem solchen Unternehmen anvertraute Sendung unterdrückt. Aus einer ggf. gegen § 206 StGB, § 88 TKG, § 32 BDSG und § 87 Nr. 1 und Nr. 6 6 BetrVG verstoßenden Erlangung der auf einem Arbeitsplatzrechner vorgefundenen abgespeicherten Chatprotokolle folgt kein Beweisverwertungsverbot, wenn der Arbeitgeber seinen Arbeitnehmern lediglich eine gelegentliche private Nutzung elektronischer Ressourcen gestattet und zugleich darauf hinweist, dass bei einer Abwicklung persönlicher Angelegenheiten auf elektronischen Geräten und über das Netzwerk, der Mitarbeiter keine Vertraulichkeit erwartet und der Arbeitgeber die Nutzung überwachen und bei gegebener Notwendigkeit die Daten einsehen kann, die der Mitarbeiter anlegt oder mit anderen austauscht.[169] Ein Arbeitnehmer muss, wenn er illegale Aktivitäten gegen seinen Arbeitgeber betreibt, bei einer derart eingeschränkten Vertraulichkeit der Privatnutzung damit rechnen, dass Spuren, die er durch die Nutzung von elektronischen Ressourcen des Arbeitgebers hinterlässt, in einem Prozess gegen ihn verwendet werden.

1032   Fraglich ist, ob für die Verwendung von **Mitarbeiterdaten** stets deren **Einwilligung verlangt werden kann.** Hier bietet sich das „**Zwei-Phasen-Modell**" an, das zwischen der Funktionsebene auf der einen und der Datenqualitätsebene auf der anderen Seite unterscheidet.[170] Bei der Funktionsebene ist eine Differenzierung zwischen Funktionsträgern und Nichtfunktionsträgern vorzunehmen, wobei Funktionsträger derjenige ist, der Außenkontakt, ein hohes Maß an Entscheidungskompetenz und/oder eine Repräsentationsfunktion innehat.[171] Die personenbezogenen Daten dieser Funktionsträger dürfen in einem gewissen Maße auch ohne vorherige Einwilligung im Internet veröffentlicht werden; für personenbezogene Daten von Nichtfunktionsträgern ist stets deren vorherige Einwilligung erforderlich.[172] Hinsichtlich der Funktionsträger ist nunmehr auf die Datenqualitätsebene abzustellen, wo zwischen den Basis-

---

169 *LAG Hamm*, Urt. v. 10. 7. 2012 – 14 Sa 1711/10, CCZ 2013, 115 m. Anm. *Heinemeyer*.
170 *Kaufmann*, DuD 2005, 262.
171 *Kaufmann*, DuD 2005, 266.
172 *Kaufmann*, DuD 2005, 266.

kommunikationsdaten, funktionsrelevanten Zusatzdaten und Privatdaten unterschieden wird.[173] Ohne vorherige Einwilligung des Funktionsträgers dürfen die Basiskommunikationsdaten und die funktionsrelevanten Zusatzdaten publiziert werden; für die Privatdaten ist auch bei dieser Personengruppe eine vorherige Einwilligung erforderlich.[174]

Sofern es sich um die Veröffentlichung von Kontaktdaten von **Beamten** 1033 handelt, darf der Dienstherr diese im Interesse einer transparenten, bürgernahen und öffentlichen Verwaltung grundsätzlich auch ohne das ausdrückliche Einverständnis des Betroffenen im Internet bekannt geben. Hier überwiegt im Hinblick auf das Ziel der Personalisierung des Behördenauftritts das Interesse des Dienstherrn an der Veröffentlichung des Namens und der dienstlichen Kontaktdaten gegenüber dem Anspruch auf Persönlichkeitsrechtsschutz solcher Beamten mit Außenkontakten. Auch ein Verstoß gegen das Grundrecht auf informationelle Selbstbestimmung der Beamten liegt insoweit nicht vor. Eine Ausnahme von diesem Grundsatz gilt allerdings für den Fall, dass Sicherheitsbedenken der Veröffentlichung der Daten entgegenstehen.[175]

Bei der Veröffentlichung von Fotos im Internet ist hingegen keine Unter- 1034 scheidung zwischen Funktionsträgern und Nichtfunktionsträgern vorzunehmen; für beide Personengruppen ist aufgrund des Rechts am eigenen Bild gem. § 22 KUG immer eine vorherige Einwilligung erforderlich.[176]

Schon kurze Zeit nach der Implementierung des Internets am Arbeitsplatz 1035 mussten sich die Gerichte vielfach mit der Frage beschäftigten, ob und unter welchen Umständen die Benutzung des neuen Mediums einen **Kündigungsgrund** darstellt. Mitte 2005 nahm dazu das *BAG* ausführlich Stellung.[177] Im entschiedenen Fall konnten die Arbeitnehmer das firmeneigene Intranet und das Internet benutzen. Sobald die Startseite des Intranets aufgerufen wurde, erschienen ein rot unterlegter Hinweis „Intranet und Internet nur zum dienstlichen Gebrauch" und die Anmerkung, dass der Zugriff auf andere Seiten protokolliert werde. Ein Mitarbeiter hatte, entgegen des Verbots, das Internet zum Aufruf pornografischer Seiten benutzt und erhielt wegen der Missachtung des Verbots, ohne eine vorherige Abmahnung, die außerordentliche Kündigung.

---

173 *Kaufmann*, DuD 2005, 266.

174 *Kaufmann*, DuD 2005, 266.

175 *BVerwG*, Beschl. v. 12.3. 2008 – 2B 131/07, DuD 2008, 696 = ZTR 2008, 406; *OVG Rheinland-Pfalz*, Urt. v. 10.9. 2007 – 2 A 10413/07, K & R 2007, 671 = MMR 2008, 635.

176 *Kaufmann*, DuD 2005, 266; so auch der *OGH*, Urt. v. 5.10. 2000 – 8 Ob A 136/00h (n. v.).

177 *BAG*, Urt. v. 7.7. 2005 – 2 AZR 581/04, CR 2006, 426 (Ls.) = MDR 2006, 458; siehe auch die Anm. von *Ernst*, DuD 2006, 223; ähnlich *BAG*, Urt. v. 12.1. 2006 – 2 AZR 179/05, CR 2006, 775 = NZA 2006, 980; ähnlich inzwischen *BAG*, Urt. v. 31.5. 2007 – 2 AZR 200/06, CR 2008, 110 = MMR 2007, 782.

Ausgangspunkt der Begründung des *BAG* war § 626 Abs. 1 BGB, wonach ein Arbeitsverhältnis aus wichtigem Grund ohne Einhaltung der Kündigungsfrist gekündigt werden kann, wenn Tatsachen vorliegen, aufgrund derer dem Kündigenden unter Berücksichtigung der Umstände des Einzelfalls und unter Abwägung der Interessen beider Vertragsteile, die Fortsetzung des Arbeitsverhältnisses bis zum Ablauf der Kündigungsfrist nicht zugemutet werden kann.[178] Den insoweit wichtigen Grund sah das *BAG* in der privaten Nutzung, da dies eine Verletzung der Hauptleistungspflicht zur „Arbeit" darstelle, die umso schwerer wiege, „je mehr der Arbeitnehmer bei der privaten Nutzung des Internets seine Arbeitspflicht in zeitlicher und inhaltlicher Hinsicht vernachlässige".[179] Soweit eine „ausschweifende" Privatnutzung des WWW vorliege, bedarf es laut *BAG* auch keiner vorherigen Abmahnung, die grundsätzlich vor einer außerordentlichen Kündigung auszusprechen ist, da jedem Arbeitnehmer klar sein muss, „dass er mit einer exzessiven Nutzung des Internets während der Arbeitszeit seine vertraglichen Neben- und Hauptleistungspflichten verletzt".[180] Die Entscheidung des *BAG* wird zu Recht als Grundsatzentscheidung bezeichnet, da sie weiterhin folgende **Vorgaben zur Kündigung** wegen privaten Surfens am Arbeitsplatz statuiert:[181]

– Eine fristlose Kündigung ist bei einem nicht genehmigt stattfindenden Surfens in erheblichem Umfang zulässig, insb. wenn dabei die Gefahr von Virenverseuchung besteht.

– Eine außerordentliche Kündigung ist ferner rechtens, wenn dem Arbeitgeber aufgrund der Online-Nutzung zusätzliche Kosten entstehen (daran fehlt es aber, soweit eine Flatrate verwendet wird).

– Soweit der Internetanschluss „ausschweifend" zu Privatzwecken benutzt wird, stellt dies eine Nichtleistung dar. Gleichgültig, ob die private Nutzung erlaubt, geduldet oder verboten ist, rechtfertigt dies eine außerordentliche Kündigung.[182]

– Da insb. der Internetzugang heute ein grundlegendes Kommunikationsmittel bei Bürotätigkeiten darstellt, darf der Arbeitgeber einem gekündigten

---

178 *BAG*, Urt. v. 7.7. 2005 – 2 AZR 581/04, CR 2006, 426 (Ls.) = MDR 2006, 458, *BAG*, Urt. v. 27.4. 2006 – 2 AZR 386/05, CR 2007, 38.

179 *BAG*, Urt. v. 7.7. 2005 – 2 AZR 581/04, CR 2006, 426 (Ls.) = MDR 2006, 458.

180 *BAG*, Urt. v. 7.7. 2005 – 2 AZR 581/04, CR 2006, 426 (Ls.) = MDR 2006, 458.

181 Die Auflistung wurde entnommen von *Ernst*, DuD 2006, 223.

182 So auch *LAG Schleswig-Holstein*, Urt. v. 6.5. 2014 – 1 Sa 421/1, NZA-RR 2014, 417 = MMR-Aktuell 2014, 360265, das die fristlose Kündigung eines seit mehr als 21 Jahren beschäftigten Mitarbeiters bei ausschweifender privater Nutzung des Internets während der Arbeitszeit für sozial gerechtfertigt erachtet.

Beschäftigten den Zugang bis zu dessen tatsächlichem Ausscheiden nicht verweigern.[183]
– Greift ein Administrator auf private E-Mailkonten und Dateien der Personalstelle zu, kann er außerordentlich gekündigt werden.[184]

Zuletzt bestätigt wurden diese Grundsätze für das Vorliegen eines Kündigungs- **1036** grundes durch ein Urteil des *BAG* vom 31. Mai 2007. Allerdings konnte das Gericht in dieser Entscheidung das Vorliegen der Kündigungsgründe nicht in hinreichender Weise feststellen, da insb. tatsächliche Anhaltspunkte über den Umfang der privaten Internetnutzung durch den Beklagten fehlten.[185] Selbst wenn der Arbeitnehmer sich schriftlich verpflichtet hat, das Internet nur dienstlich zu nutzen, soll allein ein Verstoß gegen dieses Verbot zur privaten Nutzung jedoch nicht für eine Kündigung ausreichen, so das *LAG Rheinland-Pfalz*. So entschied auch das *BAG*, dass die Verhältnismäßigkeit einer Kündigung wegen privater Internetnutzung im Einzelfall unter Abwägung der Interessen beider Vertragsparteien zu prüfen ist. Auch ein nach seinem zeitlichen Umfang erheblicher Verstoß gegen ein ausdrückliches Verbot der privaten Nutzung des dienstlichen Internetanschlusses sowie das Herunterladen von pornografischem Bildmaterial schüfen demnach keinen absoluten Kündigungsgrund.[186] Vielmehr müssten weitergehende Pflichtverletzungen vorliegen, wie bereits oben aufgelistet die Verursachung weiterer Kosten etc.[187]

Installiert der Arbeitnehmer unerlaubterweise eine **Anonymisierungssoft- 1037 ware**, verletzt er seine arbeitsvertragliche Rücksichtnahmepflicht erheblich.[188] Im Übrigen unterliegt das betriebliche Verbot der Privatnutzung des Internets nicht dem Mitbestimmungsrecht des Betriebsrats, da ausschließlich das Arbeitsverhalten der Arbeitnehmer kontrolliert wird.[189]

Nicht nur das private Surfen kann eine außerordentliche oder ordentliche **1038** Kündigung rechtfertigen, sondern auch der **Zugriff auf E-Mail-Korrespondenz von Vorgesetzen**. So hat u. a. das *ArbG Aachen* eine außerordentliche Kündigung für wirksam erklärt, weil ein Systemadministrator aufgrund seines unbegrenzten Systemzugriffs heimlich E-Mails seines Vorgesetzten gelesen hat-

183 *ArbG Berlin*, Urt. v. 26.1. 2007 – 71 Ca 24785/05, CR 2007, 752.
184 *LAG München*, Urt. v. 8.7. 2009 – 11 Sa 54/09, K & R 2009, 751.
185 *BAG*, Urt. v. 31.5. 2007 – 2 AZR 2006/06, CR 2008, 110 = MMR 2007, 782.
186 *BAG*, Urt. v. 19.4. 2012 – 2 AZR 186/11, NJW 2013, 104 = MMR 2013, 199.
187 *LAG Rheinland-Pfalz*, Urt. v. 26.2. 2010 – 6 Sa 682/09, K & R 2010, 528 = MMR 2010, 430.
188 *BAG*, Urt. v. 12.1. 2006 – 2 AZR 179/05, CR 2006, 775 = NZA 2006, 980.
189 *LAG Hamm*, Beschl. v. 7.4. 2006 – 10 TaBV 1/06, CR 2007, 124 = MMR 2006, 700.

te.[190] Nach Meinung des *ArbG* lag darin ein wichtiger Grund, da der Systemadministrator in schwerwiegender Weise gegen seine Pflichten aus dem Arbeitsvertrag verstoßen habe, indem er „unter Missbrauch der ihm übertragenen Befugnisse und technischen Möglichkeiten auf interne Korrespondenz zwischen seinem Vorgesetzten und einer weiteren Führungskraft zugegriffen" habe.[191] Bei einem derartigen Fehlverhalten ist auch eine vorherige Abmahnung nicht erforderlich, wie sich aus einer älteren Entscheidung des *BAG* ergibt.[192]

1039   Ein fristloser Kündigungsgrund ohne das Erfordernis einer vorherigen Abmahnung soll ebenfalls vorliegen, wenn ein Mitarbeiter eigenmächtig Datensätze aus einem Gruppen-Email-Account löscht, allerdings nur dann, wenn die Löschung dem Mitarbeiter ausdrücklich zuzurechnen ist. Die fristlose Kündigung ist jedenfalls dann gerechtfertigt, wenn statt der Löschung auch eine Speicherung an einem anderen Ort möglich gewesen wäre. Eine bestehende grundsätzliche Berechtigung des Arbeitnehmers zur Datenlöschung soll keine Rolle spielen, wenn es gerade um einen pflichtwidrigen Datenzugriff geht.[193] Allgemein sind Pflichtwidrigkeiten im Zusammenhang mit der Anwendung von Computerprogrammen und der Behandlung von betrieblichen Dateien grundsätzlich als Kündigungsgrund geeignet. Insbesondere die missbräuchliche Nutzung von Zugriffs- und Kontrollrechten durch EDV-Mitarbeiter kann grundsätzlich eine außerordentliche Kündigung rechtfertigen.[194] Handelt es sich jedoch um grobe Beleidigungen des Arbeitgebers oder seiner Vertreter oder Repräsentanten oder von Arbeitskollegen, die nach Form und Inhalt eine erhebliche Ehrverletzung für den Betroffenen bedeuten, stellen diese einen erheblichen Verstoß des Arbeitnehmers gegen seine Pflichten aus dem Arbeitsverhältnis dar und sind an sich geeignet, eine außerordentliche fristlose Kündigung des Arbeitsverhältnisses zu rechtfertigen. Dabei schützt das Grundrecht der Meinungsfreiheit weder Formalbeleidigungen und bloße Schmähungen, noch bewusst unwahre Tatsachenbehauptungen. Für Auszubildende sind dabei grundsätzlich keine anderen Maßstäbe anzuwenden.[195]

---

190 *ArbG Aachen*, Urt. v. 16.8. 2005 – 7 Ca 5514/04, MMR 2006, 702; *Kaufmann*, c't 6/2006, 234.

191 *Kaufmann*, c't 6/2006, 234.

192 *BAG*, Urt. v. 25.11. 1981 – 7 AZR 463/79, n. v.; *Kaufmann*, c't 6/2006, 234.

193 *LAG Berlin-Brandenburg*, Urt. v. 9.12. 2009 – 15 Sa 1463/09, NZA-RR 2010, 347 = RDV 2010, 181.

194 *LAG Hamm*, Beschl. v. 16.9. 2011 – 10 TaBV 17/11, ZD 2012, 183.

195 *LAG Hamm*, Urt. v. 10.10. 2012 – 3 Sa 644/12, ZD 2013, 93.

Letztlich kann auch das **Überspielen betrieblicher Daten auf private Da-** 1040
tenträger[196] und die irreguläre Nutzung fremder Passwörter[197] zu einer wirksamen Kündigung führen. Durch die unerlaubte Speicherung unternehmensbe-
zogener Daten auf einer privaten Festplatte ohne Sicherung gegen unbefugten
Zugriff kann die Pflicht zur Rücksichtnahme aus § 241 Abs. 2 BGB verletzt sein.
Soweit personenbezogene Daten i. S. v. § 3 Abs. 1 BDSG betroffen sind, kommt
zudem ein Verstoß gegen § 5 S. 1 BDSG in Betracht.

Beschäftigten, die Material des Arbeitgebers entwenden und anschließend 1041
bei eBay verkaufen, darf ebenfalls fristlos gekündigt werden.[198] Dies gilt auch,
wenn der Diebstahl nicht hundertprozentig aufgeklärt werden kann und der
Arbeitnehmer mehr als 30 Jahre im Betrieb beschäftigt ist. Als Indiz für den
Diebstahl dürfen auch positive Bewertungen des Arbeitnehmers bei eBay herangezogen werden.[199] Im Übrigen darf der Arbeitgeber, der ein Internetforum
bereitstellt, bei Verbalattacken (hier: Angriffe auf Kollegen als „Verräter",
„Zwerg" und „Rattenfänger") dem Arbeitnehmer die Schreibberechtigung entziehen.[200]

Eine außerordentliche Kündigung kommt auch wegen rassistischer oder 1042
menschenverachtender Facebook-Äußerungen in Betracht, wenn sich aus dem
Facebook-Nutzerkonto ergibt, dass der Arbeitnehmer bei dem Arbeitgeber an-
gestellt ist und die Äußerung ruf- oder geschäftsschädigend sein kann.[201] Bei
Facebook rechtfertigt nicht jede kritische Äußerung über einen Vorgesetzten
eine Kündigung. So sollen auch schwere Verunglimpfungen durch einen Azubi
eine Kündigung des Ausbildungsverhältnisses nicht rechtfertigen.[202] Vor der
Kündigung eines Auszubildenden ist zu prüfen, ob mildere Mittel in Betracht
kommen. Daher wäre zunächst eine Abmahnung oder ein Kritikgespräch zur
Änderung bzw. Einsicht hinsichtlich des Fehlverhaltens angebracht. Grobe Beleidigungen des Arbeitgebers oder von Kollegen, die nach Inhalt und Form zu
einer erheblichen Ehrverletzung des Betroffenen führen, können eine außerordentliche, verhaltensbedingte Kündigung auch ohne vorherige Abmahnung

---

196 *Sächsisches LAG*, Urt. v. 14.7. 1999 – 2 Sa 34/99, MDR 2000, 710; anders aber *BayObLG*,
Beschl. v. 12.8. 1998 – 5 St RR 122/98, RDV 1999, 27, zum Falle eines Polizeibeamten, der Informationen aus einer Polizeidatenbank zu privaten Zwecken genutzt hatte; auch das *BAG* hat
Bedenken gegen einen solchen Kündigungsgrund *BAG*, Urt. v. 24.3. 2011 – 2 AZR 282/101.
197 *LAG Schleswig-Holstein*, Urt. v. 15.11. 1989 – 5 Sa 335/89, DB 1990, 635.
198 *LAG Köln*, Urt. v. 16.1. 2007 – 9 Sa 1033/06, MMR 2007, 784.
199 *LAG Köln*, Urt. v. 16.1. 2007 – 9 Sa 1033/06, MMR 2007, 784.
200 *LAG Hessen*, Urt. v. 5.11. 2007 – 17 Sa GA 1331/07, CR 2008, 660 = MMR 2008, 599.
201 *ArbG Mannheim*, Urt. v. 19.2. 2016 – 6 Ca 190/15, MMR 2016, 499.
202 *ArbG Bochum*, Urt. v. 29.3. 2012 – 3 Ca 1283/11, DuD 2012, 772 = ZD 2012, 343.

rechtfertigen.[203] Dies gilt für Einträge in sozialen Netzwerken wie Facebook auch dann, wenn der Eintrag nur für sog. Facebook-Freunde und Freundes-Freunde sichtbar ist.[204] Erfolgt die Verunglimpfung durch ein konkurrierendes Unternehmen, greift § 4 Nr. 7 UWG a. F. (§ 4 Nr. 1 UWG n. F.).[205]

1043   Wird im Rahmen eines Dauerschuldverhältnisses von einer Partei für die andere ein E-Mail-Account (mit erlaubter privater Nutzung) angelegt, darf dieser nach Kündigung des Vertrages solange nicht gelöscht werden, wie nicht feststeht, dass der Nutzer für die auf dem Account abgelegten Daten keine Verwendung mehr hat.[206] Die Verletzung dieser Pflicht kann einen Schadensersatzanspruch auslösen.

3 Gesetzliche Ermächtigung

1044   Es existieren gesetzliche Ausnahmeregelungen, die eine Verwertung personenbezogener Daten gestatten. Nicht alle weisen einen Bezug zum Internet auf. Eingegangen wird auf § 28 BDSG, die zentrale Norm für die Verwendung personenbezogener Daten im nicht-öffentlichen Bereich, sowie auf die Bestimmungen zur Rasterfahndung und zum Auskunftsersuchen staatlicher Stellen.

a) § 28 BDSG

1045   Nach § 28 Abs. 1 Nr. 1 BDSG ist die Verarbeitung personenbezogener Daten **im Rahmen der Zweckbestimmung des Schuldverhältnisses** zwischen dem Verarbeiter und dem Betroffenen zulässig. Diese Regelung spielt eine besondere Rolle bei der Verarbeitung von Kunden- oder Arbeitnehmerdaten. Soweit die Verarbeitung zur Durchführung oder Abwicklung des Vertrages erforderlich ist, bestehen keine datenschutzrechtlichen Einwände.[207] Allerdings ist zu beachten, dass insoweit der **Grundsatz der Zweckbindung** greift. Daten dürfen nur im Rahmen eines gesetzlich bestimmten Zweckes verarbeitet werden; entfällt

---

203 *ArbG Duisburg*, Urt. v. 26. 9. 2012 – 5 Ca 949/12, NZA-RR 2013, 18 = ZD 2013, 95; *LAG Hamm*, Urt. v. 10. 10. 2012 – 3 Sa 644/12, CR 2013, 60 (Ls.) = ZD 2013, 93.
204 *ArbG Duisburg*, Urt. v. 26. 9. 2012 – 5 Ca 949/12, NZA-RR 2013, 18 = ZD 2013, 95; *LAG Hamm*, Urt. v. 10. 10. 2012 – 3 Sa 644/12, CR 2013, 60 (Ls.) = ZD 2013, 93.
205 *LG Heidelberg*, Urt. v. 23. 5. 2012 – 1 S 58/11, MMR 2012, 607 = K & R 2012, 537 m. Anm. *Willert* = GRUR-Prax 2012, 389.
206 *OLG Dresden*, Beschl. v. 5. 9. 2012 – 4 W 961/12, NJW-RR 2013, 27 = K & R 2013, 352 = CR 2013, 196.
207 Zu Scoring-Systemen in der Kreditwirtschaft, vgl. *Hoeren*, RDV 2007, 93; *Koch*, Scoring-Systeme in der Kreditwirtschaft – Einsatz unter datenschutzrechtlichen Aspekten, MMR 1998, 458.

der Zweck, wird die Verarbeitung unzulässig. So dürfen Kundendaten nicht auf Vorrat gesammelt werden. Gibt der Kunde seine Daten für ein Preisausschreiben ab, so dürfen die Daten nicht für eine Werbeaktion verwendet werden. Nach Beendigung des Kundenauftrags sind die Daten zu löschen. Gemäß § 28 Abs. 1 Nr. 2 BDSG ist für die Zulässigkeit darauf abzustellen, ob die Verarbeitung zur Wahrung berechtigter Interessen des Verarbeiters oder Dritter erforderlich ist.

Besonderheiten gelten für **besondere Arten personenbezogener Daten.** 1046 In Anlehnung an das französische Datenschutzgesetz soll jede Erhebung, Verarbeitung oder Nutzung von Daten über
– rassische und ethnische Herkunft,
– politische Meinung,
– religiöse oder philosophische Überzeugungen,
– Gewerkschaftszugehörigkeit sowie
– Gesundheit und Sexualleben

grundsätzlich untersagt werden, sofern nicht eine ausdrückliche Einwilligung des Betroffenen vorliegt (Art. 8 Abs. 1 der EU-Richtlinie bzw. Art. 9 Abs. 1 der DSGVO). Insofern wird durch die EU-Richtlinie die alte Sphärentheorie, die in Deutschland aufgrund des Volkszählungsurteils[208] abgelehnt worden ist, europaweit etabliert. Nach der Sphärentheorie werden persönliche Daten in drei verschiedene Kategorien eingeteilt, die Intimsphäre und Privatsphäre, die dem Schutz der Grundbedingungen zur Persönlichkeitsentfaltung dienen, und der Sozialsphäre, die insb. die Selbstdarstellung in der Öffentlichkeit schützt.[209]

§ 28 BDSG sieht aber im Einklang mit der EU-Richtlinie **eine Reihe von** 1047 **Ausnahmen** vor, in denen eine Verarbeitung zulässig ist. So findet das Verarbeitungsverbot keine Anwendung
– bei einer ausdrücklichen Einwilligung des Betroffenen (§ 28 Abs. 6 BDSG),
– bei einer Verarbeitung durch politisch, philosophisch, religiös oder gewerkschaftlich ausgerichtete Vereinigungen (§ 28 Abs. 9 BDSG),
– bei Daten, die der Betroffene selbst öffentlich bekannt gemacht hat (§ 28 Abs. 6 Nr. 2 BDSG) oder
– soweit die Datenverarbeitung zur Rechtsdurchsetzung erforderlich ist (§ 28 Abs. 6 Nr. 3 BDSG).[210]

---

208 *BVerfG*, Urt. v. 15. 12. 1983 – 1 BvR 209, 269, 362, 420, 440, 484/83, LMRR 1983, 56.
209 Wolff/*Brink*, BeckOK Datenschutzrecht, 20. Ed. 2017, Verfassungsrecht, II, Rz. 14.
210 Vgl. Art. 9 Abs. 2 lit. a, d, e, f DSGVO.

1048 Besonderheiten ergeben sich bei der Erhebung personenbezogener Daten von Kindern. Das *OLG Frankfurt a. M.*[211] hatte einen Fall zu entscheiden, in dem personenbezogene Daten von Kindern im Alter von 3 bis 12 Jahren mittels eines Web-Formulars erfasst wurden. Die Kinder waren dabei Mitglieder des Clubs, der die Daten erhob. Das *OLG Frankfurt a. M.* verneinte eine Rechtfertigung nach § 28 Abs. 1 BDSG. Die Minderjährigkeit der Kinder und ihre mangelnde datenschutzrechtliche Einsichtsfähigkeit würden in solchen Fällen eine Interessenabwägung erfordern, die zugunsten des Minderjährigenschutzes ausfallen kann.[212] Es bedürfe der Einwilligung bzw. Zustimmung der Eltern. Das *OLG Frankfurt a. M.* stufte das Verhalten der Vertreter des Clubs als Ausnutzung der geschäftlichen Unerfahrenheit und somit als wettbewerbswidrig ein.

b) Rasterfahndung und Auskunftsersuchen staatlicher Stellen

Literatur: *Bär*, Auskunftsanspruch über Telekommunikationsdaten nach den neuen §§ 100g, h StPO, MMR 2002, 358; *Bär*: Die Neuregelung des § 100j StPO zur Bestandsdatenauskunft – Auswirkungen auf die Praxis der Strafverfolgung, MMR 2013, 700; *Beck/Kreißig*, Tauschbörsen-Nutzer im Fadenkreuz der Strafverfolgungsbehörden, NStZ 2007, 340; *Bizer*, IP-Adressen sind Verkehrsdaten, DuD 2007, 602; *Busch*, Vorratsdatenspeicherung – noch nicht am Ende!, ZRP 2014, 41; *Eckhardt*, Die Neuregelung der TK-Überwachung und anderer verdeckter Ermittlungsmaßnahmen – Ein kritischer Überblick über die geplanten Änderungen in der StPO zur Umsetzung der Cybercrime Convention, CR 2007, 336; *Gercke*, Zum Umfang der Auskunftspflicht von Providern gegenüber Ermittlungsbehörden, CR 2005, 599; *Gitter/Schnabel*, Die Richtlinie zur Vorratsdatenspeicherung und ihre Umsetzung in nationales Recht, MMR 2007, 411; *Hoeren*, Auskunftspflichten der Internetprovider an Strafverfolgungsbehörden – eine Einführung, wistra 2005, 1; *Hoffmann/Schulz/Borchers*, Grundrechtliche Wirkungsdimensionen im digitalen Raum – Bedrohungslagen im Internet und staatliche Reaktionsmöglichkeiten, MMR 2014, 89; *Kirchberg*, Zur Zukunft der Rasterfahndung – Randbedingungen und Perspektiven der Entscheidung des BVerfG vom 4. April 2006, CR 2007, 10; *Petri*, Auskunftsverlangen nach § 161 StPO gegenüber Privaten – eine verdeckte Rasterfahndung, StV 2007, 266; *Puschke/Singelnstein*, Telekommunikationsüberwachung, Vorratsdatenspeicherung und (sonstige) heimliche Ermittlungsmaßnahmen der StPO nach der Neuregelung zum 1. Januar 2008, NJW 2008, 113; *Sankol*, Die Qual der Wahl: § 113 TKG oder §§ 100g, 100h StPO? – Die Kontroverse über das Auskunftsverlangen von Ermittlungsbehörden gegen Access-Provider bei dynamischen IP-Adressen; MMR 2006, 361; *Schramm*, Staatsanwaltliche Auskunft über dynamische IP-Adressen, DuD 2006, 785; *Warg*, Auskunftsbefugnisse der Strafverfolgungsbehörden und Anonymität des E-Mail-Anzeigenerstatters, MMR 2006, 77.

---

211 *OLG Frankfurt a. M.*, Urt. v. 30. 6. 2005 – 6 U 168/04, CR 2005, 830 = FamRZ 2006, 267 = MMR 2005, 696.
212 *Bergmann/Möhrle/Herb*, BDSG, 52. Aktualisierung 2017, § 28 Rz. 243.

Sehr häufig verlangen staatliche Stellen, vor allem Polizei- und Sicherheitsbe- 1049
hörden, von Unternehmen der Privatwirtschaft die Herausgabe von Kundendaten. Insbesondere seit den Terroranschlägen des 11. September 2001 sind eine
Reihe von Ermächtigungsgrundlagen geschaffen bzw. erweitert worden, um
die Unternehmen zur Herausgabe von Daten zu verpflichten. Zu nennen ist
dabei die **Rasterfahndung**, die aufgrund spezieller und sehr klar konturierter
Ermächtigungsgrundlagen vorgenommen werden kann. Viel weiter und verfassungsrechtlich bedenklich sind die allgemeinen Ermächtigungsgrundlagen für
das **Auskunftsersuchen.**

Bei der **Rasterfahndung** ist zwischen der Aufklärung bereits begangener 1050
Straftaten und präventiven polizeilichen Maßnahmen zu unterscheiden. **Re-
pressiv** können Staatsanwaltschaften und Polizei nach Maßgabe von **§§ 98a,
98b StPO** Daten anfordern. Es müssen allerdings gem. § 98a Abs. 1 StPO zurei-
chende tatsächliche Anhaltspunkte für Straftaten von erheblicher Bedeutung
vorliegen. Ferner besagt § 98a Abs. 1 S. 3 StPO, dass formell eine richterliche
Anordnung notwendig ist; bei Gefahr im Verzug kann die Anordnung durch
den Staatsanwalt selbst erfolgen. Diese tritt allerdings gem. § 98 Abs. 1 S. 3
StPO außer Kraft, wenn sie nicht innerhalb von drei Werktagen durch einen
Richter bestätigt wird. §§ 98a, 98b StPO gelten nicht für die „Rasterfahndung"
bei Telekommunikationsvorgängen (z. B. Telefongesprächslisten oder Internet-
Logdateien); hier sind speziellere Vorschriften (§§ 100a, 100b, 100g StPO) anwendbar. Allerdings ist hier nach dem Urteil des *BVerfG* zur **Vorratsdatenspeicherung**[213] zu beachten, dass § 100g StPO teilnichtig ist, soweit er die Erhebung von Verkehrsdaten i. S. d. durch dasselbe Urteil für nichtig erklärten
§ 113a TKG erlaubt. Weiterhin anwendbar ist § 100g StPO, soweit die Erhebung
für eigene Zwecke gem. §§ 45e, 96 ff. TKG u. a. erfolgte. **Präventiv** können
Staatsanwaltschaft und Polizei nach den **Gefahrabwehrgesetzen** der einzelnen Bundesländer vorgehen. Diese enthalten unterschiedlichste Voraussetzungen für das Auskunftsersuchen. Regelmäßig wird darauf abgestellt, dass eine
gegenwärtige Gefahr für den Bestand oder die Sicherheit des Bundes bzw. eines
Landes vorliegt. Auch kann das Auskunftsersuchen auf eine gegenwärtige Gefahr für Leib, Leben oder Freiheit einer Person gestützt werden, so z. B. in § 31
Abs. 1 PolG NW. In Berlin gilt § 47 ASOG (Allgemeines Gesetz zum Schutz der
öffentlichen Sicherheit und Ordnung). Hiernach ist eine richterliche Anordnung erforderlich. Bei Gefahr im Verzug reicht auch eine Anordnung durch den
Polizeipräsidenten oder dessen Stellvertreter. In Bayern kommt Art. 44 sowie
Art. 33 Abs. 5 PAG zum Tragen, wonach die Anordnung durch den Leiter eines

---

213 *BVerfG*, Urt. v. 2. 3. 2010 – 1 BvR 256/08, 1 BvR 263/08, 1 BvR 586/08, NJW 2010, 833 =
K & R 2010, 248 = MMR 2010, 356 – Vorratsdatenspeicherung.

Landespolizeipräsidiums oder einer Polizei- oder Kriminaldirektion oder des Landeskriminalamts erfolgen kann. In allen diesen Fällen ist jedoch die Zustimmung des Staatsministeriums des Inneren erforderlich. Die Regelungen in Baden-Württemberg sehen vor, dass die Anordnung durch den Leiter des Landeskriminalamtes, der Wasserschutzpolizeidirektion, einer Landespolizeidirektion, eines Polizeipräsidiums oder einer Polizeidirektion erfolgen kann (§§ 40, 22 Abs. 6 PolG). In Hessen gilt § 26 HSOG (Gesetz über die öffentliche Sicherheit und Ordnung), wonach eine richterliche Anordnung oder bei Gefahr im Verzug eine polizeiliche Anordnung möglich sind. In Nordrhein-Westfalen gelten restriktive Bestimmungen, da nach § 31 PolG in jedem Fall eine richterliche Anordnung notwendig ist.

1051   Schwierig zu konkretisieren ist in all diesen Gesetzen der Begriff der **gegenwärtigen Gefahr**. Einzelne Gerichte ließen es nicht ausreichen, dass nach dem 11. September 2001 pauschal auf die allgemeine terroristische Gefährdung hingewiesen wird.[214] Insbesondere hat das *OLG Frankfurt a. M.* darauf hingewiesen, dass das Gericht selbst bei der richterlichen Anordnung feststellen müsse, welche einzelnen Tatsachen die Annahme einer gegenwärtigen Gefahr stützen.[215] Das *LG Berlin* hat darauf abgestellt, dass eine Gefahr nur gegenwärtig sei, wenn die Einwirkung des schädigenden Ereignisses auf das betroffene Schutzgut entweder bereits begonnen hat oder wenn diese Einwirkung unmittelbar oder in nächster Zeit mit einer an Sicherheit grenzenden Wahrscheinlichkeit bevorsteht.[216]

1052   Diese Entscheidung des *LG Berlin* ist jedoch durch das *KG* mit Beschluss vom 16. April 2002 aufgehoben worden.[217] Nach Auffassung des *KG* reicht es für das Bestehen einer gegenwärtigen Gefahr aus, wenn eine Dauergefahr besteht. Eine solche Dauergefahr sei gegenwärtig, wenn sie jederzeit, also auch alsbald, in einen Schaden umschlagen könne.[218] Das *BVerfG* hat jedoch mit Beschluss vom 4. April 2006 eine präventive polizeiliche Rasterfahndung auf der Grundlage des § 31 PolG NW mit dem Recht auf informationelle Selbstbestimmung für unvereinbar erklärt.[219] Angesichts der inhaltlichen Weite der Be-

---

214 Etwa *OLG Düsseldorf*, Beschl. v. 8. 2. 2002 – 3 Wx 357/01, NVwZ 2002, 631; *OVG Rheinland-Pfalz*, Urt. v. 27. 8. 2002 – 12 B 11008/02, NVwZ 2002, 1529; *OVG Bremen*, Beschl. v. 8. 7. 2002 – 1 B 155/02, NVwZ 2002, 1530.
215 *OLG Frankfurt a. M.*, Beschl. v. 8. 1. 2002 – 20 W 4797/01, DuD 2002, 174.
216 *LG Berlin*, Beschl. v. 15. 1. 2002 – 84 T 278, DuD 2002, 175; anders noch die Vorinstanz des *AG Berlin-Tiergarten*, Beschl. v. 20. 9. 2001 – 353 AR 199/01, DuD 2001, 691.
217 *KG*, Beschl. v. 16. 4. 2002 – 1 W 89 bis 98/02, CR 2003, 188 = MMR 2002, 616.
218 Ähnlich auch *VG Mainz*, Beschl. v. 19. 2. 2002 – 1 L 1106101, DuD 2002, 303; *OVG Rheinland-Pfalz*, Beschl. v. 22. 3. 2002 – 12 B 10331/02, DuD 2002, 307.
219 *BVerfG*, Beschl. v. 4. 4. 2006 – 1 BvR 518/02, MMR 2006, 531.

fugnis käme dem Eingriff erhebliches Gewicht zu. Ein solcher Eingriff ließe sich nur bei einer konkreten Gefahr für hochrangige Rechtsgüter wie den Bestand des Staates, der Sicherheit des Bundes oder eines Landes oder den Leib, das Leben oder die Freiheit einer Person rechtfertigen. Damit scheide die Maßnahme im Vorfeld der Gefahrenabwehr aus. Die allgemeine Bedrohungslage im Hinblick auf die terroristischen Anschläge vom 11. September 2001 begründe keine derartige konkrete Gefahr. Etwas anderes ergebe sich erst dann, wenn weitere Tatsachen vorlägen, aus denen sich eine konkrete Gefahr, etwa die Vorbereitung oder Durchführung terroristischer Anschläge, ergebe.

Im Bereich der repressiven Rasterfahndung ist ferner noch zu berücksichti- **1053** gen, dass §§ 7 Abs. 2, 28 BKA-Gesetz eigene Ermächtigungsgrundlagen für das Bundeskriminalamt vorsehen. Diese erlauben die Datenerhebung durch Anfragen bei öffentlichen und nicht-öffentlichen Stellen, sofern dies zur Erfüllung der spezifischen BKA-Aufgaben erforderlich ist. Zu bedenken ist aber, dass das BKA nicht im Bereich der präventiven Gefahrenabwehr tätig ist. Ferner ist bis heute umstritten, ob diese Vorschriften hinreichend bestimmt sind. Ein großer Teil der Literatur vertritt die Auffassung, dass es sich hierbei nicht um ausreichende Ermächtigungsgrundlagen für eine Rasterfahndung handelt.[220] Im Übrigen geben diese Vorschriften nur die Möglichkeit, Daten zu erbitten; eine Verpflichtung für die ersuchte Stelle zur Herausgabe von Daten ist damit nicht verbunden.

Eine **Ermächtigungsgrundlage für die Telekommunikationsüberwa-** **1054** **chung** durch Landesgesetz hat das *BVerfG* im Jahr 2005, im Rahmen einer Verfassungsbeschwerde, für nichtig erklärt.[221] Die Verfassungsbeschwerde betraf § 33a Abs. 1 Nr. 3 des Niedersächsischen Gesetzes über die öffentliche Sicherheit und Ordnung (Nds. SOG) a. F., der der Polizei die Überwachung und Aufzeichnung von Telekommunikationsvorgängen bei jenen Personen gestattet, „bei denen Tatsachen die Annahme rechtfertigen, dass sie Straftaten von erheblicher Bedeutung begehen werden, wenn die Vorsorge für die Verfolgung oder Verhütung dieser Straftaten auf andere Weise nicht möglich erscheint".[222] Nach Auffassung des *BVerfG* verstieß die Norm u. a. gegen den Bestimmtheitsgrundsatz, da es an der erforderlichen Präzisierung des Tatbestandsmerkmals

---

220 Siehe dazu die Hinweise bei *Gerling/Langer/Roßmann*, Rechtsgrundlagen zur Rasterfahndung – Einführung und Auszüge aus den einschlägigen Gesetzen, DuD 2001, 746.
221 *BVerfG*, Urt. v. 27. 7. 2005 – 1 BvR 668/04, NJW 2005, 2603 = MMR 2005, 674 = CR 2005, 796 = DuD 2005, 553.
222 *BVerfG*, Urt. v. 27. 7. 2005 – 1 BvR 668/04, NJW 2005, 2603 = MMR 2005, 674 = CR 2005, 796 = DuD 2005, 553.

„Straftat von erheblicher Bedeutung" fehle.[223] Kurz nach Erlass des Gesetzes wurden zahlreiche Eilanträge an das *BVerfG* mit der Forderung, die Vorratsdatenspeicherung wieder außer Kraft zu setzen, gestellt. In einem Beschluss vom 8. 6. 2016 lehnte das Gericht die Eilanträge mit der Begründung ab, dass mit der Datenspeicherung allein noch kein besonders schwerwiegender und irreparabler Nachteil verbunden sei, der die Außerkraftsetzung des Vollzugs eines Gesetzes erforderlich mache.

1055   Bei **Bestandsdaten** (Daten, die zur Durchführung des Schuldverhältnisses erhoben werden, wie z. B. Name, Adresse und Bankverbindung) bestehen besondere Vorgaben des TKG in Bezug auf die Auskunftserteilung an Sicherheitsbehörden. Nach § 111 TKG sind geschäftsmäßige Anbieter, die Rufnummern bereitstellen, verpflichtet, unabhängig von einer betrieblichen Erforderlichkeit, bestimmte Bestandsdaten zu den Anschlüssen für eventuelle Auskunftsersuche von Ermittlungsbehörden zu speichern. Diese Daten und die weiteren zu betrieblichen Erfordernissen nach § 95 TKG erhobenen Daten stehen für das manuelle Auskunftsverfahren nach § 113 TKG zur Verfügung. Hiernach haben die Anbieter im Einzelfall den zuständigen Stellen auf Anforderung Auskunft zu erteilen. Eines richterlichen Beschlusses bedarf es hierfür nicht. Bei dem im Detail komplizierten automatisierten Auskunftsverfahren nach § 112 TKG haben Anbieter, die Telekommunikationsdienste für die Öffentlichkeit erbringen, die nach § 111 TKG zu speichernden Daten so verfügbar zu haben, dass die Bundesnetzagentur für Auskunftsersuche der berechtigten Stellen jederzeit Daten aus den Kundendateien automatisiert im Inland abrufen kann.

1056   Hinsichtlich der **Auskunftsverpflichtung für Telekommunikationsvorgänge** sind zunächst die besonderen Regelungen in **§§ 100a, 100b StPO** (Überwachung des Fernmeldeverkehrs) zu beachten. Hiernach haben die Staatsanwaltschaft und die Polizei die Möglichkeit, Telefonanschlüsse zu überwachen. Die Vorschrift betrifft damit den Inhalt der Telekommunikation. Zu diesen Inhaltsdaten zählt etwa auch der Inhalt einer E-Mail. Die Befugnis ist allerdings seit der Neufassung der Vorschrift durch das Gesetz zur Neuregelung der Telekommunikationsüberwachung und anderer verdeckter Ermittlungsmaßnahmen sowie zur Umsetzung der Richtlinie 2006/24/EG[224] auf die Verfolgung von auch im Einzelfall schweren Straftaten nach § 100a Abs. 2 StPO beschränkt. Nach § 100b StPO bedarf die Maßnahme einer richterlichen Anord-

---

223 *BVerfG*, Urt. v. 27. 7. 2005 – 1 BvR 668/04, NJW 2005, 2603 = MMR 2005, 674 = CR 2005, 796 = DuD 2005, 553.
224 BGBl. I 2007, S. 3198 (Gesetz zur Neuregelung der Telekommunikationsüberwachung und anderer verdeckter Ermittlungsmaßnahmen sowie zur Umsetzung der Richtlinie 2006/24/EG vom 21. 12. 2007), in Kraft getreten am 1. 1. 2008.

nung. Bei Gefahr im Verzug ist auch eine staatsanwaltliche Anordnung möglich, die allerdings binnen drei Tagen vom Richter bestätigt werden muss. Die früher bestehende, allerdings verfassungsrechtlich bedenkliche allgemeine Ermächtigungsgrundlage des § 12 FAG (Fernmeldeanlagen-Gesetz)[225] ist mit Wirkung zum 1. Januar 2002 entfallen.[226] An dessen Stelle sind §§ 100g, 100h StPO getreten.[227]

Im Übrigen wurde im Oktober 2015 wieder die Vorratsdatenspeicherung in **1057** veränderter Form von Bundestag und Bundesrat verabschiedet. Das Gesetz zur Einführung einer Speicherfrist und einer Höchstspeicherfrist für Verkehrsdaten (Vorratsdatenspeicherung) ist am 17.12. 2015 im Bundesgesetzblatt verkündet worden.[228] Es trat einen Tag nach der Verkündung in Kraft. Zahlreiche Verfassungsbeschwerden gegen das neue Gesetz sind in Vorbereitung.

Nach **§ 100g Abs. 1 S. 1 Nr. 1 StPO** nF dürfen Verkehrsdaten i.S.d. § 96 **1058** Abs. 1 TKG erhoben werden, soweit der Verdacht besteht, dass jemand als Täter oder Teilnehmer eine Straftat von auch im Einzelfall erheblicher Bedeutung begangen hat, worunter insb. Straftaten i.S.d. Katalogs des § 100a Abs. 2 StPO fallen. Der Schwerpunkt der Vorschrift liegt auf der „Straftat von auch im Einzelfall erheblicher Bedeutung"; die Bezugnahme auf den Katalog des § 100a Abs. 2 StPO ist daher nicht abschließend. Eine Verkehrsdatenabfrage ist damit auch dann gesetzlich zulässig, wenn kein Fall von § 100a Abs. 2 StPO vorliegt. Insbesondere in den Fällen der Funkzellenabfrage gem. § 100g Abs. 3 n. F. ist eine so allgemein gehaltene Ermächtigungsgrundlage verfassungsrechtlich problematisch. Nach **§ 100g Abs. 1 S. 1 Nr. 2 StPO** dürfen Verkehrsdaten i.S.d. § 96 Abs. 1 TKG erhoben werden, gestützt auf den Verdacht, dass jemand eine Straftat mittels Telekommunikation begangen hat. Dabei muss die Datenerhebung zur Erforschung des Sachverhalts erforderlich sein und die Erhebung in einem angemessenen Verhältnis zur Bedeutung der Sache stehen. Die Datenerhebung ist nur zulässig, wenn die Sachverhaltserforschung auf andere Weise aussichtslos wäre. In **§ 100g Abs. 4 StPO** wird geregelt, dass die Erhebung von Verkehrsdaten, die sich gegen Berufsgeheimnisträger i.S.d. § 53 Abs. 1 StPO richtet, unzulässig ist, soweit hierdurch voraussichtlich Erkenntnisse erlangt würden, über die das Zeugnis verweigert werden dürfte. Dennoch erlangte Kenntnisse dürfen nicht verwendet werden. **Nach § 113b Abs. 5 TKG** dürfen Inhalts- und E-Mail-Daten nicht im Rahmen einer Vorratsdatenspeicherung zu Ermittlungszwecken verarbeitet werden.

---

225 Dazu *Bär*, MMR 2000, 472.
226 BGBl. I 2001, S. 3879 (Gesetz zur Änderung der Strafprozessordnung vom 20.12. 2001).
227 Siehe dazu *Bär*, MMR 2002, 358.
228 BGBl. I 2015, S. 2218.

VI Haftung bei unzulässiger oder unrichtiger Datenverarbeitung

Literatur: *Born*, Schadensersatz bei Datenschutzverstößen, Münster, 2001; *Schmitz*, Vertragliche Haftung bei unentgeltlichem Informationserwerb via Internet, MMR 2000, 396.

1 Vertragliche Ansprüche

1059 Die unrichtige oder unzulässige Verarbeitung personenbezogener Daten kann einen vertraglichen Anspruch auf Schadensersatz auslösen.[229] Grundsätzlich sind zwei Fallgruppen zu unterscheiden: Die Datenverarbeitung für eigene Zwecke und die Auftragsdatenverarbeitung.

1060 Im Bereich des Arbeitsvertragsrechts liegt grundsätzlich eine **Datenverarbeitung für eigene Zwecke** vor, bei der die konkreten Datenschutzpflichten regelmäßig „nur" vertragliche Neben- bzw. Begleitpflichten im Verhältnis zum zugrunde liegenden Rechtsgeschäft darstellen (vgl. § 242 BGB). Werden also Daten von Arbeitnehmern unzulässigerweise genutzt, kommt eine Haftung wegen Pflichtverletzung (§ 280 Abs. 1 BGB) in Betracht, die aber auf den Ersatz materieller Schäden beschränkt ist.

1061 Der **Auftragsdatenverarbeitung** (vgl. § 11 BDSG) kann sowohl ein Dienst- als auch Werk- oder Geschäftsbesorgungsvertrag zugrunde liegen. Der Begriff des „Auftrags" meint hier nicht ausschließlich einen Auftrag i. S. d. §§ 662 ff. BGB. Hier stellt die Verpflichtung zur vertraulichen Behandlung von Daten zumeist eine Hauptpflicht des Vertrages dar.

2 Gesetzliche Ansprüche

1062 Für den Betroffenen ist die Möglichkeit von größerer Bedeutung, Verstöße gegen das BDSG **deliktsrechtlich zu ahnden.** Dabei ist zu beachten, dass das BDSG selbst nur für den öffentlichen Bereich eine gesonderte Anspruchsnorm enthält: Nach § 8 BDSG haften öffentliche Stellen für eine unzulässige oder unrichtige automatisierte Datenverarbeitung ohne Rücksicht auf ihr Verschulden bis zu einem Höchstbetrag von 130 000 Euro. Zu beachten ist § 7 BDSG

---

229 Zu beachten sind auch die unternehmensinternen Möglichkeiten zur Auditierung des Datenschutzes gekoppelt mit einem Gütesiegel für Datenschutzprodukte; siehe dazu *Roßnagel*, Datenschutzaudit. Konzeption, Durchführung, gesetzliche Regelung, Braunschweig 2000 sowie *Roßnagel*, Marktwirtschaftlicher Datenschutz im Datenschutzrecht der Zukunft, in: *Bäumler/von Mutius* (Hrsg.), Datenschutz als Wettbewerbsvorteil, Braunschweig 2002, 115.

als eigene Schadensersatznorm, sofern Schäden durch eine unzulässige oder unrichtige Datenverarbeitung auftreten.

Eine der Ausprägungen des allgemeinen Persönlichkeitsrechts wurde 1983 **1063** durch das Volkszählungsurteil des *BVerfG* begründet. Darin entschied das Gericht, dass ein jeder ein Recht auf informationelle Selbstbestimmung hat. Bedingung, um dieses Recht grundlegend gewährleisten zu können, ist nach Auffassung des Gerichts der Datenschutz. Das Gericht stellte fest, dass in Zeiten der modernen Datenverarbeitung eine besondere Schutzbedürftigkeit des Einzelnen besteht. Eine rechtswidrige Verarbeitung von Daten verletzt das Recht auf informationelle Selbstbestimmung des Betroffenen. § 823 I stellt allerdings auch im Bezug auf die informationelle Selbstbestimmung nur einen Auffangtatbestand dar und kommt nur so lang als Anspruchsgrundlage in Betracht, wie nicht eine konkretere Regelung, so z. B. § 7 BDSG, greift. Der Schadensersatz nach dem BDSG ist jedoch teilweise unzureichend geregelt. So beschränkt sich die Norm nur auf Schäden, die bei der Verwendung von personenbezogenen Daten aufgetreten sind. Schäden, die z. B. durch Kontrolldefizite aufgrund von Fehlentscheidungen externer Beauftragter entstanden sind, oder andere naheliegende Schadensursachen finden keine Berücksichtigung. Auch immaterielle Schäden werden von der Vorschrift des BDSG nicht umfasst. Insofern ist § 823 I als Korrektiv hier nicht zu unterschätzen.

Allerdings sieht § 7 S. 2 BDSG für den nicht-öffentlichen Bereich eine Be- **1064** weislastumkehr für den Betroffenen insoweit vor, als er ein Verschulden der verarbeitenden Stelle nicht beweisen muss; vielmehr liegt die Beweislast für das Nichtverschulden bei der entsprechenden Stelle.

Zur Beurteilung der Schuldfrage ist zunächst festzustellen, ob Organe nach **1065** §§ 30, 31 BGB selbst gehandelt haben. Ist dies nicht der Fall, weil ein Fehlverhalten eines Beschäftigten der verantwortlichen Stelle vorlag, ist die Haftung nach § 831 BGB mit der Möglichkeit zur Exkulpation zu beurteilen. Findet die Norm Anwendung, ist regelmäßig jedoch ein Organisationsverschulden zu prüfen, z. B. weil keine genügenden Maßnahmen zur Datensicherung getroffen wurden oder wegen eines fehlenden betrieblichen Datenschutzbeauftragten.

a) Verletzung des Persönlichkeitsrechts, § 823 Abs. 1 BGB
Eine Verletzung des **allgemeinen Persönlichkeitsrechts** liegt etwa bei der un- **1066** befugten Datenweitergabe an die Schufa vor, sodass in jedem Fall der materielle Schaden, z. B. die Rechtsanwaltskosten, zu ersetzen ist.

Das Allgemeine Persönlichkeitsrecht ist auch bei der anprangernden Veröf- **1067** fentlichung von Schuldnernamen im Internet verletzt.[230] Hierbei handelt es

---

[230] *BGH*, Urt. v. 25. 5. 1954 – I ZR 211/53, BGHZ 13, 334, NJW 1954, 1404 = GRUR 1955, 197; *BGH*, Urt. v. 22. 5. 1984 – VI ZR 105/82, MDR 1984, 747 = NJW 1984, 1886.

sich um ein sog. Rahmenrecht, dessen Reichweite und Grenzen im Einzelfall unter Berücksichtigung der Art. 1 Abs. 1 und Art. 2 Abs. 1 GG zu ermitteln sind. Im Falle einer Verletzung des allgemeinen Persönlichkeitsrechts des Betroffenen durch eine unzulässige Datenverarbeitung ergibt sich der Umfang der in Frage kommenden Verletzungshandlungen aus dem BDSG selbst. Gefahrenmomente und damit Verletzungsmöglichkeiten tauchen im Datenerhebungsverfahren, im Speicherungsstadium sowie bei unberechtigter Weitergabe (Übermittlung) von Daten an unbefugte Dritte auf. Die nach § 8 BDSG bestehende Gefährdungshaftung verdrängt andere Anspruchsgrundlagen nicht.

1068   Zur Beurteilung der Schuldfrage sind die vom *BGH* entwickelten Prinzipien der Produzentenhaftung analog anzuwenden, da auch hier der Betroffene einer z. T. höchst komplexen Organisation gegenübersteht, deren Strukturen er nicht durchschauen und überprüfen kann. Er muss deshalb nur nachweisen, dass sein Schaden auf die Verarbeitung seiner Daten durch die betreffende Stelle zurückzuführen ist, während die speichernde Stelle darlegen muss, dass die Datenverarbeitung entweder nicht ursächlich für den Schaden war[231] oder ihre Mitarbeiter kein Verschulden trifft.[232]

1069   Das **Allgemeine Persönlichkeitsrecht** ist etwa bei der anprangernden Veröffentlichung von Schuldnernamen im Internet verletzt.[233] Auch bei der Benennung des vollständigen bürgerlichen Namens einer Person auf einer Homepage gilt es, das Allgemeine Persönlichkeitsrecht zu beachten. Soweit kein berechtigtes Interesse, wie bspw. innerhalb der Berichterstattung oder in einer Internetenzyklopädie, besteht, bedarf es grundsätzlich der Einwilligung der genannten Person.[234] Außerdem stellt auch die Veröffentlichung vertraulicher geschäftlicher E-Mail-Korrespondenzen auf einer Online-Plattform einen schwerwiegenden Eingriff in das allgemeine Persönlichkeitsrecht dar.[235] Problematisch ist ferner innerhalb der Berichterstattung die Verwendung von Bildern für eine Fotomontage. Soweit diese die betroffene Person verzerrt darstellt, liegt nach einer Entscheidung des *BVerfG* eine Verletzung des allge-

---

231 Vgl. *LG Bonn*, Urt. v. 16. 3. 1994 – 5 S 179/93, CR 1995, 276 = RDV 1995, 253 für die Haftung bei Verstoß gegen das Bankgeheimnis (§ 28 Abs. 1 S. 1 Nr. 1 BDSG).
232 *Bergmann/Möhrle/Herb*, BDSG, 52. Aktualisierung 2017, § 8 Rz. 19.; vgl. auch *BGH*, Urt. v. 26. 11. 68 – VI ZR 212/66, NJW 1969, 269; MüKoBGB/*Wagner*, 7. Aufl. 2015, § 823 Rz. 685; a. A. *Wind*, RDV 1991, 16, *Bergmann/Möhrle/Herb*, BDSG, 52. Aktualisierung 2017, § 8 Rz. 19.
233 So *OLG Rostock*, Urt. v. 21. 3. 2001 – 2 U 55/00, ZIP 2001, 793; siehe dazu krit. *Paulus*, EWiR 2001, 863; *LAG Hamburg*, Urt. v. 3. 4. 1991 – 8 Sa 1/91, NZA 1992, 509.
234 *AG Charlottenburg*, Beschl. v. 19. 12. 2005 – 209 C 1015/05, MMR 2006, 254 m. Anm. *Kaufmann/Köcher*. Die dortige einstweilige Verfügung wurde indes später wieder aufgehoben, www.heise.de/newsticker/meldung/69377 (zuletzt abgerufen: Mai 2017).
235 *LG Köln*, Urt. v. 6. 9. 2006 – 28 O 178/06, CR 2007, 195 = MMR 2006, 758 m. Anm. *Kitz*.

meinen Persönlichkeitsrechts vor, da dieses „auch vor der Verbreitung eines technisch manipulierten Bildes [schütze], das den Anschein erweckt, ein authentisches Abbild einer Person zu sein".[236] Verboten ist auch der Einsatz versteckter Webcams. § 201a StGB verbietet unter Strafe unbefugte Bildaufnahmen in einer Wohnung oder in einem gegen Einblicke besonders geschützten Raum.[237]

Die Verantwortung für die Beachtung dieser Persönlichkeitsrechte trifft **1070** auch den Anbieter von Internetforen, wie das *OLG Köln* in Sachen Steffi Graf und MSN festgestellt hat. Ein MSN-User hatte gefälschte Porno-Bilder der deutschen Tennis-Ikone produziert und sie unter seiner MSN.de-Community-Seite der Welt zur Verfügung gestellt. Zuvor hatte im Dezember 2001 das *LG Köln* zugunsten von Graf entschieden, die gegen die Verbreitung der Bilder geklagt hatte; den Einspruch von Microsoft gegen die einstweilige Verfügung, nach der der deutsche Ableger des Software-Konzerns die Verbreitung der manipulierten Nacktbilder in den MSN-Foren zu verhindern habe, wies das *OLG* ab.[238] Ein Host Provider haftet, soweit sich aus §§ 7 ff. TMG nichts anderes ergibt, gem. § 7 Abs. 1 TMG nach den allgemeinen Grundsätzen. Entfernt der Provider trotz Kenntniserlangung durch einen Hinweis eine personenbezogene Information nicht von der Website, so haftet er im Zweifel wegen Verletzung des Allgemeinen Persönlichkeitsrechts. Zusätzlich besteht ein Unterlassungsanspruch des Betroffenen gegen ihn.

Das Allgemeine Persönlichkeitsrecht kann auch durch veraltete News ver- **1071** letzt sein. Allerdings wird eine Korrekturpflicht bei veralteten News, etwa durch eine spätere Abänderung von Urteilen in der 2. Instanz, von der Rechtsprechung als problematisch angesehen. Das *AG München*[239] hat eine Gleichsetzung von veralteten News dieser Art mit ehrverletzenden Tatsachen abgelehnt. Das *OLG Hamburg* hat dagegen entschieden, dass eine ursprünglich rechtmäßige Nennung des vollständigen Namens eines Beschuldigten in einem Artikel auch nach einer Verurteilung im Laufe der Zeit wegen des Resozialisierungsinteresses rechtswidrig werden kann. Das Gericht ging davon aus, dass es einem Presseunternehmen zumutbar sei, ein Kontrollverfahren für einen im Internet abrufbaren Artikel über einen verurteilten Straftäter, der den vollen

---

236 *BVerfG*, Beschl. v. 14. 2. 2005 – 1 BvR 240/04, NJW 2005, 3271 = GRUR 2005, 500.
237 Vorschrift eingefügt durch das Sechsunddreißigste Strafrechtsänderungsgesetz vom 30. 7. 2004 mit Wirkung zum 6. 8. 2004, BGBl. I 2004, S. 2012.
238 *OLG Köln*, Urt. v. 28. 5. 2002 – 15 U 221/01, NJW-RR 2002, 1700 = MMR 2002, 548; bei Interesse siehe auch: www.heise.de/newsticker/meldung/Microsoft-im-Rechtsstreit-um-Steffi-Graf-Fotomontagen-unterlegen-Update-62027.html (zuletzt abgerufen: Mai2017).
239 *AG München*, Urt. v. 15. 9. 2005 – 161 C 17453/04, NJW-RR 2006, 844.

Namen beinhaltet, vorzusehen. Eine Verletzung des Persönlichkeitsrechts durch unkommentiertes Belassen des abgeänderten Urteils auf der Homepage sei zumindest vor der Zustellung des schriftlichen Urteils nicht zu bejahen. Eine Reaktionszeit von 14 Tagen wird auf jeden Fall als angemessen angesehen.[240] Auch der Verbleib einer Berichterstattung über einen in der Vergangenheit verurteilten Straftäter mit voller Namensnennung und Abbildungen in einem Online-Archiv ist dann zulässig, wenn es einen neuen, aktuellen Anlass für die Namensnennung gibt.[241]

1072   Neben einem materiellen Schadensersatzanspruch kommt, im Falle eines schweren Eingriffs in das Allgemeine Persönlichkeitsrecht, auch ein immaterieller Entschädigungsanspruch aus Art. 2 Abs. 1 i. V. m. Art. 1 Abs. 1 GG in Frage.[242]

b) Verletzung eines Schutzgesetzes, § 823 Abs. 2 BGB

1073   Nach § 823 Abs. 2 BGB ist derjenige zum Ersatz von Schäden verpflichtet, der schuldhaft „gegen ein den Schutz eines anderen bezweckendes Gesetz verstößt". Ein Schutzgesetz ist jede Rechtsnorm (vgl. hierzu Art. 2 EGBGB), die dem Schutz der Interessen anderer dienen soll. Es ist inzwischen anerkannt, dass Vorschriften des BDSG Schutzgesetze i. S. d. § 823 Abs. 2 BGB darstellen können.[243] Allerdings ist bei jeder einzelnen Vorschrift zu prüfen, ob sie dem Schutz des Betroffenen gegen unrichtige oder unzulässige Datenverarbeitung dient. Schutzgesetze i. S. d. § 823 Abs. 2 im BDSG sind u. a. die §§ 4 Abs. 1, 4a, 5, 6a, 9, 10 und 11. Über § 823 Abs. 2 BGB kann der Betroffene im Gegensatz zu § 823 Abs. 1 BGB auch einen Ersatz seines Vermögensschadens verlangen.

c) Schadensersatz nach §§ 824, 826 BGB

1074   Neben § 823 Abs. 1 und 2 BGB kommt ein Anspruch aus **§ 824 BGB** in Betracht. Nach dieser Vorschrift haftet die verarbeitende Stelle, wenn sie

–   der Wahrheit zuwider

–   eine Tatsache behauptet oder verbreitet,

---

240 *OLG Frankfurt a. M.*, Beschl. v. 12. 10. 2005 – 16 W 16/05, GRUR-RR 2006, 302.

241 *LG Frankfurt a. M.*, Urt. v. 5. 10. 2006 – 2/3 O 358/06, CR 2007, 194 = MMR 2007, 59.

242 *BGH*, Urt. v. 15. 11. 1994 – VI ZR 56/94, MDR 1995, 804 = NJW 1995, 861; *BGH*, Urt. v. 5. 12. 1995 – VI ZR 332/94, MDR 1996, 366 = NJW 1996, 984 bzgl. des Falls der Caroline von Monaco, AfP 1997, 499; vgl. hierzu auch *Hoeren*/Sieber/Holznagel, Multimedia-Recht, 41. Ergänzungslieferung Teil 18.2 Rz. 3.

243 So u. a. *AG Bamberg*, Endurt. v. 15. 1. 2015 – 101 C 1755/13, LSK 2015, 240927; *OLG Frankfurt a. M.*, Urt. v. 15. 11. 2004 – 23 U 155/03, MDR 2005, 881; *AG Berlin-Mitte*, Urt. v. 18. 12. 2003 – 16 C 427/02, NJW-RR 2004, 531.

- die geeignet ist, den Kredit des Betroffenen zu gefährden oder sonstige Nachteile
- für dessen Erwerb oder Fortkommen herbeizuführen,
- sofern die verarbeitende Stelle die Unwahrheit kennen musste.

§ 824 BGB statuiert also eine Haftung wegen unrichtiger Datenverarbeitung, **1075** die zu einer Herabsetzung der wirtschaftlichen Wertschätzung von Personen führt.[244] Die Übermittlung von personenbezogenen Daten stellt einen der problematischsten Gegenstände der Datenverarbeitung dar. Es liegt daher nahe, § 824 BGB heranzuziehen, der dem Ausgleich von Schäden, die aufgrund der Auswirkungen auf die Kreditfähigkeit oder wirtschaftliche Lage des Betroffenen, die durch das Verbreiten von Informationen entstanden sind, dient.

Daneben ist auch eine Haftung nach **§ 826 BGB** von Bedeutung, seit der **1076** *BGH*[245] auch bei Weitergabe wahrer Informationen in besonderen Fällen eine Ersatzpflicht gem. § 826 BGB bejaht hat: Sollten Informationen über das Privatleben eines einzelnen ohne zwingenden Grund weitergegeben werden, so steht ihm der Schutz des § 826 BGB zu. Er kann sich dann auch den daraus resultierenden Vermögensschaden ersetzen lassen. Vorteil des § 826 BGB ist, dass er in seinem Anwendungsbereich tendenziell offen ist und somit auch Schäden ausgleicht, die von anderen Vorschriften nicht miteinbezogen werden.

d) Unterlassungs- und Beseitigungsansprüche
Neben dem Schadensersatzanspruch können dem Betroffenen aus § 823 Abs. 1 **1077** BGB auch Beseitigungs- und Unterlassungsansprüche zustehen, die über die im BDSG statuierten Korrekturansprüche (§ 6 i. V. m. §§ 34, 35 BDSG) insofern hinausgehen, als sie auch gegenüber Dritten wirken. Solche Ansprüche ergeben sich regelmäßig aus §§ 1004, 823 Abs. 1 BGB analog bei einer Verletzung des Allgemeinen Persönlichkeitsrechts durch eine unzulässige Übermittlung personenbezogener Daten.[246] Der Betroffene kann daher unter Berufung auf §§ 1004, 823 Abs. 1 BGB analog vom Empfänger der Daten deren Vernichtung oder Herausgabe verlangen.[247] Gleichzeitig hat er nach den Grundsätzen von

---

244 Palandt/*Sprau*, Kommentar BGB, 76. Aufl. 2017, § 824 Rz. 1; Vgl. *OLG Frankfurt*, Urt. v. 6.1. 1988 – 17 U 35/87, RDV 1988, 148.
245 Palandt/*Sprau*, Kommentar BGB, 76. Aufl. 2017, § 826 Rz. 29 mit Verweis auf *BGH*, LM (Gb) § 826 Nr. 3.
246 *BGH*, Urt. v. 7.7. 1983 – III ZR 159/82, MDR 1984, 205 = NJW 1984, 436; *BGH*, Urt. v. 15.12. 1983 – III ZR 187/82, MDR 1984, 648 = NJW 1984, 1887.
247 *BGH*, Urt. v. 20.5. 1958 – VI ZR 104/57, BGHZ 27, 284, GRUR 1958 m. Anm. *Bußmann* = NJW 1958, 1344.

Treu und Glauben (§ 242 BGB) einen Anspruch gegenüber der speichernden Stelle auf Auskunft über Name und Anschrift des Datenempfängers.[248] Im Übrigen kann der Betroffene nach § 35 Abs. 2 S. 2 Nr. 1 BDSG i. V. m. § 11 Abs. 1 Nr. 1 TMG Löschung seiner Bestandsdaten verlangen. Für die Nutzungsdaten ist ein Löschungsanspruch ausdrücklich in § 12 TMG normiert.[249] Bei der Nutzung von Daten für E-Mail-Werbe-Kampagnen kommt allerdings anstelle der Löschung auch eine Sperrung in Betracht (§ 35 Abs. 3 Nr. 2 BDSG).[250]

1078   Zu beachten sind schließlich auch die Möglichkeiten, im B2B-Bereich zwischen Konkurrenten Datenschutzverstöße mittels § 4 Nr. 11 UWG (§ 3a UWG 2015) zu ahnden. Das *OLG Köln* sah § 28 BDSG als Marktverhaltensregelung i. S. v. § 4 Nr. 11 UWG (§ 3a UWG 2015) an.[251] Das *LG Berlin* und das *KG* haben dies jedoch für § 13 TMG abgelehnt.[252]

1079   Mit § 13 Abs. 1 TMG habe der Gesetzgeber allein überindividuelle Belange des freien Wettbewerbs bei der Gesetzgebung berücksichtigt, um Beschränkungen der Persönlichkeitsrechte der Nutzer von Telediensten, nicht aber Interessen einzelner Wettbewerber zu rechtfertigen. Anders sah dies das *OLG Hamburg*.[253] § 13 TMG sei eine Marktverhaltensregel i. S. v. § 4 Nr. 11 UWG (§ 3a UWG 2015), sodass mangelhafte Datenschutzerklärungen wettbewerbsrechtlich angreifbar sind: Entgegen der Auffassung des *KG* (handele es sich bei dem Verstoß gegen § 13 TMG nicht nur um die Missachtung einer allein überindividuelle Belange des freien Wettbewerbs regelnden Vorschrift.[254] Denn § 13 TMG soll ausweislich der Erwägungsgründe der Datenschutzrichtlinie jedenfalls auch die wettbewerbliche Entfaltung des Mitbewerbers schützen, indem gleiche Wettbewerbsbedingungen geschaffen werden. Die Vorschrift dient mithin auch dem Schutz der Interessen der Mitbewerber und ist damit eine Regelung i. S. des § 4 Nr. 11 UWG (§ 3a UWG 2015), die dazu bestimmt ist, das Marktverhalten im Interesse der Marktteilnehmer zu regeln.

1080   Ende Februar 2016 ist das Gesetz zur Verbesserung der zivilrechtlichen Durchsetzung von verbraucherschützenden Vorschriften des Datenschutzrechts in Kraft getreten. Infolge der Neuregelung werden u. a. die Abmahnbe-

---

248 *BGH*, Urt. v. 15. 12. 1983 – III ZR 187/82, MDR 1984, 648 = NJW 1984, 1887.
249 Zur der entsprechenden Vorschrift im alten Teledienstedatenschutzgesetz: *OLG Bamberg*, Urt. v. 12. 5. 2005 – 1 U 143/04, CR 2006, 274.
250 *OLG Bamberg*, Urt. v. 12. 5. 2005 – 1 U 143/04, CR 2006, 274.
251 *OLG Köln*, Urt. v. 14. 8. 2009 – 6 U 70/09, MMR 2009, 845.
252 *LG Berlin*, Beschl. v. 14. 3. 2011 – 91 O 25/11, CR 2011, 331 (Ls.) = MMR 2011, 387 m. Anm. *Hullen*; *KG*, Beschl. v. 29. 4. 2011 – 5 W 88/11, MMR 2011, 464 = GRUR-RR 2012, 19.
253 *OLG Hamburg*, Urt. v. 27. 6. 2013 – 3 U 26/12, GRUR-RR 2013, 482 = K & R 2013, 601; so auch *OLG Köln*, Urt. v. 11. 3. 2016 – 6 U 121/15, GRUR-RR 2016, 284 = MMR 2016, 530.
254 a. a. O.

fugnisse von Verbraucherschutzverbänden auf datenschutzrechtliche Verstöße erweitert, wenn die Daten zu Zwecken der Werbung, der Markt- und Meinungsforschung, des Betreibens einer Auskunftei, des Erstellens von Persönlichkeits- und Nutzungsprofilen, des Adresshandels, des sonstigen Datenhandels oder zu vergleichbaren kommerziellen Zwecken erhoben, verarbeitet oder genutzt werden.

VII Sonderbestimmungen im Online-Bereich

Literatur: *Arlt,* Datenschutzrechtliche Betrachtung von Online-Angeboten zum Erwerb digitaler Inhalte, MMR 2007, 683; *Bizer,* Datenschutz in Telekommunikation und Neuen Medien, Gerling (Hrsg.), Datenschutz und neue Medien, 1998, S. 23; *Büllesbach* (Hsg.), Datenschutz im Telekommunikationsrecht, 1997; *Fetzer,* Internet und Datenschutz im Telemediengesetz, DRiZ 2007, 206; *Holznagel u. a.* (Hrsg.), Datenschutz und Multimedia, 1998; *Lohse/Janetzko,* Regulationsmodelle des Datenschutzes am Beispiel von P3P, CR 2001, 55; *Müthlein,* Datenschutz bei Online-Diensten, RDV 1996, 224; *Roßnagel,* Modernisierung des Datenschutzrechts für eine Welt allgegenwärtiger Datenverarbeitung, MMR 2005, 71; *Roßnagel/Bizer,* Multimediadienste und Datenschutz, 1995; *Schulz,* Rechtsfragen des Datenschutzes bei Online-Kommunikation, Expertise im Auftrag der Landesrundfunkanstalt NRW, 1998.

In § 1 Abs. 3 BDSG ist die **Subsidiarität des BDSG** normiert: Soweit andere **1081** Rechtsvorschriften des Bundes den Umgang mit personenbezogenen Daten regeln, gehen diese dem BDSG vor. Landesrechtliche Datenschutzbestimmungen werden als „andere Rechtsvorschriften" i. R. d. § 4 Abs. 1 BDSG relevant, soweit sie Erlaubnistatbestände für die Verarbeitung und Nutzung personenbezogener Daten enthalten. Zu beachten sind – abseits TK-spezifischer Tatbestände – z. B. §§ 147, 200 AO, die der Finanzverwaltung die Kompetenz übertragen, im Rahmen steuerlicher Außenprüfungen direkt auf die DV-Systeme des Steuerpflichtigen Zugriff zu nehmen.

Für den Online-Bereich sind – neben einzelnen Landesgesetzen, wie z. B. **1082** dem Hamburgischen Mediengesetz – vor allem die bereichsspezifischen Datenschutzvorschriften im Telekommunikationsgesetz (TKG) und im Telemediengesetz (TMG) von Bedeutung.

1 Datenschutz im TK-Sektor: Das TKG

Literatur: *Eckhardt/Schmitz,* Datenschutz in der TKG-Novelle, CR 2011, 436; *Härting,* E-Mail und TK-Geheimnis – Die drei Gesichter der E-Mail: Telekommunikation, Datensatz, elektronischer Brief, CR 2007, 311; *Köcher/Kaufmann,* Speicherung von Verkehrsdaten bei Internet-Access-Providern, DuD 2006; *König/Röder,* Die EG-Datenschutzrichtlinie für Telekommunikation – Verpflichtungen auch für Internetdienstleister, CR 2000, 668; *Königshofen*, Telekommunikations-Datenschutzverordnung. Kommentar, Heidelberg 2002; *Ohlenburg*, Der neue Telekommunikationsdatenschutz – Eine Darstellung von Teil 7 Abschnitt 2 TKG, MMR 2004, 431; *Reimann*, Datenschutz im neuen TKG, DuD 2004, 421; *Schuster*, Der Arbeitgeber und das Telekommunikationsgesetz, CR 2014, 21; *Ulmer/Schrief*, Datenschutz im neuen TK-Recht, RDV 2005, 3; *Wüstenberg*, Vorratsdatenspeicherung und § 100 TKG – Zum Urteil des LG Darmstadt vom 25. Januar 2005, DuD 2007, 595; *Wüstenberg*, Das Recht der Zugangsanbieter auf Speicherung der IP-Adressen bei Online-Flatrates, TKMR 2003, 105.

1083 Das Telekommunikationsgesetz (TKG)[255] ist der Nachfolger des früheren Fernmeldeanlagen-Gesetzes (FAG), von dem früher § 12 FAG als strafprozessuale Ermächtigungsgrundlage für Auskünfte über Telekommunikationsvorgänge in strafgerichtlichen Untersuchungen herangezogen wurde. Mit dem im Juni 2004 verkündeten Gesetz (TKG 2004)[256] sind auch im Bereich Fernmeldegeheimnis, Datenschutz und Öffentliche Sicherheit einige Neuerungen eingetreten. So werden die personenbezogenen Daten der Teilnehmer und Nutzer von Telekommunikationsdiensten ab sofort gesetzlich und nichtmehr durch die Telekommunikations-Datenschutzverordnung (TDSV)[257] geschützt. Dafür wurden § 89 TKG a. F., der Regelungen zum Datenschutz enthielt, und die TDSV zu einer in sich geschlossenen gesetzlichen Regelung zusammengeführt. Die Speicherung von Verkehrsdaten, vormals Verbindungsdaten, beim Diensteanbieter folgt nicht mehr, wie es § 7 Abs. 3 der TDSV vorgab, unter Kürzung der Zielnummer um die letzten drei Ziffern. Inzwischen dürfen Diensteanbieter die Zielnummer ungekürzt und vollständig für sechs Monate speichern.

1084 § 97 TKG a. F. enthielt ein Wahlrecht des Kunden, auf das ihn der Diensteanbieter hinweisen musste. Danach konnte der Teilnehmer dieser Form der Speicherung zustimmen oder lieber die verkürzte oder sogar die komplette Löschung der Daten beantragen. Die Novellierung des § 97 TKG durch das Gesetz zur Neuregelung der Telekommunikationsüberwachung und anderer verdeckter Ermittlungsmaßnahmen und zur Umsetzung der Richtlinie 2006/24/EG[258] führte allerdings zur Streichung dieses Kundenwahlrechts.

---

255 Telekommunikationsgesetz v. 22. 6. 2004 (BGBl. I 2004, S. 1190), zuletzt geändert durch Art. 2 G zur Ausland-Ausland-Fernmeldeaufklärung des Bundesnachrichtendienstes vom 23. 12. 2016 (BGBl. I 2016, S. 3346).
256 BGBl. I 2004, S. 1190.
257 Telekommunikations-Datenschutzverordnung v. 18. 12. 2000 (BGBl. I 2000, S. 1740); durch die Bundesregierung aufgrund des § 89 Abs. 1 des Telekommunikationsgesetzes v. 25. 7. 1996 (BGBl. I 1996, S. 1120) verordnet.
258 BGBl. I 2007, S. 3198; BT-Drs. 16/5846; BT-Drs. 16/16 979.

Lediglich im Zusammenhang mit Einzelverbindungsnachweisen besteht **1085**
gem. § 99 TKG noch ein Wahlrecht. Eine weitere Neuerung stellt die Option
von sog. „Inverssuchen" bei der Telefonauskunft dar gem. § 105 Abs. 3 TKG.
Konnte bisher bei der Auskunft nur durch Nennung des Namens die Telefonnummer und ggf. weitere Daten des Teilnehmers erfragt werden, so ist dies
nun auch umgekehrt möglich. Demnach kann der Name und ggf. die Adresse
des Teilnehmers erfragt werden, von dem nur die Rufnummer bekannt ist. Weitere Daten des Teilnehmers dürfen allerdings nicht erfragt werden. Ein Teilnehmer ist nun auch anhand seiner Rufnummer zu erfragen. Voraussetzung dafür
ist gem. § 105 Abs. 3 TKG, dass der betroffene Kunde des Diensteanbieters mit
seinen Daten in einem Telefonbuch oder einem anderen elektronischen Kun-
denverzeichnis eingetragen ist und gegen diese Art der Auskunft keinen Widerspruch eingelegt hat. Nach § 47 Abs. 1 TKG ist der Teilnehmernetzbetreiber
verpflichtet, diese Teilnehmerdaten anderen Unternehmen zum Zwecke der Bereitstellung von öffentlich zugänglichen Auskunftsdiensten und Teilnehmer-
verzeichnissen zur Verfügung zu stellen. Nach einer Entscheidung des *BGH*
darf der Betreiber die Freischaltung der Daten für eine Inverssuche der Aus-
kunftsdienste nicht von dem Vorliegen einer Einwilligung der Kunden abhängig machen, sondern hat auch hier auf Grundlage der Widerspruchslösung zu
verfahren.[259]

Die Vorschrift des § 98 Abs. 3 i. V. m. § 108 Abs. 1 TKG verpflichtet die Netz- **1086**
betreiber im Notfall zur Übermittlung von Standortdaten, sog. Dienste mit Zu-
satznutzen (definiert in § 3 Nr. 5 TKG), ohne vorherige Einwilligung, damit eine
Lokalisierung des Hilfesuchenden erfolgen kann. Für Prepaid-Verträge sind
nun der Name, die Adresse und das Geburtsdatum des Kunden zu erheben.

Die **datenschutzrechtlichen Vorschriften des TKG** finden sich in § 88 **1087**
TKG sowie in §§ 91 ff. TKG: § 88 TKG konkretisiert das grundrechtlich garantierte Fernmeldegeheimnis (Art. 10 GG)[260] und erstreckt sich auf den Inhalt und
die näheren Umstände der Telekommunikation, „insb. die Tatsache, ob jemand
an einem Telekommunikationsvorgang beteiligt ist oder war" (§ 88 TKG). In
den sachlichen Anwendungsbereich des TKG fällt gem. § 3 Nr. 22 TKG jeder
technische Vorgang des Aussendens, Übermittelns und Empfangens von Signa-
len jeglicher Art in der Form von Zeichen, Sprache, Bildern oder Tönen mittels
Telekommunikationsanlagen. Neben den klassischen TK-Anbietern (insbes.
Sprachtelefonie) umfasst der Anwendungsbereich des TKG damit auch die
Übermittlung von E-Mails und jeden sonstigen Online-Datenaustausch (insbes.

---

259 *BGH*, Urt. v. 5. 7. 2007 – III ZR 316/06, CR 2007, 567 = MMR 2007, 641.
260 Vgl. *Königshofen/Ulmer*, Datenschutz-Handbuch Telekommunikation, Frechen 2006, 7 f.

per Telnet oder FTP), soweit es um den technischen Kommunikationsvorgang geht.[261]

1088   Ebenso wie das allgemeine Datenschutzrecht im BDSG erstreckt sich der bereichsspezifische Datenschutz des Telekommunikationsrechts auf die **Erhebung, Verarbeitung und Nutzung personenbezogener Daten.** Allerdings sind im TKG die Einzelangaben über juristische Personen, die dem Fernmeldegeheimnis unterliegen, den personenbezogenen Daten natürlicher Personen gleichgestellt (§ 91 Abs. 1 S. 2 TKG). Auch IP-Adressen sind personenbezogen, da eine Person insoweit bestimmbar ist.[262]

1089   §§ 95 ff. TKG enthalten eine **abschließende Aufzählung möglicher Erlaubnistatbestände** für die Erhebung, Verarbeitung und Nutzung personenbezogener Daten im Telekommunikationsbereich. So ist gem. § 95 Abs. 1 TKG die Verarbeitung von Bestandsdaten zulässig, soweit dies für die Begründung, inhaltliche Ausgestaltung, Änderung oder Beendigung des Vertragsverhältnisses erforderlich ist. § 96 TKG bezieht sich auf Verkehrsdaten (§ 3 Nr. 30 TKG) und erlaubt deren Speicherung für das Herstellen und Aufrechterhalten der Telekommunikationsverbindung.[263] Da das TKG auch die E-Mail-Kommunikation erfasst, ist die Zwischenspeicherung von E-Mails in POP-Mailpostfächern bzw. in der SMTP-Spooldatei zulässig. Zwar besagt § 88 Abs. 1 S. 1 TKG, dass grundsätzlich nur die näheren Umstände der Telekommunikation erhoben, verarbeitet und genutzt werden dürfen, jedoch enthält § 88 Abs. 1 S. 2 TKG eine Ausnahme für Nachrichteninhalte, deren Verarbeitung aus verarbeitungstechnischen Gründen Bestandteil des Dienstes ist. Damit ist auch die Speicherung und Verarbeitung eingehender Nachrichten bei Mailbox-Diensten, z. B. die Anrufbeantworter-/Weiterleitungs-Funktion bei Mobiltelefonen, legitimiert.

1090   Weitere Erlaubnistatbestände für Verkehrsdaten (§ 3 Nr. 30 TKG) sehen § 96 Abs. 2 S. 1 TKG (Erforderlichkeit zum Aufbau weiterer Verbindungen), § 96 Abs. 3 TKG (Verwendung von teilnehmerbezogenen Verkehrsdaten mit Einwilligung des Betroffenen zur Bedarfsplanung), § 97 TKG (Entgeltermittlung, Entgeltabrechnung), § 99 TKG (Einzelverbindungsnachweis), § 100 TKG (Störung von Telekommunikationsanlagen und Missbrauch von Telekommunikationsdiensten[264]) und § 101 TKG (Mitteilen ankommender Verbindungen) vor.

---

261 Vgl. zur Abgrenzung *Braun*, in: Beck'scher TKG-Kommentar, 4. Aufl. 2013, § 91 Rn. 9.

262 *EuGH*, Urt. v. 19. 10. 2016 – C 582/14.

263 Auch bei Pauschaltarifen (Flatrate) ist die Speicherung des Datenvolumens und der dynamischen IP-Adresse zulässig: So jetzt der *BGH*, Urt. v. 13. 1. 2011 – III ZR 146/10, MMR 2011, 341 m. Anm. *Karg*; siehe auch *LG Darmstadt*, Urt. v. 25. 1. 2006 – 25 S 118/05, CR 2006, 249; *LG Darmstadt*, Urt. v. 6. 6. 2007 – 10 O 562/03, CR 2007, 574; *AG Bonn*, Urt. v. 5. 7. 2007 – 9 C 177/07, CR 2007, 640 = MMR 2008, 203.

264 Hierzu: *LG Darmstadt*, Urt. v. 6. 6. 2007 – 10 O 562/03, CR 2007, 574; *AG Bonn*, Urt. v. 5. 7. 2007 – 9 C 177/07, CR 2007, 640 = MMR 2008, 203.

Bemerkenswert ist allerdings, dass einige Erlaubnistatbestände – im Ge- **1091** gensatz zum allgemeinen Anwendungsbereich des TKG – auf Sprachtelefondienste zugeschnitten sind: So sieht etwa § 101 TKG nur die Identifikation des Anschlusses bei bedrohenden oder belästigenden Anrufen vor. Die Identifikation des Absenders von Spam-Mails durch dessen Provider wird hiervon nicht unmittelbar erfasst.

2 Das TMG

Literatur: *Bizer*, Rückschritt Telemediengesetz, DuD 2007, 4; *Büllesbach*, Datenschutz und Selbstregulierung, digma 2001, 88; *Eckhardt*, Der Referentenentwurf zum IT-Sicherheitsgesetz – Schutz der digitalen Zukunft? Eine erste Bestandsaufnahme, ZD 2014, 599; *Flisek*, Der datenschutzrechtliche Auskunftsanspruch nach TDDSG, CR 2004, 949; *Fröhle*, Web-Advertising, Nutzerprofile und Teledienstedatenschutz, München 2003; *Geis*, Schutz von Kundendaten im E-Commerce und elektronische Signatur, RDV 2000, 208; *Gerling*, Betrieb von WWW-Servern – Rechtliche und technische Aspekte, IT-Sicherheit 3/2001, 18; *Hillebrand-Beck/Greß*, Datengewinnung im Internet, Cookies und ihre Bewertung unter Berücksichtigung der Novellierung des TDDSG, DuD 2001, 389; *Hoeren*, Das Telemediengesetz, NJW 2007, 801; *Jandt*, Das neue TMG – Nachbesserungsbedarf für den Datenschutz im Mehrpersonenverhältnis, MMR 2006, 652; *Keppeler*, Was bleibt vom TMG-Datenschutz nach der DS-GVO? Lösung und Schaffung von Abgrenzungsproblemen im Multimedia-Datenschutz, MMR 2015, 779; *Köhntopp/Köhntopp*, Datenspuren im Internet, CR 2000, 238; *Löw*, Datenschutz im Internet: eine strukturelle Untersuchung auf der Basis der neuen deutschen Medienordnung, Diss. 2000; *Meyer*, Cookies & Co. – Datenschutz und Wettbewerbsrecht, WRP 2002, 1028; *Meyerdiecks*, Sind IP-Adressen personenbezogene Daten?, MMR 2009, 8; *Rasmussen*, Datenschutz im Internet. Gesetzgeberische Maßnahmen zur Verhinderung der Erstellung ungewollter Nutzerprofile im Web – Zur Neufassung des TDDSG, CR 2002, 36; *Roßnagel/Pfitzmann*, Datenschutz im Internet, Staudt (Hrsg.), Deutschland Online, Berlin u. a. 2002, 89; *Schaar*, Datenschutz im Internet, 2002; *Schallbruch*, Electronic Mail im Internet – Wie steht es mit dem Datenschutz?, Datenschutz-Nachrichten 5/95, 11; *Schleipfer*, Datenschutzkonformer Umgang mit Nutzungsprofilen – Sind IP-Adressen, Cookies und Fingerprints die entscheidenen Details beim Webtracking?, ZD 2015, 399; *Schneider*, Europäischer Datenschutz und E-Commerce, Lehmann (Hrsg.), Electronic Business in Europa. Internationales, europäisches und deutsches Online-Recht, München 2002, 561; *Spindler*, Das neue Telemediengesetz – Konvergenz in sachten Schritten, CR 2007, 239; *Welp*, Die Entwicklung des Datenschutzrechts im Jahr 2007, MMR-Beilage 7/2008, 9; *Zscherpe*, Anforderungen an die datenschutzrechtliche Einwilligung im Internet, MMR 2004, 723.

In den §§ 11–15 regelt das Telemediengesetz den Schutz personenbezogener Da- **1092** ten bei der Nutzung von Telemediendiensten i. S. v. § 1 Abs. 1 TMG. Zu diesen Diensten zählen insb. solche der Individualkommunikation (Telebanking, E-Mail und Datendienste).

Die datenschutzrechtlichen Regelungen in BDSG und TMG gehen einheit- **1093** lich von den **Grundsätzen der Zweckbindung, des Systemdatenschutzes**

und der Datensparsamkeit bzw. der Datenvermeidung aus. Der Systemdatenschutz soll bewirken, dass bereits die Systemstrukturen für die Verarbeitung personenbezogener Daten einer datenschutzrechtlichen Kontrolle unterliegen. Durch eine dateneinsparende Organisation der Übermittlung, der Abrechnung und Bezahlung sowie durch die technisch-organisatorische Trennung der Verarbeitungsbereiche soll die Erhebung und Verarbeitung personenbezogener Daten möglichst vermieden werden (vgl. § 13 Abs. 7 TMG).

1094   Wie auch im allgemeinen Datenschutzrecht ist die **Erhebung und Verarbeitung personenbezogener Daten** im Online-Bereich nur zulässig, soweit sie gesetzlich gestattet ist oder der Betroffene einwilligt (§ 12 Abs. 1 TMG). Es gilt der Grundsatz der Zweckbindung. Die Voraussetzungen für eine wirksame elektronische Einwilligung sind in § 13 Abs. 2 TMG geregelt. Der Betroffene ist über Art, Umfang, Ort und Zweck der Erhebung und Nutzung seiner Daten vor deren Erhebung zu informieren. Auch hat der Nutzer das Recht, die zu seiner Person gespeicherten Daten unentgeltlich – auch auf elektronischem Wege und auch bei kurzfristiger Speicherung der Daten – einzusehen (§ 13 Abs. 8 TMG). Die Erstellung von Nutzungsprofilen ist nur bei der Verwendung von Pseudonymen zulässig (§ 15 Abs. 3 TMG). Bestands- und Nutzungsdaten werden unterschieden und getrennt voneinander geregelt. Die hierzu einschlägigen Regelungen sind §§ 14, 15 TMG.[265]

1095   Dem Diensteanbieter ist es nunmehr gestattet, **Abrechnungsdaten** auch für die Aufklärung der missbräuchlichen Inanspruchnahme seiner Dienste zu nutzen, wenn ihm tatsächliche Anhaltspunkte für einen entsprechenden Missbrauchsfall vorliegen (§ 15 Abs. 8 TMG). Es besteht eine Dokumentationspflicht.[266]

1096   Für die Nutzung von nicht-personenbezogenen Daten, insb. Informationen zu den Clients, die ein Online-Angebot abgerufen haben, gilt das bereichsspezifische Datenschutzrecht des TMG nicht. Im Hinblick auf die Speicherung von IP-Adressen durch Online-Diensteanbieter ist die Frage allerdings umstritten. So bejahte das *AG Berlin Mitte* den Personenbezug von dynamischen IP-Adressen, da der Diensteanbieter mit Hilfe des Access Providers den korrelierenden

---

265 Vgl. hierzu ausführlich *Engel-Flechsig*, Die datenschutzrechtlichen Vorschriften im neuen Informations-und Kommunikationsdienste-Gesetz, RDV 1997, 59. Zu beachten ist, dass im Zuge des NetzDG (dazu Kapitel 7.II.5g) die Gründe für Auskunftserteilungen in § 14 Abs. 2 TMG erweitert werden sollen.
266 Zu einem bizarren Fall einer Auskunftspflicht *LG Stuttgart*, Urt. v. 1.11. 2008 – 8 O 357/07, FamRZ 2008, 1648 = NJW 2008, 2048: hat eine Frau mehreren ihr über ein Internetportal vermittelten Männern sexuelle Dienstleistungen erbracht, kann sie im Falle einer Schwangerschaft Auskunft über die Identität der vermittelten Männer verlangen.

Namen bestimmen könne.[267] Dies gilt nach der amtsgerichtlichen Rechtsprechung auch dann, wenn dem Diensteanbieter kein Auskunftsanspruch gegen
den Access Provider zusteht.

Die Frage ist bei der Aufzeichnung von Nutzungsdaten in Log-Files, z. B. **1097**
zur Erstellung von Nutzerprofilen und Abrufstatistiken von Bedeutung.[268] Personenbezogene Nutzungsdaten sind frühestmöglich, spätestens unmittelbar
nach Ende der jeweiligen Nutzung zu löschen, sofern es sich nicht um Abrechnungsdaten i. S. v. § 15 Abs. 4 TMG handelt. Nicht-personenbezogene Daten,
z. B. reine Maschinenangaben (IP-Adressen (strittig)), können hingegen für
Auswertungszwecke protokolliert werden, sofern kein Rückschluss auf den jeweiligen Nutzer möglich ist.[269] In Bezug auf IP-Adressen hat das *LG Darmstadt*[270] geurteilt, dass die Speicherung **dynamischer IP-Adressen** (jene IP-
Kennungen, die nur für eine Internet-Session vergeben werden) dann nicht
erforderlich und somit unzulässig sei, wenn der Betroffene eine unbegrenzte
Flatrate besitzt, für die er monatlich eine Pauschale bezahlt. Die Frage des
Personenbezugs von dynamischen IP-Adressen ging bis vor den *EuGH*. Dieser
entschied im Urteil vom 19. Oktober 2016[271], dass Art. 2 lit a der RL 95/46/EG
dahin auszulegen ist, dass eine dynamische Internetprotokoll-Adresse, die von
einem Anbieter von Online-Mediendiensten beim Zugriff einer Person auf eine
Website, die dieser Anbieter allgemein zugänglich macht, gespeichert wird, für
den Anbieter ein personenbezogenes Datum i. S. der genannten Bestimmung
darstellt, wenn er über rechtliche Mittel verfügt, die es ihm erlauben, die betreffende Person anhand der Zusatzinformationen, über die der Internetzugangsanbieter dieser Person verfügt, bestimmen zu lassen. Im zu entscheidenden Fall hatte sich ein T-Online-Kunde gegen die Speicherung seiner IP-
Adressen über einen Zeitraum von 80 Tagen nach Rechnungsversand gewehrt.
An der Erforderlichkeit fehle es, weil die IP-Kennungen wegen des Pauschalbe-
trages nicht zu Abrechnungszwecken notwendig und auch keine Anhaltspunkte für den Zweck der Missbrauchsbekämpfung erkennbar gewesen seien.[272] Das

---

267 *AG Berlin Mitte*, Urt. v. 27. 3. 2007 – 5 C 314/06, ZUM 2008, 83.
268 Siehe auch *Wolters*, Einkauf via Internet: Verbraucherschutz durch Datenschutz,
DuD 1999, 277.
269 Vgl. *Schulz*, Rechtsfragen des Datenschutzes bei Online-Kommunikation, 40.
270 *LG Darmstadt*, Urt. v. 25. 1. 2006 – 25 S 118/05, CR 2006, 249 = MMR 2006, 330. Das Urteil
ist inzwischen rechtskräftig. Der *BGH*, Beschl. v. 26. 10. 2006 – III ZR 40/06, MMR 2007, 37,
verwarf die eingelegte Beschwerde als unzulässig. Siehe auch *LG Darmstadt*, Urt. v. 7. 12. 2005 –
25 S 118/05, CR 2006, 249 = DuD 2006, 178; *AG Bonn*, Urt. v. 5. 7. 2007 – 9 C 177/07, CR 2007,
640 = MMR 2008, 203.
271 *EuGH*, Urt. v. 19. 10. 2016 – C-582/14, NJW 2016, 3579.
272 *BGH*, Beschl. v. 26. 10. 2006 – III ZR 40/06, MMR 2007, 37; *LG Darmstadt*, Urt. v. 7. 12.
2005 – 25 S 118/05, CR 2006, 249 = DuD 2006, 178; *Köcher/Kaufmann*, DuD 2006, 360.

OLG Frankfurt a. M. bestätigte diese Entscheidung im Wesentlichen, verwarf aber die Berufung des Klägers insoweit, als dass eine sofortige Pflicht zur Löschung der Daten durch den Provider nicht bestehe.[273]

1098 Auch hierzu hat sich der *EuGH* in seiner Entscheidung geäußert und kritisiert, dass die für Webseitenbetreiber einschlägigen datenschutzrechtlichen Erlaubnistatbestände des TMG zu eng gefasst seien. Sie würden entgegen der Vorgabe in Art. 7 lit. f RL 95/46/EG eine Datenverarbeitung allein aufgrund einer Abwägung der Interessen der verantwortlichen Stelle und denen der Betroffen nicht erlauben. Ein entsprechender Erlaubnistatbestand wie etwa in § 28 Abs.1 S. 1 BDSG oder in Art. 6 Abs. 1 lit. f fehle demnach im TMG vollständig. Dem *EuGH* zufolge ist dies unzulässig, denn eine Interessensabwägung i. S. d. Art. 7 lit. f RL 95/46/EG (und Art. 6 Abs. 1 f DSGVO) im Einzelfall ist stets erforderlich, z. B. hinsichtlich der Verteidigung gegen Cyberangriffe. Nach Auffassung des Gerichts kann der nationale Gesetzgeber solche Abwägungsentscheidungen dementsprechend nicht mehr durch gesetzliche Regelungen vorbestimmen. Im Übrigen gelten die Regelungen des TMG nur für die Verarbeitung von Nutzerdaten, d. h. der Daten derjenigen, die Telemediendienste oder Telekommunikationsdienstleistungen nachfragen. Die Verwendung von Daten nicht nutzender Dritter im Online-Bereich ist von den Regelwerken nicht umfasst. Insoweit gelten für Kommunen das jeweilige Landesdatenschutzgesetz (z. B. Landesdatenschutzgesetz NW), für die Privatwirtschaft §§ 27 ff. BDSG.

VIII Ausgewählte Sonderprobleme

1 Web-Cookies

Literatur: *Bizer*, Web-Cookies – datenschutzrechtlich, DuD 1998, 277; *Christl*, Cookies, Web-Logs. Location Based Services, eMail, Webbugs, Spyware – Datenschutz im Internet, 2005; *Eckhardt*, Datenschutzerklärungen und Hinweise auf Cookies, ITRB 2005, 46; *Eckhardt*, IP-Adressen als personenbezogenes Datum – neues Öl ins Feuer, CR 2011, 339; *Eichler*, Cookies – verbotene Früchte?, Eine datenschutzrechtliche und technikorientierte Betrachtung, K & R 1999, 76; *Hanloser*, Bericht aus der ZD-Community: Cookie-Richtlinie, Third Party Cookies, Behavioural Advertising, ZD-Aktuell 2012, 02763; *Hillenbrand-Beck/ Greß*, Datengewinnung im Internet, Cookies und ihre Bewertung unter Berücksichtigung der Novellierung des TDDSG, DuD 2001, 389; *Hoeren*, Web-Cookies und das römische Recht, DuD 1998, 455; *Ihde*, Cookies – Datenschutz als Rahmenbedingungen der Internetökonomie, CR 2000, 413; *Kilian/Heussen*, Computerrechts-Handbuch, 32. Ergänzungslieferung 2013, Teil 14 Datenschutzrechtliche Fragen; *Köcher/Kaufmann*, Speicherung von

---

273 *OLG Frankfurt a. M.*, Urt. v. 16. 6. 2010 – 13 U 105/07, MMR 2010, 645 = CR 2011, 96.

Verkehrsdaten bei Internet-Access-Providern, DuD 2006, 360; *Merati-Kashani*, Der Datenschutz im E-Commerce, Hoeren/Spindler u. a. (Hrsg.), Schriftenreihe Information und Recht, Band 51, München 2005; *Meyer*, Cookies & Co. – Datenschutz und Wettbewerbsrecht, WRP 2002, 1028; *Schaar*, Cookies: Unterrichtung und Einwilligung des Nutzers über die Verwendung, DuD 2000, 275; *Rauer/Ettig*, Nutzung von Cookies. Rechtliche Anforderungen in Europa und deren Umsetzungsmöglichkeiten, ZD 2014, 27; *Rauer/Ettig*, Rechtskonformer Einsatz von Cookies – Aktuelle Entwicklungen, ZD 2015, 255; *Schröder*, Datenschutzrechtliche Fragen beim Einsatz von Flash-Cookies – Ist ein rechtssicherer Einsatz von Cookies vor dem Hintergrund der EU-Privacy-Richtlinie möglich?, ZD 2011, 59; *Thürauf*, Cookie Opt-in in Großbritannien – Zukunft der Cookies?, ZD 2012, 24; *Wichert*, Web-Cookies – Mythos und Wirklichkeit, DuD 1998, 273; *Woitke*, Web-Bugs – Nur lästiges Ungeziefer oder datenschutzrechtliche Bedrohung?, MMR 2003, 310.

Die sog. **Web-Cookies** und ihre möglichen negativen Auswirkungen auf die **1099** Privatsphäre von Internetnutzern sind immer noch buchstäblich in aller Munde. Ein Cookie ist ein von einem Web-Server erzeugter Datensatz, der an einen Web-Browser gesendet wird und bei diesem in einer Cookie-Datei des lokalen Rechners abgelegt wird.[274] Umgekehrt werden aber auch die lokalen Cookie-Einträge an den Web-Server übermittelt. Beides geschieht i. d. R., ohne dass der Benutzer etwas davon merkt. Cookies dienen normalerweise dazu, Informationen über den Benutzer des Web-Browsers zu sammeln und an einen Web-Server zu übermitteln. Davon profitieren z. B. Katalog- und Zeitungsanbieter, die Benutzerprofile anlegen und den Web-Benutzern dann ganz gezielt Angebote unterbreiten, die die Anbieter auf den bevorzugten Web-Seiten platzieren.

Die Cookies sind in diesem Zusammenhang besonders günstig für die An- **1100** bieter, da Cookies es ermöglichen, die gesammelten Daten lokal beim Nutzer abzulegen. Die Unterhaltung einer großen und teuren Datenbank ist damit nicht erforderlich. Cookies können aber z. B. auch für den Einkauf im Internet dienen, da der dabei entstehende virtuelle Einkaufskorb in Form eines Cookies abgelegt werden kann.

Seit ihrer Einführung durch die Netscape Communications Corporation **1101** sind Cookies sehr umstritten, da man ihnen eine Reihe negativer Eigenschaften und Fähigkeiten zuspricht, so z. B. die Übertragung von Virenprogrammen, das Ausspähen von E-Mail-Adressen und persönlichen Dateien oder das Bekanntmachen des Verzeichnisses einer Festplatte für Fremde. Falsch ist auf jeden Fall, dass Cookies Viren auf den jeweiligen Rechner übertragen können. Was die Informationen angeht, die in den Cookies abgelegt werden, so lässt sich dazu sagen, dass sie nur vom Web-Benutzer selbst stammen und ausschließ-

---

274 Zur Technologie siehe *Eichler*, 139 ff.; *Eichler*, K & R 1999, 76; *Whalen*, The Unofficial Cookie FAQ, www.cookiecentral.com/faq, Version 2.6 (zuletzt abgerufen: Mai 2017).

lich Daten enthalten, die er während seiner Kommunikation mit dem betreffenden Server selbst erzeugt hat. Ein Ausspähen weiterer Daten auf dem lokalen Rechner ist mit Cookies nicht möglich.[275]

1102 Die persönlichen Daten eines Nutzers sind daher i. d. R. über den Einsatz von Cookies nicht oder nur mit sehr großem Aufwand zu ermitteln.[276] Durch eine serverseitige Auswertung der Cookies, die bei der Nutzung verschiedener Online-Dienste *desselben* Diensteanbieters erzeugt wurden, ist es jedoch möglich, kundenspezifische Nutzungsprofile zu erstellen, die jedenfalls dann personenbezogen sind, wenn sich der Nutzer bei zumindest einem Online-Dienst innerhalb des Verbundangebots namentlich oder mit seiner E-Mail-Adresse angemeldet hat.[277] Ein direkter Personenbezug ist ansonsten nur herstellbar, wenn die Internet-Adresse des Kundenrechners Rückschlüsse auf die Identität des Benutzers zulässt.[278] Dies kann bei **statischen IP-Adressen**, die mit einer „sprechenden" personenbezogenen Rechnerkennung oder -domain verbunden sind, der Fall sein.[279] Bei **dynamischen IP-Adressen**, die bei Einwahlverbindungen temporär dem Kundenrechner zugeordnet werden, besteht regelmäßig nur dann ein Personenbezug, wenn der Diensteanbieter und der Internet Provider des Kunden zusammenwirken oder identisch sind.[280]

1103 Enthalten Cookies **personenbezogene Daten**, ist ihre Verwendung im Hinblick auf die restriktiven Datenschutzregelungen des bereichsspezifischen TMG problematisch. Denn nach § 12 Abs. 1 TMG dürfen personenbezogene Daten zur Nutzung von Telemediendiensten nur erhoben, verarbeitet und genutzt werden, soweit der Nutzer wirksam eingewilligt hat oder ein gesetzlicher Erlaubnistatbestand vorliegt.[281] Die erforderliche Einwilligung in die Cookie-Nut-

---

275 Siehe hierzu *Wichert*, DuD 1998, 273.

276 Kilian/Heussen/*Hoeren*, Computerrecht, Teil 14, Datenschutzrechtliche Bestimmungen, Rz. 21; siehe auch *Eichler*, K & R 1999, 76, der allerdings ohne nähere Erläuterung unterstellt, dass der Diensteanbieter unbemerkt die E-Mail-Adresse des Nutzers in einem Cookie speichern kann.

277 Siehe *Wichert*, DuD 1998, 273; *Ihde*, CR 2000, 413.

278 Vgl. *Bensberg/Weiß*, Web Log Mining als Analyseinstrument des Electronic Commerce, in: UrhR/Breuer (Hrsg.), Proceedings zur WI-Fachtagung Intregration externer Informationen in Management Support Systems, Dresden 1998, S. 197; *Bizer*, DuD 1998, 277; *Eichler*, K & R 1999, 76; *Meyer*, WRP 2002, 1028.

279 Z. B. „Hoeren.uni-muenster.de"; für die Qualifizierung statischer IP-Adresse als personenbezogenes Datum *Eckhardt*, CR 2011, 339.

280 *Bizer*, DuD 1998, 277; *Schulz*, Rechtsfragen des Datenschutzes bei Online-Kommunikation, 40; a. A.: *AG Berlin Mitte*, Urt. v. 27. 3. 2007 – 5 C 314/06, ZUM 2008, 83.

281 Hierzu ausführlich *Bizer*, DuD 1998, 277; Kilian/Heussen/*Hoeren*, Computerrecht, Teil 14 Datenschutzrechtliche Fragen, Rz. 20; *Specht/Müller-Riemenschneider*, Dynamische IP-Adressen: Personenbezogene Daten für den Webseitenbetreiber? Aktueller Stand der Diskussion um den Personenbezug, ZD 2014, 71.

zung kann allerdings auch durch eine vorformulierte Erklärung, der der Nutzer durch Entfernen eines voreingestellten Häkchens widersprechen kann („opt-out"), erteilt werden.[282] Der Wirksamkeit der Einwilligung steht es nicht entgegen, wenn sämtliche erforderliche Informationen über Cookies nicht bereits in der Erklärung selbst, sondern in einem verlinkten Text gegeben werden. Zu den insoweit zu fordernden Informationen gehört nicht die Identität der Dritten, die aufgrund der Einwilligung auf Cookies zugreifen können.

Überdies stellt § 15 Abs. 3 S. 1 TMG ausdrücklich klar, dass Nutzungsprofile **1104** nur bei der Verwendung von Pseudonymen zulässig sind. Eine Zusammenführung der pseudonymisierten Profildaten mit personenbezogenen Informationen über den Nutzer ist ebenfalls unzulässig (§ 15 Abs. 3 S. 3 TMG). Ein Datenabgleich zwischen dem Internet Provider des Nutzers und dem Diensteanbieter, der lediglich die dynamische (für ihn pseudonyme) IP-Adresse in cookie-basierten Nutzungsprofilen festhält, ist damit ausgeschlossen. Der *BGH* entschied ohnehin unlängst, dass dynamische IP-Adressen nur für eine Dauer von sieben Tagen gespeichert werden dürfen.[283] Werden Cookies lediglich gesetzt, um die jeweilige Nutzung des Online-Dienstes zu ermöglichen oder zu vereinfachen (individualisiertes Angebot, Warenkorbfunktion etc.), ist § 15 Abs. 2 TMG zu beachten. Soweit sie personenbezogene „Nutzungsdaten" enthalten, müssen die Cookie-Daten frühestmöglich, spätestens unmittelbar nach Ende der jeweiligen Nutzung wieder gelöscht werden.[284] Der *EuGH* hat allerdings darauf hingewiesen, dass § 15 TMG zu eng gefaßt sei und europarechtlich um weitere Rechtfertigungsgründe erweitert ausgelegt werden müsse.[285]

Fehlt es am Personenbezug, ist das Datenschutzrecht für Cookies nicht **1105** einschlägig. Zur juristischen Abwehr unerwünschter Cookies ist daher auch an das Besitzrecht aus § 862 Abs. 1 BGB zu denken: Hiernach kann der Besitzer von einem Störer die Beseitigung der Besitzstörung verlangen, sofern verbotene Eigenmacht i. S. v. § 858 Abs. 1 BGB vorliegt. Aufgrund der Verringerung des Speicherplatzes ähnelt die Speicherung eines Cookies auf dem Rechner eines Besuchers ohne dessen Einwilligung einer Besitzstörung. Es ergibt sich – unbeschadet der datenschutzrechtlichen Bewertung – ein verschuldensunabhängiger Beseitigungs- und Unterlassungsanspruch aus § 862 Abs. 1 BGB.[286] Das *AG*

---

282 *OLG Frankfurt a. M.*, Urt. v. 17. 12. 2015 – 6 U 30/15, MMR 2016, 245 m. Anm. *Lachenmann/ Meyer* = GRUR-RR 2016, 252.
283 *BGH*, Urt. v. 3. 7. 2014 – III ZR 391/13, NJW 2014, 2500 = K & R 2014, 593, CR 2015, 444.
284 Kilian/Heussen/*Hoeren*, Computerrecht, Teil 14 Datenschutzrechtliche Bestimmungen, Rz. 21.
285 *EuGH*, Urt. v. 19. 10. 2016 – C 582/14, NJW 2016, 3579.
286 Vgl. *Hoeren*, Web-Cookies und das römische Recht, DuD 1998, 455.

Ulm geht davon aus, dass die nicht genehmigte Verwendung von Cookies im Rahmen einer virtuellen Shopping Mall dem Shopbetreiber Schadenersatzansprüche aus § 826 BGB gegen den Mallbetreiber gibt.[287] Anders lautend sind US-Entscheidungen, die Cookies von einer konkludenten Einwilligung des Nutzers als gedeckt ansehen.[288]

1106   Auf europäischer Ebene ist im Hinblick auf die Zulässigkeit von Cookies die vom deutschen Gesetzgeber formell noch nicht in nationales Recht umgesetzte Cookie-Richtlinie (RL 2009/136/EG) zu beachten. Diese sieht in Art. 5 Abs. 3 statt des bisher auf EU-Ebene geltenden Opt-Out-Prinzips eine Opt-In-Lösung für Cookies vor. Demnach setzt der Einsatz von Cookies in Zukunft regelmäßig eine eindeutige und informierte Einwilligung des Nutzers voraus.[289] Dem widersprachen allerdings Anfang 2015 die Datenschutzbehörden des Bundes und der Länder, die wiederholt die mangelnde Umsetzung der Cookie-Richtlinie kritisierten, weil sie aus dem deutschen Recht keine Vollstreckungsmöglichkeiten des Art. 5 Abs. 3 der Richtlinie sahen. Über die Umsetzung herrscht folglich weiterhin Unklarheit. In einer Studie von Januar 2015 (ePrivacy Directive: assessment of transposition, effectiveness and compatibility with proposed Data Protection Regulation) hielt dann auch die Europäische Kommission die Cookie-Richtlinie in Deutschland für nicht umgesetzt.

1107   Allerdings hat die EU-Kommission in einer Stellungnahme die Auffassung vertreten, dass das Datenschutzniveau in Deutschland den Anforderungen der Richtlinie bereits entspreche und die Richtlinie somit umgesetzt sei.[290]

1108   Als Exkurs ist auf die Notwendigkeit der **beschränkten Nutzung von Email-Adressen** einzugehen. Das Bayerische Landesamt für Datenschutzaufsicht (BayLDA) hat im Juni 2013 gegen eine Mitarbeiterin eines Unternehmens ein Bußgeld verhängt, weil sie mit einem offenen E-Mail-Verteiler personenbezogene E-Mail-Adressen einem großen Empfängerkreis übermittelt hat. E-Mail-Adressen, die sich in erheblichem Umfang aus Vornamen und Nachnamen zusammensetzen, seien als personenbezogene Daten i. S. d. Datenschutzrechts anzusehen. Diese personenbezogenen Daten dürften an Dritte nur dann übermittelt werden, wenn eine Einwilligung vorliegt oder eine gesetzliche Grundlage gegeben ist. Auch § 6 Abs. 8 TDDSG (Teledienstedatenschutzgesetz), der

---

287 *AG Ulm*, Urt. v. 29.10. 1999 – 2 C 1038/99, CR 2000, 469.

288 In re Double Click, Inc. Privacy Litigation, 60 CIVOM 0641, 2001 US Dist. Lexis 3498 (SDNY 2001).

289 Kilian/Heussen/*Hoeren*, Computerrecht, Teil 14 Datenschutzrechtliche Fragen, Rz. 22; siehe auch *Schröder*, ZD 2011, 59; *Hanloser*, ZD-Aktuell 2012, 02763.

290 https://www.telemedicus.info/article/2716-EU-Kommission-Cookie-Richtlinie-ist-in-Deutschland-umgesetzt.html (zuletzt abgerufen am Mai 2017).

sich auf die Protokollierung von Nutzungsdaten in Missbrauchsfällen bezieht, spricht lediglich von Fällen der Leistungserschleichung. Beide Voraussetzungen lägen hier nicht vor. Die Verwendung eines offenen E-Mail-Verteilers (Eintragung der E-Mail-Adressen in das „AN-Feld") stelle damit einen Datenschutzverstoß dar, der mit einem Bußgeld geahndet werden kann. Im Hinblick auf die erhebliche Anzahl der E-Mail-Adressen hat es das BayLDA in diesem Fall nicht mehr bei einer (folgenlosen) Feststellung der datenschutzrechtlichen Unzulässigkeit belassen, sondern ein Bußgeld verhängt.[291]

2 Protokollierung von Nutzungsdaten zur Missbrauchsbekämpfung

Von besonderer Praxisrelevanz ist die Frage, in welchem Umfang der Provider **1109** die **Nutzungsdaten seiner Kunden protokollieren** darf, um durch Auswertung der dabei entstehenden Log-Files Störungen und Missbräuche aufdecken zu können.

Das TMG trifft, außer beim Verdacht auf Leistungserschleichung in § 15 **1110** Abs. 8 TMG, hierzu keine Aussagen. Dies bedeutet, dass es bzgl. der Nutzungsdaten bei Telemediendiensten derzeit keinen Erlaubnistatbestand gibt, der die Protokollierung personenbezogener Nutzungsdaten zur Missbrauchsaufklärung rechtfertigt.[292] Allerdings gilt dies nur im Anwendungsbereich des TMG, d. h. für die „inhaltsbezogenen" Daten, die bei der Nutzung eines Telemediendienstes anfallen, also z. B. für die missbräuchliche Nutzung eines kostenpflichtigen Web-Angebots, etwa durch Verwendung eines fremden Accounts.

Denkbar wäre jedoch, für diesen Fall den allgemeinen Erlaubnistatbestand **1111** des § 28 Abs. 1 Nr. 2 BDSG heranzuziehen: Die Speicherung und Auswertung der Nutzungsdaten in Log-Files würde im Falle der missbräuchlichen Inanspruchnahme von Online-Angeboten ausschließlich der Wahrung berechtigter Interessen des Diensteanbieters dienen. Ein derartiger Rückgriff auf das allgemeine Datenschutzrecht scheint durch das TMG nicht generell ausgeschlossen zu sein, da § 12 Abs. 1 und 2 TMG die Erhebung und Verarbeitung personenbezogener Online-Nutzungsdaten nach anderen Rechtsvorschriften ausdrücklich zulässt. Gegen einen Rückgriff auf das BDSG spricht hingegen, dass das TMG einen in sich abgeschlossenen bereichsspezifischen Regelungskomplex zum

---

291 https://www.datenschutzbeauftragter-online.de/datenschutz-bussgeld-offener-email-verteiler-an-bcc/7350/ (zuletzt abgerufen: Mai 2017).
292 So *AG Berlin Mitte*, Urt. v. 27. 3. 2007 – 5 C 314/06, ZUM 2008, 83; siehe hierzu auch die entsprechenden Feststellungen im IuKDG-Evaluierungsbericht, BT-Drs. 14/1191; *Roßnagel*, Evaluierung des TDDSG, DuD 1999, 250.

Online-Datenschutz enthält und somit als lex specialis dem BDSG, dessen Subsidiarität in § 1 Abs. 3 geregelt ist, grundsätzlich vorgeht.

1112 Überdies sieht **§ 100 Abs. 3 S. 2 TKG** vor, dass der Telekommunikationsanbieter zu diesem Zweck auch rückwirkend die erhobenen Verkehrsdaten in der Weise verwenden darf, dass aus dem Gesamtbestand aller Verkehrsdaten, die nicht älter als sechs Monate sind, die Daten derjenigen Verbindungen des Netzes ermittelt werden, für die tatsächliche Anhaltspunkte den Verdacht der rechtswidrigen Inanspruchnahme begründen. Hierbei darf der Anbieter aus den zu diesem Zweck erhobenen Verkehrsdaten und den Bestandsdaten einen pseudonymisierten Gesamtdatenbestand bilden, der Aufschluss über die von den einzelnen Teilnehmern erzielten Umsätze gibt und unter Zugrundelegung geeigneter Missbrauchskriterien das Auffinden von Verbindungen ermöglicht, bei denen der Verdacht einer Leistungserschleichung besteht. Die Daten anderer Verbindungen müssen hierbei unverzüglich gelöscht werden.

3 Outsourcing

Literatur: *Bitterli*, Outsourcing: Aus den Augen aus dem Sinn?, digma 2001, 156; *Federrath*, Technik der Cloud, ZUM 2014, 1; *Fischer/Steidle*, Brauchen wir neue EG-Standardvertragsklauseln für das „Global Outsourcing"?, CR 2009, 632; *Gola/Schomerus*, BDSG, Kommentar, 12. Aufl. 2015, § 11 Rz. 13; *Grützmacher*, Datenschutz und Outsourcing, ITRB 2007, 183; *Heghmanns/Niehaus*, Datenschutz und strafrechtliche Risiken beim Outsourcing durch private Versicherungen, Wistra 2008, 161; *Heymann/Scheja/Lensdorf*, Outsourcing-Vertrag, Redeker (Hrsg.), Handbuch der IT-Verträge, 2007; *Hoenike/Hülsdunk*, Outsourcing im Versicherungs- und Gesundheitswesen ohne Einwilligung?, MMR 2004, 788; *Kramer/Herrmann*, Auftragsdatenverarbeitung, CR 2003, 938; *Knyrim*, Datenschutz und Datenrettung beim Outsourcing, ecolex 2004, 413; *Leisner*, Einschaltung Privater bei der Leistungsabrechnung in der Gesetzlichen Krankenversicherung – Verfassungsrechtliche Vorgaben für eine anstehende gesetzliche Neuregelung, NZS 2010, 129; *Lutz/Weigl*, Second Generation IT-Outsourcing – Die Problematik des Dreiecksverhältnisses, CR 2014, 629; *Mann*, Vertragsgestaltung beim IT-Outsourcing – Besonderheiten und Fallstricke, MMR 2012, 499; *Moos*, Die EU-Standardvertragsklauseln für Auftragsverarbeiter 2010, CR 2010, 281; *Niemann/Paul*, Bewölkt oder wolkenlos – rechtliche Herausforderungen des Cloud Computings, K & R 2009, 444; *Poschet*, IT-Outsourcing: So müssen Sie vorgehen, digma 2001, 160; *Scholz/Lutz*, Standardvertragsklauseln für Auftragsdatenverarbeiter und § 11 BDSG, CR 2011, 424; *Schultze-Melling*, Effizientes Information Security Management i. R. v. IT-Outsourcing-Verträgen, ITRB 2005, 42; *Söbbing/Weinbrenner*, Die Zulässigkeit der Auslagerung von IT-Dienstleistungen durch Institute in so genannten Offshore-Regionen, WM 2006, 165; *Vander*. Auftragsdatenverarbeitung 2.0? – Neuregelungen der Datenschutznovelle II im Kontext von § 11 BDSG, K & R 2010, 292; *Waller*, Außervertragliche Gewährleistungsrechte beim IT-Outsourcing, ITRB 2005, 162.

1113 In der E-Commerce-Industrie wird sehr häufig der Vorteil von Outsourcing gepriesen. Die Datenverarbeitung wird auf Tochterunternehmen ausgegliedert, die als eigene Servicecenter auch für andere Unternehmen tätig sind.

a) Auftragsverarbeitung und Funktionsübertragung

Hierbei ist die Differenzierung von Auftragsdatenverarbeitung und Funktions- 1114
übertragung wichtig. Eine Auftragsdatenverarbeitung ist nach dem BDSG unter
den Voraussetzungen des § 11 zulässig. Anders ist die Rechtslage bei der Funktionsübertragung, die alle Anforderungen des BDSG erfüllen muss. In einem
solchen Fall würde die Weitergabe von Daten an den Funktionsnehmer als
Datenübermittlung an einen Dritten anzusehen sein, sodass die Voraussetzungen für eine zulässige Datenübermittlung vorliegen müssen. Im Rahmen dieser
Prüfung bliebe aber unklar, ob eine Übermittlung an den Funktionsnehmer
erforderlich ist; die gesamte politische Entscheidung des Outsourcings stünde
insofern auf dem datenschutzrechtlichen Prüfstand.

Ein solches Outsourcing (i. S. einer **Funktionsübertragung**) wäre anzu- 1115
nehmen, wenn der Dritte über die reine Datenverarbeitung hinaus weitere
Funktionen übernähme. Ob eine Funktionsübertragung oder eine Auftragsdatenverarbeitung vorliegt, ist immer im Einzelfall zu entscheiden. Entscheidend
ist dabei der Handlungsspielraum des Dritten. Sofern dieser eigenverantwort-
lich tätig sein kann, liegt keine Auftragsverarbeitung vor.[293] Für eine Eigenver-
antwortlichkeit spräche vor allem, wenn nicht die Datenverarbeitung oder
-nutzung als solche Vertragsgegenstand ist, sondern eine konkrete Aufgabe,
für deren Erfüllung die überlassenen Daten als Hilfsmittel dienen. Für ein Outsourcing im o. g. Sinne soll vor allem sprechen, dass der Outsourcing-Geber
auf einzelne Phasen der Verarbeitung keinen Einfluss nehmen kann oder die
Haftung für die Zulässigkeit und Richtigkeit der Daten auf den Verarbeiter ab-
gewälzt wird. Sofern beim Auftragsunternehmen die Kontrolle über den Daten-
bestand und dessen Verarbeitung im Vordergrund steht, ist weniger an die Aufgabe der Funktionskontrolle gedacht. Dies würde dafür sprechen, dass das hier
diskutierte Modell nicht als ein Outsourcing, sondern als ein Auftragsverhält-
nis i. S. v. § 11 BDSG anzusehen ist.

Die Regelung über Auftragsdatenverarbeitung gilt auch für die Wartung 1116
von DV-Unternehmen und den Fernzugriff (§ 11 Abs. 5 BDSG). Die Gesellschaft
für Datenschutz und Datensicherheit (GDD) hat in ihrem Vertragsmuster darüber hinaus vorgeschlagen, den Anwendungsbereich des § 11 BDSG auf die Fälle
zu beschränken, in denen die Datenverarbeitung den Hauptzweck des Vertrages ausmacht. Daher sollen die Bestimmungen im Verhältnis zu Reinigungs-
unternehmen oder Datenentsorgungsunternehmen nicht zur Anwendung
kommen. Dies ist meines Erachtens sehr fragwürdig, da dieser Einschrän-
kungsvorschlag mit dem Wortlaut des § 11 BDSG nicht in Einklang steht.

---

293 *Gola*/Schomerus/*Klug*/*Körffer*, Kommentar BDSG, 12. Aufl. 2015, § 11 Rz. 7.

1117   Im Falle der **Auftragsdatenverarbeitung** ist allerdings zu beachten, dass der Auftraggeber nach § 11 Abs. 1 BDSG für die Einhaltung der Datenschutzbestimmungen verantwortlich ist. Der Auftragnehmer darf personenbezogene Daten nur im Rahmen der Weisung des Auftraggebers verarbeiten (§ 11 Abs. 3 BDSG). Insbesondere hat der Auftraggeber den Auftragnehmer unter besonderer Berücksichtigung seiner Eignung für die Gewährleistung der Datensicherheitsmaßnahmen sorgfältig auszuwählen (§ 11 Abs. 2 S. 1 BDSG). Der Auftragnehmer hat insofern keinen Ermessensspielraum hinsichtlich der Ausgestaltung der von ihm durchzuführenden Datenverarbeitung. Mit dem neuen BDSG wurden die Anforderungen an die Auftragsdatenverarbeitung deutlich verschärft, insb. durch die Ergänzungen in § 11 Abs. 2 S. 2 BDSG. Hier findet sich eine ausführliche Checkliste für die Auftragserteilung. Die entsprechende Checkliste ist nicht abschließend („insbesondere"). Die einzelnen Eckpunkte sind allerdings verbindlich, wie sich insb. aus den Bußgeldvorschriften des § 43 BDSG ergibt. Fehlen entsprechende Festlegungen, ist dies im Bußgeld bewährt. Im Anhang zu diesem Skript findet sich ein Muster für eine solche Auftragsdatenverarbeitung; weitere Muster finden sich auf den Seiten der Hessischen Datenschutzaufsicht[294] und der GDD.[295]

1118   Zu vereinbaren sind gem. § 11 Abs. 2 Nr. 1 BDSG als Erstes der **Gegenstand und die Dauer** des Auftrages. Diese Verpflichtung ist insofern zunächst einmal überflüssig, als ohnehin bei einer Auftragserteilung Gegenstand und Dauer des Auftrages regelmäßig spezifiziert werden. Zu beachten ist, dass es sich typischerweise bei Auftragsverhältnissen um Dauerschuldverhältnisse handelt, die zeitlich begrenzt sind und entsprechende Kündigungsregeln vorsehen. Insofern ist mit einer Auftragserteilung typischerweise eine Befristung vereinbart.

1119   Als Zweites sind nach Nr. 2 der **Umfang, die Art und der Zweck** der vorgesehenen Erhebung, Verarbeitung oder Nutzung von Daten, die Art der Daten und der Kreis der Betroffenen festzulegen. Insofern ist eine genaue Spezifizierung des Datenschutzanteils eines IT-Projektes notwendig. Dies macht vor allem Probleme, da auch Auftragsverträge typischerweise komplexe Langzeitverträge sind, deren Umfang und Konkretisierung erst im Laufe des entsprechenden Projektes vorgenommen werden können. Insofern werden die entsprechenden Datenmodelle erst einmal abstrakt festgelegt, um dann später genauer spezifiziert zu werden. Deshalb bietet es sich an, zunächst einmal nur allgemein die entsprechenden Datenarten und Nutzungsformen festzulegen,

---

294 https://www.datenschutz.hessen.de/ft-auftragsdatenverarbeit.htm (zuletzt abgerufen: Juni 2017).

295 https://www.gdd.de/nachrichten/news/neues-gdd-muster-zur-auftragsdatenverarbeitung-gemas-a7-11-bdsg (zuletzt abgerufen: Juni 2017).

um dann im Rahmen späterer SLAs Änderungen und Erweiterungen zu spezifizieren.

Weiter sind gem. Nr. 3 die **Datensicherheitsmaßnahmen** nach § 9 BDSG 1120
zu bestimmen. Die entsprechende Datensicherheitsliste ist damit bußgeldbewährt in einem eigenen Katalog festzulegen. Auch hier wird man darauf achten müssen, dass Datensicherheitsstandards sich verändern und insofern auch im langen Verlauf einer Auftragsdatenverarbeitung weiter konkretisiert werden müssen.

Nach Nr. 4 sind **die Berichtigung, Löschung und Sperrung** von Daten zu 1121
regeln. Gemeint sind nicht die Berichtigung, Löschung oder Sperrung als solche, sondern die Verfahren, mit denen eine Umsetzung der Berichtigungs-, Löschungs- und Sperrungsansprüche der Betroffenen umgesetzt werden können. Insofern verweist die Vorschrift auf § 35 BDSG und die dort geregelten Voraussetzungen für die Geltendmachung entsprechender Rechte seitens der Betroffenen. Ansprechpartner für die entsprechenden Rechte ist der Auftraggeber selbst, wie sich aus § 11 Abs. 4 BDSG ergibt. Insofern geht es hier darum, intern zwischen Auftraggeber und Auftragnehmer festzulegen, wie der Auftragnehmer auf entsprechende Weisungen des Auftraggebers in Hinblick auf die Berichtigung, Löschung und Sperrung solcher Daten zu reagieren hat.

Als Fünftes ist die Einhaltung der **Pflichten des Auftragnehmers** nach 1122
§ 11 Abs. 4 BDSG festzuschreiben. § 11 Abs. 4 BDSG verweist für die nicht öffentlichen Stellen der Auftragsdatenverarbeitung auf §§ 4f, 4g und § 38 BDSG. Nach § 4f BDSG ist ein Beauftragter für den Datenschutz zu bestellen, wenn das Unternehmen eine bestimmte Größe erreicht hat. Dieser hat ein besonderes Aufgabenprofil nach §§ 4f, 4g BDSG. Er ist i. Ü. mit einer besonderen Stellenbeschreibung versehen, die insb. auf die Unabhängigkeit und Weisungsfreiheit des Datenschutzbeauftragten abstellt (§ 4f Abs. 3 BDSG). Zu beachten ist dann vor allem auch noch § 4f Abs. 2 S. 1 BDSG, wonach zum Datenschutzbeauftragten nur bestellt werden darf, wer zu der Erfüllung seiner Aufgaben erforderliche Fachkunde und Zuverlässigkeit besitzt. Insofern hat der Auftraggeber zu spezifizieren und zu kontrollieren, ob ein entsprechender Datenschutzbeauftragter beim Auftragnehmer bestellt ist und wie die entsprechende Fachkunde, Zuverlässigkeit und Unabhängigkeit ist. Im Übrigen ist der Auftragnehmer zur Gewährleistung der Datensicherungsmaßnahmen nach § 9 BDSG verpflichtet. Das Datengeheimnis (§ 5 BDSG) gilt auch für seine Mitarbeiter. Unbefugte Verarbeitungen stellen auch für ihn gegebenenfalls strafbare Handlungen nach § 44 BDSG dar. Ferner unterliegt auch er der Datenschutzaufsicht. Etwas rätselhaft ist der Verweis auf § 38 BDSG, da dort nur die entsprechenden Kontrollbefugnisse der Aufsichtsbehörden geregelt sind. Gemeint sind hier aber vor allem die Anordnungsbefugnisse und Kontrollrechte der Behörden nach § 38 Abs. 4

und 5 BDSG sowie die Auskunftspflichten nach § 38 Abs. 3 BDSG, die entsprechende Pflichten der verarbeitenden Stelle auslösen. § 38 Abs. 3 BDSG spricht insofern auch davon, dass die der Kontrolle unterliegenden Stellen sowie die mit ihrer Leitung beauftragten Personen entsprechende Auskünfte zu erteilen haben.

1123   Nach Nr. 6 ist zu entscheiden, ob eventuell **Unterauftragsverhältnisse** begründet werden dürfen. Das Gesetz schließt die Begründung solcher Unteraufträge nicht aus, verlangt aber eine schriftliche Regelung dazu, ob und wie der Auftragnehmer überhaupt zu Unterauftragsverhältnissen berechtigt ist. Bei einem solchen Unterauftragsverhältnis wären dann wieder die Regelungen des § 11 BDSG einzuhalten. Insofern entstehen hier Vertragsketten, in denen der Auftraggeber entsprechend den Auftragnehmer kontrolliert, dieser aber wiederum vertraglich seine Unterauftragnehmer überwacht. Zu beachten ist hier vor allem auch, dass nach § 613 BGB im Zweifel Unterauftragsverhältnisse problematisch sein könnten. Diese Bestimmung sieht vor, dass eine Übertragung von Dienstverhältnissen im Zweifel an Dritte nicht vorgenommen werden kann.

1124   Nr. 7 bildet den Kern der Checkliste, nämlich die Verpflichtung zur Einführung von **Kontrollrechten des Auftraggebers** und entsprechender Duldungs- und Mitwirkungspflichten des Auftragnehmers. Diese Bestimmung entspricht der bisherigen Entscheidungspraxis der Aufsichtsbehörden, die eine Auftragsdatenverarbeitung nur dann angenommen haben, wenn entsprechende Kontrollrechte des Auftraggebers vorgesehen sind. Voraussetzung einer Kontrolle ist u. a. das Recht des Auftraggebers, die Betriebsräume betreten und die gespeicherten Daten und Datenverarbeitungsprogramme einsehen zu können (z. B. nach Anlage Nr. 1 zu § 9 BDSG). Dabei umschließt die Mitwirkungspflicht des Arbeitnehmers nicht nur das Dulden solcher Kontrollen. Er soll auch zur Auskunftserteilung und Vorlage von relevanten Unterlagen verpflichtet werden. Deshalb sollen auch keine Auskunftsverweigerungsrechte (z. B. nach § 38 Abs. 3 S. 2 BDSG) miteinbezogen werden.

1125   Für den Fall, dass der Auftragnehmer oder bei ihm beschäftigte Personen gegen Vorschriften des BDSG oder vertragliche Festlegungen zum Schutz der personenbezogenen Daten verstoßen, legt Nr. 8 das Erfordernis von Mitteilungspflichten fest. Insofern korrespondiert Nr. 8 mit § 42a BDSG und den dort geregelten Mitteilungspflichten nach außen hin. Der Auftragnehmer soll entsprechende Verstöße mitteilen müssen, damit der Auftraggeber reagieren kann. Bei den Mitteilungspflichten i. S. v. § 11 Abs. 2 S. 2 Nr. 8 BDSG ist zu berücksichtigen, dass die Form der Mitteilung ebenso zu regeln ist wie das Prüfungsrisiko und die Reaktionsgeschwindigkeiten.

1126   Im Übrigen war nach § 11 Abs. 3 S. 2 BDSG a. F. der Auftragnehmer verpflichtet, unverzüglich zu warnen, wenn Weisungen bzw. die in Auftrag gegebenen Erhebungen, Verarbeitungen oder Nutzungen nach seiner Ansicht ganz oder teilweise gegen Datenschutzvorschriften verstoßen. Es handelt sich um eine Hinweispflicht, d. h. der Auftraggeber braucht dem Hinweis nicht zu folgen und der Auftragnehmer darf – und ist je nach der Ausgestaltung des dem Auftrag zugrunde liegenden Rechtsverhältnisses auch verpflichtet – den „beanstandeten" Auftrag gleichwohl auszuführen. Diese Treuepflicht basiert auf § 280 BGB und man wird sie annehmen müssen, auch wenn das Gesetz dies nicht mehr ausdrücklich erwähnt.

Nr. 9 ist eine eigenartige Regelung, gerade im Verhältnis zu Nr. 7 und den dort geregelten Kontrollrechten. Hiernach ist der **Umfang der Weisungsbefugnisse** festzulegen, die sich der Auftraggeber gegenüber dem Auftragnehmer vorbehält. Ein Vorbehalt von Weisungsbefugnissen ist sprachlich kaum möglich. Gemeint ist, dass der Umfang der Weisungsbefugnisse genauer geregelt werden soll. Dies ergibt sich aber auch schon aus Nr. 7. Aus Gründen der Rechtssicherheit sollten z. B. die zur Erteilung von Weisungen befugten Personen benannt und eventuell ein Schriftformgebot festgelegt werden. **1127**

Nr. 10 sieht zudem eine **Rückgabepflicht in Bezug auf überlassene Datenträger** und auch noch vertragliche Regelungen zur Löschung von Daten nach Beendigung des Auftrags vor. Hier ist zu beachten, dass sich zahlreiche professionelle Auftragsdatenverarbeiter die Datenherrschaft vertraglich zusichern lassen. Solche Klauseln sind regelmäßig nach § 307 Abs. 2 Nr. 1 BGB nichtig. Die Datenherrschaft liegt beim Auftraggeber, der diese dann auch durch entsprechende Rückgabepflichten und Löschungspflichten sichern muss. Zu beachten ist, dass die reine vertragliche Regelung zur Löschung nicht ausreicht. Man wird dann auch noch vorsehen müssen, dass der Auftragnehmer die entsprechende Löschung bestätigt und gegebenenfalls auch eidesstattlich versichert. Die Löschungspflicht erfordert eine genaue Bezeichnung der zurückzugebenden Datenträger. Zu vereinbaren sind Besitzkonstitute i. S. v. § 868 BGB. **1128**

§ 11 Abs. 2 S. 1 BDSG gebietet eine **sorgfältige Auswahl des Auftragsunternehmens** nach Maßgabe deren Datensicherheitskonzeptes. Diese Vorschrift hat v. a. einen vergaberechtlichen Hintersinn, ist aber ansonsten nicht sanktioniert. Insbesondere fehlt es an einer Bußgeldvorschrift, wie § 43 Abs. 1 Nr. 2b BDSG zeigt. Der Auftraggeber hat sich jedoch gem. § 11 Abs. 2 S. 4 BDSG vor Beginn der Datenverarbeitung und sodann regelmäßig von der Einhaltung der beim Auftragnehmer getroffenen technischen und organisatorischen Maßnahmen zu überzeugen. Darunter fällt auch die sorgfältige Auswahl des Auftragnehmers. Da § 43 Abs. 1 Nr. 2b BDSG die Nichteinhaltung des § 11 Abs. 2 S. 4 BDSG sanktioniert, ist auch die unsorgfältige Auswahl des Auftragnehmers, wenn auch indirekt, bußgeldbewährt. Allerdings ist in der Praxis schwer nach- **1129** weisbar, ob der Auftraggeber Satz 4 einhält, da unklar ist, was „sich überzeugen" konkret meint.

1130 Zu beachten ist, dass nach § 43 Abs. 1 Nr. 2b BDSG die Pflicht zur Kontrolle der entsprechenden Maßnahme vor Beginn der Datenverarbeitung **bußgeldbewehrt** ist. Die regelmäßige Kontrollpflicht ist allerdings nicht bußgeldbewehrt. Insofern stellt sich hier die Frage, wie man die Phase vor Beginn der Datenverarbeitung von der regelmäßigen Überwachung abgrenzt. Es wird nämlich davon ausgegangen, dass die Vorabkontrolle Grundlage für regelmäßige Kontrollen ist und ein Handlungszeitpunkt für weitere Kontrollen nicht ausreichend bestimmbar ist. Zu beachten ist ferner, dass die Kontrollpflicht nicht zwangsläufig dazu führt, dass der Auftraggeber vor Ort kontrollieren muss. Gem. § 11 Abs. 2 S. 5 BDSG ist das Ergebnis der Kontrolle zu dokumentieren. Aufgrund der Tatsache, dass die Kontrollpflicht vor Beginn der Datenverarbeitung und dann regelmäßig einsetzt, besteht insofern auch eine korrespondierende kontinuierliche Dokumentationspflicht.

b) Besonderheiten bei Geheimnisträgern

1131 Nach **§ 203 StGB** macht sich strafbar, wer unbefugt ein fremdes Geheimnis, namentlich ein zum persönlichen Lebensbereich gehörendes Geheimnis oder ein Betriebs- oder Geschäftsgeheimnis offenbart, das ihm aufgrund besonderer Verschwiegenheitspflichten bekannt geworden ist. Zu den Geheimnissen zählen alle Daten, aus denen eine geheimnisgeschützte Person rekonstruiert werden kann.[296] Von dieser scharfen Vorschrift sind umfasst:

– Rechtsanwälte und Ärzte (insb. im Hinblick auf die Fernwartung),[297]
– Versicherungsunternehmen im medizinischen Bereich (Kranken-/Lebensversicherung).

1132 Zu den in § 203 Abs. 1 Nr. 6 StGB der Geheimhaltung unterworfenen Personen gehören nicht nur die Angestellten eines Versicherungsunternehmens, sondern auch von diesem beauftragte selbstständige Versicherungsvermittler. Ein sol-

---

296 *LG Schweinfurt*, Urt. v. 4. 12. 2012 – 11 O 162/11, BeckRS 2013, 07714; *OLG Bamberg*, Urt. v. 10. 4. 2013 – 3 U 282/12, MMR 2013, 744.
297 Siehe etwa den 11. Tätigkeitsbericht des Hamburgischen Datenschutzbeauftragten 1992, Zif. 3.3, 24; Bayerischer Landesbeauftragte für den Datenschutz, 14. Tätigkeitsbericht 1992, Zif. 2.2, 10; Hessischer Datenschutzbeauftragter, 20. Tätigkeitsbericht 1991, Zif. 15.1.1, 78; *Ehmann*, CR 1991, 293; *Zimmer-Hartmann/Helfrich*, CR 1993, 104: zu den Folgen des hohen Datenschutzniveaus für ein Beweisverwertungsverbot siehe *BVerfG*, Beschl. v. 12. 4. 2005 – 2 BvR 1027/02, CR 2005, 777 = BRAK-Mitt 2005, 186 = BB 2005 Heft 28, 1524; vgl. zur Fernwartung: *Grützner/ Jakob*, Compliance von A-Z, 2. Aufl. 2015, Fernwartung.

cher, der von einem Personenversicherer mit der Gewinnung und Betreuung von Kunden betraut wurde, erfährt alle persönlichen Daten des (künftigen) Versicherungsnehmers, die für den Abschluss oder die Durchführung eines Vertrages erforderlich sind oder üblicherweise abgefragt werden. Daher muss er der gleichen Geheimhaltungspflicht unterliegen, wie der Versicherer selbst.[298] Ein Versuch, gegen § 203 StGB Forderungen etwa aus einem Zahnarztvertrag abzutreten, führt zur Nichtigkeit des Abtretungsvertrages nach § 134 BGB.[299] Ein Berufsgeheimnisträger verletzt allerdings dann nicht seine Verpflichtung zur Wahrung des Berufsgeheimnisses, wenn er nach Aufforderung durch die Außenprüfung (§ 147 Abs. 6 S. 2 AO) seine Finanz-, Anlagen- und Lohnbuchhaltung sowie Berechnung von Rückstellungen und Wertberichtigungen und Fakturierung auf einem maschinell verwertbaren Datenträger zur Verfügung stellt.[300]

§ 203 StGB findet auf **öffentlich-rechtliche Kreditinstitute** keine Anwen- 1133 dung mehr. Nach Auffassung des *BGH*[301] ist z. B. eine Sparkasse zur Abtretung der Darlehensforderung befugt, weil der Abtretung weder das Bankgeheimnis noch die genannte Strafvorschrift entgegenstehen. In Bezug auf einen Verstoß gegen das Bankgeheimnis hat der Senat seine Grundsatzentscheidung vom 27. Februar 2007[302] bestätigt, dass die Wirksamkeit der Forderungsabtretung durch einen möglichen Verstoß gegen die Verschwiegenheitspflicht des Kreditinstituts – wie auch gegen datenschutzrechtliche Bestimmungen – nicht berührt wird. In Ergänzung zu dieser Entscheidung hat der Senat nunmehr entschieden, dass eine Forderungsabtretung durch eine als Anstalt des öffentlichen Rechts organisierte Sparkasse auch keine – unter Strafe gestellte – Verletzung eines Privatgeheimnisses i. S. d. § 203 StGB darstellt.

In Fällen des § 203 StGB ist Outsourcing folglich nur mit **Einwilligung des** 1134 **Kunden** zulässig.[303] Eine Lösung wäre, das Personal des Tochterunterneh-

---

298 *BGH*, Urt. v. 10. 2. 2010 – VIII ZR 53/09, NJW 2010, 2509.

299 *AG Hamburg*, Urt. v. 9. 7. 2013 – 7c C 16/13, BeckRS 2013, 12943; *AG Mannheim*, Urt. v. 21. 9. 2011 – 10 C 102/11, BeckRS 2011, 25262 = ZD 2012, 42; *OLG Braunschweig*, Urt. v. 13. 9. 2012 – 1 U 31/11, BeckRS 2013, 18860.

300 *BFH*, Urt. v. 28. 10. 2009 – VIII R 78/05, NJW 2010, 1405; Urt. v. 16. 12. 2014 – VIII R 52/12, BeckRS 2015, 95360.

301 *BGH*, Urt. v. 27. 10. 2009 – XI ZR 225/08, MDR 2010, 221; siehe auch *OLG Schleswig*, Urt. v. 18. 10. 2007 – 5 U 19/07, NJOZ 2008, 549: hiernach soll die Einbindung von Sparkassen in § 203 StGB dem Grundsatz des verfassungsrechtlichen Willkürverbotes widersprechen.

302 *BGH*, Urt. v. 27. 2. 2007 – XI ZR 195/05, MDR 2007, 786.

303 Bei Kassenärzten gilt das Verbot externer Datenverarbeitung selbst dann, wenn die Patienten formal in die Datenweitergabe einwilligen; so *BSG*, Urt. v. 10. 12. 2008 – B 6 KA 37/07 R, CR 2009, 460 m. Anm. *Brisch/Laue* = GesR 2009, 305.

mens als berufsmäßig tätige Gehilfen i. S. v. § 203 Abs. 3 StGB anzusehen.[304] Dies setzt voraus, dass die Muttergesellschaft Einfluss darauf hat, wer im konkreten Fall die Datenverarbeitung durchführt. Hier bedarf es entsprechender Regelungen im Rahmenvertrag über die entsprechende Datenverarbeitung. Mutter- und Tochtergesellschaft sollten sich darauf einigen, dass die eingesetzten Techniker konkret benannt und den Weisungen der Muttergesellschaft unterstellt werden. Wenn entsprechende Mitarbeiter funktional zum Personal der Muttergesellschaft gehören, sind sie als Gehilfen i. S. v. § 203 Abs. 3 StGB anzusehen.[305] Diese Perspektive hätte allerdings unter Umständen den Nachteil, dass das Fremdpersonal nach Gesichtspunkten des Arbeitnehmerüberlassungsrechts zu Arbeitnehmern der Muttergesellschaft werden würde.

1135   Die Abtretung einer ärztlichen Honorarforderung an eine **gewerbliche Verrechnungsstelle** verletzt die ärztliche Schweigepflicht und ist daher nach § 203 Abs. 1 Nr. 1 StGB strafbar. Ein entsprechender Vertrag ist nach § 134 BGB nichtig, sofern nicht der Patient der entsprechenden Weitergabe seiner Daten zugestimmt hat.[306] Die Tatsache, dass ein Arzt ein Drittunternehmen mit Wartung seiner EDV beauftragt hat, begründet beim Verkauf der Arztpraxis einen Sachmangel und führt damit zur Rückabwicklung des gesamten Kaufvertrages.[307]

1136   Eine Lösung zeichnet sich über die **Auftragsdatenverarbeitung** ab. Der *BGH*[308] hat dem *EuGH* die Frage vorgelegt, ob die Übermittlung von Verkehrsdaten vom Diensteanbieter an den Zessionar einer Entgeltforderung für Telekommunikationsleistungen wirklich gegen das Telekommunikationsgeheimnis verstoße, wenn der zum Zweck des Einzugs rückbelasteter Forderungen erfolgten Abtretung außer der allgemeinen Verpflichtung auf das Fernmeldegeheimnis und den Datenschutz zu den jew. geltenden gesetzlichen Regelungen eine scharfe Vereinbarung zur Auftragsdatenverarbeitung zugrunde liege. Der *EuGH* hat inzwischen eine Abtretung von Forderungen als kompatibel mit dem Telekommunikationsgeheimnis angesehen.[309] Allerdings müsse der Zessionar auf Weisung des Diensteanbieters und unter dessen Kontrolle handeln und sich hierbei auf diejenigen Verkehrsdaten beschränken, die für die Einziehung der Forderung erforderlich sind. Der zwischen dem Zessionar und dem Dienste-

---

304 In diesem Sinne etwa *Heghmanns/Niehaus*, Wistra 2008, 161.
305 So auch *Ehmann*, Strafbare Fernwartung in der Arztpraxis, CR 1991, 293.
306 *LG Mannheim*, Urt. v. 20. 11. 2014 – 10 S 44/14, ZD 2015, 183.
307 *LG Flensburg*, Urt. v. 5. 7. 2013 – 4 O 54/11, BeckRS 2014, 04981.
308 *BGH*, Beschl. v. 16. 2. 2012 – III ZR 200/11, NJW 2012, 1680.
309 *EuGH*, Urt. v. 22. 11. 2012 – C-119/12, ZD 2013, 77; ähnlich und dem *EuGH* folgend *BGH*, Urt. v. 7. 2. 2013 – III ZR 200/11, MMR 2013, 471 = NJW 2013, 1092.

anbieter geschlossene Vertrag müsse insb. Bestimmungen enthalten, die die rechtmäßige Verarbeitung der Verkehrsdaten durch den Zessionar gewährleisten und es dem Diensteanbieter ermöglichen, sich jederzeit von der Einhaltung dieser Bestimmungen durch den Zessionar zu überzeugen. Umstritten ist, ob diese telekommunikationsrechtliche Rechtsprechung auf andere Bereiche des Geheimnisschutzes, etwa nach § 203 StGB, übertragen werden kann.

4 Data Mining und Data Warehouse

Literatur: *Bull,* Zweifelsfragen um die informationelle Selbstbestimmung – Datenschutz als Datenaskese?, NJW 2006, 1617; *Büllesbach,* Datenschutz bei Data Warehouses und Data Mining, CR 2000, 11; *Dittrich/Vavouras,* Data Warehousing aus technischer Sicht, digma 2001, 116; *Flemming,* Unzulässiger Handel mit Persönlichkeitsprofilen? – Erstellung und Vermarktung kommerzieller Datenbanken mit Personenbezug, MMR 2006, 718; *Gola/Schomerus,* BDSG, Kommentar, 12. Aufl. 2015; *Imhof,* One-to-One-Marketing im Internet – Das TDDSG als Marketinghindernis, CR 2000, 110; *Meinicke,* Big Data und Data-Mining: Automatisierte Strafverfolgung als neue Wunderwaffe der Verbrechensbekämpfung?, K & R 2015, 377; *Möncke,* Data Warehouses – eine Herausforderung für den Datenschutz?, DuD 1998, 561; *Schweizer,* Data Mining – ein rechtliches Minenfeld, digma 2001, 108; *Taeger,* Datenschutz im Versandhandel – Übermittlung von Kundedaten mit positivem Bonitätswert, BB 2007, 785; *Taeger,* Kundenprofile im Internet, K & R 2003, 220.

Gerade in Bezug auf das Internet wird von vielen die besondere Transparenz **1137** des Kunden und seiner persönlichen Verhältnisse gelobt. Log-In-Dateien und die Abfragemöglichkeiten dank technischer Tools im Internet erlauben es sehr schnell, Persönlichkeitsprofile einzelner Kunden zu erstellen. Dies wird in der Internet-Industrie als Vorteil zugunsten des Kunden gesehen und als sog. „Customisation" angepriesen. Die Sammlung und Auswertung der Daten erfolgt mit den Mitteln des **Data Mining** und **Data Warehouse.**[310]

Aus datenschutzrechtlicher Sicht stellt sich ein solches Modell jedoch als **1138** äußerst fragwürdig dar. Das Datenschutzrecht stellt auf den Grundsatz der Zweckbindung ab. Daten dürfen abseits einer Einwilligung des Betroffenen nur für konkrete Zwecke, insb. für die Durchführung und Abwicklung eines Vertrages mit dem Kunden, genutzt werden (§ 28 Abs. 1 Nr. 1 BDSG). Hierzu kommt der im BDSG integrierte Grundsatz der Datenvermeidung zum Tragen, der es gebietet, so weit wie möglich auf die Erhebung personenbezogener Daten zu verzichten. Eine Datensammlung auf Vorrat ist mit dem Grundkonzept des deutschen Datenschutzrechts nicht vereinbar. Daraus folgt zwingend, dass die Errichtung von allgemeinen Datenpools aus verschiedensten Quellen nicht den

---

310 *Gola*/Schomerus/*Klug*/*Körffer*, Kommentar BDSG, 12. Aufl. 2015, § 28 Rz. 11.

Vorgaben des BDSG entsprechen kann. Data Mining ist insofern verboten. Wer solche Verfahren einsetzen will, muss sich die Einwilligung des Betroffenen holen. Dabei kann er auch nicht auf die Alternativstrategie verfallen, durch eine Pauschaleinwilligung jedwedes Data Mining abzusegnen. Nach § 4a Abs. 1 BDSG muss dem Betroffenen in der Einwilligung der vorgesehene Zweck der Erhebung, Verarbeitung oder Nutzung deutlich gemacht worden sein. Es empfiehlt sich also, den konkreten Umfang des geplanten Data Mining-Konzepts von vornherein mit dem Kunden zum Thema der Geschäftsbeziehungen zu machen.

5 Grenzüberschreitender Datenaustausch

Literatur: *Backes u.a.*, Entscheidungshilfe für die Übermittlung personenbezogener Daten in Drittländer, RDV 2004, 156; *Bond/Knyrim*, Data Protection – Third Country Transfers, CLSR 18 (2002), 187; *Borges*, Datentransfer in die USA nach Safe Harbor, NJW 2015, 3617; *Brühann*, Datenschutz in Medien und Internet, AfP 2004, 221; *Büllesbach*, Überblick über Europäische Datenschutzregelungen bezüglich des Datenaustausches mit Ländern außerhalb der Europäischen Union, RDV 2002, 55; *Dammann*, Internationaler Datenschutz, RDV 2002, 70; *Gola/Schomerus*, BDSG, Kommentar, 12. Aufl. 2015; *Kilian/Heussen*, Computerrecht, 32. EL 2011; *Klug*, Persönlichkeitsschutz beim Datentransfer in die USA: die Safe-Harbor-Lösung, RDV 2000, 212; *Räther/Seitz*, Ausnahmen bei Datentransfer in Drittstaaten – Die beiden Ausnahmen nach § 4 Abs. 2 BDSG: Vertragslösung und Code of Conduct, MMR 2002, 520; *Räther/Seitz*, Übermittlung personenbezogener Daten in Drittstaaten. Angemessenheitsklausel, Safe Harbor und die Einwilligung, MMR 2002, 425; *Schröder*, Safe Harbor: Ein Ende mit Schrecken – Wann kommt Safe Harbor 2.0?, ZD 2015, 501; *Schuster/Hunzinger*, Zulässigkeit von Datenübertragungen in die USA nach dem Safe-Harbor-Urteil, CR 2015, 787; *Simitis*, Der Transfer von Daten in Drittländer – ein Streit ohne Ende?, CR 2000, 472; *Taraschka*, „Auslandsübermittlung" personenbezogener Daten im Internet, CR 2004, 280; *Wisskirchen*, Grenzüberschreitender Transfer von Arbeitnehmerdaten, CR 2004, 862; *Wuermeling*, Handelshemmnis Datenschutz: die Drittländerregelung der Europäischen Datenschutzrichtlinie, 2000.

1139 Der grenzüberschreitende Datentransfer stellt eines der zentralsten Probleme des Datenschutzrechts dar: Im Zeitalter umfassender Vernetzung ist es technisch mühelos möglich, dass ein deutsches Unternehmen Daten, die in einem italienischen Rechenzentrum gespeichert sind, ohne zeitliche Verzögerung abruft und nutzt.[311] Diese Möglichkeit kann von Unternehmen ausgenutzt werden, um nationale Datenschutzgesetze zu umgehen. Will sich ein Unternehmen nicht dem nationalen Datenschutzgesetz und den damit verbundenen

---

[311] Vgl. hierzu *Schapper*, Grenzüberschreitender Datentransfer und Datenschutz, CR 1987, 86; *De Terwangne/Louvenaux*, Data Protection and Online Networks, MMR 1998, 451.

staatlichen Kontrollen unterwerfen, wickelt es alle EDV-Dienstleistungen über das Ausland ab. Alle wichtigen personenbezogenen Daten (insb. von Arbeitnehmern)[312] werden in einem ausländischen Rechenzentrum gespeichert und dort bei Bedarf abgerufen; dadurch sind sie grundsätzlich nicht dem unerwünschten nationalen Recht unterworfen. Das BDSG in seiner ersten Fassung kannte diese Möglichkeit noch nicht und ging deshalb darauf nicht ein.

In jüngster Zeit drohte der grenzüberschreitende Datenaustausch zu einer **1140** großen Gefahr für die Entwicklung eines einheitlichen europäischen Binnenmarktes zu werden. Derzeit besitzen zwar fast alle EU-Mitgliedstaaten Rechtsvorschriften zum Datenschutz. Struktur und praktische Durchsetzung der Bestimmungen unterschieden sich ursprünglich jedoch fundamental. Damit entstand aber die Gefahr, dass sich besondere „Datenoasen" herausbildeten: Unternehmen hätten gefahrlos ihre Daten in Italien oder Spanien verarbeiten lassen können, um dem rigiden Datenschutz deutscher oder englischer Provenienz zu entgehen.[313]

Inzwischen ist das sog. Transborder Data Flow (TBDF) allerdings sowohl **1141** auf europarechtlicher als auch auf nationaler Ebene geregelt. Derzeit können nach § 4b Abs. 2 S. 2 BDSG (in Umsetzung von Art. 25 Abs. 1 der Richtlinie) personenbezogene Daten in Drittstaaten (d. h. Staaten, die nicht EU-Mitglied sind) nur bei **Vorliegen eines „angemessenen Schutzniveaus"** übermittelt werden. Wann ein solches Schutzniveau vorliegt, ist jedoch weiterhin nicht geklärt.[314] § 4b Abs. 3 BDSG besagt (in Umsetzung von Art. 25 Abs. 2 EU-Richtlinie) lediglich, dass die Angemessenheit des Schutzniveaus „unter Berücksichtigung aller Umstände beurteilt" wird. Maßgeblich sollen insb. die Art der Daten, die Dauer der Datenverarbeitung, sowie „die in dem betreffenden Drittland geltenden allgemeinen oder sektoriellen Rechtsnormen sowie die dort geltenden Staatsregeln und Sicherheitsmaßnahmen" sein. Die EU-Kommission kann in einem formellen Verfahren feststellen, ob ein Drittland das für eine Datenübermittlung erforderliche Schutzniveau gewährleistet (Art. 25 Abs. 4 ff., Art. 31 Abs. 2 EU-Richtlinie).[315] Auch in der ab 2018 geltenden europäischen DSGVO sind entsprechende Regelungen vorgesehen. Art. 44 der DSGVO regelt

---

312 Vgl. *Däubler*, Die Übermittlung von Arbeitnehmerdaten ins Ausland, CR 1999, 49; *Däubler*, Internet und Arbeitsrecht, 5. Aufl. 2015, Rz. 345 ff.

313 Siehe hierzu auch *Hoeren*, Rechtsoasen im Internet – Eine erste Einführung, MMR 1998, 297.

314 Vgl. hierzu *Riemann*, Künftige Regelungen des grenzüberschreitenden Datenverkehrs, CR 1997, 762.

315 Vgl. hierzu den lange Zeit während den Streit zwischen der EU und den USA über die sog. „Safe Harbour"-Prinzipien, online abrufbar unter www.export.gov/safeharbor (zuletzt abgerufen: Juni 2017).

die allgemeinen Grundsätze der Datenübermittlung. In Art. 45 ist festgelegt, dass Daten nur an Drittstaaten mit angemessenem Schutzniveau übermittelt werden dürfen. Damit soll in der gesamten Union für Rechtssicherheit und eine einheitliche Rechtsanwendung gesorgt werden (ErwGr 103). Als angemessen gilt nach Unionsrecht ein Datenschutzniveau dann, wenn das Drittland aufgrund seiner innerstaatlichen Rechtsvorschriften oder internationalen Verpflichtungen tatsächlich ein Schutzniveau gewährleistet, das dem in der Union geregelten Schutzniveau der Sache nach gleichgestellt ist, sodass der Fortbestand des in Art. 8 Abs. 1 EMRK geregelten Schutzes der personenbezogenen Daten sichergestellt ist.

1142   Gem. Art. 45 Abs. 9 DSGVO bleiben dabei die auf Grundlage von Art. 25 Abs. 6 EU-Richtlinie erlassenen Feststellungen über die Angemessenheit vorerst bestehen.

1143   Zu beachten ist allerdings, dass nach einer Entscheidung des *EuGH*[316] die **Bereitstellung von Daten auf einer Homepage** nicht unter den Übermittlungsbegriff der EU-Datenschutzrichtlinie fällt und somit nicht als grenzüberschreitender Datenaustausch qualifiziert werden kann. Die schwedische Katechetin Lindqvist hatte auf einer privaten Webseite „in leicht humoriger Weise" 18 mit ihr gemeinsam in der Kirchengemeinde tätige Personen dargestellt, ohne die Zustimmung der betroffenen Personen eingeholt zu haben. Unter den verbreiteten Informationen befanden sich auch sog. sensible Daten. Daraufhin wurde ein Strafverfahren gegen sie eingeleitet und infolge dessen der *EuGH* angerufen. Dieser sah in den zur Verfügung gestellten Daten zwar personenbezogene Daten i. S. d. Art. 8 Abs. 1 der Richtlinie 95/46/EG. Es liege bei deren Einspeisung in das Internet jedoch keine Übermittlung von Daten in ein Drittland i. S. v. Art. 25 der Richtlinie 95/46/EG vor.

1144   Ausnahmsweise kann ein **Datentransfer auch in Drittstaaten** erfolgen, die kein angemessenes Schutzniveau aufweisen. So enthält § 4c Abs. 1 BDSG allgemeine Erlaubnistatbestände, die eine Datenübermittlung auch in ein unsicheres Drittland rechtfertigen (insbes. Einwilligung des Betroffenen, Vertragserfüllung, Interessenwahrung, Übermittlung aus einem öffentlichen Register, soweit keine berechtigten Interessen entgegenstehen). Abseits dieser (eng auszulegenden) Ausnahmetatbestände ist eine Übermittlung nur zulässig, wenn der Datenübermittler ausreichende Garantien für den Schutz der Privatsphäre und der Grundrechte des Betroffenen bietet. § 4c Abs. 2 BDSG (in Umsetzung von Art. 26 Abs. 2 der Richtlinie 95/46/EG) ermöglicht als Beispiel für entspre-

---

[316] *EuGH*, Urt. v. 6. 11. 2003 – C-101/01, CR 2004, 286; siehe dazu auch *Taraschka*, CR 2004, 280.

chende Schutzgarantien die sog. Vertragslösung:[317] Hiernach soll der Datentransfer in das „unsichere Drittland" vertraglich zwischen Datenübermittler und Betroffenem bzw. – mit Genehmigung der innerstaatlichen Aufsichtsbehörde zwischen Datenübermittler und -empfänger – vereinbart werden.[318] In letzterem Fall genehmigt die zuständige Aufsichtsbehörde die Übermittlung (§ 4c Abs. 2 BDSG). In der Datenschutzgrundverordnung ist die Datenübermittlung vorbehaltlich geeigneter Garantien (Art. 46 Abs. 1 DSGVO) ebenfalls geregelt.

Auch hier findet sich in der DSGVO in Art. 47 eine entsprechende Regelung bzgl. verbindlicher interner Datenschutzvorschriften (Binding Corporate Rules). Diese Regelung stellt gegenüber Art. 26 Abs. DSRL, auf den Binding Corporate Rules aus datenschutzrechtlicher Sicht bisher gestützt wurden, eine bedeutende Neuerung und eine Stärkung der BCR dar. In der Regelung der DRSL fehlt nämlich ein eindeutiger Hinweis bzgl. der Zulässigkeit dieser Instrumente, weshalb z. B. Art. 4c Abs. 2 BDSG zwar den Begriff der BCR aufnahm, die konkrete Ausgestaltung der Voraussetzungen jedoch der Praxis überließ. In Art. 47 DSGVO hingegen werden BCR nun ausdrücklich genannt und die Anforderungen für ihre rechtliche Anerkennung in detaillierter Beschreibung festgelegt. § 4c Abs. 2 BDSG erlaubt auch den Datentransfer auf der Basis hinreichender **Codes of Conduct**, etwa innerhalb eines weltweit tätigen Konzerns;[319] fraglich ist allerdings, ob und wie einzelne Datenschutzbehörden solche Codes genehmigen.[320] Eine Sonderlösung existiert für den Datentransfer nach den sog. Safe Harbor Principles (Informationspflicht, Wahlmöglichkeit, Weitergabe, Sicherheit, Datenintegrität, Auskunftsrecht und Durchsetzung).[321] Hierzu hat die Europäische Kommission im Jahre 2000 in Absprache mit den USA zu dem **Safe Harbor-Abkommen**[322] entschieden. Das auswärtige Unternehmen musste dem Abkommen beitreten, sich den Regelungen unterwerfen[323] und sollte da-

1145

317 *Gola*/Schomerus/*Klug*/*Körffer*, Kommentar BDSG, 12. Aufl. 2015, § 4c Rz. 2.
318 Vgl. *Tinnefeld*/*Ehmann*, Einführung in das Datenschutzrecht, I. Teil, 3.3.3, 68; *Gola*/Schomerus/*Klug*/*Körffer*, Kommentar BDSG, 12. Aufl. 2015, § 4c Rz. 10.
319 *Gola*/Schomerus/*Klug*/*Körffer*, Kommentar BDSG, 12. Aufl. 2015, § 4c Rz. 10.
320 Siehe dazu auch die Überlegungen WP 74 der Arbeitsgruppe nach Art. 29, https://www.agpd.es/portalwebAGPD/canalresponsable/transferencias_internacionales/common/wp74_de.pdf (zuletzt abgerufen: Juni 2017).
321 Siehe dazu auch www.export.gov/safeHarbor (zuletzt abgerufen: Juni 2017); Kilian/Heussen/*Polenz*, Computerrecht, Teil 13, Grenzüberschreitender Datenverkehr, Rz. 90 ff.
322 Entscheidung der Kommission vom 26. Juli 2000 gem. der RL 95/46/EG des Europäischen Parlaments und des Rates über die Angemessenheit des von den Grundsätzen des „sicheren Hafens", bekannt gegeben unter Az. K (2000) 2441.
323 Zur Liste der teilnehmenden Unternehmen siehe http://web.ita.doc.gov/safeharbor/SHList.nsf/WebPages/Safe+Harbor+List (zuletzt abgerufen: Juni 2017).

durch das geforderte angemessene Datenschutzniveau gewährleisten. Entsprechende Kontrollmaßnahmen über die Einhaltung und Umsetzung des Datenschutzniveaus waren hier jedoch nicht vorgesehen. Der *EuGH* hat in seinem bedeutenden Urteil vom 6. Oktober 2015[324] das Safe Harbor-Abkommen mangels Kompetenzen der EU-Kommission zur Beschränkung der Befugnisse nationaler Datenschutzbehörden sowie wegen Verstoßes gegen das Grundrecht auf Achtung der Privatsphäre für ungültig erklärt.[325]

1146   Schon lange Zeit dauern die komplexen **Verhandlungen zwischen den USA und der Europäischen Kommission** über die Verabschiedung von Sonderlösungen an. Die USA verfügen über kein dem EU-Standard entsprechendes Datenschutzniveau[326] (ähnlich wie etwa Australien oder Japan). Deshalb ist der Datentransfer von Europa in die USA eigentlich verboten. In dieser Notlage arbeitete man hektisch an einer Entwicklung von Musterverträgen, die den vertraglichen Beziehungen zwischen übermittelnder Stelle und dem Empfänger in den USA zugrunde gelegt werden können. Mitte 2001 kam es zur Verabschiedung von zwei Standardvertragsklauseln, einmal für die Übermittlung personenbezogener Daten an Empfänger in sog. Drittländern[327] und zur Übermittlung an Auftragsdatenverarbeiter in Drittländern.[328]

1147   Am 15. Mai 2010 traten neue **Musterverträge für den grenzüberschreitenden Datenaustausch** mit dem Nicht-EU-Ausland in Kraft.[329] Damit wurde der Ausweitung von Datenverarbeitungtätigkeiten und neuen Geschäftsmodellen für die internationale Verarbeitung personenbezogener Daten Rechnung getragen. Der Beschluss enthält besondere Bestimmungen, wonach unter bestimmten Bedingungen sowie unter Wahrung des Schutzes personenbezogener Daten die Auslagerung von Verarbeitungtätigkeiten an Unterauftragnehmer zulässig ist. Danach muss ein Datenimporteur (Datenverarbeiter), der im Auftrag des in der EU ansässigen Datenexporteurs (für die Datenverarbeitung Verantwortlichen) durchzuführende Verarbeitungen weitervergeben möchte,

---

324 *EuGH*, Urt. v. 6.10. 2015 – C-362/14, MMR 2015, 753 m. Anm. *Bergt* = ZD 2015, 549 m. Anm. *Spies*.

325 Siehe hierzu *Boehm*, US-Massenüberwachung verstößt gegen Grundrechte (abrufbar unter: www.uni-muenster.de/Jura.itm/hoeren/us-massenueberwachung-verstoesst-gegen-grundrechte, zuletzt abgerufen: Juni 2017).

326 Siehe dazu *Schwartz*, European Data Protection Law and Restrictions on International Data Flows Iowa LR 80 (1994), 471.

327 Standardvertrag vom 15.6. 2001, http://eur-lex.europa.eu/legal-content/de/ALL/?uri=CELEX:32001D0497 (zuletzt abgerufen: Juni 2017).

328 Standardvertrag vom 27.12. 2001, ABl. Nr. L 106 vom 10.1. 2002, 52.

329 http://ec.europa.eu/justice/data-protection/international-transfers/transfer/index_en.htm (zuletzt abgerufen: Juni 2017).

vorher die schriftliche Einwilligung des Datenexporteurs einholen. Dem Unterauftragsverarbeiter werden in einer schriftlichen Vereinbarung die gleichen Pflichten auferlegt, die der Datenimporteur gem. den Standardvertragsklauseln erfüllen muss. Kommt der Unterauftragsverarbeiter seinen Datenschutzpflichten nicht nach, bleibt der Datenimporteur gegenüber dem Datenexporteur für die Erfüllung der Pflichten des Unterauftragsverarbeiters uneingeschränkt verantwortlich. Darüber hinaus umfasst die Unterauftragsverarbeitung ausschließlich die Verarbeitungstätigkeiten, die im ursprünglichen Vertrag zwischen dem Datenexporteur aus der EU und dem Datenimporteur vereinbart wurden. Bestehende Verträge, die auf der Grundlage der durch die Entscheidung 2002/16/EG genehmigten Klauseln geschlossen wurden, bleiben so lange gültig, wie die Übermittlung und die Datenverarbeitungstätigkeiten unverändert fortgeführt werden.

In den USA ansässige Unternehmen mussten bei einem drohenden oder **1148** bereits anhängigen Rechtsstreit oder einem behördlichem Verfahren elektronisch gespeicherte Dokumente (E-Mails, PDF-Dateien, Tabellenkalkulationen, elektronische Anrufbeantworter, elektronisch gespeicherte Fotos) in großem Umfang vorlegen. Befinden sich Tochtergesellschaften im Ausland, können auch diese aufgefordert und verpflichtet werden, entsprechende Informationen zu übermitteln. Potenzielles Prozessmaterial darf nicht mehr gelöscht werden, sobald ein Unternehmen damit rechnen muss, in einen Rechtsstreit verwickelt zu werden (**Litigation Hold**).[330] Kommt das Unternehmen diesen umfangreichen Speicherungspflichten nicht nach, so gilt dies als Beweisvereitelung (Spoliation), die erhebliche prozessuale Konsequenzen nach sich zieht. Weiterhin hat der US-Richter die Möglichkeit eine Adverse Interference Order zu erlassen. Die Jury wird sodann dahingehend informiert, dass die Dokumente derjenigen Partei, die sie vernichtet hat, zum Nachteil gereicht hätten. Zudem wurde schon seit Längerem zwischen der Europäischen Kommission und den USA über eine neue Regelung zum grenzüberschreitenden Datenaustausch verhandelt. Aufgrund der *EuGH*-Entscheidung zur Ungültigkeit des Safe Harbor-Abkommens wurden die Verhandlungen noch stärker vorangetrieben. Am 02. Februar 2016 dann wurde sich politisch über den EU-US Privacy Shield, der die Defizite des Safe Harbor-Abkommens beseitigen soll, als neuen Rahmen für die Übermittlung von Daten geeinigt. Am 29. Februar 2016 wurde eine Entwurfsfassung zum EU-US Privacy Shield vorgelegt. Die Regelung beinhaltet strengere Auflagen zum Schutz personenbezogener Daten von EU-Bürgern für Unternehmen in den USA. Das Abkommen sieht zudem eine

---

330 Hoeren/Sieber/*Deutlmoser*/*Filip*, Handbuch MMR, 34. Ergänzungslieferung 2013, Teil 16.6 A. I. Rz. 3.

Beschränkung des Zugriffs von US-Behörden auf personenbezogene Daten, die aufgrund des EU-US Privacy Shield übermittelt wurden, vor, damit eine intensive Überwachung verhindert werden kann. Weiterhin sollen EU-Bürger erweiterte Rechtsschutzmöglichkeiten erhalten, indem sie sich an dafür vorgesehene Ombudsstellen wenden und ihre Ansprüche auch vor Gerichten in den USA geltend machen können. Am 12. Juli 2016 veröffentlichte die Europäische Kommission eine Angemessenheitsentscheidung,[331] durch die amerikanischen Unternehmen ein angemessenes Schutzniveau zugesprochen wird, sofern sie sich zur Einhaltung der Grundsätze des EU-US Privacy Shield verpflichten. Seit dem 01. August 2016 können Unternehmen in den USA beim US-Handelsministerium eine entsprechende Bescheinigung beantragen und somit Basis für die Übermittlung personenbezogener Daten aus der EU in die USA bilden. Es ist allerdings davon auszugehen, dass auch die Zulässigkeit der Angemessenheitsentscheidung bzgl. des EU-US-Privacy Shield vor dem *EuGH* auf den Prüfstand gestellt werden wird.

1149   Daneben gibt es im amerikanischen Zivilprozessrecht die sog. **Pre-Trial Discovery**, in deren Rahmen die Parteien für die Rechtsverfolgung sachdienliche Informationen von der gegnerischen Partei anfordern können. Gem. Regel 34 FRCP[332] werden auch elektronisch gespeicherte Informationen von diesem Recht umfasst.

1150   Den US-Gerichten ist nur in unzureichendem Maße bekannt, dass das europäische Datenschutzrecht einer derartigen Vorgehensweise entgegenstehen könnte.[333] Nach dem „Restatement of Foreign Law Relations" können die USA zwar auf die Vorlage von Dokumenten aus dem Ausland verzichten. Diese Regelung ist jedoch rechtlich nicht bindend und wird nicht immer angewandt. Darüber hinaus hat sich Deutschland im Haager Beweisübereinkommen, zu dessen Unterzeichnern auch die USA gehören, vorbehalten, keine Rechtshilfeersuchen aufgrund von Pre-Trial Discovery aus den USA zu bedienen.[334] In der Praxis entfaltet dieses jedoch nur geringe Schutzwirkung und wird zuweilen von US-Richtern umgangen.

1151   Unternehmen, deren personenbezogene Daten dem deutschen Datenschutzrecht unterliegen (§ 1 Abs. 5 BDSG), sind daher dazu verpflichtet, die sich aus der eDiscovery ergebenden Anforderungen in mehrfacher Hinsicht auf

---

331 C (2016) 4176 final.

332 Federal Rules of Civil Procedures.

333 Dazu ausführlich *Spies*, USA: Europäischer Datenschutz steht Electronic Discovery nicht entgegen, MMR 3/2008, XVIII.

334 *Spies*, USA: Grenzüberschreitende elektronische Beweiserhebung vs. Datenschutz, MMR 3/2007, VI.

Vereinbarkeit mit dem deutschen Datenschutz- und Arbeitsrecht zu prüfen. Diesbezüglich ergeben sich vor allem Probleme in der Zulässigkeit der Datenspeicherung, -durchsuchung und -übermittlung. Nach dem BDSG ist eine unbegrenzte Speicherung von personenbezogenen Daten ohne konkreten oder rechtlich anerkannten Grund gem. §§ 4 Abs. 1, 28 BDSG unzulässig. Einen solchen könnte jedoch das Gebot des „Litigation Freeze" darstellen, wonach bestimmte Daten aufzubewahren sind. Nach § 28 Abs. 1 Nr. 2 BDSG ist eine Speicherung der Daten zulässig, sofern dies zur Wahrung berechtigter Interessen erforderlich ist und keine überwiegenden schutzwürdigen Interessen der Betroffenen erkennbar sind. Grundsätzlich stellt die Verteidigung von Rechtsansprüchen vor Gericht ein berechtigtes Interesse dar. Die hypothetische Möglichkeit, Daten in einem möglichen Prozess in den USA nutzen zu können, genügt hingegen den Anforderungen des § 28 Abs. 1 Nr. 2 BDSG nicht.[335] Weniger problematisch ist die Zulässigkeit der Sichtung und Durchsuchung der Daten am Sitz der verantwortlichen Stelle. Diese wird gem. § 3 Abs. 5 BDSG als Nutzung gewertet und ist daher gem. §§ 4 Abs. 1, 28 BDSG erlaubnispflichtig. Hierfür bedient man sich i. d. R. eines deutschen Anwalts vor Ort, der die Daten beim deutschen Unternehmen sichtet und auf ihre Prozessrelevanz in Abstimmung mit dem Datenschutzbeauftragten des Unternehmens überprüft.[336] Die Zulässigkeit der Übermittlung der Daten an die eigenen Anwälte der verantwortlichen Stelle in den USA ist grundsätzlich gem. § 28 Abs. 1 Nr. 2 BDSG zu rechtfertigen, da diese die Daten einsehen müssen, um einen effektiven Rechtsschutz der verantwortlichen Stelle zu gewährleisten. Dem steht auch nicht entgegen, dass die EU die USA als Staat mit „nicht adäquatem" Datenschutzniveau i. S. d. § 4b Abs. 2 BDSG eingestuft hat, da nach § 4c Abs. 1 Nr. 4 BDSG eine Übermittlung von personenbezogenen Daten in ein Drittland mit keinem adäquaten Datenschutzniveau zulässig ist, wenn dies zur Ausübung der Verteidigung von „Rechtsansprüchen vor Gericht" erforderlich ist.[337] Problematischer ist hingegen die Zulässigkeit der Übermittlung der Daten an die Prozessgegner und das Gericht, da in US-Verfahren eingebrachte Dokumente auf Antrag der Öffentlichkeit zugänglich gemacht werden müssen, sofern nicht Geschäftsgeheimnisse oder andere höherrangige Interessen berührt werden.[338]

---

335 Dazu ausführlicher *Spies/Schröder*, Auswirkungen der elektronischen Beweiserhebung in den USA auf deutsche Unternehmen, MMR 2008, 278.
336 Hierfür spricht, dass die Anzahl der später ggf. in die USA übermittelten Daten auf das nach US-Recht erforderliche Minimum reduziert wird, so *Spies/Schröder*, MMR 2008, 279.
337 *US-District Court Utah*, Urt. v. 21. 1. 2010 – Case No. 2:08cv569, 2010 U. S. Dist. LEXIS 4566 Accessdata Corporation v. Alste Technologies GmbH.
338 Dazu ausführlich *Spies/Schröder*, MMR 2008, 279.

Dadurch läuft jedoch die Zweckbindung ins Leere. Dies könnte insgesamt zur Aushöhlung des deutschen Datenschutzrechtes führen, wenn jeder durch fremde Rechtsordnung auf europäische Unternehmen ausgeübte Zwang automatisch zur Freigabe von ansonsten nach deutschem Recht streng geschützten Daten von natürlichen Personen führt.

1152   Um einen möglichen Interessensausgleich zu schaffen, müssen jede verantwortliche Stelle und die betreffenden Parteien selbst versuchen, möglichst großen Einklang zwischen beiden in Konflikt zueinander stehenden Rechtsordnungen herzustellen.[339] Nichtsdestotrotz besteht weiterhin große Unsicherheit, entweder gegen das US-Recht oder gegen das deutsche Datenschutzrecht zu verstoßen. Das US-Recht, insb. der Stored Communications Act von 1986 (18 U.S.C. §§ 270), gibt Gerichten keine Ermächtigung, die Herausgabe von Daten anzuordnen, die auschließlich auf Servern in Drittländern gespeichert seien. Das Gesetz, auf das sich die US-Regierung berufen hatte, sei ausschließlich für Daten anwendbar, die in den Vereinigten Staaten gespeichert seien. Das Gesetz bezwecke gerade den Schutz persönlicher Daten vor dem willkürlichen Zugriff der Regierung. Auch US-Unternehmen könnten mit einem entsprechenden Durchsuchungsbefehl nicht verpflichtet werden, Daten herauszugeben, die in anderen Ländern gespeichert seien (anders noch der District Court).[340]

6 Datennutzung in der Insolvenz

1153 Mit der allmählichen Ernüchterung über den Nutzen von E-Commerce machte auch das Insolvenzgespenst die Runde. In dem Maße, wie die Start-Up-Unternehmen wie Pilze aus dem Boden schossen, gingen die ersten auch wieder ein. Cash-Burn, das Verbrennen von Geld, ist eben langfristig keine Erfolgsstrategie in der Wirtschaft. Es stellte sich dann aber die Frage, wie solche Unternehmen insolvenzmäßig behandelt werden sollten. Geld ist dort meist nicht vorhanden. Es finden sich auch sonst kaum Sachwerte. Deren wertvolle Besitzstände bestehen aus urheberrechtlich schutzfähigen E-Commerce-Entwicklungen, Mitarbeiter-Know-how und Kundendaten. Gerade die Verwertung von Kundendaten in der Insolvenz bereitet aber datenschutzrechtliche Schwierigkeiten. In den USA

---

339 Lösungsansätze dahingehend fordern eine strenge Begrenzung des zu übermittelnden Datenmaterials auf Dokumente mit Bezug zum Rechtsstreit, sowie die Sperrung der Daten gegen eine Einsichtnahme durch Dritte vom US-Gericht durch „Protective Orders" oder ein „Filing under Seal", dazu *Spies/Schröder*, MMR 2008, 280.
340 *US Court of Appeals for the 2nd Circuit in New York* of 14 July 2016 (Microsoft vs United States, 2nd U. S. Cir cuit Court of Appeals, No. 14–2985).

sorgte z. B. der Fall „Toysmart.com" für Aufsehen. Ein Walt-Disney-Unternehmen wollte seine Kundendaten wegen drohender Zahlungsunfähigkeit verkaufen. Daraufhin wurde im US-amerikanischen Senat und Repräsentantenhaus über die Einführung spezieller Gesetzesbestimmungen diskutiert. Im Senat wurde der Entwurf eines **Data Privacy Bankruptcy Act** am 22. März 2001 verabschiedet.[341] In Deutschland bestehen Probleme, sofern solche Daten unter den besonderen Geheimnisschutz des **§ 203 StGB** fallen. Dies ist z. B. der Fall bei der Nutzung von Daten durch Anwälte,[342] Ärzte,[343] oder Steuerberater.[344] In diesen Fällen erfordert die Weitergabe der Daten eine ausdrückliche Einwilligung durch den Betroffenen; auch im Insolvenzfall käme der Insolvenzverwalter nicht umhin, vor dem Verkauf der Daten die Einwilligung der Betroffenen einzuholen. Dies gilt auch, wenn z. B. die gesamte Anwalts- oder Arztpraxis verkauft werden soll. Ähnliches gilt für sensible Daten nach dem BDSG, etwa bei medizinischen Informationen, Daten zur Gewerkschaftszugehörigkeit, zu Straftaten oder zum Sexualleben. Wegen des soweit bestehenden Einwilligungserfordernisses dürfte die insolvenzmäßige Verwertung der Daten schwierig werden. Schließlich ist zu klären, welcher bilanzmäßige Wert solchen Daten zukommen soll. Freie Daten, wie Namen und Anschrift der Betroffenen, haben keinen hohen kommerziellen Wert im Gegensatz zu detaillierten Kundenprofilen. Soweit vorgenannten Daten kein wesentlicher Wert zukommt, verhält es sich naturgemäß bei noch ausstehenden Honorarforderungen im Falle der Insolvenz grundlegend anders. Soweit der Insolvenzverwalter derartige Forderungen in die Masse einbringen will, muss der Datenschutz zurücktreten. So hat bspw. der *BGH* entschieden, dass für noch ausstehende Honorarforderungen eines insolventen Arztes von Privatpatienten die in § 203 Abs. 1 StGB verankerte ärztliche Verschwiegenheitspflicht und das Recht auf informationelle Selbstbestimmung der Patienten dem Recht des Insolvenzverwalters auf Herausgabe der entsprechenden Daten nicht entgegen stehen.[345]

---

341 Siehe die Notiz in Data Privacy Bankruptcy Legislation in US, MMR 5/2001, XVI.
342 *OLG München*, Urt. v. 5. 5. 2000 – 23 U 6086/99, BRAK 2000, 311 = NJW 2000, 2592.
343 *BGH*, Urt. v. 13. 6. 2001 – VIII ZR 176/00, MDR 2001, 1139 = NJW 2001, 2462.
344 *OLG Naumburg*, Urt. v. 25. 3. 2002 – 1 U 137/01, MDR 2002, 1155 = RDV 2003, 29.
345 *BGH*, Urt. v. 17. 2. 2005 – IX ZB 62/04, DuD 2006, 45, 46.

Siebtes Kapitel: Haftung von Online-Diensten

Literatur: *Ahrens*, 21 Thesen zur Störerhaftung im UWG und im Recht des Geistigen Eigentums, WRP 2007, 1281; *Beckmann*, Verantwortlichkeit von Online-Diensteanbietern in Europa und den Vereinigten Staaten von Amerika, 2001; *Bremer*, Strafbare Internet-Inhalte in internationaler Hinsicht, 2001; *Brinel/Osthaus*, Netzsperren – rote Linie der Verantwortlichkeit von Internet-Zugangsvermittlern – Eine Analyse der „Goldesel"-Entscheidung des OLG Köln im Lichte der EuGH-Entscheidung „kino.to" (UPC Telekabel Wien), CR 2014, 642; *Döring*, Die Haftung für eine Mitwirkung an Wettbewerbsverstößen nach der Entscheidung des BGH „Jugendgefährdende Medien bei eBay", WRP 2007, 1131; *Eck*, Providerhaftung von Konzernunternehmen, 2004; *Engel*, Die Internet-Service-Provider als Geiseln deutscher Ordnungsbehörden. Eine Kritik an den Verfügungen der Bezirksregierung Düsseldorf, MMR 2003, Beilage 4; *Engels*, Zivilrechtliche Haftung für Inhalte im World Wide Web, AfP 2000, 524; *Entshaler/Heinemann*, Die Fortentwicklung der Providerhaftung durch die Rechtsprechung, GRUR 2012, 433; *Frey*, Haftungsprivilegierung der Access-Provider nach § § 8 TMG? – Auflösung eines Normwiderspruchs innerhalb des TMG, MMR 2014 650; *Fülbier*, Web 2.0 – Haftungsprivilegierung bei MySpace und YouTube, CR 2007, 515; *Gercke*, Zugangsbetreiber im Fadenkreuz der Urheberrechtsinhaber – Eine Untersuchung der urheberrechtlichen Verantwortlichkeit von Downloadportalen und Zugangsprovidern für Musikdownloads, CR 2006, 210; *Gräbig*, Haftung von Suchmaschinen. Verletzung des Rechts am eigenen Bild durch die Bildersuche, MMR 2015, 365; *Greiner*, Sperrungsverfügungen als Mittel der Gefahrenabwehr im Internet. Zu den Verfügungen der Bezirksregierung Düsseldorf, CR 2002, 620; *Hasberger*, Zur wettbewerbsrechtlichen Haftung der Internetprovider, MR 2004, 128; *Hentsch*, Suchmaschinenneutralität! – Aber wie? Untersuchung verschiedener Lösungsansätze, MMR 2015, 434; *Hoeren/Neubauer*, Der EuGH, Netlog und die Haftung für Host-Provider, WRP 2012, 508; *Hoffmann*, Zivilrechtliche Haftung im Internet, MMR 2002, 277; *Holznagel*, Zur Providerhaftung – Notice and Take-Down in § 512 U. S. Copyright Act, GRUR Int. 2007, 971; *Jürgens*, Von der Provider- zur Provider- und Medienhaftung – Ein Plädoyer für eine „zweistufige" Auslegung der Verantwortlichkeitsprivilegierungen für Telemedien am Beispiel von Internetforen, CR 2006, 189; *Kitz*, § 101a UrhG: Für eine Rückkehr zur Dogmatik, ZUM 2005, 298; *Koch*, Zur Einordnung von Internet-Suchmaschinen nach dem EGG, K & R 2002, 120; *Koch*, Zur Strafbarkeit der „Auschwitzlüge" im Internet – BGHSt 46, 212, JuS 2002, 123; *Koch*, Von Blogs, Podcasts und Wikis – telemedienrechtliche Zuordnungs- und Haftungsfragen der neuen Dienste im Internet, ITRB, 2006, 260; *Köster/Jürgens*, Haftung professioneller Informationsvermittler im Internet. Eine Bestandsaufnahme nach der Novellierung der Haftungsregelungen, MMR 2002, 420; *Leible/Sosnitza*, Haftung von Internetauktionshäusern – reloaded, NJW 2007, 3324; *Libertus*, Umfang und Reichweite von Löschungspflichten bei Rechtsverstößen im Internet, ZUM 2005, 627; *Mantz u. a.*, Rechtsfragen beim Betrieb von öffentlichen WLAN-Hotspots, NJW 2014, 3537; *Peifer*, Auskunftsansprüche bei Persönlichkeitsrechtsverletzungen – Zwischen effektiver Rechtsdurchsetzung und anonymer Meinugsäußerung, NJW 2014, 3067; *Popp*, Die strafrechtliche Verantwortlichkeit von Internet-Providern, 2002; *Roth*, Überwachungs- und Prüfungspflicht von Providern im Lichte der aktuellen EuGH-Rechtsprechung – Zugleich Anmerkung zu EuGH, Urteil vom 24. November 2011 – Rs. C-70/10, ZUM 2012, 125; *Rücker*, Notice and take down-Verfahren für die deutsche Providerhaftung, CR 2005, 347; *Schlachter*, Cyberspace, The Free Market and

https://doi.org/10.1515/9783110556346-007

the Free Marketplace of Ideas: Recognizing Legal Differences in Computer Bulletin Board Functions, Hastings Communication and Entertainment Law Journal 16, 87; *Schnabel*, Urheberrechtliche Filterpflichten für Access Provider, MMR 2008, 281; *Schneider*, Sperren und Filtern im Internet, DFN-Mitteilungen Juni 2003, 21; *Schneider*, Sperren und Filtern im Internet, MMR 2004, 18; *Sesing*, Täterschaftliche Verantwortlichkeit von Anschlussinhabern. Haftungsbegründung in Filesharing-Fällen – „Tauschbörse I-III", MMR 2016, 82; *Sobola/Kohl*, Haftung von Providern für fremde Inhalte, CR 2005, 443; *Spindler*, E-Commerce in Europa. Die E-Commerce-Richtlinie in ihrer endgültigen Fassung, MMR-Beilage 2000, 4; *Spindler*, Urheberrecht und Haftung der Provider – ein Drama ohne Ende?, CR 2001, 324; *Spindler*, Das Gesetz zum elektronischen Geschäftsverkehr – Verantwortlichkeit der Diensteanbieter und Herkunftslandprinzip, NJW 2002, 921; *Spindler*, Haftung und Verantwortlichkeit im IT-Recht, CR 2005, 741; *Spindler*, Europarechtliche Rahmenbedingungen der Störerhaftung im Internet – Rechtsfortbildung durch den EuGH in Sachen L'Oréal/ eBay, MMR 2011, 703; *Spindler*, Präzisierungen der Störerhaftung im Internet – Besprechung des BGH-Urteils „Kinderhochstühle im Internet", GRUR 2011, 101; *Spindler*, Zivilrechtliche Sperrverfügung gegen Access Provider nach dem EuGH-Urteil „UPC Telekabel", GRUR 2014, 826; *Spindler/Volkmann*, Die zivilrechtliche Störerhaftung der Internet-Provider, WRP 2003, 1; *Stadler*, Sperrungsverfügung gegen Accesss-Provider, MMR 2002, 343; *Stadler*, Haftung für Informationen im Internet, 2005; *Stender-Vorwachs*, Anbieterhaftung und neues Multimediarecht, TKMR 2003, 11; *Stögmüller*, LG München I: Vorlagefragen an den EuGH zur Verantwortlichkeit des Access-Providers eines offenen WLAN, GRUR-Prax 2014, 542; *Thiesen*, Wie hoch ist der Preis der Anonymität? – Haftungsrisiken beim Betrieb eines TOR-Servers, MMR 2014, 803; *Volkmann*, Aktuelle Entwicklungen in der Providerhaftung im Jahre 2006, K & R 2006, 245; *Weubauer*, Haftungsbeschränkungen nach dem Teledienstgesetz (TDG) und dem Mediendienstestaatsvertrag (MDStV), Moritz/Dreier (Hrsg.), Rechtshandbuch E-Commerce, 2. Aufl. 2005, 497; *Wicker*, Haftet der Cloud-Anbieter für Schäden beim Cloud-Nutzer? Relevante Haftungsfragen in der Cloud, MMR 2014, 715; *dies.*, Haftungsbegrenzung des Cloud-Anbieters trotz AGB-Recht? – Relevante Haftungsfragen in der Cloud, MMR 2014, 787.

I Kollisionsrechtliche Vorfragen

Zunächst ist im Rahmen der Haftung vor allem fraglich, welche kollisionsrecht- **1154** lichen Vorgaben über die Anwendbarkeit deliktsrechtlicher Vorschriften entscheiden. Maßgebend ist in diesem Zusammenhang insb. Art. 4 Rom II-VO. Diese zentrale Kollisionsnorm des Internationalen Deliktsrechts weicht dabei erheblich vom bisherigen deutschen IPR ab. Denn sie stellt nunmehr grundsätzlich auf den Ort des (unter Umständen drohenden) Schadenseintritts, also den **Erfolgsort** *(lex loci damni)*, anstatt des gem. Art. 40 Abs. 1 EGBGB vorher grundsätzlich geltenden Rechts des Handlungsorts[1] *(lex loci delicti commissi)*,

---

1 *v. Hoffmann/Thorn*, IPR, § 11 Rz. 21.

ab.[2] Zu solchen Ansprüchen aus unerlaubter Handlung zählen dabei neben den allgemeinen deliktischen Schadensersatzansprüchen **auch Unterlassungsansprüche** (Art. 2 Abs. 2 Rom II-VO),[3] sowie wettbewerbsrechtliche,[4] urheberrechtliche und markenrechtliche Ansprüche.[5]

1155   Die Anknüpfung an das Recht des Erfolgsorts wird allerdings in bestimmten Fällen aufgelockert, wenn sie zufällig, gezwungen oder unangemessen erscheint, weil aufgrund besonderer Umstände die Anwendung einer anderen Rechtsordnung angemessen ist.[6] Demzufolge sieht Art. 4 Abs. 2 Rom II-VO vor, dass wenn Schädiger und Geschädigter ihren gewöhnlichen Aufenthalt in einem anderen Land haben, dieses Recht (*lex domicili communis*)[7] und nicht das Recht des Erfolgsorts Anwendung findet.

1156   Auch kann der Handlungsort i. R. d. Art. 17 Rom II-VO in angemessener Weise dadurch berücksichtigt werden, dass die **Sicherheits- und Verhaltensregeln** des Staates, in dem die schädigende Handlung vorgenommen worden ist, soweit dies zur Wahrung eines Interessensausgleichs angemessen ist, zur Anwendung kommen.[8] Darüber hinaus enthalten einzelne **Sonderkollisionsnormen für besondere Deliktstypen** spezielle Anknüpfungsregeln, welche von der Grundanknüpfung des Art. 4 Rom II-VO abweichen. Dies betrifft namentlich insb. die Produkthaftung (Art. 5 Rom II-VO), den unlauteren Wettbewerb einschließlich des Kartellprivatrechts (Art. 6 Rom II-VO) sowie die Verletzung von Immaterialgütern (Art. 8 Rom II-VO).

1157   Ähnliches gilt für das Strafrecht. Entscheidend ist hier nach § 9 StGB, ob der zum Tatbestand gehörende Erfolg i. S. v. § 9 StGB in Deutschland eingetreten ist, unabhängig vom Wohnsitz des Angeklagten. Da ausländische Server auch im Inland zugänglich sind, hat der *BGH* einen Australier wegen Volksverhetzung verurteilt, der von Adelaide aus NS-Theorien über das Internet verbreitete.[9]

---

2 Palandt/*Thorn*, BGB, Kommentar BGB, 76. Aufl. 2017, Art. 4 Rom II-VO Rz. 1; jurisPK/ *Wurmnest*, BGB, 7. Aufl. 2014, Art. 4 Rom II-VO Rz. 2.

3 Vgl. Palandt/*Thorn*, Kommentar BGB, 76. Aufl. 2017, Art. 2 Rom II-VO (IPR) Rz. 3.

4 Art. 6 Rom II-VO.

5 Art. 8 Rom II-VO.

6 *BGH*, Urt. v. 7.7. 1992 – VI ZR 1/92, MDR 1992, 1031 = NJW 1992, 3091; *v. Hoffmann/Thorn*, IPR, § 11 Rz. 34.

7 jurisPK/*Wurmnest*, BGB, 7. Aufl. 2014, Art. 4 Rom II-VO Rz. 2.

8 Siehe Erwägungsgrund 34 der Rom II-VO.

9 *BGH*, Urt. v. 12.12. 2000 – 1 StR 184/00, BGHSt 46, 212 = NJW 2001, 624 = NStZ 2001, 305 m. Anm. *Hörnle* = CR 2001, 260 m. Anm. *Vassilaki* = MMR 2001, 228 m. Anm. *Clauß*; siehe dazu auch *Vec*, NJW 2002, 1535; *Koch*, JuS 2002, 123.

II Das Telemediengesetz

Das Telemediengesetz (TMG) regelt in seinen §§ 7–10 TMG Vorschriften, die die 1158 Haftung von Telemediendiensten betreffen. Dabei ist jedoch zu beachten, dass eine Haftung durch das TMG nie begründet werden kann. Im Gegenteil regelt das materielle Straf- und Zivilrecht die Haftungstatbestände. Allerdings scheidet eine Haftung unter den Voraussetzungen der §§ 8–10 TMG jedenfalls dann aus, wenn diese wie ein Filter vor diesen speziellen Haftungsregeln zu prüfen sind. Im TMG werden verschiedene Angebote von Diensteanbietern genannt. § 7 TMG erfasst Diensteanbieter, welche die eigenen Informationen zur Nutzung bereithalten. Diensteanbieter, die fremde Informationen oder den Zugang zu ihrer Nutzung vermitteln, werden von § 8 TMG umfasst. Einen Unterfall stellt § 9 TMG dar, bei dem es darum geht, dass die Informationen automatisch und zeitlich begrenzt zwischengespeichert werden, um die Übermittlung der fremden Informationen effizienter zu gestalten. § 10 TMG regelt die Speicherung fremder Informationen für den Nutzer. Somit unterscheidet das Gesetz zwischen drei verschiedenen Providern: Dem Content-Provider (§ 7 Abs. 1 TMG), dem Access Provider (§§ 8, 9 TMG) und dem Host Provider (§ 10 TMG). Streitig war die Anwendbarkeit dieser Bestimmungen auf das Urheberrecht, da das *OLG München* in einer fragwürdigen Entscheidung eine Anwendung aufgrund des Wortlauts und der Entstehungsgeschichte von § 5 TDG a. F. (jetzt § 7 TMG) ausgeschlossen hat.[10] Diese Frage ist aber heute zugunsten der Anwendbarkeit geklärt.[11]

Die Privilegierungen gelten jedoch nur für Schadensersatzansprüche und 1159 nicht für Verpflichtungen zur Entfernung oder Sperrung der Nutzung von Informationen nach den allgemeinen Gesetzen, § 7 Abs. 2 S. 2 TMG. Die Inanspruchnahme auf Unterlassung und Beseitigung einer Rechtsverletzung ist also weiterhin möglich. Hier findet insb. die **Störerhaftung** Einlass in die Providerhaftung. Als Störer haftet, wer in irgendeiner Weise willentlich und adäquat-

---

10 *OLG München*, Urt. v. 8. 3. 2001 – 29 U 3282/00, CR 2001, 333 = WRP 2001, 578; die Entscheidung wurde vom *BGH* nicht zur Revision angenommen. Ähnlich auch *Schaefer/Rasch/Braun*, ZUM 1998, 451; *Waldenberger*, MMR 1998, 124, 127. Dagegen zu Recht krit. *Spindler*, CR 2001, 324.

11 Das schweizerische Zivilrecht enthält keine spezifische Regelung der Verantwortlichkeit von Internet Providern. Ein vom Bundesrat verabschiedeter Bericht stellt nun fest, dass der geltende rechtliche Rahmen ausreicht, um die zivilrechtliche Verantwortlichkeit der Internet Provider zu erfassen. Der Bundesrat hält daher eine allgemeine gesetzliche Regelung im Bereich der Providerhaftung derzeit nicht für angebracht (anders die EU). Sehr lesenswerter 90 Seiten Bericht des Bundesrats vom 11. Dezember 2015 (abrufbar unter: https://www.ejpd.admin.ch/dam/data/bj/aktuell/news/2015/2015-12-110/ber-br-d.pdf; zuletzt abgerufen: Juli 2017).

kausal an der Herbeiführung oder Aufrechterhaltung einer rechtswidrigen Beeinträchtigung mitgewirkt hat. Um diese Haftung jedoch nicht über Gebühr auf unbeteiligte Dritte zu erstrecken, wird vorausgesetzt, dass technisch mögliche, rechtlich zulässige und zumutbare Prüfpflichten verletzt wurden.

1 Der Content-Provider

1160 Der Content-Provider, also derjenige, der eigene Informationen zur Nutzung bereithält, ist ein Informationslieferant. Bietet er eine Homepage im Internet an, muss er für deren Inhalt einstehen. § 7 Abs. 1 TMG verweist deklaratorisch auf die Verantwortlichkeit nach den „allgemeinen Gesetzen". Eigene Informationen sind eigens eingestellte oder sich zu eigen gemachte Informationen.

1161 Nach allerdings zweifelhafter Auffassung des *LG Hamburg*[12] gehören zu den eigenen Informationen auch solche, für deren Verbreitung der Betreiber einer Internetseite seinen eigenen Internetauftritt zur Verfügung stellt. Unbeachtlich sei dabei, dass eine dritte Person die konkrete Information eingestellt hat. Dies sei die Folge des Umstandes, dass der Inhaber der jeweiligen Domain diejenige Person ist, die für die Inhalte, die über den betreffenden Internetauftritt verbreitet werden, die rechtliche Verantwortung trägt. Von eigenen Informationen könne erst dann nicht mehr gesprochen werden, wenn sich der Webseiten-Inhaber von der betreffenden Äußerung nicht pauschal, sondern konkret und ausdrücklich distanziert. Ein solches „Zueigenmachen" soll i. Ü. vorliegen, wenn sich der Diensteanbieter mit den fremden Inhalten derart identifiziert, dass er die Verantwortung insgesamt oder für bewusst ausgewählte Teile davon übernimmt. Entscheidende Kriterien sind die Art der Datenübernahme, ihr Zweck und die konkrete Präsentation der Inhalte durch den Übernehmenden, wobei es hier auf die Gesamtschau des jeweiligen Angebots aus der Perspektive eines objektiven Betrachters ankommt.[13] Im Übrigen macht sich der Betreiber eines Hotelbewertungsportals erkennbar von Dritten in das Portal eingestellte Äußerungen nicht als Tatsachenbehauptung zu eigen, wenn er die Äußerungen nicht inhaltlich-redaktionell aufbereitet oder ihren Wahrheitsgehalt überprüft, sondern die Anwendung eines automatischen Wortfilters sowie ggf. eine anschließende manuelle Durchsicht lediglich dem Zweck dienen, gegen die Nutzungsbedingungen verstoßende Einträge (etwa Formalbeleidigungen oder von Hotelbetreibern abgegebene Eigenbewertungen) von

---

12 *LG Hamburg*, Urt. v. 27. 4. 2007 – 324 O 600/06, MMR 2007, 450.
13 *KG*, Beschl. v. 10. 7. 2009 – 9 W 119/08 – AfP 2009, 600.

der Veröffentlichung auszuschließen.[14] Allerdings können ein Bewertungsportal dennoch erhöhte Pflichten zur Prüfung des Wahrheitsgehalts von Beanstandungen etwa bei Ärzten treffen. [15]

Der *BGH* hat i. Ü. den Bereich des Content Providing und die damit ver- **1162** knüpfte Haftung noch weiter ausgedehnt. Nach seiner Ansicht[16] haftet auch ein Portalbetreiber für Inhalte Dritter, wenn er nach außen sichtbar die inhaltliche Verantwortung für die Fremdinhalte übernommen hat. Für eine solche Haftung spreche auch, dass der Portalbetreiber die auf seiner Plattform erscheinenden Inhalte inhaltlich kontrolliere, die Inhalte mit seinem Emblem versehe und das Einverständnis der Nutzer einhole, dass er alle zur Verfügung gestellten Inhalte beliebig vervielfältigen und an Dritte weitergeben darf.[17] Auch solche Inhalte, die zwar von einem Nutzer erstellt, dann aber von einem Mitarbeiter des Betreibers einer Webseite auf dieser eingestellt werden, sind nach Meinung des *BGH* eigene Inhalte des Webseitenbetreibers, für die dieser voll verantwortlich ist.[18] Dies ergebe sich durch Auslegung der Privilegierung des § 10 TMG unter Berücksichtigung der durch das TMG umgesetzen Richtlinie über den elektronischen Geschäftsverkehr (RL 2000/31/EG). Fremde Informationen können danach nur solche sein, die durch den Nutzer selbst eingestellt wurden. Eine darüber hinausgehende Auslegung sei mit der Richtlinie nicht zu vereinbaren. Im Falle von Affiliate-Merchant-Systemen hat der *BGH*[19] eine Beauftragtenhaftung bejaht. Entscheidend für eine solch weite Haftung sei, dass der Werbepartner in die betriebliche Organisation des Betriebsinhabers in der Weise eingegliedert sei, dass der Erfolg der Geschäftstätigkeit des beauftragten Unternehmens dem Betriebsinhaber zugute komme und der Betriebsinhaber einen bestimmenden, durchsetzbaren Einfluss auf diejenige Tätigkeit des beauftragten Unternehmens habe, in deren Bereich das beanstandete Verhalten fällt. Der Geschäftsführer haftet für unlautere Wettbewerbshandlungen der von ihm vertretenen Gesellschaft nur dann persönlich, wenn er daran entweder durch positives Tun beteiligt war oder wenn er die Wettbewerbsverstöße aufgrund einer nach allgemeinen Grundsätzen des Deliktsrechts begründeten Garantenstellung hätte verhindern müssen.[20]

---

14 *BGH*, Urt. v. 19. 3. 2015 – I ZR 94/13, MMR 2015, 726 m. Anm. *Milstein* = NJW 2015, 3443 m. Anm. *Ernst* – Hotelbewertungsportal.
15 *BGH*, Urt. v. 1. 3. 2016 – VI ZR 34/15, MMR 2016, 418 m. Anm. *Paal* = ZD 2016, 281 m. Anm. *Palzer* – www.jameda.de.
16 *BGH*, Urt. v. 12. 11. 2009 – I ZR 166/07, MDR 2010, 884 = CR 2010, 468 m. Anm. *Hoeren/ Plattner* – marions-kochbuch.de.
17 Ähnlich auch *KG*, Beschl. v. 7. 10. 2010 – 9 W 119/08, MMR 2010, 203.
18 *BGH*, Urt. v. 4. 7. 2013 – I ZR 39/12, MMR 2014, 121.
19 *BGH*, Urt. v. 7. 10. 2009 – I ZR 109/06, CR 2009, 794 m. Anm. *Rössel* = MMR 2009, 827.
20 *BGH*, Urt. v. 18. 6. 2014 – I ZR 242/12, GRUR 2014, 883.

1163   Im Folgenden sollen einige Überlegungen zur allgemeinen Haftung von Content-Providern vorgestellt werden.

a) Vertragliche Haftung

1164 Für die vertragliche Haftung kann auf die **allgemeinen Grundsätze des Zivilrechts** zurückgegriffen werden, die neben der Sachmängelhaftung auch eine Haftung wegen Pflichtverletzung vorsehen.

1165   Neben dieser allgemeinen Haftung hat der *BGH* jedoch eine **besondere Verantwortlichkeit für Informationsdienste** kreiert. In der Entscheidung „Börsendienst"[21] hat er angenommen, dass auch das formularmäßige Werbeschreiben eines Börsendienstes das Angebot zum Abschluss eines gesonderten Beratungsvertrages beinhalte, sofern die Anbieter die Zuverlässigkeit und Richtigkeit ihrer Informationen hervorhöben. Diese Rechtsprechung hat der *BGH* in den Folgejahren noch ausgeweitet. Nach dieser bedarf es für einen solchen Beratungsvertrag keiner besonderen Vereinbarung oder gar eines schriftlichen Vertrages. Vielmehr werde nach Ansicht des *BGH* ein solcher Auskunftsvertrag stillschweigend abgeschlossen, wenn eine Auskunft erkennbar von erheblicher Bedeutung und die Grundlage wichtiger Entscheidungen des Anwenders gewesen sei.[22] Der Anwender kann dann vollen Schadensersatz gem. § 280 Abs. 1 BGB wegen Pflichtverletzung verlangen, wobei die regelmäßige Verjährungsfrist von drei Jahren nach § 195 BGB gilt.

1166   Allerdings sind diese Fälle durch das Vorliegen einer bereits bestehenden vertraglichen Bindung gekennzeichnet gewesen. Im Falle des Börsendienstes bestand ein abonnementähnlicher Dauervertrag zwischen Herausgeber und Kunden, der auch durch Beratungselemente geprägt war.[23] Von daher kann die Entscheidungspraxis des *BGH* zu den Beratungsverträgen nur für das Verhältnis eines Users zu einem entgeltlichen Online-Informationsdienst herangezogen werden. Allerdings kann eine solche vertragliche Haftung auch bei Verletzung vorvertraglicher Pflichten über § 280 BGB in Betracht kommen. Gibt etwa eine Sparkasse Anlageinformationen und kommt es aufgrund derer zum Abschluss eines Online-Banking-Vertrages, liegt eine Haftung aus §§ 280 Abs. 1, 311 Abs. 2, 241 Abs. 2 BGB nahe.

1167   Hinsichtlich der **vertraglichen Haftung** kommt eine Beschränkung der Haftung – etwa in Allgemeinen Geschäftsbedingungen – von vornherein kaum

---

21 *BGH*, Urt. v. 8. 2. 1978 – VIII ZR 20/77, NJW 1978, 997.
22 *BGH*, Urt. v. 17. 9. 1985 – VI ZR 73/84, NJW 1986, 180; *BGH*, Urt. v. 11. 10. 1988 – XI ZR 1/88, NJW 1989, 1029.
23 Siehe dazu auch *Hopt*, FS Fischer 1979, S. 237; *Köndgen*, JZ 1978, 389.

in Betracht. Das BGB verbietet jeglichen Ausschluss sowie jegliche Beschränkung der Haftung für arglistiges Verhalten und Beschaffenheitsgarantien (§ 444 BGB), für die Verletzung von Leben, Körper und Gesundheit (§ 309 Nr. 7a) BGB) sowie vorsätzliches und grob fahrlässiges Verhalten (§ 309 Nr. 7b) BGB). Zusätzlich hat die Rechtsprechung aus § 307 Abs. 2 Nr. 2 BGB abgeleitet, dass auch für mittlere und leichte Fahrlässigkeit des Lieferanten die Haftung nicht ausgeschlossen werden dürfe, sofern es um die Verletzung vertragswesentlicher Kardinalpflichten gehe.[24]

Unwirksam sind daher folgende Vertragsbestimmungen: **1168**
- „Jede Haftung für Mängel wird ausgeschlossen."[25]
- „Für fahrlässiges Verhalten des Verkäufers wird nicht gehaftet."[26]
- „Wir haften nicht für Mangelfolgeschäden, Datenverlust und entgangenen Gewinn".[27]
- „Wir haften für Schäden [...] bis zur Höhe von [...] Euro."[28]
- „Wir schließen jegliche Haftung, soweit gesetzlich zulässig, aus."[29]
- „Wir schließen unsere Haftung für leicht fahrlässige Pflichtverletzungen aus."[30]

Zulässig bleibt nur eine Klausel wie folgt: **1169**
- *„Wir schließen unsere Haftung für leicht fahrlässige Pflichtverletzungen aus, sofern nicht Schäden aus der Verletzung des Lebens, des Körpers oder der Gesundheit oder Garantien betroffen oder Ansprüche nach dem Produkthaf-*

---

24 Siehe dazu *BGH*, Urt. v. 5. 12. 1995 – X ZR 14/93, MDR 1996, 675 = DB 1996, 1276.
25 Ähnlich die US-Disclaimers: *„Limitation of Liability: You expressly understand and agree that Yahoo shall not be liable for any direct, indirect, incidental, special, consequential or exemplary damages, including but not limited to, damages for loss or profits, goodwill, use, data or other intangible losses, resulting from the use or the inability to use the service [...]".*
26 *OLG Köln*, Urt. v. 2. 7. 1982 – 20 U 39/82, DAR 1982, 403.
27 *LG Bayreuth*, Urt. v. 17. 3. 1982 – S 72/81, MDR 1982, 755 = DB 1982, 1400.
28 Diese Klausel war früher nach § 11 Nr. 11 AGBG für den Bereich der zugesicherten Eigenschaften gänzlich unwirksam. Sie wird für Ansprüche wegen c. i. c. oder pVV nur zugelassen, wenn alle vertragstypischen und vorhersehbaren Schäden abgedeckt sind; *BGH*, Urt. v. 23. 2. 1984 – VII ZR 274/82, MDR 1984, 1018 = ZIP 1984, 971; *BGH*, Urt. v. 12. 5. 1980 – VII ZR 166/79, MDR 1980, 839 = BB 1980, 1011; *BGH*, Urt. v. 11. 11. 1992 – VIII ZR 138/91, NJW 1993, 335. Wann dies in concreto der Fall ist, lässt sich jedoch kaum feststellen; demnach ist die Klausel auf jeden Fall zu gefährlich.
29 Ein solcher Rettungsanker ist nicht erlaubt; er gilt als unzulässige salvatorische Klausel. Siehe *BGH*, Urt. v. 4. 3. 1987 – IVa ZR 122/85, MDR 1987, 563 = NJW 1987, 1815; *BGH*, Urt. v. 26. 11. 1984 – VIII ZR 214/83, MDR 1985, 837 = NJW 1985, 623; *OLG Stuttgart*, Urt. v. 19. 12. 1980 – 2 U 122/80, NJW 1981, 1105.
30 *BGH*, Urt. v. 29. 1. 1968 – II ZR 18/65, NJW 1968, 1567.

tungsgesetz berührt sind. Unberührt bleibt ferner die Haftung für die Verletzung von Pflichten, deren Erfüllung die ordnungsgemäße Durchführung des Vertrages überhaupt erst ermöglicht und auf deren Einhaltung der Kunde regelmäßig vertrauen darf. Gleiches gilt für Pflichtverletzungen unserer Erfüllungsgehilfen."

1170 Fraglich ist allerdings, ob es wirklich noch sinnvoll und mit dem AGB-rechtlichen Transparenzgebot (§ 307 Abs. 1 S. 2 BGB) vereinbar ist, eine solche Klausel in ein Vertragswerk aufzunehmen. Denn schließlich muss der Lieferant für alle wichtigen Pflichtverletzungen und Leistungsstörungen aufkommen und kann die Haftung insoweit auch nicht ausschließen. Letztendlich schuldet der Content Provider daher i. R. v. entgeltlichen Infodiensten vollständige und richtige Informationen, ohne dass er seine Haftung ausschließen könnte.

1171 Wichtig ist die vertragliche Haftung auch im Hinblick auf **IT-Sicherheit**. Als Teil vertraglicher Nebenpflichten ist der Anbieter verpflichtet, einen Mindeststandard zum Schutz seiner Kunden vor Phishing, Hackern und Viren vorzusehen. So soll z. B. eBay gegenüber den Nutzern verpflichtet sein, Sicherheitsmaßnahmen gegen den Identitätsklau vorzunehmen, insb. nach Kenntnis eines Missbrauchsfalls ein zusätzliches Kontrollverfahren bei einer erneuten Anmeldung unter denselben Kontaktdaten vorzunehmen.[31]

b) Deliktische Haftung

1172 Zu beachten ist hier die Haftung für die **Rechtmäßigkeit des Inhalts** (etwa in Bezug auf Urheberrechtsverletzungen) und für die **Richtigkeit des Inhalts**.

1173 Für die **Rechtmäßigkeit des Inhalts** gelten die spezialgesetzlichen Haftungsbestimmungen, etwa:
   – § 97 UrhG für Urheberrechtsverletzungen
   – §§ 14, 15 MarkenG für Domainfragen
   – § 7 BDSG für Datenschutzverstöße oder
   – §§ 3, 5 UWG für rechtswidrige Marketingmaßnahmen im Internet.

1174 Hier treffen den Content Provider sehr hohe Sorgfaltspflichten. Er kann sich z. B. nicht darauf verlassen, dass der Rechteinhaber mit dem Bereitstellen seiner Software im Internet einverstanden ist. Er muss vielmehr prüfen, ob der Berechtigte das Programm zur öffentlichen Zugänglichmachung freigegeben hat.[32]

---

31 *OLG Brandenburg*, Urt. v. 16.11. 2005 – 4 U 5/05, CR 2006, 124 = MMR 2006, 107 m. Anm. *Spindler*.
32 *BGH*, Urt. v. 20.5. 2009 – I ZR 239/06, CR 2009, 642 = MDR 2009, 1290 = WRP 2009, 1143 = BB 2009, 1781 (Ls.).

Für **falsche Inhalte** bei Content-Providern kommt eine Haftung nach Maß- 1175
gabe des Produkthaftungsgesetzes oder i. R. v. § 823 Abs. 1 BGB in Betracht. Insbesondere könnte die „Börsendienst"-Rechtsprechung zur Haftung des Verlegers bei Printmedien herangezogen werden.[33] Allerdings ist dieser Fall
dadurch gekennzeichnet, dass ein abonnementähnlicher Dauervertrag zwischen Herausgeber und Kunden bestand, der auch durch Beratungselemente
geprägt war.[34] Von daher kann diese Entscheidung nur für das Verhältnis eines
Users zu einem entgeltlichen Online-Informationsdienst herangezogen werden.

Abseits vertraglicher Bindungen kommt eine Haftung nur bei **Verletzung** 1176
absoluter Rechtsgüter in Betracht. Der *BGH* hat in der **„Kochsalz"-Entschei-**
dung betont, dass sowohl der Autor als auch eingeschränkt der Verleger für
fehlerhafte Angaben in medizinischen Verlagsprodukten einstehen müssen.
Bei medizinischen Informationen kommt es in der Tat schnell zur Verletzung
von Körper und Gesundheit, beides geschützte Rechtsgüter i. S. v. § 823 Abs. 1
BGB. Daher ist bei der Bereitstellung von Gesundheitstipps und medizinischer
Werbung ein hohes Haftungsrisiko zu erwarten. Ähnliches gilt für den Download von Software via Internet. Führt dieser zum Datenverlust, liegt eine Eigentumsverletzung im Hinblick auf die nicht mehr einwandfrei nutzbare Festplatte
des Users vor. Dieser Haftung für Datenverlust kann sich der Provider aber
durch den Hinweis auf ein überwiegendes Mitverschulden des Users (nach
§ 254 Abs. 1 BGB) entziehen, da dessen Schaden offensichtlich auf einer fehlenden Datensicherung beruht.

Wichtig sind hier **deutliche Warnhinweise** auf der Homepage: 1177

Wir übernehmen keine Gewähr für die Richtigkeit und Vollständigkeit der auf der Homepage
befindlichen Informationen.

Zu beachten ist ferner, dass der Content Provider sich nach vollständiger Lö- 1178
schung/Korrektur seiner Seite darauf verlassen kann, dass die Suchmaschinen
ihre Datenbanken regelmäßig aktualisieren. Er muss also nicht prüfen, ob die
streitgegenständliche Seite noch über längere Zeit bei Suchmaschinenbetreibern vorhanden ist.[35] Er muss aber dafür Sorge tragen, dass die Homepage
tatsächlich geändert wird; die bloße Entfernung des Links reicht nicht.[36]

---

33 *BGH*, Urt. v. 8. 2. 1978 – VIII ZR 20/77, NJW 1978, 997.
34 Siehe dazu auch *Hopt*, FS Fischer 1979, S. 237; *Köndgen*, JZ 1978, 389.
35 *OLG Hamburg*, Beschl. v. 9. 9. 2002 – 3 W 60/02, CR 2003, 66 m. Anm. *Dieselhorst*; anders
aber *LG Frankfurt a. M.*, Urt. v. 3. 12. 1999 – 3/11 O 89/99, CR 2000, 462; *LG Mannheim*, Urt. v.
1. 8. 1997 – 7 O 291/97, CR 1998, 306 – ARWIS m. Anm. *Hackbarth*.
36 *LG Hamburg*, Beschl. v. 28. 3. 2003 – 315 O 569/02, MMR 2004, 195; ähnlich *LG Hamburg*,
Urt. v. 12. 3. 2010 – 308 O 604/09, MMR 2008, 488.

1179   Ist jemand zur Unterlassung verpflichtet, muss er auch sicherstellen, dass die durch die Unterlassungserklärung betroffenen Inhalte seiner Webseite nicht mehr im Internet aufgerufen werden können. Er muss dann wenigstens **bei Google als gängigste Internetsuchmaschine prüfen**, ob diese Inhalte noch über die Trefferliste der Suchmaschine abrufbar sind. In einem solchen Fall muss der Schuldner ferner gegenüber Google den Antrag auf Löschung im Google-Cache bzw. auf Entfernung der Inhalte stellen.[37]

2 Der Access Provider

1180   Beim Access Provider greifen §§ 8, 9 TMG ein. Hiernach ist der Diensteanbieter für die Durchleitung von Informationen von der Schadensersatzhaftung freigestellt. Eine Durchleitung liegt aber nur vor, wenn es um die Weiterleitung von Nutzerinformationen oder um die Zugangsvermittlung zu einem Kommunikationsnetz geht. Die Übermittlung darf nicht vom Diensteanbieter selbst veranlasst worden sein; nur passive, automatische Verfahren sind privilegiert (Erwägungsgrund 42 der Richtlinie). Sonderbestimmungen für das Caching regelt § 9 TMG.

1181   Den Access Providern gleichgestellt sind nunmehr die **Betreiber offener WLANs.** Der Generalanwalt bem *EuGH*[38] hat eine Haftung abgelehnt: Ein Unternehmer, der der Öffentlichkeit ein WLAN kostenlos zur Verfügung stellt, sei nicht für Urheberrechtsverletzungen eines Nutzers verantwortlich. Wenn ein Access Provider die Unterbindung der Rechtsverletzung nur erreichen könne, indem er entweder das WLAN-Netz schließt, mit einem Passwort schützt oder sämtliche darüber laufende Kommunikation überwacht, würde das seine unternehmerische Freiheit zu stark einschränken. Außerdem würde der Zugang dadurch dahingehend begrenzt, dass nur rechtmäßige Kommunikation erlaubt wäre, was das Recht auf freie Meinungsäußerung und Informationsfreiheit einschränken würde. Hiermit stimmt der *EuGH*[39] überein, indem er in seinem aktuellsten Urteil zur WLAN-Störerhaftung ebenfalls vorsieht, dass dem geschäftlich tätigen Anschlussinhaber eines kostenlosen WLAN-Netzes die Pflicht zur Sicherung des WLAN durch ein Passwort auferlegt werden kann, um so Urheberrechtsverletzungen vorzubeugen.[40] Dies bringe die grundrechtlich ge-

---

37 *OLG Celle*, Urt. v. 29.1. 2015 – 13 U 58/14, MMR 2015, 408; a.A. *OLG Zweibrücken*, Urt. v. 19.5. 2016 – 4 U45/15, BeckRS 2016, 10948.
38 Schlussanträge des Generalanwalts Maciej Szpunar v. 16.3. 2016 – C484/14 – Tobias McFadden ./. Sony Music Entertainment Germany GmbH.
39 *EuGH*, Urt. v. 15.9. 2016 – C-484/14, BeckRS 2016, 82227.
40 *EuGH*, Urt. v. 15.9. 2016 – C-484/14, Rz. 99 f., BeckRS 2016, 82227.

schützten Interessen beider Parteien in Einklang.[41] Bei der Erfüllung von drei
Voraussetzungen sei der Anschlussinhaber allerdings von seiner Haftung frei
und für über das WLAN vorgenommene Urheberrechtsverletzungen durch etwaige Nutzer des Anschlusses nicht verantwortlich:[42]

- der Adressat der Datenübertragung wurde nicht vom Diensteanbieter ausgewählt;
- die Übermittlung wurde nicht durch den Diensteanbieter veranlasst und
- der Diensteanbieter hat die Inhalte der Übermittlung weder ausgewählt
  noch verändert.

Hiermit stimmt auch der Wortlaut des § 8 TMG überein, der mit Wirkung zum **1182**
27. Juli 2016 durch das 2. Gesetz zur Änderung des Telemediengesetzes[43] geändert wurde und einen 3. Absatz erhielt. In diesem wird die Anwendbarkeit der
Grundsätze des § 8 Abs. 1, Abs. 2 TMG auch auf Diensteanbieter nach § 8 Abs. 1
TMG, die Nutzern einen Internetzugang über ein drahtloses lokales Netzwerk
zur Verfügung stellen, ausgeweitet. Das Gesetz soll allerdings insoweit noch
einmal geändert werden, um in § 7 Abs. 4 TMG eine Pflicht von WLAN-Betreibern
zur Sperrung im Rahmen der Zumutbarkeit und Verhältnismäßigkeit vorzusehen.[44]

Abseits der Schadensersatzhaftung ist die Verpflichtung zur Entfernung **1183**
oder Sperrung nach den allgemeinen Gesetzen besonders zu beachten.[45] Durch
diesen im Widerspruch zur E-Commerce-Richtlinie integrierten Hinweis wird
durch die Hintertür wieder eine unkonturierte Verantwortlichkeit der Access
Provider heraufbeschworen. Dabei ist besonders fatal, dass die früher im TDG
enthaltenen Hinweise auf die technische Möglichkeit und wirtschaftliche Zumutbarkeit der Sperrung nicht mehr im Gesetz enthalten sind. Man könnte das
so interpretieren, dass Access Provider uneingeschränkt zur Sperrung aufgrund von behördlichen oder gerichtlichen Unterlassungsanordnungen verpflichtet werden könnten. Hier gilt jedoch auch der Grundsatz des „impossibili-
um nemo obligatur". Wenn ein Access Provider nicht sperren kann, kann man
dies auch nicht von ihm verlangen. Versuche, die Access Provider zur Sperrung
zu verpflichten, gingen daher bislang ins Leere. Zum einen seien die Provider
weder Täter noch Teilnehmer in Bezug auf die vorgenommenen Zuwiderhand-

---

41 *EuGH*, Urt. v. 15. 9. 2016 – C-484/14, Rz. 90, BeckRS 2016, 82227.
42 *EuGH*, Urt. v. 15. 9. 2016 – C-484/14, Rz. 73 mit Verweis auf Art. 12 Abs. 1 der Richtlinie
2000/31, BeckRS 2016, 82227.
43 BGBl. I 2016, S. 1766; berechtigte Kritik üben *Conraths/Peintinger*, GRUR-Prax 2016, 297.
44 TMG-Änderungsgesetz vom 23. 2. 2017 – Referentenentwurf des BMWi.
45 *OLG Hamburg*, Urt. v. 9. 1. 2014 – 5 U 52/10, MMR 2015, 131 (Ls.) = BeckRS 2014, 02166.

564 — Siebtes Kapitel: Haftung von Online-Diensten

lungen, da sie auf die Webseiten mit den inkriminierenden Inhalten keinen Zugriff haben. Zum anderen komme auch eine Haftung als sog. mittelbarer **Störer** nicht in Betracht. Eine solche Haftung sah das *LG Kiel* aufgrund der fehlenden rechtlichen und tatsächlichen Möglichkeit der Provider zur Verhinderung der Rechtsverletzungen als nicht gegeben an. In rechtlicher Hinsicht fehlte es an einer vertraglichen Beziehung zu den Anbietern. In tatsächlicher Hinsicht könne die Sperrung durch einzelne Provider aufgrund der leichten Umgehbarkeit den Zugriff auf die Inhalte weder verhindern noch erschweren. Insbesondere können sie wegen fehlender Zumutbarkeit der Sperrung (insb. einer technisch unzureichenden DNS-Sperre) nicht auf Unterlassung in Anspruch genommen werden.[46] Gerade DNS-Sperren können durch bloße Eintragung eines anderen DNS-Servers spielend umgangen werden, wie schon das *LG Hamburg* festgestellt hat.[47] Vom *OLG Hamburg* wurde dies offen gelassen, die Sperrverpflichtung aber schon mit der Begründung verneint, dass in der Pflicht zur Sperrung bestimmter Internetseiten ein Eingriff in Grundrechtspositionen liegt, vor allem in das Fernmeldegeheimnis aus Art. 10 GG, der einer konkreten gesetzlichen Regelung bedarf und nicht durch richterliche Rechtsfortbildung erreicht werden kann.[48] Hinweise darauf, dass eine solche gesetzliche Regelung geplant ist gibt es bisher nicht. Der *EuGH* hat diesbezüglich aber entschieden, dass eine gerichtliche Anordnung einer Sperrverpflichtung nicht schlechthin gegen EU-Grundrechte verstößt.[49] Erforderlich sei aber, dass die Erfordernisse, welche sich aus der RL 2001/29, den EU-Grundrechten und dem Grundsatz der Verhältnismäßigkeit ergeben, eingehalten werden. So dürften vom Adressaten keine untragbaren Opfer verlangt werden, was jedenfalls dann nicht der Fall ist, wenn er sich, durch den Nachweis alle zumutbaren Maßnahmen ergriffen zu haben, von der Haftung befreien kann.[50] Folgerichtig muss ihm weiter die Möglichkeit gegeben sein, diese Befreiung im Rechtsweg durchzusetzen.[51] Aus Sicht der betroffenen Nutzer muss eine Möglichkeit der gerichtlichen Kontrolle für die Frage bestehen, ob die vom Provider gewählten Maßnahmen streng zielorientiert sind und der Zugang zu rechtmäßigen Inhalten nicht beeinträchtigt wird, da ansonsten ein nicht gerechtfertigter Eingriff in die Informationsfreiheit der Nutzer vorliegt.[52]

---

46 *LG Kiel*, Urt. v. 23. 11. 2007 – 14 O 125/07, ZUM 2008, 246.
47 So z. B. *LG Hamburg*, Urt. v. 12. 11. 2008 – 308 O 548/08, ZUM 2009, 587.
48 *OLG Hamburg*, Urt. v. 21. 11. 2013 – 5 U 68/10, GRUR-RR 2014, 140.
49 *EuGH*, Urt. v. 27. 3. 2014 – C-314/12 (UPC Telekabel Wien GmbH/Constantin Film Verleih GmbH ua), NJW 2014, 1577.
50 *EuGH*, Urt. v. 27. 3. 2014 – C-314/12, Rn. 53, NJW 2014, 1577, 1579.
51 *EuGH*, Urt. v. 27. 3. 2014 – C-314/12, Rn. 54, NJW 2014, 1577, 1580.
52 *EuGH*, Urt. v. 27. 3. 2014 – C-314/12, Rn. 56–57, NJW 2014, 1577, 1580.

Die Content-Industrie drängt darauf, den Freiraum für Access Provider zu **1184** begrenzen. Sie will die Access Provider zwingen, den Zugang zu missliebigen Downloadmöglichkeiten im Ausland zu sperren und Auskunft über die Identität der Nutzer, insb. von P2P-Diensten, zu geben. Art. 8 Abs. 3 der InfoSoc-RL sieht vor, dass die Mitgliedstaaten auch effektive Schutzmaßnahmen gegen Access Provider im Kampf gegen Piraterie vorsehen müssen. Daraus wird eine entsprechende Sperrungs- und Auskunftsverpflichtung der Access Provider abgeleitet. Wie oben gezeigt, besteht mit der Umsetzung der Enforcement-Richtlinie ein Auskunftsanspruch gegen die Access Provider (z. B. in § 101 Abs. 2 UrhG). Allerdings erkennt auch der *EuGH* die Kriterien der Möglichkeit und der Zumutbarkeit der Maßnahmen als erforderlich an.[53] Dabei sei es aber nicht erforderlich, dass die Maßnahmen geeignet seien, die jeweiligen Rechtsverletzungen gänzlich zu unterbinden. Es soll ausreichen, dass Zugriffe auf unerlaubte Inhalte zumindest erschwert werden.

Anders argumentiert jetzt der *BGH*[54]: Access Provider müssen nach Auffas- **1185** sung des Senats künftig ihre Systeme so einrichten, dass sie Filter und Sperren vorsehen. Der *BGH* hat zwar einige Vorbedingungen für eine solche Filterpflicht aufgestellt, diese aber nicht vollständig abgelehnt. Der *BGH* verlangt vom Rechteinhaber, dass er zunächst gegen den unmittelbaren Verletzer und gegen den Host Provider vorgeht. Erst dann soll der Access Provider haften. Der *BGH* begründet damit eine Subsidiarität der Störerhaftung i. S. der französischen Kaskadenhaftung.

Im Wortlaut der Pressemitteilung des *BGH* heißt es dazu: **1186**

Eine Störerhaftung des Unternehmens, das den Zugang zum Internet vermittelt, kommt unter dem Gesichtspunkt der Verhältnismäßigkeit allerdings nur in Betracht, wenn der Rechteinhaber zunächst zumutbare Anstrengungen unternommen hat, gegen diejenigen Beteiligten vorzugehen, die – wie der Betreiber der Internetseite – die Rechtsverletzung selbst begangen haben oder – wie der Host-Provider – zur Rechtsverletzung durch die Erbringung von Dienstleistungen beigetragen haben. Nur wenn die Inanspruchnahme dieser Beteiligten scheitert oder ihr jede Erfolgsaussicht fehlt und deshalb andernfalls eine Rechtsschutzlücke entstünde, ist die Inanspruchnahme des Access-Providers als Störer zumutbar. Betreiber und Host-Provider sind wesentlich näher an der Rechtsverletzung als derjenige, der nur allgemein den Zugang zum Internet vermittelt. Bei der Ermittlung der vorrangig in Anspruch zu nehmenden Beteiligten hat der Rechtsinhaber in zumutbarem Umfang – etwa durch Beauftragung einer Detektei, eines Unternehmens, das Ermittlungen im Zusammenhang mit rechtswidrigen An-

53 *EuGH*, Urt. v. 27. 3. 2014 – C-314/12, Rn. 59–63, NJW 2014, 1577, 1580.
54 *BGH*, Urt. v. 26. 11. 2015 – I ZR 3/14, MMR 2016, 188; *BGH*, Urt. v. 10. 12. 2015 – I ZR 177/14, MMR 2016, 616.

geboten im Internet durchführt, oder Einschaltung der staatlichen Ermittlungsbehörden – Nachforschungen vorzunehmen.[55]

1187 Mangels Sperrverpflichtung kommt i. Ü. den Auskunftsansprüchen privater Rechteinhaber gegen den Access Provider eine gesteigerte Bedeutung zu. Diese Ansprüche sind in den jeweiligen Gesetzen zum Schutze der immateriellen Schutzrechte (Urheberrechtsgesetz, Patentgesetz, MarkenG, Gebrauchsmustergesetz, DesignG) geregelt und im Wesentlichen gleich ausgestaltet. Die praktisch größte Bedeutung hat dabei der Auskunftsanspruch des Urhebers aus § 101 Abs. 1 UrhG.[56]

3 Der Host Provider

1188 Schwieriger ist die Rechtslage bei fremden Inhalten, die Provider zur Nutzung bereithalten, also speichern (sog. Host Providing).[57] Nach § 10 TMG sind Diensteanbieter für fremde Informationen, welche sie für einen Nutzer speichern, nicht verantwortlich, sofern sie keine Kenntnis von der rechtswidrigen Handlung oder der Information haben und ihnen im Falle von Schadensersatzansprüchen auch keine Tatsachen oder Umstände bekannt sind, aus denen die rechtswidrige Handlung oder die Information offensichtlich wird (Nr. 1) oder sofern sie bei Kenntniserlangung unverzüglich tätig geworden sind, um die Information zu entfernen oder den Zugang zu ihr zu sperren (Nr. 2). Entscheidend ist das Vorliegen der anspruchsbegründenden Tatbestandsmerkmale „Kenntnis" und „offensichtliche Rechtswidrigkeit". Der Anspruchsteller trägt die volle Darlegungs- und Beweislast für das Vorliegen der Kenntnis.[58] Damit soll die Haftung der Host Provider auf Vorsatzstraftaten und -delikte beschränkt werden. Fraglich ist dabei aber, wann von einer offensichtlichen Rechtswidrigkeit ausgegangen werden kann. Rechtsverletzungen rund um Werbung und Allgemeine Geschäftsbedingungen sollen nach Auffassung des

---

55 Mitteilung der Pressestelle des *BGH*, Nr. 194/2015, abrufbar unter: http://juris.bundesge richtshof.de/cgi-bin/rechtsprechung/document.py?Gericht=bgh&Art=en&Datum=Aktuell&nr= 72928&linked=pm (zuletzt abgerufen: Oktober 2016.).
56 Siehe dazu unter Drittes Kapitel: Urheberrecht, XI. 2. C.
57 Dazu zählt auch Facebook; siehe *LG Würzburg*, Urt. v. 7. 3. 2017 – 11 O 2388/14. Derzeit tobt ein breiter gesellschaftlicher Streit über die Verantwortlichkeit von Facebook etwa im Zusammenhang mit Fake News; siehe dazu auch den Entwurf eines Netzwerkdurchsetzungsgesetzes aus dem BMJV vom 15. März 2017.
58 *BGH*, Urt. v. 23. 9. 2003 – VI ZR 335/02, CR 2004, 48 m. Anm. *Spindler* = MMR 2004, 166; zu § 5 Abs. 2 TDG a. F. gegen *Spindler*, NJW 1997, 3193; sowie auch *Spindler*, NJW 2002, 921.

öOGH[59] bei Weitem das übersteigen, was für einen juristischen Laien ohne weitere Nachforschungen offenkundig als rechtswidrig erkennbar ist. Host Provider können daher mit wettbewerbsrechtlichen Unterlassungsansprüchen nur dann in Anspruch genommen werden, wenn Rechtsverletzungen durch ihre Kunden für juristische Laien ohne weitere Nachforschungen offenkundig sind.

Soweit Inhalte von einem Dritten hochgeladen wurden, ist unter besonderen Umständen lediglich eine Verantwortlichkeit als Gehilfe denkbar. Eine solche Haftung setzt laut *BGH* jedoch Gehilfenvorsatz voraus, welcher lediglich im Fall von konkreten Feststellungen über eine hinreichende Kenntnis von den im Streitfall konkret als rechtsverletzend beanstandeten Angeboten bejaht werden kann.[60] Diese Gehilfenhaftung kommt nach dem *OLG Hamburg* dann in Betracht, wenn ein Host Provider mehrfach davon in Kenntnis gesetzt wird, dass über seine URL unzulässige Inhalte abrufbar sind und er darauf dennoch nicht reagiert bzw. jedenfalls die betroffenen Inhalte nicht entfernt.[61] Dabei sei allerdings nicht jede Verzögerung Anlass für eine Gehilfenhaftung und eine starre Abgrenzung, ab wann dies der Fall ist, nicht möglich. Es kommt vielmehr im Einzelfall darauf an, ob Gehilfenvorsatz des Host Providers glaubhaft gemacht werden kann. Darüber hinaus bleibt nur die Möglichkeit einer Verantwortlichkeit nach den Grundsätzen der Störerhaftung bestehen. **1189**

Welche Ansprüche bestehen, hängt auch davon ab, aus welchem Recht sich eventuelle Ansprüche gegen den Host Provider ergeben. Für den Bereich des Wettbewerbsrechts/UWG hat der *BGH* eine Störerhaftung von Host Providern abgelehnt und stattdessen auf die Täterhaftung abgestellt.[62] In der Entscheidung „Kinderhochstühle im Internet"[63] hat der *BGH* den Abschied von der Störerhaftung im Wettbewerbsrecht ausdrücklich bekräftigt. In Fällen des Verhaltensunrechts komme eine Störerhaftung nicht in Betracht. Vielmehr sei nach einer täterschaftlichen Verletzung wettbewerbsrechtlicher Verkehrspflichten zu fragen.[64] Solche Verkehrspflichten werden verletzt, wenn ein ent- **1190**

---

59 *öOGH*, Urt. v. 6.7. 2004 – 4 Ob 66/04s , MMR 2004, 807 – megasex.at.
60 *BGH*, Beschl. v. 10.5. 2012 – I ZR 57/09, MMR 2012, 815.
61 *OLG Hamburg*, Beschl. v. 13.5. 2013 – 5 W 41/13, MMR 2013, 533 = ZUM-RD 2013, 533.
62 *BGH*, Urt. v. 12.7. 2007 – I ZR 18/04, CR 2007, 729 m. Anm. *Härting* = MMR 2007, 634; siehe bereits *BGH*, Urt. v. 15.5. 2003 – I ZR 292/00, CR 2004, 333 = GRUR 2003, 969; *BGH*, Urt. v. 14.6. 2006 – I ZR 249/03, CR 2006, 678 = MMR 2006, 672.
63 *BGH*, Urt. v. 22.7. 2010 – I ZR 139/08, CR 2011, 259 = MMR 2011, 172; dazu *Spindler*, GRUR 2011, 101.
64 Ähnlich *LG München I*, Urt. v. 4.11. 2008 – 33 O 20212/07, APR 2009, 82 = WRP 2009, 491; *LG Frankfurt a. M.*, Urt. v. 13.1. 2010 – 2-06 O 521/09, MMR 2010, 336; *OLG Köln*, Urt. v. 27.8. 2010 – 6 U 43/10, GRUR-Prax 2010, 566 = MD 2010, 1093; ähnlich für eine vollständige Abkehr vom Störermodell zum Tätermodell *Folkmann*, CR 2008, 232; *Leistner*, GRUR-Beilage 2010, 1.

sprechender Fahrlässigkeitsvorwurf begründet werden kann. Im Übrigen entsprechen die Verkehrspflichten den früheren Prüfpflichten im Rahmen der Störerhaftung. Unterschiede bestehen vor allem bei der Geltendmachung von Auskunftsansprüchen, die nunmehr bei einer täterschaftlichen Konstruktion anders als bei der Störerhaftung bejaht werden können. Im Urheber- und Markenrecht bleibt es jedenfalls für den Host Provider bei der Figur der Störerhaftung.[65]

1191   Diesbezüglich hat der *BGH* in der Folge ein dem Notice-and-Take-Down-Verfahren vergleichbares, neues Haftungsmodell für Host Provider bei der Verletzung von Persönlichkeitsrechten durch fremde Inhalte geschaffen.[66] Der Beklagte hatte die technische Infrastruktur für einen Blog zur Verfügung gestellt, auf dem Tatsachen behauptet wurden, die der Kläger für unwahr und ehrrührig hielt. Das Gericht hat dann für eine Störerhaftung auf Unterlassen die Verletzung an folgende Voraussetzungen geknüpft:

1192   Der Hinweis über die rechtswidrigen Inhalte müsse so konkret sein, dass der Rechtsverstoß auf dessen Grundlage unschwer bejaht werden kann, d. h. ohne eingehende rechtliche und tatsächliche Überprüfung. Dieser Hinweis müsse dann an den für den Inhalt Verantwortlichen mit Aufforderung zur Stellungnahme weitergeleitet werden. Bleibe eine Stellungnahme aus, sei der Eintrag zu löschen. Werde allerdings der Berechtigung der Beanstandung so substantiiert widersprochen, dass sich berechtigte Zweifel ergeben, müsse der Provider dies dem Betroffenen mitteilen und von diesem Nachweise verlangen, aus denen sich die Rechtsverletzung ergibt. Bleibe dieser Nachweis aus, könne von einer weiteren Prüfung abgesehen werden. Ergebe sich allerdings daraus eine rechtswidrige Persönlichkeitsrechtsverletzung, sei der Eintrag vom Provider zu löschen.

1193   Der *BGH* hielt fest, dass einen Host Provider über das Normalmaß hinausgehende Prüfpflichten treffen, wenn bei dem angebotenen Dienst eine erhöhte Gefahrengeneigtheit besteht.[67] Diese soll nach Ansicht des *BGH* vorliegen, wenn ein Geschäftsmodell von vornherein auf Rechtsverletzungen durch die Nutzer angelegt ist oder der Gewerbetreibende durch eigene Maßnahmen die Gefahr einer rechtsverletzenden Nutzung fördert.[68]

65 *BGH*, Urt. v. 17. 5. 2001 – I ZR 251/99, CR 2001, 850 m. Anm. *Freytag* = MMR 2001, 671; *BGH*, Urt. v. 11. 3. 2004 – I ZR 304/01, CR 2004, 763 m. Anm. *Volkmann* = MMR 2004, 668.
66 *BGH*, Urt. v. 25. 10. 2011 – VI ZR 93/10, GRUR 2012, 201 = MDR 2012, 111.
67 *BGH*, Urt. v. 15. 8. 2013 – I ZR 79/12, ZUM-RD 2013, 565 – Prüfpflichten; *BGH*, Urt. v. 12. 7. 2012 – I ZR 18/11, CR 2013, 190 m. Anm. *Tinnefeld* = NJW 2013, 784 – Alone in the Dark.
68 *BGH*, Urt. v. 15. 8. 2013 – I ZR 79/12, ZUM-RD 2013, 565 – Prüfpflichten; *BGH*, Urt. v. 12. 7. 2012 – I ZR 18/11, CR 2013, 190 m. Anm. *Tinnefeld* = NJW 2013, 784 – Alone in the Dark.

Eine solche Förderung wurde vom *BGH* in seinen Entscheidung „**Prüf-** 1194
pflichten"[69] bzw. „**File-Hosting-Dienst**"[70] im Fall eines Host Providers angenommen, der seinen Nutzern kostenfreien Online-Speicherplatz zur Verfügung
stellte. Nach dem Upload wurde der Datei ein Link zugewiesen. Andere Nutzer
konnten die hochgeladenen Daten über den Link entweder kostenfrei herunterladen oder ein kostenpflichtiges Premium-Angebot mit Komfortmerkmalen
zum Download nutzen. Der *BGH* urteilte, dass die Kunden desto geneigter wären, die kostenpflichtigen Angebote des Host Providers zu nutzen, je mehr sie
von der kostenfreien Downloadmöglichkeit Gebrauch machten. Die Attraktivität des Dienstes werde dabei vor allem durch das Bereithalten urheberrechtswidriger Inhalte durch Nutzer gesteigert. Eine weitere Attraktivitätssteigerung
liege durch den Umstand vor, dass der Host Provider den Nutzern die Möglichkeit zur anonymen Nutzung des Dienstes einräume. In diesen Umständen liege
eine Förderung des Gefahreneintritts durch eigene Maßnahmen, der die Auferlegung weitergehender Prüfpflichten rechtfertige. Diese bestünden im vorliegenden Fall darin, die Linksammlungen, die die Nutzer einsehen können, auf
urheberrechtswidrige Inhalte der Klägerin zu durchsuchen. Insbesondere sei
ein gezieltes Durchsuchen nach weiteren Links, die den Werktitel vollständig
oder in einem Umfang enthalten, der darauf schließen lässt, dass das betreffende Werk zugänglich gemacht wird, wobei auch die verbale Beschreibung
im Begleittext in die Überprüfung einzubeziehen sei, zumutbar.

Schon in einer früheren Entscheidung („**Alone in the Dark**")[71] beschäftig- 1195
te sich der *BGH* mit dem Geschäftsmodell dieses Diensteanbieters. In dieser
Entscheidung verneinte der *BGH* die Auferlegung weitergehender Prüfpflichten
noch. Das Gericht stellte darauf ab, dass die Premium-Angebote auch für den
Download legaler Inhalte von Bedeutung seien. Demnach träfen den Anbieter
nur die allgemeinen Prüfpflichten, deren Verletzung ihm im Rahmen der Störerhaftung vorwerfbar seien.

Mit der Regelung des § 10 TMG konterkariert der Gesetzgeber seine eige- 1196
nen Bemühungen, die Provider zur innerbetrieblichen oder verbandsseitigen
Selbstkontrolle zu verpflichten. Denn wenn die bloße Kenntnis vom Inhalt als
subjektives Element ausreichen soll, wird niemand daran Interesse haben, Personal mit der Sichtung des Online-Angebots zu beauftragen. Er wird vielmehr
auf jedwede Selbstkontrolle verzichten – getreu dem Motto: Nichts gesehen,
nichts gehört. Auch das *LG München I* hat dieses Problem gesehen. Seiner Auf-

---

69 *BGH*, Urt. v. 15. 8. 2013 – I ZR 79/12, ZUM-RD 2013, 565 – Prüfpflichten.
70 *BGH*, Urt. v. 15. 8. 2013 – I ZR 80/12, NJW 2013, 3245 = ZUM 2013, 874 – File-Hosting-Dienst.
71 *BGH*, Urt. v. 12. 7. 2012 – I ZR 18/11, CR 2013, 190 m. Anm. *Tinnefeld* = NJW 2013, 784 –
Alone in the Dark.

fassung nach würden bei der amtlichen Auslegung des TMG sowohl Art. 14 GG als auch die Regelungen in Art. 8, 10 und 14 WIPO-Vertrag unterlaufen. Selbst „bewusstes Wegschauen" würde zu einem Haftungsausschluss führen. Dies könne nicht zugelassen werden.[72] Das *LG* fordert, Prüfungspflichten hinsichtlich der die Rechtswidrigkeit begründenden Umstände aufzunehmen. Es hätte sich auch angeboten, wenigstens für die Fälle eine Prüfungspflicht zu bejahen, in denen ein Verstoß gegen Strafgesetze nahe liegt (etwa bei der Bezeichnung einer Newsgroup als „alt.binaries.children-pornography"). Eine solche Prüfungspflicht bei eklatanter Missbrauchsgefahr hätte auch der geltenden Rechtslage im Zivil- und Strafrecht entsprochen. Art. 15 Abs. 1 der E-Commerce-Richtlinie sieht jedoch ausdrücklich von einer Prüfungspflicht ab.

1197   § 10 TMG stellt für das Bewusstsein der Rechtswidrigkeit auf grobe Rechtsverstöße ab. Die bloße Tatsache, dass ein Rechenzentrumsmitarbeiter eine Newsgroup gesichtet hat, bedeutet ja noch nicht, dass er deren Inhalt richtig, d. h. als Rechtsverstoß, bewerten kann. Zumindest für die zivilrechtliche Haftung schließt Vorsatz neben dem Wissen und Wollen der Tatbestandsverwirklichung auch das Bewusstsein von der Rechtswidrigkeit des Angebots mit ein. Da diese Wertung gerade im fließenden E-Commerce-Recht schwierig zu ziehen ist, hat es der Gesetzgeber bei Schadensersatzansprüchen für erforderlich erachtet, dass der Anbieter sich der Tatsachen und Umstände bewusst ist, aus denen die rechtswidrige Information offensichtlich wird.[73]

1198   Mangels gesetzlicher Ermächtigungsgrundlage (§ 12 Abs. 2 TMG) ist der Betreiber eines Internetportals nicht befugt, ohne Einwilligung des Nutzers dessen personenbezogene Daten zur Erfüllung eines Auskunftsanspruchs wegen einer Persönlichkeitsrechtsverletzung an den Betroffenen zu übermitteln.[74]

4 Haftung für Links

Literatur: *Ernst*, Suchmaschinenmarketing (Keyword-Advertising, Doorwaypages u. ä.) im Wettbewerbs- und Markenrecht, WRP 2004, 278; *Ernst*, Rechtliche Probleme des Suchmaschinen-Marketings, ITRB 2005, 91; *Ernst*, AdWord-Werbung in Internet-Suchmaschinen als kennzeichen- und wettbewerbsrechtliches Problem, MarkenR 2006, 57; *Ernst/ Vassilaki/Wiebe*, Hyperlinks, 2002; *Feig/Westermeier*, Keyword Advertising: Why All the Fuss?, CRi 2005, 48; *Gabel*, Die Haftung für Hyperlinks im Lichte des neuen UWG, WRP

---

72 *LG München I*, Urt. v. 30. 3. 2000 – 7 O 3625/98, CR 2000, 389 m. Anm. *Lehmann* = MMR 2000, 431.

73 Falsch ist wohl die Auffassung von *Alexander Tettenborn u. a.*, Beilage K & R 12/2001, 1, 32, wonach durch diese Formulierung eine Haftung für grob fahrlässige Unkenntnis eingeführt worden sei.

74 *BGH*, Urt. v. 1. 7. 2014 – VI ZR 345/13, ZUM 2014, 793 = GRUR 2014, 902 = MMR 2014, 704.

2005, 1102; *Gercke*, Die strafrechtliche Verantwortung für Hyperlinks, CR 2006, 844; *Grünzweig*, Haftung für Links im Internet nach Wettbewerbsrecht, RdW 19–2001, (9), 521; *Handig*, Das Zurverfügungstellungsrecht und die Hyperlinks, ecolex 2004, 38; *Hendel*, Die urheberrechtliche Relevanz von Hyperlinks, ZUM 2014, 102; *Köster/Jürgens*, Haftung von Suchmaschinen für Suchergebnislisten, K & R 2006, 108; *Joslove/Krylov*, Dangerous Liaisons, Liability in the European Union for hypertext linking and search engine services, CRi 2005, 33; *Koch*, Zur Einordnung von Internet-Suchmaschinen nach dem EGG, K & R 2002, 120; *Koch*, Perspektiven für die Link- und Suchmaschinenhaftung, CR 2004, 213; *Müglich*, Auswirkungen des EGG auf die haftungsrechtliche Behandlung von Hyperlinks, CR 2002, 583; *Ott*, Urheber- und wettbewerbsrechtliche Probleme von Linking und Framing, Dissertation 2004, www.linksandlaw.com/Urheber-undwettbewerbsrechtliche ProblemevonLinkingundFraming.pdf; *Ott*, Haftung für verlinkte urheberrechtswidrige Inhalte in Deutschland, Österreich und den USA, GRUR Int. 2007, 14; *Ott*, Ich will hier rein! Suchmaschinen und das Kartellrecht, MMR 2006, 195; *Ott*, Haftung für Hyperlinks – eine Bestandsaufnahme nach 10 Jahren, WRP 2006, 691; *Ott*, Haftung für verlinkte urheberrechtswidrige Inhalte in Deutschland, Österreich und den USA, GRUR Int. 2007, 14; *Ott*, Die Entwicklung des Suchmaschinen- und Hyperlinkrechts im Jahr 2011, WRP 2012, 679; *Petershagen*, Der Schutz des Rechts am eigenen Bild vor Hyperlinks, NJW 2011, 705; *Rath*, Das Recht der Internet-Suchmaschinen, Diss. 2005, Leseprobe abrufbar unter http://snipurl.com/m3ea; *Rath*, Suchmaschinen sind auch nicht mehr das, was sie einmal waren, WRP 2005, 826; *Rath*, Zur Haftung von Internet-Suchmaschinen, AfP 2005, 324; *Schrader/Rautenstrauch*, Urheberrechtliche Verwertung von Bildern durch Anzeige von Vorschaugrafiken (sog. Thumbnails) bei Internetsuchmaschinen, in: UFITA 2007, 761; *Schulz/Held/Laudien*, Suchmaschinen als Gatekeeper in der öffentlichen Kommunikation 2005; *Spindler*, Haftung und Verantwortlichkeit im IT-Recht, CR 2005, 741; *Stenzel*, Ergänzung der Reform der Telemedien um eine Haftungsprivilegierung für Hyperlinks notwendig, MMR 2006, Heft 9, V; *Ulbricht/Meuss*, Juristische Aspekte von Extended Links und Smart Tags, CR 2002, 162; *Volkmann*, Aktuelle Entwicklungen in der Providerhaftung im Jahr 2007, K & R 2008, 328.

a) Überblick

Die haftungsrechtliche Einordnung von Hyperlinks[75] fällt schon allein deshalb schwer, da sich diese elektronischen Verweise weder einer der drei zuvor beschriebenen Gruppen des TMG zuordnen lassen noch in der E-Commerce-Richtlinie hierzu Regelungen vorgesehen sind. Diese (bewusste) Regelungslücke liegt darin begründet, dass sich das TMG wie auch die E-Commerce-Richtlinie hinsichtlich der Haftung von Akteuren im Internet auf die Regelung von Haftungsprivilegierungen für das Access- und Host Providing sowie das Caching beschränken und sich Hyperlinks oder Suchdienste nicht unter die vorstehend bereits erläuterten Kategorien subsumieren lassen. Zu beachten ist, dass ein **1199**

---

75 Vgl. z. B. schon früh *LG Hamburg*, Urt. v. 12. 5. 1998 – 312 O 85/98, CR 1998, 565; *AG Berlin-Tiergarten*, Beschl. v. 30. 6. 1997 – 260 Ds 857/96, CR 1998, 111 m. Anm. *Vassilaki*.

Hyperlink als solcher nie eine Haftung auslösen kann, denn dieser ist dem Grunde nach nur eine elektronische Verknüpfung bzw. eine technische Referenz innerhalb eines HTML-Textes. Entscheidend ist daher – zumindest beim manuellen Hyperlinking – grundsätzlich die inhaltliche Aussage, die mit dem Link unter Berücksichtigung seines Kontextes verbunden ist.

1200   So betonte auch schon das *AG Berlin-Tiergarten*[76] als erstes Gericht in Deutschland zutreffend, dass sich die Verantwortlichkeit des Link-Setzers nach der mit dem Link getroffenen Gesamtaussage richte. In dem vorgenannten Fall ging es um eine Bundestagsabgeordnete, die einen Link auf einen niederländischen Server gesetzt hatte, auf dem sich die strafrechtlich verbotene Zeitschrift „Radikal" befand. Der Generalbundesanwalt hatte die Abgeordnete wegen Beihilfe zur Bildung einer terroristischen Vereinigung angeklagt und sah in dem Link auf die Zeitschrift den entscheidenden Unterstützungsbeitrag. Dieser Ansicht hat sich das *AG* nicht angeschlossen. Strafrechtlich relevant sei nur eine konkrete Ausgabe der Zeitschrift „Radikal" gewesen. Es hätten sich aber keine Feststellungen darüber treffen lassen, ob und vor allem wann die Angeklagte von der Einspeisung der rechtswidrigen Ausgabe Kenntnis erlangt habe. Die bloße Weiterexistenz des Links könne eine Strafbarkeit jedenfalls dann nicht begründen, wenn nicht positiv festgestellt werden könne, dass die Angeklagte den Link bewusst und gewollt in Kenntnis des Inhalts und der Existenz der Ausgabe weiter aufrechterhielt. Unter dem Gesichtspunkt der Ingerenz könne an das Unterlassen einer regelmäßigen Überprüfung des eigenen Links allenfalls der Fahrlässigkeitsvorwurf erhoben werden, der hier allerdings nicht relevant sei. Das (kurze) Urteil des *Amtsgericht*s verweist auf die entscheidende Frage, welchen Aussagegehalt der Link haben kann. Solidarisiert sich jemand mit dem rechtswidrigen Inhalt eines anderen durch das Setzen eines Links, ist er so zu behandeln, als sei er ein Content-Provider.[77] Folglich greift in diesem Fall keine Privilegierung, sondern es gilt der Grundgedanke des § 7 Abs. 1 TMG. Es besteht eine Haftung nach allgemeinen Grundsätzen: Der Link-Setzer haftet für die gelinkten Inhalte so, als wären es seine eigenen. Allerdings reicht das bloße Setzen eines Links auf der eigenen Internetseite zur Startseite eines fremden Internetauftritts auch bei empfehlender Ankündigung regelmäßig nicht, um anzunehmen, der Linksetzer habe sich bestimmte, gegen Anforderungen des Wettbewerbsrechts verstoßende Inhalte auf Unterseiten des fremden Inter-

---

76 *AG Berlin-Tiergarten*, Beschl. v. 30. 6. 1997 – 260 Ds 857/96, CR 1998, 111 m. Anm. *Vassilaki*.
77 Siehe dazu etwa den Fall des *OLG München*, Urt. v. 6. 7. 2001 – 21 U 4864/00, ZUM 2001, 809; in dem zu Grunde liegenden Fall wurden Links mit Namensnennungen kombiniert, wobei der gelinkte Inhalt eine üble Nachrede i. S. d. § 186 StGB enthielt.

netauftritts zu eigen gemacht und hafte dafür unabhängig vom Vorliegen einer für ihn erkennbaren klaren Rechtsverletzung.[78]

Anders ist der Fall zu beurteilen, wenn sich jemand den fremden Inhalt **1201** nicht (inhaltlich) zu eigen macht. Setzt mithin jemand – etwa aus wissenschaftlichem Interesse heraus – einen Link auf fremde Webseiten und Inhalte ohne jedweden Solidarisierungseffekt, ist er grundsätzlich ähnlich wie ein Access Provider zu beurteilen, sodass die Wertungen von § 8 TMG zum Tragen kommen. Ein Grundsatzurteil ist hier die Entscheidung des *LG Hamburg*[79] bzgl. einer Link-Sammlung zu den sog. „Steinhöfel-Hassseiten". Der betroffene Anwalt nahm den Link-Setzer wegen Ehrverletzung in Anspruch. Das *LG Hamburg* verurteilte den Webseitenbetreiber, weil dieser sich nicht hinreichend von den ehrverletzenden Äußerungen Dritter distanziert hatte und sich daher den Inhalt durch die Bereithaltung der Links zu eigen gemacht habe. Allerdings hat sich die Rechtsprechung inzwischen auch hier ausdifferenziert. So soll z. B. ein Link von einem privaten Internetanbieter auf eine fremde Webseite keine Haftung auslösen.[80] Für sog. „Downloadlinks" wird dagegen eine Haftung bejaht.[81] Die Haftung kann auch soweit gehen, dass wegen Förderung fremden Wettbewerbs für einen Link auf die nach deutschem Recht wettbewerbswidrigen Seiten der amerikanischen Muttergesellschaft gehaftet wird.[82] Auch wird teilweise eine Internetverkehrssicherungspflicht dahingehend bejaht, dass der Verwender eines Links auch für das Risiko hafte, dass die Verweisungsseite nachträglich geändert wird.[83] Zur Klarstellung der Rechtslage wird vereinzelt eine ausdrückliche Regelung im TMG in Form einer Haftungsprivilegierung für Hyperlinks gefordert.[84]

b) Haftung für Hyperlinks

Das *OLG Hamburg*[85] hat die Auffassung vertreten, dass die Schaltung eines **1202** Werbebanners nicht unter das TMG falle und auch das Haftungsregime der E-Commerce-Richtlinie nicht passe. Durch die mit dem Banner verbundene Wer-

---

78 *OLG Köln*, Urt. v. 19. 2. 2014 – 6 U 49/13, GRUR-RR 2014, 259 = MMR 2015, 36.
79 *LG Hamburg*, Urt. v. 12. 5. 1998 – 312 O 85/98, CR 1998, 565.
80 *OLG Schleswig*, Urt. v. 19. 12. 2000 – 6 U 51/00, CR 2001, 465 = K & R 2001, 220.
81 *LG Braunschweig*, Urt. v. 6. 9. 2000 – 9 O 188/00, CR 2001, 47.
82 *OLG München*, Urt. v. 15. 3. 2002 – 21 U 1914/02, CR 2002, 847 = MMR 2002, 625.
83 So das *OLG München*, Urt. v. 15. 3. 2002 – 21 U 1914/02, CR 2002, 847 = MMR 2002, 625; ausführlich zu dieser Entscheidung *Mischa Dippelhofer*, JurPC Web-Dok. 304/2002.
84 *Igor Stenzel*, Ergänzung der Reform der Telemedien um eine Haftungsprivilegierung für Hyperlinks notwendig, MMR 9/2006, S. V.
85 *OLG Hamburg*, Urt. v. 5. 6. 2002 – 5 U 74/01, MDR 2003, 104 = CR 2003, 56.

bung könne jedoch der Werbende als Mitstörer angesehen werden, selbst wenn das beworbene Internetangebot vom Ausland aus betrieben werde. Diese Regeln seien nicht nur für Banner, sondern auch für (manuell gesetzte) Links einschlägig.

1203 Nach dem „Schöner Wetten"-Urteil des *BGH*[86] sollen dagegen zumindest Presseorgane nicht für Hyperlinks auf rechtswidrige Angebote haften, soweit diese als Ergänzung eines redaktionellen Artikels ohne Wettbewerbsabsicht gesetzt werden und der Inhalt der verlinkten Seite nicht eindeutig als strafbar zu erkennen ist. Wer einen Link auf ein nach § 284 StGB im Inland unerlaubtes Glücksspielangebot setze, handele nicht zwingend in Wettbewerbsabsicht. Als Mitstörer einer Wettbewerbsrechtsverletzung hafte der Linksetzende nur dann, wenn er bei der Einrichtung und Aufrechterhaltung des Links zumutbare Prüfungspflichten verletzt habe. Eine Ergänzung redaktioneller Inhalte durch einen Link, der auf nicht offensichtlich rechtswidrige Inhalte verweist, begründe wegen Art. 5 GG noch keine Störerhaftung. Das Urteil ist allerdings – wie das fälschlicherweise als Suchmaschinen-Entscheidung bekannt gewordene „Paperboy"-Urteil des *BGH*[87] – spezifisch presserechtlich ausgerichtet. Der *BGH* hat in dem für das Urheberrecht richtungsweisenden Urteil entschieden, dass durch das Setzen von Hyperlinks zu einer Datei auf einer fremden Webseite mit einem urheberrechtlich geschützten Werk grundsätzlich nicht in das Vervielfältigungsrecht an diesem Werk eingegriffen werde. Ein Berechtigter, der ein urheberrechtlich geschütztes Werk ohne technische Schutzmaßnahmen im Internet öffentlich zugänglich mache, ermögliche nach Ansicht des Gerichts vielmehr dadurch bereits selbst die Nutzungen, die ein Abrufender vornehmen könne. Es werde deshalb grundsätzlich schon kein urheberrechtlicher Störungszustand geschaffen, wenn der Zugang zu dem Werk durch das Setzen von Hyperlinks (auch in der Form von Deep-Links) erleichtert würde.

1204 Der *BGH*[88] hat die Haftung für Links präzisiert: Eine Haftung für die Inhalte einer über einen Link erreichbaren Internetseite werde nicht allein dadurch begründet, dass das Setzen des Links eine geschäftliche Handlung des Unternehmers darstellt. Wer sich durch Verweis mittels eines Hyperlinks fremde Informationen zu eigen macht, hafte dafür wie für eigene Informationen. Ferner könne derjenige, der seine Webseite mittels elektronischen Verweises mit Web-

---

86 *BGH*, Urt. v. 1. 4. 2004 – I ZR 317/01, MDR 2004, 1432 = CR 2004, 613 m. Anm. *Dietlein*; ähnlich *LG Deggendorf*, Urt. v. 12. 10. 2004 – 1 S 36/04, CR 2005, 130.
87 *BGH*, Urt. v. 17. 7. 2003 – I ZR 259/00, CR 2003, 920 m. Anm. *Nolte* = MDR 2004, 346 = NJW 2003, 3406 – Paperboy; *Hoeren*, Keine wettbewerbsrechtlichen Bedenken mehr gegen Hyperlinks?, Anm. zu *BGH*, GRUR 2004, 1.
88 *BGH*, Urt. v. 18. 6. 2015 – I ZR 74/14, GRUR 2016, 20 = MMR 2016, 171 m. Anm. *Hoeren*.

seiten Dritter, welche rechtswidrige Inhalte enthalten, verlinkt, bei einer Verletzung absoluter Rechte als Störer sowie im Falle der Verletzung sonstiger wettbewerbsrechtlich geschützter Interessen (aufgrund der Verletzung einer wettbewerbsrechtlichen Verkehrspflicht) in Anspruch genommen werden. Dies sei jedenfalls dann anzunehmen, wenn zumutbare Prüfungspflichten verletzt wurden. Ist ein rechtsverletzender Inhalt der verlinkten Internetseite nicht deutlich erkennbar, hafte derjenige, der den Link setzt, für solche Inhalte grundsätzlich erst dann, wenn er von der Rechtswidrigkeit der Inhalte selbst oder durch Dritte Kenntnis erlangt. Dies könne nicht gelten, wenn er sich den Inhalt zu eigen gemacht hat. Der Unternehmer, der den Hyperlink setzt, ist bei einem Hinweis auf Rechtsverletzungen auf der verlinkten Internetseite zur Prüfung verpflichtet. Ob es sich um eine klare Rechtsverletzung handelt, sei unerheblich.

Der *EuGH* hatte in seinem neuesten Urteil erstmalig zu dem Thema der **1205** Störerhaftung für Hyperlinks, die den Zugriff auf bisher unveröffentlichtes urheberrechtlich geschütztes Material ermöglichen, Stellung zu beziehen und stellt neben der Kenntnis der Rechtswidrigkeit der Veröffentlichung noch auf das Merkmal der Gewinnerzielungsabsicht ab.[89] In dem durch den *EuGH* zu entscheidenden Fall, hatte der Betreiber eines Webblogs mit niederländischer Homepage mittels Hyperlinks auf eine australische Homepage, welche die Fotos eines Hochglanzmagazins vor deren Erscheinungszeitpunkt ohne Einwilligung der Berechtigten zum Download bereithielt, verwiesen. Das Gericht entschied, dass diese oder vergleichbare Handlungen dann nicht als „öffentliche Wiedergabe" zu qualifizieren seien, wenn sie ohne Kenntnis hinsichtlich der Rechtswidrigkeit erfolgten und wenn keine Gewinnerzielungsabsicht vorliegt. Aus einer vorliegenden Gewinnerzielungsabsicht lasse sich auf die Kenntnis von der Rechtswidrigkeit schließen.[90] Im vorliegenden Fall ergebe sich die Kenntnis der Rechtswidrigkeit der Veröffentlichung auch daraus, dass die Inhalte durch ein Abonnement des Hochglanzmagazins gerade nicht öffentlich zugänglich sein sollten.[91] Das Abstellen auf die Gewinnerzielungsabsicht ist insofern kritisch zu beurteilen, als unklar bleibt, ob diese auch bei Angeboten, die sich ausschließlich durch Werbeeinnahmen o. ä. finanzieren, zu bejahen ist. Das *LG Hamburg* entschied kürzlich über die neuen Grundsätze des *EuGH* Urteils, indem es zustimmte, dass eine bloße Linksetzung auf eine andere Web-

---

89 *EuGH*, Urt. v. 8. 9. 2016 – C-160/15, BeckEuRS 2016, 482797; lesenswert ist auch die dazugehörige Pressemitteilung des *EuGH* Nr. 92/16 (abrufbar unter: http://curia.europa.eu/jcms/upload/docs/application/pdf/2016–09/cp160092de.pdf, zuletzt abgerufen: Oktober 2016).
90 *EuGH*, Urt. v. 8. 9. 2016 – C-160/15 Rz. 50, BeckEuRS 2016, 482797.
91 *EuGH*, Urt. v. 8. 9. 2016 – C-160/15 Rz. 35, 37, 50, BeckEuRS 2016, 482797.

seite eine schuldhafte Rechtsverletzung darstellen kann.[92] In seinem Beschluss weist das *LG Hamburg* darauf hin, dass die Gewinnerzielungsabsicht der betreibenden Webseite im Ganzen dafür entscheidend ist, ob das Setzen eines Links eine Gewinnerzielungsabsicht hat oder nicht. Der Beschluss wirft jedoch auch Kritikpunkte auf, wonach massive Auswirkungen auf die Informations- und Kommunikationsfreiheit zu erwarten sind. Die Prüfpflichten im Einzelfall wurden weitestgehend offengelassen.

1206   Für andere Bereiche gilt dagegen grundsätzlich eine nicht privilegierte Linkhaftung. Wer also mittels Werbebanner auf die Seiten anderer Unternehmen verlinkt, soll nach Auffassung des *OLG Hamburg*[93] als wettbewerbsrechtlicher Mitstörer für die Rechtswidrigkeit der verlinkten Inhalte verantwortlich sein. Dies gilt zumindest dann, wenn das linksetzende Unternehmen damit wirbt, vor Schaltung eines Links die beworbene Seite auf Rechtsverletzungen zu prüfen. Das *LG Berlin*[94] hat der Betreiberin eines Webportals untersagt, mittels eines Links im geschäftlichen Verkehr urheberrechtlich geschützte Lieder einer bestimmten Gruppe im MP3-Format öffentlich zugänglich zu machen. Die Richter waren der Auffassung, dass die Antragsgegnerin für die Rechtsverletzungen als Störerin unabhängig vom Verschulden allein deshalb hafte, weil sie über die tatsächliche und rechtliche Möglichkeit verfügte, den Eingriff in das fremde Recht durch Entfernung des Links zu unterbinden. Aus einem auf der Webseite erwähnten Haftungsausschluss folge nichts anderes. Diese Klausel sei ihrem Inhalt nach auf Schadensersatzansprüche zugeschnitten, die nicht Gegenstand des Verfahrens waren. Die Antragsgegnerin könne daraus für sich kein Recht auf Fortsetzung einer als unrechtmäßig erkannten Handlungsweise ableiten. Ähnlich argumentierte das *VG Berlin* für Links einer Studentenschaft, soweit diese auf Webseiten mit allgemeinpolitischem Inhalt verweisen.[95] Nach Auffassung des *LG Karlsruhe*[96] ist eine Hausdurchsuchung gerechtfertigt, wenn jemand einen Link auf kinderpornographische Seiten setzt. Strafbar macht sich der Betreiber einer Webseite bereits dadurch, dass er einen gezielten Link auf eine Internetseite mit derartigen Inhalten setzt und sich diese Inhalte zu eigen macht. Aufgrund der netzartigen Struktur des World Wide Web ist „jeder einzelne Link [...] kausal für die Verbreitung krimineller Inhalte, auch wenn diese erst über eine Kette von Links anderer Anbieter er-

---

92 *LG Hamburg*, Beschl. v. 18. 11. 2016 – 310 O 402/16, GRUR-Prax 2017, 19.
93 *OLG Hamburg*, Urt. v. 14. 7. 2004 – 5 U 160/03, CR 2004, 836 = MMR 2004, 822.
94 *LG Berlin*, Urt. v. 14. 6. 2005 – 16 O 229/05, MMR 2005, 718.
95 *VG Berlin*, Beschl. v. 1. 11. 2004 – 2 A 113/04, MMR 2005, 63.
96 *LG Karlsruhe*, Beschl. v. 26. 3. 2009 – Qs 45/09, CR 2009, 543 = MMR 2009, 418.

reichbar sind".[97] Das *LG Stuttgart*[98] hat entschieden, dass das Setzen von Links auf ausländische, in Deutschland strafbare Webseiten mit rechtsradikalem Gedankengut nicht strafbar ist. Voraussetzung sei jedoch, dass sich der Link-Setzende von den dortigen Inhalten distanziere und die Verlinkung Teil einer Berichterstattung über Vorgänge des Zeitgeschehens sei.

c) Suchdienste

Wie eingangs schon angemerkt, gibt es im TMG auch für Suchdienste keine   **1207** einschlägigen Vorschriften. Die Haftungsprivilegierungen der §§ 8–10 TMG sind vielmehr auf den Betrieb einer Suchmaschine nicht – mangels planwidriger Regelungslücke auch nicht analog[99] – anwendbar: Der bei Suchdiensten automatisch generierte Link auf Trefferlisten selbst lässt sich nicht unter § 7 Abs. 1 TMG subsumieren, da es bei diesem technischen Verweis an einem eigenen Inhalt fehlt. Die neben dem bloßen Link vorgesehenen Kurzbeschreibungen auf den Trefferseiten von Navigationshilfen sind vielmehr i. d. R. von der verlinkten Seite ausschnittsweise ohne jegliche Wertung übernommen, sodass es sich dabei grundsätzlich um fremde Inhalte handelt. Für fremde Inhalte ist jedoch § 7 Abs. 1 TMG nicht anwendbar, es sei denn, die von Navigationshilfen erstellten Snippets könnten dieser haftungsrechtlich zugerechnet werden.[100] Eine Anwendung von § 8 Abs. 1 TMG scheidet bei Suchdiensten ebenfalls aus, da Navigationshilfen im Internet nicht auf die Zugangsvermittlung von Informationen ausgerichtet sind, denn es fehlt an der nur geringfügigen Einwirkungsmöglichkeit und Neutralität, die für das Access Providing charakteristisch sind. Die von den Suchmaschinen zur Verfügung gestellte Leistung ist zudem nicht vergleichbar mit der in § 8 TMG privilegierten technischen Zugangsvermittlung zu einem Kommunikationsnetz durch einen Access Provider. Denkbar wäre daher allenfalls ein Rückgriff auf die Wertungen des § 9 TMG. Abgesehen davon, dass wegen des Fehlens einer planwidrigen Regelungslücke eine Analogie ausscheidet, kann jedoch die Übermittlung von Trefferlisten durch Suchdienste nicht als Zwischenspeicherung zur beschleunigten Übermittlung von Informationen gesehen werden. Aufgrund der von Suchmaschinen vorgenommenen Webseitenanalyse und der dateninvertierten Speiche-

---

97 *LG Karlsruhe*, Beschl. v. 26. 3. 2009 – Qs 45/09, CR 2009, 543 f. = MMR 2009, 418 f.
98 *LG Stuttgart*, Urt. v. 15. 6. 2005 – 38 Ns 2 Js 21471/02, CR 2005, 675; siehe auch die Berufungsinstanz *OLG Stuttgart*, Urt. v. 24. 4. 2006 – 1 Ss 449/05, CR 2006, 542 m. Anm. *Kaufmann*.
99 Vgl. hierzu ausführlich *Rath*, Recht der Internet-Suchmaschinen 2005, 275.
100 Vgl. hierzu etwa *Koch*, Perspektiven für die Link- und Suchmaschinen-Haftung, CR 2004, 213; *Alexander Koch*, Zur Einordnung von Internet- und Suchmaschinen nach dem EGG, K & R 2002, 120.

rung dieser Inhalte in dem Datenbank-Index der Navigationshilfe erfolgt gerade keine von § 9 TMG vorausgesetzte identische Übernahme des gesamten aufgefundenen Webinhaltes.[101]

1208 Grundsätzlich ist der Anbieter einer Suchmaschine trotz der automatisierten Erfassung der fremden Webangebote und der auf eine Suchanfrage hin automatisch generierten Trefferlisten wie ein normaler Content-Anbieter für das eigentliche Suchmaschinen-Angebot nach den allgemeinen Gesetzen verantwortlich. Er haftet somit grundsätzlich nach den allgemein anerkannten Grundsätzen der Störerhaftung, da für ihn Garanten- und Verkehrssicherungspflichten aus der Eröffnung der „Gefahrenquelle Internet-Suchmaschine" bestehen. Auch nach allgemeinen Grundsätzen kann den Betreibern von Suchdiensten jedoch – dies ist auch den Wertungen der §§ 7–10 TMG zu entnehmen – nicht zugemutet werden, ständig eine Überprüfung der von ihnen automatisch erfassten und indexierten Webangebote vorzunehmen.[102] Eine vollständige Haftungsbefreiung des Suchmaschinenbetreibers für die von ihm zur Verfügung gestellten Trefferlisten kommt umgekehrt nur dann in Betracht, sofern dieser nach Kenntniserlangung von dem Verweis auf rechtswidrige Informationen auf der fremden Webseite unverzüglich tätig geworden ist, um die rechtswidrigen Informationen zu entfernen oder den Zugang zu ihnen zu sperren. Wegen der enormen Datenmassen, die von Suchdiensten verwaltet werden, ist jedoch nur dann eine ausreichende Kenntnis und damit eine Haftung zu bejahen, wenn der betreffende Verstoß für den Anbieter der Navigationshilfe ohne weitere Nachforschungen zweifelsfrei und unschwer zu erkennen ist. Von einer solchen Erkennbarkeit ist etwa auszugehen, wenn entweder ein rechtskräftiger Titel vorliegt oder aber die Rechtsverletzung auf andere Art und Weise derart eindeutig ist, dass sie sich aufdrängen muss.[103]

1209 Das *OLG Hamburg*[104] lehnte die Haftung eines Suchmaschinenbetreibers für **Snippets** in dem der Entscheidung zu Grunde liegenden Fall ab. Der Betreiber hafte weder als Äußernder oder Verbreiter noch unter dem Gesichtspunkt der Störerhaftung, da es schon an einer Rechtsverletzung fehle. Die einzelnen

---

101 Vgl. zur Haftung von Suchmaschinen für Suchergebnislisten etwa *Köster/Jürgens*, Die Haftung von Suchmaschinen für Suchergebnislisten, K & R 2006, 108; *Rath*, Recht der Internet-Suchmaschinen 2005, 308.
102 So im Ergebnis auch *LG Frankenthal*, Urt. v. 16.5. 2006 – 6 O 541/05, CR 2006, 698, das die Entscheidung von einer Interessenabwägung zwischen dem Interesse des Urhebers, eine Veröffentlichung ohne seine Einwilligung unterbinden zu können und dem Interesse des Suchmaschinenbetreibers an der Aufrechterhaltung seiner Suchmaschine abhängig machen will.
103 *BGH*, Urt. v. 29.4. 2010 – I ZR 69/08, MDR 2010, 884 = CR 2010, 463 = ZUM 2010, 580.
104 *OLG Hamburg*, Urt. v. 20.2. 2007 – 7 U 126/06, CR 2007, 330 = MMR 2007, 315; ähnlich auch *OLG Hamburg*, Urt. v. 26.5. 2011 – 3 U 67/11, CR 2011, 667 = MMR 2011, 685.

Worte der Trefferliste zeigten rechtlich problematische Äußerungen an. Der Kläger befürchtete mit diesen in Verbindung gebracht zu werden, weil auch sein Name im weiteren Verlauf des Suchergebnisses genannt wurde. Das Gericht lehnte einen solchen Rückschluss ab. Dem durchschnittlichen Internetnutzer sei klar, dass die gefundenen Seiten ohne menschliche Einwirkung angezeigt werden. Eine inhaltliche Aussage werde mit dem Suchergebnis jedenfalls dann nicht getroffen, wenn nicht ganze Sätze der gefundenen Seite angezeigt werden. Ähnlich hat das *OLG Hamburg* jetzt eine Haftung von Suchmaschinen für persönlichkeitsrechtliche Inhalte abgelehnt.[105] Betreiber von Suchmaschinen müssen die (Such-)Ergebnisse selbst dann nicht auf (Persönlichkeits-)Rechtsverletzungen prüfen, wenn ihnen bereits ähnliche Verstöße bekannt geworden sind. Dies würde das die Störerhaftung begrenzende Kriterium der Zumutbarkeit überschreiten, weil die von dem Betroffenen im Kern beanstandete, in der Einstellung einer rechtswidrigen Äußerung in das Internet liegende Verletzung von Rechten ohne jede Mitwirkung des Betreibers der Suchmaschine stattfindet, sodass ihm nicht aufgegeben werden kann, von sich aus beständig jeder bloßen Möglichkeit einer Beeinträchtigung von Rechten Dritter nachzugehen, um einer eigenen Haftung als Störer durch Mitwirkung an der Verbreitung zu entgehen.[106] Eine Prüfpflicht hinsichtlich der von der Suchmaschine aufgefundenen Internetseiten sei allenfalls dann zumutbar, wenn sie sich auf eine so konkrete, formal erfassbare Verletzungsform bezieht, dass der Betreiber der Suchmaschine es deren mechanischen Verrichtungen überlassen kann, entsprechende Fundstellen im Internet zu erkennen und von einer Aufnahme in ihre Ergebnisliste auszunehmen.[107]

Das *OLG Karlsruhe*[108] hat nun eine Verlinkung angeblich persönlichkeits- **1210** rechtlicher Beiträge bei Google abgelehnt. Als Suchmaschinenbetreiber hat Google nicht die Pflicht, jeden Link auf Rechtsverletzungen zu überprüfen oder zu löschen. Jedoch müsste Google bei einem konkreten Hinweis auf einen speziellen Link, diesen kontrollieren und, falls erforderlich, entfernen. In einem anderen Urteil[109] hat das gleiche Gericht den Suchergebnissen einen eigenen Aussagegehalt abgesprochen und darauf hingewiesen, dass der verständige Nutzer um die Funktion von Suchmaschinen wisse, nur dem Auffinden fremder Inhalte zu dienen. Außerdem distanziere sich Google durch die äußere

---

105 *OLG Hamburg*, Urt. v. 13. 11. 2009 – 7 W 125/09, MDR 2010, 85 = K & R 2010, 63; ähnlich *OLG Hamburg*, Urt. v. 26. 5. 2011 – 3 U 67/11, MMR 2011, 685.
106 *OLG Hamburg*, Beschl. v. 13. 11. 2009 – 7 W 125/09, MDR 2010, 85 = MMR 2010, 141.
107 *OLG Hamburg*, Urt. v. 16. 8. 2011 – 7 U 51/10, MMR 2012, 62.
108 *OLG Karlsruhe*, Urt. v. 14. 12. 2016 – 6U 2/15, MMR 2017, 384905.
109 *OLG Hamburg*, Urt. v. 26. 5. 2011 – 3 U 67/11, MMR 2011, 685.

Form der Darstellung automatisch von den fremden, möglicherweise persönlichkeitsverletzenden Inhalten. Eine Auferlegung einer presseähnlichen, uneingeschränkten Verbreiterhaftung würde darüber hinaus die Pressefreiheit aus Art. 5 Abs. 1 S. 2 GG, auf die sich die Suchmaschine aufgrund der Gewährleistung des Meinungs- und Informationsaustausch im Internet berufen könne, unzulässig einschränken, da sie dann ihrer Funktion nicht mehr nachkommen könne.

1211   Die Haftung von Suchmaschinenbetreibern wird von der Rechtsprechung derzeit uneinheitlich beurteilt. So hat bspw. das *AG Bielefeld*[110] bei der Verwendung von Bildern als Thumbnails in einer Suchmaschine eine urheberrechtliche Haftung abgelehnt, da §§ 7, 8 und 9 TMG als spezielle Vorschriften die ansonsten bestehende urheberrechtliche Verantwortlichkeit der Beklagten ausschließen würden. Nach Ansicht des Gerichts besteht durch § 7 Abs. 2 S. 1 TMG eine Haftungsprivilegierung, da hinsichtlich der Übermittlung von Bildern die Vorschrift des § 8 TMG und hinsichtlich der Speicherung die Vorschrift des § 9 TMG einschlägig ist. Ähnlich nahmen die Gerichte in Hamburg[111] Google lange Zeit weitgehend von der Haftung aus. Dies hat sich geändert. Das *LG Hamburg* hat die Bildersuche mit Thumbnails als problematisch angesehen. Insbesondere wurde Google hier auf Klage eines Comic-Zeichners verurteilt, entsprechende Thumbnails zu unterlassen. Die stark verkleinerten Vorschaubilder seien keine selbständigen Werke; die Umgestaltung der rechtlich geschützten Comic-Zeichnungen würde daher ausschließliche Urheberrechte des Klägers verletzen. Neben Google wurde in einem zweiten Verfahren auch ein Internet Provider verurteilt, Schnittstellen zu der Google-Bildersuche zu unterlassen.[112] Das *LG Berlin* hingegen hat eine Haftung der Betreiber einer Meta-Suchmaschine bejaht, soweit es um Prüfungspflichten in Bezug auf die Rechtswidrigkeit bereits abgemahnter Einträge aus einer Trefferliste geht.[113] Das *KG*[114] hat allerdings im Februar 2006 die vorgenannte einstweilige Verfügung des *LG Berlin* aufgehoben und entschieden, dass eine Meta-Suchmaschine einer primären Navigationshilfe gleichstehe und daher auch erst ab Kenntnis der Rechtsverletzung hafte.

---

110 *AG Bielefeld*, Urt. v. 18.2. 2005 – 42 C 767/04, CR 2006, 72; ähnlich *AG Charlottenburg*, Urt. v. 25.2. 2005 – 234 C 264/04.
111 *OLG Hamburg*, Urt. v. 22.5. 2007 – 7 U 137/06, CR 2007, 797 = MMR 2007, 601; *OLG Hamburg*, Urt. v. 20.2. 2007 – 7 U 126/06, CR 2007, 330 = MMR 2007, 315.
112 *LG Hamburg*, Urt. v. 26.5. 2008 – 308 O 42/06, CR 2009, 47 m. Anm. *Kleinemenke* = MMR 2009, 55 m. Anm. *Hoeren*.
113 *LG Berlin*, Urt. v. 22.2. 2005 – 27 O 45/05, CR 2005, 530 = MMR 2005, 324.
114 *KG*, Urt. v. 10.2. 2006 – 9 U 55/05, MMR 2006, 393.

Auch im Wettbewerbsrecht gibt es zu der Frage der Zulässigkeit von Paid **1212** Listings noch keine einheitliche Rechtsprechung. So hat bspw. das *LG Hamburg*[115] im einstweiligen Rechtsschutz bei der Schaltung von Paid Listings eine Haftung des Suchmaschinen-Anbieters bejaht, während das *LG München*[116] in einem fast identischen Fall die Haftung des Suchdienst-Anbieters mit Hinweis auf die Unzumutbarkeit einer Prüfungspflicht abgelehnt hat. Für Preissuchmaschinen wird die Haftung anders beurteilt. Bedient sich ein Unternehmen einer Preissuchmaschine, dann haftet es für etwaige rechtswidrige Daten in der Preissuchmaschine.[117] Es ist wettbewerbswidrig, wenn der angezeigte Verkaufspreis in einer Preissuchmaschine von dem späteren, tatsächlichen Preis im verlinkten Online-Shop abweicht. Dies gilt auch dann, wenn die Abweichung nur für wenige Stunden vorhanden ist.

Eine Sonderhaftung bei Suchmaschinen hat der Pressesenat des *BGH* für **1213** **Autocomplete**-Funktionen bei Google entwickelt.[118] Solche Autocomplete-Anzeigen seien eigene Inhalte von Google i.S.v. § 7 TMG. Google sei aber nicht Täter, sondern nur Störer. Der Betreiber ist grundsätzlich erst verantwortlich, wenn er Kenntnis von der rechtswidrigen Verletzung des Persönlichkeitsrechts erlangt. Weise ein Betroffener Google auf eine rechtswidrige Verletzung seines Persönlichkeitsrechts hin, sei Google verpflichtet, zukünftig derartige Verletzungen zu verhindern. Was mit „derartig" gemeint sein soll, bleibt unklar.

5 Haftung für sonstige Intermediäre

Literatur: *Berger/Janal*, Suchet und ihr werdet finden? Eine Untersuchung zur Störerhaftung von Onlineauktionshäusern, CR 2004, 917; *Bosbach/Wiege*, Die strafrechtliche Verantwortlichkeit des Usenet-Providers nach dem Urheberrechtsgesetz, ZUM 2012, 293; *Czychowski/Nordemann*, Grenzenloses Internet – entgrenzte Haftung?, GRUR 2013, 986; *Döring*, Die Haftung für eine Mitwirkung an Wettbewerbsverstößen nach der Entscheidung des BGH „Jugendgefährdende Medien bei eBay", WRP 2007, 1131; *Ernst/Seichter*, Die Störerhaftung des Inhabers eines Internetzugangs, ZUM 2007, 513; *Fülbier*, Web 2.0 – Haftungsprivilegierungen bei Myspace und YouTube, CR 2007, 515; *Gietl*, Störerhaftung für ungesicherte Funknetze, MMR 2007, 630; *Gounalakis*, Rechtliche Grenzen der Autocomplete-Funktion von Google, NJW 2013, 2321; *Heidrich*, Zwischen Free Speech und Mitstörerhaftung. Forenhaftung in den USA und Deutschland, K & R 2007, 144; *Hoeren/*

115 *LG Hamburg*, Beschl. v. 14.11. 2003 – 312 O 887/03.
116 *LG München I*, Beschl. v. 2.12. 2003 – 33 O 21461/03, CR 2004, 704 = MMR 2004, 261.
117 *OLG Stuttgart*, Urt. v. 1.7. 2008 – 2 U 12/07, MMR 2008, 754.
118 *BGH*, Urt. v. 14.5. 2013 – VI ZR 269/12, NJW 2013, 2348 = GRUR 2013, 751 m. Anm. *Peifer/Becker* = MMR 2013, 535 m. Anm. *Engels* = ZUM 2013, 550 – Autocomplete-Funktion; siehe hierzu auch *Gounalakis*, NJW 2013, 2321.

Eustergerling, Die Haftung des Admin-C – ein kritischer Blick auf die Rechtsprechung, MMR 2006, 132; *Hoeren*, Das Telemediengesetz, NJW 2007, 801; *Hoeren/Semrau*, Haftung des Merchant für wettbewerbswidrige Affiliate-Werbung, MMR 2008, 571; *Hornung*, Die Haftung von W-Lan-Betreibern, CR 2007, 88; *Hütten*, Verantwortlichkeit im Usenet, K & R 2007, 554; *Jacobs*, Markenrechtsverletzungen durch Internetauktionen, in: Festschrift für Willi Erdmann, 2003, 327; *Jürgens/Köster*, Die Haftung von Webforen für rechtsverletzende Einträge, AfP 2006, 219; *Jürgens/Veigel*, Zur haftungsminimierenden Gestaltung von „User Generated Con, Die Störerhaftung von Suchmaschinenbetreibern bei Textausschnitten („Snippets"), CR 2007, 443; tent"-Angeboten, AfP 2007, 181; *Jürgens/Veigl*, Zur Verantwortlichkeit für die Inhalte von Webforen, AfP 2007, 279; *Kirchberg*, Die Störerhaftung von Internetanschlussinhabern auf dem Prüfstand, ZUM 2012, 544; *Koch*, Zur Einordnung von Internet-Suchmaschinen nach dem EGG, K & R 2002, 120; *Koch*, Perspektiven für die Link- und Suchmaschinenhaftung, CR 2004, 213; *Köster/Jürgens*, Haftung professioneller Informationsvermittler im Internet, MMR 2002, 420; *Köster/Jürgens*, Die Haftung von Suchmaschinen für Suchergebnislisten, K & R 2006, 108; *Lehment*, Zur Störerhaftung von Online-Auktionshäusern, WRP 2003, 1058; *Leible/Sosnitza*, Neues zur Störerhaftung von Internet-Auktionshäusern, NJW 2004, 3225; *Leible/Sosnitza*, Haftung von Internetauktionshäusern – reloaded, NJW 2007, 3324; *Lerach*, Präzisierung der Störerhaftung für Verkaufsplattformen im Internet, GRUR Prax 2013, 531; *Libertus/Schneider*, Die Anbieterhaftung bei internetspezifischen Kommunikationsplattformen, CR 2006, 626; *Libertus*, Determinanten der Störerhaftung für Inhalte in Onlinearchiven, MMR 2007, 143; *Lober/Karg*, Unterlassungsansprüche wegen User Generated Content gegen Betreiber virtueller Welten und Onlinespielen, CR 2007, 647; *Mantz*, Haftung für kompromittierte Computersysteme, K & R 2007, 566; *Maume*, Bestehen und Grenzen des virtuellen Hausrechtes, MMR 2007, 620; *Meyer*, Haftung der Internet-Auktionshäuser für Bewertungsportale, NJW 2004, 3151; *Meyer*, Google AdWords: Wer haftet für vermeintliche Rechtsverletzungen?, K & R 2006, 557; *Meyer*, Google & Co, Aktuelle Rechtsentwicklungen bei Suchmaschinen, K & R 2007, 177; *Milstein/Lippold*, Suchmaschinenergebnisse im Lichte der Meinungsfreiheit der nationalen und europäischen Grund- und Menschenrechte, NVwZ 2013, 182; *Mühlberger*, Die Haftung des Internetanschlussinhabers bei Filesharing-Konstellationen nach den Grundsätzen der Störerhaftung, GRUR 2009, 1022; *Nolte/Wimmers*, Wer stört? Gedanken zur Haftung von Intermediären im Internet – von praktischer Konkordanz, richtigen Anreizen und offenen Fragen, GRUR 2014, 16; *Ott*, Haftung für verlinkte urheberrechtswidrige Inhalte in Deutschland, Österreich und den USA, GRUR Int. 2007, 14; *Ott*, Mashups – Neue rechtliche Herausforderungen im Web2.0-Zeitalter, K & R 2007, 623; *Ott*, Zulässigkeit der Erstellung von Thumbnails durch Bilder- und Nachrichtensuchmaschinen?, ZUM 2007, 119; *Peter*, Störer im Internet – Haften Eltern für ihre Kinder?, K & R 2007, 371; *Reinbacher*, Zur Strafbarkeit der Betreiber und Nutzer von Kino.to, NStZ 2014, 57; *Ruess*, Just google it? – Neuigkeiten und Gedanken zur Haftung der Suchmaschinenbetreiber für Markenverletzungen in Deutschland und den USA, GRUR 2007, 198; *v. Samson-Himmelstjerna*, Haftung von Internetauktionshäusern, 2008; *Schaefer*, Kennzeichenrechtliche Haftung von Suchmaschinen für AdWords – Rechtsprechungsüberblick und kritische Analyse, MMR 2005, 807; *Schlömer/Dittrich*, eBay&Recht – Rechtsprechungsübersicht 2007/I, K & R 2007, 433; *Schmelz*, Zur Verantwortlichkeit eines Forenbetreibers für fremde Postings, ZUM 2007, 535; *Schmidt/Bens*, Über die Reformvorschläge zur Haftung von WLAN-Betreibern, CR 2012, 828; *Schnabel*, Juristische Online-Datenbanken im Lichte der Anwaltshaftung, NJW 2007, 3025; *Schöttle*, Sperrungsverfügungen im Internet: Machbar und verhältnismäßig?, K & R 2007, 366; *Schultz*, Die Haftung von Internetauktionshäusern für den Vertrieb von Arzneimitteln, WRP 2004, 1347; *Schuster*, Prüfungspflichten des Portalbetreibers, GRUR 2013, 1201; *Schuster/Spieker*, Verantwortlichkeit von Internetsuchdiensten für Persönlichkeitsrechtsverletzungen in ihren Suchergebnislisten, MMR 2006, 727; *Schuster*, Die Störerhaftung von Suchmaschinenbetreiber nach dem Telemediengesetz, CR 2007, 443; *Sieber/Liesching*, Die Verantwortlichkeit der Suchmaschinenbetreiber nach dem Telemediengesetz, MMR-Beilage 8/2007, 1; *Solmecke*, Rechtliche Beurteilung der Nutzung von Musiktauschbörsen, K & R 2007, 138; *Stadler*, Haftung des Admin-c und des Tech-c, CR 2004, 521; *Stadler*, Proaktive Überwachungspflichten der Betreiber von Diskussionsforen im Internet, K & R 2006, 253; *Strömer*, Haftung des Zonenverwalters (zone-c), K & R 2004, 460; *Strömer/Grootz*, Internet-Foren: „Betreiber- und Kenntnisverschaffungspflichten" – Wege aus der Haftungsfalle, K & R 2006, 553; *Ullmann*, Wer suchet, der findet – Kennzeichenverletzung im Internet, GRUR 2007, 633; *Volkmann*, Haftung des Internetauktionsveranstalters für markenrechtsverletzende Inhalte Dritter, K & R 2004, 231; *Volkmann*, Aktuelle Entwicklungen in der Providerhaftung im Jahr 2006, K & R 2007, 289; *Wimmers/Schulz*, Stört der Admin-C?, CR 2006, 754; *Wüstenberg*, Die Haftung der Internetauktionatoren auf Unterlassung wegen Markenrechtsverletzungen im Internet, WRP 2002, 497; *Wüstenberg*, Die Haftung der Veranstalter von Teleshopping-Programmen wegen Patentrechtsverletzungen durch Verkauf, GRUR 2002, 649.

a) Online-Auktionen

Auch sonstige Intermediäre kann im Internet eine Haftungspflicht treffen. Unstreitig ist der Anbieter von Produkten bei **Online-Auktionen** für die Rechtmäßigkeit seines Angebots z. B. in markenrechtlicher Hinsicht verantwortlich, selbst wenn es sich nur um Privatverkäufe handelt.[119] Dasselbe gilt für Online-Versandhändler, die als Betriebsinhaber für alle in ihrem geschäftlichen Bereich begangenen Markenrechtsverletzungen haften, auch wenn diese durch Beauftragte begangen wurden.[120] Streitig ist allerdings, ob sich der Betreiber des Online-Auktionshauses die Angaben in den Angeboten Dritter als eigene Inhalte zurechnen lassen muss.[121] Es liefen vor verschiedenen Gerichten Verfahren, in denen das Unternehmen Rolex Auktionshäuser wie eBay wegen des Vertriebs markenrechtsverletzender Replika von Rolex-Uhren in Anspruch genommen hat. Die Auktionshäuser sahen sich als Host Provider, die erst nach Information durch Rolex tätig werden müssen. Das *LG Köln* schloss sich jedoch der Klägerin an und betrachtete die Angebote als eigene Inhalte des Auktionshauses, da zumindest die Überschriften der Angebote als eigener Inhalt vorgestellt werden. Ein eigener Inhalt liege auch vor, wenn aus der Sicht des Nutzers eine Verquickung dergestalt stattfinde, dass Diensteanbieter und Fremdinhalt als Einheit erscheinen. Insofern wurde Ricardo als Content-Provider wegen

1214

---

119 *LG Berlin*, Urt. v. 5. 11. 2001 – 103 O 149/01, CR 2002, 371 m. Anm. *Leible/Sosnitza*.
120 *OLG Köln*, Urt. v. 24. 5. 2006 – 6 U 200/05, CR 2007, 184.
121 *LG Köln*, Urt. v. 31. 10. 2000 – 33 O 251/00, CR 2001, 417.

Markenrechtsverletzung zur Unterlassung verurteilt.[122] Diese Entscheidung ist zwar vom *OLG Köln* aufgehoben worden.[123] Der *BGH* hat jedoch nunmehr klargestellt, dass der Betreiber einer Plattform für Versteigerungen im Internet auf Unterlassung in Anspruch genommen werden kann, wenn Anbieter auf dieser Plattform gefälschte Markenprodukte anbieten.[124] Der *BGH* hat betont, dass die Regelungen des TMG, die für Dienste ein Haftungsprivileg vorsehen, bei denen der Betreiber Dritten die Speicherung fremder Inhalte erlaubt („Hosting"), für den Schadensersatzanspruch, nicht aber für den Unterlassungsanspruch gelten.[125] Damit komme eine Haftung der Beklagten als Störerin in Betracht. Dieser Anspruch setze Handeln im geschäftlichen Verkehr voraus[126] und eine zumutbare Kontrollmöglichkeit für den Betreiber, die Markenverletzung zu unterbinden. Ihm sei nicht zuzumuten, jedes Angebot, das in einem automatischen Verfahren unmittelbar vom Anbieter ins Internet gestellt wird, darauf zu überprüfen, ob Schutzrechte Dritter verletzt würden. Daher könne auch ein vorbeugender Unterlassungsanspruch in dem Fall einer (noch) nicht vorliegenden Schutzrechtsverletzung geltend gemacht werden.[127] Werde ihr aber ein Fall einer Markenverletzung bekannt, müsse sie nicht nur das konkrete Angebot unverzüglich sperren, sondern auch Vorsorge dafür treffen, dass es nicht zu weiteren entsprechenden Markenverletzungen komme. Einen Schadensersatzanspruch gegen den Betreiber hat der *BGH* allerdings verneint.[128] Das Auktionshaus müsse, wenn ihm ein Fall einer Markenverletzung bekannt wird, nicht nur das konkrete Angebot unverzüglich sperren, sondern auch technisch mögliche und zumutbare Maßnahmen ergreifen, um Vorsorge dafür zu treffen, dass

---

122 Ähnlich auch *LG Hamburg*, Urt. v. 14. 6. 2002 – 406 O 52/02, CR 2002, 919.

123 *OLG Köln*, Urt. v. 2. 11. 2001 – 6 U 12/01, MMR 2002, 110 m. Anm. *Hoeren* = CR 2002, 50 m. Anm. *Wiebe* = K & R 2002, 93 m. Anm. *Spindler* 83; ähnlich auch *LG Düsseldorf*, Urt. v. 29. 10. 2002 – 4a O 464/01, CR 2003, 211 = MMR 2003, 120 m. Anm. *Leupold*.

124 *BGH*, Urt. v. 11. 3. 2004 – I ZR 304/01, MDR 2004, 1369 = CR 2004, 763 m. Anm. *Volkmann* = MMR 2004, 668; ähnlich *BGH*, Urt. v. 10. 4. 2008 – I ZR 227/05, MDR 2008, 1409 = CR 2008, 727 m. Anm. *Rössel* = NJW 2008, 3714 = MMR 2008, 818.

125 Hierzu zählt auch der vorbeugende Unterlassungsanspruch, *BGH*, Urt. v. 19. 4. 2007 – I ZR 35/04, CR 2007, 523 m. Anm. *Rössel* = MDR 2007, 1442 = MMR 2007, 507.

126 Vgl. zu der Frage, ob ein Angebot im Auktionsbereich im geschäftlichen Verkehr erfolgt, *OLG Frankfurt a. M.*, Beschl. v. 7. 4. 2005 – 6 U 149/04, CR 2005, 667 = MMR 2005, 458.

127 *BGH*, Urt. v. 19. 4. 2007 – I ZR 35/04, CR 2007, 523 m. Anm. *Rössel* = MDR 2007, 1442 = MMR 2007, 507; siehe auch *BGH*, Urt. v. 12. 7. 2007 – I ZR 18/04, CR 2007, 728 m. Anm. *Härting* = MDR 2008, 97 = MMR 2007, 634.

128 *BGH*, Urt. v. 11. 3. 2004 – I ZR 304/01, MDR 2004, 1369 = CR 2004, 763 m. Anm. *Volkmann* = MMR 2004, 668.

es nicht zu weiteren entsprechenden Markenverletzungen kommt.[129] Das *OLG Hamburg*[130] hat sich ausführlichst mit der Verantwortlichkeit von eBay für Markenrechtsverletzungen beschäftigt und die Auffassung vertreten, eBay sei nicht nur Störer, sondern auch Mittäter einer Rechtsverletzung wegen Beihilfe durch Unterlassen. Diese Meinung hätte weitreichende Folgen, insb. auch im Hinblick auf die Geltendmachung von Auskunftsansprüchen gegen eBay und deren Prüfungspflichten. Auch der *BGH* hat die Haftung von eBay jüngst deutlich verschärft: Habe der Betreiber einer Internet-Plattform Anzeigen im Internet geschaltet, die über einen elektronischen Verweis unmittelbar zu schutzrechtsverletzenden Angeboten führen, träfen ihn erhöhte Kontrollpflichten. Sei der Plattformbetreiber in diesem Zusammenhang auf klare Rechtsverletzungen hingewiesen worden, müsse er die über die elektronischen Verweise in seinen Anzeigen erreichbaren Angebote auf problemlos und zweifelsfrei erkennbare Schutzrechtsverletzungen überprüfen.[131] Denn verlasse der Anbieter seine neutrale Vermittlerposition und übernehme eine aktive Rolle, die ihm Kenntnis von bestimmten Daten oder Kontrolle über sie verschaffen konnte, sei seine Tätigkeit nicht mehr von den Haftungsprivilegien der E-Commerce-Richtlinie umfasst.

Diese Argumentationslinie entspricht jedoch nicht der h. M. und ist dogma- **1215** tisch unhaltbar. Ebenso ist die Rechtsprechung des *BGH* eine Missachtung der europarechtlichen Vorgaben aus der E-Commerce-Richtlinie und eine Umkehrung des Sinn und Zwecks der gesetzlichen Regelungen zum Host Provider. Völlig zu Recht hat daher der *High Court* dem *BGH* vorgeworfen, solch wichtige Auslegungsfragen nicht dem *EuGH* zur Klärung vorgelegt zu haben.[132] Die Instanzgerichte verweigern dem *BGH* auch insofern Gehorsam, als sie den Begriff der „ähnlich gelagerten Fälle" eng auslegen.[133] Schließlich hat der Generalanwalt *Jääskinens* im Verfahren des Kosmetik-Konzerns L'Oréal gegen eBay[134] die Haftung des Auktionshauses deutlich reduziert. Nur wenn eBay die Verletzung einer Marke gemeldet werde und derselbe Nutzer diese konkrete Verletzung fortführe, könne das Unternehmen in die Haftung genommen werden. Diese

---

129 *BGH*, Urt. v. 19. 4. 2007 – I ZR 35/04, CR 2007, 523 m. Anm. *Rössel* = MDR 2007, 1442 = MMR 2007, 507; *LG Hamburg*, Urt. v. 4. 1. 2005 – 312 O 753/04, CR 2005, 680 = MMR 2005, 326 m. Anm. *Rachlock*; ähnlich auch das *OLG Brandenburg*, Urt. v. 16. 11. 2005 – 4 U 5/05, CR 2006, 124.
130 *OLG Hamburg*, Urt. v. 24. 7. 2008 – 3 U 216/06, CR 2008, 809 = MMR 2009, 129 m. Anm. *Witzmann*.
131 *BGH*, Urt. v. 16. 5. 2013 – I ZR 216/11, MMR 2014, 55 im Anschluss an einige Äußerungen des *EuGH* im Fall L'Oreal, *EuGH*, Urt. v. 12. 7. 2011 – C-324/09 Rz. 113 u. 116 – L'Oréal/eBay.
132 *High Court*, Urt. v. 22. 5. 2009 – (2009) EWHC 1094 (Ch.).
133 Siehe z. B. *OLG Düsseldorf*, Urt. v. 24. 2. 2009 – I-20 U 204/02, MMR 2009, 402.
134 Schlussantrag des Generalanwalts Jääskinens Verfahren des Kosmetik-Konzerns L'Oréal gegen eBay vom 9. 12. 2010 – C-324/09.

Auffassung wird jedoch aber vom *EuGH* nicht geteilt.[135] Der *EuGH* präzisierte die Verantwortlichkeit von Betreibern eines Internet-Marktplatzes für die von Nutzern hervorgerufenen Verletzungen des Markenrechts. Die nationalen Gerichte müssten diesen Gesellschaften aufgeben können, Maßnahmen zu ergreifen, die nicht nur auf die Beendigung der Verletzungen der Rechte des geistigen Eigentums, sondern auch auf die Vorbeugung gegen erneute derartige Verletzungen gerichtet seien. Ferner betont der *EuGH*, dass eBay bei Qualifizierung als Host von dem Haftungsprivileg der E-Commerce-Richtlinie profitieren könne. Die Grenzen des Host seien aber dann überschritten, wenn der Anbieter des Dienstes sich nicht auf eine rein technische und automatisierte Verarbeitung von Daten beschränke, sondern „eine aktive Rolle" spiele.[136] Eine solche aktive Rolle festzustellen, dürfte künftig schwierig sein. Selbst der *EuGH* hat sich mit der Abgrenzung nicht leicht getan. Entscheidendes Kriterium für diese Abgrenzung sei, ob sich der Betreiber durch seinen Beitrag Kenntnis der in Frage stehenden Daten oder eine Kontrolle über sie verschaffen kann. Er bejaht eine aktive Rolle jedenfalls dann, wenn die Präsentation der betreffenden Verkaufsangebote optimiert oder diese Angebote beworben werden.[137]

1216 Hiernach soll Kenntnis nämlich schon dann vorliegen, wenn sich ein Host Provider etwaiger Tatsachen oder Umstände bewusst war, auf deren Grundlage ein sorgfältiger Wirtschaftsteilnehmer die in Rede stehende Rechtswidrigkeit hätte feststellen müssen. Hier vermengt der *EuGH* Vorsatz und Fahrlässigkeit und bejaht auch schon eine Fahrlässigkeitshaftung für Host Provider. Damit aber nicht genug. Der *EuGH* geht sogar von Kenntnis aus, wenn dem Host Provider entsprechende Informationen von Dritten übersandt wurden. Das Risiko, dass eine solche Information vollkommen falsch ist, wischt der *EuGH* weg. Eine solche Anzeige sei „in der Regel" ein Anhaltspunkt, um zumindest eine Fahrlässigkeitshaftung des Host Providers zu begründen. [138]

1217 Unterlassungsansprüchen müsse der Betreiber eines Online-Marktplatzes Rechnung tragen. Dabei habe sich eine entsprechende Unterlassungsverpflichtung nicht nur auf den konkreten Verletzungsfall zu beziehen. Vielmehr müsse der Betreiber im Rahmen der Unterlassung „vermeiden, dass erneute derartige Verletzungen derselben Marken durch denselben Händler auftreten". Eigenartig sind die Worte „erneute derartige Verletzungen". Damit könnte durchaus gemeint sein, dass wenn ein Unternehmen, wie z. B. eBay, auf markenrechts-

---

135 *EuGH*, Urt. v. 12.7. 2011 – C 324/09, CR 2011, 597 m. Anm. *Volkmann* = MMR 2011, 596 m. Anm. *Hoeren*.
136 *EuGH*, Urt. v. 12.7. 2011 – C 324/09, MMR 2011, 596, 602.
137 *EuGH*, Urt. v. 12.7. 2011 – C 324/09, MMR 2011, 596, 603.
138 *EuGH*, Urt. v. 12.7. 2011 – C 324/09, MMR 2011, 596, 603.

verletzende Produkte der Marke „Davidoff/Blue Water" hingewiesen worden ist, alle Varianten einer solchen Rechtsverletzung künftig von sich aus sperren muss (z. B. auch bei unterschiedlichen Größen der Parfumflaschen). Die vom Gericht auferlegten Maßnahmen müssten allerdings wirksam, verhältnismäßig und abschreckend sein, dabei rechtmäßigen Handel aber nicht beschränken.[139] Daher dürfte keine aktive ständige Überwachung oder ein vollständiges Verkaufsverbot für Waren der entsprechenden Marken angeordnet werden.[140] Nach Auffassung des *EuGH* soll dem Betreiber eines Online-Marktplatzes sogar aufgegeben werden können, Maßnahmen zu ergreifen, die die Identifizierung seiner als Verkäufer auftretenden Kunden erleichtern. Der Urheber der Verletzung müsse, „sofern er im geschäftlichen Verkehr und nicht als Privatmann tätig wird, gleich wohl klar identifizierbar sein".[141]

Diese Entscheidung wurde insb. von der Internationalen Liga für Wettbewerbsrecht kritisiert.[142] Die Delegierten kritisierten besonders, dass Host Provider bei bloßem Hinweis der Rechteinhaber tätig werden müssten. Es bedürfe vielmehr einer qualifizierten Anzeige und einen Fall offensichtlicher Rechtswidrigkeit. Außerdem bestehe keine Pflicht zur Sperrung weiterer ähnlich gelagerter Fälle, sondern nur eine Pflicht zu ihrer Verhinderung. Zuletzt müssten datenschutzrechtliche Vorbehalte zur Identifizierung der Nutzer geklärt werden. **1218**

Soweit der Inhaber eines eBay-Accounts einem Dritten die erforderlichen Zugangsdaten mitteilt und dieser Dritte anschließend dort Plagiate von geschützten Marken versteigert, haftet nach Ansicht des *OLG Frankfurt a. M.*[143] und des *OLG Stuttgart*[144] dafür auch der Accountinhaber. Auch wenn der Inhaber nicht selbst die Ware angeboten hat, sei er dennoch passiv legitimiert. Dies folge aus dem Umstand der Mitstörerhaftung, da der Accountinhaber mit der Ermöglichung des Zugangs willentlich und adäquat kausal zur Markenverletzung beigetragen habe. Auch wenn die Prüfungspflichten für einen Accountinhaber nicht überspannt werden dürften, liege jedenfalls dann eine Verantwortung für das fremde Verhalten vor, wenn er sich überhaupt nicht darum kümmert, welche Waren von fremden Dritten über seinen Account angeboten werden. **1219**

---

139 *EuGH*, Urt. v. 12. 7. 2011 – C 324/09, MMR 2011, 596, 604.
140 *EuGH*, Urt. v. 12. 7. 2011 – C 324/09, MMR 2011, 596, 604.
141 *EuGH*, Urt. v. 12. 7. 2011 – C 324/09, MMR 2011, 596, 605.
142 Section B.
143 *OLG Frankfurt a. M.*, Beschl. v. 13. 6. 2005 – 6 W 20/05, CR 2005, 655; ähnlich *LG Bonn*, Urt. v. 7. 12. 2004 – 11 O 48/04, CR 2005, 602 für UWG-Verstöße und *OLG Stuttgart*, Urt. v. 16. 4. 2007 – 2 W 71/06, GRUR-RR 2007, 336.
144 *OLG Stuttgart*, Urt. v. 16. 4. 2007 – 2 W 71/06, GRUR-RR 2007, 336.

1220   Inzwischen hat auch der *BGH* in der „Halzbandentscheidung" über die **Haftung des Inhabers eines eBay-Kontos** bei der Verwendung seiner Zugangsdaten durch Dritte geurteilt.[145] Die Ehefrau des Beklagten verwendete dessen eBay-Benutzerkonto, um ein Halsband zu versteigern. Dabei inserierte die Ehefrau das Halsband unter der Markenbezeichnung „Cartier", wobei dieses jedoch nicht von „Cartier" war. Der *BGH* entschied, dass der Beklagte, der von der Auktion seiner Ehefrau nichts wusste, dennoch hafte. Das Gericht schloss dabei eine Haftung des Beklagten als Mittäter oder Teilnehmer aus, da dieser kein Wissen von den Handlungen, insb. von dem konkreten Angebot seiner Ehefrau hatte. Ansatzpunkt für die Haftung des Beklagten ist die von den Zugangsdaten ausgehende Identifikationsmöglichkeit. Der Inhaber der Zugangsdaten ist demnach verpflichtet, „seine Kontaktdaten so unter Verschluss zu halten, dass von ihnen niemand Kenntnis erlangt". Verstößt der Zugangsdateninhaber gegen diese Pflicht, sodass ein Dritter unter seinem Namen handelt, ist es dem Verkehr nicht möglich, den Handelnden zu identifizieren. Die Handlungen des unberechtigten Dritten werden in diesen Fällen dem Kontoinhaber zugerechnet. Auch die AGB von eBay besagen, dass das Mitglied sein Passwort geheim zu halten hat.[146] Eine Haftung soll nach Ansicht des *OLG Hamm* jedoch in den Fällen ausscheiden, in denen der Kontoinhaber die Handlungen eines unberechtigten Dritten nicht hätte erkennen müssen.[147] Eine Haftung soll zudem dann entfallen, wenn der Geschäftsgegner von einem Eigengeschäft des Handelnden ausgeht.[148] Wenn der Geschäftsgegner den Missbrauch kennt oder fahrlässig nicht kennt, so kommt ebenfalls keine Haftung des Kontoinhabers in Betracht.

b) Admin-C

1221 Nach Auffassung des *OLG Koblenz*[149] haftet der sog. Admin-C,[150] der vom Domaininhaber zu benennende administrative Kontakt, nicht für Kennzeichen-

---

145 *BGH*, Urt. v. 11. 3. 2009 – I ZR 114/06, CR 2009, 450 m. Anm. *Rössel* = MDR 2009, 879 = NJW 2009, 1960.

146 § 2 Nr. 6 der AGB (siehe unter http://pages.ebay.de/help/policies/user-agreement.html, zuletzt abgerufen: Juli 2017).

147 *OLG Hamm*, Urt. v. 16. 11. 2006 – 28 U 84/06, NJW 2007, 611.

148 *Werner*, K & R 2008, 554, 555.

149 *OLG Koblenz*, Urt. v. 25. 1. 2002 – 8 U 1842/00, CR 2002, 280 m. Anm. *Eckhardt* = MMR 2002, 466 m. Anm. *Ernst/Vallendar*; ebenso *OLG Koblenz*, Urt. v. 23. 4. 2009 – 6 U 730/08, MMR 2009, 549.

150 Vgl. *Hoeren/Eustergerling*, Die Haftung des Admin-C – Ein krit. Blick auf die Rechtsprechung, MMR 2006, 132; *Wimmers/Schulz*, Stört der Admin-C? Eine krit. Betrachtung der Störerhaftung am Beispiel des sog. Administrativen Ansprechpartners, CR 2006, 754.

rechtsverletzungen im Zusammenhang mit einer Domain. Auch das *OLG Hamburg*[151] urteilte in dem Fall einer Persönlichkeitsrechtsverletzung in diesem Sinn. Der Admin-C sei zwar Ansprechpartner der DENIC, rechtlich verantwortlich für Kennzeichenrechtsverletzungen sei jedoch der Domaininhaber. Diese Argumentation steht im Widerspruch zur Auffassung des *OLG München*, wonach die unmittelbare Einflussmöglichkeit des Admin-C auf den Domainnamen dessen Störerhaftung begründe.[152] Das *KG* hat eine Prüfungspflicht des Admin-C dann bejaht, wenn der Domaininhaber und Betreiber einer Meta-Suchmaschine zuvor erfolglos aufgefordert worden ist, den persönlichkeitsverletzenden Suchergebniseintrag zu löschen oder diese Aufforderung von vornherein keinen Erfolg versprechen würde.[153] Angesichts der bestehenden Rechtsunsicherheit sollten diejenigen, die sich als Admin-C zur Verfügung stellen, vor Registrierung der Domain darauf achten, dass keine rechtlichen Bedenken gegen die Zuweisung der Domain bestehen. Neuerdings lehnen Oberlandesgerichte jedoch zu Recht die Haftung des Admin-C ab,[154] denn der Pflichtenkreis des Admin-C bezieht sich allein auf das Innenverhältnis zwischen Domaininhaber und der DENIC, die den Registrierungsvertrag, in den die Domainrichtlinien einbezogen sind, schließen und an dem der Admin-C ebenso wenig beteiligt ist wie an seiner Benennung, die einseitig durch den Domaininhaber erfolgt. Schon diese rechtliche Konstellation verbietet es, (Prüfungs)-Pflichten des Admin-C im Außenverhältnis zu Dritten anzunehmen. Vielmehr ist allein der Anmelder für die Zulässigkeit einer bestimmten Domainbezeichnung verantwortlich, wobei es rechtlich unerheblich ist, ob er im Inland oder Ausland seinen Sitz hat. Auch in neuester Rechtsprechung hat das *KG* eine Störerhaftung des Admin-C für unerbetene E-Mail-Werbung abgelehnt, da es bereits an dem erforderlichen adäquatkausalen Tatbeitrag fehle.[155]

Der *BGH* hat sich inzwischen der Frage angenommen und ein sibyllinisches Urteil dazu gefällt.[156] Ein Anspruch gegenüber dem Admin-C könne sich **1222**

---

151 *OLG Hamburg*, Urt. v. 22.5. 2007 – 7 U 137/06, CR 2007, 797 = MMR 2007, 601.
152 *OLG München*, Urt. v. 20.1. 2000 – 29 U 5819/99, MMR 2000, 277; ähnlich auch *OLG Stuttgart*, Beschl. v. 1.9. 2003 – 2 W 27/03, CR 2004, 133 = MMR 2004, 38; *LG Stuttgart*, Urt. v. 27.1. 2009 – 41 O 149/08, BeckRS 2011, 05026; *LG München I*, Urt. v. 10.2. 2005 – 7 O 18567/04, CR 2005, 532; *AG Bonn*, Urt. v. 24.8. 2004 – 4 C 252/04, CR 2004, 945 m. Anm. *Kunczik* = MMR 2004, 826 (für den Bereich des UWG); *LG Hamburg*, Urt. v. 15.3. 2007 – 327 O 718/06.
153 *KG*, Beschl. v. 20.3. 2006 – 10 W 27/05, CR 2006, 778; ähnlich *LG Berlin*, Urt. v. 13.1. 2009 – 15 O 957/07, MMR 2009, 348.
154 *OLG Köln*, Urt. v. 15.8. 2008 – 6 U 51/08, CR 2009, 118 = MMR 2009, 48; *OLG Düsseldorf*, Urt. v. 3.2. 2009 – 20 U 1/08, MMR 2009, 336.
155 *KG*, Urt. v. 3.7. 2012 – 5 U 15/12, NJW 2012, 3044.
156 *BGH*, Urt. v. 9.11. 2011 – I ZR 150/09 – Basler Haarkosmetik; ähnlich *BGH*, Urt. v. 13.12. 2012 – I ZR 150/11, GRUR Int. 2013, 265 – dlg.de; siehe auch *LG Frankfurt a.M.*, Beschl. v. 9.9. 2013 – 2-03 O 320/13, BeckRS 2013, 19566.

aus dem Gesichtspunkt der Störerhaftung ergeben. Die dafür erforderliche Verletzung zumutbarer Prüfungspflichten ergebe sich allerdings noch nicht aus der Stellung des Beklagten als Admin-C an sich. Denn dessen Funktions- und Aufgabenbereich bestimme sich allein nach dem zwischen der DENIC und dem Domaininhaber abgeschlossenen Domainvertrag, wonach sich der Aufgabenbereich des Admin-C auf die Erleichterung der administrativen Durchführung des Domainvertrages beschränke. Unter bestimmten Umständen kann den Admin-C aber – so der *BGH* – eine besondere Prüfungspflicht hinsichtlich des Domainnamens treffen, dessen Registrierung er durch seine Bereitschaft, als Admin-C zu wirken, ermöglicht. Im Streitfall hatte sich der Beklagte gegenüber der in Großbritannien ansässigen Inhaberin des Domainnamens generell bereit erklärt, für alle von ihr registrierten Domainnamen als Admin-C zur Verfügung zu stehen. Ferner hatte die Klägerin vorgetragen, dass die britische Gesellschaft in einem automatisierten Verfahren freiwerdende Domainnamen ermittelt und automatisch registrieren lässt, sodass auf der Ebene des Anmelders und Inhabers des Domainnamens keinerlei Prüfung stattfindet, ob die angemeldeten Domainnamen Rechte Dritter verletzen könnten. Bei dieser Verfahrensweise bestehe im Hinblick darauf, dass auch bei der DENIC eine solche Prüfung nicht stattfindet, eine erhöhte Gefahr, dass für den Domaininhaber rechtsverletzende Domainnamen registriert werden. Unter diesen Voraussetzungen hat der *BGH* eine Pflicht des Admin-C bejaht, von sich aus zu überprüfen, ob die automatisiert registrierten Domainnamen Rechte Dritter verletzen. Es verwundert nicht, dass auch nach dieser *BGH*-Entscheidung die Haftung des Admin-C weiterhin streitig ist. So soll der Admin-C einer bei der DENIC registrierten Internetseite nach entsprechendem Hinweis für auf dieser Seite befindlichen rechtswidrigen Inhalt als Störer i. S. d. § 1004 BGB haften.[157] Er ist nicht Vertragspartner der auf der Webseite angebotenen Reisedienstleistungen.[158]

1223 Den Inhaber einer Domain, bei dem davon auszugehen ist, dass er Mitarbeiter des für eine auf dieser Domain erfolgte Markenverletzung verantwortlichen Unternehmens ist, trifft eine sekundäre Darlegungslast zur näheren Ausgestaltung seiner Stellung in dem Unternehmen und der näheren Umstände, aufgrund derer er die Domain dem Unternehmen zur Verfügung gestellt hat. Fehlt es an weiterem Vortrag zu diesen Punkten, ist davon auszugehen, dass er die Markenverletzung entweder selbst veranlasst oder zumindest nicht unterbunden hat, obwohl er sie kannte.[159]

---

157 *LG Potsdam*, Urt. v. 31.7. 2013 – 2 O 4/13, MMR 2013, 662.
158 *LG Wiesbaden*, Urt. v. 18.10. 2013 – 1 O 159/13, MMR 2014, 167.
159 *OLG Köln*, Urt. v. 21.3. 2014 – 6 U 181/13, K & R 2014, 543.

c) Domainprovider

Der *BGH*[160] hat i. Ü. die Haftung für Domainprovider in diesem Zusammenhang 1224
erweitert. Wer auf Anfrage einen Internet-Auftritt unter einem bestimmten Domainnamen erstellen möchte und diesen für sich registrieren lasse, könne unter dem Gesichtspunkt einer gezielten Behinderung eines Mitbewerbers nach
§ 4 Nr. 10 UWG (§ 4 Nr. 4 UWG 2015) und eines Verschuldens bei Vertragsverhandlungen zur Unterlassung der Verwendung der Domainnamen und zur Einwilligung in die Löschung der Registrierungen verpflichtet sein. Nach Ansicht
des *OLG Hamburg* ist der im Impressum bezeichnete Diensteanbieter auch für
Inhalte in, dem Nutzer verborgen bleibenden, Subdomains verantwortlich.[161]
Für den Betreiber einer Domainbörse kommt es für die Haftung auf den Zeitpunkt positiver Kenntnis an, wie das *LG Düsseldorf* bekräftigt hat.[162] Hiernach
kann bei einer solchen Domainbörse, bei der ungenutzte Domains geparkt und
zum Verkauf angeboten werden, eine Haftung erst ab dem Zeitpunkt positiver
Kenntnis des Börsenanbieters von einer Markenrechtsverletzung angenommen
werden. Eine darüber hinausgehende markenrechtliche Prüfung aller gepark-
ten Domains sei den Börsenbetreibern nicht zumutbar. Der Verpächter einer
Domain wird nach Auffassung des *BGH* nicht einem Verleger gleichgestellt: Er
sei nicht Herr des Angebots und hafte daher erst dann als Störer, wenn es nach
Kenntniserlangung zu weiteren Rechtsverletzungen gekommen sei.[163] Strenger
sieht das das *VG Karlsruhe*[164]: Wer als Domaininhaber Links auf fremde rechtswidrige Inhalte aufnimmt und sich hierbei nicht auf eine bloße Auflistung beschränkt, sondern die zu erreichenden Inhalte anpreist und beschreibt, macht
sich diese zu eigen und haftet daher nach den allgemeinen Vorschriften dafür
wie für eigene Informationen. Er kann auch für nachträglich durch den Inhaber
der freigeschalteten Webseite veränderte Inhalte als Störer unter dem Gesichtspunkt polizeirechtlicher Verhaltensverantwortlichkeit herangezogen werden.
Bei Hinweisen auf pornografische Inhalte ist ein Altersverifikationssystem zu
verwenden. Eine verbale Distanzierung von unzulässigen Inhalten ist nicht
ausreichend.

---

160 *BGH*, Urt. v. 16. 12. 2004 – I ZR 69/02, MDR 2005, 884 = CR 2005, 510 = MMR 2005, 374.
161 *OLG Hamburg*, Urt. v. 9. 9. 2004 – 5 U 194/03, CR 2005, 294 = MMR 2005, 322.
162 *LG Düsseldorf*, Urt. v. 15. 1. 2008 – I 20 U 95/07, MMR 2008, 254; *LG Hamburg*, Urt. v. 18. 7.
2008 – 408 O 274/08, MMR 2009, 218; *LG Berlin*, Urt. v. 3. 6. 2008 – 103 O 15/08, MMR 2009,
218; *LG Frankfurt a. M.*, Urt. v. 26. 2. 2009 – 2–03 O 384/08, MMR 2009, 364; keine Prüfungspflicht nimmt auch an *OLG Hamburg*, Urt. v. 29. 4. 2010 – 3 U 77/09, CR 2011, 54 = MMR 2010,
470 m. Anm. *Stadler*.
163 *BGH*, Urt. v. 30. 6. 2009 – VI ZR 210/08, CR 2009, 730 = NJW-RR 2009, 1413.
164 *VG Karlsruhe*, Urt. v. 25. 7. 2012 – 5 K 3496/10, MMR 2013, 134.

1225 Ähnlich ist die Rechtsprechung zur Haftung des **Domainregistrars.**[165] Er haftet als Störer auf Unterlassung, falls er nach einem konkreten Hinweis auf eine offensichtliche Rechtsverletzung nicht zeitnah tätig wird und den Inhalt sperrt. Im Übrigen treffen ihn nur eingeschränkte Prüfpflichten, die eine Handlungspflicht erst auslösen, wenn die Verletzung der Rechte Dritter offenkundig und für ihn ohne weiteres feststellbar ist.[166] Der Registrar, dem eine persönlichkeitsrechtsverletzende Publikation auf einer bei ihm registrierten Domain bekannt ist, muss auf den Domaininhaber einwirken, um die Entfernung der rechtswidrigen Inhalte zu erreichen; erforderlichenfalls muss der Registrar selbst die Domain unzugänglich machen, um weitere Rechtsverletzungen zu unterbinden.[167]

d) E-Cards

1226 Es haften die Parteien für die **Versendung politischer E-Cards** über ihre Server.[168] Selbst wenn die Partei die E-Mails nicht selbst versandt habe, sei diese als (mittelbare) Mitstörerin anzusehen, falls auf ihrer Homepage der Versand von E-Mails durch eine sog. E-Card-Funktion angeboten werde und eine Kontrolle der Berechtigung des Sendenden nicht stattfinde. Solange ein Rechtsmissbrauch durch die E-Cards nicht mit hinreichender Sicherheit ausgeschlossen werden könne, sei es möglich, dass sich die Verwender zur Begehung des rechtswidrigen Eingriffs in Rechte Dritter hinter dem Anbieter der E-Card-Funktion versteckten. Es sei dem Verwender der Funktion daher zuzumuten, notfalls gänzlich auf diesen Mechanismus zu verzichten. Wer Newsletter nicht als Blindkopie, sondern direkt an sämtliche im Adressenfeld aufgeführten E-Mail-Adressen versendet, wirkt an der Verbreitung der Adressenlisten mit und ist Mitstörer.[169]

e) Gästebuchbetreiber

1227 Eine besonders scharfe Haftung kann den **Betreiber eines Internet-Gästebuchs** treffen.[170] Wer in seinem Gästebuch das Abmahnverhalten eines Anwalts thematisiert, muss mit Einträgen ehrverletzender Art rechnen. Er ist da-

165 *OLG Saarbrücken*, Urt. v. 22.10. 2014 – 1 U 25/14.
166 *LG Köln*, Urt. v. 13.5. 2015 – 28 O 11/15, K & R 2015, 597 (Ls.).
167 *KG*, Besch. v. 10.7. 2014 – 10 W 142/13, MMR 2014, 776.
168 *LG München I*, Urt. v. 15.4. 2003 – 33 O 5791/03, CR 2003, 615 = MMR 2003, 483; *AG Rostock*, Urt. v. 28.1. 2003 – 43 C 68/02, CR 2003, 621 = MMR 2003, 345.
169 *OLG Düsseldorf*, Urt. v. 24.5. 2006 – I-15 U 45/06, MDR 2006, 1349 = MMR 2006, 681.
170 *LG Düsseldorf*, Urt. v. 8.5. 2002 – 6 U 195/01, MMR 2003, 61 (Ls.).

her auch verpflichtet, die Einträge regelmäßig zu kontrollieren. Andernfalls macht er sich die fremden Inhalte zu eigen und wird einem Content-Provider i. S. v. § 7 Abs. 1 TMG gleichgestellt. Eine Haftung für Spam übernimmt der Vermieter von Subdomains: Wer Subdomains an Erotik-Anbieter vermietet, haftet für Spam-Mails, die die Erotik-Anbieter versenden.[171] Das *LG Köln* bejahte eine Haftung eines Portalbetreibers für offensichtlich rechtswidrige Kleinanzeigen.[172] Haften soll der Portalbetreiber auch, wenn er Anzeigen durchgesehen hat und übersieht, dass diese persönlichkeitsrechtsverletzend sind.[173] Der Mitveranstalter von Amateurfußballspielen hat nach sehr zweifelhafter Ansicht des *OLG Stuttgart*[174] gegen den Betreiber eines Internetportals, in dem eingestellte Filmaufnahmen von Amateurfußballspielen gezeigt werden, einen Unterlassungsanspruch hinsichtlich der öffentlichen Zugänglichmachung von Filmaufzeichnungen von Fußballspielen. Haften soll auch der im Impressum angegebene „ViSdP" („Verantwortlich i. S. d. Presserechts").[175]

Wer i. Ü. zur Unterlassung ehrverletzender Äußerungen verurteilt worden **1228** ist, muss dafür Sorge tragen, dass die Äußerungen auch im Online-Archiv nicht mehr zu finden sind.[176] Ferner kann der Verletzer dem Betroffenen gegenüber dazu verpflichtet sein, es zu unterlassen, Beiträge in der Weise zum Abruf bereitzuhalten, dass sie durch Eingabe des Namens des Betroffenen in Internet-Suchmaschinen von diesen aufgefunden werden.[177]

Dies gilt allerdings nicht für Presseunternehmen. Ein Zeitungsartikel in ei- **1229** nem Onlinearchiv, der unzutreffend ist, kann nach Auffassung des *EGMR* trotzdem in dem Archiv abrufbar bleiben, da eine entsprechende Löschung der Presse unzumutbar ist.[178] Ähnlich großzügig lässt der *BGH*[179] zu, dass nicht mehr aktuelle Beiträge im Onlinearchiv, in denen ein verurteilter Straftäter namentlich genannt wird, insb. bei Berichterstattung über schwerwiegende Straftaten nicht gelöscht werden.

---

171 *AG Leipzig*, Urt. v. 27. 2. 2003 – 02 C 8566/02, CR 2003, 935 = MMR 2003, 610.
172 *LG Köln*, Urt. v. 26. 11. 2003 – 28 O 706/02, CR 2004, 304 = MMR 2004, 183 m. Anm. *Christiansen.*
173 *LG Köln*, Urt. v. 26. 11. 2003 – 28 O 706/02, CR 2004, 304 = MMR 2004, 183 m. Anm. *Christiansen*; *Spieker*, Verantwortlichkeit von Internetsuchdiensten für Persönlichkeitsverletzungen in ihren Suchergebnislisten, MMR 2005, 727.
174 *OLG Stuttgart*, Urt. v. 19. 3. 2009 – 2 U 47/08, CR 2009, 386; *LG Stuttgart*, Urt. v. 8. 5. 2008 – 41 O 3/08 KfH, MMR 2008, 551 m. Anm. *Hoeren/Schröder* = CR 2008, 528 m. Anm. *Frey.*
175 *OLG Frankfurt a. M.*, Urt. v. 10. 2. 2008 – 11 U 28/07, GRUR-RR 2008, 385.
176 *OLG München*, Beschl. v. 11. 11. 2002 – 21 W 1991/02, CR 2003, 701 = K & R 2003, 145.
177 *OLG Hamburg*, Urt. v. 7. 7. 2015 – 7 U 29/12, GRUR-RR 2016, 45 = MMR 2015, 770 m. Anm. *Verweyen/Ruf.*
178 *EGMR*, Urt. v. 16. 7. 2013 – no. 33846/07.
179 *BGH*, Urt. v. 8. 5. 2012 – VI ZR 217/08, NJW 2012, 2197 = MMR 2012, 703, GRUR 2012, 850.

f) Forenbetreiber

1230 Ähnlich ist der Forenbetreiber zum Ersatz der entstandenen Rechtsverfolgungskosten verpflichtet, wenn ein Betroffener mittels E-Mail von ihm die Löschung einer beleidigenden Fotomontage eines Dritten verlangt und der verantwortliche Betreiber dieser Aufforderung in der E-Mail gesetzten Frist nicht nachkommt.[180] Ohnehin treffen auch den Forenbetreiber gesteigerte Haftungspflichten. So ist er nach Auffassung des *LG Hamburg*[181] auch dann als Störer für fremde, rechtswidrige Postings in Online-Foren verantwortlich, wenn er von den konkreten Beiträgen keine Kenntnis besitzt, denn der Forenbetreiber müsse die fremden eingestellten „Texte vorher automatisch oder manuell" auf ihre Rechtmäßigkeit prüfen. In der Berufungsentscheidung hat das *OLG Hamburg*[182] eine derartige Prüfungspflicht abgelehnt. Den Betreiber treffe lediglich eine spezielle Pflicht zur Überprüfung des konkreten Einzelforum-Threads, wenn er entweder durch sein eigenes Verhalten vorhersehbar rechtswidrige Beiträge Dritter provoziert hat oder ihm bereits mindestens eine Rechtsverletzung von einigem Gewicht benannt worden ist und sich damit die Gefahr weiterer Rechtsverletzungshandlungen durch einzelne Nutzer bereits konkretisiert hat. Der Betreiber ist jedoch nach Kenntnis einer Rechtsverletzung zur unverzüglichen Löschung des Beitrages verpflichtet.[183] Der Betreiber eines Meinungsforums ist nicht zur vorsorglichen Überprüfung sämtlicher Inhalte verpflichtet.[184] Dies würde die Überwachungspflichten des Betreibers überspannen und die Presse- und Meinungsäußerungsfreiheit, unter deren Schutz Internetforen stünden, verletzen. Die Meinungsäußerungsfreiheit umfasst nach Art. 5 Abs. 1 GG auch die Meinungsäußerung in Form von Bildern, sodass nichts anderes für einen Forenbeitrag aus Text und Bild gelten kann.

1231 Einen Portalbetreiber trifft eine wettbewerbsrechtliche Verkehrspflicht, der durch die Bereitstellung einer Plattform für gewerbliche Angebote geschaffenen Gefahr von Verstößen gegen die Impressumspflicht entgegenzuwirken.[185]

---

180 *AG Winsen/Luhe*, Urt. v. 6.6. 2005 – 23 C 155/05, CR 2005, 722.

181 *LG Hamburg*, Urt. v. 2.12. 2005 – 324 O 712/05, CR 2006, 638 m. Anm. *Wimmers/Schulz* = MMR 2006, 491; ähnlich für Äußerungen in Blogs *LG Hamburg*, Urt. v. 4.12. 2007 – 324 O 794/07, MMR 2008, 265; a. A. etwa *AG Frankfurt a. M.*, Urt. v. 16.6. 2008 – 31 C 2575/07–17, CR 2009, 60.

182 *OLG Hamburg*, Urt. v. 22.8. 2006 – 7 U 50/06, CR 2007, 44 = MMR 2006, 744; vgl. auch *OLG Düsseldorf*, Urt. v. 7.6. 2006 – I-15 U 21/06, CR 2006, 682 = MMR 2006, 618; *Jürgens/Köster*, Die Haftung von Webforen für rechtsverletzende Einträge, AfP 2006, 219; *Strömer/Grootz*, Internet-Foren: Betreiber- und Kenntnisverschaffungspflichten – Wege aus der Haftungsfalle, K & R 2006, 553.

183 *LG Düsseldorf*, Urt. v. 25.1. 2006 – 12 O 546/05, CR 2006, 563.

184 *OLG Hamburg*, Urt. v. 4.2. 2009 – 5 U 180/07, MMR 2009, 479.

185 *OLG Düsseldorf*, Urt. v. 18.6. 2013 – I-20 U 145/12, NJW-RR 2013, 1305 = MMR 2013, 649.

Die Gewährung der Gelegenheit zur Einstellung von Angeboten ohne Sicherungsmaßnahme zur Einhaltung der Impressumspflicht stellt eine unlautere Wettbewerbshandlung des Portalbetreibers dar.

Der Betreiber von Internet-Plattformen YouTube ist dem *OLG München* zufolge weder Täter noch Teilnehmer der Urheberrechtsverletzungen, welche durch die Einstellung von Videoclips mit urheberrechtlich geschützten Musikwerken auf dieser Plattform begangen werden.[186] Wird YouTube auf eine Rechtsverletzung hinsichtlich eines Musikwerks hingewiesen, muss YouTube künftig jeden Upload von Videos mit einer musikalischen Darbietung dieses Werks verhindern.[187] **1232**

g) Soziale Netzwerke

Ende Juni 2017 verabschiedete der deutsche Bundestag einen Entwurf zum Netzwerkdurchsetzungsgesetz (NetzDG),[188] das die Hasskriminalität im Internet bekämpfen soll. Das NetzDG betrifft ausdrücklich nur offene soziale Netzwerke mit mind. zwei Millionen Nutzern im Inland. Neben regulatorischen Instrumenten wie Vorgaben zum Beschwerdemanagement, flankiert von einer Berichtspflicht, bedient es sich einer speziellen Haftung der Netzwerkbetreiber. Sie haben auf eingegangene Beschwerden offensichtlich rechtswidrige Inhalte binnen 24 Stunden, alle anderen rechtswidrigen Inhalte binnen sieben Tagen zu löschen. Die Rechtswidrigkeit eines gemeldeten Beitrags bestimmt sich nach § 1 Abs. 3 NetzDG, der eine Vielzahl von Straftatbeständen auflistet. **1233**

Der Entwurf ist aus verschiedenen Gründen bedenklich: Er ist nicht nur regelungstechnisch schlecht umgesetzt, sondern wälzt die Verantwortung der Justiz auf die privaten Netzbetreiber ab und wendet sich damit statt eines verschärften Vorgehens gegen die Täter an die falschen Adressaten. Die privaten Netzbetreiber tragen durch die Bußgeldvorschriften des NetzDG die Verantwortung für die Kenntnis des Inhalts dahingehend, dass sie zur Kontrolle des gemeldeten Inhalts sowie zur Sperrung oder Löschung dessen angehalten sind. Eine aufwendige strafrechtliche Überprüfung jeder einzelnen Beschwerde können die privaten Normadressaten nicht leisten und fällt auch nicht in ihren Aufgabenbereich. Weiter beeinträchtigt der Entwurf auch Grundrechte der Nut- **1234**

---

186 *OLG München*, Urt. v. 28. 1. 2016 – 29 U 2798/15, GRUR 2016, 612.
187 *OLG Hamburg*, Urt. v. 1. 7. 2015 – 5 U 87/12, MMR 2016, 269 m. Anm. *Frey*.
188 Bundesregierung, Entwurf eines Gesetzes zur Verbesserung der Rechtsdurchsetzung in sozialen Netzwerken (Netzwerkdurchsetzungsgesetz) vom 4. April 2017, abrufbar unter: https://www.bmjv.de/SharedDocs/Gesetzgebungsverfahren/Dokumente/RegE_NetzDG.pdf;jsessionid=1AF4F68E85CA645C49697A2543570705.1_cid334?__blob=publicationFile&v=2, (zuletzt abgerufen: Juli 2017).

zer stark.[189] So wird bspw. das Recht auf freie Meinungsäußerung berührt. Denn durch die Befugnis und Pflicht der privaten Netzbetreiber, gemeldete Beiträge zu entfernen, könnten im Zweifel auch solche gemeldeten Beiträge gelöscht werden, deren Inhalt nicht rechtswidrig ist (sog. Overblocking). Zudem ist zweifelhaft, ob die verschärfte Intermediärshaftung mit Europarecht, namentlich der E-Commerce-Richtlinie und europäischen Grundfreiheiten, vereinbar ist.[190] Möglich ist ein Eingriff in das Herkunftslandprinzip aus Art. 3 der E-Commerce Richtlinie, da in § 1 NetzDG keine Beschränkung auf inländische soziale Netzwerke vorgesehen ist. Auch die Fristenvorgabe des NetzDG in Hinblick auf Art. 14 Abs. 1 lit. b der E-Commerce Richtlinie ist kritisch zu betrachten. Denn die Auslegung des unbestimmten Rechtsbegriffes („unverzüglich") ist Aufgabe des *EuGH*. Durch die Fristenvorgabe erfolgt hier allerdings eine staatliche Konkretisierung dessen.[191] Zudem wird den privaten Netzbetreibern nach § 3 Abs. 2 Nr. 6 NetzDG die Verpflichtung auferlegt, Kopien von rechtswidrigen Inhalten zu entfernen oder zu sperren. Dies führt zu einer allgemeinen Verpflichtung, das Netzwerk zu überwachen und nach eventuell bestehenden Kopien zu suchen. Dies widerspricht Art. 15 der E-Commerce Richtlinie, die eben keine allgemeine Verpflichtung der Diensteanbieter zur Überwachung oder Nachforschung vorsieht.[192] Ebenfalls problematisch ist der Schutz von personenbezogenen Daten bei der systematischen Prüfung gemeldeter Beiträge.[193] Zuletzt besteht der potenzielle Eingriff in die Dienstleistungsfreiheit nach Art. 56 AEUV; schließlich erfordert die Überwachung des Netzwerks die dafür notwendigen technischen Standards sowie entsprechend geschultes Personal.[194] Es bleibt abzuwarten, wie sich das weitere Gesetzgebungsverfahren vor dem Hintergrund dieser Bedenken gestaltet.

h) Interviews

1235 Ähnlich argumentierend bejaht das *LG Hamburg*[195] eine Haftung für Interviews. Die Presse trage nach den Regeln der Verbreiterhaftung die volle Haftung für Äußerungen von Interviewpartnern. Würde bereits durch die Form des

---

189 *Guggenberger*, ZRP 2017, 98.
190 *Spindler*, ZUM 2017, 473; *Koreng*, GRUR-Prax 2017, 203.
191 Entwurf des Netzwerkdurchsetzungsgesetzes vom 23. Mai 2017, S.10 f., abrufbar unter: www.bundestag.de/blob/513888/14a282a1c20f00b87b19ef3931f8a36c/pe-6-022-17-pdf-data.pdf (zuletzt abgerufen: Juli 2017).
192 Entwurf des Netzwerkdurchsetzungsgesetzes vom 23. Mai 2017, S. 17.
193 Entwurf des Netzwerkdurchsetzungsgesetzes vom 23. Mai 2017, S. 32.
194 Entwurf des Netzwerkdurchsetzungsgesetzes vom 23. Mai 2017, S. 39.
195 *LG Hamburg*, Urt. v. 22.2. 2008 – 324 O 998/07, AfP 2008, 414.

Interviews eine hinreichende Distanzierung erkannt, wird das Risiko geschaffen, dass unwahre Tatsachenbehauptungen auf zulässigem Wege verbreitet werden. Mit der Wahl zur Interviewform könnten demnach solche Äußerungen verbreitet werden, welche bereits der Schwelle zum Persönlichkeitsrecht nahe kommen. Hinsichtlich des Verbots der Veröffentlichung unwahrer Tatsachen in anderen Textformen bestünde daher eine Umgehungsgefahr, die den Betroffenen schutzlos lässt.[196] Diese Auffassung hat mit den bisherigen Regeln zur Pressehaftung nichts mehr gemein und steht nicht mehr auf dem Boden der deutschen Rechtsordnung. Das *LG Hamburg* begründet hier halsstarrig und ohne Blick für die Entscheidungspraxis anderer Gerichte (auch des *BGH*) einen Sonderweg, der von cleveren Anwälten im Zusammenhang mit dem fliegenden Internet-Gerichtsstand zur Flucht nach Hamburg genutzt wird.

i) Unternehmen für Mitarbeiter oder Beauftragte

Bei der **Inanspruchnahme eines Unternehmens** nach § 100 S. 1 UrhG wegen urheberrechtswidriger Handlungen von Arbeitnehmern oder Beauftragten des Unternehmens muss der Anspruchsteller die Unternehmensbezogenheit der Handlungen selbst bei dienstlich genutzten Computern beweisen.[197] Allein aus der Tatsache, dass auf einem im Unternehmen Mitarbeitern (hier: Volontär eines Radiosenders) bereitgestellten Computer keine Firewall installiert ist, lässt sich kein fahrlässiges Organisationsverschulden (§ 831 BGB) der Organe des Unternehmens für Urheberrechtsverletzungen ableiten, wenn keine Anhaltspunkte dafür vorliegen, dass Mitarbeiter insoweit rechtswidrige Handlungen vornehmen (hier: Austausch von Musikdateien über Filesharing-Programme).[198] Jedenfalls ist nach allgemeiner Lebenserfahrung nicht davon auszugehen, dass Mitarbeiter bereitgestellte Computer für Urheberrechtsverletzungen benutzen.

1236

j) Anschlussinhaber

Im Übrigen haftet der **Inhaber des Internetanschlusses,** sofern er die vermutete Täterhaftung widerlegen kann,[199] für jede missbräuchliche Nutzung sei-

1237

---

196 *LG Hamburg*, Urt. v. 22.2.2008 – 324 O 998/07, Rz. 42.
197 *OLG München*, Urt. v. 7.12.2006 – 29 U 3845/06, CR 2007, 389.
198 *LG München I*, Urt. v. 4.10.2007 – 7 O 2827/07, CR 2008, 49 m. Anm. *Mantz*.
199 *LG Köln*, Urt. v. 31.10.2012 – 28 O 306/11, ZUM-RD 2013, 74.

nes Anschlusses nach den Grundsätzen der Störerhaftung.[200] Ihn soll die Pflicht treffen, sich über die Risiken zu unterrichten und das Tun der Nutzer zu überwachen.[201] Er muss zumindest Sicherungsmaßnahmen, die eine Standardsoftware erlaubt, etwa die Einrichtung von Benutzerkonten mit Passwort, treffen.[202] Es ist einem Anschlussinhaber zuzumuten, zumindest Standardmaßnahmen zur Verschlüsselung des Netzwerkes zu ergreifen. Ansonsten verschafft er nämlich objektiv Dritten die Möglichkeit, sich hinter seiner Person zu verstecken und im Schutze der von ihm geschaffenen Anonymität ohne Angst vor Entdeckung ungestraft Urheberrechtsverletzungen begehen zu können.[203]

1238   Hiermit stimmt der *EuGH*[204] überein, indem er in seinem aktuellsten Urteil zur WLAN-Störerhaftung ebenfalls vorsieht, dass dem geschäftlich tätigen Anschlussinhaber eines kostenlosen WLAN-Netzes die Pflicht zur Sicherung des WLAN durch ein Passwort auferlegt werden kann, um so Urheberrechtsverletzungen vorzubeugen.[205] Dies bringe die grundrechtlich geschützten Interessen beider Parteien in Einklang.[206] Bei der Erfüllung von drei Voraussetzungen sei der Anschlussinhaber allerdings von seiner Haftung frei und für über das WLAN vorgenommene Urheberrechtsverletzungen durch etwaige Nutzer des Anschlusses nicht verantwortlich:[207]

–   der Adressat der Datenübertragung wurde nicht vom Diensteanbieter ausgewählt;

---

200 *BGH*, Urt. v. 12.5. 2010 – I ZR 121/08, MDR 2010, 882 = CR 2010, 458 m. Anm. *Hornung* = MMR 2010, 565 – Sommer unseres Lebens; *LG Berlin*, Urt. v. 3.3. 2011 – 16 O 433/10, MMR 2011, 401; *LG Hamburg*, Beschl. v. 2.8. 2006 – 308 O 509/06, CR 2006, 780; *OLG Köln*, Urt. v. 23.12. 2009 – 6 U 101/09, CR 2010, 336 m. Anm. *Kremer*; siehe auch zur Darlegungslast hinsichtlich der Rechtekette *OLG Köln*, Urt. v. 23.12. 2009 – 6 U 101/09, CR 2010, 336 m. Anm. *Kremer* = MMR 2010, 281.
201 *LAG Hamm*, Urt. v. 7.4. 2006 – 10 TaBV 1/06, CR 2007, 124 = MMR 2006, 700; *LG Frankfurt a. M.*, Urt. v. 22.2. 2007 – 2–3 O 771/06, MMR 2007, 675; *LG Köln*, Beschl. v. 1.12. 2010 – 28 O 594/10.
202 *OLG Düsseldorf*, Urt. v. 27.12. 2007 – I-20 W 157/07, CR 2008, 182 = MMR 2008, 256; *LG Leipzig*, Beschl. v. 8.2. 2008 – 5 O 383/08, MMR 2009, 219; a. A. *OLG Frankfurt a. M.*, Beschl. v. 20.12. 2007 – 11 W 58/07, FamRZ 2008, 2033 = MDR 2008, 403 = CR 2008, 243 m. Anm. *Stang/ Hübner* = MMR 2008, 169.
203 *LG Düsseldorf*, Urt. v. 16.7. 2008 – 12 O 195/08, CR 2008, 742 (Ls.) = MMR 2008, 684.
204 *EuGH*, Urt. v. 15.9. 2016 – C-484/14, BeckRS 2016, 82227.
205 *EuGH*, Urt. v. 15.9. 2016 – C-484/14, Rz. 99 f., BeckRS 2016, 82227.
206 *EuGH*, Urt. v. 15.9. 2016 – C-484/14, Rz. 90, BeckRS 2016, 82227.
207 *EuGH*, Urt. v. 15.9. 2016 – C-484/14, Rz. 73 mit Verweis auf Art. 12 Abs. 1 der Richtlinie 2000/31, BeckRS 2016, 82227.

– die Übermittlung wurde nicht durch den Diensteanbieter veranlasst und
– der Diensteanbieter hat die Inhalte der Übermittlung weder ausgewählt noch verändert.

Ein jüngst vom Bundestag abgesegneter Entwurf zur Änderung des TMG ver- **1239**
folgt den Zweck, WLAN-Betreiber weitestgehend von einer Störerhaftung frei-
zusprechen und Rechtssicherheit herzustellen.[208] Anbieter sollen sich nach
diesem Entwurf auch ohne Verschlüsselung der Inhalte weder Schadensersatz-
noch Unterlassungsansprüchen und damit auch kostenpflichtigen Abmahnungen ausgesetzt sehen. Krisisiert wird hingegen die durch das Gesetz implemen-
tierte Möglichkeit für Rechteinhaber, WLAN-Anbieter bei Rechtsverstößen zur
Sperrung bestimmter Inhalte zu verpflichten, was bisher Gerichten vorbehalten
war.[209]

Eine Haftung von **Eltern für ihre minderjährigen Kinder** wird verneint, **1240**
sofern der Anschlussinhaber angemessene Prüfpflichten eingehalten hat, das
Kind über das Verbot einer rechtswidrigen Internetnutzung belehrt wurde und
keine Anhaltspunkte dafür vorlagen, dass das Kind diesem Verbot zuwiderhandelt.[210] Eltern genügen ihrer Aufsichtspflicht über ein normal entwickeltes
Kind, das ihre grundlegenden Gebote und Verbote befolgt, regelmäßig bereits
dadurch, dass sie das Kind über die Rechtswidrigkeit einer Teilnahme an Internet-Tauschbörsen belehren und ihm eine Teilnahme daran verbieten. Eine Verpflichtung der Eltern, die Nutzung des Internets durch das Kind zu überwachen, den Computer des Kindes zu überprüfen oder dem Kind den Zugang zum
Internet (teilweise) zu versperren, besteht grundsätzlich nicht. Zu derartigen
Maßnahmen sind Eltern erst dann verpflichtet, wenn sie konkrete Anhaltspunkte dafür haben, dass das Kind dem Verbot zuwiderhandelt.[211] Gegenüber
erwachsenenen Kindern mag die sekundäre Darlegungslastr gebieten, den Namen desjenigen zu benennen, der für eine Urheberrechtsverletzung in Betracht
kommt. Nicht notwendig ist es, dass der Anschlussinhaber den PC etwa einer
Ehefrau durchsucht oder Abwesenheitslisten führt.[212]

Wer aktiv an einer Internet-Tauschbörse teilnimmt, hat noch nicht zwangs- **1241**
läufig das Wissen, dass bei Nutzung des Tauschbörsen-Programms ohne weite-

---

208 BT-Drs. 18/12202.
209 https://netzpolitik.org/2017/wlan-gesetz-bundestag-schafft-stoererhaftung-endlich-ab-
ermoeglicht-aber-netzsperren/ (zuletzt abgerufen: .Juli 2017).
210 *öOGH*, Beschl. v. 22.1. 2008 – 4 Ob 194/07v, K & R 2008, 326 m. Anm. *Thiele*; a. A. *LG
München I*, Urt. v. 19.6. 2008 – 7 O 16402/07, CR 2008, 661 = MMR 2008, 619; *LG Köln*, Urt. v.
13.5. 2009 – 28 O 889/08, CR 2009, 684 m. Anm. *Ebke/Werner* = MMR 2010, 48.
211 *BGH*, Urt. v. 11.6. 2015 – I ZR 19/14 u. a., MMR-Aktuell 2015, 369832 – Tauschbörse I.
212 *BGH*, Urt. v. 6.10. 2016 – I ZR 154/15 – Afterlife.

res auch von dem eigenen PC Daten zur Verfügung gestellt werden.[213] Haften soll nach Auffassung des *LG Hamburg* der **Betreiber eines Internetcafés**.[214] Denn das Überlassen des Internetzugangs an Dritte berge die nicht unwahrscheinliche Möglichkeit in sich, dass von den Dritten Urheberrechtsverletzungen über diesen Zugang begangen werden. Dem Inhaber des Internetanschlusses seien Maßnahmen möglich und zumutbar, solche Rechtsverletzungen zu verhindern. So könnten insb. die für das Filesharing erforderlichen Ports gesperrt werden.

k) Sharehoster

1242 Die Prüfungspflichten von **Sharehostern** werden insb. vom *OLG Hamburg* sehr stark pointiert. Wie der *Hamburger Senat*[215] betont, kann ein Geschäftsmodell, das z. B. aufgrund seiner Struktur durch die Möglichkeit des anonymen Hochladens in Pakete zerlegter, gepackter und mit Kennwort gegen den Zugriff geschützter Dateien der massenhaften Begehung von Urheberrechtsverletzungen wissentlich Vorschub leistet, von der Rechtsordnung nicht gebilligt werden. Lasse der Betreiber eines solchen Sharehosting-Dienstes in Kenntnis begangener Urheberrechtsverletzungen weiterhin einschränkungslos eine anonyme Nutzung seines Dienstes zu, schneide er dem verletzten Urheber sehenden Auges den erforderlichen Nachweis wiederholter Begehungshandlungen ab, welchen dieser benötigt, um auf der Grundlage der höchstrichterlichen Rechtsprechung seine Rechte erfolgreich und wirksam durchsetzen zu können. In diesem Fall könne sich der Betreiber zur Vermeidung seiner Verantwortlichkeit als Störer unter bestimmten Voraussetzungen nicht mehr auf eine ansonsten gegebenenfalls bestehende Unzumutbarkeit umfangreicher Prüfungspflichten berufen. Dieser strengen Auffassung wird jedoch von anderen Obergerichten widersprochen.[216] Das *OLG Köln*[217] hielt es für zumutbar, einen Sharehoster dazu zu verpflichten, Linksammlungen, die auch auf seiner Seite befindliche Links auflisten, manuell zu überprüfen, wenn diese Links zu einem rechtswidrigen Inhalt führen und der Diensteanbieter zuvor darauf aufmerksam gemacht

---

213 *OLG Oldenburg*, Beschl. v. 8.5. 2009 – 1 Ss 46/09, CR 2010, 202 (Ls.) = MMR 2009, 547.
214 *LG Hamburg*, Beschl. v. 25.11. 2010 – 310 O 433/10, CR 2011, 331 = MMR 2011, 475.
215 *OLG Hamburg*, Urt. v. 2.7. 2008 – 5 U 73/07, MMR 2008, 823.
216 *OLG Frankfurt a. M.*, Beschl. v. 20.12. 2007 – 11 W 58/07, FamRZ 2008, 2033 = MDR 2008, 403 = CR 2008, 243 m. Anm. *Stang/Hühner* = MMR 2008, 169; *OLG Hamburg*, Beschl. v. 14.11. 2006 – 5 W 173/06, GRUR-RR 2007, 375; ähnlich lehnt das *LG Mannheim* eine Haftung des Anschlussinhabers für Handlungen volljähriger Familienmitglieder ab, Urt. v. 30.1. 2007 – 2 O 71/06, CR 2007, 394.
217 *OLG Köln*, Urt. v. 21.9. 2007 – 6 U 86/07, CR 2008, 41 = MMR 2007, 786.

worden ist. Nach Auffassung des *LG München*[218] geht es zu weit, die Störerhaftung auf Fälle auszudehnen, in denen ein nicht kausaler, aber irgendwie auch unterstützender Effekt für Urheberrechtsverstöße von Dritten von einer Handlung ausgeht, die der Betreffende nach Bekanntgabe nicht ausreichend unterbunden hat (hier: Link auf Raubkopie eines Films bei VodPod trotz Hinweises auf dessen Rechtswidrigkeit). Nicht verboten ist die Verbreitung von Downloadlinks bei Rapidshare. Das *LG Hamburg* hat zwar eine solche Haftung bejaht.[219] Dem ist das *OLG Düsseldorf* mehrfach entgegengetreten.[220] Der Filehosting-Dienst sei nur dann verantwortlich, wenn er im zumutbaren Umfang von der Veröffentlichung Kenntnis erlangt hat und eine solche Veröffentlichung hätte unterbinden können. Dies setze eine umfangreiche Prüfung der technischen Möglichkeiten zur Sperrung ähnlicher Fälle voraus, die Rapidshare nicht leisten könne. Auch der *BGH*[221] hat mittlerweile zu der Thematik Stellung genommen. Die Karlsruher Richter schließen sich der strengeren Ansicht an und vertreten die Auffassung, dass es einem Sharehoster durchaus zuzumuten sei, bei Hinweisen auf eine klare Rechtsverletzung durch den Einsatz von Wortfiltern[222] sowie eine nachgelagerte manuelle Überprüfung der ausgefilterten Ergebnisse gleichartigen Rechtsverletzungen entgegenzuwirken. Dieses Urteil widerspricht allerdings der jüngsten Rechtsprechung des *EuGH*[223], der Anfang 2012 feststellte, dass der Einsatz von auf alle Nutzer anwendbaren Filtersystemen nicht mit den Grundrechten von Nutzern und Diensteanbietern vereinbar sei. Das interessiert den *BGH* nicht. Er hat vielmehr jüngst die Haftung von Sharehostern noch verschärft.[224] Leiste ein File-Hosting-Dienst durch sein konkretes Geschäftsmodell Urheberrechtsverletzungen in erheblichem Umfang Vorschub, so sei ihm eine umfassende regelmäßige Kontrolle der Linksammlungen zuzumuten, die auf seinen Dienst verweisen. Verschiedene Gerichte hat diese Haftungsverschärfung veranlaßt, Sharehoster nicht mehr nur als Störer, sondern als Täter/Gehilfen zu qualifizieren.[225] Das

---

218 *LG München I*, Beschl. v. 31. 3. 2009 – 21 O 5012/09, MMR 2009, 435.
219 *OLG Hamburg*, Urt. v. 30. 9. 2009 – 5 U 111/08, MMR 2010, 51; *LG Hamburg*, Urt. v. 12. 6. 2009 – 310 O 93/08, ZUM 2009, 863.
220 *OLG Düsseldorf*, Urt. v. 6. 7. 2010 – I-20 U 8/10, MMR 2010, 702; ähnlich *OLG Düsseldorf*, Urt. v. 27. 4. 2010 – I-20 U 166/09, MMR 2010, 483 = CR 2010, 473 m. Anm. *Rössel*.
221 *BGH*, Urt. v. 12. 7. 2012 – I ZR 18/11, MMR 2013, 185 m. Anm. *Hoeren* = GRUR 2013, 370 m. Anm. *Hühner* = WRP 2013, 332 – Alone in the Dark.
222 Der Einsatz solcher Wortfilter kann nicht dazu führen, dass die Beklagte das Haftungsprivileg verliert; *KG*, Urt. v. 16. 4. 2013 – 5 U 63/12, MMR 2014, 46.
223 *EuGH*, Urt. v. 16. 2. 2012 – C 360/10, CR 2012, 265 = MMR 2012, 334 m. Anm. *Dam/Solmecke* – SABAM/NetlogNV.
224 *BGH*, Urt. v. 15. 8. 2013 – I ZR 85/12, GRUR 2013, 1030.
225 *OLG Frankfurt a. M.*, Beschl. v. 20. 8. 2013 – 2 Ws 103/12, ZUM-RD 2014, 87.

Unterlassen der Sperrung rechtswidriger Inhalte nach Aufforderung durch den Rechteinhaber habe für einen Filehoster zunächst nur eine Störerhaftung zur Folge. Weigere sich der Filehoster allerdings hartnäckig und dauerhaft, die andauernde Rechtsverletzung zu beenden, begründe dies einen Gehilfenvorsatz.[226] Allerdings verweigern einzelne Gerichte dem *BGH* hier die Gefolgschaft.[227] Danach soll die Haftung erst entfallen, wenn der Sharehoster alle für ihn möglichen und zumutbaren Maßnahmen zur Unterbindung dieser Verstöße ergreift. Darunter fällt vor allem, dass er Accounts derjenigen User sperrt und löscht, die bereits in der Vergangenheit Urheberrechtsverletzungen begangen haben.

1243 Das *LG München*[228] und das *OLG München*[229] haben den Rechtsstreit von acht Unternehmen der Musikindustrie gegen den Heise Zeitschriften Verlag entschieden. Anlass des Verfahrens war eine Meldung von heise online über die neue Version einer Software zum Kopieren von DVDs. Dieser Beitrag enthielt in der Originalversion neben einer kritischen Würdigung der Angaben des Softwareherstellers Slysoft auch einen Link auf die Webseite des Unternehmens. Nach Ansicht der Münchener Richter hat heise online durch das Setzen des Links auf die Eingangsseite der Unternehmenspräsenz vorsätzlich Beihilfe zu einer unerlaubten Handlung geleistet und hafte daher als Gehilfe gem. § 830 BGB wie der Hersteller selbst. Dem stehe nicht entgegen, dass ein Download der Software erst mit zwei weiteren Klicks möglich sei. Maßgeblich sei allein, dass die Leser der Meldung über den gesetzten Link direkt auf den Internetauftritt geführt würden. Auch sei es nicht relevant, dass die Leser das Produkt auch über eine Suchmaschine finden könnten. Durch das Setzen des Links werde das Auffinden „um ein Vielfaches bequemer gemacht" und damit die Gefahr von Rechtsgutverletzungen erheblich erhöht. Der Verlag könne sich zur Rechtfertigung der Linksetzung nicht auf die Pressefreiheit des Art. 5 Abs. 1 S. 2 GG berufen. Diese finde in den entsprechenden Vorschriften des Urheberrechts eine wirksame Einschränkung und müsse im vorliegenden Fall gegenüber den Eigentumsinteressen der Musikindustrie zurückstehen. Im abschließenden Urteil des *BGH*[230] wurde allerdings das Gegenteil für Recht befunden. Werde in

---

226 So *OLG Hamburg*, Beschl. v. 13.5. 2013 – 5 W 41/13, GRUR-RR 2013, 382.

227 *OLG Dresden*, Urt. v. 8.6. 2015 – 14 W 312/15, MMR 2016, 198.

228 *LG München I*, Urt. v. 5.12. 2003 – 5 U 2546/02, CR 2005, 460 m. Anm. *Lejeune; LG München I*, Urt. v. 7.3. 2005 – 21 O 3220/05, CR 2005, 460 m. Anm. *Lejeune* = MMR 2005, 385 m. Anm. *Hoeren*; ähnlich in der Hauptsache *LG München I*, Urt. v. 14.11. 2007 – 21 O 6742/07, CR 2008, 186 = MMR 2008, 192.

229 *OLG München*, Urt. v. 28.7. 2005 – 29 U 2887/05, CR 2005, 821 m. Anm. *Scheja* = MMR 2005, 768.

230 *BGH*, Urt. v. 14.10. 2010 – I ZR 191/08, MDR 2011, 618 = MMR 2011, 39 = AfP 2011, 249 = CR 2011, 401 = GRUR 2011, 513.

einem im Internet veröffentlichten Beitrag, der selbst dem Schutz der Presse- und Meinungsfreiheit unterfällt, Links auf fremde Internetseiten so eingebunden, dass sie einzelne Inhalte des Beitrags belegen oder durch zusätzliche Informationen ergänzen, seien auch diese Links von der Presse- und Meinungsfreiheit umfasst. Sich dieser Rechtsprechung anschließend hat nun das *LG Braunschweig*[231] entschieden, dass Links auf stimmungsmachende E-Mails eines Burschenschaftlers i. R. d. Burschenschaftlertags und bzgl. der Zugangserschwerungen zu Burschenschaften in Abhängigkeit von der „Abstammung" des Kandidaten wegen des gesteigerten Medieninteresses rechtmäßig sind.

l) Kreditinstitute

Gerade im Zusammenhang mit immaterialgüterrechtlichen Auskunftsansprüchen steht die Frage der Auskunftspflicht von Kreditinstituten im Interesse der Rechtsinhaber („Follow the money"). Der *EuGH*[232] hat jetzt entschieden, dass einer solchen Pflicht das Bankgeheimnis nicht entgegensteht. Der nationale Gesetzgeber dürfe nicht vorsehen, dass ein Bankinstitut unbegrenzt und bedingungslos eine Auskunft über Namen und Anschrift eines markenrechtsverletzenden Kontoinhabers unter Berufung auf das Bankgeheimnis verweigern dürfe. **1244**

---

231 *LG Braunschweig*, Urt. v. 5. 10. 2011 – 9 O 1956/11, MMR 2012, 64.
232 *EuGH*, Urt. v. 16. 7. 2015 – C-580/13, GRUR 2015, 894 m. Anm. *Kamlah*.

Achtes Kapitel: Die internationalen Aspekte des Internetrechts

Literatur: *Berger*, Die internationale Zuständigkeit bei Urheberrechtsverletzungen in Internet-Websites aufgrund des Gerichtsstands der unerlaubten Handlung nach Art. 5 Nr. 3 EuGVO, GRUR Int. 2005, 465; *Brand*, Persönlichkeitsrechtsverletzungen im Internet, E-Commerce und „Fliegender Gerichtsstand", NJW 2012, 127; *Danckwerts*, Örtliche Zuständigkeit bei Urheber-, Marken- und Wettbewerbsverletzungen im Internet – Wider einen ausufernden „fliegenden Gerichtsstand" der bestimmungsgemäßen Verbreitung, GRUR 2007, 104; *Deister/Degen*, Darf der Gerichtsstand noch fliegen? – § 32 ZPO und das Internet, NJOZ 2010, 1; *Determann*, Softwarekombinationen unter der GPL, GRUR Int. 2006, 645; *Dogandhi/Hartley*, Preliminary Draft Convention on Exclusive Choice of Court Agreements, Draft Report, Preliminary Document 26 of December 2004; *Dreyfuss/Ginsburg*, Principles Governing Jurisdiction, Choice of Law and Judgments in Transnational Disputes, CRi 2003, 33; *Ferrari*, Zur autonomen Auslegung der EuGVVO, insb. des Begriffs des „Erfüllungsortes der Verpflichtung" nach Art. 5 Nr. 1 lit. b, IPRax 2007, 61; *Funk/Wenn*, Der Ausschluss der Haftung für mittelbare Schäden in internationalen Softwareverträgen, CR 2004, 481; *Geiger/Engelhardt/Hansen/Markowski*, Urheberrecht im deutsch-französischen Dialog – Impulse für eine europäische Rechtsharmonisierung, GRUR Int. 2006, 475; *Gottschalk*, Grenzüberschreitende Werbung als eigenständiger urheberrechtlicher Verletzungstatbestand, IPRax 2006, 135; *Handig*, Neues im Internationalen Wettbewerbsrecht – Auswirkungen der Rom II-Verordnung, GRUR Int. 2008, 28; *Handig*, Urheberrechtliche Aspekte bei der Lizenzierung von Radioprogrammen im Internet, GRUR Int. 2007, 206; *Heinze*, Surf global, sue local! Der europäische Klägergerichtsstand bei Persönlichkeitsrechtsverletzungen im Internet, EuZW 2011, 947; *Heinze/Roffael*, Internationale Zuständigkeit für Entscheidungen über die Gültigkeit ausländischer Immaterialgüterrechte, GRUR Int. 2006, 787; *Hilty*, Die Rechtsnatur des Softwarevertrages, CR 2012, 625; *Hoeren*, Zoning und Geolocation – Technische Ansätze zu einer Reterritorialisierung des Internet, MMR 2007, 3; *Hoeren/Sieber/Holznagel*, Handbuch Multimediarecht, 42. Ergänzungslieferung 2015; *Hoeren/Große Ruse*, Immaterialgüter-, Wettbewerbs- und Verbraucherschutz-Kollisionsrecht sowie gerichtliche Zuständigkeit bei Internet-Sachverhalten, in: Lehmann (Hrsg.), Electronic-Business in Europa, Loseblatt 2002; *Hoffmann*, Die Entwicklung des Internetrechts bis Mitte 2012, NJW 2012, 2773; *v. Hoffmann/Thorn*, Internationales Privatrecht, 2013; *Huber*, Schadensersatz und Vertragsaufhebung im UN-Kaufrecht, IPRax 2005, 436; *Huber/Bach*, Die Rom II-VO – Kommissionsentwurf und aktuelle Entwicklungen, IPRax 2005, 73; *Jaeger/Metzger*, Die neue Version 3 der GNU General Public License, GRUR 2008, 130; *Jayme/Kohler*, Europäisches Kollisionsrecht 2006: Eurozentrismus ohne Kodifikationsidee?, IPRax 2006, 537; *Kondring*, „Der Vertrag ist das Recht der Parteien" – Zur Verwirklichung des Parteiwillens durch nachträgliche Teilrechtswahl, IPRax 2006, 425; *Laucken/Oehler*, Fliegender Gerichtsstand mit gestutzten Flügeln?, ZUM 2009, 842; *Leible*, Internationales Vertragsrecht, die Arbeiten an einer Rom I-Verordnung und der Europäische Vertragsgerichtsstand, IPRax 2006, 365; *Luginbühl/Wollgast*, Das neue Haager Übereinkommen über Gerichtsstandsvereinbarungen: Aussichten für das geistige Eigentum, GRUR Int. 2006, 208; *Mankowski*, Der Vorschlag für die Rom I-Verordnung, IPRax 2006, 101; *Mankowski*, Internationale Zuständigkeit am Erfüllungsort bei Softwareentwicklungs-

https://doi.org/10.1515/9783110556346-008

verträgen, CR 2010, 137; *Marly*, Softwareüberlassungsverträge, 2004; *Marly*, Das Internet im Internationalen Vertrags- und Deliktsrecht, RabelsZ 1999, 203; *Meyer*, Die Anwendung des UN-Kaufrechts in der US-amerikanischen Gerichtspraxis, IPRax 2005, 462; *Moritz/ Dreier*, Rechts-Handbuch zum E-Commerce, 2. Aufl. 2005; *Nägele/Jacobs*, Rechtsfragen des Cloud Computing, ZUM 2010, 281; *Nordmeier*, Cloud Computing und Internationales Privatrecht – Anwendbares Recht bei der Schädigung von in Datenwolken gespeicherten Daten, MMR 2010, 151; *Obergfell*, Das Schutzlandprinzip und „Rom II" – Bedeutung und Konsequenzen für das Internationale Urheberrecht, IPRax 2005, 9; *Ohly*, Choice of Law in the Digital Environment – Problems and Possible Solutions, in: Drexl/Kur (Hrsg.), Intellectual Property and Private International Law, Oxford 2005, 241; *Pfeifer*, Das Territorialitätsprinzip im Europäischen Gemeinschaftsrecht vor dem Hintergrund der technischen Entwicklungen, ZUM 2006, 1; *Pfeifer*, Salomonisches zur Störerhaftung für Hyperlinks durch Online-Mediendienste, IPRax 2006, 246; *Rühl*, Das Haager Übereinkommen über die Vereinbarung gerichtlicher Zuständigkeiten: Rückschritt oder Fortschritt?, IPRax 2005, 410; *Schack*, Urheber- und Urhebervertragsrecht, 7. Aufl. 2015; *Terlau*, Internationales Prozessrecht, in: Moritz/Dreier (Hrsg.), Rechts-Handbuch zum E-Commerce, 2. Aufl. 2005, 762; *Wagner*, Vom Brüsseler Übereinkommen über die Brüssel I-Verordnung zum Europäischen Vollstreckungstitel, IPRax 2002, 75; *Wernicke/Hoppe*, Die neue EuGVVO – Auswirkungen auf die internationale Zuständigkeit bei Internetverträgen, MMR 2002, 643.

„Gebt mir einen festen Standpunkt und ich werde die Erde bewegen" – dieses **1245** Diktum des Archimedes gilt auch und erst recht für das Internetrecht. Man mag die lauterkeitsrechtlichen Fragen rund um das Internet z. B. mithilfe des deutschen Wettbewerbsrechts lösen können, etwa in der oben fragmentarisch skizzierten Form. Doch für Online-Dienste gelten die territorialen Grenzen der nationalstaatlich geprägten Rechtsordnungen nicht.[1] Eine Homepage lässt sich von irgendeinem Server von irgendeinem Fleck dieser Welt aus zum Abruf anbieten, ohne dass der Standort des Servers auf die Zugriffsmöglichkeiten Einfluss hätte. Es können daher virtuelle Rechtsoasen im Internet entstehen, karibische Inseln werden zum Ausgangspunkt von Junkmails oder zum Handelsplatz für verbotene Arzneimittel. Auch für deutsche Anbieter stellt sich die Frage, ob sie bei ihrer Online-Präsenz nur das deutsche Recht zu beachten haben oder die unterschiedlichen Regelungen in der Schweiz oder Österreich wegen der dort vorhandenen Abrufmöglichkeiten mit berücksichtigen müssen. Die Aporien werden in einer Entscheidung des *Tribunal de Grande Instance de Paris* am deutlichsten, wonach Yahoo in den USA verpflichtet ist, technische Vorkehrungen zu schaffen, die den Zugang zu Internetseiten mit rechtsradikalem Inhalt für französische Nutzer unmöglich machen.[2] Ein *US District Court*

---

1 Vgl. hierzu *Hoeren*, WM 1996, 2006; *Osthaus*, AfP 2001, 13.
2 *Tribunal de Grande Instance de Paris*, Beschl. v. 20.11. 2000 – 00/05308 u. 00/05309, MMR 2001, 309 = K & R 2001, 63 m. Anm. *Hartmann*.

in Kalifornien hatte sich geweigert, dieser französischen Entscheidung in den USA zur Durchsetzung zu verhelfen; dies verbiete das First Amendment der US-Verfassung und die darin geschützte Meinungsfreiheit.[3] Im Mai 2006 endete das Tauziehen um dieses Urteil mit einer Entscheidung des *US Supreme Court*. Dieser lehnte eine Intervention zugunsten der LICRA (eine internationale Organisation gegen Rassismus und Antisemitismus) und der UEJF (Union der jüdischen Studenten in Frankreich) ab und verschonte damit faktisch Yahoo von der Rechtsverfolgung.[4]

1246   Problematisch ist in allen Fällen die Dimension des **internationalen Zivilverfahrensrechts** (IZVR). Das IZVR bestimmt, ob ein streitiger Sachverhalt einen Inlandsbezug hat, der es rechtfertigt, den Rechtsstreit vor inländischen Gerichten zu entscheiden – also in welchen Fällen ein nationales Gericht zuständig ist (**internationale Gerichtszuständigkeit**).[5] Ferner regelt es die Anerkennung und Vollstreckung ausländischer Urteile im Inland. Anders als das internationale Privatrecht[6] betrifft es somit unmittelbar nur verfahrensrechtliche Fragen. Das IZVR kann jedoch mittelbar auch das vom angerufenen Gericht anzuwendende Sachrecht und damit auch die Sachentscheidung des Gerichts beeinflussen: Denn das anwendbare Kollisionsrecht und dadurch wiederum das anwendbare Sachrecht hängen von der internationalen Zuständigkeit ab. Bei einer Mehrzahl potenzieller Gerichtsstände kann der Kläger durch eine geschickte Auswahl des Gerichts über das anwendbare Kollisionsrecht des Forums die zur Streitentscheidung maßgeblichen Sachnormen bestimmen („Forum Shopping"). Bei Rechtsstreitigkeiten zwischen Parteien mit Sitz in verschiedenen Staaten wirft insb. die Bestimmung der internationalen Gerichtszuständigkeit Probleme auf. Die dabei potenziell in Betracht kommenden Zuständigkeiten reichen von derjenigen des Gerichts am Serverstandort bis hin zur

---

3 *US District Court for the Northern District of California*, Urt. v. 7.11. 2001 – C-OO-21275 JF, Yahoo v. LICRA, MMR 2002, 26 m. Anm. *Mankowski*.

4 *US Court of Appeals, Ninth Circuit*, Urt. v. 12.1. 2006 – No. 01–17424, Yahoo! Inc. v. LICRA and UEJF.

5 Grundsätzlich bestimmt jeder Staat autonom, wann seine Gerichte international zuständig sind. Sofern jedoch multi- oder bilaterale Abkommen über die internationale Gerichtszuständigkeit getroffen wurden, gehen diese dem nationalen Prozessrecht zur internationalen Zuständigkeit vor.

6 Das IPR hat die Aufgabe, bei einem Lebenssachverhalt mit Auslandsbezug das für diesen Sachverhalt anwendbare Recht zu bestimmen. Dabei wird versucht, von mehreren möglichen Rechtsordnungen diejenige anzuwenden, mit welcher der Sachverhalt die räumlich engste Verbindung aufweist. Es geht also immer um die Vorfrage, welches nationale Recht (unter Einschluss des IPR der fraglichen Rechtsordnung) im Einzelfall am besten angewandt werden kann.

Zuständigkeit der Gerichte an allen Abruforten. Die für die Offline-Welt entwickelten Zuständigkeitsregeln bieten oftmals keine befriedigende Lösung im Online-Bereich und bergen vielfach die Gefahr eines nicht kalkulierbaren Gerichtsstandsrisikos. Dies gilt umso mehr, da die Zuständigkeitsregeln national divergieren und eine internationale Vereinheitlichung in naher Zukunft nicht zu erwarten ist.[7]

I Zuständigkeit bei Immaterialgüterrechtsverletzungen

Zunächst ist zu klären, ob und wann ein Gericht örtlich zuständig ist. Dabei ist 1247 zwischen rein nationalen Sachverhalten und solchen mit grenzüberschreitendem Gehalt zu differenzieren.

1 Innerdeutsche Fälle

Für innerdeutsche Fälle gelten die Regeln der ZPO. Sofern für eine Klage kein 1248 ausschließlicher Gerichtsstand als vorrangig anzunehmen ist, sind Klagen am allgemeinen Gerichtsstand des Beklagten zu erheben (§ 12 ZPO). Dieser wird durch den Wohnsitz der Beklagten festgelegt (§ 13 ZPO). In deliktischen Fällen – etwa bei der Verletzung von Urheber-, Marken- oder Persönlichkeitsrechten – kann gem. § 32 ZPO wahlweise auch am Tatort geklagt werden (besonderer Gerichtsstand der unerlaubten Handlung). Dies sind sowohl der Handlungsort – Ort des Uploading[8] – als auch der Erfolgsort. Unterschiedliche Auffassungen bestehen hinsichtlich der Bestimmung des Erfolgsortes. Einige Gerichte stellen auf jeden Ort ab, an dem eine Homepage abgerufen werden kann[9] und kommen damit zu einer deutschlandweiten Zuständigkeit aller Ge-

---

7 Zwar schaffte die EuGVO a. F. auf europäischer Ebene einen harmonisierten Rechtsrahmen und auf internationaler Ebene wurde nach langwierigen Verhandlungen das Haager Übereinkommen über Gerichtsstandsvereinbarungen am 30. 6. 2005 verabschiedet; dieses regelt aber nur den Fall des Vorliegens einer Parteivereinbarung über die internationale gerichtliche Zuständigkeit.

8 Standort des Servers als Handlungsort wird überwiegend abgelehnt: vgl. *Moritz/Dreier/Terlau*, Rechts-Handbuch zum E-Commerce, 2. Aufl. 2005, Abschn. D Rz. 780; *Spindler/Schuster/Weller/Nordmeier*, Recht der elektronischen Medien, Art. 40 EGBGB Rz. 10. Streitig; andere stellen (auch) auf den Wohnsitz des Schädigers ab: siehe *Koch*, CR 1999, 121, 124; *Mankowski*, RabelsZ 1999, 203, 257.

9 *OLG München*, Beschl. v. 16. 5. 2013 – 6 W 411/13, GRUR-RR 2013, 388; *OLG Rostock*, Beschl. v. 20. 7. 2009 – 2 W 41/09, K & R 2009, 657; *OLG Hamm*, Beschl. v. 15. 10. 2007 – 4 W 148/07, MMR 2008, 178; *LG Düsseldorf*, Urt. v. 4. 4. 1997 – 34 O 191–96, NJW-RR 1998, 979 = CR 1998, 165; *Ströbele/Hacker*, Markengesetz, 11. Aufl. 2015, § 140 Rz. 31; *Mankowski*, RabelsZ 63, 1999, 203.

richte nach Wahl des Klägers. Anwälte können dies gut ausnutzen, um je nach den Besonderheiten eines Gerichts und seiner Judikatur das „richtige" Gericht auszuwählen. Nach anderer Auffassung soll die Zuständigkeit des Erfolgsortes dadurch beschränkt werden, dass darauf abgestellt wird, ob eine Homepage am Gerichtsort bestimmungsgemäß abgerufen werden kann.[10] Stellt man aber auf die bestimmungsgemäße Auswirkung des Verstoßes ab, so muss es nicht zwangsläufig als ausreichend angesehen werden, dass sich (wenigstens) der Sitz des Verletzten im angerufenen Gerichtsbezirk befindet, um die Zuständigkeit anzunehmen. Der Erfolgsort i. S. v. § 32 ZPO befindet sich also nicht stets am (Wohn-) Sitz des Verletzten.[11]

1249 Der u. a. für den Schutz des allgemeinen Persönlichkeitsrechts zuständige VI. Zivilsenat des *BGH* hat beschlossen, diese Sache dem *EuGH* vorzulegen. Im Wege der Vorabentscheidung sollte die internationale Zuständigkeit der Gerichte für Unterlassungsklagen gegen Internetveröffentlichungen von Anbietern geklärt werden, die in einem anderen Mitgliedstaat niedergelassen sind. Der Senat hat dem Gerichtshof ferner die Frage zur Entscheidung vorgelegt, ob sich der geltend gemachte Unterlassungsanspruch gem. dem Herkunftslandprinzip der E-Commerce-Richtlinie nach österreichischem Recht richte oder dieser Anspruch nach deutschem Recht zu beurteilen sei.[12] Nach den vom Senat in dem Urteil vom 2. März 2010 aufgestellten Grundsätzen sind die deutschen Gerichte zur Entscheidung über Klagen wegen Persönlichkeitsbeeinträchtigungen durch im Internet abrufbare Veröffentlichungen international zuständig, wenn die als rechtsverletzend beanstandeten Inhalte objektiv einen *deutlichen* Bezug zum Inland in dem Sinn aufweisen, dass eine Kollision der widerstreitenden Interessen des Klägers – an der Gestaltung seines Internetauftritts einerseits und an einer Berichterstattung andererseits – nach den Umständen des konkreten Falls, insb. aufgrund des Inhalts der konkreten Meldung, im Inland tatsächlich eingetreten ist oder eintreten kann.[13] Art. 7 Nr. 2 EuGVVO n. F.[14] ist so auszulegen, dass im Fall der Geltendmachung einer Ver-

10 *LG Essen*, Urt. v. 11.4. 2013 – 4 O 405/12, ZUM 2013, 902; *LG Hamburg*, Urt. v. 22.5. 2008 – 315 O 992/07, BeckRS 2008, 12266; *LG Krefeld*, Urt. v. 14.9. 2007 – 1 S 32/07, MMR 2007, 798; *LG Potsdam*, Urt. v. 4.7. 2001 – 52 O 11/01, MMR 2001, 833; diff. *Degen/Deister*, NJOZ 2010, 1, 4 ff.

11 Vgl. *OLG München*, Beschl. v. 6.9. 2012 – 34 AR 324/12, ZUM 2012, 996.

12 *BGH*, Beschl. v. 10.11. 2009 – VI ZR 217/08, NJW 2010, 1232 = GRUR 2010, 261 = MMR 2010, 211.

13 *BGH*, Urt. v. 29.3. 2011 – VI ZR 111/10, ZUM 2011, 553, 554 = GRUR 2011, 558 = NJW 2011, 2059 = MMR 2011, 490.

14 Vormals EuGVO (Brüssel I-VO / VO (EG) Nr. 44/2001); die Brüssel Ia-VO / VO (EU) Nr. 1215/ 2012 über die gerichtliche Zuständigkeit und die Anerkennung und Vollstreckung von Entscheidungen in Zivil- und Handelssachen (Neufassung) vom 12.12. 2012 ist mit Wirkung zum 10.1. 2015 in Kraft getreten (EuGVVO).

letzung von Persönlichkeitsrechten durch Inhalte, die auf einer Website veröffentlicht worden sind, die Person, die sich in ihren Rechten verletzt fühlt, die Möglichkeit hat, entweder bei den Gerichten des Mitgliedstaates, in dem der Urheber dieser Inhalte niedergelassen ist, oder bei den Gerichten des Mitgliedstaates, in dem seine Rechte durch die Verbreitung der Inhalte seiner Behauptung nach beeinträchtigt sind, eine Haftungsklage auf Ersatz des gesamten entstandenen Schadens zu erheben. Anstelle einer Haftungsklage auf Ersatz des gesamten entstandenen Schadens kann diese Person ihre Klage auch vor den Gerichten jedes Mitgliedstaates erheben, in dessen Hoheitsgebiet ein im Inland veröffentlichter Inhalt zugänglich ist oder war. Diese sind nur für die Entscheidung über den Schaden zuständig, der im Hoheitsgebiet des Mitgliedstaates des angerufenen Gerichts verursacht worden ist.[15] Die deutschen Gerichte sind zur Entscheidung über Klagen wegen Persönlichkeitsbeeinträchtigungen durch im Inland abrufbare Veröffentlichungen eines in einem anderen Mitgliedstaat der Europäischen Union niedergelassenen Anbieters jedenfalls dann international zuständig, wenn die Person, die sich in ihren Rechten verletzt fühlt, den Mittelpunkt ihrer Interessen in Deutschland hat.[16] Das ist i. d. R. der Fall, wenn Deutschland der Ort ihres gewöhnlichen Aufenthalts ist.[17]

Art. 3 der Richtlinie 2000/31/EG des Europäischen Parlaments und des Rats **1250** vom 08. Juni 2000 über bestimmte rechtliche Aspekte der Dienste der Informationsgesellschaft im Binnenmarkt, insb. des elektronischen Geschäftsverkehrs (Richtlinie über den elektronischen Geschäftsverkehr), ist dahingehend auszulegen, dass er keine Umsetzung in Form einer speziellen Kollisionsregel verlangt. Die Mitgliedstaaten müssen jedoch vorbehaltlich der bei Vorliegen der Voraussetzungen des Art. 3 Abs. 4 der Richtlinie 2001/31/EG gestatteten Ausnahmen im koordinierten Bereich sicherstellen, dass der Anbieter eines Dienstes des elektronischen Geschäftsverkehrs keiner strengeren Anforderung unterliegt, als sie das im Sitzmitgliedstaat dieses Anbieters geltende Sachrecht vorsieht.[18]

Prozessuale Besonderheiten gelten für das Urheberrecht sowie das Wettbe- **1251** werbsrecht. Nach § 104 S. 1 UrhG gilt für alle Urheberrechtsstreitigkeiten aus-

---

15 *EuGH*, Urt. v. 25. 10. 2011 – C-509/09 und C-161/10, NJW 2012, 137 = MMR 2012, 45 m. Anm. *Weber* = GRUR 2012, 300.
16 *BGH*, Urt. v. 8. 5. 2012 – VI ZR 217/08, NJW 2012, 2197 = GRUR 2012, 850 = MMR 2012, 703 – www.rainbow.at II; *Brand*, NJW 2012, 127.
17 Vgl. *EuGH*, Urt. v. 25. 10. 2011 – C-509/09, C-161/10, Rz. 49, NJW 2012, 137, 139 f. = GRUR 2012, 300, 302.
18 *EuGH*, Urt. v. 25. 10. 2011 – C-509/09, C-161/10, NJW 2012, 137 = GRUR 2012, 300; *Brand*, NJW 2012, 127.

schließlich der Rechtsweg zu den ordentlichen Gerichten. Viele Bundesländer haben von der Ermächtigung des § 105 UrhG Gebrauch gemacht und ein bestimmtes Amts- oder Landgericht zentral für die Entscheidung von Urheberrechtssachen zuständig erklärt. Ausschließliche Zuständigkeiten sind ferner im UWG geregelt (§ 14 UWG) und dort den Gerichten zugewiesen, in deren Bezirk der Beklagte seine gewerbliche Niederlassung hat (§ 14 Abs. 1 UWG) oder die Handlung begangen worden ist (§ 14 Abs. 2 UWG). Die Regeln ähneln insofern denen der ZPO. Allerdings geht die Rechtsprechung hinsichtlich des Tatorts im Wettbewerbsrecht davon aus, dass auf die tatsächlichen Auswirkungen der streitgegenständlichen Werbung im Gerichtsbezirk abzustellen ist.[19] So soll z. B. zwischen zwei kleineren Kanzleien in Heilbronn und Berlin kein den Gerichtsstand des Begehungsortes eröffnendes Wettbewerbsverhältnis bestehen.[20]

2 Internationale Zuständigkeit

1252 Die Regeln der ZPO werden analog auch zur Klärung der internationalen Zuständigkeit herangezogen. Insbesondere das **Tatortprinzip des § 32 ZPO** kommt entsprechend zur Anwendung. Eine Anwendung der ZPO kommt jedoch nur hinsichtlich der Fälle in Betracht, in denen die internationale Zuständigkeit im Hinblick auf einen außerhalb der EU wohnhaften Beklagten zu bestimmen ist.[21]

a) EuGVVO

1253 Hat der Beklagte seinen Wohnsitz innerhalb der EU, gilt für die Frage der Zuständigkeit die **EuGVVO**.[22] Daneben kann auch eine analoge Anwendung von Art. 8 Nr. 1 EuGVVO eine internationale Zuständigkeit deutscher Gerichte bei

---

19 *BGH*, Urt. v. 23.10. 1970 – I ZR 86/69, GRUR 1971, 153; *OLG Hamburg*, Urt. v. 29.11. 2006 – 3 U 58/06, BeckRS 2008, 07219; *OLG Brandenburg*, Beschl. v. 27.3. 2002 – 6 U 150/01, MMR 2002, 463; *OLG Bremen*, Urt. v. 17.2. 2000 – 2 U 139/99, CR 2000, 770.
20 *OLG Brandenburg*, Beschl. v. 27.3. 2002 – 6 U 150/01, MMR 2002, 463.
21 Für den Kontakt zu Beklagten aus den EFTA-Staaten ist noch das Lugano-Übereinkommen v. 16.9. 1988 zu beachten, das sich aber von der EuGVO a. F. nicht sonderlich unterscheidet.
22 Die Brüssel Ia-VO / VO (EU) Nr. 1215/2012 über die gerichtliche Zuständigkeit und die Anerkennung und Voll-streckung von Entscheidungen in Zivil- und Handelssachen (Neufassung) vom 12.12. 2012 ist mit Wirkung zum 10.1. 2015 in Kraft getreten (EuGVVO); vormals EuGVO (Brüssel I-VO / VO (EG) Nr. 44/2001); zur Neufassung der EuGVVO liegt bisher keine Rspr. vor, sodass sich sämtliche hierzu zitieren Urteile auf die a. F. beziehen.

außerhalb der EU ansässigen Beklagten begründen.[23] Die EuGVO a. F. löste mit ihrem Inkrafttreten am 1. März 2002 das zuvor geltende Übereinkommen über die gerichtliche Zuständigkeit und die Vollstreckung gerichtlicher Entscheidungen in Zivil- und Handelssachen (EuGVÜ) ab.[24] Die Neufassung der EuGVVO aus dem Jahr 2015 geht ebenfalls davon aus, dass am Wohnsitz des Beklagten (Art. 4 Abs. 1 EuGVVO) oder bei deliktischen Ansprüchen wahlweise am Ort des schädigenden Ereignisses Klage erhoben werden kann (Art. 7 Nr. 2 EuGVVO). Für den Tatort wird im Wortlaut der englischen Fassung auf den Ort abgestellt „where the harmful event occured or may occur" (Art. 7 Nr. 2 EuGVVO). Dies umfasst sowohl den Handlungs- als auch den Erfolgsort. Der Erfolgsort wird jedoch seitens der Gerichte – ebenso wie bei § 32 ZPO – danach bestimmt, ob an einem Ort eine Homepage nicht nur zufällig abgerufen werden kann.[25] Der Verletzte kann entweder bei den Gerichten des Mitgliedstaates, in dem der Urheber dieser Inhalte niedergelassen ist, oder bei den Gerichten des Mitgliedstaates, in dem sich der Mittelpunkt seiner Interessen befindet, eine Haftungsklage auf Ersatz des gesamten entstandenen Schadens erheben. An Stelle einer Haftungsklage auf Ersatz des gesamten entstandenen Schadens kann diese Person ihre Klage auch vor den Gerichten jedes Mitgliedstaates erheben, in dessen Hoheitsgebiet ein im Internet veröffentlichter Inhalt zugänglich ist oder war. Diese sind nur für die Entscheidung über den Schaden zuständig, der im Hoheitsgebiet des Mitgliedstaates des angerufenen Gerichts verursacht worden ist.[26]

Bei Immaterialrechtsgütern kommen als zuständigkeitsbegründender Tat- **1254** ort i. S. d. Art. 7 Nr. 2 EuGVVO nur solche Orte in Betracht, an denen zumindest ein Teilakt einer dem Rechtsinhaber ausschließlich zugeordneten **Nutzungs-**

---

23 *OLG Stuttgart*, Urt. v. 31. 7. 2012 – 5 U 150/11, NJW 2013, 83.
24 Mit Inkrafttreten eines Abkommens zwischen der EU und Dänemark am 1. 7. 2007 gilt nunmehr auch Dänemark als Mitgliedstaat i. S. d. EuGVVO (vgl. Erwägungsgrund 8 EuGVVO n. F.; Beschl. d. Rates v. 27. 4. 2006, 2006/325/EG; Abkommen zwischen der Europäischen Gemeinschaft und dem Königreich Dänemark über die gerichtliche Zuständigkeit und die Anerkennung und Vollstreckung von Entscheidungen in Zivil- und Handelssachen vom 19. 10. 2005, ABl. (EG) L 299 vom 16. 11. 2005, S. 62), vgl. hierzu auch Musielak/Voit/*Stadler*, ZPO, Europäisches Zivilprozessrecht, 12. Aufl. 2015, VO (EG) 44/2001, Artikel 1 Rz. 10.
25 *BGH*, Urt. v. 12. 12. 2013 – I ZR 131/12, NJW 2014, 2504 = GRUR 2014, 601 = MMR 2014, 605; *BGH*, Urt. v. 30. 3. 2006 – I ZR 24/03, NJW 2006, 2630 = MMR 2006, 461 m. Anm. *Hoeren*; Hoeren/Sieber/Holznagel/*Banholzer*, Handbuch MMR, 42. Ergänzungslieferung, 2015, Teil 25 Rz. 65 f.
26 *EuGH*, Urt. v. 3. 10. 2013 – C 170/12, NJW 2013, 3627 m. Anm. *Schack* = GRUR 2014, 100 = MMR 2013, 797.

oder Verwertungshandlung begangen worden ist.[27] Ob eine zuständigkeits-begründende Tathandlung im Inland begangen worden ist, bestimmt das angerufene Gericht nach dem Recht, welches durch das internationale Privatrecht des Forumstaates zur Anwendung berufen ist. Dies ist regelmäßig das Recht des Schutzlandes (lex loci protectionis), also die Immaterialgüterrechtsordnung des Staates, für dessen Gebiet Schutz begehrt wird.[28] Wenn also z. B. ein deutsches Gericht wegen der Internet-Abrufbarkeit von urheberrechtlich geschütztem Material in der BRD angerufen wird, bestimmt es seine Zuständigkeit gem. Art. 7 Nr. 2 EuGVVO danach, ob diese Abrufbarkeit (in Deutschland) eine Verletzungshandlung nach dem deutschen Urheberrechtsgesetz darstellt. Ob eine zuständigkeitsbegründende Tathandlung im Inland begangen worden ist, bestimmt sich also nach dem materiellen Immaterialgüterrecht des Landes, für dessen Gebiet Immaterialgüterrechtsschutz beansprucht wird und damit regelmäßig nach inländischem Recht, da die inländischen Gerichte dies nach Ansicht des *EuGH* am besten einzuschätzen vermögen.[29] Für die Verwendung von immaterialgüterrechtlich geschütztem Material im Internet bedeutet dies, dass das materielle Recht des Schutzlandes darüber entscheidet, ob die Abrufbarkeit (auf seinem Territorium) allein ausreichend ist, eine Verletzungshandlung und damit eine Gerichtspflichtigkeit des Handelnden im Schutzland nach Art. 7 Nr. 2 EuGVVO zu begründen.[30] In der EU erfasst Art. 3 Abs. 1 der Urheberrechtsrichtlinie[31] explizit die „öffentliche Zugänglichmachung" von geschütztem Material in der Weise, dass dieses „Mitgliedern der Öffentlichkeit von Orten und zu Zeiten ihrer Wahl zugänglich ist" und definiert damit das **Zum-Abruf-Bereithalten** und auch die **Abrufbarkeit** im Internet als erlaubnispflichtige Handlung. Für eine solche Auslegung spricht auch Erwägungsgrund

---

27 Da Immaterialgüterrechte (anders als Sachenrechte) real nirgends belegt sind, kann es keinen vom Handlungsort verschiedenen Erfolgsort geben. Maßgeblich ist allein, wo in die dem Rechtsinhaber ausschließlich zugeordneten Handlungsbefugnisse eingegriffen wird; vgl. zu Art. 7 Nr. 2 EuGVVO n. F. auch Hoeren/Sieber/Holznagel/*Banholzer*, Handbuch MMR, 42. Ergänzungslieferung 2015, Teil 25 Rz. 60 ff. m. w. A.

28 Diese weltweit anerkannte Kollisionsnorm folgt aus dem Territorialitätsprinzip, wonach ein Immaterialgüterrecht nur für das Territorium des gewährenden Staates Geltung beanspruchen kann. Nur dort kann es auch verletzt werden. D. h. ein nach dem deutschen UrhG gewährtes Urheberrecht kann auch nur durch eine Handlung in der BRD verletzt werden. Das Schutzlandprinzip ist i. Ü. in Art. 5 Abs. 2 RBÜ kodifiziert.

29 *EuGH*, Urt. v. 22. 1. 2015 – C-441/13, GRUR 2015, 296 = MMR 2015, 187.

30 Hoeren/Sieber/Holznagel/*Banholzer*, Handbuch MMR, 42. Ergänzungslieferung 2015, Teil 25 Rz. 69.

31 Richtlinie 2001/29/EG des Europäischen Parlamentes und des Rates v. 22. 5. 2001 zur Harmonisierung bestimmter Aspekte des Urheberrechts und der verwandten Schutzrechte in der Informationsgesellschaft.

25 der Richtlinie, wonach Art. 3 Urheberrechtsrichtlinie das Recht umfasst, geschützte Inhalte „im Wege der interaktiven Übertragung auf Abruf für die Öffentlichkeit zugänglich zu machen".[32]

Im Bereich der gewerblichen Schutzrechte, insb. i. R. d. **Marken- und Patentrechts**[33], stellt sich ebenfalls die Frage, ob die Abrufbarkeit einer im Inland markenrechtlich geschützten Domain oder – mit Blick auf die USA – die Online-Verwendung einer im Inland patentierten implementierten **Geschäftsmethode** allein ausreicht, um dort eine Verletzungshandlung und damit Tatort-Gerichtszuständigkeit zu begründen. Für die Verwendung eines in Deutschland markenrechtlich geschützten Begriffes als **Domain** unter dem Top-Level „.com" durch ein US-Unternehmen hat das *KG*[34] die Abrufbarkeit in der BRD allein als ausreichend erachtet, um seine Zuständigkeit für die vom deutschen Markenrechtsinhaber eingereichte Verletzungsklage zu bejahen. In der Literatur gibt es Stimmen, die zur Bejahung eines inländischen Tatortes einen weiteren Inlandsbezug als die rein technisch bedingte Abrufbarkeit im Inland verlangen.[35] Immer mehr *Amts- und Landgerichte*[36] lehnen jedenfalls einen fliegenden Gerichtsstand ab und verlangen, dass der Kläger einen besonderen Bezug zum angerufenen Gericht darlegt. Zur internationalen Zuständigkeit deutscher Gerichte bezog der *BGH* dahingehend Stellung, dass eine deliktische Handlung, die eine **Persönlichkeitsverletzung**[37] darstellt, die Zuständigkeit eines deutschen Gerichts gem. § 32 ZPO dann begründet, wenn ein deutlicher

1255

---

32 Selbst wenn man das „making available right" nur in dem Staat, von dem aus das Material ins Netz gestellt wird, als verletzt ansieht, würde man doch über eine Zurechnung weiterer Vervielfältigungshandlungen der Internetnutzer (Browsing, RAM Kopie und vor allem Downloads) zu einer Tathandlung im Abrufstaat gelangen.

33 Vgl. hierzu Hoeren/Sieber/Holznagel/*Banholzer*, Handbuch MMR, 42. Ergänzungslieferung 2015, Teil 25 Rz. 71 f.

34 *KG*, Urt. v. 27. 3. 1997 – 5 U 659/97 = CR 1997, 685 – hier wurde die Zuständigkeit auf den insoweit inhaltsgleichen § 32 ZPO gestützt. Zur Bejahung des inländischen Tatortes reichte dem Gericht eine bestimmungsgemäße Abrufbarkeit im Inland.

35 Siehe z. B. *Deister/Degen*, NJOZ 2010, 1; *Laucken/Oehler*, ZUM 2009, 824; *Koch*, CR 1999, 121.

36 Für ein Wahlrecht: *LG Frankfurt a. M.*, Urt. v. 18. 7. 2012 – 2–06 S 3/12, MMR 2012, 764; *OLG Hamm*, Beschl. v. 15. 10. 2007 – 4 W 148/07, MMR 2008, 178; *OLG Karlsruhe*, Urt. v. 10. 7. 2002 – 6 U 9/02, MMR 2002, 814, 815. Gegen ein Wahlrecht: *OLG München*, Beschl. v. 6. 9. 2012 – 34 AR 324/12, MMR 2013, 259; *AG Frankfurt a. M.*, Urt. v. 13. 2. 2009 – 32 C 2323/08 – 72, MMR 2009, 490 m. Anm. *Solmecke* (n. rkr.); *AG Charlottenburg*, Beschl. v. 19. 12. 2005 – 209 C 1015/ 05, MMR 2006, 254 m. Anm. *Kaufmann/Köcher* (n. rkr.); *AG Krefeld*, Urt. v. 14. 2. 2007 – 4 C 305/ 06, MMR 2007, 471 (n. rkr.).

37 Vgl. hierzu Hoeren/Sieber/Holznagel/*Banholzer*, Handbuch MMR, 42. Ergänzungslieferung 2015, Teil 25 Rz. 71 f.

Inlandsbezug objektiver Art dergestalt gegeben ist, dass eine Kollision der widerstreitenden Interessen[38] im Inland tatsächlich eintreten kann.[39] Auf die bloße Abrufbarkeit abzustellen, sei verfehlt, da dies zu einer uferlosen Ausweitung der gerichtlichen Zuständigkeiten führen würde. Andererseits sei auch nicht zu verlangen, dass sich der Inhalt gezielt und bestimmungsgemäß (auch) an deutsche Nutzer richtet. Dieses Kriterium passe für marktbezogene Wettbewerbsverletzungen, nicht aber bei Persönlichkeitsverletzungen.[40] Für Unternehmen, die im Rahmen ihres Internetauftritts immaterialgüterrechtlich geschütztes Material verwenden, führt auch die **besondere Tatortzuständigkeit des Art. 7 Nr. 2 EuGVVO** n. F. zu beunruhigenden Ergebnissen: Sie laufen Gefahr, sofern ein Dritter eigene Rechte an diesem Material geltend macht, an jedem Abrufort innerhalb der EU wegen der Verwendung dieses Materials auf Schadensersatz[41] und insb. auf Unterlassung verklagt werden zu können.[42] Der mit dieser Konzeption verbundene **fliegende Gerichtsstand** ist schwer zu handhaben. Denn deutsche Gerichte sind danach für die Entscheidungen zahlreicher Internet-Streitigkeiten zuständig, ohne die Zuständigkeit – wie angloamerikanische Gerichte – wegen „forum non conveniens" ablehnen zu können.[43] In der Zwischenzeit stellen jedoch immer mehr Gerichte auch für das Urheberrecht auf die Frage der bestimmungsgemäßen Abrufbarkeit am Gerichtsort ab[44] oder lassen nur noch die Zuständigkeit des Sitzorts zu.[45]

---

38 Widerstreitend waren in vorliegendem Fall einerseits das Interesse des Klägers an der Achtung seines Persönlichkeitsrechts und andererseits das Interesse des Beklagten an der Berichterstattung und Gestaltung seines Internetauftritts.

39 *BGH*, Urt. v. 2. 3. 2010 – VI ZR 23/09, NJW 2010, 1752 = MMR 2010, 441 = GRUR 2010, 461; Steigerung in *BGH*, Urt. v. 29. 3. 2011 – VI ZR 111/10, NJW 2011, 2059 m. Anm. *Brand* = MMR 2011, 490 = GRUR 2011, 558 = ZUM 2011, 553, 554: die als rechtsverletzend beanstandeten Inhalte müssen objektiv einen deutlichen Bezug zum Inland auweisen.

40 Ebenda.

41 Wobei jedoch nur der in dem jeweiligen Abrufstaat entstandene Schaden eingeklagt werden kann.

42 So auch *Berger*, GRUR Int., 2005, 467.

43 Siehe das Urteil des *High Court of Justice* v. 29. 10. 2004, Richardson vs. Schwarzenegger EWHC 2422 (QB), CRi 2005, 21. Vgl. auch den „special circumstances"-Test im japanischen Recht, z. B. in D. Kono vom Taro Kono. Im Rahmen der EuGVO a. F. ist die Anwendung der „forum non conveniens"-Idee jetzt unzulässig, siehe *EuGH*, Urt. v. 1. 3. 2005 – C-281/02, EuZW 2005, 345.

44 *OLG München*, Urt. v. 2. 2. 2012 – 29 U 3538/11, ZUM 2012, 587; *OLG München*, Beschl. v. 7. 5. 2009 – 31 AR 232/09, GRUR-RR 2009, 320; ähnlich *LG München I*, Urt. v. 30. 7. 2009 – 7 O 13895/08, NJOZ 2010, 449; siehe auch *OLG Rostock*, Beschl. v. 20. 7. 2009 – 2 W 41/09, K & R 2009, 657.

45 *AG Frankfurt a. M.*, Urt. v. 13. 2. 2009 – 32 C 2323/08–72, MMR 2009, 490 m. Anm. *Solmecke* (n. rkr.).

b) Das Haager Übereinkommen über Gerichtsstandsvereinbarungen

Auch auf internationaler Ebene wurde das Problem der national divergieren- 1256
den Vorschriften zur internationalen gerichtlichen Zuständigkeit erkannt. Daher sollte i. R. d. sog. *Judgments Project* der Mitgliedstaaten der „**Haager Konferenz für internationales Privatrecht**" ein internationales Gerichtsstands-,
Anerkennungs- und Vollstreckungsübereinkommen geschlossen werden.[46]
Dieses Übereinkommen sollte die internationale gerichtliche Zuständigkeit in
zivil- und handelsrechtlichen Streitgegenständen umfassend regeln. Ein dieser
umfassenden Zielsetzung entsprechender Entwurf wurde schließlich auch im
Jahre 2001 im Rahmen einer Diplomatischen Konferenz vorgestellt. Eine Einigung konnte jedoch trotz langwieriger Verhandlungen letztlich nicht erzielt
werden.[47] Stattdessen wurde beschlossen, einen weniger umfassenden und
weniger umstrittenen Ansatz für die weiteren Verhandlungen zu wählen. Neue
Zielsetzung des *Judgments Project* war nunmehr nur noch der Abschluss eines
Abkommens zur Regelung der internationalen gerichtlichen Zuständigkeit bei
Vorliegen einer vertraglichen Gerichtsstandsvereinbarung der beteiligten Parteien und die Anerkennung und Vollstreckung der Urteile der nach diesen Vereinbarungen zuständigen ausländischen Gerichte.[48] Für diesen eingeschränkten Bereich ist am 30. Juni 2005 schließlich das Haager Übereinkommen über
Gerichtsstandsvereinbarungen (HGÜ) verabschiedet worden.[49] Fehlt es an einer solchen Parteivereinbarung, kommt das HGÜ nicht zur Anwendung. Damit
bleibt es für eine Vielzahl der Fälle im Hinblick auf Immaterialgüterrechtsver-
letzungen bei dem festgestellten Fehlen eines internationalen Rechtsrahmens.

II Zuständigkeit bei Verträgen

1 Die nationale Zuständigkeit

Anders als im Deliktsrecht ist im Vertragsrecht eine **Rechtswahl der Parteien** 1257
denkbar. § 38 Abs. 1 ZPO lässt eine Gerichtsstandsvereinbarung zu, wenn die
Vertragsparteien Kaufleute oder juristische Personen des öffentlichen Rechts
sind. Ferner kann die Zuständigkeit vereinbart werden, wenn eine der Parteien

---

46 Siehe zum Hintergrund der Verhandlungen Informations- und Arbeitspapiere auf der Webseite der Haager Konferenz, www.hcch.net/ (zuletzt abgerufen: April 2017).
47 Vgl. zu den verschiedenen Streitpunkten Preliminary Document No. 16 of February 2002,
S. 5: www.hcch.net/upload/wop/gen_pd16e.pdf (zuletzt abgerufen: April 2017).
48 Vgl. zur Entstehungsgeschichte: *Luginbühl/Wollgast*, GRUR Int. 2006, 209.
49 Text des Übereinkommens unter www.hcch.net/index_en.php?act=conventions.text&cid=98
(zuletzt abgerufen: April 2017).

keinen allgemeinen Gerichtsstand im Inland hat (§ 38 Abs. 2 ZPO). Mit **Verbrauchern** ist eine Gerichtsstandsvereinbarung nicht zulässig.

2 Die EuGVVO

1258 Auch die **EuGVVO**[50] lässt die Möglichkeit einer vertraglichen Rechtswahl zu. Ein Gericht bzw. die Gerichte eines Mitgliedstaats sind gem. Art. 25 Abs. 1 S. 1 EuGVVO in einer Rechtssache zuständig, wenn die beteiligten Parteien dessen bzw. deren Zuständigkeit in einer Gerichtsstandsvereinbarung festgelegt haben, sofern diese Vereinbarung nicht nach materiellem Recht nichtig ist. Zur Beurteilung der Nichtigkeit einer Gerichtsstandsvereinbarung ist das Recht des Staates heranzuziehen, in dem sich das gewählte Gericht befindet (Art. 25 Abs. 1 S. 1 EuGVVO i. V. m. Erwägungsgrund Nr. 20 der EuGVVO). Sofern die Gerichtsstandsvereinbarung Teil eines Vertrages ist, bestimmt Art. 25 Abs. 5 EuGVVO ferner ausdrücklich die Unabhängigkeit der Gerichtsstandsvereinbarung von der Wirksamkeit des restlichen Vertrages. Ebenso wie Art. 17 Abs. 1 S. 1 EuGVÜ[51] stellt die EuGVVO zusätzlich die Auslegungsregel auf, dass eine getroffene Gerichtsstandsvereinbarung als ausschließlich anzusehen ist, wenn die Parteien keine anders lautende Vereinbarung getroffen haben (Art. 25 Abs. 1 S. 2 EuGVVO). Daraus folgt, dass andere Gerichte als die in einer solchen Vereinbarung bestimmten eine Zuständigkeit ablehnen müssen (Art. 31 Abs. 3 EuGVVO). Ferner findet sich in der Neufassung in Art. 31 Abs. 2, Abs. 3 EuGVVO i. V. m. Erwägungsgrund 22 der EuGVVO eine Regelung für den Zweifelsfall hinsichtlich der gerichtlichen Vorgehensweise bei ausschließlichen Gerichtsstandsvereinbarungen. Hiernach soll das zuerst angerufene Gericht das Verfahren, sobald das in der ausschließlichen Gerichtsstandsvereinbarung bezeichnete Gericht angerufen wurde, so lange aussetzen, bis letzteres über die Zuständigkeit entschieden hat. Die formellen Anforderungen an die Gerichtsstandsvereinbarung sind gering. Neben der Schriftform genügt schon eine mündliche Vereinbarung, die lediglich schriftlich bestätigt worden sein muss (Art. 25 Abs. 1 S. 1 lit. a EuGVVO). Auch ist die Übermittlung in elektronischer Form, sofern sie eine dauerhafte Aufzeichnung ermöglicht, der Schriftform

---

50 Die Brüssel Ia-VO / VO (EU) Nr. 1215/2012 über die gerichtliche Zuständigkeit und die Anerkennung und Vollstreckung von Entscheidungen in Zivil- und Handelssachen (Neufassung) vom 12. 12. 2012 ist mit Wirkung zum 10. 1. 2015 in Kraft getreten (EuGVVO); vormals EuGVO (Brüssel I-VO / VO (EG) Nr. 44/2001).
51 EU-Vollstreckungsübereinkommen (Übereinkommen über die gerichtliche Zuständigkeit und die Vollstreckung gerichtlicher Entscheidungen in Zivil- und Handelssachen).

gleichgestellt (Art. 25 Abs. 2 EuGVVO). Somit können Gerichtsstandsvereinbarungen auch per Fax oder E-Mail wirksam getroffen bzw. bestätigt werden. Darüber hinaus lässt die Vorschrift jede sonstige Form der Parteivereinbarung genügen, die den Gepflogenheiten der beteiligten Parteien oder den für die jeweiligen Parteien gem. Art. 25 Abs. 1 lit. b, lit. c EuGVVO anwendbaren Handelsbräuchen des internationalen Handels entspricht. Verträge über Gerichtsstandsvereinbarungen können im Rahmen der EuGVVO auch mit Verbrauchern getroffen werden. Allerdings ist dabei zu beachten, dass in Abschnitt 4 der EuGVVO besondere Zuständigkeiten für Verbrauchersachen festgelegt werden, von denen nur unter bestimmten Voraussetzungen abgewichen werden kann (Art. 25 Abs. 4 i. V. m. Art. 19 EuGVVO). Insbesondere steht bei einer Klage des Verbrauchers gegen seinen Vertragspartner ersterem ein Wahlrecht zwischen dem Gericht an seinem Wohnsitz oder am Sitz des Vertragspartners zu, während er selbst nur an seinem eigenen Wohnsitz verklagt werden kann (Art. 18 Abs. 1, Abs. 2 EuGVVO).

3 Das Haager Übereinkommen

Wurde zwischen den Parteien eine Gerichtsstandsvereinbarung getroffen, **1259** kommt auf internationaler Ebene die Anwendbarkeit des bereits erwähnten „**Haager Übereinkommens über Gerichtsstandsvereinbarungen**" in Betracht.[52] Auch hier ist zunächst zu beachten, dass das Abkommen nur i. R. v. B2B-Vereinbarungen anwendbar ist. Aus dem Anwendungsbereich des HGÜ von vornherein ausgenommen sind sowohl Vereinbarungen mit oder zwischen Verbrauchern als auch arbeits-, familien-, erb-, transport-, see-, kartell-, atom-, gesellschafts- und einige immaterialgüterrechtliche Streitigkeiten (vgl. Art. 2 HGÜ). Weitere Voraussetzung ist das Vorliegen einer vertraglichen Gerichtsstandsvereinbarung in Zivil- und Handelssachen. Diese Vereinbarung muss die ausschließliche Zuständigkeit des vereinbarten Gerichtsstandes i. S. v. Art. 3 HGÜ vorsehen. Die formellen Anforderungen an eine solche Gerichtsstandsvereinbarung sind allerdings nur gering. Gem. Art. 3 lit. c (i) und (ii) HGÜ genügt hierfür schon jede in Schriftform oder durch jedes andere Kommunikationsmittel, welches eine spätere Bezugnahme ermöglicht, dokumentierte oder niedergelegte Vereinbarung. Ausreichend können damit auch Vereinbarungen sein, die per E-Mail oder Fax getroffen worden sind.[53]

---

[52] Text des Übereinkommens unter www.hcch.net/index_en.php?act=conventions.text&cid=98 (zuletzt abgerufen: April 2017).
[53] *Dogauchi/Hartley*, Preliminary Document No. 26 of December 2004, Anm. 78.

1260   Im Bereich des **Immaterialgüterrechts** sind jedoch einige Bereichsausnahmen, die i. R. v. Art. 2 HGÜ vorgenommen werden, zu beachten. Das Abkommen unterscheidet an dieser Stelle zwischen Urheberrechten und verwandten Schutzrechten auf der einen und den gewerblichen Schutzrechten auf der anderen Seite. Während das HGÜ bei Vorliegen einer entsprechenden Gerichtsstandsvereinbarung auf alle Klagen im Bereich des Urheberrechts und der verwandten Schutzrechte anwendbar ist, gelten für den Bereich der gewerblichen Schutzrechte zwei wesentliche Ausnahmen. So sind Bestandsklagen, d. h. Klagen, die die Frage der Wirksamkeit eines gewerblichen Schutzrechtes betreffen, von vornherein aus dem Anwendungsbereich des HGÜ ausgenommen. Diese Bereichsausnahme soll Souveränitätskonflikte zwischen den Mitgliedstaaten verhindern, welche durch eine Überprüfung rechtsbegründender Registrierungsakte durch ausländische Gerichte entstehen könnten.[54] Die Wirksamkeit staatlicher Hoheitsakte soll nicht Gegenstand von Urteilen ausländischer Gerichte werden. So soll z. B. ein indisches Gericht nicht über die Wirksamkeit der Eintragung einer deutschen Marke entscheiden können. Diese Bereichsausnahme gilt allerdings auch für solche Bestandsklagen, die die Wirksamkeit nicht eintragungspflichtiger gewerblicher Schutzrechte zum Gegenstand haben.[55] Eine weitere Ausnahme für den Bereich der gewerblichen Schutzrechte ist i. R. d. Art. 2 Abs. 2 lit. o HGÜ für bestimmte Verletzungsverfahren festgelegt. Verletzungsverfahren sind im Gegensatz zu Bestandsklagen solche Klagen, die nicht die Wirksamkeit, sondern die Verletzung eines Rechts zum Gegenstand haben. In solchen Verletzungsverfahren ist das HGÜ nur anwendbar, wenn die Verletzung des gewerblichen Schutzrechtes auch als Vertragsverletzung geltend gemacht wird. Damit sind nichtvertragliche Ansprüche in Bezug auf gewerbliche Schutzrechte nicht generell aus dem Anwendungsbereich des HGÜ ausgenommen. Eine solche Regelung würde dem Kläger auch unnötige Umstände bereiten, da vertragliche und nichtvertragliche Ansprüche oftmals in demselben Verfahren geltend gemacht werden.[56] Entscheidend ist, ob die nichtvertraglichen Ansprüche eine gewisse Sachnähe zu den vertraglichen Ansprüchen aufweisen.[57] In Bezug auf den Bereich der Urheberrechte und verwandten Leistungsschutzrechte gelten die beschriebenen Bereichsausnahmen nicht. Hier ist das HGÜ im Falle des Vorliegens einer entsprechenden

---

54 *Luginbühl/Wollgast*, GRUR Int. 2006, 211.
55 Hierzu eingehend: *Luginbühl/Wollgast*, GRUR Int. 2006, 211.
56 *Luginbühl/Wollgast*, GRUR Int. 2006, 212.
57 Vgl. zur gesamten Problematik wiederum *Luginbühl/Wollgast*, GRUR Int. 2006, 212, die zur Veranschaulichung den Begriff „vertragsnahe" – „nicht-vertragliche Ansprüche" verwenden.

Gerichtsstandsvereinbarung sowohl auf Bestands- als auch auf Verletzungsverfahren anwendbar.

Inhaltlich bestimmt das HGÜ, dass eine den Voraussetzungen des Abkommens entsprechende **Parteivereinbarung** von den Gerichten der jeweiligen Mitgliedstaaten befolgt werden muss. Das beinhaltet zunächst, dass das in der Vereinbarung bestimmte Gericht seine Zuständigkeit nicht – auch nicht mit Hinweis auf das angloamerikanische „forum non conveniens"-Prinzip – ablehnen darf (Art. 5 HGÜ). Ebenso wenig darf ein gem. der Parteivereinbarung nicht zuständiges Gericht die Klage zur Entscheidung annehmen (Art. 6 HGÜ). Etwas anderes gilt nur in den im Abkommen bezeichneten Ausnahmen. So z. B. dann, wenn die Parteivereinbarung nach dem anzuwendenden Recht des betreffenden Staates ungültig ist (Art. 5 Abs. 1, Art. 6 lit. a HGÜ). Außerdem bestimmt das HGÜ, dass andere Gerichte die Urteile des durch die Parteivereinbarung entscheidenden Gerichts – von bestimmten Ausnahmefällen abgesehen – ohne erneute Überprüfung in der Sache anerkennen und durchsetzen müssen (Art. 8 HGÜ). 1261

III Vollstreckung

Die Probleme kulminieren schließlich im Bereich der Vollstreckung. Selbst wenn es gelingt, einen ausländischen Verletzer vor einem Gericht zu verklagen und eine Sachentscheidung zu erwirken, muss diese letztlich auch vollstreckt werden können. Im Rahmen der **EuGVVO** ist dies regelmäßig kein Problem, auch wenn sich die Vollstreckung in manchen europäischen Staaten (z. B. Italien oder in Belgien) zeitlich schwierig gestalten kann. **Außerhalb Europas** ist eine Vollstreckung – abgesehen von dem durch das Haager Übereinkommen über Gerichtsstandsvereinbarungen geregelten Bereich – jedoch nur nach Maßgabe bilateraler Vollstreckungsübereinkommen gewährleistet, die oft nicht bestehen. So kann sich ein „Pirat" guten Mutes eine ausländische „**Vollstreckungsoase**"[58] als Standort seines Servers aussuchen, um von dort aus die ganze Welt z. B. mit marken- und urheberrechtsverletzenden Raubkopien zu beliefern. Hier rächt sich die nationalstaatliche Wurzel des Rechts; hier wird das Internet de facto zum rechtsfreien Raum, der allen Juristen Lügen straft. 1262

IV Online Dispute Settlement

Als Lösung wird derzeit auch die Einrichtung von Online Dispute Diensten empfohlen. Es geht hierbei um **Schlichtungsstellen**, die Auseinandersetzun- 1263

---

58 Zu diesen zählen u. a. San Marino, Brunei oder Hong Kong, vgl. *Hoeren*, MMR 1998, 297.

gen zwischen den Parteien via Internet entscheiden sollen. Bekannt ist die im Domain-Kapitel beschriebene Streitschlichtung nach der Uniform Dispute Resolution Policy (UDRP) des ICANN, die sich allerdings von den sonstigen Schlichtungsstellen dadurch unterscheidet, dass mit der Entscheidung des Domain Name Panel die Übertragung der Domain verbunden werden kann. Andere Einrichtungen[59] haben keine Möglichkeit, verbindliche Entscheidungen zu treffen. Ihnen stehen als Sanktion nur die Veröffentlichung der Entscheidung und der Entzug eines entsprechenden Gütesiegels zur Verfügung. Gerade wegen der fehlenden Sanktionen ist die Effizienz und Akzeptanz der Online-Schlichtung unklar.[60] Umstritten ist auch noch deren Vereinbarkeit mit den Vorgaben des Rechtsberatungsgesetzes.[61]

V Internationales Privatrecht

1264 Es besteht ein prinzipieller Unterschied zwischen dem IZVR, das auf dem Gegenseitigkeitsprinzip beruht, und dem IPR, dem eine allseitige Anknüpfung zugrunde liegt.[62]

1 CISG

1265 Das **UN-Kaufrecht**, normiert in der **CISG**,[63] regelt den internationalen Warenkauf zwischen Unternehmern. Es findet Anwendung auf den grenzüberschreitenden Verkehr von Waren und damit auch auf die Überlassung von Standardsoftware.

---

59 Siehe dazu www.namadr.com; www.onlineresolution.com; www.ecodir.org; www.squaretrade.com (zuletzt abgerufen: April 2017).

60 Eine Ausnahme mag für Trusted Shops gelten, eine Einrichtung, hinter der die Gerling-Gruppe als Versicherer steht, und die bei Entscheidungen der Schlichtungsstelle deren finanzielle Absicherung durch Gerling sichert; vgl. www.trustedshop.de (zuletzt abgerufen: April 2017).

61 Siehe dazu *Grunewald*, BB 2001, 1111, die aufgrund des Herkunftslandprinzips der E-Commerce-Richtlinie eine Bindung auch inländischer Streitschlichter an das Rechtsberatungsgesetz ablehnen will.

62 Falsch verstanden im Falle des britischen *High Courts*, Urt. v. 16.12.2009, Lucasfilm Ltd. v. Andrew Ainsworth (2009) EEWCA Civ. 1328.

63 „United Nations Convention on Contracts for the International Sale of Goods" vom 11.4. 1980, auch Wiener Kaufrecht genannt, das am 1.1.1991 in der Bundesrepublik in Kraft trat, BGBl. II 1990, S. 1477.

2 EU-Kollisionsrecht

a) Rom I-VO

Die **Rom I-Verordnung** trat am 17. Dezember 2009 in Kraft und regelt das EU- 1266
weite Kollisionsrecht im Bereich der vertraglichen Schuldverhältnisse, die
nach diesem Zeitpunkt geschlossen wurden. Als EU-Verordnung geht sie in ihrem Anwendungsbereich dem deutschen IPR vor. Kritisiert wurde die Rom I-
VO u. a. für die Nichtregelung der vorvertraglichen Schuldverhältnisse.[64] Diese
haben jedoch mittlerweile einen Platz in der am 11. Januar 2009 in Kraft getretenen Rom II-VO über außervertragliche Schuldverhältnisse gefunden (Art. 12
Rom II-VO). Erwägungsgrund 10 der Rom I-VO weist ausdrücklich darauf hin.

Die freie **Rechtswahl** ist gem. Art. 3 Abs. 1 Rom I-VO grundsätzlich zuläs- 1267
sig. Besondere Be-stimmungen gelten u. a. im Hinblick auf das Verbrauchervertragsrecht nach Art. 6 Rom I-VO. Im Bereich des Internetrechts enthält die
Rom I-VO insb. für die **Bestimmung des anzuwendenden Rechts** im Rahmen
der Immaterialgüterrechte, Verbraucherrechte und Vertragsrechte die folgenden relevanten Regelungen:

Das **europäische Verbrauchervertragsrecht** wird in **Art. 6 Rom I-VO** ge- 1268
regelt und bestimmt kategorisch das Recht des gewöhnlichen Aufenthalts des
Verbrauchers zum anzuwendenden Recht. Art. 6 Abs. 2 Rom I-VO regelt jedoch,
dass eine Rechtswahl i. S. d. Art. 3 Rom I-VO auch hier zugelassen ist, sofern
dem Verbraucher nicht der Schutz entzogen wird, den er nach Anwendung der
zwingenden Vorschriften des nach Art. 6 Abs. 1 Rom I-VO bestimmten Rechts
hätte genießen dürfen (Günstigkeitsprinzip).[65] Der **sachliche Anwendungsbereich** umfasst alle Arten von Verbraucherverträgen,[66] soweit nicht die
Ausnahmen des Art. 6 Abs. 4 Rom I-VO greifen. Der **persönliche Anwendungsbereich** umfasst ausschließlich das Verhältnis B2C, d. h. die typische
Konstellation des Vertrags zwischen Unternehmer und Verbraucher, wobei es
sich bei dem letzteren ausdrücklich um eine natürliche Person handeln muss
(Art. 6 Abs. 1 Rom I-VO).[67] Der **räumliche Anwendungsbereich** setzt zumindest eine Ausrichtung der unternehmerischen Tätigkeit auf den Aufenthalts-

---

64 *Mankowski*, IPRax 2006, 101.
65 jurisPK/*Limbach*, BGB, 7. Aufl. 2014, Art. 6 Rom I-VO Rz. 3.
66 Anders als Art. 5 EVÜ und Art. 29 EGBGB a. F. beschränkt sich Art. 6 Rom I-VO in seiner
Anwendbarkeit nicht mehr grundsätzlich auf bestimmte Vertragstypen; vgl.: jurisPK/*Limbach*,
BGB, 7. Aufl. 2014, Art. 6 Rom I-VO Rz. 10.
67 Umstritten ist jedoch die Anwendung auf rechtsfähige Gemeinschaften, insb. BGB-Gesell-
schaft und Wohnungseigentümergemeinschaft. Dazu: jurisPK/*Limbach*, BGB, 7. Aufl. 2014,
Art. 6 Rom I-VO Rz. 13; IntVR/*Staudinger*, Art. 6 Rom I-VO Rz. 23; v. Staudinger/*Magnus*, BGB,
Art. 6 Rom I-VO Rz. 40.

staat des Verbrauchers voraus. Der Unternehmer muss gem. Art. 6 Abs. 1 Rom I-VO nämlich entweder im Aufenthaltsstaat des Verbrauchers seine berufliche oder gewerbliche Tätigkeit ausüben (Abs. 1 lit. a) oder eine solche Tätigkeit auf irgendeine Weise auf diesen Staat bzw. mehrere Staaten, einschließlich dieses Staates, ausrichten (Abs. 1 lit. b). Zudem muss auch der Vertrag in den Bereich dieser Tätigkeit fallen.

1269   Relevanz erlangt dies vor allem im Rahmen der Cross-Border-Situation vieler elektronischer Rechtsgeschäfte. In diesem Zusammenhang ist vor allem im Hinblick auf Erwägungsgrund 24 der Rom I-VO zu beachten, dass zur Wahrung der Übereinstimmung mit der EuGVO a. F., nunmehr EuGVVO,[68] eine einheitliche Auslegung – insb.[69] hinsichtlich der „ausgerichteten Tätigkeit" – mit Art. 17 Abs. 1 lit. c EuGVVO vorzunehmen ist. Während hinsichtlich der „ausgeübten Tätigkeit" (Art. 17 Abs. 1 lit. c EuGVVO) u. a. entscheidend sein soll, dass der Unternehmer seine berufliche Tätigkeit bereits vor und unabhängig von dem Vertragsschluss mit dem Verbraucher in dessen Aufenthaltsstaat ausgeübt haben muss,[70] gilt für die „ausgerichtete Tätigkeit" Folgendes: Sofern Werbeanzeigen im Internet geschaltet werden, müssen sie (zumindest auch) auf Internetanwender aus dem betreffenden Aufenthaltsstaat zugeschnitten sein.[71] Handelt es sich dagegen um den eigenen Internetauftritt des Unternehmers, so ist vielmehr erforderlich, dass diese Webseite auch den Vertragsschluss im Internet anbietet und dass tatsächlich ein Vertragsabschluss im Fernabsatz erfolgt ist.[72] Grenzüberschreitende Kaufverträge innerhalb der EU über Inter-

---

68 Neugefasst zum 15. 1. 2015 (Verordnung (EU) Nr. 1215/2012 des Europäischen Parlaments und des Rates vom 12. Dezember 2012 über die gerichtliche Zuständigkeit und die Anerkennung und Vollstreckung von Entscheidungen in Zivil- und Handelssachen); zur Neufassung der EuGVVO liegt bisher keine Rspr. vor, sodass sich sämtliche hierzu zitieren Urteile auf die a. F. beziehen.

69 Zwar wird darüber hinaus der Begriff der „ausgeübten Tätigkeit" nicht ausdrücklich in das Auslegungsgebot des Erwägungsgrundes 24 mit einbezogen, jedoch ist davon auszugehen, dass dieser Begriff i. S. d. Abs. 1 lit. a Rom I-VO den gleichen Gehalt ausweist wie die „ausgeübte Tätigkeit" in Art. 15 Abs. 1 lit. c der EuGVO a. F. (Art. 17 Abs. 1 lit. c EuGVVO n. F.); vgl. jurisPK/*Limbach*, BGB, 7. Aufl. 2014, Art. 6 Rom I-VO Rz. 10; *Mankowski*, ZVglRWiss 105 (2006), 120; *Leible/Lehmann*, RIW 2008, 528.

70 *BGH*, Urt. v. 30. 3. 2006, NJW 2006, 1672 zu Art. 15 Abs. 1 lit. c EuGVVO a. F.

71 Dies ist u. U. anhand von Indizien wie Inhalt und Sprache festzulegen: jurisPK/*Limbach*, BGB, 7. Aufl. 2014, Art. 6 Rom I-VO Rz. 45.

72 So Erwägungsgrund 24 der Rom I-VO, wonach es in diesem Fall jedoch nicht auf die benutzte Sprache oder Währung ankomme; das Zitat der gemeinsamen Erklärung von Kommission und Rat ist allerdings insofern falsch, als dass nur auf die ursprüngliche, nicht aber auf die korrigierte Fassung v. 20. 12. 2000 Bezug genommen wird, wonach nicht ein „Anbieten", sondern lediglich ein „Auffordern" zum Vertragsschluss von Nöten wäre: jurisPK/*Limbach*, BGB, 7. Aufl. 2014, Art. 6 Rom I-VO Rz. 46.

netauktionen wie eBay werden folglich nur erfasst, wenn der Verkäufer ein Unternehmer ist und der Käufer ein Verbraucher. Die typische eBay-Vertragskonstellation (C2C) fällt somit nicht unter Art. 6 Rom I-VO. Einen typischen Anwendungsfall für Art. 6 Rom I-VO stellt jedoch der Vertrag über den Internet-Versandhandel dar.

Als Auffangregelung gilt im **internationalen Vertragsrecht** das Prinzip der Anknüpfung an die charakteristische Leistung.[73] Sie kommt in **Art. 4 Rom I-VO** zum Ausdruck und findet Anwendung, sofern kein besonderer Vertrag nach Art. 5 – 8 Rom I-VO vorliegt bzw. keine Rechtswahl gem. Art. 3 Rom I-VO getroffen wurde. Anknüpfungspunkt ist dabei grundsätzlich der gewöhnliche Aufenthalt des Marketers, also der absetzenden Person, wobei allerdings durch die detaillierten Regelungen für einzelne Vertragstypen in Art. 4 Abs. 1 Rom I-VO das Kriterium der „vertragscharakteristischen Leistung" gestärkt werden soll.[74] Bei Unternehmen findet für die Bestimmung des gewöhnlichen Aufenthaltes Art. 19 Rom I-VO Anwendung, der auf den Sitz der Hauptverwaltung oder Niederlassung abstellt. Im Internetrecht könnte Art. 4 Abs. 1 lit. g Rom I-VO eine Rolle spielen. Demnach ist auf Verträge über den Kauf beweglicher Sachen durch Versteigerung das Recht des Ortes anzuwenden, an dem die Versteigerung stattfindet. Dies gilt jedoch nur, soweit dieser Ort ermittelt werden kann. Bei Internetauktionen dürfte dies stets einige Schwierigkeiten mit sich bringen. Sofern der Ort der Versteigerung also nicht ermittelt werden kann, greift Art. 4 Abs. 1 lit. a Rom I-VO ein. In diesem Fall bestimmt sich das maßgebliche Recht nach dem gewöhnlichen Aufenthalt des Verkäufers.[75]

1270

b) Rom II-VO

Die **Rom II-VO** bestimmt das anzuwendende Recht für alle **außervertraglichen** zivil- und handelsrechtlichen Schuldverhältnisse, die eine Verbindung zum Recht verschiedener Staaten aufweisen. Sie geht in ihrem Anwendungsbereich dem deutschen IPR vor.[76] Die Rom II-VO wird bei zivil- und handelsrechtlichen Rechtsverhältnissen im Gegensatz zur Rom I-VO immer dann angewendet, wenn **keine freiwillige Parteiverpflichtung** gegenüber einer anderen eingegangen worden ist.[77] Eine **Rechtswahl** ist gem. Art. 14 Rom II-VO für den Bereich der außervertraglichen Schuldverhältnisse grundsätzlich **nach** Eintritt

1271

73 jurisPK/*Ringe*, BGB, 7. Aufl. 2014, Art. 4 Rom I-VO Rz. 10.
74 Vgl. Grünbuch der Kommission, KOM (2002) 654, S. 30 f.
75 jurisPK/*Ringe*, BGB, 7. Aufl. 2014, Art. 4 Rom I-VO Rz. 36; Palandt/*Thorn*, Kommentar BGB, 76. Aufl. 2017, Art. 4 Rom I-VO (IPR) Rz. 29.
76 Palandt/*Thorn*, Kommentar BGB, 76. Aufl. 2017, Vorb. zur Rom II-VO (IPR) Rz. 1.
77 jurisPK/*Wurmnest*, BGB, 7. Aufl. 2014, Art. 1 Rom II-VO Rz. 26; Huber/*Bach*, IPRax 2005, 73.

der Verletzungshandlung möglich. Nach Art. 14 Abs. 1 lit. b Rom II-VO ist sie im Rahmen unerlaubter Handlungen allerdings auch schon vor der Schädigungshandlung möglich, wenn alle Parteien einer kommerziellen Tätigkeit nachgehen und sofern es sich um eine ausgehandelte Vereinbarung handelt. Jedoch wird eine Rechtswahl bei Verletzungen von Rechten des geistigen Eigentums gem. Art. 8 Abs. 3 Rom II-VO ausdrücklich ausgeschlossen, da die Erfordernisse im Bereich des geistigen Eigentums nicht mit dem Grundsatz der Privatautonomie vereinbar seien.[78] Anwendung findet hier immer die lex loci protectionis.[79] Die Kollisionsnormen der Rom II-VO lassen sich grundlegend in solche für unerlaubte Handlungen (Art. 4–9 Rom II-VO) und solche für Bereicherungsrecht und GoA (Art. 10 und 11 Rom II-VO) einteilen. Zudem ist das Verschulden bei Vertragsverhandlungen („culpa in contrahendo") in Art. 12 Rom II-VO geregelt. Die zentrale Kollisionsnorm für unerlaubte Handlungen ist Art. 4 Rom II-VO. Angeknüpft wird an die „lex loci damni", also an den Ort, an dem der Schaden eingetreten ist oder einzutreten droht.[80]

1272 Die Art. 5–9 Rom II-VO regeln die Anknüpfung in Spezialbereichen. Von Bedeutung für das Internetrecht sind vor allem die Folgenden:
- Art. 5 Rom II-VO für die **Produkthaftung** mit primärer[81] Anknüpfung an das Recht am gewöhnlichen Aufenthaltsort des Geschädigten, sofern das Produkt dort in den Verkehr gebracht worden ist.
- Art. 6 Rom II-VO für Handlungen des **unlauteren Wettbewerbs**; hier ist das Recht des Staates anzuwenden, in dessen Gebiet die Wettbewerbsbeziehungen oder die kollektiven Verbraucherinteressen beeinträchtigt werden (Marktortprinzip).[82]
- Art. 8 Abs. 1 Rom II-VO, der die Anknüpfung bei Verletzungen der Rechte **geistigen Eigentums sowie der Immaterialgüterrechte** (d. h. Urheberrechte, verwandte Schutzrechte, Datenbankschutzrecht, gewerbliche Schutzrechte) regelt – mit Anknüpfung an die lex loci protectionis, also das Recht des Landes, für dessen Gebiet Schutz beansprucht wird.[83]
- Art. 10 und 11 Rom II-VO für die Bereiche der **ungerechtfertigten Bereicherung und GoA**; grundsätzlich gilt die akzessorische Anknüpfung an ein bestehendes Rechtsverhältnis, falls dies nicht möglich ist, gilt die An-

---

78 KOM (2003) 427 endg., S. 24 (zu Art. 10 Abs. 1 des Kommissionsentwurfs).
79 Siehe Erwägungsgrund 26 der Rom II-VO.
80 jurisPK/*Wurmnest*, BGB, 7. Aufl. 2014, Art. 4 Rom II-VO Rz. 2.
81 Unbeschadet des Art. 4 Abs. 2 Rom II-VO; vgl. Prüfungsreihenfolge in jurisPK/*Wurmnest*, BGB, 7. Aufl. 2014, Art. 4–5 Rom II-VO Rz. 7.
82 jurisPK/*Wurmnest*, BGB, 7. Aufl. 2014, Art. 6 Rom II-VO Rz. 2.
83 Vgl. Erwägungsgrund 26 der Rom II-VO.

knüpfung an den gemeinsamen gewöhnlichen Aufenthalt; nachrangiger Anknüpfungspunkt ist der Ort des Eintritts der Bereicherung bzw. der Geschäftsführung.

Besondere Beachtung muss dem Art. 8 Abs. 1 Rom II-VO als Kollisionsregel für **1273** den Bereich des geistigen Eigentums geschenkt werden. Angeknüpft wird zur Gewährleistung der Unabhängigkeit der Rechte, die ihr Inhaber in jedem Land genießt,[84] i. S. d. Schutzlandprinzips an die lex loci protectionis. Das Schutzlandprinzip trägt den Territorialitätsgedanken in sich.[85] Bei grenzüberschreitenden Verletzungen des Urheberrechts durch die Erstellung oder Nutzung von Inhalten im Internet muss der Begehungsort insofern im Schutzland liegen.[86] Wenn es um die Vervielfältigung i. S. v. § 16 UrhG geht, lässt sich das anwendbare Recht relativ eindeutig bestimmen. Es kommt darauf an, wo die Vervielfältigungshandlung vorgenommen wird. Schwieriger gestaltet sich hingegen die Lage, wenn es um das Recht der öffentlichen Zugänglichmachung i. S. v. § 19a UrhG geht. Dort lässt sich hinsichtlich des Ortes der Verletzungshandlung sowohl auf den Serverstandort als auch auf den Empfangsstandort abstellen.[87] Ein alleiniges Abstellen auf den Serverstandort dürfte ausscheiden, da dieser sonst nur in einem „urheberrechtsfreien" Land aufgestellt werden müsste. Aber auch eine Anwendbarkeit der Urheberrechte aller Empfangsstaaten würde zu einer Anwendbarkeit aller Urheberrechte der Welt und somit zu einer praktisch nicht handhabbaren „Rechtsinflation" führen.[88]

3 Deutsches IPR

Für vertragliche Schuldverhältnisse ist weiterhin insb. Art. 46b EGBGB zu be- **1274** achten. Dieser befasst sich in Überschneidung mit Art. 6 Rom I-VO mit dem Mindestschutz des europäischen Verbrauchers, sofern auf kollisionsrechtlicher Ebene ein Recht außerhalb des EWR aufgrund einer Rechtswahl zur Anwendung kommt. Demnach sind gem. Art. 46b Abs. 1 EGBGB bei einem engen räumlichen Zusammenhang des Vertrages zu einem Mitgliedstaat der EU oder einem Staat des EWR die Bestimmungen dieses EU-Mitgliedstaats bzw. EWR-Staates zur Umsetzung der Verbraucherschutzrichtlinien **zusätzlich** anzuwen-

---

84 Vgl. *Leupold/Glossner*, MAH IT-Recht, Teil 5 C. Rz. 34.
85 *Obergfell*, IPRax 2005, 9; vgl. auch Hk/*Dörner*, Art. 8 Rom II-VO Rz. 2.
86 *Leupold/Glossner*, MAH IT-Recht, Teil 5 E. Rz. 324.
87 *Leupold/Glossner*, MAH IT-Recht, Teil 5 E. Rz. 325.
88 Zum Problem der Haftung siehe weiter unten.

den. Diese sind in Art. 46b Abs. 3 EGBGB entsprechend aufgezählt. Besonders problematisch stellt sich jedoch das Verhältnis von Art. 46b EGBGB zu Art. 6 Rom I-VO in dem sich überschneidenden und somit konkurrierenden Anwendungsbereich[89] dar. Das Problem stellt sich im Zusammenhang von Art. 23 Rom I-VO, wonach Rom I-VO „die Anwendung von Vorschriften des Gemeinschaftsrechts" unberührt lässt, „die in besonderen Bereichen Kollisionsnormen für vertragliche Schuldverhältnisse enthalten". Umstritten ist hierbei, ob der hieraus folgende Vorrang von Art. 46 EGBGB anzunehmen ist, obwohl der deutsche Gesetzgeber es versäumt hat, das in einigen Richtlinien enthaltene Günstigkeitsprinzip in Art. 46b EGBGB zu übernehmen, also ob die Verweisung des Art. 23 Rom I-VO nur fehlerfrei umgesetzte Kollisionsnormen erfasst.[90]

1275   Im deutschen IPR finden sich zudem auch Kollisionsnormen für außervertragliche Schuldverhältnisse in den **Art. 38–42 EGBGB.** Soweit jedoch die Rom II-VO Anwendung findet, sperrt sie die innerstaatlichen Regelungen gem. Art. 3 Nr. 1 lit. a EGBGB. Insbesondere gelten für Persönlichkeitsrechtsverletzungen einschließlich der Verleumdung weiterhin die kollisionsrechtlichen Regeln des EGBGB, da dieses Rechtsgebiet gem. Art. 1 Abs. 2 lit. g Rom II-VO explizit aus dem Anwendungsbereich der Rom II-VO ausgenommen wurde.[91]

4 Exemplarische Problemgestaltungen

1276 Hohe Relevanz besitzt i. R. v. internationalen Softwareverträgen in Deutschland die **Vertragssituation zwischen einem amerikanischen Softwareunternehmen und einem deutschen Abnehmer.** Die Vertragspraxis differiert jedoch auf nationaler Ebene enorm. Ganz deutlich manifestiert sich dies am Beispiel der im amerikanischen Vertragsrecht verbreiteten Haftungsausschlussklauseln für mittelbare Schäden (incidential/consequential damages). Solche sind dem deutschen Schadensrecht, das nicht zwischen unmittelbaren (general/direct damages) und mittelbaren Schäden unterscheidet, sondern sich an dem Verschuldensgrad orientiert, fremd.[92] Ein vollständiger AGB-Haftungsausschluss für mittelbare Schäden ist in Deutschland nicht wirksam. Aber selbst in den

89 Vgl. dazu Tabelle in jurisPK/*Limbach*, BGB, 7. Aufl. 2014, Art. 46b EGBGB Rz. 6 bzw. Rz. 8.
90 Vgl. hierzu: jurisPK/*Limbach*, BGB, 7. Aufl. 2014, Art. 46b EGBGB Rz. 9; Palandt/*Thorn*, Kommentar BGB, 76. Aufl. 2017, Art. 6 Rom I-VO (IPR) Rz. 2.
91 jurisPK/*Wurmnest*, BGB, 7. Aufl. 2014, Art. 1 Rom II-VO Rz. 29 – die Nichtaufnahme ist allerdings auf politische Gründe sowie auf erfolgreiche Lobbyarbeit und weniger auf sachliche Gründe zurückzuführen; vgl. auch: Palandt/*Thorn*, Kommentar BGB, 76. Aufl. 2017, Art. 1 Rom II-VO (IPR) Rz. 15.
92 *Funk/Wenn*, CR 2004, 481.

USA bereitet die Auslegung des Begriffs des mittelbaren Schadens aufgrund der bundesstaatlichen, mit jew. autonomem Gesetzesrecht ausgestatteten Untergliederung außerordentliche Probleme. Ein wichtiges US-amerikanisches Gesetzesprojekt zur nationalen Rechtsharmonisierung des IT-Vertragsrechts – der UCITA (Uniform Computer Information Transaction Act von 1999) – wurde im Jahr 2003 für gescheitert erklärt. Es ist zu konstatieren, dass in der internationalen Vertragspraxis mit ausdrücklichen Definitionen operiert werden sollte. Auch die rechtliche **Ausgestaltung des Erschöpfungsgrundsatzes**, eines Kernelements des Urheberrechts, verdeutlicht, welche Bedeutung eine Rechtsharmonisierung mit den **USA** für einen multilateral funktionierenden Rechtsschutz hat.

Im internationalen Urheberrecht kollidieren kontinental-europäisches Ur- 1277 heberrechtsdenken (monistische Auffassung) und angelsächsisches Copyright-Denken (dualistische Auffassung). Rechtsbeziehungen zu den USA werden zudem durch die existierende Rechtszersplitterung innerhalb der in Bundesstaaten außerordentlich erschwert.[93] Der Hauptunterschied besteht darin, dass ein Urheber nach deutscher oder kontinental-europäischer Auffassung lediglich Nutzungsrechte übertragen kann. Die Verwertungsrechte verbleiben im Kern immer bei ihm persönlich. In den USA besteht diese Ausschließlichkeit der Verwertungsrechte des Urhebers nicht. Dort verliert der Urheber durch den „first sale" i. S. d. Sec. 109 (a) UrhG die Rechte an der wirtschaftlichen Weiterverwertung.[94] In der internationalen Vertragspraxis muss diesem Unterschied Rechnung getragen werden.

Im Fadenkreuz der **urheberrechtlichen Haftung** steht zudem die **grenz-** 1278 **überschreitende Online-Werbung**.[95] Das Konfliktfeld besteht aus dem nationalen Urheberrecht und dem europarechtlichen Ziel des freien Warenverkehrs i. S. v. Art. 34 AEUV. Aufgrund der immaterialgüterrechtlichen Anknüpfung an das Schutzland gestaltet sich die Beurteilung urheberrechtlicher Sachverhalte auf EU-Ebene häufig nicht harmonisch. Die Herstellung und der Vertrieb eines Plagiats werden im Ausland oft nicht sanktioniert, obwohl diese Handlung im mitgliedstaatlichen Schutzland unter Strafe steht. Bei Online-Werbung kommt es darauf an, ob diese auch für das Schutzland Wirkung entfaltet. Da eine Internetseite jedoch weltweit abrufbar ist, hätte dies zur Folge, dass als Recht des Abrufstaates jedes Rechtssystem der Welt anwendbar wäre, in dem Schutz begehrt wird. Eine evtl. Einschränkung i. S. einer Spürbarkeitsschwelle (z. B. in Gestalt eines „hinreichenden Inlandsbezugs") ist jedoch eine Frage, die nicht

---

93 *Bodewig*, GRUR Int. 2000, 597; *Determann*, GRUR Int. 2006, 645; *Hilty*, MMR 2003, 3.
94 *Bodewig*, GRUR Int. 2000, 597; *Lejeune*, MMR 2009, XXII: Vgl. auch *Schütt*, MMR 2008, VII.
95 *Gottschalk*, IPRax 2006, 135; *Czychowski/Nordemann*, NJW 2010, 740.

auf kollisionsrechtlicher, sondern auf sachrechtlicher Ebene zu beantworten ist.[96] Diese Frage wurde vom *BGH* auf sachrechtlicher Ebene geklärt, indem dieser entschieden hat, dass nicht jedes im Inland abrufbare Angebot von Dienstleistungen im Internet bei Verwechslungsgefahr mit einem inländischen Kennzeichen kennzeichenrechtliche Ansprüche auslösen könne: Eine Verletzungshandlung bedürfe eines wirtschaftlich relevanten Inlandsbezugs oder, mit den Worten der WIPO, eines „commercial effect".[97] Zur Feststellung eines solchen Inlandsbezugs kann insb. beachtet werden, ob die Werbung u. a. auch in der Landessprache des Schutzlandes publiziert wird oder Zahlungsbestimmungen für das jeweilige Schutzland angegeben werden.[98]

1279 Werden in Italien Designerapplikationen von in Deutschland geschützten Objekten über Online-Werbung an Deutsche adressiert, gilt dies auch als Anbieten i. S. v. § 17 Abs. 1 UrhG, wenn die deutschen Nutzer i. R. d. Geschäftsmodells die Waren über einen Lieferanten außerhalb deutscher Landesgrenzen in Empfang nehmen.[99] Der *BGH* bejaht als Revisionsinstanz in diesem Fall eine Verletzung des Vervielfältigungsrechts, obwohl im Veräußerungsland selbst kein Urheberrechtsschutz bestand, die urheberrechtlich geschützte Ware aber im Inland (lediglich) angeboten wurde.[100]

1280 Der **internationale Anwendungsbereich des § 95a UrhG** ist eröffnet, wenn ein Presseunternehmen in Deutschland über eine im Ausland belegene Software zur DRMS-Umgehung berichtet und mit Hyperlink auf dessen Angebot verweist.[101] Eine Haftung entsteht nicht schon durch das reine Berichten, sondern im Rahmen der Störerhaftung, wenn die Anleitung und das Setzen des Hyperlinks auf die Umgehungssoftware als Handlung i. S. v. § 95a Abs. 3 UrhG qualifiziert werden können. Dem muss in dem vorliegend skizzierten Fall stattgegeben werden.

---

96 Palandt/*Thorn*, Kommentar BGB, 76. Aufl. 2017, Art. 8 Rom II-VO (IPR) Rz. 7; jurisPK/*Heinze*, BGB, 7. Aufl. 2014, Art. 8 Rom II-VO Rz. 12, 15.

97 *BGH*, Urt. v. 13. 10. 2004 – I ZR 163/02, CR 2005, 359 m. Anm. *Junker* = NJW 2005, 1435 = MMR 2005, 239; vgl. WIPO: Joint Recommendation (Publication 845), Part II: Use of a sign on the internet.

98 Vgl. Hk-BGB/*Dörner*,9. Aufl. 2017, Art. 6 Rom II-VO Rz. 6; *Sack*, WRP 2008, 845.

99 *OLG Hamburg*, Urt. v. 7. 7. 2004 – 5 U 143/03, ZUM 2005, 170; *Gottschalk*, IPRax 2006, 135.

100 *BGH*, Urt. v. 15. 2. 2007 – I ZR 114/04, GRUR 2007, 871; vgl. auch *OLG Frankfurt a. M.*, Urt. v. 1. 7. 2008 – 11 U 5/08, AfP 2009, 262; *Czychowski/Nordemann*, NJW, 2010, 735.

101 *Peifer*, IPRax 2006, 246.

Neuntes Kapitel: Internetstrafrecht

Literatur: *Abdallah/Gercke*, Strafrechtliche und strafprozessuale Probleme der Ermittlung nutzerbezogener Daten im Internet, ZUM 2005, 368; *Abdallah/Gercke/Reinert*, Die Reform des Urheberrechts – hat der Gesetzgeber das Strafrecht übersehen?, ZUM 2004, 31; *Backu/ Karger*, Online-Games, ITRB 2007, 13; *Baier*, Die Bekämpfung der Kinderpornographie auf der Ebene von Europäischer Union und Europarat, ZUM 2004, 39; *Bär*, Wardriver und andere Lauscher – Strafrechtliche Fragen im Zusammenhang mit WLAN, MMR 2005, 434; *Bär*, Die Neuregelung des § 100j StPO zur Bestandsdatenauskunft – Auswirkungen auf die Praxis der Strafverfolgung, MMR 2013, 700; *Ders.*, Tatort Internet: Herausforderungen bei der Bekämpfung von Cybercrime, DRiZ 2015, 432; *Bender/Kahlen*, Neues Telemediengesetz verbessert den Rechtsrahmen für Neue Dienste und Schutz vor Spam-Mails, MMR 2006, 590; *Beukelmann*, Surfen ohne strafrechtliche Grenzen, NJW 2012, 2617; *Beyvers/ Beyvers*, Einordnung von Let's Play-Videos aus der Sicht des Urheber-, Jugendschutz- und Strafrechts, Überblick über die relevanten Rechtsfragen und Stand der Diskussion, MMR 2015, 794; *Briner*, Haftung der Internet-Provider für Unrecht Dritter, sic! 2006, 383; *Brodowski*, Anonyme Ehrverletzungen in Internetforen: Ein Lehrstück strafrechtlicher (Fehl-)Regulierung, JR 2013, 513; *Brodowski/Eisenmenger*, Zugriff auf Cloud-Speicher und Internetdienste durch Ermittlungsbehörden. Sachliche und zeitliche Reichweite der „kleinen Online-Durchsuchung" nach § 110 Abs. 3 StPO, ZD 2014, 119; *Cornelius*, Computer Fraud, Spam und Copyright-Infringements – Ein Blick auf das US-amerikanische Computerstrafrecht, MMR 2007, 218; *Dietrich*, Das Erfordernis der besonderen Sicherung im StGB am Beispiel des Ausspähens von Daten, § 202a StGB, Berlin 2009; *Eichelberger*, Das Blockieren einer Internet-Seite als strafbare Nötigung, DuD 2006, 490; *Ders.*, OLG Düsseldorf: Keine Störerhaftung des Betreibers eines Internetforums, MMR 2006, 618; *Erdemir*, Jugendschutzprogramme und geschlossene Benutzergruppen, CR 2005, 275; *Ernst*, Das neue Computerstrafrecht, NJW 2007, 2661; *Ders.*, Hacker und Computerviren im Strafrecht, NJW 2003, 3233; *Frank*, MP3, P2P und StA – Die strafrechtliche Seite des Filesharing, K & R 2004, 576; *Gercke*, Die Entwicklung des Internetstrafrechts 2013/2014, ZUM 2014, 641; *Ders.*, Die Entwicklung des Internetrechtstrafrechts 2012/13, ZUM 2013, 605; *Ders.*, Die Bekämpfung der Internetkriminalität als Herausforderung für die Strafverfolgungsbehörden, MMR 2008, 291; *Ders.*, „Cyberterrorismus" – Aktivitäten terroristischer Organisationen im Internet, CR 2007, 62; *Ders.*, Die strafrechtliche Verantwortlichkeit für Hyperlinks, CR 2006, 844; *Ders.*, Die Strafbarkeit von Phishing und Identitätsdiebstahl, CR 2005, 606; *Ders.*, OLG Frankfurt a. M.: Strafbarkeit einer „Online-Demo", MMR 2006, 547; Heimliche Online-Durchsuchung: Anspruch und Wirklichkeit – Der Einsatz softwarebasierter Ermittlungsinstrumente zum heimlichen Zugriff auf Computerdaten, CR 2007, 245; *Graf*, „Phishing" derzeit nicht generell strafbar!, NStZ 2007, 129; *Hassemer*, Risiken in der IT-Branche, Strafrechtliche Verantwortung – zivilrechtliche Haftung, ITRB 2004, 253; *Heckmann*, Rechtspflichten zur Gewährleistung von IT-Sicherheit im Unternehmen, MMR 2006, 280; *Hilgendorf*, Internetstrafrecht – Grundlagen und aktuelle Fragestellungen, K & R 2006, 541; *Hilgendorf/Valerius*, Computer- und Internetstrafrecht, 2. Aufl. Berlin 2012; *Hoeren*, Virenscanning und Spamfilter – Rechtliche Möglichkeiten im Kampf gegen Viren, Spams & Co., NJW 2004, 3513; *Hofmann*, Die Online-Untersuchung – staatliches „Hacken" oder zulässige Ermittlungsmaßnahme?, NStZ 2005, 121; *Hüneke*, Kinderschutz und Strafrecht, FÜR 2012, 427; *Krings*, Neuer Maßstab im Kampf gegen Kinder- und Jugendporno-

https://doi.org/10.1515/9783110556346-009

grafie, ZRP 2014, 69; *Kudlich*, Straftaten und Strafverfolgung im Internet, StV 2012, 560; *Kusnik*, Abfangen von Daten – Straftatbestand des § 202b StGB auf dem Prüfstand, MMR 2011, 720; *Libertus*, Zivilrechtliche Haftung und strafrechtliche Verantwortlichkeit bei unbeabsichtigter Verbreitung von Computerviren, MMR 2005, 507; *Marberth-Kubicki*, Computer- und Internetstrafrecht, München 2005; *Ders.*, Durchsuchung und Beschlagnahme von EDV-Anlagen und E-Mails, ITRB 2006, 59; *Nimmer*, Napster and the New Old Copyright, CRi 2001, 46; *Paul*, Primärrechtliche Regelungen zur Verantwortlichkeit von Internetprovidern aus strafrechtlicher Sicht, Baden-Baden 2005; *Popp*, „Phishing", „Pharming" und das Strafrecht, MMR 2006, 84; *Ringel*, Rechtsextremistische Propaganda aus dem Ausland im Internet, CR 1997, 302; *Rinker*, Strafbarkeit und Strafverfolgung von „IP-Spoofing" und „Portscanning", MMR 2002, 663; *Roos/Schumacher*, Botnetze als Herausforderung für Recht und Gesellschaft – Zombies außer Kontrolle?, MMR 2014, 377; *Rosengarten/Römer*, Der virtuelle verdeckte Ermittler in sozialen Netzwerken und Internetboards, NJW 2012, 1764; *Roßnagel*, Neue Maßstäbe für den Datenschutz in Europa – Folgerungen aus dem EuGH-Urteil zur Vorratsdatenspeicherung, MMR 2014, 372; *Rössel*, Haftung für Computerviren, ITRB 2002, 214; *Spannbrucker*, Convention on Cybercrime (ETS 185) – Ein Vergleich mit dem deutschen Computerstrafrecht in materiell- und verfahrensrechtlicher Hinsicht, Regensburg 2004; *Spindler*, IT-Sicherheit und Produkthaftung – Sicherheitslücken, Pflichten der Hersteller und der Softwarenutzer, NJW 2004, 3145; *Spindler*, Hyperlinks und ausländische Glücksspiele – Karlsruhe locuta causa finita?, GRUR 2004, 724; *Vassilaki*, Kriminalität im World Wide Web, MMR 2006, 212; *Vetter*, Gesetzeslücken bei der Internetkriminalität, Hamburg 2003; *Wicker*, Durchsuchung in der Cloud – Nutzung von Cloud-Speichern und der strafprozessuale Zugriff deutscher Ermittlungsbehörden, MMR 2013, 765.

I Einführung

1281 Neben der zivilrechtlichen Haftung für Rechtsverstöße erlangt auch das **Internetstrafrecht** eine immer größere Bedeutung. Das Internet bietet mit der suggerierten Anonymität in sozialen Medien und sonstigen Online-Plattformen sowie mit dem Fortschreiten der Technik eine immer weiter zunehmende Dimension für die Begehung verschiedenster Straftaten. Hierdurch steigt zum einen der Bedarf der Strafverfolgungsbehörden, im Internet über hinreichende Rechts- und Ermittlungsgrundlagen zu verfügen. Zum anderen verstummen aufgrund der stetigen technischen Neuentwicklungen und dem damit einhergehenden Regelungsbedarf nicht die Diskussionen über die Weiterentwicklung und Anpassung des materiellen Strafrechts an die schier endlosen Möglichkeiten des Internets.

II Anwendbarkeit deutschen Strafrechts

1282 Für die Anwendbarkeit des deutschen Strafrechts sind die Regelungen der **§§ 3–9 StGB** ausschlaggebend. Im Internet ist gem. § 9 Abs. 1 StGB als Anknüpfungspunkt insbes. auf den Ort abzustellen, an dem die Handlung begangen (Var. 1) oder der tatsächliche oder anvisierte Erfolg eingetreten ist (Var. 2).[1] Nach dem Grundgedanken der Vorschrift soll deutsches Strafrecht – auch bei Vornahme der Tathandlung im Ausland – Anwendung finden, sofern es im Inland zu der Schädigung von Rechtsgütern oder zu Gefährdungen, deren Vermeidung Zweck der jeweiligen Strafvorschrift ist, kommt.[2] Es gilt somit der **Territorialitätsgrundsatz.**[3] Bei schlichten Tätigkeitsdelikten fallen die Straftaten aus dem Anwendungsbereich des deutschen Strafrechts, wenn sowohl Handlung als auch Erfolg lediglich im Ausland zu verorten sind.[4] Schwierigkeiten bereitet jedoch die Anknüpfung bei typischen Internetdelikten, weil hier der Begehungsort und der Erfolgsort aufgrund der Universalität der virtuellen Inhalte meist über die Grenzen der Nationalstaaten hinweg auseinanderfallen. Zu differenzieren ist dann zwischen abstrakten und konkreten Gefährdungsdelikten.[5] Der *BGH* stellt dabei auf den Ort der Abrufbarkeit der Inhalte, unabhängig von dem Standort des Servers, auf dem diese abgelegt sind, ab, wenn diese Inhalte zu einer Verwirklichung des betroffenen Tatbestandes im Inland führen können.[6] Da jedoch die meisten der in Frage kommenden Tatbestände durch das reine Abrufen der Daten und Inhalte, was aus technischer Sicht auch mit einer zumindest kurzzeitigen Speicherung der Inhalte auf dem abrufenden Computer einhergeht, verwirklicht werden können, führt dies zu einer Anwendbarkeit deutschen Strafrechts für im Internet begangene Straftaten in den genannten Fällen.

III Internationale Regelungen

Das Internetstrafrecht stellt einen der Rechtsbereiche dar, welche die Aktualität und die Brisanz einer dringend erforderlichen globalen Rechtsharmonisierung offenlegen. Gerade hier kumulieren moralische und ethische Wertanschauungen. Diese führen im Internet, dessen Inhalte weltweit nahezu grenzenlos wahrgenommen werden können, zu Problemen, denen die Natio- **1283**

---

1 *Hilgendorf/Wolf*, K & R 2006, 541; zur Anwendbarkeit des deutschen Strafrechts bei grenzüberschreitender virtueller Kriminalität: *Werkmeister/Steinbeck*, wistra 2015, 209.
2 *BGH*, Beschl. v. 20.1.2009 – 1 StR 205/08, NStZ-RR 2009, 197.
3 *BGH*, Urt. v. 12.12.2000 – 1 StR 184/00, CR 2001, 260 m.Anm. *Vassilaki* = NJW 2001, 624; die Entscheidung trotz der zahlreichen kritisierenden Stimmen in ihrem Ergebnis begrüßend: *Stegbauer*, NStZ 2005, 677.
4 *Fischer*, Kommentar StGB, 63. Aufl. 2016, § 9 Rz. 5c.
5 *Fischer*, Kommentar StGB, 63. Aufl. 2016, § 9 Rz. 5c.
6 *BGH*, Urt. v. 12.12.2000 – 1 StR 184/00, CR 2001, 260 m.Anm. *Vassilaki* = NJW 2001, 624.

nalstaaten selbst ohnehin nicht Herr werden können. Sie sind somit auf einen **geschlossenen internationalen Konsens zur Kriminalitätsbekämpfung** angewiesen. Art. 83 Abs. 1 AEUV ermöglicht dem Europäischen Parlament und dem Rat den Erlass von Richtlinien zur Festlegung von Mindestvorschriften zur Bestimmung von Straftaten und Strafen in Bereichen besonders schwerer Kriminalität, die aufgrund der Art oder der Auswirkungen der Straftaten oder aufgrund der besonderen Notwendigkeit, sie auf einer gemeinsamen Grundlage zu bekämpfen, eine grenzüberschreitende Dimension haben. Die Mitgliedstaaten sind dann zur Umsetzung der Richtlinie in nationales Recht verpflichtet.

1284   Es finden sich diesbezüglich **verschiedenste internationale Regelungsprojekte.** Zu nennen ist hier die zur Bekämpfung der Internetkriminalität aus einem Kooperationsprojekt der Vereinten Nationen, OECD, GATT, G8 und EU hervorgegangene Convention on Cybercrime (CCC)[7] und ihr erstes Zusatzprotokoll,[8] welches sich der Bekämpfung fremdenfeindlicher Inhalte widmet. Weiterhin sind zu nennen der EU-Rahmenbeschluss des Europarates vom 24. Februar 2005,[9] die EU-Richtlinie zur Vorratsdatenspeicherung,[10] der EU-Rahmenbeschluss vom 28. Mai 2001 zur Bekämpfung von Betrug und Fälschung im Zusammenhang mit unbaren Zahlungsmitteln[11] und der im Bereich des Strafprozessrechts ab dem 1. Januar 2004 eingeführte europäische Haftbe-

---

7 185. Abkommen des Europarates über Computerkriminalität, verabschiedet am 23. 11. 2001 in Budapest, Sammlung europäischer Verträge Nr. 185, abrufbar unter: https://rm.coe.int/ CoERMPublicCommonSearchServices/DisplayDCTMContent?documentId=090000168008157a (zuletzt abgerufen: April 2017).

8 Zusatzprotokoll zum Übereinkommen über Computerkriminalität betreffend die Kriminalisierung mittels Computersystemen begangener Handlungen rassistischer und fremdenfeindlicher Art, Sammlung europäischer Verträge Nr. 189, abrufbar unter: https://rm.coe.int/CoERM PublicCommonSearchServices/DisplayDCTMContent?documentId=090000168008160e (zuletzt abgerufen: April 2017).

9 Rahmenbeschluss 2005/222/JI des Rates vom 24. 2. 2005 über Angriffe auf Informationssysteme, abrufbar unter: http://eur-lex.europa.eu/legal-content/DE/TXT/?uri=celex:32005F0222 (zuletzt abgerufen: April 2017).

10 Richtlinie 2006/24/EG des Europäischen Parlaments und des Rates vom 15. 3. 2006 über die Vorratsdatenspeicherung von Daten, die bei der Bereitstellung öffentlich zugänglicher, elektronischer Kommunikationsdienste oder öffentlicher Kommunikationsnetze erzeugt oder verarbeitet werden und zur Änderung der Richtlinie 2002/58/EG – Abl. L 105, 54 (im April 2014 vom *EuGH* für ungültig und nichtig erklärt).

11 Rahmenbeschluss 2001/413/JI des Rates vom 28. 5. 2001 zur Bekämpfung von Betrug und Fälschung im Zusammenhang mit unbaren Zahlungsmitteln, abrufbar unter: http://eur-lex. europa.eu/legal-content/DE/TXT/HTML/?uri=CELEX:32001F0413&from=DE (zuletzt abgerufen: April 2017), dessen Umsetzung in § 263a Abs. 3 StGB durch das 35. Strafrechtsänderungsgesetz erfolgte (BGBl. I 2003, S. 2838).

fehl. Am weitesten ausgeprägt ist die Regelungsdichte sowohl in materieller als auch in prozessualer Hinsicht bei der CCC.

1 Cybercrime Convention

Mit der **Cybercrime Convention** (CCC) wurde der erste globale Versuch gestartet, eine Harmonisierung der straf- und verfahrensrechtlichen Regelungen der unterzeichnenden Staaten im Kampf gegen die Internetkriminalität zu erreichen.[12] Ergänzend zu den Vorschriften der Konvention entstand das erste Zusatzprotokoll vom 28. Januar 2003 in Straßburg, das weitere Strafvorschriften im Bereich rassistischer und fremdenfeindlicher Inhalte im Internet enthält. Da einige Länder, in denen die verfassungsrechtlich garantierte Meinungs- und Kommunikationsfreiheit einen hohen Stellenwert besitzt, die Konvention nicht unterzeichnet hätten, sofern dieser Teil auch Inhalt der Konvention gewesen wäre, wurde es notwendig, den Teil über rassistische und fremdenfeindliche Inhalte auszugliedern und in einem Zusatzprotokoll zu verankern.[13] Dieser Entwurf eines multilateralen, völkerrechtlichen Vertrages wird erst nach Ratifizierung durch die Vertragsstaaten wirksam.[14] Deutschland hat dieses Abkommen zwar unterzeichnet, eine Ratifizierung erfolgte in Deutschland mit dem 41. Strafrechtsänderungsgesetz zur Bekämpfung der Computerkriminalität vom 7. August 2007 jedoch nur teilweise.[15] **1285**

Die Konvention selbst besteht aus 4 Kapiteln: Der Einführung, den Änderungen in den jeweiligen nationalen Gesetzen, den Zusammenarbeitsvorschriften und den Endbestimmungen. Die Vorschriften über die zu ändernden nationalen Vorschriften enthalten im strafrechtlichen Bereich Regelungen über den vorsätzlichen und unrechtmäßigen Zugriff auf Computersysteme (Art. 2), das rechtswidrige Abfangen nicht öffentlicher Computerübertragungen (Art. 3), den Eingriff in Daten (Art. 4), den Eingriff in die Funktionsweise eines Computersystems (Art. 5), den Missbrauch von Vorrichtungen (Art. 6), das Herstellen computergestützter Fälschungen (Art. 7), den computergestützten Betrug (Art. 8), Straftaten in Bezug zu Kinderpornographie (Art. 9) sowie Straftaten in Verbin- **1286**

---

12 *Gercke*, MMR 2004, 728.
13 Vgl. auch *Holznagel*, ZUM 2000, 1007, im Hinblick auf das Verhältnis strafrechtlicher Verantwortlichkeit und Meinungsfreiheit in Deutschland und den USA.
14 Vgl. zur Notwendigkeit der Umsetzung der Regelungen der Konvention in das deutsche materielle Strafrecht *Gercke*, MMR 2004, 728; eine Aufstellung über den Status der jeweiligen Staaten im Hinblick auf Unterzeichnung und Ratifizierung der Konvention ist unter http:// conventions.coe.int/Treaty/Commun/ChercheSig.asp?NT=185&CM=7&DF=6/26/2007&CL=GER einsehbar (zuletzt abgerufen: April 2017).
15 BGBl. I 2007, S. 1786.

dung mit Verletzungen des Urheberrechts (Art. 10). Außerdem enthält die Konvention noch Regelungen zur Verantwortlichkeit bei dem Versuch und der Beteiligung an Straftaten (Art. 11) und zur Verantwortlichkeit juristischer Personen (Art. 12).

2 Rahmenbeschluss des Europarates (2005/222/JI)

1287 Der **Rahmenbeschluss des Europarates** vom 24. Februar 2005[16] enthält ähnliche Regelungen wie die CCC, beschränkt sich jedoch v. a. auf den strafrechtlichen Schutz der IT-Sicherheit. Dieser Beschluss beinhaltet ebenfalls materielle Regelungen zu rechtswidrigen Zugriffen auf Informationssysteme (Art. 2), rechtswidrigen Systemeingriffen (Art. 3) sowie rechtswidrigen Eingriffen in Daten (Art. 4). Außerdem werden Regelungen zur Beteiligung an diesen Straftaten und dem Versuch (Art. 5) getroffen. Der EU-Rahmenbeschluss enthält zusätzliche verfahrensrechtliche Regelungen, insbes. im Hinblick auf gerichtliche Zuständigkeiten (Art. 10).[17] Die Umsetzungsfrist des EU-Rahmenbeschlusses lief gem. Art. 12 Abs. 1 des Beschlusses am 16. März 2007 ab, die Umsetzung erfolgte in Deutschland mit dem 41. Strafrechtsänderungsgesetz zur Bekämpfung der Computerkriminalität vom 7. August 2007.[18] Ersetzt wurde der Rahmenbeschluss durch die Richtlinie über Angriffe auf Informationssysteme.[19] Diese enthielt u. a. neue Regelungen zum Nutzungsverbot von Botnetzen (Art. 3), dem Abfangen von Daten (Art. 6) sowie zu DoS-Attacken (Art. 4) und wurde umgesetzt durch das Gesetz zur Bekämpfung der Korruption, welches trotz des Namens auch Änderungen des § 202c StGB vorsah.[20]

3 EU-Richtlinie zur Vorratsdatenspeicherung (2006/24/EG)

Literatur: *Breyer*, Rechtsprobleme der RL 2006/24/EG zur Vorratsdatenspeicherung und ihrer Umsetzung in Deutschland, StV 2007, 214; *Gitter/Schnabel*, Die RL zur Vorratsdaten-

---

16 Rahmenbeschluss 2005/222/JI des Rates vom 24. 2. 2005 über Angriffe auf Informationssysteme, abrufbar unter: http://eur-lex.europa.eu/legal-content/DE/TXT/?uri=celex:32005F0222 (zuletzt abgerufen: April 2017).
17 *Gröseling/Höfinger*, Hacking und Computerspionage, Auswirkungen des 41. StrÄndG zur Bekämpfung der Computerkriminalität, MMR 2007, 549.
18 BGBl. I 2007, S. 1786.
19 Richtlinie 2013/40/EU des Europäischen Parlaments und des Rates vom 12. 8. 2013 über Angriffe auf Informationssysteme und zur Ersetzung des Rahmenbeschlusses 2005/222/JI des Rates, abrufbar unter http://eur-lex.europa.eu/legal-content/DE/TXT/?uri=celex:32013L0040 (zuletzt abgerufen: April 2017).
20 BGBl. I 2015, S. 2025.

speicherung und ihre Umsetzung in das nationale Recht, MMR 2007, 411; *Leutheusser-Schnarrenberger*, Vorratsdatenspeicherung – Ein vorprogrammierter Verfassungskonflikt, ZRP 2007, 9; *Roßnagel*, Neue Maßstäbe für den Datenschutz in Europa – Folgerungen aus dem EuGH-Urteil zur Vorratsdatenspeicherung, MMR 2014, 372; *Zöller*, Vorratsdatenspeicherung zwischen nationaler und europäischer Strafverfolgung, GA 2007, 393.

Die EU-Richtlinie zur **Vorratsdatenspeicherung** (2006/24/EG)[21] enthielt eine **1288** Speicherpflicht der Diensteanbieter für bestimmte Verkehrsdaten, wobei die zu speichernden Daten über Informationsdaten in Bezug auf das Internet hinaus auch das Telefonfestnetz, den Mobilfunk, die E-Mail-Kommunikation und die Internet-Telefonie betrafen. Der Grund für diese Speicherpflicht lag in der einfacheren Verfolgbarkeit von Straftaten, sowohl im Internet als auch sonstiger Straftaten. Nachdem aufgrund der Rechtsprechung des *BVerfG*[22] und der daraus folgenden Nichtumsetzung der Richtline 2006/24/EG sogar ein (mittlerweile eingestelltes) Vertragsverletzungsverfahren eingeleitet wurde, erklärte der *EuGH* die Richtlinie im April 2014 für ungültig.[23] Inwiefern neue internationale Regelungen geschaffen werden, ist bisher noch nicht absehbar.

In Deutschland wurde überraschenderweise im Oktober 2015 wieder die **1289** Vorratsdatenspeicherung in veränderter Form von Bundestag und Bundesrat verabschiedet. Das Gesetz zur Einführung einer Speicherfrist und einer Höchstspeicherfrist für Verkehrsdaten (Vorratsdatenspeicherung) ist am 17. Dezember 2015 im Bundesgesetzblatt verkündet worden.[24] Es trat einen Tag nach der Verkündung in Kraft. Zahlreiche Verfassungsbeschwerden gegen das neue Gesetz wurden erhoben.

4 EU-Haftbefehl (2002/584/JI)

Mit Wirkung vom 1. Januar 2004 wurde in einem EU-Rahmenbeschluss durch **1290** den Europäischen Rat der **Europäische Haftbefehl** beschlossen, der die nationalen Justizbehörden verpflichtet, das Ersuchen einer nationalen Justizbehörde eines Mitgliedstaats auf Übergabe einer Person mit einem Minimum an Kontrol-

---

21 Richtlinie 2006/24/EG des Europäischen Parlaments und des Rates vom 15. 3. 2006 über die Vorratsdatenspeicherung von Daten, die bei der Bereitstellung öffentlich zugänglicher, elektronischer Kommunikationsdienste oder öffentlicher Kommunikationsnetze erzeugt oder verarbeitet werden und zur Änderung der Richtlinie 2002/58/EG – Abl. L 105, 54 (im April 2014 vom *EuGH* für ungültig und nichtig erklärt).
22 Siehe dazu auch unten, Neuntes Kapitel: Internetstrafrecht, V. Strafprozessrecht, 1. Vorratsdatenspeicherung.
23 *EuGH*, Urt. v. 8. 4. 2014 – C-293/12 u. C-594/12, MMR 2014, 412 = NJW 2014, 2169.
24 BGBl. I 2015, S. 2218

len anzuerkennen. Der Europäische Haftbefehl setzt eine rechtskräftige Verurteilung zu einer Haftstrafe oder die Anordnung einer Maßregel der Sicherung
von mindestens vier Monaten oder das Vorliegen einer Straftat, die mit einer
Freiheitsstrafe oder freiheitsentziehenden Maßregel der Sicherheit im Höchst-
maß von mindestens zwölf Monaten bedroht ist, voraus. Bei einer Strafandrohung von mindestens drei Jahren kann der Europäische Haftbefehl ohne Überprüfung des Vorliegens der beiderseitigen Strafbarkeit erfolgen. Zu diesen
umfassten Tatbeständen zählen auch im Internet begehbare Tatbestände, wie
Beteiligung an einer kriminellen Vereinigung, Volksverhetzung oder Betrugsde-
likte. Nachdem das erste deutsche Gesetz über den Europäischen Haftbefehl[25]
von dem *BVerfG* wegen rechtswidriger Eingriffe in die Auslieferungsfreiheit
(Art. 16 GG) und Rechtsweggarantie (Art. 19 Abs. 4 GG) für verfassungswidrig
erklärt wurde,[26] trat mit Wirkung vom 2. August 2006 das neu geschaffene und
am 25. Juli 2006 veröffentlichte Gesetz in Kraft.[27] Aufgrund der Tatsache, dass
ein Handlungsmittel wie der europäische Haftbefehl auf globaler Ebene nicht
existiert, die Festnahme und Auslieferung vielmehr von bilateralen Ausliefe-
rungsabkommen abhängig ist, bereiten „Gesetzes-Oasen" den Straftätern im
Internet immer noch eine große „Spielwiese", um Gesetzesverletzungen und
Strafverfolgung zu entfliehen.[28]

IV Materielles Internetstrafrecht

1291 Im Internet begangene Straftaten können nahezu sämtliche Lebensbereiche betreffen, sodass für das materielle Internetstrafrecht kein eigenes Nebengesetz
besteht, sondern die Straftaten nach dem deutschen materiellen Strafrecht
unter die gesetzlichen Normen des StGB subsumiert werden. Daher soll im Folgenden ein Überblick über einige internetspezifische Problemfälle und ihre
Beurteilung nach dem StGB erfolgen.

1 Internet als Propagandamittel

1292 Im Internet stehen sich die Prinzipien der Meinungsfreiheit und strafrechtlich
relevanter Meinungsäußerung diametral gegenüber. Die Anonymität des In-

---

25 BGBl. I 2004, S. 1748.
26 *BVerfG*, Urt. v. 18. 7. 2005 – 2 BvR 2236/04, NJW 2005, 2289.
27 BGBl. I 2006, S. 1721; hierzu *BVerfG*, Beschl. v. 15. 12. 2015 – 2 BvR 2735/14, NJW 2016, 1149 =
DÖV 2016, 435.
28 *Vassilaki*, MMR 2006, 212.

ternets und die Möglichkeit, eine Vielzahl von Menschen gleichzeitig in kürzester Zeit zu erreichen, werden von Extremisten gerne ausgenutzt, um ihre Propaganda in das weltweite Netz einzuspeisen.[29] Vermehrt werden auch die verheerenden Möglichkeiten deutlich, die der Cyberspace Terroristen zur Verabredung ihrer Gewalttaten und Terroranschlägen bietet. Insbesondere vergängliche und für Geheimdienste kaum nachverfolgbare Nachrichten, die bspw. durch eine Konsole verschlüsselt oder unter Ausnutzung einer Funktion des Spiels in der virtuellen Spielewelt hinterlassen werden können, stehen in der Kritik. Die Fälle, in denen sich die Gerichte mit der Verbreitung terroristischer Inhalte über Internet-Plattformen und soziale Medien auseinandersetzen müssen, nehmen spürbar zu.[30] Es ist in all diesen Fällen fraglich, inwieweit deutsches Strafrecht für die Internetseiten gilt und ob die Betreiber extremistischer Seiten, die auf ausländischen Servern liegen, mit Hilfe des deutschen Strafrechts zu bestrafen sind. Fremdenfeindliche Inhalte im Internet sollten auch durch das Zusatzprotokoll der CCC bekämpft werden, dem sich aber insb. die USA bislang noch nicht angeschlossen haben.[31]

Die **Verbreitung von Nazi-Propaganda**, insb. der sog. Auschwitz-Lüge, 1293 also der Leugnung oder Verharmlosung der während des Naziregimes begangenen Völkermorde, stellt gem. § 130 StGB eine strafbare Handlung dar. Dieser verbietet die Verbreitung solcher Schriften,[32] die Hass- oder Gewaltpropaganda gegen nationale, rassische oder religiöse Volksgruppen enthält. Aufgrund des Verweises in § 130 Abs. 2 Nr. 1, Abs. 5 StGB auf die Erweiterung des Schriftenbegriffes gem. § 11 Abs. 3 StGB gilt die Vorschrift des § 130 StGB auch im Internet, weil hier abrufbare Daten auf Servern, mithin also auf Datenspeichern, gespeichert sind. Als Verletzungserfolg einer Tat nach § 130 StGB ist die Abrufbarkeit der Propaganda in Deutschland anzusehen, sodass auch diejenigen Urheber, die ihre Daten auf ausländischen Servern gespeichert haben, nach deutschem Strafrecht zu belangen sind.[33] Die Strafvorschrift des § 130 StGB erlangte neben der Anwendung auf Nazi-Propaganda und der Verbreitung der Auschwitz-Lüge

---

29 Siehe hierzu *Holznagel/Kussel*, MMR 2001, 347.
30 Siehe u. a. *BGH*, Urt. v. 2. 4. 2015 – 3 StR 197/14, NStZ 2015, 636.
31 Eine Aufstellung über die Unterzeichnung und Ratifizierung des Zusatzprotokolls zur Cyber Crime Convention kann unter http://conventions.coe.int/Treaty/Commun/ChercheSig. asp?NT=189&CM=7&DF=6/26/20 07&CL=GER (zuletzt abgerufen: April 2017) eingesehen werden.
32 Der Einordnung als „Schrift" unterfallen gem. § 130 Abs. 2 Nr. 1, Abs. 5 i. V. m. § 11 Abs. 3 StGB auch Bild- und Tonträger, Datenspeicher, Abbildungen und sonstige Darstellungen.
33 *BGH*, Urt. v. 12. 12. 2000 – 1 StR 184/00, CR 2001, 260 m. Anm. *Vassilaki* = MMR 2001, 228 m. Anm. *Clauß* = NJW 2001, 624.

auch Bedeutung bei entsprechender Internethetze in sozialen Medien[34] und der Beurteilung anderer terroristischer Anfeindungen im Internet.[35] Der Umfang der Prüfungspflichten der Betreiber sozialer Medien hinsichtlich solcher Inhalte ist hoch umstritten.[36]

1294 Die **Anleitung zu einer Straftat** ist gem. § 130a StGB strafbar. Diese Strafnorm findet Anwendung, wenn mit Hilfe des Internets versucht wird, „Gesinnungsgenossen" zu Straftaten zu verleiten, die dem Katalog des § 126 StGB zu entnehmen sind, also insb. Völkermord, Mord oder Totschlag. Auch bei diesem Straftatbestand liegt der Verletzungserfolg bereits vor, wenn die Möglichkeit besteht, die jeweilige Internetseite aus dem Inland, d. h. dem Gebiet der BRD, abzurufen. Insofern genügt auch bei § 130a StGB die Einstellung von Seiten in das Internet für die Anwendung des deutschen Strafrechts.[37] In den Anwendungsbereich dieser Norm fallen solche Seiten, die die Herstellung von Brandsätzen, Bomben oder anderen gefährlichen Materialien enthalten. Außerdem sind Aufforderungen, die zur Manipulation von Bahngleisen aufrufen, nach § 130a StGB strafbar.[38]

1295 Der im Internet veröffentlichte **Aufruf zu einer Straftat** ist gem. § 111 StGB strafbar und kann schon in dem Einstellen eines Plakates liegen, sofern der Kontext der Webseite entsprechend ist.[39] Auch Internetaufrufe zur sog. „Lynchjustiz", wie es in dem Fall eines 17-jährigen Berufsschülers aus Emden via Facebook geschah, können eine Strafbarkeit nach § 111 StGB begründen.[40] Trotz der Möglichkeiten, die das Internet zur Begehung dieses Delikts bietet, hat die Norm in der Praxis nur eine geringe Bedeutung.[41]

1296 Weitere Strafvorschriften betreffend die **Verbreitung von Propagandamitteln** bzw. die **Verwendung von Kennzeichen verfassungswidriger Organisationen** enthalten die §§ 86, 86a StGB. Als Tathandlungen sehen diese auch das Zugänglichmachen in Datenspeichern bzw. die Verbreitung in Datennetzen vor. Probleme können sich diesbzgl. bei Tathandlungen gegenüber der Personenzahl nach begrenzten Gruppen in Messengern o. ä. ergeben. Unter § 86

---

34 *AG Bückeburg*, Urt. v. 11.9. 2015, MMR-Aktuell 2015, 372272.

35 *LG Potsdam*, Urt. v. 8.5. 2006 – 2 O 221/05, LKV 2006, 574.

36 Vgl. *BGH*, Urt. v. 1.3. 2016 – VI ZR 34/15, GRUR 2016, 855 = CR 2016, 390 m. Anm. *Kriegesmann*; *EGMR*, Urt. v. 16.6. 2015 – 64569/09; *Galetzka/Krätschmer*, MMR 2016, 518; *Maas*, Löschpflicht für Hasskommentare?, ZRP 2015, 222.

37 In übertragbarer Rspr. zu § 130 StGB: *BGH*, Urt. v. 12.12. 2000 – 1 StR 184/00, CR 2001, 260 m. Anm. *Vassilaki* = MMR 2001, 228 m. Anm. *Clauß* = NJW 2001, 624.

38 *Holznagel/Kussel*, MMR 2001, 347, 348.

39 *OLG Hamm*, Beschl. v. 5.7. 2005 – 2 Ss 120/05, NStZ 2010, 452.

40 *Ostendorf/Frahm/Doege*, NStZ 2012, 529.

41 MüKoStGB/*Bosch*, 2. Aufl. 2012, § 111 Rz. 4.

StGB fallen sämtliche Propagandamittel, die Propaganda für verfassungsfeindliche Organisationen beinhalten. Die Vorschrift des § 86a StGB stellt dagegen auf die Verwendung von Kennzeichen verfassungsfeindlicher Organisationen ab, wobei der Begriff des Kennzeichens weit zu interpretieren ist.[42] Dazu zählen neben den im zivilrechtlichen Sinne als Kennzeichen anzusehenden Herkunftsmerkmalen auch unkörperliche Charakteristika, wie z. B. der „Hitler-Gruß".[43] Der Tatbestand ist bereits verwirklicht, wenn die Kennzeichen auf einer Homepage sichtbar sind.[44] Auch die Bereitstellung fremdenfeindlichen Liedgutes ist unter das Tatbestandsmerkmal des Kennzeichens zu subsumieren, auch in den Fällen, in denen ausschließlich markante Teile des Liedes im Internet abrufbar sind.[45] Dagegen ist der Tatbestand des § 86a StGB nicht erfüllt, wenn zwar Kennzeichen verfassungsfeindlicher Organisationen abgebildet sind, aus der Abbildung aber eindeutig erkennbar ist, dass diese nicht für die Propaganda zugunsten der verfassungsfeindlichen Organisation, sondern der Inhalt der Darstellung in offenkundiger und eindeutiger Weise die Gegnerschaft zu der Organisation und die Bekämpfung ihrer Ideologie zum Ausdruck bringt.[46] Hierbei soll in bestimmten Fällen sogar eine kommerzielle Benutzung möglich sein.[47] Die Darstellung der Gegnerschaft kann im Durchstreichen eines Hakenkreuzes, aber auch in anderen Darstellungen deutlich gemacht werden.[48] In Bezug auf das Tatbestandsmerkmal der Inlandstat nach § 86a StGB hielt der *BGH* in einer Entscheidung fest, dass der Handlungsort durch den Aufenthaltsort des Täters und nicht durch den Ort, an dem die durch mediale Übertragung transportierte Handlung ihre Wirkung entfaltet, bestimmt wird.[49] Der aus dem Ausland agierende Täter bleibe straffrei, auch wenn sein Beitrag in Deutschland abrufbar sei. Die Aufgabe, der hieraus resultierenden Gefahr des Missbrauchs dieser Strafbarkeitslücke entgegenzutreten, wies der *BGH* dem Gesetzgeber zu.

---

42 Hierzu finden sich weitere Beispiele bei *Fischer*, Kommentar StGB, 63. Aufl. 2016, § 86a Rz. 3 ff.

43 *BVerfG*, Beschl. v. 23. 3. 2006 – 1 BvR 204/03, NJW 2006, 3052; *Fischer*, Kommentar StGB, 63. Aufl. 2016, § 86a Rz. 10.

44 *Schreibauer*, in: Kröger/Gimmy, Handbuch zum Internetrecht, 2. Aufl. 2002, 613.

45 *BGH*, Urt. v. 3. 4. 2008 – 3 StR 394/07, NStZ-RR 2009, 13; *OLG Celle*, Urt. v. 3. 7. 1990 – 3 Ss 88/90, NJW 1991, 1497; *BayObLG*, Urt. v. 19. 7. 1962 – RReg. 4 St 171/62, NJW 1962, 1878; *Fischer*, Kommentar StGB, 63. Aufl. 2016, § 86a Rz. 10.

46 *BGH*, Urt. v. 15. 3. 2007 – 3 StR 486/06, NJW 2007, 1602 = StV 2007, 353; *BGH*, Urt. v. 18.10. 1972 – 3 StR 1/71 I, NJW 1973, 106; *Fischer*, Kommentar StGB, 63. Aufl. 2016, § 86a Rz. 18.

47 Beispiele finden sich bei *Fischer*, Kommentar StGB, 63. Aufl. 2016, § 86a Rz. 22.

48 *BGH*, Urt. v. 15. 3. 2007 – 3 StR 486/06, NJW 2007, 1602; anders noch die Vorinstanz, *LG Stuttgart*, Urt. v. 29. 9. 2006 – 18 KLs 4 Js 63331/05 (n. v.).

49 *BGH*, Beschl. v. 19. 8. 2014 – 3 StR 88/14, MMR 2015, 200.

2 Gewaltdarstellungen im Internet (§ 131 StGB)

1297 Immer häufiger wird in den Medien über Gewaltdarstellungen berichtet, die bspw. Jugendliche auf ihren Mobiltelefonen bereit halten und die mit Hilfe sozialer Netzwerke oder (Messenger-)Apps verschickt oder auf andere Weise aus dem Internet heruntergeladen werden können.[50] Das Verbreiten oder sonstige Zugänglichmachen von Darstellungen von grausamen oder sonst unmenschlichen Gewaltszenen gegenüber Menschen oder menschenähnlichen Wesen ist nach **§ 131 StGB** strafbar. Eine der Begehungsformen stellt die Zugänglichmachung solcher Inhalte an Personen unter 18 Jahren oder die Öffentlichkeit dar (§ 131 Abs. 1 Nr. 2a, 2b StGB). Der Verletzungserfolg dieser Vorschrift tritt bereits dann ein, wenn die Möglichkeit des Abrufens nach Bereitstellung oder Zusendung besteht.[51] Unter einer Gewalttätigkeit wird in diesem Zusammenhang ein aggressives, aktives Tun verstanden, durch das unter Einsatz oder Ingangsetzen physischer Kraft unmittelbar oder mittelbar auf den Körper eines Menschen in einer dessen leibliche oder seelische Unversehrtheit beeinträchtigenden oder konkret gefährdenden Weise eingewirkt wird. Auch einverständliche Gewalttätigkeiten sowie ihre Verherrlichung und Verharmlosung sind von dem Tatbestand des § 131 StGB erfasst.[52] Die Formulierung, dass auch Gewalttätigkeiten gegenüber **„menschenähnlichen Darstellungen"** unter die Strafandrohung des § 131 StGB fallen, wurde mit Wirkung zum 1. April 2004 eingefügt. Zuvor waren aufgrund des strafrechtlichen Analogieverbotes solche Gewalttätigkeiten nicht erfasst.[53] Nach der Einfügung des Begriffes „menschenähnliche Wesen" ist § 131 StGB somit auf fiktive, virtuelle Wesen in Computerspielen, auch auf solche, die ausschließlich im Internet angeboten werden, anwendbar. Die Darstellung muss nach objektiven Maßstäben als menschenähnlich angesehen werden können, wobei selbst bei Comic-Figuren, die ein menschenähnliches Verhalten an den Tag legen, dieses Tatbestandsmerkmal vorliegen soll.[54]

---

50 *AG Sonthofen*, becklink 190029; in diesen Fällen kann neben der strafrechtlichen Sanktion auch ein Schulausschluss gerechtfertigt sein, so *VG Berlin*, Beschl. v. 2.12. 2005 – 3 A 930/05, ZJJ 2007, 219.

51 *Fischer*, Kommentar StGB, 63. Aufl. 2016, § 131 Rz. 14.

52 Schönke/Schröder/*Lenckner/Sternberg-Lieben*, Kommentar StGB, 29. Aufl. 2014, § 131, Rz. 6; ausführlich zum Gewaltbegriff: *Fischer*, Kommentar StGB, 63. Aufl. 2016, § 131 Rz. 8 – 13.

53 *BVerfG*, Beschl. v. 20.10. 1992 – 1 BvR 698/89, BVerfGE 87, 225 = MDR 1993, 158; *BGH*, Urt. v. 18.12. 1999 – 2 StR 365/99, NStZ 2000, 307.

54 *Fischer*, Kommentar StGB, 63. Aufl. 2016, § 131 Rz. 6 – 6b; Schönke/Schröder/*Lenckner/ Sternberg-Lieben*, Kommentar StGB, 29. Aufl. 2014, § 131 Rz. 6.

3 (Kinder-)Pornographie im Internet

Ein weiteres Problem ergibt sich bei (kinder-)pornographischen Angeboten. **1298** Das Internet als weltweite Plattform erweitert die Möglichkeiten für Straftäter, miteinander in Kontakt zu treten und (kinder-)pornographisches Material auszutauschen.[55] Gleichzeitig erhöht sich auch das Risiko, dass pornographisches Material, das nicht für Kinder und Jugendliche unter 18 Jahren geeignet ist, von ebendiesen abgerufen wird. Diesem Risiko wird durch die Regelungen zum Jugendschutz im Internet begegnet.

Auf internationaler Ebene enthält die sog. Lanzarote-Konvention als völ- **1299** kerrechtlicher Vertrag u. a. Regelungen, die zur Bekämpfung von Kinderpornographie beitragen sollen.[56] Für Telemedien gilt der Jugendmedien-Staatsvertrag (JMStV). Das deutsche Strafrecht bestraft (Kinder-) Pornographie in den **§§ 176, 184 ff. StGB.** Durch § 184d StGB wird festgelegt, dass auch durch die Verbreitung mit Hilfe von Rundfunk-, Medien- oder Telediensten die Tatbestände der §§ 184–184c StGB erfüllt werden können. Der Verletzungserfolg dieser Delikte liegt bereits dann vor, wenn Dateien – unabhängig vom Standort des Servers – aus Deutschland abgerufen werden können.[57]

Diese Vorschriften des Strafrechts, welche die Bekämpfung (kinder-)porno- **1300** graphischen Materials bezwecken, wurden durch das Gesetz zur Änderung der Vorschriften über die Straftaten gegen die sexuelle Selbstbestimmung vom 27. Dezember 2003[58] neu strukturiert. Nochmals ergänzt und geändert wurden sie im Jahre 2015 durch das 49. Gesetz zur Änderung des Strafgesetzbuchs zur Umsetzung europäischer Vorgaben zum Sexualstrafrecht vom 21. Januar 2015.[59] Die §§ 184 ff. StGB haben nunmehr folgende Struktur: § 184 StGB regelt die Strafbarkeit (einfacher) pornographischer, § 184a StGB diejenige gewalt- und tierpornographischer, § 184b StGB diejenige kinderpornographischer und § 184c StGB diejenige jugendpornographischer Schriften,[60] während § 184d StGB die Anwendbarkeit dieser Vorschriften auch auf Rundfunk-, Medien- und

---

[55] Nach einer Studie über die Herstellung und den Vertrieb von Kinderpornographie über das Internet zeigte sich, dass unentgeltliche Tauschbörsen der größte Markt für kinderpornographische Bilder sind, MMR-Aktuell 2011, 317989.
[56] Übereinkommen des Europarates zum Schutz von Kindern vor sexuellem Missbrauch vom 25. 10. 2007.
[57] *BGH*, Urt. v. 19. 7. 2001 – IX ZR 246/00, MDR 2001, 1444 = BRAK 2001, 289 m. Anm. *Jungk.*
[58] BGBl. I 2003, S. 3007.
[59] BGBl. I 2015, S. 10, BT-Drs. 18/2601.
[60] Nach § 11 Abs. 3 StGB sind auch alle Ton- und Bildträger, Datenspeicher, Abbildungen und andere Darstellungen wie Schriften zu behandeln.

Teledienste bestimmt. Die Strafbarkeit kinderpornographischer Schriften gem. § 184b StGB ist in verschiedene Handlungsweisen aufgeteilt.[61] Nach § 184b Abs. 1 Nr. 1 StGB ist das Verbreiten dieser Schriften strafbar. Ein Verbreiten in Bezug auf das Internet liegt dabei vor, wenn die Datei auf dem Rechner des Internetnutzers angekommen ist – unabhängig von einer Übermittlung durch den Anbieter, einem selbständigen Zugriff oder der tatsächlichen Kenntnisnahme durch den Nutzer.[62] § 184b Abs. 1 Nr. 2 StGB beinhaltet die Handlungsweise der Besitzverschaffung für eine andere Person, während § 184b Abs. 1 Nr. 3 StGB die Herstellung einer kinderpornographischen Schrift, die ein tatsächliches Geschehen wiedergibt, gesondert erfasst. Abschließend wird gem. § 184b Abs. 1 Nr. 4 StGB auch die Herstellung, Beziehung, Lieferung, Vorratshaltung sowie das Anbieten, Bewerben, und die Ein- oder Ausfuhr kinderpornographischer Schriften zum Zwecke einer der in den Nummern 1 und 2 bzw. § 184d Abs. 1 S. 1 StGB festgelegten Handlungsalternativen bestraft. Inhaltlich ist seit 2008 eine Tat nach § 176 StGB nicht mehr erforderlich. Ein Problem, das in erster Linie das Internet betrifft, ergibt sich aus dem nicht eindeutigen Wortlaut des § 184b StGB in der Frage, inwieweit die **Handlungen virtueller Personen**, die als Kinder oder Jugendliche dargestellt sind, unter eine Strafbarkeit des § 184b StGB fallen. Nach dem Wortlaut des § 184b Abs. 2, Abs. 3 StGB sind neben tatsächlichen Geschehnissen auch **„wirklichkeitsnahe Geschehnisse"**[63] unter den Tatbestand des § 184b StGB zu subsumieren. Eine Darstellung eindeutig fiktiven Handelns durch offensichtlich virtuelle Personen kann aber wohl nicht als wirklichkeitsnahes Geschehen beurteilt werden. Für den Betrachter ist zwar zu erkennen, dass es sich bei einer solchen Darstellung nicht um tatsächliche Geschehnisse handelt. Virtuelle Darstellungen können allerdings in derselben Weise wie reale Darstellungen das Schutzbedürfnis der §§ 184 ff. StGB betreffen, da auch virtuelle Darstellungen eine reale Nachah-

---

61 Die Handlungsalternativen entsprechen denen des § 184c StGB, welcher für jugendpornographische Schriften einschlägig ist. Jugendpornographische Schriften sind pornographische Schriften i. S. d. § 11 Abs. 3 StGB, wenn diese Jugendliche zwischen 14 und 18 Jahren betreffen (§ 184c Abs. 1 Nr. 1 StGB, § 1 Abs. 2 JGG), während sich der Begriff der kinderpornographischen Schrift auf Kinder unter 14 Jahren bezieht (§ 184b Abs. 1 Nr. 1a StGB). Durch das 49. StrÄndG ist das Abbilden ganz oder teilweise unbekleideter Kinder oder Jugendlicher nach § 184 Abs. 1 Nr. 1b StGB strafbar.
62 *BGH*, Urt. v. 27. 6. 2001 – 1 StR 66/01, NStZ 2001, 569 = MMR 2001, 676 m. Anm. *Gercke*; *BGH*, Beschl. v. 12. 11. 2013 – 3 StR 322/13, CR 2015, 541 (Ls.) = NStZ-RR 2014, 47; *Fischer*, Kommentar StGB, 63. Aufl. 2016, § 184b Rz. 16.
63 Eingefügt durch das Gesetz zur Regelung der Rahmenbedingungen für Informations- und Kommunikationsdienste (IuKDG) vom 22. 7. 1997, BGBl I, S. 1870.

mung befürchten lassen.[64] Die Hersteller kinderpornographischer Schriften könnten verbotene Darstellungen in einen fiktiven, comicähnlichen Rahmen einfügen und straffrei bleiben, sodass der Schutz der §§ 184 ff. StGB leer liefe.[65] Daher ist auf den Sinngehalt der Schrift abzustellen und zu differenzieren, ob diese objektiv ein Kind darstellt oder ob die dargestellte Personen einem objektiven und verständigen Betrachter als ein Kind erscheinen könnte.[66] Eine in Zweifelsfällen bestehende Strafbarkeitslücke kann aufgrund des strafrechtlichen Analogieverbotes (Art. 103 Abs. 2 GG) auch nicht durch eine analoge Anwendung des § 184b StGB geschlossen werden. Insoweit ist die rechtliche Lage vergleichbar mit dem Tatbestand des § 131 StGB, bei dem die Darstellung virtueller Wesen vor der Einführung des Tatbestandsmerkmals „menschenähnliche Wesen" auch nicht strafbar war.[67] Die bestehende Regelungslücke sollte aufgrund der dem Strafrecht innewohnenden gebotenen restriktiven Auslegung durch eine eindeutige Regelung des Gesetzgebers geschlossen werden. Art. 5 Abs. 8 i.Vm. Art. 2 lit. 2c iv der Richtlinie 2011/93/EU stellt die Regelung der Strafbarkeit fiktiver realistischer Darstellungen zum ausschließlich privaten Gebrauch in das Ermessen der Mitgliedstaaten. Obwohl der deutsche Gesetzgeber schon in früheren Gesetzgebungsverfahren erkannt hat, dass virtuelle Welten kaum noch von realen Geschehnissen zu differenzieren sind,[68] hat er im letzten Entwurf leider deutlich gemacht, dass ein Bedürfnis, die Herstellung von kinderpornographischen Schriften, „denen nicht einmal ein wirklichkeitsnahes Geschehen zugrunde liegt, auch ohne die Absicht späterer Verbreitung unter Strafe zu stellen", nicht bestehe.[69]

Im Jahre 2009 wurde zwar das Gesetz zur Erschwerung des Zugangs zu **1301** kinderpornographischen Inhalten in Kommunikationsnetzen (sog. **Zugangserschwerungsgesetz**)[70] beschlossen, jedoch ist dieses aufgrund eines Nichtanwendungserlasses des Bundesinnenministeriums wirkungslos und wurde schließlich aufgehoben.[71] Das für die Sperrung zuständige BKA wurde noch vor

---

64 *Hopf/Braml*, ZUM 2007, 354, 359; abl. für Beschreibungen des sexuellen Missbrauchs in E-Mails: *BGH*, Beschl. v. 19.3. 2013 – 1 StR 8/13, NJW 2013, 2914 = MMR 2013, 609 = NStZ 2013, 642.
65 Mit entspr. Argumentation zur a. F.: *BGH*, Urt. v. 15.12. 1999 – 2 StR 365/9, NStZ 2000, 307.
66 *BGH*, Urt. v. 27.6. 2001 – 1 StR 66/01, NStZ 2001, 569 = MMR 2001, 676 m. Anm. *Gercke*; *Fischer*, Kommentar StGB, 63. Aufl. 2016, § 184b Rz. 12.
67 *BVerfG*, Urt. v. 20.10. 1992 – 1 BvR 698/89, BVerfGE 87, 209 = MDR 1993, 158 = NJW 1993, 1457.
68 „Nahezu perfekte Scheinwelten", BT-Drs. 13/7939, S. 31.
69 BT-Drs. 18/2601, S. 30.
70 Gesetz zur Bekämpfung der Kinderpornographie in Kommunikationsnetzen vom 17.2. 2010, BGBl. I 2011, S. 78.
71 BGBl. I 2011, S. 2958; MMR-Aktuell 2010, 301090.

Inkrafttreten des Gesetzes in einem Schreiben vom Bundesinnenministerium angewiesen, von der Sperrung von Internetseiten vorerst nicht Gebrauch zu machen. Daraufhin hatte die Bundesregierung am 28. Dezember 2011 einen Gesetzesentwurf eingebracht, mit dem das Gesetz aus dem Jahr 2010 aufgehoben werden sollte.[72] Anstatt dass der Nutzer, der eine auf der Sperrliste des BKA verzeichnete Internetseite aufruft, auf eine Seite des BKA mit einem „Stoppschild" umgeleitet wird, soll bei den Anbietern der Internetseiten, die sich regelmäßig im Ausland befinden, darauf hingewirkt werden, die kinderpornographischen Inhalte zu löschen. Da sich diese Vorgehensweise laut der damaligen Bundesjustizministerin *Leutheusser-Schnarrenberger* als sehr erfolgreich erwiesen hat und es die technischen Möglichkeiten erlauben, Internetsperren zu umgehen, wurde das Gesetz schließlich endgültig aufgehoben.[73]

4 Jugendschutz im Internet

1302 Zum Schutz der Kinder und Jugendlichen vor Gewaltdarstellungen und pornographischen Inhalten im Internet bestehen das Jugendschutzgesetz (JSchG) sowie der Jugendmedienschutz-Staatsvertrag (JMStV). Der am 1. April 2003 in Kraft getretene und jüngst reformierte JMStV[74] dient dem Schutz der Menschenwürde und dem Schutz der Jugend vor entwicklungs- und erziehungsgefährdenden Inhalten in elektronischen Informations- und Kommunikationsmedien (§ 1 JMStV). Er gibt damit die Rahmenbedingungen des Kinder- und Jugendschutzes im Internet vor. Nach § 14 Abs. 2 JMStV wird eine Kommission für Jugendmedienschutz (KJM) gebildet, deren Aufgabe die Prüfung der Einhaltung der Bestimmungen nach dem JMStV ist. Im Bereich des Internets umfasst die Zuständigkeit des KJM vor allem die Anerkennung von und Aufsicht über Einrichtungen der Freiwilligen Selbstkontrolle i. S. d. § 19 JMStV (§ 16 S. 1 Nr. 2, Nr. 7, § 19b JMStV) sowie die Anerkennung von Jugendschutzprogrammen (§§ 11, 19b Abs. 2 JMStV). Anerkannte Selbstkontrollorgane nach § 19 JMStV sind neben „jugendschutz.net" (§ 18 JMStV) die Freiwillige Selbstkontrolle Multimedia-Diensteanbieter e. V. (FSM), die FSK.online und der USK.on-

---

72 NJW-Spezial 2011, 506.
73 MMR-Aktuell 2011, 325855; BGBl. I 2011, S. 2958.
74 Staatsvertrag über den Schutz der Menschenwürde und den Jugendschutz in Rundfunk und Telemedien (Jugendmedienschutz-Staatsvertrag) in der Fassung des Neunzehnten Staatsvertrages zur Änderung rundfunkrechtlicher Staatsverträge (Neunzehnter Rundfunkänderungsstaatsvertrag).

line. Der JMStV differenziert zwischen absolut und relativ unzulässigen Angeboten. Die absolut unzulässigen Angebote sind in den § 4 Abs. 1 S. 1 Nr. 1–11 JMStV normiert. Hierbei handelt es sich um jugendgefährdende Angebote, die auch Erwachsenen nicht zugänglich gemacht werden dürfen.[75] Die in § 4 Abs. 2 Nr. 1–3 JMStV normierten relativ unzulässigen Angebote sind hingegen (in Telemedien) zulässig, sofern sichergestellt werden kann, dass diese nur Erwachsenen zugänglich gemacht werden, d. h. wenn das Angebot lediglich einer „geschlossenen Benutzergruppe" zugänglich gemacht wird.[76] Für die Einrichtung einer geschlossenen Benutzergruppe ist dabei ein effektives Altersverifikationssystem einzusetzen, das der Zulassung der KJM bedarf.[77] Dieses muss den Zugang Minderjähriger tatsächlich lückenlos verhindern, um eine „effektive Barriere" darzustellen.[78] Die Angabe einer Personal- oder Reisepassnummer sowie die Postleitzahl des Ausstellungsortes sind nach Ansicht des *BGH* nicht ausreichend.[79] Vielmehr bedarf es einer persönlichen Identifizierung des Nutzers, etwa per Post-Ident oder durch Nutzung des Identitäts-Checks mit Q-Bit der Schufa.[80] Neben den in § 4 JMStV normierten Verbreitungsverboten regelt der JMStV mit § 5 eine Verbreitungseinschränkung für entwicklungsbeeinträchtigende Angebote. Diese dürfen nur so bereitgestellt werden, dass Kinder und Jugendliche sie üblicherweise nicht wahrnehmen. Gemäß § 5 Abs. 3 JMStV kann der Anbieter diese Pflicht durch Einrichtung technischer Barrieren (Nr. 1) oder eine zeitliche Regelung (Nr. 2, § 5 Abs. 4 JMStV) erfüllen. Für den Bereich der Telemedien trifft § 5 Abs. 5 JMStV eine Sonderregelung für Inhalte, die nur für Kinder entwicklungsbeeinträchtigende Wirkung haben. Hiernach kann der Telemedienanbieter seiner Pflicht aus § 5 Abs. 1 JMStV bereits dadurch nachkommen, dass das Angebot getrennt von für Kinder bestimmten Angeboten verbreitet wird oder abrufbar ist. Dies soll u. a. durch sog. Jugendschutzprogramme i. S. d. § 11 JMStV sichergestellt werden, dessen Eignung wiederum von der KJM anerkannt werden muss. Welche Anforderungen ein Jugendschutzprogramm erfüllen muss, um von der KJM anerkannt zu werden, ist nicht durch den JMStV geregelt und erwies sich da-

---

75 Das erste oberlandesgerichtliche Urteil zu den inhaltlichen Anforderungen des JMStV erging durch das *OLG Celle*, Beschl. v. 13. 2. 2007 – 322 Ss 24/07, MMR 2007, 316.
76 Hahn/Vesting/*Hertel*, Rundfunkrecht Kommentar, 3. Aufl. 2012, § 4 JMStV, Rn. 81; Paschke/Berlit/Meyer/*Keller*/*Liesching*, Gesamtes Medienrecht, 3. Aufl. 2016, 80. Abschnitt Rn. 11 f.
77 Hierzu *Braml*/*Hopf*, ZUM 2012, 361, 364.
78 Hahn/Vesting/*Hertel*, Rundfunkrecht Kommentar, 3. Aufl. 2012, § 4 JMStV, Rn. 81.
79 *BGH*, Urt. v. 18. 10. 2007 – I ZR 102/05, MDR 2008, 699 = CR 2008, 386 = MMR 2008, 400 m. Anm. *Waldenberger* – ueber18.de.
80 *Auer-Reinsdorff*, FPR 2012, 434.

her bislang als problematisch.[81] Dennoch stellte die KJM hierzu im Jahre 2011 Richtlinien[82] auf und konnte in den Jahren 2012 und 2013 zwei Jugendschutzprogramme befristet auf fünf Jahre nach § 11 Abs. 3 JMStV als geeignet anerkennen.[83] Geschäftsmäßige Anbieter von allgemein zugänglichen Telemedien, die entwicklungsbeeinträchtigende oder jugendgefährdende Inhalte enthalten, sowie Anbieter von Suchmaschinen haben wesentliche Informationen über den Jugendschutzbeauftragten leicht erkennbar, unmittelbar erreichbar und ständig verfügbar zu halten (§ 7 Abs. 1 S. 2 JMStV).

5 Äußerungen im Internet

1303 Das Internet bietet mit den sozialen Netzwerken, Blogs und Bewertungsportalen einerseits vermehrt die Möglichkeit, die eigene Meinung kundzutun, andererseits erleichtert es auch den Missbrauch der Reichweite dieser Einrichtungen, etwa zu Zwecken des Cyber-Mobbings oder sog. shitstorms.[84] Dazu hat vor allem die Weiterentwicklung des Internets in das „Web 2.0" beigetragen, wodurch den Nutzern ermöglicht wurde, Inhalte von Seiten, Bildern, Videos und Bewertungsportalen selbst zu bestimmen, sodass diese nicht mehr nur von Anbieterseite vorgegeben werden. Des Weiteren suggerieren soziale Netzwerke ein Gefühl der Anonymität – mit der Folge, dass die Hemmschwelle zur Begehung von Äußerungsdelikten gesenkt wird.[85] Durch Möglichkeiten wie die des „Likens", „Teilens" und „Retweetens" von Inhalten ist in kurzer Zeit eine weite Masse von Empfängern zu erreichen. Zum einen sind Äußerungen in sozialen Netzwerken daher geeignet, **den öffentlichen Frieden zu stören** und u. U. nach § 126 StGB strafbar.[86] Daraus folgt zum anderen auch eine erhöhte Gefahr

---

81 *Braml/Hopf*, Jugendschutzprogramme, ZUM 2012, 361.

82 Kriterien der KJM für die Anerkennung von Jugendschutzprogrammen im Bereich des World Wide Web (abrufbar unter www.kjm-online.de, zuletzt abgerufen: Juli 2017).

83 Hierbei handelt es sich um eine Software des Hamburger Vereins JusProg e. V. und um ein Programm der Deutschen Telekom AG (siehe hierzu die entsprechenden Pressemitteilungen der KJM; abrufbar unter www.kjm-online.de/service/pressemitteilungen/, zuletzt abgerufen: Juli 2017).

84 Zu den Begriffen „Cyber-Mobbing" und „Shitstorm" siehe *Glaser*, NVwZ 2012, 1432; *Beck*, MMR 2008, 77.

85 Zur Verbrechensverabredung mittels Chats: *BGH*, Beschl. v. 16. 3. 2011 – 5 StR 581/10, MMR 2011, 404.

86 *LG Aachen*, Urt. v. 5. 9. 2012 – 94 Ns 27/12, MMR 2013, 269 = NJW-Spezial 2013, 58; *AG Wolfratshausen*, Urt. v. 25. 3. 2013 – 2 Cs 11 Js 27699/12, MMR 2014, 206.

der Begehung von **Straftaten gegen die persönliche Ehre**, wie sie in den §§ 185 ff. StGB geregelt sind.[87] Zu beachten ist bei diesen Delikten immer auch die Wechselbezüglichkeit von Ehrschutz und dem Grundrecht der Meinungsfreiheit nach Art. 5 Abs. 1 GG. Der Ehrschutz steht im Zeitalter des Internets vor zwei großen Herausforderungen: Erstens ergeben sich durch die Anonymität der Nutzer besondere Gefahren für den Ehrschutz, zweitens begünstigt die Infrastruktur die Möglichkeiten des Missbrauchs. Durch die Anonymität der Nutzer ergeben sich nicht nur Zurechnungsprobleme hinsichtlich veröffentlichter Kommentare und Bilder sowie Probleme der Abgrenzung von Täterschaft und Teilnahme bei dem bloßen „Liken" ehrrühriger Inhalte, sondern ebenso Probleme bei der Rechtsdurchsetzung. Die Infrastruktur des Internets bietet zudem die Möglichkeit, leicht entsprechende Äußerungen an eine breite Masse zu kommunizieren, welche durch Verlinkungen zügig, dauerhaft und kaum zurückverfolgbar verbreitet werden können. Das Problem des Ehrschutzes im Internet ist daher weniger die Geltungskraft des Schutzgutes der persönlichen Ehre, als vielmehr die Durchsetzungsfähigkeit des Rechts.[88]

Dieser mangelnden Rechtsdurchsetzung will der Gesetzesentwurf der Bundesregierung zum Netzwerkdurchsetzungsgesetz wenig überzeugend mit einer verschärften Haftung für Betreiber sozialer Netzwerke begegnen.[89]   **1304**

6 Hyperlinks

Ein weiteres Spezifikum des Internets sind Hyperlinks, mit denen man von   **1305** einer Seite direkt auf eine andere Seite oder deren Unterseite gelangen kann. Diese Hyperlinks können auch strafrechtlich relevant werden, wenn sie **auf strafbare Inhalte verlinken**. Es kann sich dabei um ein Verbreiten der auf der verlinkten Seite angebotenen Inhalte handeln. Eine solche Strafbarkeit kann sich aus einer Täterschaft oder aber einer sonstigen Beteiligung an der auf der

---

87 Zur Strafbarkeit ehrverletzender Äußerungen in sozialen Netzwerken *LG Berlin*, Urt. v. 13. 8. 2012 – 33 O 434/11, ZUM 2012, 997; zur Schadensersatzpflicht nach § 823 Abs. 2 BGB i. V. m. § 185 StGB für die auf Facebook veröffentlichte Aussage „[...] Rechnung vom Anwalt bekommen – 3.500 € für so ne blöde Scheidung. Frage mich, ob ein Auftragskiller nicht preiswerter wäre": *AG Bergisch Gladbach*, Urt. v. 16. 6. 2011 – 60 C 37/11, MMR-Aktuell 2012, 326530 (Ls.) = BeckRS 2011, 24506; siehe auch *Rosenbaum/Tölle*, MMR 2013, 209; *Schertz*, NJW 2013, 721.
88 *Heckmann*, NJW 2012, 2631; zur örtlichen Zuständigkeit bei Verleumdungen im Internet: *LG Stuttgart*, Beschl. v. 15. 1. 2014 – 18 Qs 71/13, MMR 2015, 347.
89 Siehe hierzu Kapitel 7 II. 5. f).

verlinkten Seite begangenen strafrechtlich relevanten Handlung ergeben.[90] In diesem Zusammenhang hatte sich die Stuttgarter Justiz mit der strafrechtlichen Haftung eines Linksetzenden wegen Volksverhetzung zu beschäftigen: Während das *AG Stuttgart*[91] eine Verurteilung aufgrund des Setzens von Hyperlinks aussprach, wurde dieses Urteil in der Berufungsinstanz vom *LG Stuttgart* aufgehoben.[92] Das Gericht stellte dabei darauf ab, dass eine Strafbarkeit durch das Setzen von Hyperlinks nicht vorliege, wenn der Linksetzer sich in einer ausführlichen Dokumentation von den Inhalten der betreffenden Seiten distanziere. Differenzierter wurde das Verfahren in der Revisionsinstanz vor dem *OLG Stuttgart* abgeschlossen.[93] Dieses sieht in der Verlinkung mit einer strafrechtlich relevanten Seite grundsätzlich auch dann eine strafrechtliche Verantwortlichkeit, wenn sich der Linksetzer vom Inhalt der jeweiligen Seite distanziert.[94] Es handle sich insoweit um ein täterschaftliches Zugänglichmachen der Inhalte, selbst wenn diese auf Servern im Ausland lägen. Jedoch wandte das Gericht im vorliegenden Fall die Sozialadäquanzklausel des § 86 Abs. 3 StGB an, der eine Strafbarkeit der Volksverhetzung ausschließt, wenn das Zugänglichmachen der Inhalte aufklärerischen Zwecken dient. Das Ziel der Linksetzung sei dabei aus den Begleitumständen des Hyperlinks aus objektiver Sicht zu ermitteln.[95] Verallgemeinerungsfähig aus diesem Urteil ist wohl die Aussage, dass für die täterschaftliche Begehung eine Linksetzung ausreichen kann. Für die Sozialadäquanzklausel des § 86 Abs. 3 StGB ist dagegen auf die Gesamtumstände abzustellen.[96]

1306   Das *BGH*-Urteil „Schöner Wetten" befasste sich mit der Strafbarkeit der **Hyperlink-Werbung für ausländische Glücksspiele**.[97] Es handelte dabei aus strafrechtlicher Sicht die Straftatbestände der §§ 284 ff. StGB (insb. § 284 Abs. 4 StGB) ab und bejahte zuvor die Zuständigkeit deutscher Gerichte. Zu Rechtsun-

---

90 Hoeren/*Sieber*/Holznagel, Handbuch MMR, 42. Ergänzungslieferung 2015, Teil 19.1 Rz. 42.63.

91 *AG Stuttgart*, Urt. v. 7. 10. 2004 – 2 Ds 2 Js 21471/02, CR 2005, 69 m. Anm. *Neumann*; siehe auch die Anm. von *Kaufmann/Köcher*, MMR 2005, 335.

92 *LG Stuttgart*, Urt. v. 15. 6. 2005 – 38 Ns 2 Js 21471/02, CR 2005, 675 m. Anm. *Kaufmann*.

93 *OLG Stuttgart*, Urt. v. 24. 4. 2006 – 1 Ss 449/05, CR 2006, 542 m. Anm. *Kaufmann*; siehe auch die Anm. von *Liesching*, MMR 2006, 390.

94 Vgl. dazu *Stegbauer*, NStZ 2005, 677, der die Frage nach der Strafbarkeit eines Links als zumindest „diskussionsbedürftig" ansieht.

95 *OLG Stuttgart*, Urt. v. 24. 4. 2006 – 1 Ss 449/05, CR 2006, 542 m. Anm. *Kaufmann*.

96 Vgl. hierzu auch die zustimmende Anmerkung von *Liesching*, MMR 2006, 390.

97 *BGH*, Urt. v. 1. 4. 2004 – I ZR 317/01, MDR 2004, 1432 = CR 2004, 613 m. Anm. *Dietlein* = GRUR 2004, 693.

sicherheiten führte die *EuGH*-Entscheidung „Gambelli",[98] welche sich u. a. mit der Niederlassungsfreiheit gem. Art. 49 AEUV und der Dienstleistungsfreiheit gem. Art. 52 AEUV beschäftigt. Der *EuGH* hielt in diesem Fall das strafbewehrte Verbot der Vermittlung von in Italien nicht genehmigten Sportwetten für europarechtswidrig, da dessen Motivation primär fiskalpolitischer Natur und somit ungeeignet war, die Dienstleistungsfreiheit zu beschränken. Ausdrücklich verwies er aber auf Einschränkungsmöglichkeiten zur Gefahrenabwehr.[99] Der *BGH* hatte die Anwendbarkeit des § 284 StGB aus zwingenden Gründen des Allgemeininteresses angenommen.[100] Unklar ist, ob und falls ja, inwieweit sich das Urteil des *EuGH*[101] vom 8. September 2010 auf eine Strafbarkeit nach § 284 StGB auswirkt. Der *EuGH* entschied, dass der Glücksspiel-Staatsvertrag (GlüStV) gegen die Grundfreiheiten der Europäischen Union verstößt und auch während der Zeit, die erforderlich war, um ihn mit dem Unionsrecht in Einklang zu bringen, nicht weiter angewandt werden durfte.[102]

Immer wieder ist auch die strafrechtliche **Haftung von Host Providern** 1307 Gegenstand rechtswissenschaftlichen Diskurses. Host Provider bieten Dritten die Möglichkeit, Inhalte auf ihren Servern zu speichern.[103] Hierbei kommt v. a. eine Täterschaft durch Unterlassen in Frage, denn der Schwerpunkt der Vorwerfbarkeit liegt nicht in dem sozial-adäquaten zur Verfügung Stellen einer Plattform, sondern vielmehr darin, dass zumutbare Prüfpflichten bzgl. der Inhalte Dritter nicht erfüllt werden.[104] Nach vorzugswürdiger Ansicht enthält § 10 S. 1 TMG den allgemeinen Rechtsgedanken, dass Host Provider erst für Inhalte Dritter verantwortlich sind, wenn sie Kenntnis von dem rechtswidrigen Inhalt erlangt haben und daraufhin nicht unverzüglich tätig geworden sind, um die Inhalte zu sperren oder zu löschen. Folglich ist diese Wertung i. S. der Einheit der Rechtsordnung auch im Rahmen der strafrechtlichen Verantwortlichkeit des Host Providers zu beachten.[105]

---

98 *EuGH*, Urt. v. 6. 11. 2003 – C-243/01, NJW 2004, 139 = MMR 2004, 92 m. Anm. *Bahr*; zu dem Urteil auch *Spindler*, GRUR 2004, 724, 726.
99 *EuGH*, Urt. v. 6. 11. 2003 – C-243/01, NJW 2004, 139 = MMR 2004, 92 m. Anm. *Bahr*.
100 *BGH*, Urt. v. 14. 3. 2002 – I ZR 279/99, MDR 2002, 1082 = GRUR 2002, 636.
101 *EuGH*, Urt. v. 8. 9. 2010 – Rs. C-409/06, CR 2011, 394 = NVwZ 2010, 1419, verbundene Rechtssachen: C-316/07, C-358/07, C-359/07, C-360/07, C-409/07, C-410/07, C-46/08.
102 Im Juli 2012 trat der Erste Glücksspieländerungsstaatsvertrag in Kraft und öffnete den Markt der Sportwetten für private Anbieter gem. der Experimentierklausel des § 10a Abs. 1 Erster GlüÄndStV zunächst für sieben Jahre.
103 Vgl. Spindler/Schuster/*Hoffmann*, Recht der elektronischen Medien, 3. Aufl. 2015, § 10 TMG Rz. 1.
104 Hoeren/*Sieber*/Holznagel, Handbuch MMR, 29. Ergänzungslieferung 2011, Teil 19.1 Rz. 20.
105 *KG*, Beschl. 25. 8. 2014 – 4 Ws 71/14, MMR 2015, 345 = GRUR 2015, 101 – Host-Providing; MüKoStGB/*Hörnle*, 2. Aufl. 2012, § 184 Rn. 52; *Gercke*, Die Entwicklung des Internetstrafrechts 2014/2015, ZUM 2015, 772, 782; *Volkmann*, Aktuelle Entwicklungen in der Providerhaftung im

1308   Insgesamt bleibt zu resümieren, dass die Haftung für Hyperlinks weder auf nationaler noch auf EU-Ebene eine einheitliche zivil- oder strafrechtliche Regelung erfahren hat. Die Strafbarkeit hängt in diesem Bereich vom Einzelfall ab. Insbesondere ist zu berücksichtigen, dass für eine Teilnahmestrafbarkeit bedingter Vorsatz erforderlich ist,[106] sowie eine nach deutschem Strafrecht zumindest tatbestandsmäßige und rechtswidrige Haupttat vorliegen muss. Eine solche Haupttat kann bei eindeutig nicht an den deutschen Internetnutzer adressierten Internetangeboten kaum angenommen werden.

7 Viren, Würmer, Trojaner, Spyware

1309   Ein schädliches Computerprogramm, welches sich in andere Computerprogramme einschleusen und sich dort selbst reproduzieren kann, wird als Virus bezeichnet. Aufgrund der selbständigen Verbreitungs- und Übertragungsfähigkeit wurde der Begriff aus dem Bereich der Medizin adaptiert. Wird ein Computervirus einmal aktiviert, kann dieser zu einer Störung der Umgebung, wie z. B. der Hardware, der Software, oder des Betriebssystems, führen.[107]

1310   Ein **Wurm** verbreitet sich dagegen über Netzwerke und verbraucht Ressourcen auf den infizierten Computern.[108] Die zusätzliche Belastung, die durch die selbständige Verbreitung der Würmer entsteht, kann einen so hohen Ressourcenverbrauch darstellen, dass dadurch ein erheblicher wirtschaftlicher Schaden entsteht. Außerdem können Würmer die Belastung von Programmen, wie z. B. Firewalls oder Mailserver, erhöhen, mit der Folge, dass diese langsamer arbeiten oder überlastet werden.

1311   Als **Trojanisches Pferd** oder auch **Trojaner** werden Programme bezeichnet, die sich vordergründig als nützliche Programme darstellen, im Hinter-

---

Jahr 2014, K & R 2015, 367, 372; a. A. noch zu § 11 TDG: *OLG Stuttgart*, Urt. v. 24. 4. 2006 – 1 Ss 449/05, MMR 2006, 387 = CR 2006, 542 m. Anm. *Kaufmann*.

106 *BGH*, Urt. v. 11. 3. 2004 – I ZR 304/01, MDR 2004, 1369 = CR 2004, 763 m. Anm. *Volkmann* = MMR 2004, 668 – ROLEX; oftmals ist das voluntative Vorsatzelement höchst fraglich: *LG München I*, Urt. v. 17. 11. 1999 – 20 Ns 465 Js 173158/95, CR 2000, 117 m. Anm. *Moritz* = NJW 2000, 1051.

107 Kilian/Heussen/*Herchenbach-Canarius*/*Sommer*, Computerrecht, Teil 15 Rz. 18–20; Auer-Reinsdorff/Conrad/*Schmidt*, Handbuch IT- und Datenschutzrecht, 2. Auflage 2016, § 3 Technische Grundlagen des Internets, Rz. 216–219.

108 Auer-Reinsdorff/Conrad/*Schmidt*, Handbuch IT- und Datenschutzrecht, 2. Auflage 2016, § 3 Technische Grundlagen des Internets, Rz. 213.

grund aber ohne Wissen des Anwenders andere Funktionen, wie z. B. das Ausspionieren von Passwörtern, ausfüllen.[109]

Unter dem Begriff **Spyware** versteht man die im Hintergrund einer Soft- 1312
ware ablaufende Funktion, mit der Daten und Informationen ohne Wissen des
Benutzers an den Hersteller der Spyware oder Dritte gesendet werden. Diese
Funktion kann einerseits zur Marktforschung, andererseits aber auch zum Erstellen eigens für den Benutzer generierter Angebote benutzt werden.[110]

Die Strafbarkeit dieser Computerschädlinge hängt von ihrer **Wirkungswei-** 1313
se ab. Besitzen sie eine Schadensroutine, die zu einer Löschung, Unterdrückung, Unbrauchbarmachung oder Veränderung von Daten führt, ist der Tatbestand des § 303a StGB erfüllt.[111] Demgegenüber ist die Lage bei Schädlingen
ohne eine Schadensroutine im Hinblick auf §§ 303a f. StGB schwieriger einzuschätzen. Selbst nicht schädigende oder gar Verbesserungen des Systems
durchführende Programme können das Tatbestandsmerkmal des Veränderns,
welches nicht an die Spürbarkeit oder an Qualitätsmerkmale geknüpft ist, erfüllen.[112] Die Funktion eines Computerschädlings, sich selbst zu verbreiten und
insoweit das Programm derart zu beeinflussen, dass eine selbständige Verbreitung des Schädlings durchgeführt wird, stellt ebenfalls eine nach § 303a StGB
relevante Datenveränderung dar.[113] Zu denken ist auch an eine Strafbarkeit
nach **§ 303b Abs. 1 Nr. 1, Nr. 2 StGB.** Hierbei ist die Tatbestandsvoraussetzung
der „Störung des Datenverarbeitungsablaufs" problematisch. Eine Datenverarbeitung ist gestört, wenn ihr reibungsloser Ablauf nicht unerheblich gefährdet
wird.[114] Diese Voraussetzung ist mit der reinen Infizierung eines Rechners noch
nicht erfüllt, da der Wortlaut der § 303b Abs. 1 Nr. 1, Nr. 2 StGB auf den Ablauf
der Datenverarbeitung und nicht das die Datenverarbeitung ermöglichende Gerät abstellt.[115] § 303b Abs. 1 Nr. 3 StGB setzt voraus, dass die Hardware einen

---

109 Auer-Reinsdorff/Conrad/*Schmidt*, Handbuch IT- und Datenschutzrecht, 2. Auflage 2016,
§ 3 Technische Grundlagen des Internets, Rz. 210; siehe zu Begriff und Funktionsweise auch:
ders., Rz. 211 f.; Auer-Reinsdorff/Conrad/*Kociok*, Handbuch IT- und Datenschutzrecht, 2. Aufl.
2016, § 27 E-Payment und E-Invoicing, Rz. 20–25; *Dietrich*, Das Erfordernis der besonderen
Sicherung im StGB am Beispiel des Ausspähens von Daten, § 202a StGB, S. 137–141.
110 *LG Mannheim*, Urt. v. 16.5. 2008 – 1 S 189/07, MMR 2008, 765 m. Anm. *Mühlenbrock/
Sesing*.
111 *Eichelberger*, MMR 2004, 594, 595; Kröger/Gimmy/*Schreibauer*, Handbuch zum Internetrecht, S. 607.
112 *Fischer*, Kommentar StGB, 63. Aufl. 2016, § 303a Rz. 12.
113 So auch *Eichelberger*, MMR 2004, 594, 595; *Ernst*, NJW 2003, 3233, 3238; *Fischer*, Kommentar StGB, 63. Aufl. 2016, § 303a Rz. 12.
114 Siehe hierzu BT-Drs. 10/5058, S. 35 f.
115 *Ernst*, NJW 2003, 3233, 3238; *Fischer*, Kommentar StGB, 63. Aufl. 2016, § 303b Rz. 9 mwN.

tatsächlichen und kausal auf der Schadenssoftware beruhenden Schaden genommen hat. Nach der Ausführung der Funktion des Computerschädlings hängt es von einer eventuell vorhandenen und erheblichen Schadensroutine ab, ob der Tatbestand des § 303b StGB vorliegt.[116]

1314   Das **Verbreiten eines Trojaners** führt zur Anwendbarkeit des **§ 202a Abs. 1 StGB**, wenn der Schädling selbständig Daten an seinen Entwickler oder Dritte sendet, wobei ein dauerhafter Download der Daten nicht notwendig ist.[117] Ein Ausspähen von Daten gem. § 202a Abs. 1 StGB liegt vor, wenn der Täter sich oder einem anderen unter Überwindung einer besonderen Zugangssicherung ebendiesen unbefugten Zugang zu Daten verschafft.[118] Mit der Voraussetzung der Zugangsverschaffung wurde 2007 auch die Vorstufe des Ausspähens und Nutzens ausgespähter Daten kriminalisiert.[119]

1315   Die Strafbarkeit dieser Tatbestände erfordert durchweg auch den **Vorsatz des Versenders**, für den dolus eventualis ausreicht. Von einem Vorsatz ist bei einem bewussten Inverkehrbringen eines Computerschädlings auszugehen, während mangels Vorsatzes die Strafbarkeit bei einem unbewussten Weiterversenden des Schädlings, sofern sich dieser aufgrund seiner Programmierung selbständig und ohne Wissen des Computerinhabers verbreitet, entfällt.[120] Das Einwählen in ein unverschlüsselt betriebenes Funknetzwerk erfüllt weder den Tatbestand des unbefugten Abhörens von Nachrichten nach §§ 89 S. 1, 148 Abs. 1 TKG, des unbefugten Abrufens oder Verschaffens personenbezogener Daten nach §§ 43 Abs. 2 Nr. 3, 44 BDSG, des Ausspähens von Daten nach § 202a StGB, des Computerbetrugs nach §§ 263a Abs. 1, 263 Abs. 2, 22 StGB noch des Erschleichens von Leistungen nach § 265a StGB.[121]

---

116 *Eichelberger*, MMR 2004, 594, 595; *Fischer*, Kommentar StGB, 63. Aufl. 2016, § 303b Rz. 9.
117 *Ernst*, NJW 2003, 3233, 3236; *Schneider/Günther*, CR 1997, 389, 395.
118 Bejaht für Keylogging-Programme, Sniffer und sonstige Backdoor-Software, verneint beim Phishing, Skimming und der Installation sog. Dialer, vgl. BT-Drs. 16/3656, S. 9; Schönke/Schröder/*Lenckner/Eisele*, Kommentar StGB, 29. Aufl. 2014, § 202a Rz. 19; *Fischer*, Kommentar StGB, 63. Aufl. 2016, § 202a Rz. 9, 11; zur besonderen Sicherung ausführlich: *Dietrich*, Das Erfordernis der besonderen Sicherung im StGB am Beispiel des Ausspähens von Daten, § 202a StGB; zum zivilrechtlichen Schadensersatzanspruch nach § 823 Abs. 1 BGB i. V. m. § 202a StGB: *OLG Celle*, Urt. v. 22.12. 2010 – 7 U 49/09, NJW-RR 2011, 1047.
119 BT-Drs. 16/3656, S. 9.
120 *Fischer*, Kommentar StGB, 63. Aufl. 2016, § 202a Rz. 11; zum Thema auch: *Libertus*, MMR 2005, 507, 512.
121 *LG Wuppertal*, Beschl. v. 19.10. 2010 – 25 Qs 10 Js 1977/08–177/10, CR 2011, 245 = MMR 2011, 65.

8 Phishing und Pharming

Als **Phishing** wird der Versuch bezeichnet, mit Hilfe von Spam-E-Mails an per-   1316
sönliche Daten der Internetnutzer zu gelangen. Ziel der Täter ist es, Bankkunden zur Preisgabe ihrer Zugangsdaten zu bewegen. Der Internetnutzer wird
dabei durch eine gefälschte E-Mail unter fadenscheinigem Vorwand aufgefordert, seine Bankdaten an den Absender zu übermitteln oder eine bestimmte
Webseite aufzusuchen. Die mit diesem Link aufgerufene Website sieht der
Bankseite täuschend ähnlich, sodass der Nutzer der Meinung ist, er befinde
sich auf der tatsächlichen Internetpräsenz des Institutes. Im weiteren Verlauf
wird der Nutzer gebeten, bestimmte persönliche Daten, wie Passwörter, PIN
oder TAN, einzugeben. Ebenso ist Phishing mittels Installation eines Trojaners
auf dem PC des Nutzers möglich. Die (Bank-)Daten werden durch den Phisher
abgezapft, der sie sodann selbst unbefugt benutzen kann.[122] Die Strafbarkeit
des Phishings wurde auch durch das 41. Strafrechtsänderungsgesetz,[123] welches am 11. August 2007 in Kraft getreten ist, nicht hinreichend geregelt, sodass die Erfassung dieser neuen Begehungsweise durch das geltende Strafrecht
nach wie vor im Einzelnen umstritten ist. In Betracht für eine Strafbarkeit kommen die Tatbestände des Betrugs nach § 263 StGB, des Vorbereitens eines Computerbetrugs nach § 263a Abs. 3 StGB, des Ausspähens von Daten nach § 202a
StGB, der Fälschung beweiserheblicher Daten nach § 269 StGB sowie der Datenveränderung und der Computersabotage nach §§ 303a Abs. 1, 303b Abs. 1
Nr. 1 StGB. Darüber hinaus sind auch die Tatbestände der §§ 143, 143a MarkenG
und §§ 106 ff. UrhG für die strafrechtliche Beurteilung heranzuziehen. Bei der
Beurteilung der Strafbarkeit des Phishings sollte zunächst zwischen Datenbe-
schaffung und der anschließenden Verwendung der erlangten Daten unterschieden werden. Durch das Verschicken der Phishing-E-Mail macht sich der
Täter zunächst einmal gem. **§ 269 StGB** wegen Fälschung beweiserheblicher
Daten strafbar.[124] Demnach liegt eine rechtlich relevante und zum Beweis bestimmte Gedankenerklärung vor, da der Absender den Eindruck erweckt, dass
er den Empfänger zu einer vertragsmäßigen Mitwirkung auffordert. Teilweise
wird bezweifelt, dass Phishing-E-Mails eine rechtserhebliche Aufforderung darstellen. Dem sind jedoch die Beziehung zum Geldinstitut sowie angebliche Si-

---

122 Auer-Reinsdorff/Conrad/*Schmidt*, Handbuch IT- und Datenschutzrecht, 2. Auflage 2016,
§ 3 Technische Grundlagen des Internets, Rz. 237–241; *Popp*, MMR 2006, 84; *Borges*, NJW 2005,
3313.
123 Einundvierzigstes Strafrechtsänderungsgesetz zur Bekämpfung der Computerkriminalität
(41. StÄndG), BGBl. I 2007, S. 1786; eine gute Darstellung findet sich bei *Ernst*, NJW 2007, 2661.
124 *Stuckenberg*, ZStW, 118, 2006, 878; *Heghmanns*, wistra 2007, 167.

cherheitsprobleme, die in der E-Mail vorgegeben werden, entgegenzuhalten, sodass es sich bei den Nachrichten durchaus um beweiserhebliche Daten handelt.[125] Auch das Erstellen der Phishing-Webseite fällt unter die Strafbarkeitsvoraussetzung des § 269 StGB, da auch diese eine unechte Datenurkunde darstellt und eine beweiserhebliche Aufforderung an den Kunden enthält, seine Daten einzugeben.[126]

1317 Ferner macht sich der Phisher auch nach **§§ 143, 143a MarkenG und §§ 106 ff. UrhG** strafbar, wenn er in der E-Mail bzw. auf der Webseite eingetragene Kennzeichen oder geschäftliche Bezeichnungen verwendet, die markenrechtlich oder urheberrechtlich geschützt sind.[127] Eine Strafbarkeit nach **§§ 303a und 303b StGB** kann hingegen aus guten Gründen abgelehnt werden, da durch das Versenden von Phishing-E-Mails bzw. durch das Bereitstellen der Website keine geschützten Daten gelöscht, unbrauchbar gemacht oder verändert werden.[128] Weiterhin fehlt es auch an der nach § 303b StGB erforderlichen Störung einer Datenverarbeitung.[129]

1318 Bei der anschließenden Datenverwendung kommt zunächst eine Strafbarkeit nach **§ 202a StGB** in Betracht, sofern sich der Phisher durch die erlangten Daten Zugang zu den Konto- und Depotinformationen verschafft. Die Erfüllung der Tathandlung des sich Verschaffens eines Zugangs zu einfachen Passwörtern wird abgelehnt, wenn sich der Täter bspw. durch Antwort-E-Mails die Daten lediglich durch ein Tun des Berechtigten übermitteln lässt und daher nicht selbst aktiv den Erhalt der Daten herbeiführt.[130] Zwar ist auch hier umstritten, ob überhaupt noch eine – wie von § 202a StGB geforderte – besondere Zugangsbeschränkung vorliegt. Dem ist hinsichtlich der Bankdaten entgegenzuhalten, dass mit der vorgeschalteten Zugangsdatenabfrage eine Vorkehrung getroffen wurde, die dazu bestimmt war, den Zugriff Dritter auf die Daten auszuschließen, sodass durchaus eine besondere Sicherung i. S. d. § 202a StGB vorliegt.[131]

1319 Weiterhin macht sich der Phisher durch die Verwendung der Daten für die Onlineüberweisung nach **§ 263a StGB und §§ 269, 270 StGB** strafbar. Da die Banken PIN und TAN zum Zweck des Identitätsnachweises an ihre Kunden

---

125 *Gercke*, CR 2005, 606.
126 *Seidl/Fuchs*, HRRS, 2010, 85.
127 *Goeckenjan*, wistra 2008, 128; *Beck/Dornis*, CR 2007, 642.
128 So auch *Popp*, MMR 2006, 84.
129 *Goeckenjan*, wistra 2009, 47.
130 MüKoStGB/*Graf*, 2. Aufl. 2012, § 202a Rz. 57; zur Rechtslage bis zum Jahr 2007 siehe auch *Graf*, NStZ 2007, 129, 131.
131 *Fischer*, Kommentar StGB, 63. Aufl. 2016, § 202a Rz 9a, 12; *Knupfer*, MMR 2004, 641 f.

vergeben, kommt die Datenverwendung durch den Phisher einer Identitätstäuschung gleich und erfüllt somit das Tatbestandsmerkmal des unbefugten Verwendens von Daten gem. § 263a StGB.[132] Eine Strafbarkeit nach §§ 269, 270 StGB ist deshalb zu bejahen, weil der Phisher durch die Eingabe der Zugangsdaten im Rahmen einer Onlineüberweisung einen Datensatz herstellt, den die Bank als Überweisungsauftrag speichert. Die Speicherung dieser beweiserheblichen Daten stellt eine unechte Urkunde dar.[133] Hierbei handelt es sich im Ergebnis um eine nach § 270 StGB fälschliche Beeinflussung einer Datenverarbeitung, die einer Täuschung im Rechtsverkehr gleichsteht.[134]

Der durch das 41. Strafänderungsgesetz neu eingeführte **§ 202c StGB** greift 1320 zwar hinsichtlich der Vorbereitungshandlungen für die Datenverwendung ein, ist jedoch gegenüber dem vom Phisher verwirklichten § 202a StGB subsidiär.[135] Unstreitig von § 202c Nr. 2 StGB erfasst sind Hacker-Tools, deren alleiniger und objektiver Zweck die Ermöglichung der Begehung von Straftaten ist.[136] Das *BVerfG* hat drei Verfassungsbeschwerden gegen die sog. Hackerparagraphen (§ 202c StGB) als unzulässig abgewiesen.[137] Mit dieser Entscheidung war das Gericht zwar nicht gezwungen, zu überprüfen, ob die gesetzliche Regelung im Einklang mit dem Grundgesetz steht. Dennoch lässt sich anhand der Argumentation des *BVerfG* erkennen, dass sog. **Dual-Use-Tools**, also Programme, die neben einer möglichen rechtswidrigen Verwendung auch zur Systemwartung erforderlich sind, nicht unter den Tatbestand des Vorbereitens des Ausspähens und Abfangens von Daten fallen, solange sie nicht in der Absicht entwickelt wurden, sie zu diesem Zweck einzusetzen.[138] Denn das *BVerfG* begründete seine Entscheidung damit, dass die Beschwerdeführer, die beruflich mit Dual-Use-Tools arbeiten und deshalb befürchteten, sich nach § 202c StGB strafbar zu machen, von der Strafvorschrift nicht unmittelbar betroffen seien, weil für sie kein Risiko einer strafrechtlichen Verfolgung bestünde.[139] Nur Programme, die mit

132 *Fischer*, Kommentar StGB, 63. Aufl. 2016, § 263a Rz. 16; *Weber*, HRRS 2004, 406; *Goeckenjan*, wistra 2008, 128.
133 *Fischer*, Kommentar StGB, 63. Aufl. 2016, § 269 Rz. 8.
134 *Stuckenberg*, ZStW 118, 2006, 878; *Goeckenjan*, wistra 2008, 128.
135 *Fischer*, Kommentar StGB, 63. Aufl. 2016, § 202c Rz. 10; *Heghmanns*, wistra 2007, 167.
136 BT-Drs. 16/3656, S. 17; *Fischer*, Kommentar StGB, 63. Aufl. 2016, § 202c Rz. 4.
137 *BVerfG*, Urt. v. 18. 5. 2009 – 2 BvR 2233/07, 2 BvR 1151/08, 2 BvR 1624/08, K & R 2009, 632 m. Anm *Heckmann/Höhne* = MMR 2009, 577 (Ls.); siehe zu dem Urteil auch die Anm. *Höfinger*, ZUM 2009, 751.
138 *BVerfG*, Urt. v. 18. 5. 2009 – 2 BvR 2233/07, 2 BvR 1151/08, 2 BvR 1624/08, K & R 2009, 632, 634.
139 *BVerfG*, Urt. v. 18. 5. 2009 – 2 BvR 2233/07, 2 BvR 1151/08, 2 BvR 1624/08, K & R 2009, 632, 633.

der Absicht entwickelt werden, sie später zur Ausspähung oder zum Abfangen von Daten einzusetzen, seien vom Tatbestand umfasst. Diese Absicht müsse sich objektiv manifestieren, der Täter also Handlungen vorgenommen haben, anhand derer man eine Absicht zur Begehung der Straftaten nach §§ 202a, b StGB erkennen kann. Dafür sei es nicht ausreichend, wenn das Programm lediglich dazu geeignet ist, die benannten Computerstraftaten zu begehen. Hinzukommen müsse ferner der Vorsatz, eine der Straftaten zu begehen. Nicht strafbar ist es daher auch, wenn die jeweiligen Programme mit Einverständnis der betroffenen Person dazu verwendet werden, Angriffe auf das System zu simulieren, um bspw. Schwachstellen im Schutzsystem zu entdecken und zu entfernen.[140]

1321   In einer Weiterentwicklung des Phishings, dem **Pharming**, wird die Zuordnung der IP-Adressen, welche sich hinter einer jeden Domain verbergen, manipuliert, sodass der Internetnutzer nicht mittels E-Mail auf eine originär falsche Domain geleitet wird, sondern zunächst die richtige Domainadresse in die Browserzeile eingibt. Diese ist allerdings mit einer anderen als der gewollten Seite verknüpft, sofern der Täter auf den PC oder den Router des Nutzers oder auf den Übersetzungsvorgang des DNS-Servers derart eingewirkt hat, dass der Nutzer auf eine Seite gelangt, welche die eigentlich gewollte Seite (i. d. R. die eines Kreditinstituts oder Auktionshauses) täuschend echt nachbildet. Gibt der Nutzer hier seine (Bank-)Daten ein, erlangen die Täter Zugriff auf diese und können sie für Überweisungen in eigener Sache verwenden oder an Dritte weitergeben.[141] Pharming ist nicht nach § 202a StGB strafbar, wohl aber als Computerbetrug gem. § 263a StGB, da direkt in den Datenverarbeitungsvorgang des Computers eingegriffen wird, indem die Zuordnung der Domain mit der IP-Adresse vertauscht wird.[142] Außerdem ist das Einwirken auf den DNS-Server als Datenveränderung zu qualifizieren und deshalb auch gem. § 303a StGB strafbar, wie auch als Computersabotage nach § 303b Abs. 1 Nr. 1 StGB.[143]

1322   Das **Bereitstellen des eigenen Kontos** zur Annahme des durch Phishing- oder Pharming-Attacken transferierten Geldes stellt bei hinreichend konkretisiertem Vorsatz eine Beihilfe zu den o. g. Delikten dar.[144] Kommt diese Bereit-

---

140 *BVerfG*, Urt. v. 18. 5. 2009 – 2 BvR 2233/07, 2 BvR 1151/08, 2 BvR 1624/08, K & R 2009, 632, 635.

141 *LG Mannheim*, Urt. v. 16. 5. 2008 – 1 S 189/07, MMR 2008, 765 m. Anm. *Mühlenbrock/ Sesing;* zum Begriff auch: Auer-Reinsdorff/Conrad/*Kociok*, Handbuch IT- und Datenschutzrecht, 2. Aufl. 2016, § 27 E-Payment und E-Invoicing, Rz. 17–19; *Zahrte*, MMR 2013, 207; *Popp*, MMR 2006, 84; *Borges*, NJW 2005, 3313.

142 *Popp*, MMR 2006, 84, 85.

143 *Popp*, MMR 2006, 84, 86.

144 *AG Hamm*, Urt. v. 5. 9. 2009 – 10 Ds 101 Js 244/05–1324/05, CR 2006, 70; *Fischer*, Kommentar StGB, 63. Aufl. 2016, § 263a Rz. 25.

stellung der Konten einer Privatperson ausschließlich durch Internet- oder E-Mail-Kontakte zu Stande, muss der Kontoinhaber konkret davon ausgehen, dass es sich um illegales Geld handelt, welches aus Computerbetrügereien entstanden ist. Daher kommt für den Kontoinhaber auch eine Strafbarkeit wegen Geldwäsche gem. § 261 StGB in Betracht.[145]

Von Nutzern des Online-Banking wird mittlerweile erwartet, dass sie über geeignete Sicherheitseinrichtungen verfügen und diese das Betriebssystem und die verwendete Software regelmäßig aktualisieren, um auf diese Weise einem eventuellen Missbrauch durch Phishing, Pharming oder ähnlichen Phänomenen vorzubeugen. Ferner wird von ihnen ein gründlicher Umgang mit E-Mails insoweit gefordert, dass deutliche Hinweise auf gefälschte E-Mails, deren Umlauf auch immer wieder großes Medienaufsehen erregt, erkannt werden müssen. Anhaltspunkte sind hier etwa Rechtschreib-, Grammatik- oder Sprachfehler, abweichende Internetadressen sowie unverschlüsselte Verbindungen. Werden diese Vorkehrungen nicht getroffen, liegt Leichtfertigkeit beim Geschädigten vor.[146] **1323**

9 DDoS-Attacken (Distributed Denial of Service)

Die Bezeichnung **Denial of Service** steht für einen Angriff auf einen Server mit dem Ziel, dessen Arbeitsfähigkeit erheblich oder gar vollständig einzuschränken. Wird dieser Angriff koordiniert von einer großen Anzahl von Systemen durchgeführt, so spricht man von einem **Distributed Denial of Service** (DDoS).[147] Üblicherweise erfolgen diese Angriffe in Zusammenhang mit Würmern, die sich einige Zeit vor der Durchführung des Angriffs verbreiten und so programmiert sind, dass gleichzeitig der DDoS-Angriff durchgeführt wird. Bzgl. der Strafbarkeit von DoS-Attacken ist zwischen der Attacke selbst und der zumeist mit einer solchen Attacke verbundenen Androhung, einen DDoS-Angriff auszuführen (oft auch i. V. m. einer „Lösegeldforderung"), zu unterscheiden. **1324**

---

145 *AG Darmstadt*, Urt. v. 11.1. 2006 – 212 Ls 360 Js 33848/05, JurPC Web-Dok. 125/2006; *Fischer*, Kommentar StGB, 63. Aufl. 2016, § 263a Rz. 25.
146 *BGH*, Urt. v. 24.4. 2012 – XI ZR 96/11, NJW 2012, 2422 = MMR 2012, 484; *OLG München*, Urt. v. 23.1. 2012 – 17 U 3527/11, MMR 2013, 163; *LG Köln*, Urt. v. 26.8. 2014 – 3 O 390/13, NJW 2014, 3735; *LG Berlin*, Urt. v. 8. 11. 2011 – 21 O 80/11, NJW-RR 2012, 570 = MMR 2012, 229; *LG Köln*, Urt. v. 5.12. 2007 – 9 S 195/07, MMR 2008, 259; *AG Krefeld*, Urt. v. 6.7. 2012 – 7 C 605/11, MMR 2013, 164 = BKR 2012, 480; *Schulte am Hüls/Klabunde*, MMR 2010, 84, 87 f.
147 Zum Begriff auch: Auer-Reinsdorff/Conrad/*Kociok*, Handbuch IT- und Datenschutzrecht, 2. Aufl. 2016, § 27 E-Payment und E-Invoicing, Rz. 229; vgl. zur technischen Seite von DDoS-Attacken: *Möller/Kelm*, DuD 2000, 292.

Die DoS-Attacke selbst kann – abhängig von der jeweiligen Funktionsweise – eine Unterdrückung von Daten gem. § 303a StGB bedeuten, wenn dadurch ein aktueller Datenübertragungsvorgang unterbrochen wird[148] oder der Betreiber der Webseite diese nicht mehr erreichen kann und die Daten daher seinen Verfügungsmöglichkeiten entzogen sind.[149] Die Strafbarkeit ergibt sich nunmehr auch aus § 303b Abs. 1 Nr. 2 StGB (Computersabotage), der die Eingabe oder Übermittlung von Daten bestraft, wenn dies in der Absicht geschieht, einem anderen einen Nachteil zuzufügen. Es sind also insb. DoS- und DDoS-Angriffe erfasst.[150] Auch die Veränderung des Datenbestandes an den manipulierten Computern, die zu einem vordefinierten DDoS-Angriff führt, stellt eine Datenveränderung an diesem Computer gem. § 303a StGB dar.[151]

1325   Daneben werden insb. DDoS-Attacken oft mit einer vorherigen Ankündigung verbunden, die wiederum die Forderung nach einem „Lösegeld" zur Vermeidung des Angriffs enthalten kann. Es stellt sich hierbei zunächst die Frage nach einer Strafbarkeit dieses Vorgehens wegen Nötigung (§ 240 StGB). Das *AG Frankfurt a. M.*[152] sah im Aufruf zu einer **„Online-Demonstration"** einen öffentlichen Aufruf zur Straftat der Nötigung gem. § 111 StGB, weil Dritte durch den Angriff von einem Besuch der Webseite abgehalten werden. Es handle sich daher um „Gewalteinwirkung", da der Internetnutzer durch vis absoluta von einem Besuch der Webseite abgehalten werde. Daneben sei aber auch das angegriffene Unternehmen selbst Opfer einer Nötigung, weil durch die Beeinflussung der Internetnutzer dem Unternehmen – im vorliegenden Fall der Lufthansa – ein bestimmtes Verhalten aufoktroyiert werden solle. Der Zusammenschluss mehrerer Personen im Onlinebereich zur Durchführung einer „Online-Demonstration" (die einer DDoS-Attacke entspricht) sei auch nicht vom Grundrecht der Versammlungsfreiheit gem. Art. 8 GG geschützt, weil es insoweit an einem gemeinsamen Ort der Aktivität und der erforderlichen inneren Verbundenheit der Teilnehmer fehle. Die Einordnung des Verhaltens als Nötigung wurde jedoch vom Revisionsgericht, dem *OLG Frankfurt a. M.*, nicht geteilt.[153] Es handle sich weder um „Gewalt" noch um eine „Drohung mit einem empfindlichen Übel", sodass eine Strafbarkeit aus § 240 StGB wegen Nötigung

---

148 *Ernst*, NJW 2003, 3233, 3238.
149 *Kraft/Meister*, MMR 2003, 366, 372.
150 *Ernst*, DS 2007, 335; BT-Drs. 16/3656, S. 13.
151 *Ernst*, NJW 2003, 3233, 3239.
152 *AG Frankfurt a. M.*, Urt. v. 1. 7. 2005 – 991 Ds 6/2000 Js 226314/01, 991 Ds 6100 Js 226314/01, CR 2005, 897.
153 *OLG Frankfurt a. M.*, Beschl. v. 22. 5. 2006 – 1 Ss 319/05, CR 2006, 684 = MMR 2006, 547 m. Anm. *Gercke*.

entfalle.[154] Dies läge daran, dass sich die Wirkung der DDoS-Attacke beim Internetnutzer darin erschöpfe, dass er (für die Zeit der Attacke) die Internetseite nicht aufrufen könne, was aber **keine psychische Beeinträchtigung** bedeute, sondern lediglich eine Sachentziehung, die aber nicht als Nötigung zu werten sei.[155] Seit der Umsetzung des Art. 3 des EU-Rahmenbeschlusses 2005/222/JI durch das Strafrechtsänderungsgesetz vom 20. September 2006 werden DDoS-Attacken vom Straftatbestand der Computersabotage gem. § 303b StGB umfasst.[156] Diese Umsetzung entspricht auch der diesbezüglichen Normierung in Art. 5 CCC.[157] Das *LG Düsseldorf*[158] urteilte in einem Fall von einer Reihe von DDoS-Attacken auf Online-Wettportalen, dass das Fordern von Geldbeträgen zur Vermeidung weiterer DDoS-Attacken eine versuchte Erpressung darstellt, die mit der Zahlung der geforderten Summen zur vollendeten Tat i. S. d. § 253 StGB wird. Der Täter hatte durch gezielte DDoS-Attacken mehrere Server dieser Portale über ein sog. Botnetz zum Absturz gebracht. Die durchgeführten DDoS-Attacken sind zudem in Tateinheit als Computersabotage nach § 303b StGB strafbar.

10 Ping-Anrufe und Dialer

Lock-Anrufe bzw. **sog. Ping-Anrufe** sind nicht nur wettbewerbs-, zivil- und telekommunikationsrechtlich[159] relevant, sondern können ebenfalls ein strafbarer Betrug nach § 263 StGB sein. Sie werden nach einmaligem Klingeln abgebrochen, bevor der Angerufene das Gespräch entgegennehmen konnte, und suggerieren dem Empfänger so einen verpassten Anruf einer gesprächsbereiten Person, die ersteren unter einer bestimmten Nummer zu erreichen versucht hat. Tätigt der Angerufene einen Rückruf, so fallen i. d. R. hohe Telefonkosten eines Mehrwertdienstes an, über die der Anrufer im Vorfeld nicht aufgeklärt wurde. In dem Erwecken des Anscheins, dass jemand den Inhaber des Telefons

1326

---

154 *OLG Frankfurt a. M.*, Beschl. v. 22. 5. 2006 – 1 Ss 319/05, CR 2006, 684 = MMR 2006, 547 m. Anm. *Gercke*.
155 A.A. zu diesem Bereich *Kraft/Meister*, MMR 2003, 366, 370, die Online-Demonstrationen mit Sitzblockaden gleichsetzen und daher eine Strafbarkeit wegen Nötigung bejahen.
156 BT-Drs. 16/5449, S. 13; *Gercke*, Anm. zu *OLG Franfurt a. M.*, Urt. v. 22. 5. 2006 – 1 Ss 319/05, MMR 2006, 547, 553.
157 *Eichelberger*, DuD 2006, 490, 495.
158 *LG Düsseldorf*, Urt. v. 22. 3. 2011 – 3 KLs 1/11, CR 2011, 691 (Ls.) = MMR 2011, 624.
159 Hierzu *Leible*, in: MüKO Kommentar Lauterkeitsrecht, 2. Aufl. 2014, § 7 UWG, Unzumutbare Belästigungen, Rz. 145; *Ditscheid/Rudloff*, in: Beck'scher TKG-Kommentar, 4. Aufl. 2013, Vorbem. §§ 66 – 67 TKG Rz. 39, 41 f.

zu erreichen versucht hat, sowie in der Nichtaufklärung über die Kostenpflichtigkeit des Rückrufs liegt eine Täuschung über Tatsachen, während sich aus den Kosten des Rückrufs der Vermögensschaden ergibt.[160]

1327   Der Begriff **Dialer** steht heutzutage für Einwahlprogramme ins Internet, die sich – teilweise ohne Wissen des Nutzers, teilweise absichtlich – auf dem Computer installieren und selbständig ins Internet einwählen. Diese Einwahl wird meist über Nummern durchgeführt, die besonders hohe Gebühren haben, wie z. B. 0190- oder 0900-Nummern.[161] Die strafrechtliche Beurteilung von Dialern[162] bereitet ausschließlich bei ohne Wissen des Nutzers installierten Dialern, oder bei denjenigen Dialern, die über die vom Nutzer geplante Einwahl hinausgehen, Probleme. Absichtlich heruntergeladene Dialer, die den Einwahlpreis für die Internetverbindung in bestimmten, dem Nutzer bekannten Fällen erhöhen, sind aus strafrechtlicher Sicht nicht relevant, da es an der erforderlichen Täuschung i. S. d. § 263 StGB fehlt. Auch § 263a StGB scheidet aufgrund der nicht vorliegenden unbefugten Verwendung aus.

1328   In Betracht kommt jedoch eine Strafbarkeit nach **§§ 202a, 263, 263a und 303a StGB** bei Dialern, die sich ohne Wissen des Nutzers auf dessen Rechner installiert und die Internetverbindungsdaten derart verändert haben, dass eine Einwahl in das Internet ausschließlich über die Nummer des Dialers erfolgt.[163] Zu beachten ist jedoch, dass der Nutzer die Darlegungs- und Beweislast dafür trägt, dass der Dialer sich heimlich installiert hat.[164] In gleicher Art und Weise zu bestrafen sind Verantwortliche für Dialer, die über die beabsichtigte Nutzung hinaus auch in anderen als den beabsichtigten und dem Nutzer bekannten Fällen die hochpreisige Internetverbindung des Dialers benutzen. Die Strafbarkeit nach § 202a StGB entfällt dabei, da der Dialer selbst weder dem Versender des Dialers noch irgendeinem Dritten selbständig Daten zusendet. Lediglich in den Fällen, in denen ein Dialer mit einem Trojaner verbunden ist, der Daten ausspionieren soll, kommt eine Strafbarkeit nach § 202a StGB in Betracht,[165] wobei diese die Funktionsweise des Trojaners und nicht des Dialers betrifft.

---

160 *BGH*, Urt. v. 27. 3. 2014 – 3 StR 342/13, NJW 2014, 2054 m. Anm. *Cornelius* = MMR 2014, 630; *OLG Oldenburg*, Beschl. v. 20. 8. 2010 – 1 Ws 371/10, MMR 2010, 791 = CR 2011, 94; *Ditscheid/Rudloff*, in: Beck'scher TKG-Kommentar, 4. Aufl. 2013, Vorbem. §§ 66 – 67 TKG Rz. 39 f.

161 *Schütz*, in: Beck'scher TKG-Kommentar, 4. Aufl. 2013, § 6 TKG, Rz. 33.

162 Zu den vertraglichen Beziehungen: *Hoeren/Welp*, JuS 2006, 389.

163 *Weidemann* in: BeckOK StGB, § 202a Rz. 16.

164 *AG Leer*, Urt. v. 30. 5. 2006 – 7d C 8/06, MMR 2007, 473.

165 *Buggisch*, NStZ 2002, 178, 179.

Dagegen liegt eine Strafbarkeit nach § 303a StGB vor, wenn sich der Dialer 1329 ohne **Wissen des Nutzers** installiert, weil der Dialer die Daten des Internetzugangs verändert.[166] Dies gilt auch für die Fälle, in denen sich der Dialer über die beabsichtigte Nutzung hinaus ins Internet einwählt, da in diesem Fall zwar der Nutzer selbst eine Datenveränderung durchgeführt hat, nämlich für die beabsichtigte Einwahl, die Veränderung der Daten, die über diese Einwahl hinausgehen, aber ohne Wissen des Nutzers verändert wurden.[167]

Auch ein **Computerbetrug nach § 263a** StGB liegt vor, da der Nutzer 1330 durch die Installation insoweit getäuscht wird, dass er entweder nur für die Anwahl bestimmter Seiten oder aber nie den überhöhten Preis bezahlen müsse.[168] Daneben liegt auch der Betrugstatbestand gem. § 263 StGB bei der Verwendung von Dialern vor. Die für eine Betrugsstrafbarkeit erforderliche Vermögensverfügung besteht in dem aktiven Benutzen des Dialers und damit der überteuerten Verbindung ins Internet. Ein Verfügungsbewusstsein ist insofern nicht erforderlich.[169] Der Vermögensschaden, der laut *Buggisch* „unproblematisch gegeben sein dürfte",[170] stellt sich aber als schwieriger zu beurteilen dar. Die Rechtsprechung verneint im Hinblick auf zivilrechtliche Zahlungsansprüche der durch Dialer entstandenen Kosten einen solchen Anspruch[171] bzw. steht einem Rückzahlungsanspruch positiv gegenüber, wenn die Zahlung unter Vorbehalt erfolgte.[172] Aufgrund der eindeutigen Rechtsprechung besteht somit keine Zahlungspflicht des Nutzers, sodass eine Vermögensgefährdung nicht eingetreten ist. Jedoch ist anerkannt, dass eine Vermögensgefährdung bereits dann vorliegt, wenn das Risiko eines Prozesses droht, in welchem dem Nutzer verschiedenartige Nachweisproblematiken entstehen könnten.[173] Ein Vermögensschaden ist insoweit also ebenfalls – zumindest in Form einer konkreten Vermögensgefährdung – durch die Einwahl in das Internet über einen Dialer anzunehmen. Auch die Qualifikationstatbestände des § 263 StGB können bei Dialern vorliegen, z. B. wenn die Installierung eines Dialers gewerbsmäßig

---

166 *AG Hamburg-St.Georg*, Urt. v. 16. 12. 2005 – 944 Ls 2214 Js 97/04, MMR 2006, 345; *Buggisch*, NStZ 2002, 178, 180.
167 A.A. *Fülling/Rath*, JuS 2005, 598, 602.
168 *Buggisch*, NStZ 2002, 178, 180; *Fülling/Rath*, JuS 2005, 598, 600.
169 *Fülling/Rath*, JuS 2005, 598, 600; *Buggisch*, NStZ 2002, 178, 181 m. w.N.
170 *Buggisch*, NStZ 2002, 178, 181.
171 *BGH*, Urt. v. 4. 3. 2004 – III ZR 96/03, MDR 2004, 620 m. Anm. *Schlegel* = CR 2004, 355 = NJW 2005, 1590; *LG Frankfurt a. M.*, Urt. v. 26. 8. 2005 – 2-31 O 465/04, MMR 2005, 856; *AG München*, Urt. v. 25. 7. 2005 – 163 C 13423/05, MMR 2006, 184; *AG Trier*, Urt. v. 10.12. 2004 – 32 C 515/04, NJW-RR 2005, 921; *LG Gera*, Urt. v. 24. 3. 2004 – 1 S 386/03, CR 2004, 543.
172 *BGH*, Urt. v. 20. 10. 2005 – III ZR 37/05, CR 2006, 27 = NJW 2006, 286.
173 *Fülling/Rath*, JuS 2005, 598, 600.

erfolgt.[174] Die letztgenannten Tatbestände des § 263a StGB und des § 263 StGB sollen im vorliegendem Fall – entgegen der h. M., die eine Subsidiarität des § 263a StGB annimmt[175] – in Idealkonkurrenz stehen, um die Doppelfunktion des Dialers, nämlich einerseits die Täuschung des Menschen, andererseits den Eingriff in den Datenverarbeitungsprozess, darzulegen.[176]

11 IP-Spoofing und Portscanning

1331 Weitere Arten von Hackerangriffen stellen das IP-Spoofing und das Portscanning dar. Beim **IP-Spoofing** verwendet der Hacker eine falsche IP-Nummer, um so eine falsche Identität vorzuspielen. Dabei setzt der Hacker statt der eigenen ihm zugordneten IP-Adresse die IP-Adresse eines anderen Computers ein, sodass er nicht mehr als Versender des Datenpaketes identifiziert werden kann und dieses Datenpaket einem anderen Nutzer zugeordnet wird.[177] Die dadurch vergebene IP-Adresse stimmt zwar mit dem Anschluss, von dem aus die Daten versendet wurden überein, jedoch stammen diese Daten nicht vom Anschlussinhaber, sondern von einem Dritten, nämlich dem Hacker. **Portscanning** dagegen bezeichnet die Hackertätigkeit, die offenen Ports eines Systems ausfindig zu machen, um dieses danach i. S. eines klassischen DoS-Angriffs zum Erliegen zu bringen.[178]

1332 Für die **Strafbarkeit des IP-Spoofings** wird unterschieden zwischen dem echten IP-Spoofing, bei dem der Hacker die Datenpakete von seinem eigenen Computer aus versendet und eine falsche IP-Adresse benutzt, und dem unechten IP-Spoofing, bei dem der Hacker die Datenpakete von einem fremden Computer aus versendet.[179] Das **echte IP-Spoofing** stellt eine Täuschung im Rechtsverkehr bei der Datenverarbeitung gem. § 269 StGB dar. Der Hacker entfernt bei den von ihm versendeten Datenpaketen die (zum Beweis im Rechtsverkehr erhebliche) eigene IP-Nummer und fügt eine andere, fremde IP-Num-

---

174 *AG Hamburg-St. Georg*, Urt. v. 16.12. 2005 – 944 Ls 2214 Js 97/04–571/05, MMR 2006, 345.
175 *Tröndle/Fischer*, § 263a Rz. 38; *Lackner/Kühl*, § 263a Rz. 27; Schönke/Schröder/*Cramer*, Kommentar StGB, 29. Aufl. 2014, § 263a Rz. 41.
176 *Buggisch*, NStZ 2002, 178, 181; *Fülling/Rath*, JuS 2005, 598, 602.
177 *Weidemann* in: BeckOK StGB, Computerkriminalität, Rz. 8; Auer-Reinsdorff/Conrad/*Kociok*, Handbuch IT- und Datenschutzrecht, 2. Aufl. 2016, § 27 E-Payment und E-Invoicing, Rz. 17–19; hierzu auch *Dietrich*, Das Erfordernis der besonderen Sicherung im StGB am Beispiel des Ausspähens von Daten, § 202a StGB, S. 154 f.
178 *Weidemann* in: BeckOK StGB, Computerkriminalität, Rz. 11; *Dietrich*, Das Erfordernis der besonderen Sicherung im StGB am Beispiel des Ausspähens von Daten, § 202a StGB, S. 133–135.
179 *Rinker*, MMR 2002, 663.

mer dem Datenpaket bei. Er verändert damit beweiserhebliche Daten und spiegelt dem Empfänger einen anderen als den tatsächlichen Versender vor.[180] Eine Strafbarkeit nach § 303a StGB liegt beim echten IP-Spoofing nicht vor. Der Hacker verändert zwar Daten, jedoch fehlt es an einem Zugriff für Dritte auf diese Daten.[181] Der Tatbestand des § 303a StGB muss aber aufgrund seines Schutzzweckes und des typischen Unrechts der Vorschrift des § 303a StGB, nämlich dass jemand anderes als der Täter von der Tat betroffen sein muss, insoweit eingeschränkt werden. Der Zugriff muss daher auch für Dritte möglich sein, da ansonsten für den Dritten kein Interesse an diesen Daten besteht.[182] Das **unechte IP-Spoofing** ist dagegen sowohl nach § 269 StGB strafbar, als auch nach § 303a StGB. Die strafbare Handlung in Bezug auf § 269 StGB liegt dabei in dem Gebrauchen gefälschter Daten (der IP-Adresse des gekaperten Anschlusses), während die Datenveränderung nach § 303a StGB in der Vorspiegelung eines anderen als des wahren Versenders der Daten liegt.[183]

Für das **Portscanning** kommt die Anwendbarkeit mehrerer strafrechtlicher **1333** Vorschriften in Betracht. Es könnte sich dabei um Ausspähen von Daten gem. § 202a StGB, um eine Datenveränderung nach § 303a StGB oder eine Computersabotage nach § 303b StGB handeln. Eine Strafbarkeit nach § 202a StGB entfällt, weil das reine Portscanning sich außerhalb einer durch Sicherungsmaßnahmen geschützten Sphäre des angegriffenen Nutzers abspielt. Durch das Portscanning verschafft sich der Angreifer also noch keinen Zugang zu besonders gesicherten Daten. Zwar kann daran gedacht werden, dass bereits der Schutz vor Portscanning durch eine Protokollierungssoftware des Nutzers besteht. Jedoch genügt die reine Protokollierung nicht als geeignete Schutzmaßnahme i. S. d. § 202a StGB, da sie lediglich der Beweissicherung dient.[184] Es besteht daher keine Strafbarkeit nach § 202a StGB.[185] Dagegen ist eine Strafbarkeit des Portscanning anzunehmen, wenn dieses als Mittel für einen DoS-Angriff benutzt wird, weil dadurch Daten i. S. d. § 303a StGB unterdrückt werden. Da für eine Datenunterdrückung das zeitweilige Entziehen der Verwendungsmöglichkeit der Daten für den Berechtigten genügt, liegt eine Strafbarkeit nach § 303a StGB vor.[186] Handelt es sich bei der angegriffenen Datenverarbeitung

---

180 *Rinker*, MMR 2002, 663, 664.
181 *Rinker*, MMR 2002, 663, 664.
182 Diese Einschränkung des Tatbestandes befürwortet auch *Rinker*, MMR 2002, 663, 664 m. w.N.
183 *Rinker*, MMR 2002, 663, 664.
184 So auch *Rinker*, MMR 2002, 663, 665 m. w.N.
185 Für eine Strafbarkeit hingegen *Weidemann* in: BeckOK StGB, § 202a Rz. 15, m. w.N.
186 *Rinker*, MMR 2002, 663, 665.

um eine solche von wesentlicher Bedeutung für einen fremden Betrieb, ein fremdes Unternehmen oder eine Behörde, liegt auch eine Strafbarkeit nach § 303b StGB vor.[187]

12 Einstellung von mangelbehafteten Angeboten ins Internet einschließlich der Nutzung fremder Accounts („Account-Takeover")

1334 Aus strafrechtlicher Sicht kann auch die Benutzung von Onlineverkaufsplattformen oder anderen Angeboten im Hinblick auf den **Verkauf nicht existenter oder nicht der Beschreibung entsprechender Gegenstände** interessant werden. In Betracht kommt hier bspw. der angekündigte Verkauf von Viagra-Pillen, die sich aber als wirkungslose Pflanzenpräparate entpuppen, oder das Versprechen, nach Zahlung eines bestimmten Betrages den Zugang zu einem Portal mit einer großen Anzahl von Erotikbildern zu erhalten, das sich dann aber als inhaltsleere Webseite darstellt.[188] Wird durch diese Benutzung der Ersteigerer oder Käufer zu einer Überweisung des Kaufpreises gebracht, so liegt in dem Verhalten ein Betrug gem. § 263 StGB. Der „Verkäufer" weiß von Beginn der Auktion von der fehlenden Existenz des Kaufgegenstandes und will den Ersteigerer zu einer Überweisung des vermeintlichen Kaufpreises, die dieser in Erwartung des Erhalts des vermeintlich gekauften Gegenstandes tätigt, „verführen". Bei einer solchen Strafbarkeit spielt die Frage nach der Inhaberschaft an dem Account keine Rolle, größtenteils werden diese betrügerischen Vorgänge aber über fremde Accounts getätigt, zu deren Zugangsdaten der Täter mit Hilfe einer Phishing-Mail gekommen ist.[189] Das Einstellen eines nicht existenten Gegenstandes selbst auf einer Onlineverkaufsplattform begründet jedoch keine Strafbarkeit zum Nachteil des realen Accountinhabers. Die Strafbarkeit wird ab dem betrügerischen Einstellen einer Auktion ausschließlich zum Nachteil etwaiger Käufer begründet. Der reguläre Verkauf existenter Waren mittels einem bei einer Internet-Plattform unter falschen Personalien errichteten Accouts kann mangels Täuschung über die Identität des Verkäufers strafrechtlich unrelevant sein, während die Einrichtung eines solchen Accounts den Straftatbestand der Fälschung beweiserheblicher Daten gem. § 269 Abs. 1 StGB erfül-

---

187 So auch *Rinker*, MMR 2002, 663, 665.

188 Die Beispiele stammen aus Kröger/Gimmy/*Schreibauer*, Handbuch zum Internetrecht, 2. Aufl. 2002, S. 610.

189 *Gercke*, MMR 2004, Heft 5, XIV; vgl. *Klees*, MMR 2007, 275, 277, der die zivilrechtliche Verantwortlichkeit sog. „Spaßbieter" überprüft und dabei auf die Möglichkeit des Ausspähens von Passwörtern durch Trojaner hinweist; vgl. zu dieser Möglichkeit auch *OLG Naumburg*, Urt. v. 12. 1. 2005 – 2 U 758/01, OLG-NL 2005, 51.

len könnte. Das *OLG Hamm*[190] hatte dies im Jahre 2008 unter dem Hinweis auf die allgegenwärtige Gebräuchlichkeit von Nicknames und fiktiven Identitäten im Internet verneint. Das *KG*[191] hat die Tatbestandsmäßigkeit ein Jahr später in einer umstrittenen Entscheidung bejaht.[192]

13 Filesharing

Seit dem Aufbau von Filesharing-Netzwerken im Internet wie „Napster" und **1335** „Kazaa", bei denen die Teilnehmer des Netzwerkes gegenseitig Dateien zum Download über das Internet bereitstellen, stellt sich die Frage nach der **Strafbarkeit des Filesharings,** welches nicht nur musikalische Werke, sondern auch Filme, Computerspiele und sonstige Werke jeder Art betreffen kann. In Frage kommt insoweit eine Strafbarkeit nach den §§ 106 ff. UrhG. Voraussetzung für diese Strafbarkeit ist eine Verletzung des Urheberrechts. Die Bereitstellung zum Download bedeutet eine öffentliche Zugänglichmachung gem. § 19a UrhG, während der Download selbst eine Vervielfältigung der Datei gem. § 16 UrhG bedeutet.[193] Sie stellt jedoch nur dann eine Urheberrechtsverletzung dar, wenn die urheberrechtliche Schranke der Privatkopie (§ 53 UrhG) nicht einschlägig ist. Nach dem **„Ersten Korb" der Urheberrechtsreform** wurde § 53 UrhG auf offensichtlich rechtswidrig hergestellte Vorlagen beschränkt und nicht auf die Rechtmäßigkeit der öffentlichen Zugänglichmachung durch den Anbieter.[194] Durch die Verabschiedung des **„Zweiten Korbes"** der Urheberrechtsreform wurde versucht, diese Unzulänglichkeit im Bereich der Privatkopie zu verbessern. Die Änderungen des UrhG beinhalten u. a., dass § 53 Abs. 1 UrhG auch dann nicht einschlägig ist, wenn die Vorlage zur Privatkopie „offensichtlich rechtswidrig öffentlich zugänglich gemacht wurde". Diese Formulierung bedeutet, dass neben dem Anbieten auch der Download von unerlaubt online gestellten urheberrechtlich geschützten Dateien nicht mehr von der Schranke des § 53 UrhG gedeckt ist. Den Betreibern der Plattformen könnte allenfalls eine Beihilfe zur Last gelegt werden. Auch die diskutierte Einführung einer Bagatellklausel wurde nicht verabschiedet, sodass bereits der erstmalige Download eine Urheberrechtsverletzung darstellt und nach § 106 UrhG strafbar

---

190 *OLG Hamm*, Beschl. v. 18. 11. 2008 – 5 Ss 347/08, MMR 2009, 775.
191 *KG*, Beschl. v. 22. 7. 2009 – (4) 1 Ss 181–09 (130/09), BeckRS 2009, 25371 = MMR 2009, 869 (Ls.) = K & R 2009, 807 m. Anm. *Koch* = FD-StrafR 2009, 290502.
192 Zur Kritik siehe NJW-Spezial 2009, 682.
193 *Frank*, K & R 2004, 577, 578.
194 Vgl. *Frank*, K & R 2004, 577, 579.

ist. Man kann jedoch davon ausgehen, dass Bagatelldelikte auch weiterhin vermehrt von den Staatsanwaltschaften eingestellt werden und dass durch den zunehmenden Ausbau legaler Musikportale wie iTunes oder Spotify die Zahlen der illegalen Downloads wieder sinken werden.

14 Film-Streaming

1336 Immer wieder werden Fälle bekannt, in denen findige Anwälte die Nutzer von Streaming-Seiten abmahnen und auf alsbaldige Zahlung hoffen. Der technische Fortschritt bei den Übertragungsgeschwindigkeiten ermöglicht es dem Nutzer, Abstand vom herkömmlichen Download zu nehmen und durch das Streaming-Verfahren Medieninhalte direkt aus dem Netz und fast in Echtzeit abzuspielen. Während die Rechtslage hinsichtlich des Anbieters mit dem Ergebnis der Urheberrechtswidrigkeit geklärt scheint, herrscht hinsichtlich der Strafbarkeit des Nutzers noch Uneinigkeit. Der Abruf von Videodateien durch den Nutzer erfolgt in diesen Fällen durch das sog. **Streaming-Verfahren**, bei dem – im Gegensatz zum Filesharing – kein vollständiger Download vorhergeht, sondern eine kontinuierliche Datenübertragung zwischen Server und Endgerät stattfindet.[195] Bei den Streaming-Verfahren unterscheidet man grundsätzlich zwischen dem On-Demand-Streaming, bei dem der Nutzer im Wege des „unicast" bzw. auf Basis eines Punkt-zu-Punkt-Verbindungsmodells auf Abruf den Stream eigens für sich erhält,[196] und dem Live-Streaming, bei welchem ein Server einen Datenstrom zu einer bestimmten Zeit an beliebig viele Empfänger sendet.[197] Das Film-Streaming im Internet bedient sich vorwiegend dem On-Demand-Streaming. Hierbei findet keine vollständige Speicherung auf dem Zielrechner statt, es sind jedoch Zwischenspeicherungen im Arbeitsspeicher (RAM/Caches) des Nutzers notwendig, um die empfangenen Daten zu verarbeiten. Fraglich ist zunächst, ob es sich hierbei um einen Eingriff in das Vervielfältigungsrecht gem. § 16 UrhG handelt. Die bloße Anzeige auf dem Bildschirm kann nicht als Vervielfältigung bewertet werden, da hiermit nur körperliche Festlegungen gemeint sind, die geeignet sind, das Werk auf irgendeine Weise den menschlichen Sinnen unmittelbar oder mittelbar

---

195 *Fangerow/Schulz*, GRUR 2010, 677; zu dem technischen Ablauf siehe *Radmann*, ZUM 2010, 387; zu dem Fall „kino.to" siehe *LG Leipzig*, Urt. v. 14. 6. 2012 – 11 KLs 390 Js 191/11, ZUM 2013, 338.
196 *Radmann*, ZUM 2010, 387.
197 Vgl. Wandtke/*Bullinger*, UrhR, 3. Aufl. 2009, § 19a Rz. 34.

zugänglich zu machen.[198] Hiervon muss jedoch die vorherige Aufbereitung und Zwischenspeicherung unterschieden werden, die durchaus eine körperliche Festlegung und damit eine Vervielfältigung i. S. d. § 16 UrhG darstellt.[199] Dem steht auch nicht entgegen, dass es sich lediglich um eine temporäre Speicherung handelt, da durch die Formulierung „ob vorübergehend oder dauerhaft", die im Zuge der Umsetzung der Richtlinie 2001/29/EG[200] aufgenommen wurde, klargestellt wird, dass auch ephemere Vervielfältigungen erfasst werden.

Eine Rechtfertigung dieses Eingriffs ist mangels Zustimmung der Rechte- **1337** inhaber zur Bereitstellung und Nutzung ihrer Filme auf illegalen Streaming-Portalen nur auf der Basis einer gesetzlichen Schrankenregelung möglich. Als Ausnahmen zum Vervielfältigungsrecht kommen § 53 UrhG und § 44a UrhG in Betracht. Nach § 53 Abs. 1 S. 1 UrhG ist die Anfertigung einzelner Vervielfältigungsstücke grundsätzlich zulässig, sofern dies durch eine natürliche Person für den privaten Gebrauch außerhalb eines Erwerbszwecks erfolgt. Eine solche Kopie darf allerdings nur dann angefertigt werden, wenn ihre Vorlage nicht offensichtlich rechtswidrig hergestellt oder öffentlich zugänglich gemacht wurde. Die Vorlage ist zumindest dann rechtswidrig, wenn ihre Herstellung oder ihre öffentliche Zugänglichmachung die Rechte des Urhebers oder eines sonstigen Berechtigten verletzt. Dies dürfte bei den Videos auf den Film-Streaming-Portalen im Internet der Fall sein. Die Rechtswidrigkeit der Vorlage muss für den Nutzer zudem auch offensichtlich sein. Über die Beurteilung des Begriffs der „Offensichtlichkeit" herrscht indes oft Uneinigkeit. Während einige auf rein objektive Kriterien, wie die Tatsache, dass die Angebote kostenlos sind oder fehlende Hinweise auf eine Lizensierung durch den Rechteinhaber abstellen, setzen andere den Schwerpunkt auf subjektive Kriterien.[201] Der zweiten Ansicht ist schon wegen der Gesetzesbegründung des „Ersten Korbes" zu folgen, aus dem sich eine Bemessung nach dem jeweiligen Bildungs- und Kenntnisstand des Nutzers ergibt.[202]

---

198 St. Rspr. seit BGHZ 17, 266 = GRUR 1955, 492; *BGH* v. 3. 7. 1981 – I ZR 106/79, MDR 1982, 381 = GRUR 1982, 102; Wandtke/Bullinger/*Heerma*, UrhR, 3. Aufl. 2009, § 16 Rz. 2; *Radmann*, ZUM 2010, 387, 389.
199 H. M.; Wandtke/Bullinger/*Heerma*, UrhR, 3. Aufl. 2009, § 16 Rz. 13.
200 Richtlinie zur Harmonisierung bestimmter Aspekte des Urheberrechts und der verwandten Schutzrechte in der Informationsgesellschaft vom 22. 5. 2001; ABl. EG Nr. L 167, S. 10 vom 22. 6. 2001.
201 *AG Hannover*, Urt. v. 27. 5. 2014 – 550 C 13749/13, GRUR-RS 2014, 11946; *Berger*, ZUM 2004, 257; *Dornis*, CR 2008, 321.
202 BT-Drs. 16/1828, S. 26.

1338   Eine Rechtfertigung kann sich ferner aus der Schranke des § 44a Nr. 2 UrhG
ergeben. Hierunter fallen vorübergehende Vervielfältigungshandlungen, die
flüchtiger oder begleitender Natur sind. Sowohl von der InfoSoc-RL als auch
von dem darauf beruhenden Regierungsentwurf werden ausdrücklich Handlungen genannt, die das Browsing oder Caching ermöglichen.[203] Demnach fallen alle beim Ansehen von Filmen im Internet erfolgenden Vervielfältigungen
eindeutig in den Anwendungsbereich der Norm. Solche Kopien sind nach § 44a
UrhG jedoch nur gerechtfertigt, wenn sie einen integralen und wesentlichen
Teil eines technischen Verfahrens darstellen, mithin im Zuge einer digitalen
Werknutzung entstehen. Dies ist gerade beim Streaming der Fall, da die Vervielfältigung technisch unabdingbar ist.[204] Der temporären Speicherung des
Videos darf ferner keine eigene wirtschaftliche Bedeutung zukommen. Dies ist
der Fall, wenn die vorübergehende Vervielfältigung eine neue, eigenständige
Nutzungsmöglichkeit eröffnet. Einerseits wird eine solche bejaht, da der Film
aufgrund der Zwischenspeicherung nach den Wünschen des Nutzers vor- oder
zurückgespult und stetig neu gestartet werden kann.[205] Als Argument wird
auch angeführt, dass durch einfaches Kopieren der Filmdatei auch eine dauerhafte Speicherung des Films möglich ist.[206] Gegen eine eigene wirtschaftliche
Bedeutung des Streamings spricht aber, dass die Zwischenspeicherung lediglich der einmaligen Wahrnehmung des Werkes dient, ohne eine weitere Verwertung zu ermöglichen, insb. auch keine spätere dauerhafte Speicherung.[207]
Ferner werden Werke in der Regel in minderwertiger Qualität gestreamt, die
nicht mit derer der kostenpflichtigen On-Demand-Angebote vergleichbar ist.[208]
Diese Ansicht ist letztlich überzeugender, sodass eine eigene wirtschaftliche
Bedeutung verneint werden kann. Die Privilegierung des § 44a Nr. 2 UrhG greift
aber nur, wenn es sich um eine „rechtmäßige Nutzung" handelt, da die Vervielfältigung nur dann eine eigenständige wirtschaftliche Bedeutung erlangt,
wenn der wirtschaftliche Nutzen über eine rechtmäßige Nutzung hinausgeht.
Entscheidend ist deshalb, wann eine rechtmäßige Nutzung vorliegt.

---

203 Erwägungsgrund 33 der InfoSoc-RL, S. 12; BT-Drs. 15/38, S. 18.

204 *Radmann*, ZUM 2010, 387; *Fangerow/Schulz*, GRUR 2010, 677.

205 *Radmann*, ZUM 2010, 387, 391.

206 *Radmann*, ZUM 2010, 387, 391.

207 *LG Köln*, Beschl. v. 24.1. 2014 – 209 O 188/13, MMR 2014, 193 = GRUR-RR 2014, 114; *AG Hannover*, Urt. v. 27.5. 2014 – 550 C 13749/13, GRUR-RS 2014, 11946; *Fangerow/Schulz*, GRUR 2010, 677, 681; *Meschede*, Der Schutz digitaler Musik- und Filmwerke vor privater Vervielfälti-gung nach den zwei Gesetzen zur Regelung des Urheberrechts in der Informationsgesellschaft, Frankfurt. a. M. 2007, S. 92.

208 *Fangerow/Schulz*, GRUR 2010, 677, 681.

Eine richtlinienkonforme Auslegung mit Verweis auf Erwägungsgrund 33   **1339**
der InfoSoc-RL würde zu dem Schluss kommen, dass eine rechtmäßige Nutzung
nur dann vorliegt, wenn sie vom Rechteinhaber zugelassen bzw. durch eine
Schranke gedeckt wäre. Dies hätte jedoch zur Folge, dass die Regelung keinen
eigenständigen Anwendungsbereich hätte und somit inhaltsleer wäre.[209] Problematisch wäre weiterhin, dass urheberrechtswidrige Handlungen beim Browsing und somit auch beim Streaming unumgänglich wären, da jeder Aufruf einer Webseite mit unrechtmäßig eingestelltem Inhalt urheberrechtswidrig wäre.
Vor dem Aufruf einer Seite ist die Rechtmäßigkeit des Inhalts der Seite jedoch
nicht erkennbar. Andererseits könnte auch darauf abgestellt werden, dass der
rezeptive Werkgenuss überhaupt nicht den Ausschließlichkeitsrechten des Urhebers unterfallen soll und somit ephemere Vervielfältigungen durch § 44a
UrhG gedeckt sind.[210] Allerdings leitet sich der Grundsatz des freien rezeptiven
Werkgenusses nur aus einem funktionierenden Stufensystem zur mittelbaren
Erfassung des Endverbrauchers ab. Der Urheber hat sowohl vermögensrechtli-
che als auch ideelle Interessen an der wirtschaftlichen Verwertung seiner Werke, weshalb ihm eine umfassende Rechtsposition einzuräumen ist.[211]

15 Spiele-Accounts

Die Grenzen zur Differenzierung zwischen Wirklichkeit, virtuellen Welten und   **1340**
Virtual Reality sowie Online-Rollenspielen (man denke nur an die weit verbreiteten Beispiele „World of Warcraft", „Second Life" oder „Metin" etc.) ver-
schwimmen immer mehr, sodass diese Welten keine rechts- und straffreien
Räume sind, sondern auch Tathandlungen in diesen Spielewelten von Betroffenen als teilweise empfindliche Straftaten empfunden werden. So brachten
Spieler bereits **virtuelle „Diebstähle"** zur Anzeige, wenn ihnen von einem anderen Spieler in der Welt des jeweiligen Spieles entgegen der Spielregeln Güter,
Items oder Fähigkeiten auf verschiedenste Weisen abgenommen wurden.[212]
Für diese besteht ein großer Markt, da sie oft lediglich mit viel zeitlichem Aufwand oder getätigten Einkäufen innerhalb der Spielewelt mit virtuellem oder
realem Geld zu erhalten sind. Denkbar ist, dass gesamte Accounts unbefugt
übernommen werden oder dass Spieler ausgetrickst und so zur Überlassung
von Items veranlasst werden. Ebenso ist eine Manipulation des Spielablaufs

---

209 *Fangerow/Schulz*, GRUR 2010, 677, 681.
210 So *Fangerow/Schulz*, GRUR 2010, 677, 681; *Mitsdörffer/Gutfleisch*, MMR 2009, 731, 733.
211 *Rehbinder*, UrhR, 15. Aufl. 2008, S. 34.
212 Beispiele finden sich bei *Ernst*, NJW 2009, 1320 f.

möglich. Da Items lediglich virtuelle und keine körperlichen Gegenstände i. S. d. § 90 BGB sind, scheidet eine Strafbarkeit – setzt man die Anwendbarkeit des deutschen Strafrechts voraus – nach § 242 StGB aus.[213] Auch wenn den Items und Spielefortschritten ein gewisser wirtschaftlicher Wert inne wohnt,[214] ist hinsichtlich der Einschlägigkeit der Vermögensdelikte gem. §§ 263 ff. StGB doch umstritten, ob diese zum Vermögen des Betroffenen gehören und unter den Vermögensbegriff subsumiert werden können.[215] Die Übernahme eines gesamten Accounts mit anschließender Übertragung der dazugehörigen Items auf den eigenen Accout kann eine Datenveränderung i. S. d. § 303a StGB darstellen, während die Manipulation des Spielablaufs zur Übertragung oder Erlangung von Items nur dann eine Computersabotage nach § 303b StGB sein kann, wenn die Störung des Datenverarbeitungsablaufs erheblich ist. Letzteres muss bei bloß kleinen und einzelnen Spieleaccouts wohl bezweifelt werden. Hat sich der Übernehmende die Zugangsdaten zu dem Account unter Überwindung einer Zugangssperre verschafft, so kann auch ein Ausspähen von Daten nach § 202a StGB vorliegen. Das bloße Abnehmen von Items mittels spielerischer List innerhalb der Spielregeln kann straffrei bleiben.

16 Darknet

1341 Das Internet, so wie es von den meisten genutzt wird, ist nur ein Teilbereich dessen, was von gewöhnlichen Web-Browsern abrufbar ist. Wer jedoch in das Deepnet will, das wiederum aus Darknets besteht, muss dafür gesonderte Browser installieren. Bekannte Browser sind z. B. TOR (The Onion Router) und I2P (Invisible Internet Project). Die Funktionsweise ist bei beiden Browsern ähnlich. Wählt man sich über gängige Browser in das Internet ein, nimmt dieser eine Verbindung zu dem Provider auf. Der Provider kann anhand IP-Adresse, ermitteln, welcher Nutzer, wann, wie lange und wie häufig er auf bestimmten Seiten verweilt. Die soeben genannten Browser können diese Nachverfolgung durch Mehrfachverschlüsselungen verhindern.[216] Das Darknet

---

213 *Cornelius*, in: Münchener Anwaltshandbuch IT-Recht, 3. Aufl. 2013, Teil 10, Rz. 433 f.; *Lober/Weber*, MMR 2005, 653, 655; *Diegmann/Kuntz*, NJW 2010, 561; zur Geldwäsche siehe auch: *Cornelius*, in: Münchener Anwaltshandbuch IT-Recht, 3. Aufl. 2013, Teil 10 Rz. 441–446.
214 So werden bspw. fortgeschrittene Accounts in dem Spiel „World of Warcraft" für horrende Summen verkauft, siehe www.heise.de/ct/artikel/Money-for-Nothing-290112.html (zuletzt besucht: Juni 2017).
215 *Cornelius*, in: Münchener Anwaltshandbuch IT-Recht, 3. Aufl. 2013, Teil 10 Rz. 449 f.
216 https://www.bka.de/DE/UnsereAufgaben/Deliktsbereiche/Internetkriminalitaet/internetkriminalitaet_node.html (zuletzt abgerufen: Juli 2017).

ist Fluch und Segen zugleich. Zum einen kann es dazu genutzt werden, in totalitären Staaten seine Meinung im Netz anonymisiert kund zu tun, ohne hierdurch der Verfolgung ausgesetzt zu werden. Zum anderen kann es für kriminelle Machenschaften genutzt werden. Im Folgenden wird ausschließlich auf die strafrechtlich relevante Seite Bezug genommen.

Im Darknet werden auf verschiedensten Plattformen illegale Gegenstände **1342** zum Erwerb angeboten. Hierbei ist die Bandbreite der Waren und der verletzten Rechtsvorschriften vielfältig: Angefangen von der Bestellung von Drogen (§ 29 BtMG), Waffen (§§ 51, 52 WaffenG), gefälschten Markenartikeln (§ 143 MarkenG), Hehlerware (§§ 259, 2560 StGB), Falschgeld (§§ 146, 147 StGB) bis hin zu Schadsoftware und DDoS-Attacken (§§ 303a, 303b StGB).[217] Dabei sind den kriminellen und illegalen Handlungen schier keine Grenzen gesetzt. Die Bezahlung erfolgt nicht etwa per Überweisung in Euro oder Dollar. Hierbei werden regelmäßig Bitcoins genutzt.[218] Dies sorgt zusätzlich dafür, dass die Bezahlung nicht nachverfolgt werden kann bzw. erschwert wird.

Ermittlungen im Darknet werden v. a. durch das BKA ausgeführt. Unter- **1343** stützt wird das BKA von der internen Cybercrime-Gruppe. Auf ihrer Internetpräsenz stellt das BKA seine Aufgabenbereiche dar und erklärt, welche Deliktsbereiche insb. betroffen sind.[219] Die Generalstaatsanwaltschaft Frankfurt a. M. mit ihrer besonderen Abteilung ZIT (Zentralstelle zur Bekämpfung der Internetkriminalität) arbeitet eng mit dem BKA zusammen und verkörpert im Bundesgebiet eine Vorreiterstellung.[220] Die Ermittlungspersonen ermitteln im Darknet nicht als verdeckte Ermittler i. S. d § 110a StPO. Vielmehr handeln die Ermittler – entsprechend dem Wesen des Darknet – ebenfalls anonym. § 163 StPO bildet die Ermächtigungsgrundlage für die Ermittlungen. Aufgrund der sich aus der Anonymität des Darknets ergebenden Beweisprobleme, ergeben sich für die Justiz Schwierigkeiten bei der Verurteilung mutmaßlicher Straftäter oder bei der Bejahung eines Tatverdachts.[221] In jüngster Vergangenheit mehren sich aber die Verurteilungen von Händlern und Käufern, die unbemerkt im Darknet illegale Geschäfte abzuwickeln versuchten.[222]

---

217 Eine Aufzählung findet sich in BT-Drs. 18/9387, S. 2, Antwort auf Frage 2.
218 *Rath*, DriZ 2016, 293.
219 https://www.bka.de/DE/UnsereAufgaben/Deliktsbereiche/Internetkriminalitaet/internet kriminalitaet_node.html (zuletzt abgerufen: Juli 2017).
220 Hessisches Ministerium der Justiz, Pressemitteilung vom 21. 3. 2011 zur Sondereinheit der Generalstaatsanwaltschaft Frankfurt zur Bekämpfung der Internetkriminalität.
221 *AG Iserlohn*, Beschl. v. 10. 3. 2017 – 16 Ds 139/17 – BeckRS 2017, 106317.
222 *LG Heidelberg*, Urt. v. 28. 7. 2016 – 2 KLs 430 Js 26796/14, hierzu becklink 2003992; LG Berlin, Urt. v. 12. 9. 2016, hierzu becklink 2004356; *LG Stuttgart*, Urt. v. 3. 11. 2016 – 18 KLs 242 Js 121202/15, hierzu becklink 2004824.

V Strafprozessrecht

1 Vorratsdatenspeicherung und verdeckte Online-Durchsuchung

1344 Nicht nur im materiellen Strafrecht, sondern auch im Bereich des Strafprozessrechts finden sich internetspezifische Regelungen. Besonders in der Diskussion
stehen hier vor allem die Vorratsdatenspeicherung sowie die verdeckte Online-
Durchsuchung.

1345 Die **Richtlinie zur Vorratsdatenspeicherung**[223] wurde in dem Gesetz zur
Neuregelung der Telekommunikationsüberwachung und anderer verdeckter
Ermittlungsmaßnahmen umgesetzt, welches zum 1. Januar 2008 in Kraft trat.
§ 113a TKG[224] sah darin eine Speicherungsverpflichtung von Verkehrsdaten für
Anbieter von öffentlich zugänglichen Telekommunikationsdiensten für die
Dauer von sechs Monaten vor. Zu den zu speichernden Daten gehörten insb.
Rufnummern des anrufenden und angerufenen Anschlusses, Beginn und Ende
der Verbindung nach Datum und Uhrzeit sowie im Falle von Internetzugangs-
diensten auch die verwendete IP-Adresse. Anbieter von E-Mail-Diensten hatten
zusätzlich die E-Mail-Adresse des Absenders und des Empfängers sowie den
Zeitpunkt des Zugriffs auf das vom Provider zur Verfügung gestellte Postfach
zu dokumentieren. Die nach § 113a TKG erhobenen Daten durften dabei gem.
§ 113b TKG nur zur Verfolgung von Straftaten, zur Abwehr von erheblichen Gefahren für die öffentliche Sicherheit oder zur Erfüllung der gesetzlichen Aufgaben des Verfassungsschutzes, des BND und des MAD verwendet werden. Vor
der Umsetzung der Richtlinie waren die §§ 100g, 100h StPO als reiner Auskunftsanspruch der staatlichen Ermittlungsbehörden gegenüber den Telekommunikationsunternehmen ausgestaltet. Auskunftspflichtig waren solche Unternehmen, die geschäftsmäßig Telekommunikationsdienste erbrachten oder
daran mitwirkten, also etwa Access Provider, aber auch Mailbox-Betreiber oder
andere Online-Dienste. Die Anwendung der Vorschriften setzte eine Straftat
von erheblicher Bedeutung oder eine mittels Telekommunikationsendeinrich-
tung begangene Straftat voraus. Zu letzteren zählten mittels Telefon, Internet
oder E-Mail begangene Straftaten. Hintergrund dieser gegenüber der ersten
Alternative geringeren Eingriffsschwelle war die technisch bedingte fehlende
anderweitige Aufklärungsmöglichkeit der Taten. Inhaltlich war der Auskunftsanspruch auf einzelne in § 100g Abs. 3 StPO aufgezählte Verbindungsdaten –
nach neuerer Terminologie Verkehrsdaten – gerichtet. Hierunter fiel auch die

---

223 Richtlinie 2006/24/EG über die Vorratsdatenspeicherung von Daten.
224 § 113a TKG wurde am 2.3. 2010 durch das *BVerfG* für verfassungswidrig und nichtig erklärt, *BVerfG*, Urt. v. 2.3. 2010 – 1 BvR 256/08, NJW 2010, 833 = MMR 2010, 356, dazu sogleich.

für die technische Adressierung im Internet notwendige dynamische IP-Adresse. Der Auskunftsanspruch stand unter Richtervorbehalt, bei Gefahr im Verzug
stand auch der Staatsanwaltschaft die Anordnungsbefugnis zu. Auskunftsersuchen konnten auch über in der Zukunft anfallende Gesprächsdaten angeordnet
werden. Problematisch war die Situation, in welcher die Auskunft suchende
Stelle die IP-Adresse bereits erhoben hatte und vom Telekommunikationsunternehmen lediglich die dahinter stehende Person bzw. deren Anschrift ermitteln wollte. Hier stellte sich die Frage, ob das Auskunftsersuchen auf die unter
Richtervorbehalt stehenden §§ 100g, 100h StPO gestützt werden musste oder
das Auskunftsverfahren nach § 113 TKG einschlägig war, welches lediglich den
Zweck einer Gefahrenabwehr erfordert. Nach Ansicht der Rechtsprechung handele es sich bei Namen und Anschrift einer Person um sog. Bestandsdaten, die
in keinem unmittelbaren Zusammenhang mit einem Telekommunikationsvorgang stehen und daher auch nicht dem Fernmeldegeheimnis nach Art. 10 GG
bzw. § 88 TKG unterliegen würden.[225] Folglich sei das manuelle Auskunftsverfahren nach § 113 TKG einschlägig. Nach Ansicht in der Literatur hingegen
stelle der § 113 TKG keine ausreichende Ermächtigungsgrundlage für das Auskunftsverlangen dar, da der Provider Namen und Anschrift des Rechtsverlet-
zers nur unter Verarbeitung der bei ihm gespeicherten Verkehrsdaten (Log-
Zeiten und IP-Adresse) ermitteln könne, insofern also sehr wohl ein Eingriff in
das Fernmeldegeheimnis vorliegen würde.[226] Trotz dieses Einwands setzte sich
in der staatsanwaltlichen Praxis aber das manuelle Auskunftsverfahren nach
§ 113 TKG durch.

Ob eine IP-Adresse ein **Verkehrsdatum** darstellt, lässt sich in dieser Allge-   1346
meinheit nicht sagen. Zunächst ist zwischen **dynamischen und statischen IP-
Adressen** zu unterscheiden. Statische IP-Adressen sind fest einem Internet-
Anschluss zugeordnet und mit den herkömmlichen Telefonnummern vergleichbar. Da sie in keinem Zusammenhang mit einem konkreten Telekommunikationsvorgang stehen, stellt ihre Erhebung keinen Eingriff in das Fernmeldegeheimnis dar. Es handelt sich daher um Bestandsdaten, über die nach § 113
TKG Auskunft verlangt werden kann. Dies ist weitgehend unstreitig, eine Min-
dermeinung vertritt aber die Auffassung, dass auch hier § 100g StPO einschlägig sei. Dynamische IP-Adressen werden hingegen bei jedem Einwahlvorgang

225 *LG Stuttgart*, Beschl. v. 4.1. 2005 – 13 Qs 89/04, CR 2005, 598 m. Anm. *Gercke* = MMR
2005, 624; *LG Hamburg*, Beschl. v. 23.6. 2005 – 631 Qs 43/05, CR 2005, 832 = MMR 2005, 711;
LG Würzburg, Beschl. v. 20.9. 2005 – 5 Qs 248/05, NStZ-RR 2006, 46; a.A, *LG Bonn*, Beschl. v.
21.5. 2004 – 31 Qs 65/04, DuD 2004, 628; *LG Ulm*, Beschl. v. 15.10. 2003 – 1 Qs 1088/03,
CR 2004, 35 = MMR 2004, 187.
226 Siehe dazu *Kindt*, MMR 2009, 147.

in das Internet neu verteilt. Aus diesem Grund lassen sie sich stets einem konkreten Telekommunikationsvorgang zuordnen. Es handelt sich daher um Verkehrsdaten. Diese Einordnung liegt auch dem Gesetz zur Neuregelung der Telekommunikationsüberwachung zugrunde und ist weitestgehend unstreitig.[227]
IP-Adressen sind aber nur dann Verkehrsdaten, wenn sie beim Internet-Zu-
gangsprovider erhoben werden. Werden sie etwa durch den Anbieter eines In-
ternetdienstes (etwa ein Auktionshaus) gespeichert, unterliegen die Daten
nicht dem Fernmeldegeheimnis oder dem Anwendungsbereich des Telekommunikationsgesetzes. Insofern ist das Telemediengesetz einschlägig. Man
spricht dann von Nutzungsdaten. Es ist sogar umstritten, ob IP-Adressen, die
auf einem Server eines solchen Dienstes gespeichert werden, überhaupt personenbezogene Daten darstellen. Dies ist davon abhängig, ob der Anschlussinhaber durch den Server-Betreiber bestimmbar ist, was bei der Registrierung von
Zugriffen auf Webseiten zweifelhaft sein kann.[228] Nach Ansicht des *AG Berlin
Mitte* ist es hierfür ausreichend, dass der Serverbetreiber den Personenbezug
über den Access Provider herstellen kann.[229] Ob dem Betreiber tatsächlich ein
Auskunftsrecht zusteht, ist nach dieser Rechtsprechung unerheblich. In der
Zwischenzeit mehren sich jedoch die Stimmen, die IP-Adressen als personenbezogene Verkehrsdaten qualifizieren.[230] Nach Auffassung des *LG Frankenthal*[231] sind dynamische IP-Adressen und die dazugehörigen Kundendaten
beim Provider Verkehrsdaten. Auf Vorlage dieser Frage durch den *BGH*[232] hat
der *EuGH*[233] mittlerweile bestätigt, dass dynamische IP-Adressen personenbezogen sind. Dies gilt dem *EuGH* zufolge dann, wenn der Betreiber einer Webseite über die rechtlichen Mittel verfügt, anhand derer es ihm möglich ist, die
Person mittels der erlangten Informationen bestimmen zu lassen.

1347   Erhobene Verkehrsdaten dürfen jedoch nur dann verwendet werden, wenn
Gegenstand des Ermittlungsverfahrens eine schwere Straftat i. S. d. § 100a

---

227 *Kindt*, MMR 2009, 147.
228 Bejahend: *AG Berlin-Mitte*, Urt. v. 27. 3. 2007 – 5 C 314/06, DuD 2007, 856 = K & R 2007,
600.
229 *AG Berlin Mitte*, Urt. v. 27. 3. 2007 – 5 C 314/06, DuD 2007, 856 = K & R 2007, 600; a. A.
Meyerdierks, MMR 2009, 8.
230 *AG Koblenz*, Urt. v. 9. 1. 2015 – 411 C 250/14, ZD 2015, 235.
231 *LG Frankenthal*, Beschl. v. 21. 5. 2008 – 6 O 156/08, CR 2008, 666 = MMR 2008, 687; ähnlich *AG Offenburg*, Beschl. v. 20. 7. 2007 – 4 Gs 442/07, MMR 2007, 809 m. Anm. *Bär*; a. A. *LG
Offenburg*, Beschl. v. 17. 4. 2008 – 3Qs 83/07, MMR 2008, 480.
232 *BGH*, Beschl. v. 24. 10. 2014 – VI ZR 135/13, NJW 2015, 368 = MMR 2015, 131 = GRUR 2015,
192.
233 *EuGH*, Urt. v. 19. 10. 2016 – C-582/14, EuZW 2016, 909 m. Anm. *Richter* = MMR 2016, 842
m. Anm. *Moos/Rothkegel*.

Abs. 2 StPO ist. Urheberrechtsverletzungen in P2P-Tauschbörsen sind keine solchen schweren Straftaten. Dennoch unterliegen erhobene Verkehrsdaten aufgrund der Verletzung der Grundrechte einem Beweisverbot und dürfen im Rahmen einer zivilrechtlichen Auseinandersetzung somit nicht verwendet werden.

In seiner Entscheidung vom 13. Januar 2011 urteilte der *BGH*[234] indes, dass **1348** die Vorratsspeicherung von Internetverbindungsdaten nicht nur für Zugriffe öffentlicher Strafverfolgungs- und Gefahrenabwehrbehörden verfassungsmäßig ist, sondern auch die Speicherung durch private Telekommunikationsunternehmen für deren eigenen Bedarf. Die Befugnis zur Speicherung von IP-Adressen zum Erkennen, Eingrenzen oder Beseitigen von Störungen oder Fehlern an TK-Anlagen gem. § 100 Abs. 1 TKG setzt nicht voraus, dass Anhaltspunkte für eine Störung oder einen Fehler im Einzelfall vorliegen müssen. Diese Entscheidung stellt das Recht des Internetnutzers auf Anonymität im Verhältnis zu seinem Internet-Zugangsanbieter, zu öffentlichen Stellen nach § 113 TKG und zu privaten Urhebern nach § 101 UrhG grundlegend in Frage.

Das *BVerfG* erklärte die deutschen Regelungen zur Vorratsdatenspeiche- **1349** rung mit Urteil vom 2. März 2010 für verfassungswidrig.[235] Der Eingriff in das Fernmeldegeheimnis aus Art. 10 Abs. 1 GG sei verfassungsrechtlich nicht gerechtfertigt. Zwar sei auch eine anlasslose Speicherung von Verkehrsdaten nicht per se unzulässig. Allerdings sei der Eingriff nur dann verhältnismäßig, wenn eine besondere Datensicherheit sichergestellt und der Umfang der Datenverwendung begrenzt ist und Transparenz sowie ein effektiver Rechtsschutz gewährleistet wird.

Im Jahr 2015 verabschiedete der Bundesgesetzgeber ein neues Gesetz zur **1350** Vorratsdatenspeicherung. Kernnormen des Vorhabens sind der § 100g StPO und § 113b TKG. § 113b TKG verpflichtet dabei Anbieter (§ 113a Abs. 1 TKG), bestimmte in den Absätzen 2 bis 4 genannte Daten zu speichern, während § 100g StPO die Voraussetzungen für den behördlichen Zugriff auf diese Daten regelt. Hierbei wird zwischen Erbringern öffentlich zugänglicher Telefondienste (§ 113b Abs. 2 TKG) und denen öffentlich zugänglicher Internetzugangsdienste (§ 113b Abs. 3 TKG) differenziert. Ausdrücklich von der Speicherpflicht ausgenommen sind gem. § 113b Abs. 5 TKG der Inhalt der Kommunikation, Daten über aufgerufene Webseiten und Daten von Diensten elektronischer Post. Das bedeutet allerdings nicht, dass die Strafverfolgungsbehörden auf diese Daten unter keinen Umständen zugreifen und diese niemals verwenden können. Vielmehr unterfallen sie der Telekommunikationsüberwachung nach § 100a StPO.[236] Ein gegen

234 *BGH*, Urt. v. 13.1.2011 – III ZR 146/10, MMR 2011, 341= NJW 2011, 1509.
235 *BVerfG*, Urt. v. 2.3.2010 – 1 BvR 256/08, NJW 2010, 833 = MMR 2010, 356.
236 Graf/*Bär*, BeckOK StPO, 27. Edition 2017, § 113b TKG Rz. 19.

die neuen Regelungen zur Vorratsdatenspeicherung gerichteter Eilantrag nach § 32 BVerfGG scheiterte vor dem *BVerfG*.[237]

1351   Die Frage der Konformität mit der Richtlinie RL 2006/24/EG stellt sich nicht mehr, seit der *EuGH* diese im April 2014 für ungültig erklärt hat.[238]

1352   Bei der **verdeckten Online-Durchsuchung** werden in Verdacht stehende Computer mit Hilfe vom Staat eingeschleuster Software (Trojaner) auf illegale Inhalte durchsucht. Die dabei gewonnenen Informationen werden dann an die Ermittlungsbehörde zurückgesendet. All dies geschieht ohne Wissen des Beschuldigten. Dieser Praxis hat der *BGH* jedoch bereits mit Beschluss vom 31. Januar 2007[239] eine Absage erteilt. Die **verdeckte Online-Durchsuchung** sei durch keine der in Betracht kommenden Normen der StPO gedeckt.[240] Insbesondere greife § 102 StPO (Durchsuchung beim Verdächtigen) nicht, weil es hierfür an der erforderlichen Erkennbarkeit für den Beschuldigten fehle. Auch die §§ 100a, 100b StPO, welche aufgrund des fehlenden Wissens des Beschuldigten mit der Lage bei der Online-Durchsuchung vergleichbar seien, sind nicht anwendbar, da für diese Befugnisnormen deutlich höhere Anforderungen an die Zulässigkeit zu stellen seien. Außerdem seien Gegenstand dieser Normen nur Daten im Informationsfluss, während bei der verdeckten Online-Durchsuchung gespeicherte Informationen abgerufen würden.[241] Auch andere Befugnisnormen der Strafprozessordnung gestatteten die verdeckte Online-Durchsuchung nicht. Die verdeckte Online-Durchsuchung greift damit in das informationelle Selbstbestimmungsrecht des Beschuldigten ohne Rechtfertigung ein und stellt somit einen unzulässigen Eingriff in das allgemeine Persönlichkeitsrecht nach Art. 2. Abs. 1 i. V. m. Art. 1 Abs. 1 GG des Beschuldigten dar. Daher sind durch eine verdeckte Online-Durchsuchung erlangte Beweismittel nicht verwertbar.

1353   Zu beachten ist ferner die Rechtsprechung des *BVerfG*[242] zur Integrität der elektronischen Kommunikation. Hiernach umfasse das allgemeine Persönlich-

---

237 *BVerfG*, Ablehnung einstweilige Anordnung v. 8. 6. 2016 – 1 BvQ 42/15, ZD 2016, 433 = NVwZ 2016, 1240.

238 *EuGH*, Urt. v. 8. 4. 2014 – C-293/12 u. C-594/12, MMR 2014, 412 = NJW 2014, 2169.

239 *BGH*, Beschl. v. 31. 1. 2007 – StB 18/06, CR 2007, 253 = ZUM 2007, 301; damit wurden auch die sich widersprechenden Entscheidungen der Ermittlungsrichter am *BGH*, Beschl. v. 21. 2. 2006 – StV 2007, 60 = wistra 2007, 28 (Zulässigkeit einer verdeckten Online-Durchsuchung) und *BGH* v. 25. 11. 2006 – 1 BGs 184/06, MMR 2007, 174 = DuD 2007, 134 (Unzulässigkeit, vgl. zustimmend *Hornung*, CR 2007, 144) zugunsten der Unzulässigkeit entschieden.

240 *BGH*, Beschl. v. 31. 1. 2007 – StB 18/06, CR 2007, 254 = ZUM 2007, 302.

241 *BGH*, Beschl. v. 31. 1. 2007 – StB 18/06, CR 2007, 255 = ZUM 2007, 303.

242 *BVerfG*, Urt. v. 27. 2. 2008 – 1 BvR 370/07, CR 2008, 306 = NJW 2008, 822 = MMR 2008, 315 m. Anm. *Bär*.

keitsrecht (Art. 2 Abs. 1 i. V. m. Art. 1 Abs. 1 GG) das **Grundrecht auf Gewährleistung der Vertraulichkeit und Integrität informationstechnischer Systeme.** Eine heimlich stattfindende Infiltration eines informationstechnischen Systems, durch die das System und dessen Speichermedien überwacht und ausgelesen werden können, sei nur dann verfassungsrechtlich zulässig, wenn es tatsächliche Anzeichen gäbe, die auf eine konkrete Gefahr für ein überragend wichtiges Rechsgut hindeuten.[243] Überragend wichtig seien in diesem Zusammenhang Leib, Leben und Freiheit der Person aber auch solche Güter der Allgemeinheit, durch deren Bedrohung der Staat selbst oder dessen Grundlage oder die Grundlagen der menschlichen Existenz gefährdet seien. Wenn bestimmte Tatsachen auf eine durch eine spezielle Person drohende Gefahr für ein solches Rechtsgut hinweisen, könne eine Maßnahme auch dann gerechtfertigt sein, wenn sich die Wahrscheinlichkeit noch nicht hinreichend feststellen lasse. Die heimliche Infiltration sei grundsätzlich unter den Vorbehalt der richterlichen Anordnung zu stellen. Um den Kernbereich der privaten Lebensgestaltung hinreichend zu schützen, müsse ein Gesetz, welches zu einem solchen Eingriff ermächtige, Vorkehrungen enthalten.[244] Eine Rechtsgrundlage für einen solchen verdeckten Eingriff in informationstechnische Systeme existiert aktuell nur in § 20k BKA-G. Danach darf das BKA mit technischen Mitteln in informationstechnische Systeme eingreifen, sofern Tatsachen die Annahme rechtfertigen, dass ein überragend wichtiges Rechtsgut in Gefahr ist. Das *BVerfG* hat diese Regelung mit Urteil vom 20. April 2016 für mit dem Grundgesetz nicht vereinbar erklärt.[245] Sie werde den Anforderungen an den Schutz des Kernbereichs der persönlichen Lebensführung nicht gerecht. Allerdings bleibt die Vorschrift bis zu einer Neuregelung, jedoch längstens bis zum 31. August 2018 weiterhin in Kraft.

2 E-Mail-Überwachung und Beschlagnahme von E-Mails

Die Überwachung und der Zugriff auf E-Mails durch die Strafverfolgungsbehörden können aufgrund der technischen Funktionsweise des Übermittlungsvorganges auf verschiedene Weise geschehen. Eine abgesendete E-Mail gelangt zunächst in das E-Mail-Postfach (den „Account") des Adressaten, das sich auf **1354**

---

243 *BVerfG*, Urt. v. 27. 2. 2008 – 1 BvR 370/07, CR 2008, 306 = NJW 2008, 822 = MMR 2008, 315 m. Anm. *Bär*.
244 *BVerfG*, Urt. v. 27. 2. 2008 – 1 BvR 370/07, CR 2008, 306 = NJW 2008, 822 = MMR 2008, 315 m. Anm. *Bär*.
245 *BVerfG*, Urt. v. 20. 4. 2016 – 1 BvR 966/09, NJW 2016, 1781 = DuD 2016, 469.

dem Server des Providers befindet und dort besonders geschützt ist. Je nach Ausgestaltung des E-Mail-Programms wird diese E-Mail anschließend auf dem Server belassen und online angesehen (Webmail-Verfahren) oder vom Server des Providers auf den eigenen Computer des Adressaten heruntergeladen. Daher sind Zugriffe sowohl beim Provider als auch direkt beim Adressaten möglich. Zu fragen ist insoweit, ob es sich dabei um Eingriffe in das verfassungsrechtlich gewährleistete Grundrecht des Fernmeldegeheimnisses (Art. 10 GG) handelt oder um einen Eingriff in das Allgemeine Persönlichkeitsrecht in der Ausprägung des Rechts auf informationelle Selbstbestimmung (Art. 2 Abs. 1 i. V. m. Art. 1 Abs. 1 GG). Das *BVerfG* nimmt spätestens nach dem Download der E-Mail auf den Computer des Adressaten einen abgeschlossenen Telekommunikationsvorgang an und lehnt daher in dieser Fallgestaltung einen Eingriff in das Fernmeldegeheimnis ab,[246] denn dieses schützt nach allgemeiner Auffassung nur die Integrität des Übermittlungsvorgangs.[247]

1355   Der **Zugriff auf die E-Mails auf dem Computer des Adressaten** stellt lediglich einen Eingriff in das Recht auf informationelle Selbstbestimmung nach Art. 2 Abs. 1 GG (und gegebenenfalls in das Grundrecht auf Unverletzlichkeit der Wohnung nach Art. 13 GG) dar. Dabei seien die §§ 94 und 102 ff. StPO dem *BVerfG* zufolge geeignete Ermächtigungsgrundlagen für den Zugriff.[248] Zu kritisieren ist hieran, dass bei vielen E-Mail-Anbietern neben dem einmaligen Download und der darauffolgenden Löschung der E-Mail vom Server auch die Möglichkeit besteht, die E-Mail auf den eigenen Computer zu kopieren und somit eine Kopie der E-Mail weiterhin auf dem Server zu belassen. Dabei stellt sich dann die Frage, zu welchem Zeitpunkt der Telekommunikationsvorgang in diesem Fall beendet sein soll: Nach dem ersten Download der E-Mail oder etwa überhaupt nicht?

1356   Daneben besteht die Möglichkeit, **direkt auf dem Server des Providers** auf die E-Mail zuzugreifen. Inwieweit ein solcher Zugriff über eine analoge Anwendung der §§ 94, 98, 99 StPO erfolgen kann[249] oder auf die Ermächtigungs-

---

246 *BVerfG*, Urt. v. 2. 3. 2006 – 2 BvR 2099/04, CR 2006, 383 m. Anm. *Störing* = MMR 2006, 217, NStZ 2006, 641 = VuR 2006, 245.
247 Vgl. *Jarass*/Pieroth, Grundgesetz für die BRD Kommentar, 14. Aufl. 2016, Art. 10 Rz. 2.
248 *BVerfG*, Urt. v. 2. 3. 2006 – 2 BvR 2099/04, CR 2006, 383 m. Anm. *Störing* = NJW 2006, 976; zur Überwachung verschlüsselter Skype-Kommunikation, *LG Landshut*, Beschl. v. 20. 1. 2011 – 4 Qs 346/10 = MMR 2011, 690 m. Anm. *Bär*; *LG Hamburg*, Beschl. v. 13. 9. 2010 – 608 Qs 17/10 = MMR 2011, 693.
249 So das *LG Ravensburg*, Beschl. v. 9. 12. 2002 – 2 Qs 153/02, CR 2003, 933 = MMR 2003, 679 m. zust. Anm. *Bär*.

grundlage der §§ 100a ff. StPO zurückgegriffen werden muss,[250] ist streitig. *Bär* unterscheidet dabei zwischen drei Phasen: Dem Eingehen der Mail auf dem Server, der Zwischenspeicherung und dem Abrufen der Mail durch den Adressaten. In Phase 1 und 3 sei der § 100a StPO als geeignete Ermächtigungsgrundlage anzusehen, während für Phase 2 die §§ 94, 98 StPO anzuwenden seien.[251] Sowohl der *BGH* als auch das *BVerfG* haben sich nunmehr im Jahr 2009 mit den rechtlichen Maßgaben für die Sicherstellung von E-Mails beim Provider befasst und gelangen dabei zu unterschiedlichen Ergebnissen. Der *BGH*[252] zieht in seiner jüngsten Entscheidung bei der Behandlung der Beschlagnahme von E-Mails beim Provider ausdrücklich eine Parallele zur Briefpostbeschlagnahme: Bei den beim Provider gespeicherten E-Mails – ob bereits gelesene oder ungelesene – fehle es an einem dem von Art. 10 Abs. 1 GG geforderten „Telekommunikationsvorgang". Dieser sei gerade mit der Speicherung in der Datenbank des Providers abgeschlossen und ein Eingriff in das Fernmeldegeheimnis gem. Art. 10 Abs. 1 GG daher nicht gegeben. Wegen der durch den *BGH* angeführten Parallele zu der Briefpostbeschlagnahme sei § 99 StPO für solche Zugriffe der Ermittlungsbehörden anwendbar. § 99 StPO enthält im Gegensatz zu § 100a StPO keine Beschränkung auf schwere Straftaten, gestattet aber lediglich die Beschlagnahme von „Postsendungen", die sich an den Beschuldigten richten oder von einem Beschuldigten herrühren und verfahrensrelevant sind. Allerdings urteilte der *BGH*,[253] dass die Anordnung der Beschlagnahme des gesamten auf dem Mailserver des Providers gespeicherten E-Mail-Bestands eines Beschuldigten nicht rechtmäßig sei, da sie regelmäßig gegen das Übermaßverbot verstoße. Zudem sei der Beschuldigte auch dann über die Beschlagnahme der in seinem elektronischen Postfach gelagerten E-Mail-Nachrichten zu unterrichten, wenn die Daten aufgrund eines Zugriffs beim Provider auf dessen Mailserver sichergestellt werden.

Das *AG Reutlingen* stützte – wohl dem *BGH* folgend – auch eine Beschlag- **1357** nahme eines **Facebook-Accounts** auf eine analoge Anwendung des § 99 StPO.[254] Solange sich die Daten im Gewahrsam des Providers befinden, liege

---

250 *LG Hanau*, Beschl. v. 23. 9. 1999 – 3 Qs 149/99, NJW 1999, 3647 = MMR 2000, 175 m. abl. Anm. *Bär*; *LG Mannheim*, Beschl. v. 30. 11. 2001 – 22 Kls 628 Js 15705/00, StV 2002, 242; siehe auch *LG Hamburg*, Beschl. v. 1. 10. 2007 – 629 Qs 29/07, MMR 2008, 423 zur unzulässigen Überwachung von Internettelefonaten mit VoIP.
251 *Bär*, MMR 2003, 679, 680 f.; *ders*, MMR 2000, 175, 176 f.
252 *BGH*, Beschl. v. 31. 3. 2009 – 1 StR 76/09, MMR 2009, 391 = NJW 2009,1828.
253 *BGH*, Beschl. v. 24. 11. 2009 – StB 48/09, MMR 2010, 444 = NJW 2010, 1297.
254 *AG Reutlingen*, Beschl. v. 31. 10. 2011 – 5 Ds 43 Js 18155/10 jug, CR 2012, 193 = ZD 2012, 178; hierzu auch *Heim*, NJW-Spezial 2012, 148.

kein laufender Kommunikationsvorgang mehr vor. Dementsprechend sei § 100a StPO nicht anwendbar.

1358   Nach Auffassung des *BVerfG*[255] stellt ein Zugriff der Ermittlungsbehörden auf beim Provider gespeicherte E-Mails einen Eingriff in das Grundrecht auf Gewährleistung des Fernmeldegeheimnisses gem. Art. 10 Abs. 1 GG dar. Der Zugriff der Ermittlungsbehörden sei in einen (immer noch) laufenden Telekommunikationsvorgang erfolgt: Die Speicherung der E-Mails beim Empfängerprovider stelle – unabhängig davon, ob nur eine Zwischenspeicherung oder eine endgültige Speicherung vorliegt oder ob bereits eine Kenntnisnahme durch den Empfänger erfolgt ist – keine Unterbrechung oder gar Beendigung des Telekommunikationsvorgangs dar. Das *BVerfG* begründet die besondere Schutzbedüftigkeit durch das Fernmeldegeheimnis damit, dass der Telekommunikationsvorgang gerade nicht technisch, sondern vielmehr mit Blick auf den Schutzzweck der Norm zu betrachten sei. Staatliche Stellen – und auch der Provider selbst – können, solange die E-Mails bei dem Provider gespeichert sind, ohne Wissen und insb. auch ohne Verhinderungsmöglichkeit des Empfängers auf die E-Mails zugreifen. Gerade in diesem **technisch bedingten Mangel der Beherrschbarkeit** durch den Nutzer seien genau die spezifischen Gefahren, vor denen Art. 10 Abs. 1 GG schützen soll, verwirklicht und ein entsprechender Schutz deshalb geboten. Die Grundrechte auf informationelle Selbstbestimmung, auf Gewährleistung der Vertraulichkeit und Integrität informationstechnischer Systeme sowie auf Unverletzlichkeit der Wohnung seien dagegen nicht berührt. Beschränkungen des Fernmeldegeheimnisses bedürfen nach Auffassung des *BVerfG* nicht – wie in § 100a StPO gefordert – einer Beschränkung auf schwere Straftaten. Es reiche für eine Beschlagnahme vielmehr aus, wenn die Voraussetzungen des § 94 StPO erfüllt seien.[256]

1359   Durch die Entscheidung des *BVerfG* entstand bei der Auslegung des Art. 10 Abs. 1 GG eine neue Abstufung. Nicht für jeden Eingriff in Art. 10 Abs. 1 GG gelten die strengen Schranken des § 100a StPO; die Beschlagnahme der E-Mails greift zwar – wie das Abhören – in Art. 10 Abs. 1 GG ein, der Eingriff wiegt jedoch nicht so schwer und ist daher unter erleichterten Voraussetzungen zulässig. Dennoch seien besondere Anforderungen im Hinblick auf den Schutz von Art. 10 GG zu berücksichtigen. Es seien zunächst Maßnahmen zu ergreifen, die möglichst wenig beeinträchtigend für den Empfänger sind und sich allein auf die Sichtung beweisrelevanter Nachrichten beim Provider richten. Erst wenn dies nicht möglich oder übermäßig aufwendig sei, dürfen Nachrichten sichergestellt und extern gesichtet werden. Stets sei darauf zu achten, dass der

---

255 *BVerfG*, Beschl. v. 16.6.2009 – 2 BvR 902/06, MMR 2009, 673 = NJW 2009, 2431.
256 Vgl. hierzu auch *Härting*, CR 2009, 581.

private Kernbereich respektiert wird, indem solche Nachrichten gar nicht erst erhoben oder sofort nach Kenntnis hiervon gelöscht werden. Dies bedeutet für die Provider, dass sie die Mails den Strafverfolgungsbehörden herauszugeben haben, unabhängig davon, ob diese bereits gelesen wurden oder nicht. Dafür ist ein richterlicher Beschluss vorzulegen. Auswirkungen hat die Aussage, dass das Fernmeldegeheimnis fort gilt, auch wenn die Nachricht auf dem Server des Empfängers angekommen ist, auf den Umgang mit Viren und Spam-Mails, die nun nicht eigenmächtig gelöscht werden dürfen.[257] Im Gegensatz dazu sind in der Literatur nach der Entscheidung des *BVerfG* auch Stimmen laut geworden, welche einen Zugriff auf E-Mail-Konten nur unter den erhöhten Anforderungen der §§ 100a, 100b zulassen.[258]

3 Akteneinsicht im Strafermittlungsverfahren

In vielen Fällen des Strafrechts mit Internetbezug muss eine Abwägung der Strafverfolgungsinteressen mit dem Recht auf informationelle Selbstbestimmung erfolgen. Aufgrund der Tatsache, dass die Ermittlungen der Strafverfolgungsbehörden auch zu zivilrechtlichen Zwecken gebraucht werden können, kommt den Akteneinsichtsrechten eine besondere praktische Bedeutung zu. Lange Zeit bestand kein zivilrechtlicher Anknüpfungspunkt, um von Providern die Daten rechtsverletzender Webseiten zu erhalten. Jedoch konnten die Rechtsverletzer im Internet über den Umweg des Strafrechts ermittelt werden: Die Provider sind verpflichtet, den Strafverfolgungsbehörden nach § 100g StPO bzw. § 113 TKG Auskünfte zu erteilen, auf die mit Hilfe des anwaltlichen Akteneinsichtsrechts gem. § 406e StPO dann auch zur Verfolgung zivilrechtlicher Ansprüche zurückgegriffen werden kann. Das dabei geforderte berechtigte Interesse besteht, wenn das Interesse an der möglichen Geltendmachung zivilrechtlicher Ansprüche durch den Verletzten das Interesse des Gegners an der Geheimhaltung des Akteninhalts überwiegt; mangels eigener zivilrechtlicher Möglichkeiten, die in den Akten stehenden Daten zu erlangen, wäre ein Verfahren ohne Erstattung einer Strafanzeige oftmals nicht erfolgreich.[259] Das Strafverfahren eröffnet somit vielfach erst den Weg zur Geltendmachung von Ansprüchen. Dieses Recht zur Akteneinsicht wird von den Staatsanwaltschaften jedoch restriktiv gewährt.[260] Seit 2008 sieht das Gesetz zur Verbesserung der

1360

---

257 Siehe zur krit. Auseinandersetzung der Entscheidung des *BVerfG* insbesondere *Jahn*, JuS 2009, 1048; *Klein*, NJW 2009, 2996; *Störing*, CR 2009, 475 und *Szebrowski*, K & R 2009, 563.
258 Vgl. *Gaede*, StV 2009, 96.
259 Meyer-Goßner/*Schmitt*, Kommentar StPO, 59. Aufl. 2016, § 406e Rz. 3.
260 *Schmidt*, GRUR 2010, 673.

Durchsetzung von Rechten des geistigen Eigentums[261] ausdrücklich einen zivilrechtlichen Auskunftsanspruch gegen Internet Provider vor (vgl. § 101 UrhG). Trotzdem ist der Weg über das Strafverfahrensrecht in vielen Fällen der Verfolgung des Filesharings in Anspruch genommen worden, da der zivilrechtliche Auskunftsanspruch nur bei Rechtsverletzungen in gewerblichem Ausmaß[262] greift und zudem der Rechteinhaber die von ihm zunächst zu tragenden zivilrechtlichen Rechtsverfolgungskosten erst im Regress gegen den Rechtsverletzer geltend machen kann, während eine strafrechtliche Ermittlung aufgrund des Amtsermittlungsgrundsatzes auf Staatskosten erfolgt. Dem Interesse des Verletzten kann jedoch auch in diesen Fällen das Recht auf informationelle Selbstbestimmung des anderen entgegenstehen, welches bei § 406e StPO ebenfalls erst bei bestehendem Tatverdacht und Bejahung eines gewerblichen Ausmaßes[263] zurücktritt. Aufgrund des datenschutzrechtlichen Zweckbindungsgrundsatzes darf der die Akten einsehende Rechtsanwalt gem. §§ 406e Abs. 6 i. V. m. 477 Abs. 5 StPO entweder lediglich teilweise Akteneinsicht nehmen oder bloß die Informationen weitergeben, die für die Geltendmachung des Anspruchs auf dem Zivilrechtswege notwendig sind.[264]

4 Hinzuziehung von Dritten im Ermittlungsverfahren

1361 Die Staatsanwaltschaft kann sich während des Ermittlungsverfahrens der **Hilfe von Sachverständigen bedienen (§ 161a StPO)**. Sie kann den Sachverständigen selbst bestimmen (§ 161a i. V. m. § 73 StPO), dabei muss sie aber das Gebot der Unparteilichkeit beachten. Bei Ermittlungen im Hinblick auf Urheberrechtsverletzungen hat es sich eingebürgert, dass die Staatsanwaltschaft als Sachverständige die Mitarbeiter der Gesellschaft zur Verfolgung von Urheberrechtsverletzungen e. V. (GVU), einer Organisation von Unternehmen der Film-

---

261 In Kraft getreten am 1. 9. 2008, BGBl. I 2008, S. 1191.

262 Bejaht bei der Bereitstellung eines 150-minütigen Films für eine Dauer von drei Monaten im Internet, *OLG Frankfurt a. M.*, Beschl. v. 12. 5. 2009 – 11 W 21/09, MMR 2009, 542 = CR 2010, 99); bei der kurzzeitigen Bereitstellung eines Musikalbums zum Download, *OLG Köln*, Beschl. v. 21. 10. 2008 – 6 Wx 2/08, MMR 2008, 820 = GRUR-RR 2009, 9; verneint bei dem einmaligen Download eines Musikalbums, *OLG Oldenburg*, Beschl. v. 1. 12. 2008 – 1 W 76/08, MMR 2009, 188 = CR 2009, 104.

263 Diese „Bagatellgrenze" ist umstritten; bejahend *LG Karlsruhe*, Beschl. v. 25. 9. 2009 – 2 AR 4/09, MMR 2010, 68 m. Anm. *Geißler/Jüngel/Linden*; *LG Darmstadt*, Beschl. v. 9. 10. 2008 – 9 Qs 490/08, MMR 2009, 52 m. Anm. *Bär*; krit. *Sankol*, MMR 2008, 836; vgl. Meyer-Goßner/*Schmitt*, Kommentar StPO, 59. Aufl. 2016, § 406e Rz. 6d mwN.

264 Meyer-Goßner/*Schmitt*, Kommentar StPO, 59. Aufl. 2016, § 406e Rz. 7, 13.

und Software-Entertainmentbranche und ihrer nationalen und internationalen Verbände, die sich der Bekämpfung von Produktpiraterie im Bereich des Urheberrechts widmet, hinzuzieht. Die GVU sieht ihre Aufgabe in der „Aufdeckung von Verstößen gegen die Urheberrechte ihrer Mitglieder und die Mitteilung dieser Verstöße an die Strafverfolgungsbehörden".[265] Bei ihren Mitarbeitern handelt es sich um Privatpersonen, deren Gegenwart bei strafprozessualen Maßnahmen wie einer Durchsuchung grundsätzlich nicht unzulässig ist, solange die Hinzuziehung für den Fortgang der Ermittlungen erforderlich ist.[266] Insbesondere im Hinblick auf Personen, die selbst ein Interesse an dem Ausgang des Verfahrens haben, muss diese Erforderlichkeit besonders geprüft werden.

Eine Prüfung der Erforderlichkeit der Hinzuziehung von Mitarbeitern der **1362** GVU war Gegenstand eines Beschlusses des *LG Kiel*.[267] Die Erforderlichkeit kann in bestimmten Fällen vorliegen, wenn die Hinzuziehung für den Fortgang der Ermittlungen geboten ist.[268] Daher ist zu prüfen, inwieweit die Hinzuziehung eines Mitarbeiters der GVU diesen Anforderungen genügt. Die GVU hat ein eigenes Interesse an der Aufklärung der Straftaten, da die Verfolgung der strafbaren Urheberrechtsverstöße ihre Aufgabe darstellt. Mitarbeiter der GVU stellen daher keine neutralen Sachverständigen dar, da diese am Ausgang des Verfahrens ein eigenes Interesse haben. Es ist daher fraglich, inwieweit ein Mitarbeiter der GVU bei Durchsuchungen, die aufgrund des Verdachts eines Urheberrechtsverstoßes ergehen, hinzugezogen werden kann. Insbesondere dann, wenn die Mitarbeiter der GVU während des Ermittlungsverfahrens selbständig tätig werden, wie z. B. die Übernahme eines Großteils der Auswertung der beschlagnahmten Computer, der Erstellung eines eigenen Auswertungsberichtes, bedeutet dies eine „Privatisierung des Ermittlungsverfahrens", das nicht den Anforderungen der Strafprozessordnung entspricht.[269] Die erforderliche Gebotenheit der Hinzuziehung eines „parteilichen" Sachverständigen liegt in der Verfolgung von Urheberrechtsverletzungen gerade nicht vor. Das Aufspüren und die Identifizierung von Raubkopien auf einem Computer stellen keine derart komplizierte technische Anforderung an den Sachverständigen dar, dass ausschließlich die Hinzuziehung eines Mitarbeiters der GVU in Betracht käme.[270] Auch die Ermittlungsbehörden sind in der Lage diese Auswertung selbständig durchzuführen.[271] In diesem Verfahren ergab sich außerdem

---

265 Die Homepage der GVU ist unter www.gvu.de zu erreichen.
266 *LG Kiel*, Beschl. v. 14. 8. 2006 – 37 Qs 54/06, CR 2007, 116 = NJW 2006, 3224.
267 *LG Kiel*, Beschl. v. 14. 8. 2006 – 37 Qs 54/06, CR 2007, 116 = NJW 2006, 3224.
268 *OLG Hamm*, Beschl. v. 16. 1. 1986 – 1 VAs 94/85, MDR 1986, 695 = NStZ 1986, 326 m. w.N.
269 *LG Kiel*, Beschl. v. 14. 8. 2006 – 37 Qs 54/06, CR 2007, 116 = NJW 2006, 3224.
270 *LG Kiel*, Beschl. v. 14. 8. 2006 – 37 Qs 54/06, CR 2007, 116 f. = NJW 2006, 3224 f.
271 *LG Kiel*, Beschl. v. 14. 8. 2006 – 37 Qs 54/06, CR 2007, 116 f. = NJW 2006, 3224 f.

die Besonderheit, dass Computer und CDs der GVU zur Untersuchung überlassen wurden. Auch dieses Verhalten verstoße gegen die Strafprozessordnung, da zwar eine Delegierung an andere Ermittlungspersonen während des Ermittlungsverfahrens möglich ist, nicht jedoch ausschließlich an Sachverständige ohne vorherige Sichtung.[272] Interessant ist auch, dass die Staatsanwaltschaft diese Unterlagen nicht einem bestimmten Sachverständigen, sondern der GVU als Organisation überlassen hat. Auch dieses Vorgehen verstoße gegen § 110 StPO, so das *LG Kiel*.[273]

---

272 *LG Kiel*, Beschl. v. 14. 8. 2006 – 37 Qs 54/06, CR 2007, 116 f. = NJW 2006, 3224 f.
273 *LG Kiel*, Beschl. v. 14. 8. 2006 – 37 Qs 54/06, CR 2007, 116 f. = NJW 2006, 3224 f.

Abkürzungsverzeichnis

a. A.	andere(r) Ansicht
a. a. O.	am angegebenen Ort
ABDSG	Entwurf des Allgemeinen Bundesdatenschutzgesetzes
ABl.	Amtsblatt
ABl. EG	Amtsblatt der Europäischen Gemeinschaft
ABl. EU	Amtsblatt der Europäischen Union
abl.	ablehnend
Abs.	Absatz
AcP	Archiv für die civilistische Praxis (Band, Seite)
ACTA	America's Carriers Telecommunications Association
AEUV	Vertrag über die Arbeitsweise der Europäischen Union
a. E.	am Ende
a. F.	alte Fassung
AfP	Zeitschrift für Medien- und Kommunikationsrecht
AG	Amtsgericht/Aktiengesellschaft
AGB	Allgemeine Geschäftsbedingungen
AGBG	Gesetz zur Regelung des Rechts der allgemeinen Geschäftsbedingungen
allg.	allgemein
Alt.	Alternative
AMG	Arzneimittelgesetz
ÄndG	Änderungsgesetz
Anh.	Anhang
Anm.	Anmerkung
AnwBl	Anwaltsblatt
AO	Abgabenordnung
APNIC	Asia Pacific Network Information Center
ArbG	Arbeitsgericht
ARD	Arbeitsgemeinschaft der öffentlich-rechtlichen Rundfunkanstalten der Bundesrepublik Deutschland
Art.	Artikel
ASCII	American Standard Code for Information Interchange
AuA	Arbeit und Arbeitsrecht
Aufl.	Auflage
AuR	Arbeit und Recht (Jahr, Seite)
Az.	Aktenzeichen
B2B	Business-to-Business
B2C	Business-to-Consumer
BaFin	Bundesanstalt für Finanzdienstleistungsaufsicht
BAG	Bundesarbeitsgericht
BAGE	Entscheidungen des Bundesarbeitsgerichts
BayLDA	Bayerische Landesamt für Datenschutzaufsicht
BB	Betriebs-Berater
BBankG	Bundesbankgesetz
BCR	Binding Corporate Rules

https://doi.org/10.1515/9783110556346-010

Bd.	Band
BDSG	Bundesdatenschutzgesetz
Begr.	Begründung
Beil.	Beilage
Beschl.	Beschluss
BetrVG	Betriebsverfassungsgesetz
Bzgl.	bezüglich
BFH	Bundesfinanzhof
BGB	Bürgerliches Gesetzbuch
BGBl.	Bundesgesetzblatt
BGH	Bundesgerichtshof
BGHSt	Entscheidungssammlung des Bundesgerichtshofs in Strafsachen
BGHZ	Entscheidungssammlung des Bundesgerichtshofs in Zivilsachen
BHO	Bundeshaushaltsordnung
BKA	Bundeskriminalamt
BKartA	Bundeskartellamt
BKR	Zeitschrift für Bank- und Kapitalmarktrecht
BMJV	Bundesministerium der Justiz und für Verbraucherschutz
BMWi	Bundesministerium für Wirtschaft und Technologie
BND	Bundesnachrichtendienst
BORA	Berufsordnung der Rechtsanwälte
BpersVG	Bundespersonalvertretungsgesetz
BRAK	Bundesrechtsanwaltskammer
BRAO	Bundesrechtsanwaltsordnung
BR-Drs.	Bundesrats-Drucksache
BRD	Bundesrepublik Deutschland
BSG	Bundessozialgericht
Bsp.	Beispiel
BT-Drs.	Bundestags-Drucksache
Btx	Bildschirmtext
BuchPrG	Buchpreisbindungsgesetz
Buchst.	Buchstabe
BVerfG	Bundesverfassungsgericht
BVerfGE	Entscheidungssammlung des Bundesverfassungsgerichts
BVerfGG	Gesetz über das Bundesverfassungsgericht
BVerwG	Bundesverwaltungsgericht
bzw.	beziehungsweise
ca.	Circa
CB	Compliance Berater
CCC	Convention on Cybercrime
CD	Compact Disk
CD-I	Compact Disk Interaktiv
CD-R	Compact Disk Recordable
CD-ROM	Compact Disk – Read Only Memory
c. i. c.	culpa in contrahendo
CISAC	Confédération Internationale des Sociétés d'Auteurs et Compositeurs
CISG	Convention on the International Sale of Goods

CR	Computer und Recht
c't	Magazin für Computertechnik
DB	Der Betrieb
DDoS	Distributed Denial of Service
DENIC	Deutsches Network Information Center eG
ders.	derselbe
DFG	Deutsche Forschungsgemeinschaft
DFN	Deutsches Forschungsnetz
d. h.	das heißt
DIN	Deutsches Institut für Normung e. V.
Diss.	Dissertation
DL-InfoV	Dienstleistungsinformationsverordnung
DNotZ	Deutsche Notar-Zeitschrift
DNS	Domain-Name-System
DÖV	Die öffentliche Verwaltung
DoS	Denial of Service
DPMA	Deutsches Patent- und Markenamt
DRiZ	Deutsche Richterzeitung
DRM	Digital Rights Management
DSAnpUG	Datenschutzanpassungs- und Umsetzungsgesetz
DSB	Datenschutz-Berater
DSGVO	Datenschutz-Grundverordnung
DSRL	Datenschutzrichtlinie
DStR	Deutsches Steuerrecht
DuD	Datenschutz und Datensicherung
DVD	Digital Versatile Disk
DVR	Deutsche Verkehrssteuerrundschau
eIDAS-VO	Verordnung über elektronische Identifizierung und Vertrauensdienste
Ed.	Edition
EDI	Electronic Data Interchange
EDÖB	Eidgenössischer Datenschutz- und Öffentlichkeitsbeauftragter
EDV	Elektronische Datenverarbeitung
EFTA	European Free Trade Association
EG	Europäische Gemeinschaft
EGBGB	Einführungsgesetz zum Bürgerlichen Gesetzbuch
EGG	Elektronischer Geschäftsverkehr-Gesetz
Einl.	Einleitung
E-Mail	Electronic Mail
EMRK	Europäische Menschenrechtskonvention
endg.	endgültig
Entsch.	Entscheidung
entspr.	entsprechend
EStG	Einkommenssteuergesetz
et al.	und andere
EU	Europäische Union
EuG	Gericht erster Instanz der Europäischen Gemeinschaften

EuGH	Gerichtshof der Europäischen Gemeinschaften
EuGHE	Entscheidungssammlung des Gerichtshofs der Europäischen Gemeinschaften
EuGVO	Verordnung über die gerichtliche Zuständigkeit und die Anerkennung und Vollstreckung von Entscheidungen in Zivil- und Handelssachen
EuR	Europarecht
EURid	European Registry of Internet Domain Names
EuZW	Europäische Zeitschrift für Wirtschaftsrecht
e. V.	eingetragener Verein
evtl.	eventuell
EWiR	Entscheidungen zum Wirtschaftsrecht
EWR	Europäischer Wirtschaftsraum
EWS	Europäisches Wirtschafts- und Steuerrecht
f./ff.	Folgende
FAG	Fernmeldeanlagen-Gesetz
FAZ	Frankfurter Allgemeine Zeitung
FG	Finanzgericht
Fn.	Fußnote
FPR	Familie Partnerschaft Recht
FRCP	Federal Rules of Civil Procedures
FS	Festschrift
FSM	Freiwillige Selbstkontrolle Multimedia-Diensteanbieter e. V.
FTP	File Transfer Protocol
G8	Gruppe der Acht, supranationale Vereinigung der sieben führenden Industrienationen (G7) und Russlands
GATT	General Agreement on Tariffs and Trade
gem.	gemäß
GEMA	Gesellschaft für musikalische Aufführungs- und mechanische Vervielfältigungsrechte
GewO	Gewerbeordnung
GDD	Gesellschaft für Datenschutz und Datensicherheit e. V.
GG	Grundgesetz
ggf.	Gegebenenfalls
GlüStV	Glücksspiel-Staatsvertrag
GmbH	Gesellschaft mit beschränkter Haftung
GRCh	Grundrechte-Charta
GRUR	Gewerblicher Rechtsschutz und Urheberrecht (Zeitschrift), Deutsche Vereinigung für Gewerblichen Rechtsschutz und Urheberrecht e. V. (Verein)
GRUR Int.	Gewerblicher Rechtsschutz und Urheberrecht, Internationaler Teil
GRUR-Prax	Gewerblicher Rechtsschutz und Urheberrecht, Praxis im Immaterialgüter- und Wettbewerbsrecht
GRUR-RR	Gewerblicher Rechtsschutz und Urheberrecht, Rechtsprechungs-Report
GVL	Gesellschaft zur Verwertung von Leistungsschutzrechten mbH
GVU	Gesellschaft zur Verfolgung von Urheberrechtsverletzungen e. V.
GWB	Gesetz gegen Wettbewerbsbeschränkungen

hg.	herausgegeben
HGB	Handelsgesetzbuch
h. M.	herrschende Meinung
HRRS	Onlinezeitschrift für Höchstrichterliche Rechtsprechung zum Strafrecht
Hrsg.	Herausgeber
Hs.	Halbsatz
HTML	Hypertext Markup Language
HTTPS	HyperText Transfer Protocol Secure
HWG	Heilmittelwerbegesetzes
IANA	Internet Assigned Numbers Authority
ICANN	Internet Corporation for Assigned Names and Numbers
i. d. R.	in der Regel
IFPI	International Federation of the Phonografic Industry
i. H. v.	in Höhe von
IMR	Immobilien- und Mietrecht
InfoSoc-RL	Richtlinie zur Harmonisierung bestimmter Aspekte des Urheberrechts und der verwandten Schutzrechte in der Informationsgesellschaft
insb.	Insbesondere
InsO	Insolvenzordnung
IPR	Internationales Privatrecht
IPrax	Praxis des Internationalen Privat- und Verfahrensrechts
i. R. d.	im Rahmen des
i. R. v.	im Rahmen von
i. S.	im Sinne
i. S. d.	im Sinne des
i. S. v.	im Sinne von
ISP	Internet Service Provider
IT	Informationstechnik
ITRB	Der IT-Rechtsberater
i. Ü.	im Übrigen
IuKDG	Informations- und Kommunikationsdienstegesetz
IuR	Informatik und Recht
i. V. m.	in Verbindung mit
i. w. S.	im weiteren Sinne
IZVR	Internationales Zivilverfahrensrecht
JA	Juristische Arbeitsblätter
jew.	jeweils
JMStV	Jugendmedienschutz-Staatsvertrag
JR	Juristische Rundschau
JurPC	Internet-Zeitschrift für Rechtsinformatik
Jura	Juristische Ausbildung
JuS	Juristische Schulung
JuSchG	Jugendschutzgesetz
KG	Kammergericht, Kommanditgesellschaft
KJM	Kommission für Jugendmedienschutz

KOM	Dokument der EG-Kommission, Legislativvorschläge und andere Kommissionsmitteilungen von allgemeinem Interesse
krit.	kritisch
KUG	Gesetz, betreffend das Urheberrecht an Werken der bildenden Künste und der Photographie (Kunsturhebergesetz)
K & R	Kommunikation und Recht
LAG	Landesarbeitsgericht
LAN	Local Area Network
LG	Landgericht
lit.	Buchstabe/littera
LKV	Landes- und Kommunalverwaltung
LMK	Kommentierte BGH-Rechtsprechung
Ls.	Leitsatz
LSK	Leitsatzkartei des deutschen Rechts
m.	Mit
M-Commerce	Mobile Commerce
MAD	Amt für den Militärischen Abschirmdienst
MarkenG	Markengesetz
max.	maximal
MB	Mega-Byte
MDR	Monatsschrift des Deutschen Rechts
MDStV	Mediendienste-Staatsvertrag
m. E.	meines Erachtens
MFM	Mittelstandsgemeinschaft Fotomarketing
Mitt.	Mitteilungen der Deutschen Patentanwälte
MMR	Multimedia und Recht
MOP	Musterberufsordnung der Bundesärztekammer
MP3	MPEG-Layer 3
MR	Medien und Recht
MSN	Microsoft Network
m. w. N.	mit weiteren Nachweisen
NDS.	Niedersachsen
n. F.	neue Fassung, neue Folge
NetzDG	Netzwerkdurchsetzungsgesetz
NIC	Network Information Center
NJOZ	Neue Juristische Online-Zeitschrift
NJW	Neue Juristische Wochenschrift
NJW-CoR	NJW – Computerreport
NJW-RR	NJW – Rechtsprechungs-Report
No.	Number (Nummer)
Nr.	Nummer(n)
n. rkr.	nicht rechtskräftig
NSI	Network Solutions Inc.
NStZ	Neue Zeitschrift für Strafrecht
n. v.	nicht veröffentlicht

NVwZ	Neue Zeitschrift für Verwaltungsrecht
NVwZ-RR	Neue Zeitschrift für Verwaltungsrecht – Rechtsprechungs-Report
NW	Nordrhein-Westfalen
NWB	Neue Wirtschafts-Briefe
NZA	Neue Zeitschrift für Arbeitsrecht
NZA-RR	Neue Zeitschrift für Arbeitsrecht – Rechtsprechungs-Report
NZBau	Neue Zeitschrift für Bau- und Vergaberecht
NZG	Neue Zeitschrift für Gesellschaftsrecht
NZKart	Neue Zeitschrift für Kartellrecht
o. ä.	oder Ähnliches
OCR	optical character recognition
OECD	Organization for Economic Cooperation and Development
ÖOGH	Österreichischer Oberster Gerichtshof
o. g.	oben genannt
OLG	Oberlandesgericht
OVG	Oberverwaltungsgericht
P2P	peer to peer (Rechner-Rechner-Verbindung)
PAngV	Preisangabenverordnung
PatG	Patentgesetz
PC	Personal Computer
PDF	Portable Document Format
PersR	Der Personalrat
PharmaR	Pharma Recht
PIN	Persönliche Identifikationsnummer
PMG	Presse Monitor Deutschland GmbH & Co. KG
RabelsZ	Rabels Zeitschrift für ausländisches und internationales Privatrecht
RAM	Random Access Memory
RBÜ	Revidierte Berner Übereinkunft
RDV	Recht der Datenverarbeitung
RegE	Regierungsentwurf
RGZ	Entscheidungen des Reichsgerichts in Zivilsachen
RIPE NCC	Reseaux IP Européens Network Coordination Center
RIW	Recht der internationalen Wirtschaft
RL	Richtlinie(n)
Rn.	Randnummer(n)
ROM	Read Only Memory
Rom I-VO	Verordnung über das auf vertragliche Schuldverhältnisse anzuwendende Recht (Rom I)
Rom II-VO	Verordnung über das auf außervertragliche Schuldverhältnisse anzuwendende Recht (Rom II)
Rpfleger	Der Deutsche Rechtspfleger
Rspr.	Rechtsprechung
RStV	Rundfunkstaatsvertrag
RSVP	Resource Reservation Protocol

S.	Satz, Seite
s.	Siehe
SatKab-RL	Richtlinie 93/83/EWG des Rates vom 27. September 1993 zur Koordinierung bestimmter urheber- und leistungsschutzrechtlicher Vorschriften betreffend Satellitenrundfunk und Kabelweiterverbreitung
SEO	Search Engine Optimizing
SFAS	Statement of Financial Accounting Concepts
SigG	Gesetz zu digitalen Signatur
SLD	Second Level Domain
Slg.	Sammlung
SMS	Short Message Service
SMTP	Simple Mail Transport Protocol
sog.	Sogenannt(e,er)
SpuRt	Zeitschrift für Sport und Recht
SSL	Secure Sockets Layer
StGB	Strafgesetzbuch
StPO	Strafprozessordnung
str.	streitig, strittig
StrÄndG	Strafrechtsänderungsgesetz
st. Rspr.	Ständige Rechtsprechung
StV	Strafverteidiger, Staatsvertrag
TabakerzG	Tabakerzeugnisgesetz
TAN	Transaktionsnummer
TCP/IP	Transmission Control Protocol/Internet Protocol
TDDSG	Teledienstedatenschutzgesetz
TDG	Teledienstegesetz
TDSV	Telekommunikationsdiensteunternehmen-Datenschutzverordnung
TKG	Telekommunikationsgesetz
TLD	Top Level Domain
TLS	Transport Layer Security
TMG	Telemediengesetz
TRIPS	Trade-Related Aspects of Intellectual Property Rights (Agreement on)
u. a.	unter anderem
u. ä.	und ähnliches
UFITA	Archiv für Urheber-, Film, Funk- und Theaterrecht
UKlaG	Unterlassungsklagengesetz
UN	United Nations
UNCITRAL	United Nations Commission on International Trade Law
UPR	Umwelt- und Planungsrecht
UrhG	Urheberrechtsgesetz
UrhRÄndG	Urheberrechtsänderungsgesetz
UrhWahrnG	Gesetz über die Wahrnehmung von Urheberrechten und verwandten Schutzrechten
URL	Uniform Resource Locator
Urt.	Urteil
US/USA	United States (of America)

USD	US-Dollar
US-GAAP	US-Generally Accepted Accounting Principles
UStG	Umsatzsteuergesetz
usw.	und so weiter
u. U.	unter Umständen
UWG	Gesetz gegen den unlauteren Wettbewerb
v.	vom, von
Var.	Variante
VersVermV	Versicherungsvermittlungsverordnung
VFF	Verwertungsgesellschaft der Film- und Fernsehproduzenten mbH
VG	Verwaltungsgericht, Verwertungsgesellschaft
VGH	Verwaltungsgerichtshof
vgl.	Vergleiche
VG Bild-Kunst	Verwertungsgesellschaft Bild-Kunst
VG Wort	Verwertungsgesellschaft Wort, vereinigt mit der Verwertungsgesellschaft Wissenschaft
VO	Verordnung
Vol.	Volume (Band)
Vorb.	Vorbemerkung
VR	Verwaltungsrundschau, Virtual Reality
VRRL	Verbraucherrechtrichtlinie
VSBG	Gesetz über die alternative Streitbeilegung in Verbrauchersachen
VTabakG	Vorläufiges Tabakgesetz
VuR	Verbraucher und Recht
VwVfG	Verwaltungsverfahrensgesetz
vzbv	Verbraucherzentrale Bundesverband e. V.
WIPO	World Intellectual Property Organization (Weltorganisation für geistiges Eigentum, Genf, franz. Abk. l'OMPI)
WiPrO	Wirtschaftsprüferordnung
WissR	Wissenschaftsrecht
Wistra	Zeitschrift für Wirtschaft, Steuer, Strafrecht
WLAN	Wireless Local Area Network
WM	Wertpapiermitteilungen
WRP	Wettbewerb in Recht und Praxis
WTO	World Trade Organization
WuB	Entscheidungen zum Wirtschafts- und Bankrecht
WuW	Wirtschaft und Wettbewerb – Zeitschrift für deutsches und europäisches Wettbewerbsrecht
WWW	World Wide Web
ZAG	Zahlungsdiensteaufsichtsgesetz
ZAP	Zeitschrift für die Anwaltspraxis
ZAW	Zentralverband der Deutschen Werbewirtschaft
z. B.	Zum Beispiel
ZBB	Zeitschrift für Bankrecht und Bankwirtschaft
ZD	Zeitschrift für Datenschutz

ZDF	Zweites Deutsches Fernsehen
ZEuP	Zeitschrift für Europäisches Privatrecht
ZfBR	Zeitschrift für deutsches und internationales Bau- und Vergaberecht
ZHR	Zeitschrift für das gesamte Handelsrecht und Wirtschaftsrecht
Ziff.	Ziffer
ZInsO	Zeitschrift für das gesamte Insolvenzrecht
ZIP	Zeitschrift für Wirtschaftsrecht
Zit.	Zitat
ZKDSG	Zugangskontrolldiensteschutz-Gesetz
ZPO	Zivilprozessordnung
ZPÜ	Zentralstelle für private Überspielungsrechte
ZRP	Zeitschrift für das Schweizerische Recht
ZStW	Zeitschrift für die gesamte Strafrechtswissenschaft
z. T.	zum Teil
ZUM	Zeitschrift für Urheber- und Medienrecht, früher: Film und Recht
Zumind.	Zumindest
zust.	zustimmend
ZVglRWiss	Zeitschrift für Vergleichende Rechtswissenschaft
ZZP	Zeitschrift für Zivilprozess

Literaturverzeichnis

Ahlberg, Hartwig/Götting, Horst-Peter. Beck'scher Online-Kommentar Urheberrecht, 16. Edition, München 2017.

Albrecht, Uwe. Das neue Heilmittelwerberecht, in: GRUR 1977, 83.

Alexander, Christian. Neuregelungen zum Schutz vor Kostenfallen im Internet, in: NJW 2012, 1985.

Allen, James P. Look What They've Done to My Song Ma – Digital Sampling in the 90's: A Legal Challenge for the Music Industry, in: University of Miami Entertainment & Sports Law Review 9 (1992), 179.

Auer-Reinsdorff, Astrid. Kinderschutz im Internet. Technische Lösungen sowie Informationsangebote an Eltern, Schulen und Kinder, in: FPR 2012, 434.

Auer-Reinsdorff, Astrid/Conrad, Isabel. Handbuch IT- und Datenschutzrecht, 2. Auflage, München 2016.

Axmann, Mario/Degen, Thomas A. Kanzlei-Homepages und elektronische Mandatsbearbeitung – Anwaltsstrategien zur Minimierung rechtlicher Risiken, in: NJW 2006, 1457.

Baetge, Dietmar. Unverlangte E-Mail-Werbung zwischen Lauterkeits- und Deliktsrecht. Anmerkung zu AG Dresden, Urt. v. 29. 07. 2005 – 114 C 2008/05, in: NJW 2006, 1037.

Bähler, Konrad/Lubich, Hannes P./Schneider, Marcel/Widmer, Ursula. Internet-Domainnamen. Funktion. Richtlinien zur Registration. Rechtsfragen, Zürich 1996.

Balke, Barbara/Müller, Andreas. Arbeitsrechtliche Aspekte beim betrieblichen Einsatz von E-Mails, in: DB 1997, 327.

Bamberger, Heinz Georg/Roth, Herbert. Beck'scher Online-Kommentar zum BGB, 42. Edition, München 2017.

Bär, Wolfgang. Aktuelle Rechtsfragen bei strafprozessualen Eingriffen in die Telekommunikation, in: MMR 2000, 472.

Bär, Wolfgang. Auskunftsanspruch über Telekommunikationsdaten nach den neuen §§ 100g, 100h StPO, in: MMR 2002, 358.

Bär, Wolfgang/Hofmann, Helmut. Das Zugangskontrolldiensteschutz-Gesetz – Ein erster Schritt auf dem richtigen Weg, in: MMR 2002, 654.

Bartl, Harald. Aktuelle Rechtsfragen des Bildschirmtextes, in: DB 1982, 1097.

Bechthold, Stefan. Der Schutz des Anbieters von Information – Urheberrecht und Gewerblicher Rechtsschutz im Internet, in: ZUM 1997, 427.

Beck, Lukas. Die Reform des Verbraucherschutzrechts, in: Jura 2014, 666.

Beck, Simon Markus. Lehrermobbing durch Videos im Internet – ein Fall für die Staatsanwaltschaft?, in: MMR 2008, 77.

Beck, Simon Markus/Dornis, Tim W. „Phishing" im Marken(straf)recht. Wie Tathandlungen des „Phishing" markenstrafrechtlich geahndet werden können, in: CR 2007, 642.

Becker, Maximilian. Onlinevideorecorder im deutschen Urheberrecht, in: AfP 2007, 5.

Becker, Maximilian/Becker, Felix. Zur rechtlichen Zulässigkeit von AdBlockern, in: GRUR-Prax 2015, 245.

Beiner, Torsten. Der urheberrechtliche Schutz digitalisierter Presseartikel in unternehmenseigenen Datenbanken, in: MMR 1999, 691.

Bender, Rolf/Kahlen, Christine. Neues Telemediengesetz verbessert den Rechtsrahmen für Neue Dienste und Schutz vor Spam-Mails, in: MMR 2006, 590.

https://doi.org/10.1515/9783110556346-011

Bensberg, Frank/Weiß, Thorsten. Web Log Mining als Analyseinstrument des Electronic Commerce, in: Urh, Wolfgang/Breuer, Sven-Einar (Hrsg.), Proceedings zur WI-Fachtagung Integration externer Informationen in Management Support Systems, Dresden 1998.

Berger, Christian. Die internationale Zuständigkeit bei Urheberrechtsverletzungen in Internet-Websites aufgrund des Gerichtsstands der unerlaubten Handlung nach Art. 5 Nr. 3 EuGVO, in: GRUR-Int. 2005, 465.

Berger, Christian. Die Neuregelung der Privatkopie in § 53 Abs. 1 UrhG im Spannungs-verhältnis von geistigem Eigentum, technischen Schutzmaßnahmen und Informationsfreiheit, in: ZUM 2004, 257.

Berger, Christian. Jugendschutz im Internet: „Geschlossene Benutzergruppen" nach § 4 Abs. 2 S. 2 JMStV. Am Beispiel personalausweiskennziffergestützter Altersverifikationssysteme, in: MMR 2003, 773.

Berger, Christian. Softwarelizenzen in der Insolvenz des Softwarehauses, in: CR 2006, 505.

Berger, Christian. Zwangsvollstreckung in „Internet-Domains", in: Rpfleger 2002, 181.

Berger, Christian/Büchner, Thomas. Sekundärnutzung urheberrechtlich geschützter Textvorlagen (abstracts) zulässig, in: K & R 2007, 151.

Bergmann, Lutz/Möhrle, Roland/Herb, Armin. Datenschutzrecht, Kommentar, 52. Aktualisierung, Stuttgart 2017.

Bergt, Matthias. Praktische Probleme bei der Umsetzung neuer gesetzlicher Vorgaben im Webshop, in: NJW 2012, 3541.

Bernreuther, Friedrich. Die Rechtsdurchsetzung des Herkunftslandsrechts nach Art. 3 Abs. II EC-RiL und das Grundgesetz, in: WRP 2001, 384.

Bernstroff, Christoph v. Ausgewählte Rechtsprobleme im Electronic Commerce, in: RIW 2000, 14.

Bernstorff, Christoph v. Der Abschluss elektronischer Verträge, in RIW 2002, 179.

Bierekoven, Christiane. Das gewerbliche Ausmaß in § 101 UrhG, in: ITRB 2009, 158.

Bierekoven, Christiane. Neuerungen für Onlineshops nach Umsetzung der Verbraucher-rechterichtlinie – ein erster Überblick, in: MMR 2014, 283.

Biermann, Claudia. Kennzeichenrechtliche Probleme des Internets: Das Domain-Name-System, in: WRP 1999, 997.

Bindhardt, Heiner. Der Schutz von in der Popularmusik verwendeten elektronisch erzeugten Einzelsounds nach dem Urheberrechtsgesetz und dem Gesetz gegen den unlauteren Wettbewerb, Frankfurt 1998.

Birkelbach, Jörg. Sicheres Homebanking – Ist der Kunde zukünftig das Hauptrisiko?, in: WM 1996, 2099.

Bisges, Marcel. Grenzen des Zitatrechts im Internet, in: GRUR 2009, 730.

Bizer, Johann. Web-Cookies – datenschutzrechtlich, in: DuD 1998, 277.

Bodewig, Theo. Erschöpfung der gewerblichen Schutzrechte und des Urheberrechts in den USA, in: GRUR-Int. 2000, 597.

Boehm, Franziska/Pesch, Paulina. Bitcoins: Rechtliche Herausforderungen einer virtuellen Währung – Eine erste juristische Einordung, in: MMR 2014, 75.

Borges, Georg. Rechtsfragen des Phishing – Ein Überblick, in: NJW 2015, 3313.

Borges, Georg. Verbraucherschutz beim Internet-Shopping, in: ZIP 1999, 130.

Bortloff, Nils. Tonträgersampling als Vervielfältigung, in: ZUM 1993, 476.

Braml, Birgit/Hopf, Kristina. Jugendschutzprogramme: Mehr Schutz für die Jugend oder mehr Sicherheit für den Anbieter?, in: ZUM 2012, 361.

Brand, Peter-Andreas. Persönlichkeitsrechtsverletzungen im Internet, E-Commerce und „Fliegender Gerichtsstand", in: NJW 2012, 127.

Bräutigam, Peter/Rücker, Daniel. E-Commerce Rechtshandbuch, München 2017.

Breinlinger, Astrid. Datenschutzrechtliche Probleme bei Kunden- und Verbraucher-befragungen zu Marketingzwecken, in: RDV 1997, 247.

Brinkmann, Werner. Vertragsrechtliche Probleme bei Warenbestellungen über Bildschirmtext, in: BB 1981, 1183.

Buchmann, Felix. Das neue Fernabsatzrecht 2014 (Teil 1), in: K & R 2014, 221.

Buchmann, Felix. Das neue Fernabsatzrecht 2014 (Teil 2), in: K & R 2014, 293.

Buchmann, Felix. Das neue Fernabsatzrecht 2014 (Teil 3), in: K & R 2014, 369.

Buchmann, Felix. Das neue Fernabsatzrecht 2014 (Teil 4), in: K & R 2014, 453.

Buchmüller, Hans Jürgen. Urheberrecht und Computersoftware – zugleich ein Beitrag zum Werkbegriff der Werke der Wissenschaft und zur Stellung des Urhebers im Arbeitsrecht, Diss. Univ. Münster, 1985.

Buchner, Benedikt. Generische Domains, in: GRUR 2006, 984.

Buchner, Herbert. Der Schutz von Computerprogrammen im Arbeitsverhältnis, in: Michael Lehmann (Hrsg.), Rechtsschutz und Verwertung von Computerprogrammen, Köln 1988, XI, 266.

Buchner, Herbert. Die Vergütung für Sonderleistungen des Arbeitnehmers ein Problem der Äquivalenz der im Arbeitsverhältnis zu erbringenden Leistungen, in: GRUR 1985, 1.

Bücking, Jens. Internet-Domains: Neue Wege und Grenzen des bürgerlich-rechtlichen Namensschutzes, in: NJW 1997, 1886.

Buggisch, Walter. Dialer-Programme. Strafrechtliche Bewertung eines aktuellen Problems, in: NStZ 2002, 178.

Bultmann, Fritz A./Rahn, Gerd-Jürgen. Rechtliche Fragen des Teleshopping, in: NJW 1988, 2432.

Bürger, Michael. Das Fernabsatzrecht und seine Anwendbarkeit auf Rechtsanwälte, in: NJW 2002, 465.

Burgstaller, Peter. Domainübertragung auch im Provisorialverfahren?, in: MR 2002, 49.

Busch, Ralf. Strafrechtlicher Schutz gegen Kinderpornographie und Missbrauch, in: NJW 2015, 977.

Canaris, Claus Wilhelm. Handelsrecht, 24. Auflage, München 2006.

Castendyk, Oliver. Gibt es ein „Klingelton-Herstellungsrecht"?, in: ZUM 2005, 9.

Cichon, Caroline. Musikpiraterie im Internet, in: K & R 1999, 547.

Clemens, Rudolf. Die elektronische Willenserklärung – Chancen und Gefahren, in: NJW 1985, 1998.

Conde, Beatrice. Europäische Union – EU-Kommission zieht einstweilige Anordnung gegen IMS Health zurück, in: GRUR Int 2003, 876.

Conraths, Timo/Peintinger, Stefan. Der neue § 8 TMG: Kein Wegfall der Störerhaftung von W-LAN Betreibern, in: GRUR-Prax 2015, 297.

Cornelius, Kai. Vertragsabschluss durch autonome elektronische Agenten, in: MMR 2002, 353.

Czettritz, Peter v. Pharma Online – Rechtliche Probleme der Pharmawerbung im Internet, in: PharmaR 1997, 88.

Czychowski, Christian/Nordemann, Jan Bernd. Die Entwicklung der Gesetzgebung und Rechtsprechung des BGH und EuGH zum Urheberrecht in den Jahren 2008 und 2009, in: NJW 2010, 735.

Czychowski, Christian/Nordemann, Jan Bernd. Die Entwicklung der unter- und obergerichtlichen Rechtsprechung zum Urheberrecht im Jahr 2014, in: GRUR-RR 2015, 185.

Danckwerts, Nikolas. Örtliche Zuständigkeit bei Urheber-, Marken- und Wettbewerbs-verletzungen im Internet – Wider einen ausufernden „fliegenden Gerichtsstand" der bestimmungsgemäßen Verbreitung, in: GRUR 2007, 104.

Dammann, Ulrich. Erfolge und Defizite der EU-Datenschutzgrundverordnung. Erwarteter Fortschritt, Schwächen und überraschende Innovationen, in: ZD 2016, 307.

Däubler, Wolfgang. Arbeitnehmerrechte an Computerprogrammen, in: AuR 1985, 169.

Däubler, Wolfgang. Die Übermittlung von Arbeitnehmerdaten ins Ausland, in: CR 1999, 49.

Däubler, Wolfgang. Erhebung von Arbeitnehmerdaten, in: CR 1994, 101.

Däubler, Wolfgang. Internet und Arbeitsrecht, 5. Auflage, Frankfurt am Main 2015.

Däubler, Wolfgang/Klebe, Thomas/Wedde, Peter/Weichert, Thilo. Kommentar BDSG, 5. Auflage, Frankfurt am Main 2016.

Däubler-Gmelin, Herta. Entwurf eines Gesetzes zur Stärkung der vertraglichen Stellung von Urhebern und ausübenden Künstlern, in: GRUR 2000, 765.

Däubler-Gmelin, Herta. Private Vervielfältigung unter dem Vorzeichen digitaler Technik, in: ZUM 1999, 769.

Däubler-Gmelin, Herta. Zur Notwendigkeit eines Urhebervertragsgesetzes – Vorwort zum Entwurf eines Gesetzes zur Stärkung der vertraglichen Stellung von Urhebern und ausübenden Künstlern, in: GRUR 2000, 764.

Decker, Ute. Haftung für Urheberrechtsverletzungen im Internet – Anforderungen an die Kenntnis des Host Providers, in: MMR 1999, 7.

Deister, Jochen/Degen, Thomas. Darf der Gerichtsstand noch fliegen? – § 32 ZPO und das Internet, in: NJOZ 2010, 1.

Determann, Lothar. Softwarekombinationen unter der GPL, in: GRUR-Int. 2006, 645.

Diedrich, Frank. Autonome Auslegung von Internationalem Einheitsrecht, Baden-Baden 1994.

Diedrich, Frank. Anwendbarkeit des Wiener Kaufrechts auf Softwareüberlassungsverträge. Zugleich ein Beitrag zur Methode autonomer Auslegung von Internationalem Einheitsrecht, in: RIW 1993, 441.

Diegmann, Heinz/Kuntz, Wolfgang. Praxisfragen bei Onlinespielen, in: NJW 2010, 561.

Diesbach, Martin. Unbekannte Nutzungsarten bei Altfilmen: Der BGH gegen den Rest der Welt?, in: ZUM 2011, 623.

Dietrich, Florian/Hoffmann, Ruben. 3... Gerichte, 2... Wochen, 1... Monat? Konfusion um die Widerrufsfristen bei eBay, in: CR 2007, 318.

Dietrich, Ralf. Das Erfordernis der besonderen Sicherung im StGB am Beispiel des Ausspähens von Daten, § 202a StGB, Berlin 2009.

Dietz, Adolf. Der Entwurf zur Neuregelung des Urhebervertragsrechts, in: AfP 2001, 261.

Dietz, Adolf. Die Pläne der Bundesregierung zu einer gesetzlichen Regelung des Urhebervertragsrechts, in: ZUM 2001, 276.

Dippelhofer, Mischa. Verkehrssicherungspflicht für Hyperlinks, in: JurPC Web-Dok. 304/2002.

Dogauchi, Masato/Hartley, Trevor C. Preliminary Document No. 26 of December 2004 – Explanatory Report on the preliminary draft Convention on exclusive choice of court agreements.

Donahey, M. Scott. A Proposal for an Appellate Panel for the Uniform Domain Name Dispute Resolution Policy, in: Journal of International Arbitration 18(1) 2001, 131.

Döring, Martin/Günter, Thomas. Jugendmedienschutz: Alterskontrollierte geschlossene Benutzergruppen im Internet gem. § 4 Abs. 2 S. 2 JMStV, in: MMR 2004, 231.

Dorndorf, Maximilian/Schneidereit, Peter. E-Signing von Verträgen mittels qualifizierter elektronischer Signatur nach eIDAS. Rechtliche Fallstricke unter besonderer Berücksichtigung des Finanzsektors, in: CR 2017, 21.

Dörre, Tanja. Aktuelle Rechtsprechung zu Creative-Commons-Lizenzen, in: GRUR-Prax 2014, 516.

Dörre, Tanja/Kochmann, Kai. Zivilrechtlicher Schutz gegen negative eBay-Bewertungen, in: ZUM 2007, 30.

Dreier, Thomas/Moritz, Hans-Werner. Rechts-Handbuch zum E-Commerce, 2. Auflage, Köln 2005.

Dreier, Thomas. Urheberrecht an der Schwelle des 3. Jahrtausends, in: CR 2000, 45.

Dreier, Thomas/Schulze, Gernot. Urheberrechtsgesetz Kommentar, 5. Auflage, München 2015.

Dressel, Christian/Scheffler, Hannes. Rechtsschutz gegen Dienstepiraterie: Das ZKDSG in Recht und Praxis, München 2003.

Dreyer, Gunda/Kotthoff, Jost/Meckel, Astrid. Heidelberger Kommentar Urheberrecht, 3. Auflage, Heidelberg 2013.

Dünnwald, Rolf. Inhalt und Grenzen des künstlerischen Leistungsschutzes, in: UFITA Bd. 65 (1972), 99.

Dünnwald, Rolf. Zum Begriff des ausübenden Künstlers, in: UFITA Bd. 52 (1969), 49.

Eberle, Carl-Eugen. Datenschutz durch Meinungsfreiheit, in: DÖV 1977, 306.

Eckert, Hans-Werner. Teleshopping – vertragsrechtliche Aspekte eines neuen Marketing-konzepts, in: DB 1994, 717.

Eckhardt, Jens. IP-Adresse als personenbezogenes Datum – neues Öl ins Feuer, in: CR 2011, 339.

Edenhofer, Roland. Internet für Anwaltskanzleien, in: CR 1997, 120.

Ehmann, Eugen. Strafbare Fernwartung in der Arzt-Praxis, in: CR 1991, 293.

Eichelberger, Jan. Das Blockieren einer Internet-Seite als strafbare Nötigung. Zugleich Anmerkung zu AG Frankfurt, Urt. v. 1. 7. 2005 – 991 Ds 6100 Js 22631/04, in: DuD 2006, 490.

Eichelberger, Jan. Sasser, Blaster, Phatbot & Co. – alles halb so schlimm? Ein Überblick über die strafrechtliche Bewertung von Computerschädlingen, in: MMR 2004, 594.

Eichler, Alexander. Cookies – verbotene Früchte? Eine datenschutzrechtliche und technikorientierte Betrachtung, in: K & R 1999, 76.

Eidenmüller, Horst. Elektronischer Pressespiegel, in: CR 1992, 321.

Ekrutt, Joachim. Urheberrechtliche Probleme beim Zitat von Filmen und Fernsehsendungen, Hamburg 1973.

Endler, Maximilian/Daub, Jan. Internationale Softwareüberlassung und UN-Kaufrecht, in: CR 1993, 601.

Engel-Flechsig, Stefan. Die datenschutzrechtlichen Vorschriften im neuen Informations- und Telekommunikationsdienste-Gesetz, in: RDV 1997, 59.

Engels, Rainer. Patent-, Marken-, und Urheberrecht, 9. Auflage, München 2015.

Engels, Stefan/Sievers, Bahne/Letski, Maxim. AdBlocker auf dem Prüfstand, in: GRUR-Prax 2015, 338.

Erbs, Georg/Kohlhaas, Max. Strafrechtliche Nebengesetze, Kommentar, 213. Ergänzungs-lieferung, München 2017.

Erdmann, Willi. Möglichkeiten und Grenzen des Urheberrechts, in: CR 1986, 249.

Erman, Walter/Westermann, Harm Peter/Maier-Reimer, Georg. Bürgerliches Gesetzbuch, Kommentar, 14. Auflage, Köln 2014.

Ernst, Stefan. Computerstrafrecht 2007, in: DS 2007, 335.

Ernst, Stefan. Das neue Computerstrafrecht, in: NJW 2007, 2661.

Ernst, Stefan. Der Mausklick als Rechtsproblem – Willenserklärungen im Internet, in: NJW-CoR 1997, 165.

Ernst, Stefan. Die wettbewerbsrechtliche Relevanz der Online-Informationspflichten des § 6 TDG, in: GRUR 2003, 759.

Ernst, Stefan. Hacker und Computerviren im Strafrecht, in: NJW 2003, 3233.

Ernst, Stefan. Privates Surfen am Arbeitsplatz als Kündigungsgrund, in: DuD 2006, 223.

Ernst, Stefan. Recht kurios im Internet – Virtuell gestohlene Phönixschuhe, Cyber-Mobbing und noch viel mehr, in: NJW 2009, 1320.

Ernst, Stefan. Rechtsprobleme im Internet: urheber-, wettbewerbs- und markenrechtliche Sicht, in: K & R 1998, 536.

Ernst, Stefan. Widerruf von Anwaltsverträgen im Fernabsatz?, in: NJW 2014, 817.

Ernst, Stefan. Wirtschaftsrecht im Internet, in: BB 1997, 1057.

Escher, Markus. Bankrechtsfragen des elektronischen Geldes im Internet, in: WM 1997, 1173.

Fangerow, Kathleen/Schulz, Daniela. Die Nutzung von Angeboten auf www.kino.to – Eine urheberrechtliche Analyse des Filmstreamings im Internet, in: GRUR 2010, 677.

Feldmann, Moritz. Die Strafbarkeit privater Sportwettenanbieter gemäß § 284 StGB, in: MMR-Aktuell 2012, 340780.

Ferrari, Franco/Kieninger, Eva-Maria u. a. Internationales Vertragsrecht, 2. Auflage, München 2011.

Fezer, Karl-Heinz. Die Kennzeichenfunktion von Domainnamen, in: WRP 2000, 669.

Fezer, Karl-Heinz. Rechtsverletzende Benutzung einer Marke als Handeln im geschäftlichen Verkehr, in: GRUR 1996, 566.

Fischer-Dieskau, Stephanie/Gitter, Rotraud/Paul, Sandra/Steidle, Roland. Elektronisch signierte Dokumente als Beweismittel im Zivilprozess, in: MMR 2002, 709.

Fischer, Julian. Das Ende für den Newsletter!? Oberlandesgericht München: E-Mail-Versand mit der Bitte um Bestätigung der Anmeldung stellt belästigende Reklame dar, in: DFN-Infobrief Recht 1/2013, S. 4.

Fischer, Thomas. Strafgesetzbuch mit Nebengesetzen, 63. Auflage, München 2016.

Fitting, Karl/Engels, Gerd/Schmidt, Ingrid/Trebringer, Yvonne/Linsenmaier, Wolfgang. Handkommentar BetrVG, 28. Auflage, München 2016.

Flechsig, Norbert P. Der Entwurf eines Gesetzes zur Stärkung der vertragsrechtlichen Stellung von Urhebern und ausübenden Künstlern, in: ZUM 2000, 484.

Flechsig, Norbert P. Der rechtliche Rahmen der europäischen Richtlinie zum Schutz von Datenbanken, in: ZUM 1997, 577.

Flechsig, Norbert P. Die Novelle zur Änderung und Ergänzung des Urheberrechts, in: NJW 1985, 1991.

Flechsig, Norbert P. Gesamtvertrag versus Koalitionsfreiheit, in: ZRP 2000, 529.

Flechsig, Norbert P. Governance of Knowledge und Freiheiten selektiver Informationsbeschaffung – Über die Notwendigkeit größerer Pressespiegelfreiheit zu aktueller Informationserlangung in der Wissensgesellschaft, in: GRUR 2006, 888.

Flechsig, Norbert P. Speicherung von Printmedien in betriebseigene Datenbankarchive und die Grenze ihrer betrieblichen Nutzung, in: ZUM 1996, 833.

Flechsig, Norbert P./Hendricks, Kirsten. Zivilprozessuales Schiedsverfahren zur Schließung urheberrechtlicher Gesamtverträge – Zweckmäßige Alternative oder Sackgasse?, in: ZUM 2000, 721.

Flechsing, Norbert P. Vorausabtretung gesetzlicher Vergütungsansprüche – Unionsrechtliche Auswirkungen der EuGH-Entscheidung Luksan auf Urheber, Verwerter und Intermediäre, in: MMR 2012, 293.

Föhlisch, Carsten. Anpassung der Wertersatzvorschriften bei Widerruf von Fernabsatzverträgen, in: MMR 2010, 289.

Föhlisch, Carsten. Das Widerrufsrecht im Onlinehandel – Änderungen nach dem Referentenentwurf zur Umsetzung der Verbraucherrechterichtlinie, in: MMR 2013, 71.

Föhlisch, Carsten. Das Widerrufsrecht im Onlinehandel, München 2009.

Frank, Thomas. MP3, P2P und StA – Die strafrechtliche Seite des Filesharing, K & R 2004, 577.

Fringuelli, Pietro/Wallhäuser, Matthias. Formerfordernisse beim Vertragsschluss im Internet, in: CR 1999, 93.

Fritzemeyer, Wolfgang/Heun, Sven-Erik. Rechtsfragen des EDI, in: CR 1992, 130.

Fritzsche, Jörg. Ausgewählte zivilrechtliche Probleme elektronisch signierter Willenserklärungen, in: DNotZ 1995, 3.

Fromm, Friedrich Karl/Nordemann, Wilhelm. Urheberrecht, Kommentar zum Urheberrechtsgesetz, zum Verlagsgesetz und zum Urheberrechtswahrnehmungsgesetz, 11. Auflage, Stuttgart 2014.

Fülling, Michael/Rath, Juliane. Internet-Dialer – Eine strafrechtliche Untersuchung, in: JuS 2005, 598.

Funk, Axel/Wenn, Matthias. Der Ausschluss der Haftung für mittelbare Schäden an internationalen Softwareverträgen, in: CR 2004, 481.

Furche, Andreas/Wrightson, Graham. Computer Money. Internet- und Kartensysteme. Ein systematischer Überblick, Heidelberg 1997.

Gabel, Detlev. Internet: Die Domainnamen, in: NJW-CoR 1996, 322.

Gaede, Karsten. Der grundrechtliche Schutz gespeicherter E-Mails beim Provider und ihre weltweite strafprozessuale Überwachung. Zugleich Anmerkung zu LG Hamburg, Beschl. v. 8. 1. 2008 – 619 Qs 1/08, in: StV 2009, 96.

Galetzka, Christian/Krätschmer, Manuel. Rassismus und Terrorismus im Netz. Strafrechtliche Verantwortlichkeit der Betreiber von sozialen Netzwerken, in: MMR 2016, 518.

Gass, Wolfram. Digitale Wasserzeichen als urheberrechtlicher Schutz digitaler Werke?, in: ZUM 1999, 815.

Gaster, Jens. Der Rechtsschutz von Datenbanken, Köln 1999.

Gaster, Jens. Urheberrecht und verwandte Schutzrechte in der Informationsgesellschaft: Anmerkungen zum Grünbuch der Europäischen Kommission, in: ZUM 1995, 740.

Gaster, Jens. Zur anstehenden Umsetzung der EG-Datenbankrichtlinie (I), in: CR 1997, 669.

Geis, Ivo. Zivilprozessrechtliche Aspekte des elektronischen Dokumentationsmanagements, in: CR 1993, 653.

Gentz, Gunther. Der künstlerische Leistungsschutz, in: GRUR 1974, 328.

Geppert, Martin/Schütz, Raimund. Beck'scher TKG-Kommentar, 4. Auflage, München 2013.

Gercke, Marco. Analyse des Umsetzungsbedarfs der Cybercrime Konvention, (1): Umsetzung im Bereich des materiellen Strafrechts, in: MMR 2004, 728.

Gercke, Marco. Die Entwicklung des Internetstrafrechts 2014/2015, in: ZUM 2015, 772.

Gercke, Marco. Die Strafbarkeit von „Phishing" und Identitätsdiebstahl. Eine Analyse der Reichweite des geltenden Strafrechts, in: CR 2005, 606.

Gerling, Rainer W./Langer, Cordula/Roßmann, Ray. Rechtsgrundlagen zur Rasterfahndung – Einführung und Auszüge aus den einschlägigen Gesetzen, in: DuD 2001, 746.

Geulen, Reiner/Klinger, Remo. Verfassungsrechtliche Aspekte des Filmurheberrechts, in: ZUM 2000, 891.

Glaser, Andreas. Grundrechtlicher Schutz der Ehre im Internetzeitalter, (Habilitationsvortrag, Heidelberg 2012), in: NVwZ 2012, 1432.

Goeckenjan, Ingke. Auswirkungen des 41. Strafrechtsänderungsgesetzes auf die Strafbarkeit des „Phishing", in: wistra 2009, 47.

Goeckenjan, Ingke. Phishing von Zugangsdaten für Online-Bankdienste und deren Verwertung, in: wistra 2008, 128.

Gola, Peter. Neuer Tele-Datenschutz für Arbeitnehmer? Die Anwendung von TKG und TDDSG im Arbeitsverhältnis, in: MMR 1999, 322.

Gola, Peter/Schomerus, Rudolf. Kommentar BDSG, 12. Auflage, München 2015.

Gössl, Susanne. Das Gesetz über die alternative Streitbeilegung in Verbrauchersachen – Chancen und Risiken, in: NJW 2016, 838.

Gottschalk, Eckart. Grenzüberschreitende Werbung als eigenständiger urheberrechtlicher Verletzungstatbestand. Zum Konflikt von Urheberrecht und freiem Warenverkehr, Zugleich Anmerkung zu OLG Hamburg, Urt. v. 7. 7. 2004 – 5 U 143/03, in: IPRax 2006, 135.

Gounalakis, Georgios. Rechtliche Grenzen der Autocomplete-Funktion von Google, in: NJW 2013, 2321.

Graefe, Thomas. Marken und Internet, in: MA 3/96,.

Graf Fringuelli, Pietro/Wallhäuser, Matthias. Formerfordernisse bei Vertragsschluss im Internet, in: CR 1999, 93.

Graf, Jürgen-Peter. „Phishing" derzeit nicht generell strafbar!, in: NStZ 2007, 129.

Graf, Jürgen-Peter. Beck'scher Onlinekommentar StPO, 27. Edition, München 2017.

Grobys, Marcel/Foerstl, Uli. Die Auswirkungen der Urheberrechtsreform auf Arbeitsverträge, in: NZA 2002, 1015.

Gröseling, Nadine/Höfinger, Frank Michael. Hacking und Computerspionage. Auswirkungen des 41. StRÄndG zur Bekämpfung der Computerkriminalität, in: MMR 2007, 549.

Grünberger, Johannes. Rechtliche Probleme der Markenparodie unter Einbeziehung amerikanischen Füllmaterials, in: GRUR 1994, 246.

Grunewald, Barbara. Rechtsberatung und Streitschlichtung im Internet – (k)ein Fall für das Rechtsberatungsgesetz?, in: BB 2001, 1111.

Gruske, Nils. „Springender Pudel" nutzt Wertschätzung der Marke „Puma" aus, in: GRUR-Prax 2015, 433.

Grützmacher, Malte. Gebrauchtsoftware und Übertragbarkeit von Lizenzen, in: CR 2007, 549.

Grützmacher, Malte. Insolvenzfeste Softwarelizenz- und Softwarehinterlegungsverträge – Land in Sicht?, in: CR 2006, 289.

Grützner, Thomas/Jakob, Alexander. Compliance von A–Z, 2. Auflage, München 2015.

Gsell, Beate/Krüger, Wolfgang/Lorenz, Stephan/Mayer, Jörg. beck-online. Grosskommentar zum Zivilrecht, München 2017.

Guggenberger, Nikolas. Das Netzwerkdurchsetzungsgesetz – schön gedacht, schlecht gemacht, in: ZRP 2017, 98.

Gummig, Christian. Rechtsfragen bei Werbung im Internet, in: ZUM 1996, 573.

Haar, Tobias/Krone, Daniel. Domainstreitigkeiten und Wege zu ihrer Beilegung, in: MittdtPatA. 2005, 58.

Hackemann, Martin. Urheberrechtlicher Schutz von Datenbanken – rechtsvergleichend und nach internationalem Recht, in: ZUM 1987, 269.

Haedicke, Maximilian W. Informationsbefugnisse des Schutzrechtsinhabers im Spiegel der EG-Richtlinie zur Durchsetzung der Rechte des geistigen Eigentums, in: Festschrift für Gerhard Schricker zum 70. Geburtstag, hg. von Ansgar Ohly u. a., S. 19, München 2005.

Hahn, Werner/Vesting, Thomas. Beck'scher Kommentar zum Rundfunkrecht, 3. Auflage, München 2012.

Handig, Christian. Neues im Internationalen Wettbewerbsrecht – Auswirkungen der Rom II-Verordnung, in: GRUR Int. 2008, 24.

Hanloser, Stefan. Bericht aus der ZD-Community: Cookie-Richtlinie, Third Party Cookies, Behavioural Advertising, in: ZD-Aktuell 2012, 0276.

Hanloser, Stefan. Die Pfändung deutscher Internet-Domains, in: Rpfleger 2000, 525.

Hannich, Rolf. Karlsruher Kommentar zur Strafprozessordnung, 7. Auflage, München 2013.

Harte-Bavendamm, Henning/Henning-Bodewig, Frauke. Kommentar UWG, 4. Auflage, München 2016.

Härting, Niko. Beschlagnahme und Archivierung von Mails. E-Mail zwischen Telekommunikation, Datensatz und elektronischer Post, in: CR 2009, 581.

Härting, Niko. IT-Sicherheit in der Anwaltskanzlei. Das Anwaltsgeheimnis im Zeitalter der Informationstechnologie, in: NJW 2005, 1248.

Härting, Niko. Unverschlüsselte E-Mails im anwaltlichen Geschäftsverkehr – Ein Verstoß gegen die Verschwiegenheitspflicht?, in: MDR 2001, 61.

Hartl, Robert. Fremde Kennzeichen im Quelltext von Webseiten. Marken- und wettbewerbsrechtliche Zulässigkeit, in: MMR 2007, 12.

Häuser, Markus. Sound und Sampling, München 2002.

Heckmann, Dirk. Persönlichkeitsschutz im Internet. Anonymität der IT-Nutzung und permanente Datenverknüpfung als Herausforderungen für Ehrschutz und Profilschutz, in: NJW 2012, 2631.

Heckmann, Jörn/Nordmeyer, Arne. Pars pro toto: Verletzung des Urheberrechtsgesetzes durch das öffentliche Zugänglichmachen von Dateifragmenten („Chunks") in Peer-to-Peer-Tauschbörsen?, in: CR 2014, 41.

Heermann, Peter W./Schlingloff, Jochen. Münchener Kommentar zum Lauterkeitsecht, Bd. 2, 2. Auflage, München 2014.

Heghmanns, Michael/Niehaus, Holger. Datenschutz und strafrechtliche Risiken beim Outsourcing durch private Versicherungen, in: wistra 2008, 161.

Heghmanns, Michael. Strafbarkeit des „Phishing" von Bankkontendaten und ihrer Verwertung, in: wistra 2007, 167.

Heim, Maximilian. Justiz 2.0? Die Beschlagnahme eines Facebook-Accounts, in: NJW Spezial 2012, 184.

Hein, Jan v. Europäisches Internationales Deliktsrecht nach der Rom II-Verordnung, in: ZEuP 2009, 6.

Heinemeyer, Dennis/Nordmeyer, Arne. Super Marios Erzfeind – Die Legalität der Modchips und Softwaremods für Videospielkonsolen, in: CR 2013, 586.

Heinrichs, Helmut. Die Entwicklung des Rechts der Allgemeinen Geschäftsbedingungen im Jahre 1998, in: NJW 1999, 1596.

Heintschel-Heinegg, Bernd v. Beck'scher Online-Kommentar StGB, 34. Edition, München 2017.

Henckel, Wolfgang. Beteiligung eines Arbeitnehmers an der wirtschaftlichen Verwertung der von ihm entwickelten Software, in: BB 1987, 836.

Herberger, Maximilian/Martinek, Michael u. a. Juris Praxiskommentar BGB, Bd. 6, Internationales Privatrecht und UN-Kaufrecht, 7. Auflage, Saarbrücken 2015.

Hergenhahn, Gerhard. Verbreitete Missverständnisse um das Bundesdatenschutzgesetz, in: DuD 1977, 25.

Herget, Harald v./Reimer, Mathias. Rechtsformen und Inhalte von Verträgen im Online-Bereich, in: DStR 1996, 1288.

Heun, Sven-Erik. Elektronisch erstellte oder übermittelte Dokumente und Schriftform, in: CR 1995, 2.

Hilgendorf, Eric/Wolf, Christian. Internetstrafrecht – Grundlagen und aktuelle Fragestellungen, in: K & R 2006, 541.

Hillig, Hans-Peter. Der Schutz von Datenbanken aus der Sicht des deutschen Rechts, in: ZUM 1992, 325.

Hilty, Reto M. Der Softwarevertrag – ein Blick in die Zukunft. Konsequenzen der trägerlosen Nutzung und des patentrechtlichen Schutzes von Software, in: MMR 2003, 3.

Hoenike, Mark/Hülsdunk, Lutz. Die Gestaltung von Fernabsatzgeboten im elektronischen Geschäftsverkehr nach neuem Recht. Gesetzesübergreifende Systematik und rechtliche Vorgaben vor Vertragsschluss, in: MMR 2002, 415.

Hoenike, Mark/Szodruch, Alexander. Rechtsrahmen innovativer Zahlungssysteme für Multimediadienste, in: MMR 2006, 519.

Hoeren, Thomas. Beweisklauseln in EDI-Vereinbarungen, in: CR 1995, 513.

Hoeren, Thomas. IT- und Internetrecht – Kein Neuland für die NJW, in: NJW 2017, 1587.

Hoeren, Thomas. Cybermanners und Wettbewerbsrecht – Einige Überlegungen zum Lauterkeitsrecht im Internet, in: WRP 1997, 993.

Hoeren, Thomas. Dateneigentum – Versuch einer Anwendung von § 303a StGB im Zivilrecht, in: MMR 2013, 486.

Hoeren, Thomas. Der Erschöpfungsgrundsatz bei Software – Körperliche Übertragung und Folgeprobleme, in: GRUR 2010, 665.

Hoeren, Thomas. Der Softwareüberlassungsvertrag als Sachkauf. Ansätze zu einer neuen Vertragstypologie im Bereich der Standardsoftware, in: CR 1988, 908.

Hoeren, Thomas/Eustergerling, Sonja. Die Haftung des Admin-C – Ein kritischer Blick auf die Rechtsprechung, in: MMR 2006, 132.

Hoeren, Thomas. Keine wettbewerbsrechtlichen Bedenken mehr gegen Hyperlinks? – Anmerkung zum BGH-Urteil „Paperboy", in: GRUR 2004, 1.

Hoeren, Thomas. Konzernklauseln – an der Schnittstelle von Urheber-, Gesellschafts- und AGB-Recht, in: CR 2013, 345.

Hoeren, Thomas. Kreditinstitute im Internet – eine digitale Odyssee im juristischen Weltraum, in: WM 1996, 2006.

Hoeren, Thomas. LAN-Software. Urheber- und AGB-rechtliche Probleme des Einsatzes von Software in lokalen Netzen, in: UFITA Bd. 111 (1989), 5.

Hoeren, Thomas. Rechtliche Grundlagen des SCHUFA-Scoring-Verfahrens, in: RDV 2007, 93.

Hoeren, Thomas. Rechtsoasen im Internet – Eine erste Einführung, in: MMR 1998, 297.

Hoeren, Thomas. Sounds von der Datenbank – Zur urheber- und wettbewerbsrechtlichen Beurteilung des Samplings in der Popmusik, in: GRUR 1989, 11.

Hoeren, Thomas. Urheberrecht und Verbraucherschutz, Münster 2003.

Hoeren, Thomas. Virenscanning und Spamfilter – Rechtliche Möglichkeiten im Kampf gegen Viren, Spams & Co., in: NJW 2004, 3513.

Hoeren, Thomas. Web-Cookies und das römische Recht, in: DuD 1998, 455.

Hoeren, Thomas. Werbung im WWW – aus der Sicht des neuen UWG, in: MMR 2004, 643.

Hoeren, Thomas. Big Data und Recht, München 2014.

Hoeren, Thomas/Föhlisch, Carsten. Ausgewählte Praxisprobleme des Gesetzes zur Umsetzung der Verbraucherrechterichtlinie, in: CR 2014, 242.

Hoeren, Thomas/Welp, Kai. Vertragsrechtliche Probleme bei der Inanspruchnahme von Mehrwertdiensten, in: JuS 2006, 389.

Hoeren, Thomas/Kairies, Maria. Anscheinsbeweis und chipTAN, in: ZBB 2015, 35.

Hoeren, Thomas/Kairies, Maria. Der Anscheinsbeweis im Bankenbereich – aktuelle Entwicklungen, in: WM 2015, 549.

Hoeren, Thomas/Sieber, Ulrich/Holznagel, Bernd. Handbuch Multimedia-Recht, 29. Ergänzungslieferung, München 2011.

Hoeren, Thomas/Sieber, Ulrich/Holznagel, Bernd. Handbuch Multimedia-Recht, 36. Ergänzungslieferung, München 2013.

Hoeren, Thomas/Sieber, Ulrich/Holznagel, Bernd. Handbuch Multimedia-Recht, 41. Ergänzungslieferung, München 2015.

Hoeren, Thomas/Sieber, Ulrich/Holznagel, Bernd. Handbuch Multimedia-Recht, 42. Ergänzungslieferung, München 2015.

Hoffmann, Bernd v./Thorn, Karsten. Internationales Privatrecht, 9. Auflage, München 2007.

Holländer, Günther. Arbeitnehmerrechte an Software: Die Rechte der Arbeitnehmer an von ihnen entwickelten nichttechnischen Computerprogrammen, Bayreuth 1991.

Holzhäuser, Felix. Weiterverkäufe von Fußball-Tickets über Internet-Ticketplattform. Anmerkung zu OLG Düsseldorf, in: SpuRt 2011, 106.

Holznagel, Bernd. Verantwortlichkeit im Internet und Free Speech am Beispiel der Haftung für illegale und jugendgefährdende Inhalte, in: ZUM 2000, 1007.

Holznagel, Bernd/Brüggemann, Sandra. Das Digital Right Management nach dem ersten Korb der Urheberrechtsnovelle – Eine verfassungsrechtliche Beurteilung der neuen Kopierschutzregelungen, in: MMR 2003, 767.

Holznagel, Bernd/Kussel, Stephanie. Möglichkeiten und Risiken bei der Bekämpfung rechtsradikaler Inhalte im Internet, in: MMR 2001, 347.

Hombrecher, Lars. Domains als Vermögenswerte, in: MMR 2005, 647.

Hopf, Kristina/Braml, Birgit. Virtuelle Kinderpornographie vor dem Hintergrund des Online-Spiels Second Life, in: ZUM 2007, 354.

Hopt, Klaus J. Berufshaftung und Berufsrecht der Börsendienste, Anlageberater und Vermögensverwalter, in: Festschrift für Robert Fischer, hg. von Lutter, Marcus u. a., S. 237, Berlin, New York 1979.

Horst, Hans Reinhold. E-Commerce – Verbotenes Terrain für Rechtsanwälte?, in: MDR 2000, 1293.

Hoß, Dirk. Web-Impressum und Wettbewerbsrecht. Eine kritische Auseinandersetzung mit der ersten Rechtsprechung zu § 6 TDG, in: CR 2003, 687.

Hossenfelder, Martin. Die Nachrichtendarstellung in Suchmaschinen nach der Einführung des Leistungsschutzrechts für Presseverleger, in: ZUM 2013, 374.

Huber, Peter/Bach, Ivo. Die Rom II-VO. Kommissionsentwurf und aktuelle Entwicklungen, in: IPRax 2005, 73.

Hubmann, Heinrich/Preuss, Ulrich. Das Urheberrecht an Computerprogrammen und ihre Verwertung im universitären Bereich, in: Mitteilungen des Hochschulverbandes 1986, 31.

Hucko, Elmar. Die unbekannten Nutzungsarten und die Öffnung der Archive nach dem „Zweiten Korb", Medien und Recht Int. 2007, 141.

Hümmerich, Klaus/Kniffka, Rolf. Die Entwicklung des Datenschutzrechts im Jahre 1978, in: NJW 1979, 1182.

Hunsucker, G. M. The European Database Directive: Regional Stepping Stone to an International Model?, in: Fordham Intellectual Property, Media and Entertainment Law Journal 1997, 697.

Ihde, Rainer. Cookies – Datenschutz als Rahmenbedingung der Internetökonomie, in: CR 2000, 413.

Immenga, Frank A. Das EU-Wettbewerbsrecht bedroht das Urheberrecht, in: F.AZ v. 9.5. 2001, S. 29.

Ingerl, Reinhard/Rohnke, Christian. Markengesetz, 3. Auflage, München 2010.

Jacobs, Georg. Kennzeichenrechtliche Privilegierungen im Internet – Zur Anwendbarkeit der §§ 23, 24 MarkenG auf MetaTags und Domain-Namen, in: GRUR 2011, 1069.

Jaeger-Lenz, Andrea. Die Einführung der.eu-Domains – Rechtliche Rahmenbedingungen für Registrierung und Streitigkeiten, in: WRP 2005, 1234.

Janal, Ruth. Profilbildende Maßnahmen: Möglichkeiten der Unterbindung virtueller Mund-zu-Mund-Propaganda, in: NJW 2006, 870.

Jarass, Hans/Pieroth, Bodo. Grundgesetz für die BRD Kommentar, 14. Auflage, München 2016.

Jaskulla, Ekkehard M. Direct Banking im Cyberspace. Handels- und Wertpapiergeschäfte im Internet und das amerikanische Kapitalmarktrecht, in: ZBB 1996, 214.

Jauernig, Othmar/Stürner, Rolf. Bürgerliches Gesetzbuch: BGB, Kommentar, 16. Auflage, München 2015.

Joecks, Wolfgang/Miebach, Klaus. Münchener Kommentar zum StGB, Bd. 3 und 4, 2. Auflage, München 2012.

Johannisbauer, Christoph. Verletzung der Namensrechte von Gebietskörperschaften – Praxisbericht zur Registrierung von zusammengesetzten Domains, in: MMR 2015, 154.

Jotzo, Florian. Gilt deutsches Datenschutzrecht auch für Google, Facebook & Co. bei grenzüberschreitendem Datenverkehr?, in: MMR 2009, 232.

Junker, Abbo. Computerrecht, Baden-Baden 1988.

Jürgens, Uwe/Köster, Oliver. Die Haftung von Webforen für rechtsverletzende Einträge, in: AfP 2006, 219.

Kaestner, Jan/Tews, Nicole. Die Anbieterkennzeichnungspflichten nach § 6 Teledienstgesetz, in: WRP 2002, 1011.

Kahl, JonasWen betrifft das Leistungsschutzrecht für Presseverleger? – „Kleinste Textausschnitte" vor dem Hintergrund der BGH-Rechtsprechung, in: MMR 2013, 348.

Kaiser, Andreas/Voigt, Dennis. Vertragsschluss und Abwicklung des Electronic Commerce im Internet – Chancen und Risiken, in: K & R 1999, 445.

Kamanbrou, Sudabeh. Vorgaben der E-Commerce-RL für die Einbeziehung von AGB bei Online-Rechtsgeschäften, in: CR 2001, 421.

Kamps, Michael/Koops, Leonard. Online-Videorecorder im Lichte des Urheberrechts, in: CR 2007, 581.

Karg, Moritz. Speicherung dynamischer IP-Adressen, in: MMR 2011, 341.

Kartheuser, Ingemar/Gilsdorf, Friedrich. EuGH: Dynamische IP-Adressen können personenbezogene Daten sein, in: MMR-Aktuell 2016, 382533.

Katzenberg, Paul. Neuregelung des Urhebervertragsrecht aus rechtsvergleichender Sicht, in: AfP 2001, 265.

Katzenberg, Paul. Urheberrecht und Datenbanken, in: GRUR 1990, 94.

Katzenberg, Paul. Urheberrecht und Dokumentation – Abstracts – Fotokopien – elektronische Datenbanken, in: GRUR 1973, 631.

Kaufmann, Noogie C. Mitarbeiterdaten auf der Homepage, in: DuD 2005, 262.

Kaufmann, Noogie C. Rote Karte für neugierige Admins – Unerlaubter Mail-Einblick kann fristlose Kündigung rechtfertigen, in: c't 6/2006, 234.

Kaufmann, Noogie C./Köcher, Jan K. Verletzung des postmortalen Persönlichkeitsrechts durch Nennung in Internetenzyklopädie, in: MMR 2006, 254.

Kazemi, Robert. Neue Erotik-Top-Level-Domain „.xxx" verspricht Ärger für Markeninhaber, in: MMR-Aktuell 2011, 320145.

Kazemi, Robert/Leopold, Anders. Internetglücksspiel ohne Grenzen, in: MMR 2004, 649.

Kefferpütz, Martin/Wrage, Anna. Parodie und Marke: Ein ewiger Konflikt, in: GRUR-Prax 2015, 451.

Keitz, Isabel v. Immaterielle Güter in der internationalen Rechnungslegung, Düsseldorf 1997.

Keller, Erhard. Die zeichenmäßige Benutzung im Markenrecht, in: GRUR 1996, 607.

Kersting, Christian/Dworschak, Sebastion. Leistungsschutzrecht für Presseverlage: Müsste Google wirklich zahlen? – eine kartellrechtliche Analyse, NZKart 2013, 46.

Keyt, Aaron. An Improved Framework for Music Plagiarism Litigation, in: California Law Review 76 (1988), 421.

Kilian, Wolfgang. Möglichkeiten und zivilrechtliche Probleme eines rechtswirksamen elektronischen Datenaustauschs (EDI), in: DuD 1993, 607.

Kilian, Wolfgang/Heussen, Benno. Computerrechts-Handbuch, 33. Ergänzungslieferung, München 2017.

Kindt, Anne. Grundrechtsschutz für Raubkopierer und Musikpiraten?, in: MMR 2009, 147.

Kitz, Volker. Die Auskunftspflicht des Zugangsvermittlers bei Urheberrechtsverletzungen durch seine Nutzer, in: GRUR 2003, 1014.

Kitz, Volker. Veröffentlichung fremder E-Mails im Internet, in: MMR 2006, 758.

Klees, Andreas. Muss ein bisschen Spaß wirklich sein? Rechtsfragen des sog. „Spaßbietens" bei Internetauktionen, in: MMR 2007, 275.

Klees, Andreas/Lange, Timo. Bewerbung, Nutzung und Herstellung von Handyklingeltönen, in: CR 2005, 684.

Kleier, Ulrich. Bildschirmtext – wirtschaftliche und rechtliche Auswirkungen, in: WRP 1983, 534.

Klein, Oliver. Offen und (deshalb) einfach. Zur Sicherstellung und Beschlagnahme von E-Mails beim Provider. Zugleich Anmerkung zu BVerfG, Beschl. v. 16.6. 2009 – 2 BvR 902/06, in: NJW 2009, 2996.

Kleinwächter, Wolfgang. ICANN als United Nations der Informationsgesellschaft? – Der lange Weg zur Selbstregulierung des Internet, in: MMR 1999, 452.

Klickermann, Paul H. Sendearchive im Fokus unbekannter Nutzungsarten, in: MMR 2007, 221.

Knaak, Roland. Die EG-Richtlinie zur Durchsetzung der Rechte des geistigen Eigentums und ihr Umsetzungsbedarf im deutschen Recht, in: GRUR Int. 2004, 745.

Knies, Bernhard. Erschöpfung Online? Die aktuelle Problematik beim On-Demand-Vertrieb von Tonträgern im Lichte der Richtlinie zur Informationsgesellschaft, in: GRUR Int. 2002, 314.

Knupfer, Jörg. Editorial: Phishing for Money, in: MMR 2004, 641.

Koch, Alexander. Zur Einordnung von Internetsuchmaschinen nach dem EGG, in: K & R 2002, 120.

Koch, Arnd. Zur Strafbarkeit der „Ausschwitzlüge" im Internet, in: JuS 2002, 123.

Koch, Christian. Scoring-Systeme in der Kreditwirtschaft – Einsatz unter datenschutzrechtlichen Aspekten, in: MMR 1998, 458.

Koch, Frank A. Grundlagen des Urheberrechtsschutz im Internet und in Online-Diensten, in: GRUR 1997, 417.

Koch, Frank A. Internationale Gerichtszuständigkeit und Internet, in: CR 1999, 121.

Koch, Frank A. Perspektiven für die Link- und Suchmaschinen-Haftung, in: CR 2004, 213.

Koch, Frank A. Urheberrechte an Computerprogrammen im Arbeitsverhältnis – Ratschläge für die Vertragspraxis, CR 1985, 86 (Teil 1) und CR 1985, 146 (Teil 2).

Koch, Frank A. Urheberrechte an Computer-Programmen sichern, Planegg 1986.

Köhler, Helmut. Die Rechte des Verbrauchers beim Teleshopping, in: NJW 1998, 185.

Köhler, Helmut/Bornkamm, Joachim/Feddersen, Jörn. Beck'scher Kurz Kommentar UWG, 35. Auflage, München 2017.

Köhler, Helmut/Piper, Henning. Kommentar UWG, 3. Auflage, München 2002.

Köhler, Markus. Der Schutz von Websites gemäß §§ 87a ff. UrhG, in: ZUM 1999, 548.

Köhler, Philipp. Allgemeine Geschäftsbedingungen im Internet, in: MMR 1998, 289.

Köhler, Philipp. Der Erschöpfungsgrundsatz des Urheberrechts im Online-Bereich, München 2000.

Kolle, Gert. Zur rechtlichen Zuordnung von in Arbeitsverhältnissen geschaffenen, insb. urheberrechtlich geschützten Softwareprodukten, in: GRUR 1985, 1016.

Köndgen, Johannes. Die Haftung von Börseninformationsdiensten – Lücke im Anlegerschutz, in: JZ 1978, 389.

Königshofen, Thomas/Ulmer, Claus D. Datenschutz-Handbuch Telekommunikation, Frechen 2006.

Koreng, Ansgar. Entwurf eines Netzwerkdurchsetzungsgesetzes: Neue Wege im Kampf gegen „Hate Speech"?, in: GRUR-Prax 2017, 203.

Köster, Oliver/Jürgens, Uwe. Die Haftung von Suchmaschinen für Suchergebnislisten, in: K & R 2006, 108.

Kraft, Dennis/Meister, Johannes. Rechtsprobleme virtueller Sit-ins, in: MMR 2003, 366.

Kreile, Johannes. Die Pläne der Bundesregierung zu einer gesetzlichen Regelung des Urhebervertragsrechts, in: ZUM 2001, 300.

Kreile, Reinhold. Die deutsche Urheberrechtsnovelle 1985, in: ZUM 1985, 609.

Kubach, Laura/Gutsche, Thomas. Wenn die NSA mitliest: berufsrechtliche Herausforderungen und technische Möglichkeiten sicherer Mandantenkommunikation per E-Mail, in: K & R 2015, 86.

Kühling, Jürgen. Rückkehr des Rechts: Verpflichtung von „Google & Co." zu Datenschutz. Zugleich Anmerkung zu EuGH, Urt. v. 13.5. 2014 – Rs. C-131/12 und EuGH, Urt. v. 8.4. 2014 – Rs. C-293/12, C-594/12 , in: EuZW 2014, 527.

Kunz-Hallstein, Hans/Loschelder, Michael. Stellungnahme der Deutschen Vereinigung für Gewerblichen Rechtsschutz und Urheberrecht e. V. GRUR zur Frage der Insolvenzfestigkeit von Lizenzen – Entwurf eines § 108a InsO, in: GRUR 2008, 138.

Kur, Annette. Internet Domainnames – Brauchen wir strengere Zulassungsvorschriften für die Datenautobahn?, in: CR 1996, 325.

Kur, Annette. Kennzeichnungskonflikte im Internet, in: Festschrift für Friedrich-Karl Beier zum 70. Geburtstag, hg. von Straus, Joseph, S. 265, Köln 1996.

Lachenmann, Matthias/Meyer, Britta I. Einwilligung in Werbung bei Gewinnspielen und in Cookie-Nutzung, in: MMR 2016, 245.

Lackner, Martin/Kühl, Kristian. Strafgesetzbuch, 28. Auflage, München 2014.

Larenz, Karl/Wolf, Manfred/Neuner, Jörg. Allgemeiner Teil des Bürgerlichen Rechts, 10. Auflage, München 2012.

Lauber, Anne/Schwipps, Karsten. Das Gesetz zur Regelung des Urheberrechts in der Informationsgesellschaft, in: GRUR 2004, 293.

Laucken, Fabian/Oehler, Claas. Fliegender Gerichtsstand mit gestutzten Flügeln? Ein Beitrag zur Auslegung von § 32 ZPO und der Beschränkbarkeit des deliktischen Gerichtsstands bei Urheberrechtsverletzungen im Internet, in: ZUM 2009, 824.

Lederer, Beatrice. Das Verbraucherleitbild im Internet, in: NJOZ 2011, 1833.

Lehmann, Michael. Juristisch-ökonomische Kriterien zur Berechnung des Verletzergewinns bzw. des entgangenen Gewinns, in: BB 1988, 1680.

Leible, Stefan/Sosnitza, Olaf. Sniper-Software und Wettbewerbsrecht. Zur vertrags- und lauterkeitsrechtlichen Beurteilung automatisierter Gebote bei Internet-Auktionen, in: CR 2003, 344.

Leible, Stefan/Lehmann, Matthias. Die neue EG-Verordnung über das auf außervertragliche Schuldverhältnisse anzuwendende Recht („Rom II"), in: RIW 2007, 721.

Leible, Stefan/Lehmann, Matthias. Die Verordnung über das auf vertragliche Schuldverhältnisse anzuwendende Recht, in: RIW 2008, 528.

Leistner, Matthias. Störerhaftung und mittelbare Schutzrechtsverletzung, in: GRUR-Beil. 2010, 1.

Leistner, Matthias/Dreier, Thomas. Urheberrecht im Internet: die Forschungsherausforderungen, GRUR 2013, 881.

Lejeune, Mathias. Neues Arbeitnehmerurheberrecht. Die wesentlichen Auswirkungen des Gesetzes zur Stärkung der vertraglichen Stellung von Urhebern und ausübenden Künstlern („Urhebervertragsrechtsgesetz") auf das Arbeitnehmerurheberrecht, in: ITRB 2002, 146.

Leupold, Andreas/Bräutigam, Peter/Pfeiffer, Markus. Von der Werbung zur kommerziellen Kommunikation: Die Vermarktung von Waren und Dienstleistungen im Internet, in: WRP 2000, 575.

Leupold, Andreas/Demisch, Dominik. Bereithalten von Musikwerken zum Abruf in digitalen Netzen, in: ZUM 2000, 379.

Leupold, Andreas/Glossner, Silke. Münchener Anwalts Handbuch IT-Recht, 2. Auflage, München 2011.

Leupold, Andreas/Glossner, Silke. Münchener Anwaltshandbuch zum IT-Recht, 3. Auflage, München 2013.

Libertus, Michael. Zivilrechtliche Haftung und strafrechtliche Verantwortlichkeit bei unbeabsichtigter Verbreitung von Computerviren, in: MMR 2005, 507.

Lindacher, Walter F. Die internationale Dimension lauterkeitsrechtlicher Unterlassungsansprüche: Marktterritorialität versus Universalität, in: GRUR Int. 2008, 453.

Litten, Rüdiger. Urheberrechtlicher Schutz für Fernsehshow- und Fernsehserienformate, in: MMR 1998, 412.

Lober, Andreas/Weber, Olaf. Money for Nothing? Der Handel mit virtuellen Gegenständen und Charakteren, in: MMR 2005, 653.

Loeper, Adalwolf v. Urheberrechte/Nutzungsrechte der Hochschullehrer an Computerprogrammen. Zugleich Anmerkung zu: BGH, Urt. v. 9.5. 1985 – I ZR 52/83, in: WissR 1986, 133.

Loewenheim, Ulrich. Handbuch des Urheberrechts, 2. Auflage, München 2010.

Loewenheim, Ulrich. Urheberrechtliche Grenzen der Verwendung geschützter Werke in Datenbanken, Stuttgart 1994.

Löhnig, Martin. Die Einbeziehung von AGB bei Internet-Geschäften, in: NJW 1997, 1688.

Lorz, Ralph Alexander. Internetwerbung für verschreibungspflichtige Arzneimittel aus gemeinschaftsrechtlicher Perspektive, in: GRUR Int. 2005, 894.

Luginbühl, Stefan/Wollgast, Heike. Das neue Haager Übereinkommen über Gerichtsstandsvereinbarungen: Aussichten für das geistige Eigentum, in: GRUR-Int. 2006, 208.

Mankowski, Peter. Art. 5 des Vorschlags für eine Rom I-Verordnung – Revolution im Internationalen Verbrauchervertragsrecht?, in: ZVglRWiss 2006, 120.

Mankowski, Peter. Das Herkunftslandprinzip als Internationales Privatrecht der E-Commerce-Richtlinie, in: ZVglRWiss 100 (2001), 137.

Mankowski, Peter. Das Internet im Internationalen Vertrags- und Deliktsrecht, in: RabelsZ 1999, 203.

Mankowski, Peter. Der Vorschlag für die Rom I-Verordnung, in: IPRax 2006, 101.

Mankowski, Peter. Herkunftslandprinzip und deutsches Umsetzungsgesetz zur E-Commerce-Richtlinie, in: IPRax 2002, 257.

Mankowski, Peter. Internet und besondere Aspekte des Internationalen Vertragsrechts, (II), in: CR 1999, 581.

Mankowski, Peter. Internet und Internationales Wettbewerbsrecht, in: GRUR Int. 1999, 909.

Mankowski, Peter. Wettbewerbsrechtliches Gerichtspflichtigkeits- und Rechtsanwendungs-risiko bei Werbung über Websites. Zugleich Anmerkung zu OLG Bremen, Urt. v. 17. 2. 2000 – 2 U 139/99, in: CR 2000, 763.

Mann, Roger. Online-Archive nach der „Google-Entscheidung" des EuGH. Zugleich Anmerkung zu EuGH, Urt. v. 13. 05. 2014 – Rs. C-131/12, in: AfP 2014, 210.

Mantz, Reto. Creative Commons-Lizenzen im Spiegel internationaler Gerichtsverfahren, in: GRURInt 2008, 20.

Martinek, Michael/Weth, Stephan/Herberger, Maximilian/Rüßmann, Helmut. Juris Praxiskommentar BGB, 4. Auflage, Saarbrücken 2009.

Marwitz, Petra. Heilmittel im Internet, in: MMR 1999, 83.

Mayer-Schönberger, Viktor. Das Recht der Domains, Wien 2001.

McGraw, Molly. Sound Sampling Protection and Infringement in Today's Music Industry, in: High Technology LJ 4 (1989), 147.

Meder, Stephan/Grabe, Olaf. PayPal – Die „Internet-Währung" der Zukunft?, in: BKR 2005, 467.

Mehrings, Josef. Information und Dokumentation (IuD) – Ein Stiefkind der Urheberrechts-novelle?, in: GRUR 1983, 284.

Mehrings, Josef. Verbraucherschutz im Cyberlaw: Zur Einbeziehung von AGB im Internet, in: BB 1998, 2373.

Mehrings, Josef. Vertragsabschluss im Internet, in: MMR 1998, 30.

Melichar, Ferdinand. Auswirkungen der Urheberrechtsnovelle 1985, in: ZUM 1987, 51.

Melichar, Ferdinand. Die Begriffe „Zeitung" und „Zeitschrift" im Urheberrecht, in: ZUM 1988, 14.

Melichar, Ferdinand. Schöpfer vorbestehender Werke aus der Sicht der VG WORT, in: ZUM 1999, 12.

Meschede, Thomas. Der Schutz digitaler Musik- und Filmwerke vor privater Vervielfältigung nach den zwei Gesetzen zur Regelung des Urheberrechts in der Informations-gesellschaft, Frankfurt 2007.

Meyer, Sebastian. Cookies & Co. – Datenschutz und Wettbewerbsrecht, in: WRP 2002, 1028.

Meyerdiecks, Per. Sind IP-Adressen personenbezogene Daten?, in: MMR 2009, 8.

Meyer-Grossner, Lutz/Schmitt, Bertram. Beck'scher Kurzkommentar Strafprozessordnung, 60. Auflage, München 2017.

Micklitz, Hans-Wolfgang. Fernabsatz und E-Commerce im Schuldrechtsmodernisierungs-gesetz, in: EuZW 2001, 133.

Mietzel, Jan Gerd. Die bösgläubige Gemeinde ... Zum ADR-Verfahren um die Domain wuestenrot.eu, in: MMR 2006, XIII.

Mitsdörffer, Sven/Gutfleisch, Ulf. „Geo-Sperren" – wenn Videoportale ausländische Nutzer aussperren. Eine urheberrechtliche Betrachtung, in: MMR 2009, 731.

Mittwoch, Anne-Christin. Nationale Preisbindungsregelungen auf dem Prüfstand. Die Warenverkehrsfreiheit im Lichte der aktuellen DocMorris-Entscheidung, in: EuZW 2016, 936.

Möhring, Philipp/Nicolini, Käte. Urheberrecht, 3. Auflage 2014.

Möller, Klaus/Kelm, Stefan. Distributed Denial-of-Service Angriffe (DDoS), in: DuD 2000, 292.

Mönkemöller, Lutz. Moderne Freibeuter unter uns? – Internet, MP3 und CD-R als GAU für die Musikbranche!, in: GRUR 2000, 663.

Moritz, Hans-Werner. Quo vadis elektronischer Geschäftsverkehr?, in: CR 2000, 61.

Möschel, Wernhard/Bechtold, Stefan. Copyright-Management im Netz, in: MMR 1998, 571.

Müller, Bianca. Die Klage gegen unberechtigtes Sampling, in: ZUM 1999, 555.

Müller, Hans Friedrich. Internet-Domains von Rechtsanwaltskanzleien, in: WRP 2002, 160.

Müller, Markus. Die Umgehung des Recht des Verbrauchsgüterkaufs im Gebrauchtwagenhandel, in: NJW 2003, 1975.

Münker, Reiner. Urheberrechtliche Zustimmungserfordernisse beim Digital Sampling, Frankfurt 1995.

Musielak, Hans-Joachim/Voit, Wolfgang. Zivilprozessordnung, 12. Auflage, München 2015.

Nöcker, Gregor. Urkunden und EDI-Dokumente, in: CR 2000, 176.

Nordemann, Wilhelm. Die Urheberrechtsreform 1985, in: GRUR 1985, 837.

Obergfell, Eva Inés. Das Schutzlandprinzip und „Rom II". Bedeutung und Konsequenzen für das Internationale Urheberrecht, in: IPRax 2005, 9.

Ohly, Ansgar. Zwölf Thesen zur Einwilligung im Internet, in: GRUR 2012, 983, 990.

Ohly, Ansgar/Sosnitza,Olaf. Kommentar UWG, 7. Auflage, München 2016.

Olenhusen, Albrecht Götz v. Der Gesetzentwurf für ein Urhebervertragsrecht, in: ZUM 2000, 736.

Ory, Stephan. Das neue Urhebervertragsrecht, in: AfP 2002, 95.

Ory, Stephan. Rechtspolitische Anmerkungen zum Urhebervertragsrecht, in: ZUM 2001, 195.

Ostendorf, Heribert/Frahm, Lorenz Nicolai/Doege, Felix. Internetaufrufe zur Lynchjustiz und organisiertes Mobbing, in: NStZ 2012, 529.

Osthaus, Wolf. Die Renaissance des Privatrechts im Cyberspace, in: AfP 2001, 13.

Ott, Stephan. Haftung für Embedded Videos von YouTube und anderen Videoplattformen im Internet, in: ZUM 2008, 556.

Ott, Stephan. Informationspflichten im Internet und ihre Erfüllung durch das Setzen von Hyperlinks, in: WRP 2003, 945.

Paal, Boris/Hennemann, Moritz. Online-Archive im Lichte der Datenschutz-Grundverordnung, in: K&R 2017, 18.

Painter, Thomas. Das Steuervereinfachungsgesetz 2011 im Überblick, in: DStR 2011, 1877.

Palandt, Otto. Kommentar BGB, 76. Auflage, München 2017.

Paschke, Marian/Berlit, Wolfgang/Meyer, Klaus. Hamburger Kommentar Gesamtes Medienrecht, 3. Auflage, Baden-Baden 2012.

Paulus, Christoph G. Unzulässige namentliche Nennung von angeblichen Schuldnern auf einer privaten Schuldnerseite im Internet, in: EWiR 2001, 863.

Peifer, Karl-Nikolaus. Leistungsschutzrecht für Presseverleger – „Zombie im Paragrafen-Dschungel" oder Retter in der Not? GRUR-Prax 2013, 149.

Peifer, Karl-Nikolaus. Salomonisches zur Störerhaftung für Hyperlinks durch Online-Mediendienste. Zugleich Anmerkung zu OLG München, Urt. v. 28. 7. 2005 – 29 U 2887/05, in: IPRax 2006, 246.

Pelz, Christian/Stempfle, Christian Thomas. Nationales Glücksspielverbot vs. internationale Glücksspielfreiheit – Aus für das Staatsmonopol?, in: K & R 2004, 570.

Peter, Markus. Powerseller als Unternehmer, in: ITRB 2007, 18.

Picot, Arnold. Digital Rights Management, Berlin 2003.

Piltz, Burghard. Neue Entwicklungen im UN-Kaufrecht, in: NJW 1994, 1101.

Polenz, Sven. Die Datenverarbeitung durch und via Facebook auf dem Prüfstand, in: VuR 2012, 207.

Popp, Andreas. „Phishing", „Pharming" und das Strafrecht, in: MMR 2006, 84.

Pordesch, Ulrich. Der fehlende Nachweis der Präsentation signierter Daten, in: DuD 2000, 89.

Post-Ortmann, Karin. Der Arbeitgeber als Anbieter von Telekommunikations- und Telediensten, in: RDV 1999, 107.

Prütting, Hanns/Wegen, Gerhard/Weinreich, Gerd. Bürgerliches Gesetzbuch, Kommentar, 10. Auflage, Köln 2015.

Purnhagen, Kai. Die Zurechnung von Unternehmer- und Verbraucherhandeln in den §§ 13 und 14 BGB im Spiegel der Rechtsprechung – Eckpfeiler eines Konzepts?, in: VuR 2015, 5.

Raczinski, Bernd/Rademacher, Ulrich. Urheberrechtliche Probleme beim Aufbau und Betrieb einer juristischen Datenbank, in: GRUR 1989, 324.

Rademacher, Michael/Latendorf, Axel. Betriebsvereinbarungen als andere Rechtsvorschriften, in: CR 1989, 1105.

Radmann, Friedrich. Kino.ko – Filmegucken kann Sünde sein. Zur Rechtswidrigkeit der Nutzung von (offentsichtlich) illegalen Streaming-Filmportalen, in: ZUM 2010, 387.

Ranke, Johannes. M-Commerce – Einbeziehung von AGB und Erfüllung von Informationspflichten, in: MMR 2002, 509.

Rath, Christian. Das Darknet ist kein justizfreier Raum. Der verborgene Teil des Internets bietet nicht nur Schutz für Dissidenten und Whistleblower, sondern auch Drogen, Waffen und andere illegale Waren, in: DRiZ 2016, 293.

Rath, Michael. Das Recht der Internet-Suchmaschinen, Stuttgart 2005.

Raubenheimer, Andreas. Die neuen urheberrechtlichen Vorschriften zum Schutz von Computerprogrammen, in: MittdPatA 1994, 309.

Raubenheimer, Andreas. Vernichtungsanspruch gem. § 69f UrhRG, in: CR 1994, 129.

Raue, Benjamin. „Kostenpflichtig bestellen" – ohne Kostenfalle, in: MMR 2012, 438.

Raue, Peter/Bensinger, Viola. Umsetzung des sui-generis-Rechts an Datenbanken in den §§ 87a ff. UrhG, in: MMR 1998, 507.

Rauscher, Thomas. Münchner Kommentar ZPO, 5. Auflage, München 2016.

Reber, Nikolaus. Das neue Urhebervertragsrecht, in: ZUM 2000, 729.

Redaktion MMR-Aktuell. ICANN: Neue Adressendungen im Internet, in: MMR-Aktuell 2011, 319448.

Redeker, Helmut. Geschäftsabwicklung mit externen Rechnen im Bildschirmtextdienst, in: NJW 1984, 2390.

Reed, Chris. Copyright in WWW pages: News from Shetland copyright in links to World Wide Web pages, in: Computer Law & Security Report 13 (1997), 167.

Rehbinder, Manfred. Der Schutz der Pressearbeit im neuen Urheberrechtsgesetz, in: UFITA Bd. 48, (1966), S. 102.

Rehbinder, Manfred. Zum Urheberrechtsschutz für fiktive Figuren, insbesondere für die Träger von Film- und Fernsehserien, in: Beiträge zum Film- und Medienrecht, Festschrift für Wolf Schwarz zum 70. Geburtstag, hg. von Rehbinder, Manfred, S. 163, Baden-Baden 1988.

Reichman, J. H./Samuelson, Pamela. Intellectual Property Rights in Data?, in: Vanderbilt Law Review 1997, 51.

Reinbothe, Jörg. Die EG-Richtlinie zum Urheberrecht in der Informationsgesellschaft, in: GRUR Int. 2001, 733.

Remmertz, Frank René. Werbebotschaften per Handy, in: MMR 2003, 314.

Riemann, Thomas. Künftige Regelungen des grenzüberschreitenden Datenverkehrs, in: CR 1997, 762.

Rinker, Mike. Strafbarkeit und Strafverfolgung von „IP-Spoofing" und „Postscanning", in: MMR 2002, 663.

Röhl, Christoph. Die urheberrechtliche Zulässigkeit des Tonträger-Sampling, K & R 2009, 172.

Röhl, Christoph/Bosch, Andreas. Musiktauschbörsen im Internet – Eine rechtliche Bewertung aus aktuellem Anlass, in: NJW 2008, 1415.

Rose, Edgar/Taeger, Jürgen. Reduzierte Informationspflichten für den M-Commerce. Folgen des Kommissionsvorschlags einer EU-Richtlinie über „Rechte der Verbraucher", in: K & R 2010, 159.

Rosenbaum, Birgit/Tölle, Dennis. Aktuelle rechtliche Probleme im Bereich Social Media. Überblick über die Entscheidungen der Jahre 2011 und 2012, in: MMR 2013, 209.

Rosler, Debra B. The European Union's Proposed Directive for the Legal Protection of Databases: A New Threat to the Free Flow of Information, in: High Technology Law Journal 1995, 105.

Roßnagel, Alexander. Datenschutzaudit. Konzeption, Durchführung, gesetzliche Regelung, Braunschweig 2000.

Roßnagel, Alexander. Die elektronische Signatur im Verwaltungsrecht. Modernisierung des VwVfG und des VwZG, in: DÖV 2001, 225.

Roßnagel, Alexander. Elektronische Signaturen mit der Bankkarte? – Das erste Gesetz zur Änderung des Signaturgesetzes, in: NJW 2005, 385.

Roßnagel, Alexander. Marktwirtschaftlicher Datenschutz im Datenschutzrecht der Zukunft, in: Bäumler, Helmut/von Mutius, Albert (Hrsg.), Datenschutz als Wettbewerbsvorteil, Braunschweig 2002.

Roßnagel, Alexander. Rechtliche Unterschiede von Signaturverfahren, in: MMR 2002, 215.

Roßnagel, Alexander. Rechtsregeln für einen sicheren elektronischen Geschäftsverkehr, in: CR 2011, 25.

Roßnagel, Alexander/Pfitzmann, Andreas. Der Beweiswert von E-Mails, in: NJW 2003, 1209.

Sack, Rolf. Computerprogramme und Arbeitnehmer-Urheberrecht, in: BB 1991, 2165.

Sack, Rolf. Internationales Lauterkeitsrecht nach der Rom II-VO, in: WRP 2008, 845.

Sack, Rolf. Sonderschutz bekannter Marken, in: GRUR 1995, 81.

Säcker, Franz Jürgen/Rixecker, Roland/Oetker, Hartmut/Limperg, Bettina. Münchener Kommentar zum Bürgerlichen Gesetzbuch, Bd. 10, 6. Auflage, München 2015.

Säcker, Franz Jürgen/Rixecker, Roland/Oetker, Hartmut/Limperg, Bettina. Münchener Kommentar zum Bürgerlichen Gesetzbuch, Bd. 1, 7. Auflage, München 2015.

Saenger, Ingo. Zivilprozessordnung: ZPO, Kommentar, 6. Auflage, Baden-Baden 2015.

Sankol, Barry. Anhörung bei Akteneinsichtsgesuchen in Filesharing-Verfahren. Zugleich Anmerkung zu LG Krefeld, Beschl. v. 1. 8. 2008 – 21 AR 2/08, in: MMR 2008, 836.

Schack, Haimo. Neuregelung des Urhebervertragsrechts, in: ZUM 2001, 453.

Schack, Haimo. Sound Sampling und Schutzrechte des Tonträgerherstellers, in: JZ 2009, 475.

Schack, Haimo. Urheber- und Urhebervertragsrecht, 7. Auflage Tübingen 2015.

Schack, Haimo. Urheberrechtliche Gestaltung von Webseiten unter Einsatz von Links und Frames, in: MMR 2001, 9.

Schaefer, Martin/Rasch, Clemens/Braun, Thorsten. Zur Verantwortlichkeit von Online-Diensten und Zugangsvermittlern für fremde urheberrechtsverletzende Inhalte, in: ZUM 1998, 451.

Schafft, Thomas. Streitigkeiten über „.eu"-Domains, in: GRUR 2004, 986.

Schapiro, Leo. Die neuen Musiktauschbörsen unter „Freunden", in: ZUM 2008, 273.

Schapper, Claus Henning. Grenzüberschreitender Datentransfer und Datenschutz, in: CR 1987, 86.

Schemmann, Till. Die Beweiswirkung elektronischer Signaturen und die Kodifizierung des Anscheinsbeweises in § 371a Abs. 1 S. 2 ZPO, in: ZZP 2005, 161.

Schenck, Sophie von/Mueller-Stöfen, Tilman. Die Datenschutz – Grundverordnung: Auswirkungen in der Praxis, in: GWR 2017, 171.

Schertz, Christian. Der Schutz des Individuums in der modernen Mediengesellschaft, in: NJW 2013, 721.

Scheuerl, Walter. Anwaltswerbung im Internet. Die berufsrechtlich zulässige Selbstdarstellung auf der Homepage, in: NJW 1997, 1291.

Schippan, Martin. Der Schutz von kurzen Textwerken im digitalen Zeitalter, ZUM 2013, 358.

Schirmbacher, Martin/Schmidt, Stephanie. Verbraucherrecht 2014: Handlungsbedarf für den E-Commerce. Eine komprimierte Darstellung der wesentlichen Neuregelungen, in: CR 2014, 107.

Schirmbacher, Martin/Engelbrecht, Simon-Vincent. Neues Verbraucherrecht: Erleichterte Informationspflichten bei begrenzter Darstellungsmöglichkeit, in: ITRB 2014, 89.

Schlechtriem, Peter/Schwenzer, Ingeborg. Kommentar zum einheitlichen UN-Kaufrecht, 6. Auflage, München 2013.

Schlömer, Uwe/Dittrich, Jörg. eBay & Recht: Bilanz der Rechtsprechung, in: BB 2007, 2129.

Schmalenbach-Gesellschaft für Betriebswirtschaft e. V. Bericht des Arbeitskreises „Immaterielle Werte im Rechnungswesen", in: DB 2001, 989.

Schmid, Ernst/Stolz, Ekkehard. Zur Ausbeutung von Datenbanken im Internet, insbesondere durch Recherchedienste, Suchmaschinen und Hyperlinks, in: AfP 1999, 146.

Schmidl, Michael. E-Mail-Filterung am Arbeitsplatz, in: MMR 2005, 343.

Schmidt, Heiner Christian. Anmerkungen zur Diskussion um die Beschränkung des Akteneinsichtsrechts in den Filesharingverfahren, in: GRUR 2010, 673.

Schmidt, Karsten. Mnchener Kommentar zum HGB, Bd. 5, 3. Auflage, Mnchen 2013.

Schmidt, Michael. Markenparodie: Grenzziehung zwischen Eigentumsgarantie und Kunstfreiheit – „Springender Pudel", in: GRUR-Prax 2010, 51.

Schmitt, Michael. § 36 UrhG – Gemeinsame Vergütungsregelungen europäisch gesehen, in: GRUR 2003, 294.

Schmittmann, Jens M. Streitwertbestimmung bei Domainstreitigkeiten, in: MMR 2002, V.

Schmittmann, Jens M. Bannerwerbung – Rechtsprobleme insbesondere bei kammergebundenen Berufen, in: MMR 2001, 792.

Schmittmann, Jens M. Werbung von Angehörigen der rechts- und steuerberatenden Berufe im Internet, in: MDR 1997, 601.

Schmitz, Florian/Schröder, Steffen. Streitwertbestimmung bei Domainstreitigkeiten, in: K & R 2002, 189.

Schneider, Wolfgang. Verhaltens- und Leistungskontrolle durch technische Einrichtungen, in: PersR 1991, 129.

Schneider, Harald. Standes- und wettbewerbsrechtliche Grenzen der Internet-Präsentation von Anwälten, in: MDR 2000, 133.

Schneider, Jochen/Günther, AndreasHaftung für Computerviren, in: CR 1997, 389.

Scholz, Matthias. Die rechtliche Stellung des Computerprogramme erstellenden Arbeitnehmers nach Urheberrecht, Patentrecht und Arbeitnehmererfindungsrecht, Köln 1989.

Schönke, Adolf/Schröder, Horst. Strafgesetzbuch Kommentar, 29. Auflage, München 2014.

Schrader, Paul/Rautenstrauch, Birthe. Geltung des Erschöpfungsgrundsatzes beim Online-Erwerb durch unkörperliche Übertragung urheberrechtlich geschützter Werke, in: K & R 2007, 251.

Schreibhauer, Marcus. Strafrechtliche Verantwortlichkeit für Delikte im Internet, in: Kröger, Detlef/Gimmy, Marc A. (Hrsg.), Handbuch zum Internetrecht, 2. Auflage, Berlin 2002.

Schrey, Joachim/Westerwelle, Kai. „Junk-Emails" im Internet, in: BB-Beilage 18/1997, 17.

Schricker, Gerhard. Urheberrecht auf dem Weg zur Informationsgesellschaft, Baden-Baden 1997.

Schricker, Gerhard. Urhebervertragsrecht im Meinungsstreit, in: Editorial MMR 12/2000.

Schricker, Gerhard. Zum Begriff der angemessenen Vergütung im Urheberrecht – 10 % vom Umsatz als Maßstab?, in: GRUR 2002, 737.

Schricker, Gerhard/Loewenheim, Ulrich. Urheberrecht, 4. Auflage, München 2010.

Schröder, Markus. Datenschutzrechtliche Fragen beim Einsatz von Flash-Cookies, in: ZD 2011, 59.

Schulte am Hülse, Ulrich/Klabunde, Sebastian. Abgreifen von Bankzugangsdaten im Onlinebanking. Vorgehensweise der Täter und neue zivilrechtliche Haftungsfragen des BGB, in: MMR 2010, 84.

Schultze-Melling, Jyn. IT-Sicherheit in der anwaltlichen Beratung. Rechtliche, praktische und wirtschaftliche Aspekte eines effektiven Information Security-Managements, in: CR 2005, 73.

Schulz, Wolfgang. Das Zitat in Film- und Multimediawerken, in: ZUM 1998, 221.

Schulz, Wolfgang. Rechtsfragen des Datenschutzes bei Online-Kommunikation, Düsseldorf 1998.

Schulze, Gernot. Die Einräumung unbekannter Nutzungsrechte nach neuem Urheberrecht, in: UFITA 2007, 641.

Schulze, Gernot. Urheber- und leistungsschutzrechtliche Fragen virtueller Figuren, in: ZUM 1997, 77.

Schulze, Reiner/Dörner, Heinrich u. a. Bürgerliches Gesetzbuch, Handkommentar, 9. Auflage, Baden-Baden 2017.

Schulze, Stefan. Teil-Werknutzung, Bearbeitung und Werkverbindung bei Musikwerken – Grenzen des Wahrnehmungsumfangs der GEMA, in: ZUM 1993, 255.

Schütt, Christoph. USA: Universal Music Group verliert Urheberrechtsklage gegen eBay-Händler, in: MMR 2008, VII.

Schwartz, Paul M. European Data Protection Law and Restrictions on International Data Flows, in: Iowa Law Review, Vol. 80 (1994), 471.

Schwarze, Jürgen/Becker, Jürgen. Regulierung im Bereich von Medien und Kultur – Gestaltungsmöglichkeiten und rechtliche Grenzen, Baden-Baden 2002.

Seidl, Alexander/Fuchs, Katharina. Die Strafbarkeit des Phishing nach Inkrafttreten des 41. Strafrechtsänderungsgesetzes, in: HRRS Februar 2010 (2/2010), 85.

Seifert, Bernd. Das Recht der Domainnamen, Berlin 2003.

Sieber, Ulrich. Kontrollmöglichkeiten zur Verhinderung rechtswidriger Inhalte in Computernetzen (I), in: CR 1997, 581.

Simitis, Spiros. Kommentar BDSG, 8. Auflage, Baden-Baden 2014.

Söbbing, Thomas. Struktur und Aufbau von Creative Commons-Lizenzen, in: MR-Int. 2014, 59.

Sosnitza, Olaf. Gattungsbegriffe als Domain-Namen im Internet, in: K & R 2000, 209.

Specht, Lousia/Müller-Riemenschneider, Severin. Dynamische IP-Adressen: Personenbezogene Daten für den Webseitenbetreiber? Aktueller Stand der Diskussion um den Personenbezug, in: ZD 2014, 71.

Spickhoff, Andreas. Kommentar Medizinrecht, 2. Auflage, München 2014.

Spieker, Oliver. Verantwortlichkeit von Internetsuchdiensten für Persönlichkeitsverletzungen in ihren Suchergebnislisten, in: MMR 2005, 727.

Spies, Axel/Schröder, Christian. Auswirkungen der elektronischen Beweiserhebung (eDiscovery) in den USA auf deutsche Unternehmen, in: MMR 2008, 275.

Spies, Axel. Europäischer Datenschutz steht Electronic Discovery nicht entgegen, in: MMR 2008, XVIII.

Spies, Axel. USA: Grenzüberschreitende elektronische Beweiserhebung (Discovery), in: MMR 2007, V.

Spindler, Gerald. Das Gesetz zum elektronischen Geschäftsverkehr – Verantwortlichkeit der Diensteanbieter und Herkunftslandprinzip, in: NJW 2002, 921.

Spindler, Gerald. Haftungsrechtliche Grundprobleme der neuen Medien, in: NJW 1997, 3193.

Spindler, Gerald. Hyperlinks und ausländische Glücksspiele: Karlsruhe locuta causa finita?, in: GRUR 2004, 724.

Spindler, Gerald. Präzisierungen der Störerhaftung im Internet – Besprechung des BGH-Urteils „Kinderhochstühle im Internet", in: GRUR 2011, 101.

Spindler, Gerald. Urheberrecht und Haftung der Provider – ein Drama ohne Ende?, in: CR 2001, 324.

Spindler, Gerald. Der Regierungsentwurf zum Netzwerkdurchsetzungsgesetz – europarechtswidrig?, in: ZUM 2017, 473.

Spindler, Gerald/Schuster, Fabian. Recht der elektronischen Medien, 3. Auflage, München 2015.

Spindler, Gerald/Dorschel, Joachim. Auskunftsansprüche gegen Internet-Service-Provider, in: CR 2005, 39.

Stadler, Thomas. Drittschuldnereigenschaft der DENIC bei der Domainpfändung, MMR 2007, 71.

Starck, Joachim. Markenmäßiger Gebrauch – Besondere Voraussetzung für die Annahmen einer Markenverletzung, in: GRUR 1996, 688.

Staudinger, Julius v. Kommentar zum BGB, Buch 1, 14. Auflage, Berlin 2012.

Staudinger, Ansgar/Czaplinski, Paul. Internationale Zuständigkeit und anwendbares Recht bei transnationaler AGB-Verwendung in der EU. Zugleich Anmerkung zu BGH, Urt. v. 9.7. 2009 – Xa ZR 19/08, in: MDR 2009, 1348.

Stegbauer, Andreas. Rechtsprechungsübersicht zu den Propaganda- und Äußerungsdelikten, in: NStZ 2005, 677.

Steinmüller, Wilhelm. Informationstechnologie und Gesellschaft, Darmstadt 1993.

Stenzel, Igor. Ergänzung der Reform der Telemedien um eine Haftungsprivilegierung für Hyperlinks notwendig, in: MMR 2006, V.

Stickelbrock, Barbara. „Impressumspflicht" im Internet – eine kritische Analyse der neueren Rechtsprechung zur Anbieterkennzeichnung nach § 6 TDG, in: GRUR 2004, 111.

Stickelbrock, Barbara. Ausgleich gestörter Vertragsparität durch das neue Urhebervertragsrecht?, in: GRUR 2001, 1087.

Stieper, Malte. Das Leistungsschutzrecht für Presseverleger nach dem Regierungsentwurf zum 7. UrhRÄndG, ZUM 2013, 10.

Stieper, Malte. Zur Frage der Urheber- und Leistungsschutzrechteverletzung durch Sound Sampling, ZUM 2009, 223.

Stockmarl, Kendra/Wittwer, Alexander. Die Pflicht zur Empfangsbestätigung von elektronischen Bestellungen im Spiegel der Rechtsprechung, in: CR 2005, 118.

Störing, Marc. Strafprozessualer Zugriff auf E-Mailboxen. Zum Streitstand unter besonderer technischer Betrachtung, in: CR 2009, 457.

Ströbele, Paul/Hacker, Franz. Markengesetz, 11. Auflage, München 2015.

Strömer, Tobias H./Grootz, Andreas. Internet-Foren: „Betreiber- und Kenntnisverschaffungspflichten" – Wege aus der Haftungsfalle, in: K & R 2006, 553.

Stuckenberg, Carl-Friedrich. Zur Strafbarkeit von „Phishing", in: ZStW 2006, 878.

Sundermann, Heinz Georg. Nutzungs- und Vergütungsansprüche bei Softwareentwicklung im Arbeitsverhältnis, in: GRUR 1988, 350.

Szczesny, Michael/Holthusen, Christoph. Aktuelles zur Unternehmereigenschaft im Rahmen von Internet-Auktionen, in: NJW 2007, 2586.

Szebrowski, Nickel. E-Mail-Sicherstellung und Beschlagnahme auf dem Server des Providers verfassungsgemäß. Zugleich Anmerkung zu BVerfG, Beschl. v. 16. 6. 2009 – 2 BvR 902/06, in: K & R 2009, 563.

Tamm, Marina. Informationspflichten nach dem Umsetzungsgesetz zur Verbraucherrechterichtlinie, in: VuR 2014, 9.

Taraschka, Klaus. Auslandsübermittlung personenbezogener Daten im Internet, in: CR 2004, 280.

Taupitz, Jochen/Kritter, Thomas. Electronic Commerce – Probleme bei Rechtsgeschäften im Internet, in: JuS 1999, 839.

Terwangne, Cécile/Louveaux, Sophie de. Data Protection and Online Networks, in: MMR 1998, 451.

Tettenborn, Alexander/Bender, Gunnar/Lübben, Natalie/Karenfort, Jörg. Rechtsrahmen für den elektronischen Geschäftsverkehr – Kommentierung zur EG-Richtlinie über den elektronischen Geschäftsverkehr und zum Elektronischen Geschäftsverkehr-Gesetz – EGG: Inhalt – Auswirkungen – Umsetzung in Deutschland, in: K & R Beil. 2001, 1.

Thiele, Clemens. Shell gegen Shell – eine neue Dimension des Domainrechts? Zugleich Anmerkung zu BGH, Urt. v. 22. 11. 2001 – I ZR 138/99, in: MR 2002, 198.

Thinius, Susanne. Wer sich auf Facebook präsentiert, muss viel preisgeben – zur Impressumspflicht für öffentliche Facebook-Fanseiten, in: DFN-Infobrief Recht 4/2013, 2.

Thünken, Alexander. Die EG-Richtlinie über den elektronischen Geschäftsverkehr und das internationale Privatrecht des unlauteren Wettbewerbs, in: IPRax 2001, 15.

Tinnefeld, Marie-Theres. Persönlichkeitsrecht und Modalitäten der Datenerhebung im Bundesdatenschutzgesetz, in: NJW 1993, 1117.

Tinnefeld, Marie-Theres/Ehmann, Eugen. Einführung in das Datenschutzrecht, 3. Auflage, Berlin 1997.

Ubber, Thomas. Einschränkung des Prioritätsprinzips bei Registrierung eines Domain-Name – shell.de, in: BB 2002, 1164.

Ubber, Thomas. Rechtsschutz bei Missbrauch von Internet-Domains, in: WRP 1997, 497.

Ulbricht, Johannes. Tücken im Schutz für Kopierschutz. Gibt es einen Wertungswiderspruch zwischen § 95a UrhG und dem materiellen Urheberrecht?, in: CR 2004, 674.

Ulmer, Eugen. Urheberrechtliche Probleme beim Aufbau juristischer Dokumentationssyteme, in: DVR 1976, 87.

Ulmer, Eugen. Zitate in Filmwerken – Urheberrecht, in: GRUR 1972, 323.

Ulmer, Peter/Brandner, Erich. Kommentar AGB-Recht, 12. Auflage, Köln 2016.

Ultsch, Michael L. Zugangsprobleme bei elektronischen Willenserklärungen. Dargestellt am Beispiel der Electronic Mail, in: NJW 1997, 3007.

Vassilaki, Irini E. Kriminalität im World Wide Web. Erscheinungsformen der „Post-Computer-kriminalität" der zweiten Generation, in: MMR 2006, 212.

Vec, Miloš. Internet, Internationalisierung und nationalstaatlicher Rechtsgüterschutz, in: NJW 2002, 1535.

Vieshuf, Wolfram. Elektronischer Rechtsverkehr und Einführung der elektronischen Akte in Strafsachen, in: ZAP 2015, 263.

Vivant, Michel. Copyrightability of Computer Programs in Europe, in: A. P. Meijboom/C. Prins (eds.), The Law of Information Technology in Europe 1992, Deventer-Boston 1991, 103.

Vogel, Alexander v. Der Arbeitnehmer als Urheber, in: NJW-Spezial 2007, 177.

Völker, Stefan/Weidert, Stefan. Domain-Namen im Internet, in: WRP 1997, 652.

Volkmann, Christian. Aktuelle Entwicklungen in der Providerhaftung im Jahr 2014, in: K & R 2015, 367.

Volkmann, Christian. Haftung für fremde Inhalte: Unterlassungs- und Beseitigungsansprüche gegen Hyperlinksetzer im Urheberrecht, in: GRUR 2005, 201.

Volkmann, Christian. Verkehrspflichten für Internet-Provider, in: CR 2008, 232.

Völtz, Gregor. Creative Commons Lizenzen im Lichte des Verbraucherschutzes, in: VuR 2016, 169.

Wagner, Christoph/Lerch, Janusz-Alexander. Mandatsgeheimnis im Internet? Zur Zulässigkeit anwaltlicher E-Mail-Korrespondenz im Hinblick auf straf- und standesrechtliche Vorgaben, in: NJW-CoR 1996, 380.

Wagner, Gerhard. Zeichenkollisionen im Internet, in: ZHR 1998, 701.

Wagner, Rolf. Der Grundsatz der Rechtswahl und das mangels Rechtswahl anwendbare Recht (ROM I-Verordnung), in: IPRax 2008, 377.

Wagner, Rolf. Verfahrens- und internationalprivatrechtliche Fragen beim Teleshopping, in: WM 1995, 1129.

Waldenberger, Arthur. Grenzen des Verbraucherschutzes bei Abschluss von Verträgen im Internet, in: BB 1996, 2365.

Waldenberger, Arthur. Teledienste, Mediendienste und die „Verantwortlichkeit" ihrer Anbieter, in: MMR 1998, 124.

Waldenberger, Arthur. Zur zivilrechtlichen Verantwortlichkeit für Urheberrechtsverletzungen im Internet, in: ZUM 1997, 176.

Wallraf, Georg. Elektronische Pressespiegel aus der Sicht der Verlage, in: AfP 2000, 23.

Wandtke, Artur-Axel/Bullinger, Winfried. Praxiskommentar zum Urheberrecht, 5. Auflage, Berlin 2016.

Wandtke, Artur-Axel/Bullinger, Winfried. Praxiskommentar zum Urheberrecht, 3. Auflage, München 2009.

Wandtke, Artur-Axel/Bullinger, Winfried. Praxiskommentar zum Urheberrecht, 4. Auflage, München 2014.

Weber, Peter. Die Pläne der Bundesregierung zu einer gesetzlichen Regelung des Urhebervertragsrechts, in: ZUM 2001, 311.

Weber, Roman G. Phishing: Brauchen wir einen Sondertatbestand zur Verfolgung des Internetphishings?, in: HRRS 2004, 406.

Weichert, Thilo. EU-US-Privacy-Shield – Ist der transatlantische Datentransfer nun grundrechtskonform? – Eine erste Bestandsaufnahme, in: ZD 2016, 209.

Weichert, Thilo. Keine Rechtssicherheit beim Privacy Shield, in: CB 2016, Heft 9, I.

Weidner, Michael. Arzneimittelwerbung im Bereich „Social Media", in: PharmaR 2014, 241.

Weiler, Frank. Spamming – Wandel des europäischen Rechtsrahmens, in: MMR 2003, 223.

Welp, Jürgen. Datenveränderung (§ 303a StGB) – Teil 1, in: IuR 1988, 443.

Welzel, Stephan. Zwangsvollstreckung in Internet-Domains, in: MMR 2001, 131.

Wendehorst, Christiane. Das neue Gesetz zur Umsetzung der Verbraucherrechterichtlinie, in: NJW 2014, 577.

Wendel, Alexander Dominik. Wer hat Recht im Internet? Ein juristischer Internet-Leitfaden, Aachen 1997.

Werkmeister, Christoph/Steinbeck, Friederike. Anwendbarkeit des deutschen Strafrechts bei grenzüberschreitender Cyberkriminalität, in: wistra 2015, 209.

Wertenbruch, Johannes. Kein Verbrauchsgüterkauf bei Vorspiegeln der Unternehmereigenschaft durch den Käufer, in: LMK 2005, 49.

Westphalen, Friedrich/Thüsing, Gregor v. Vertragsrecht und AGB-Klauselwerke, 38. Auflage, München 2016.

Wichert, Michael. Web-Cookies – Mythos und Wirklichkeit, in: DuD 1998, 273.

Wiebe, Andreas. Bewertungsportale als Datenbanken – Wie weit reicht der Schutz des Datenbankherstellers im Internet?, in: GRUR-Prax 2011, 369.

Wiebe, Andreas. Rechtsschutz von Datenbanken und europäische Harmonisierung, in: CR 1996, 198.

Wieduwilt, Hendrik. Neues Fotorecht im öffentlichen Raum, in: K & R 2015, 83.

Wiesner, Elisabeth. Datenschutzrechtliche Einwilligung zur Werbung: Opt-out ausreichend?, in: DuD 2007, 604.

Wimmers, Jörg/Schulz, Carsten. Stört der Admin-C?, in: CR 2006, 754.

Wind, Irene. Haftung bei der Verarbeitung personenbezogener Daten, in: RDV 1991, 16.

Witte, Andreas. AGB-Klauseln zur Vermeidung des Insolvenzrisikos bei Softwareüberlassung. Überlegungen anlässlich BGH, Urt. v. 17. 11. 2005 – IX ZR 162/04, in: ITRB 2006, 263.

Wittsiepe, Richard/Friemel, Martin. Die Auswirkungen des Internet auf die Dienstleistung Steuerberatung, in: NWB Fach 30, 1047.

Wohlgemuth, Hans H. Datenschutz für Arbeitnehmer, 2. Auflage, Luchterhand 1988.

Woitke, Thomas. Das „Wie" der Anbieterkennzeichnung gem. § 6 TDG, in: NJW 2003, 871.

Wolff, Heinrich Amadeus/Brink, Stefan. BeckOK Datenschutzrecht, 20. Edition, München 2017.

Wolpert, Fritz. Der Schutz der Melodie im neuen Urheberrechtsgesetz, in: UFITA 50 (1967), 769.

Wolters, Sabine. Einkauf via Internet: Verbraucherschutz durch Datenschutz, in: DuD 1999, 277.

Wübbelsmann, Stephan. Gedanken zur Diversifikation der Abschreibung einer Domain – oder: Nachts sind alle Katzen grau, in: DStR 2005, 1659.

Zahrnt, Christoph. DV-Verträge: Rechtsfragen und Rechtsprechung, Hallbergmoos 1993.

Zahrte, Kai. Aktuelle Entwicklungen beim Pharming. Neue Angriffsmethoden auf das Online-Banking, in: MMR 2013, 207.

Zimmer-Hartmann, Anke/Helfrich, Markus. Datenschutzrechtliche Pflichten des Anwalts, in: CR 1993, 104.

Zöller, Richard. Kommentar ZPO, 31. Auflage, Köln 2016.

Register

https://doi.org/10.1515/9783110556346-012

* 9 7 8 3 1 1 0 5 5 3 8 7 1 *